W0063149

I. Quadrant: Das Mentale Ego

♈ = **Widder** — **Haus 1** ♂ **Individualität**
Durchsetzung des spontanen, individuellen Willens

♉ = **Stier** — **Haus 2** ♀ **Besitz**
materielle Absicherung als Bollwerk gegen die Umwelt

♊ = **Zwillinge** — **Haus 3** ☿ **Intellekt**
Betonung der verstandesmäßigen Fähigkeiten sowie der gesellschaftlichen Kontakte

II. Quadrant: Das Emotionale Ego

♋ = **Krebs** — **Haus 4** ☽ **Empfindung**
Sehnen nach gefühlsmäßiger Übereinstimmung mit der Welt

♌ = **Löwe** — **Haus 5** ☉ **Identität**
Bestreben, die Welt mit den eigenen Gefühlen in Übereinstimmung zu bringen

♍ = **Jungfrau** — **Haus 6** ☿ **Einordnung**
Anpassung der seelischen Empfindungen an die Bedingungen der Umwelt

III. Quadrant: Das Alter Ego

♎ = **Waage** — **Haus 7** ♀ **Begegnung**
ausgelagerte Wesensanteile, die man im Kontakt mit der Außenwelt wieder zurückerhält

♏ = **Skorpion** — **Haus 8** ♇ **Bindung**
Bindung an den Schatten anderer, um die eigenen Verdrängungen in den Taten anderer stellvertretend in der Welt ausleben zu können

♐ = **Schütze** — **Haus 9** ♃ **Sinnfindung**
Wissen, das einem über die Spiegelungen und Reflexionen im Austausch mit der Umwelt (kollektives Selbst) zufließt

IV. Quadrant: Das Überpersonale Selbst

♑ = **Steinbock** — **Haus 10** ♄ **Gesellschaft**
das eigene Wirken, das ohne Rücksicht auf materielle Ziele für das Wohl der Gemeinschaft Bedeutung erlangt

♒ = **Wassermann** — **Haus 11** ♅ **Unabhängigkeit**
Relativierung aller Werte und Sehnsucht nach den unpersönlichen Gesetzen des Ewigen

♓ = **Fische** — **Haus 12** ♆ **Transzendenz**
Verweigerung der Anpassung an die Bedingungen der Umwelt und Verschmelzung mit dem schlummernden Empfinden subjektiver Göttlichkeit

Akron

Das Astrologie-Handbuch

Akron

Das Astrologie-Handbuch

Charakteranalyse und Schicksalsdeutung

KAILASH

KAILASH
Eine Buchreihe herausgegeben von Hajo Banzhaf

Saturn, dem Hüter der Schwelle gewidmet
Und Pluto, dem Licht der Schwelle geweiht

Die Deutsche Bibliothek – CIP-Einheitsaufnahme
Akron:
Das Astrologie-Handbuch: Charakteranalyse und Schicksalsdeutung / Akron. – 2. Aufl. – München: Hugendubel, 1995
(Kailash)
ISBN 3-88034-798-0
Vw: Frey, C.F. [Wirkl. Name] → Akron

2. Auflage 1995
© Akron
© der deutschsprachigen Ausgabe
Heinrich Hugendubel Verlag, München 1995
Alle Rechte vorbehalten

Umschlaggestaltung: Zembsch' Werkstatt, München unter Verwendung des Bildes »Akronos« aus dem Foto-Studio Marcel Egli, Boppelsen
Computergrafiken: Norbert Muspach, Basel
Illustrationen: The Hermetic Tarot Deck reproduced by permission of U.S. Games Systems, Inc., Stamford, CT 06902 USA.
Copyright © 1979 by U.S. Games Systems, Inc. Further reproduction prohibited.
Distributed in Germany, Switzerland and Austria, by AGMüller, ISBN 0-913866-92-X.
Gesamtgestaltung: Akron
Produktion: Tillmann Roeder, München
Satz- und Bildgestaltung: Creative Atelier Rageth, Schwellbrunn
Druck und Bindung: Jos. C. Huber, Dießen
Printed in Germany

ISBN 3-88034-798-0

Inhalt

DIE AUSLÖSUNGEN

ANHANG

Vorwort

Der Zustand äußerer Dunkelheit ist ein Zustand der Entfremdung vom inneren Licht.
Ronald D. Laing

Die Astrologie hat in den vergangenen Jahrzehnten einen wahren Höhenflug erlebt. Das mag auf den ersten Blick verwunderlich erscheinen, in einer Zeit, in der gerade die Hervorhebung des bewußten Verstandes, die Abhängigkeit von intellektuellen Schlüssen, die sich am objektiv Gegebenen zu orientieren haben, von unserer Leistungsgesellschaft gefordert werden.

Oder hat die Astrologie gerade deswegen zu ihrer Renaissance gefunden, weil sich das Herausheben der Individualität des einzelnen und das Bekräftigen seiner unauswechselbaren Persönlichkeit vor einem allumfassenden, durch Symbole übertragenen Hintergrund kompensativ zum betonten Realismus der Welt verhält?

Denn dem Triumph des rationalen und technokratischen Geistes stehen die innere Unsicherheit und die bedrängenden Zweifel des Menschen gegenüber: der Zweifel an den Werten der immer größeren Eingriffe in natürliche Lebensbedingungen und die innere Sehnsucht als kompensatorisches Ventil zu einem Verständnis zu sich selbst, nach einem Weg zu der Begegnung mit sich selbst. Im Zeichen von New Age wurde das Licht und das Positive generell bis zur Realitätsferne beschworen; die Zukunft wird auch die dunklen Seiten beleuchten. Es kommt zu einem Zusammenbruch der Traditionen und der Auflösung der Werte, weil das Fehlen einer globalen Vision zur Flucht aus der Gesellschaft animiert. Nur wenn wir die innere Zerrissenheit integrieren, erlangen wir unsere körperliche Integrität. Zumindest nähern wir uns der größten Herausforderung, die die Menschheit je erlebt hat. Denn jetzt gilt es, ein Gleichgewicht zu finden zwischen Ich und Du, Ratio und Herz, Ökologie und Ökonomie, Nord und Süd.

Es wird also Zeit, die Verantwortung für unsere Handlungen selbst zu übernehmen. Denn die jüngere Entwicklung ist auch der ungeliebte Spiegel unserer selbst, in dem wir unser kurzsichtiges Verhalten erkennen können, wenn wir um des materiellen Vorteils willen unseren Mutterplaneten plündern und zerstören und gleichzeitig verdrängen, daß es in der Logik unseres Verhaltens liegt, wirtschaftlich davon zu profitieren. Denn die primitive, ursprüngliche und naturgesteuerte Instinktgebundenheit wollten wir nicht haben. Wir haben sie davongejagt aus den Katakomben unserer Entwicklung und an ihrer Stelle ein eigenes Wirklichkeitssystem gepflanzt, das uns vor der Anarchie jetzt schützt: ein System, das Krankheit mit Versicherungsprämien verdrängt, das Schicksale unter Gesichtspunkten der Marktwirtschaft verplant und das – als Nonplusultra der gesammelten Kulturleistungen der menschlichen Rasse – den Krieg in die Strategie zu seiner Selbsterhaltung fest einprogrammiert hat.

Der kollektive Schatten

Die Implikationen des Beobachtereffektes, eines Hauptlehrsatzes aus der Quantenphysik, besagt, daß der Akt der Beobachtung selbst die scheinbar objektive Wirklichkeit, die beobachtet wird, verändert: *Ein Atom nimmt, bis es beobachtet wird, eine unendliche Zahl möglicher Zustände ein, bis es schließlich in der möglichen Form erkannt wird, in der es vom Beobachter aus dessen Perspektive wahrgenommen werden kann. Damit zeigt die wahrgenommene Wirklichkeit im Grunde nur die Sichtweise des Betrachters an, der sich prinzipiell seine eigene Realität erschafft, denn wenn die Lokalisierung eines Teilchens im Raum unbestimmt ist, dann hängt es von der Sichtweise des Beobachters ab, wann und wo es sich manifestiert.* Das bedeutet analog: Wenn der Sinn des Lebens unbestimmt ist, dann hängt es von der Sichtweise des Beobachters ab, wie und wo er den Sinn des Lebens definiert. Wahrnehmung manifestiert Wirklichkeit, und Wirklichkeit manifestiert Wahrnehmung. Das war es, was schon die alten Griechen und christlichen Mystiker wußten: Wie wir beobachten, bestimmt die Wirklichkeit, die wir wahrnehmen. Verändern wir das "Wie", verändern wir das "Was".

Wenn wir also verstehen wollen, warum die Welt so ist, wie sie ist, müssen wir zu den Anfängen der Menschen zurückblenden, zu den Ursprüngen, als der Mensch begann, zu denken und sich mit seiner Umwelt bewußt auseinanderzusetzen, denn am Anfang reagierte die Instinktnatur: Fressen und Gefressenwerden. Mit der evolutionären Entwicklung hat sich der Mensch sozialisiert und damit seine Instinkte kultiviert. Man kann auch sagen, er hat seine Sexualbedürfnisse geregelt, weil die unkontrollierte Triebnatur die sozialen Grundlagen gefährdet. Der Lustbereich wurde bewußt ausgegrenzt und damit aus dem Licht des Bewußtseins verbannt. Je straffer die moralische Ordnung, je verdrängter die Sexualität, denn die Disziplinierung der Instinktnatur hängt mit der sozialen und kulturellen Entwicklung zusammen. Der Mensch wurde zum vernunftbegabten Wesen, weshalb von ihm erwartet wird, daß er seine Antriebe steuern kann, daß er für andere berechenbar ist, Zuverlässigkeit zeigt.

Doch heute, an den Grenzen des Wachstums angekommen, kann man erahnen, daß dieser Weg auch nicht in den Himmel führt. Am Wendepunkt unserer Entwicklung angelangt, da, wo uns die Errungenschaften unserer eigenen Kultur plötzlich gefährden, mag manch einer erahnen, zu welchem Preis wir dem Teufel unsere Instinkte verkauft haben, denn das, was uns bedroht, ist gleichzeitig das, was uns nährt: Ohne den zerstörenden Wachstumsmechanismus, dem wir ausgeliefert sind, wären wir schon heute nicht mehr lebensfähig. Unter dem Vorwand des Fortschritts haben wir die in den Atomen schlummernden Urkräfte geweckt und den Entdeckern dafür reihenweise Nobelpreise verliehen. Heute nennen wir die Entdeckung böse, dabei ist sie weder gut noch böse, sondern nichts anderes als die natürliche Fortsetzung des im Kinde wirkenden Urtriebes, seinen Teddy zu zerstören, um zu sehen, wie er innen aussieht. Es ist das krampfhafte Streben nach Fortschritt, das uns Menschen zwingt, uns immer weiterzuentwickeln, selbst wenn diese Entwicklung in eine Sackgasse führt. Dieses Streben entwickelt seine eigene Dynamik, die uns über die Grenzgebiete der Gegenwart hinaus in das Niemandsland der Zukunft trägt. Die furchtbare Bedrohung durch eine Technologie, die alles Leben vernichten kann, wenn sie in falsche Hände gerät, löst längst vergessen geglaubte Urängste aufs neue aus. Das ist der Preis für den Fortschritt, für die Atombombe und den Retortenmenschen, für den Computer, der den Menschen überflüssig macht, für die digitalen Träume virtueller Realitäten, die langsam in die Wirklichkeit eindringen. Wir haben der menschlichen Entwicklung buchstäblich unsere Seele versprochen, wenn sie uns dafür Fortschritt und Wohlstand beschert. Da wir an den Grenzen unseres Wachstums angekommen sind und plötzlich erkennen, daß die menschliche Entwicklung ohne Risiko und Zerstörung gar nicht denkbar ist, erinnern wir uns plötzlich wieder unserer Wurzeln und möchten in den geheimnisvollen Urschoß zurück: Wir möchten die Grundlagen erkennen, auf welchen sich unsere Entwicklung vollzieht und möchten wissen, wer wir sind und warum wir sind, wer wir sind.

Zur Handhabung dieses Buches

Die energetischen Strukturen der Planetenstellungen und -anordnungen geben dem Leser einen Schlüssel in die Hand, anhand seiner persönlichen Konfigurationen eine Bestandsaufnahme nicht nur seiner bewußten Ebene, sondern auch seiner unbewußten Instinktnatur vorzunehmen. Daß die Sichtung der durch unsere Kultur seit Jahrtausenden verdrängten psychischen Anteile sich natürlich nicht ohne Schmerzen vollziehen kann, wird jeder nachvollziehen können. Trotzdem möchte dieses Buch nicht auf die Chance verzichten, in die unbewußten Vernetzungen unserer Psyche vorzudringen, denn es repräsentiert die Astrologie nicht nur aus der traditionellen Sicht, sondern auch aus einer seelischen und geistigen Unterwelt, die den wahren Schatten im Verdrängen des Schattens – nämlich im Streben nach Licht – erkennbar werden läßt. Denn dazu eignet sich der Symbolgehalt der Astrologie ausgezeichnet. Unsere Absicht kann damit nur die sein, über die Bilder unserer Vorstellungen hinaus weiter in die Energien zu dringen, deren Schwingungen wir zwar nach unseren Gesichtspunkten beschriftet haben, deren Existenz aber jenseits unserer Etiketten liegt. Deshalb dürfen wir die Aussagen auch nicht auf der bewußten Ebene persönlich nehmen, sondern uns mit unserer Seele an die Empfindungen herantasten, welche die Inhalte der Themen in uns auslösen.

Dieses Buch ist für Menschen geschrieben, die nach Wahrheit suchen, nach der Erklärung dessen, warum sie sind, was sie sind. Es ist nicht für jene geeignet, die sich wie Süchtige auf die Suche nach dem Licht begeben, indem sie den bei sich selbst längst überwunden geglaubten Schatten ausschließlich beim anderen suchen – und finden. Die Suche nach dem Licht ist in der Tat wie eine Sucht: Die Droge, die einem dabei im Nacken sitzt, ist der Schatten selbst! Denn viele von uns befinden sich noch immer in der Situation der Ratsuchenden, die den Ratgeber nicht benutzen, um an ihr Problem heranzukommen, sondern – ganz im Gegenteil – um von ihrem Problem abzulenken. Wir bezahlen den Therapeuten oder andere seelische Begleiter (Astrologen, Tarotleger, Wahrsager) für die Dienstleistung, unser Problem symbolisch in einem Bild zu bearbeiten, das wir von uns weghalten können, damit wir es zwar verstandesmäßig bearbeiten können, ohne daß es uns aber wirklich seelisch schmerzt. In diesen Bildern kann der Teufel gefahrlos erkannt werden, ohne daß man seinem eigenen Schatten wirklich begegnen muß. Und deshalb ist Therapie und Schattenarbeit oft nur ein erfolgreicher Verhinderungsmechanismus, vom Schatten erfolgreich abzulenken und ihn dort zu bearbeiten, wo er die Therapie nicht stört (der getroffene Schatten würde sich sofort auf den Therapeuten stürzen). Das war schon im Mittelalter so, als die Kirche gerade aus der Bekämpfung des Teufels ihre Legitimität bezog, und ist auch noch heute nicht anders: Böses wird verdrängt und auf andere projiziert, und die negativen Prägungen des eigenen Selbst werden vor sich selbst und anderen versteckt. Das entspricht der Sichtweise des Esoterikers, der nach dem Licht strebt, um von seinem unerkannten Schatten abzulenken, ohne sich bewußt zu sein, daß sich in diesem Licht sein Schatten reflektiert, den er aus der Position seiner eigenen "Erlöstheit" jetzt durch seine Umwelt lebt. Also würden alle diejenigen unter den Sinnfindern und Wegverkündern, die ihre eigene Erlösung aus der eigenen Verdrängung des Teufels und dessen Bearbeitung im Schatten der anderen beziehen, lieber selbst den Teufel beschwören, als zu erlauben, daß der Mensch außerhalb ihrer Dogmen Sinnerfüllung erfährt. Unter diesen Vorzeichen muß man alle Äußerungen und Beiträge der Anbieter zur Erlösung des Menschen betrachten, denn es kann sicher nicht im Interesse der Modelle liegen, die Seele wirklich zu erlösen. Schließlich würde ein erlöster Mensch kaum Sinnfindungs-Modelle finanzieren, die ihn an sich binden. Das gilt auch für die Astrologie.

Zur Beschäftigung mit Astrologie

Demzufolge richtet sich dieses Buch an Menschen, die zuerst herausfinden wollen, warum sie überhaupt die Wahrheit suchen, bevor sie die Wahrheit selbst zu finden versuchen. Denn die Beschäftigung mit Astrologie verschafft uns zunächst einmal die Möglichkeit, die Welt im Spiegel unserer inneren Erwartungen zu betrachten und sie dabei als ein getreues Abbild unserer Ideen und unserer Überzeugungen zu erkennen, die unsere äußere Sichtweise prägen. Doch wenn wir uns dem System der Astrologie nicht blindlings ausliefern wollen, müssen wir uns auch fragen, warum wir suchen. Wir müssen uns fragen, welche innere Sehnsucht uns zwingt, aus einem in Wahrheit unendlichen Chaos von stellaren Einflüßen ein paar Ähnlichkeiten auszuwählen und durch ihre Strukturierung und Vernetzung Cluster von Weltvorstellungen herbeizuzaubern. Die Antwort ist klar: Um durch die Astrologie Antworten auf unser Schicksal zu bekommen, die wir uns aus unserer rationalen Beschränkung nicht zutrauen. Das muß nicht falsch sein: Astrologie darf ein Wegweiser, ein Treppengeländer sein, um in die Tiefe unserer Psyche hinabzusteigen und uns anhand der Bilder dort einen Überblick zu verschaffen, unter welchen Umständen und zu welchen Zielen wir gewissen dunklen Teilen unserer Psyche im Laufe unserer Entwicklung zu begegnen haben. Doch darf Astrologie niemals zum spirituellen Überbau werden, unter dessen schützendem Dach wir unser Leben verhindern (und die Verhinderung bebildern), weil wir, statt des schmerzenden Lebens dann unsere dramatischen Erklärungen leben, also die Bilder, wie wir uns vorstellen, daß unser Leben so aussähe.

Jede hierarchisch aufgebaute Glaubens-Architektur gibt ihren Mitgliedern Sicherheit und Wissen nicht umsonst, sondern verlangt im Gegenzug deren Seelen, denn sie bindet sie an ein verbindliches Konzept der Wahrheit, das in der Dualität von Gut und Böse den letzten Ratschluß göttlicher Weisheit formuliert. Deshalb ist jede absolute Überzeugung, ob Astrologie, Religion oder spirituelles Modell, letztlich eine Täuschung, die nicht nur jene, die daran glauben, in die Irre führt, sondern auch die, welche die Lehre predigen. Da jeder Gläubige, der sich mit seinem Glauben identifiziert, seinen Glauben nur aus der Sichtweise erkennen kann, wie dieser das Vakuum seiner inneren Leere ausfüllt, kann er die Wurzel seines menschlichen Glaubens natürlich niemals dort erkennen, wo sie sitzt, nämlich in der Leere und Trostlosigkeit der rationalen Angst vor dem Tod, sondern er wird sie immer in der himmlischen Botschaft reflektieren, die ihm gleichfalls von oben einen Weg aus seinem irdischen Jammertal zeigt. Aus der Position seiner Blindheit wird er deshalb in der Leere stets die Hölle, im himmlischen Sinnbringer (Guru) den Messias und in dessen Botschaft (Erklärungsmodell) die Heilslehre erkennen. Zwar ist es das Ziel jedes Einweihungsweges, danach zu suchen, was wir sind; aber weil wir dabei nicht ahnen, daß das wirkliche Ziel nicht darin besteht, zu finden, was wir sind, sondern nur die Voraussetzungen dafür zu erfahren, warum wir nicht erfahren können, was wir sind, führt uns jede Selbsterkenntnis in Wahrheit vom Weg des Suchens ab. Denn alles, was wir finden, sind immer nur die Prägungen, die innerhalb der Strukturen unseres Vorstellungsvermögens liegen – also innerhalb des Bewußtseinsinventars, das unsere Vorstellung der Welt konstelliert. Schon die alten Priester erlangten mit Hilfe ihrer inneren Überzeugung Macht über Gott oder Macht über das Bild ihrer Vorstellung, die sie die höchste Einsicht nannten – die aber mehr das Bild ihrer kompensierten inneren Trostlosigkeit als die Wahrheit über Gott war. Weder sie selbst noch die Gläubigen erkannten den Mechanismus dieser Wahrheitsfindung, denn der Maßstab des Erkennens, mit dem das Bewußtsein die durch sich selbst erkannte Wahrheit maß, war ja die Ausrichtung oder die Sinnsuche des Menschen selbst.

So auch hier: Die Planeten können niemals Schicksal sein; sie zeigen lediglich an, was unser inneres Empfinden an die Welt heranträgt. Sie stellen einen eigenen Kosmos, ein symbolisches Abbild unserer Energien dar und liefern uns die Formeln zu unserer Realität, wie wir die Welt durch die Muster unserer Gestirne wahrzunehmen haben. Da die Welt für uns erst durch die Aspekte zu dem wird, was sie für uns ist, können wir unsere Realität als ein komplexes Gewebe betrachten, das aus dem Zusammenspiel aller seiner Komponenten erst wird. Erst wenn wir wissen, daß sich im Denken nur das Denken erkennt, und wenn wir die Symbole als die Werkzeuge sehen, um unserer Kreativität Ausdruck zu verleihen, sozusagen als einen Spiegel dessen, was wir aus der unbewußten Ebene in die bewußte übertragen, dann können uns unsere astrologischen Dispositionen dazu einladen, uns über das astrologische Weltbild hinauszuheben und unsere täglichen Erfahrungen und Beziehungen auch in anderen analogen Bewußtseins-Schubladen und Denkmodellen zu reflektieren, die alle – je nach der Sichtweise des Beurteilenden – gleichermaßen richtig und falsch sein können. Dazu ein Beispiel.

Die Relativität der Wirklichkeit

Eine Frau leidet an einer Allergie und Sauberkeitsmanie. Der Arzt behandelt sie gegen Hausstauballergie (äußere Ebene), der Psychologe diagnostiziert seelische Berührungsangst (innere Ebene), der Magnetiseur rät zur Vermehrung der Lebenskraft (Störungen im Ätherleib), die esoterische Lebensberaterin zum Bauchtanz (Mut zur Weiblichkeit), die okkulte Kartenlegerin empfiehlt eine neue Partnerschaft (das Problem liegt in der Außenwelt) und der theosophische Freund redet von vorgeburtlichen Umständen (kosmische Ursachen). Der Pfarrer erkennt in der seelischen Unberührbarkeit die Stigmen der Jungfräulichkeit, der Astrologe spricht von einem Neptun/Venus-Quadrat, der Schamane sieht eine Verletzung der schützenden Lebenshülle, die Hexe den magischen Angriff der Nachbarin und der Ehemann schließlich eine übertriebene Hysterie. So fällt jeder sein Urteil aus der Sicht, wie sich ihm der Zusammenhang der Dinge darstellt. Wer hat nun recht? Jeder hat recht, weil jeder die Wahrheit auf seiner Ebene erkennt, und keiner hat recht, weil sich die Wahrheit auf jeder Ebene anders ausdrückt. Damit sind wir wieder beim Kernpunkt Astrologie. Der Astrologe hat recht, weil sich in seiner Sicht der Dinge ein Stück Wahrheit ausdrückt. Aber auch der Psychologe, der Philosoph, der Naturwissenschaftler, der Arzt, der Pfarrer, der Magier, der Schamane und der Ehemann: sie alle haben recht, wenn sie sich bewußt sind, daß die Wahrheit relativ ist und sich ihnen immer gerade auf der Ebene spiegelt, auf welcher sie ihr Weltbild montiert haben.

Das Leben ist wie ein Film, und der Betrachter gibt dem Film Sinn, weil das Leben ist, wie er es sieht. Und er sieht die Welt, wie er sie sehen will. Darin liegt letztlich menschliche Erfüllung. Oder der Beginn geistiger Erkenntnis. Wie läßt doch Goethe seinen Herrgott sagen:

Das Werdende, das ewig wirkt und lebt,
Umfass' euch mit der Liebe holden Schranken,
Und was in schwankender Erscheinung schwebt,
Befestiget mit dauernden Gedanken.
Faust I (Prolog im Himmel)

Ein kurzer Rückblick durch Raum und Zeit

Altertum

Die ersten astrologischen Texte stammen von den Babyloniern, auch wenn man annimmt, daß sie aus der Kultur der Sumerer, einem noch älteren Volk, übernommen wurden. Darin begegnen wir den Gestirnen als machtvollen Göttern, die das Schicksal der Völker bestimmen, denn die babylonische Astrologie war auf die Vorherbestimmung von Ereignissen großen Ausmaßes wie Kriege, Dürren oder Überschwemmungen angelegt. Ihre Überlieferungen weisen sie als exzellente Beobachter des Sternenhimmels aus. Es war ihnen gelungen, die inneren Gesetzmäßigkeiten der Himmelsbewegungen zu erkennen, denn die ersten Ephemeriden (Vorausberechnungen der Gestirnsläufe) finden wir schon auf den Tontafeln des assyrischen Königs Assurbanipal (7. Jh. v. Chr.).

Die Griechen vertrauten sich dagegen lieber ihren Göttern und Orakeln an, die ihnen in ihrem sibyllinischen Charakter näherstanden als die starre Himmelsmechanik der Babylonier. Nur zögernd übernahmen sie deren Planetenmodelle, und es dauerte mehrere Jahrhunderte, bis sich die Gestirnslehre gegenüber der Götterwelt durchgesetzt hatte. In der alexandrinischen Zeit jedoch zerfielen die alten Vorstellungen von Zeit und Raum, und es entstanden Erkenntnisse, die bis heute gültig sind. Der große Mathematiker und Astrologe Ptolemäus erkannte als erster die Verschiebung des Sternenhimmels, aufgrund der ein Mensch, der im Zeichen des Widders geboren wurde, zweitausend Jahre später am gleichen Ort und zur gleichen Zeit astronomisch im Zeichen der Fische zur Welt käme. Er löste das Problem symbolisch und verlagerte den Zodiak einfach von Raum (astronomisch) in symbolische Zeit (astrologisch). Durch diesen Akt wurde die Astrologie von der Astronomie getrennt, denn die wirkliche Stellung der Sterne am Himmel wurde für die Astrologie nun uninteressant. Anstelle der wirklichen Gestirne setzte sie das Modell einer zeitlichen Abfolge von Tierkreiszeichen an den Himmel, wobei der Widder immer mit dem Frühlingsanfang beginnt, ganz egal, ob sich dieser räumlich im Zeichen der Fische oder wie in unserer Zeit am Übergang zum Wassermann befindet.

Im Rom der Kaiserzeit war die Stellung der Astrologie stark von den Launen der Mächtigen abhängig. Die Vorliebe zur Vorausschau war zwar ungebrochen, aber die Techniken der Weissagung wechselten sich in der Gunst der Herrscher ab. Überflügelt wurden die Astrologen vor allem von den Auguren, Priestern, die aus dem Vogelflug den Willen der Götter zu deuten verstanden.

Stellvertretend für die Astrologie in anderen Kulturen seien hier die Priester-Seher der Maya und Azteken genannt. Die Zukunft der männlichen Nachkommen wurde durch das Sternbild geregelt. Nach der Geburt traten die Priester zusammen und erstellten das Horoskop, aus dem sie die Bestimmung des Knaben herauslasen: Sklave oder Priester, Ritualopfer oder Soldat. Sie sahen in den Gestirnen den Willen der Götter, und durch das Entschlüsseln der himmlischen Chiffren festigten sie ihre Macht.

Mittelalter

Im frühen Mittelalter stellte sich für die Theologen die Frage, ob sie die Astrologie als rechtmäßige Wissenschaft betrachten oder als böses Zauberwerk verwünschen sollten. Was für die einen eine ernstzunehmende Wissenschaft war, war für die anderen eine widerrechtliche Einmischung in die allein geltende göttliche Weissagung. Thomas von Aquin schließlich fand einen Ausgleich: Solange sich die Astrologie der Geisterbeschwörung enthielt, könne sie die Lehren der Kirche durch ihre kosmische Komponente bereichern. Lehrstühle wurden an den Universitäten eingerichtet, und unter den Dozenten befanden sich die berühmtesten Astronomen jener Zeit. Es war nicht zuletzt die Unterstützung durch die Päpste, die der Astrologie während der Renaissance zu einer Blütezeit verhalf. Böse Zungen behaupten sogar, daß Luthers schroffe Abweisung der Astrologie ihren Ursprung in der Tatsache hatte, das sie sich im Vatikan so ausbreitete.

Mit dem Aufkommen der exakten Naturwissenschaft verlor die Astrologie aber ihre Bedeutung. In dem von den Lehren René Descartes (1596-1650) geprägten Zeitalter des Rationalismus war kein Platz mehr für die ungesicherten Botschaften der Astrologie, denn sie denkt weder logisch, kausal, rational noch linear, sondern symbolisch, ganzheitlich, irrational und analog.

Zuerst verschwanden die astrologischen Lehrstühle an den Universitäten, dann wurde die Astrologie verboten und schließlich die Astrologen als Ketzer verbrannt.

Damit war die Astrologie vorerst gestorben, aber sie wurde immer wieder zu neuem Leben erweckt, denn der Wunsch, Verborgenes zu erfahren, ist dem Menschen angeboren. Der Astrologe, der Schamane oder das Medium in Trance stehen genauso wie der Physiker oder der Tiefenpsychologe in einer langen Reihe, Unergründliches zu erforschen, die ihre Ahnen in der babylonischen Astrologie, den keltischen Steinkreisen, den griechischen Orakeln oder der römischen Wahrsagerei aus dem Vogelflug oder den Eingeweiden geschlachteter Opfertiere hat.

Neuzeit

Daß die Astrologie gerade in unserer Zeit einen solchen Aufschwung erlebt, ist zwar erfreulich, spricht aber nur indirekt für die Astrologie, drückt sich darin doch vielmehr das Unbehagen des Menschen gegenüber den Schattenseiten des rationalen Fortschritts aus, dessen rasender Entwicklung das Individuum nicht mehr zu folgen vermag. Von der Voraussetzung ausgehend, daß alles, was er in der äußeren Welt anstrebt, zuerst als inneres Bild in ihm selbst vorhanden ist, äußert sich in seinem Wunsch nach äußerer Erkenntnis gleichzeitig auch der Wunsch nach Selbsterkenntnis.

Trotzdem kann man jetzt nicht davon ausgehen, daß das Geburtshoroskop die Erklärungen für die Umstände abgibt, denen man im Leben begegnet, und daß diese in allen Fällen unverrückbar wären. Man kann eher davon ausgehen, daß die Planetenstellungen im persönlichen Horoskop den individuellen Gesichtswinkel bestimmen, aus dem heraus wir die Umwelt betrachten – also gewissermaßen einer Einladung gleichkommen, wie wir die an sich unbestimmten Eindrücke aus der Außenwelt zu erleben und für uns auszuwerten haben. Demnach ist unser Horoskop der Schlüssel, der uns aufzeigt, wie wir die Welt wahrnehmen, damit sie unserer Anlage entspricht. Nicht, weil dies der Wahrheit, sondern weil es der Perspektive unseres Bewußtseins entspricht. Denn die universale Energie ist eine unpersönliche Kraft, weder gut noch böse. Sie wird erst durch die Muster unseres Bewußtseins in weiß oder schwarz unterschieden. Die Unterscheidungen entstehen folglich im Gehirn, in unserem Denken.

Der kybernetische Ansatz der Astrologie

Die inneren Prägemuster

Fassen wir also zum Gedanken Vertrauen, daß alles, was uns aus der Außenwelt berührt, immer nur die äußeren Reflexionen auf unbewußte innere Verhaltensmuster sind. Wenn ein Mensch beispielsweise an der aggressiven Färbung seiner Umwelt leidet, dann erkennen wir darin die negative Prägung durch seine eigenen Verhaltensmuster. Voraussetzung zu dieser Störung könnte möglicherweise sein, daß er in der Kindheit für einen Anlaß so heftig bestraft wurde, daß fortan die Angst, wieder Prügel zu bekommen, stärker wurde als der Mut, die eigenen Aggressionen loszuwerden. Die Angst aber, Prügel zu erhalten, entspricht der inneren Vorstellung, Prügel zu verteilen. Mit anderen Worten, nur wenn ich mir selbst vorstellen kann, andere brutal zusammenzuschlagen, kann ich die gleiche Vorstellung umgekehrt dazu benutzen, mir das Beziehen von Prügeln durch andere aufregend auszumalen.

Versuchen wir uns dies an einem ausführlicheren Beispiel zu erhellen. Der kleine Peter, der sich von seiner Mutter nicht geliebt fühlt, reagiert darauf, indem er sich als unliebsam empfindet. Da er auf die Gefühle der Mutter aber nicht verzichten kann, liefert er sich eben den Gefühlen aus, keine Liebe zu bekommen, weil er sich mit der Mutter gegen sich selbst verbündet, um wenigstens das Gefühl der Schuld zu bekommen, wenn er schon das Gefühl der Liebe nicht erhält: *Ich bin nicht liebenswert, weil ich nicht so sein kann, wie meine Mutter mich liebt!*

Ist der kleine Peter aber groß geworden, dann ist diese negative Fixierung immer noch vorhanden, denn jetzt interessiert er sich nur für Frauen, die ihm seinen negativen Gefühlswert bestätigen (die ihn also auch nicht lieben können, weil er nicht so ist, wie seine Mutter ihn liebt).

Trotzdem kann man nicht behaupten, daß der große Peter keine Gefühle kennt, sind es doch ganz im Gegenteil sehr starke Gefühle, die er ausdrückt, nur eben auf der Haben-Seite, auf der Schuldebene, im Schattenbereich. Darum müssen wir uns hüten, falsche Schlüsse zu ziehen, indem wir zum Beispiel annehmen, daß sich diese Gefühle auf der unerlösten Ebene negativ in Peters Leben auswirken, denn damit würden wir die Werte polarisieren. Die Werte folgen in ihren Auswirkungen den Ursachen, auf die sie sich beziehen. Wie wir das beurteilen ist unsere Sache, aber wir müssen auch wissen, daß Menschen in ihrer Geschichte mehr Leid durch die negative Fixierung des Leidens als durch das Leid selbst entfacht haben. (Mit anderen Worten, die soziale Gewichtung des Umfeldes bei Arbeitslosigkeit oder Krankheit kann das Individuum mehr belasten als das Problem selbst.)

Die Schwierigkeit ist vielfach die, etwas ändern zu wollen, ohne die Zusammenhänge zu erkennen. Peter wird nicht krank, wenn er seine Gefühle auf der unerlösten Ebene ausleben kann, weil dieses Syndrom ja nicht nur Strafe, sondern gleichzeitig auch der Versuch der Psyche ist, sich durch Einbeziehung des Schattens wieder in Harmonie zu bringen. Anders ausgedrückt, Peters negatives Muttergefühl zwingt ihn dazu, sich im Leben Frauen zuzuwenden, die ihm keine Liebe geben können – was in sich stimmig ist, denn nur in diesen Frauen kann er sein eigenes Mutterbild finden, weil dies der logischen Wirkung auf die vorhandenen Ursachen entspricht. Damit ist Peter mit seinen eigenen Problemen auf eine unerlöste Art in Harmonie. Krank wird Peter erst, wenn man ihm erklärt, daß sein Frauenbild nicht stimmt und man eine Änderung herbeiführen will, ohne die Voraussetzungen in seiner Psyche zu berücksichtigen.

Die rückwärts wirkende Kausalität

Um das Problem aber in seinem inneren Zusammenhang zu betrachten, müssen wir das Prinzip von Ursache und Wirkung verlassen. Dieses Prinzip ist nur der Kunstgriff unseres Verstandes, um uns die Strukturen in der Welt einsichtiger zu machen (denn die Voraussetzungen unseres Verstandes zwingen uns, die Welt nach dem Prinzip von Ursache und Wirkung zu betrachten).

Wir müssen begreifen, daß die Ursachen, aus denen sich die Wirkungen ergeben, selbst nur Wirkungen davorliegender Ursachen sind, die sich auf immer weiter zurückliegende Voraussetzungen zurückführen lassen. Die Ursache von Peters Frauentrauma, sein Mutterbild, ist lediglich die Wirkung weiter zurückliegender Ursachen, die wiederum Wirkungen noch tieferer Ursachen sind. Peter muß sich zumindest Gedanken über die Gesamtzusammenhänge machen, um sich mit seinem Problem spirituell auseinandersetzen zu können.

Es ist also wichtig zu wissen, daß Peters Probleme eine Folge von Wirkungsprinzipien sind, die auf Ursachen folgen, deren Grundlagen in Peter selbst zu suchen sind. Und ähnlich, wie die Menschheit keinen Frieden finden wird, solange sie ihr Verhalten nicht ändert, weil der Krieg exakt den Auswirkungen menschlicher Verhaltensmuster entspricht, so wird sich Peters Frauenbild nicht ändern, indem er der Mutter jetzt die Schuld gibt. Die Mutter ist nicht nur Ursache, sondern auch Wirkung in Peters traumatischen Verhalten, das gleichzeitig in die Vergangenheit und in die Zukunft weist.

Versuchen wir einmal, die Ursachen in unserem Beispiel umzustellen. Dann ist Peters Frauenbild nicht mehr gestört, weil er von der Mutter keine Liebe empfing, sondern er benutzte im Gegenteil die Mutter, die ihm keine Liebe geben konnte, um sein eigenes, inneres Frauenbild in der Außenwelt zu gestalten. Oder noch drastischer: Peters Mutter will ihm alle Liebe geben, doch sein inneres Empfinden ist nicht auf diese Schwingung eingestellt, und so erhält er keine Mutterliebe. Er empfängt auf einer Frequenz, auf der die Liebe der Mutter nicht durchdringt oder umgekehrt, dort, wo die Muttergefühle fließen, erhält er keine Signale.

Solche Beobachtungen helfen uns zu erkennen, daß unsere objektive Wirklichkeit einem Denken entspricht, das sich aus seinen Beobachtungen selbst ausschließt, weil es glaubt, außerhalb zu stehen und die Welt getrennt von der eigenen Wahrnehmung zu sehen. In Wirklichkeit gibt es nur die Wechselwirkung zwischen dem Beobachter und dem Beobachteten, wobei der Beobachter das, was er sehen will, in das zu Beobachtende einfließen läßt, um in der Außenwelt die Bestätigung für das zu erhalten, was er sehen will.

Erst wenn er die Mutter von seinem inneren Bild "abzieht", kann er die "äußere" Frau rehabilitieren, die sonst nur zum Opfer seiner inneren Vorstellung wird. Wenn er seine Kindheit mittels dieser Perspektive nochmals nachvollzieht, kann er vielleicht den unbewußten Mechanismus erkennen, immer dann Liebe von der Mutter gefordert zu haben, wenn diese durch äußere Umstände verhindert war. Dieses unbewußte Verhalten, in den unpassendsten Momenten Gefühle auszudrücken oder zu erwarten, entspricht dem Senden und Empfangen auf verschiedenen Frequenzen, was aber nicht die Schuld der Mutter, sondern eine gewisse Nicht-Übereinstimmung in den Gefühlen von Kind und Mutter ist.

Die individuelle Perspektive (Der Mechanismus der Zuneigung)

Wir haben an Peters Mutterproblemen gesehen, daß die Probleme nicht von der äußeren Erscheinung, sondern vom inneren Bild herrühren, das über die Mutter nur ausgelöst wird. So können wir erkennen, daß wir eine Sache nicht so sehen, wie sie ist, sondern nur, wie die Bereitschaft, sie zu sehen, in uns selbst vorhanden ist. Wenn Disharmonien zur Mutter in der Psyche des Kindes angelegt sind, dann kann sich die Mutter verhalten, wie sie will – immer wird sie vom unbewußten Verhalten des Kindes in eine Lage gezwungen, in der sich die Spannungen auch auslösen.

Immer sind es die Gefühle uns selbst gegenüber, die uns Menschen zwingen, die Welt aus jener Perspektive zu beurteilen, die den Gefühlen entspricht, mit denen wir uns identifizieren. Es sind die Gefühle, die uns anziehen, an die wir uns je nach Anlagen zu binden haben und die dann über diese Bindungen die Funktionen oder Wirkungen in unserem Leben festlegen, die wir aufgrund unserer Veranlagungen in unser persönliches Schicksal übernehmen.

Die Gefühle sind die individuellen Vorstellungen, sich genau von jenen Vorstellungen in der Welt anziehen zu lassen, die auf der gleichen Wellenlänge liegen. Hieraus können wir lernen, daß die Schöpfer aller Bilder unsere inneren Gefühle sind, ein System von individuellen Vorstellungen, die einerseits auf angeborene Charakteranlagen zurückzuführen sind, andererseits aber auch auf anerzogene Verhaltensmuster, welche wiederum das Konglomerat von Erbanlagen sind.

Es ist genau dieses Beziehungsgeflecht, das sich durch die Geschichte der Menschen zieht und gleichsam zu der Straße wird, auf welcher Generationen vererbter Vorstellungen sich bewegen. Dieses Geflecht, das dem Verhalten der menschlichen Psyche entspricht, sich immer auf irgend etwas zu beziehen, ist die Welt, die sich aus dem Bewußtsein dieser Bilder nährt.

Die Auslösung des Schicksals

Somit kann das Kind seine Eltern für den Mangel an Übereinstimmung nicht mehr verantwortlich machen, weil nur der Mangel an Übereinstimmung in den Alltag übertragen werden kann, der sich im Kind selbst befindet. Man kann das Auto auch nicht verurteilen, das einem über die Füße fährt, weil es einem nur dann über den Fuß fahren kann, wenn die Bereitschaft, dies zu erleiden, in einem selbst vorhanden ist.

Im Schicksal spiegelt sich immer die Vollstreckung einer bestimmten Entwicklung. Ist man sich dieser Entwicklung nicht bewußt, so kann man das erlittene Schicksal nur schwer akzeptieren, weil man die Voraussetzung der Schicksalserfüllung nicht in sich selbst sieht. Wenn ich aber die Voraussetzungen zur Schicksalserfüllung nicht in mir selbst sehe, werde ich keine Verantwortung für das übernehmen können, was mir passiert.

Das, was mir begegnet, wird scheinbar ausgelöst von der Umwelt, die mich umgibt. Es sind jedoch die inneren, unerlösten Bilder in mir, die mich zwingen, mich denjenigen Umständen in der Umwelt auszuliefern, die mich dorthin dirigieren, wo mich mein verdrängtes, unakzeptiertes Schicksal von außen zwangsweise wieder einholt. Wenn ich das, was in mir angelegt ist, nicht selbst erfülle, dann wird das Zu-Erfüllende von außen bewirkt, wobei allerdings das, was mir zur Schicksalserfüllung verhilft, vielleicht nicht immer sehr angenehm ist.

Wir können davon ausgehen, daß wir selbst die Verursacher unserer Erlebnisse sind. Aufgrund unserer Vorstellungszwänge, wie wir die Welt wahrzunehmen haben, binden wir uns an das Ereignis "Leben". Gleichzeitig beschweren wir uns aber über diese Bindung und beklagen sie als böses Schicksal, das uns von den Göttern aufgezwungen wurde, beneiden unsere Nachbarn, eifern fernen Helden nach und streben nach Profit. Damit erschaffen wir eine Welt, in der Kampf, Leistung und Rücksichtslosigkeit vorherrschen. Von der Wiege bis zur Bahre wählt jeder aus dem unerschöpflichen Trog von Perspektiven diejenigen Sichtweisen aus, die seiner inneren Ausrichtung an die Geschehnisse in der äußeren Welt entsprechen.

Viele sprechen dann von schwerem Schicksal, wo es sich doch um die Kompensationsmechanismen der Seele handelt, um das eigene Schicksal zu erfüllen. Ob das die Pleite ist, die sich abzeichnet, oder die Ehefrau, die wegläuft, ob es das Auto ist, das einem über die Füße fährt oder der Blumentopf, der einem auf den Kopf fällt: Wichtig ist zu akzeptieren, daß einem auf dem Schicksalsweg nichts anderes begegnen kann als das, was in einem selbst angelegt ist. Auch wenn wir uns im Glauben wiegen, unser eigenes Leben zu kontrollieren, weil uns die Verplanung der materiellen Realität dies suggeriert: In Wirklichkeit werden wir von den Wirkungen unserer Handlungen herumgeworfen, in denen die unsichtbaren Keime künftiger Entwicklungen schon eingegossen sind!

Die mehrdimensionale Perspektive

Die Welt, so wie sie sich uns darstellt, entspricht der Summe unserer Erfahrungen, die wir durch unsere Taten mit eben dieser Welt gemacht haben. Das entspricht gleichzeitig auch unserem Denken, in das beständig neue Erfahrungen einfließen, was sich in einem immer wieder leicht modifizierten

Weltbild niederschlägt. Nun müssen wir aber wissen, daß wir nicht generell Erfahrungen anziehen, sondern uns nur von Erfahrungsmustern anziehen lassen, die zu unserer Weltanschauung irgendwie in Verbindung stehen. Da diese Weltanschauung sich wechselwirkend aus den gemachten Erfahrungen zusammensetzt, ist hier leicht nachvollziehbar, daß das menschliche Bestreben nicht darauf zielt, die Welt kennenzulernen, sondern sich immer mehr in seinen eigenen Erfahrungen zu bestätigen.

Setzen wir weiter voraus, daß unsere persönliche Erfahrung unserem persönlichen Wirken in der Welt entspricht und dieses Wirken unseren ererbten Anlagen, so können wir vermuten, daß die Schaltzentrale für unsere Taten nicht in unserem Bewußtsein sitzt, sondern in jener vieldimensionalen Persönlichkeit, in die wir uns mit unserer ganzen Ahnenreihe (Inkarnationskette) teilen.

Unsere Horoskop-Persönlichkeit stellt also nur einen Ausschnitt unseres Gesamtwesens dar, das wir innerhalb unseres Raum-Zeit-Kontinuums zum Ausdruck bringen. Unsere individuellen Anlagen ziehen dabei die noch fehlenden Erlebnismuster an, um sie über den Filter des bewußten Erlebens in die Gesamtperson zu integrieren.

Wir können nun versuchen, diese Gesamtpersönlichkeit als etwas zu erfassen, das sich durch seine eigenen Teilausschnitte (Fragmente) selbst erfährt. Genauso, wie sich der Mensch über seine Erlebnisse in der Welt (Berührungen mit der Kollektivpsyche) selbst zu erkennen sucht, genauso sucht sich die Gesamtwesenheit durch die Erlebnisse ihrer Fragmentpersönlichkeiten selbst zu erfahren.

Nicht nur die Gesamtpersönlichkeit prägt unser Wesen, sondern auch die Summe unserer Erfahrungen auf allen Realitätsebenen: Das Ich entspricht dem Geist des Ewigen, sich in die Dualität zu übertragen, und wird deshalb zum verkleinerten Rahmen, in dessen Reflexionen sich der Kosmos erkennt!

Liebe Leserin, lieber Leser!

Die "Fenster der Seele" sind ein Weg der Beschreibung, um Dir die persönliche Ausrichtung Deiner Planeten in den Zeichen und Häusern widerzuspiegeln. Sie sind unter der Perspektive formuliert worden, daß jeder Ausblick zuerst einmal nach der Möglichkeit eines Einblicks verlangt. Betrachte daher diesen Text als den Kommentar eines Reiseführers oder – besser noch – als freundliches Gespräch mit Deinem Seelenführer, Deinem Psychopompos, der Dich in Deine inneren Seelenkammern hinabbegleitet, und dessen Rede stets mit der Aufforderung endet: "Aber hineinschauen in Deine Innenwelt mußt Du schon selbst!"

Auch wenn du Dich noch so tief in den Text einliest, denke bitte immer daran, daß Du von ihm keine Vollständigkeit erwarten kannst. Nicht nur, weil es sowieso keine Wahrheit gibt – Wahrheit ist immer nur eine Perspektive im Kopf der Erkennenden, die ihre persönlichen Erfahrungen kommentieren –, sondern auch, weil es sich bei diesen Ausführungen lediglich um den ersten Schritt einer Annäherung an Dein inneres Wesen handelt, ans Tor Deines Selbst. Die Schilderung der Planeten in den Zeichen und Häusern bedürfen als Ergänzung der Beschreibung der Beziehungen der Gestirne untereinander (Aspekte) sowie, wenn wir ihre Energien durch Raum und Zeit begleiten wollen, der Akzentuierung ihrer Auslösungen durch Direktionen und Transite.

Im weiteren wurde auf eine schmeichelhafte Porträtierung Deiner Person absichtlich verzichtet, ging es doch darum, Dich möglichst etwas näher ans Licht, und nicht mit esoterischem Geschwafel hinters Licht zu führen. Dünken Dich die Ausführungen bisweilen etwas arg übertrieben oder gar unerträglich dunkel, darfst Du auch ruhig darüber schmunzeln: über die Texte, die sich in Deinen Vorstellungen genauso loswerden wollen wie Du Dich in ihrem Erkennen, sowie auch über Deine bisweilen durchaus sinnvolle Art des Verdrängens. Geben wir es zu: Mit der Wahrheit allein läßt es sich nicht leben, sondern es braucht immer auch einen gewissen Platz für unsere Sehnsüchte und Verdrängungen. Sei Dir deshalb darüber klar, daß nicht alles schlecht zu sein braucht, was dennoch kritisiert werden kann und darf, denn wenn wir ein Bild für unsere ganze Vollständigkeit bekommen wollen, dann müssen wir uns auch dem stellen, was wir nicht gerne sehen wollen. Darüber können wir erschrecken. Wir können aber auch darüber lächeln, denn damit zeigen wir, wir haben uns erkannt!

AKRON

Die Fenster der Seele

Die Planeten in den Zeichen und Häusern

SONNE

Der schöpferische Wille

Die alles überstrahlende Sonne ist das befruchtende Symbol der Lebenskraft. Sie ist der Mittelpunkt, die Schöpfungsnabe, deren Strahlen alles durchdringen und auf deren Schwingen der Mensch zu sich selber findet, denn es ist sein eigener Herzton, der ihn trägt, der ihn mit dem irdischen Schicksal verwebt und durch die Wirren des Karmas führt. Seit der Urfrühe der Menschheit erkennen wir in ihr das kraftvolle Prinzip. Die Sonne erscheint nach nächtlichem Kampf mit den Mächten der Finsternis jeden Morgen mit unverminderter Kraft wieder und zieht ihre siegreiche Bahn über den Himmel. Als Zentrum des Tierkreises ist sie auch ein Symbol des göttlichen Ich. Für die alten Ägypter verkörperte Horus die brennende Morgensonne, Ra die glühende Mittagssonne und Atoum die dämmernde Abendsonne, bis Echnaton den Sonnengott Aton als alleinigen Gott einführte. Die Sonne entspricht der Suche nach dem Weg oder der Reise des Helden zu sich selbst, denn sie ist das Ziel des persönlichen Strebens und stellt alle Formen von Ich-Verwirklichungen dar. Doch erst in der Gewichtung der ganzen Lebensumstände und der Einsicht in die Ursache-Wirkungs-Prinzipien kann sich das Ich dann als das erkennen, was es ist: eine sich stets wandelnde, vitale Größe mit begrenzter Existenzdauer, die sich aus unbewußten Verhaltensmechanismen und kollektiven Urmustern zusammensetzt.

Mit anderen Worten: Wir projizieren unsere inneren Wünsche und Gedanken in die Außenwelt und erhalten sie von dort in der Verkörperung geeigneter Modelle zurück. Daraus basteln wir dann eine Form von Lebenssinn, ohne zu erkennen, daß die Außenwelt nur das Echo auf unsere Gedanken ist. Dadurch identifizieren wir uns mit der sonnenhaften Verkörperung unseres Willens, was immer dann zu Ich-Krisen führt, wenn die alten Sichtweisen durch neue Perspektiven ersetzt werden müssen. Genau das aber ist das Dilemma der unentwickelten Sonne: daß sich das Ich in seiner eigensten Entwicklungsabsicht nicht erkennt und Schmerz und Leid nicht als die Wirkungen erfährt, die es zur eigenen Transformierung sucht und findet! Durch die bewußte Auseinandersetzung mit deinem Tierkreiszeichen kannst du die Sonne aber auch dazu benutzen, dich den höheren inneren Dimensionen zu stellen: den Beweggründen, die dich zwingen, dich so zu verhalten, wie deine Sonnenposition im Horoskop dies anzeigt. Der spirituelle Sinn ist natürlich, die äußere Sonne auf eine höhere innere Ebene zu heben und dir damit deinen seelischen Prägungen bewußt zu werden. Anders ausgedrückt: Du müßtest dein Feuer mit den Umrissen jener galaktischen Glut in Verbindung bringen, von der die Sonne nur ein Abziehbild ist, und auf den Strömen dieser Verschmelzung ins innere Milchstraßenbewußtsein eindringen, indem du dich als kleinen Teil eines unendlichen inneren Schöpfungswillens erkennst, von dem dein dir vertrautes Ich nur ein unbedeutender Ausschnitt ist.

Wer aber ist das Ich, dieses Gefühl von Individualität, welches eine unterscheidende Wahrnehmung zwischen sich und anderen erst ermöglicht? Materiell betrachtet ist es eine Illusion. Weder der Leib, die Seele oder der Geist beinhalten ein "Ich". Da ist nichts und trotzdem ist es da! Es resultiert aus dem Zusammenspiel des Seins, aus der Freude heraus, zu sein: aus dem innersten Schöpferwillen, der sich aus sich selbst heraus gebärt. Dabei erhellt es sich durch sein eigenes Leuchten und stellt sich sofort in den Mittelpunkt, denn es verkörpert sich auf eine Weise, in der die kindlich unschuldige Freude am eigenen Strahlen zur Sucht nach Bewunderung durch die anderen wird. Das unerlöste Ich, das sich gern mit der Sonne identifiziert ("Ich bin!"), realisiert nicht, daß es selbst ein Sammelsurium von Trieben und Wünschen, Minderwertigkeitskomplexen und ungelösten Autoritätskonflikten ist, das sich beständig umschichtet und erweitert. Es ist nichts anderes als eine gegenwärtige Momentaufnahme, ein Zeit- und Raumausschnitt des Menschen auf dem Wege zu sich selbst. Und dieses Ich wird von der Sonnenstellung in den sogenannten "Häusern" auf der materiellen Ebene gespiegelt, da es die Hausstellung der Sonne ist, die dir erläutert, wie du die seelische Prägung deiner Tierkreis-Sonne in der Welt anstrebst.

Die Sonne symbolisiert neben Eigenschaften wie Selbstüberschätzung, Angeberei und Arroganz aber auch die innere Mitte, die spirituelle Basis oder den direkten Zugang zur mehrdimensionalen inneren Persönlichkeit. Sie ist das erste und wichtigste Urprinzip, die Quelle allen Lebens, Mittlerin zwischen Himmel und Hölle, und repräsentiert dieses starke, aus sich heraus strömende Gefühl von Vollkommenheit. Ihr entspricht nicht nur das äußere Licht, das man direkt sehen kann, sondern auch das innere, unsichtbare, das aber die ganze Sichtbarkeit in sich birgt (weil es alles sehend macht), und in ihr vereinigen sich alle Lebensströme und alle elementaren Bestandteile des Seins. Erst wenn wir alle planetaren Energien im Herzzentrum der Sonne zur Entfaltung gebracht haben, können wir uns mit dem identifizieren, was wir sind und was mehr als ein Schnappschuß unseres Momentanbewußtseins ist. Erst wenn wir uns mit allen Aspekten unseres Seins identisch fühlen, kommt unser Herz mit allen unseren inneren Schöpfungsformen in Berührung. Dann brauchen wir uns auch nicht mehr länger nach innen zu konzentrieren, um uns zu spüren, sondern können direkt nach außen expandieren, weil wir dann in jedem anderen immer auch den Teil unserer eigenen Schöpferkraft mitfühlen.

Erst, wenn ich in der Berührung mit der Umwelt meine eigenen Schöpferkräfte spüre, kann ich eine liebevolle und kollektive Verantwortung für alle Kreaturen übernehmen, die ja immer auch die Kinder der Sonne sind. Dann erst bin ich in der Lage, angstlos aus meiner inneren Mitte zu agieren, wenn Kreis und Punkt, die Symbole der Sonne, eins geworden sind. Erst dann kann ich mich dem Hier und Jetzt hingeben, wenn ich mit dem Ganzen, an dem ich teilhabe, wieder ganz verschmolzen bin.

Sonne in den Zeichen

☉ Sonne in Widder ♈

Feuer/Feuer: Der prometheische Urfunke

Thema Aktivität, Übermut, Sturm und Drang
Ziel Selbstdurchsetzung

Wenn du deine Sonne im Widder hast, bist du in den meisten Bereichen des Lebens aggressiv und angreifend. Du nimmst dir vielfach nicht die Zeit, die Argumente der anderen zu prüfen und die Gesamtzusammenhänge zu betrachten, denn du reagierst um des Reagierens willen. Dabei bist du launisch und unberechenbar wie das Wetter im April, denn du verkörperst eine warme bis hitzige Atmosphäre, in der Lebenslust, Leidenschaft und schwärmerische Begeisterung genauso zu finden sind wie Ungeduld, Heißblütigkeit, Impulsivität und ungestüme Übertreibung. Im Herzen bleibst du immer ein Kind, aufgeschlossen und stets zu Streichen bereit, aber ohne Geduld, langfristige Ziele gegen äußere Widerstände erfolgreich durchzuboxen. Wenn du die Verwirklichung deiner Vorsätze nicht sofort erreichen kannst, klingt die Begeisterung schnell wieder ab, denn es ist nicht eine, es sind hundert Ideen, die du gleichzeitig verwirklichen möchtest. Das macht dich zum wahren Unternehmer-Genie, der mit immer neuen Absichten brilliert und diese zu Handlungen stilisiert, auch wenn es sich meistens um Fehlzündungen handelt. Ohne Ausdauer und Geduld wird alles zum Strohfeuer, das sich in seiner schnellen Hitze verzehrt, und der Widder zum Gaukler, der mit Seifenblasen jongliert. Andererseits ist die dir eigene Wärme belebend und mitreißend und kann manche frostige Atmosphäre entspannen und neuen Schwung in festgefahrene Situationen bringen.

☉ Sonne in Stier ♉
Feuer/Erde: Die Liebe zur Scholle oder der heiße Brei

Thema Sicherheit, Beständigkeit, Ausdauer
Ziel Befriedigung der Bedürfnisse, der eigene Herr im Haus

Wenn sich deine Geburtssonne im Stier aufhält, so symbolisiert das auf der emotionalen Ebene die sanfte Berührung der Haut (Mutterbrust), die schläfrige Zufriedenheit eines genährten Leibes (Säugling), die feuchte Quelle für Ernährung und Wärme (Gebärmutter), kurz: die lebendige, nährende Seite des noch in den archaischen Strukturen des kollektiven Unbewußten aufgehenden Selbst, das sich lustvoll an die Erde bindet. Auf der materiellen Ebene hingegen zeigt dich dieses Gestirn als eine engstirnige, geizige und tyrannische bäuerliche Seele, deren Ausrichtung im Leben darin besteht, Erreichtes abzusichern, Möglichkeiten zu verwirklichen und neue Vorhaben auf ihre Machbarkeit hin zu überprüfen. Zusammengefaßt spiegelt sich in deinem Wesen eine mit der greifbaren Seite der Dinge verbundene Seele, die die Liebe zur Scholle über alles stellt. Du strebst nach Besitz, Sicherheit und greifbaren Dingen, deine Ziele sind Dauer, Beständigkeit und ewige Werte, und du erreichst sie durch Ausdauer, Vernunft und Geduld.

☉ Sonne in Zwillinge ♊
Feuer/Luft: Der Rösselsprung

Thema Wissen, Information, sprunghafter Erkenntnisdrang
Ziel Ausdrucksfähigkeit, Kommunikation, Verstand

Wenn du deine Sonne in den Zwillingen hast, verkörperst du oftmals den neunmalklugen Besserwisser oder den Luftikus, der seine Gedanken nicht zu zügeln weiß. So springst du von einer Sache zur anderen und weißt nicht, was du einen Augenblick vorher noch wolltest. In dir wirkt eine nervöse Energie des Denkens, die sich ständig zwischen den Zielen hin- und herbewegt, ohne zu einem klaren Standpunkt zu kommen. Dabei hast du einen scharfen, zupackenden Verstand, der sich leicht in die Lüfte der Denkvorstellungen erhebt, und überall dort, wo du, statt die Kommunikation zu dominieren, locker und freundlich mit der Umwelt parlierst, kann diese Neigung sehr bereichernd sein. Im Durchschneiden von Fesseln und dem Überwinden von Hindernissen versteckt sich eine Suche nach Erkenntnissen und Lösungen, die vielfach sehr brauchbare Einsichten aufzeigt, denn dahinter findet sich oftmals ein Erfindergeist, der ein gerüttelt Maß an Klarheit und Erkenntnis in sich vereint. Vielfach bist du aber auch ein Spötter, ein Lästermaul oder ein vorwitziger Besserwisser, der Scheinlösungen anstrebt und dessen Streben sich darin erschöpft, recht zu haben und in den Augen der anderen als der Klügere zu erscheinen – also ein Klugschwätzer zu sein!

☉ Sonne in Krebs ♋
Feuer/Wasser: Die Reflexion des Lichts

Thema Gefühle, Einfühlung, seelische Einbindung
Ziel innere Heimat, Selbstvertrauen in den eigenen Ursprung

Wenn du deine Geburtssonne im Zeichen des Krebs hast, dann sind für dich Seele und Geist unauflöslich miteinander verbunden und deshalb ist es dir auch wichtig, einen Ausgleich zwischen dem ideellen Streben des Willens (Sonne) und dem unbewußten inneren Träumen (Krebs) zu finden. Du liebst es, in die Bilderwelt deiner Seele hinabzutauchen, bis sich das Licht in deinen Haaren fängt, denn als Gott sprach: *Es werde Licht!*, wurde deine Sonne in Krebs geboren. Und als Gott das Licht aus den Wassern hob, da verschmolzen Geist und Seele mit solcher Macht, daß die Himmel zitterten und die Meere kochten. Das zeigt, daß du dich gezielt in dein Inneres versenkst, um deine unbewußten Kräfte in der Tiefe zu wecken und ins Tageslicht hinaufzuführen. Auf der hellen Seite zeichnen dich Mitleid, Hilfsbereitschaft und Fürsorglichkeit aus, auf der dunkleren wirst du von Selbstsucht und Gefühlsübergriffen (Einbindung des anderen in deine Vorstellungswelt) umschattet. Manchmal willst du aber auch eine Welt leben, die beschützender sein will, als es die Realität zuläßt. Das kann dann zu schweren Enttäuschungen in deinem nächsten Umfeld führen (Helfersyndrom), besonders, wenn du dich in deiner Hilfsbereitschaft von den anderen unverstanden und zurückgestoßen fühlst.

☉ SONNE IN LÖWE ♌
Feuer/Feuer: Der Sonnenkönig

Thema Lebenswille, Selbstvertrauen, Kreativität
Ziel Schöpfertum, Macht, Führungsanspruch

Wenn du deine Geburtssonne im Herrschaftszeichen des Löwen hast, verkörperst du neben der den inneren Schöpfergeist aus sich hervorbringenden und in der Umwelt entzündenden Kraft auch ein großes Maß an herrschsüchtiger Intoleranz. Damit repräsentiert die Sonne nicht nur die aktiven, in klarer Bewußtheit angestrebten Lebensziele. Ebenso verkörpert sie die Instabilität dieser Wünsche, denn sie steht auch für das vernichtende und zerstörende Alltagsbewußtsein und läßt das Gewirr des Lebens unter ihren Strahlenarmen dahingleiten, wie ein Moloch, der verschlingt, was er erzeugt. Aus dem dunklen Schoß der Nacht, aus den Geburtskanälen des Lebens, aus der schlammigen, vegetativen Vergangenheit erstrahlt die Sonne in der glänzenden Erscheinung des Werdens. Sie repräsentiert somit die höchste Schöpfungsabsicht und die Wiedergeburt. Diesem gewaltigen Urstrom der Kraft kann nur der Göttervater Zeus selbst gerecht werden, denn er ist ein Symbol jener Urkraft, die – stets auf ihre Unabhängigkeit bedacht – zu neuen Ufern eilt, um alte Grenzen zu überwinden und neue Möglichkeiten zu erschließen. Auf der anderen Seite ist er aber auch ein Repräsentant jener Seite, in der du himmelwärts nach Idealen strebst oder fundamentale Überzeugungen vertrittst, ohne daß dir viel an ihrer objektiven Rechtfertigung liegt oder du nachhaltig und ernsthaft nach den Möglichkeiten der Verwirklichung fragst. Das zeigt dich als einen Menschen von großem Selbstbewußtsein, in dessen Wesen aber auch die Schatten von Größenwahn, Selbstüberschätzung und Zerstörung nisten. Neben Dynamik, Begeisterungsfähigkeit und Willensstärke ist dir Ich-Sucht, Egoismus und Intoleranz zu eigen, neben dem Ausschöpfen deines individuellen Potentials ebenso Führungs- und Schöpferanspruch.

☉ SONNE IN JUNGFRAU ♍
Feuer/Erde: Das rechte Maß

Thema Fleiß, Konzentration, Ausdauer
Ziel Ordnung, Gleichgewicht, Stabilität

Wenn du deine Geburtssonne im Zeichen der Jungfrau hast, ist es für dich nicht schwer, das rechte Maß zu finden, um – statt Maßlosigkeit und Übertreibung zu leben – Einsicht in die natürlichen Zusammenhänge des Lebens zu bekommen. Der hohe Anspruch, sich mit der Schöpfernatur wieder ins Gleichgewicht zu bringen, setzt nicht nur reine Beweggründe und selbstloses Weisheitsstreben voraus, sondern auch das spirituelle Erkennen, daß sich Chaos und Ordnung, Zerstörung und Aufbau, schöpferische Intelligenz und emotionale Motivation nicht widersprechen, sondern wechselseitig bedingen. In der Nähe zur Mutter Natur verströmst du Harmonie und ein gesundes ökologisches Empfinden, auch wenn Nörgelei, Perfektionismus, mangelnde atmosphärische Flexibilität und puritanische Fehlidentifikationen mit weltverbessernden Modellen dich immer wieder hemmen. Trotzdem verbleibt dir immer noch ein gerüttelt Maß an innerem Erkennen, um über das Reinheitsprinzip der Seele auch im Alltag eine materielle Hygiene anzustreben, denn Zuverlässigkeit, Bescheidenheit und Ausdauer sind beste Gewähr für eine gute Übersicht im Leben. Damit bist du zwar nicht des Problems der Ungewißheit enthoben. Aber indem du erkennst, daß dieses Problem eine Äußerung der Widersprüche auch in den größeren Lebenszusammenhängen ist, beginnst du den Widerspruch in sich zu akzeptieren.

☉ Sonne in Waage ♎
Feuer/Luft: Der kluge Sinn

Thema Anziehung, Harmonie, Austausch (Ergänzung durch den anderen)
Ziel Weltoffenheit, Kultur

Wenn du deine Geburtssonne im Zeichen der Waage hast, verkörperst du eine durch ihre objektiven Ansprüche bisweilen etwas kühle Gestalt, die versucht, ihrer gefühlsmäßigen Ausrichtung und der seelischen Verbundenheit kraft klarer Erkenntnis Herr zu werden und damit Annäherungen an den ungreifbaren Gefühlsbereich zu finden, wo sich Denken und Fühlen nicht mehr gegenseitig behindern oder ausschließen. Freiheitsdrang, Selbstbestimmung und Unabhängigkeit sind deine Stärken, und mit wachen Augen nimmst du alles um dich herum wahr, reagierst klug und geschickt und in Gesprächen verhältst du dich freimütig, klar und wendig. Doch deine Selbstverhinderungsmechanismen sind ebenso unergründlich, denn hinter deinen objektiven Ansprüchen verrät sich ein verhindertes Seelenleben, das sich durch seine klare Betrachtungsweise und seinen scharfen Verstand von den eigenen Gefühlen abgrenzt und sich auch den inneren Bezirken anderer verschließt, ohne sich das aber innezuwerden. Dein Ziel ist die kreative Kraft des fragenden Geistes, der alle Grenzen aufbricht und eine Brücke zwischen den Welten baut, damit alle Gegensätze verschwinden und blitzhaft alle getrennten Formen als Teile eines übergeordneten Ganzen erahnt werden können. Deshalb lösen sich alle Gegensätze auch dort auf, wo sie notwendig entstehen müssen: im Polaritätsprinzip des menschlichen Denkens. Der Preis dafür ist ein Perfektionsideal, durch das gefühlsmäßige Belange in Gefahr geraten, zu kurz zu kommen, und das führt bisweilen in die Kälte erloschener Gefühle, zu herzlosen, kopflastigen Schachzügen und anderen üblen Auswirkungen des tyrannischen Verstandes.

☉ Sonne in Skorpion ♏
Wasser/Feuer: Der Leuchtturm im Ozean des Unbewußten

Thema Fixierung, Unterdrückung, Zwang
Ziel Schattenarbeit, Erkenntnis, Transformation

Wenn du deine Geburtssonne im Skorpion hast, befindest du dich auf einem Pfad, der zu den Geistern der Tiefe und zu den Quellen der Träume unter die Schwellen des Bewußten hinabführt. Der Skorpion streckt seinen giftigen Stachel wie eine Lichtfackel aus einem vermoderten See und zeigt dir damit symbolisch an, daß du dich auf dem Weg der Ganzwerdung deiner dunklen Seite nähern oder einem dunklen Hinweis aus der Tiefe des Unbewußten folgen sollst. Denn hier befindest du dich in der erdrückenden Höllenschlucht einer Phase, in der sich deine Seele in Selbstzweifeln zermartert, in der sie auf ihr vollständiges Scheitern ausgerichtet ist, ohne den wahren Grund zu kennen. Du fühlst dich zu etwas Unfaßbarem hingezogen und spürst eine nahezu unstillbare Sehnsucht nach der Hölle, deshalb wirfst du in deiner Sehnsucht nach Bestrafung die brennende Fackel der Vergeltung in die aufgehäuften Scheite deiner Schuld. Darin liegt aber auch die Gefahr, dich in ungute Verstrickungen oder Intrigen hineinziehen zu lassen, denn durch die Unterwelt zieht der Geruch von Fiebersümpfen, giftige Dämpfe steigen zum Himmel auf und am Horizont dämmert ein bleiches, schwefliges Licht. Der Gang durch diese Wasser läutert die Seele, die ihr Wissen nur in dunklen Bildern und Orakelsprüchen preisgibt, denn hier befinden wir uns in der dunkeln Nacht des Lichts. Es ist, als ob du durch die finstere Schlucht hindurchgehen mußt, um zu zeigen, wie die verbrauchte Energie in die Nacht der Seele zurückkehren muß, aus der sie neu hervorgehen kann wie Phönix aus der Asche.

☉ Sonne in Schütze ♐
Feuer/Feuer: Das Feuer der Erkenntnis

Thema Suche nach Gott, Streben nach spiritueller Ausweitung
Ziel Selbsterkenntnis, Weisheit, innere Führung

Wenn du deine Sonne im Schützen hast, hast du nicht nur die Kraft, dich mit den geistigen Inhalten des Lebens zu beschäftigen, sondern du besitzt auch das innere Gesicht, durch die Verschleierungen der Materie hindurchzusehen, was zu einer inneren Entdeckungsreise führt. Im Feuer der Erleuchtung, wenn sich die Seele in wunderbarer Verzückung selbst erfährt, erfährst du dich als eins mit dir selbst. Solange du deine Visionen nicht zum religiösen Dogma erklärst, das den letzten Ratschluß göttlicher Weisheit formuliert, ist dagegen auch nichts einzuwenden, doch sobald du deine Gedanken der Welt aufdrängst, anstatt sie zum Ausgangspunkt deines Weges zu machen, wird die Sache gefährlich. Deshalb darfst du auch deinen Schatten nie verdrängen, der der unvermeidbare Begleiter jeder Suche ist: Denn das Ziel jeder Erleuchtung ist die religiöse Verbreitung und verwickelt den Erleuchteten in seinen Schöpferanspruch. Erst wenn du entdeckst, daß niemand wirklich weiß, brauchst du keinen Gott mehr, der dich belohnt oder bestraft. Dann brauchst du auch keinen Meister mehr und auch kein Dogma, sondern nur jenes lebendige Selbst, das dir entgegenblickt, wenn du in den Spiegel schaust und Gott spürst. Wie sagte doch der Zen-Meister Gensha: *Wenn du begreifst, sind die Dinge wie sie sind; wenn du nicht begreifst, sind die Dinge wie sie sind.*

☉ Sonne in Steinbock ♑
Feuer/Erde: Das kontrollierte Wachstum

Thema Verantwortung, Selbstdisziplin, Selbstverpflichtung
Ziel Strukturierung, Verfestigung, Vertiefung

Wenn du deine Sonne im Steinbock hast, bescheinigt dir das eine konsequente und wirklichkeitsnahe Vorgehensweise. Das zeigt, daß du dich gern mit Themen wie Sicherheit, Stabilität und Ausdauer befaßt, und meistens gelingt es dir, aus der Fülle der Möglichkeiten diejenige auszuwählen, die sich langfristig am besten in die Tat umsetzen läßt. Dabei sind Beharrlichkeit und Tatkraft, aber auch das Wissen um die natürlichen Zeitrhythmen wertvolle und hilfreiche Verbündete. Vor Extremen und zu großen Risiken bist du dank eines ausgeprägten pragmatischen Instinktes und einem Sinn für das Beständige geschützt. Denke aber auch nach, und versuche dir darüber klarzuwerden, warum du dich in deinen Sicherheitsbestrebungen und -vorkehrungen immer bestätigen mußt? Warum du Krankheit verdrängst, Schicksale als sozialen Marktwert verplanst und das schöpferische Chaos der Natur absichtsvoll verhinderst? Was versteckt sich hinter der Fassade der kontrollierenden Seele, die – anstatt ihre eigenen Gefühle zu leben – andere Menschen immer wieder zu belehren versucht? Heute ist Moral keine Frage mehr der Anpassung an äußere Gesetze; vielmehr geht es darum, zu sich selbst zu finden! Deine Sonne in Steinbock lädt dich ein, dich deiner inneren Verhinderungen bewußt zu werden und Schritt für Schritt vor dir selbst deine Maske abzulegen. Denn sobald du akzeptierst, daß alles, was geschaffen wurde, in Vollkommenheit und ohne dein Zutun existiert, hast du dich zugunsten einer inneren Erfahrung aus der Kontrolle um des Kontrollierens willen befreit.

☉ Sonne in Wassermann ♒

Feuer/Luft: Der galaktische Poet

Thema Fortschritt, Freiheit, Selbstbestimmung
Ziel soziale und kulturelle Reformen, Unabhängigkeit

Wenn du deine Geburtssonne im Wassermann hast, beherrschst du das schwindelnde Vermögen, dich zu den höchsten Gipfeln geistiger Erkenntnis zu erheben und in der Einsamkeit dieser Wolkenwelt zu leben, weil niemand besser als du weiß, daß jede Realität immer nur das Resultat gedanklicher Vorstellung ist und Widersprüche deshalb nur in unseren Köpfen existieren. Deshalb richtet sich deine Botschaft auch an Menschen, die zuerst herausfinden wollen, warum sie überhaupt suchen sollen, bevor sie selbst zu finden versuchen. Vielleicht magst du vielen auch als böser Geist erscheinen, dessen scharfer Verstand keine Wahrheit akzeptiert, sondern sie mit gekonntem, teils brillantem Wortspiel süffisant so lange dreht, bis von der ursprünglichen Erkenntnis allenfalls Fragmente übriggeblieben sind. Der Geist des Wassermanns entspricht nämlich dem Prinzip der höheren Vernunft und weist über das Kausalitätsprinzip des Denkens weit hinaus: *Wie oben, so unten,* heißt es; es gibt außer Ursachen und Wirkungen auch analoge Abläufe, und das kosmische Ganze verändert sich laufend durch die Initiative seiner einzelnen Teile. Diese Erkenntnis führt zu einer umfassenden und ganzheitlichen Denkweise, wodurch du auch vermeintlich unvereinbare Gegensätze und Gesichtspunkte miteinander versöhnen kannst.

☉ Sonne in Fische ♓

Feuer/Wasser: Die Ungeborenen

Thema Intuition, Medialität, innere Versenkung
Ziel Auflösen von Grenzen, Verschmelzen mit dem Licht

Wenn du deine Geburtssonne im Tierkreis der Fische hast, träumt sich in dir ein Bild der Seele, die sich, vertrieben von den Gestaden des Alltags, in den embryonalen Brunnenstuben des Unbewußten wähnt. Du strebst nach jenem grenzenlos weiten Teil des Ich, der, von dir völlig unerkannt, die Sehnsucht nach dem Ewigen gebiert. Doch lauert auf deinem Weg auch mancher Trug und Spuk, der alles andere als das Verlangen nach himmlischer Harmonie verkörpert, sondern hinter dem sich auch die Versunkenheit irregeleiteter Spiritualität versteckt. Du spürst in dir die zeitlose Wahrheit, die aus den verborgenen Schichten des Unbewußten aufsteigt, denn es sind die Wasser des Lebens, die, von der Sonne durchdrungen, die in dir innewohnenden Kräfte freigeben. Das Licht, das die unergründlichen Wasser durchdringt, ist ein Symbol für die Befruchtung des Unbewußten, wodurch die inneren Quellen wieder fließen.

Sonne in den Häusern

Sonne in Haus 1

"Veni, vidi, vici" oder "Knüppel aus dem Sack"

Hier charakterisierst du dich durch das Erstürmen deiner Ziele mittels der Durchsetzungskraft deiner impulsiven Konfliktbereitschaft, denn Haus 1 ist die Stätte des spontanen Willens, und die Sonne verkörpert die strahlende Durchsetzung der eigenen Ziele. Innerhalb der spirituellen Qualität deines instinktiven Willens bist du unbezwingbar wie einst Achill, der Held, denn du bist ein Repräsentant einer höheren inneren Vision, für die sich jedes Wagnis lohnt. Vom Ziel nach Zerstörung aller Widerstände getrieben, bist du vom Gedanken besessen, alles Behindernde zu zerschmettern, denn du benötigst äußere Hindernisse, um sie mit der ganzen Lust deiner heldischen Impulsivität zu überwinden. Das bedingt einen Menschen, der alle seine Wünsche, Hoffnungen und Ziele bedingungs- und rücksichtslos in den Mittelpunkt seines eigenen Handelns stellt: *Ich selbst mir selbst,* oder, wie Cäsar nach seinem Sieg bei Zela 47 v. Chr. der Welt kundtat: *Ich kam, sah und siegte!*

Symptome	Aggression, Egoismus, Überreaktionen (Reizbarkeit, Wutausbrüche), Imponiergehabe, Rücksichtslosigkeit, nervöse Depression (verschluckter Ärger, verdrängte Wut)
Ritual	Feuerlaufen; Sonnenaufgangs-Meditation
Archetyp	Achilles; Phöbus Apoll
Analogie	Iason und das Goldene Vlies
Kraftort	Feuerberge in Lanzarote
Kultstätte	Kadmeia in Theben
Kraftfarbe	Zinnoberrot
Kraftstein	Hämatit (Blutstein), Granat
Duftessenz	Rosmarin-Ingwer-Mischung

Sonne in Haus 2

Der leibliche Genießer/Die sinnliche Verführerin

Das 2. Haus ist das Haus des Besitzes und der Inbesitznahme, der Ansammlung von Materie und der Genußfähigkeit und symbolisiert neben Wohlstand und Vermehrung auch physische Vereinnahmung und leibliche Fülle. Es ist das Haus der schöpferischen Formgebung, die der noch formlosen Idee als Materie zur Mutter wird. Deshalb finden wir hier auch nicht den spontanen Helden oder die Heldin mit der großen Vision, sondern den leiblichen Genießer oder die sinnliche Verführerin, die dem breiten Strom ihrer eigenen Begierden ewig hinterhertaumeln, ob es sich jetzt um die körperliche Erfüllung oder um die Anhäufung und Einverleibung materieller Schätze handelt. Für dich sind die Lustgefühle, die dich angesichts materieller Formen befallen, der Inbegriff tiefster innerer Verbundenheit mit dem Leben, und es ist dir ein Anliegen, dich in liebkosendem Gleichklang mit dem Ganzen zu spüren. Nicht nur deshalb, weil für dich alle schöpferischen Formen Nahrung und Glück in einem sind, sondern weil jede Art von sichtbarer Entfaltung deinem innerseelischsten Bedürfnis entspringt, sich von der Umarmung mit dem körperlich Greifbaren verführen zu lassen.

Symptome	Stoffwechselstörungen (ungenügende Entschlackung), Nierenschwäche (unerfüllte Lustansprüche), Handlungsschwäche (Bequemlichkeit, Passivität), Drüsenstörungen, Gefäßerkrankungen, schwaches Bindegewebe
Ritual	Lehmwickel, Schlammbäder, Heilerde; oder das Verdauungsschläfchen im Schatten der Obstbäume

Archetyp der Dorfkönig; König Minos von Kreta, Sohn des stiergestaltigen Zeus und Vater des Minotaurus
Analogie Ägyptens sieben fette Jahre *(Der Traum des Pharaos von den sieben mageren und sieben fetten Kühen,* Genesis 41,1-36)
Kraftort blühendes Weizenfeld
Kultstätte Knossos
Kraftfarbe Braun, Ocker, satte Erdfarben
Kraftstein blauer Achat, rotbrauner Jaspis, Heliotrop (grün mit roten Flecken)
Duftessenz Geranie-Rosen-Mischung

☉

Sonne in Haus 3

Der Wissensdurst oder der Besserwisser

Das 3. Haus ist das Haus der Ausdrucksfähigkeit, der Lernprozesse, der Kommunikation, der Umwelterschließung, der sprachlichen Ausdrucksfähigkeit und symbolisiert die intellektuelle Verwirklichung deines Selbstdarstellungs-Anspruches durch die Suche nach der Weltformel (zumindest auf der Stammtisch-Ebene deiner Bierkneipe). Sonne in Haus 3 zeigt an, daß es für das Selbstwertgefühl enorm wichtig ist, wie man Wissen aufnimmt und weitervermittelt und immer wieder Neues erforscht und erlernt. Dein Wissensdurst ist groß und du sammelst beständig Informationen an, die du zu einer Synthese verarbeiten kannst. Das beinhaltet Fortschritt und Entwicklung gleichermaßen wie Hitzigkeit, Voreiligkeit und Oberflächlichkeit. Dabei ist es ein Prozeß der Reife, das menschliche Tun zu durchschauen, die verfehlten Ziele in einen Zusammenhang mit den inneren Absichten zu bringen und daraus Einsicht zu gewinnen, denn in den erkannten Fehlern liegt Erkenntnis und darin Lebensweisheit oder Wissen.

Symptome nervöse Erschöpfungszustände (Schlafstörungen, Energiezersplitterung, Allergien), Schwäche des Solarplexus und des sympathischen Nervensystems
Ritual Gedankenspiele (Kreuzworträtsel), Atemgymnastik, Bewegungstherapie
Archetyp der schlaue Händler; der zerstreute Professor
Analogie Archimedes: *"Heureka! Ich hab's gefunden."*
Kraftort Basar in Bagdad
Kultstätte Hermupolis Magna
Kraftfarbe Postgelb, Honiggelb
Kraftstein Bernstein, Beryll
Duftessenz Benzoe-Eukalyptus-Mischung

Sonne in Haus 4

Der Ruf aus der Tiefe/Das von oben eindringende Licht

Das 4. Haus ist nicht nur das Haus der Empfindungen, der Familie, der Herkunft und der Verwurzelung, sondern auch die Stätte des seelisch Unergründlichen, dessen Geheimnishaftigkeit wohl intuitiv erahnt, aber weder durch noch so tiefe Gefühle erfahren noch durch noch so reine Gedanken erfaßt werden kann. Es ist die Quelle, aus der die Urmuster unserer Gefühle und Gedanken strömen, also kein Sinnbild göttlichen Glanzes, sondern ein Abbild des Grauens, das dich im Angesicht der Unendlichkeit befällt. Somit steht Sonne in Haus 4 für die wuchernden Ängste und sublimen Hoffnungen, für die Bilder von höchster Ergriffenheit und tiefster Verworfenheit, mit denen deine Seele schwanger geht. Sie zeigt, daß du furchtlos in die tiefsten Abgründe der Seele eindringst, um dort das Mysterium oder den Heiligen Gral zu finden als Symbol deiner unabhängigen Liebe zu dir selbst, anstelle eines abhängigen Strebens nach Gott. Gebannt erschauderst du dann vor dem ungeheuren Mechanismus der Schöpfung, der das menschliche Geschlecht aus sich hervormahlt, denn hier begegnest du den beiden großen energetischen Schaltkreisen, die das aktive, bewußte und männliche Prinzip der Sonne mit der passiven, unbewußten und weiblichen Kraft des 4. Hauses verbinden: dem senkrecht von oben in die Tiefe des Wassers eindringenden Licht!

Symptome Bauchspeicheldrüsenerkrankungen, Störungen im Flüssigkeitshaushalt (Wassereinlagerung in den Geweben), Magenschleimhautentzündungen
Ritual Eintauchen in die Glut der Seele (intensives Phantasieerleben)
Archetyp die große Göttin
Analogie Tannhäuser im Venusberg
Kraftort Sandstrand (Sonnenuntergang am Meer)
Kultstätte eleusische Tempelanlagen
Kraftfarbe leuchtende Fruchtfarben
Kraftstein Marmor, Perlen, Alabaster
Duftessenz Kamillen-Bergamotte-Mischung

☉

Sonne in Haus 5

Der Schöpfungsnabel oder die göttliche Lebenskraft

Das 5. Haus, vom höchsten Schöpfergeist umstrahlt, ist nicht nur das Haus der Emotionen, der Sexualität und der Kreativität, sondern auch der Platz der Identitätsfindung und der Selbstpräsentation. Im Zusammenspiel mit deiner Sonne ergibt das ein Psychogramm der Flammen als Himmelsglut oder eine Art Schöpfungsnabel, dessen Strahlen alles durchdringen und auf dessen Schwingen du dich über dich selbst hinaustragen lassen kannst, denn Lebendigkeit, Lebensbejahung und Vitalität sind hier zu einer gebündelten Kraft leuchtender Lebensfasern geworden, die alles Dunkle im Licht der Kraft triumphierend durchströmen. Die alles überstrahlende Sonne ist ein Symbol der universalen Lebenskraft, denn sie ist die spirituelle Helle, die sich auf das alles durchleuchtende Prinzip des Bewußtseins stützt, um nicht vom Schatten des unermeßlichen Nichts verschlungen zu werden, denn sie ist auch ein Symbol des göttlichen Lichts und das letzte Ziel deiner Reise zu dir selbst.

Symptome Hypertonie, Arteriosklerose, Gefahr des Mißbrauchs der eigenen Kraft (Stolz, Hochmut, Prahlerei)
Ritual große Empfänge
Archetyp Zeus
Analogie die olympische Hierarchie
Kraftort Schloß Versailles
Kultstätte Akropolis
Kraftfarbe Rotgold
Kraftstein Rubin, Diamant
Duftessenz Jasmin-Mandarinen-Mischung

Sonne in Haus 6

Die Narkotisierung der Instinkte/Die kontrollierte Opferrolle

Das 6. Haus ist das Haus der Gefühlsanpassung und damit der Anpassung deiner Gefühle an die Vorstellungen der anderen. Energetisch versinnbildlicht dieser Platz Gewissenhaftigkeit, Übersicht, Erkennen der detaillierten Zusammenhänge und großes Leistungsvermögen. Hier versuchst du die Schwäche deines Gefühlslebens durch ein lückenloses Weltbild zu kompensieren, damit du deine Emotionen durch dieses hindurchfiltern kannst. Denn mit Sonne in Haus 6 bist du dem inneren Bestreben ausgeliefert, alles, was du außen vorfindest, zu strukturieren und in den Griff zu kriegen. Um dieser Opferrolle in allen Lebenslagen aber gerecht zu werden, hältst du dich emotional bedeckt. Du lernst nicht nur, dich in den Dienst der anderen zu stellen, sondern auch, diesen Akt nach außen würdig darzustellen und dir aus deinem Opfer-Inszenarium einen Lebensraum zu schaffen, indem du die anderen durch deine Anpassung von dir abhängig machst (Psychotherapeut). Das heißt, du lebst deine Inhalte in den Köpfen der anderen aus, indem du ihre Absichten studierst, ihre Gedanken analysierst, ihre Ziele definierst und ihre Aggressionen schon auf der Vorstellungsebene blockierst; oder aber indem du deine Verhinderungen destruktiv gegen dich selbst setzt, was zu überspitzten Verhaltenszwängen (Ordnungswahn, Sauberkeitsfimmel) führt. Um dieser inneren Prägung in jeder Situation nachkommen zu können, zeichnen dich Beobachtungsfähigkeit, Kritikvermögen und analytisches Unterscheidungsvermögen aus.

Symptome Schwindel- und Wahrnehmungsstörungen (Schwäche der Seh- und Hörorgane), Perfektionsideale und die daraus entstehenden Unzulänglichkeits- oder Schuldgefühle (Kritiklust, Nörgelei, Intoleranz), nervöse Erschöpfungszustände, Kopfschmerzen, schwache Bronchien; sehr häufig: Stuhlverstopfung (spastische Obstipation) und Komplexe durch Verdrängung
Ritual Läuterung durch Arbeit (Aufräumen, Ordnen) oder Heilen (Aufräumen beim anderen)
Archetyp der hinkende Hephaistos; Wieland der Schmied
Analogie die mageren Jahre Ägyptens oder die Heuschreckenplage als Anlaß zur Buße (Joel 1,2-20)
Kraftort Kornfeld
Kultstätte Berg Sinai
Kraftfarbe Sandfarbe, Hellgrau, rotes Eisenoxyd
Kraftstein Jaspis (Gartenkies)
Duftessenz Bohnenkraut-Ringelblumen-Mischung

Sonne in Haus 7

Die gespiegelte Ergänzung

Das 7. Haus ist das Haus der Begegnung und steht für Kontaktfähigkeit, Partnerschaft, Ausstrahlung und Harmonieempfinden. In der Verbindung mit der Sonne zeigt es an, daß du dein vollständiges Wesen erst im Spiegel deiner Umwelt finden kannst, weil du deine Selbstverwirklichung über die Begegnung mit den anderen vollziehst und dich erst in der Umarmung deiner Umwelt spürst. Da du aber meistens nicht erkennst, daß du nur die eigene Maske vor dem Gesicht des anderen anschaust, in die du alles hineinprojizierst, was du an dir vermißt, liebst du möglicherweise nicht so sehr den anderen, sondern mehr das eigene Bild und damit statt des anderen Menschen die eigene Vorstellung von Vollständigkeit. Hier zeigt sich der paradiesische Vorhof des leiblichen Verlangens: die verschlingende Hingabe als Flucht vor sich selbst, die das verlorene Gefühl der inneren Mitte in der Berührung der anderen wieder zu erreichen sucht. Du benutzt die Umwelt für dein egoistisches Streben, dich in der Umarmung der anderen spüren zu können, denn du erwartest, daß dir deine Mitmenschen alle Wünsche und Sehnsüchte zurückgeben, die du unerkannt vor dir selbst in die Welt hinausprojizierst.

Symptome Nieren- und Blasenstörungen, Drüsengewebe
Ritual Vernissagen, Parties und andere Formen des gemeinsamen Kommunizierens
Archetyp Ahasver, der ewig Ruhelose
Analogie der fliegende Holländer (Erlösung durch Liebe)
Kraftort in der Luft (Flugzeug); auf steilen Felsklippen im brausenden Wind
Kultstätte der Tempel der Athene (Parthenon)
Kraftfarbe Rauchgrau oder das durchsichtige Blau des Äthers
Kraftstein Rauchquarz, blauer Saphir
Duftessenz Lavendel-Patschuli-Mischung

⊙

Sonne in Haus 8

Der Magier/Das Opfertrauma

Wirf das lodernde Fleisch deiner brennenden Lust in die entzündete Glut, denn das 8. Haus steht für Gottes Fluch über Adam, Eva und die Schlange (viele sehen in der Schlange die wahre Herrin, die den Menschen zur Erkenntnis ihres Egos verhalf), die Sünde der Fortpflanzung (die geopferte Schlange), den blanken Zynismus der Inquisition, die das Böse im Namen des Guten verbrennt, für Magie und andere Formen von sexueller Energie (seelische Dominanz, körperliche Übergriffe) sowie die Hingabe an den Teufel selbst (Du-Fixierung). Indem du deinen eigenen Untergang herbeisehnst, suchst du den teuflischen Gott oder die würgende Schlange, kurz: den dunklen Schatten deiner eigenen Seele, der dein Opfer annimmt. Doch mit Sonne in Haus 8 bist du dein eigener Opfergott, der sich in der eigenen Vernichtung erlöst. Deshalb kann diese Konstellation auch als Erfüllung unbewußt negativer Wünsche gedeutet werden, die aus der spontanen inneren Angst entstehen, Tabus zu durchbrechen, alte Lebensstrukturen zu zerstören und über sich selbst hinauszuwachsen, um das Mysterium des Lebens zu ergründen und die Schöpfungsmuster zu erkennen. Denn so schrecklich Zerstörung auch sein mag, sie ist nie sinnlos, da sie immer der Folgerichtigkeit eines Prozesses entspricht, der letztlich zu einem neuen Aufbau auf festeren Strukturen führt. In diesem Sinn wird dein Weg ins Licht beständig von der Omnipotenz deiner Gefühle überlagert.

Symptome	Höllentrauma, Exodus, Hang zu Gewalttaten gegen sich und andere; aus deren Verdrängung Zellwucherungen (Geschwulste), Einengungsgefühle (Herzsymptome) und Depressionen
Ritual	der Gang in die Unterwelt (vorstellungsbedingte Nachtod-Erfahrungen) sowie symbolische Opferrituale
Archetyp	Pythia, die Seherin Kassandra (Kassandrarufe) oder Hades, der Höllenfürst
Analogie	Orpheus in der Unterwelt; die Hexen in “Macbeth”
Kraftort	Tropfsteinhöhlen, unterirdische Seen
Kultstätte	“Glühwürmchengrotte” von Waitomo (Neuseeland)
Kraftfarbe	von Schwarz über Rot ins leuchtende Gold
Kraftstein	schwarzer Opal
Duftessenz	Pfeffer-Weihrauch-Mischung

Sonne in Haus 9

Der Tempel der Vorstellung

Hier finden wir die Bundeslade, die Abendmahlsschale, die Erleuchtung durch universale Erkenntnisse oder den ritualisierten Zugang zu höheren Mysterien, denn das 9. Haus ist das Haus des Glaubens, der Tradition und der Moral, kurz: das materielle Dach über dem spirituellen Tempel der Wahrheit. Diese Wahrheit suchst du aber nicht dort, wo sie ist, sondern dort, wo du sie vermutest; dabei vermutest du sie dort, wo du gelernt hast, sie zu vermuten, nämlich dort, wo du sie suchst. Und weil du sie immer dort findest, wo du sie suchst, suchst du sie immer dort, wo du sie vermutest, und damit findest du immer das, was du vermutest: nämlich die anerzogene religiöse Erkenntnis nach den Mustern der überlieferten kollektiven Vorstellung! Deshalb kommt der Mensch auch nie über seine Himmelreiche im Schrebergartenformat hinaus, aber wenn er das erkennt, erkennt er – und das wäre Erkenntnis! Denn Sonne in Haus 9 zeigt einen inneren Drang, die Umwelt geistig zu erziehen und zur “wahren” Erkenntnis hin zu dirigieren. Das führt zu einem Streben nach verstandesmäßiger Ausweitung, denn dieser Aspekt verkörpert intellektuelles Sehnen mit einer Vision von Zukunft, die das Ideal einer weltumspannenden Perspektive schon in sich trägt, und das wiederum entspricht der Fähigkeit des schöpferischen Geistes, sich den Flammen seines eigenen Erkennens zuzuwenden. Doch die Suche nach dem Licht ist wie eine Sucht: Die Droge, die einem dabei im Nacken sitzt, ist der Schatten selbst!

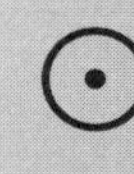

Symptome	aufgeblähtes Ich-Empfinden, Melancholie aus Überfülle (Leberstörungen), Blasphemie, Standesdünkel, Drang nach Macht und Anerkennung
Ritual	Predigt
Archetyp	Amfortas, der siechende keltische Gralskönig, der durch Parzival erlöst wird
Analogie	Abendmahl; Gralsrunde
Kraftort	vor dem beleuchteten Kirchenfenster in der Nacht
Kultstätte	Peterskirche und Petersplatz in Rom
Kraftfarbe	Kardinalsrot, Blauviolett
Kraftstein	Amethyst
Duftessenz	Basilikum-Weihrauch-Mischung

Sonne in Haus 10

Der Gipfel des Olymps oder die Günstlinge der Sonne

Das 10. Haus ist die Stätte der Verantwortungs- und Bewußtseinsfähigkeit sowie der Anerkennung und Macht und weist im Zusammenspiel mit deiner Sonne auf die enorme Kraft feuriger Energien hin, auf das Streben nach Verantwortung (direkt hinauf auf den Gipfel), denn hier reflektiert sich dein züngelnder Drang, sich in seiner höchsten Schöpferkraft rücksichtslos zu verwirklichen, was oft gefährlich werden kann, wenn deinen äußeren Zielen ein Inhalt gegenübersteht, der mehr in kompensierenden Imaginationen wurzelt und weniger in der nüchternen Wirklichkeit. Die Verlockung ist groß, Bedeutung auf Kosten persönlicher Gefühle zu erringen, indem du an deinen inneren Bedürfnissen vorbeilebst und ein Opfer der Machtzwänge deiner äußeren Sinnfindungen wirst. Der Wille, der dich leitet, die Welt nach den anerzogenen Mustern von Recht und Ordnung zu gestalten, bringt dich innerlich in eine gewisse Nähe zu den überholten Werten des vergangenen Patriarchats. Diese enge Verbindung mit deinen verinnerlichten Leitbildern ermöglicht es dir, deine innere Leere durch ein typisches Über-Ich-Verhalten und deine seelische Schwäche mit einem fast biblischen Gerechtigkeits- und Strafbedürfnis zu kompensieren. Du möchtest dein soziales Überbild zur Entfaltung bringen und in den Fußstapfen der Gesetze die Höhenspitze erklimmen, um dort das große Weltgericht zu entzünden, das Gott Jahwe alle Ehre macht. Doch es ist die schmerzhafte Schwäre der wundgeschlagenen Welt, hohnlachend den Sphären der Götterdämmerung entsprungen, die nicht im fernen Walhall stattfindet, sondern in der atomar verseuchten Umwelt, im sterbenden Wald, in verpesteten Gewässern oder im sozialen Niemandsland der Betonburgen.

Symptome	Streß, Überforderung, Erschöpfung (Herz- und Kreislaufschwäche), Versagensängste (Verengung der Herzkrankgefäße), Knochen- und Gelenkdegeneration
Ritual	Bergsteigen, Marathon, Arbeit (als Therapie)
Archetyp	der alte Weise (Methusalem, Nestor); das Gleichnis vom Sämann
Analogie	Diogenes in der Tonne, der auf Alexanders Angebot hin, ihm einen Wunsch zu erfüllen, nur bat: *Geh' mir aus der Sonne!*
Kraftort	Berggipfel
Kultstätte	Athos ("Heiliger Berg")
Kraftfarbe	Anthrazit
Kraftstein	Onyx, Bergkristall
Duftessenz	Weihrauch-Kampfer-Mischung

☉

Sonne in Haus 11

Die Möwe Jonathan

Das 11. Haus steht für Freiheit, Gleichheit, Brüderlichkeit, Unabhängigkeit, Reform und Selbstverwirklichung (oft auch außerhalb der Norm und gegen die Belange der Gesellschaft). In Verbindung mit der Sonne läßt dies auf eine zwanghafte innere Hartnäckigkeit schließen, gegen alle Mauern anzurennen und sich den Schädel einzuschlagen, denn Sonne in Haus 11 ist der Hyperraum im Mikrokosmos der abtrünnigen Seele, wo der Mensch durch sich selbst hindurchstürzen und in sich selbst verschwinden kann, in den verrückten kleinen schwarzen Löchern seiner seelischen Abgründe. Du versuchst oft vergeblich, einen Ausweg aus dem Dilemma zu finden, denn du bist in den Sog wankender Weltbilder geraten, ins Schreckensgewölbe einer Gesellschaft, die zusammenbricht. Dabei stehst du mit höheren Dimensionen in Verbindung und kannst unbewußt zu einem Wellenbrecher des noch unentdeckten Zeitgeists werden, wenn andere dem Geist der Zukunft noch völlig fassungslos begegnen, denn diese Konstellation beinhaltet auch das unbewußte Verlangen, die Norm zu sprengen, die Form zu zerstören und sich aus der Hülle des Alltäglichen wie die Möwe Jonathan in die Lüfte zu erheben.

Symptome Herzenge, Herzschwäche (Beengungspsychosen); Kreislauf-, Durchblutungs- und motorische Störungen; Gefühlskälte, intellektuelle Verwirrungen (Wahnideen)
Ritual Zeitreisen ("Zurück in die Zukunft")
Archetyp Hermes, der Trickster, und seine "Söhne": Odysseus, Sisyphus und Ikarus
Analogie der Flug des Ikarus
Kraftort Kornkreise; Dänikens Landebahnen für die Flugobjekte prähistorischer Götter
Kultstätte Cap Kennedy
Kraftfarbe Lichtblitz (brennendes Magnesium)
Kraftstein Tektit (Folgeprodukt eines Meteoriteneinschlags)
Duftessenz Zitronengras-Lavendel-Pfefferminz-Mischung

☉

Sonne in Haus 12
Jenseits der Schwelle

Das 12. Haus repräsentiert Ewigkeitssehnsucht, Einsamkeit, Bewußtseinserweiterung, Transzendenz und verkörpert die spirituelle Versenkung im kollektiven Unbewußten, also die Tendenz nach Wahrnehmung dessen, was jenseits der Schwelle liegt. Im Verbund mit der Sonne führt dich das tief in die Urgründe der Schöpfung hinein. Du strebst nicht nach klaren Zielen, sondern nach einem Mythos, der in seinen metaphorischen, symbolischen und allegorischen Ummäntelungen ebenso unerschöpflich wie für das pragmatische Denken unverständlich ist. Erfaßt du ihn abstrakt, umgreift er nichts weniger als Anfang und Ende; untersuchst du ihn aber konkret, dann stellt er sich als das rätselhafte Nichts heraus, aus dem alles Göttliche hervorgegangen ist. In seinem negativen Ausdruck kann sich dieser Aspekt aber auch als Selbsttäuschung darüber manifestieren, was du real erreichen willst und was nicht. Aus der Illusion, die spirituelle Ekstase festhalten zu wollen, kommt es oft zur Flucht (Guru, Droge). Du kannst dich aber lösen, indem du dein Gebundensein an die Qualität deiner inneren Visionen freudig akzeptierst. Dann erlebst du eine Periode der inneren Klarheit und der Harmonie, denn die Sonnenenergie schafft den natürlichen Einklang mit der kosmischen Energie durch das hohe Prinzip ihres Wesens für alle auf spirituellen Wegen sich erkennenden Seelen: *Ich bin die Zauberin, deren Zauber die Träume des Bewußtseins schafft: Alles ist in allem - nichts ist in mir!*

Symptome	verminderte Zurechnung durch Drogenmißbrauch (Halluzinationen, Teilnahmslosigkeit, Apathie), Erschlaffung (Eiweißabbau der Muskulatur), Lymphstau, Wassersucht, Ödeme
Ritual	autogenes Training, Yoga
Archetyp	Nereiden, Zikaden, verzauberte Totenseelen
Analogie	Klingsors Zaubergarten
Kraftort	All-Eins in den Wellen des Ozeans
Kultstätte	Avalon; Santorin
Kraftfarbe	Algengrün, Meerschaumweiß
Kraftstein	Aquamarin, Jade, Smaragd
Duftessenz	Sandelholz-Opium-Mischung

☽

Mond

Das seelische Erleben

Der Mond, dessen Bild *sich in hundert mit Wassern gefüllten Schüsseln spiegelt* (Tschögyam Trungpa), verkörpert die unterirdischen Räume der Seele, die tiefen Brunnenstuben der Mütter und die unergründlichen Wasser weiblicher Geheimnisse. Er verleiht ein besonderes Hingabeverlangen. Um die Strahlen der Sonne in der Tiefe der Nacht zu empfangen und zu den düsteren Hainen Persephones hinunterzuziehen, um die verborgenen Quellen der Ungeborenen zu erschließen und die Wasser des Lebens mit dem Schöpferlicht zu verbinden, müssen die gefährlichen Kräfte und geheimen Schätze der Tiefe entdeckt und das innere Licht wieder ins Sonnenlicht heraufgeführt werden. Wenn die Sonne als Symbol jenes Prinzips betrachtet werden kann, das in den sichtbaren Auswirkungen menschlichen Verhaltens seinen Ausdruck findet, dann symbolisiert der Mond die geheimnisvolle Mondgöttin Selene (Luna), Schwester und zugleich Gemahlin des lebensspendenden Sonnengottes. Die Legende berichtet von ihrer abgöttischen Liebe zum schönen Endymion, den sie in seiner Höhle auf dem Berge Latmos im Schlaf zu küssen pflegte. Um dieser göttlichen Liebkosung ewig teilhaftig werden zu können, hatte sich Endymion von den Göttern ewigen Schlaf gewünscht. So, wie sie Endymion zwischen den Welten begegnet, so begegnet sie auch dir auf der Schwelle zwischen Innen- und Außenwelt, denn Luna ist die Ahnin, die die Geheimnisse seelischer Innenräume berührt und die Tiefenbilder der Seele beschreibt, die auf das Unbewußte ausgerichtet sind: auf den "Urbronnen" der Mütter, in den Faust hinabgestiegen ist, um den Ungeheuern zu begegnen: um in den Kröten, Würmern und Spinnen die Schattenanteile des verdrängten Weiblichen zu erkennen, das gleichzeitig die Basis allen Lebens ist.

Der Mond ist ein Symbol der Mütter, im hellen wie im dunklen Sinn, und die lunarische Seite in jedem Mensch strebt danach, sich mit dem Prinzip der Großen Mutter zu verbinden, um wieder einen Zugang zu den Urwurzeln zu finden. Er symbolisiert das Ungesehene in dir, die abgespaltenen Teile deines Selbst, die du ins Exil der finstersten seelischen Korridore verwiesen glaubtest, die jedoch in den Negativprojektionen deines Tagesbewußtseins ihr bequemes Domizil gefunden haben und dich von dort bedrohen, ohne daß du es wahrhaben willst. Sie sind aber nicht nur ein Symbol des Schreckens, sondern symbolisieren auch den Schrecken des Erkennens, wenn sich deine Angst in den Schächten des Abgründigen selbst begegnet und die negativen seelischen Bilder erkennt, die sie in den Raum um sich herum aussendet. Was im Schlaf die Träume bewirken, wenn sie die seelischen Schwingungen in Bilder umsetzen, das bewirken im Wachbewußtsein die mondhaften Launen, die dir alles in die Realität übertragen, was dir deine inneren Gesichter vorgaukeln.

Die Welt des Mondes ist nicht die Welt, die du durch deine Rationalität erfahren kannst. Sie ist kein dreidimensionales Gebilde, durchschaubar bis in die Haarspitzen der Mikrostrukturen, sondern sie enthüllt sich dir in der Trunkenheit der Sinne oder in deinen Träumen – und zwar in all ihren Paradoxien, Dichotomien und Antinomien. Während die Sonne nach Gestaltung und Ausformung des Willens strebt, geht das Streben des Mondes umgekehrt in Richtung Auflösung der Identität. Das hat weniger mit Realität zu tun als mit den Formen der Materie, deren Erscheinungen er widerspiegelt. Er symbolisiert die "gespiegelte Erscheinungsform der Welt", was nur innerhalb des Denkens einen Widerspruch bedeutet. Jenseits polarer Denkvorstellungen versinnbildlicht er jene tiefe Einsicht in die Abläufe des Ewigen, aus dem sich deine Träume nähren und die dadurch zum Rahmen werden, in dem sich dir die Wahrheit darstellt. Jenseits solarer Denkvorstellungen symbolisiert der Mond die Urbilder, die sich über Traumerinnerung in dein Bewußtsein übertragen. Das entspricht dem Rahmen, in dem sich dir das Chaos zeigt, das teilweise zu erahnen ist, weil es einem übergeordneten Ganzen entspricht, von dem deine Träume wiederum ein Ausschnitt sind.

Der Träumer träumt, und der Träumer im Traum träumt sein Geträumtes, denn der Träumer ist sowohl Beobachter als auch Akteur, denn es gibt nichts, was außerhalb seines Traumes liegt. Er träumt die Urwasser des Lebens, aus denen sich alles Leben zeugt, was gleichermaßen göttlich und dämonisch ist, wenn man den Zyklus von innen her begreift. Somit wird die Illusion der realen Erfahrung an die Seite gestellt, und zwar im Grunde als gleichberechtigte existenzielle Erfahrung. All unser äußeres Streben dient im Prinzip nur dem Versuch, das Innere zu erhellen und es in seinen sphinxhaften Verschleierungen dem Vorstellungsbild des analysierenden Denkens einzuverleiben, denn die sichtbare Welt und ihr unsichtbarer Gott sind das Erscheinungsbild unserer Träume, weil alles, was wir wähnen, nur die Materialisation dessen ist, was wir träumen. Der Mond trinkt sein Licht aus dem unerschöpflichen Born des Unbewußten, das unseren Träumen, bevor sie sich zu erlebbarer Wirklichkeit gestalten, die inneren Urbilder und Archetypen zur Verfügung stellt. Sobald wir erkennen, daß die äußeren Handlungen nur das eine Ziel vor Augen haben – nämlich alle Vorstellungsinhalte auf die Ebene hinunterzuziehen, auf der sie sich selbst reflektieren, und sie dann damit in Übereinstimmung zu bringen, was sich tatsächlich in der Außenwelt vorfindet –, verbirgt sich die Wirklichkeit nicht mehr hinter der Ambiguität der Frage: “Was träumt Gott?”, sondern sie offenbart sich in der überraschenden Antwort: “Uns!”

Esoterisch gesehen erschließt die Mondstellung jenen Bereich, in dem du dich gern deinen triebhaften Reaktionsstrukturen auslieferst, in dem du dich nicht mehr als vernünftiges, zielorientiertes Wesen, sondern als instinktgebundene Wunschnatur begreifst, in der sich die innersten Urbilder nach Entfaltung sehnen, denn in der Begegnung mit der Mondgöttin entziehen sich dir die rationalen Bilder. Sie versinken in lunaren Perspektiven, wo sich jede Wirklichkeit als Maya, nämlich als materielle Verdichtung bloßer Denkvorstellung zeigt. In der Begegnung mit der Mondin spiegelt sich das “Urseiend-Weibliche”, in deren Formen alles fließend erscheint. Es ist, als ob du untergetaucht wärest in den Ozeanen des Unbewußten, und das entspricht auf der exoterischen Ebene dem Fötus im Mutterschoß, der noch wachsen muß, um ins Licht des Bewußtseins geboren zu werden. Es handelt sich um eine dunkle und dämonische Welt, die keinerlei Klarheit und Orientierung besitzt und die sich in Verwirrung und Gefühlsschwankungen ausdrückt. Der Mond symbolisiert das unerschöpfliche Kraftpotential der Psyche, das die inneren Urbilder und Archetypen zur Verfügung stellt, aus denen du deine Sehnsucht schöpfst. In dieser Sehnsucht verbrennen alle Grenzen, und Realität und Träume verschmelzen zu jener unbewußten Absicht, loszulassen und mit dem Ewigen wieder eins zu sein. Es ist eine Ebene, die sich mit den Werkzeugen deiner Sinne nicht erfassen läßt und die sich in allen Wesenheiten spiegelt, so daß sie den Anschein erweckt, selbst rational zu existieren. Dabei existiert sie gar nicht wirklich, sondern umkreist in einer unbeschreiblichen Gebärde “Alles-was-da-ist”, von dem deine begriffliche Welt nur ein Teil und deine Suche nach dir selbst wiederum ein noch kleinerer Ausschnitt ist. Der einzige Halt ist die innere Ahnung, die dich auf dem Pfad nach innen mit dem tiefen Wissen verbindet, daß alle Monumente menschlichen Strebens innerhalb des Ewigen nur ein Staubkorn sind.

Mond in den Zeichen

☽ Mond in Widder ♈
Wasser/Feuer: Der Jungbrunnen

Thema gefühlsmäßige Extraversion
Ziel Lebensfreude, Liebe, Leidenschaft

Im Widder-Mond begegnen wir den unstabilen, unbeherrschten, introvertierten Flammen des Feuers oder der inneren Glut der Gefühle, die verzehrend, bodenlos und unkontrollierbar sind. Er repräsentiert den feurigen Bereich des Wassers, der sich in der Hitze brodelnder Sinnlichkeit ausdrückt, und ist ein Bild für die Seite in dir, die, überwältigt vom unbändigen Verlangen nach Liebe, sich oft den Triebinstinkten überläßt. Ursache dieses Verhaltens ist die schnelle Gefühlsentzündung, die wie eine Stichflamme emporfaucht und das Objekt der Begierde in Glut einhüllt, denn sobald eine neue Liebe "zündet", stößt du die alte schnellstens ab. Widerstand aus der Umwelt schwächt dich nicht, sondern wird dir zum Jungbrunnen, der deine Energien nährt und dir die Batterien wieder auflädt. Denn das Streiten verlernst du nie, und wenn es richtig kracht und donnert, dann fühlst du dich so richtig wohl. In dir verkörpern sich Lebenslust, Freude am Sex, Ungebundenheit und erfrischende Spontaneität ebenso wie eine manchmal rücksichtslos wirkende Unbekümmertheit.

☽ Mond in Stier ♉
Wasser/Erde: Die Große Mutter

Thema Wachstum, Sinnlichkeit, Suche nach gefühlsmäßiger Geborgenheit
Ziel Fülle und Überfluß, seelische Wärme

Die Flammen deiner Seele sind im Begriff, sich zu entzünden, die Impulse des Lebens tanzen in einem goldenen Feuer und die pulsierende Geistseele liebt mit solcher Macht, daß die Erde kocht und der Himmel zittert, denn hier befinden wir uns im Reich der sich ausformenden Weiblichkeit, der Blüte des Leibes, denn Mond in Stier symbolisiert die Seele der (Großen) Mutter, die für die innere Grundlage des Wachstums steht. Sie ist die Kraft, die Energie in Materie verwandelt, und treibt die Leiber ins Reich der Begierde, bis ihnen die totale Hingabe aus den Hautporen quillt. Deshalb erscheint dir, der du eine starke sinnliche Komponente besitzt, in der Erotik, Triebhaftigkeit und wucherndes Verlangen eine große Rolle spielen, das Leben auch wie eine fließende Ausdehnung, die unablässig aus sich selbst wächst: eine sich aus sich selbst gebärende Vergrößerung, die die Energien aus sich selbst schöpft und damit die Grundlagen für das Wachstum sichert. Es ist die himmlische Jungfrau, ins Monumentale entrückt, die aus höheren Sphären befruchtet wird. Sie ist in den Schimmer eines visionären, von innen nach außen streuenden Lichtes getaucht und ins Gewaltig-Göttliche erhoben und damit ein Symbol für die Mutterschaft. Es ist die Große Mutter, aus der alles Leben geboren wird und zu der es am Ende seines Zyklus wieder zurückkehren wird, und ihre ureigenste Aufgabe ist es, den anfänglichen Schöpfungsimpuls ins Leben strömen zu lassen, indem sie sich selbst krönt durch den heiligen Schöpfungsakt der Geburt.

☽ Mond in Zwillinge ♊

Wasser/Luft: Der Spiralnebel

Thema einfühlsame Kommunikation, schnelles Eindringen in die Gefühle des anderen, sprudelnde Ideen und Gedanken

Ziel emotionale Erkenntnis (verstandesmäßiger Zugang zu den Gefühlen und umfassende Sichtweise durch rationale Kontrolle)

Dein Zwillings-Mond, in dessen Inhalt sich das Licht in ständig neuen Selbstbespiegelungen bricht, zerstäubt die Strukturen des Denkens und verwandelt den pulsierenden Strom sich verändernder Bilder in ein inbrünstiges Sehnen nach Verschmelzung. Darin teilt sich der Verstand der Seele mit: Ist doch der Mond die Himmelstreppe, die in das Allerheiligste führt, der Spiralnebel, aus dessen Entwindungen sich das Gesicht embryonaler Entrückung schält, oder die Schwelle, auf der deine Seele wie ein Fötus wartet, bis sie für den Himmel reif geworden ist. Bisweilen erlebst du ein von deinen Gefühlen abgespaltenes Denken oder ein von den Denkmustern getrenntes Fühlen und damit die Diskrepanz zwischen Seele und Geist. Wenn du deine Zeit damit vertrödelst, diese beiden Opponenten, die sich dir hartnäckig verweigern, zwanghaft zu verbinden, erreichst du nichts. Wenn du aber ein gewisses Maß an innerer Spannung als notwendige Folge dieser Stellung akzeptierst, dann verleiht dir dein Mond Mut, Witz und geistreiches Reagieren gegenüber den intellektuellen und gefühlsmäßigen Ansprüchen deiner Umwelt. Es wird dir mit der Zeit gelingen, mit der reinen Erkenntniskraft Annäherungen an den ungreifbaren Gefühlsbereich zu finden, wo sich Fühlen und Denken nicht mehr nur gegenseitig ausschließen oder behindern.

☽ Mond in Krebs ♋

Wasser/Wasser: Der Schöpfungsquell

Thema die beschützende Glucke (Familie, Herkunft, Tradition)

Ziel warmes Nest (Sicherheit, Geborgenheit, Erlebnistiefe)

Im Fluidum dieses geheimnisvollen Mondes spiegelt sich der unerschöpfliche Durst nach den Lebenswassern, die dem Schöpfungsquell des Ewigweiblichen entspringen. Diese Sehnsucht, die aus dem (embryonalen) Verhalten herrührt, mit der Mutter eins zu bleiben, wird mit dem unstillbaren Wunsch nach Geborgenheit verknüpft. Der Blick ins Innere oder das Schauen in die Tiefe ist der weibliche Weg zur Wahrheit. Darum stellt sich hier die Seele in den Vordergrund. Hier sind die Geheimnisse seelischer Innenräume bebildert, denn sobald der Geistfunke die Erde berührt, verstrickt er sich in der Materie. Doch die Jagd nach materiellen Werten füllt deine Seele nicht aus, denn zu oft hast du erfahren, daß du das, was du äußerlich anstrebst, gar nicht wirklich willst. Du suchst Einfühlungsvermögen und Erlebnistiefe, keine emotionalen Abenteuer, und wenn du das erkennst, bist du am Ziel. In der Tiefe der Seele ist dein Mond weit mehr als eine Beschreibung emotionaler Erfüllung, denn er steht für die Begegnung mit dem Urweiblichen. Diese Quelle der Mütter ist es, die Faust suchte, und die Goethe sagen ließ: *Das Ewigweibliche zieht uns hinan!*

☽ Mond in Löwe ♌

Wasser/Feuer: Der züngelnde Eros

Thema Ausstrahlungskraft, Energie und Leidenschaft

Ziel Liebe und Sexualität, schöpferische Vision

Da dich im Bannkreis des Löwen die Flammen der Intuition von innen her erfüllen, bist du naturgemäß für manche der Inbegriff der Selbstüberschätzung, Angeberei und Arroganz. Doch das ficht dich nicht an, denn du schwingst um deine innere Mitte – Mond in Löwe repräsentiert eine unwiderstehliche Persönlichkeit, die ihre Umwelt zu begeistern weiß: Entweder bist du ein großer Casanova, der die Herzen der Frauen betört, oder eine starke Herrscherin, der die Männer zu Füßen liegen. Die unmittelbare Erkenntnis, daß die Liebe die Verbindung zum Göttlichen ist und die Sexualität Ausdruck des Schöpferwillens in dir, läßt dich in einen Zustand der Entrückung geraten, der alle Schranken deiner Vorstellung sprengt. Bist du aber erst einmal richtig in Liebe entbrannt, dann ist das wie das Auflodern eines riesigen Feuerstoßes, dessen Flammen den Objekten deiner Liebe nach der Seele züngeln, nur brauchst du von ihren Begierden dauernd "Holznachschub".

☽ Mond in Jungfrau ♍
Wasser/Erde: Die soziale Hygiene

Thema Anpassung, Gewissenhaftigkeit, Zuverlässigkeit, Sorgfalt
Ziel Ordnung durch Kontrolle, Läuterung durch Pflichterfüllung, Umsicht durch Neutralisierung der Gefühle

Dein Jungfrau-Mond steht für den harmonischen Einklang von Körper, Seele und Geist und bedeutet, daß du dich im Für und Wider mit dir selbst im Einklang wähnst, weil du die Schwingung jeder Situation neutralisieren und daher realistisch beurteilen kannst. Du suchst das richtige Maß und die fließende Harmonie und verzichtest dafür gern auf die Geste einer feurigen Gebärde, weil du glaubst, daß niemand Aussicht auf inneren Frieden und harmonische Liebe haben wird, der sich planlos den Gefühlen (anderer) überläßt. In deiner seelischen Ausrichtung finden wir ein übertriebenes Streben nach Ordnung, die Angst vor Chaos und der damit verbundene Drang, die Gefühle zu organisieren und zu analysieren, um sie vermeintlich besser zu kontrollieren. Das Fließen des Mondes *(Die Wahrheit braucht keinen Halt, keine Struktur, alles geschieht unmittelbar aus sich selbst heraus)* kümmert die Jungfrau nicht, weil ihr das zu verschwommen und abgehoben ist. Sie widerspricht: *Nur wer das Ziel der vollkommenen Lauterkeit in sich spürt, der ist in der Lage, die Triebinstinkte zu läutern und sein inneres Tier zu bändigen.* Deshalb verhindert Mond in Jungfrau das freie Fließen von Gefühlen und repräsentiert Pflichterfüllung, Unterwerfung und die behutsame Anpassung der Gefühle an die Bedingungen der Umwelt.

☽ Mond in Waage ♎
Wasser/Luft: Die Vogelperspektive

Thema die Anziehung der Gegensätze und das Streben nach Vielfalt in der Einheit
Ziel Ausgleich zwischen Geist und (Gefühls-)Natur

Wenn die Sonne in Waage das bewußte, mehr verstandesbezogene Verstehen der Ordnungskräfte ausdrückt, verkörpert der Mond das seelische Verstehen, die innere Einsicht und das damit verbundene Vertrauen in die Gesetzmäßigkeiten der Schöpfung. Er drückt die Anziehung der Gegensätze aus, die Sehnsucht zwischen Mann und Frau, um die verlorene Einheit wiederherzustellen, den Zustand vor der Vertreibung aus dem Paradies. Mit dem Sündenfall zerbrach die Einheit zwischen Gott und Schöpfung, Mensch und Natur, und seither stehen sich diese als Polaritäten unversöhnlich gegenüber. Aufgrund ihrer inneren, wesenhaften Zusammengehörigkeit ziehen sich alle Gegensätze jedoch wiederum unwiderstehlich an. Mond in Waage steht also für das universelle Streben der Vielheit nach der Einheit auf der Ebene der Seele, des Leibes und des Geistes. Er ist aber nicht nur ein Aspekt der Hoffnung, des unbewußten Lebenswillens und des Einblicks in die höheren Zusammenhänge; er steht auch für das unbewußte Sehnen, sich dem Strömen der kosmischen Energien hinzugeben, denn hier geht es dir um tiefere Einsichten in größere Zusammenhänge, durch die du über die Enge deines unmittelbaren Gesichtskreises hinauswachsen kannst. Es ist dies das Wähnen im kühlen Entschweben, um sich dem Leben zu nähern. Du ziehst dich auf die Wolkenebene zurück, von der aus sich die Hindernisse im Leben besser überschauen lassen. Dort oben eröffnen sich dir dann die Ausblicke ins Leben, die Wellen vor dem Bug deines Lebensschiffchens und die Sicht auf die Ausuferungen künftiger Schicksalswellen.

☽ Mond in Skorpion ♏
Wasser/Wasser: Das Seelen-Klosett

Thema Regeneration, Wandlung, Begegnung mit dem Schatten
Ziel Okkultismus, Erkenntnis des wahren inneren Selbst

Dieser finstere Abgrund zeigt an, daß du innerhalb der Gefühle auch die dunklen Seiten berührst und Erfahrungen sammelst, in denen du dir deiner Unfreiheit und Abhängigkeit bewußt werden kannst, denn er repräsentiert das "stinkende Klo" (die Zersetzung der Gefühle) oder die Tochter der Hölle, die die Flammen der Liebe auf dem Altar der Vernichtung zelebriert. Manchmal sind Besessenheit, Machtgelüste und Übergriffe angesprochen, die in ihrer kristallenen Schwärze schon wieder faszinierend erscheinen, manchmal aber auch fixe Ideen, denen du zwanghaft nachjagst, oder dein Skorpion-Mond mag ausdrücken, daß du Furcht vor dem Bösen hast, ohne zu verstehen, daß du dabei nur in den Spiegel deiner eigenen Seele schaust. Die Notwendigkeit, alte Lebensstrukturen zu eliminieren, um sich dadurch neu zu formen, und der Drang, Tabus zu durchbrechen und über sich selbst hinauszuwachsen, um das Mysterium des Lebens zu ergründen, kann bis zur Idee der Selbstvernichtung führen. Es ist, als ob du durch das Feuer hindurchgehen müßtest, um zu bemerken, wie auch die verbrauchten Gefühle in ihr ursprüngliches Element des Unbewußten zurückkehren müssen, um wieder neu aus den Ruinen auferstehen zu können.

☽ Mond in Schütze ♐
Wasser/Feuer: Die Gnade Gottes

Thema Großmut, Güte, soziales Empfinden
Ziel geistige und seelische Harmonie

Der unverwüstliche Idealismus des Schützen fühlt sich der schöpferischen Meditation des Mondes verpflichtet, und der Mond wiederum fühlt sich von der Ausdehnung und Weite des Schützen berührt. Mit der Triebkraft der Begeisterung vermögen sie sich gegenseitig zu entflammen und auf Ziele einzustimmen, die auf schöpferisches Wachstum ausgerichtet sind. Gebannt erzitterst du dann vor der Gnade Gottes, welche die Sehnsucht der Menschen aus sich hervormahlt, die Sehnsucht, die in ihrer Geheimnishaftigkeit weder intuitiv erahnt noch emotional erfahren noch geistig erfaßt werden kann, ist sie doch selbst ein Urgrund von Ängsten und Hoffnungen, der die Bilder höchster Erhabenheit und tiefster Verworrenheit hervorzaubert, mit denen deine Vorstellung dann schwanger geht. Da der Mond im Schützen all dies selbst gebiert, ist er – ohne selbst Bild zu sein – die hinter den Bildern wirkende Gefühlsenergie, die deine Vorstellung nährt. Er schafft ein Gefühl für die Netzwerke des großen All-Bewußtseins, und er stattet dich mit der Gewißheit aus, intuitiv und hochsensibel mit dieser feingesponnenen Organisation umzugehen. Ob aber mit Hilfe schamanistischer Rituale die Erde geheilt oder mit religiösen Modellen Einblick in das große Ganze gewonnen werden soll: immer ist es die Rückbindung an das innere, ureigenste Göttliche, das durch diesen Mond zum Ausdruck kommt.

☽ Mond in Steinbock ♑
Wasser/Erde: Der alte Knigge

Thema Besonnenheit, Verschlossenheit, Verantwortung; Pflichtbewußtsein, Selbstbeherrschung, Zurückhaltung (emotionale Abgrenzung)
Ziel Kristallisierung der Gefühle (Sicherheit, Fixierung, Stabilität)

Im Steinbock-Mond zeigt sich das seelische Erscheinungsbild einer sich in ihrem Selbstausdruck behindernden inneren Natur. Du richtest dich nicht mehr an der lebendigen, instinkthaften Gottheit, am Wurzelchakra oder Steiß der Schöpfung aus. Vielmehr bindest du dich an den Geist konventioneller gesellschaftlicher Inhalte. Doch damit verhinderst du das Leben, denn in deinem Bild der Ordnung, an das du dich bindest und in dessen Bann stehend du deinen Geist in Ketten legst, drückt sich nichts als die Furcht vor dem Leben aus. Anstelle der Eltern unterwirfst du dich einer Autoritätsperson oder einer gesellschaftlichen Institution, deren Anordnungen du befolgst, wofür du wiederum Belohnung erwartest; oder du machst umgekehrt ein geeignetes Opfer von deinen seelischen Übergriffen abhängig, um es in den erzieherischen Schraubstock deiner gefühlsblockierten "Wohlanständigkeit" zu pressen. Aus Angst vor dem Leben bestrafst du das Kindliche, da du einen Schuldigen dafür brauchst, weil du nicht imstande bist, das Leben wirklich zu leben. Dabei kannst du erfahren, wie schwer es ist, eigene Gefühle zu entwickeln, wenn man diese nicht an die konventionellen Prägungen gesellschaftlicher Umgangsformen anlehnen kann. Deine Seele versteckt sich hinter einem schützenden Panzer, um sich vor den Angriffen zu schützen, weil sie nicht gelernt hat, ja zu sagen: ja zu sich selbst und zu ihrer Pein als Auswirkung der Abgeschnittenheit von ihren Wurzeln.

☽ Mond in Wassermann ♒
Wasser/Luft: Der Regenbogen

Thema Streben nach Reformen und Aufhebung von gefühlsmäßigem Rollenverhalten
Ziel Aufbruch zu neuen Ufern und Einsicht in die Geheimnisse der Welt

Im Wassermann-Mond vermählen sich die geheimnisvollen Rätsel der Sphingen mit den dunklen Orakeln der Sibyllen, die aus dem Schoß des Unbewußten ins Licht aufsteigen und in deren betäubender Umarmung das gefühlsmäßige persönliche Erleben zerstäubt. Das Ziel besteht darin, schrittweise die Verspiegelungen psychischer Tiefen zu erkennen, deren komplexe Täuschungen dir durch die Stellung deines Mondes allmählich zu dämmern beginnen. Die Erkenntnis ist wie ein visionärer Strahl des Lichts: Du erlebst dich als ein Botschafter des Universums, Kurier eines neuen Äons, Träger einer kosmischen Ordnung, Teil des Ganzen und zugleich in gewisser Weise auch das Ganze selbst, und dieses innere Gespür gibt dir die Möglichkeit, neue Perspektiven zu erkennen, ohne den Blick fürs Ganze zu verlieren. Neue Einsichten helfen, alte Widersprüche zu überwinden, und führen oft zu unkonventionellen Lösungen, weil unvereinbare Gegensätze und Gesichtspunkte plötzlich zueinanderfinden und sich zu Sichtweisen zusammenbinden, in denen neue Horizonte dämmern. Das entspricht einem kosmischen Bewußtsein, das alles miteinander verbindet, was zusammengehört, und in dem alles Sichtbare nur kosmische Formen sind, die auftauchen und wieder verschwinden. Immer und immer wieder.

☽ Mond in Fische ♓
Wasser/Wasser: Die versunkene Kathedrale

Thema Feinfühligkeit, Sensitivität und inneres Schauen: Sehnsucht nach Vereinigung mit dem Kosmos
Ziel die geheimnisvolle, unergründliche Tiefe und die beflügelnde Sehnsucht innerer Gesichte

Das bleiche Mondlicht, das sich auf dem schäumenden Meer deiner Gefühle und Empfindungen spiegelt, versinnbildlicht die Erschließung deiner inneren Bilder und das tiefe Eintauchen in die unbewußten Bereiche des Selbst. Es repräsentiert das Bild eines Menschen, dessen Betonung weniger auf der Mütterlichkeit der Natur als vielmehr auf ihrer instinktiven inneren Weisheit liegt. Der Mond im reflektierenden Gewässer der Fische bescheinigt dir ein mediales Wesen mit hohen Idealen und großem Einfühlungsvermögen, das auf der einen Seite die Seelen seiner Mitmenschen berührt und dir hilft, deine inneren Herzensströme wie die Frühlingsgewässer nach dem kalten Winter wieder zum Fließen zu bringen. Auf der anderen Seite verkörpert er aber auch die Gefahr, sich in unerfüllbaren Wunschbildern zu verlieren, denn der himmlische Pfad, der zu den Geistern der Tiefe in den versunkenen Kathedralen hinabführt, ist nur ein Traum, ein trügerisches Hirngespinst wie ein U-Boot, in das du einsteigen kannst, um in die Sehnsucht einzutauchen: in die diffuse Versponnenheit einer irrationalen Vision.

Mond in den Häusern

☽

Mond in Haus 1

Der weiße Lotus oder die Wiedergeburt des Lichts

So wie die Sonne die Schöpferkraft verkündet, die sich aus sich selbst zeugt, so symbolisiert der Mond das Gefühl des Herzens, das sich in die Welt ergießt. Er hat keinen Anfang und kein Ende, sondern er leuchtet an der Wiege des Lebens und an der Schwelle des Todes, denn er steht auch für die Finsternis der Nacht als Voraussetzung für die Wiedergeburt des Lichts. Er wächst aus einem weißen Lotus hervor, der seinerseits wie eine Fontäne aus der Tiefe emporsteigt und dein Herz mit Lebenswasser füllt, denn das 1. Haus steht für Prozesse der Ichfindung und der körperlichen Aggressivität und reflektiert im Zusammenspiel mit deinem Mond die empfindsame und etwas bange Hingabe an die gröberen (stofflichen) Bedürfnisse der Welt. Er ist ein Wegweiser auf dem Pfad der Erleuchtung, der nicht nur auf die Gewässer des Unergründlichen zeigt, sondern gleichzeitig über sich selbst hinaus auch auf die Urbilder weist, die über die Träume in dein Bewußtsein fließen. Mond in Haus 1 schimmert in einem milchigen Licht, und er schildert dir die Wahrheit, die über die Durchsetzung und die Ichfindung des Egos hinausweist: daß alle Wege menschlichen Strebens innerhalb des Ewigen nur ein unbedeutender Bruchteil jenes Numinosen sind, das Anfang und Ende miteinander verbindet und das ewig gültig, aber auch für unser Denken auf ewig unergründlich bleiben muß. Auf daß die Wirklichkeit ein bißchen mehr "weniger wirklich" bleibt als die von dir verwirklichte Wirklichkeit!

Symptome	unbewußte Ängste, abgründige Sehnsüchte (Suchtverlangen) und unterschwellige Ohnmachtsgefühle
Ritual	das Feuer der Hingabe
Archetyp	die befreite Seele; das innere Kind
Analogie	die schöne Helena
Kraftort	Sandkasten; Turnierplätze (schon im Mittelalter krönte die Tochter des Königs den heldischen Sieger mit einem Lorbeerkranz)
Kultstätte	die Allee von Sphingen mit Widderköpfen, die Karnak mit Luxor verbindet
Kraftfarben	frisches Hellrot, leuchtendes Orange
Kraftstein	rote Koralle
Duftessenz	Rosmarin-Zedernholz-Mischung

☽

Mond in Haus 2

Die Befruchtung oder die süße Lust

Hier gründelt dein Mond in den körperwarmen Gewässern der Brunst und träumt von der lebendigen, nährenden Seite der physischen Lust. Du siehst, wie sich ein weibliches und ein männliches Wesen umarmen, Mund auf Mund, Leib an Leib, Finger in weichem Fleisch, Sperma auf dem blassen Teint. Da erkennst du die Larven als Adam und Eva, Vater und Mutter, die dich aus ihrer Mitte hervorbrachten. Während ihre Leiber sich umtanzen, umarmt dich eine zauberhafte Fee. Sie zeigt dir den Akt der Befruchtung der Materie und illustriert dir die zyklische Erneuerung der Erde, die Kraft des Wachstums oder Werdens, die innerhalb der materiellen Sphäre zum Ausdruck kommt. Lustvoll bindest du dich an die Erde und bringst dich um nichts, was das Leben voll und stark werden läßt: intensive Genüsse, umfassende Erfahrungen, große Exzesse. Dabei kennst du keine abgehobenen Ideale, denn du weißt deine Ziele und Prinzipien mit durchaus irdischen Mitteln zu vertreten: Du besitzt jene emotionale Kraft, die sich nach körperlicher Erfüllung sehnt und die im Austausch mit der Umwelt gleichermaßen Lust wie Harmonie anstrebt. Das bescheinigt dir im Leben Fülle und Überfluß, Glück und Wohlstand, denn Mond in Haus 2, der sich durch eine emotionale Ausdehnung auszeichnet und auch Aufblähung und plumpe Genußsucht in sich birgt, ist ein Symbol für den menschlichen Drang nach Erweiterung, ganz egal, ob sich dies in körperlichen oder seelischen Bahnen abspielt.

Symptome	Schlemmereien, Blähbauch, ungenügende Entschlackung, träger Stoffwechsel, Fettsucht, Abneigung gegen körperliche Bewegung
Ritual	Nahrungsaufnahme, Befruchtung
Archetyp	Venus von Willendorf
Analogie	der süße Brei
Kraftort	Speiserestaurant, Biergarten
Kultstätte	das Ischtartor in Babylon mit seinen Stier- und Löwenmotiven
Kraftfarbe	Hautfarbe
Kraftstein	Rosenquarz
Duftessenz	Sandelholz-Ylang-Ylang-Mischung

☽

Mond in Haus 3

Das Laufgeschirr der Seele

Vielleicht liegt dein Fehler darin, daß du zuviel darüber nachdenkst, warum das Leben so ist, wie es ist. Hierin findest du zwar keine Wahrheit, aber es ist zumindest der Versuch, deine Gefühle zu kontrollieren und sie in deiner Umgebung gut zu präsentieren. Das Talent, in verschiedenen Zungen zu reden, d.h. mit jedem in dessen Sprache zu kommunizieren, verführt dich dazu, die Gefühle durch die "Vorstellung der Gefühle" zu leben und dadurch zu intellektualisieren und zu zerreden. Doch dieses stolze Sich-Absondern, bei dem du in Gefühlen und Gedanken um dich selbst kreist und immer nur über das Unvermögen deines eigenen Erkennens reflektierst, schafft ständig neue Leere, aus der sich wiederum der Wunsch nach intellektueller Kontrolle der Gefühle speist. Eine emotionelle Öffnung gegenüber anderen ist nur dort möglich, wo eine gemeinsame Basis auf der denkerischen Ebene besteht. Deshalb der Rat: Laß dich von einer Mondfee am Laufgeschirr deiner Seele, die gerade die ersten tastenden Schritte in die Bezirke der Gefühle unternimmt, in die Höhe heben, und segle schwerelos wie ein Embryo im Fruchtwasser durch Raum und Zeit. Paß aber auf, daß du nicht in den Abgrund stürzt, wenn du den Boden unter deinen Füßen wegilluminierst!

Symptome	Nervosität, Erregung, Redeneigung (Gefühle werden durch die Ratio ersetzt und emotionale Ängste hinter verbalen Unverbindlichkeiten versteckt)
Ritual	Wind in den Haaren, Wandern über dem Nebelmeer
Archetyp	der kluge Rabe
Analogie	die kluge Else
Kraftort	Türme (Hinunterschauen in die Tiefe)
Kultstätte	Manneke Pis (Brunnen mit Bronzefigur hinter dem Rathaus am Brüsseler Grote Markt)
Kraftfarbe	Hellgelb, Hellblau, Hellgrau (leichte, luftige Farben)
Kraftstein	Glasperlen
Duftessenz	Melissen-Zitrus-Mischung

☽

Mond in Haus 4

Der Mutterbrunnen

In deiner Seele spürst du oft das urzuständliche Gefühl aufsteigen, aus Raum und Zeit hinauszutreiben und in der Urmütter Brunnenstuben einzutauchen, denn Mond in Haus 4 will dir einen Blick hinter den Spiegel, ins Reich des Unbewußten hinein, gewähren. Unter guten Voraussetzungen verkörpert dieses Gestirn das Optimum dessen, was du an innerem Seelenfrieden erreichen kannst. Das zeugt von der Absicht, Widersprüchliches im Herzen auszugleichen und es zum Wissen zu vereinen, daß alles irgendwo im Leben seinen tiefen Sinn besitzt. Der Glaube an die innere Ordnung schürt das seelische Empfinden, sich mit der Umwelt stets harmonisch zu verbinden, was sich in Toleranz und Güte ausdrückt. Du richtest dich nicht mehr an äußeren Dingen, sondern an deinem inneren Empfinden aus und strebst nach einem inneren Erkennen, das sich selbst höchstes Gesetz ist. Es hört den Ruf der Seele, aufzubrechen und alle Räume der Erkenntnis zu entdecken, die es gibt, und du begibst dich auf den Weg, dich lebendig zu fühlen und das Leben in Übereinstimmung mit dem Ewigen zu bringen, und zwar durch das Erkennen von inneren Zusammenhängen und Gesetzmäßigkeiten. Trotzdem bleibst du nicht selten in schwärmerischen Übertreibungen, zu hoch gegriffenen Idealisierungen und ablenkenden Wunschvorstellungen hängen, denn oftmals kollidieren die Ideale kosmischer Sinnfindung mit der weltlichen Familienbindung, und es wird dir klar, daß hinter diesen überhöhten Gefühlen oft auch fehlende Geborgenheit und die Leere innerer Zugehörigkeit steht.

Symptome Stimmungsschwankungen, seelische Belastungen, starke Gefühlsprojektionen (Hysterie), Gastritis
Ritual Versinken im Unbewußten, Säugen an der Mutterbrust
Archetyp Erda, die Urmutter
Analogie Frau Holle
Kraftort Sümpfe, Quellen, tiefe Brunnen
Kultstätte Quellheiligtum Wallenborn (brodelnde Schwefelquelle)
Kraftfarbe milchige Pastelltöne (Eierschalen)
Kraftstein Milchopal, Mondstein
Duftessenz Anis-Amber-Mischung

☽

Mond in Haus 5

Die erotische Selbstdarstellung oder das innere Feuer

Dein Herz schlägt für Aphrodite, die griechische Liebesgöttin, die aus der Pose erotischer Selbstdarstellung handelt, ohne bindende Absicht, solange die züngelnde Flamme der Leidenschaft anhält. Es schlägt für die sengende Macht des inneren Feuers, wenn ihr betäubender Hauch deine Seele berührt, deshalb ist es für dich auch ein Akt höchsten Genießens, wenn sie dich mit ihrer lustvollen Sehnsucht umgarnt. Dein Herz schlägt aber nicht nur für die sengende Macht des libidinösen Feuers, das alles verbrennt, was es berührt, sondern es schlägt auch für die von innen her aufsteigende Lebenskraft, die kraftvolle, lebensbejahende Energie, die alles durchdringt und dabei Lebenslust, Vitalität und jugendliche Frische zum Ausdruck bringt.

Symptome Divergenz zwischen Fühlen und Wollen, sexuelle Verspannungen aus der Diskrepanz zwischen Aggression und Hingabe
Ritual Orgasmus
Archetyp Aphrodite
Analogie Geburt der Venus
Kraftort Rosengarten
Kultstätte der Löwenhof in der Alhambra

Kraftfarbe	Granatapfelrot
Kraftstein	Granat, Rubin
Duftessenz	Neroli-Lavendel-Mischung

☽

Mond in Haus 6

Das Modell der Harmonie

Auf der spirituellen Ebene läßt sich dieser Mond auch als Öffnung bezeichnen, durch die man das Modell der Welt als Modell der Harmonie erkennt, denn er symbolisiert die Transformationsfläche, auf der sich das Unzusammenhängende jetzt strukturiert. Weil die Welt der Harmonie aber ein Ideal ist, das mehr mit den inneren Wünschen als mit der äußeren Wirklichkeit zu tun hat, kannst du hier sehen, wie du immer von der Perspektive abhängig bist, d.h. davon, wie du glaubst, daß die anderen die Welt anschauen. Dabei vermag dein Intellekt die Gefühle nicht immer in den Griff zu kriegen, wodurch sich irrationale Handlungen in den Alltag einschleichen. Unterschwelliges Gefühlsverhalten wird in deine Erinnerung hochgespült, um dort von den Denkmechanismen sortiert zu werden, denn dein Mond im 6. Haus ist nichts anderes als der Versuch, die unstrukturierten, gefühlsmäßigen Taten und Entscheidungen in die vielfältigen Schubladen deiner Denkmodelle einzureihen. Solange du dir nicht eingestehen willst, daß dein Gefühlswert von den Bildern abhängig ist, die dir andere vermitteln, haben wir hier eine vollständige Auslieferung an die eigene Vorstellung, die sich aus deinem Fühlen, was die anderen denken zusammensetzt. Gerade weil es dir gelingt, deine Verdrängungen mit den Vorstellungen der Gesellschaft in Übereinstimmung zu bringen, stellt sich hier die Frage: "Wie unvernünftig ist Vernunft?"

Symptome	Stilisierung, Distanzierung und Unterkühlung (aus Angst vor Gefühlen); Formalismen, gefühlsmäßige Unverbindlichkeit
Ritual	Reinigung, Energieübertragung (z.B. heilende Energie auf verseuchte Erde)
Archetyp	die heilige Maria
Analogie	das Gleichnis vom Unkraut unter dem Weizen (Matthäus 13,24-30)
Kraftort	Biotop, Schrebergarten
Kultstätte	Lourdes
Kraftfarbe	helle Erdfarben (Beige)
Kraftstein	Rhodonit, Tigerauge
Duftessenz	Salbei-Nelken-Mischung

☽

Mond in Haus 7

Die Masken von Venedig

Mond in Haus 7 ist ein Bild für jene Seite in dir, die die Verbindung mit der Umwelt sucht. Durch die Schöpfung wurde die ursprüngliche Einheit in zwei Pole auseinandergerissen; sie stehen sich seither als Yin und Yang gegenüber und ziehen sich gerade wegen ihrer Gegensätzlichkeit an. Deshalb begegnest du der Welt mit einem großen Bedürfnis nach Nähe und Verständnis, denn du benötigst die Außenwelt, die dir deine Identität reflektiert und dir den Teil an Eigenliebe zukommen läßt, den du dir selbst nicht zu geben vermagst. Das wirkt sich in deinem Verhalten aus, indem du dich in allem nach der Außenwelt ausrichtest. Das heißt: Weil du glaubst, ohne Beziehung nicht leben zu können, lieferst du dich der Beziehung aus, indem du deine Individualität nicht selbst lebst, sondern sie in einen Beziehungsrahmen überträgst, dem du dich in allem auslieferst. Mehr noch: In Wirklichkeit machst du dich gar nicht abhängig, weil du nur unverbindliche und oberflächliche Beziehungen pflegst, die du jederzeit austauschen kannst, sobald sie deine Erwartungen nicht mehr erfüllen. Weil du das aber nicht wissen darfst, damit der Verdrängungsmechanismus weiter funktionieren kann, siehst du jede flüchtige Berührung immer als letzte elysäische Erfüllung an!

Symptome fehlende innere Geborgenheit, Launenhaftigkeit, emotionale Labilität (psychogen bedingte Nierenstörungen, Drüsendysfunktionen, Oligurie)
Ritual Chymische Hochzeit
Archetyp der Zwitter
Analogie im Hermaphroditen verbinden sich die Polaritäten der Geschlechter zu einer einzigen Gestalt, und das entspricht auf der geistigen Ebene dem Transzendieren der Gegensätze der Erscheinungswelt
Kraftort Brücken (Verbindungen zwischen den Polen)
Kultstätte Omphalos, der Heilige Stein in Delphi
Kraftfarbe Himmelblau bzw. kaltes Himmelsgrau
Kraftstein Sternsaphir, Sodalith
Duftessenz Fenchel-Rosen-Mischung

☽

Mond in Haus 8

Die schwarze Isis/Der kastrierte Sohn

Der Mond im 8. Haus zeigt das zerstörende Weib, das ihr eigenes Selbstbild im Bild des anderen schmerzvoll transformiert, oder den durch die Göttin kastrierten Sohn, der durch den Verlust seiner Männlichkeit und die schmerzende Wunde am eigenen Leib den Weg der inneren Überwindung erfahren kann. In ihrem Schoß bist du der verschlingenden Mutterkraft verbunden, was im Zusammenhang mit den Karma-Gesetzen und Wiedergeburten betrachtet werden muß, denn in der Tiefe deiner Seele leuchtet in einem höllischen Lichtschlund das himmlische Bild der schwarzen Isis auf, eine sinnverwirrende, abgründige Gestalt, die aus dem Feuer der Verschmelzung einen intrazellularen Flächenbrand entfacht. Zwar bist du immer wieder in der Lage, neue Fundamente für deine zerstörten Gefühle zu errichten, doch bis die alten Hüllen sinnentleerter Emotionen restlos überwunden sind, versuchst du die anderen in okkulte Machtspiele zu verstricken und damit als (sexuelle) Opfer den Forderungen deiner Seele zu verpflichten, in deren Abgründen du dich lustvoll und mit dämonischer Kraft bewegst. Du forderst bedingungslose Hingabe an deine emotionalen Gelüste, doch ist dieses Zwanghafte auch das letztlich erlösende Scheitern, welches die Aufforderung alchemistischer Wandlung schon in sich trägt. Dies zeigt auch, daß du bereit bist, das Stadium der Verwandlung zu akzeptieren, die das Karma für dich bereithält.

Symptome Omnipotenz der Gefühle; Regeneration und Wandlung im seelischen Bereich
Ritual die schwarze Kunst (Zauberei, Hexerei, Magie)
Archetyp der lichtbringende Luzifer
Analogie Inquisition, die im Namen Gottes Hexen verbrennt
Kraftort Kerker, Burgverlies
Kultstätte die kochenden Schlammteiche im Thermalgebiet um Rotorua (Neuseeland)
Kraftfarbe strahlendes Dunkel (leuchtendes Schwarz); lichtbringend: Purpurviolett, Rotgold
Kraftstein Karfunkel
Duftessenz Lotus-Teebaum-Mischung

☽

Mond in Haus 9

Der innere Buddha

Mond in Haus 9 steht für die Welt des Glaubens und das damit verbundene Gottvertrauen. Die Suche nach dem verborgenen Sinn ist seine innere Triebfeder, denn aus seinen Erkenntnissen erwächst ihm die tiefe Gewißheit, Teil einer höheren Ordnung zu sein. Er zeigt, daß du dich mit Fragen der Sinnfindung befaßt und deine Glaubensgrundsätze und Wertvorstellungen einer Prüfung unterziehst. Dabei interessieren dich weniger objektive Befunde. Im Gegenteil: Mond in Haus 9 verkörpert gerade die Ebene deiner höchst subjektiven persönlichen Glaubenserfahrung, die sich einer allgemeinen Nachprüfbarkeit entzieht, ohne dadurch an Bedeutung oder Richtigkeit zu verlieren. Es geht um das Suchen und Finden des höheren Selbst, das dir, wenn du ihm begegnest, leise ins Ohr flüstert: *Erfasse das spirituelle Feuer in dir. Es sind die Flammen des Lebens, die dich einhüllen, und die nur für diejenigen von Schaden sind, die ihren egoistischen Willen den höheren Zielen des Lebens entgegenstellen. Sei ganz du selbst und lasse das Nirwana zu: als höchste Ekstase persönlicher Vernichtung!*

Symptome	Missionstrieb, religiöse Wahnvorstellungen, Wachstumseuphorie (Aufblähung, Verfettung), Leberbeschwerden
Ritual	mentale Reisen im inneren Kosmos (Alphazustand), durch Gottesbegegnung Erlösung von den Sünden (innere Versenkung)
Archetyp	der Heilige Geist
Analogie	Stern von Bethlehem
Kraftort	das Innere von Kirchen
Kultstätte	Chartres
Kraftfarbe	Königsblau
Kraftstein	Lapislazuli
Duftessenz	Zimt-Vetiver-Mischung

☽

Mond in Haus 10

Der Stock des Lehrers oder das Gesäß des Kindes

Hier erfährst du das Geheimnis der Kunst, wie du – statt dein eigenes verdrängtes Innenleben zu kultivieren – andere Menschen erziehen kannst. Mond in Haus 10 steht für das strukturgebende Element, für dein emotionales Verlangen nach Stabilität, Sicherheit und Kontinuität. Er zeigt dein Streben nach Unabhängigkeit von den Bedingungen der Natur, das sich der Hingabe an die fließenden Abläufe der Schöpfung entgegenstellt, denn es ist deine formgebende, strukturierende und sichernde Realität, die die anderen hindert, in der wirklichen Wahrheit zu leben, und die sie gleichzeitig vor der angstmachenden Unergründlichkeit der wirklichen Wahrheit schützt. Im Bestreben, die Grenzen nach außen hin zu festigen und gegen äußere Angriffe zu zementieren, ist es dir meistens nicht bewußt, daß die wirklichen Bedrohungen von innen kommen. So kannst du, wenn du um deine eigenen Gefühle schon einen Bogen machst, wenigstens die der anderen strukturieren und maßregeln, denn du kannst deinen eigenen Absturz in die innere Haltlosigkeit dadurch kompensieren, indem du gefügige Seelen zuerst vor dem Absaufen rettest und sie dann in ihrer sühnenden Reue tatkräftig mit dem Rohrstock unterstützt. Aber laß dir niemals hinter die Maske schauen, sonst fällt dir die Maske vom Gesicht; fallen die anerzogenen Rollen aber zusammen, dann stehst du selbst ohne Hosen im Licht!

Symptome	Austrocknung der Schleimhäute, Harnverhaltung, Reduzierung der Körperflüssigkeiten, Unterleibsbeschwerden, Kniegelenksödeme
Ritual	Erziehungsspiele (auf die Knie!) oder Dämonenvertreibung als Akt der Loslösung seelisch verankerter Verhaltensvorschriften
Archetyp	Rabenvater und Stiefmutter
Analogie	Saturn, der seine eigenen Kinder verschlingt
Kraftort	Moor
Kultstätte	Mäuseturm bei Bingen
Kraftfarbe	Nachtblau; bleiches Regengrau
Kraftstein	Nigrin (schwarzer Rutilquarz); dunkler Obsidian (vulkanisches Glas)
Duftessenz	Wacholder-Zypressen-Mischung

☽

Mond in Haus 11

Die gläserne Wand

Die bildhafte Manifestierung der sich selbst erkennenden Seele, die sich ins Herz hineinschaut, das ist der Spiegel des Betrachters: Mond in Haus 11. Er repräsentiert eine geistige Stufe, auf der die Sinne die Polaritäten des Empfindens durchbrechen und über die Grenzen der menschlichen Vorstellung hinaus ins Unermeßliche vorstoßen. Seine energetische Schwingung in den Abgründen des Unbewußten wirkt wie seelischer Klebstoff, der dich mit dem Faszinosum des Unerkannten verbindet, das du, an deinem Bewußtsein vorbei, hinaus in die Welt projizierst und dessen Spiegelungen du dann im Strudel der äußeren Geschehnisse erliegst. Du befindest dich in der schizoiden Situation, in der dein Mond an den Projektionen seiner Gefühle zwar interessiert teilnimmt, aber mehr, um die Welt wie aus einem Glashaus zu betrachten. Es ist die Sichtweise eines Außenstehenden, der das Geschehen rapportiert, ohne sich seelisch einzubringen. Gerade der Abstand, aus dem du dich beobachtest, ermöglicht dir die Sichtweise, um dich gleichzeitig innerhalb und außerhalb deines eigenen Standpunkts zu begaffen. Damit distanzierst du dich gleichermaßen von deiner eigenen Gefühlsnatur!

Symptome	seelische Erregbarkeit, sexuelle Verspannungen, Insuffizienz der Sexual- und Bauchspeichelhormone (Angst vor Weiblichkeit und Sexualität)
Ritual	Schatzsuche (die Suche nach dem Goldtopf am Ende des Regenbogens)
Archetyp	der Geist in der Flasche; der verzauberte Prinz
Analogie	das blaue Licht (Gebrüder Grimm)
Kraftort	unter dem Wasserfall
Kultstätte	Niagara-Wasserfälle
Kraftfarbe	in allen Regenbogenfarben schillernd
Kraftstein	Alexandrit
Duftessenz	Lilien-Orchideen-Mischung

☽

Mond in Haus 12

Der Jenseits-Channel

Du bist nicht bereit, persönliche Gefühle zu entwickeln, denn du möchtest in Übereinstimmung mit dem Göttlichen bleiben und hoffst, ein Medium des Geistigen zu werden, wenn du die Signale des Kosmischen empfängst und reflektierst. In dem Moment, da sich die Sehnsucht nach dem Unergründlichen im Herzen bildet, fühlst du dich durch deinen Mond dazu berufen, diesen Vorgang zu interpretieren, denn du empfindest dich als mikrokosmischen Abdruck eines makrokosmischen Schöpferwillens. Persönliche Ziele werden durch spirituelle Schwingungen ersetzt und in allem dem Jenseitigen nachgeeifert, das neue Schwerpunkte im Leben setzt. Das Gefühl, irgendwie aus Raum und Zeit hinauszutreiben, nimmt überhand, je mehr du dich deinen inneren Regungen überläßt, und obwohl dein vertrautes Ich nur ein undenkbar kleiner Ausschnitt dieses universellen Willens ist, kannst du dich, in einer geistigen Luftblase gewissermaßen, um die Materie in Schach zu halten, lustvoll deiner göttlichen Kreativität hingeben, die alles Leben in sich birgt und dich in einem einzigen Atemzug kommen und gehen, werden und vergehen läßt, immer und immer wieder...

Symptome	Unterfunktion der Hormondrüsen, Gewebsaufschwellung, Milchdrüsen, lympathische Konstitution
Ritual	Channeling, Traummeditation (schauende Versunkenheit unter Ausschaltung des Wollens)
Archetyp	Undine
Analogie	Schneewittchens vergifteter Apfel; Persephones Granatapfel, den ihr Hades anbot
Kraftort	versunkene Dörfer (Unterwasserlandschaften); Kanarische Inseln (einer alten Sage nach sind die Kanarischen Inseln die Berggipfel von Atlantis)
Kultstätte	Isistempel auf der heute ständig überspülten Nilinsel Philä bei Assuan
Kraftfarbe	luzid
Kraftstein	Wasseropal
Duftessenz	Jasmin-Narden-Mischung

MERKUR

Das intellektuelle Erkennen

Merkur oder Hermes wird in der Mythologie als eine hermaphroditische Gestalt umschrieben, die den Schlüssel zu den tieferen Wahrheiten in sich birgt. Er ist einerseits ein Symbol für die Art, wie wir wahrnehmen, andererseits aber auch, warum wir was wahrnehmen und wie wir die Wahrnehmung vergleichen und weitergeben. Emotionslos, unparteiisch und objektiv beschreibt und rekonstruiert er kausale Zusammenhänge, verbindet Widersprüche und gleicht Gegensätze mit den glättenden Argumenten verbindender Sichtweisen aus. Damit ist er auch hervorragend geeignet, das vermittelnde und übertragende kommunikative Urprinzip zum Fließen zu bringen. Als Gott des Windes erscheint er flink, eilend, stürmend, mit Flügelschuhen und einem beflügelten Hut dargestellt und kann somit als Vorbereitung auf Reisen oder im Vorfeld wichtiger Besprechungen und Entscheidungen angerufen werden. Als Gott der Schlauheit und des Geschäfts ist er der Schelm unter den Göttern und unterstützt Diebe, Kaufleute, Narren und Betrüger; und als Gott der Unterscheidung ist er der Ahnherr des Denkens *(Ich denke, also bin ich!)*, der Erschaffer aller Realitäten, der die Menschen in ihre Weltbilder einbindet und damit aber auch gleichzeitig vom Erkennen der Relativität des Erkennens abhält: *Ich bin, weil ich erkenne – deshalb erkenne ich mich als der, der ich bin!*

Spirituell betrachtet ist Merkur aber nicht nur ein Symbol dafür, wie du die Welt erfährst und wie du das Erfahrene in deine Bewußtseinsmuster einordnest, sondern er ist auch das Symbol des Musters selbst, alles, was du erfaßt, einordnen zu müssen und aus dem Eingeordneten gleichzeitig das zu gestalten, was du dann für die äußere Welt hältst. Merkur entspricht dem denkerischen Gestalten, nämlich die unbildhaften, energetischen Ströme als Symbole zu erfassen und damit den Sinnen zugänglich zu machen. Damit wird seine Position in der Mythologie, nicht nur zwischen Göttern, sondern auch zwischen Menschen und Göttern zu vermitteln, einsichtig: Es ist der Austausch zwischen dem inneren und dem äußeren, zwischen dem bewußten und dem unbewußten Selbst. Aus den tieferen Schichten des kollektiven Menschseins dringen ungeformte Energiewolken herauf, die darauf warten, in Symbole umgedeutet und damit in menschliches Handeln übertragen zu werden. Anders ausgedrückt: Deine Begriffswelt ist das Ergebnis der Wirkungen Merkurs, die aus dem Rohmaterial schöpferischer Ursubstanz materialisiert wurde, denn die Methode, Symbole zu schaffen und miteinander zu kombinieren, entspricht exakt deinen merkurischen Anlagen und Fähigkeiten. Damit erschaffst du dir eine begriffliche Welt, die du der instinktiven Welt überlagerst, bis du selbst überzeugt bist, daß die begriffliche, von dir selber geschaffene Realität der Wirklichkeit entspricht.

Das merkurische Prinzip basiert auf der Erfassung von Gesetzmäßigkeiten und Schlußfolgerungen und entscheidet darüber, ob ein Inhalt in seinem Zusammenhang erkannt werden kann oder in seine Einzelteile zerfällt. Was die Welt für unseren Verstand zusammenhält, ist die Gewißheit, daß die Welt so ist, wie wir gelernt haben, sie wahrzunehmen. Die logischen Axiome des Aristoteles, seit mehr als zweitausend Jahren das Fundament des abendländischen Denkens, sind nicht nur die sichere Grundlage, auf der unser Weltbild steht, sondern sie sind auch der Preis für diese Sicherheit. Sie errichten die hohen Mauern der rationalen Wissenschaft, die alles ausgrenzen, was sich nicht in die Gesetze der Logik eingliedern läßt. Sie sind ein Filter unserer Erkenntnis, der alles aussondert, was nicht durch Stoff und Form, Bewegung und Ziel definiert werden kann. Platon dagegen ging davon aus, daß wir im sichtbaren Objekt nur das erkennen können, was wir an Informationen oder Vorstellungen über das betreffende Objekt in uns tragen. Aus diesem Blickwinkel heraus betrachtet ist auch das Modell der naturwissenschaftlichen Erkenntnis nur eine Vorstellung vom Leben, denn alles, was wir in unserer Anschauung der Welt erfassen, ist eine Vorstellung von Wahrheit, ein Abbild der Wirklichkeit, abhängig von Gesetzen, die wir uns selbst geschaffen haben. Hier beherrscht die Vorstellung bereits die Wirklichkeit, und viele Suchende glauben, daß die Vorstellung die Wirklichkeit nur ausdrückt. Wie kann die Vorstellung aber die Wirklichkeit ausdrücken, wenn sie nicht weiß, was die Wirklichkeit ist? Darum können wir auch nichts erkennen, was außerhalb dieser Vorstellung liegt, und alle Wahrheiten und Erkenntnisse sind nie etwas anderes als mehr oder weniger interessante Denkmodelle. Unser denkendes Ich ist ein besonders raffiniertes Gebilde, das uns unsere Handlungen aufgrund der Betrachtungen vorschreibt, wie wir die Welt zu sehen haben: *Die Welt zu sehen, wie wir sie sehen... und das auch noch zu wollen!*

Merkur in den Zeichen

☿ Merkur in Widder ♈

Luft/Feuer: Mit dem Kopf durch die Wand

Thema intellektuelle Selbstdurchsetzung
Ziel Durchsetzung der eigenen Fähigkeiten durch Kritikfähigkeit, Unterscheidungsvermögen und Strukturanalyse

Das Leben ist ein Abenteuer. Versuche nicht, dir über die Hintergründe klarzuwerden, sondern handle, als wüßtest du, was du tust, auch wenn du es nicht weißt. Du gewinnst, wenn du kämpfst, und du verlierst alles, wenn du aufgibst. Deine größte Chance kommt, wenn du dein Ziel mit einer gebündelten und in den Brennpunkt deines Willens gebrachten Handlungsabsicht in deinen Gegner hineinvisualisierst. Das ist die erste Stufe der Entwicklung von Verstand und Hirn, die mythologisch als Verlust des Paradieses, als Abspaltung von Gott bezeichnet wird. Sie entspricht auf der kosmischen Ebene der ersten Aktualisierung des Potentials der Urenergie und auf der Ebene des Individuums der Strukturierung der Urmuster des Unbewußten durch den kollektiven Menschengeist. Subjektive Selbstdurchsetzung ist der erste Schritt des Egos, die karmischen Verwebungen aus den Tiefen der Ewigkeit in einen neuen Schöpfungszyklus einzubringen, an dessen Ende die objektive Meinungsäußerung steht.

☿ Merkur in Stier ♉

Luft/Erde: Der feste Stand

Thema praktisches, geradliniges und realistisches Denken
Ziel intellektuelle Selbstabgrenzung durch Sicherheits- und Besitzdenken

Für dich gibt es keine Welt da draußen, die du zu ergründen hast. Für dich zählt nur deine eigene Meinung, die dir sagt, wie die Welt zu sein hat, und deshalb verstehst du immer nur das, was du verstehen willst, und innerhalb dieses Verstehens verwirklichst du deine Ziele. Das Problem ist nur, daß du dich an die Denkformen klammerst und stur annimmst, daß sie der Wirklichkeit entsprechen, statt die Relativität der Fragen zu erahnen, mit denen du die Wirklichkeit erkundest. Deshalb ist dein Denken zwar nie falsch, weil es ja immer nur die Voraussetzungen der einmal für wahr erkannten Standpunkte bestätigt, aber natürlich auch nie sonderlich brillant, weil es die Welt immer nur so betrachtet, wie es gelernt hat, sie wahrzunehmen. Trotzdem sind die Verwirklichungen gewisser Pläne möglich, denn Merkur in Stier unterstützt die Fähigkeit, Ideen durchzuführen und Machbares zu realisieren. Er bedeutet Beharrlichkeit und Konsequenz im Erreichen von Zielen und repräsentiert überdies Stabilität und soziale Struktur; er kann aber auch auf deren Übertreibungen in Form von Erstarrung, Unterdrückung und Perfektionismus hindeuten: Ordnung als Selbstzweck oder die hinter sozialen Strukturen versteckte Ich-Natur.

☿ Merkur in Zwillinge ♊
Luft/Luft: Der Schnelldurchlauferhitzer

Thema Kontakt- und Kommunikationsfreude
Ziel intellektuelle Selbstdarstellung

Hier sind es nicht hundert, hier sind es tausend Ideen, die du gleichzeitig verwirklichen möchtest. Dabei geht es dir nicht immer um einen tiefschürfenden Gedankenaustausch, sondern oft auch um schiere Redelust. Das macht dich zum intellektuellen Durchlauferhitzer, denn du handelst nach dem Motto: Zeit ist Geld! Energetisch charakterisiert diese Stellung das unterscheidende Denken, das die Welt polarisiert, um sie zu begreifen. Und weil es nie ein Ende für das gibt, was wir mit Denken umreißen, symbolisiert dein Zwillinge-Merkur die wohltuende Kraft des Verstandes, der beständig neue Standpunkte entwickelt und Ideen und Lösungsvorschläge kreiert, die in den Kern der Dinge eindringen und Klärungen und Lösungen herbeiführen können, die ausgewogen sind und damit zünden. Metaphysisch ist hier die Initialzündung für den Prozeß der Bewußtwerdung angesprochen, denn die Idee ist durch die Leere des raumzeitlosen Nicht-Seins hindurchgetreten, und du beginnst, dir ein Bild von dir selbst – und damit von der Welt – zu machen. Merkur in Zwillinge erfaßt bereits die ersten Schritte in den aus dem Nichts entfalteten Raum, in die aus der Ewigkeit geborene Zeit und in das konkrete, dynamische Leben. Damit befindet er sich ganz am Anfang seiner inneren Erkundungsreise, auf der er die Vorstellung seiner Welt entdeckt.

☿ Merkur in Krebs ♋
Luft/Wasser: Der Spiegel der Seele

Thema Erinnerungsvermögen, Vorstellungskraft, Austausch oder Neutralisation der Gefühle
Ziel tiefenseelisches Erkennen (verinnerlichtes Denken, vielschichtiger Intellekt)

Die Erkenntnis auf dieser Ebene ist wie ein visionärer Strahl des Lichts, auf dem dir deine Sehnsüchte entgegenblicken und auf dem das Geheimnis deiner Seele das höchste Ziel im Reich spiritueller Mysterien aufscheinen läßt. Dieser Prozeß ist bei künstlerischen Menschen, wenn das visionäre Bild vor ihren inneren Augen plötzlich Gestalt annimmt, genauso zu beobachten wie in der Psychotherapie, wenn sich aus den Gefühlsverstrickungen im Unbewußten plötzlich so etwas wie ein Zusammenhang herausschält. Wenn Verstand und Seele gut miteinander harmonieren, kann das Ergebnis nur Kreativität sein (oder Erkenntnis), also Schöpferisches, das sich aus den Urnebeln des Unbewußten nährt. Auf der psychologischen Ebene kann man diese Stellung auch als Öffnung bezeichnen, wo sich das Unzusammenhängende jetzt strukturiert. Unterschwelliges Gefühlsverhalten wird in die Erinnerung hochgespült, um dort von den Denkmechanismen sortiert zu werden. Merkur in Krebs ist nichts anderes als ein Symbol, die unstrukturierten, unkontrollierten inneren Ströme in die vielfältigen Schubladen unserer Denkmodelle einzureihen.

☿ Merkur in Löwe ♌
Luft/Feuer: Der Schöpfergeist

Trieb Überzeugungskraft, Extraversion, repräsentativer Verstand
Ziel das Feuer der Schöpfung; Selbsterkenntnis

Merkur in Löwe symbolisiert genau das, was den Geist dazu bewegt, über sich selbst ein Bild zu machen, und deshalb bist du viel besser als andere in der Lage, dich in deine eigene Entwicklung einzubeziehen und somit Ideen zu kreieren, die dich mit deinem inneren Schöpfergeist in Berührung bringen. Doch meistens führt dieser Weg weniger zur Erfahrung des Göttlichen als zu einer mehr oder weniger starken Identifikation mit dir selbst. Infolge eines Überschusses an solarer Elektrizität (Löwe) brennen die

Sicherungen in deinem logischen Verhalten durch, und du fällst in ein kindliches Verhalten zurück, indem du dich durch geistigen Exhibitionismus rücksichtslos zu entblößen suchst. Du identifizierst dich dabei so stark mit dem Produkt deiner eigenen Gedanken, daß du von den Bildern deines Geistes fortgerissen wirst. Von diesen inneren Gesichtern völlig hingerissen möchtest du in kürzester Zeit dein ganzes Potential realisieren, den göttlichen Plan erkennen und deine eigene Bestimmung finden. Dadurch gelingt es dir oft nicht, dich aus deinen eingetrichterten Denkweisen und Verhaltensmechanismen zu befreien und neue Paradigmen zuzulassen. Eine überspannte Dogmatik dient dir zur eigenen Rechtfertigung vor dir selbst, ohne daß du dich auf die Argumente deiner Umwelt überhaupt einläßt.

☿ Merkur in Jungfrau ♍

Luft/Erde: Der Perfektionist oder das Chaos der anderen

Thema intellektuelle Gründlichkeit, detaillierte Erkenntnis, detektivisches Gespür, objektiviertes Denken

Ziel Anpassung nach außen, Übereinstimmung mit der Umwelt, Erkenntnis durch Beobachtung der anderen

Vielleicht fühlst du dich von deinem eigenen Denkpotential bedroht oder von deinen inneren Vorstellungsbildern umzingelt, die unbarmherzig in deinem Kopf zirkulieren, denn Merkur verkapselt in sich Verzahnungen des Denkens, und Jungfrau symbolisiert oft auch den Ungeist selbstquälerischer Perfektion. Der inneren Angst, dich im undurchdringlichen Dschungel deiner quälenden Bilder zu verirren, stellst du eine pragmatische Vernunft entgegen, die sich stellvertretend für deine eigenen Gehirnwindungen jetzt um das Chaos der anderen kümmert. Dabei profitierst du von der Fähigkeit deines Verstandes, mit den Spannungen der Umwelt, dem Chaos der Gesellschaft, umgehen zu können, denn du brauchst den Widerstand als notwendige Erfahrung, um daraus die notwendigen Schlüsse und Erkenntnisse zu ziehen. Die inneren Ängste sind dazu da, in eine sichtbare Form gegossen zu werden, und das erreichst du dadurch, indem du sie bei anderen erkennst. Sich im Scheitern (anderer) zu erkennen, ist Erkenntnis, und diese gleichzeitig das Ziel, das im Jungfrau-Merkur liegt!

☿ Merkur in Waage ♎

Luft/Luft: Die ästhetisierende Androgynität

Thema der kluge, schnelle, gewitzte Verstand in seiner ideenhaften, geistreichen, vielseitigen, widersprüchlichen, aber auch listigen, ironischen und gerissenen Art

Ziel geistige Wendigkeit, Klugheit, Kontaktfreude, Redegewandtheit, Geistesgegenwart und geistreicher Charme

Im Tierkreis der Waage formalisiert Merkur die Gefühle und macht sie hinter ästhetisierenden Ideen unangreifbar. Um sich der venusischen Triebhaftigkeit zu entziehen, nähert er sich oft androgynen Ausrichtungen überfeinerter Perspektiven in Kunst und Mode, Styling und Design an. Seine Heimat ist das schnelle Denken und das blitzschnelle Erfassen kausaler Zusammenhänge. Gefühle kennt er nicht, sein Bereich ist das zweidimensionale Denken, legt man ihn fest, so weicht er aus, aber im Umgang mit der Umwelt verleiht er dir viel Geschick und ein überragendes diplomatisches Gespür. Deshalb setzt du dich auch lieber mit den Problemen deiner Umwelt auseinander, statt dich um deine eigenen Probleme zu kümmern, und suchst bei anderen zu beschwichtigen, was du an eigenen Widersprüchen nicht erträgst. Kurz: Du versuchst die Abwesenheit der Gefühle durch ein harmonisches Weltbild zu kompensieren, damit du deine innere Leere durch dieses filtern und damit für dein eigenes, unmittelbares Erleben entschärfen kannst.

☿ Merkur in Skorpion ♏
Luft/Wasser: Der Nachtmeerfahrer

Thema	Streben nach Wahrheit durch geistige Provokation, Manipulation, Suggestion und Okkultismus
Ziel	das schicksalseinsichtige Erkennen des Schöpfungsplans

Suggestiv, bohrend und übertrieben okkult kommst du deinem eigenen Schatten auf die Spur, denn du liebst es, alle Geheimnisse zu durchdringen und neugierig in die Abgründe der menschlichen Seele zu blicken, wo sich das Unergründliche verbirgt. Dort begegnet dir der Teufel. Er zieht sich die Maske vom Gesicht und plötzlich erkennst du, wer er ist, denn auf der innersten Ebene ist er der ungeliebte Spiegel deiner selbst. Wenn du das erkennst, hast du dich erkannt, denn als Nachtmeerfahrer, der in die Dunkelheit eindringt, ist das Erkennen des eigenen Schattens die höchste Form spirituellen Wissens und der Einweihung. Merkur in Skorpion lädt dich ein, deine Wahrnehmung so weit zu öffnen, daß du das Heiligtum des Mysteriums, das du nur kraft deiner irrationalen Erkenntnisfähigkeit betreten kannst und das nicht in vordergründigen Begriffen, sondern nur in symbolischen Umschreibungen ausgedrückt werden kann, als einen Gipfelpunkt menschlichen Erlebens erfährst, das in der Höhe der Tiefen oder im Licht der Erkenntnis als höchste Selbst- und Welterfahrung aufdämmert.

☿

☿ Merkur in Schütze ♐
Luft/Feuer: Das Credo der Wahrheit

Thema	Bedürfnis nach Erkenntnissen in größeren Zusammenhängen
Ziel	Wissen, Fortschritt, geistige Entwicklung

Um deiner inneren Anmaßung, dich gegenüber anderen in einem ständigen Überlegenheitsgefühl zu wiegen, eine angemessene Grundlage zu sichern, strebst du nach immer neuen Erkenntnissen. Ständig invozierst du die Geburt eines größeren Weltbildes – oder wenigstens die Erweiterung des weltanschaulichen Rahmens für deine Bilder. Auf der Suche nach Erlebnistiefe steigst du in die Friedhöfe der Vergangenheit, um die vergessenen Mysterien zu suchen, die aus alten Gräbern hochsteigen, weil du glaubst, ihre Geheimnisse entschlüsseln zu können, ohne aber zu erkennen, daß sich dahinter nur ein verlorener Lebenssinn (Vergangenheitssuche als Ich-Findung) verbirgt. So können sich alte Mythen mit neuen Zielen in deinem Hirn zu Pseudowahrheiten verbinden, deren Ziele allein darin liegen, die innere Leere auszufüllen und von den eigentlichen Zielen abzulenken. Das richtige Ziel aber wäre, in der Vergangenheit das Zeitlose zu erkennen und daraus reale Gegenwartsbezüge zu gewinnen.

☿ Merkur in Steinbock ♑
Luft/Erde: Die Zehn Gebote

Thema	konzentrierter Intellekt (Gedankentiefe), ökonomischer Verstand (Systematik und Methode)
Ziel	Verantwortungsbewußtsein, Wunsch nach intellektueller Anerkennung

Dahinter erkennen wir den von einem Streben nach besseren Lösungen beseelten Über-Vater, der die Barrieren der Wahrnehmung zementiert, denn Merkur in Steinbock ist das Symbol der kontrollierenden Instanz schlechthin. Als wertende Instanz verlangt er meistens Verzichte auf die Antriebsziele des Es. In unbewältigten Konfliktsituationen kann dies zu Verdrängungen der für das Über-Ich unannehmbaren Wünsche oder Affekte führen. Denn sobald der Über-Vater in die von ihm selbst imaginierte materielle Welt eintritt, errichtet er die Zehn Gebote, die alles kontrollieren, denn er lebt in einer Welt, in der der Verstand sich zum Tyrannen aufschwingt, indem er die Triebnatur unterdrückt, und in der aus der Verachtung der Instinkte sich das Übel in die Welt einschleicht. In einer auf solchen Voraussetzungen gründenden Kultur unterliegt jede Lebenssphäre der strukturellen Gewalt ihrer eigenen Selbsterhaltungsmuster, und wenn du erkennst, daß wir nicht nur den himmlischen Frieden, sondern auch die totale Macht über unsere Feinde suchen, bekommt der Krieg in der Strategie zur Selbsterhaltung überhaupt erst Sinn.

☿ Merkur in Wassermann ♒
Luft/Luft: Die Sicht des Adlers oder der Gipfelblick

Thema Ideenfülle, Scharfsinn, Intuition
Ziel geistige Unabhängigkeit, Reform (intellektuelles Durchschauen von alten Verhaltensmustern und deren Zertrümmerung durch neue Einsichten)

Merkur in Wassermann beschleunigt das, was wir gemeinhin Denkprozesse nennen, ja er zwingt dich zu einem verstandessprengenden Schnellfeuer, an dem intellektuelle Auskristallisierungen nur geringen Anteil haben. Gleichzeitig prägt er ein Verhalten, über die gedanklichen Stränge zu schlagen, denn du besitzt eine Neigung zu vorschnellen Gedanken aufgrund der Verweigerung, dich in die strukturellen Abläufe der Denkmuster einzubinden. Oft wirst du vom Verstand mit seinen Blitzen von Einsichten derart umzingelt, daß du vergißt, deinen onanierenden Hirnsalven ein Ende zu setzen und statt dessen bereit bist, lieber alles in Frage zu stellen, als deine exzentrischen Höhenflüge aufzugeben. Hier zeigt sich das geistige Erkennen, durch das sich der menschliche Geist über sich selbst erhebt (Adlersicht) und damit seiner Multipersonalität bewußt oder nicht bewußt wird, indem er sich gleichermaßen innerhalb und außerhalb von sich selbst erkennt: *Laß deinen Blick, Gott, zum Ausdruck meines Sehens werden!*

☿ Merkur in Fische ♓
Luft/Wasser: Die Christusvision

Thema Auflösung der Wahrnehmung; Wunsch, das Mysterium durch Entschleierung des Denkens zu erfahren
Ziel Rückzug aus der Welt; Streben nach strukturellem Erfassen außersinnlicher Wahrnehmung

Hier kommt das Alltägliche mit dem Träumerischen, das Begriffliche mit dem Numinosen, das Rationale mit dem Irrationalen zusammen und führt dich über die berühmte Frage nach Gott (Wo komme ich her? Was ist das Ziel?) tief in den Brennpunkt der menschlichen Sehnsüchte hinein. Aus der Sicht des Mystikers gesprochen: Das Universum (Fische) ist hier der Teil der menschlichen Erinnerung (Merkur) an das kosmische Bewußtsein oder jener Splitter göttlicher Sehnsucht, der im Menschen inkarniert ist. Fast jeder Mensch hat irgendwann einmal die Erfahrung gemacht, daß etwas Größeres und Mächtigeres durch ihn hindurchwirkt, und daß dieses Etwas aus dem seelischen Hintergrund heraus seine Pläne, Absichten und Ziele bestimmt. Andererseits kann sich Merkur in Fische auch der Relativität seines eigenen Denkens bewußt werden und damit die Voraussetzung erschaffen, volles Vertrauen in das Beständige des Vergänglichen jeden Gedankens zu entwickeln, denn er verschmilzt in den Tiefen mit jener höllischen Einsicht, nur Rahmen eines Bildes zu sein, das selber wieder Rahmen eines Bildes ist, dessen letztes Bild zwar Gott darstellt, in Wahrheit aber nur der Stoff der Sehnsucht ist, aus dem unsere herrlichsten Visionen sind.

Merkur in den Häusern

☿

MERKUR IN HAUS 1

Der Gedankenblitz

Gerissen und gewitzt in der Art, dich durchzusetzen und in Situationen einzubringen, wo schnelle Entscheidungen verlangt werden, treibst du deine Umgebung mit flammenden Einsichten aus ihrer stumpfen Lethargie. Dabei möchtest du nichts als die Einsicht herbeireden, daß zur Harmonie des Ganzen die mutige Entscheidung des einzelnen gehört. Gleichzeitig ist es für dich nicht schwer, Risikobereitschaft zu zeigen, weil für allzugroße Ängstlichkeit die emotionale Voraussetzung fehlt. Auf dem Grat zwischen Gewinn und Verlust bewegst du dich in neugieriger Unbefangenheit, denn für dich ist jede Sekunde ein Abenteuer, das es vollkommen auszuschöpfen gilt. Deinen Lebenssinn findest du in den Erfolgsmomenten, auch wenn es nur Sekunden sind, die du aber immer wieder auskostest, weil sie auf unmittelbare Erfolgserlebnisse ausgerichtet sind.

Symptome Anfälligkeit für vielschichtige, streßerregende Sinnes- und Gefühlsreize; Erregungssteigerung des Zentralnervensystems

☿

MERKUR IN HAUS 2

Der Tresor oder "Sesam öffne dich"

Du bist ein pragmatischer und wirklichkeitsnaher Denker, dessen Hauptanliegen weniger darin liegt, neue Horizonte zu ergründen, sondern mehr darin besteht, aus dem unüberschaubaren Angebot der schöpferischen Vorstellungskraft einen gewinnbringenden Aspekt herauszufiltern, bevor er wieder im Ozean der Möglichkeiten versinkt. Oftmals verhedderst du dich in den Schatzkammern deiner inneren Wunschvorstellungen und lieferst dich dadurch den Dämonen deiner wuchernden Besitzgier aus. Statt dir deiner gedanklichen Ausrichtung bewußt zu werden und zu den eigenen Vorstellungen Abstand zu gewinnen, identifizierst du dich so heftig mit deinen üppigen (Gewinn-)Bilanzen, daß du bisweilen selbst zum Inhalt deiner materiellen Überlegungen wirst. Krampfhaft hältst du dich an deiner bisherigen Entwicklungslinie fest, bis dir das Dach deiner (materiellen) Weltvorstellung über dem Kopf zusammenbricht. Alle Modelle einer alternativen Wirklichkeitskonstruktion lösen in dir tiefsitzende Ängste aus, bis dir die Anhäufung der erwirtschafteten Gewinne das Leben eines Tages sinnlos macht.

Symptome Mandeln, Rachenraum, Schilddrüsen (Drüsenabsonderung)

☿

MERKUR IN HAUS 3

Das siderische Pendel

Ist es hier nicht so, daß du einfach im Urschlamm deiner Denkmuster gründeln und dabei die kollektiven Inhalte auspendeln möchtest, um zu erfahren, wo Gott hockt? Doch wenn dir Merkur zeigt, was du an eigenen inneren Bildern in eine Situation hineinträgst, dann verkörpert das Pendel (Merkur in Haus 3) die Vielzahl der Antworten, die dir das Unbewußte aus der Situation entgegenspiegelt. Für diese Aufgabe gaben dir die Götter einen gewandten Verstand mit raschen Reaktionen und lebhaften Gesten und zeichneten dich durch schnelle Auffassung, Flexibilität und Sprachbegabung aus. Selten ruhst du dich in deinen Gedanken aus, denn du denkst um des Denkens willen, ohne damit konkrete Ziele zu verbinden. Im Erkennen an sich siehst du deine Aufgabe, nicht im Erreichen irgendwelcher Ziele, denn du bist von den schöpferischen Luftgeistern besessen, die ohne Rücksicht neue Wege zu künftigen Entwicklungsmöglichkeiten gehen. Du bist aber auch ein Mensch, der sich schnell im Denken verliert, weil du dich oft ausschließlich auf deine Wahrnehmungsmuster konzentrierst und dabei deine ganze Umgebung vergißt. Ziehe deinen schöpferischen Willen ins Nabelzentrum und meditiere über die Einheit des Seins, denn solange du dein "pendelndes" Denken nicht erkennst, bleibst du immer auf dich und deine ewig sprudelnde Wahrnehmung fixiert, und das macht dich schwankend in deiner Aufmerksamkeit, schwatzhaft und oberflächlich.

Symptome Verstrickung in Einzelheiten, Interessenverwirrung, Affektionen der Atemwege (Austauschschwierigkeiten) und der Haut (Kommunikationstrübungen)

☿

Merkur in Haus 4

Die Bilderwelt der Seele

Vielleicht mag es dir dann und wann gelingen, mit dem Verstand (Merkur) Annäherungen an den sensiblen Gefühlsbereich zu finden (Haus 4), auch wenn sich Verstand und Seele nicht überaus gewogen sind. Deshalb sind dir die Gefühle auch manchmal fremd, da du sie hinter der Maske des Erkennens nur so erleben kannst, wie du sie in deiner Vorstellung spürst; doch hast du die Fähigkeit, in die Bilderwelt der Seele einzudringen, psychische Tiefen zu ergründen und sie phantasiereich in Worte zu hüllen, in denen – weit über begriffliche Erklärungen hinaus – die Obertöne der Tiefenströmung mitschwingen (hier könnte man den Mond mit einem geheimnisvollen Teich vergleichen, an dessen Oberfläche sich Merkur spiegeln kann). Andererseits bist du auch mit Geschichten schnell zur Hand, wenn es gilt, über Gefühle zu reden, und oft versuchst du sie dir einzureden, bis du sie zu spüren glaubst. Das passiert dann, wenn Merkur, statt seinen gespiegelten Bildern nachzuspüren, plötzlich den Gehalt des Wassers analysiert. Damit versuchst du dir die Gefühle zum Teil jener Vorstellung zu machen, mit der du sie gleichzeitig kontrollieren kannst. Die emotionalen Werte werden dann nicht mehr gelebt, sondern der Umwelt nur noch vorgespiegelt: Die kontrollierten Ängste lassen lieben!

Symptome Regression zu frühkindlichem Verhalten, Hygienekult, schwaches Verdauungssystem, emotionale Ängste (die man hinter gefühlsmäßiger Unverbindlichkeit zu tarnen sucht)

☿

Merkur in Haus 5

Das Wort von der Kanzel

Du identifizierst dich gerne mit Rollen, die mit Bewußtseinsausdehnung zu tun haben und bist darauf erpicht, der Umwelt ein auf Horizonterweiterung ausgerichtetes Bild zu vermitteln, gerade weil es nicht um Wissen, sondern nur um die Identifizierung mit dem Bild von Wissen geht. Dagegen wäre im Grunde überhaupt nichts einzuwenden, wenn es nur im Bewußtsein deiner eigenen Projektion geschähe. Denn sobald du dich an deine selbstgeschaffenen Bilder klammerst, anstatt sie zum Ausgangspunkt eines Weges zu machen, auf dem du dich irgendwie auf die Suche nach deiner inneren Heimat machst, wird die Sache beschwerlich. Dann nämlich, wenn du nicht erkennst, daß deine Bindung an esoterische oder religiöse Modelle weniger dem Wunsch nach Wahrheit als vielmehr dem Wunsch nach der Macht des Wissens entspricht, um aus der Position des Wissenden heraus andere zu dirigieren. In diesem Sinne lebst du immer noch die Inkarnation des mittelalterlichen Pfaffen, der die Gläubigen zum Gebet aufrief, denn dein "Wort von der Kanzel" besitzt auch heute noch die feurige Überzeugungskraft schöpferischer Vision und führt zur allumfassenden Gewichtung weltlicher Zusammenhänge.

Symptome Wahrnehmungsstörungen im Bereich des Sehens oder Hörens entsprechen exakt der Unfähigkeit, sich selbst objektiv zu sehen. Sie versinnbildlichen die Diskrepanz, die zwischen den eigenen Vorstellungen und den Vorstellungen der Umwelt liegt.

☿

Merkur in Haus 6

Die List der Anpassung

Dein Trick ist es, die Widerstände von außen durch Anpassung zu überwinden und ihnen durch verstandesmäßiges Taktieren (Entgegenkommen) den Wind aus den Segeln zu nehmen. Um es ein wenig zynisch auszudrücken: Eigentlich brauchst du gar nicht zu tricksen, weil alles ein Teil des Trickes ist (Merkur in Haus 6). Nicht weil es verlogen, sondern weil alles immer nur die Hälfte eines unerkannten Ganzen ist, das die Dinge stets polarisieren muß: Denn die Polarität ist die Grundlage des Übels. Erst, wenn du erkennst, daß du den Widerstand von außen suchst, damit du etwas hast, woran du dich anpassen kannst, magst du die innere Botschaft deines Merkurs erkennen: Erkenntnis der eigenen Grenzen, Einblick in die Zusammenhänge und Einsicht in die Notwendigkeit, aggressiven Regungen rechtzeitig einen angemessenen Ausdruck zur Verfügung zu stellen. Erst, wenn du die Anpassung an die Gefühle der anderen als deine eigene Strategie erkennst, die Bedingungen der Widerstände kennenzulernen und damit die Voraussetzungen zu deren Beseitigung, ist die Suche zu Ende und das Ego erlöst: in der Anpassung an die eigenen Gespenster in den Gefühlen der anderen.

Symptome Interessenverzettelung (Pedanterie), Entscheidungsverweigerung, schwacher Solarplexus, nervöser Darm

☿

Merkur in Haus 7

Die Projektionsebene

Dein beständiges Bemühen, Kontakte zu knüpfen und die Menschen miteinander in Beziehung zu bringen, beinhaltet neben einem ausgewogenen, auf Harmonie ausgerichteten Denken ebenso die Falle unbewußter Selbstverstrickung. Die Option nämlich, durch Harmonisierung der anderen die innere Psyche zu festigen, zeigt doch auch, daß du deine eigene Unerfülltheit in der Beziehungslosigkeit der anderen versteckst, was wiederum die Frage aufwirft, ob die Leere der anderen deine Leere wirklich sinnvoll genug ausfüllt (Merkur in Haus 7 versucht die Umwelt miteinander in Verbindung zu bringen, damit er seine eigene Leere nicht mit Sinn erfüllen muß!). Diese Konstellation zeigt aber auch die Chance, bestehende Konflikte beizulegen, in dem dir die Objektivität und der analytische Verstand der anderen hilft, Klarheit in deine eigenen Verstrickungen zu bringen. Damit bist du deinen inneren Problemen zwar nicht enthoben, aber indem du sie zu akzeptieren beginnst, kannst du durch sie hindurch zur Erkenntnis gelangen, daß die Bewußtheit der ewigen Gegensätze den schöpferischen Schmerz nicht nur des inneren Konflikts, sondern auch der menschlichen Entwicklung bilden. Die Liebe ist undifferenziert; aus ihr heraus muß sich das menschliche Bewußtsein durch Differenzierung entwickeln.

Symptome Distanzierung und Unterkühlung (aus Angst vor Gefühlen) oder gefühlsmäßige Unverbindlichkeit (Tarnung hinter Freundlichkeit); Reduktion auf Formalismen (gefühlsmäßige Erstarrung) oder Puritanertum (moralisierende Heuchelei)

☿

Merkur in Haus 8

Der Käfig der Erkenntnis

Du spielst gern den Verführer, der seine Mitmenschen zu beeinflussen sucht, denn aus dir spricht der himmlische Geist der Erkenntnis, der über dem Abgrund der Hölle schwebt und sich in immer höhere Sphären bewegt, sofern er sein Schwerkraftzentrum im göttlichen Selbst wahrt und den zentrifugalen Kräften des Intellekts widersteht, die ihn an die Dualitäten der Welt binden wollen. Er ist gleichermaßen Sinnbild des Glanzes oder Abbild des Grauens, das den Menschen im Angesicht der Unendlichkeit befällt, denn letztlich ist die Hölle auch ein Verbündeter des allmächtigen Gottes, der die Sünden korrigieren muß, die der Verstand im blinden Voranstürmen auf nichtige Ziele hin begeht. Deshalb bist du hier zunächst einmal der Gefangene deiner eigenen Erkenntnis, und obgleich letztlich eine Befreiung und Wiederbelebung damit verbunden ist, mußt du erst einmal durch diesen Zustand hindurch, denn Merkur in Haus 8 zeigt den verschütteten und verdrängten Bereich der Seele, dem die funktionale Rationalität der alltäglichen Wirklichkeitserfahrung aufgepfropft worden ist. Sein Geheimnis ist die Endlosschleife, die sich kreisend um sich selbst bewegt, denn in dieser Kreisbewegung liegt das archetypische Symbol der Ewigkeit und des Stirb und Werde.

Symptome Sarkasmus, Zynismus, Provokation; Nervenüberreizung, Selbstüberschätzung, Zwangsneurosen (das fixierte Denken)

☿

Merkur in Haus 9

Das Weltumspannungs-Ideal

Hier bist du vom inneren Wunsch beseelt, Harmonie und Frieden durch den Austausch von Informationen herzustellen und aus der Erweiterung des Wissens neue Perspektiven zu gewinnen. Großflächiges Denken, das auch gegenteilige Meinungen erlaubt, ist angesagt; dein inneres Ziel ist die Erweiterung von Geist und Verstand, denn die Widersprüche im Leben wollen durch hinterfragendes Denken gelöst und darin gleichzeitig ein höherer Sinn erkannt werden. Dein Wissensdurst nimmt überhand, denn Merkur trägt – in seiner Rolle als Bote – Erkenntnisse von einem Teil der Psyche zum anderen und offenbart dir wertvolle Informationen, die du zu einer beeindruckenden Synthese verarbeiten kannst, wenn es dir gelingt, sie ins Bewußtsein zu integrieren (in seiner außerordentlichen Ambivalenz scheint er für das ungeheure Spiel gegensätzlicher Kräfte in der Psyche selbst zu stehen). In Haus 9 verkörpert er die intellektuellen Ziele einer weltumspannenden Perspektive, die das Ideal einer ungeheuren Vision von Zukunft aus sich gebärt.

Symptome Ausdrucksschwierigkeiten (man will das Unfaßbare in Dualitäten pressen), Zersplitterung durch übertriebene Objektivität (Disposition zu Nervenstörungen), intellektueller Größenwahn

☿

Merkur in Haus 10

Wissen ist Macht

Merkur repräsentiert das Bedürfnis deines Verstandes, alles zu strukturieren, was du in der Welt vorfindest, um es inhaltlich zu kontrollieren. Dies entspricht dem ordnenden, herrschenden und gefühlsverkrüppelten Aspekt deines verkopften Selbst, das die strukturierende, Sinn spendende und Ziele setzende Welt mit seinem eigenen, von der Umwelt bestätigten Bild in Übereinstimmung bringt. Deine größte Gefahr ist die, daß du als höchstes Vorbild und Verhaltensmodell ein Bild der Intoleranz und Gnadenlosigkeit propagierst, das nur schwer zu rechtfertigen ist. Als Kompensation fehlender seelischer Wärme bleibt dir meistens nur die Freiheit, diesen Mangel an persönlicher Reife durch intellektuelle Dogmen zu übertünchen, die jegliche fruchtbare Spontaneität ausschließen und deinem Leben über die Wahrung materieller Interessen hinaus keinen Sinn zu geben vermögen. Je schlauer du zu sein glaubst, wenn du dich in der Außenwelt maskierst, je unfruchtbarer wird die Art, die du der Gesellschaft präsentierst.

Symptome Asthma (Sauerstoffaustausch führt zur Kommunikation, und in seinem Syndrom inkarniert der Asthmatiker seinen unbewußten Wunsch, dies möglichst zu vermeiden), Atembeschwerden, Bronchial- und Lungendispositionen

☿

Merkur in Haus 11
Der Blick ins Licht

Du nimmst gern extreme gedankliche Standpunkte ein, denn Merkur in Haus 11 als Symbol der visionären Erkenntnis (Hirn-Explosion) ist eine miniaturisierte Wiederholung des Urknalles, mit dem die Existenz unseres Geistes begann und hinter dessen universeller Relevanz sich die immer gleiche Frage versteckt: "Wo ist der Sinn?" Er ist jetzt Teil einer Welt geworden, in dem Realität ein Irrtum ist und wahre Freiheit sowieso keine Bindung kennt, denn das ist es, was Ekstase bedeutet: in die Höhe getragen zu werden von etwas Überwältigendem, etwas, das jenseits von uns selbst ist. Es ist das, was durchscheint durch das, was erscheint. Du bist im Begriff, dich aus den normalen gesellschaftlichen Ebenen auszuklinken und dich in entpolarisierte Luftschlösser zurückzuziehen, wo du dich allen Dualitäten enthoben glaubst (selbst deine eigenen Realitätsdefizite scheinen in dieser Architektur harmonisch mit einbezogen). Alles, was die alten Perspektiven aufbricht und neue Horizonte anzeigt, zieht dich magisch an. Kommt zu dieser Disposition mit dem Merkur-Einfluß ein überragender Verstand, dann sprengst du alle überlieferten Traditionen und zwängst neue Sichtweisen zwischen die geplatzten Vorstellungen der alten Ausrichtungen.

Symptome Verwirrung, Zersplitterung, motorische Störungen; Ruhelosigkeit, Reizbarkeit, nervale Hautaffektionen

☿

Merkur in Haus 12
Der Stoff, aus dem Träume sind

Oft scheinst du unfähig zu klaren Gedanken und neigst in einem gefährlichen Maß zu Tagträumen und unrealistischen Sehnsüchten, denn dein Denken wird leicht von Illusionen und Nachtgespenstern durchdrungen und endlose Abfolgen von medialen Botschaften erscheinen dir. Die daraus resultierende Angewohnheit, alles Klare und Eindeutige zu vermeiden, kann deine Umgebung oft in Rage bringen, denn Merkur in Haus 12 erzeugt aus verworrenen und verschwommenen Gedankengängen oft wahnhafte Gesichter und hysterische Verstrickungen. Das kann aber auch eine Eignung für die Fiktionen mathematisch-mystischer oder okkult-utopischer Richtungen anzeigen, in denen weniger das Detail, sondern mehr der Sinn fürs Ganze herausgehoben werden will. Dieser Aspekt ermöglicht es dir, aus der Zeit herauszutreten und einen kurzen Blick hinter die Bewußtseinstüren zu werfen, ins Reich des Unfaßbaren, bevor sich die Ozeane des Vergessens wieder über den Zugriff des polarisierenden Verstandes legen. Durch deine visionäre Einstrahlung kannst du deinen Mitmenschen den Weg zu einem Mythos weisen, der wahr und doch nicht wahr ist, da sein Inhalt, da symbolisch, für alle Zeiten unerschöpflich ist.

Symptome Verworrenheit, Phantasterei, geistige Betäubung; Reaktionsschwäche, Denkmüdigkeit, Lügenhaftigkeit

VENUS

DIE LUST DER HINGABE – DIE WEIBLICHE SEXUALITÄT

Aphrodite (römisch Venus) ist in der griechischen Mythologie die Göttin der Liebe, des Friedens und des Glücks. Sie wird als das höchste Ideal weiblicher Schönheit gepriesen. Als Venus-Urania verkörpert sie die reine, himmlische und idealisierende Liebe. Man nennt sie auch "die aus dem Schaume Geborene" oder "die aus dem Meer Aufsteigende". Die Legende weiß zu berichten, daß Venus der Verbindung des gestürzten Himmelsgottes Uranos und seiner Gattin Gaia, der Erde, entsprang. Uranos, der seine Kinder verschlang, wurde von Saturn, seinem Sohn, mit einer Sichel entmannt. Aus dem abgeschlagenen Glied des Vaters, von Saturn ins Meer geschleudert, floß weißer Schaum, dem Venus an den Gestaden der Insel Kythera entstieg. In ihrer Manifestation als Venus-Pandemos hingegen regiert sie über die irdischen Triebe, denn sie ist genauso die Fürstin der Schönheit und der Kultur wie die Dämonin des Verfalls und der Genußsüchtigkeit. Venus verkörpert die Flammen der Sehnsucht nach der sexuellen Vereinigung zwischen Mann und Frau und symbolisiert damit den paradiesischen Vorhof des körperlichen Verlangens: die verschlingende Hingabe, die zum Numinosum wird, indem sie das verlorene Gefühl der Ganzheit durch das Empfinden der Vereinigung wieder zu erreichen verspricht. Wenn der Mond für die Befruchtung steht, dann ist Venus der Kuß: die erste, vorsichtige Öffnung dem anderen gegenüber, gleichsam als seelische Eintrittskarte in das Körperinnere, aber auch die höllischen Zungenküße, jene Elixiere des Teufels, die in den uterinen Höhlen und tiefen Wassertümpeln gründeln und ihre Opfer porentief einsaugen.

Venus drückt die Anziehung der Gegensätze aus, die Sehnsucht zwischen Mann und Frau, die verlorene Einheit wiederherzustellen, den Zustand vor der Vertreibung aus dem Paradies. Mit dem Sündenfall zerbrach die Einheit zwischen Gott und Schöpfung, Mensch und Natur, und seither stehen sie sich als Polaritäten unversöhnlich gegenüber. Aufgrund ihrer inneren, wesenhaften Zusammengehörigkeit ziehen sich alle Gegensätze jedoch wiederum unwiderstehlich an. Jedes Wesen ist ein Teil des Ganzen und versucht deshalb immer wieder, mit dem Ganzen zu verschmelzen. Im ewigen Schöpfungsplan, der die Vorgänge in der Natur steuert und auch für die Erhaltung der Arten sorgt, liegt der Drang nach Einswerdung in der Sexualität. In der alltäglichen Beziehungsrealität bedeutet dies oft nichts anderes, als daß du den anderen dazu benutzt, deine eigene innere Leere mit einer intensiven Erfahrung zu füllen, ohne jedoch dabei – und dies ist das Entscheidende – den anderen Menschen in seinem eigenen Wesen auch wirklich annehmen zu können. Was wir im Grunde erfahren wollen, ist die Erfüllung unserer eigenen Sehnsucht nach Liebe. Sie leben wir in unserem Inneren aus, und dazu benötigen wir oft mehr das Bild des Partners in uns als diesen selbst. In solchen Momenten scheint er uns all das, was wir bei uns vermissen, zurückzugeben, damit wir in uns diese Empfindung von Vollständigkeit, derer wir allein nicht fähig sind, erfahren können.

Wie bei der Liebesgöttin Venus, so strömt auch deine Hingabe aus der unergründlichen Tiefe, die im Zauber der Liebe zwar die Gegensätze verbindet, ohne sich aber persönlich zu öffnen und sich den Menschen hinzugeben. Du glaubst, dich deinen inneren Sehnsüchten hingeben zu können, ohne selbst durch die Höhen und Tiefen menschlicher Leidenschaft zu gehen, denn die Venus-Qualität entspricht dem urinstinktiv-weiblichen Verlangen nach dem Spiel von Zu- und Abneigung, dem Reiz von Ablehnung und Gewährung, und nicht nur der drallen Lust einfältiger Hingabe. Als Frau klingt in dir der Venus-Dämon an, nämlich den Mann zu einem Besitz deiner eigenen Vorstellung zu machen, denn nur, wer unerreichbar scheint, ist es wert, besessen zu werden. Was sich halten läßt, wird schal und nur, was sich nicht halten läßt, ist es wert, von dir erobert und einverleibt zu werden. Umgekehrt kann das bei dir als Mann zu einer Abhängigkeit von deinen inneren Projektionen führen, wenn die jahrtausendealten Konfliktherde in den Tiefen des kollektiven Unterbewußtseins aufbrechen: Ist es die Erinnerung an die Höllenpriesterin und Urhexe, die dir die Einheit von Liebe und Leidenschaft mit der Peitsche einbleute, ist es die Kühle der Wasserfee, welche dich durch ihre Unberührtheit zur siedenden Lust antrieb, oder mit wem suchst du notdürftig den Riß zu kitten, der sich durch deine

♀

Seele zieht, um die seelische Hypothek abzutragen, unter deren Last die gebrandmarkten Jünglinge im Feuerofen stöhnen? So verbinden sich Realität und Wahn in Venus' Liebe zur Vorstellung, der geformte Teil einer universellen formenden Kraft zu sein und an einem kosmischen Hintergrundgeschehen teilzuhaben, das dir als göttlich erscheint. In Wirklichkeit ist es aber nur der Stoff, aus dem deine Sehnsüchte gewoben sind.

Venus in den Zeichen

♀ VENUS IN WIDDER ♈

Luft/Feuer: Der Libidinist

Thema Sinnlichkeit, Begierde, Liebeskraft
Ziel Erotik, Leidenschaft

Venus in Widder zeigt die kribbelnden Anfänge emotionaler Abenteuer, die sich zu neuen sexuellen Erfahrungen entwickeln können, denn Amor stößt den funkelnden Speer seiner Begierde tief in die Leiber der von ihm Verführten. Du genießt das Unbehagen deiner Opfer, wenn du sie in ihrer Hingabe provozierst, denn diese Konstellation deutet auf dein Karma hin, dich aus Augenblicken spontaner Lust heraus mit anderen sexuell zu manifestieren. Dabei bist du leidenschaftlich, direkt und ehrlich und läßt dir die Initiative nur ganz selten entreißen, weil es nichts unangenehmeres für dich gibt, als wenn du nicht selbst über dich verfügen kannst. Tief in den Flammen deines inneren Feuers begegnest du der animalischen Wut schmerzender Liebesglut, und weil dich jeder Widerstand noch mehr antreibt, forderst du deine Mitmenschen bis zur Erschöpfung heraus. Denn auf der analogen Ebene ist für dich jede Berührung eine sexuelle Herausforderung.

♀ VENUS IN STIER ♉

Erde/Erde: Die nackte Eva

Thema Anziehung, Genuß und wucherndes Verlangen
Ziel die verschlingende Sinnlichkeit

In der sexuellen Flora dieses Gestirns ereignen sich die Orgasmen nicht im Gehirn, sondern entspringen der immerwährenden Befreiung übermäßiger Fleischeslust. Die venusische Energie, die auf äußerst emphatische Weise auch die naive Liebe einschließt, stellt eine der wesentlichen Bahnen dar, durch die unsere natürliche Lebensfreude strömen kann. Auch der Stier verkörpert eine sinnliche Komponente, die von wucherndem Verlangen nur so strotzt. Du bist in jeder Hinsicht eine starke Persönlichkeit – stark, was deine Schöpferkraft angeht. Das bedeutet nicht, daß du keine schlechte Seite hast – du kennst die Gier und leidest oft unter ihr, statt sie zu kultivieren –, sondern daß du voll intensiven Lebens und zur Entwicklung fähig bist.

♀ Venus in Zwillinge ♊
Luft/Luft: Der Hermaphrodit

Thema Hingabe und Vereinigung der Gegensätze
Ziel Androgynität (Bisexualität)

Hier begegnen wir einer der komplexeren und vielschichtigeren Stellungen, denn Venus in Zwillinge drängt dich nach außen hin zur (verbalen) Öffnung und läßt dich die Verbindung zu anderen Menschen suchen, weil du nur über die Verschmelzung mit anderen die tiefere Bedeutung deiner sexuellen Prägung erfahren kannst. Es ist aber nicht nur das erklärte Ziel von Venus, deine eigene Geschlechtlichkeit im anderen Geschlecht zu ergänzen, sondern es ist ihr genauso wichtig, deine eigene Gegengeschlechtlichkeit in dir selber zu erkennen, in vollkommener Hingabe an die Liebe innerlich zu schmelzen und Einheit und Vereinigung in dir selbst zu finden. Als Mann erfährst du in der Frau dich selbst in deinem weiblichen Aspekt (Anima), als Frau erfährst du dich selbst in deinem männlichen Aspekt (Animus). Höhepunkt dieser Vereinigung ist die Vision des inneren Hermaphroditen, denn in einem analogen Sinn verbinden sich in dir die Polaritäten der Geschlechter zu einer einzigen Gestalt, und das entspricht auf der geistigen Ebene dem Transzendieren der Gegensätze der Erscheinungswelt, auf der körperlichen oft auch der Gleichgeschlechtlichkeit.

♀

♀ Venus in Krebs ♋
Erde/Wasser: Die Hexe oder die Drachenbinderin

Thema Vereinigungssehnsucht, Liebesverlangen
Ziel die dominierende Hingabe, das verzehrende Verlangen nach Geborgenheit und Harmonie

Als Frau bist du ein Symbol weiblicher Kraft, das für die Quelle des Lebens steht – nicht das opferbereite Weibchen, das sich den Gelüsten des Mannes unterwirft, oder das träumende Dornröschen, das auf den Kuß des mutigen Prinzen wartet, sondern die wilde Hexe, die auf dem Phallus des Mannes zum Gipfel der Lust reitet. Als Mann kannst du darüber nachdenken, wie du die verschlingenden Seiten deiner besitzergreifenden Gefühle im Tempel der Harmonie zur Kommunion mit der Liebe bewegen kannst, ohne daß der Motor deiner überschäumenden Lebenslust ins Stottern kommt. Verheddere dich nicht in den Tiefenschichten irritierender Anziehungs- und Abstoßungskräfte, und liefere dich nicht deinen perversen inneren Erscheinungen aus, denn als Mann erlebst du deine Sexualität auch oft in einem Rahmen, der sich zwischen Hingabe und Verweigerung bewegt. Manchmal zeigt sich auch das verschlingende Streben nach Harmonie, wenn die molochartigen Sehnsüchte in der Vampir-Gruft noch kalzinieren müssen, bis sie in die Herzen der Auserwählten eindringen und deren Energien aussaugen können.

♀ Venus in Löwe ♌
Luft/Feuer: Aphrodite und die feurige Liebesglut

Thema Ästhetisierung des eigenen Egos, schöpferische Entfaltung, expressive Demonstration oder Übertragung der inneren Weiblichkeit, sexuelle Selbstdarstellung
Ziel Liebe als höchster Akt schöpferischen Gelingens

Hier klingt der psychologische Hintergrund des Mythos vom Sündenfall mit an: Als sich Eva, durch die Schlange versucht, ihrer eigenen Lust ergab, verwandelte sich die kosmische Schwingung göttlicher Harmonie in die trennende Lüsternheit sexuellen Feuers. Die Löwe-Venus, wild wie Attila und scharf wie Paprika, hat absolut nichts dagegen, wenn ihr Lust und Leidenschaft untergeschoben wird. In diesem Sinn ist sie eine körperliche Übertragung der göttlichen Aphrodite, die aus einer Mischung kosmischer

Verschmelzung und sexueller Selbstdarstellung heraus handelt. In der Beziehungsrealität bedeutet dies oft nichts anderes, als daß du den anderen benutzt, um dein inneres Feuer zu entzünden, oder – wenn du es bist, der die Flammen entfacht – dir deine materiellen Ansprüche durch die finanzielle Präsenz deiner Umgebung abzusichern. Das entspricht der venusischen Bindung an das glanzvolle und prunksüchtige Selbstdarstellungsprinzip, denn der eine muß durch sichtbarem Glanz, Schönheit und guten Geschmack all das kompensieren, was der andere an Geld, Einfluß und äußerem Auftreten zu bieten hat.

♀ VENUS IN JUNGFRAU ♍
Erde/Erde: Aschenbrödel

Thema unauffällige Anpassung an die Zwänge von außen
Ziel Anerkennung und Wertschätzung durch Unterordnung und Selbstverdrängung

Mit Venus in Jungfrau möchtest du die Liebe leben, ohne dich in den Vordergrund zu drängen, und dazu bedarf es Motiven selbstloser Aufopferung, hinter denen du deine Libido versteckst. Du richtest dich nicht mehr nach den eigenen Bedürfnissen, sondern nach den Maßstäben der Gesellschaft aus, in die du dich selbstverleugnend eingebracht hast, denn du verhinderst dich im Leben selbst und bestimmst dich fremd, um über deine eigene Behinderung hinwegsehen zu können (Selbstwert durch Anerkennung der anderen). Zuverlässig, angepaßt und hilfsbereit bleibst du innerlich kalt und unbeteiligt und bist immer dazu verurteilt, dich den Wünschen einer ebenso neurotischen wie anspruchsvollen (Jungfrau-)Venus zur Verfügung zu stellen, die neben Aufopferung auch Selbstbestrafung gutheißt und einfordert.

♀ VENUS IN WAAGE ♎
Luft/Luft: Der Lügenspiegel

Thema zwischenmenschliche Beziehungen (Kontakt, Verbindungen, Zersplitterung)
Ziel Ideale von Ganzheitlichkeit und Harmonie (die Selbstverwirklichung im anderen)

Unter diesem Gestirn wirst du von deinem eigenen neckischen Lustdämon beherrscht, der dir einflüstert, dich von einem zärtlichen Kuß durchdringen und vom Züngeln der inneren Flammen belecken zu lassen, in deren Berührungen deine Sehnsüchte nach Frieden, Schönheit und allumfassender Liebe lebendig werden: *Das Sichfinden der Lippen ist das vollkommenste, göttlichste Gefühl, das Sterblichen zuteil werden kann; die letzte höchste Grenze des Glücks* (Guy de Maupassant). Venus in Waage umschreibt eine Harmonie von Gefühlen, wie sie im Alltag kaum zu finden ist, und bedient sich dazu einfühlsamer Bilder, die sie in ihre Mitmenschen hineinspiegelt. Sie liebt die Liebe um der Liebe willen und versucht sich an den Gipfeln emotionaler Klarheit, wobei sie sich selber überlistet, weil ihre Bilder ja immer nach ihrem inneren Empfinden ausgerichtet sind. In der Selbsttäuschung verhangen, die anderen zu harmonisieren, sind ihre Gefühle aber auch der Versuch, die Harmonie aus sich selbst heraus im anderen zu leben. Weil du dir nicht eingestehen kannst, daß die Grundlage, auf der Harmonie basiert, gerade die Konfliktverhinderungskonflikte sind, brauchst du zur Verdrängung eine Anpassung an deine eigene Wunschvorstellung, damit du deine (verlogenen?) Bilder leben kannst.

♀ Venus in Skorpion ♏
Erde/Wasser: Die Venusfliegenfalle

Thema Leidenschaft, Wollüstigkeit, Zügellosigkeit
Ziel Bindung und Absorbierung durch Sexualität

Venus in Skorpion bezeugt das lebensfeindliche Prinzip in dir, nämlich deine geheime Absicht, die Liebe nicht wirklich erleben zu wollen. Statt dein geschwächtes Selbstwertgefühl durch wahre Liebe zu stärken, damit die Abhängigkeit von deiner dämonischen Sexualität abnimmt, suchst du den anderen zu besitzen, damit du deine verstümmelte und teuflische Vorstellung von Hingabe kontrolliert und risikolos ausleben kannst. Dieser Akt der Unterwerfung (Auffressen des Opfers) mündet aber meist in eine innere Krise und die anschließende Erkenntnis, daß Beziehungen nicht zu erzwingen sind. Deshalb mußt du alle Beziehungen zerstören, welche deine Transformation behindern, und deine Verhaltensmuster überwinden, die dich zwingen, deine innere Entwicklung gerade über die äußeren Enttäuschungen zu leben, wenn du die Liebe leben willst. Dann kann der Samen aus den Ruinen alter Bindungen neu erblühen, weil du dir erst durch Loslassen die Freiheit erworben hast, dich mit jener Liebe zu identifizieren, die frei von emotionalen Zwängen ist. Es ist der Versuch, ohne Rücksicht auf Schmerzen bis an die Schwelle vorzustoßen und die Grenze zu erkennen, welche die Liebe von den Sexualinstinkten trennt.

♀

♀ Venus in Schütze ♐
Luft/Feuer: Die spirituelle Blähung oder der Heißluftballon

Thema Geselligkeit, Kommunikation, kollektive Harmonie, Beschäftigung mit Religion und Philosophie
Ziel humanitäre Ideale, Weltverbesserungs-Ideologien (Wohlstand für alle)

Du siehst dich ins Auge Gottes mit seinen Millionen Perspektiven von Selbstwahrnehmung katapultiert, wo du aus sicherer Entfernung zur materiellen Welt erkennst, daß Erlösung und Zerstörung, Krieg und Frieden, Gott und Teufel dasselbe sind. Im erlösenden Liebesakt materialisiert sich der ideelle Geist in Raum und Zeit, denn diesem Gestirn wohnt der spirituelle "Verdauungsfurz" als innere Aufblähung von Größe inne, und die Ideale kosmischer Sinnfindung kollidieren mit der weltlichen Trieberfüllung. Feierlich gehen alle Pforten auf, ein Licht, heller als ein Blitz, schießt heraus, der Raum löst sich auf, schlagartig gehen alle Lichter aus und das gedämpfte Wimmern der Erde ballt sich zu einem letzten Schrei zusammen und bricht dann ab, und du begreifst: Erst, wenn du das weißt, wenn du das alles begriffen hast, kannst du von deiner Wolke heruntersteigen und an der Lösung der Probleme dieses Planeten mitarbeiten.

♀ Venus in Steinbock ♑
Erde/Erde: Der Hausdrachen

Thema Nüchternheit, Pflichtgefühl, Beharrlichkeit, Konservatismus
Ziel Kontrolle und Selbstbeherrschung als Gegenpol zur Leidenschaft

Venus in Steinbock deutet auf den unerbittlichen Starrsinn einer Pedantin hin, die, von ihrem übermächtigen Animus besessen, jede Gefühlsregung als weibisch bekämpft. Ihre weltliche Ausrichtung ist mehrheitlich der männlichen Logik entlehnt und beruht nicht auf wirklich weiblichem Empfinden. Deshalb richtest du dich auch nicht an der lebendigen, inneren Göttin aus, sondern bindest dich an den moralisierenden Geist sozialer Verantwortung, der dich energisch auffordert, dich an festen Idealen auszurichten. Eine bisweilen etwas enge Moral erstickt jegliche Spontaneität und sieht in der Irrationalität der Gefühle nicht nur die Kontrolle untergraben, sondern grundsätzlich Recht und Ordnung bedroht. Kurz: Venus in Steinbock entspricht der alten Frau als Symbol des Über-Ich mit seinen hartnäckigen Schuldgefühlen, seiner alle lustvollen Empfindungen verätzenden Moral und seinem unerbittlichen Widerstand gegen Freiheit, Wandel und Veränderung.

♀ Venus in Wassermann ♒

Luft/Luft: Die Schimäre

Thema gedankliche Erregbarkeit, seelische Verspannungen, freie Liebe, Exzentrizität
Ziel Aufhebung von Formen und Drang nach Sprengung sexueller Normen; Unkonventionalität

Venus in Wassermann warnt dich vor der Verführung trügerischer Schimären, vor jener Art Wahnsinn, die gleichzeitig verzückte Ekstase ist, weil sie in eine Vision des Göttlichen einmündet, oder vor dem Ausdruck orgiastischer Lust, der sich an der Schwelle zur Qual befindet, denn sie ist der Archetyp der inneren Sehnsucht nach den göttlichen Wassern des Lebens, die den unerreichbaren Quellen des Ewigweiblichen entspringen. Im Wirkungsbereich ihres Einflusses legst du zwar ein eminentes Streben nach Verschmelzung mit dem Göttlichen an den Tag, aber hinter dem Drang, dich im Göttlichen zu verlieren, wirkt gleichermaßen auch der innere Zwang, dich jeder tiefergehenden zwischenmenschlichen Berührung zu entziehen, und dies wiederum entspricht der unwiderstehlichen Dämonin der Nacht, die sich, von zwei Teufeln flankiert, im Zentrum ihres weiblichen Lust- und Opfertempels der Verzückung hingibt. Deshalb entwickelst du die Tendenz, dich gar nicht lieben zu lassen und statt dessen das Bedürfnis nach neuen Beziehungsformen auf unkonventionelle Liebesabenteuer zu verteilen. Dies zeigt, daß du seelisch gar keine innere Beziehung wünschst, weil du dieses körperliche, besitzende Ergreifen im menschlichen Verhalten zumindest unbewußt ablehnst, auch wenn du deine Haltung gar nicht zu erklären weißt und statt dessen immer nur das suchst, was du nie erreichst! Sobald sich das Unerreichbare nämlich erreichbar zeigt, kehrt sich die Voraussetzung um und läßt in dir das Gefühl aufkommen, daß du den anderen gar nicht brauchst.

♀ Venus in Fische ♓

Erde/Wasser: Die embryonale Sehnsucht

Thema Empfindsamkeit, Selbstlosigkeit, Hingabefähigkeit (Hingabe an den Augenblick)
Ziel spirituelle Innenschau (Eindringen in die kollektiven Erinnerungen von Sterben und Wiedergeburt)

Venus in Fische entwickelt ihr geistiges Potential aus dem Fundus der Grenzenlosigkeit. Diese Grundhaltung ist eng mit deiner Libido verknüpft, denn dein spirituelles Engagement ist eine Sublimierung des Mutter-Eros, der wiederum mit einer unbewußten Todessehnsucht (Auflösungsverlangen) verbunden ist. Deshalb ziehst du dich von der äußeren Hektik in die versunkenen Räume innerer Traumbilder zurück, wo du dich in die Geborgenheit deiner Numinosität zurücksinken lassen kannst, denn die Fische-Nymphe steht für das infantile Ringen mit kollektiven Erinnerungen, die dich in die Tiefe unbewußter Sehnsüchte hinunterlocken. Du siehst dich im Moment deines Versinkens auf der Schwelle zwischen Leben und Tod, am Ziel deiner Wünsche, wo der Abgrund der Äonen aufbricht und dich einen Schimmer des schwindelerregenden Nichts erahnen läßt, in dessen Sphären du dich Gott zur Rechten wähnst. Das bringt dich bisweilen wieder ins Leben zurück.

Venus in den Häusern

♀

VENUS IN HAUS 1

Liebe auf den ersten Blick

Venus in Haus 1 plädiert für jene züngelnde, verzehrende schwarze Glut, die deine Urahninnen einst auf den Hexenberg trieb, wo sie es mit dem Teufel hielten, und steht für jene amazonenhafte Power, die von der Wechselspannung zwischen sexueller Kraft, unterwerfender Macht und aufreizender Hingabe an die reine Lust lebt. Es geht hier um die Sexualität als Freude, die Liebe auf den ersten Blick, denn deine emotionale Leidenschaft ähnelt einem Hitzebrand und die entflammten Lustgefühle verlangen nach entsprechender Reflektierung. Laue und Unentschlossene jagst du in die Flucht. Positive Eigenschaften bei dir sind deine liebreizende Naivität, gepaart mit dem Durchsetzungswillen einer durchtriebenen und ausgekochten Ich-Struktur, dein blindes Vertrauen zu deinen eigenen Zielen, das unschuldige Staunen schließlich über manche Auswirkungen deiner aggressiven Triebnatur und dein stets ungebrochener Heldenmut. Negativ fallen der große Egoismus und dein selbstsüchtiges, rücksichtsloses Handeln ins Gewicht, das auf die anderen keine Rücksicht nimmt.

♀

Symptome triebhafte Lust, vorzeitiger Samenerguß, Erotomanie; Nieren- und Blasenprobleme, Schmerzen im Unterbauch (Uterusverlagerungen, Blasen- und Harnleiterentzündungen)

♀

VENUS IN HAUS 2

Der Venusberg oder der emotionale Besitz

Mit Venus in Haus 2 begegnen wir der starken, triebhaften Seite in dir, die sich der Liebe nicht verschließt und auch der Leiblichkeit gut zuspricht, was Kraft und Sinnlichkeit ausdrückt. Es scheint dir unmöglich, ohne Liebe im Sinne der Freude am Leben selbst zu leben und ein befriedigendes Sexualleben ohne physische Einbindung des Geschlechtspartners bzw. der -partnerin zu führen. Dies entspricht auch dem Venus-Schatten, der hier aufblitzt, denn die "Mutter"-Venus (Haus 2) will wachsen, sich ausdehnen, und dieses Wachstum führt oft auch über die Einbeziehung der "Söhne", die mit Hingabe gemästet und emotional abhängig gemacht zur eigenen sozialen Absicherung schließlich in die Welt hinausgeschickt werden. Gerne münzt du die körperliche Nähe in einen physischen Besitzanspruch um, der nicht nur der wonnigen Leiblichkeit dient, sondern die Befriedigung gleichermaßen auch aus dem Suhlen in den einverleibenden, dunklen inneren Lustbildern zieht.

Symptome Probleme mit Rachen, Hals und Mandeln, Drüsenstörungen, ovariale Erkrankungen, Stoffwechselschwäche, schlaffes Erscheinungsbild (Bindegewebsschwäche)

♀

VENUS IN HAUS 3

Der Kreuzworträtsel-Sex

Ist es das spontane, kindliche Empfinden, den instinktiven Trieben nachzugeben, ohne sich um die gefühlsmäßige Einbindung zu kümmern, das dich reizt, oder ist es dein eigener Widerspruch, der dich zwingt, mit den Gefühlen der anderen zu spielen, ohne dich seelisch einzubringen, denn Venus in Haus 3 verkörpert das gefühlsverhindernde Lustprinzip. Deshalb wird ein Zustand der inneren Spannung angestrebt (Verliebtsein oder die vergebliche, aber andauernde Hoffnung auf Gefühlserwiderung), da die Sexualität nur dann andauert, wenn sie im Anfangsstadium verharrt. Du begehrst und zwingst dich gleichzeitig dazu, dein eigenes Begehren abzulehnen und statt dessen Befriedigung in der Unterwerfung unter deine übertragenen Aggressionen zu finden. Nun kannst du deine Triebe nur noch gegen deine innere Verhinderung durchsetzen, und das kann heißen, daß du entweder deine geschlechtsspezifische Identität aufgibst (Homo- bzw. Bisexualität) oder deine kindliche Sexualität in komplizierten Verdrängungsmechanismen auslebst ("Blümchen"- oder Kreuzworträtsel-Sex).

Symptome sexuelle Anziehung paart sich mit seelischer Disharmonie bzw. triebhafte Aggression wechselt sich ab mit Impotenz (Gleichzeitigkeit von Hingabe und Aggression)

♀

VENUS IN HAUS 4

Der Sukkubus

Auf der hellen Seite bist du der lebendige, nährende Pol des instinkthaften Selbst, die Urgestalt der Erde, ohne die Leben nicht entstehen kann, auf der dunklen verschlingst du aber auch rücksichtlos, was sich dir nicht öffnet, denn unter der Maske der Liebe verbirgt sich eine starke, leidenschaftliche Person in dir, die ihre Partner nicht nur emotional verspeist, sondern sie auch sexuell antreibt. Du bist entstanden aus der Kraft des Ganzen und der Reibung am Leben als ein Funke jener Kraft, die dich in immer neuen Bildern zeugt, denn der Sukkubus (weiblicher Buhlteufel des mittelalterlichen Volksglaubens) ist die Nadel in der Rille der Seele, die deine Gefühle zum Klingen bringt. Dein Symbol ist die Schlange, die Adam verführt, die alten Werte zerstört und den fruchtbaren Aspekt des Weiblichen (Eva) wieder mit der orgiastischen Lust (Persephone oder Lilith) vereint, die beide aus Gott-Teufel hervorgegangen und innig mit der menschlichen Natur verwachsen sind.

Symptome Drüsenstörungen (Insuffizienz der Bauchspeicheldrüse), Gebärmutter-, Eierstock- und Brustprobleme (fehlende Geborgenheit, irritierender Umgang mit der inneren Weiblichkeit)

♀

VENUS IN HAUS 5

Die Sünde der Lust oder das Mekka der Triebe

Du verwirklichst deine Sexualität aus dem Bauch heraus und kannst dich hundertprozentig auf deine Intuition verlassen. Lebenslust und Vitalität sichern dir einen Logenplatz im Leben, denn du lebst alle Phantasien, verrückte oft und manchmal ganz harmlose, die du brauchst, um dich vom täglichen Streß zu erholen. Da dich im Bannkreis dieser Konstellation die entfesselten Gelüste von innen her erfüllen, deren Ziele einen triumphalen Einzug in die Walhallen der Sonnen geradezu herausfordern, bist du für viele der Inbegriff der Selbstüberschätzung, Angeberei und sexuellen Selbstpräsentation. Doch weil du lustvoll liebst und deine Lust gern offen zeigst, hast du gute Chancen, daß sich die Objekte deiner Anziehung trotzdem einfinden.

Symptome Eigenliebe, Selbstüberschätzung, Neigung zu Hysterie (Unausgeglichenheit, Launenhaftigkeit, Unzufriedenheit, Leichtsinn)

♀

VENUS IN HAUS 6

Die geopferte Identität

Was versteckt sich hinter der Fassade der braven Seele, die – anstatt ihre eigenen Bedürfnisse zu leben – sich immer an die anderen anpaßt? Ist es wirklich deine höhere Eingebung, die dich leitet, oder ist es einfach eine frühe Prägung, die dich am Leben hindert und die du nicht loslassen kannst? Ist es die Umwelt, die dir suggerierte, was du zu tun hast, und hast du dich mit ihr gegen dich selbst verbündet, indem du dir sagtest: "Ich bin nicht l(i)ebenswert, weil ich nicht so sein kann, wie die Gesellschaft mich braucht!" Hier zeigt sich das klassische Erscheinungsbild einer inneren Verhinderung, denn mit Venus in Haus 6 bist du deinem inneren Empfinden ausgeliefert, gesellschaftlich nicht die gebührende Beachtung zu finden. Deshalb bist du auch versucht, dich der Umwelt auf eine um Anerkennung heischende Weise zu präsentieren, um über diesen Rahmen die Bestätigung zurückzubekommen, die du dir selbst nicht zu geben vermagst. Im Extremfall wünschst du gar erniedrigt und den äußeren Umständen ausgeliefert zu werden, um dich in der totalen Hingabe an äußere Zwänge spüren zu können und damit wenigstens zur Scheinbefriedigung deiner geopferten Identität beizutragen.

Symptome Neurosen (Ablehnungsängste, Minderwertigkeitskomplexe, Pietismus), Abwehrschwäche (Irritation der Körperabwehr), Darmprobleme

♀

VENUS IN HAUS 7

Die Kindfrau

Wir begegnen in dir dem raffiniert-naiven Rollenspiel der lasziven Kindfrau (Lulu, Lolita), die jene Liebe und Hingabe, die sie weder empfinden noch schenken kann, nach außen hin übertrieben darstellt, denn Venus in Haus 7 spielt gern die gefangene Prinzessin, die sich von einem Königssohn befreien läßt. Damit verdrängst du die eigene Aktivität, die du auf die Umwelt überträgst, um dein inneres Hingabepotential ausleben zu können, denn du strahlst einen stark magnetisierten Eros aus, der entpolarisiert werden will. Das führt unweigerlich zu Machtkonflikten, weil deine Unfähigkeit zu echter Begegnung sich hinter einem starken Partnerwunsch versteckt. Frage dich, was dich zwingt, mit den Gefühlen deiner Partner zu spielen und sie zu reizen – nur um dich ihnen zu verweigern: Ist es die innere Venusschlange, diese abgründige Verführerin, die deine Partner oder Partnerinnen in die Tiefen der Sehnsüchte schickt, damit sie dir das verlorene Ringlein als Liebespfand wieder zurückbringen?

Symptome Narzißmus (ästhetisierende Erotik), Asexualität (neutralisierte Hingabefähigkeit), Stilisierung des Alltags (Mode, Kunst)

♀

Venus in Haus 8

Das Opfer der Begierde oder der Virus der Leidenschaft

Hier konstelliert sich der emotionale Virus sexueller Leidenschaft, denn allein das Leiden ist imstande, die Besessenheit der Anziehung zu offenbaren, die sich als Liebe tarnt (Venus Haus 8). Das Opfer der Begierde wird niemals um seiner selbst willen geliebt, sondern es regt dich einfach an, wenn du deine Krallen an seinem Fleisch, seinen Bewegungen, am Wippen seiner Hüften schärfen kannst. Dabei fühlst du dich oft einsam, unverstanden und allein, denn dieser Weg ist nicht nur mit unersättlicher Gier gepflastert, sondern häufig auch von der Unfähigkeit umsäumt, Liebe zu empfinden, weil man keine Liebe geben kann. Da du aus deiner eigenen Unvollständigkeit heraus kaum spürst, daß deine Leere gerade der Abweichung von deinem innersten Wesenskern entspricht, kannst du natürlich auch nicht ahnen, daß dich alle Bemühungen in dieser Hinsicht nur immer weiter von deinem eigentlichen Ziel wegführen. Nicht umsonst steht über dem Eingang der Hölle: *Liebe ist mehr als Höllenglut.*

Symptome Übergriffe, übertriebene Einbeziehung des Sexualpartners, emotionelle Einschnürung (übersteigerte Drüsentätigkeit; krankhafte Eifersucht, Hysterie)

♀

Venus in Haus 9

Das himmlische Dorado

Mit Venus in Haus 9 stehst du an der Schwelle zum Paradies, denn dein ganzes Sehnen manifestiert sich in der Hingabe an alles Schöne. Doch solange du deine Vorstellung nur in einer schmalen, linearen Spur entwickelst, gibt es kein unkontrolliertes, erregendes Ausufern und keine unerwarteten Wonneschauer. Die erreichst du erst, wenn du den inneren Frieden und die kosmische Übereinstimmung nicht wegen der äußeren Dinge, sondern sozusagen durch die Dinge hindurch empfindest. Dann erst öffnen sich dir die Tore, wenn du das innere Fließen aller Dinge genießt, dich entspannt ihren ewig dahinströmenden Geheimnissen überläßt und in ihrer feuchten Wärme versinkst, ohne auf eine prompte Erklärung zu drängen. Das entspricht der Befriedigung aus dem Gründeln in den eigenen Vorstellungs-Idealen.

Symptome Bequemlichkeit, Faulheit, Eigendünkel, Konfliktverdrängung, geschwächte Zielvorstellungen

♀

Venus in Haus 10

"Sitting on the top of the world"

Versuche dir darüber klarzuwerden, was sich hinter deiner rationalen Einstellung zu Partnerschaft und Sexualität versteckt: Ist es die Angst vor dir selbst, vor der unergründlichen Natur und damit die Angst vor dem Leben, dessen Sinn und Ziele nicht zu kontrollieren sind? Ist es die Angst vor den anderen, vor der Umwelt, die dich zwingt, das Leben mit Leistungsnormen und gesellschaftlichen Wertvorstellungen zu strukturieren, als scheinbare Garantie für echte Liebe, echten Sinn? Oder ist es die Art von Konventionalität, die sich selbst als so selbstverständlich ansieht, daß sie alles Entgegengesetzte unnatürlich findet? Denn mit Venus in Haus 10 zieht es dich hinauf auf den Gipfel, zur höchsten Spitze, wo dir die ganze Welt zu Füßen liegt, denn du kannst deine inneren Erwartungen nur in der Art und Weise leben, indem du sie an deine hohen Ambitionen bindest: "Sitting on the top of the world".

Symptome Gefühlsblockaden, Liebesentsagung, Nierenentzündung, Drüsenverkümmerung

♀

Venus in Haus 11

Der bizarre Sex oder die Nervenkitzel-Psycho-Nummer

Venus in Haus 11 inszeniert ein irisierendes Spiel mit dem Feuer, das die Lust nach Abwechslung entfacht. Hier suchst du keine ewige Liebe, sondern originellen Sex, weil sich Seelen in Haus 11 besser öffnen können, wenn es sich weniger um individuelle Lust als vielmehr um nervenkitzelnde Psychospielereien handelt, die von dem ablenken, wovon sie wenig zu bieten haben: von ihrer emotionalen inneren Mitte. Dabei fühlst du dich von eigenwilligen und verrückten Menschen angezogen, denn gewöhnlich drücken sich in deinem Wunsch nach Originalität und im Verlangen nach Experimenten oft bizarre oder andere unkonventionelle Neigungen aus. Doch hinter den Flammen lustvoller Nähe und Hingabe lauert ein kühles, distanziertes Liebesverlangen, und es ist gut um dich bestellt, wenn du ohne seelische Schäden aus den Betten hintergründiger Verweigerungen wieder an die Oberfläche kommst. Die Gefahr, die Venus in Haus 11 darstellt, ist die, daß sie dich zum Opfer deiner Sehnsucht macht, indem sie deine Lust nach Abwechslung festhält, denn es ist dein inneres Verlangen, das sich durch sie personifiziert, und das dich dazu bringt, daß du dich in deiner Sehnsucht nach ihr an ihrem Bild (in dir!) festklammerst.

Symptome unkonventionelle Zuwendungen, bizarre Neigungen, hysterische Spasmen, Triebverweigerung; Magersucht, Eingeweidesenkung, Schilddrüsen-Überfunktion

♀

♀

Venus in Haus 12

Die Nebelgeister über den Wassern

Venus in Haus 12 steht für jene numinose Liebessehnsucht, die dein Herz mit plötzlicher Wehmut durchdringt, ohne jemals Realität werden zu können, weil der Wunsch nach Transzendenz weniger zur geistigen Erlösung führt, sondern mehr das Gefühl der emotionalen Schwäche nährt. Recht betrachtet, geht die mystische Vision, die Venus hervorbringt, mit einem fatalen Realitätsverlust einher (wenn sie nicht, um auch die andere Möglichkeit zu erwähnen, in die Sphären des Elysiums vordringt), weil sie die gefährliche Wonne ihrer sirenenhaften Sehnsucht als das einzig Wirkliche erscheinen läßt. Denn der Wunsch, vom Unbewußten verschlungen zu werden, bedeutet die infantile Versenkung in sich selbst.

Symptome gestörte Empfindungs- und Erlebnisfähigkeit (Liebesenttäuschung, Angst vor Sexualität), Hypophysen- und Schilddrüsen-Dysfunktion, testikuläre Feminisierung (beim Mann), Sterilität, primäre Keimdrüsen-Unterfunktion

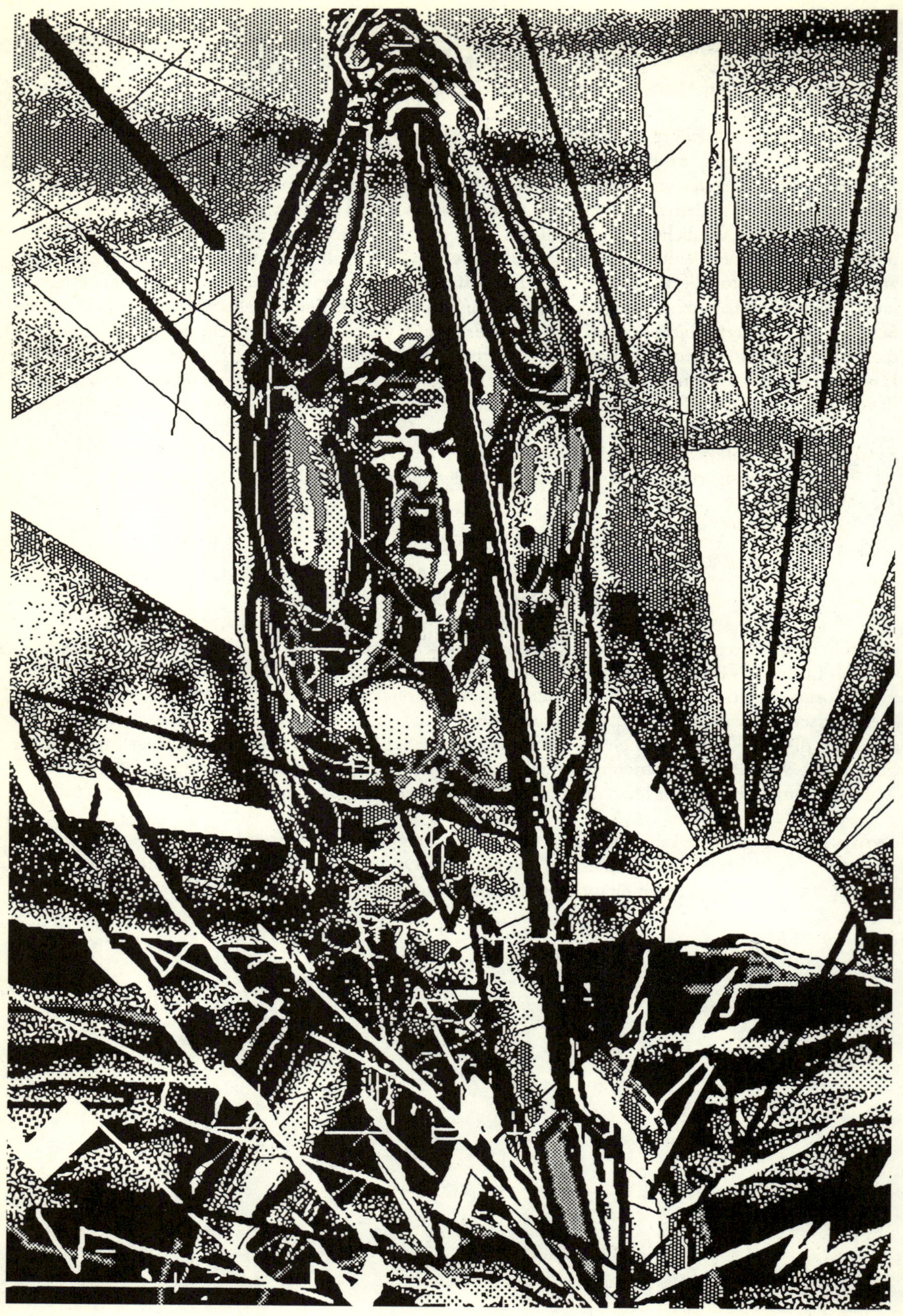

MARS

Die Durchsetzung des Egos – Die männliche Sexualität

Mars, in Rom als Sohn Jupiters und der Juno National- und Kriegsgott, galt als Vater von Romulus und Remus und wurde als Ahnherr der Römer verehrt. Von den Griechen Ares, den Germanen Thor genannt, ist er ein Symbol der blinden Vorwärtsbewegung und der unbeugsamen Durchsetzung, denn er ist der Herr des Krieges, der Zerstörung, des Streites und der ewigen Zwietracht. Als junger, kriegerischer Mann charakterisiert, behelmt und von Kopf bis Fuß bewaffnet, liebt er jegliche Form von Aufruhr, Sturm und Angriff, denn als Gott des Kampfes freut er sich am Getümmel und Geschrei der Schlacht. Dadurch wird er ständig in äußere Auseinandersetzungen verstrickt, die seinem inneren Ziel entsprechen, das sich nicht auf irgend etwas hinentwickelt, sondern sich aus der Spannung jedes Augenblickes nährt. Mars symbolisiert nicht nur den Aufbruch des Sonnenhelden oder die sich fauchend entzündende Flamme als Sinnbild des triumphierenden Willens, sondern auch den Absturz, das Scheitern an Hindernissen. Er verkörpert auch die Rebellion gegen patriarchale Gewalt, den aktiven Animus, der den alten König stürzt, die pubertäre Phase der Suche und der Selbstfindung, oder die Vater-Sohn-Beziehung als Wiege nährender Konflikte der männlich-aggressiven Triebnatur. In der mythologischen Umschreibung trennt Mars die Polaritäten, ohne sie allerdings zu werten, denn es ist ihm gleich, auf welche Seite er sich stellt, wenn nur Krieg und Streit dabei gewinnen. Jede Auseinandersetzung bietet ihm die Chance, Dinge durcheinanderzubringen und Gewohnheitsmuster zu zerstören, was immer wieder neue Perspektiven von Entwicklung und Erkenntnis mit sich bringt. Vom Wunsch nach Freiheit und Erlösung motiviert, versucht er stets, alles Einschränkende aus dem Weg zu räumen. Damit wird er aber in seinem Freiheitswahn gerade zu einem Teil jener Zerstörungskraft, die den Ursache-Wirkungs-Kreislauf entfacht und damit den Weg für Neuentwicklung und Erkenntnis freimacht.

Ohne Mars gäbe es wahrscheinlich keinen Krieg. Aber ohne ihn könnten wir unsere individuellen Absichten auch nicht zum Ausdruck bringen. Bevor wir also das marsische Prinzip zum Sündenbock erklären, sollten wir uns klarwerden, daß uns nur Aggressivität und Geltungswille zu einem eigenständigen Wesen machen, das sich durchsetzen und seine Entwicklung selber in die Hand nehmen kann. Daß sich diese Entwicklung nur über Krieg und Zwist abspielt, mag dem bedauerlich erscheinen, der die Abgespaltenheit des Egos von der Ur-Einheit nicht in Betracht zieht und dadurch den Menschen nicht in seiner Angst vor dem Getrenntsein mit dem Kosmos sieht (was dieser mittels Durchsetzung des Egos krampfhaft kompensiert). Er setzt sich durch, um wenigstens sein Ego zu spüren, da die Idee des Sieges ja das einzige ist, was ihm von der Verbundenheit mit dem All-Einen geblieben ist. Darum ist es auch töricht, wenn sich der Mensch gegen seine eigenen Grundlagen verbündet, denn wenn er gegen den Krieg protestiert, protestiert er in Wirklichkeit gegen sich selbst, denn Krieg und Mensch sind Synonyme. Akzeptieren wir uns also, wie wir sind, damit die Kriege, die wir nicht verhindern können, nicht auch noch sinnlos werden. Denn wie sagte schon Heraklit: *Krieg ist der Vater aller Dinge!*

Mars verkörpert also das, was wir die Aggressionskräfte nennen (die Ausschüttung von Adrenalin ins Blut), und in dieser Position ist er der natürliche Feind von Hemmung und Blockade. Risikofreude, Kampfbereitschaft, Unternehmungslust und sexuelle Triebhaftigkeit sind seine Merkmale, und als männlich-aggressive Kraft steuert er alle Hindernisse auf direktem Wege an, wobei er den Gordischen Knoten nicht durch vergleichendes, reflektierendes Denken löst, sondern indem er ihn ganz einfach mit dem Schwert durchschlägt. Er verkörpert die instinktive Kraft, die stets aufs neue blüht, wenn der Zyklus karmagestaltender Umwandlung in dir erwacht. In dieser Tollkühnheit und Abenteuerlust kannst du aber auch gleichzeitig die unergründliche Schöpferkraft erkennen, die dich auffordert, die äußere Welt zu erobern und über den Weg der Tat zur Einsicht zu gelangen, daß zwischen Eroberung (+) und Zerstörung (−) nur die individuelle Perspektive deiner Weltanschauung liegt. Mars treibt dich nicht nur aus den Bezirken seligster Verklärtheit, sondern er läßt auch durchblicken, daß diese aggressive Energie gerade der Treibstoff für deine geistige und seelische Entwicklung ist. Du bist nun einmal, wie du bist, und nicht einmal aus der Perspektive abgeklärter Greise ist es sinnvoll, Ego und Ich-Durchsetzung zu verteufeln, weil dann Entwicklung nicht mehr möglich ist. In jedem Scheitern findet sich auch ein Samenkorn zu reiferer Entfaltung, und damit dient Mars in seinem zwanghaften Tatendrang gleichzeitig jener höheren Führung, die in der Zusammenfügung allen Wesens "Sein" und "Werden" überhaupt erst sinnvoll macht.

Mars in den Zeichen

♂ Mars in Widder ♈

Feuer/Feuer: Der Sturmbock oder der rote Hahn auf dem Dach

Thema triebhafte Selbstdurchsetzung (Wille zur Tat)
Ziel "Ich will!" (Selbstverwirklichung)

Mit Mars in Widder bist du der feurige, extrovertierte Choleriker, der mit seinem unruhigen, spontanen Feuergeist immer wieder alles über den Haufen schmeißt. Wenn sich Feuer mit Feuer verbindet, dann ist der rote Hahn schon auf dem Dach: Wie von einer Horde besessener innerer Dämonen getrieben, ruhst du dich selten in deiner Arbeit aus, denn du handelst um des Handelns willen, um deine Umgebung zu "entzünden", ohne damit konkrete Ziele zu verbinden. Im Handeln siehst du deine Aufgabe, nicht im Erreichen irgendwelcher Ziele; dabei wirst du von einer aggressiven inneren Kraft getrieben, die ohne Rücksicht auf Scherben ihre eigenen Wege geht. Kluges Abwarten und lange Strategie sind deine Sache nicht, denn du willst immer mit dem Kopf durch die Wand (die Römer nannten den Sturmbock "aries", mit dem sie die Tore belagerter Festungen niederrannten).

♂ Mars in Stier ♉

Feuer/Erde: Rübezahl oder der Bärenhäuter

Thema Fleiß, Konzentration, Ausdauer und großes Durchhaltevermögen (Beharrlichkeit und großer Körpereinsatz bei schwerfälligem, sinnlichem Temperament)
Ziel Selbstabgrenzung, starkes Bollwerk (Abschottung nach außen durch aggressive Selbstabgrenzung)

Du strahlst zwar eine sinnliche Triebhaftigkeit aus, aber in einem analogen Sinn entspricht dein Gefühlsleben in seinem starken, aber wenig differenzierten Empfinden noch dem der Neandertaler aus der Steinzeit. In Verbindung mit den inneren Instinkten drücken sich in deiner libidinösen Begierde die rohen sexuellen Impulse aus, mit denen du dich nicht immer zu identifizieren vermagst. Diese innere Unbefriedigtheit wird durch ein aggressives Verhalten verdeckt, das sich gleichzeitig im Drang nach körperlicher Überwindung ausdrückt, denn für dich ist die Lust am Widerstand zu groß, als daß du ohne sexuelle Verhinderung (und deren Überwindung) zur letzten Erfüllung kommen kannst. Deshalb der Rat: Meditiere über Sexualität und die Macht, mit ihr umzugehen! Evoziere deinen inneren Schöpfergott, und spiele das Spiel von der Erschaffung der Erde: Umarme die Erde, d.h. lege dich mit ausgebreiteten Armen auf den Boden, und reibe dich an ihr, bis der göttliche Schöpfungsstrom ejakuliert.

♂ Mars in Zwillinge ♊
Feuer/Luft: Hansdampf oder der Durchlauferhitzer

Thema Diskussionen, großes Kontakt- und Kommunikationsverlangen; verbale Auseinandersetzungen (Niederreden), oft auch Zersplitterungstendenzen
Ziel Gedanken- und Einfallsreichtum, Intellektualität

Klare Standpunkte zeichnen dich aus, Kompromisse sind dir Lüge, Abwägen Feigheit, kurz: In Sachen Kommunikation herrscht ein rüder Ton, denn Mars in Zwillinge steht auf der einen Seite für ein starkes Selbstbewußtsein und für den kühnen Schritt, auch schwierigste Problemstellungen zu durchdringen. Er zeigt, daß du dich aus vertrautem Umfeld löst, um eigene Wege zu gehen. Dabei sind Freiheitsdrang, Ehrgeiz, die Suche nach dem verlorenen Paradies oder dein intellektuelles Geltungsbedürfnis die treibenden Kräfte. Du bist pausenlos in Auseinandersetzungen verwickelt und bietest eine energische Darstellung kommunikativer Fähigkeiten, die die Zweifel nicht durch abwägendes oder bedächtiges Analysieren, sondern durch einen mutigen Akt der Entscheidung beseitigt. Auf der anderen Seite bist du aber auch ein Hansdampf in allen Gassen, der mit immer neuen Absichten und Ansichten brilliert und seine Ideen zu gigantischen Visionen visualisiert, ohne aber eine auszuführen. Ausdauer und Geduld sind zwar nicht alles, aber ohne Ausdauer und Geduld ist alles nichts. Mars in Zwillinge ist ein "Schnellerhitzer", der oftmals nur heiße Luft produziert.

♂ Mars in Krebs ♋
Feuer/Wasser: Der Abstieg zu den Urmüttern

Thema seelische Impulse, embryonale Erinnerungen, Affekthandlungen mit nachfolgender Reue, Selbstbestrafungstendenzen
Ziel Aufarbeitung von Karma, Bändigung und Umwandlung emotionaler Verstrickungen

Pubertäre Ahnungslosigkeit und naive Unschuld verbinden sich in dir zum emotionalen Ereignis, denn in deiner archaischen Erbmasse arbeitet noch genügend Trieb, um auf erotische Signale aus der Unterwelt sehr betont zu regieren. Unter diesem Gestirn scheinen Auge, Nase und Ohr vermehrt das zu empfangen, was die große Drüse in deinem Hirn anregt, das Feuer der Liebe zu entzünden und den Stromstoß der Begierde in ein aphrodisierendes Feuerwerk oder einen unkontrollierten Abgang (Samenerguß) einzubinden, was dir enorme Plus- oder Minuspunkte auf der Richterskala der seelischen Erdbeben beschert. Entweder setzt du deine Träume schöpferisch um und bist für viele das Idealbild des romantischen, gefühlvollen Menschen, der sich selbstbewußt hingibt, oder die Furien in den Nischen deiner unterirdischen Seelenkammern richten sich destruktiv gegen dich selbst bzw. deine eigenen Schwächen, und dann kommt es in deiner Persönlichkeitsentfaltung zu sexuellen Aussetzern, weil du dich von deinen eigenen Gespenstern angegriffen fühlst.

♂ Mars in Löwe ♌
Feuer/Feuer: Die Trophäe des Siegers

Thema Willenskraft, Lebenskraft, Lebenswille; Durchsetzungskraft, Selbstdarstellung, Führungsanspruch
Ziel energische Selbstpräsentation und schöpferische Selbstverwirklichung (kraftvolles Ins-Licht-Rücken der Kreativität)

Du hältst dich für unwiderstehlich, weil du alle Ziele leicht erreichst und dir die Siegerpreise klein und lächerlich erscheinen, und es fällt dir ausgesprochen schwer, Hindernisse auszumachen, die deiner feurigen Stärke angemessen sind. Unter dieser Konstellation mußt du lernen, mit deinen Aggressionen umzugehen, denn du bist die unbekümmerte Flamme des Zwistes, die das Machtprinzip des Egos ohne

Rücksicht auf Verluste durch ihr aggressiv-dynamisches Verhalten zur Geltung bringt. Mars in Löwe verkörpert ein Feuerwerk von Handlungen, in deren Hitze sich die Welt ausdehnt, denn es ist der berauschte (überpeitschte) Wille, der dir die Tür zu neuen Abenteuern aufstößt, gleichgültig, ob es sich um eine Techno-Party oder um eine Wüstensafari handelt.

♂ Mars in Jungfrau ♍

Feuer/Erde: Die Schere im Kopf oder der Klugscheißer

Thema	Pedanterie, Nörgelei und Besserwisserei (Anpassung der Aggressionen an einen vernunftorientierten Rahmen)
Ziel	der Schulmeister oder Sozialpolitiker (Entwicklung und Verfechtung ethischer und moralischer Grundsätze)

Der Jungfrau-Mars symbolisiert die inneren Instinkte, die auf die Prüfungsinstanz der Vernunft "aufgelaufen" sind. Dies wirkt sich zur Forderung im Leben aus, deine Triebkräfte in die Umwelt einzubinden, ohne sie weder zu unterdrücken noch zu verhindern. Weil sich der archaische Mars in die kritisch-vorsichtige und pedantische Jungfrau aber nicht so richtig einbringen kann, bleiben deine Empfindungen meistens im Raum der Möglichkeiten hängen, als Denkvorstellung gewissermaßen, damit du deine Aggressionen nicht wirklich zu leben brauchst. Denn vom inneren Unvermögen, dich selber spüren zu können, wirst du buchstäblich in die "Selbstumarmung" gedrängt, denn: Selbstbefriedigung ist Ausdruck einer marsischen Sehnsucht verbunden mit jungfräulicher Unerfüllbarkeit. Vielleicht solltest du die Impulse deiner Triebe öfters ein bißchen provozieren, damit sich dein Erleben nicht nur in der Masturbations-Ecke nervtötender Besserwisserei erfüllt!

♂ Mars in Waage ♎

Feuer/Luft: Der Pfeil des Amor

Thema	Liebe, Hingabe, Leidenschaft (erotische Anziehung, triebhafte Hingabe, starker sexueller Magnetismus)
Ziel	Sexualität als Lebensenergie

Dieses Gestirn knistert vor enervierender Erotik, die immer wieder entspannt werden möchte, denn Mars in Waage ist nichts anderes als eine Raster-Fahndung der Geschlechter. Im Vorfeld liefern erotische Signale die Scharmützel: Augenaufschlag, Duftwolke und vielversprechende Blicke. Dann greift Gott Amor ins Geschehen ein, denn es ist sein Pfeil, der darauf zielt, aus den gegensätzlichen Reibungen harmonische Spannungen aufzubauen, damit du dein Lust-Objekt leichter aus- und anmachen kann. Sind die Energien erst einmal entbrannt, führt das zur magischen Verstrickung, denn im Zusammenspiel von Triebhaftigkeit und Erotik, Hingabe und Aggressivität ist der Drang nach Eroberung (Mars) mit dem gleichzeitigen Verlangen gepaart, vom anderen auch begehrt zu werden (Venus). Hier geht es um die Sexualität als Ausdruck der Freude, wenn Instinktnatur und Gefühlsausdruck miteinander verbunden sind. Deshalb signalisiert Mars in Waage triebhafte Hingabe, aber ohne Gewalt, denn die Erotik greift an, indem sie sich ergibt.

♂ Mars in Skorpion ♏

Feuer/Wasser: Das Medusenhaupt

Thema	rücksichtsloser Einsatz aller zur Verfügung stehenden Mittel; sexuelle Abgründe (Macht, Zwang, Unterdrückung)
Ziel	Stärke, Gewalt, Wucht, Schwung, Energie, Krieg (oft auch Sieg über sich selbst)

Mars in Skorpion zieht dir die Maske vom Gesicht und zeigt dir, was sich unter unserer gesellschaftlichen Kultur in den dunklen Schächten der menschlichen Instinktnatur verbirgt, nämlich der ungeliebte Spiegel unserer selbst, in dem du dein triebhaftes Verhalten erkennen kannst, wenn du folterst und zerstörst und gleichzeitig verdrängst, daß es in der Natur unseres Wesens liegt, uns daran zu ergötzen. Es ist aber auch der Schritt, der hinter jene innere Tür vordringt, hinter der der Mensch in einem letzten Aufraffen das grandiose Ego seiner menschlichen Form verteidigt, dessen Protagonisten nur noch die Inbrunst des Zerstörungswillens aufzubringen vermögen, diese Faszination des Abgestoßenseins, der Wollust, eine Form der passiven Lüsternheit, die eine Art von Entzücken provoziert, wenn ein Mensch geopfert wird. Dahinter wirkt die verborgene, geleugnete, tabuisierte seelische Schwerkraft des Todestriebes, die deshalb etwas so ungemein Fesselndes für uns hat, weil die Schwester der Lust am Untergang die Lust an der Wahrheit ist. Es ist der zwanghafte Wunsch, dich gegen alle Schwierigkeiten zu behaupten, der Gefahr ohne Zögern ins Auge zu schauen und den Teufel geradezu herauszufordern.

♂ Mars in Schütze ♐

Feuer/Feuer: Der Streiter für den Gral

Thema	Begeisterung, Entzückung, Leidenschaftlichkeit; aber auch Neigung zu Übertreibung und Selbstüberschätzung
Ziel	spirituelle Entgrenzung (Streit aus innerer Überzeugung bei gleichzeitigem Drang nach Erweiterung des geistigen Horizonts)

Die aktiven, nach Entwicklung drängenden Aggressionsflammen des Mars verlangen nach Wegen, die von den konventionellen Gestaden weg zu neuen Zielen führen, denn Mars in Schütze ist ein Synonym für Tiefensehnsucht, die sich gern in einen Mantel scheinbar wärmenden Erkennens hüllt (scheinbares Erkennen ist eine der wirksamsten Formen raffinierten Verdrängens). Er verkörpert ein kraftvolles, energisches Engagement in ökologischer oder philosophischer, weltanschaulicher oder religiöser Richtung, nämlich die aggressive Verkörperung von Einsichten und Erfahrungen aus neuen Begegnungen. Dieser Weg führt zu mehr oder weniger starken Identifikationen mit überpersönlichen religiösen Modellen, zu einem mystisch-esoterischen Sektierertum, das sein wissendes Image (Schütze) ich-vergrößernd durchsetzt (Mars), ohne zu bedenken, daß in diesem Akt weder Bewußtseinserfahrung noch Gotteserkenntnis, sondern nur die egoaufblähende Auswirkung einer grandiosen Selbstbespiegelung schlummert. Doch dieser Spiegel hat kein Ziel, und auch das gespiegelte Bild im Spiegel ist nur ein Bild, das niemals etwas anderes als dich selber zeigen kann. Erst wenn du dich in der Rolle des Edlen erkennst, der nicht für die anderen, sondern immer nur für seine eigenen inneren Überzeugungen kämpft, bist du für die wahren inneren Ziele dieser geistigen Verbindung bereit.

♂ Mars in Steinbock ♑

Feuer/Erde: Der "gerechte" Krieg

Thema	Herausforderung, Trotz, Eigensinn, Wirklichkeitssinn, Durchsetzungssinn, Tollkühnheit, Verhärtung
Ziel	Kampf und Widerstand gegen die Außenwelt (kompensierte Triebhemmungen)

Mars in Steinbock ist der rücksichtslose Gott des Scheiterns, der das Machtprinzip des Egos an den Verhinderungen des Unbewußten aufreibt. Deshalb bist du einerseits bestrebt, alle Hindernisse zu beseitigen, die dein äußeres Handeln beeinträchtigen; andererseits ist es aber gerade die Behinderung deiner Entfaltungsmöglichkeiten, die dich zur Überwindung immer höherer Hindernisse antreibt. Das verhinderte Wollen erhebt sich drohend aus den Niederungen der Gewalt und wird zu Affekthandlungen, Unfällen oder akuten Krankheitsausbrüchen führen, wenn diese inneren Spannungen nicht durch Einsichten und entsprechende Reife aufgefangen werden können. Es ist das überkommene Weltbild, das zunichte gemacht werden will, denn Mars kündet vom Scheitern als notwendiger Voraussetzung, um zu einer umfassenderen Wahrheit zu gelangen: Will man die eigenen Forderungen erzwingen, muß man sich des Krieges bedienen, was natürlich nie im eigenen Unrecht, sondern immer in der Uneinsicht der anderen liegt. Aus der Sichtweise dieses Gestirns wäre demnach die boshafte Frage zu stellen, ob nicht gerade erst Aggressionen, Kriege und Unterdrückung das Überleben in einer Gesellschaft erlauben, die ihren Mitgliedern die systematische Verdrängung ihrer Instinkte auferlegt?

♂ Mars in Wassermann ♒

Feuer/Luft: Der Flaschenhals oder der große Knall

Thema Bruch mit konventionellen Normen (Originalität), Abbau von Fixierungen, Eigensinn, Kehrtwendungen, Voreiligkeit, Widerspruchsgeist

Ziel Freiheit und Unabhängigkeit, Verrücktheit und Unberechenbarkeit (individueller Selbstausdruck)

Mars in Wassermann ist der Flaschenhals, durch den sich die Aggression explosionsartig in jedes Leben ergießt, wo sie sich unter Gedonner und Getöse in einem desaströsen Ereignis entlädt, denn wenn du dir Mars als den Impuls vorstellst, der das explosive Energiefeld des Wassermanns auslöst, dann kannst du dich auf den "Form-Ausbruch" einstellen, der dich in die höchsten Sphären hinaufschießt. Du wirst auf den Wogen deines individuellen Selbstausdruckes in Gefilde getragen, wo du dich durch gigantische Schöpfungsmonumente mit deinem verdrängten, größenwahnsinnigen Ego zu identifizieren suchst. Du kannst aber auch versuchen, dich selbst im anderen zu verwirklichen und deinen Absturz in die innere Haltlosigkeit zu ignorieren, indem du andere Menschen in ihrem Umbruch unterstützt. Wenn deren Weltbilder zusammenkrachen, löst das in dir den Wunsch aus, ihre Rettung durch dein Engagement zu inszenieren, denn das hält dich davon ab, dich mit deinen eigenen Ausbrüchen zu befassen. Du versuchst im Grunde nur deshalb dem anderen zur Erfüllung zu verhelfen, damit du deine eigene Leere nicht mit Sinn erfüllen mußt. Du müßtest dich sinnigerweise fragen: "Füllt die Katastrophe der anderen meine innere Sinnlosigkeit wirklich sinnvoll genug aus?"

♂ Mars in Fische ♓

Feuer/Wasser: Der Gang übers Wasser/Die Impotenz

Thema Chaos, Verwirrung, unterdrückte Aggression (Reizbarkeit, Schwäche, Infektion)

Ziel Mystizismus, innere Versenkung, soziales Engagement (tatkräftige Hilfestellung für Außenseiter)

Wenn das unbewußte Träumen zu den Fischen gehört, dann ist Mars der bewußte Träumer seines Traums. Mars projiziert seine Ideen in ein Objekt, um dieses handhaben zu können, den Fischen hingegen ist es in ihrer Spiritualität erlaubt, durch die Verschleierungen des Unbewußten hindurchzusehen. Es scheint dir, als ob sich deine Bildvorstellungen selbst umstellten, um das eigene Ungesehene zu sichten, denn vor deinem inneren Auge steigen pulsierende Wirbel auf, und du siehst die Schwingung des Geistes, die, aus der Leere schöpfend und ins Nichts ausfließend, die Träume der Menschen erschafft. Indem Mars aber wiederum verdrängt, daß er alles immer nur so sieht, wie er es träumt, schützt er sich selbst vor seinem eigenen Erwachen. Damit befindest du dich auf jener Entdeckungsreise, auf der du deine spirituelle Phantasie im Spiegel deiner kreativen Impotenz erkennst.

Mars in den Häusern

♂

Mars in Haus 1

Der Streithammel

Du provozierst oft einen Streit, um deine innere Spannung nach außen zu bringen. Damit du die energetische Stauung durch Aktion entspannen kannst, mußt du ein Objekt für deine Aggressionen finden. Das tust du, indem du deine innere Spannung auf den nächstbesten Menschen überträgst. Auch in der Liebe neigst du zu einem "Hoppla-jetzt-komm-ich"-Verhalten, das sich mit Überzeugung nehmen will, was es dem andern gar nicht geben kann (alles), und damit oft das Gegenteil bekommt (nichts). Selbst wenn du dich für den anderen einsetzt, tust du es bloß aus einer Fehleinschätzung heraus (der Übertragung deines eigenen Bildes), weil du glaubst, daß der andere die Welt so wie du selbst siehst und du ihn deshalb vor den Unbillen seines Unverstandenseins bewahren müßtest. Das entspricht dem Typus des idealistischen Egoisten, der in allem nur sich selbst spürt und in Abwesenheit geeigneter Ziele die Eroberung selbst zum Ziel erklärt!

Symptome Überreaktionen (Reizbarkeit, Wutausbrüche); Infektionen

♂

♂

Mars in Haus 2

Die sizilianische Verteidigung

Es gab eine Zeit, da war das persönliche Wohl des Menschen von der Einbindung der Aggressionskräfte in die Sippengemeinschaft abhängig. Das gemeinsame Ziel entsprach nahtlos den Bedürfnissen des einzelnen, denn das Überleben war nicht nur von der Abwehr des äußeren Feindes abhängig, sondern auch von der gemeinsamen Nahrungsbeschaffung. Mit Mars in Haus 2 bist du ein moderner Protagonist dieser urrudimentären Erfahrung, der sich alles einverleibt, was ihm einen Wertzuwachs verschafft, und seine gesammelten Schätze mit Gewalt verteidigt (Verfestigung durch Arbeit und Sicherung der Materie), denn diese Konstellation symbolisiert in ihrer dynamischen Form die weit in den Raum ausgreifende, vereinnahmende Bewegung. Dabei bist du weniger vom Bedürfnis erfüllt, Macht zu erringen, sondern du möchtest das (schon) Errungene zuerst einmal absichern, und deshalb läßt du dich von deinem instinktiven Besitztrieb leiten, deine Besitztümer durch eine frühzeitige Bekämpfung der Feinde zu verteidigen (Aufrüstung zur Friedenssicherung). Ab und zu öffnest du dich zu "Friedensgesprächen" gegenüber den Besitzansprüchen deiner Umwelt – aber nur, um die eigenen Raubtier-Instinkte zu schärfen und das Gefühl für den Augenblick zu bekommen, in dem du am besten "zubeißen" kannst.

Symptome triebhafte Aggressionen (Zeugungstrieb), emotionale Verpanzerungen, Hals-Nacken-Muskulatur-Verspannungen

♂

Mars in Haus 3

Der Blitzkrieg oder die schnelle Reaktion

Dieser streitbare Pfad steht für alle einen interessanten Aufbruch zu neuen Horizonten begleitenden Erfahrungen, denn er repräsentiert das Räderwerk des Kosmos, in dem sich die vorüberziehenden Bilder des Seins in die ewigen Muster des Werdens einbinden. Deshalb steht er für die Suche nach dem höchsten Sinn und zeigt, daß der Weg dorthin nicht über blindes Handeln oder kriegerische Unvernunft geht, sondern daß er über die innere Absicht des Kriegers führt, der sein gesammeltes Wissen auf das Ziel ausrichtet und seinen Weg in unbeirrbarer Beharrlichkeit geht. Er lädt dich ein, deine (verstandesmäßige) Aggressivität nicht zu verstecken, denn er verhilft deinem geistigen Streben zu einem schnellen Reaktions- und Koordinationsvermögen. Blitzhaftes Erfassen und augenblickliches Handeln sind Attribute, die unter dieser Zeichenstellung blühen, und deshalb fühlst du dich auch in Situationen wohl, in denen komplexere Meinungen akzeptiert werden können. Dabei geht es häufig darum, innere Widersprüche zu überwinden, denn der Preis für dieses oft nur scheinbar "sinnlose" Ziel ist meist die innere Kluft zwischen Strategie und Trieb, Intuition und Denken.

Symptome Streitlust, Voreiligkeit, intellektuelle Übersteigerung und streßerregende Sinnes- und Gefühlsreize aus der Unfähigkeit, eindringende Außenreize genügend zu verarbeiten

♂

MARS IN HAUS 4

Die Regression oder die steckengebliebene Aggression

Auf der tiefsten Ebene symbolisiert dieser Aspekt die Bindung der aktiven, nach außen drängenden Aggressionskräfte (Mars) an den innersten Gefühlsbereich (Haus 4). Das entspricht den verhinderten Instinkten, die im Keller des Unbewußten ihr Unwesen treiben. Dieser innere Zustand drückt sich im Alltag dann als etwas aus, das dich ängstigt und fasziniert zugleich, und du spürst, wie dein eigener Leib zur Flamme wird, in der das Leben tanzt, denn Erotik zwischen zwei Menschen ist Energie aus Zärtlichkeit und du spürst dieses ungestüme Sich-Öffnen des Fleisches, durch das sich das Triebverlangen belebt. Immer tiefer verstrickst du dich in das Feuerwerk der Liebe, fötale oder embryonale Erinnerungen tauchen auf, Abläufe auf der Ebene des Zellbewußtseins werden reaktiviert, denn Sex ist die Reibefläche für das Feuer zu zweit, und meistens nimmt das mondbetonte 4. Haus die gewalttätigen Bilder über den Magen auf, wenn sich Mars im Labyrinth der Seele verirrt. Oft bist du eingesperrt in den Bildern von Geburtsängsten – jederzeit bereit, deine Wurzeln gegen Angriffe von außen zu verteidigen, denn du befindest dich in der schwierigen Lage, deine inneren Gefühle gegen äußere Einwirkungen ständig verteidigen zu müssen. Diese Energie aber, die du dadurch verbrauchst, daß du die Aggressionen nicht zuläßt, fehlt dir schließlich zur persönlichen Erfüllung.

Symptome Magenübersäuerung, Eisenmangel, schlechte Zähne; seelische Reaktionen (Erröten, Nägelbeißen), übertriebene Aktivität aus Bedrohungserwartung (Sympathikusüberfunktion bzw. erhöhter Adrenalinspiegel)

♂

MARS IN HAUS 5

Der Drachentöter

Hier befindest du dich im Einklang mit deinen inneren Gefühlen, denn du verfügst über eine feurige Hitze und strahlst eine immense Sinnlichkeit aus. In seiner primitiven Prägung jedoch befindet sich dein Gefühlsleben noch nicht ganz auf der Höhe der Zeit, denn unter diesem Gestirn hältst du dich für den großen Drachentöter oder die kämpfende Amazone, der jedes Ungeheuer verfällt. Wirst du in deiner Aggression gehemmt, führt dies zu großer Frustration und Zorn, denn all deine Gedanken kreisen um das egozentrische Ich-Empfinden – im Schatten zu stehen ist allein Sache der anderen. Von daher rührt auch dein Bemühen, dich stets vorteilhaft zu präsentieren, denn innere Stärke zu demonstrieren ist für dich geradezu lebenswichtig. Dein Spiel heißt "Leben und Durchsetzen" und ist ein echtes Konditionstraining für deine Konzentration; es verschafft dir den Nervenkitzel des Lebenskampfes. Dies wiederum stachelt dich an, deine Aktivitäten auf Biegen und Brechen durchzusetzen, worauf du die Empörung der Umwelt zu spüren bekommst, die dein Vorgehen bisweilen als unverschämt empfindet und dich in der Realisierung spontanen Wollens durch ihre Norm-Strukturen hemmt.

Symptome Tendenz zu Verletzungen (Zerrungen, Verrenkungen, Verbrennungen), Unfällen, hohem Fieber, erhöhtem Blutdruck, Kopfschmerzen, Herzschwäche, Infektionen

♂

Mars in Haus 6

Die Falle, die sich selber fängt

Mars in Haus 6 repräsentiert das unbewußte Streben, Anpassung zu predigen und neue gesellschaftliche (Sozial-)Formen anzustreben, ohne sich aber über die eigenen Beweggründe Gedanken zu machen. Das entspricht einem inneren Verhalten, sich durch die eigenen Verhinderungen aggressiv zu profilieren, weil Mars für soziale Angelegenheiten gar kein Auge hat. Jede Aggression trägt deshalb den Stempel intellektueller Vernunft, die sich bestätigen will oder zu erkennen sucht, aber immer nur vor sich selbst davonläuft, weil hinter allen Zielen bloß die eigene Verhinderung steht. Die Verhinderung ist das Spiel, das das Ego mit sich selbst spielt, denn jetzt wird es klar: Die Verhinderung ist die Straße (Haus 6), auf der sich die Aggression (Mars) ständig selbst überholt.

Symptome auf der physischen Ebene Darmschwäche, auf der psychischen Pedanterie, Kritiklust, Nörgelei, Hirnüberreizung, Reflexsteigerung und neuralgische Schmerzen

♂

Mars in Haus 7

Das Lächeln der Liebe oder die sexuelle Anziehung

Es fällt dir nicht schwer, mit dem aggressiven Teil in dir Frieden zu schließen, denn deine offene, spontane Art, die Gunst der Umwelt zu gewinnen, sorgt für interessanten Umgang. Mars in Haus 7 ist ein Aspekt, der nicht nur einlädt, die vitalen Triebbedürfnisse zu leben, sondern auch der Tiefensehnsucht nachzuspüren, denn es ist der unstillbare Eiertanz der Geschlechter, der in dieser Konstellation aufscheint. Es ist die Verschmelzung mit der Liebe, die den Triebinstinkt anzieht, denn obwohl sie ihm nur ein Lächeln schenkt, dankt er es ihr mit unermüdlicher Hingabe. Mit der Liebe will sich die Seele in alle Variationen der Zuneigung vertiefen und in den Strom der Gefühle eintauchen, denn die Erotik zwischen zwei Menschen ist Energie aus Zärtlichkeit. Hier formt sich das Mysterium der Liebe, die Zweig eines unerfüllbaren inneren Anspruchs ist und nicht nur die Befriedigung eines von außen zu erfüllenden Bedürfnisses.

Symptome Störungen in den Ausscheidungsorganen (seelische Konflikte verlagern sich in den Genitalbereich), triebhafte Aggressionen bei gleichzeitiger Impotenz (Gleichzeitigkeit von Hingabe und Aggression), vegetative Funktionsstörungen (Niere, Darm), Schmerzen im Unterbauch (Uterusverlagerungen, Blasenmuskulatur)

♂

Mars in Haus 8

Die Lust an der Gewalt

Du hast keine Lust, eine Art Steigbügelhalter zu sein, eine Art von Statist abzugeben, denn du weigerst dich, nur Voyeur zu sein, dich nicht einmischen zu dürfen. Deshalb kommst du von deiner Selbstdarstellung nur schwer los, und was du als Killerinstinkt nach außen hin demonstrierst, ist nur der kompensierende Versuch, Geltungsbedürfnis oder gesellschaftliche Ächtung hinter Gnadenlosigkeit zu verbergen. Hier bist du permanent in Auseinandersetzungen mit deiner Umwelt verwickelt, denn der Kriegsgott Mars steht für Durchsetzungsabsicht, maskulines Ich, Triebkraft und direkten Willen, während das 8. Haus laufend die veralteten Verhaltensstrukturen zum Vorschein bringt, die von Mars eliminiert werden müssen, um Platz für neues zu schaffen. Verdrängte Wünsche, Hoffnungen, Assoziationen wollen sich plötzlich frei artikulieren, wollen plötzlich ins Licht, denn Mars ist in mancher Hinsicht wie ein kleiner Bub, der ein übersteigertes Geltungsbedürfnis hat. Er möchte anerkannt werden, möchte, daß sich die Dinge um ihn drehen. Er möchte eine bestimmte Machtfunktion ausüben und sei es nur als erster Sekretär des Motorsportclubs. Diese Exzesse stellen oft eine Form der Verarmung, Vereinsamung, Auskühlung und Selbstflucht dar und zeigen den Verlust der Sensibilität, der mit ihnen verbunden ist.

Symptome Gewalt, Obsession, sexuelle Exzesse

♂

Mars in Haus 9

Das Götzenbild

Diese Gestirnsverbindung dient der Suche, im Streben nach materiellen Dingen die höhere Absicht kennenzulernen, die sich hinter den menschlichen Zielen verbirgt. Du verlegst dein Ego in das Bild eines Gottes, von dem du glaubst, daß du ihn durch die Befolgung von Geboten, die du ihm selbst in den Mund legst, irgendwann erreichen kannst. Du wähnst dich zwar in der Vereinigung mit Gott oder – zeitgemäßer ausgedrückt – in der Vereinigung mit der kosmischen Urkraft, bemächtigst dich aber im Grunde nur deines eigenen Gottesbildes. Eine überspannte Dogmatik dient dir zur eigenen Rechtfertigung vor dir selbst, ohne daß du die wahren Bedürfnisse wirklich verstündest, geschweige denn berücksichtigen könntest. Besessen von deinem inneren Dämon verwechselst du deinen persönlichen Glauben mit der göttlichen Wahrheit. Diese Übertreibungen im Bereich der Bewußtseinszunahme zeigen in Zonen, die Grenzen der Vorstellung zu überschreiten, und führen, wenn spirituelle Ziele nicht erreicht werden können, zur pseudo-esoterischen Entgrenzung der Materie. So bist du immer auf der Suche, die Antwort nach dem Sinn im Suchen anderer zu finden (im Überzeugen anderer vom Lebenssinn), denn du wähnst dich an der Quelle des Erkennens angekommen und siehst nicht, daß sie dir nur deine eigene Maske reflektiert.

Symptome Wahrnehmungsleere (Sinn- und Glaubenskrisen), Todessehnsucht, spirituelle Unbefriedigtheit (übersteigerte Verantwortungsinteressen)

♂

Mars in Haus 10

Der Stacheldraht oder die Aggression der Verhinderung

Unter dieser Prägung herrscht eine solche Verspannung energetischer Ströme, daß die Lust am Untergang zum hoffähigen Kulturgut werden kann. Es ist die Suche nach Zärtlichkeit, die dich zwingt, dich auszuliefern, dich in den anderen einzusaugen oder durch einen Akt der Gewalt bis an die Grenzen vorzustoßen, wo sich der andere öffnet und bedingungslos kapituliert. Das entspricht der konzentrierten Energie, die sich entweder als Brutalität nach außen oder aber als zerstörende Kraft nach innen richtet, denn Mars in Haus 10 knüppelt sich buchstäblich selbst nieder, um auch nicht den geringsten Zweifel an der Energie-Blockade dieser Verbindung aufkommen zu lassen. Du hast dich der Aggression der Verhinderung zum Preis des Lustgewinns verkauft, denn das, was dich hindert, ist gleichzeitig das, was dich motiviert, doch oft – wenn du Glück hast – ist die Verhinderung der Zerstörung schon zerstörerisch genug, um dir zur Heilkrise zu verhelfen. Erst wenn du ganz vorsichtig das "innere Gaspedal" losläßt (Mars) und gleichzeitig den Fuß von der Bremse nimmst (Haus 10), damit die Psyche weder blockiert noch überdreht, kannst du dich aus dieser seelischen Umklammerung befreien.

Symptome Muskelverkrampfungen und rheumatische Symptome (Arthritis, Gicht, Arthrose), Melancholie, Depression, Gefühl, aus der Haut zu fahren (heraus aus der Blockade)

♂

Mars in Haus 11

Die Herausforderung

Mars in Haus 11 verkörpert nicht nur den Widerspruchsgeist, der sich allem widersetzt, sondern er ist auch ein Symbol für die archaische Urgewalt, die die Psyche eines Menschen regelrecht zum Einsturz bringen kann, wenn es keine andere Möglichkeit mehr gibt, um die starre, gesellschaftsorientierte und lebensfeindliche Haltung des Ich aufzubrechen. Dann kann der Leidtragende nur noch versuchen, sich mit seinem Schicksal abzufinden, um in der Vernichtung den Geist seiner Freiheit wiederzufinden. Das Thema dieser Konstellation ist aber nicht nur die Konfrontation mit unseren revolutionären Zielen. Diese sind ja die Grundlage für unsere Handlungen, die wiederum die Ursachen und die Wirkungen bilden, durch die hindurch die Entwicklung des Menschen voranschreitet. Thema ist auch – und hier kommen wir zur Metamorphose, die eine abgearbeitete Ebene transzendiert – die bohrende Schicksalsgewalt, die die Seele in die erschöpften, toten Hüllen des Bewußtseins hinabzieht, wo nicht mehr die Kraft des Individuums herrscht, sondern das Mißlingen und die Depression des Scheiterns. Daraus wächst der Wunsch, ins Leben zurückzukehren, wo aber nicht mehr die Präsenz gesellschaftlicher Anerkennung, sondern die Zerstörung aller Zwänge Heilung und Erlösung schafft.

Symptome Nervenstörungen, Muskelverkrampfungen, Überreaktionen; Allergien, epileptoide und neurovegetative Störungen

♂

Mars in Haus 12

Der lautlose Schrei

Hier bist du nicht phantasielos genug, um dir nicht vorstellen zu können, daß es auch eine ungeheure Verlockung sein könnte, dich von den anderen abhängig zu sehen, die mit dir machen können, was sie wollen. Das entspricht exakt dem Reiz, deine unterdrückten Aggressionen gegen dich selbst zu leben, dich symbolisch auszuliefern, denn Mars wird durch das Eintauchen in die ozeanischen Tiefengründe (Haus 12) seiner direkten Aggressivität beraubt und damit gezwungen, seine Ziele loszulassen und sich dem freien Spiel der Kräfte hinzugeben. Die durch die innere Versagensangst potenzierte Aggressions- und Willenslähmung wirkt sich oft so aus, daß es dir nur schwer gelingt, konkrete Wünsche auszusprechen oder Ziele klar zu definieren und führt dazu, allen persönlichen Verpflichtungen auszuweichen. Das zeigt sich nicht zuletzt in deinem Streben, jede Auseinandersetzung zu umgehen, die dich aus deinen Träumen auf den Boden der Wirklichkeit zurückbeordert, und kann bis zu Reaktionen führen, die Realität nicht nur passiv zu erleben, sondern die Hemmung jetzt aktiv anzunehmen und allen Verantwortungen zu entschweben.

Symptome Haltlosigkeit, Sucht, reduzierte Infektionsabwehr; Muskelschwund, Muskellähmung, Libidoverlust (Gleichgültigkeit, Antriebsschwäche, Apathie)

♃

JUPITER

DIE INNERE SINNFINDUNG

Jupiter, milder Regent und harter Diktator, freundlicher Freund und feindlicher Feind, Hüter des Rechts und Brecher des Widerstandes, Gott der Gerechtigkeit und Gott der Rache, wird als höchster Himmelsherr verehrt. Als Gott der Wahrheit ist er Lichtbringer, Siegverleiher und Sitz der höchsten Weisheit der Welt, und als Vater der Götter und Menschen gilt er als Mehrer, Erhalter und Erretter in der Not. Als allumfassender und universaler Gott nennt man ihn "höchste Macht", und als Beherrscher des Erdkreises ist er der oberste Gott, Regierer und Erhalter des Weltalls. Als innerer Guru und Wohltäter, der selbst aus den profansten Alltäglichkeiten kraftspendende und lebensbejahende Affirmationen zu ziehen vermag, steht er für den unstillbaren Drang nach geistiger Horizonterweiterung, und mit seinem unerschöpflichen Trieb nach Ausdehnung repräsentiert er eine guruhafte Omnipotenz in der Außenwelt, die das Wesentliche erst in der Übersteigerung durchscheinen läßt. Das Bestreben, die Dinge in einem größeren Zusammenhang zu sehen, krönt sich in der Auseinandersetzung mit grundsätzlichen Daseinsfragen. Auf unbewußter Ebene entspricht das einer Ein- und Rückbindung ins Zeitlos-Ewige. Dieses Empfinden eines Eingebettetseins in einen größeren Rahmen erlaubt ihm, ein Gefühl von Sicherheit und Wissen auszustrahlen, das ihn in den Augen seiner Umwelt als einen Übermittler spiritueller Einsichten erscheinen läßt.

In seiner positiven Prägung zeugt Jupiter von einer Haltung, die von Güte, Optimismus und lebenszugewandter Expansivität nur so strotzt. Man glaubt ihm den offenen und großzügigen Menschen, der "leben und leben lassen" zum Credo seines persönlichen Verhaltens kürt. Als Hüter väterlich-milder Autorität dient ihm Freiheit und Selbstverwirklichung zur höchsten Prämisse, aber nur solange, wie man die gnädigst zugewiesenen Freiräume nicht überschreitet. Solange man seinen Führungsanspruch nicht in Frage stellt, ist er der gütigste, gerechteste und wohlwollendste, Reichtum und Fülle über die Menschen ausstreuende Gottvater. Scheinbar befreit von den äußeren Zwängen vermag Jupiter ein kolossales Gemälde des Universums zu malen und sich gleichzeitig als spiritueller Befruchter darzustellen, der die Gestirne dirigiert. Er strebt nach einem inneren Erkennen, das sich selbst höchstes Gesetz ist. In diesem Sinne ist er nichts anderes als eine Wiedergeburt des alten Priesters, der die Schaffung seines inneren Gottesbildes selbst in die Hand genommen hat, denn Jupiter verkörpert das Verlangen, der Sehnsucht nach Gott ein inneres Bild zu widmen und dieses in die Welt zu schicken, damit er es "draußen" finden und wieder in die Seele zurückspiegeln kann. Diese veräußerlichte Sinnbildung dient ihm als Ziel, außen zu finden, was er innen sucht. Gleichzeitig läßt er das gefundene Bild wieder nach innen verschwinden, weil dieser Gott, den er außen findet, sich in seiner inneren Sehnsucht ja "erkennt"! Was der Mensch aus dieser Not heraus "Gott" nennt, ist in Wahrheit sein eigenes, von ihm allein geschaffenes Ebenbild, weil er sich an Gott selbst nicht (mehr) erinnern kann. Und was er als Ziel bezeichnet, enthüllt im Grunde nur seine Absichten, und zwar in Form des von ihm selbst entworfenen Schöpfungssinns. Finden ist seine spezifische Form von Suchen – und daraus ergibt sich ein im Suchen selbst liegender Lebenssinn!

Du selbst bist der Schöpfer, der nicht wahrhaben will, daß er seine eigene Schöpfung sucht, denn deine eigene Schöpfung entspricht ja der Sehnsucht, ohne das nicht leben zu können, was du immer wieder findest: einen im Suchen selbst versteckten Lebenssinn! Finden ist deine eigene Form von Suchen, und solange du dies nicht erkennst, wird dein eigener Gott dir ein Rätsel bleiben, weil du dich selbst nicht erkennst. Erst wenn du merkst, daß das eigene Ziel du selbst bist, wirst du das Rätsel lösen, denn im Rätsel verbirgt sich die Wahrheit, die nur deshalb als Rätsel erscheint, weil du dich selbst in ihr nicht siehst: *Und je mehr du deiner selbst wüst und leer bist und aller Dinge unwissender, um so näher kommst du dem. Ihn kann man nur sehen in Blindheit, in Nicht-Erkennen, ohne Form und Laut und ohne Gemächte der Vernunft. Gott wird geboren in dem Nichts...* (Meister Eckehart)

♃

Jupiter in den Zeichen

♃ Jupiter in Widder ♈
Feuer/Feuer: Der Kreuzritter

Thema Begeisterungsfähigkeit, Selbstherrlichkeit, Horizonterweiterung und göttliche Erkenntnis

Ziel persönliche Freiheit und erkenntnismäßige Entgrenzung (der sich durch seine Göttlichkeit verwirklichende Geist)

Jupiter in Widder beschreibt die Strategie, das heldenhafte Ich (Widder) mit dem zu verbinden, was den Menschen als Schwingung einer höheren Kraft (Jupiter) umzingelt. Auf der einen Seite ist er unternehmerisch, erfolgreich und lebenstüchtig, auf der anderen voreilig, arrogant und selbstüberheblich, unfähig zur Selbstkritik, blasiert und unerträglich, ein selbstsüchtiger Guru, der den Erleuchteten mimt. Schon die alten Christen haben den Apfel des Wissens vom Baum der Erkenntnis gegessen, weil sie wie Gott sein wollten. Sie wollten die Identifikation mit Gott, also erschufen sie sich ein Bild von ihm und nahmen es in Besitz, indem sie sich selbst damit identifizierten. Sie fixierten sich auf ihre Wünsche und suchten diese zu finden, indem sie sie in ihren eigenen Bildern suchten. Unter diesem Einfluß bist du aber heute in der Lage, den Spiegel dieser Selbstbetrachtung mit den Jahren zu zerbrechen: Jupiter in Widder heißt, die Vergeblichkeit einzusehen, irgend etwas ändern zu wollen und trotzdem Teil jeder Veränderung zu sein.

♃ Jupiter in Stier ♉
Feuer/Erde: Tischlein-deck-dich

Thema Wachstum, Fülle, Glück und Wohlstand

Ziel Lebensgenuß, Lebensfreude, materielle Erfüllung

In seiner stierhaften Verkörperung symbolisiert Jupiter die Fruchtbarkeit der Erde, also Befruchtung, Wachstum, Ausdehnung und kreative Entfaltung. Grundlage ist das Bedürfnis nach sozialer Sicherung (stellvertretend für die embryonale Sehnsucht nach dem schützenden Mutterbauch). Deshalb zählen hier weder Lippenstift noch Hochschulbildung, sondern Stärke, Selbstbehauptung und viel Phantasie beim Kochen und in der Liebe. Denn das Bedürfnis nach Ausweitung kann auch dazu führen, die Nahrungszufuhr in die Erweiterung einzubeziehen und statt des Bankkontos oder der geistigen Ideale die körperlichen Formen auszudehnen. Gerade Menschen, die nicht gern auf Kalorien achten, suchen die Befriedigung über den Mund. Dies hat schon Sigmund Freud erkannt, der gesagt hat: *Als erstes entwickelt sich beim Menschen die Lust über den Mund. Wenn er etwas ißt, fühlt er sich wohl. Wenn er aber traurig ist, dann ißt er, um wieder zufrieden zu werden.* Wird dieses innere Lustgefühl nicht erfüllt, führt das bei einer Anlage, die auf Ausweitung und Wachstum ausgerichtet ist, zu Zügen von Ausschweifung und Fettsucht.

♃ Jupiter in Zwillinge ♊

Feuer/Luft: Der Unternehmensberater/Die Datenbank

Thema	Gedankenreichtum, Interessenvielfalt, differenzierender Verstand
Ziel	intellektuelle Expansion (beständige Ausweitung enzyklopädischen Wissens)

Wie ein Seefahrer der Vergangenheit, der nach jedem Ozean auf weitere Weltmeere stößt, wirst du von den Wellen deines inneren Strebens getragen, die Schranken deines Weltbildes immer weiter hinauszuschieben, denn Jupiter betreibt in Zwillinge so etwas wie eine Datenbank, wobei die Zwillinge die Informationen heranschaffen und Jupiter das angesammelte Wissen managt. Der schnelle Austausch zwischen den Informationen verläuft über elektrische Impulse (chemische Übertragungsstoffe) innerhalb des Datenverbunds in deinem Hirn. Solange du deine Datensammlung gut vermarkten kannst, hast du alles im Griff, denn du kommentierst alle Ereignisse in der Welt, wobei du deine persönlichen Meinungen zu Weltanschauungen umfunktionierst. Doch ohne philosophischen Silberblick müßtest du schon früh morgens beim ersten Blick in den Badezimmerspiegel an dir zweifeln, wenn sich dir im Angesicht deines grübelnden Erkennens die Frage stellt: *Bin ich jetzt der, der sich im Spiegel siehst, oder bin ich jener, der sich beim Sehen vor dem Spiegel zusieht? Wenn aber der, den ich sehe, ich ist, wer bin dann ich, der ihn sieht?*

♃ Jupiter in Krebs ♋

Feuer/Wasser: Das Reich der Mütter oder die Verbindung mit der Instinktnatur

Thema	Güte, Wohlwollen, soziales Empfinden
Ziel	matriarchale Weisheit (die Idealisierung matriarchaler Weisheiten oder die Aufarbeitung verdrängter seelischer Inhalte)

Krebs ist ein Sinnbild der Anima mundi, der Mutter Natur, wobei die Betonung auf der Verehrung des Weiblichen aufgrund ihrer instinktiven Weisheit liegt, und Jupiter in Krebs steht für jenen Aspekt des Bewußtseins, der sich mit der Instinktnatur verbindet, indem er in das Weibliche eindringt, denn sein Lohn sind die kryptischen Ahnungen und visionären Erscheinungen aus dem Reich der Mütter, wo sich der Geist in den unermeßlichen Schichten des Weiblichen verfängt. Es ist der Abstieg durchs Wasser, der den Geist befähigt, das Spektrum seiner inneren Wahrnehmung zu erweitern, und es ist der Schoß der Nacht, aus dessen Urgründen sich das triumphierende Leben in die Walhalla von Jupiters schöpferischem Bewußtsein emporwälzt. Unter diesem Einfluß bist du in der Lage, zu einem matriarchalischen inneren Empfänger zu werden, der allerdings für einen zu ursprünglichen und blinden instinktiven Aspekt des Ewigweiblichen steht, als daß er von seiner verstandesbetonten Umgebung immer verstanden werden könnte. Du kannst aber deine inneren Durchsagen zu prophetischen Botschaften verbinden für alle spirituellen Seelen, die nicht rational genug sind, um das Unfaßbare fürchten zu müssen.

♃ JUPITER IN LÖWE ♌

Feuer/Feuer: Der Ritt auf dem Sonnenstrahl

Thema	Anerkennung, Großzügigkeit, Optimismus
Ziel	Schöpferanspruch, geistige Führung (der Priesterkönig identifiziert sich mit Gott)

Jupiter als Licht des Geistes erscheint im Löwen als Inbegriff der Tageshelle, denn beide werden vom schöpferischen Willen umstrahlt und alles unter ihrem Einfluß stellt sich sofort in den Mittelpunkt des Lichts. Dieses Licht ist die Kraft des Lebens selbst, eine Kraft, durch die Jupiter nicht nur die aktiven, in klarer Bewußtheit angestreben Lebensziele repräsentiert und ein optimistisches Gefühl in allen Lebenslagen, sondern auch grelle Selbstgefälligkeit, manisch übertriebene Freude und die bis zur Unerträglichkeit reichende Selbstdarstellung, stets im Glanz der eingebildeten Größe zu erscheinen. Aber wie sagte schon der Gott des Mescál zu Schwarzhaar, einem kleinen Indianerjungen, im Hinblick auf dessen Suche nach Licht: *Du kannst auf einem Sonnenstrahl reiten, dreißigmal tausend Weltzeiten lang quer durch die Welt der Götter, durch dreißigmal tausend Türen und Tore magst du eilen und wirst doch nicht mehr wissen als ich, denn je heller das Licht, um so dunkler sind die Schatten, die es wirft.* (Georg Schäfer/Nan Cuz, “Im Reiche des Mescál”)

♃ JUPITER IN JUNGFRAU ♍

Feuer/Erde: Der Erbsenzähler oder die Suche nach sich selbst

Thema	Lerneifer, Spitzfindigkeit, Kritikvermögen; Ordnungssinn, Perfektionismus, Zuverlässigkeit
Ziel	kritische Vernunft (vorsichtige, durch Wissenschaft oder eigene Erfahrung abgesicherte Weltbildfindung)

Bevor du nach dem Gipfel faustischer Erkenntnis strebst und den Sinn der Schöpfung zu erkennen suchst, solltest du erst deine Selbstdisziplin und dein geistiges Entwicklungspotential entdecken, denn Jupiter in Jungfrau zeigt das enervierende Streben, die numinosen Sehnsüchte durch die zweidimensionale Brille in einem erklärbaren Weltbild zu suchen, das allen vernünftigen Argumenten gewachsen ist. Oft hältst du deine Realität für ein Gefängnis, aus dem du eines Tages fliehen wirst, manchmal auch für eine Todeszelle, aus der es kein Entrinnen gibt. Doch die Erkenntnis der Wahrheit über dich selbst besteht im wesentlichen darin, daß du entdecken wirst, was du unbewußt von dir selbst hältst. Denn das, was du von dir selbst hältst, ist letzten Endes das, was du bist. Gerade die Ansicht, daß sich in den Bildern und Denkvorstellungen immer nur das eigene Erkennen “erkennt”, gibt dir die Kraft, die eigenen Widersprüche zu formulieren, denn du erkennst jetzt in dem, was du für die Welt hältst, nicht die Welt, sondern nur deine eigene Wahrnehmung, die sich als deine Welt darstellt.

♃ Jupiter in Waage ♎
Feuer/Luft: Das goldene Zeitalter

Thema geistiger Austausch, soziales Empfinden und joviale zwischenmenschliche Beziehungen neben innerer Leere, pathetischen Gebärden sowie wohlwollender Arroganz
Ziel expansive Sehnsucht nach dem Unbekannten, Ideale von Frieden und Harmonie

Jupiter in Waage verkörpert die selbstregulierende Kraft des schöpferischen Selbst, die es dir erlaubt, in einem gesellschaftlichen Umfeld sozial zu handeln und die schöpferischen Wehen ewiger Verwandlung seelisch zu verarbeiten. Hier versuchst du deine innere Sehnsucht in Idealen von Frieden und Harmonie zu finden, in der Einsicht, daß alle Wesen miteinander verbunden und alle Erscheinungen Ausdruck einer einzigen kosmischen Schwingung sind. Lebensfreudig versuchst du mit der Flamme der Begeisterung deine Mitmenschen zu motivieren, das goldene Zeitalter schon auf Erden zu schaffen, denn hier befindest du dich im Einklang mit deinen Gefühlen, verfügst über eine große menschliche Wärme und strahlst eine immense Heiterkeit aus. Schon Pythagoras sprach von der *Verbindung der Sphären und der Hochzeit der Gestirne, wo jedes Atom und jeder Planetenkörper aufgrund seiner Bewegung, seines Rhythmus oder seiner Schwingungen zur universellen Harmonie des Ganzen beiträgt,* und in der Glut der liebenden Verzückung erlebst du die Ekstase vom ersten zaghaften Aufglühen der Empfindungen bis zur sinnestrunkenen, orgiastischen Raserei.

♃ Jupiter in Skorpion ♏
Feuer/Wasser: Der Mysterienpriester

Thema Machtstreben, hohe Ideale, tiefgreifende Wandlungen, starke Suggestivkräfte, Sinn für das Hintergründige
Ziel religiöse oder soziale Erneuerung (die Erschaffung eines magischen, okkulten Weltbildes)

In dir ließe sich ein alter aztekischer Mysterienpriester vorstellen, der die Menschen zu Gott rief, denn Jupiter in Skorpion bedeutet einen tiefen und unerschütterlichen Glauben an die Schöpfung nach dem Bild von sich selbst und an die Kraft der von ihm selbst ausgelösten Mächte. Im Gegensatz zum alten Götzendiener, der die Menschen in seine Lehre einbezog, um seine eigene Bedeutung zu finden, ermöglicht dir dieses Gestirn aber heute die Ausweitung des intuitiven und rationalen Erkennens in Bereiche jenseits des aktuellen Wissensstandes. Solange du dich nicht fragst, welche innere Sehnsucht dich zwingt, aus einem in Wahrheit unendlichen Chaos ein paar Ähnlichkeiten auszuwählen und durch ihre Strukturierung und Vernetzung Cluster von Weltvorstellungen herbeizuzaubern, kannst du den alten Zauberer verstehen, der die Menschen in seine Lehre einbezog, um über deren seelische Resonanz seinen eigenen Glauben zu finden. Dann kannst du getrost verdrängen, welcher Teufel dich reitet, wenn du dich ständig wie Münchhausen an den eigenen Haaren aus dem banalen Alltag herausziehen willst. Wenn du aber weißt, daß sich im Denken nur das Denken selbst erkennt, und wenn du die Symbole als die Werkzeuge siehst, um deiner Kreativität Ausdruck zu verleihen, sozusagen als einen Spiegel dessen, was du aus der unbewußten Ebene in die bewußte überträgst, wirst du erschüttert feststellen, daß dir niemand gefolgt ist, wenn du am Ende deiner Botschaft vor Gott stehst. Wenn du auf dem Gipfel angekommen bist und ganz allein vor dem "Altar der Wahrheit" stehst.

♃ Jupiter in Schütze ♐
Feuer/Feuer: Der Geist der Schöpfung

Thema religiöses Weltbild, göttliche Ideale, Differenzierung des Geistigen, hohe ethische und moralische Werte
Ziel Erkenntnisfindung durch inneres Schauen und die Erschaffung einer eigenen Realität

Wenn wir erkennen, daß alles, was uns aus der Welt entgegentritt, nur besteht, weil wir es vordem in die Welt hineingedacht haben, dann erkennen wir auch, daß uns in allem immer Gott entgegentritt, dem wir unsere Sehnsucht entgegenstellen, damit wir die verdrängte Sehnsucht nach Gott als Heimweh nach uns selbst erfahren. Wir sind nicht nur ein Teil, sondern auch das Ganze, das sich nach sich selbst sehnt, denn die bildhafte Manifestierung des sich selbst erkennenden Geistes, der sich selbst ins Auge schaut, des Blickes, der sich im eigenen Auge erkennt und des Schattens, der sich im Licht versteckt: Das ist Jupiter in Schütze! Er ist der reine Geist, der sich materialisiert, um dir zu zeigen, wie du aus Energie Ideen formen kannst und aus diesen wiederum Materie, denn du projizierst dein inneres Wissen in eine äußere Form, die sich dir mitteilen kann. Er symbolisiert aber auch die Vitalität des Wissens, die Muster, anhand derer du gelernt hast, die Welt zu erschaffen, sowie die Muster der Veränderung, die das verändern, was du aus diesen Mustern geschaffen hast. Du strebst nach einem autonomen Erkennen, das sich selbst Gesetz ist, und beschäftigst dich mit Zusammenhängen und Gesetzmäßigkeiten, die C. G. Jung "das kollektive Wissen der Menschheit" nannte, denn diese Reise ist gleichzeitig der Weg, sich lebendig zu fühlen und das Leben in Übereinstimmung mit dem Geist Gottes zu bringen. Wenn du das erkennst, brauchst du auch nicht mehr zu zerstören, um die Wirklichkeit deiner inneren Ängste an dem zu messen, was du äußerlich verändern kannst. Sondern du kannst äußerlich verändern, was du als Ergebnis deiner inneren Entwicklung in der Welt als objektiv verwirklicht vorfindest.

♃ Jupiter in Steinbock ♑
Feuer/Erde: Der Alchemist oder die kristallisierte Form

Thema Verantwortung, Würde, Pflichterfüllung; noble Ziele, hohes Prestige, sozialer Aufstieg
Ziel Universalbewußtsein (Menschenkenntnis plus Selbsterkenntnis gleich Welterkenntnis)

Wenn Jupiter die geistige Autorität in den Mittelpunkt rückt, dann erschließt Steinbock die tieferen Schichten des von Jupiter autoritativ postulierten Sinns. Ihm geht es nicht mehr um das Vorgaukeln von Bildern, ihm geht es um Wahrheit! Präziser: um die Haltung des Wahrheitssuchers. Nur ein innerer Sinn kann zum unmittelbaren Erfassen der einer Vorstellung zugrunde liegenden Idee verhelfen, und das wiederum wird durch Steinbock erzwungen. Bist du einmal selbst bist zu den kollektiven Schöpfungsprozessen vorgestoßen, wo die Fragen zu den Prozessen entstehen, die durch die Vernunft nicht beantwortet werden können, dann magst du auch erkennen, daß die Antworten auf alle Fragen, die du dir stellst, in dir selbst liegen. Sie enthüllen sich dir, wenn du deine Ausrichtung von der äußeren Welt abziehst und nach innen wendest; dann wirst du dir deines Urwissens bewußt. Das mag als höchste Prämisse auch bedeuten, Gott und Teufel als die verschiedenen Seiten einer gleichen Münze zu erfahren: nämlich die Identität zwischen dem Realen in der "Illusion der Vorstellung" und dem Illusionären im "Bild der Realität" festzustellen. Damit hast du die Chance, den Weg zum Gipfel, den du stets gesucht und nie gefunden hast, als Pfad zu erkennen, der gleichzeitig in die Tiefe führt. Denn hinter der Maske von Bewußtsein und Selbsterkenntnis lauern die Abgründe unbewußter Selbstverlogenheit: Alle Wege führen immer nur zu den Archetypen egoistischer Ich-Identifikationen, die wir uns als persönliche Ziele jetzt ausgewählt haben.

♃ Jupiter in Wassermann ♒
Feuer/Luft: Der Quantensprung

Thema Freiheit und Unabhängigkeit, Nonkonformismus, soziale Reformen, schöpferische Visionen, progressive Ideen
Ziel das höhere Selbst

Die ganze Welt zerfließt in einer Sphäre von glitzerndem Licht, vor dir öffnet sich der Raum, und ganz hinten, wo die Helligkeit visionären Erlebens gleichsam in den Vorhof der Erleuchtung mündet, erwartet dich dein seelischer Begleiter, dein Führer ins Licht, denn Jupiter in Wassermann ist der geistige Wanderer auf den einsamen Straßen des Unbewußten, der dir oft nachts in den Träumen begegnet, und spricht: *Du bist der Geist auf der ewigen Suche nach Licht und der selbstgefälligen Abgehobenheit, alles aus einer überpersönlichen Warte beurteilen zu wollen, und strebst nach Utopia, nach Überwindung aller Schranken und nach Aufhebung von Raum und Zeit. Der Schatten liegt in der Ruhelosigkeit und Hektik, die dich befallen, wenn es dir nicht gelingt, dein Spektrum auf die Bedürfnisse der Welt zu übertragen. Dann kann es passieren, daß du deine Gaben nur noch benutzt, um dich über die Umwelt zu erheben und deine Mitmenschen für dumm und kurzsichtig zu erklären. Erst wenn du den Teufelskreis dieser Wertungen überwindest und der Verstiegenheit deiner Welterklärungsmodelle entfliehst, kannst du in den Sphären der Götter jenen Regenbogen finden, dessen überirdisches Glimmen dich dann zu deinem höheren Selbst hinzieht – spring!*

♃ Jupiter in Fische ♓
Feuer/Wasser: Die Hymne der Sphären

Thema Nächstenliebe, Opferbereitschaft, Transzendenz
Ziel Ideale der Selbstlosigkeit bzw. die Berührung mit Gott

Jupiter in Fische verleiht die Gabe, die Welt in ihrer äußersten Ausdehnung zu erahnen, wie sie durch die himmlische Brille gerade noch illustriert werden kann, denn zum jupiterhaften Verlangen, sich ins Unermeßliche auszudehnen, kommt das fischehafte Sehnen, sich im Streben nach einem unbestimmten Ganzen aufzugeben, um sich durch Auflösung zu heiligen. Zugleich steigt eine unstillbare himmlische Sehnsucht aus dir empor, eine göttliche Flamme, die schnell auch zum Seelenbrand entarten kann, wenn du deinen spirituellen Rahmen überdrehst. Wie sprach doch Jupiter zur schönen Nymphe, als er sie mit seinem Dharmaleib durchdrang: *Stets ist's das eigene Gesicht, wenn man sich selbst im Licht erblickt: Wach auf und öffne deine Augen, denn in deinem Sehen will sich Gott betrachten…* Die Gefahr dieser Stellung liegt darin, daß deine inneren Ziele so hoch in den Wolken schweben, daß sie meistens nur schwer zu verwirklichen sind. Du liebst das Empfinden kindlichen Versinkens in einer Woge kollektiven Gefühls, was sich nicht selten zur kultischen Anbetung spiritueller Inhalte ausdehnt, und fühlst dich selbst als Auserkorener, der zu den höheren Weihen zugelassen ist.

♃

Jupiter in den Häusern

♃

Jupiter in Haus 1

Der König der Könige/Das dominante Vaterbild

Hier verstehst du dich als Ritter oder edler König, hinter dessen Glaubenskriegen sich das oft überhebliche Gefühl für die unbedingte Richtigkeit der eigenen Meinung verbirgt und das damit verknüpfte Verhalten, für die eigenen Ideale mutig einzutreten. Mitunter verlierst du dich aber auch in der Rolle eines Verteidigers göttlicher Schöpfungskathedralen, der die natürlichen Instinkte verteufelt und der triebhaften Intuition der Muttergöttin die Moral christlicher Ethik entgegensetzt: *Dann sah ich den Himmel offen, und siehe, da war ein weißes Pferd, und der, der auf ihm saß, heißt der Treue und Wahrhaftige; gerecht richtet er und führt er Krieg. Bekleidet war er mit einem blutgetränken Gewand; und sein Name heißt das Wort Gottes. Aus seinem Mund kam ein scharfes Schwert; mit ihm wird er die Völker schlagen. Und er herrscht über sie mit eisernem Zepter, und er tritt die Kelter des Weines, des rächenden Zornes Gottes, des Herrschers über die ganze Schöpfung. Auf seinem Gewand und auf seiner Hüfte trägt er den Namen: König der Könige und Herr der Herren.* (Offenbarung 19, 11-16) Weil aber auch der Vatergott seiner inneren Bestimmung zur Ganzwerdung nicht entrinnen kann, führen seine verdrängten Triebe zu einem übertriebenen Verhalten, durch selbstgefälliges Gehabe und mangelnde Selbstkritik bisweilen mehr (psychologischen) Schaden anzurichten, als dies ein ehrlicher Sünder zu bewerkstelligen vermöchte.

Symptome Sinn- und Glaubenskrisen (Blockaden innerhalb von Religion und Weltbildfragen), Unbefriedigtheit, Sinnlosigkeit, Todessehnsucht

♃

Jupiter in Haus 2

Das wuchernde Wachstum/Die verschwenderische Lebensenergie

Jupiter verkörpert immer eine Haltung, die von Grenzenlosigkeit und Fülle zeugt. In der materiellen Abteilung (Haus 2) möchte er hemmungslos genießen, denn: Arbeit ist nur das halbe Leben – die andere Hälfte ist der Spaß. Und Spaß bedeutet für ihn Lust und Liebe und alle Formen von materiellem Wachstum (Geld!) zugleich. Das Leben erscheint unter ihm wie ein ewig sprudelnder Quell, der sich aus sich selbst schöpft, denn Jupiter stellt die schöpferische Potenz der in sich selbst ruhenden Ausformung oder des Zugewinns dar. Hier finden wir auch jene Kraft, die poetisch als göttliches Schöpfungsvermögen, esoterisch als kosmische Strahlung, physikalisch als elektromagnetische Schwingung und psychoanalytisch als Libido umschrieben wird. Auf der spirituellen Ebene sublimiert sich die materielle Ausdehnung in jenen "höheren" Zustand, der die Gegenwart des Nichts in göttlichen Schauern spürbar werden läßt, denn Jupiter bringt hier die Sehnsucht nach der Verschmelzung mit der Ewigkeit zum Ausdruck, die beispielsweise in erotischen Gipfelerlebnissen oder durch die Erfahrung der Kundalini-Energie im Yoga erlebbar wird. So wie der Antrieb zur Gipfelbesteigung in der Tiefe des Egos gründelt, so lagert auch der Antrieb nach geistigem Wachstum in der Tiefe der Triebe und deine Chance unter dieser Konstellation ist die Verbindung von Geist und Materie.

Symptome Ausschweifung, Fettsucht, Leberhypertrophie; Bindegewebsschwäche, endokrine Drüsenstörungen, Schilddrüsenprobleme

♃

Jupiter in Haus 3
Alpha Centauri oder die virtuelle Wirklichkeit

Je größer dein Wissen ist, desto unruhiger wirst du, denn es gilt, immer neue Informationen zu erwerben und Fähigkeiten zu stimulieren. Wegen der Überfülle von Eindrücken, die es unter Jupiter in Haus 3 zu vernetzen gilt, besteht ständig die Gefahr, daß du dich in deinen eigenen Labyrinthen verirrst. Diese Konstellation versinnbildlicht Interessenfülle und geistige Expansion und zielt in Bereiche, wo der Sinn unseres Daseins nicht mehr im Gottesdienst, sondern in den Hörsälen der Kommunikationspsychologie oder in den vierdimensionalen Laboren virtueller Wirklichkeit empfangen wird. Unglaubliche Wirklichkeitseinbrüche pochen an deine Welt, und die Phantastik durchdringt langsam den Alltag. Als Ausgleich beschäftigst du dich oft mit moderner Philosophie, wobei sich dein Glaubensbekenntnis zwischen den Existentialisten und der Explosibilität der schwarzen Löcher einpendeln könnte. Das Spiel ist erst aus, wenn du durch die Weite des Weltraums über Lichtjahre hinweg Alpha Centauri erreicht hast.

Symptome Interessenverzettelung, Zersplitterung, oberflächlicherAustausch mit der Außenwelt (hastiges Atmen, vermehrter Luftgehalt in den Lungen)

♃

Jupiter in Haus 4
Die Tempel von Hekatompylos

Schon in der traditionellen Astrologie wird Jupiter mit Eigenschaften wie Glauben, Religion und Weltanschauung in Verbindung gebracht, und im Zusammenwirken mit den lunaren Schwingungen des 4. Hauses kristallisiert sich hier das Eintauchen in die visionären Tiefenschichten heraus (Embryonalität), denn du lebst dein Gefühl für Einheit aus der Tiefe deines Bauches heraus und spürst deine Seele erst am Schöpfungsnabel, wenn das ganze Universum in dir klingt. Thomas de Quincey schrieb: *Du rufst vor dem Richterstuhl der Träume, zum Triumph der leidenden Unschuld, die Meineidigen und die falsches Zeugnis reden, und die Urteile der ungerechten Richter stößt du um. Aus den Tiefen der Dunkelheit, aus dem phantastischen Bildstoff der Gehirne führst du Städte und Tempel auf, schöner als die Werke des Phidias und Praxitiles, herrlicher als die Pracht von Babylon und Hekatompylos, und aus der Anarchie des Traumschlafs rufst du die Gesichter längst begrabener Schönheiten und die Züge der Seligen, die einst das Haus bewohnt, gereinigt von der Schmach der Gruft heraus ins Sonnenlicht.* Bis in alle Tiefen deines Herzens spürst du die starke Verbindung mit dem innersten Kern der Schöpfung, woraus die Ganzheit strömt, den Abstieg in den Erdenschoß, und zwar nicht als Opfer der Verführung, sondern in der Hoffnung auf Wiedergeburt. Es sind die unvergänglichen Archetypen, die du hier berührst, die deiner individuellen Erfahrung im Sinne einer ungeschauten Ordnung zugrunde liegen, die man auch als Liebe bezeichnen könnte. Diese entwickelt sich nicht im Kopf, sondern sie wächst aus deiner Seele wie eine Blume hervor, wenn sie Licht, Wärme und Wasser bekommt. Ihr Name ist: "Der Weg ins Licht".

Symptome Genuß- und Prunksucht aus Hunger nach seelischer Geborgenheit, Insuffizienz der Bauchspeicheldrüse, erhöhter Cholesterinspiegel, Schilddrüsendysfunktion

♃

♃

JUPITER IN HAUS 5
Der Olympier

Im 5. Haus ist Jupiter das Symbol jener Kraft, die – stets auf ihre Unabhängigkeit bedacht – zu neuen Ufern aufbricht, um den inneren Schöpfergeist aus sich hervorzubringen und die Welt damit flammend zu entzünden. Du solltest ihn dir als den Teil vorstellen, der seine eigene Gottähnlichkeit erkennt. Dieser Teil ist sich seiner selbst aber auch als etwas bewußt, das über das hinausgeht, was du bist, und der das Leuchtende, Würdevolle und Einzigartige in dir aus der Tiefe deiner Seele in die Welt hinauswirft. Er, der sich als dich erkennt und zugleich mehr ist, als du bist, ist der persönliche Gott oder das Urvertrauen in die eigenen Fähigkeiten, den du persönlich aus dir herausrufen kannst. Deshalb unterstehst du unter seinem Einfluß einem starken Zwang, auffallen und mit hohen Zielvorstellungen glänzen zu wollen. Dabei peilst du die Spitze der Spitze an und schießt oft über alle Ziele hinaus. Manchmal bricht aber auch der Gipfel zusammen und die Psychologen haben dann alle Hände voll zu tun, deine erschöpften Ich-Inhalte mit neuen Identifikationsvarianten wieder aufzufüllen.

Symptome Selbstbewunderung, Eitelkeit und Standesdünkel (aufgeblähtes Ich-Empfinden); Übertreibungen und Übermaß (Herzerweiterung); starker Drang nach Macht und Anerkennung

♃

JUPITER IN HAUS 6
Die Arzneimittelprüfung

Jupiter in Haus 6 versinnbildlicht auf der materiellen Ebene die Arzneimittelprüfung, die alles aussondert, was nicht durch Stoff und Form, Bewegung und Ziel definiert werden kann. Es ist die hohe Mauer des rationalen Erkennens, der psychische Virus der Selbsttäuschung, der alles ausgrenzt, was sich nicht in die Gesetze der betreffenden Systeme eingliedern läßt. Auf einer spirituelleren Ebene schenkt dir dieses Gestirn aber auch die offene Leere des Nichtwissens, die die intuitive Vision gebiert, solange du dem Versuch widerstehst, Gewißheit zu bekommen, wo doch keine Gewißheit sein kann. Damit bist du zwar nicht des Problems der Ungewißheit enthoben. Aber indem du erkennst, daß dieses Problem eine Äußerung der Widersprüche auch in den größeren Lebenszusammenhängen ist, beginnst du den Widerspruch in sich zu akzeptieren. Wissen ist nicht mehr ein Machtmittel privilegierter Individualität, sondern nur noch Kanal, über den sich Kommunikation vollzieht. Die seelische Transparenz muß über die Vernunft gemanagt werden, was natürlich einen Widerspruch in sich darstellt. Aus diesem Widerspruch aber, sich das Unfaßbare durch relatives Betrachten faßbar zu machen, kann Großes wachsen. Logisch-intuitives Denken ist angesagt (das sich ständig hinterfragt, ohne sich selbst in Frage zu stellen), denn hier entsteht ein Realitätsbegriff, der, ohne seine Denkgrundlagen zu verlassen, trotzdem nicht an der Schwelle begrifflichen Verstehens haltmacht: *Gott ist überall. Der einzige Weg für den Esel, ihn nicht zu finden, ist der, aus ihm eine Karotte zu machen.* (Also sprach der Esel)

Symptome Ehrgeiz, Workaholic, übertriebene Objektivität (sieht den Wald vor lauter Bäumen nicht), psychomotorische Störungen und Beziehungen zum vegetativen Nervensystem

♃

Jupiter in Haus 7

Die Flammen der Sehnsucht/Die Tochter des Sonnenuntergangs

Hier bist du vom Bewußtsein des Außergewöhnlichen beseelt und dein Selbstbild scheint von großer Kraft durchdrungen, denn im 7. Haus wird Jupiter von emotionalen Höhenflügen umwunden, und das führt auf der geistigen Ebene tief in die Urgründe der Spiritualität hinein. Herzen eroberst du im Nu, und du strebst nach Verständnis und Zuneigung von anderen, denn du benötigst das Verständnis deiner Umwelt, um deinem Alltag überhaupt Sinn abgewinnen zu können. In unablässigem Ringen kreist du um das lockende Unbekannte und suchst das unerreichbare Bild deiner Sehnsucht in phantastischen Lustvorstellungen zu finden, in die du deine Visionen hineinprojizierst: *Kommet zu mir! Wo immer wir zusammentreffen, soll die Priesterin sprechen – und ihre Augen sollen brennen vor Verlangen, wenn sie nackt und frohlockend in meinem Geheimen Tempel steht – und die Flamme in den Herzen aller mit ihrem Liebesgesang erwecken. Singt mir den Liebesgesang der Verzückung! Entzündet mir wohlriechende Öle! Schmückt euch für mich mit Juwelen! Trinket mir zu, denn ich liebe euch! Ich liebe euch! Ich bin die blaulidrige Tochter des Sonnenuntergangs; ich bin der nackte Glanz des wollüstigen Nachthimmels. Zu mir! Zu mir!* (Aleister Crowley, "Die Offenbarung der Nut")

Symptome Bequemlichkeit, Selbstgefälligkeit, übersteigertes Triebleben, Nebennierenschwäche, schlechter Hormonkreislauf, unstillbarer Freiheitsdrang

♃

Jupiter in Haus 8

Der Medizinmann

Es ist der Ruf Jupiters, aufzubrechen und alle inneren Räume zu entdecken, denn diese Reise ist die Reise zu sich selbst. Jupiter im Todeshaus (Haus 8) verbindet die Anschauung, über den Tiefen zu stehen, mit der Angst, in die Tiefe hinunterzusehen, denn du ahnst, daß es gar keine Tiefen gibt, sondern nur das Handhaben von Bewußtsein. Weil du dich aber weigerst, dein Bewußtsein so zu manipulieren, daß du in die Tiefe siehst, versuchst du deinen Verstand so zu vernebeln, daß er die Unterwelt in den Spiegelungen auf der Wasseroberfläche zu erkennen glaubt. Zwar hast du genügend Energie, um die Hölle zu erahnen, aber nicht genug, um sie zu ergründen, deshalb ziehst du es vor, sie in deinen eigenen Bildern zu erkunden, die du kontrollierst. Damit erinnerst du an einen alten Medizinmann, der mit seinen Blicken sehnsuchtsvoll über die geheimnisvollen Tiefen der inneren Abgründe streift, der aber andere opfert, denen er damit – indem er sie stellvertretend für sich ins Unergründliche stößt – zu einem spontanen Akt der Bewußtseinserweiterung verhilft. Unter diesem Aspekt diagnostiziert sich auch das kompensierende Verhalten eines Psychotherapeuten, der sich mit den Problemen anderer beschäftigt, um sich nicht mit seinen eigenen auseinandersetzen zu müssen.

Symptome Größenwahn, Selbstüberschätzung, geistige Verwirrung, visionäre Erkenntnis, Ausbeutung und fanatische Besessenheit (Plutokratismus)

♃

Jupiter in Haus 9

Die Relativität des Seins

Dein Ziel ist der wahre Wesenskern in allen Erscheinungsformen, der Zustand der Leere, der dir die Geheimnisse der menschlichen Vorstellung enthüllt. Deshalb wendest du dich oft fernöstlichen Lehren zu, die die Lösung seit Jahrtausenden darin sehen, daß man sich die Relativität von Zeit und Raum, die Relativität von Wahrnehmung und Denken durch meditative Technik erfahrbar macht. Jupiter in Haus 9 könnte man vielleicht so umschreiben, daß sich die innere Sinnfindung in die inneren Empfindungen der Sehnsüchte einschleicht und sich über die eigenen Grenzen hinaustragen läßt. Und in dieses von seinen eigenen Mustern befreite Denken können dann neue Eindrücke fließen, die bei Rücknahme der alten Begriffsmuster als sphinxhafte Visionen, allegorische Vexierbilder oder poetische Futurismen hängenbleiben. Um diese Erfahrungen aber in deine Realität zu übertragen, müßtest du die inneren Ahnungen, die sich deinem unmittelbaren Erfahren durch die Sinne entziehen, in verständliche Bilder übertragen, ohne zu vergessen, daß diese Bilder nur die persönliche Übertragung überpersönlicher Wahrheiten sind. Es ist also durchaus legitim, die "unvorstellbare Wahrheit" in Bilder zu fassen, solange du dir bewußt bist, daß du nie mehr als das Bild erfährst, das den faßbaren Teil dieser Wahrheit in dir ausmacht. Wenn du dein eigenes Unfaßbares jedoch in dir selber finden willst, dann mußt du alle Werte aufgeben, ohne aber ihre Form zu zerbrechen; denn wenn du erfahren willst, was dich noch trägt, wenn dich deine Modelle nicht mehr tragen, dann mußt du diese Modelle hinterfragen, ohne aber ihre Form zu zerstören, weil sie ja wiederum die Grundlage der menschlichen Gesellschaft sind.

Symptome inflationäre Entgrenzungen (Wucherungen, Geschwulste, Sinnlosigkeitsgefühle) bzw. Realitätsverlust (Sehnsucht nach dem Unfaßbaren, Auflösung der Grenzen und Heimweh nach Gott)

♃

Jupiter in Haus 10

Die Führernatur oder der Wirtschafts-Tycoon

Ebenso wie große Politiker oder Wirtschaftsbosse, deren privater Charakter oft diametral zu ihren äußeren Fähigkeiten steht, ohne daß dadurch die Wirksamkeit ihrer Führungspositionen berührt würde, trägt Jupiter in Haus 10 alle Schatten seiner überragenden Tugenden auf sich. In deinem Bemühen um äußeren Erfolg tust du dich schwer, deine bewußte Autorität zurückzunehmen, weil du nicht ahnst, daß die wirklichen Gefahren von innen kommen. Dein Verständnis der kosmischen Gesetze reicht kaum über die Erreichung deiner eigenen Ziele hinaus und deine Wahrnehmung kann nicht zur Stimme der Natur in die Tiefe dringen, die oft glückliche Erlösung von Entscheidungen und Verantwortlichkeit schenkt, sondern zielt immer zu den Gipfelspitzen, wo du dich wie selbstverständlich in die Mitte stellst und dich in einem Akt der Selbstverherrlichung selbst krönst. Glück und Überzeugung sind deine ständigen Begleiter, du strahlst Anerkennung, Erfolg und großes Vertrauen aus und kannst andere gut motivieren. Andererseits setzt du deine Ziele rücksichtslos gegen die anderen durch und ziehst dir die gesammelte Mißgunst deiner Umwelt zu.

Symptome Leberbeschwerden und Gallenkomplikationen, Depressionen und Sinnlosigkeitsgefühle aus Streßsituationen, von Zeit zu Zeit große Motivationsprobleme

♃

Jupiter in Haus 11

Der Altar des Schamanen/Der Derwischtanz

Da Jupiter die Grenzen erweitert, Haus 11 aber Freiheit und Unabhängigkeit anzeigt, führt diese Konstellation zu revolutionären Einsichten und neuen Perspektiven vor dem Fenster deines Geistes und damit zu einem tiefschürfenden Weitblick, der dich für neue Visionen und Ziele begeistert. Zur Fähigkeit, Visionen zu entwickeln, kommt hier auch noch die Begabung, die Relativität der Visionen zu verstehen. Das heißt die Wirklichkeit der Welt nicht nur in den Dingen, sondern auch hinter der Materie zu sehen. Das zeigt: Du projizierst deine Wünsche bewußt nach außen und verhilfst ihnen durch deine klare Erfüllungserwartung zu einer psychischen Verwirklichungssituation. Dadurch können sich alle deine Wünsche erfüllen, weil du sie nicht mehr vom Leben verlangst, sondern weil du eigendynamisch in dir die Bedingungen zur Erfüllung deiner Absichten schaffst. Denn du ahnst: Nicht der Suchende ist es, der seine Ziele bewußt gestaltet, sondern es ist die psychische Energie im Unbewußten, die sich durch das persönliche Wollen des Individuums in die materielle Wirklichkeit ausdehnt. Diese Ziele führen zu ungeheuren Tiefen, weil es hier nicht mehr ums Essen oder um die Fortpflanzung geht, sondern weil es für dich viel wichtiger ist zu wissen, wie sich der göttliche Odem der Schöpfung intuitiv erspürt.

Symptome rebellische Ansätze, Grenzverletzungen, hinterfragter Lebenssinn; Koliken, krampfartige Erschöpfungen, spastische Zustände

♃

Jupiter in Haus 12

Die Insel im Ozean des Nichts

Jupiter in Haus 12 umschreibt die begriffliche Vorstellung von der höchsten Schwingung der verborgenen Kraft, die aus der Harmonie der Sphären den Reigen des Werdens und Sterbens erschafft. Denn das Werdende strebt nach Zerfall, aber mit dem Zerfall schwillt gleichzeitig das Werden an, welches das Zerfallende wieder zu binden sucht: Das unendlich sich Bildende zerstäubt nicht ins Grenzenlose, es formt sich zu immer neuen Schöpfungsmustern. Diese ständig expandierende und kontrastierende, überall gegenwärtige Energie, die sich ewig aus dem Ozean des Lebens erhebt, um immer wieder krachend an der Kontradiktion ihrer eigenen Absicht zu zerschellen, ist das, was der Mensch das Göttliche nennt. Doch jenseits aller Vorstellungen ahnst du den Geist, der dein Leben erfüllt, denn in religiösen und mystischen Bereichen, in denen sich das Ego zugunsten transzendenter Erfahrungen auflöst, kannst du jene schimmernde Lichtinsel erreichen, die aus den Wassern des Ewigen aufglimmt. Dieses Licht ist zwar mehr als die Summe allen Bewußtseins, aber alles Bewußtsein ist auch, was es ist: Nichts!

Symptome Sinnsuche, endogene Depressionen, Weltflucht; hormonelle Probleme, Stoffwechselstörungen, Wucherungen des Bindegewebes, Organerschlaffung, Atrophie

♄

SATURN

Der Stachel der Verhinderung

Saturn ist der gestrenge und unerbittliche Gott der Reife und Zeit, der Hüter der Schwelle, Gott des Karmas, der Erbsünde und der Tugend, der die Menschen an ihr Schicksal, an das Abbüßen ihrer Sünden ohne Vergebung oder Gnade bindet, bis daß die Sünden getilgt und der Leidenszyklus abgeschlossen ist. Als Gott der Kargheit und Askese weist er alle Übertreibungen in die Schranken, züchtigt die Übermäßigen und läutert die Edlen, er achtet auf die Einhaltung der Gesetze, die durch die Vergangenheit strukturell gewachsen sind, ungeachtet ihrer Berechtigung und jenseits seiner persönlichen Meinung, und als Gott der Verhärtung zeigt er die Stelle an, wo jegliches Fließen der Lebensströme und jegliches Sichöffnen gegenüber den intuitiven Eingebungen der karmischen Bilder versiegt – wo die Bereiche des Lebens zur Bürde und die Schritte im Alltag zur Qual werden und wo jegliches Entfalten und Höherstreben der Seele schon im Keime erstickt wird, solange du die Ebenen deiner Verhinderungen noch nicht erkannt und in dein persönliches Erleben eingebunden hast, kurz: wo du dich ans Inventar seiner Bilder gebunden hast, die dir Sicherheit und Ruhe garantieren. Das ist das weltliche Geschenk von Saturn. Der Preis aber ist die Angst um diese Sicherheit. Durch seine Position im Radix zeigt dir Saturn das Maß dessen an, was du bis zum Überschreiten dieser Schwelle zu zahlen hast!

Saturn gilt seit jeher als der Inbegriff des Bösen. Dies nicht etwa aus dem Grund, weil Saturn ein Übeltäter wäre, sondern ganz allein, weil wir aus unserer Welt des Dualen, in der wir uns stets für das Gute und gegen das Böse zu entscheiden haben, der Wahrheit nicht gern ins Gesicht schauen. Denn Saturn ist gerade nicht die transzendierende, höherschwingende Erlösung, sondern die sich zusammenziehende, pragmatische und eine die Bindungen unseres Planeten in den Mittelpunkt stellende Wahrheit, die alle höherstrebenden Ideale, Hoffnungen und Wünsche auf ihre Verwirklichungsmöglichkeiten reduziert – auf ihre Umsetzbarkeit verkleinert oder auf die Sichtbarkeit ihrer Ewigkeit kristallisiert. Das beinhaltet aber auch die Abwesenheit von idealistischen Hirngespinsten und geistig-verklärten Höhenflügen. Der Maßstab, mit dem alles ausgemessen wird, ist die Sichtbarkeit (im geistigen Bereich die Wirksamkeit), und diesen Wirkungen haben sich die Ursachen zu stellen.

Aus diesem Gesichtswinkel heraus läßt sich erkennen, daß es hier um die Konfrontation mit deinem Schatten geht, dem Verdrängten, mit dem, was du an dir nicht wahrhaben willst. Der Betroffene erkennt die wahre Natur seiner eigenen Wahrheit nicht, denn das würde ja voraussetzen, den erkenntnispsychologischen Mechanismus, der zur inneren Erschaffung der erkannten Wahrheit führt, zu durchschauen. Das aber gerade kann er nicht, denn der schattenhafte Teil des Saturns erkennt immer nur den Schatten seines eigenen Unerkannten. Und weil er die Unvollkommenheit seiner Erkenntnis nicht erkennen kann, schließt er sich in den Panzer seiner subjektiven Überzeugungen ein. Seine Wahrnehmung dringt nicht in die Tiefe des Seins, sondern verbleibt in den Untiefen seines eigenen Geistes, und indem er die Welt ansieht, sieht er doch immer nur sich selbst im Spiegel seines eigenen Erkennens. Er ist in seiner Selbsterkenntnis gefangen wie der Einsame in seinem Kerker tief unterhalb der klaren Transparenz des Bewußtseins. Sein dumpfes Verständnis der kosmischen Gesetze reicht nicht über den auf sich selbst fixierten Geist hinaus, der sich in allem, was er sieht, nur immer selbst betrachtet.

In allem, was du siehst, kannst du immer nur dich selbst sehen, und im Umgang mit der Außenwelt kannst du immer nur mit der nach außen projizierten Innenwelt umgehen. Indem du die Verantwortung für dieses In-sich-selbst-Kreisen deiner Erkenntnis aber übernimmst, konfrontierst du dich schrittweise mit den von dir selbst geschaffenen Wirkungen und siehst schließlich auch, was an deinem Handeln richtig ist und was nicht. Das Thema ist aber nicht nur die Vorstellung von Schuld oder die Konfrontation mit den inneren Ängsten: Diese sind ja die Grundlage für alle Handlungen, die wiederum die Ursachen und die Wirkungen bilden, durch die hindurch die Entwicklung des Menschen voranschreitet. Thema ist auch – und hier kommen wir zur Metamorphose, die eine abgearbeitete Ebene transzendiert – der immerwährende Beginn, die Zukunft, die in der

Vergangenheit beginnt, oder apokalyptischer: die Gegenwart, die morgen für uns gestern sein wird. Saturn führt die in den Taten der Menschen verborgene Struktur vor Augen, die gleichermaßen Ursache und Wirkung ist. Doch ist die Position Saturns auch nicht als unbedingt hilfreich zu bezeichnen. Man könnte sie als einen Weg der Wahrheit umschreiben, als einen Drang vielleicht, hinter die Dualität zu kommen und den Mechanismus zu erkennen, der zu unseren Problemlösungen führt.

Die Relativität saturnaler Zwänge kannst du erst dort richtig verstehen, wo du auch erkennst, daß Zwang nicht nur Einschränkung, sondern im Gegenteil auch Freiheit sein kann. Nämlich die Freiheit, dich innerhalb von fest strukturierten Grenzen frei zu entfalten. Die Konsequenz liegt jetzt darin, daß bei Wegfall dieser Zwänge ein anderer Zwang an deren Stelle tritt, nämlich der Zwang, die Verantwortung für die eigene Begrenzung selbst übernehmen zu müssen. Und diese Verantwortung kann nur der übernehmen, der den Mechanismus in der menschlichen Psyche zur Schaffung der Bilder, die der Mensch dann als die erkannte Wahrheit bezeichnet, erkennt. Und zwar als das, was diese Bilder sind: die Relativität der Welt, geschaffen aus der menschlichen, begrenzten Perspektive. Wenn du erst erkennst, daß echte Sicherheit nicht in den äußeren Verwandlungen der materiellen Welt zu finden ist, sondern nur in den Abläufen ihrer Gesetzmäßigkeiten, dann erst hast du die Funktion Saturns als des Hüters der Zeit erfaßt. Er befindet sich als Wächter genau an der Grenze zwischen materieller und geistiger Welt, und läßt dich erst passieren, wenn du in der Veränderung durch die Zeit gerade die Unveränderlichkeit des Ewigen erlebst.

Saturn in den Zeichen

♄ Saturn in Widder ♈

Erde/Feuer: Die Angst vor den Wölfen

Thema verdrängende bzw. kompensierende Selbstdurchsetzung
Ziel Herausforderung, Streit (Bewußtseinsfindung und Selbsterkenntnis durch Hinterfragen der eigenen Selbstdurchsetzung)

Mit Saturn in Widder wirst du überall im Leben mit Widerständen konfrontiert, so daß du erst durch Erkenntnis und Einsicht deiner karmischen Voraussetzungen und durch Hinterfragung und Aufarbeitung dieser verhindernden Lebensmuster deine Spannungsknoten lösen und dich damit einem positiveren Lebensgefühl öffnen kannst. Du siehst dich fortwährend in Rangeleien und Widersprüchen mit der Welt verstrickt, die viel Anstrengung erfordern, um die entgegengesetzten Impulse alle unter einen Hut zu bringen. Die Reibungswärme, die dabei entsteht, kann sich auch explosiv entladen, denn vertraute Positionen stehen auf der Kippe und müssen oftmals aufgegeben werden. Es geht darum, gegensätzliche Strömungen und Standpunkte auszufechten, um so zu einer neuen Haltung oder Vorgehensweise zu kommen. Deine Aufgabe ist dann erreicht, wenn es dir gelingt, in der Verhinderung gleichzeitig das Ziel zu erkennen, das du anstrebst: das schwache Selbstvertrauen auf keinen Fall in den Mittelpunkt zu stellen. Das Dilemma ergibt sich einerseits aus dem Streben der inneren Vitalität, die Angst vor den Wölfen gewaltsam zu überwinden, und andererseits der Unfähigkeit, dies vollständig zu realisieren.

♄ Saturn in Stier ♉
Erde/Erde: Die Ölpest

Thema Angst, Beklemmung, Hemmung, Verhinderung und Quälerei (Sicherheitsdenken, Sparsamkeit, Pflichtgefühl, Ausdauer)
Ziel Abgrenzung, Umbruch, Wandlung, Konsequenz

Saturn in Stier symbolisiert die dunkle Seite der Mutter Natur, die verwüstet, was sich ihr nicht unterwirft, denn Saturn ist der kollektive Dämon, der vor der Atomzertrümmerungsanlage schwebt; ein Inferno aus den seelischen Katakomben des technischen Zeitalters, nicht weniger gnadenlos als Dantes mittelalterliche Höllenvision, die die Sünder bei lebendigem Leibe im Schlamm begraben, in Sümpfe verbannt oder an der Pest dahinsiechend vorführte. Er ist der Archetyp der Ohnmacht, bei dem der Mensch zum hilflosen Opfer der Auswirkungen seiner eigenen Handlungen wird, denn bei dieser Konstellation steigt sofort ein alptraumartiges Gefühl auswegloser, erstickender Beklemmung auf. Saturn bedeutet zunächst Verhinderung des Lebens (Beklemmung, Quälerei, Isolierung und Tod) und ist damit auch unabdingbarer Wegbereiter für das Neue und Kommende. Leben heißt aber auch, ständig Abschied zu nehmen, weil jeder Anfang eines Weges gleichzeitig das Ende eines anderen ist, und deshalb steht dieses Gestirn auch für den Akt der (Wieder-)Geburt. Jedes Leben basiert auf der Grundlage von Verfall, denn alles Neue basiert auf der Vergänglichkeit des Alten. Saturn in Stier lädt dich ein, die Verhinderung des Lebens anzunehmen statt die Abwehr der Verhinderung zu leben.

♄ Saturn in Zwillinge ♊
Erde/Luft: Die Landkarte

Thema blockierte Subjektivität, kompensierende Objektivität, intellektuelle Zweifel, sprachliche Ausdrucksschwierigkeiten
Ziel Anerkennung durch Informationen, Wissen und strukturelles Denken

Diese Konstellation zeigt eine von der Außenwelt abgekapselte und in innere Emigration gegangene, völlig auf sich selbst gestellte, sprachlose Gestalt. Die kalte Härte ihrer metallisch glänzenden, skelettartigen Erscheinung verdinglichen die erstarrten Strukturen und die synthetische Natur der (Re-)Konstruktion der Wirklichkeit durch das menschliche Denken, denn Saturn in Zwillinge ist ein Symbol deines vergeblichen Bemühens, die ständige Veränderung des Denkens und der Weltbilder zu verhindern. Erst der Zusammenbruch, der immer auch eine Chance zum Neuanfang bereithält, wenn sich der angestaute Druck im Inneren entlädt, kann zu Befreiung und Wachstum führen, denn es ist nie das Böse, sondern die notwendige Entwicklung, wenn sich dir die Veränderung in der Maske des Zusammenbruches in den Weg stellt. Denn unsere ganze Bindung an Modelle ist im Grunde nichts als ein überlebensnotwendiger Trick, damit wir uns nicht gegenseitig die Köpfe einschlagen (Anarchie). Da wir unser Leben immer nur im Guten nachvollziehen möchten, entspricht das Streben nach Klarheit dem kindlichen Wunsch, in den Modellen stets die eigenen Wünsche zu erkennen – und das ist nicht Wahrheit, sondern infantiles Wunschdenken. Jedes strukturelle Modell ist lediglich eine Landkarte, um die tieferen Seelenlandschaften in uns mit Hilfe von Symbolen von außen her zu betrachten. Solange du dich diesen Modellen nicht auslieferst – also die Landkarte nicht zur Wirklichkeit machst –, ist dagegen auch nichts einzuwenden. Wenn du aber das Modell zur erkannten Wahrheit machst, lieferst du dich der Verlogenheit des Denkens aus; denn da du die Welt nur so siehst, wie du sie im Denken erlebst, brauchst du Modelle, die dich überzeugen. Dieses Wissen ist das weltliche Geschenk von Saturn. Deshalb darfst du von den Modellen auch keine Wahrheit erwarten, da sich in den Modellen immer nur das Denken selbst erkennt – dieses aber vermitteln dir wiederum die Modelle!

♄ Saturn in Krebs ♋
Erde/Wasser: Die verschlossene Auster

Thema Einsamkeit, Verschlossenheit, Zurückgezogenheit, Einengung, Melancholie
Ziel seelische Geborgenheit durch Verhaftung an die inneren Träume (zurück in die Gebärmutter)

Wenn Krebs jenes schmachtende Gefühl nach dem authentisch Unergründlichen, Unerforschlichen und Ungesehenen erzeugt (Mutterimago), dann zwingt Saturn die spontan fließenden Gefühlsäußerungen in einen starren Verhaltensrahmen, der die Art und Weise regelt, wie man Gefühle mit der Umwelt auszutauschen hat. Du bleibst in den Schleiern unbewußter Ängste hängen, die Psyche wird nicht abgenabelt und die ungestillte Sehnsucht wird in der Identifikation mit dem saturnalen Schutzprinzip gesucht. Dadurch wirst du deiner eigenen Lebendigkeit entzogen und in ein streng begrenztes Verhaltensfeld gesetzt. Dieses Gefängnis, das die eigenen Gefühle nicht herausläßt, schützt dich gleichzeitig aber auch vor der Aggression der anderen, und so verkriechst du dich in einem embryonalen (Gefühls-)Zustand, der dich schützend wie eine Auster umschließt. Das sind im Leben Autoritätspersonen, die dir – um dir die Verhinderungen deiner Gefühle zu spiegeln, an die du dich gebunden hast – sagen, wer du bist und was du zu tun und zu lassen hast. Fallen diese autoritären Verhinderungen aber weg, fällt dir dein ganzes (verhinderndes) Weltbild zusammen, denn erst der Wegfall der Reflexion aus der Begegnung läßt dich dein inneres Vakuum erkennen: Du bist im eigenen Fühlen auf die Reaktionen der anderen angewiesen. Die ganze Umwelt ist für dich eine einzige seelische Prothese, weil dir erst die Reaktion von außen das Vakuum der inneren Leere ausfüllt. Wie Saturn sich auch immer anbietet, immer ist er ein Wegweiser, der dich über den Entzug von seelischer Wärme dazu einlädt, die Ursachen zu diesen Wirkungen in dir selbst zu suchen. Denn die Sehnsucht nach der Quelle ist doch geradezu der Heimweg und gipfelt in der Frage, was für Voraussetzungen in der eigenen Psyche solche Verhinderungen erst sinnvoll machen? Nämlich diesen embryonalen Sehnsüchten zu widerstehen, die einen sowieso nicht befriedigen können, und statt dessen den Rahmen der Gefühle in jenem größeren Zusammenhang zu suchen, der im Gewölbe der unbegriffenen Psyche eingekerkert ist!

♄ Saturn in Löwe ♌
Erde/Feuer: Der blinde Spiegel oder “Das Bildnis des Dorian Gray”

Thema Dogmatismus, Vertiefung, ernste Pflicht; große Aufgaben, hohe Ideale, Tempelweihe
Ziel Autorität, Vertrauen, soziales und politisches Engagement

Du liebst dich nicht und wenn, dann ist es nur das Bild deiner äußeren Bedeutung, die Liebe des Schöpfers zu seinem Werk. Vor die Wahl gestellt, Liebe zu zeigen oder Gefühlskontrolle zu beweisen, würdest du dich unvermeidlich für das letztere entscheiden, denn es ist auch eine unbewußte Angst vor Ablehnung, die dich erfüllt, eine Abwehr des Lebens selbst. Es ist ein tiefes Mißtrauen gegen dich selber, gegen deine eigene Regie, wenn du dein ausgelagertes Ich nebenbei als psychischen Notausgang im (Lebens-) Stück benutzt, wodurch du vor dir selbst davonlaufen kannst. Das, was du an dir liebst, ist nur die Präsentation deiner Selbstinszenierung, das erblindete Spiegelbild deiner überhöhten Selbstreflexion. Fazit: Nur ein großes Vertrauen in das eigene Selbst kann dir die Bürde erleichtern, das Leben Tag für Tag erstrebenswert finden zu müssen!

♄ Saturn in Jungfrau ♍
Erde/Erde: Der abgespaltene Schatten

Thema Gewissenhaftigkeit, Übersicht, Selbstdisziplin; Detailgewichtung, Formalismus, Anpassung
Ziel Erkennen der detaillierten Zusammenhänge; objektive Neutralität

Oft kämpfst du für deine Vorstellung von (sozialer) Ordnung, ohne deine eigenen Aggressionen zu erkennen, wonach du notfalls auch bereit wärest, dein Recht gegen die Gewalttätigkeiten der anderen mit Gewalt zu erzwingen. Du spaltest das Böse von dir ab und lagerst es aus, damit du es unbemerkt dort draußen bekämpfen kannst, und merkst nicht, daß du dich in deiner eigenen Falle gefangen hast. Meist hast du das Böse gar nicht ausgelagert, sondern nur sein Bild, das du in Form von Sündenböcken in der Außenwelt bekämpfst, denn oft wirst du unerkannt selbst zum Bösen und verwendest im Kampf gegen das Böse genau die Mittel, aufgrund derer du das Böse bekämpfst. Deshalb solltest du wissen, daß du mit deiner analytischen Intellektualität dein eigenes Lebensgefühl so stark verengt hast, daß der Zugang zum Lebenssinn für dich sehr schmal geworden ist. Du hast deinen Schatten im gefühlsmäßigen Erleben durch ein kontrollierbares Weltbild ersetzt, um deine Vorstellung vom Leben dann nur noch durch diesen Filter hindurch zuzulassen. Damit begegnen dir im Leben all jene zahllosen äußeren Sündenböcke, die dir helfen, dein inneres Böses unentdeckt zu leben. Und süffisant stellt dir der Teufel die Frage, ob es nicht dein verdrängtes Böses selbst ist, das für Gerechtigkeit in der Welt sorgt, und ob nicht "gerechte" Kriege, Gewalt gegen Böse und gewaltsame Ausgrenzung der Sünder unserer Triebnatur insgeheim die Erfüllung ihrer atavistischen Sehnsüchte sichern.

♄ Saturn in Waage ♎
Erde/Luft: Der Konflikts-Verhinderungs-Konflikt

Thema rationale Kontrolle (Narkotisierung der Instinkte und Neutralisierung der Gefühle führt zu objektivierter Subjektivität)
Ziel Unbestechlichkeit, Ausgewogenheit und Fairness; Ordnung, Gleichgewicht, Stabilität

Saturn in Waage bedeutet für dich, daß du von der inneren Anmut deiner Kontaktfähigkeit und deines Harmonieempfindens ausgeschlossen bist, das heißt, daß deine Unfähigkeit, deine innere Mitte mit Sinn zu füllen, dich in Sachen Harmonieverlangen zu einem Faß ohne Boden werden läßt. Alles, was Anmut, Charme und Ästhetik betrifft oder mit Ausgewogenheit, Frieden und Schönheit verbunden werden kann, wird von dir tiefgekühlt und eingefroren, weil Saturn den klirrenden Panzer symbolisiert, der die Seele von ihren eigenen Gefühlen trennt. Die Botschaft ist die: Schau dir deine eigene innere Kloake an, den Keller deines Ego-Turmes. Dort unten versteckt sich ein tiefer innerer Konflikt, weil du dich mit dem Leben nicht auseinandersetzen magst, sondern es in seiner schöpferischen Unberechenbarkeit zähmen willst, indem du es in Schubladen von Recht und Unrecht einschließt. Auf der psychologischen Ebene hängt diese Konstellation mit der tieferliegenden Absicht zusammen, dich mit der unangreifbaren Aura von Objektivität zu umhüllen, indem du jegliche Subjektivität (der anderen) als Unrecht ausgrenzt. Erst wenn du damit leben kannst, daß du deinen eigenen (Verdrängungs-)Mechanismen nie trauen kannst, weil sich dahinter oft der Krieg in der Maske des Friedens versteckt, ist das Problem umschifft, denn das Böse ist nicht der Widerspruch zum Guten, das durch das Gute vermieden werden kann, sondern die eine Seite des Guten selbst, die wir vom Guten abgetrennt haben, damit die andere Seite als Gutes weiterexistieren kann.

♄ Saturn in Skorpion ♏
Erde/Wasser: Der Kerker der Angst

Thema Zähigkeit, Verbissenheit und starker Wille; oft Lebensfeindlichkeit oder Angst vor Macht und seelischen Verstrickungen (bei gleichzeitigem Interesse an Tabuzonen und allen Grenzbereichen des Wissens)
Ziel Todesmystik, Transformation (Freiheit durch Überwindung der Angst)

Hab keine Angst vor Veränderung, denn du selbst bist Veränderung, und du veränderst dich jederzeit, denn du fühlst dich vom Dunklen und Verbotenen unwiderstehlich angezogen. Hab auch keine Angst vor der Hölle, denn du selbst bist der Abgrund, und sobald du deine Angst vor dem Faszinosum menschlicher Abgründe begreifst, faucht die Flamme aus der Hölle tiefster Abgründe hervor, die alle alten Bilder verbrennt, denn vor jeder Befreiung lauert der Tod, der dich aus der Verpuppung durch die alten Bilder befreit. Das entspricht der Befreiung der Seele, die während der langen Finsternis der Nacht im Kerker ihrer unerlösten Ängste gefangen war, denn sobald du die Beklemmung vor der Tiefe und Leidenschaft deiner eigenen Gefühle überwunden hast, kannst du zu einer neuen Wahrheit vordringen, die weit entfernt davon liegt, was du innerhalb deiner alten Abhängigkeits- und Ohnmachtsphantasien für möglich hieltst. Du siehst deine Seele zu den funkelnden Strahlen der Seraphim auffliegen, die vor dem Thron des Höchsten knien und das Geheimnis Gottes psalmodieren: *Der Tod ist nicht alles, aber ohne Tod ist alles nichts!*

♄ Saturn in Schütze ♐
Erde/Feuer: Die Glaubenskrise

Trieb Weltanschauung, Realitätsbewußtsein, Selbstentwicklung, Selbsterkenntnis
Ziel Karmaerkenntnis bzw. Einsicht in die Abläufe des Schicksals

Das geistige Nomadentum des Schützen, ständig durch größere Gebiete des Bewußtseins zu reisen und sich stets größere Brocken an Erkenntnis einzuverleiben, bis er sich geistig überfressen hat, wird hier durch Saturn unterbunden, denn Saturn in Schütze verhilft dir zu einem tieferen Verständnis und zur Einsicht in die notwendigen Abläufe des Schicksals. Das weist auf viele Veränderungen im Leben hin, weil dein Eingebundensein ins Ganze ständig einer Anpassung an neue Sichtweisen bedarf. Das Unbehagen aber, das sich gleichzeitig einstellt, wenn du dich mit dem Unbewußten beschäftigst, entspricht wohl jenen Tiefenängsten, die angerührt werden, wenn der Verstand, gewohnt, "vernünftige" Entscheidungen zu treffen, auf Glaubensfragen stößt. Denn sobald du die wissenschaftlichen Erkenntnisse anzuzweifeln beginnst, indem du dich ihren Lehrmeinungen entziehst oder jenseits aller logischen Erfahrungen eine spirituelle Sinnerfahrung anstrebst, vergrößert sich deine Welt. Sie läßt dir Raum für eine spannungsvolle Offenheit, wo neben starren Dogmen oder rigiden Wertvorstellungen auch metaphysische Erkenntnisse in deinen rationalen Alltag einströmen können.

♄ Saturn in Steinbock ♑
Erde/Erde: Das Schweigen

Thema Ausdauer, Selbstbeherrschung, Selbstbeschränkung, Verantwortungsbereitschaft, Wirklichkeitsnähe
Ziel Konzentration, Verdichtung (die Konzentration des Wissens führt zur Kristallisation des Erkennens)

Wer sich ein Bild von der Wahrheit macht, der übersieht oft, daß er damit nicht zum Diener der Wahrheit, sondern nur zum Opfer seiner unerkannten Leere wird, die sich an ein Bild klammert, um einen Lebensinhalt zu finden. Wie deklamiert doch Saturn, der Gott der Verantwortungsbereitschaft, des

Pflichtbewußtseins und der Verhärtung, der gern sich selbst und andere erzieht: *Im erkannten Erkennen, jenseits des Verstandes, weißt du, ohne zu wissen, daß du weißt, denn du weißt jetzt, warum du nicht wissen kannst, aber weil du das weißt, weißt du – und schweigst!* Erst im Schweigen gibt es nichts mehr, was durch Worte darzustellen wäre, und damit geht es dir nicht mehr um die Bilder hinter der Wahrheit, sondern um die Wahrheit hinter den Bildern, denn Saturn in Steinbock entspricht dem Archetyp des alten Weisen, der seine Aufmerksamkeit durch kristallisierende Klarheit, nüchterne Weltsicht und gereiften Tiefenblick auf den Ursprung aller Dinge richtet. Dabei dringst du bis zu den Mysterien und in die tiefsten Abgründe der Seele vor. Du kannst dich aber auch mit Diogenes vergleichen, der am hellichten Tag mit einer angezündeten Laterne durch die Straßen Athens spazierte und auf die Frage nach dem Grund seines Tuns erwiderte: *Ich suche einen wirklichen Menschen!*

♄ Saturn in Wassermann ♒

Erde/Luft: Der Spiegelrahmen

Thema Sprengung der Grenzen, Überwindung der Hindernisse, Umgestaltung von Zeit und Raum

Ziel Umschichtung, Erneuerung, Neuorientierung am Pulsschlag der Zeit

Saturn in Wassermann symbolisiert den inneren Kampf zwischen dem rückblickenden Ordnen und Strukturieren der Traditionen (Saturn) und dem Bedürfnis, das Traditionelle gleichzeitig und ohne jede Einschränkung über den Haufen zu werfen (Wassermann). Psychologisch entspricht das dem inneren Wunsch, den Grat zwischen den Sicherheiten traditioneller Werte und den Dimensionen neuer Horizonte ohne Schaden zu passieren. Der Zwischenraum (die schmerzhafte Pufferzone) aber bist du selbst, und je mehr du dich dem einen Pol näherst, um so deutlicher treten die Unterschiede zum anderen hervor. Indem du mit dem einen Auge einen Spiegel vor dir siehst und durch das andere gleichzeitig erkennst, daß du es selbst bist, der dich sieht, erkennst du dich in beiden. Es ist das Auge Saturns, das dich sieht, und indem es dich im eigenen Blick ansieht, ein gespiegeltes Bild in einem Spiegel, erkennen wir auch die gedankliche Exzentrizität des Wassermanns. Denn der Wunsch, den Rahmen zu sprengen und dich von allen einengenden Strukturen zu befreien, ist nicht leicht mit deinem gleichzeitigen Bedürfnis nach Sicherheit zu verbinden, und der Weg kann nur über das Ziel führen, innerhalb eines stabilen und bewahrenden Rahmens ein optimales Maß an Freiheit zu gewinnen.

♄ Saturn in Fische ♓

Erde/Wasser: Die Dämonen der Nacht

Thema Abwendung, Einsamkeit, Ohnmacht und Flucht aus Angst vor der Unergründlichkeit der Nacht

Ziel Strukturierung der Leere, höheres Selbst

Hier zeigt sich die Tendenz, dich mit letzten Fragen zu beschäftigen, denn das Zeichen der Fische läßt das Interesse für das Ewige aufscheinen, während sich Saturn als Gefäß zur Aufnahme und Abgrenzung dieses Ewigen anbietet. Oftmals wirst du dich mit diesem Aspekt als der Empfänger einer gottähnlichen Kraft erfahren, die wahrscheinlich nichts anderes als die Umsetzung einer hohen inneren Inspiration darstellt. Je empfänglicher du für die höheren Schwingungen bist, desto mehr kannst du in die tiefen Schichten dieses Aspektes eintauchen und dich den verborgenen Weisheiten hingeben. Damit öffnen sich dir neue Ausblicke: Du kannst deinen Blick in die kosmischen Weiten des Ewigen eintauchen und dir trotzdem deines Ausgangspunktes im Weltlichen bewußt sein. Doch die innere Gewißheit, Teil einer höheren Ordnung zu sein, entbindet dich nicht der Verantwortung, die Dinge zu sehen und beim Namen zu nennen, um nicht im Treibsand deiner inneren Visionen zu verenden, denn ganz hinten, wo die Helligkeit visionären Erlebens in den Vorhof der Unterwelt mündet und Bilder auftauchen, die von unerklärlichen Ängsten und Phobien geschaffen sind, siehst du das himmlische Bild der höllischen Verführerin.

Es ist nicht mehr die freundliche Erde, sondern die alles verschlingende Urmutter: das Spiegelbild der Nacht (Saturn in Fische), das dem Gespiegelten des Tages wie ein Schatten anhaftet. Hier befinden wir uns im Reich der Mütter, in dem sich die Leiber in Fötusse zurückentwickeln und im Fruchtwasser schwimmen, bang wartend, um vom zyklopischen Rachen des Saturn-Ungeheuers wieder ins Leben ausgespuckt zu werden. Vielleicht hast du im vergangenen Leben verpaßt, die Realität zu bestimmen und mußt nun lernen, daß es in deiner Entwicklung erst weitergeht, wenn du die Realität integrierst, bevor du sie ignorieren kannst.

Saturn in den Häusern

♄

SATURN IN HAUS 1
Die Energieblockade

Sieh Saturn in Haus 1 als notwendigen Umweg an, um dich mit den unerlösten Tiefen-Dimensionen in deiner Seele wieder zu versöhnen. Denn er ist nicht nur der Weg, der zu den Energieblockaden führt, sondern er ist auch der Pfad, der dich mit deiner Selbstverhinderung konfrontiert. Du blockierst dich dauernd selbst, weil hier der eigene Wille (Haus 1) von der Angst (Saturn) solange verhindert wird, bis die blockierte Energie schließlich eskaliert. Das Gewalttätige, Explosionsartige in der Disposition dieses Aspektes ist offenkundig und wird zu Affekthandlungen, Unfällen oder anderen Störungen führen, wenn du diese inneren Spannungen nicht durch Einsichten und Lebensreife auffangen kannst. Dein Ego wird solange mit den Auswirkungen seiner eigenen, undurchschauten Entwicklung konfrontiert, bis es sich selbst aufgibt, seine Lage akzeptiert und damit auch in der Verhinderung die Kreativität seines Schicksals erkennt. Unter dieser Konstellation ist große Selbstbeherrschung nötig.

Symptome Fieber, Entzündungen, Knochenmarkentzündungen, Muskelverkrampfungen, rheumatische Anfälle

♄

SATURN IN HAUS 2
Die Entwicklungshemmung

Das von Saturn in Haus 2 verkörperte Prinzip ist das des immerwährenden Wandels als einzig Beständigem im naturgegebenen Rhythmus von Werden und Vergehen. Erst wenn du den Tod als einen der Akte im Schöpfungsdrama, als eine notwendige Etappe auf deinem Weg zur Erlösung erkennst, bist du auch bereit, ihn als einen legitimen und unverzichtbaren Teil des Ganzen in dein persönliches Dasein zu integrieren, und damit wird auch Saturn als Schatten des blühenden Lebens (Haus 2) rehabilitiert. Saturn verkörpert zwar die Angst vor dem Loslassen, weil er sich gegen den natürlichen Ablauf wehrt, daß alles nur sein kann, weil es wieder zu Ende geht, doch er symbolisiert die Angst vor dem Ende, und das ist nicht der Tod, sondern das Leben. Damit stellt sich das von ihm verkörperte Prinzip zunächst als eine notwendige Entwicklungshemmung dar. Psychologisch betrachtet bedeutet das, daß du am Ende eines Entwicklungsprozesses angekommen bist, aus dem es erst weitergeht, wenn du dein altes Weltbild bzw. deine alte Identität geopfert hast, denn mit den Augen der Götter ist Saturn ein Symbol für die Notwendigkeit zum Loslassen, damit sich das Alte in Humus umsetzen und verwandeln kann.

Symptome Drüsenerweiterungen, Drüsenverhärtungen, Triebhemmungen (Einschließung nach innen: Hemmungen der inneren Sekretion)

♄

Saturn in Haus 3

Der gepanzerte Verstand

Saturn in Haus 3 ist der Inbegriff einer sich absichernd verhärtenden Persönlichkeit, die nicht die höherschwingende Erkenntnis sucht, sondern die Sicherheit versprechende Materie, in der alle höherstrebenden Ideale, Hoffnungen und Wünsche auf ihre strukturelle Handhabung reduziert werden und verkümmern. Du glaubst, zum Kern des kosmischen Mysteriums vorzudringen, und hast dich doch nur im Gespinst verfilzter Strukturen verstrickt wie in einem Kokon, aus dem du dich durch keine Metamorphose befreien kannst, denn dieses Gestirn ist auch Sinnbild eines untauglichen Versuches, das kommunizierende Element unter Kontrolle zu bekommen und den Austausch mit der Außenwelt durch Strukturen abzusichern und zu verteidigen. Dein Streben nach Wissen zielt doch nur darauf, den kommunikativen Austausch mit anderen zu dominieren, deshalb entspricht deine Bindung an informierende Lektüre oder grundlegende Erklärungen weniger dem Wunsch nach Wahrheit als vielmehr dem Wunsch nach der Macht des Wissens, um aus der Position des Wissenden heraus andere zu manipulieren. Bei all deinen Bemühungen kommst du aber doch nie über Erkenntnisse im "Flohzirkusformat" hinaus, denn du erkennst immer nur den Schatten deines eigenen unerkannten Erkennens. Das wiederum entspricht genau der Position vieler Intellektueller, die darauf erpicht sind, ihr eigenes Nicht-Verstehen dank ihres unermüdlichen Analysierens vor sich selbst auf Distanz zu halten. Zwar mag die nüchterne Erkenntnis, die Saturn anzeigt, auch ein gewisses Maß an Klarheit mit sich bringen, auf der unentwickelten Ebene jedoch repräsentiert sie die negative Seite des Denkens.

Symptome Asthma, Erstickungserscheinungen, Atembeschwerden, Nervenblockierungen, Bronchial- und Lungenleiden

♄

Saturn in Haus 4

Die seelische Einengung

Das 4. Haus symbolisiert die Innenwelt, die Gralsschale, die das Licht von oben empfängt, und Saturn repräsentiert das sich in die Tiefe der Seele einschleichende Grauen, das die dunkle Nacht der Seele wie ein Dschungelkämpfer durchforscht, denn der einfache Verstand ist wehrlos gegenüber den schimärenhaften Gebilden, die den Spalten der seelischen Unterwelt entsteigen. Deshalb hast du auch die Tendenz, dich seelisch einzuengen, denn mit Saturn in Haus 4 wirst du deine Gefühle verdrängen, aus Angst davor, daß diese unkontrolliert in dein Leben einfließen könnten. Saturn symbolisiert das Ungesehene in dir, die abgespaltenen Teile deines Selbst, die du ins Exil der finstersten seelischen Korridore verwiesen glaubst, die jedoch nichtsdestoweniger in den Negativprojektionen deines Tagesbewußtseins ihr bequemes Domizil gefunden haben und dich von dorther bedrohen, ohne daß du es wahrhaben willst. Dadurch ist es dir unmöglich, dich unbelastet und ohne Skepsis gefühlsmäßig auf die Umwelt einzulassen. So versuchst du, alle emotionalen Entscheidungen auszugrenzen und hoffst vergeblich, durch praktische und nachvollziehbare Werte die in den Fluten des Traumas versunkene Identität wieder ans Tageslicht zu befördern. Gefühlsgeborgenheit und Harmonie müssen ständig neu aufgebaut werden, damit du im Alltag Vertrauen findest, und schon die geringste Störung, die geringste Unfreundlichkeit kann zu Verstimmungen führen. Du fühlst dich innerlich allein und öffnest dich dem anderen erst – wenn überhaupt – nach langem Zaudern. Du scheust jedes gefühlsmäßige Engagement, aus Angst, zurückgewiesen zu werden. Du kannst dich nicht öffnen und erschrickst andererseits beim Gedanken, dich nicht preisgeben zu können. Diese Kälte aber, gegen die du dich wehrst, verkörperst du gerade selbst.

Symptome Depressionen, Magenbeschwerden, Reduzierung der Körperflüssigkeiten, gestörter Wasserhaushalt, Austrocknung der Schleimhäute, Harnverhaltung, Libidoschwäche

♄

Saturn in Haus 5

Das verhinderte Selbst

Niemals würdest du von dir denken, daß du ein Esel bist, und doch kann genau dies das Bild deines eigenen Unbewußten sein, gegen das du beständig anrennst. Denn auf der einen Seite ist dein emotionaler Austausch blockiert, weil du das Leben nicht um seiner selbst willen akzeptierst, und auf der anderen fällst du auf dein großartiges, mißratenes Selbstbild herein, daß alle deine Schwächen, ohne daß du dir dessen bewußt bist, auf andere projiziert. Das ist der falsche Weg, um mit deinem inneren Selbst ins reine zu kommen, denn durch dein persönliches Unvermögen hast du nicht gelernt, das Leben in seiner natürlichen Entwicklung anzunehmen. Du forderst, daß es sich dir in bestimmter Weise darbieten soll, und zwar genau so, wie du möchtest, daß es sich dir zeigt. Damit hast du alle Türen zu den Gefühlen zugeschlagen. Erst wenn du erkennst, daß dieser ganze Abwehrmechanismus dem einzigen Ziel dient, die fehlende Verbindung zur eigenen Mitte (Solarplexus) zu verhindern, kannst du den Stier bei den Hörnern packen und dem Schicksal ins Auge schauen.

Symptome Herz- und Kreislaufschwäche, Streß, Überforderung, Erschöpfung, Versagensängste, Lebensangst

♄

Saturn in Haus 6

Die einschnürende Sinnfindung

Saturn in Haus 6 steht für soziale Verantwortung, Sicherheit und Ordnung und verdeutlicht die Strukturen der Gesellschaft, an denen du dich festhältst, damit die Welt für dich nicht aus dem Rahmen fällt, in den sie dich selbst hineinerzogen hat. Fleißig, konzentriert und ausdauernd strebst du immerfort nach Recht und Wahrheit, merkst aber dabei nicht, daß Unrecht so lange unvermeidlich ist, solange du willst, daß Recht geschieht. Deine Anpassung mag enorm sein, doch hat sie dein Leben erstickt, denn du glaubst, ohne stützende Ordnung deine Identität zu verlieren, und siehst nicht, daß du dein Selbst schon längst für eine fremdbestimmte Sinnfindung eingetauscht hast. Überhaupt ist auf der spirituellen Ebene jede Polarisierung sinnlos: Recht und Unrecht, Ordnung und Chaos, Gott und Teufel bekämpfen sich nicht gegenseitig, sondern sie ergänzen einander. Sie stellen zwei Seiten ein und derselben Wirklichkeit dar und ergeben erst in der Gesamtschau ein der Wahrheit entsprechendes Bild der Wirklichkeit. Beide Teile bedingen sich gegenseitig, und es ist nicht – wie Schiller meinte – *der Fluch der bösen Tat, daß sie fortzeugend Böses muß gebären,* sondern es ist das Muster des einen, das das Muster des anderen bedingt und ausgleicht. Das Gute ist nicht einfach das Gute, und das Böse ist nicht einfach das Böse, denn beides ist je nach dem Standpunkt des Betrachters sehr verschieden. Was für den einen das Gute ist, ist für dessen Feind das Böse – zumindest solange er sein Feind ist. Das Einhalten der Gesetze wird nicht automatisch zum Recht; Widerstand gegen unmenschliche Vorschriften zu leisten, ist gerechter, als das herrschende Recht zu wahren, wenn es die Würde der Humanität verloren hat.

Symptome Angstgefühle, Entwicklungshemmungen, Sprachstörungen, Zwangsvorstellungen, Einschnürungsempfinden, Denkzwänge

♄

Saturn in Haus 7

Die verlogene Moral

In dieser Welt, so zeigt dieses Gestirn, ist Harmonie ein Ideal, das mehr mit der inneren Sehnsucht als mit der äußeren Wirklichkeit zu tun hat, denn wir leben auf einem kleinen Planeten, den zu zerstören wir offenbar wild entschlossen sind. Das Problem ist dabei nicht, daß wir zerstören, und das Problem ist auch nicht, daß wir gar nichts anderes können, sondern das Problem ist, daß wir das verdrängen und in der Zielausrichtung auf ein Paradies immer Sündenböcke suchen. Mißtrauisch, zurückhaltend und vorsichtig in Beziehungen bist du ständig vor deiner Umwelt auf der Hut, weil du dir einfach nicht eingestehen kannst, daß die Grundlage von Saturn in Haus 7 nicht die Gefühle, sondern die Gefühlsverhinderungs-Gefühle sind. Um mit dieser Verlogenheit leben zu können, mußt du ständig eine Anpassung der Wirklichkeit an deine inneren Gefühlsvorstellungen vornehmen und viele Lektionen in Hinsicht auf die Gefühle und ihre Vertiefung in Beziehungen lernen. Die falsche Moral unter dieser Konstellation ist eine innere Vorstellung davon, was Sünde ist, nämlich ein vermeidbarer Fehler (der anderen) und nicht die logische Konsequenz eines übermächtigen psychologischen Prozesses zwischen Ich und Du.

Symptome Kommunikationsversagen (Nierenbeschwerden), Gefühlsblockaden, Blutzucker (Liebesentzug), Drüsenschwellungen, Drüsenverhärtungen

♄

Saturn in Haus 8

Der Phönix aus der Asche

Du spürst, daß du an der Schwelle zum höchsten, endgültigen Erwachen stehst, daß der Phönix in dir, vom Atem der Wiedergeburt erfaßt, die Schwingen ausbreitet zum Einflug in die Ewigkeit. Der Himmel steht offen, und schon scheint der Boden unter dir zurückzubleiben. Du spürst, wie dich dein vergangenes Karma, in dem du ohne Rücksicht auf die Umwelt deinen persönlichen Machtinstinkten hinterherjagtest, zu jenem Umwandlungsplatz der Psyche führt, wo du durch völlige Zerstörung erlöst und umgewandelt werden wirst, und fühlst überdeutlich die Nähe von Geschehnissen, die weit über alle irdische Erfahrung hinausreichen, denn Saturn in Haus 8 öffnet dich der ewigen Spirale von Tod und Wiedergeburt. Die Wellen der Erlösung sind zwar nur die Schläge der Schwingen des Todesengels, aber jetzt jagt dir der Himmel die Blutsäule eines kommenden, unzerstörbaren Lebens durch die Synapsen hindurch, und der Phönix hebt seinen Kopf und flüstert dir ins Ohr: *Noch einmal wird der Sensenmann zu dir kommen, ehe wir durch die schmale Himmelspforte fliegen. Dann aber werden deine Augen leuchten, und du wirst aus der Unfähigkeit, dich fallenlassen zu können, erwachen und jubelnd in die unfaßbare Grenzenlosigkeit eintauchen. Gibt es einen herrlicheren Weg der Selbsterkenntnis?*

Symptome blockierte Transformationsprozesse, Verhärtungen in der Psyche, Zwangsneurosen und andere Formen seelischer Erstarrung, Todessehnsucht

♄

♄

Saturn in Haus 9

Die unbeantwortbare Frage

Unter diesem Aspekt wird dir jede Antwort auf die Frage verwehrt, denn die Antwort auf die Frage nach dem Sinn des Lebens ist gerade das Dilemma, in dem du dich bewegst: Du besitzt zwar die Kraft, die Wahrheit zu sehen, aber du besitzt nicht die Macht, dich vor dieser Wahrheit zu schützen, weil du nicht erkennst, daß deine Wahrheit ein Akt der Selbstbetrachtung ist, ein Akt, wie die anerzogenen Denk- und Vorstellungsmuster über sich selbst reflektieren, oder ein Akt, wie der menschliche Geist über den menschlichen Sinn nachdenkt. Vom Licht entfernt, vom Selbst abgewandt und vom Leben getrennt, hast du dich in deine eigene Bilderwelt versponnen, die dir dein Unbewußtes reflektiert. Dennoch: Wenn du dich betrachtest und im eigenen Betrachten erkennst, vermagst du auch dein Bemühen zu erkennen, die inneren Sehnsüchte in die Welt zu projizieren und als erkannte Wahrheit wieder in dich selbst zurückzunehmen. Damit hast du dich im Spiegelbild der Fragen wenigstens erkannt.

Symptome Hepatitis (fettige Degeneration), Depressionen und Lebensunlust durch Lebererkrankung, Sinnlosigkeitsgefühle aus Unverstandensein, Desillusionierung maßloser Übertreibungen (zu hohe Erwartungen, nicht zu verwirklichende Ziele)

♄

Saturn in Haus 10

Die unerbittliche Wahrheit

Saturn in Haus 10 lädt dich ein, die Realität des Augenblickes anzuschauen, denn er weist dir den Weg zur Selbsterkenntnis, auf dem du dir darüber Klarheit verschaffen kannst, was du wirklich erreichen willst und was nicht. Hier geht es um die Suche nach Wahrheit, deren Unerbittlichste lautet: *Denn Staub bist du, zum Staub mußt du zurück* (1. Mose 3,19). Darin erkennst du die alttestamentarische Botschaft, die uns die nackte Wahrheit reflektiert, die Unbedeutendheit des Seins, denn sie symbolisiert den verdrängten Schatten aller menschlichen Ziele, den Riß in der gesellschaftlichen Identität, der das duale Weltbild sprengt – sowie das verstockte Unvermögen, den Verstand loszulassen und danach zu fragen, was jenseits der Ratio liegt. Das kann zu einer völligen Umbewertung aller bisherigen Vorstellungen von Erfolg und Anerkennung führen, weil Prestige und Engagement, in der Jugend heftig begehrt, dir im Verlauf deines Lebens immer unwichtiger erscheinen, da du erkennst, daß du im Erreichen dieser Ziele riskierst, dich selbst zu verlieren und vom Sog der Ereignisse fortgerissen zu werden. Deshalb ziehst du dich später aus dem Alltag zurück, um dir über die Zusammenhänge des Lebens und deiner inneren Ziele klar zu werden und um zu lernen, deine eigene Vergänglichkeit anzunehmen. Das führt dich zu deiner innersten Wesensnatur.

Symptome überdrehter Ehrgeiz aus kompensierter Lebensangst, Freudlosigkeit, innere Kälte; Erstarrung, Verhärtung, Einschränkung (Arthritis, Arthrose, Steinbildung)

♄

Saturn in Haus 11

Der Zerknall

Langsam gehen die Pforten auf, und ein Licht, heller als ein Blitz, fließt heraus. Eine geheimnisvolle Erscheinung bäumt sich vor dir auf, in ihren Augen Feuerflammen. Es sind deine eigenen Augen, die dich ansehen, denn gleichzeitig erkennst du, daß du es selbst bist, der vor dir steht. Und indem du dich sozusagen von außen betrachtest, spürst du dich gleichzeitig im Inneren wachsen, denn dieses überräumliche Erkennen zeigt den Durchbruch zu einer größeren Perspektive, den Zerknall, der aus den alten Strukturen herausführen kann. Dieser Sprengschlag setzt das Scheitern als notwendige Bedingung voraus, um den alten Rahmen zu zerstören, denn Saturn in Haus 11 verkörpert die explosive Kraft, die sich plötzlich erneuert, wenn die vom Zeitgeist zerfetzte Kultur ihrer kreativen Vitalität verlustig gegangen ist. Auf der spirituellen Ebene ist er das "Auge Gottes" oder das Licht der Wahrheit, das wie ein Blitz vom Himmel fällt und den gefangenen Geist in einem Blitzstrahl des Erkennens aus den Vorstellungsfesseln der Alltagswelt befreit.

Symptome gereizte Spannungszustände, Krämpfe (Angst vor Veränderung bei gleichzeitiger Überpeitschung); gesteigerte Erregbarkeit und Überreaktionen (gleichzeitig mit unterdrückter Libido); Allergien, neuralgische und neuritische Symptome, Schock

♄

Saturn in Haus 12

Der Spiegel im Spiegel oder das Bewußtsein Gottes

Diese Konfiguration wirkt sich sehr hintergründig und verdeckt im Leben aus, denn hier bist du von alledem getrennt durch die Schwelle, die du überschritten hast: die Schwelle der Wahrnehmung. Du bist durch die Tür geschlüpft, durch die du in das Ewige eintrittst, in das Modell des Unbekannten, das wiederum ein Abguß des großen Unfaßbaren ist. Denn die Welt, wie du sie siehst, existiert nur aufgrund der Vorstellung, die du dir von ihr machst. Man könnte es auch so ausdrücken: Die Welt enthält in sich selbst auch ihre eigene Reflexion im Spiegel unserer Bewußtseinsmuster, doch das, was wir im Spiegel unserer Vorstellung erkennen, ist immer nur das Gespiegelte unserer Denkstruktur. Jede Realität kreiert in deinem Gehirn Welten von anderen Sinneseindrücken und ruft das täuschend echte Gefühl hervor, als seiest du in ihr, denn dein Geist ist in die Datennetze des ganzen Universums eingebunden und auf sublime Weise mit jeder anderen Realität verbunden, obwohl du dir dessen nicht bewußt bist. Jeder Gedanke lebt im Bewußtsein anderer Dimensionen fort, und für viele Wesen sind diese Gedanken leuchtende Sonnen. Umgekehrt ist das, was du als leuchtende Sterne am Himmel siehst, das lebendige Bewußtsein Gottes, von den Wesen anderer Systeme geträumt. Zwar sträubt sich deine Psyche gegen das Erwachen, aber auch in deinen Träumen tauchen Schuldgefühle auf (weil die verdrängte Realität durchschimmert). Auf dieser Seite kannst du nicht erwachen, weil du die Orientierung in der Welt verloren hast, drüben aber kannst du auch nicht schlafen, weil dir das saturnische Gewissen keine Ruhe läßt.

Symptome Organzersetzung, Ablagerung von Giften, irrationale Ängste, Wahnvorstellungen, Auflösungserscheinungen, Disposition zur Ohnmacht, Flucht durch Sucht

URANUS

Die Sprengung der Norm

Uranus ist die Personifizierung des Himmels, des Urmännlichen und der alle Formen sprengenden Entwicklungskraft. Als Sohn und Vater der Gaia (Erde), Ahnherr aller Götter, Ursprung und Zeuger der Natur- und Himmelsgewalten, ist er ein Symbol des sich immer neue Wege bahnenden Schöpfungsstroms. So wie er selbst aus dem Nichts entstanden ist, umhüllt ihn eine Aura des Plötzlichen, Neuen und Unerwarteten. Er haßt Struktur und Norm, denn die kontinuierliche Entwicklung ist ihm zuwider; er springt aus der Form, denn er ist das Symbol des Urknalles an der Wiege von Zeit und Raum, an der Schwelle zum Schöpfungsanfang. Er ist der Blitz aus heiterem Himmel, der die natürliche Entwicklung stört, der die Veränderung einleitet und generell das Alte zugunsten des Neuen stürzt, der aber plötzliches und unverhofftes Glück genauso wie unvermutet über den Menschen hereinbrechendes Unglück bedeuten kann.

Mit anderen Worten ist Uranus also ein Gestalter sowohl der Zeit als auch des Raumes, nur daß seine Visionen von Raum und Zeit sich in viel größeren Dimensionen gestalten, als wir uns das durch die irdisch-saturnale Brille vorstellen können. Seine Berührung mit der menschlichen Psyche ist anschaulich verkörpert in der Symbolgestalt des Prometheus, dessen plötzlich aufbrechendes Bedürfnis nach Erweiterung seines Horizontes ihm den Wunsch eingab, das Feuer der Götter vom Himmel zu holen und es für die Menschen nutzbar zu machen. Uranus überfällt uns wie ein plötzlich hereinbrechendes Gewitter, das das Inventar, also das, was wir vorher für unsere Wirklichkeit gehalten haben, hinwegfegt, und zwar so gründlich, daß die Welt nachher nie mehr so aufgebaut werden kann, wie sie vorher war.

Diese losgelassenen und unkontrollierten Kräfte sind vonnöten, um der nach Wachstum strebenden Psyche gegen die Denkbarrieren und Abwehrmechanismen der inventarisierten Welt im Durchstoßen der Grenzen den nötigen Schwung zu geben. Damit avanciert Uranus zum großen Befreier aus den Fesseln der Materie, zum Erwecker aus dem Schlaf der eigenen Bilder oder zum Wegweiser aus den Polaritäten des Denkens, denn er zwingt uns zu einer durchgreifenden Veränderung unserer Sichtweisen und zu der damit verbundenen Neubeurteilung der Welt, die der vergrößerten Perspektive Rechnung trägt. Psychologisch könnte man dies veranschaulichen, indem man sagt, daß das zur Integration bereite Unbewußte in Form von noch unstrukturierten Gefühlen und Erkenntnissen als Vision oder Idee ins Bewußtsein schimmert und den Zwang auslöst, diese auf eine umfassendere Weise jetzt verstehen zu wollen und ihrem Drängen nachzugehen, ganz egal, wohin der Weg jetzt führt.

Mit einer starken Uranus-Betonung im Horoskop träumst du von einer idealen Welt und kämpfst für sie, ohne zu bemerken, daß das Ideale nur das Produkt deiner eigenen Vorstellung ist, denn Uranus verkörpert auch einen inneren Zwang zur seelenlosen Technologie, die jegliches Maß verlieren kann. Dann wird aus dem Wunsch, dich selbst außerhalb der Gesetze neu zu entdecken, der persönliche Größenwahn, dich mit diesem erkannten Größeren zu personifizieren und dich als erleuchtet zu erleben. In deiner subjektiven Schöpferrolle stellst du alles in Frage und nährst so den Keimungsprozeß des Irrationalen im Rationalen, des Geistigen im Zeitlich-Räumlichen, der Vorstellungsüberwindung im Vorstellbaren. Diese Visionen können völlig von dir Besitz ergreifen und die ganze Macht deines Unbewußten heraufbeschwören, auf deren Altar du am Ende aber selbst geschlachtet wirst. Denn näherst du dich dem Strom deines inneren Feuers aus einer persönlich eingeengten Perspektive, dann wird dir die Wucht des Erkennens die Perspektive zertrümmern.

Das wahre Geschenk der von Uranus dimensionierten Möglichkeiten aber ist, dich als ein kleines Wassertröpfchen im riesigen Meer des Ewigen zu erfassen und gleichzeitig die innere Struktur des Ewigen zu erhaschen, welche umgekehrt ein Teil in dir ist. Um dieses uranische Bewußtsein aber zu erreichen, mußt du deine geschlechtsspezifische Rolle überwinden, um eine androgyne Wesensart zu leben, die den Kanälen polarisierender Spannungen entzogen ist. Denn das uranische Spektrum filtert aus dem kosmischen Reigen eine Perspektive, in der alles mit allem verbunden ist. Je mehr du dich vom Alltag vereinnahmen läßt, desto mehr entfernst du dich von deiner uranischen Möglichkeit, die Dinge ohne seelische Verbundenheit und persönlichen Kommentar einfach geschehen zu lassen, um aus dieser meditativen Gelassenheit blitzartig den inneren Plan jeglichen Geschehens in einem größeren Zusammenhang zu erfassen. Deswegen tragen Visionen auch den Mantel plötzlichen Erkennens. Zur Veranschaulichung läßt es sich auch so ausdrücken, *daß du nicht mit dem Fernrohr in der Welt herumreisen mußt, um die Wirklichkeit zu sehen, wenn du nur die richtige Brennschärfe einzustellen hast.* Denn du bist nicht außerhalb der Wahrheit, du bist innerhalb von ihr, auch wenn du deine Denkfrequenz nicht auf sie auszurichten vermagst. Nicht das Unsagbare ist das Irreale, sondern deine begrenzte Weltvorstellung, deren selbstbemessenen Rahmen du als kulturelles Erbe zu bewahren hast und nicht in die Luft zu jagen wagst.

Die uranische Dimension kann allerdings nicht abgehandelt sein, solange wir nicht auch die Identifikation mit dem Besonderen und Ewigen, wie sie durch uns Menschen in den Alltag übertragen und in unsere Motivationen hineingetragen werden, in ihren Auswirkungen auf unsere Gesellschaft angesprochen haben. Denn gerade seit der jüngsten Vergangenheit befindet sich unsere Welt in einer Situation der Umwälzung, in der ökologische Perspektiven (Umweltschützer, Rüstungs- und Atomkraftgegner) langsam beginnen, den materiellen Interessen entgegenzutreten.

Überspitzt ausgedrückt macht es für Uranus allerdings keinen Unterschied, ob ich mich um meinen persönlichen Wohlstand kümmere oder mich gegen die Armut in der Welt einsetze, ob ich einem technischen Fortschrittsglauben huldige oder mich gegen die Umweltzerstörungen stark mache. Immer handelt es sich um eine Fixierung auf ein inneres Bild, das einen Beziehungsrahmen benötigt, aus dem heraus es sich als einzig richtig taxiert und alles ihm sich Widersetzende als falsch ansieht.

Diese Philosophie wird bei vielen Lesern aus moralischen Erwägungen heraus Widerspruch erzeugen: “Wie kann das Streben um den eigenen Vorteil mit der Bekämpfung sozialer Ungleichheiten gleichzusetzen sein?” – Das aber ist es gerade, was uns die Uranus-Komponente mit unendlicher Gelassenheit beizubringen versucht. Es gibt außerhalb der Perspektive unserer moralischen Wertungen gar keine Unterschiede, und die moralischen Werte sind wiederum gebunden an den herrschenden Zeitgeist, der sie beurteilt, und dieser setzt sich in seiner Identifikation mit dem erkannten Neuen vom überwundenen Alten immer ab, ganz egal, welche moralischen Werte hinter dessen hochgehobenen Parolen stehen.

Wenn ich durch meine innere Anlage also gebunden bin, etwas zu tun, was die öffentliche Meinung als “gut” bezeichnet, so tue ich es nicht, weil es gut ist, sondern weil die Verkörperung von etwas Gutem der Lösung meiner inneren Spannungen guttut (beispielsweise Mutter Teresa, Albert Schweitzer, Rudolf Steiner). Glück hat also der, dessen Verwirklichung seiner inneren Anlagen ihn zu Lösungsmöglichkeiten zwingt, die mit den Verwirklichungen der kollektiven Psyche, die sich im Zeitgeist niederschlagen, übereinstimmt.

Wir müssen bei allen uranischen Höhenflügen darauf achten, daß wir die Vision für eine bessere Welt nicht als Rechtfertigung für die eigene Verdrängung nehmen, die Kämpfe und den Einsatz für mehr Gerechtigkeit nicht als bloße Projektion hochheben, um den inneren Schweinehund zu bekämpfen und unser eigenes Problem dem politischen oder sozialen Gegner aufzubürden, der damit wirklich nichts am Hut hat.

Uranus in den Zeichen

Die äußeren Planeten bewegen sich sehr langsam. So braucht Uranus durchschnittlich 7 Jahre zur Durchquerung eines Tierkreiszeichens. Insofern sagt seine Position im Zeichen auch weniger etwas Spezifisches zu deiner persönlichen Geschichte aus, sondern erzählt mehr über die Prägung und den Hintergrund des Kollektivs, in das du innerhalb eines betreffenden Zeitraumes hineingeboren wurdest (siehe dazu die vermerkten Jahreszahlen). Die individuelle Bedeutung des Uranus-Einflusses kannst du aus der Häuserstellung ablesen und aus der Vernetzung mit Aspekten zu persönlichen Planeten.

♅ Uranus in Widder ♈
1927-1935: Die Ruhelosen

Entschlossenheit, Mut, außergewöhnliche und schnell entzündete Energie, spontane Begeisterungsfähigkeit, engagierte Interessenvielfalt, großer Freiheits- und Unabhängigkeitsdrang (Ich-Findung durch beständiges Stolpern über sich selbst) sowie Krise als Katalysator von Entwicklung

♅ Uranus in Stier ♉
1935-1942: Die Unbeständigen

Freiheitsliebe, Besitzfreiheit, Ungebundenheit, Ideale grenzüberschreitender Harmonie, gemeinnützige Utopien und Überwindung sozialer Standesunterschiede, aber auch Unbeständigkeit und materielle Identifikationsprobleme durch den beständigen Widerspruch zwischen den beiden rivalisierenden Bedürfnissen nach Sicherheit und Freiheit

♅ Uranus in Zwillinge ♊
1942-1949: Die Freidenker

Gedankenfreiheit, intellektueller Unabhängigkeitsdrang, neue Horizonte, Sprengung verkrusteter Denkmodelle, Ideenschmiede, freie Selbstverwirklichung, Interessenvielfalt

♅

♅ Uranus in Krebs ♋
1949-1955: Die Heimatlosen

Ungebundenheit, Veränderungsliebe, Wunsch nach Befreiung von Gefühlen und Ablösung von seelischen Zwängen, spontanes Entmystifizieren emotioneller Überfrachtungen, Drang nach seelischer Unabhängigkeit und Kontrollieren persönlicher Gefühle mittels gruppendynamischer Prozesse oder spiritueller Führung

♅ Uranus in Löwe ♌
1955-1962: Die Freiheitskämpfer

Originalität, Weitblick und Entwicklungssprünge, Befreiung von beengenden Identifikationszwängen, Suche nach größeren Perspektiven und Verwirklichung revolutionärer Konzepte im gesellschaftlichen Umfeld, Reform, Schwingen im Zeitgeist, Freiheitsliebe (freie Liebe), tabufreie Sexualität

♅ URANUS IN JUNGFRAU ♍
1962-1968: Die kritischen Faktoten

Differenziertes Denken, geistige Beweglichkeit, Organisations- und Planungsfähigkeit, Ausweitung konventioneller Normvorstellungen, Krisenmanagement, Flexibilität, Scharfsinn, Zukunftsperspektiven, mehrgleisige Logik (virtuoses Verknüpfen scheinbarer Widersprüche zwischen parallel fließenden Gedankenblöcken), Lockerung von Leistungsforderung und Anpassungszwang, neue Paradigmen zur Arbeitsplatz-Philosophie

♅ URANUS IN WAAGE ♎
1968-1974: Die Paradiesvögel

Freie Bindungen, spontane Kontakte, idealisierende Liebe (und Hingabe) an den Augenblick, Harmonie mit dem Kosmos, Streben nach dem Unerreichbaren, originelle Experimentierfreude (Hermaphroditismus) und unabhängige Note in der Beziehung bei hohem Anspruch an den Einfallsreichtum des Geschlechtspartners, Entpolarisierung, Ganzheitsideale

♅ URANUS IN SKORPION ♏
1974-1981: Die Apokalyptiker

Neuerungen, Reformen, Ego-Transformationen, Bruch mit alten Traditionen, Umwälzung überlieferter Normen durch die Zerstörung von morschen Weltbildern, revolutionäres Bewußtsein und engagiertes Zeitgeistverständnis durch apokalyptische Visionen

♅ URANUS IN SCHÜTZE ♐
1981-1989: Die Weltraumfahrer

Weltumspannende Interessen, revolutionäre Weltanschauung, Forscher- und Entdeckergeist, Expansion des Wissens, Milchstraßen-Perspektive, Universalbewußtsein

♅ URANUS IN STEINBOCK ♑
1906-1911/1989-1995: Die Grenzsprenger

Schleifen der Grenzen, Befreiung von Zwängen, Zusammenbruch der Werte, Strukturieren des Chaos, Ergründen kosmischer Gesetzmäßigkeiten, Streben nach gesellschaftlicher Veränderung, Spiegelung der persönlichen Erfahrungen in den Erfahrungsmustern der ganzen Welt

♅ URANUS IN WASSERMANN ♒
1911-1919/1995-2003: Die Phönixe

Freiheit für alle, Neuerungsbestreben und Suche nach Unabhängigkeit, Umwälzung, Wandlung, Revolution, spontanes Verschmelzen mit der Kreativität des Chaos, Zerstörung alter Formen und selbstüberwindende Integration revolutionärer Ideen, Sprengung aller Normen und Abbau verhärteter Strukturen

♅ Uranus in Fische ♓
1919-1927: Die Cherubim

Entwicklung des Unbewußten, Begreifen mystischer Zusammenhänge, Erahnen anderer Wirklichkeiten, Ablösung von gesellschaftlichen Sichtweisen und Überwindung konventioneller Glaubensvorstellungen, oft Auflösung der Alltagsebene und ehrfürchtige Ergriffenheit vor der Immanenz Gottes bzw. ihrer weltlichen Stellvertreter

Uranus in den Häusern

♅

Uranus in Haus 1
Der zündende Sprengsatz

Mit Uranus in Haus 1 kannst du dich im Zentrum deines inneren Umbruchs erkennen und das Ziel erblicken, unabhängig von allen konventionellen Normen und bürgerlichen Einschränkungen deinen ungestümen, potenzierten und kreativen Geist zu entwickeln. Hier öffnet sich der Weg, durch Krisen und permanente Umbrüche solange zu wachsen, bis dir die Hintergründe deiner Schicksalseinbrüche klar geworden sind. Oft bleibt deine innere Aggression aber in der Hinterfragung des eigenen Verhaltens hängen, und deine Forderung nach Freiheit kann vieles im Leben zerstören. Deine Wut bleibt blockiert und unverdaut in der Seele liegen, ein aggressiver Wille zur Macht, das Überlaufventil eines übersteigerten Egos oder die größenwahnsinnige Verkörperung dessen, was du bist, wenn du glaubst, der Herr deiner Vorstellung zu sein. Die Folge davon ist die Überpeitschung der Durchsetzungsängste und seelischen Blockaden mittels gewalttätiger und aggressiver Ziele, weil das schwache Ich nur in der Grenzsprengung Vertrauen findet: ein Selbstvertrauen aber, das die Krise als Ausdruck seiner Angst schon im Handgepäck mit sich führt.

Symptome Allergie, Überreaktion, Unfallneigung, erhöhte Fieberneigung, neurovegetative und epileptoide Störungen

♅

Uranus in Haus 2

Die Umwälzung der Form

Uranus in Haus 2 repräsentiert den inneren Impuls, materielle Strukturen zu zerstören, und das läßt auf eine zwanghafte Hartnäckigkeit schließen, gegen alte Mauern anzurennen und sich den Schädel einzuschlagen, denn dein Augenmerk richtet sich unter diesem Einfluß auf die Erneuerung der materiellen Existenz. Es ist das alte Weltbild, das zunichte gemacht werden will, denn dieser Aspekt fordert dich zum inneren Loslassen auf, da die Zeit gekommen ist, die Begrenzungen der Vergangenheit hinwegzuschwemmen und die Besitztümer aufzulösen. Bewährte Perspektiven büßen ihre Plausibilität ein und alle materiellen Werte verlieren ihren Sinn. Deshalb können wir diese Konstellation auch als jene archaische Urgewalt betrachten, die jede Absicherung aufhebt, denn sie ist gerade ein Symbol jener Zielverlorenheit oder Richtungslosigkeit, aus der eine neue Richtung erst entsteht. Sie symbolisiert die Absichtslosigkeit, die keine materielle Grundlage kennt, und läßt dich nicht am Boden stehen, sondern schleudert dich irgendwo in die stoffliche Leere, ins materielle Nichts. Und doch ist dies die einzige Möglichkeit, die dich weiterbringt, gerade weil du dich auf der materiellen Schiene nicht mehr zu bewegen vermagst. Aus allen gewohnten Handlungsabläufen herausgerissen und ins existentielle Niemandsland verbannt, ist dies oft der einzige Weg, auf dem du dich mit Hilfe des inneren Fühlens wieder ins Licht tasten kannst, so als wolle Uranus dir sagen: *Es gibt kein Ziel: Alles fließt!*

Symptome Hyperthyreose (gesteigerte Tätigkeit der Schilddrüse), Magersucht, Drang nach Unabhängigkeit und Zwiespalt der Bedürfnisse zwischen Sicherheit und Freiheit

♅

Uranus in Haus 3

Der (digitale) Entwicklungssprung

Dieses Gestirn sprengt die Grenzen des Intellekts und des dualen Denkens und führt das Paradigma von den analogen Abläufen im Mund: *Wie innen, so außen!* Das entspricht der Lehre vom sinnvollen Zufall und von der sinnvollen Zeitgleichheit, der Synchronizität, und bedeutet auf der spirituellen Ebene die Verbundenheit allen Seins. Uranus in Haus 3 entwickelt seine eigene Dynamik, die dich über die Grenzgebiete der Gegenwart hinaus in das Niemandsland der Zukunft trägt, denn es ist das krampfhafte Streben nach Fortschritt, das dich zwingt, dich weiterzuentwickeln, selbst wenn dich diese Entwicklung direkt in die Hölle führt. Das ist der Preis für den Fortschritt, für die Atombombe und den Retortenmenschen, für den Computer, der den Menschen überflüssig macht, für die digitalen Träume virtueller Realitäten, die langsam in die Wirklichkeit eindringen, für die Gentechnologie, die Menschen als maßgeschneiderte Produkte aus dem "Embryo-Supermarkt" heranwachsen läßt, wo Gehirne gespeichert, programmiert und direkt miteinander verbunden werden, um globale Gruppeninteressen zu sichern, Bedürfnisse, die sich über Bildschirme selbst aussteuern und sich das Blaue vom Himmel herunter simulieren. Die anstehenden Aufgaben erfordern geistige Lösungen, und die Energie, die dabei umgesetzt werden muß, verweist auf die transzendente Ganzheit des Seins jenseits aller Polarisierung.

Symptome Ruhelosigkeit, Geräuschempfindlichkeit, Reizbarkeit, Gleichgewichtsstörungen, nervale Hautaffektionen, Zersplitterung, nervöse Hast (Hyperventilation, spastischer Husten, asthmatische Bronchitis)

♅

Uranus in Haus 4

Die seelische Tiefkühltruhe

Unter diesem Aspekt entwickelst du ein starkes Bedürfnis nach Freiheit und erträgst emotionale Zwänge schlecht. Deshalb wäre es für dich besonders wichtig, dich selbst akzeptieren und lieben zu lernen, um auch die Liebe der anderen annehmen zu können. Doch bleibt es meistens beim hilflosen Versuch, die Gefühle, die du nie entwickeln konntest, als minderwertig abzutun und das Kompensieren dieser Beziehungslosigkeit ins Zentrum deines Lebenswegs zu stellen. Damit wird die verhindernde Funktion dieser Konstellation offenbar, denn Uranus in Haus 4 zeigt den verschütteten und verdrängten Bereich der Seele, Liebe nicht annehmen zu können, die Verhinderung aber gleichzeitig zu überdehnen, um das sich kompensierend Verhindernde in die Ekstase der Übertreibung hineinzuzwingen. Als Frau lebst du dies aus, indem du den Mann für den Umstand, dich "erobert" zu haben, strafst und quälst und ihm auch die Schuld für die Bestrafung aufbürdest. Als Mann legst du die Schlinge hingegen aus, indem du dich der animalischen, zudringlichen Frau trotz sexueller Nähe seelisch entziehst und sie an deiner Kälte beständig abkühlen läßt. Es ist dies der Ausdruck orgiastischer Lust, die sich an der Schwelle zur Qual befindet, denn sie trägt auch die Insignien dämonischer Instinkte, die das verhindern, was sie erlösen könnte, nämlich die seelische Wärme oder das emotionale Feuer.

Symptome Angst vor Weiblichkeit und Sexualität, Verdrängung von Mutterschaft (Schwangerschaftsabwehr und Sterilität), Schwäche der Bauchspeichelhormone, Überspannung der Nerven, Streben nach unbedingter Unabhängigkeit

♅

Uranus in Haus 5

Die Hybris

In diesem Leben schaffst du dir selbst den Nährboden, auf dem das wuchernde Wachstum der menschlichen Hybris gedeiht, die zerstört und ihre Zerstörungsmechanismen mit immer neuen (sich wieder zerstörenden) Schöpfungsmonumenten am Leben erhält. Sie bestimmen deinen emotionalen Hintergrund, wachsen sich zum unbewußten Verlangen aus, aus deiner eigenen Form auszubrechen und dabei die Hülle zu sprengen, denn hier umzingeln dich die Visionen, neue Sichtweisen in die Welt zu setzen. Fast körperlich spürst du hier die Zerreißprobe, wenn dir der Grenzsprenger deine Autoritätskonflikte, deine Herrscher- und Thronansprüche, deine emotionale Zurschaustellung persönlicher Standpunkte oder deine Diskrepanz zwischen titanischem Schöpfer-Selbst und zwerghaftem Stümper-Ego vor Augen führt, denn du fühlst dich ständig in die Zange genommen und unter Leistungsdruck gesetzt, weil Uranus in Haus 5 unverhältnismäßig und übertrieben auf jede Einmischung und jeden äußeren Einfluß reagiert. Die seelische Rastlosigkeit drängt in dein Leben: Du willst vor jedem Druck davonlaufen. Schließlich mutiert der innere Drang nach Unabhängigkeit zu einer Zerstörung der äußeren Form, und du hast das Gefühl, durch das Weltall geschleudert zu werden und ins Bodenlose zu fallen. Wie durch einen Schleier siehst du die Sterne auf dich zurasen. Blitze kristallisieren sich zu Lichtgestalten, ein dumpfes Grollen quillt dir aus der Brust, und irgendwie ist dir, als ob du dich im eigenen Donnern auflöst, und das, was du bisher für dein Wesen hieltst, das Intervall zwischen den Tönen ist, die Struktur des Klanges also, von einem unbändigen Drang beseelt, das Grollen zusammenzuhalten und die zahllosen Empfindungen zu dirigieren, die nicht "Ich" sind, die aber durch ihre spezifische Aneinanderreihung etwas erschaffen, was du als deine Vorstellung von dir erkennst. Es sagt: *Stets ist's das eigene Gesicht, wenn man sich selbst im Licht erblickt, weil sich das Ich im Licht erfüllt, auch wenn der Mensch nicht weiß, wohin der Weg ihn führt. Trotzdem tut er so, als kenne er den Zusammenhang der Dinge: nur damit das Streben weitergeht, damit er finden möge und auf dem Pfad des Suchens in die Sonne dringe…*

Symptome "Auf-dem-Sprung-sein" (Ausbruchs- und Zerstörungslust), Paranoia, Neigung zu Phobien, unterschwellige Bedrohungserwartungen, Beengungspsychosen, Herzflattern

♅

Uranus in Haus 6

Das zerstäubende Weltbild

Oftmals als Zyniker oder Nihilist verschrien, der keine Empfindungen für die Harmonie, Schönheit und Vollkommenheit der Schöpfung kennt, erweist sich Uranus in Haus 6 als ein moderner Aufklärer, der den Finger auf die wunden Stellen unserer Verhaltensweisen legt. Wenn er dies nicht immer auf klassisch aufklärerische Art und Weise tut – nämlich mit Hilfe der Logik, der kritischen Vernunft und des rationalen Arguments –, sondern in exzentrischen, abrupten und kaum nachvollziehbaren Wendungen, dann aus dem Grund, weil er im 6. Haus besonders stark aneckt, denn hier verzahnen sich seine formensprengenden Luftsprünge zu gedanklichen Widersprüchen bis hin zu bahnbrechenden Einsichten. Das zeigt auch an, daß der Bereich vermeintlicher Sicherheit, in den du dich eingemauert hast, plötzlich ins Wanken gerät. Die Welt, die deine alten und überholten Wertvorstellungen repräsentiert, wird fallen und mit ihr dein Weltbild. Die Anpassung an die Bedingungen der Umwelt wird durchbrochen, alte Verhaltensmuster werden in Frage gestellt und die Befreiung von äußeren Leistungszwängen gefordert. Davon können Überzeugungen und Lebensgrundsätze ebenso betroffen sein wie dein Sicherheitsdenken in beruflicher, finanzieller oder emotionaler Hinsicht. Wenn du aber darauf vertraust, daß das, was mit dem höheren Willen in Übereinstimmung ist, niemals zerstört werden kann, dann kannst du im Zusammenbruch der Dinge umgekehrt auch den Durchbruch zu dir selbst erkennen und dich neuen Lebensformen öffnen.

Symptome Reizbarkeit, Verspanntheit, Zersplitterung, Hast, Unruhe, überdrehte Aktivitäten, nervöse Darmbeschwerden (Durchfall)

♅

Uranus in Haus 7

Die Sündenschlange

Frage dich, welcher Dämon dich zwingt, mit den Gefühlen deiner Mitmenschen zu spielen, ohne dich wirklich lieben zu lassen, denn Uranus im Paradies (Haus 7) kennzeichnet eine Tendenz nach neuen Beziehungsformen und die Neigung, emotionale Bedürfnisse auf unkonventionelle Liebesabenteuer zu verteilen. Wie züngelte doch die Sündenschlange: *Liebe mich! Wenn sich deine Liebe in mir nicht reflektiert, bist du mir nicht ausgeliefert; denn es ist die Stärke deines Verlangens, die mir die Macht gibt, dich zu erlösen oder zu zerstören!* Das bedeutet, daß du seelisch gar keine innere Beziehung wünschst, weil du dieses körperliche, besitzende Ergreifen im menschlichen Verhalten zumindest unbewußt ablehnst und statt dessen lieber suchst, was du nie erreichst. Denn dieses Gestirn weist über das Unvermögen, Liebe und Zuneigung annehmen zu können, auf karmische Strukturen zurück, Liebe und persönliche Gefühle der herrschenden Moral von Kirche und Gesellschaft geopfert zu haben. Die Kirche verdammte die Liebe als Sünde, weil der Mensch auf dem Altar der Liebe statt der Herrlichkeit Gottes der Herrlichkeit seines Leibes frönte, weshalb die sexuelle Ekstase auch als teuflischer Frevel galt. Diese Sicht der Dinge, so ablehnend wir ihr heute gegenüberstehen mögen, ist aber nicht völlig falsch, denn sie weist auf eine unbequeme Wahrheit hin, die gerade heute so oft übersehen wird, nämlich den anderen nur als Lückenbüßer zu benutzen, der einem die unstillbare Sehnsucht nach dem verlorenen Paradies erfüllt. In der alltäglichen Beziehungsrealität bedeutet dies oft nichts anderes, als daß der eine den anderen benutzt, um seine eigene innere Leere zu füllen, ohne jedoch dabei – und dies ist das Entscheidende – den anderen in seinem Wesen auch wirklich annehmen zu wollen und zu können. Hier wirst du dir dieser Erfahrung bewußt, denn was du suchst, ist weder Liebe noch Partnerschaft, sondern die Erfüllung deiner Sehnsucht nach Liebe. Sie lebst du in deinem Inneren aus, und dazu benötigst du mehr das Bild des Partners als diesen selbst. In beglückenden Momenten scheint er dir all das, was du bei dir vermißt, zurückzugeben, damit du diese Empfindung von Vollständigkeit, zu der du allein nicht fähig bist, in dir erfahren kannst.

Symptome Hingabeverweigerung, Versagen, emotionelle und sexuelle Probleme, Störungen in der geschlechtsspezifischen Entwicklung, "man will immer nur das, was man nicht hat"

Uranus in Haus 8
Das Licht der Hölle

Mit Uranus in Haus 8 kannst du den Ursprüngen der Hölle ins Auge blicken und die Voraussetzungen des Schreckens in dir selbst entdecken, das tödliche Vakuum, das die Seele in die erschöpften Hüllen der menschlichen Entwicklung hinabzieht, wo nicht mehr die Kraft des Individuums herrscht, sondern die Depression des Scheiterns. Als Vision jener ultimativen Zukunft, die sich Zerstörung nennt, läßt diese Verbindung, um dich eindringlich vor den Konsequenzen deines Handelns zu warnen, keine Scheußlichkeit aus. Du wirst Zeuge großer Veränderungen und Umwälzungen, weil die Tarnungen und Verdrängungsmechanismen, mit denen sich der Mensch bisher vor den Auswirkungen seiner Handlungen schützte, hinter ihren dunklen Masken langsam sichtbar werden. Dadurch kannst du dir plötzlich bewußtwerden, wie die kollektive Vorstellung hinter den entschleierten Bildern zusammenbricht, weil sie nur noch eine taube Hülle ist, um die schreckliche Wahrheit zu verbergen. Doch nicht nur die Hölle ist in dir, im Dämmer der Apokalypse, sondern auch das Licht der Erkenntnis, weil du dich nirgends so gezielt wie hier mit deiner dunklen Seite beschäftigst, um dich aus der Gewalt der Schatten zu befreien.

Symptome Bedrohungsängste, Dauererregungszustände, apokalyptische Gesichter, Zerstörungsvisionen, umwälzende Veränderungen, spastische Krampferscheinungen

Uranus in Haus 9
Wessen Augen sind die Sterne?

Vor diesem Gestirn öffnen sich Zeit und Raum, und dir ist, als ob du durch ein Fenster deiner Seele blickst und dir selbst zuschaust, wie du auf einer Welle des Erkennens durch die geheimnisvollen Gewässer deiner Träume reitest. Und in den Kräuselungen der Wasseroberfläche siehst du die Milchstraße: Die Ringe im sich kräuselnden Wasser sind die Planetenbahnen, und im innersten Kreis dieser Ringe steht die Himmelsleiter, die in das Allerheiligste führt – in das Auge eines alten Mannes. Im Blick dieses Mannes, der Gott ist, siehst du die Sonne aufgehen und die Sterne am Himmel stehen, und über allem hörst du sein kosmisches Raunen: *Willst du zu mir?* Wenn du auf deinen schwindelerregenden Höhenflügen die Realität nicht aus den Augen verlierst, werden dich deine Intuitionen und Inspirationen auf den Wogen der Erkenntnis zu neuen Gipfelhöhen tragen, denn unter diesem Gestirn trägst du eine unbewußte Erinnerung im Herzen, etwas Geheimnisvolles suchen zu müssen, von dem du nur noch weißt, daß du seinen Standort vergessen hast. Es ist das versunkene Atlantis, von dem du ahnst, daß dir seine Koordinaten eines Tages wieder einfallen werden. Diese unterschwellige Vision kann dich verleiten, die Mysterien zu entschleiern und schon früh zu den versunkenen Katakomben deines Unbewußten hinabzusteigen, um die verlorenen Schlüssel im Namen der Menschheit zu finden und sie wieder ins Licht des Bewußtseins zurückzubringen. Das verleiht dir den Ruf eines irrationalen Phantasten oder einer unergründlichen Sphinx, obwohl du nur Aspekte der Realität untersuchst, die von den meisten Menschen übersehen werden, weil sie ihnen nicht rational genug erscheinen. Deshalb solltest du früh lernen, die Realität der anderen zu akzeptieren, damit später nicht die Gefahr besteht, die Umwelt für die Nichterfüllung deiner eigenen Ansprüche zu kritisieren.

Symptome Sinnlosigkeitsgefühle, Niedergeschlagenheit und Verwirrung aus hinterfragtem Lebenssinn; Erschöpfungszustände aus einem Zustand verhinderter Rebellion bzw. aus (fehlgeschlagener) nonkonformistischer Opposition

♅

URANUS IN HAUS 10

Die Lust am Untergang

Dieser Einfluß konstelliert die Herausforderung, dich immer wieder mit Leuten herumschlagen zu müssen, die dir vor der Sonne stehen, denn nur in solchen Situationen lernst du die Nüchternheit und Gelassenheit, die du benötigst, um mit der Gegenwart umzugehen. Hier kommt es zur langsamen Anstauung der blockierenden Kräfte bis hin zum Punkt, an dem die Seele erstarrt und nur noch durch den uranischen Blitz wieder lebendig gemacht werden kann, denn hier wirst du von den Umständen bis aufs Blut gereizt, bis du die unsichtbaren Mauern zerbrichst und den Weg der Verhinderung verläßt. Sieh deine Situation einmal klar: Du setzt dich gern dem Widerstand der Umwelt aus, nicht, um von ihr gehindert zu werden, sondern um das Hindernis für dich so groß werden zu lassen, daß es sich lohnt, darüber hinwegzuspringen. Dieser Drang, das Höchste zu überwinden, setzt wiederum die Hinderung voraus, denn was bliebe dir sonst übrig, was sich lohnt, überwunden zu werden? So ist gerade die Überwindung der Verhinderung (die Verbindung dieses Widerspruchs) das Ziel, das du anstrebst und das dich zu den Gipfeln der Erkenntnis führt. Das bedeutet, daß du den Kampfplatz zu einer Dimension ausweiten mußt, wo die sich bekämpfenden Gegensätzlichkeiten nicht nur beide Platz finden, sondern auch die Erkenntnis, daß beide zwar verschiedene Perspektiven eines menschlichen Standpunkts verkörpern, die aber Bestandteil einer gleichen göttlichen Summe sind. Wie sagte doch der christliche Gott zum kriegsentschlossenen Präsidenten, als dieser ihn im Gebet fragte, ob ein "gerechter" Krieg gegen das Böse nicht auch gottgefällig sei: *Wenn du den Jüngsten Tag wirklich verhindern wolltest, dürftest du nicht den Feind bekämpfen, nur um die Wirklichkeit deiner inneren Ängste an den Umständen zu messen, die du äußerlich verändern kannst. Sondern du müßtest in dir zerstören, was sich sonst in der Welt unerbittlich erfüllt: die unbewußte Lust am Untergang.* – Vielleicht ist es Menschen wie dir vorbehalten, die gesellschaftlichen Erstarrungen zu knacken, weil sie im Innern spüren, daß der kollektive Rahmen für die Sinnfindung und Lebenserfüllung viel zu eng geworden ist.

Symptome Blockaden, Schock, neuralgische und neuritische Symptome, gereizte Spannungszustände, motorische Störungen, Überreaktionen

♅

URANUS IN HAUS 11

Die Hypersphäre

Uranus in Haus 11 ist ein Symbol jener unkontrollierbaren Kraft, die der nach Freiheit strebenden Psyche gegen die Denkbarrieren und Abwehrmechanismen einer verhärteten Gesellschaft im Durchstoßen der Grenzen den nötigen Schwung verleiht. Deshalb taucht er gern im Zusammenhang mit Neuerungen und Neubeginn auf. Veraltete und überholte Positionen werden abgebaut. Sein Augenmerk gilt nicht mehr den einzelnen Teilen eines Ganzen, sondern der Vermittlung zwischen ihnen, damit die Kooperation untereinander reibungslos funktioniert. Jeder Bestandteil dieses Ganzen spiegelt in seinem Inneren seine Beziehung mit der Gegenwart als auch seine Verbundenheit mit der Zeit, in der die Gegenwart nur ein beständiger Augenblick ist und die Entwicklungen der Zukunft eine Form des schöpferischen Seins. Auf der spirituellen Ebene hat diese Konstellation mit Zeit und den Wandlungen durch Zeit zu tun; somit sind nicht nur Ende und Zerstörung, sondern auch Hoffnung, Erlösung und Befreiung angesprochen. Bildlich gesprochen überdreht Uranus alte Bewegungsmuster mit sprunghaften Bewegungsabläufen und bindet dich so in neue Umlaufzyklen. Diese Bewegungsrhythmen sind in ihrer Vernetzung und Überlappung wiederum ein Ausdruck des Raum und Zeit durchdringenden und immer neue Perspektiven aus sich selbst hervorbringenden Lebensstromes, denn es geht nicht nur um das ergreifende Erlebnis der Auferstehung und der Befreiung dessen, was zuvor verschüttet oder gefangen war, es geht auch um das Neue, das Zukünftige, um den kollektiven Aufbruch, das Verwirklichen von Utopia, auch wenn es immer wieder in Zerstörung endet. Damit zeigt Uranus in seinem eigenen Haus den entscheidenden Schritt zur Selbstwerdung, den fortwährenden Prozeß alchemistischer Wandlung, der aus dem Niederen das Höhere entstehen läßt und umgekehrt.

Symptome Auflehnung, Affekthandlungen, starke seelische Spannungen (Beziehungen zu Hirnhaut, Hypophyse und Rückenmark)

♅

Uranus in Haus 12

Die oszillierende Leere

Oft trittst du über die Schwelle hinaus, weit hinaus in die Leere, und vor dir öffnet sich der Raum. Und in den unendlichen Gemächern pulsiert ein die Stille bewahrendes Raunen, ein Grauen, in das hineinzusehen die Sinne schwindeln läßt und durch das sich die Blicke ins Uferlose tasten. Von der Realität des Alltags befreit, beginnst du die Räume zu durchdringen, in denen die Wogen der Erinnerung göttliche Bilder heranspülen, doch um den Sinn plötzlich aus dem Unbewußten auftauchender Bilder zu begreifen, mußt du zu den Quellen dieser Bilder vordringen, und das tust du, indem du durch die Schächte deines Unbewußten in die Tiefe fährst. Du versuchst, in das Unbekannte – und damit in dich selbst – einzudringen, denn das Überwinden der Wahrnehmungsbarriere deiner Denkmuster ist die Krönung dessen, was der Mensch in seiner Begrenzung überhaupt erreichen kann. Gefühlsströme fließen durch dich hindurch wie bedrohliche Sturmwolken, aber sie bedrohen dich nicht, denn du erkennst: Du bist nicht der Inhalt deiner Bewußtseinsenergie. Sie fließt durch dich hindurch, und wenn du versuchst, sie anzuhalten, baust du dir im Leben nur äußere Hindernisse auf, denn damit änderst du den Ablauf deiner inneren Regieanweisungen. Wenn du sie aber als Fahrzeug benutzt, in das du einsteigen kannst, um dich davontragen zu lassen bis an die Grenzen des Unbekannten, dann kannst du erkennen, wie du dir aus dem Fundus deiner kollektiven Erinnerungen und der grenzenlosen Ausrichtung deiner emotionalen Bilder die Wirklichkeit deiner Erscheinungswelt erschaffst und dir in der äußeren Welt die Hindernisse hinstellst, die du dir selber innerlich aufgebaut hast, damit dein Ichbewußtsein die Aufgaben, die ihm dein Selbst dauernd vor die Nase stellt, ständig überwinden kann. Das, was die Welt für dein Ichbewußtsein zusammenhält, ist das höhere Selbst, das das Stück inszeniert, in dem das Ich seine Rolle loswerden kann, und die Überschreitung der dir von der inneren Regie gesetzten Grenzen, das Eintauchen in die abgründigen Tiefen der mystischen Versenkung, letztlich die Erfüllung von Uranus in Haus 12.

Symptome psychogene Amnesie, Bewußtseinstrübung, Wahnideen, versponnene Abneigung gegen die Umwelt, Spinalgie, Lähmungsgefühle, Süchte, schizotyhme Symptome

NEPTUN

Die Auflösung der Form – Die Visualisierung der Sphären

Neptun repräsentiert die unergründlichen Tiefen der Seele und als Gott der Meere und der visionären Geheimnisse ist es sein Ziel, die gefestigte Ordnung aufzuweichen und die Materie in ihre Urbestandteile aufzulösen. Doch hinter Neptuns Fähigkeit, Wunder und Illusionen zu erwirken, steht neben der Absicht, die Polaritäten aufzulösen und das materieorientierte Denken und Handeln ad absurdum zu führen, auch das hellsichtige Verlangen, den Menschen durch den vordergründigen Alltag zum transzendenteren Hintergrund zu führen, um die Sehnsüchte in den tieferen Schichten seines Unterbewußten selbst zu entdecken, die wiederum die Grundlage seines Strebens sind. Wenn Uranus die Relativität ist, die sich an den Beschreibungsversuch des Unsagbaren heranwagt, dann ist Neptun der unbeschreibliche Inhalt des so Beschriebenen. Denn die Absicht, sich als unbeschreiblich darzustellen, entspringt dem menschlichen Bestreben nach dem Inventarisieren selbst des Unsagbaren. Neptun stellt die große Sehnsucht dar, in der sich unsere kleine Sehnsucht spiegelt, und deren Schatten Pluto ist. Neptun versinnbildlicht die Drehscheibe im göttlichen Schöpfungsplan, weil er einerseits das Nichts an der Nahtstelle zum Werden verkörpert, andererseits aber gerade durch sein Werden zu etwas wird, was sich nach dem so verlorenen Paradies zurücksehnt. Er ist der Gedanke Gottes, der dem Nichts entspringt, in das er auch wieder zurückkehren muß, und damit begegnen wir gleich am Anfang der berühmten Frage nach dem letzten Sinn: *Warum muß etwas werden, nur um sich selbsterkennend wieder aufzulösen und daraus wieder neu zu entstehen?* Die Antwort wäre: *Neptun ist nicht nur der Anfang, der werden muß, sondern auch das Ende, das vergehen muß, um neu zu werden, damit es wieder werden kann, um aufs neue zu vergehen,* denn er entspricht dem schöpferischen Willen, der keine Absicht hat und ohne Pluto weder kommt noch geht, weil er in sich absichtslos ist und ohne die Strukturen des göttlichen Planes einfach die Potenz des sich selbst aus sich heraus gebärenden Urnichts darstellt.

Neptun steht also nicht für ein festes Ziel, auf das du dich hinbewegen kannst. Vielmehr erschafft er dir einen geistigen Raum durch bestimmte Assoziationsfelder, in denen dein Bewußtsein um sich selbst schlingernd unbemerkt versinken kann. Er ist dein letzter Blick auf den inneren Sternenhimmel, im letzten Moment vor dem Einschlafen, wenn du den Hüter der Schwelle passierst und dein Wachbewußtsein losgelassen hast, und er versucht, dich auf intuitive und mystische Weise verstehend in den Kosmos einzuführen. Ständig damit beschäftigt, dein Inneres ahnend und träumend zu ergründen, handelt er eigentlich von der Sehnsucht der Seele nach einem Einblick in ihr eigenes Wesen, einem Einblick, der vom rational-logischen Gesichtspunkt aus als unmöglich erscheinen muß: *Ich bin der Geist, der die Polaritäten überwunden hat, indem er Gott ins Auge blickte und darin die Wahrheit fand. Du bist der dem Schoß des Geistes entflohene Sproß, der wieder vom Geist aufgenommen werden will, damit er das aus sich selbst Entfernte erneut in sich zurücknehmen kann als das, was es ist, nämlich ein Teil von sich selbst.*

Er verkörpert die Auflösung des rationalen Denkens, um sich im Grenzenlosen zu ertränken, denn seine Sehnsucht nach dem Unendlichen ist gerade das verdrängte Gegengewicht zu den materiellen Zielsetzungen unserer gesellschaftlichen Prägungen: *Das Durchbrechen dieser Wahrnehmungsbarriere ist das höchste Ziel unseres göttlichen Erkennens, das sich innerhalb und außerhalb des eigenen Sehens sieht. Von dem Augenblick an, da der Mensch diese Schwelle überschritten hat, kann er sich in seinem eigenen Betrachten betrachten und erkennen, welche innere Wahrheit hinter seinen äußeren Bildern liegt. Er überschreitet die Schwelle und geht unangefochten an den Masken und Projektionen vorbei, die ihm auf der feinstofflichen Ebene entgegentreten. Sein Ziel ist der wahre Wesenskern in allen Erscheinungsformen, und sein Streben liegt darin, im Zustand des Wachbewußtseins in seine Träume hineinzugelangen und die Wahrheit zu ergründen – denn es gibt nichts, was außerhalb seiner Träume liegt. Der Traum ist das gespiegelte Bild der Wahrheit in der Seele des Menschen; der Mensch ist der Rahmen, und das Bild ist die Seele selbst.*

Wenn du das Bild im Rahmen bewegst, kannst du bis an die Enden dieser Welten reisen – oder darüber hinaus, wie es auch die alten Mystiker taten. Sie verschwanden aus dieser Welt, nachdem sie ihre Wahrnehmung über den Rahmen hinausschoben.

In einem solchen Moment vermagst du im schemenhaften Glanz der Sterne tatsächlich Gott und die Engel zu erkennen. Wir können – etwas simplifizierend – auch sagen, daß Neptun dich einlädt, die Sehnsucht nach der Gegenwart Gottes zum Himmel hinaufzusenden. Wir werden dadurch auch daran erinnert, daß das, was wir für Gott halten, nicht Gott, sondern nur ein Bild unserer eigenen Vorstellung ist: Darin nehmen wir unsere eigene Wahrnehmung wahr, glauben sie aber als "Gott" zu erkennen. Wenn wir aber, der Wirklichkeit entsprechend, erkennen, daß sich unsere Wahrnehmung aus unserer Sehnsucht nährt, erkennen wir in der als Gott erkannten Wahrnehmung in Wahrheit die göttliche Formel des Menschen, die Gott in allem, was sie sieht, nach ihrem eigenen Bild wahrnimmt. Aus der Sicht des Mystikers gesprochen: Das Universum ist hier der unzerstörte Teil der Erinnerung an das kosmische Bewußtsein oder jener Splitter göttlicher Sehnsucht, der im Menschen inkarniert ist. Damit ist Neptun auch die Verkörperung dessen, der du bist, wenn du glaubst, Gott oder der Schöpfer deiner Vorstellung zu sein!

Neptun verkörpert sowohl das Nichts an der Schwelle zum Werden wie auch die grenzenlose Leere des Alls, die am Ende jeder Entwicklung das Sein wieder in sich aufnimmt. Er zeigt ein Sehnen nach Verschmelzung mit der Seele an und die Auflösung aller Einschränkungen. Sein wahres Streben, durchwebt von den Mustern des Ewigen, mit denen er sich in frommer Übereinstimmung wähnt, führt dich zu den Pforten mystischer Wahrnehmung, zu den Gipfeln göttlicher Erkenntnis, wo die Visionen die Wirklichkeit auf ihrer Seite haben und die Realität zur reinen Fiktion zerschmilzt. In seiner positiven Erscheinungsmöglichkeit kann er die Absicht zeigen, nach Dingen zu streben, die jenseits der Grenzen des Erfaßbaren liegen. Dabei reichen seine Wirkungen von den finstersten seelischen Abgründen zu höchster geistiger Klarheit. Seine Entsprechungen sind die ätherischen Schleier der Seelenbilder, die die inneren Bilder lebendig werden lassen, die Zaubergärten der Delirien und Drogenräusche, die den Gespenstern als Zwischenwelt dienen, oder die Ahnungen und Botschaften aus dem Reich der Tiefe, die zu den Quellen der Träume und den Schwellen des Unbewußten hinabführen. Sie sind das versunkene Atlantis für das aus den Tiefen leuchtende Licht, der über dem Wasser schwebende Geist Gottes als himmlische Wahrheit oder der Sternenhimmel für die Einstrahlung des Kosmos in den erahnenden menschlichen Geist.

Neptun in den Zeichen

Die äußeren Planeten bewegen sich sehr langsam. So braucht Neptun durchschnittlich 14 Jahre zur Durchquerung eines Tierkreiszeichens. Insofern sagt seine Position im Zeichen auch weniger etwas Spezifisches zu deiner persönlichen Geschichte aus, sondern erzählt mehr über die Prägung und den Hintergrund des Kollektivs, in das du innerhalb eines betreffenden Zeitraumes hineingeboren wurdest (siehe dazu die vermerkten Jahreszahlen). Die individuelle Bedeutung des Neptun-Einflusses kannst du aus der Häuserstellung ablesen und aus der Vernetzung mit Aspekten zu persönlichen Planeten.

♆ Neptun in Löwe ♌

1914/15-1928/29: Die mentalen Selbstbetäuber

Identifikationsebenen des Egos mit überpersönlichen Werten (Auflösung ins Licht), Hingabe und Sexualität oft als Medium zur Flucht, Hang zur Mystik, Grenzüberschreitungen, geistige Ideale, Begeisterungsfähigkeit, Schwingungssensibilität, subtile Ausweitung des Selbst, Beeinflußbarkeit und Empfänglichkeit für alle Eindrücke

♆ Neptun in Jungfrau ♍

1928/29-1942/43: Die geistigen Recycler

Großes Intuitions-, Einfühlungs- und Assoziationsvermögen, sensibles Aufspüren verborgener Wirklichkeiten und feine Antennen für die Schwingungen kosmischer Zusammenhänge, Realitätsverschleierung durch Verfeinerung und Überdifferenzierung der Einzelteile, große Einbildungskraft und abstrahierende Vorstellungsauflösung

♆ Neptun in Waage ♎

1942/43-1955/57: Die hippiehaften Blumenkinder

Entwicklung transzendenter Schwingungsfelder und Aufstieg in die kosmische Sphärenharmonie, mystische Liebe und Vereinigungssehnsucht mit den Idealen kosmischer Schwingungsenergie, Auflösung der Polaritäten und Ausweitung der Empfindungsebene durch die Verfließungen psychedelischen Erlebens: Paradiesstreben, Streben nach Gott und erotische Phantasien bei gleichzeitigem Verlangen nach Überwindung genitaler Verbindungen

♆ Neptun in Skorpion ♏

1955/57-1970/71: Die kosmischen Tänzer

Erkennen der geistigen Zusammenhänge, Dechiffrierung des kosmischen Schöpfungssinns, Suche nach transsexueller Vereinigung, Wunsch nach Ritualisierung überpersönlicher Bildprojektionen, spirituelle Entwicklung durch mystische Vision oder höchste Einweihung durch göttliche Initiation

♆ NEPTUN IN SCHÜTZE ♐
1970/71-1984/85: Die Gralsritter

Vermittlung kosmischer Weltanschauung, intuitives Durchdringen hintergründiger Wirklichkeit, Auflösung beengender Raum- und Zeitvorstellungen, Streben nach Selbstlosigkeit und Suche nach höherem Lebenssinn, oft auch Haltlosigkeit durch inflationäres Ausweiten der Dinge

♆ NEPTUN IN STEINBOCK ♑
1984/85-1998/99: Die Sternenforscher und Wolkengucker

Systematische Erforschung phantastischer Hintergründe, Auseinandersetzung mit mystischen Überlieferungen, Erforschung irrationaler Bewußtseinszustände, Channel für universale Botschaften, Relativierung sturer Gesetzmäßigkeiten und Abkehr von den Lösungsvorschlägen der Gesellschaft

Neptun in den Häusern

♆

NEPTUN IN HAUS 1
Die Illuminationen der Göttlichkeit des Nichts

Mit Neptun in Haus 1 bist du dir der Relativität der Wirklichkeit bewußt, daß die Welt nur deshalb die Welt ist, weil wir sie in einem fortwährenden Akt kollektiver Schöpfung immer wieder nachvollziehen (so wie sie ist), denn dieses Gestirn zeigt ein versponnenes Netz halbbewußter Energien, deren Vorstellungs- und Zeugungskraft sich nicht nur in der Verdichtung von psychischer Energie, sondern auch in verborgen vor sich hinfließenden Imaginationsströmen manifestiert. Trotzdem: Auch wenn du die Wahrheit erahnst, mußt du so tun, als wüßtest du von nichts, damit du dich nicht in den Sphären deiner materiellen Auflösungen verstrickst, weil alle von Neptun infizierten Gefilde materielle Abgründe beschwören, die sich jeglicher Vernunft entziehen, und wo Bezirke angesprochen sind, die Schranken von Raum und Zeit jetzt niederzureißen und die träge Wirklichkeit den begeisternden Saltos paranoid-schillernder Hirngespinste zu opfern. Erst wenn du diesen Mechanismus erkennst, wird es dir möglich sein, Unergründliches aus dem Unbewußten ans Tageslicht zu heben, dich in die verdrängten emotionalen Schwingungen anderer einzufühlen oder deine visionären Fähigkeiten in die Materie einfließen zu lassen, ohne von den eigenen Sehnsüchten verschlungen zu werden.

Symptome Adrenalinmangel, Antriebsschwäche, Anämie, Apathie, Muskelschwund, reduzierte Infektionsabwehr, Drogenmißbrauch

♆

Neptun in Haus 2

Das materielle Leck

Manchmal siehst du dich ein Leben lang an der Schwelle zum Licht, wo sich die Materie in Nichts auflöst und dich einen Schimmer ihrer atomaren Ursprünge erahnen läßt, denn Neptun in Haus 2 ist ein Ausdruck materieller Infragestellung und damit ein Symbol für jene andere Wirklichkeit, die jenseits unserer Leistungs- und Wachstumsgesellschaft liegt. Er symbolisiert den Abgrund, das Leck, das genau an jener Stelle ist, wo bei anderen das materielle Empfinden sitzt, und aus dessen Tiefe das verschleiernde Gefühl des Nichts aufsteigt und alle deine materiellen Werte langsam auflöst. Diese Konstellation verkörpert die Ungeborenen an der Nahtstelle zum Werden, wo die Ängste der Vergangenheit an der Gegenwart zerschellen, bevor sie ihre Zukunft träumen und in diesen Träumen dann zu den zerbrochenen Grundlagen eben jener Gegenwart zurückgespült werden, von der sie sich einst träumend entfernt hatten und die jetzt für sie zum Tor des Lebens werden kann. Hier herrscht ein die Stille bewahrendes Grauen, eine Leere, in die hineinzusehen den Menschen schwindelt und durch die sich die Lichter verschämt ins Grenzenlose tasten. Aber wie raunt doch der Geist des Lebens, bevor er den Geschöpfen neues Leben einhaucht: *Indem ihr euer Leben träumt und eure Träume lebt, glaubt ihr, der Materie entrinnen und euch ungelebt euren inneren Sehnsüchten überantworten zu können... aber könnt ihr wirklich glauben, daß sich damit euer Schicksal erfüllt?*

Symptome schlaffe Drüsenfunktionen, Unterfunktion der Schilddrüsen, atrophierte Eierstöcke, testikuläre Feminisierung, Zeugungsschwäche

♆

Neptun in Haus 3

Der blinde Fleck oder die Aphorismen der Erleuchtung

Du fühlst, wie sich in deinem Gehirn eine Vorstellung formt, die dir in deine räumliche Sphäre folgt: Visionen erheben sich über dein begrenztes Vorstellungsvermögen, lösen sich von den kollektiven Denkvorlagen und gewinnen in der Vermischung mit deinen Erinnerungen eine Eigendynamik, die zum Quantensprung in die Ewigkeit ausreicht. Jeder Gedanke hat seinen Ursprung in einer psychischen Erfüllungserwartung, und Neptun in Haus 3 macht dir klar, daß er der Lichtpunkt ist, der sich in deinem Hirn bewegt, der aber auch gleichzeitig in den Tiefen des Unbewußten gründelt, um das bisher Unerkannte in begriffliche Symbole zu hüllen. Er zeigt, daß du ein inneres Wissen um die unbewußten Zusammenhänge besitzt, wie es den meisten Menschen gar nicht zugänglich ist, und daß du oft einem dunklen Hinweis aus den Tiefen des Unbewußten folgst, ohne den wahren Grund zu kennen. Doch dieses Wissen offenbart sich meist nur in dunkeln Rätseln, die zu verstehen die Geduld deiner ganzen Umwelt auf die Probe stellt. Auch dir selbst sind diese kryptischen Visionen nie ganz zugänglich, und wenn du mehr über konkrete Einzelheiten erfahren möchtest, ziehen sie sich zurück, oder beim Versuch, sie festzuhalten, versinken sie gänzlich im Unbewußten. Manchmal scheinst du die innere Stimme zu schmähen und zurückzuweisen, während du sie gleichzeitig um Rat fragst, und der Grund mag der sein, deinen anerzogenen Denkmustern eine letzte Chance zu geben, sich gegen die inneren Gesichter zu behaupten, um dir restlos darüber klar zu werden, ob du der Ratio weiterhin vertrauen kannst oder nicht. Du bist aber keineswegs in chaotische Gedankenmuster verstrickt, wie es von außen bisweilen den Anschein hat, sondern du bist die Türe, die sich vor der Welt verschließt, damit du die Wahrheit in dir selbst finden kannst, welche die äußere Welt nicht akzeptiert.

Symptome Abneigung gegen das Denken, Gefühl von Auflösung und Leere, mystische Eingebungen, Phantasterei (Illusionen, Selbsttäuschungen, Verworrenheit, Unaufrichtigkeit)

♆

Neptun in Haus 4

Die geheimnisvollen Sümpfe/Das innere Kind

Süßlicher Tod steigt aus den Pyramidengräbern und läßt dich ahnen, welche vibrierende Spannung in der Tiefe deiner Seele glimmt, wenn du durch die dunklen Schächte hinab zu den Quellen der Mütter dringst. Unter diesem Gestirn bist du bemüht, über den Sinn von Liebe und Tod zu meditieren und den durch Vernunft, Intellekt und Erziehung verschütteten Zugang zu den grenzüberschreitenden Kräften des archaischen Unbewußten wiederzufinden. Neptun führt dich in die unendlichen Abgründe deiner Innenwelt und gewährt dir einen Blick in die geheimnisvolle Tiefe (Haus 4), wo dir die Mondin zwischen Sehnsüchten und Abgründen die letzte unheimliche Wahrheit enthüllt: *Erkenne, o Mensch, daß jedes Staubkorn im Kosmos nur eine persönliche Ausformung des Ewigen ist, und dieses wiederum den göttlichen Eros darstellt, der sich durch andauernde Explosionen orgiastischer Entladungen umwälzend und erschütternd durch die Leere pflügt, denn die Sexualität ist das Joch vor dem Triumphwagen des Stirb und Werde, in das jedes Wesen eingepfercht ist. Wenn die Stunde der Vereinigung gekommen ist, werde ich in dich dringen und zur Befruchtung oder Empfängnis jedes Atom in dir entzünden. Ich bin aber mehr als nur der Teil, der dich hier berührt, und du bist mehr als nur der Teil, den du darstellst, und gleichzeitig sind wir beide miteinander verbunden, denn ich bin das neue Alte, das dich ersetzt, im ewigen Kreislauf der Natur. Ich bin der vollendete Gott, der sich selbst zum Sohn geworden ist, denn was dich da verfolgt, das ist mehr als eine Mutter, ein schönes Weib oder ein Gespenst: Es ist die Königin der Wahrheit, die Domina der Schuld oder die Herrin des Spiegelbilds. Wer sie besitzen will, der muß mehr sein als ein Teufel oder Gott, nämlich ein Kind...*

Symptome Handlungslähmungen, Bewußtseinstrübungen, Wassereinlagerungen, Gewebeaufschwellung, Störungen der Milchdrüsen, Unterfunktion der Hormondrüsen

♆

Neptun in Haus 5

Der nymphomane Heiland

Wenn Neptun die innere Sehnsucht verkörpert, um die emotionale Bindung zu sprengen und sich ins Göttliche auszudehnen, wird er deine Identitätsfindung nicht nur unterbinden (Haus 5), sondern jede Instinktbefriedigung generell verhindern, indem er spirituelle Signale in die sexuellen Bedürfnisse einströmen läßt. Daraus entwickelt sich ein Streben, die emotionalen Bedürfnisse nur noch auf der höheren Ebene zu leben, weil du mit der Transzendierung der leiblichen Instinkte jede Ausrichtung nach weltlichen Zielen verloren hast. Dein Sinnbild ist der Phönix, das Symbol der Verjüngung, der sagenhafte ägyptische Adler des Himmels mit rotem und goldenem Gefieder, der sich in seinem Nest aus Myrrhe verbrennt und immer wieder neu aus der Asche ersteht. Zwar erahnst du die sphärische Brücke, die deine emotionale Leere überspannt, auf der du dich der gefährlichen Einsicht näherst, die materiellen Gesetze schon überwunden zu haben; gleichzeitig aber versuchst du, deine instinktive Schwäche hinter einer spirituellen Maske zu verbergen, was einen Widerspruch in sich darstellt, nämlich das Bild der Überwindung durch das Ego demonstrieren zu wollen: das Bild der Überwindung des Egos selbst! Daraus entsteht eine Ziellosigkeit der inneren Sehnsüchte, ein sich Hinwegheben in den Himmel illuminärer Selbstbetäubung, denn das kraftvolle, lebensbejahende und alles überstrahlende Prinzip des Sonnenhauses führt im Zusammenspiel mit dem auflösenden Neptun neben großer Empfänglichkeit und Medialität zu Flucht, Sucht, Verwirrung, Selbsttäuschung und exzessiven Abenteuern. Neptun in Haus 5 bedeutet neben Sensitivität, Spiritualität und Transzendenz auch Realitätsflucht, Lebensangst und Selbstbetäubung.

Symptome Beeinflußbarkeit, Selbsttäuschung, Entscheidungsschwäche, Kreislauflabilität, Erschöpfung; Nebennierenrinden-Überfunktion, Eiweißabbau der Muskulatur, Wasseransammlung, Ödeme

♆

Neptun in Haus 6
Die innere Sinnsuche/Krankheit als Weg

Solange du glaubst, daß du abhängig bist von den Molekülen und Atomen, die die Materie ausmachen, und nicht siehst, daß es unser ewiges Wesen ist, durch das hindurch du die Materie betrachtest, die sich ändert je nach Standpunkt, von dem du sie beobachtest, so lange kannst du keine Verantwortung für dein Schicksal und auch kein Verständnis übernehmen für das, was sich als karmischer Ausgleich hinter dem ewig Strömenden verbirgt. Dann ist jede Wertung von deinen persönlichen Erfahrungen abhängig, so daß du im Erfassen einer Sache nie die Sache selbst, sondern nur immer deine Subjektivität begreifst. Erst wenn du bereit bist, alle Wertungen gleichermaßen zuzulassen, deine eigenen und jene, die du nicht gern hörst, dann bist du in der Lage, eine Sache aus sich selbst heraus zu erfassen, und das wiederum ist das Charisma von Neptun. Seine Stellung in Haus 6 ermöglicht es dir, dich mit Fragen der Sinnfindung auseinanderzusetzen und das Erkannte gleichzeitig in deinen eigenen Glaubensgrundsätzen und Wertvorstellungen unterzubringen (Krankheit als Entwicklung, Schmerz als Erkenntnis, Tod als Akt der Befreiung und der höchsten einzufordernden Einsicht), ohne daraus aber moralische Postulate zu entwickeln oder am Lauf der Welt irgend etwas ändern zu wollen. Durch die allumfassende Neptun-Sichtweise sind nämlich verworrene Vorstellungen, Fehlurteile, Unaufrichtigkeit sowie Lügenhaftigkeit genauso wichtig wie Einfühlungsvermögen, intuitives Denken, Tiefenschau und Erfassung der feinstofflichen Zusammenhänge. Dabei interessieren dich nicht nur objektive Befunde. Im Gegenteil: Neptun verkörpert hier gerade die Ebene deiner höchst subjektiven persönlichen Glaubenserfahrung, die sich einer allgemeinen Nachprüfbarkeit entzieht, ohne dadurch an Bedeutung oder Richtigkeit zu verlieren. Es geht um das Suchen und Finden des höheren Selbst als höchste Instanz, mit der du in Übereinstimmung zu leben dich bemühen solltest.

Symptome Apathie, Empfindungsverlust, Reaktionsschwäche, Konzentrationsunvermögen, Wahrnehmungsbetäubung, Antriebs- und Willenslähmung

♆

Neptun in Haus 7
Das Elysium der unstillbaren Liebe

Es ist, als ob der Akt der Liebe so stark sensibilisiert und mit einem göttlichen Fluidum numinoser Sehnsucht angereichert worden ist, daß es für dich unmöglich geworden ist, deine Gefühle in der Beziehung zu einem anderen Menschen vorbehaltlos zu leben. Denn hier begegnest du dem lieblichen Verführer, der aus den unterirdischen Katakomben in der Meerestiefe an die Wasseroberfläche aufgestiegen ist, um deine Seele daran zu erinnern, wo ihre wahre Heimat ist. Vielleicht sind es aber auch nur die Schimären der Verdrängung, wenn die Undinen unter den Wasserkaskaden hindurchschimmern und an die Zyklen des Lebens erinnern, denn Neptun in Haus 7 ist auch der Herr der Träume und der inneren Gesichter, die den embryonalen Schöpfungsquellen genauso wie dem (Himmels-)Wunsch nach Ewigkeit entspringen. Dieses unerfüllbare Verlangen nach Liebe zeigt, daß du dich jeder normalen Liebe entziehst, indem du dich entweder körperlich betäubst (Drüsendysfunktionen) oder dich seelisch durch willenlose Hingabe entziehst. Daher ist es auch leicht verständlich, daß alle Bemühungen um intime Beziehungen zuerst in den Fängen deiner verhindernden Ansprüche hängenbleiben und meistens nur mit idealisierenden Projektionen und irrationalen Überdrehungen gegen den Widerstand deiner inneren Abwehr zu verwirklichen sind.

Symptome psychische Empfindsamkeit, gestörte Erlebnisfähigkeit, geringer Wirklichkeitssinn, Passivität, Liebesenttäuschungen, Niereninsuffizienz, Menstruationsbeschwerden, Schwäche der Zeugungsorgane

♆

Neptun in Haus 8

Alpha und Omega oder das neue Äon

Hier wirst du von den Flammen des kosmischen Urfeuers umzingelt, wo der Abgrund der Äonen aufbricht und dich einen Schimmer der atomaren Ursprünge erahnen läßt, in deren Sphären das Antlitz der Großen Mutter aufgeht. Du küßt es auf den Mund, wirst neu geboren und kehrst als Embryo auf die Erde zurück, denn Neptun im Todeshaus (Haus 8) ist ein exaktes Spiegelbild dessen, was die Welt gebärt und zerstört, und gerade deshalb kannst du dich in ihm mit ihr versöhnen. Ein ins Wasser geworfener Stein verursacht Wellen – doch der Flug setzt den Augenblick des Werfens voraus und beginnt schon beim Loslassen des Steins. Karmisch relevant sind beide Aspekte: die Vergangenheit der zukünftigen Absicht des Werfenden (Haus 8) ebenso wie die Zukunft der Wellen, die der Stein auslöst (Uranus/Neptun). Beide Aspekte ein und desselben Vorganges überlagern sich im Moment des Aufschlagens auf der Wasseroberfläche. Das heißt, daß die Erkenntnisse von heute nicht nur relativ, sondern immer auch die Fehler von morgen sein werden, die wir aber erst mit den Erkenntnissen von morgen als die Fehler von gestern erkennen. Am Ende aller Pfade triffst du wieder auf die Wurzel der Anfänge, weil du jetzt erkennst, daß du schon immer warst, was du bist, und immer sein wirst, was du je werden kannst, weil du dich beständig nach den Zielen sehnst, die schon von allem Anfang in dir waren. Dann kannst du auch der letzten aller Wahrheiten ins Auge schauen, für die du dann reif genug geworden bist: *Die Natur zerstört, um zu leben, und die Natur lebt, um zu zerstören, denn Geburt und Untergang sind eins!* Neptun in Haus 8 ruft dich deshalb auf, mit aller Macht deine Vollständigkeit zu leben und nicht nur das Licht, sondern auch deinen Schatten anzunehmen, keine Sündenböcke mehr zu postulieren und die Götterdämmerung zu akzeptieren. So endet dieser Zyklus dort, wo er begonnen hat, denn du kannst im Untergang auch das ungeborene Potential des Urknalls erspüren, der zur Geburt eines neuen Universums führt.

Symptome Geschlechts-, Pilz- und Infektionskrankheiten; mystische Schwärmerei (Sinnsuche) und selbstzerstörerische Neigungen (Besessenheit, Selbstquälerei, psychische Leiden)

♆

Neptun in Haus 9

Die Immanenz Gottes/Die Suche nach dem Gral

Unter dem Einfluß dieses Gestirns bist du ein Wanderer in den Grenzbereichen menschlicher Erfahrungswelten, und dein mystisches Naturell eröffnet dir die direkte Verbindung mit dem Unbewußten. Die Gefahr dieser Konstellation liegt in den hohen Idealen ihrer Ansprüche, die sich im Leben nicht immer verwirklichen lassen, denn dein innerstes Streben entspricht einem Prozeß der Suche, in dem du nicht nur suchst, was du verloren zu haben glaubst, sondern auch das, was es nirgends zu finden gibt: den Gral! Wenn Neptun dich packt, dann geschieht dies durch die Fata Morganen ungestiller Sehnsüchte, die die Tiefengeheimnisse wie eine Droge direkt aus der Seele in dein Erleben spülen. Deshalb besitzt du unter diesem Einfluß die Gabe, die Welt in ihrer äußersten Entrückung zu erfahren, wie es die Empfindungen menschlicher Wahrnehmung gerade noch erlauben. Erst dann kannst du das Mysterium und die Macht deines Geistes erahnen und die Immanenz Gottes in allen Dingen erfahren. Andererseits zeigt dieses Gestirn eine Sphäre cherubinischen Elysiums an, die schnell auch zur Hölle werden kann, wenn du die geistigen Inhalte nicht umzusetzen weißt und die (materielle) Sinnfindung übertreibst. Dieser spirituelle Wahn, der dich erfüllt, kann dich umgekehrt auch in Gefilde führen, in denen deine Psyche nicht immer stabil genug sein dürfte, zwischen Realität und Irrealität zu unterscheiden.

Symptome Wallungen, Blähungen, Schweißausbrüche; Aufschwemmung, Trägheit, Organschlaffheit; Leberhypertrophie, Nebennieren- und Keimdrüsenschwäche; Selbsttäuschung, Weltschmerz, euphorische Zustände (Sehnsucht nach Sicherheit in der religiösen Gemeinschaft)

♆

Neptun in Haus 10

Die Heilsbotschaft

Aus vergangenen Erfahrungen magst du gewohnt sein, in kosmischem Sendungsbewußtsein oder nicht-handelndem Selbstmitleid zu verharren, doch in dieser Inkarnation schaffst du dir mit dieser Haltung nur Verdruß. Vielleicht mag die Grundlage dieses Verhaltens im persönlichen Umstand liegen, die Routine des (grauen) Alltags nicht annehmen zu wollen, Tatsache ist, daß du dich in andere Welten flüchtest und aus fernen Galaxien geheime Botschaften channelst, die für das Überleben der Menschheit von gesteigerter Bedeutung sind. Du wünschst, in den Bildern das Leben zu finden, was zu gefährlichen Situationen für andere führen kann, wenn du deine neptunischen Einsichten zu Heilsbotschaften erklärst. Losgelöst aus der Abhängigkeit gefühlsmäßiger Dualität ist die Seele gezwungen, ohne Bezug zu menschlichem Empfinden die emotionelle Leere in sich zu erfahren, aus deren Tiefen die vergessene Wirklichkeit hochsteigt, das Sehnen nach Transzendenz und körperlicher Erlösung in den Alltag zu übertragen. Langen Perioden der Abstinenz folgen plötzlich eruptive Ausbrüche sowie delirierende Schübe (Visionen, Drogen, Wahnzustände), die die Maßstäbe der Gesellschaft wiederum korrumpieren. Jede Sucht kann zum Mittel werden, dem unbewußten Lockruf Neptuns zu erliegen und den Problemen im Alltag ebenfalls zu entfliehen. Es kann aber auch vorkommen, daß du die Symptome projizierst und nur Menschen anziehst, die diese Auflösungstendenzen selbst in sich tragen. Dann kannst du dein eigenes Karma stellvertretend durch die anderen ausleben, wobei du sie an deiner Stelle in die Schicksalsschale setzt, um sie mit deinem eigenen Schatten aufzuwiegen.

Symptome Ängste und latente Schuldgefühle, Auflösung von Strukturen (Überfunktion der Nebenschilddrüsen), Disposition zu Melancholie und Weltflucht (keine Lebenslust), Organzersetzung, Schwäche der Entgiftungsorgane

♆

Neptun in Haus 11

Der kosmische Wille

Neptuns Revolution ist eine Vision der unbeschreiblichen Kraft, die wir das Prinzip der ewigen Erneuerung nennen (Haus 11), eine Rückkehr zu den Grundlagen, durch die wir uns selbst als Teil eines Größeren erkennen, und dieses Größere ist der Impuls des Lebens selbst. Es ist die Absicht Gottes, die das alte Weltbild zerschmettert, oder der Wegweiser zur Hölle als ein Symbol für das unerkannte Unvermögen, den Intellekt loszulassen und nach dem zu fragen, was jenseits der Schwelle liegt. Damit begegnest du in der Tiefe deines Herzens der letzten Frage nach dir selbst: *Wo liegt der Sinn des Werdens, das aus seinem eigenen Sterben nur immer wieder neu hervorgehen muß?* Ist es Lebenssehnsucht: die Sehnsucht des Lebens nach sich selbst? Oder sind es die Träume des Verdrängens? Denn Neptun will die Realität verhindern und durch Visionen aus Licht in das Geheiligste eindringen; er hofft, dort das Geheimnis des Lebens zu finden. Die Antwort auf alle Fragen gibt dir die ewig junge Sphinx. Sie dirigiert die ewig unvollendete Sinfonie des Werdens, und ihr Geist fließt zwischen ihren Pranken ins Leben und entzieht sich doch dem menschlichen Ergründen: *Gott kannst du nicht durch Suchen finden, doch durch Loslassen des Suchens findet Gott dich!* Dann wirst du empfinden, daß es nicht der eigene, sondern der kosmische Wille ist, der dich durchströmt, und daß sich in deinem Willen der Wille der Schöpfung ausdrückt, denn Neptun in Haus 11 ist der Schöpfer einer Wirklichkeit, die aus dem Unbewußten kommt und welche die Strukturen des Bewußtseins aufbricht und ins Unendliche erweitert. Eine neue Dimension kann deine Zielsetzungen umfluten, wenn dein mehrdimensionales Selbst ins Kosmische einfließt.

Symptome MPD (Multiple Personality Disorder), Ausfallerscheinungen und verworrene seelische Zustände aus Mangel an seelischem Gleichgewicht, Verlust der Reflexe, Abneigung gegen Aktivität

♆

Neptun in Haus 12

Das himmlische Jerusalem

Jetzt geht das Tor zum Höchsten auf, wo Uroboros, die sich in den Schwanz beißende und sich selbst zeugende Schlange, dir das Bild deiner Seele zeigt, die, vertrieben von den faden Alltagsgestaden, in den körperwarmen Gewässern des Unbewußten sanft dahintreibt. Damit steht das milde Glühen deines Herzens für den Drang nach Auflösung des Egos zugunsten dessen, was man die göttliche Vision nennen könnte: Ahnungsvermögen, Meditationsfähigkeit, Ewigkeitssehnsucht und Transzendenz (Haus 12). Ein neues Besinnen dringt in dein Empfinden und treibt dich über die Grenzen hinaus, weit hinaus in die Sonne. Schon leuchtet in elysischen Sphären das himmlische Jerusalem auf, die Vision einer neuen Zeit, durch die der göttliche Energiestrom des Universums hindurchfließt. Damit lernst du statt des Ewigen im Göttlichen das Göttliche in dir selbst erkennen, das erneuerte Selbst, das sich aus dem Kokon untauglicher Lebensmuster herausgeschält hat und nun ins Gelobte Land aufbricht. Doch Neptun verkörpert auch das aus den Tiefen der Mütter geborene und mit den Zielen der Väter verknüpfte Gottesbild, das nicht nur die Antworten auf die Rätsel des Lebens, sondern auch ein noch nicht gereiftes, an regressiven Mustern orientiertes, sehnsuchtsvoll-romantisches Streben zum Göttlichen darstellt. So verbinden sich Realität und Wahn in Neptuns Gewässern zur Vorstellung, in einen mythischen Schicksalsgrund eingewoben zu sein, der als unendlich erscheint. In Wirklichkeit werden deine Visionen in ein sich auflösendes Weltbild eingefügt, in dessen Zersetzungen die Formatierungen deines Bewußtseins zugunsten einer höheren Erkenntnis liquidiert werden können.

Symptome Handlungslähmungen, Realitätsauflösungen, Bewußtseinstrübungen, religiöse Wahnzustände, irrationale Lebensängste (Unterfunktion des Nebennierenmarks)

PLUTO

DIE TRANSFORMATION – DER ABSTIEG IN DIE UNTERWELT UND DIE BEFREIUNG DES INNEREN SELBST

Pluto, Gott des Totenreiches und der Unterwelt, ist oberster Gebieter über die Seelen der Abgeschiedenen und Richter über die Menschen nach dem Tode. Im griechischen Mythos ist er der Herrscher der Unterwelt, der auf einem schwarzen Thron sitzt, und sein Reich umfaßt das ganze geheimnisvolle Innere der Erde. Da alles Leben zu ihm zurückkehrt, alle Menschen nach ihrem Tode ins Schattenreich hinab müssen, repräsentiert er die Schwelle zwischen Leben und Tod. So wie in zahlreichen Überlieferungen der Abstieg des Helden in die Unterwelt die Voraussetzung dafür war, um nach vielen Auseinandersetzungen mit Ungeheuern und Dämonen vollständiger in die Welt zurückzukehren, so ist auch der Tod Voraussetzung für die Wiedergeburt und die geistige Entwicklung im Leben. Pluto symbolisiert den Lebenskreislauf, wo das Ende bereits im Anfang jedes Werdens keimt. Ohne den Tod hätte das Ende kein Ende und der Anfang keinen Anfang, denn der wahre und einzige Anfang ist der Tod, der hinter uns eine Vergangenheit und vor uns eine Zukunft bildet. Aus lauter Angst vor dieser Macht, die wir nie beherrschen können, weil sie, einmal entfesselt, alles überrollt, verdrängen wir den Tod und verbinden uns lieber mit der damit verbundenen Angst vor der Zerstörung, die den dunklen Teil des Lebens ausmacht. Im Grunde werden wir betrogen – nicht vom Leben, sondern von unserer eigenen Sichtweise, mit der wir den Tod betrachten: Denn nichts ist lebendiger als der Tod, und er ist die Grundlage des Lebens!

Mit Pluto greifen wir nicht irgendeine Dimension des Lebens auf, sondern fassen sozusagen mitten in den Schöpfungskern hinein, denn Pluto steht für die Unerbittlichkeit des Ewigen, das den Rhythmus des Sterbens und Geborenwerdens verkörpert und das schraubenförmige Eindringen des Lebens in Raum und Zeit als Folgerichtigkeit des Schöpfungsplans anzeigt. Er steht für die Transformation schlechthin und ist damit ein Symbol der ewigen Erneuerung und der Auferstehung. Wir sollten ihn mit dem unzerstörbaren Phönix vergleichen, der sich selbst verbrennt, um aus der Asche neugeboren wieder emporzusteigen. Seine Wirkung ist so komplex, daß er, aus tiefsten Urgründen gespeist, die Abgründigkeit des Unfaßbaren wie einen Feuermantel um sich trägt. Auch unser faustischer Geist zielt nach der flammenden Erleuchtung, in der Hoffnung, in die Bedeutung seines eigenen Wirkens und den Sinn seiner eigenen Existenz eingeführt zu werden. In seinem ewigen Erkenntnisstreben trachtet er danach, den wahren Sinn der Schöpfung zu erfassen. Aber er erreicht sein Ziel nicht mit der Emphase des Faust, sondern nur mit der klaren, kühlen Geisteskraft des Mephistopheles, der ohne Schrecken die Doppelnatur der höchsten Erkenntnis erkennt. Mephisto verfügt, anders als Faust, über die Fähigkeit, bis zu den Quellen der Erkenntnis vorzudringen. Ihm öffnen sich Ebenen der Erfahrung, die dem gewöhnlichen Verstand unergründlich bleiben müssen. Da Pluto aber nicht nur Vernichtung, sondern auch Befreiung und Erkenntnis bedeutet, verkörpert der Herr der Tiefe nicht nur das menschliche, in seine selbstsüchtigen Ziele wie in einen Kokon versponnene Ego, sondern auch den mephistophelischen, sich selbst in Frage stellenden und dadurch alles erkennenden Geist. Der sich selbst erkennende Schatten ist gleichzeitig das sich selbst vernichtende und zerstörende Licht! So ist es unausbleiblich, daß jede echte Gotteserfahrung mit einer tiefgreifenden plutonischen Erschütterung verbunden ist.

Als Herrscher der Unterwelt ist Pluto aber auch ein Symbol für den Teufel, der das korrigieren muß, was du im Leben versäumt – der also die Fehler ausbügeln hilft, die du im Bewußtsein machst. Du fühlst dich dann durch den Teufel persönlich bedroht, ohne die Einsicht, daß dieser genau der Abweichung deines Fehlverhaltens entspricht und durch sein schicksalhaftes Walten gerade dein Manko wieder ausgleicht. Willst du die Begegnung mit ihm vermeiden, mußt du deine Sichtweise erweitern, weil das übliche Verhalten immer vom Teufel begleitet wird, der doch nichts anderes ist als die Schattenseite deines materiellen und egoistischen Verhaltens. Du mußt begreifen lernen, daß die plutonischen Kräfte nicht böse sind, sondern nur die Auswirkungen deiner eigenen Taten darstellen, für deren Zusammenhänge du kein Auge

hast. Statt deinen Pakt mit dem Teufel einzulösen und den fälligen Tribut zu zahlen, spaltest du das Böse von dir ab und lagerst es aus, damit du es unbemerkt dort draußen bekämpfen kannst, und merkst nicht, daß du das Böse gar nicht auslagerst, sondern nur sein Bild, das du in Form von Sündenböcken in der Außenwelt bekämpfst, denn du bist jetzt selbst zum Bösen geworden und verwendest im Kampf gegen das Böse genau die Mittel, wofür du das Böse bekämpfst.

Erst wenn du merkst, daß die Ursachen aller Probleme in dir selbst liegen, dann bist du dem Schatten nicht mehr hilflos ausgeliefert, denn dann weißt du, daß er die andere Seite der Dualität verkörpert, die unsere Welt unerbittlich polarisiert. Erst dann kannst du ermessen, wie unlösbar du an deinen verdrängten Schatten gebunden bist, der dich immer wieder in unlösbare Situationen führt, wenn du erkennst, daß gerade in der Zerstörung auch Erlösung oder ein Anstoß zur Heilung liegen kann, um die eigene Mitte zu finden und um die Ganzheit des göttlichen Selbst zu erfahren. Darin erahnen wir die ewige Weisheit des Leidens: Chaos und Zerstörung machen nicht nur ehrlich, weil sie immer Auswirkungen unserer eigenen Handlungen sind, sondern sie machen auch vollständig, weil sie eben auch jenen Teil unserer selbst in die Welt bringen, demgegenüber wir in unserem Innersten blind sind.

Pluto in den Zeichen

Die äußeren Planeten bewegen sich sehr langsam. So braucht Pluto durchschnittlich 21 Jahre zur Durchquerung eines Tierkreiszeichens. Insofern sagt seine Position im Zeichen auch weniger etwas Spezifisches zu deiner persönlichen Geschichte aus, sondern erzählt mehr über die Prägung und den Hintergrund des Kollektivs, in das du innerhalb eines betreffenden Zeitraumes hineingeboren wurdest (siehe dazu die vermerkten Jahreszahlen). Die individuelle Bedeutung des Pluto-Einflusses kannst du aus der Häuserstellung ablesen und aus der Vernetzung mit Aspekten zu persönlichen Planeten.

♇ Pluto in Krebs ♋
1914-1939: Der Herdenverband

Machtzentrierung in der Sippe oder im engen Familienkreis (emotionale Fixierungen), Zwänge im gefühlsmäßigen Bereich und Entschleierung der Blockaden durch Aufarbeitung oder Psychoanalyse (Eintauchen ins kollektive Unbewußte), Entwicklung durch Überwindung seelischer Krisen und durch Umschichtung emotionaler Ablagerungen, radikale Zerstörung gefühlsmäßiger Blockierungen, Liebesmagie oder Anziehung durch emotionale Abgründe

♇ Pluto in Löwe ♌
1939-1957: Die faustischen Überwinder

Bewußtseinsausdehnung durch magische Einweihungen oder psychogene Höhenflüge und Aufbruch in unüberschaubare Bewußtseinsdimensionen, kämpferische Dynamik, starke suggestive Ausstrahlung, Führungsanspruch, Weltverbesserung, spiritueller Größenwahn

♇ PLUTO IN JUNGFRAU ♍
1957-1972: Die Psycho-Hygieniker oder Kanalreiniger

Herauskristallisieren verborgener Zusammenhänge (Verhaltensforschung), Versteckspiel des Egos hinter sozialem Engagement, Bruch mit verkrusteten gesellschaftlichen Werten, Aufarbeitung psychischer Hintergründe und tiefgreifende Veränderungen im Rahmen der Seelenhygiene, großes Interesse an Gesundheitsfragen und ökologischen Problemen

♇ PLUTO IN WAAGE ♎
1972-1984: Die Beziehungsreformer

Umwälzung festgefahrener gesellschaftlicher Wertmaßstäbe und tiefgreifende Umwandlung alter Beziehungsformen, starke Kontaktausrichtung, Begegnungspower, suggestives Triebleben, radikaler Aufbruch zu neuen Visionen von Liebe und Partnerschaft, Aufopferung für Ideale von Frieden und Harmonie

♇ PLUTO IN SKORPION ♏
1984-1995: Die Okkultisten

Eindringen in die unergründliche Instinktnatur und Integration der Triebebene, Einbeziehung des Schattens, Umsturz aller Werte und Normen, Schicksalsfügung, höhere Gewalt, geistiger Umbruch und Aufbau eines neuen okkulten Weltverständnisses

♇ PLUTO IN SCHÜTZE ♐
1995-2008: Die geistigen Erneuerer

Transformation überholter religiöser Weltbilder, Entwicklung neuer Formen sozialer Vorstellungen, Philosophieren über die Schöpfungshintergründe von Liebe und Sexualität, fundamentale Wandlung menschlicher Sinnsuche und Wiederbelebung magischer Weltbilder

Pluto in den Häusern

♇

Pluto in Haus 1
Siegfried der Held

Pluto repräsentiert den Willen als das bewegende Urprinzip der göttlichen Absicht; das 1. Haus hingegen ist ein Sinnbild der Selbstdurchsetzung und der persönlichen Ichfindung. Deshalb enthüllt sich im Spiegel dieser Verbindung oft ein mutiger Kämpfer oder eine beherzte Kriegerin, die das Machtprinzip ihres inneren Selbst durch aggressives Verhalten vorbildlich zum Einsatz bringen kann. Vom Wunsch nach Entfaltung dieser Energien beseelt, bist du bestrebt, alle Störfelder zu beseitigen, die dein äußeres Handeln beeinträchtigen. Folglich wirst du oft in Reibereien verwickelt und von Situationen angezogen, die dieses Erlösungsmoment von Gewalt und Freiheit schon in sich tragen. Obwohl du dich kraft deines Willens über diesen universellen Mechanismus des physischen Daseins erheben möchtest, bleibst du ihm in deinen Handlungen doch auf ewig verbunden, weil du den karmischen Kreislauf von Ursache und Wirkung durch deine aggressive Präsenz in noch schnellere Bewegung versetzt. Das Problem liegt in der Tatsache, daß deine Instinkte oft ausrasten, und solange du den inneren Sinn dieses Aspektes nicht erkennst, dich durch Zerstörung zu erlösen, kannst du auch den inneren Sinn deines Verhaltens nicht ergründen, warum du ständig einen Drachen erschlagen oder einen Riesen angreifen mußt. Denn das ist es gerade, was dich zwingt: nämlich zu vernichten, was dich hindert, damit sich das Schicksal nicht nur im Gelingen, sondern auch im Scheitern deiner erstrebten Ziele erfüllt!

Symptome entzündliche Reaktionen, übersteigerter Geschlechtstrieb, unerträgliche Erregungszustände, Durchsetzungszwänge, Geltungswahn, Gewalt (alle Formen von Vorstellungsbesessenheit)

♇

Pluto in Haus 2
Das Erdbeben oder die verschlingende Natur

Auf der materiellen Ebene (Haus 2) steht Pluto für Mutter Erde, die das Leben durch zweierlei Aspekte bestimmt: einerseits durch das alle Formen des Lebens in sich vereinigende Werden und andererseits durch das in das Sterben als der anderen Seite des Werdens eingebundene Vergehen. Mythologisch drückt sich dies durch das in der Vorstellungswelt vieler Kulturen gehegte Symbol der Großen Mutter aus, die nicht nur gebiert, sondern auch vernichtet und zerstört. Auf der spirituellen Ebene steht die Mutter Natur für die allgegenwärtige, unvergängliche Prägeform Gottes, die alle Formen des Seins in sich enthält und von der jedes Leben ein einmaliger Abdruck ist. Sie ist gewissermaßen der Stempel Gottes, der aus dem Stempelkissen des universellen Lebens jedem Individuum seine persönliche Ausprägung aufdrückt, auch wenn das geistige Ringen, das nach Freiheit und Vollkommenheit strebt, in der Bindung an die materielle Natur oft in jenem tiefgreifenden Zustand des Ungleichgewichts endet, den unsere religiöse Tradition Hölle zu nennen beliebt. Pluto in Haus 2 wird deshalb vor allem die Notwendigkeit aufzeigen, im Kreislauf des Lebens mit dem Ende konfrontiert zu werden und über die sexuellen Triebe die tötende, regenerierende und wiederauferstehende Liebe zu erfahren, die auf den geistigen Ursprung allen Lebens zurückweist. Deshalb wirst du alle deine materiellen Schätze immer wieder verlieren (wollen), um zu erfahren, daß du mit dem Verlorenen nicht identisch bist. Du kannst Pluto aber auch als physische Gier erfahren, die weder zu beherrschen noch zu lenken ist. Es ist der Versuch, rücksichtslos bis an die Grenze vorzustoßen, wobei Tod und Leben nur die verschiedenen Ausrichtungen der Ewigkeit und Leidenschaft und Selbstzerstörung identisch sind.

Symptome Besessenheitsvorstellungen, emotionale Einschnürungsgefühle, Verschmelzungseinbildungen, Festklammern am anderen

♇

PLUTO IN HAUS 3
Die Karmaerkenntnis

Pluto in Haus 3 verkörpert die Wellen der Zeit, und zwar auf der Straße der bildlichen Vorstellung, auf der deine Gedanken vorwärtsgeschoben werden. Das Denken, ein ständiger Strom ohne Anfang und Ende, zeigt dir kein ruhiges Verfließen deiner intellektuellen Energien, sondern ein stufenweises An- und Abschwellen konzentrischer Verdichtungen, die deine Gedankenströme blockieren können. Hier möchtest du dich profilieren, und das führt zu einem inneren Zwang, dein intellektuelles Selbst in den Mittelpunkt zu bringen und in der Umwelt darzustellen. Bei genauerem Hinsehen baut Pluto aber keine intellektuellen Monumente auf, sondern zerstört sie systematisch, indem er dir eine gewisse Macht in Form suggestiver Wortgewalt zunächst zur Verfügung stellt, um sie dann mit der Wucht der Widersprüche und dem systematischen Abblättern deiner Argumente wieder hinwegzufegen. Nach dem Motto, daß du dich nur von etwas wirklich lösen kannst, das du schon einmal besessen hast, beginnt dann die Demontage deiner intellektuellen Überzeugungs- und Verstandeskraft und liefert dir die Krise frei Haus. Frage dich jetzt nicht: Wer hat mich geschaffen? oder: Warum bin ich auf der Welt?, denn wenn es dir gelingt, zu einer gelassenen Haltung und einem tieferen Verständnis deines Lebens zu gelangen, ohne dich, von Lebensangst gequält, gegen das Schicksal aufzulehnen, wirst du merken, daß dein Glück in dir selbst liegt und nicht von den kopflastigen Antworten unergründlicher Fragen abhängt! Da du in allem, was sein wird, immer nur das finden kannst, was war, erkennst du die Vergangenheit als die Schöpferin einer Zukunft, die für dich gerade zur Gegenwart wird. Du schaffst dir mit deiner Vergangenheit den Weg, auf dem du dich abmühst, ohne zu merken, daß die Zukunft nur die Auswirkung deiner Gegenwart ist, deren Wurzeln wiederum in deiner Vergangenheit liegen. Das ist zwar schwierig zu erklären, aber leicht zu leben: Wenn du mit deinen inneren Zielen in Übereinstimmung bist, brauchst du nichts zu tun, sondern das Tun verwirklicht sich in deinem Handeln. Alles, was deiner Selbstverwirklichung entgegensteht, verschwindet unter einem Schleier. Grenzen und Umrisse verwischen sich. Dann spürst du die Ewigkeit, denn du weißt jetzt: Alles wird gelingen!

Symptome Besessenheit, Phobien, Hyperästhesie des Hirns (Voreiligkeit, Reizbarkeit, Ungeduld, Größenwahn)

♇

PLUTO IN HAUS 4
Die Rippe Adams in der Unterwelt

Auf der mythologischen Ebene entspricht diese Konstellation der Rippe Adams, aus der Gott Eva schuf, denn Adam wurde gleichsam unvollständig gemacht, indem der Herr einen Teil aus ihm entfernte und als Eva in die Welt setzte. Diese Rippe, die zu dir gehört, aber außerhalb von dir existiert, ist die Flamme Gottes, die dir zuteil wurde, als du das Paradies verlassen und in die Finsternis hinabsteigen mußtest, um deinen verlorenen Teil wiederzuentdecken. Sie ist gleichermaßen die Fackel, die dich in den unterirdischen Räumen der Seele leitet, wie das gesuchte Licht der Erkenntnis, das du dir in der Dunkelheit wieder zurückholen mußt. Das dämonische Ergründen, das sich nach unten hangelt, ist Pluto, der sich in die Tiefe der Seele (Haus 4) einschleusende Psychonaut, der die Dämonen in den Schächten des Unbewußten weckt, die hier seit Jahrtausenden überwintert haben, weil der normale Verstand sich weigert, das zellulare Territorium des Menschen mit seinen Milliarden von Jahren alten Entfaltungsmustern zu erfassen. Die emotionalen Ängste, die dich überfallen, wenn du deinen uralten Erinnerungen wieder ins Auge blickst, mögen dabei diametral zu deinem ewigen Empfinden liegen, in diesen Bildern auch Sinn zu finden, weil du darin jetzt die Auswirkungen deines Karmas entdeckst. Um die verborgenen Quellen

der Innenwelt mit dem äußeren Schöpferlicht zu verbinden, muß der unerschütterliche Geist wie ein Dschungelkämpfer die Schichten der seelischen Unterwelt durchdringen und die fehlende Rippe als fehlendes Glied in der Tiefe entdecken und zur inneren Vollständigkeit wieder ins Licht des Bewußtseins hinaufbringen. Erst wenn du deine Rippe wiedergefunden hast, kannst du wieder vollständig und damit überhaupt liebesfähig werden. Denn ohne daß du erkennst, was in dir selbst unerlöst ist, bist du zu keinen wirklichen Gefühlen fähig, weil du den anderen niemals getrennt von deinen eigenen Ängsten und Vorstellungen wirklich sehen und erleben kannst.

Symptome Rückzug ins Unbewußte, Eintauchen in das Tiefenselbst, Begegnung mit dem Bösen, Aufarbeitung karmischer Rückstände, visionäres Erahnen, Stimulierung der inneren Gesichter, Manie und Wahnsinn, Selbsttäuschung und Flucht in die Phantasie

♇

Pluto in Haus 5

Luzifers Spiegel oder das göttliche Ich

Diese Konstellation zeigt an, daß du nun bereit bist, in die finsteren Schächte hinabzusteigen und die Maske satanischer Kraft ins Licht zu heben, der erbarmungslose dunkle Spiegel, in dem dir dein königlicher Stolz und deine unersättliche Gier nach Macht entgegenleuchtet, und der dir aus den Winkeln deiner eigenen Verdrängung in höllischer Scheußlichkeit entgegenblickt. Im Unwissen, daß das Böse kein Fremdkörper ist, den ein guter Chirurg aus deiner Seele herausschneiden könnte, kein Gift, das du aus dem Organismus ausscheiden könntest, sondern ein Teil deines Wesens, den du aus dem Keller wieder ans Tageslicht holen mußt, versuchst du immer wieder, diesen Spiegel zu zerschlagen. Du bombardierst ihn mit deinen eigenen negativen Gefühlen und versuchst dich von deinem eigenen Schatten zu befreien, indem du dich mit der eigenen Ablehnung identifizierst (also dem, der vor dem Spiegel steht und sein eigenes Bild im Spiegel attackiert). Dadurch ziehst du so viele negative Gefühle an, daß allein die Gewalt dieser Anziehung dein Ego zerstört. Damit bist du am Ziel – das ist der Trick –, denn die Zerstörung der Maske öffnet dir das Tor, durch das du ins Paradies eintrittst. Jetzt kannst du Gut und Böse akzeptieren und immer noch das Leben lieben, was dir nicht wirklich gelingen kann, wenn du die dunklere Seite des Lebens verdrängst. Denn die plutonischen Energien lassen die unteilbare Ganzheit des Seins in ewiger Folgerichtigkeit aufleuchten, im ständigen Wechsel von Sterben und Wiedergeburt. Wie sagte doch Don Juan zu Carlos Castaneda: *Nur als Krieger kann man auf dem Pfad des Wissens überleben, denn die Kunst des Kriegers ist es, den Schrecken, ein Mensch zu sein, und das Wunder, ein Mensch zu sein, miteinander im Gleichgewicht zu halten.* ("Die Reise nach Ixtlan")

Symptome Übermut, Verblendung, Wunsch nach Größe und Drang nach Heldentaten, Selbstzerstörung (Über-Ich-Identifikation)

♇

Pluto in Haus 6

Die Leere des Wissens/Der skeptische Rationalismus

In seiner außerordentlichen Ambivalenz scheint Pluto in Haus 6 manchmal beinahe für das ungeheure Spiel gegensätzlicher Kräfte in der Psyche selbst zu stehen, denn er liebt es, Verborgenes aufzudecken, durchschaut alles bis ins letzte Detail, kommt Geheimnissen gern auf die Spur und weist auf die Fähigkeit hin, in Widersprüchen zu denken und Unergründliches in paradoxer Form zum Ausdruck zu bringen. Normalerweise verkörpert er aber den skeptischen Rationalismus des Zeitalters der Vernunft und vermag sein Auge dabei auf die Gesetzmäßigkeiten zu richten, die für die gesellschaftlichen Maskeraden und Verhaltensweisen verantwortlich sind. Damit lernst du deine Welt als Wechselspiel von Bildern und Ideen zu verstehen, die durch den Zeitgeist für eine Weile meinungsbildend werden können. Es ist dies die offene Leere des Wissens, die die innere Erkenntnis gebiert, solange du dem Versuch widerstehst,

Sicherheit zu erwarten, wo es doch keine Sicherheit, keine Erkenntnis und keine feste Wahrheit geben kann. Weil du die Wahrheit aber überall entdeckst, wo sie nicht ist, nur da nicht, wo sie steckt, nämlich in dir selbst, verstärkt sich oft die innere Leere, mit der du dich draußen in der Welt konfrontiert siehst: Die Auflösung von Wertesystemen, die Infragestellung der Tradition, der Zusammenbruch von Ideologien und das Fehlen einer globalen Vision. Von Krise zu sprechen, wäre eine Untertreibung. Du bist mitten im großen Umbruch, und niemand kann dir sagen, wohin der Weg jetzt führt.

Symptome Gedankenüberreizung, Zwangsneurosen, Fixierungen, Detailbesessenheit, nervöse Überempfindlichkeit (auch Zimperlichkeit und Verdrängung können Nährboden für vergiftende seelische Kulturen sein)

♇

PLUTO IN HAUS 7
Die Priesterin der Nacht

Tauche ruhig in die himmlischen Illusionen deiner paradiesischen Sehnsüchte ein, denn diese Konstellation zeigt dein verzweifeltes Bemühen, die Spannungen in dir und um dich herum auszugleichen, und zwar durch das verdeckte Streben, über die Harmonie mit der Umwelt (Begegnung mit anderen) den Frieden mit dir selbst zu finden. Doch laß dich von ihnen nicht forttragen, denn das, was wir Harmonie nennen, ist so fest zum Bestandteil unserer eigenen Natur geworden, daß wir gar nicht mehr erkennen können, was eigentlich dahintersteckt, nämlich die pervertierte psychische Energie unserer verdrängten Triebnatur. Pluto in Haus 7 repräsentiert die "Priesterin der Nacht", die höllische Vulva, die den lebensspendenden (göttlichen) Phallus umfaßt, den empfangenden Schoß, in den der Held seinen zeugenden Samen ergießt, kurz: das Urbild sexueller Anziehung. Dies entspricht der erotischen Verzückung einer Vampirin, die das erigierte männliche Glied umspannt, bebend vor Lust, und dem sie mit einem Stöhnen der Wollust in zuckenden Strömen die Lebensglut entreißt. Das beschreibt jene züngelnde (aber leere) Lust, mit der schon Casanova, Don Juan oder der unwiderstehliche Zeus die Frauen betörte und mit der es die Hexen an Walpurgis mit dem Teufel treiben, denn Pluto schließt jene seelische Ebene von Macht und Unterwerfung mit ein, wo die Überwindung des Partners zum Transformationsprozeß gehört und die bewußte Sinnfindung durch körperliche Dominanz zum erotischen Erlebnis. Denn dieses Gestirn steht für die unbeugsame, ungezähmte weibliche Sinnlichkeit auch im Mann, jene vampirhafte Power, die sich den tiefsten Abgründen hingibt und die von der Wechselspannung zwischen sexueller Kraft, unterwerfender Macht und aufreizender Hingabe an die reine Lust lebt.

Symptome Abgrenzungsschwierigkeiten zum Partner, übersteigertes Triebleben (Orgasmussucht, Wollust, Nymphomanie)

♇

PLUTO IN HAUS 8
Der Schatten des Schattens

Kein anderes Gestirn ist so geheimnisvoll und unergründlich wie Pluto in Haus 8. Der gewaltige Umbruch aller Normen und Werte ist sein Werk, denn es gibt keinen Planeten, der eine solche Spreng- und Umwälzungskraft in sich birgt. Sich seinem Schatten auszuliefern und ihn im anderen (stellvertretend) zu bekämpfen, ist also nirgends so gefährlich wie im Charisma dieser Konstellation. Hier wirst du vom mächtigen, mysteriösen Geist umzüngelt, der im Geheimen gründelt, denn hier wird der dunkle, chthonische und unterweltliche Teil der Schöpfungskraft dargestellt, die in Verbindung mit dem Herrn der Unterwelt steht. Zwar kann Pluto hier auch für die Schönheit des Unterganges stehen, in der Regel ist er aber warnender Hinweis auf einen tiefen (kollektiven) Stachel, denn er beschreibt alle unglücklichen Auswüchse von Beziehungen wie seelische Verwicklungen und Hörigkeit, Tyrannei und Sado-Masochismus, die immer in der Kraft des Dunklen gründen. Im alchemistischen Rosarium sagt Hermes von sich selbst:

Ich bringe das Licht hervor, aber die Finsternis gehört zu meiner Natur. Bis du die teuflischen Hüllen deiner göttlichen Masken aber erkannt und zurückgenommen hast, führt dich dieser Weg durch die Hölle, wo du die Flammen der Liebe auf dem Altar der Vernichtung zelebrieren kannst. Es ist, als ob du durch die Hölle deiner inneren Leere hindurchgehen und alles verbrennen müßtest, um zu zeigen, wie die verbrauchte Gestalt deiner Seele in ihr ursprüngliches Element des Unbewußten zurückkehren muß, aus dem sie dann neu hervorgehen kann wie Phönix aus der Asche. Mit dieser Vision werden aber auch Schuldgefühle und Selbstbestrafungsabsichten mobilisiert, auf deren Altar du am Ende selber hingeschlachtet wirst, denn der Wahnsinn des Geistes, der in sich die brachialen Kräfte der Umwälzung verspürt, ist der Traum von der Ästhetik der Apokalypse. Die durch das Unergründliche repräsentierten Gefühle führen dich in Versuchung, mit der einen Hand das zu bekämpfen, was du mit der anderen anziehst. Denn, so sehr du Macht anstrebst und die Menschen wie Planeten um das Zentrum deines Willens kreisen läßt, so sehr sehnst du auch den Tag herbei, an dem deine anthropozentrische Konstruktion der Wirklichkeit zusammenbricht und dich in den Strudel deiner unbewußten, aber zielgerichtet betriebenen Selbstzerstörung reißt, dich damit in einem glücklichen Sinn endlich von dir selbst erlösend. Denn – wie sagte Hermes auch: *Der Schatten des Schattens ist... das Licht!*

Symptome Okkultismus, Destruktivität, Fanatismus, Gewalt (Unterdrückung oder Erleiden von Unterdrückung)

♇

Pluto in Haus 9

Das Erkennen in Gott/Die magische Sehnsucht nach sich selbst

Es ist offensichtlich, daß deine eigene Befriedigung und dein ureigenster Lebenssinn mit der flammenden Integrität deines religiösen inneren Weltbildes zusammenhängt, das durch alle deine Lebenserfahrungen und Wandlungserlebnisse hindurchscheint, denn Pluto in Haus 9 bedeutet in seiner höchsten Ausdrucksform einen tiefen und unerschütterlichen Glauben an sich selbst bzw. an das Ziel seiner innersten Gottsuche. Allerdings ist Gottsuche hier im engeren Sinn keine Suche mehr, sondern wächst sich durch einen hohen inneren Anspruch zu einer (weltanschaulichen) Verdichtung deiner ganzen individuellen Ausrichtung aus. Als menschlicher Mikrokosmos bist du dir bewußt, daß du den Kosmos nur im Brennglas deiner eigenen Existenz ausfindig machen kannst: Du spiegelst also in dem, was du für die Welt hältst, nicht die Welt, sondern nur deine eigene Wahrnehmung, die sich als deine Welt darstellt (was du oft verdrängst). Das heißt, du nimmst sozusagen deine eigene Wahrnehmung wahr, indem du sie als Welt "erkennst". Nicht selten stauen sich in dir Visionen und Bilder zu einem magischen Weltbild an, das göttliche Züge annehmen kann, denn dein kreativer Wahnsinn steigert und schärft sich bisweilen bis zu einem religiösen Glanz übernatürlicher Intensität, und oft bleibt dir gar nichts anderes übrig, als durch die innere Verherrlichung deines Strebens den Weg zu gehen, wo du Gott zu erkennen glaubst, sind doch im Grunde alle deine Visionen nur eine Art innerer Spaziergänge durch die Seele, zurück in die Vergangenheit, durch Träume, Imaginationen und Phantasien.

Symptome Macht (das materielle Dach über dem Tempel von Anbetung und Gottesfurcht) und Zwang nach höchster geistiger Entwicklung (Heuchelei, Scheinheiligkeit, Unterdrückung)

♇

Pluto in Haus 10

Die Elixiere des Teufels

Im Schatten dieses zwielichtigen Gestirns mag sich ein Alchemist oder eine Zauberfrau verbergen, die aus der Hölle kommen und die Elixiere des Teufels in die Welt mitbringen, um sie in den Tiegel einzugeben, der ihre düsteren Seelen auf dem Feuer transformiert. Die Elixiere sind der Stoff, der dir hilft, die Gegensätze in der Seele als verschieden voneinander zu erkennen und zu erahnen, daß das Licht, in dem du dich gern badest, immer auch einen Schatten wirft. Weil dieser Schatten wiederum dem entspricht, was wir gern verdrängen, helfen dir diese Elixiere zu erkennen, wie untrennbar Gut und Böse sind. Doch erst die Seele, die soweit geläutert ist, daß sie nicht mehr nur dem Streben nach mehr Einfluß und Kontrolle frönt und ihre besitzergreifende Macht gegen andere rücksichtslos ausspielt, sondern die auch gelernt hat, loszulassen und den Dingen ihren Lauf zu lassen, zeigt die Bereitschaft, der inneren Stimme zu folgen, welche in die äußeren Grenzbereiche führt, wo Einsicht in die Gesamtzusammenhänge genommen und jedes Geschehen als folgerichtig empfunden werden kann: *So bin ich die Hölle jenseits der Hölle, die du kennst, und gleichzeitig der Himmel selbst. In mir ist die Vitalität des Wissens, die Muster, anhand derer du gelernt hast, die Welt zu erschaffen, sowie die Muster der Veränderung, die das verändern, was du aus diesen Mustern geschaffen hast. Vielleicht erscheine ich dir unpersönlich; doch da es meine Energien sind, mit denen du die Muster deiner Vorstellung tränkst, bin ich da nicht der Gott des Lebens, der dir die Elixiere des Teufels enthüllt!* – Somit kannst du das Prinzip dieser Konstellation als tiefste und letzte Wahrheit verstehen, als den Urgrund und den Sinn allen Wesens und Seins, denn sie verkörpert jene Energie, die die Materie transformiert und den Geist zu immer höheren Bewußtseinsebenen aufsteigen läßt, die Seele aber in die Wirkungen ihrer eigenen karmischen Ursachen einbindet. Sie hebt sie gebieterisch über sich selbst hinaus, indem sie sie gleichzeitig auf sich selbst zurückschmettert.

Symptome Machtstreben, Depressiv-Suggestionen, Verspannungen, Zwangsneurosen, blockierte Transformationsprozesse, unwillkürliche Angstausbrüche (Todesangst)

♇

Pluto in Haus 11

Die schöpferischen Wehen der Wiedergeburt

Pluto in Haus 11 ist die Konstellation der Zukunft, die in den Mustern der Vergangenheit wurzelt; ihr klaustrophiles Weltuntergangsspektakel gerät zum Spiegel des Molochs der urbanen Zivilisation. Sie steht für eine Zeit der Abrechnung und des Neubeginns, denn in jeder Handlung drückt sich das erbarmungslose Ende mit aus, die Kraft ewiger Modulation, die dir das Gefühl der Auflösung vermittelt, denn sie stellt den erschütternden Umbruch und die schöpferischen Wehen der Wiedergeburt dar. Als Vision jenes ultimativen Tribunals, vor das die Seele dereinst gestellt werden wird, läßt dieses Gestirn, um dich eindringlich vor den Konsequenzen deines Handelns zu warnen, keine Form der Apokalypse aus. Die wahre Hölle ist in dir, in den Abgründen der Finsternis, wo sich der Geist in die schrecklichen Visionen des Lebens einreiht und wo du auf der mystischen Nachtmeerfahrt direkt und ohne Umweg ins Unfaßbare durchstößt. Wie ein schwarzes Loch in den Tiefen des Alls, dessen unvorstellbare kontraktive Kraft die Seelen bindet und in eine andere Dimension hinter Raum und Zeit transzendiert, so saugt er dich in sich hinein. Und bebend vor Lust neigst du dich ihm entgegen, er drückt dich inniger an sich, und mit einem Stöhnen der Wollust explodieren in dir die berstenden Flammen der Todesglut. Der Augenblick, in dem dir das Grauen aus deinem tiefsten Innersten entgegensieht, ist gleichzeitig der Moment, in dem du die eigene Hölle erkennst, die dich draußen in der Welt umzingelt. Dabei fällt die eine Hälfte von dir ab, als wäre sie nie gewesen, und dir ist, als kehrte der entfesselte Geist, gereinigt von der Schmach der Gruft, herauf ins Sonnenlicht.

Symptome Untergang, Metamorphose und Auferweckung (Einschnürung, zerebrale Erregung, heftige Anfälle von Aggression); kosmische Visionen bzw. göttlicher Wahn (selbstgerechte Selbstbestrafung aus verdecktem Größenwahn)

♇

Pluto in Haus 12

Der Tempel Gottes/Die Maskierung der Existenz des Nichts

Wenn du das Leben als Pfad zu deinen inneren Wurzeln siehst und die äußeren Dinge als die vorüberziehenden Perspektiven, die immer wieder in der Ferne verschwinden, um neuen Sichtweisen Platz zu machen, dann bist du den Göttern auf der Spur, oder treffender: der Maskierung der Existenz des Nichts. Dahinter öffnet sich der Eros, der ins Nichts ausfließt: energetischer Raum, ohne Ort und Zeit, der jeden Augenblick durch lichtschnelle Impulse ins Nichts implodiert. Das ist verständlich, denn Pluto in Haus 12 läuft darauf hinaus, daß sich die Frage nach dem Bewußtsein nicht mehr stellt und mit dem Erlöschen der Frage der Fragesteller überflüssig wird, denn die Bitte um Nachsicht verfängt bei Pluto nicht: *Denke nie gedacht zu haben, denn das Denken der Gedanken ist nicht Denken, sondern nur inhaltsloses Rekapitulieren kollektiver Bilder!* Wir sind sozusagen Bildverkörperungen und Figuren eines kollektiven Traums, denn das erste Axiom lautet, daß die Welt nicht ist, was sie ist, und "das" ist. Sie ist nicht so, wie unsere Wahrnehmung uns glauben macht, aber sie ist auch keine Fata Morgana. Sie formuliert ein Uferloses hinter dem Raum des Wahrnehmbaren, ein Unbezähmbares und Bedrohliches, das zugleich Erlösung von den wahrgenommenen Schrecken verheißt: Sie ist beides. In diesem Licht stößt du das Tor zu neuen Dimensionen auf und dringst in jenes innere Schlachtfeld vor, auf dem das Ich seinen letzten Krieg um die Grandiosität der menschlichen Form zu führen gedenkt. Im Moment seines Vergehens sieht es sich auf der Schwelle zwischen Leben und Tod, am Ziel seiner Sehnsucht, wo der Abgrund aufbricht, und bereitwillig öffnet es sich dem Brausen des Nichts, jener ekstatischen Leere, die sich mit Worten nicht ausdrücken läßt. Es vergeht und wird als Lichtstrahl in den Tempel Gottes geboren, denn es hat erkannt, was es erkennen mußte: *Was hier ist, ist dort; was nicht hier ist, ist nirgendwo!*

Symptome endogene Depressionen, Lebensüberdruss, Sehnsucht nach Gott

ASZENDENT

Der Tierkreis am Aszendenten repräsentiert das Zeichen, das bei deiner Geburt am östlichen Horizont aufstieg. Es steht für die äußere Maske, die du in die Welt abstrahlst, das Erscheinungsbild, mit dem du dich identifizierst, die Art, wie du auf Menschen zugehst oder den Magnetismus deiner Ausstrahlung, den die Umwelt als ersten Eindruck von dir aufnimmt.

Ⓐ Aszendent in Widder ♈
Die triebhafte Selbstdurchsetzung

Weg impulsiv, rücksichtslos, ungestüm, angreifend
Ziel Prozeß der Ichfindung, Entdeckung der körperlichen Aggressivität

Die spontane Energie des Widders verleiht dir einen ansteckenden Bazillus euphorischer Unbekümmertheit. Von steter Unruhe getrieben, bist du von einem ständigen Erlebnisdurst durchspült. Überstürzt und rücksichtslos peilst du deine Ziele an, denn du besitzt das, was man mit dem heute überholten Klischee des Draufgängers in Zusammenhang bringt: Begeisterungsfähigkeit, Kurzentschlossenheit und Leidenschaft. Doch gern schießt du auch über deine Ziele hinaus: Fehlen die nötigen Widerstände, suchst du dir geeignete Hindernisse, durch deren Überwindung du dich triumphierend verwirklichen kannst.

Ⓐ Aszendent in Stier ♉
Die sture Selbstabgrenzung

Weg beharrlich, ausdauernd, beständig
Ziel Besitz, Inbesitznahme, Ansammlung von Materie

In der starken Selbstabgrenzung findet das beharrliche Stehvermögen des Stieres seine harmonische Ergänzung. Du brauchst emotionale und materielle Sicherheit und läßt nur Vertrautes und Bewährtes in dein Weltbild hinein. Dabei bedeutet es deiner lustorientierten Sturheit ein sinnliches Vergnügen, jede Veränderung mit stoischer Gelassenheit an dir abprallen zu lassen und alle von der Umwelt signalisierten Wechsel mit aufreizender Trägheit zu ersticken.

Ⓐ Aszendent in Zwillinge ♊
Die intellektuelle Selbstdarstellung

Weg neugierig, vielseitig, beweglich, kontaktfreudig
Ziel Ausdrucksfähigkeit, Kommunikation und schnelle Reaktion auf Umwelteinflüsse

Stets auf der Suche, ohne zu wissen, was du eigentlich finden willst, bist du unablässig damit beschäftigt, dich auf eine nicht zielgerichtete, für neue Impulse jederzeit offene Weise zu verwirklichen. Der Mut, dich durch Kritikfähigkeit, Unterscheidungsvermögen und Strukturanalyse in der Umwelt durchzusetzen, verbindet sich glänzend mit deinem Streben, dir den inneren Horizont durch vergleichendes und in Bezug setzendes Denken zu erweitern. Doch einen Ruhepol ergibt das nicht. Informiertheit, Neugierde und Gesprächsbereitschaft entsprechen dem ewigen Wanderer, der überall auftaucht, sich aber nirgends niederläßt.

ⓐ Aszendent in Krebs ♋
Die seelische Geborgenheit

Weg stimmungsabhängig, einfühlend, empfindsam, hilfsbereit
Ziel Familie, Herkunft, Heimat, Entdeckung der seelischen Eigenart

Du suchst nicht die Durchsetzung in der Welt, sondern Sicherheit, Schutz und Geborgenheit, denn hier verbindet sich das Streben nach Tiefe und das Verlangen nach Nähe mit der Sehnsucht nach absoluter Seelenwärme. Empfindsam und feinfühlig, stets auf dem Sprung, dich bei jeder äußeren Brise ins Schneckenhaus deiner Innenwelt zurückzuziehen, aber auch ausdauernd und zäh verfolgst du deine Herzensziele. Dabei handelst du stets aus einem Gefühl der Übereinstimmung mit deinem inneren seelischen Empfinden heraus, denn in der Glut deines inneren Feuers leuchtet das Gold des eigenen Herdes oder der Gral seelischer Geborgenheit.

ⓐ Aszendent in Löwe ♌
Das kreative Schöpfertum

Weg großzügig, herrschend, mitreißend, überschäumend
Ziel Identitätsfindung, schöpferische Fähigkeiten, Selbstpräsentation

Hier wird dein spontaner Selbstausdruck in den Brennpunkt der Umwelt gebracht, wo er sich voller Schwung und durch überschäumende Lebens- und Liebesfreude über seine Umgebung erhebt. Im Grunde wirst du von der instinktiven Liebe nach dir selbst beherrscht, denn das löwehafte “Hier bin ich”-Verhalten ist nichts anderes als die Rückbindung der Aufmerksamkeit der Umwelt auf sich selbst. Als Löwe brauchst du zwar Widerstand, dies aber bitte wohl dosiert: nicht zu wenig, weil du es liebst, kämpfen zu müssen, aber auch nur soviel, wie es dir schmeichelt, ihn brechen zu können.

ⓐ Aszendent in Jungfrau ♍
Die vernünftige Gefühlsanpassung

Weg analytisch, gründlich, sorgfältig, pedantisch
Ziel Beobachtung, Pflichtbewußtsein, Kritik und Anpassung an die Gefühle der anderen

Der akribisch, detail-orientierte und anspruchslose Jungfrau-Aszendent verkörpert die sachliche Anpassung der Gefühle an die herrschenden Umstände oder die Gefühle der anderen. Du unterscheidest instinktsicher zwischen vernünftig und unvernünftig und bügelst mit deinem kleingeistigen und pedantischen Talent zur psychosomatischen Krankheitsdiagnose alle negativen Falten deiner Umwelt systematisch und methodisch aus. Hilft das nicht, rückst du dem “Unkraut” mit Pestizid auf den Leib, worauf das Problem nur noch blitzschnell verschwinden kann.

ⓐ Aszendent in Waage ♎
Die harmonische Verbindung

Weg verbindend, liebenswürdig, berechnend, freundlich
Ziel Ausstrahlung, Kontaktfähigkeit, guter Umgang, Ergänzung

Zum Leben brauchst du die Berührung mit anderen Menschen, um dich in ihnen spiegeln zu können und deinen Standpunkt mit ihrer Meinung in Übereinstimmung zu bringen. Doch für deine Umwelt ist es nicht immer ungefährlich: Wer erst einmal in den Bann der dunkel-verzaubernden Waage geraten ist und sich im verschleiernden, Entscheidungen umkreisenden, Anfang und Ende miteinbeziehenden und den

Weg in die Tiefe weisenden Oktober-Nebel verfangen hat, dem dämmert überm Abyssos die Liebesröte und Aphrodite gibt höchstpersönlich ihren Segen. Denn dein Waage-Aszendent verkörpert neben guten Umgangsformen, diplomatischem Geschick auch einen verführerischen Blick für neue Wege und interessante Lösungsmöglichkeiten.

(AC) Aszendent in Skorpion ♏
Die zwanghafte Verstrickung

Weg leidenschaftlich, bindend, fixierend
Ziel Macht, Zwang, Unterdrückung oder Erleiden von Unterdrückung

Starke Suggestivkräfte, Machtgefühle, Liebes- und Haßgefühle zeichnen dich aus, extreme Eroberungs- und Unterwerfungsgelüste. Der Skorpion greift nicht an, er verteidigt an vorderster Front und in der kern-nuklearen Willenskraft der Psyche kannst du dein Feuerwerk abbrennen, ohne Gefahr, zu ermüden, wenn sich der erste Pulverdampf verzogen hat. Oft bist du durch deine eigenen Begierden in die Kriege deiner Umwelt verstrickt, aus denen dich nur Reife und absolutes Loslassen wieder befreien kann. Meist von einer Umgebung abhängig, die du wiederum selbst manipulierst, bist du ein ausgezeichneter Taktiker, mißtrauisch, gewieft, aber nicht immer klug genug, um die Verstrickungen deiner eigenen Ränkespiele zu durchschauen.

(AC) Aszendent in Schütze ♐
Die sinnfindende Erkenntnis

Weg offen, liberal, großzügig, optimistisch
Ziel Religion, Philosophie, Weltanschauung, innere Sinnfindung

Verbinden sich Spontaneität und Überschwenglichkeit, haben wir das Streben nach dem Höchsten, das sich seine Energien aus der Tiefe instinktiver Triebspannungen zieht. Denn dein unverwüstlicher Idealismus fühlt sich der Erkenntnisfindung durch die Erfahrungen mit anderen verpflichtet, und die Ausuferung im Geistigen sowie die Differenzierung des Weltbilds fühlt sich vom Optimismus des Schützen berührt. Mit der Triebkraft der Begeisterung vermagst du deine inneren Bilder zu entflammen und auf Ziele einzustimmen, die auf schöpferisches Wachstum ausgerichtet sind.

(AC) Aszendent in Steinbock ♑
Die soziale Anerkennung

Weg streng, konzentriert, ausdauernd, skeptisch, gründlich, geduldig, kristallklar, asketisch
Ziel Verantwortungs- und Bewußtseinsfähigkeit, Elternrolle

Wenn der Schütze das Streben nach dem Höchsten symbolisiert, dann geht es dem Steinbock um das wirkliche Erklimmen des Gipfels, dem Wunsch nach Anerkennung in der Gesellschaft, der Neigung zu sozialer Tätigkeit im öffentlichen Rahmen und dem Bedürfnis, allen Formen einen festen Rahmen zu geben. Dabei gehst du niemals den Weg des geringsten Widerstandes, denn du möchtest nichts umsonst, und Widerstände und Hindernisse spornen dich zu höchster Leistung an. Auch geht es dir nicht um die spontanen Taten und Absichten, sondern um die langfristigen Auswirkungen deiner Handlungen, an denen du gewogen (und dabei nicht als zu leicht empfunden) werden möchtest.

Ⓐ Aszendent in Wassermann ♒
Die unabhängige Befreiung

Weg eigenwillig, exzentrisch, originell, reformerisch, unabhängig
Ziel Freiheit, Distanzierung, Wunsch nach Unabhängigkeit

Der Wassermann verkörpert die Ausweitung der schöpferischen Intelligenz, welche die Zukunftsperspektiven bereits in die Wirklichkeit miteinbezieht. Bereit, alle Werte in Frage zu stellen, setzt du dich oft unbekümmert über die Spielregeln hinweg, denn dem Wunsch nach Befreiung stellst du die Sprengung aller Normen gegenüber und die Sehnsucht nach Originalität. Da der Ostpunkt für den Wassermann so etwas wie das Tor darstellt, durch das sich die Veränderung in der Welt vollzieht, verbindet sich in deinem Wassermann-Aszendenten das Verlangen, alle Werte in Frage zu stellen mit dem Wunsch, auf hoher Ebene Vermittler und Brückenkopf neuer Zielrichtungen zu werden.

Ⓐ Aszendent in Fische ♓
Die sensitive Auflösung

Weg idealistisch, einfühlsam, flexibel, verletzbar, hingebend, sensibel
Ziel Inspiration, Transzendenz, Spiritualität

Hier gipfelt der zyklische Schöpfungs- und Lernprozeß, der in deinem Aszendenten seinen Anfang hat, in den Schleiern der Erkenntnis und der Auflösung. Der Fische-Aszendent bedeutet Durchbruch der Psyche in den geistigen Raum, Einverleibung der Muster des Unbewußten, Auflösung der menschlichen Werte, Selbstaufgabe und Erleuchtung. Da er in seiner letztlichen Erkenntnis auch den Humus stellt, auf dem sich ein neuer Zyklus inszenieren will, ist das Ende (Fische) auch gleichzeitig der Anfang (Aszendent), getrennt nur durch eine Umdrehung auf der Spirale des Ewigen. Namenlose Freude oder beziehungsloses Unverständnis – auf der Skala des Lebens sind sie eins!

MEDIUM COELI

Das Medium Coeli ist die Achse an der Spitze des 10. Hauses, der höchste Punkt (Mittag) im Horoskop und damit – symbolisch betrachtet – der Höchststand der Bewußtheit eines jeden Menschen. Es zeigt die Berufung, das Entwicklungsziel und das Schicksal an und damit alle Themen, Eigenschaften und Neigungen, die es gilt, im Laufe des Lebens aus der Latenz zu heben und im Sonnenlicht der Bewußtheit durch ihre Verwirklichung in der Welt zu krönen.

MC MEDIUM COELI IN WIDDER ♈
Die Konfliktbereitschaft

Sportliche, aggressive Durchsetzungsfähigkeit, rasche Entscheidungen in materiellen Belangen, energische Selbstpräsentation, kraftvolles, energisches Engagement in wirtschaftlicher Richtung, Rücksichtslosigkeit, Zielbewußtsein, energischer Wunsch nach Anerkennung

MC MEDIUM COELI IN STIER ♉
Das Durchhaltevermögen

Geduld, Sicherheit, Tradition, Genußfähigkeit, Wunsch nach Harmonie und materiellem Wohlstand, Sinnlichkeit, Körperfreundlichkeit, starker Gefühlsbereich, Liebe zu Kindern, Freude am eigenen Heim, Bewußtseinsfähigkeit, Festigkeit, Standhaftigkeit, Verantwortungsgefühl

MC MEDIUM COELI IN ZWILLINGE ♊
Die Kontaktfähigkeit

Abwechslung, Vielseitigkeit, Informationsstreben, Gesprächigkeit, Kritikfähigkeit, Unterscheidungsvermögen, Ausdrucksfähigkeit, Lernbereitschaft, Interesse an abstrakten Situationen, schnelles intellektuelles Erfassen und Nachvollziehen von Plänen, gute Reaktion und rasche Anpassung an Veränderungen

MC MEDIUM COELI IN KREBS ♋
Die Gefühlstiefe

Empfindsamkeit, Hilfsbereitschaft, Mitgefühl, Fürsorge, weiches, weibliches und mütterliches Verhalten (Mutterrolle), starke Identifizierung mit Familie, Herkunft und Heimat, großes Verlangen nach Wärme und Geborgenheit, Verantwortungsgefühl gegenüber Abhängigen, gluckenhaftes Bevormunden

MC MEDIUM COELI IN LÖWE ♌
Der Unternehmergeist

Imponiergehabe und Herausstreichen der eigenen Wichtigkeit, autoritäre Durchsetzung der eigenen Belange, künstlerisches Schöpfertum und energischer Unternehmergeist, Mittelpunkt-Streben, hohes Prestige, Selbstausdruck, Selbstherrlichkeit und strahlendes Selbstvertrauen

MEDIUM COELI IN JUNGFRAU ♍
Die gründliche Methodik

Zuverlässigkeit, Methodik, Liebe zum Detail, Fähigkeit zur Analyse, Bedürfnis nach Weiterentwicklung, Streben nach Erkenntnissen in größeren Zusammenhängen, intellektuelles Durchschauen von alten Verhaltensmustern und deren Infragestellung mit vernunftgeprägten Argumenten

MEDIUM COELI IN WAAGE ♎
Der gepflegte Stil

Ausgewogenheit, Eleganz, Kultur und Harmonie, großes Einfühlungsvermögen, Ästhetik und Schönheitssinn, gepflegte Umgangsformen, Geschmack, guter Stil und Benutzung der Umwelt für die eigenen Ziele

MEDIUM COELI IN SKORPION ♏
Die geheime Macht

Leidenschaft, Gewalttätigkeit, verborgene Macht, Tendenz, sein hintergründiges Selbst in den Mittelpunkt zu bringen und anderen die eigene Vorstellung aufzuzwingen, seelische Stärke, Heil- und Suggestivkräfte, Aufarbeitung von Tabus, Streben nach höchster geistiger Entwicklung

MEDIUM COELI IN SCHÜTZE ♐
Das hohe Ideal

Begeisterung, Großherzigkeit, Weitsicht und wohlwollende Berücksichtigung auch fremder Interessen, Streben nach sozialem Aufstieg, jovialer Schöpferdrang, Tendenz, den Mitmenschen zu helfen, um damit in der eigenen Wesensart bestätigt zu werden, Geltungsdrang, Erfolg und beruflicher Höhenflug, Welterkenntnis

MEDIUM COELI IN STEINBOCK ♑
Die Pflichterfüllung

Autorität, Beharrlichkeit, Bewußtseinsfindung, Selbsterkenntnis, Verantwortungsbereitschaft, Recht und Norm, Neigung zu sozialer Tätigkeit im öffentlichen Rahmen, Wunsch nach Anerkennung in der Gesellschaft, Tendenz, die Gefühlswelt einzuengen

MEDIUM COELI IN WASSERMANN ♒
Die Reform

Zukunftsvisionen, Utopien, revolutionäre Weltanschauung, Streben nach unabhängiger Selbstverwirklichung, Tendenz zu unkonventionellem Verhalten, Originalität und Andersein um jeden Preis, Bereitschaft, alle Werte in Frage zu stellen, Krise als Katalysator von Entwicklung

MEDIUM COELI IN FISCHE ♓
Die Auflösung der Struktur

Botschafter der göttlichen Liebe, Sehnen nach höherem Lebenssinn, unbestimmtes Streben nach allen Formen von Bewußtseinserweiterung, Vermittler kosmischer Weltanschauung, Öffnungskanal für universale Botschaften, Wunsch nach Verschmelzung mit Gott

☊ ☋

MONDKNOTEN

Die Mondknoten sind die Schnittpunkte von Ekliptik und Mondbahn, die sich durch den Tierkreis bewegen. Sie stellen somit keine sichtbare Präsenz am Himmel, sondern lediglich eine symbolische Größe in den Berechnungen dar, deren Bedeutung man nicht überschätzen sollte, auch wenn sie in der Bilderwelt der karmischen Astrologie die zwölf Wege darstellen, die von der Seele auf der Höhe ihrer inneren Bestimmung deckungsgleich begangen werden können.

Der absteigende Mondknoten ☋ symbolisiert die Vergangenheit, die von der Seele in der Gegenwart wieder ausgelöst wird, also das Regredieren in vertraute Situationen und alte Erfahrungsmuster, die sich in der Seele festgefressen haben. Die Karma-Astrologie spricht hier von früheren Leben. Im Gegensatz dazu weist der aufsteigende Mondknoten ☊ in die Zukunft. Er zeigt die einzuschlagende Richtung an und symbolisiert damit die Themen, die gegensätzlich zu den Ebenen stehen, die im südlichen Mondknoten vorgegeben sind, denn hier werden Aufgabenstellungen angesprochen, die dich einladen, aus der gewohnten Sicherheit deiner alten Prägungen auszubrechen und dir auf deinem Individuationsweg all das zu erkämpfen, was dir zu einer vollständigeren Persönlichkeit noch fehlt.

Wir können die Mondknotenachse deshalb als eine Entwicklungsrichtung betrachten, die vom südlichen Mondknoten ☋ zum nördlichen ☊ führt. Das Haus, in dem der aufsteigende Mondknoten ☊ steht, zeigt die Thematik im Leben, die es zu integrieren gilt. Dagegen steht der absteigende Mondknoten ☋ im gegenüberliegenden Haus für Vorstellungen, Bereiche und Verhaltensweisen, von denen man sich lösen muß.

☊ Mondknoten in Haus 1 – Mondknoten in Haus 7 ☋

Die Ich-Entfaltung

Ziele, die es zu erreichen gilt

Das Heraustreten aus dem Schatten von anderen und das Entwickeln des eigenen Selbst; das Formen des eigenen Willens und der eigenen Durchsetzungsfähigkeit und der Abbau der Berührungsängste im Umgang mit der eigenen Triebnatur; Überwindung der Angst und die Entwicklung einer selbstbewußten Haltung in der Konfrontation mit den Ansprüchen der Mitmenschen

Karma, das man überwinden muß

Bindung und Aufopferung an andere, die die eigene Entwicklung verhindern; Fremdbestimmung durch Mitmenschen, aus deren Urteil sich das eigene Wertbild formt; das Identifizieren mit Partnern oder Beziehungspersonen und das Aufgeben der eigenen Individualität in Beziehung und Partnerschaft

☊ Mondknoten in Haus 2 – Mondknoten in Haus 8 ☋

Die physische Entwicklung

Ziele, die es zu erreichen gilt

Körperlichkeit, Erotik und Genußfähigkeit; Stabilität durch das Anlegen von Vorräten; Besitz und Vermehrung als Symbol des Wachstums und der inneren Sicherheit; das Herausstreichen des seelischen Eigenwerts durch materiellen Besitz

Karma, das man überwinden muß

Die immateriellen Erkenntnisse der Vergangenheit wie Einsicht in die spirituellen Geheimnisse hinter den Gefühlen von Lust und Leidenschaft; alle Triebzwänge und erotischen Machtspiele zwischen Liebe und Unterwerfung

☊☋

☊ Mondknoten in Haus 3 – Mondknoten in Haus 9 ☋
Die kommunikative Vermittlung

Ziele, die es zu erreichen gilt
Allgemeinverständliches Vermitteln von Botschaften, die in ihrer strukturellen Art den Menschen zu einem breiteren Verständnis verhelfen; sprachliche Gewandtheit und die Möglichkeit, komplexe Zusammenhänge mit einfachen Worten zu erklären

Karma, das man überwinden muß
Die letzte Wahrheit religiöser Modelle mit ihren verschlüsselten Sinnfindungsvarianten; die Ausdehnung im Geistigen und der Rückzug in die Elfenbeintürme göttlicher Erkenntnisse; alle Perspektiven höherer Objektivität aus einer elitären Sicht der Dinge

☊ Mondknoten in Haus 4 – Mondknoten in Haus 10 ☋
Die innere Mitte

Ziele, die es zu erreichen gilt
Das Finden der eigenen Mitte oder das naive Gefühl der Übereinstimmung mit sich selbst aus einem inneren seelischen Empfinden heraus; Eintauchen in die Bilderwelt der unbewußten, infantilen Sphäre; Seelenfrieden und emotionale Tiefe sowie Glück und Erfüllung in der Familie

Karma, das man überwinden muß
Streben nach gesellschaftlicher Anerkennung; die Rolle des Beschützers, der seine Führerschaft durch die Schwäche seiner Mitmenschen legitimiert

☊ Mondknoten in Haus 5 – Mondknoten in Haus 11 ☋
Die emotionale Selbstverwirklichung

Ziele, die es zu erreichen gilt
Selbstvertrauen, sich mit seinem inneren Schöpfergeist zu identifizieren und die Aufmerksamkeit der Leute auf sich zu ziehen; der spontante Selbstausdruck, mentale Schöpferkraft und emotionale Liebesfreude zu aktivieren und in den Mittelpunkt der eigenen Zielrichtung zu stellen

Karma, das man überwinden muß
Bedürfnis, alle Werte in Frage zu stellen und sich aus jeglicher Identifikation mit seinen persönlichen Gefühlen herauszuhalten; das Verhalten, niemals Farbe zu bekennen und sich hinter den unklaren Zielen kollektiver Gruppenenergien bedeckt zu halten

☊ Mondknoten in Haus 6 – Mondknoten in Haus 12 ☋
Die Hingabe an die alltägliche Pflichterfüllung

Ziele, die es zu erreichen gilt
Anpassung an die Bedingungen des Alltags und die Entwicklung einer unerschütterlichen Gelassenheit im täglichen Umgang mit den sich ewig reproduzierenden Verhaltensmustern; Auseinandersetzung mit der täglichen Routine oder der Versuch, im Umgang mit dem Alltäglichen die Transzendenz des Göttlichen zum Ausdruck zu bringen

Karma, das man überwinden muß
Tendenz, das konkrete Leben zu vermeiden und sich im Grenzenlosen zu verlieren, statt persönlich zu agieren und einen eigenen Beitrag in die Gesellschaft einzubringen

☊ Mondknoten in Haus 7 – Mondknoten in Haus 1 ☋
Das Sich-Einbringen in die Bedürfnisse der anderen

Ziele, die es zu erreichen gilt
Hingabe, Verständnis und Rücksicht in der Beziehung zur Umwelt; Aufopferung der eigenen Individualität und Eingehen auf die Bedürfnisse der anderen, die einem helfen, das eigene Wertbild zu formen

Karma, das man überwinden muß
Die Beschäftigung mit sich selbst, die Rücksichtslosigkeit im Umgang mit anderen und das ausschließliche Kreisen um die Achse der eigenen Ego-Dominanz

☊ Mondknoten in Haus 8 – Mondknoten in Haus 2 ☋
Die Geheimnisse der Unterwelt

Ziele, die es zu erreichen gilt
Transformierung durch Akzeptierung der inneren Hölle und das mutige Eindringen in die unergründlichen Seelenkammern mysteriöser Abgründe; durch die Eroberung okkulter Bezirke Einsicht in die spirituellen Geheimnisse hinter den Tabu-Bereichen von Sexualität und Leidenschaft

Karma, das man überwinden muß
Verknüpfung von Seele und Materie; das sinnlose Anhäufen stofflicher Werte und das Klammern an äußerem Besitz; die unersättliche Gier nach Gold und Schätzen; das Festhalten und -kleben an materiellem Besitz

☊ Mondknoten in Haus 9 – Mondknoten in Haus 3 ☋
Die Erweiterung des Weltbilds

Ziele, die es zu erreichen gilt
Spirituelles Wachstum und neue, immer größere Perspektiven (Welterkenntnis); die letzte Wahrheit oder hinter den vielfältigen Ummäntelungen der Maya den wahren und letztlich einzigen Sinn

Karma, das man überwinden muß
Wissensdrang, Wissensanhäufung und Verstrickung in Einzelheiten (permanenter Durst nach enzyklopädischem Wissen)

☊ Mondknoten in Haus 10 – Mondknoten in Haus 4 ☋
Die gesellschaftliche Macht

Ziele, die es zu erreichen gilt
Verkörperung der weltlichen Macht; die Rolle des Beschützers, der über seine Umwelt wacht; die eigene Führungsposition als Maßstab; die innere Befriedigung im Streben nach Anerkennung und Macht

Karma, das man überwinden muß
Die Bilderwelt der eigenen Seele (die Familienfoto-Idylle); das Verharren in der schützenden Geborgenheit des familiären Umfelds; das naive Gefühl der Übereinstimmung mit Gott und der Welt

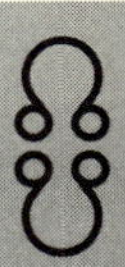

☊ Mondknoten in Haus 11 – Mondknoten in Haus 5 ☋
Die Vogelperspektive

Ziele, die es zu erreichen gilt
Streben nach Aufhebung gefühlsmäßiger Bindungen; Botschaften der höheren inneren Führung; Erfassen von neuen Strömungen und Reformbewegungen; Verwirklichung von Zukunftsvisionen

Karma, das man überwinden muß
Emotionaler Schöpferdrang; ich-betonte Selbstpräsentation; Liebesleben und Selbsterfüllung durch amouröse Abenteuer; übertriebenes Zurschaustellen schöpferischer Fähigkeiten

☊ Mondknoten in Haus 12 – Mondknoten in Haus 6 ☋
Das Tor zur höheren Harmonie

Ziele, die es zu erreichen gilt
Opferbereitschaft, Nächstenliebe und Selbstaufgabe; Lösung aus allen Verdrängungen; Wunsch nach Befreiung von altem Karma; Abschluß des Zyklus einer karmischen Erfahrung

Karma, das man überwinden muß
Ordnungssucht und die Tendenz, alles kontrollieren zu müssen; Anpassung als kollektives Leitbild; Krankheit als Entwicklung; Zwang zur Unterwerfung an die gesellschaftlichen Anforderungen

Die Aspekte

Die Winkelverbindungen der Gestirne

Grundlagen und Wirkungen der Aspekte

Jedes Horoskop besteht aus drei Ebenen, die ineinandergeschichtet die Grundstruktur der Psyche spiegeln. In der innersten Ebene finden wir die Planeten als Symbole aller unbewußten und bewußten Triebe. In der mittleren Schicht ist der Tierkreis angesiedelt, der für die Temperaments- und gefühlsmäßige Einfärbung der Triebe zeichnet, und in der äußeren Lage sind die Häuser, die die Bereiche anzeigen, in denen die temperamentsmäßig eingefärbten Triebe in das Leben übertragen werden.

Dieses Spektrum entspricht der vollständigen Farbpalette eines Bildermalers, wobei die Verwendung der Farben und ihre Anordnung auf dem Bild der individuellen Stellung eines Horoskops entsprechen. Denn so wie die Farben auf der Leinwand zur Darstellung des Sichtbaren zueinander stehen, so weisen die Planeten in ihrer Stellung untereinander auf die Qualität des inneren Dialoges hin. Wir können uns die Aspekte als den Dialog auf einer Bühne vorstellen, das Bühnenbild dabei als Tierkreis und die Kostüme als die Häuser. Die ganze Szenerie spiegelt die Psyche wider, wobei alle auftretenden Personen nur im Gesichtswinkel des Betrachters existieren. Dieser ist aber nicht nur "Schneewittchen" und "die sieben Zwerge", sondern auch Erzähler und Erzähltes, Beobachter und Autor gleichermaßen.

So ist es wichtig festzuhalten, mit welchen seiner Figuren sich der Horoskopeigner gerne identifiziert und welche er verdrängt. Denn erstere glaubt er selbst zu verkörpern, und letztere projiziert er auf die anderen, damit er sie dort bekämpfen kann. Damit bekämpft er aber seine Schattenseiten und hat sich dadurch vom eigenen Erkennen ausgeschlossen, weil es ihm unmöglich geworden ist, sich in dieser Auseinandersetzung als Gesamtes zu erkennen. Solche Spiegelfechtereien sind besonders bei Pluto-, Neptun-, Uranus- und Saturnaspekten zu erwarten, die in die persönliche Perspektive schwer zu integrieren sind.

Wenn zwei Planeten einen Aspekt miteinander bilden, wird das Wesen ihrer Kräfte durch die Art des Gestirnwinkels nicht berührt. Neptun bleibt also Neptun, ganz egal, ob es sich um eine Opposition oder ein Quadrat, ein Trigon oder eine Konjunktion handelt und wie genau der Winkel ihres Zusammentreffens ist. Nur die Möglichkeit einer Integration wird durch den Aspektwinkel bestimmt. Ein Trigon ist leichter in die Gesamtpsyche zu integrieren, weil sich die gegenseitigen Kräfte gewogener sind als bei einer Quadrat- oder Oppositionsstellung, wo sie sich gegenseitig bekämpfen. Das Prinzip der Energien und ihrer Austauschproblematik bleibt aber unangetastet, weil hier Schulden in die bewußte Person gehoben werden, die vom Verstand und von der Vernunft her gar nicht zu begleichen sind.

Aber auch Tierkreiszeichen und Häuser lassen sich in diesen Kreislauf einbeziehen, weil die von ihnen symbolisierten Kräfte identisch sind. Fische verkörpern, wenn auch in abgeschwächter Form, die gleiche Energie wie Neptun. Nur sind die von den Planeten symbolisierten Kräfte durch die Zeichen und Häuser bereits auf die Ebene gesellschaftlicher Anpassung reduziert. Verkörpert Neptun die "ewige Sehnsucht nach Auflösung", so spiegelt sich in den Fischen gerade noch die "Sehnsucht nach den inneren Mythen und Träumen" wider und im 12. Haus das gesellschaftliche Realisieren dieses Sehnens in Form von "Abkapselung, Meditation oder inflationärer Auflösung". Im Bestreben, die Wirkungen der Energien möglichst wenig in ihrem Fluß zu unterteilen, wurden ähnliche Energien, wie sie durch die Planeten, Tierkreiszeichen und Häuser nur im Ausdruck verschieden symbolisiert werden, in der Ausdeutung miteinander kombiniert.

Der Schlüssel zur Karmaberechnung

Der Koeffizient planetarer Vernetzung

Am Anfang jeder Gestirnskonstellation sehen wir links neben der Textillustration eine Aufstellung aller möglichen Gestirnsvariationen neben einem Energie-Koeffizienten. Wir unterscheiden zwischen Aspekten, Planetenbesetzungen, Häuserstellungen und Herrscherverbindungen und haben jeder Variante einen Prozent-Wert zugeteilt:

SONNE/MOND

100% Konjunktion (–); Trigon (+); Quadrat (–); Opposition (–); Spiegelpunkt (–)
85% Sextil (+)
75% Anderthalbquadrat (–); Quincunx (–); Sonne in Haus 4; Mond in Löwe
60% Halbquadrat (–); Mond in Haus 5; Sonne in Krebs
50% Halbsextil; IC in Löwe
40% Hausspitze 5 in Krebs
25% Herrscher von Haus 4 in Haus 5; Herrscher von Haus 5 in Haus 4

Wir rechnen alle Werte zusammen und lesen aus dem erzielten Konstellations-Koeffizienten dann die Intensität (karmische Verdichtung) des betreffenden Gestirnes ab.

Beispiel

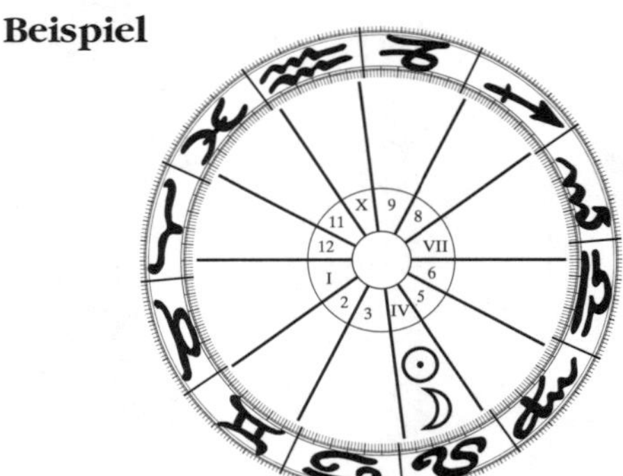

Wenn wir eine Sonne/Mond-Konjunktion im Zeichen Löwe vorfinden, dann zählen wir 100% für die Konjunktion und 75% für Mond in Löwe zusammen (= 175%). Für die Stellung im 4. Haus (Sonne in Haus 4) addieren wir 75% hinzu (= 250%). Danach schauen wir uns den Stand der Häuserspitzen an. Steht die Spitze des 4. Hauses (IC) im Zeichen Löwe, dann zählen wir weitere 50% dazu (= 300%). Als letztes untersuchen wir die Herrscher der betreffenden Zeichen. Wenn die Spitze des 5. Hauses ebenfalls in Löwe steht und der Herrscher von Löwe (Sonne) sich im 4. Haus aufhält, dann ist die Gleichung erfüllt: "Herrscher von Haus 5 in Haus 4". Somit zählen wir 25% zu unserer Summe hinzu und kommen auf 325%. Der Koeffizient für Sonne/Mond im obigen Beispiel ist 325.

Das ist ein selten vorkommender, äußerst hoher Wert und würde bedeuten, daß diese Gestirnsverbindung wahrscheinlich schon im Zentrum einer ganzen Ahnenreihe stand. Üblich sind Werte zwischen 40 (schwach) und 120 (stark): Die folgenden Buchtexte reflektieren einen energetischen Koeffizienten von 120 – 180%. 100 ist eine recht spürbare und 150 schon ein sehr einschneidende Größe. Werte über 150 sind dominierende Lebensthemen und Werte über 200 vererbte, generationenmäßig noch unbearbeitete karmische Verstrickungen.

+/– (positiv/negativ)

Aufgepaßt! Bei Verbindungen der inneren Gestirne (das sind Aspekte ohne Saturn und die äußeren Planeten) wurden der besseren Unterscheidung wegen die Energien in harmonische (+) und disharmonische (–) unterteilt. Doch wohlgemerkt: Es gibt harmonische Verbindungen, deren Harmonie lediglich den feigen Rausch einer ängstlichen, lebensvermeidenden Weltflucht impliziert, das wirklichkeitsfeindliche Ausweichen in eine trügerische Sehnsucht; umgekehrt bedeuten disharmonische Aspekte nicht nur unbewußte und schwer in das gesellschaftliche Leben integrierbare Spannungssituationen, sondern oft auch (nach schweren inneren Kämpfen) die heroische Überwindung uralter karmischer Verstrickungen.

Schauen wir uns das Verhältnis zwischen "positiven" und "negativen" Aspektierungen in unserem Musterbeispiel an. Die Konjunktion bedeutet 100% (–), die Planetenstellungen in Zeichen und Häusern sind wertneutral, so daß wir in unserem Modell davon ausgehen können, daß der Horoskopeigner von seinem Sonne/Mond-Energie-Koeffizienten (325) ungefähr einen Drittel (100) auf der unbewußten und negativen, vielleicht aber auch ereignishafteren und daher tiefschürfenderen Ebene leben darf. Diese Unterteilung entfällt wie gesagt bei den karmischen Verbindungen von Saturn, Uranus, Neptun und Pluto, wo selbst die sogenannten harmonischen Aspekte Tore ins Unfaßbare darstellen und Unerkanntes aus dem Unbekannten zulassen können.

Koeffizient-Tabelle

0-50
Dieser Wert ist belanglos. Die Auswirkungen dieses Gestirns spiegeln sich (noch) nicht in deinem Karma wider. Auch auf der materiellen Ebene wirst du von diesen Schwingungen nur am Rande berührt. Du kannst die Beschreibung ohne weiteres überspringen.

50-60
Hier wirst du vom Geist dieses Gestirns leicht gestreift. Es ist (noch) nicht das tiefe Grauen, das dich hier umzingelt, aber es sind doch ein paar Pfeile aus dem Köcher dieses Gestirns, die sich in deiner Psyche winden.

60-85
Das Gestirn klopft heftig an. Nimm die Herausforderung an, denn durch die Integration der durch diese Konstellation symbolisierten Teile kommst du der Selbsterkenntnis auf die Spur!

85-100
Nun öffnet sich die Tür und dein Doppelgänger tritt auf! Es ist der schmerzhafte Teil, den du im Keller vor dir selbst versteckst. Jetzt ist er aus dem Kellerfenster geklettert und will herein: ein ungeliebtes Personar aus deiner verdrängten inneren Hölle. Benutz' es als Tür zu dir selbst!

100-120
Hab keine Angst vor Veränderung, denn jetzt erkennst du, du selbst bist die Veränderung, und du veränderst dich jederzeit, auch jetzt, da du im Begriff bist, das von dir Ausgegrenzte wieder zurückzunehmen. Hab keine Angst, denn es handelt sich nur um einen kleinen Umweg auf dem Weg nach Hause!

120-135
So näherst du dich dem, was du schon immer warst und immer sein wirst: individualisiertes Bewußtsein (wenigstens im Umfeld dieses Gestirnseinflusses). Für diese Erkenntnis nimmst du auch einen Einbruch in die Dunkelgründe deiner Seele in Kauf!

135-150
Noch bist du hingerissen von der Tatsache, daß du dich erkennst, und glaubst, du verdankst es deiner Einsicht. Doch wichtiger als das Erkennen selbst ist die Situation, in der du erkennst, denn jetzt bewegst du dich auf deinen Energiekörper zu. Schon bald wirst du spüren, wer du noch bist außer dem, der du zu sein glaubst!

150-180
"Tue, was du willst!" heißt hier nicht mehr, daß du tun kannst, was du willst, sondern daß du nur wollen kannst, was du bist. Allmählich dämmert dir die karmische Grundlage dieser kosmischen Verstrickung.

180-200
Langsam entwindest du dich dem kollektiven Tummelplatz des Ich, wo das Ego alles beabsichtigen kann, was es sowieso nicht zu verhindern vermag. Du erkennst und löst dich von der egoistischen Verkörperung dessen, was du bist, wenn du glaubst, Gott oder der Schöpfer deiner Vorstellung zu sein: Diese Gestirnskonstellation ist das Tor zu deinem höheren Selbst!

Über 200
Wenn du eins mit dem Willen dieser Verbindung wirst, wirst du für das Auge der Verbindung gewissermaßen unsichtbar, und du kannst durch die Pforte des eigenen "Ungesehenen" ins Allerheiligste einschleichen. Jede Konstellation über zweihundert Punkte ist ein Weg, der dich durch die Hölle ins Zentrum deines eigenen Wesens zurückführt.

WARNUNG

Wer sich kritisch mit Astrologie auseinandersetzt, weiß selber festzustellen, daß es vermessen wäre, das Schicksal allein aus den Sternen deuten zu wollen. Die kosmischen Inventare stehen immer symbolisch neben anderen gleichrangigen Faktoren. Deshalb sei hier vor einer blinden Übernahme medizinischer Bilder gewarnt. In den folgenden Kapiteln werden unter dem Begriff "Psychosomatische Entsprechungen" verschiedene Symptome, Mittel, Erlösungsformen und spirituelle Öffnungen definiert. Diese sind als ähnlich, analog, aber nicht als deckungsgleich zu betrachten, denn es ist unmöglich, auf den Fundamenten astrologischer Bausteine eine definitive Diagnose zu errichten, spielen doch zu viele gegenseitige Verbindungen in eine isoliert vom Ganzen zu betrachtende Aspektierung hinein. Andererseits ist es aber unterhaltend, interessant und oft auch sehr lehrreich, wenn wir uns einige psychologische und medizinische Begriffe aneignen, die mit dem einen oder anderen Gestirn in einem deckungsähnlichen inneren Zusammenhang gesehen werden können.

Symptome

Es ist ausdrücklich zu betonen, daß aus dem Geburtshoroskop allein noch keinerlei Krankheiten zu diagnostizieren sind: Es geht hierbei nur um die Möglichkeit, auf der Analogie-Ebene mit möglichen Krankheitsthemen in Kontakt zu kommen. Denn um eine astrologische Krankheits-Diagnose zu stellen, bedarf es einer eingehenden Untersuchung der gesamten Horoskopstruktur und der Verbindungen aller Planeten untereinander. Es ist deshalb wichtig, daß du nicht blindlings Krankheitssymptome für dich in Anspruch nimmst, sondern daß du umgekehrt aus der Auflistung der Dispositionen Rücksprache mit deinem Körper hältst, um nachzuforschen, ob der eine oder andere Vorschlag mit deiner physischen und psychischen Verfassung korrespondiert.

Schüssler-Salze bzw. Bach-Blüten

Was die Wirksamkeit der angegebenen Heilmittel betrifft, sei darauf hingewiesen, daß die vergleichsweise milden Verbindungen der inneren Planeten der Kraft der Schüssler-Salze bzw. Bach-Blüten entsprechen, wohingegen die zum Teil sehr viel komplexeren Spannungen der äußeren Planeten nach homöopathischen Mitteln verlangen.

Homöopathische Mittel

Bitte beachte, daß Akrons Ausführungen zu den verschiedenen Aspekten keine homöopathische Krankheitsdiagnose ersetzen. Die entsprechenden Anregungen dienen dem astrologisch geschulten Arzt oder Heilpraktiker als Zusatzinformation. Die Vielzahl von Mittelempfehlungen sollen dabei weniger dem Selbstversuch des Laien, sondern mehr der feineren Differenzierung einer seriösen Diagnose dienen. Deshalb sei dringend davor gewarnt, ohne das Hinzuziehen einer kompetenten Vertrauensperson anhand von Aspekten Tinkturen zu empfehlen, verschreiben oder gar selbst anzuwenden. Ergänzend zum gründlichen Studium mögen sie aber mithelfen, einige passende Mittel oder gar das Simile zu finden.

Erlösungsformen

Unter diesem Begriff werden verschiedene therapeutische und spirituelle Rituale aufgelistet, die zu den betreffenden Gestirnskonstellationen in einem inneren Zusammenhang stehen. Trotz dieser Kongruenz muß von einer unkontrollierten Übernahme der geschilderten Therapieformen jedoch abgeraten werden. Bei Interesse solltest du Rücksprache mit deinem Arzt, Heilpraktiker, Körpertherapeuten oder Apotheker halten, denn nicht alle der aufgeführten Techniken sind mit den lokal geltenden Arznei- und Betäubungsmittelgesetzen zu vereinbaren. Das ist von Kulturkreis zu Kulturkreis verschieden. In hinduistischen Ländern ist beispielsweise Hanf gesellschaftlich toleriert, in moslemischen Ländern Alkohol verboten.

Spirituelle Öffnungen

Um die Verbindungen zwischen den Gestirnen auch auf einer nicht-astrologischen Ebene reflektieren zu können, findest du unter dieser Bezeichnung eine analoge Erweiterung der entsprechenden Planetenenergien. Sie sind gewissermaßen der Spiegel, um synchrone Zusammenhänge zwischen den Aspekten und verschiedenen kulturellen und rituellen Bereichen im Leben aufzuzeigen: assoziative Gleichnisse, die auf Bilder weisen, die hinter den Konstellationen der Gestirne liegen und in deren allegorischen Tiefen sich kausale Schwingungen verbergen.

SONNE/MOND

100% Konjunktion (–); Trigon (+); Quadrat (–); Opposition (–); Spiegelpunkt (–)
85% Sextil (+)
75% Anderthalbquadrat (–); Quincunx (–); Sonne in Haus 4; Mond in Löwe
60% Halbquadrat (–); Mond in Haus 5; Sonne in Krebs
50% Halbsextil; IC in Löwe
40% Hausspitze 5 in Krebs
25% Herrscher von Haus 4 in Haus 5; Herrscher von Haus 5 in Haus 4

☉ ☽

Thema	Am Anfang schuf Gott Himmel und Erde
Ziel	Zusammenspiel von Männlichem und Weiblichem
Sinn	Schöpfungssinn *(Es werde!)*
Licht	Gefühlstiefe, Herzenswärme, schöpferische Fähigkeiten
Schatten	Unzufriedenheit, Unausgeglichenheit, Konflikte zwischen Herz und Verstand
Leitbild	Geist und Seele (männlich und weiblich)

Ich kann vor keinem Abgrund dich bewahren, hoch in die Wolken hängte Gott den Kranz.
Nur eines nimm von dem, was ich erfahren, wer du auch seist, nur eines, sei es ganz!
Mascha Kaléko

Grundlage

Geistige Prägung

In indischen Märchen werden Sonne und Mond als Rutschbahnen umschrieben, auf deren Strahlen die Seelen der Ungeborenen in die Fleischlichkeit hinabgleiten. Draußen im All sind die Seelen ungebunden. Aber wenn sie in den materiellen Körper und damit in die Zweiheit der Geschlechter eintreten, werden sie in die Dualitäten eingezwängt und damit entsprechend den Gestirnsständen polarisiert.

Mond und Sonne stellen die beiden Hälften einer gleichen Sache dar, die darauf warten, wieder vereinigt zu werden. Auf einer anderen Ebene entspricht das einem Prozeß, den Alchemisten als Chymische Hochzeit umschreiben. Hier handelt es sich um das psychische Manöver, die innere Ausgeschlossenheit des Kindes zu bewältigen: Mami und Papi vereinigen sich – das Kind bleibt draußen!

Kindheit

(–)
Als Kind lebtest du im Spannungsumfeld deiner Eltern, und so entwickelten sich deine seelischen Anlagen im Stö rfeld, das Mond und Sonne miteinander schufen. In dieses Prinzip bist du karmisch eingebunden, nicht nur, weil du durch deinen persönlichen Selbstausdruck bestimmte Reaktionen bei deinen Eltern erzwingen konntest, sondern auch, weil sich gerade in deiner eigenen Spannungsanlage die Unvereinbarkeit deiner Eltern ausdrückt. Mit anderen Worten, was es auch immer war, was sich zwischen deinen Eltern abspielte, immer war es auch dein eigenes Inszenario, das die Spannungen der Eltern wahrnahm, denn man kann die Auslösungen der Außenwelt immer nur durch die Bewußtseinsmuster erfahren, die in der eigenen Seele schon vorsortiert sind.

(+)
Bei einer harmonischen Verbindung aber stimmt das Bild, das du in der Kommunikation mit deiner Umwelt reflektiert sahst, mit dem überein, was du sein wolltest. Voraussetzung dazu war ein gutes Elternhaus, das es dir ermöglichte, dich in deinen inneren Gefühlen zu entwickeln, und zwar in Übereinstimmung mit deinen inneren Zielen.

Wenn nicht, so zeigt dieser Aspekt gleichwohl an, daß es dir durch dein inneres Gleichgewicht zwischen Wollen und Empfinden gelang, nur auf die harmonischen Seiten der Erwachsenen zu reagieren und dadurch in der Reflexion der Projizierungen gute Rückwirkungen zu erzielen (d.h. du nahmst aus der Gefühlsbeziehung deiner Eltern nur den für dich günstigen Teil heraus).

Frau

(–)
In der Kindheit wolltest du dich mit dem Vater verbinden, um deine frühkindliche Sehnsucht (Mond) durch die Verschmelzung mit der Sonne zu krönen. Dazu hättest du aber zuerst die Mutter vernichten

müssen. Daher versuchtest du, die Beziehung deiner Eltern zu zerstören, um dich selber an die Stelle der Mutter zu plazieren. Da dies natürlich scheiterte, versuchtest du dich wenigstens mit der Mutter zu identifizieren, um dadurch eine tiefere Bindung zum Vater herzustellen, weil diese den Vater schon "besaß". Du warst also ohne weiteres bereit, die eigene Identität aufzugeben und dich mit dem rivalisierenden Elternteil zu verbinden, um dich dadurch mit der geschlechtsspezifischen Polarität in Berührungskontakt zu bringen.

Da dein inneres Mutterbild dunkle Züge aufweist (da es dir den Vater wegnimmt), du dich mit diesem Bild aber trotzdem identifizieren mußtest, um den Vater zu besitzen, sehen wir hier deutlich, wie du dich mit deinem ambivalenten inneren Frauenbild (Schatten!) verbandest, um die fehlende Hälften auszugleichen und damit Vollständigkeit zu erreichen!

Durch das ursprüngliche Bild der Großen Mutter (aus der das Männliche hervorging) ist ein Teil von dir aber auch daran interessiert, die Mutter zu begatten (Unterwerfung als Strafe), und zwar über das Vorstellungsbild des Vaters, mit dem du dich ebenfalls identifizierst. Also überträgst du die Perspektive des Vaters auf einen Geschlechtspartner, der das Dunkle im Weiblichen (Mutterbild) jetzt sucht, nur um dich diesem zu verweigern. Damit willst du dich (und deinen Partner) für das Verhalten deiner Eltern bestrafen, die das Kind "draußen ließen", denn jetzt ist ein Teil von dir das Kind, das draußen bleiben will!

Gibst du dich aber hin, dann ist es nur die Vorstellungsrolle des Hingebens, weil du dich mit deiner Weiblichkeit nicht identifizierst, sondern die Rolle nur spielst, um den Partner anstelle des Vaters besitzen zu können.

(+)
Hast du aber ein harmonisches Gleichgewicht der beiden Lichter, dann verwandelt sich dein innerer Zwang, den anderen anstelle des Vaters besitzen zu müssen, in den Wunsch, dich über einen geeigneten Partner vervollständigen zu können. Der Impuls der harmonischen Sonne/Mond-Verbindung, Gefühl und Wollen zu vereinen und als Verkörperung des emotionalen Willens in die Welt hinauszustrahlen, überträgst du harmonisch auf den Partner.

Da du dich positiv mit deiner Umwelt arrangieren kannst, weil du intuitiv spürst, wie Menschen fühlen, erhältst du in der Erfahrung mit der Umwelt das Gefühl nach Übereinstimmung mit dir selbst zurück: das dir eigene Gefühl, dich in der Außenwelt wie zu Hause zu fühlen.

Mann

(–)
Die Rolle als Knabe ist durch die geschlechtliche Übertragung auf die beiden Elternteile vertauscht, ansonsten gilt für dich genau dasselbe. Da dein inneres Vaterbild dunkle Züge aufweist (da es dir die Mutter wegnimmt), du dich mit diesem Bild aber trotzdem identifizieren mußtest, um die Mutter zu besitzen, erkennen wir hier die Verbindung mit dem inneren Schatten, um die fehlende Hälfte auszugleichen und damit Vollständigkeit zu erreichen!

Du möchtest deine Mutter besitzen und identifizierst dich mit dem Vater, um wenigstens in übertragenem Sinn an der Sexualität mit der Mutter teilhaben zu können. Du machst das Vaterbild zu einem Teil deines eigenen Verhaltens, von dem aus du dein eigenes, kindliches Verlangen dirigierst. Dadurch identifizierst du dich mit einem Verhaltensmodell, das dir nur auf bildhafte Weise (nämlich in der Identifikation mit dem Vater) Sexualität erlaubt, in wirklichem Sinn (in der Erinnerung als Kind) aber jede Körperlichkeit verweigert.

Die Rolle des kleinen Erwachsenen wird später in die Über-Ich-Position des Allmächtigen Vaters übertragen, der Sexualität und Körpernähe nur in der Vorstellung zuläßt, in Wahrheit aber nicht erträgt, weil er den "Altar der Mutter" unter keinen Umständen beflecken will.

Da du jeder Frau die Züge der Mutter verleihst, die dir Sexualität nur über die Identifikation mit dem Vater erlaubt, mußt du dich einerseits mit dem Vater identifizieren, um überhaupt an dein Frauenbild herankommen zu können. Andererseits mußt du dich in dieser Vaterrolle gleichzeitig von deinen eigenen (kindlichen) Gefühlen distanzieren, weil es sich für das Kind nicht schickt, mit der Mutter zu schlafen. Damit bist du buchstäblich in die Zwickmühle deiner inneren Ureltern-Bilder geraten, die dich auch als Erwachsenen (via Identifizierung mit der eigenen Kindrolle) draußen lassen!

(+)
Unter positiven Vorzeichen zeigt sich im inneren Gefühlsbild das Bemühen, dich in Übereinstimmung mit dem Weiblichen zu spüren. Es ist dir ein Anliegen, dich (in Übereinkunft mit den "inneren Eltern") in harmonischer Verbundenheit zur Außenwelt zu fühlen, denn diese Form von Selbstverwirklichung entspricht deinem Bedürfnis, im Gleichklang mit dem Kosmischen zu sein.

Da eine traumatische Verletzung oder Zurückweisung durch die Eltern nicht stattfand (auch wenn wir uns darüber im klaren sein sollten, daß dieser Aspekt deine Sichtweise und nicht notwendigerweise die Objektivität der Situation widerspiegelt), warst du als Kind in den Gefühlsaustausch deiner Eltern eingebunden, und so fällt es dir im Erwachsenenalter entsprechend leicht, das ergänzend Weibliche in deine mentale Ich-Struktur harmonisch einzubringen.

Karmisch-seelische Struktur

Die kollektive Struktur

Wenn die Sonne den Willen verkörpert, sich zu entfalten und damit das zu verwirklichen, was man gemäß seiner inneren Anlage in die äußere Welt mitbringt, dann entspricht der Mond dem Rückzug zu den Ufern des Unbewußten. Der Mond ist das Sinnbild der nährenden Mutter in realer wie symbolischer Gestalt, und jener Teil der Psyche, der sich mit diesem Symbolgehalt verbindet, sehnt sich danach, in die Unschuld und Unverantwortlichkeit des Mutterbauches zurückkehren zu können, denn der erste Schrei ist unausweichlich mit der Geburt aus dem Mutterschoß verbunden, mit dem Entsteigen aus den unergründlichen Wassern oder aus den tiefen Brunnenstuben der Natur.

Das erste, von dem sich das Kleinkind ablösen muß, ist die Mutter, die Große Mutter, denn zuallererst ist für das Neugeborene der Körper der Mutter die ganze Welt, Mutter und Welt sind völlig eins. Das Ich des Neugeborenen ist noch vollständig mit dem verschmolzen, was man *das innere Bild der Großen Mutter* nennt.

Da die Sonne das Streben symbolisiert, eigenständig zu werden und damit das zu verwirklichen, was man von seiner inneren Anlage her ist, sehen wir hier, wie das von der Sonne symbolisierte Ego einen intensiven Kampf gegen die Mondverkörperung der Großen Mutter führt.

Hierin erkennen wir auch das kollektive Problem des Mannes, sich von der Brust der Mutter abzulösen, und es ist nur allzu leicht verständlich, daß er sich dabei seines Selbstverwirklichungsdranges bedient. Es bedarf des maskulinen Prinzips der Sonne, um das instinktive, unstrukturierte und gefühlsmäßige Umfeld der (Großen) Mutter mit materiellen Zielen aufzufüllen. Dadurch gelingt es dem Ich, aus seiner somnambulen Verschmelzung mit der Mutter zu erwachen und sich zu einem abgenabelten, eigenständigen Wesen zu entwickeln. Trotzdem bleibt die unbewußte Sehnsucht, sich zur Einheit mit dem Weiblichen zurückzuentwickeln, und da sich das Männliche dieser Sehnsucht bewußt ist, beginnt es, das Weibliche systematisch zu unterdrücken. So entwickelte sich die Herrschaft der Väter, das Patriarchat.

Die Gesellschaftsform des Patriarchats oder die Unterdrückung der Instinkte entspricht der Angst des bewußten Ich, in die Schlünde des Überwundenen zurückzusinken und von den Urgründen des Unbewußten wieder verschlungen zu werden *(Das Ewigweibliche zieht uns hinab)*, impliziert dieses doch einen Rückfall in die unkristallisierte, undifferenzierte und verfließende Embryonalität.

Das persönliche Karma

Sonne und Mond verkörpern die Erbsünde, ohne die es im Leben keine Entwicklung gäbe. Sie sind die Pfeiler, auf denen die Vertreibung aus dem Paradies beruht, der Sturz in die Polarität und damit die menschliche Entwicklung. Wenn die Urmutter auch noch dem Pluto-Prinzip entspricht (Stirb und Werde), aus dem sich der Schöpfergeist (Uranus) gebärt, so macht die Große Mutter nach und nach den individuellen Eltern Platz (Sonne/Mond-Prinzip), wobei sich das Kind in den geschlechtsungleichen Elternteil verliebt und gegen den gleichgeschlechtlichen Rivalität empfindet. Daher auch sein Versuch, die beiden zu trennen, was ja gerade seinem inneren Zustand entspricht, in seinem seelischen Energiestrom getrennt zu sein.

Tiefenpsychologisch zeigt sich hier der Wille zur Konfrontation mit dir selber. Du willst dich aus der Ruhe bringen, um mit deinem unbekannten (verdrängten) Teil konfrontiert zu werden. Bis du den Weg aber gefunden und dem anderen Teil begegnet bist, wirst du deine Selbstdarstellung immer wieder ändern, weil du nicht merkst, daß die gesuchte Hälfte ja mit der suchenden identisch ist. Ein auffallender Lebenshunger ist vorhanden, verbunden mit dem Gefühl, im Leben einiges verpaßt zu haben. Das nährt das innere Bedürfnis, neue Wege zu gehen, und so änderst du deine alten Verhaltensmuster, was auch das Risiko verstärkt, dich auf unbekannten Pfaden zu verirren. Es ist dies eine Suche nach neuen Ufern, die nicht unbedingt zum Finden führen muß, sondern über den Umweg eines möglichen Scheiterns, über das Betreten schwankender Lebensstege Einsicht in die unentwickelten Dimensionen der Individualpsyche vermitteln kann.

Mythologischer Hintergrund

Ödipus

Ödipus ist die Verkörperung des Ich, das zwischen dem mondhaften Matriarchat der Triebe (Gefühle) und dem Sonnen-Patriarchat der Götter (Verstand) aufgerieben wird. Er rebelliert gegen das Sonnenprinzip des Vaters und sucht die Vereinigung mit der Großen Mutter, was der Flucht vor seiner Selbstverwirklichung entspricht. Ödipus wünscht sich (ähnlich wie Tannhäuser im Venusberg) in den Schoß des infantilen Ausgeliefertseins zurück, wo er keine Verantwortung zu übernehmen braucht. Denn der Mond steht für den Drang, sich mit den Emanationen der inneren Sehnsüchte zu verschmelzen und damit am kollektiven Gefühlsaustausch teilzunehmen, ohne persönliche Eigenart zu zeigen.

Um diesen Rückfall in die embryonale Phase zu vermeiden, müßte er seine innere Männlichkeit erwecken. Da die Selbstverwirklichung aber auch Abgespaltenheit (vom Naturprinzip) verkörpert, sehen wir hier, wie seine innere Weiblichkeit dies nicht zuläßt. Psychologisch läßt das auf eine starke weibliche Tendenz rückschließen, die das männliche Prinzip absorbiert (die Mutter läßt den Vater nicht!). Da der männliche Durchsetzungstrieb aber damit nicht verschwunden ist, sondern unter dem Diktat des weiblichen Bildes nur umgedreht wird, setzt er sich sozusagen "gegen sich selber" durch, indem er sich "gegen seine eigene Verwirklichung durchsetzt" und damit selbst kastriert. Mit anderen Worten: Ödipus muß den Vater töten, um sich selber zu verstümmeln.

Wir können hier erkennen, wie sich der weibliche Teil gegen den männlichen Teil behauptet, indem Ödipus gegen das Sonnenprinzip in sich rebelliert und es schließlich zerstört, wodurch er den Instinktkräften seiner inneren Triebe (Inzest mit der Großen Mutter) verfällt. Durch seinen Rückfall in die Embryo-Rolle (Sohn-Liebhaber der Mutter) wird er gezwungen, sich der inneren Rolle auch in der äußeren Form anzupassen, und so zersticht er sich die Augen. Blindsein entspricht auf der instinktiven Ebene dem mondhaften Gefühl des Ausgeliefertseins: der Verschmelzung mit den inneren Trieben.

Ödipus kastriert durch die Zerstörung des Vaters seinen eigenen Geist (die Augen symbolisieren Wissen und Verstand), um das Schicksal aller Gefährten der triebhaften Gefühle zu erleiden: Hilflosigkeit und Embryonalität. Dies entspricht dem Preis, der der verschlingenden Erdmutter zu zahlen ist: Entäußerung des individuellen Geistes und Auflösung im überpersönlichen Körper-Ich der Mutter Erde.

Fazit

Psychologisch ist dies eindeutig: Ödipus begeht einen (verdrängten) emotionell-sexuellen Inzest. Die Voraussetzung dazu wurzelt in der ebenfalls unwissentlichen Erschlagung seines Vaters. Von außen betrachtet ist Ödipus ein Suchender auf dem Wege zu sich selbst. Da begegnet ihm das Schicksal in der Gestalt des Vaters als ein ihm unbekannter Teil von sich selber: Er erkennt sich selber nicht! Dadurch, daß er ihn umbringt, verstümmelt er sich selber, denn er trennt sich ab von der geistigen Entwicklung, sich auch in den tieferen Ebenen seiner Psyche zu erfahren, und fällt durch die Rebellion gegen die väterliche Macht in die Gewalt der verschlingenden, inneren Mutter zurück.

Ist der Beischlaf mit der Mutter erst vollzogen (die Verbindung zu seinem dominierend weiblichen Teil), dann ist die Männlichkeit in ihm gestorben. Alles, was ihm zur Schicksalserfüllung noch bleibt, ist der Zerstörungswille der verschlingenden Mutter, die auch das Männliche aus sich gebärt (Animus-Projektion seines inneren Frauenbildes). Dieser hilft ihm, sich zu blenden und damit die innere Absicht zu vollenden, die da heißt: Aufgabe des Ego und Verschmelzung mit den Müttern – Auslieferung an die allumfassende Natur!

Möglicher Auslöser könnte die unklare Machtposition der Eltern gewesen sein, die sich über die pädagogischen Maßnahmen nicht einig waren. Da der Vater (Sonne) nach Differenzierung strebt und den Drang des Kindes widerspiegelt, sich in seinem schöpferischen Sosein zu verwirklichen, befindet er sich oft im Widerspruch zur Mutter (Mond), die die Identität der Umwelt reflektiert und in ihre Weltanschauung einzugliedern sucht. So verhielten sie sich innerhalb der Erziehung recht unberechenbar und gaben ein gutes Spiegelbild für das innere Elternbild des Kindes ab: nämlich in einer emotionalen Unentschiedenheit zu verharren und dadurch widersprüchliche Kompensationsmechanismen im Kind zu fördern, die für sein Ich zwar schwierig zu ertragen, für die Entwicklung seiner Anlagen aber folgerichtig sind.

Psychosomatische Entsprechungen

Diskrepanz zwischen Fühlen und Wollen

Im disharmonischen Zusammenwirken dieser Gestirne erkennen wir das Unvermögen in deinen Bemühungen, die Schwingungen der unterschiedlichen Sender auf einer gemeinsamen Frequenz zu empfangen. Die Symptome von depressiven Verstimmungen (Zielvorstellungen und Realitätserfüllungen gehen nicht zusammen), Wahnvorstellungen (Spaltung von Einbildung und Realität) oder übertriebenen Erwartungshaltungen sind die Auswirkungen eines solar-lunaren Kurzschlusses. Der Mond (der reflektierende Teil im persönlichen Empfinden) kann sich nur schwer im aktiven Sonnenprinzip verwirklichen. Umgekehrt fällt es dem starken Ich-Gefühl und der großen Selbstliebe der Sonne auch nicht leicht, sich im passiven Reflektieren, der bedingungslosen Öffnung und aufopfernden Hingabe an das Außenstehende zu offenbaren.

Auslösende Übertragung könnte die Diskrepanz der beiden Elternteile gewesen sein, die sich zwischen Fühlen und Wollen aneinander aufrieben. Sie verhielten sich innerhalb der Erziehung recht unberechenbar und gaben ein gutes Spiegelbild für deine innere Zerrissenheit ab zwischen dem Drang, dich zu verwirklichen, und dem gleichzeitigen Zwang, dich in den Bedürfnissen der Umwelt zu reflektieren (vgl. Ödipus). Das kann in deinem Verhalten als Mann zu lesbischen Beziehungen (weibliche Hingabe an eine männliche Frau) führen, wenn der Animus in deinem Frauenbild auf das Rollenverhalten der Mutter (Abwehr der Zuneigung des Vaters) in deiner Kindheit ansprach, oder zu homosexuellen Verbindungen in deinen Beziehungen als Frau (männliche Dominanz über einen weiblichen Knaben), wenn der Vater auf die Gefühlsempfindungen der Mutter nicht einging.

Symptom-Katalog

Allgemein

- Diskrepanz zwischen Fühlen und Wollen bzw. Hin- und Hergerissensein zwischen passiver Hingabe und schöpferischer Aktivität:
  a) verdrängte Sonne:
  Durchsetzungsschwäche, schwacher Lebenswille, geringes Selbstvertrauen (wird oft durch einen starken Partner kompensiert)
  b) verdrängter Mond:
  Angst vor emotioneller Nähe (wird meistens hinter einem zielgerichteten Verhalten versteckt)

Psychisch

- Geschlechtsverwirrung, sexuelle Verunsicherung
- Entwicklungsstörungen und Selbstverwirklichungsblockaden

Physisch

- Bauchspeicheldrüsenerkrankungen und Störungen im Flüssigkeitshaushalt (Wassereinlagerung in den Geweben)
- Stoffwechselstörungen, Blutunreinheit
- labiler Blutdruck, Durchblutungsstörungen
- leichtere Formen von Herzbeschwerden
- Unregelmäßigkeiten im Menstruationszyklus
- störende Einflüsse im lymphatischen System

Schüssler-Salze

Mineral

Magnesium phosphoricum (Nr. 7)

- bei Entwicklungsstörungen und Selbstverwirklichungsblockaden (Herzenge)
- Magenschleimhautentzündungen
- Bauchspeicheldrüsenerkrankungen
- Unterleibsstörungen (Verkrampfungen im Unterleib)
- Menstruationsbeschwerden (aus sexueller Verunsicherung)

Neben-Mineral

Calcium carbonicum (Nr. 22)

- gegen Störungen im lymphatischen System (Lymphknotenschwellung)
- bei schwachem Sexualinstinkt (kein Erguß oder große Erschöpfung)
- auch beliebt zur Anwendung bei Kindern (z.B. bei Schlafstörungen aufgrund vorstellungsmäßigen Nacherlebens von Tagesereignissen)

Bach-Blüten

Rock Rose
(Gelbes Sonnenröschen)
- bei fehlendem Selbstvertrauen (Festhalten an der inneren Kindrolle)
- resp. schwachem Lebenswillen (Angst vor der eigenen Identität)

Rock Water
(Wasser aus einer Felsenquelle)
- bei Diskrepanz zwischen Fühlen und Wollen (Hin- und Hergerissensein zwischen passiver Hingabe und schöpferischer Aktivität)

Star of Bethlehem
(Goldiger Milchstern)
- bei Angst vor Nähe (Angst vor der eigenen Angst)
- auf der Suche nach den Eltern (Abgespaltenheit vom inneren Elternbild)

Urtinkturen

Nektar
- von Nektarien ausgeschiedene Frucht- und Traubenzucker enthaltende Lösung (Aufbau und Stärkungsmittel)

Traubensaft
- Sonne von innen

Erlösungsformen

Erlösung des inneren Elternbildes:
- Loslassen der (Begegnungs-)Ängste
- Überwindung der Ego-Dominanz
- Zulassen emotionaler Nähe
- Rehabilitierung von Vater und Mutter

Spirituelle Öffnungen

Ritual
Magische Befruchtungsrituale (Regenzauber); Eintauchen ins Licht (Salz-Wasser-Reinigung und Feuer-Meditation)
Farbe
Abendgold (das Dunkelrot der untergehenden Sonne)
Duft
Ylang Ylang
Edelstein
Marmor, Perlen, Diamant
Krafttier
Adler, Löwe, Schwan und Pegasus
Symbol
Regen und Erde (Gold und Silber, Tag und Nacht)
Mythos
Adam und Eva
Archetyp
Vater und Mutter
Gottheit
Allmutter Gaia
Kraftort
Sonnenuntergang am Meer
Kultstätte
Garten der Eumeniden (auf dem Hügel Kolonos bei Athen); Mont Saint-Michel, Bretagne ("Cheopspyramide des Meeres")
Sabbat
Wendekreis des Krebses
Musik
"Die Schöpfung" von Joseph Haydn
Malerei
"Die Erschaffung Adams" (Deckengewölbe der Sixtinischen Kapelle) von Michelangelo
Schrift
Genesis (1. Buch Mose); "Götterhymnen" von Homer

SONNE/MERKUR

100% Konjunktion < als 3°; Spiegelpunkt
85% Konjunktion < als 4°
60% Sonne in Haus 3 oder 6; Merkur in Haus 5; Sonne in Zwillinge oder Jungfrau; Merkur in Löwe
50% Konjunktion < als 5°
40% Hausspitze 3 oder 6 in Löwe; Hausspitze 5 in Zwillinge oder Jungfrau
25% Herrscher von Haus 3 oder 6 in Haus 5; Herrscher von Haus 5 in Haus 3 oder 6

Thema	Wissen, Informationen
Ziel	Kommunikation
Sinn	Entwicklung, Fortschritt (intellektuelles Streben)
Licht	Beweglichkeit, Erweiterung (Erkennen der Zusammenhänge)
Schatten	Hitzigkeit, Unklarheit, Ziellosigkeit
Leitbild	die entflammte Erkenntnis (das verkopfte Strohfeuer)

Ich denke, also bin ich!
(Descartes)

Grundlage

Geistige Prägung

Unter diesem Gestirn wird ein schlauer Dieb oder geschickter Händler inkarniert, oder – besser noch – ein Kurier: ein Mittler zwischen den Parteien, dessen Aufgabe es war, Informationen zu sammeln und an die zuständigen Gremien weiterzuleiten. Seine Heimat war das schnelle Denken, das blitzschnelle Erfassen kausal-logischer Zusammenhänge. Innerhalb von Widersprüchen fühlte er sich wohl, weil jegliche Realität für ihn sowieso immer das Resultat gedanklicher Vorstellung war (und niemand besser als er wußte, daß die Widersprüche nur in unseren Köpfen existieren). Moral kannte er nicht, sein Bereich war das zweidimensionale Denken, und wenn man ihn festlegen wollte, wich er aus, denn nur ein emotionsfreier und denkunabhängiger Charakter war in der Lage, zwischen den Parteien zu vermitteln, also zwischen oben und unten, hell und dunkel, links und rechts, Leben und Tod.

Frau/Mann

Bei einer Verbrennung durch die Sonne (< als 5 °) ist das Gleichgewicht zwischen subjektivem Wollen und objektivem Erkennen gestört. Verständnis und Toleranz werden nicht mehr entwickelt, die inneren Ängste nicht abgebaut. Die merkurischen Energien sind nicht mehr in der Lage, zwischen den Widersprüchen der aus den unerlösten Persönlichkeitsschichten aufdämmernden Sonnenkräfte zu vermitteln. Das führt auf der materiellen Ebene zu Fehlurteilen, weil die Umwelt ja immer zum Sündenbock des eigenen, unerlösten Wollens wird. Mißverständnisse, Lügen und Irrtümer sind an der Tagesordnung, Zukunftspläne zerschlagen sich, Kontaktbemühungen scheitern, denn du kannst dieses innere Störungsfeld nicht loslassen, weil es ein Teil deiner eigenen Ich-Betrachtung ist.

Sinn/Ziel

Wenn du das sonnenhafte *Ich bin* mit dem merkurischen *Ich denke* verbindest, dann erhältst du die kombinierte Aussage, die deinem intellektuell-materiellen Weltbild entspricht: *Ich bin, weil ich denke* oder *Ich denke, weil ich bin!* Mit anderen Worten, die Welt, so wie sie sich dir darstellt, entspricht der Summe deiner Erfahrungen, die du eben mit ihr gemacht hast. Das entspricht gleichzeitig auch deinem Denken, in das beständig neue Erfahrungen einfließen, was sich in einem immer wieder leicht modifizierten Weltbild niederschlägt. Nun mußt du aber wissen, daß du nicht generell Erfahrungen anziehst, sondern dich nur von Erfahrungsmustern anziehen läßt, die zu deiner Weltanschauung irgendwie in Verbindung stehen. Da diese Weltanschauung sich aber gleichzeitig wechselwirkend wieder aus den von dir gemachten Erfahrungen zusammensetzt, ist hier leicht nachvollziehbar, daß dein intellektuelles Bestreben nicht darauf zielt, die Welt kennenzulernen, sondern dich nur immer mehr in deinen eigenen Erfahrungen zu bestätigen.

Karmisch-seelische Struktur

Die kollektive Struktur

Wenn Sonne und Mond den Schöpfungsanfang verkörpern, ohne den es keine Entwicklung gäbe (Adam und Eva), dann symbolisieren Sonne und Merkur das Wirklichkeitsmodell, über das wir mit der Welt verbunden sind, denn wir verstehen immer nur das, was wir verstehen können. Dieses Verständnis nährt sich aus Modellen, die wir uns selber eingerichtet haben. Deshalb können wir nicht sagen, daß wir verstehen, wenn wir verstehen, weil das, was wir verstehen, immer nur gerade dem entspricht, was wir verstehen. Innerhalb unseres Verstehens verwirklichen wir nur die uns eingeprägten Denk- und Verhaltensmuster, die mit der Wirklichkeit nichts, mit den uns anerzogenen Modellen aber alles zu tun haben.

Es gibt also keine Welt da draußen, die wir zu ergründen haben. Es gibt nur unsere Verhaltensmuster, die uns zwingen, Fragen zu stellen, damit die Antworten uns genau das sagen, was wir zu erfahren gelernt haben. Wir haben die Modelle von unseren Eltern übernommen, und diese übernahmen sie ebenfalls von ihren Ahnen. So läßt sich die Reihe auf der Suche nach dem Ursprung beliebig fortsetzen. Erst wenn wir uns bewußt sind, daß wir ohne diese Modelle nicht einmal wüßten, wie wir den Kaffeelöffel zu halten haben, sehen wir in unserem Verhalten die Muster der kollektiven Wirklichkeitsmodelle durchschimmern.

Gegen die Modelle wäre auch nichts einzuwenden. Das Problem ist nur, daß wir uns an die Muster klammern und stur annehmen, daß sie der Wirklichkeit entsprechen, statt die Verantwortung für die Fragen zu übernehmen, mit denen wir uns nach der Wirklichkeit erkunden. Von ihnen hängt es ab, welche Antworten wir erhalten, und daraus ist der Umfang unseres Weltbildes zu ermessen, das wir auf diesen Antworten errichten. Es ist müßig zu fragen, ob außerhalb der von uns realisierten Perspektive noch weitere Wirklichkeiten existieren. Wir können es nicht wissen, und so dominiert der von Sonne/Merkur verkörperte Gedanke, daß alles Bestehende nur aufgrund der Wahrnehmung des Beobachters existiert, beziehungsweise auf der Voraussetzung des Beobachters, die Dinge so wahrzunehmen, wie er sie wahrzunehmen gelernt hat.

Das persönliche Karma

Willst du die äußere Welt verändern, so mußt du zuerst die innere erkennen. Genauso, wie jede Antwort von der ihr vorangegangenen Frage abhängt, hängt jede Erkenntnis von der ihr vorausgehenden Bereitschaft ab, etwas zu erkennen. Deine Begriffswelt ist das Ergebnis der Wirkungen Merkurs, die aus dem Rohmaterial schöpferischer Ursubstanz materialisiert wurde. Die Methode, Symbole zu schaffen und miteinander zu kombinieren, entspricht exakt deinen merkurischen Anlagen und Fähigkeiten. Damit erschaffst du dir eine begriffliche Welt, die du der instinktiven Welt überlagerst, bis du selbst überzeugt bist, daß die begriffliche, von dir selber geschaffene Realität der Wirklichkeit entspricht.

Merkur steht also weniger für kreatives Denken als mehr für die dem Gedächtnis einverleibten Muster, wie du die angelernten Denkinhalte wiedergibst. Nur das reflexartige Zusammenbinden deiner Lernerfahrungen ermöglicht dir das gezielte Anwenden komplizierter Handlungen, und das bedeutet wiederum, die Handlungen so zu automatisieren, daß nicht jeder einzelne Denkschritt einzeln nachvollzogen werden muß. Damit lieferst du dich gleichzeitig aber auch diesem Handlungsschema aus (da du alles, was du erfährst, nur an dem messen kannst, was du schon weißt), weil du durch das pausenlose Kombinieren angelernter Inhalte keinen Freiraum mehr hast, dir über die Grundlagen deiner Denkformen bewußt zu werden.

Jedes Denken ruft aus dem unermeßlichen Strom schöpferischer Ideen immer wieder neue Versionen des Denkens hervor. Es gibt nie ein Ende für das, was du mit Denken umreißt und alles, was du mit Wirklichkeit bezeichnest, ist ein Abbild dessen, wie deine Sinne dir die Welt beschreiben. Du schaffst dir deine Realitätsebenen durch die Wirkungen deiner Vorstellungen und gleichzeitig erschaffen dir die Wirkungen deiner Vorstellungen erst die Identität eines Ich. So bringt sich dieses Gestirn innerhalb deiner Vorstellungsbilder immer mehr hervor, denn das Denken vergißt sich im Denken, weil es sich ausschließlich auf sich selber konzentriert. Das führt zu Verwirrungen und Krisen, wenn deiner Psyche für die Durchschreitung ihrer subjektiven Realität die nötige Kraft abgeht. Zwar weißt du, daß sich dir der größte Teil deiner Erfahrungen beständig entzieht, doch wenn du mit den anderen Seiten deiner vieldimensionalen Existenz wirklich konfrontiert wirst, kann dir das Gefühl für eine gesunde Ich-Perspektive verlorengehen.

Mythologischer Hintergrund

Das Höhlengleichnis

Zum bildlichen Vergleich wollen wir hier Platos Höhlengleichnis heranziehen: Ein paar Gefangene sitzen in einer unterirdischen Höhle so gefesselt, daß sie ihren Kopf nicht drehen können. Hinter ihnen brennt ein großes Feuer, und zwischen ihnen und dem Feuer herrscht ein buntes Treiben. Da die Gefangenen sich nicht bewegen können, können sie die Leute auch nicht sehen; sie sehen nur deren Schatten, die durch das Feuer auf die Wand vor ihnen reflektiert werden. Da sie die Leute aber reden hören, glauben sie, daß die Schatten reden und machen diese Meinung zu ihrem Modell.

Als man einem von ihnen die Fesseln abnimmt und dieser sich umdreht, kann er die hinter ihm liegende Wirklichkeit nicht als Realität erkennen, weil er dafür keine Vorstellung hat. Seine Wirklichkeit ist, daß die Schatten an der Felswand reden. Das, was er im Glanz des Feuers sieht, ist für ihn Illusion. Er ist nicht in der Lage, die Realität zu erkennen, deren Schatten er vorher sah. Er hält die Schatten für die Realität und die Erscheinungen hinter den Schatten für Teufelsspuk und Blendwerk.

Weiter heißt es dann: *Gewaltsam wird er aus der Höhle geschleppt. Er gelangt an das Licht der Sonne, aber er fühlt nur Schmerzen, sträubt sich, kann völlig geblendet im Glanz der Sonne gar nichts erkennen. Er muß sich langsam gewöhnen. Dann sieht er die Dinge oben in einer Stufenfolge: am leichtesten und zuerst die Schatten, dann die im Wasser gespiegelten Abbilder, dann die wirklichen Gegenstände selber, dann in der Nacht die Erscheinungen am Himmel, das Licht der Sterne und des Mondes, dann am Tag das Sonnenlicht und die Sonne selbst. Nun sieht er nicht bloße Abspiegelungen, sondern alles selbst in voller Wirklichkeit, und dann schließt er durch Folgerungen: daß wir der Sonne die Jahreszeiten verdanken, daß sie über allem waltet, daß sie in gewissem Sinn auch die Urheberin jener Erscheinungen sei, die er vorhin in der Höhle sah. Er gelangt in einen Zustand, in dem er sich glückselig preist, bei der Erinnerung an jene erste Wohnstätte.*

Dort gab es Ehren und Auszeichnungen für die, die die Schatten der Reflektionen am schärfsten wahrnehmen, sich am besten erinnern und aufgrund dessen am besten das künftig Eintretende erraten konnten. Jetzt aber will er lieber alles ertragen, als wieder im Banne jener Trugmeinung zu stehen und ein Leben jener Art zu führen.

Nun kehrt er in die Höhle zurück, um auch die anderen zu befrein. (Er will ihnen seine neu erfahrene Wirklichkeit verkünden!) Doch die anderen werden nur böse und entgegnen ihm, sein Aufstieg nach oben sei schuld daran, seine Augen seien verdorben, der Versuch solchen Aufstiegs sei verwerflich, und wenn er für seine Verfehlungen nicht öffentlich Abbitte täte, würden sie ihn umbringen.

Plato, "Der Staat", VII

Fazit

Beim Sehen spielt sich ähnliches ab: Die Lichtstrahlen der Sonne werden von den Objekten der Außenwelt auf die Netzhaut des Auges projiziert und dadurch vom Hirn wahrgenommen. Das Sehen entspricht also der Sonne. Wie aber das Hirn das, was es sieht, wahrnimmt und in Kategorien einordnet, ist den Wirkungen Merkurs zuzuschreiben. Als Vermittler symbolisiert Merkur die Angleichung des Sehens an die Strukturen der Ich-Wahrnehmung. Dabei geht es aber nicht darum, ob das, was wir erkennen, Wahrheit ist oder nicht (das ist es ohnehin nie!), sondern darum, unsere Erkenntnisse in eine denkerische Übereinstimmung mit der Welt zu bringen.

Merkur gilt astrologisch als der Planet des Kommunikationsaustausches und Verstandes. Wenn wir diese beiden Umschreibungen verbinden, sehen wir, daß es nur der Kommunikations- und Wissensdrang ist, der den Geist dazu bewegt, über sich selber nachzudenken (sich über sich selbst ein Bild zu machen), auch wenn er dies natürlich nur in den Kanälen seiner eigenen Denkvorstellung tut. Dadurch ist er in der Lage, sich in seine eigene Entwicklung einzubeziehen und somit Modelle zu entwickeln, die ihn mit seinem eigenen Wirken in Berührung bringen.

Psychosomatische Entsprechungen

Energiezersplitterung, intellektuelle Kurzschlüsse, verkopfte Erschöpfungszustände

Wenn Merkur eine enge Verbindung mit der Sonne bildet (< als 3°), werden deine Kommunikationskanäle mit Sonnenenergie überladen, und es kommt immer wieder zu verstandesmäßigen Kurzschlüssen. Du identifizierst dich dabei so stark mit dem Produkt deiner eigenen Gedanken, daß du von den Bildern deines Geistes fortgerissen wirst. Statt dich deines Denkprozesses bewußt zu werden und zu den eigenen Vorstellungen Abstand zu gewinnen, identifizierst du dich so heftig mit deinen Bildern, daß du selbst zum Inventar deiner inneren Vorstellung wirst!

Infolge eines Überschusses an solarer Elektrizität brennen die Sicherungen in deinem logischen Verhalten durch und du fällst in ein kindliches Verhalten zurück, indem du dich durch geistigen Exhibitionismus rücksichtslos zu entblößen suchst. Der Wille wird zum aggressiven Werkzeug der eigenen Selbstdarstellung. Mit anderen Worten: Sonne und Merkur verbrennen sich!

Dadurch gelingt es dir oft nicht, dich aus deinen anerzogenen Denkweisen und Verhaltensmechanismen zu befreien und neue Paradigmen zuzulassen. Der Prozeß, dein subjektives Denken in die Erwartungen der Umwelt einfließen zu lassen, wird blockiert. Das kann zum Zusammenbruch des gesamten Kommunikationsverhaltens führen, wenn das Denken infolge der Zwänge des überpeitschten Willens kurzschließt.

Diese Unfähigkeit, dich objektiv zu erkennen, wirkt sich oft in einer Störung der Kommunikationskanäle aus: also der Sprach-, Seh- und Hörorgane. Wahrnehmungsstörungen im Bereich des Sehens oder Hörens entsprechen nämlich exakt der Unfähigkeit, dich selber objektiv zu sehen. Sie versinnbildlichen die Diskrepanz, die zwischen deinen Vorstellungen und den Vorstellungen der Umwelt liegt.

Symptom-Katalog

Psychisch

- Schwindel und Wahrnehmungsstörungen (Schwäche der Seh- und Hörorgane)
- Sprach- und Kommunikationsschwierigkeiten (Unvermögen, sachlich zu kommunizieren)
- Perfektionsideale und (daraus entstehend) Schuld- und Unzulänglichkeitsgefühle; Kritiklust, Nörgelei, Intoleranz
- nervöse Erschöpfungszustände (Schlafstörungen, Energiezersplitterung, Allergien)

Physisch

- Lungenerkrankungen; schwache Bronchien (Kettenraucher!)
- Kopfschmerzen
- Schwäche des Solarplexus sowie des sympathischen Nervensystems

Schüssler-Salze

Minerale

Calcium phosphoricum (Nr. 2)

- bei Blutarmut, Erschöpfung, Rekonvaleszenz (Schwäche des sympathischen Nervensystems)

Kalium chloratum (Nr. 4)

oder

Kalium sulfuricum (Nr. 6)

- gegen Bindehautentzündung (Auge)
- Katarrhe der Schleimhäute in Nase, Mund und Ohren
- Bronchialkatarrh
- allgemein bei zähfliessenden Auswürfen (Raucherkatarrh)

Neben-Mineral

Zincum chloratum (Nr. 21)

- gegen Nervenreizungen, Energiezersplitterungen (innere Erschöpfung aus mangelndem Gesprächsaustausch)

Bach-Blüten

Mimulus (Gefleckte Gauklerblume)
- gegen Kommunikationsenge
- Versagensängste (Unzulänglichkeitsgefühle)
- allgemein gegen Angst, von der Umwelt nicht akzeptiert zu werden

Wild Oat (Waldtrespe)
- bei geistiger Überlastung (Erschöpfungszustände aus Unentschlossenheit)

Crab Apple (Holzapfel)
oder
Heather (Heidekraut)
oder
White Chesnut (Roßkastanie)
- gegen nervliche Überreizung, schnelle Verärgerung und Neid
- Ich-Besessenheit, Eigennützigkeit und extremes Mittelpunkt-Interesse
- Überbeanspruchung des Hirns (Gedanken drehen sich im Kreis), Kopfschmerzen, Schlafstörungen

Urtinkturen

Thymus serpyllum (Feldthymian)
- gegen Hals- und Kopfweh (Klingeln in den Ohren)
- Heiserkeit und Husten

Trifolium pratense (Wiesenklee)
- gegen Schlaflosigkeit
- Kommunikationsangst
- Gedächnisverlust (Konzentrationsschwäche)

Süssholz (Lakritz)
- gegen Verspannungen, Bronchialkatarrh und zähe Auswürfe
- als Nikotinersatz für Raucher

Erlösungsformen

- Psychosynthese, Transaktionsanalyse
- Gesprächs- und Psychotherapie
- alle Formen von Gedankenaustausch

Spirituelle Öffnungen

Ritual
"Gnothi seauten" (Erkenne dich selbst!)
Farbe
Sandfarben, Beige, Grau, Honiggelb
Duft
Storax, Eisenkrautöl
Edelstein
Bernstein
Krafttier
Schakal
Symbol
Caduceus und geflügelter Helm
Mythos
Nathan der Weise (Drama von G. E. Lessing)
Archetyp
Lehrer (Sokrates, Plato, Aristoteles, Pythagoras, Thales)
Gottheit
Athene, Hermes, Loge, Lug
Kraftort
Studierzimmer
Kultstätte
Altamira-Bilderhöhle bei Santillana del Mar
Sabbat
Einschulung, Stellenantritt
Musik
"Das wohltemperierte Klavier" von J. S. Bach
Malerei
"Gäste beim Zeitungslesen" von August Macke
Schrift
"Physik" und "Metaphysik" von Aristoteles; "Logischer Atomismus" von Bertrand Russell

SONNE/VENUS

100% Konjunktion; Spiegelpunkt
85 % Halbquadrat; Venus in Löwe
75% Halbsextil; Sonne in Haus 7; Sonne in Waage
60% Venus in Haus 5
50% Sonne in Haus 2; Sonne in Stier; DC in Löwe
40% Hausspitze 5 in Waage
25% Hausspitze 2 in Löwe; Hausspitze 5 in Stier; Herrscher von Haus 7 oder 2 in Haus 5; Herrscher von Haus 5 in Haus 7 oder 2

Thema	Luxus, Glamour, Glanz und Prunk
Ziel	Liebe, Freude, Eierkuchen (erotische Selbstpräsentation)
Sinn	äußeres Glück und heile Welt
Licht	Anmut, Hingabe, Harmonie
Schatten	Begierde, Genußsucht, rohe Sinnlichkeit
Leitbild	die Feuerprinzessin (der erotische Flächenbrand)

Blühen ist mehr als Glut
(Henry Benrath)

GRUNDLAGE

Geistige Prägung

Um zu merken, unter welchen dunkleren Gesichtspunkten (Karma) wir uns eine doch so harmonische Verbindung wie die von Sonne und Venus vorzustellen haben, müssen wir uns darüber klarwerden, daß es zu den wichtigsten Aufgabe der Liebesgöttin gehört, die Gegensätze auszugleichen. Da die Sonne diese Aufgabe gewissermaßen in den Brennpunkt rückt, Venus aber meist nur ein hübsches Arrangement von Harmonie erzielt, zeigt sich unter dieser Konstellation oft das frustrierende Unbehagen, die innere Leere nicht in den Griff zu kriegen. Gleichzeitig lenkt Sonne/Venus vom Unbehagen dieser Leere ab, weil diese ja wiederum selber eine ungelöste Polarität darstellt, die der Sonne/Venus-Mensch weder wahrhaben will noch kann. So wird er das Problem in einem Lösungsmodell verstecken und in seiner eigenen Inszenierung auftreten, in der er alles Problematische bewältigt hat. Um sich die eigenen Verdrängungen zu erhalten, vollführt er wahre Zauberkunststücke, um die Wirklichkeit darin verschwinden zu lassen.

Frau

Trotz sympathischster Ansprechbarkeit und überpräsenter Kontaktbereitschaft zeigst du dich oft von einer inneren Zerrissenheit, welche geradezu diametral zu deinem äußeren Harmonieempfinden steht. Geschliffenes Auftreten und charismatischen Charme verbindest du mit einer Tendenz zu Oberflächlichkeit und Leichtsinn, wobei der äußere Aufzug eines Menschen dir meistens viel wichtiger erscheint als seine inneren Werte. Du liebst das Heitere und Unbeschwerte und versuchst, durch sexuelle Freuden dem Schönen in der Umwelt beizukommen. Weil die Sexualität aber selten ohne Besitzdenken und frei von Zwängen ist, mutiert der Austausch körperlicher Gefühle zu lustdurchtränkten Wunschvorstellungen, die du nach außen projizierst und als (Alp-)Träume dann wieder zurückerhältst und denen du im Leben hinterherrennst. Du kannst und willst deinen Anspruch, nach Designer-Maßstäben zu messen und plumpe Materie durch ästhetischen Glamour zu ersetzen, nicht loslassen. Und so betäubst du dich eher mit den raffiniertesten Verstiegenheiten, als daß du eine spontane Entscheidung zu treffen wagst.

Mann

Dieses Gestirn macht dich zum geborenen Unterhalter/Diplomaten, dem es gelingt, alle Kanten in Verhandlungen und Gesprächen abzuschleifen und dem anderen das Gefühl zu geben, sich als Mittelpunkt zu wähnen, um den sich das Geschehen dreht. Du verfügst über das innere Gespür, über alle Verschiedenheiten hinaus Brücken zu bauen und das gemeinsam Verbindliche herauszustreichen. Dadurch fällt es dir leicht, gesellschaftliche Beachtung zu finden und in der Außenwelt zu glänzen. Doch in Wirklichkeit leidest du sehr an deiner inneren Diskrepanz, und im idealistischen wie naiven Wunsch nach harmonischer Verschmelzung schwankst du zwischen Ernüchterung und Euphorie, Realität und Einbildung. Gleichzeitig versuchst du, einen eigenen Zugang zu den inneren Schöpfungskräften der Seele zu finden und den Wunsch nach allumfassender Liebe, Frieden, Schönheit und Vollkommenheit auf eine Ebene zu heben, auf der die Realität dem nicht entgegenwirken kann.

Karmisch-seelische Struktur

Die kollektive Struktur

Sonne und Venus verkörpern in ihrem Zusammenspiel keinesfalls nur die bloße Freude und den Optimismus, wie es in vielen astrologischen Rezeptbüchern geschrieben steht, denn hinter der Fassade von Höflichkeit und Harmonie klafft auch ein Gefühl von Leere, weil der Mensch ahnt, daß er die Schönheitsideale, denen er in der äußeren Welt nachjagt, in der Tiefe seines Herzens nie wird finden können. Unter diesem Zeichen verbirgt sich neben dem Streben nach äußerem Glanz auch eine Annäherung an das Tiefenselbst, an die Seele als Ganzes oder an Gott. Die völlige Abhängigkeit der Venus von der äußeren Begegnung symbolisiert nämlich die nicht zu erfüllende Vereinigungssehnsucht mit dem Ewig-Göttlichen oder den Wunsch nach Wiedervereinigung der Polaritäten, deren Trennung durch den Sündenfall mythologisch gut dargestellt ist. Das ganze äußere Bestreben ist darauf ausgerichtet, Harmonie herzustellen, um von der inneren Unerfülltheit abzulenken, und man muß zugeben, daß dies hervorragend gelingt. Sonne/Venus-Typen sind die geborenen Vermittler, wenn es darum geht, zu schlichten. Geht es darum, die Mitte in irgendeiner Form zu finden, sind sie sogar bereit, kurzfristig gegenteilige Ansichten zu übernehmen und, um von der Augenblicksituation abzulenken, für einen kurzen Moment das Muster eines zeitloseren, überräumlichen Verstehens durchschimmern zu lassen.

Das persönliche Karma

Hinter deinem Verhalten, jeder Auseinandersetzung und Entscheidung auszuweichen, verbirgt sich das lebensfeindliche Prinzip, das körperliche Leben in seinen Auswirkungen gar nicht annehmen zu wollen. Hier versteckt sich der Wunsch, dem Leben in allen Lagen ein ästhetisch-verlogenes Mäntelchen überzuziehen, um das nicht wahrhaben zu müssen, was menschliches Verhalten oft mit sich bringt: Chaos und Zerstörung. Damit sitzt du aber in der Falle: Ewiges will erspürt und dann von der Begrifflichkeit deiner Gefühle vereinnahmt werden. Gleichzeitig sehnst du dich nach Liebe, um den materiellen Zwängen zu entgehen und merkst nicht, daß du, indem du nach Erfüllung strebst, deine Vorstellung von Glück anstrebst, die stets gesucht, aber nie gefunden werden darf, damit die menschliche Entwicklung nicht stillhält. Glück und Liebe sind ewige Bewegungen und halten nie ein; alles befindet sich in einer ewig fließenden Offenbarung des göttlichen Willens, und Evas Absicht, in diese Strömung einzugreifen und *sich Gott durch das bewußte Essen des Paradiesapfels einzuverleiben* (Sündenfall), mutet im Angesicht des Ewigen bisweilen naiv und kindlich an.

Mythologischer Hintergrund

Die schöne Helena

Als auf dem Olymp zwischen Hera, Athene und Aphrodite ein Streit darüber ausbrach, wer die Schönste sei, wurde Paris die zweifelhafte Ehre zuteil, diesen zu schlichten. Vor die Wahl gestellt, zwischen Hera (die ihm Weltherrschaft bot), Athene (die ihm Weisheit, Tapferkeit und Gerechtigkeit antrug) und Aphrodite zu wählen, entschied er sich schließlich für die Liebesfürstin, die ihm dafür das schönste Weib der Welt versprach. Die Tatsache, daß die schönste Frau schon die Gattin des Königs Menelaos von Kreta war und dieser nie und nimmer bereit sein würde, den Ehebruch ungestraft hinzunehmen, schien weder Aphrodite noch Paris zu berühren.

Helena, die Schönste unter den Sterblichen, symbolisiert das nie zu erreichende Traumbild, das den optisch Besessenen in seiner tiefsten Seele betört. Sie wird uns geschildert als eine zwielichtig-schillernde Gestalt: Zeugnis der Liebe zwischen Leda und Zeus. Zeus soll sich dem Ziel seiner Begierde in der Gestalt eines Schwanes genähert haben, da er offenbar nicht hoffen konnte, in seiner ursprünglichen Gestalt vor den Augen der schönen Frau Gnade zu finden.

Wir sehen hier auf eine anschauliche Weise die Unbekümmertheit des Sonne/Venus-Prinzips. Da Zeus nicht glaubt, von Leda auf die übliche Weise erhört zu werden, nähert er sich ihr aus der Vogelperspektive (Schwan), aus der die Gegensätze in einem übertragenen Sinn durch die große räumliche Entfernung ineinander verschmelzen. Das Symbol des Schwanes zeigt nichts anderes als den Versuch, die Wirklichkeit hinter den eigenen Zauberkunststücken verschwinden zu lassen, um sich die eigenen Bilder zu erhalten.

Da die Frucht aus der Verbindung mit einem Schwan nicht leiblich ausgetragen werden kann, spricht die Mythologie von einem befruchteten Ei, aus dem Helena hervorging. In diesem Sinn ist Helena eine leibliche Übertragung der archetypischen Venus (Aphrodite), die ja auch nicht aus einem Mutterleib geboren wurde, sondern direkt dem Samen des Vaters im Kontakt mit dem mütterlichen Ozean entsprang. (Vgl. S. 63)

Helena repräsentiert die auf die Fleischlichkeit des Leibes reduzierte, im Prinzip aber unstillbare Liebeslust. Damit entspricht sie der menschlichen Verkleinerung der mythologischen Venus, die nicht aus dem Gefühl kosmischer Verschmelzungssehnsucht heraus, sondern aus der drängenden Gewalt sexueller Selbstdarstellung handelt. Als sie ihrem männlichen Ebenbild in der Gestalt des Paris begegnet, ist es um die beiden geschehen.

Genauso, wie Helena nicht aus einem spirituellen Liebesbedürfnis heraus handelte, sondern dem Ruf ihrer inneren Triebe folgte, genauso entsprach das Urteil des Paris nicht der Weisheit eines reifen Liebesverständnisses, sondern der jugendlichen Spontaneität sexuellen Übermuts.

Fazit

Sonne/Venus steht für die unschuldig-naive Triebbefriedigung, die die Folgen der eigenen Handlungen weder erkennen noch absehen kann. Statt also deinen geschwächten inneren Selbstwert zu stärken, damit die Abhängigkeit von Außenwerten abnimmt, suchst du dich unter diesem Zeichen an die Werte zu klammern, die du auf andere projizierst. So wirst du im Umweg über die Umwelt (ohne es zu merken) von deinen eigenen Ansprüchen abhängig, die du aber nicht ausleben, sondern nur über die Begegnungen mit anderen erfahren kannst. Umgekehrt liegt in dieser emotionalen Unbeschwertheit auch das Glück, durch eine gewisse kindliche Spontaneität sogar noch die zu betören, die du schon belogen und an der Nase herumgeführt hast.

Unter diesem Zeichen kennt man kein böses Zerstörenwollen oder Schlechtsein, sondern es ist einfach ein gewisser Leichtsinn, der sich nicht um die seelischen Verknüpfungen und die moralischen Eingrenzungen der anderen kümmert. (Menelaos brachte es nach der Eroberung von Troja trotz ihrer Untreue nicht fertig, Helena zu töten. Er verzieh ihr und nahm sie als seine Gattin wieder zurück nach Sparta.)

Psychosomatische Entsprechungen

Bequemlichkeit, Launenhaftigkeit und innere Leere (aus überhöhten ethischen Ansprüchen)

So wie das Auge einen Spiegel braucht, um sich selber zu sehen, so braucht der Mann eine Frau, um sich selber erkennen zu können – und umgekehrt! Der Mensch braucht für die Erkennung seines unentdeckten Seelenanteils einen Spiegel, der ihm seine innere Andersgeschlechtlichkeit reflektiert. Das entspricht der psychischen Auslieferung an das venusische Schönheitsprinzip: der Lust nach kosmischer Verschmelzung oder der Sucht nach körperlichem Sex.

So wie jeder die Welt als Spiegel für seine verdrängten Persönlichkeitsanteile benutzt, genauso benutzt du deine äußeren Ansprüche als selektives Abwehrprinzip, die Wahrheit (innere Leere) zu verdrängen und Harmonie und Schönheit in den Mittelpunkt deines Suchens zu stellen. Im Bestreben, die innere Leere zu verdecken, hüllst du dich in Harmonie, was der verdrängten Wirklichkeit entspricht und der Zementierung stilisierter Seifenblasen. Statt also deine innere Mitte zu leben, damit du nicht von anderen abhängig wirst, klammerst du dich an deine eigenen Projektionen, die du nach außen überträgst. Somit wirst du von deinen inneren Vorstellungen abhängig, die du im Umweg über die anderen auslebst.

Symptom-Katalog

Psychisch

- zwanghafte Lustansprüche, die bei Nichterfüllung in Lust- und Sinnlosigkeit umschlagen
- Unausgeglichenheit, Unzufriedenheit, Launenhaftigkeit, Leichtsinn
- Unentschiedenheit und Bequemlichkeit (geht Schwierigkeiten aus dem Weg)

Physisch

- Blasenleiden, Drüsenstörungen, Nierenprobleme (venöse Blutstauung in den Nieren führt zur Schädigung des Nierengewebes)
- Gefäßerkrankungen (Krampfadern, Venenleiden)
- Geschlechtskrankheiten
- Allergien, Stoffwechselstörungen, unreine Haut (Pickel, Mitesser)

Schüssler-Salze

Mineral

Silicea (Nr. 11)
- bei allgemeiner Schwäche
- schwachem Bindegewebe
- Gefäßerkrankungen
- Drüsenstörungen

Neben-Minerale

Cuprum arsenicosum (Nr. 19)
- bei unerfüllten Lustansprüchen (Nierenschwäche)
- Sinnlosigkeits- und Unlustgefühlen
- Handlungsschwäche (Bequemlichkeit, Passivität)

Natrium bicarbonicum (Nr. 23)
- gegen Stoffwechselstörungen (ungenügende Entschlackung)

Bach-Blüten

Larch (Lärche)
- bei Unausgeglichenheit (Unzufriedenheit, Launenhaftigkeit und innere Selbstzweifel)

Scleranthus (Einjähriger Knäuel)
- Entschlußlosigkeit

Wild Rose (Heckenrose)
- oder gegen Unentschiedenheit und Schwäche (Ohnmachtsgefühle gegenüber den eigenen Schicksalsmechanismen)

Urtinkturen

Orchidaceae (Orchidee)
- bei Verstrickungen in körperlichem Liebeszauber (unersättliche Lustansprüche)

Prunus amygdalus (Traubenkirsche)
- Festklammern am Partner *(Das aus der Mandel gewonnene Öl galt bei den Griechen als Same des Zeus!)*

Prunus padus (Traubenkirsche)
- oder Liebeskummer (Sehnsucht nach seinem andersgeschlechtlichen, unerlösten Teil)

Rosenblüten
- Symbole der Vollkommenheit und Schönheit

Erlösungsform

- Liebe

Spirituelle Öffnungen

Ritual
Liebeszauber
Farbe
Morgenrot (helles Rosa)
Duft
Mandelblüten; Rosenöl
Edelstein
Rosenquarz
Krafttier
Lamm oder verführerische Schlange
Symbol
Rose
Mythen
Geburt der Venus;
Marias unbefleckte Empfängnis
Archetyp
Heilige, Hure
Gottheit
Adonis, Eros, Aphrodite
Kraftort
in den Gefilden Auroras (Morgenröte) oder das Charisma des alten Florenz
Kultstätte
Kythera, griechische Insel zwischen dem Pelopones und Kreta (in der Antike Mittelpunkt des Aphroditekultes)
Sabbat
Rosenkranzfest (7. Oktober)
Musik
"Prélude à l'après-midi d'un faune" von Claude Debussy;
"Rosenkavalier" von Richard Strauss
Malerei
Tizians blühende Farbenpracht ("Venusfest")
Literatur
"Liebesgedichte" von Pablo Neruda

SONNE/MARS

100% Konjunktion (+); Quadrat (–); Trigon (+); Opposition (–); Spiegelpunkt (+)
85% Sextil (+); Sonne in Haus 1
75% Anderthalbquadrat (–); Quincunx (–); Mars in Löwe; Sonne in Widder
60% Halbquadrat (–); Mars in Haus 5
50% Halbsextil; AC in Löwe
40% Hausspitze 5 in Widder; Herrscher von Haus 1 in Haus 5
25% Herrscher von Haus 5 in Haus 1

☉ ♂

Thema	Antrieb, Impuls, Energie
Ziel	Durchsetzung, Eroberung, Abenteuer
Sinn	Selbstverwirklichung
Licht	Aktivität, Lebenswille, Wille zur Tat
Schatten	Aggressivität, Egoismus, Scheitern an Widerständen
Leitbild	das brennende Schwert

We want the world and we want it NOWWWWW!
Jim Morrison

Grundlage

Geistige Prägung

Mars repräsentiert das dynamische Prinzip innerhalb der Götterhierarchie. Dadurch fungiert er sozusagen als Geburtshelfer oder Steigbügelhalter der Sonne, der das in der Außenwelt durchzusetzen pflegt, was dir als Ich-Anlage (Sonnenprinzip) zur Verfügung steht. Er ist der unbekümmerte Gott des Zwistes, der das Machtprinzip der Sonne ohne Rücksicht auf Verluste durch sein aggressiv-handelndes Verhalten zum Ausdruck bringt. Nichts ist ihm dringender als das Vorhandensein spielerischer Freiräume, in denen er seine kindliche Zerstörungslust loswerden kann. Auch braucht er äußere Widerstände, um sich mit der ganzen Wucht seiner impulsiven Spontaneität dagegenzuwerfen.

Frau

(–)
Vielleicht hast du in deiner Kindheit die Erfahrung gemacht, daß deine knabenhafte Wildheit unterdrückt und von der Umwelt strikt verhindert wurde. So warst du gezwungen, dich an die Normstrukturen anzupassen, was in Umkehrung der Inhalte dazu führte, daß du in Verhinderung der eigenen Triebe die Modelle der Erwachsenen zum Vorbild nahmst, die du dann gegenüber deiner Umwelt durchzusetzen suchtest. Mit anderen Worten, du hast versucht, das, was dir selber nicht erlaubt war, auch bei anderen zu verhindern, indem du bei anderen die Verhinderung "durchsetztest". So kommt es, daß die Erziehung, die dich als Kind am Annehmen deiner Aggressionen hinderte, sich später gegenteilig auswirkt, indem du die flammende Dimension deines Feuer-Elements bei dir ablehnst. Du du gelernt hast, es nicht zu mögen, von den inneren Marskräften berührt zu werden, lebst du deine Anlage vielleicht durch einen Partner aus, dem es besser gelingt, seine Hitze und Impulsivität zum Ausdruck zu bringen. Durch Reibereien wirst du im Laufe der Zeit jedoch mit deinen eigenen Aggressionen konfrontiert, und indem du dich innerhalb der Beziehung zu wehren beginnst, lernst du, mit deinen inneren Behinderungen umzugehen.

(+)
Schon als Kind ließt du dich durch die Einschränkungen deiner Umwelt nicht so leicht einschüchtern, und damit verwandelten sich die Angriffe der anderen in Stimuli für die eigene Individualität. Die Brandungswellen des täglichen Überlebenskampfes wirkten sich fördernd auf deinen Energiehaushalt aus, das Selbstvertrauen wuchs und alle Hürden wurden restlos überwunden, denn diese Konstellation zeigt eine Fülle von Energie, die sich aus Schwierigkeiten nährt, an Hindernissen explodiert und sich durch Überwindung großer Widerstände krönt.

Deshalb bist du unter diesem Einfluß auch sehr begeisterungsfähig und phantasievoll. Man könnte dich als immer "up to date" bezeichnen, denn du bist die erste, die sich für neue Trends begeistert, bevor die anderen überhaupt reagieren. Gleichzeitig kannst du aber auch sehr überheblich sein, und wenn es dir nicht gelingt, dich in den Mittelpunkt zu stellen, fühlst du dich schnell frustriert.

Du bist nicht nur deines spontanen Übermuts wegen sehr reizend, sondern auch durch deine echte Freude und dein überschäumendes Temperament. Du rennst zwar gerne gegen Widerstände an (und sei es nur um der Aufregung willen), aber da sich hinter deiner Neigung zum Prahlen und Aufschneiden die kindlich-naive Erwartungshaltung verbirgt, daß dir im Leben alles gelingt, kann das deine Anziehungskraft kaum mindern.

Mann

(–)
Vom inneren Verlangen beseelt, alles anzubrüllen, was dir keinen Lustgewinn verschafft, brachtest du dich schon als Säugling in den Mittelpunkt und wehe, wenn du deinen Willen nicht durchkriegtest. Dein Verhalten entbehrte natürlich noch der Reife und war angefüllt von trotzigem Widerstand, trotzdem brachte es deine individuelle Männlichkeit in Gang, ohne die sich im Bereich der Schöpfungsabsicht nie etwas bewegen würde.

Die Kunst, die impulsiven Visionen dieses Gestirns in starre Alltagsmodelle einzupassen, ist eine große Herausforderung für jeden Krieger, der sein Ego kreativ zum Ausdruck bringen will. Auf den ersten Blick ist das Ego zwar ein Interessenverband von falschen Angleichungen an die Umwelt (übertriebene Selbstdurchsetzung aus ungelösten Autoritätskonflikten), doch auf den zweiten hilft es dir, durch Reibereien mit der Umwelt die äußere Schale abzuschleifen und zum inneren Wesenskern vorzudringen. Energetisch sind es die zarten Anfänge kreativer Veränderungen, die sich später zu den Dimensionen großer Zukunftsperspektiven auswachsen können.

Unter diesem Aspekt mußt du einfach wahrnehmen, daß das, was du als Ich-Gefühl erspürst, nur der Einschätzung entspricht, wie die Umwelt auf dich einwirkt. Je stärker du dein Ich einschätzt, desto blasser wird die Umwelt, und je stärker die Umwelt wirkt, desto kleiner wird dein Ego. Die Ich-Einschätzung ist keine feste Größe, sondern stellt das momentane Ergebnis eines dynamischen Austausches mit der Umwelt dar. Dadurch kannst du lernen, die Bilder, die Ausdruck einer vorübergehenden Momentaufnahme sind, anzunehmen und zu leben. Mars und Sonne unterstützen nur spontanes Handeln, und sobald du nach Sinn und Zweck von Taten fragst, überfallen dich Erschöpfung und Melancholie. Der lodernde Ruf des Abenteuers läßt sich eben nicht auf materielle Sinnwerte anwenden, denn während der Kampf immer neue Kräfte freisetzt, wird das Ende stets von Sinnlosigkeit und Depression begleitet.

(+)
Der harmonischen Verbindung entspringt nicht nur ein strahlender Geist, der neue Ziele spürt, sondern auch ein flammendes Herz, das zu den Gipfelzielen führt. Das betrifft einen Mann, dem die Jagd nach Freiheit, die Lust nach Abenteuer und das Aufstoßen neuer Türen über alles geht, der diesen Drang durch eine einnehmende, mitreißende Persönlichkeit umzusetzen pflegt, was ihm trotz Ungeduld und Hektik die Gefühle seiner Umwelt sichert. Innerhalb der aktiven, spirituellen Dimension seines Feuergeistes ist er unbesiegbar, denn er verkörpert nicht nur das spontane Vordrängen, sondern er vermittelt auch die große Vision, für die sich jedes Kämpfen lohnt.

Da Mars den äußeren Punkt anpeilt, die Sonne aber das innere Ziel darstellt, sehen wir hier, wie gut die Verbindung funktioniert, wenn sich das Zentrum des Wollens direkt in der Vision des Geborenen befindet, denn es wird immer Dinge geben, für die man kämpfen muß. Sind diese Ziele aber nicht nur auf die Durchsetzung des persönlichen Egos ausgerichtet, sondern auch auf Inhalte, die in den Verwirklichungsabsichten schöpferischen Handelns liegen, dann kann Mars glänzend als verlängerter Arm des Sonnenprinzips funktionieren.

Karmisch-seelische Struktur

Die kollektive Struktur

Sonne und Mars verkörpern die Kraft, die uns das erfahrbare Universum durch die Einwirkung unseres Schöpferwillens sichtbar macht. Da sich hinter diesen Eingebungen Visionen verbergen, die auf dem Sprung sind, sich zur Begrifflichkeit konkreter Realitätsvorstellungen zu gestalten, erkennen wir den schöpferischen Antrieb, der sich hinter diesem Gestirn verbirgt: *Sonne und Mars sind die Voraussetzung dafür, daß überhaupt etwas passiert!*

Es sind die inneren Handlungsabsichten, welche die zukünftigen Potentiale erahnen und die Türen zu neuen Inhalten aufschließen, ganz egal, ob es sich um die Anschaffung eines neuen Wagens oder die Durchführung einer Nordpol-Expedition handelt. Mars/Sonne symbolisiert den Anstoß zu jeder Veränderung und Entwicklung, in der die alten Grenzen herausgefordert und bezwungen werden wollen: Der Geborene schickt sich an, etwas in Gang zu setzen, von dem er selber keine Ahnung hat, wohin es führt.

Deshalb verkörpern Mars und Sonne die Kraft zur Durchführung, die am Anfang allen Wollens steht, auch wenn die Ziele noch nicht klar sind. Die unergründliche Imaginationskraft wird stets beginnen, sich in einer Idee zu verdichten und diese mit der nächsten zu einem Schöpferimpuls zu verknüpfen, der sein exoterisches Ebenbild in der Zeugung, sein allegorisches aber in der Paradiesvertreibung hat.

Das persönliche Karma

Unter dieser Konstellation mußt du lernen, mit deinen Aggressionen umzugehen, denn sie sind für die individuelle Entwicklung wichtig. Du mußt lernen, für die Folgen deiner Handlungen einzustehen und dich mit deinen kriegerischen Trieben in der Psyche auszusöhnen, denn wie stark du der göttlichen Hingabe oder der spirituellen Vereinigung auch immer wieder erliegst – die aggressiven Triebe schlafen nie!

Du solltest dich mit ihnen arrangieren, denn wenn du sie verdrängst und in den Keller abschiebst, treten sie als Reaktionen (Aggressionen, Verletzungen, Infektionen) von außen wieder auf. Nimmst du sie aber an, dann kannst du zu einem Kurier jener ansteckenden Begeisterung werden, die durch einen zielgerichteten, sprühenden Tatendrang besticht und nicht nur durch den Zwang, beständig gegen die Umwelt anrennen zu müssen!

Mythologischer Hintergrund

Kadmos und der Drache

Kadmos war der Bruder der von Zeus entführten Europa. Als er von seinem Vater losgeschickt wurde, um die verschwundene Schwester zu suchen, wandte er sich an das Delphische Orakel, das ihm statt dessen den Rat gab, einer Kuh zu folgen und an deren Rastplatz eine Stadt zu bauen. Als er dort auf einen von Ares (Mars) bestellten Drachen traf, besiegte er ihn und streute auf Athenes Geheiß seine Zähne aus (Drachensaat), aus denen bewaffnete Krieger hervorwuchsen, die sofort aufeinander einschlugen, als Kadmos einen Stein unter sie warf.

Auf der gleichen Ebene bewegt sich auch die Sage von den Argonauten und dem Goldenen Vlies. Nach vielen Abenteuern auf der Insel Kolchis angekommen, mußte ihr Anführer Iason zuerst den Drachen erschlagen, der das Vlies bewachte, danach mit ehernen Stieren dessen Zähne aussäen, die Saat umpflügen und sich zusammen mit seinen Helden schließlich der Gepanzerten erwehren, die der Drachensaat entsprangen und vom geprellten König Aiëtes hinter ihnen hergeschickt wurden.

Beide Beispiele zeigen uns eindrücklich, daß es nicht genügt, den Drachen einfach zu erschlagen. Zwar symbolisiert er einerseits den Widerstand der Umwelt, den es zu vernichten gilt, andererseits ist er aber nur der Spiegel unserer inneren Kraft, die uns so von außen ständig Angst macht. Immer wenn wir glauben, die Widerstände der anderen gebrochen zu haben, dann spüren wir schon wieder neue Widerstände aus der Umwelt nachwachsen. Wir fühlen uns stets aufs neue in die gleichen Auseinandersetzungen verstrickt, solange wir nicht erkennen, daß die Voraussetzungen dazu in uns selber sind.

Deshalb steht Sonne/Mars auch für den Übermut, der als verdrängte Angst wiederum ein Teil des Drachens ist. Dieser Teil ist es, der immer wieder nachwächst, weil es ja der unerlöste Teil in uns selber ist, den wir nicht besiegen, sondern akzeptieren und zurücknehmen müssen, wie es in der Sage so einsichtig umschrieben ist.

Fazit

Unter diesem Gestirn hältst du dich für unwiderstehlich, weil dir alles Erreichbare klein und lächerlich erscheint; da du aber keinen Drachen mehr erschlagen kannst, zerschlägst du oft deinen eigenen Rahmen. Wirst du in deiner Aggression gehindert, führt dies zu großer Frustration und Zorn, denn Mars charakterisiert sich durch das Erstürmen seiner Ziele mittels der Tollkühnheit einer gebündelten und in den Brennpunkt der Aggression gebrachten Handlungsabsicht. Vom Wunsch nach Überwindung irdischer Bindungen beseelt, bist du bestrebt, alles Behindernde zu vernichten, ohne zu bemerken, daß du dadurch gerade das, was du zu verhindern suchst, in seinen Wirkungen noch mehr bestärkst. Von deinen aggressiven, inneren Instinkten getrieben, stürzst du dich in Handlungen, ohne zu sehen, daß du den Ursache-Wirkungs-Mechanismus gerade dadurch zum Ausdruck bringst. Man kann es aber auch so sehen, daß die von Mars beherrschten Kräfte die Aufgabe haben, das noch mehr voranzutreiben, was sie eigentlich verhindern wollten, damit sich das Schicksal im Scheitern der erstrebten Ziele auch erfüllen kann. Denn die Voraussetzung zur Verarbeitung eines solchen Konfliktes ist oftmals die Erkenntnis, daß die Schwierigkeiten in den verfehlten Zielansprüchen selber liegen. D.h. die Durchsetzungsabsicht bleibt erhalten, nur sind es oft die anderen, die sich gegen die überhöhten eigenen Ziele durchsetzen!

Psychosomatische Entsprechungen

Infektionen, Depressionen und Überreaktionen (aus Aggressionen und verdrängter Wut)

Diese Konstellation versinnbildlicht die männlich-aktive, treibende Kraft, denn sie repräsentiert den unbekümmerten Gott des Zwistes, der das Machtprinzip des Egos ohne Rücksicht auf Verluste durch sein aggressiv-dynamisches Verhalten zur Geltung bringt. Von seinen aggressiven, inneren Instinkten getrieben, stürzt er sich in Handlungen, ohne zu sehen, daß er den Ursache-Wirkungs-Mechanismus gerade dadurch zum Ausdruck bringt. Das Erkennen größerer Zusammenhänge ist seine Sache nicht. Seine Sache ist, den Handlungsaktionen die nötige Energie zur Verfügung zu stellen (in Notsituationen durch die Ausschüttung von Adrenalin). Sehnen und Muskeln unterstehen Mars ebenso wie die Galle oder die männlichen Geschlechtsorgane, und als Dirigent der Energie steuert er den Wärmehaushalt. Er lenkt also das ebenfalls seinem Symbolbereich zugeordnete Blut zu den Organen, mittels derer er seine Absichten in die Tat umzusetzen versucht: zu den Muskeln für Angriff oder Flucht oder in den Kopf bei Schamgefühlen, Wut und Zorn.

Unter Sonne/Mars leidest du oft an Kopfweh, da du dich energetisch immer auf dem Sprung befindest. Dein Gehirn ist also weniger durch übermäßiges Denken beansprucht als durch die beständige Aufmerksamkeit, die du der Umwelt zollst. Aufgrund deiner unternehmenden Natur entzündest du ein Feuerwerk der Handlungen, um die Initiative an dich zu reißen. Vom Wunsch nach Verwirklichung beseelt, bist du bestrebt, alle Störfelder zu beseitigen, die dein Handeln beeinträchtigen. So zeichnest du dich durch schnelles Reagieren aus, was häufig auch zu Überreaktionen im Bereich des Handelns führt. Diese können sich dadurch auswirken, indem du auf Anfeindungen der Außenwelt übermäßig und unverhältnismäßig reagierst, also bildlich gesehen *mit Kanonen auf Spatzen schießt.* Entziehst du dich den Konflikten aber umgekehrt durch Flucht, dann ziehst du die Probleme ungelöst in dich hinein und mußt dem Konflikt auf der inneren Körper-Ebene begegnen. Dann findet die Auseinandersetzung einfach innerhalb des Körpers statt, indem die eingedrungenen Erreger besiegt und wieder ausgeschieden werden müssen.

Symptom-Katalog

Psychisch
- Überreaktionen (Reizbarkeit, Wutausbrüche)
- nervöse Depressionen (verschluckter Ärger, verdrängte Wut)
- Mutlosigkeit, Schwäche, Umweltängste

Physisch
- Infektionen (Überreaktionen im körperlichen Bereich: z.B. gegen Eindringlinge, was zu fiebrigen Zuständen führt)
- Kopfschmerzen, Migräne, Sehstörungen
- Verletzungen (Zerrungen, Verrenkungen, Verbrennungen, Sonnenstich)
- erhöhter Blutdruck (Herzmuskelüberfunktion, Herzbeutelentzündung)
- Herzschwäche (infolge von Infektionskrankheiten)
- Harnbeschwerden

Schüssler-Salze

Minerale

Ferrum phosphoricum (Nr. 3)
oder - stärker -
Kalium phosphoricum (Nr. 5)
- gegen Fieber und Infektionen
- Herzmuskel- und Nervenschwäche
- Zerrungen, Verletzungen, Verrenkungen
- Kopfschmerzen

Neben-Mineral

Mit Saturn-Einfluß:
Lithium chloratum (Nr. 16)
- gegen Einengungsgefühle (Gelenkversteifungen, rheumatische Affektionen)
- Depressionen (Mutlosigkeit, Schwäche, Umweltangst)
- Migräne, Harnbeschwerden

Bach-Blüten

Beech (Rotbuche)
– gegen Reizbarkeit, Unzufriedenheit (verdrängte Durchsetzung, gehemmte Wut)

Vervain (Eisenkraut)
– verspannte Ich-Besessenheit (übertriebene Willensstärke)

Mit Pluto-Einfluß:
Chicory (Wegwarte)
– bei Einengung anderer (übersteigerter Besitz- und Machtanspruch)

Mit Uranus-Einfluß:
Willow (Gelbe Weide)
– oder gegen Verbitterung aus gescheiterter Ich-Durchsetzung (Ego-Manie)

Urtinkturen

Uva ursi (Bärentraube)
Harnsymptome:
– bei chronischer Blasenreizung
– oder schmerzhafter Dysurie (Harnentleerung)

Verbena officinalis (Eisenkraut)
– gegen nervöse Depression (verschluckter Ärger, verdrängte Wutausbrüche)

Eisen
Zellkatalysator im Hämoglobin:
– bei Mutlosigkeit, Blutarmut und Schwäche (in Form von Tabletten, Injektionen, Trinkkuren und Bädern mit eisenhaltigem Wasser)

Ginseng
Pflanze des ewigen Lebens:
– wird von chinesischen Ärzten Sterbenden als letzte wunderwirkende Arznei gereicht (auch als Aphrodisiakum im Gebrauch)

Erlösungsformen

– Sex
– Boxen, Fechten und andere Zweikämpfe
– oder der in der Samurai-Tradition bzw. in der Überlieferung der Tolteken kultivierte "Weg des Kriegers"

Spirituelle Öffnungen

Ritual
Kampfspiel
Farbe
blutrot, Zinnober
Duft
Niaouliöl
Edelstein
Blutstein (rotbrauner Jaspis)
Krafttier
Wolf, (feuerspeiender) Drache
Symbol
Phallus (Schwert)
Mythos
Iason und das Goldene Vlies
Archetyp
Krieger (Held)
Gottheit
Heroisch-kriegerische Götter (allen voran natürlich Mars!); Nergal, babylonischer Gott der Sonnenhitze
Kraftort
Kino (Schießerei im Wilden Westen, Vergewaltigungsszenen oder Bandenkriege in der Bronx)
Kultstätte
Waterloo (Belle-Alliance);
"Kadmeia" in Theben
Sabbat
Drachensaat (Aufkeimen der ersten Saat)
Musik
"Ouvertüre 1812" von Peter Tschaikowsky
Malerei
Zypressenlandschaften von Vincent van Gogh
Schrift
"On the road" von Jack Kerouac

SONNE/JUPITER

100% Konjunktion (+); Quadrat (–); Trigon (+); Opposition (–); Spiegelpunkt
85% Sextil (+)
75% Anderthalbquadrat (–); Quincunx (–); Sonne in Haus 9; Sonne in Schütze
60% Halbquadrat (–); Jupiter in Haus 5
50% Halbsextil; Jupiter in Löwe
40% Hausspitze 5 in Schütze; Hausspitze 9 in Löwe
25% Herrscher von Haus 9 in Haus 5; Herrscher von Haus 5 in Haus 9

☉♃

Thema	Ausdehnung und Weite
Ziel	Führungs- und Schöpferanspruch
Sinn	Göttertum (Freude an Macht)
Licht	humanitäre Ideale, Begeisterungsfähigkeit, Willenskraft
Schatten	Herrschsucht, Egoismus, Intoleranz
Leitbild	die göttliche Flamme

Ein ganzes Leben lang war ich auf der Suche nach Gott, und als ich ihn am Ende meiner Tage fand und ihm in die Augen blickte, entdeckte ich, daß er es war, der mich suchte.
Bajezid Bastami

Grundlage

Geistige Prägung

Esoterisch verkörpert dieses Gestirn die innere Berührung mit den Schöpferkräften spiritueller Vaterschaft. Voller Optimismus und einem tiefen Glauben an das Gute symbolisiert Sonne/Jupiter einen sprudelnden Quell geistiger Einsichten, der sich im Glauben an eine göttliche Wahrheit inkarniert. Du möchtest alle geistigen Inhalte zur Entfaltung bringen und entzündest dabei ein geistiges Höhenfeuer, das dem Lodern der Flammen im Olymp alle Ehre macht. Es ist dein Streben, die göttlich-intensive Dimension des Feuerelementes im Menschen zu entflammen und diese mit der innersten Sinnsuche in Verbindung zu bringen, denn du bist ein Mensch von großer Menschlichkeit. Großzügigkeit und Hilfsbereitschaft sind für dich keine leeren Worte: Auch wenn sich in deinem Wesen bisweilen Merkmale von Selbstüberschätzung zeigen, so bist du doch immer von einem Streben nach besseren Lösungen beseelt. Deine Neigung zur Übertreibung (zur pathetischen Geste, um dadurch den persönlichen Anliegen mehr emotionales Gewicht zu verleihen) macht dich ganz im Gegenteil zu einer unwiderstehlichen Persönlichkeit, die ihre Umwelt zu begeistern weiß. Auch bist du bestrebt, über die enge Welt hinauszuwachsen und dich deinen Visionen in Form von großen Reisen oder Abenteuern (Entdeckerfreuden) hinzugeben. Energetisch bist du eine wahre Herrschernatur, die die Welt zu ihren Füßen förmlich hinreißt!

Frau

(+)
In dir begegnen wir der starken, bedeutenden und mächtigen Frau, die ihre Persönlichkeit aus der Mitte ihres Bauches lebt, ohne sich in den Nebeln überhöhter Identifikationsgelüste aufzulösen. Du bestehst auf deiner Rolle als Mittelpunkt, aber du weißt sie auch mit durchaus irdischen Mitteln zu vertreten: Dir ist die weibliche Kraft zu eigen, die sich nicht nur nach körperlicher Erfüllung sehnt, sondern die im Austausch mit der Umwelt sowohl Würde wie auch Macht anstrebt. Du lebst keine abgehobenen Ideale, sondern verwirklichst sie, indem du sie bodenständig machst. Eine vollständige Transzendierung deines Ich ist dir nicht möglich, denn du lebst nach dem Motto, daß auch der erleuchtetste Geist in einem irdischen Körper wohnt. Du verwechselst Hingabe nicht mit Selbstlosigkeit, und daher kann man in dir auch eine Repräsentantin der sich hingebenden Liebe sehen, die ihr Territorium aber durchaus abzugrenzen weiß. Trotz totaler Hingabe an den Partner lieferst du dich niemals aus; das läßt eine starke Weiblichkeit erkennen, die ihrem Selbstwertgefühl verschwenderische Pflege angedeihen läßt.

(–)
Du unterstehst im Leben einem starken Zwang, auffallen und mit hohen Zielvorstellungen glänzen zu wollen. Du peilst olympische Gipfel an, und dazu bedarf es entweder viel Kraft oder eines reichen

Sonnenprinzen, in dessen Licht du strahlen kannst. Die disharmonische Verbindung birgt die Gefahr des Größenwahns in sich, weil du die unliebsamen Zweifel aus der Tiefe übertönen mußt. Das tust du, indem du deine äußeren Einsichten in gewaltigen Quadern bildhaften Verstehens zu Tiefenperspektiven aufeinanderschichtest, um die unbequeme Stimme aus der Finsternis zu überstrahlen. Das kann zu einem totalen Wirklichkeitsverlust führen, denn sobald du in die von dir selber imaginierte Wunschwelt eintrittst, so bist du von der Welt durch eben diese Wunschvorstellung getrennt, die du, da du sie für wirklich hältst, ja nicht erkennst! Irgendwann jedoch brechen diese Bilder zusammen, und die Psychologen und Therapeuten haben dann alle Hände voll zu tun, die aus Fehlfixierungen abblätternden Ich-Inhalte mit neuen Identifikationen zu ummänteln. Das erfordert aber zuallererst eine vollständige Relativierung deiner illusionären Wünsche: ein schwieriges Unterfangen bei Sonne/Jupiter-Damen, deren spiritueller Regenbogen in der Mittelpunktsorientierung an eine übertriebene, transzendente Selbstdarstellung schillert.

Mann

(+)
Du liebst den Erfolg, und deine Offenheit kennt keine Scheuklappen, aber gleichzeitig maßt du dir an, den Rahmen zu diktieren, an dem sich die anderen auszurichten haben. Die von dir aufgestellten Gesetze sind zwar nicht hart und einschränkend, aber nichtsdestoweniger bleiben sie Gesetze, und du bist manchmal nicht in der Lage, dein widersprüchliches Verhalten zu durchschauen. Du glaubst, die deiner Umwelt zugebilligte Freiheit sei Freiheit und merkst nicht, daß du dich im eigenen Vaterbild verstrickt hast, das sich so geschickt hinter einem großzügigen Verhalten versteckt, daß es kaum mehr zu eruieren ist. Indem du aber allem Neuen gegenüber tolerant und offen bist, bist du auch ein Kurier des Zeitgeists, den du durch deine zukunftsorientierten Taten beständig in aktuelle Handlungsgegenwart (Realität) überträgst.

(–)
Fehlen Gelassenheit und Selbstvertrauen, besteht die Gefahr, daß du an das Erreichen deiner Ziele gar nicht glauben kannst. Das unterstützt ein Verhalten, sich nicht mit der Realität, sondern mit den Zerrbildern deiner irrealen Wünsche zu identifizieren. Du kappst die Verbindung zwischen Traum und Wirklichkeit und lieferst dich der eigenen Fehlvorstellung aus. Wirst du durch Ich-Krisen aus dieser Verlogenheit herausgerissen, können Illusionen zusammenbrechen. Das wiederum ist deine Chance, den aufgeplusterten Idealen ins Auge zu blicken und sie als das zu erkennen, was sie sind: verträumte Manifeste als Gegengewicht zur inneren Angst, reale Ziele nicht erreichen zu können.

Du kommst nicht umhin, den Glauben an den Sinn des Lebens in dir selbst zu finden, wenn du dich mit deinen unerfüllten Träumen nicht in den Irrgärten der Sehnsucht verlieren willst. Der höhere Sinn dieser Konstellation zielt darauf, die kleinliche Welt zu ertragen, die vielleicht durch einen schwachen oder ängstlichen Vater inszeniert worden ist, ohne deine inneren Ideale aber weder aufzugeben noch in irreale Dimensionen abzuschieben. Gerade im Bemühen, die äußere Welt so zu nehmen, wie sie ist, liegt Erlösung, weil deine eigene Sehnsucht dann in ein gesundes Verhältnis zur Realität gesetzt werden kann. (Erst durch die Widerstände im Leben bekommst du ein reales Auge für die Verwirklichungsmöglichkeiten deiner inneren Visionen.)

Karmisch-seelische Struktur

Die kollektive Struktur

Unter dieser Konstellation finden wir ein überragendes Bedürfnis nach Ausdehnung und Weite, das in engen Räumen gar nicht existieren kann. Dadurch ist die Seele offen für esoterische Erfahrungen, die ihr Bewußtsein erweitern, und die sie deshalb in den Alltag zu integrieren sucht. Schon für den verwurzelten, transzendenter Entrückung weniger verpflichteten Menschen zeigt sich dieses Bedürfnis in einem inneren Streben nach Würde (im verschwommenen Gefühl von Würde spiegelt sich irgendwo diffus der Gottesbegriff).

Diesem Gestirn könnte man den geistigen Weg zuordnen, also alle Formen und Systeme von Religionen und esoterischen Leitbildern, deren Absicht weniger darin liegt, das eigene Ego zu entlarven als vielmehr die nicht befriedigten Ziele mit immer neuen Inhalten zu bebildern, damit das hinter immer raffinierteren Masken getarnte Ego sich nicht selber in die Augen zu schauen braucht: *Ein System ist dazu da, Vertrauen zu erzeugen. Wenn alles klar ist, wird sich das Vertrauen leichter einstellen. Wenn all deine Fragen mit mathematischer Genauigkeit beantwortet worden sind, dann hast du keine Zweifel mehr, und du kannst weitergehen. Das heißt aber nicht, daß das System wahr ist. Kein System kann wahr sein. Es ist nur ein Kunstgriff. Aber es hilft, denn deine ganze Persönlichkeit ist so falsch, daß sogar faule Tricks dir helfen. Dein Leben besteht aus Lügen, und du kannst die Wahrheit nicht verstehen. Ein System verringert die Lügen mehr und mehr, so daß du der Wahrheit nach und nach immer näher kommst. Wenn dir die Wahrheit offenbart worden ist, wird das System bedeutungslos, es wird dann einfach verschwinden.* (Bhagwan)

Das persönliche Karma

Bei einem spirituell orientierten Menschen wie dir spielt sich dieses Verhalten von Gottsuche und Ich-Findung in noch viel raffinierteren Selbstvernebelungs-Mechanismen ab. Du brauchst dein innerstes Ausdehnungsprinzip gar nicht zu tarnen, weil ein psychischer Widerstand nicht existiert. Dadurch brauchst du dir auch kein Erklärungsmäntelchen mehr umzuhängen, um dein inneres Streben in der Außenwelt zu rechtfertigen, sondern du kannst ganz im Gegenteil deinen Ausdehnungswahn zum absoluten Ziel erklären, in welchem die Erleuchtung sitzt. Aus der Sehnsucht nach dir selber machst du ein erstrebenswertes Ziel. Um dieses selbst kreierte, aus den eigenen Träumen stilisierte Suchen formst du ein wahres "Disneyland von Himmel", in das du alle Wünsche und Sehnsüchte in Form von Luftschlössern "hineinbeabsichtigst". Dadurch findest du in allen Zielen die eigenen Bilder, weil du in allem Sehen stets die eigene Sehnsucht siehst.

Mythologischer Hintergrund

Das Gold des Midas

Midas Jovialität und Nachsicht gegenüber dem betrunkenen und bespotteten Silenos, dem Lehrer und Gefährten Dionysos, trug ihm einen Wunsch nach eigenem Ermessen ein, welchen ihm der exzentrische Gott gewährte. Diesen löste Midas ohne Zögern ein: "Was je ich berühre, zur Lippe ich führe, hold oder unhold, es werde zu Gold!" – Damit hatte er den Bogen jedoch überspannt, denn er war ein reicher Mann, hatte mehr als genug, aber da er der Versuchung nicht widerstehen konnte, auch das Unerschöpfliche zu materialisieren, um es in Besitz nehmen zu können, wäre er jetzt jämmerlich verendet, wenn der launische Gott nicht Mitleid gezeigt hätte mit dem sonst sympathischen König. Nicht nur wertloser Tand, billiges Geschmeide, Holz und Stein verwandelte sich in Gold, sondern auch das Brot, das er zu sich nahm, die Menschen, die er berührte oder das Wasser, das er trank.

Im Gleichnis vom reichen König Midas begegnen wir dem veräußerlichten oder materialisierten Wunsch nach Liebe. Midas steht für das persönliche Streben nach Ausdehnung und Weite. Wenn wir die Sonne als ein Symbol der kreativen Urkraft begreifen und Jupiter als das Sinnbild, dieses Schöpfertum auf sich selber zu vereinen, dann erkennen wir, wie tief sich Menschen unter diesem Zeichen in ihr Gottesbild verstricken können. In schlechten Zeiten neigen sie zu Selbstüberschätzung und falschem Stolz, weil sie Wissen und Erkenntnis nur in den intuitiven Inspirationen auserwählter Gottmenschen sehen, zu denen sie sich selber zählen!

Fazit

Sonne und Jupiter sind wie nahe Blutsverwandte, deren innere Impulse auf der gleichen Wellenlänge liegen. Jupiter ist die kleine Sonne, welche die Schöpferkraft der großen in geistige Modelle überträgt. Während die Sonne unter den ägyptischen Pharaonen die oberste Gottheit repräsentierte, wurde sie von den Griechen zurückgestuft. Ihre Nachfolge wurde von Jupiter (Zeus) angetreten, der zum Herrscher des Olymps avancierte. Hier zeigt sich die Verlagerung in der menschlichen Psyche, die sich mit den Naturkräften zu identifizieren begann. Damit wurde aus dem unfaßbaren Gott ein göttlicher Mensch gemacht. Das entsprach der Verkleinerung des Unvorstellbaren auf eine "Modellvorstellung des Unfaßbaren", was sich mythologisch besser handhaben ließ. Man kann sagen, daß sich der Mensch in Jupiter einen Gott nach seinem eigenen Bilde schuf. Und da er von einer patriarchalischen Gesellschaft hervorgebracht wurde, spiegelte er deren Vater- oder Übervater-Züge (was sich als weißhaariger und bärtiger Großvater bis ins Christentum auswirkte) wider.

Psychosomatische Entsprechungen

Drang nach Fülle (großer Macht- und Anerkennungsanspruch)

Unter dieser Konstellation möchtest du Dinge in Angriff nehmen, die der Ausweitung deiner eigenen Persönlichkeit dienen, weil hier ein großes Potential an innerer Kraft, die nach äußerer Macht strebt, anfällt. Intuitives Schöpfertum bricht aus, in den persönlichen Unternehmungen erfährst du Ausweitung und Anerkennung, doch oft ist deine Gier so groß, daß du die jupiterhaften Ausgrenzungen überdehnst. Hinter dem Gleichnis des reichen König Midas (vgl. Mythologischer Hintergrund), der, obwohl schon reich, immer noch mehr wollte, bis er an seinem eigenen Wollen beinahe "verreckte", versteckt sich auf der emotionalen Ebene auch der veräußerlichte oder materialisierte Wunsch nach Liebe. Midas steht für das persönliche Streben nach Ausdehnung und Weite, um damit ein genügendes Sicherheitspolster zwischen sich und die anderen zu legen. (Wohlstand ist ein Sicherheitspflaster auf der Wunde des Ungeliebtseins.) Das entspricht dem gescheiterten Wunsch nach Liebe, was sich im Drang nach Reichtum niederschlägt, um von der Umwelt, wenn schon nicht um seiner selbst, so doch um seiner Schätze willen geliebt zu werden.

Symptom-Katalog

Psychisch
- Unbeweglichkeit und Trägkeit
- Hochmut, Größenwahn und Standesdünkel
- materielle Gier (aufgeblähtes Ich-Empfinden)
- Drang nach Macht und Anerkennung (Gold)
- sanfte Tyrannei (Machtstreben, Besserwisserei und väterliche Unterdrückung)

Physisch
- Stoffwechselbeschwerden (ungenügende Entschlackung)
- bacchantische Völlerei (Melancholie aus Überfülle)
- Leberstörungen (Genußsucht, Überfütterung)

Schüssler-Salze

Mineral

Natrium sulfuricum (Nr. 10)
- bei Negativismus, Lebensüberdruß und körperlicher Schwäche
- Melancholie aus Überfülle (Leberstörungen)

Neben-Minerale

Kalium aluminium sulf. (Nr. 20)
oder - stärker -
Natrium bicarbonicum (Nr. 23)
- gegen Stoffwechselstörungen (ungenügende Entschlackung)
- Tendenz zur Fülle (Genußsucht, Überfütterung)

Bach-Blüten

Agrimony (Odermennig)
- bei aufgeblähtem Ich-Empfinden (auf "Jet-Set" gestylte oder in Alkohol ertränkte Lebensängste)
- Leberschwäche

Vine (Weinrebe)
- gegen bacchantische Völlerei (übertriebenes Essen und Saufen als Herrschaftsanspruch)
- oder sanfte Tyrannei (Machtstreben, Besserwisserei, väterliche Unterdrückung)

Mit Saturn-Einfluß:
Oak (Eiche)
- gegen Ausschweifungen (bei falsch gelenktem Wunsch nach Fülle)
- resp. Unbeweglichkeit und Trägheit (materielle Gier)

Urtinktur

Hypericum (Johanniskraut)
- bei Melancholie aus religiöser Depression (Sinnsuche)
- Suchtverhalten
- Launenhaftigkeit
- schmerzhafter Leber
- oder Mangel an Mut und Lebenskraft

Wein
- In vino veritas!

Erlösungsformen

- Kanalisieren von Lichtenergie (Einstimmung auf spirituelles Wachstum)
- Monopoly oder Geldseminar
- alle Therapien, die Bezüge zu den Modellen kosmischer Verschmelzung herstellen

Spirituelle Öffnungen

Ritual
Repräsentation (öffentliche Empfänge)
Farbe
Königsblau, Kardinalrot, funkelndes Gold
Duft
Neroli-Mandarinen-Mischung
Edelstein
Amethyst (Rubin, Diamant)
Krafttier
goldener Drache (radschlagender Pfau)
Symbol
Gold, Krone
Mythos
König Midas
Archetyp
Vater; König
Gottheit
Jupiter, Odin, Wotan, Zeus
Kraftort
Bayreuth, Salzburg (Festspielatmosphäre)
Kultstätte
Akropolis, Olymp, Forum Romanum, Colosseum; Spiegelsaal im Schloß Versailles
Sabbat
Sonnenwenden
Musik
"Kaiser-Walzer" von Johann Strauss; "Jupiter-Sinfonie" oder "Krönungsmesse" von Wolfgang Amadeus Mozart
Malerei
Großflächige Wand- und Deckenmalereien (Rubens' Bilder für das "Royal Banqueting House" in Schloß Whitehall)
Schrift
"Amphitryon" von Heinrich von Kleist; "Dithyrambe" von Friedrich von Schiller

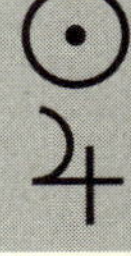

SONNE/SATURN

100% Konjunktion; Quadrat; Opposition; Spiegelpunkt
85% Anderthalbquadrat; Quincunx
75% Halbquadrat; Sonne in Steinbock
60% Trigon; Sonne in Haus 10; Saturn in Haus 5
50% Sextil; MC in Löwe
40% Halbsextil; Saturn in Löwe; Hausspitze 5 in Steinbock
25% Herrscher von Haus 5 in Haus 10; Herrscher von Haus 10 in Haus 5

☉ ♄

Thema	Sicherheit, Fixierung, Stabilität
Ziel	Dogma, Erziehung, Kontrolle
Sinn	Glauben, Tradition, patriarchalische Moral
Licht	Selbsterkenntnis, Weisheit, Einkehr in sich selbst
Schatten	Erstarrung, Triebverdrängung, Isolation
Leitbild	der strenge und gerechte Jahwe

Es müssen viele Vorstellungen zerbrochen und Gesichtsmasken heruntergerissen werden, bis die Katharsis vollzogen ist. Türen müssen geöffnet und lange Flure durchschritten werden, damit sich die Verhaltensmuster Schicht um Schicht aus ihren Erstarrungen lösen können. Die Muster sind gleichzeitig auch die Mauern, die vor der geheimnisvollen Leere schützen und müssen dementsprechend vorsichtig gehandhabt werden.

Saturn der Pförtner an der Schwelle zur Ewigkeit

GRUNDLAGE

Geistige Prägung

Unter dieser harten Schale versteckt sich eine alte Seele, die schon mit vielen Erfahrungen konfrontiert wurde, diese vielen Lektionen aus zahlreichen Leben aber immer noch nicht als Reaktionen auf ihr eigenes Verhalten erkannt hat. Du hast noch immer nicht begriffen, deine Erfahrungen in den Fluß und Ablauf der natürlichen Entwicklung einzuordnen, sondern machst aus jeder natürlichen und folgerichtigen Entwicklung eine persönliche Angelegenheit und Leistung. Durch diese enge Perspektive hast du erneut das Karma heraufbeschworen, deine eigene Uneinsicht als unerkannter Spiegel (Drang zur Strukturierung, Verdrängung alles Absichtslosen) in dieses Leben einzubringen.

Bevor wir uns aber die Frage stellen, wie dieses Problem gelöst werden könnte, ist es durchaus sinnvoll, sich zu überlegen, was denn mit diesem Verhalten kompensiert werden soll? Welches also die Voraussetzungen in der Psyche sind, um zu jenem fixen Gesichtswinkel zu kommen, der nur über dieses überdrehte "Lerne oder Lehre"-Prinzip wieder zu integrieren ist. Irgendwie hat es mit den Gefühlen und der Beziehung zu ihnen zu tun. Saturn ist der Sachwalter der Sichtbarkeit und mißtraut der Schwingung der Gefühle, die für ihn immer eine Spur von Unüberprüfbarkeit und Irrationalität verkörpern. So ist es auch eine unbewußte Angst vor Zurückweisung, die den Saturn-Menschen ausfüllt, ein Gefühl der Unbedeutendheit ohne die verbrieften Ehren der Gesellschaft. Es ist eine Angst vor sich selbst, vor der Natur, deren Ziel und Absicht in sich selber liegen, vor der unschuldigen Kreativität, welche dieser Natur verbunden ist und natürlich auch vor dem Geborenwerden und dem Tod, deren Sinn und Ziele nicht zu kontrollieren sind.

Es ist im Prinzip das Mißtrauen gegen sich selbst, weil man das Ziel und den Zweck seiner Existenz nicht zu ergründen weiß, eine gefühlsmäßige Übereinstimmung mit dem Sinn seines Lebens ohne einsichtige Gründe aber auch nicht zu akzeptieren bereit ist. Also wird diese fehlende Gelassenheit in der Übereinstimmung mit der Natur ersetzt durch gesellschaftliche Ziele, deren Erreichung die fehlende Existenzberechtigung im nachhinein rechtfertigen.

Man ist also gezwungen, die Gefühle mit denkerischen Leistungsnormen zu strukturieren, als Garantie für realen Sinn und gesellschaftliche Werte und vor allem gegen das Leben und den Tod. Alles, was mit Liebe, Zuneigung oder spontaner Freude zu tun hat, wird schwer überfrachtet mit

Begriffen wie Verantwortung, Pflichtbewußtsein, Beispielgeben oder Wohlverhalten.

Dieses persönliche Unvermögen, mit seinen Gefühlen ins reine zu kommen, wird im späteren Leben gegen die anderen durchgesetzt, indem Pflicht und Verantwortung von der Umwelt verlangt und auch erwartet werden, die aber nur die Kompensation der eigenen, nicht akzeptierten Gründe sind, das Ausgeliefertsein an seine eigene Geburt und an den Tod. Man liebt sich nicht und wenn, dann ist es nur die Idee seiner Leistung und Bedeutung, die Darstellung seiner positiv beurteilten Existenz.

Kindheit

Schon als Kind hat sich die Psyche nicht getraut, ihre eigene Person und ihre Gefühle darzustellen, aus der Angst heraus, wegen ihres Verhaltens nicht beachtet zu werden. Damit verband sich eine Aggressionslähmung hinsichtlich der Durchsetzung der eigenen Interessen und ein Sichidentifizieren mit fremdem Empfinden, von dem man annahm, daß es das Umfeld besser akzeptierte als das eigene.

Das Schutzverhalten resultiert aus der ererbten Urangst, sich selber einzuschränken – aus Furcht, für seine Abweichung von einem (angenommenen) Durchschnittsverhalten eingeschränkt zu werden. So verzichtet man auf sich selbst und lernt, die akzeptierte Anpassung an die Außenwelt darzustellen, wobei man diese schließlich zu der eigenen Rolle macht.

Da der spontane Wille, das kindliche Erleben also nicht entwickelt werden konnte, wurdest du zu früh vernünftig und wirst deine Belastbarkeit und Disziplin schon dort bewiesen haben, wo das Ausmessen der eigenen Grenzen erst beginnt.

So fehlt die Freude aus dir selbst, die Besinnung auf eigene Empfindungen. Es entwickelte sich ein an Eigendisziplin orientiertes Verhaltensmuster. Die fehlende innere Entwicklung wurde mit äußerer Tüchtigkeit und Zuverlässigkeit überdeckt, welche aber irgendwann zusammenbrechen mußte, weil diese ewige "Allzeit-Bereit"-Stellung die Seele ohne Zwang zur Leistung gar nicht leben und entwickeln läßt und sie dadurch überfordert.

Als Kind warst du sehr altklug, da du die unbewußte Reife aus vergangenen Inkarnationen in dir spürtest. Dadurch hattest du den tiefen Wunsch, Verantwortung aufgebürdet zu bekommen, weil du dich unbewußt weigertest, dein Kindsein zu akzeptieren. Was man also durch die psychologische Brille als das Aufbürden von Pflicht durch die Eltern interpretieren könnte, erweitert sich durch die karmische Sicht zum umgekehrten Versuch, deine Eltern dazu zu benutzen, dir die unbewußt ersehnten Pflichten zu übertragen, damit du dich über die Bedingungen deines Kindseins hinwegtäuschen konntest.

Frau/Mann

Aus dieser Blockade im seelisch-körperlichen Erleben kommt es als Kompensation zur Identifikation mit dem, was einen im Erleben hindert. Da man sich im Leben verhindert fühlt, identifiziert man sich mit der Rolle der bzw. des Verhindernden, lagert seine innere Disposition aus, um aus dieser Position die anderen zu unterdrücken. Man traut sich also nicht, die Türe zu seiner eigenen Wahrheit aufzumachen, weil hinter dieser Türe das Chaos der Verdrängung steht.

Diese Türe aufzumachen hieße, das Übel an der Wurzel zu erfassen und seinen eigenen Ängsten zu begegnen: Damit wäre auch die Frage beantwortet, wie man die Sonne/Saturn-Probleme jetzt lösen sollte – indem man erkennt, daß die Einhaltung von Pflichten, die man von den anderen verlangt, gerade der eigene Schutzschild ist, hinter dem man sich versteckt, um sich nicht selbst zu begegnen. Da man mit dieser Konstellation ja kaum gelernt hat, ganz einfach aus sich heraus entspannt und glücklich zu sein, überträgt man das Gefühl, sich selbst etwas versagen zu müssen (um Anerkennung zu ernten), oft auf andere. Mehr, man erwartet von ihnen, daß sie ein ähnliches Pflichtbewußtsein entwickeln, wie man es von sich selbst verlangt. Man zwingt seine Umwelt in die Vorstellung des eigenen Weltbildes, ohne den Mechanismus seines Verhaltens zu durchschauen.

Dein Problem als Frau ist nur, daß du deine eigenen Gefühle weder leben noch deine inneren Flammen dir erschließen kannst. Zwar kannst du die Sündenbock-Rolle des Vaters auf den Mann schlechthin übertragen, der damit in seiner seelischen Prägung schon von vorneherein kastriert wird, doch wozu? Der Mann wird beständig bekrittelt, weil er, was er auch tut, deinen Forderungen nicht gerecht werden kann. Nur in der Sexualität ist der Leistungsanspruch umgekehrt: Du verweigerst dich oft und würdest Sexualität gerne von der Menükarte der menschlichen Bedürfnisse absetzen. So wirst du die Befriedigung dieser Bedürfnisse wohl oder übel als notwendige Pflichterfüllung ohne inneres Engagement und Feuer möglichst speditiv hinter dich bringen, um schnell wieder zum inneren Motto wieder zurückzufinden: *Bete und arbeite!*

Als Mann fühlst du hingegen das Bedürfnis, die Forderungen deines Vaters zu erfüllen, denn der kalte Vater wurde von dir geradezu in die Sündenbock-Rolle gedrängt, und damit übernahmst du die Initiative in dieser Maskerade, indem du den Vater aus dessen eigener Verantwortung entließest und ihn in die Maske der in dir selbst angelegten Rolle bandest. Da du dir aber kaum bewußt bist, daß diese Forderungen deine eigenen Projektionen sind, finden wir hier einen Menschen, der sich permanent selbst übertreffen will. Rast und Ruhe ist dir verpönt, du mußt dich immerzu beweisen. Dazu malst du natürlich den Teufel gleichsam an die Wand: nämlich die eigenen Ziele nicht zu erreichen und damit zu versagen. Zum Beispiel in der Liebe.

Unter dieser Konstellation findet man oft miserable Liebhaber. Nicht, weil du dich nicht bemühst, sondern gerade weil du dich zu beweisen und deine Sache recht zu machen suchst, um den Anforderungen der Frau zu genügen. Gleichzeitig bist du aber vor den Gefühlen auf der Hut, weil du dich unbewußt bedroht und in deinem Innersten preisgegeben fühlst, wenn du dich öffnest oder losläßt. Damit öffnest du blockierenden Gedanken um die Gefühle Tür und Tor.

Karmisch-seelische Struktur

Die kollektive Struktur

Ein Berührungswinkel zwischen Sonne und Saturn weist dem Horoskopeigner die Aufgabe zu, seine Polaritäten zu entspannen. Und zwar die Spannung zwischen dem, was er ist, und dem, was er zu sein glaubt. Sonst wird er das vom Schicksal Vorgegebene unbarmherzig auf das reduzieren, was von der Gesellschaft akzeptiert wird. Saturn reduziert nämlich die ganze Potenz des Handlungsträgers auf das, was nach den Gesetzen der Gesellschaft geprüft und in ihren Werten auch verbrieft ist.

Psychologisch ausgedrückt, könnte man sagen, daß ein Mensch mit Sonne/Saturn-Aspekten dazu neigt, die Leistungen zu betonen und die Gefühle abzuwerten. In der Umgebung, in der er Macht ausübt, erwartet er von den Mitmenschen, daß sie sich seinem Verdrängungsmechanismus unterwerfen und nicht Gefühle zeigen, die ihn bedrohen, weil er sie nicht akzeptieren kann. Denn keiner möchte im Grunde so geliebt werden wie er, und keiner hat ein solches Verlangen nach Anerkennung, darum ist auch keiner bereit, für diese Gefühle so viel zu tun wie er, allerdings nicht ohne Garantie für eine Gegenleistung. Genau damit hat er aber die Liebe in ein System gezwängt und die Türe zu den Gefühlen zugeschlagen.

Das heißt nichts anderes, als daß alle Anlagen des Horoskopträgers, solange sie nicht in seine gesellschaftliche Umwelt übertragen und nach den gängigen Regeln fest mit seiner Person verbunden werden können, von ihm selber gegen sich verwendet werden. Daß ein vorhandener Autoritäts- und Führungsanspruch mit jungen Jahren z.B. auf den Vater oder Lehrer übertragen wird, die einen stellvertretend zwingen, die erwartete Leistung zu erbringen. Erst wenn diese Leistungen durch das Bestehen eines Examens oder das Erreichen einer Schlüsselposition verbrieft sind, kann die Projektion von der Umwelt abgezogen und die freigewordene Autoritätsstelle durch sich selbst ausgefüllt werden.

Gelingt dies nicht, wird man sich gegen seine eigenen Kräfte, die man auf die Umwelt projiziert hat, auflehnen, und einen ebenso unerbittlichen wie sinnlosen Kampf gegen die eigenen, unverwirklichten Autoritäten in der Welt führen – was natürlich nie zu einer Lösung führen kann, weil beide Polaritäten ja in einem selbst liegen. Gelingt es aber, das Rollenverhalten umzukehren und die Autoritätsposition selbst einzunehmen (sein Kindverhalten dabei auf die Umwelt projizierend), will man die ganze Welt erziehen und belehren. Wie wir leicht ersehen können, führen beide Wege nicht zum Ziel, weil sie sich den Extremen verbunden geben, die angehäuften Kompensationen wieder loswerden müssen und keine Zwischentöne kennen.

Erst wenn der Betroffene erkennt, daß dieser ganze Abwehrmechanismus dem einzigen Ziel dient, die fehlende Verbindung zu seiner eigenen Mitte zu verbergen, kann er den Stier bei den Hörnern packen und dem Schicksal dabei ins Auge schauen. Dann erkennt er auch, daß jeder sich sein eigenes Schicksal ist. Und sein persönliches Problem die Fixierung an die eigene Perspektive ist: seine Angst vor innerer Leere, vor dem Leben, vor der Seele und vor dem Mythos seiner Existenz.

Das persönliche Karma

Diese Konstellation kann ihre Ursache darin haben, daß du als Kind zu früh vernünftig wurdest, Verantwortung übernehmen mußtest und zwar nach heute veralteten Maßstäben, die sich für die spätere Entwicklung als hinderlich erwiesen. Dabei wurde die kindgemäße Entfaltung verhindert, das seelische Erleben blockiert, die Pubertät verpaßt.

Du getraust dich daher nicht, deine eigenen Gefühle auszuleben, sondern hältst dich hinter Grundsätzen versteckt. Du richtest dich also nicht mehr nach den eigenen Bedürfnissen, sondern nach den aufoktroyierten Maßstäben, wie die Welt zu sein hat. Dadurch kastrierst du dich in deinem eigenen Empfinden und hemmst jeden, der diese für verbindlich erklärte Sicht nicht akzeptiert.

Dieser Maßstab, als Über-Ich aus der Kindheit übernommen, zwingt dich sozusagen als Autoritätsersatz auch im Erwachsenenalter weiterhin zu einem defensiv-vorsichtigen Verhalten. Dein emotioneller Austausch ist blockiert. Du strebst ein untadeliges, keimfreies Verhalten an, das gefühlsgehemmt, emotionsgestört ist und auch nicht deiner Individualität entspricht, das dich aber andererseits gerade vor der Auseinandersetzung mit deiner Subjektivität schützt.

Den unbewußten Frust, dich hinter einem Verhaltensrahmen verstecken zu müssen, kompensierst du dadurch, daß du den Inhalt dieses Verhaltensrahmens zum Prinzip erklärst. Das fehlende Selbstvertrauen, das du durch Lebensernst und Selbstbehauptungswillen kompensierst, zwingst du deinen Untergebenen im Umweg über Leistungsforderungen in der Erfüllung sozialer Verantwortung auf.

In der akuten Situation eines Transits kann das an deinen eigenen Verdrängungen aufgehängte Weltbild zusammenbrechen, die blockierten Stauungen werden frei, und du wirst von deiner eigenen fixen Vorstellung erschlagen.

Dadurch kannst du lernen, loszulassen und unabhängig von einem leistungsstützenden, gefühlsunterdrückenden Abwehrmechanismus der eigenen Subjektivität begegnen. Um diese neuen Erkenntnisse herum kannst du dann einen anderen Rahmen bilden, der weniger aufoktroyierten Maßstäben, sondern gerade deinen eigenen Erfahrungen im Umgang mit diesen inneren Blockaden entspricht.

Mythologischer Hintergrund

Der alte Weise (Diogenes in der Tonne)

Im Analogiebereich dieser Gestirnsverbindung begegnen wir dem wohl bekanntesten Archetyp, dem alten, weisen Mann als Sucher und Führer. Der Alte verkörpert vor allem Rückzug, Abgeschiedenheit und Introvertiertheit als unerläßliche Voraussetzung, um sich auf das Wesentliche zu konzentrieren und den eigenen Persönlichkeitskern herauszukristallisieren. Als Herr der Kargheit und Askese weist er alle Übertreibungen in die Schranken, züchtigt die Übermäßigen und läutert die Edlen, er achtet auf die Einhaltung der Gesetze, die durch die Vergangenheit strukturell gewachsen sind, ungeachtet ihrer Berechtigung und jenseits seiner persönlichen Meinung, und als Repräsentant der Kristallisierung und Verhärtung bringt er den Stoff zur größten Verdichtung, weshalb auch das rechtwinklige Kreuz sein Symbol ist. Generell ist er der Archetypus des alten, weisen Mannes, des "grand old man" oder des unerbittlichen Prüfers, der eine direkte Linie von der Vergangenheit durch das Heute zur Zukunft zieht, und mit ihm verbunden sind die Krähe auf dem Ast, die Vogelscheuche auf dem Acker, die verfaulende Leiche am Galgenbaum, der einsame Weg der Selbsterkenntnis, die in sich gekehrte, weltabgewandte Haltung des Wanderers, die unter den Strukturen des Bewußten verborgene Wahrheit des Unbewußten sowie die Grenzen des irdischen Seins *(Asche zu Asche, Staub zu Staub).* Wir können ihn aber auch mit Diogenes in der Tonne vergleichen, der auf Alexanders Angebot hin, ihm einen Wunsch zu erfüllen, nur bat: *Geh mir aus der Sonne!* Oder mit Diogenes, der am hellichten Tag mit einer angezündeten Laterne durch die Straßen Athens spazierte und auf die Frage nach dem Grund seines Tuns erwiderte: *Ich suche einen wirklichen Menschen!*

☉ ♄

Fazit

Die Sonne als das strahlendste Geschöpf unter den Wandelsternen verkörpert natürlich das Licht. Saturn als großer Gegenspieler erscheint dagegen düstergrau am Himmel und verkörpert Widerstand und Hemmung und deren positive Auswirkungen wie Ausdauer, Zähigkeit, Reduktion aufs Notwendigste und unerbittlicher Wahrheitsanspruch. Deshalb stehen Sonne und Saturn wie Gut und Böse, Tag und Nacht oder Licht und Schatten zueinander. So ist es leicht einsichtig, was die Auslösung einer solchen Stellung bedeuten kann: Hemmnis, Ärgernis, Erschwerung. Was dem geistig orientierten Menschen aber die verschiedenen Seiten einer gleichen Münze sind, macht dem Durchschnittsmenschen Kummer. Er, welcher nicht gewöhnt ist, diesen Gegensätzen die gleiche Bedeutung zuzumessen, kann kaum verstehen, daß das von Saturn verkörperte Dunkel in seinem Inneren gleichzeitig das von der Sonne symbolisierte Licht ist, und der Unterschied nur die verschiedenen Seiten aufzeigt, aus welcher eine in sich gleiche Sache gesehen werden kann.

Psychosomatische Entsprechungen

Kreislaufschwäche, Blutarmut, Angina pectoris

In der feindlichen Berührung dieser beiden unterschiedlichen Gestirne kannst du dir leicht ausmalen, wie das Widerstandsprinzip Saturns die Kraft der Sonne reduziert. Unter dem Einfluß des kristallisierenden Blockierers stuft sich der Kreislauf des Menschen zurück, die Entfaltung der Persönlichkeit wird gehemmt, und dem Rückzug in die sichere Festung der Ohnmacht wird nachgegeben.

Dieser Rückzug aus dem Raum der Entscheidungen, in dem du keine Verantwortung mehr zu tragen brauchst, spiegelt sich beispielsweise auch in der Verminderung der roten Blutkörperchen wider (Anämie), an der du dieses psychische Syndrom in körperlicher Übertragung jetzt erkennen kannst. In diesem Leiden läßt sich unschwer die Weigerung erkennen, das Leben anzunehmen und die Ziele der menschlichen Vorstellungen mit der nötigen Lebensenergie in die betreffenden Taten umzusetzen. Du wirst anämisch, um dir ein Alibi für die eigene Schwäche zu beschaffen.

Oder du identifizierst dich mit dem, was dich behindert (Saturn) und lebst deine Sonne sozusagen durch den anderen aus, den du damit einschränkst und maßregelst. Damit bist du die Einschränkung im Herzen aber jetzt nicht los, nur lebst du sie über den anderen aus, den du an deiner Statt zur Ordnung rufst und zur Pflicht anhältst. Gleichzeitig bist du aber auch bemüht, dich von den anderen nicht überraschen zu lassen und die Sache stets im Griff zu haben, um ja keine Autorität zu verlieren.

Das führt im buchstäblichen Sinn zu einem harten Herzen, weil durch die ständig unterdrückte Persönlichkeit die Herzkranzgefäße verkalken und das Herz durch die verengten Arterien nicht mehr genügend Nährstoffe erhält. Unter diesem Aspekt kannst du nicht loslassen, dich nicht hingeben, da du sonst den Überblick verlieren würdest. Unter Sonne/Saturn hast du den Kontakt zum Herzen unterbrochen!

Symptom-Katalog

Psychisch

- Streß, Überforderung, Versagensängste
- Libidostörungen, nervöse Erregung
- Sprachstörungen (Blockaden, Hemmungen, amnestische Aphasie)
- physische und psychische Schwächezustände (Depressionen, geistige Trägheit, Apathie)

Physisch

- Asthma, Bronchitis (innere Beengungen)
- Zusammenschnürungsgefühle allgemein: Herzstiche, Herzenge, Herzbeklemmung, Verengung der Herzkranzgefäße
- Blutarmut, Herz- und Kreislaufschwäche
- Herzerkrankung, Hypertrophie, rheumatische Herzaffektionen (Pankarditis)
- Arterienverkalkung, Muskel-Atrophie, sklerotische Zustände (krankhafte Verhärtung von Geweben und Organen)

Homöopathische Mittel

Metall

Plumbum metallicum (Blei)
Das klassische Mittel für sklerotische Zustände:
- krankhafte Verhärtung von Geweben und Organen: D30
- Hypertonie, Arteriosklerose, Muskel-Atrophie: D20
- Sprachstörungen (Blockaden, Hemmungen, amnestische Aphasie): D15
- Depressionen, geistige Trägheit, Apathie: D12

Mineralische Verbindung

Arsenicum album (Weißarsenik)
- Lebensangst, Hoffnungslosigkeit, Herz- und Kreislaufschwäche: D12
- Streß, Überforderung (Versagensängste, Erschöpfung: rascher Wechsel zwischen Erregung und Depression): D12
- Asthma, Bronchitis: D6

Pflanzen

Cactus grandiflorus (Königin der Nacht)
- Herzstiche, Herzenge, Herzbeklemmung, Verengung der Herzkranzgefäße: D4-D6
- Beengungsgefühle allgemein: Zusammenschnürung des Kopfes, der Brust, des Uterus (alle D4)

Iberis amara (Schleifenblume)
- Herzerkrankung, Hypertrophie: D6-D12
- Zustand nervöser Erregung: generell D4

Spigelia anthelmia (Wurmkraut)
- rheumatische Herzaffektionen (Pankarditis, zitternder Puls, Atemnot): D6
- neuralgische Schmerzen, nervöse (Herz-) Leiden: D12

Strophantus gratus (Hundsgiftgewächs)
- Herztonikum (Spannungen,Lampenfieber, Herzklopfen, nervöse Störungen): D4

Erlösungsformen

- Bergsteigen (heraus aus der Enge)
- Kneippkuren (zur Anregung des Kreislauf)
- Vaterunser (sich dem Himmel öffnen)

Spirituelle Öffnungen

Ritual
Buße, Sühne (Erlösung vom Joch)
Farbe
lichtes Dunkel
Duft
Weihrauch
Edelstein
Kristall
Krafttier
Rabe (Wolf)
Symbol
Berg
Mythos
Er schied die Finsternis vom Licht (Genesis)
Archetyp
Rabbi, Lehrer
Gottheit
Jahwe
Kraftort
Altstadt, Judenfriedhof
Kultstätte
Klagemauer in Jerusalem
Sabbat
Tempelweihfest (Chanukka) 25. Kislew
Musik
Symphonie Nr. 5 von Beethoven
Malerei
“Der Mann mit dem Goldhelm” oder “Nachtwache” von Rembrandt
Schrift
“Das Schloß” von Franz Kafka

SONNE/URANUS

☉ ♅

100%	Konjunktion; Quadrat; Opposition; Spiegelpunkt
85%	Anderthalbquadrat; Quincunx
75%	Halbquadrat; Sonne in Wassermann
60%	Trigon; Sonne in Haus 11; Uranus in Haus 5
50%	Sextil
40%	Halbsextil; Hausspitze 5 in Wassermann; Hausspitze 11 in Löwe
25%	Uranus in Löwe; Herrscher von Haus 5 in Haus 11; Herrscher von Haus 11 in Haus 5

Thema	Umbruch, Veränderung, Individualität
Ziel	neue Perspektiven (Wege und Möglichkeiten zu sich selbst)
Sinn	soziale und kulturelle Reformen
Licht	Durchschneiden von Fesseln, Überwinden von Hindernissen
Schatten	Voreiligkeit, Panik, Destruktivität
Leitbild	der revolutionäre Geist (der launische Rebell)

Es ist jenes lebendige Selbst, das uns erkennt, wenn wir in den Spiegel schauen, jenes Quentchen Etwas, das sich jedem Zugriff entzieht und das wir nicht länger zu suchen brauchen, weil es uns aus den Augen eines jeden Menschen entgegenblickt: es ist die Freiheit der Verantwortung zu uns selbst!

Der Geist der Freiheit

GRUNDLAGE

Geistige Prägung

Zwischen Uranus und Sonne fehlt die cherubinische Harmonie, und zwar deshalb, weil beide Sonnen sind. Unsere Sonne reflektiert den bewußten und sichtbaren Teil und Uranus den visionären, unbewußten Teil. Denn Uranus ist der Übermittler unsichtbaren Lichts und zieht alle Ziele, welchen die Sonne auf der Erde leuchtet, am Ende aller Tage in die unsichtbare Welt zu sich, zur Lossprechung von unseren materiellen Bildern, oder symbolischer: zur Loskettung von unseren Fesseln am Tage des Jüngsten Gerichts.

Dieses Gleichnis steht für die Entwicklung des Menschen, die zentrierten Fixierungen an die überlieferten Bilder früher oder später in den größeren Rahmen erleuchteter Schöpfungsvisionen überzuführen, was aus materieller Sicht aber ebenso berechtigt auf einen Weg ins Chaos schließen läßt. In diesem Sinn ist Ende und Anfang, Zerstörung und Aufbau identisch und Uranus die Synthese von Tod und Leben, Frühling und Fäulnis, was dem innersten Wesen des Unsichtbaren entspricht.

Gerade diese Antipoden, die in der Verbindung ihrer Kräfte unmittelbar ins Licht führen, zeigen gleichermaßen tiefstes Dunkel an, solange sie noch unvereinigt sind. Und das ist beim Start ins Leben meist der Fall.

Geburt

Karmisch ziehst du die Ablehnung deiner Mutter an, die sich gegen die Rolle der Schwangerschaft wahrscheinlich wehrte, sei es, daß sie sich in ihrer Weiblichkeit selbst nicht darstellen wollte, sei es, daß sie sich in der Rolle der Erzieherin überfordert sah. Möglicherweise injizierte aber auch eine Ablehnung der eigenen Mutter bzw. der eigenen Weiblichkeit tief im Unbewußten ein ablehnendes Gefühl gegenüber der eigenen Mutterrolle. Dabei kommt es zur Bedrohung bereits im Mutterbauch (Schwangerschaftsgefährdung).

Diese Gefährdung, die sich in den Strukturen deiner Seele schon während der Empfängnis spiegelt, wird zur ersten Erfahrung der Geburt. Sie nistet sich als unterschwellige Lebensbedrohung in deinem instinktiven Lebensverhalten ein und wird von dort aus als unbewußte Abwehr gegen jegliche Anpassung an die Bedingungen der Umwelt in den Alltag einbezogen. Wie eine unterschwellige Angst, die hochsteigt, eine Reaktion auf das Leben, etwas abzuwehren. Dadurch kommt es zur ständigen Rebellion, zum Ausbruch.

Kindheit

Deshalb warst du schon als Kind ungemein kreativ und beweglich, hattest aber Schwierigkeiten, dich in eine Sache zu vertiefen, denn die innere Angst, ständig auf der Hut sein zu müssen (vorgeburtliche

Bedrohungsangst), verhinderten Konzentration und auch Routine. Aber sie verliehen dir auch einen unerschöpflichen Drang nach immer neuen Abenteuern.

Die karmische Voraussetzung, dich in deinen Gefühlen nicht spüren zu können, zwang dich zu Handlungen, in deren Verrücktheiten du deine innere Unruhe unterzubringen versuchtest. Umgekehrt war die kühle Beziehung zu deinen Eltern aber auch Voraussetzung, die Umwelt zu provozieren, weil du dich nur in den Reaktionen der anderen spüren konntest.

Mann

Dein inneres Dilemma im späteren Leben ist die Angst, dich selber als Mann nicht akzeptieren zu können, und darum wird auch Konkurrenz und Widerspruch nicht gut ertragen. Die Angst vor Auseinandersetzung ist so groß, daß du dich bei den leisesten Anzeichen von Herausforderung von allen bestehenden Banden losreißt, um jedem Streit, der immer wieder das Geburtstrauma auslöst, aus dem Weg zu gehen.

Die Voraussetzungen sind daher nicht gut, weil die unterschwellige Erinnerung an die Gefährdung im Mutterleib die Identität als eigene Wesenheit erschwert. Und da diese innere Verunsicherung der Welt nicht gezeigt werden will, versteckt sie sich hinter Widerspruch und Exzentrizität.

Frau

Für dich als Frau sind die Voraussetzungen dabei insofern etwas besser, weil du dich mit der Mutter leichter identifizieren und die Schwangerschaftsgefährdung dabei auf den Mann übertragen kannst, den du an Kindes Statt jetzt adoptierst. Deine Selbstsicherheit ist dabei nicht so groß, wie du es dir selber gerne vorlügst. Das kompensierst du dadurch, indem du darauf bestehst, alles machen zu dürfen, nach was es dich zu tun gelüstet. Deshalb verlangst du nach einem Mann, der dir das Gefühl gibt, stark und unabhängig zu sein, indem er sich dir unterwirft und dich damit in die Mutterrolle katapultiert, in der du über seine Existenz verfügst. Damit ist die Voraussetzung erfüllt, das Vorgeburts-Trauma zu wiederholen, allerdings mit vertauschten Rollen. Jetzt bist du die Frau, welche den Mann quält (das Kind gefährdet), weil er gleichzeitig mit seiner Unterwerfung auch deinen Respekt verliert.

Unter diesem Aspekt ist es auch sehr schwer, Verantwortung für Kinder zu übernehmen, weil du ja immer selbst auf dem Sprung bist auszubrechen, sobald dir die Umwelt auf die Füße tritt. Panikartige Angstzustände können bei werdenden Müttern ausbrechen, wenn die embryonalen Erinnerungen aus der Tiefe auftauchen und sich ins Bewußtsein drängen. Als Verhinderung dieser Bewußtwerdung kann es zum symptomatischen Verhalten kommen, dich von allem loszureißen (abzutreiben!), was dich mit den vorgeburtlichen Assoziationen konfrontiert.

Karmisch-seelische Struktur

Die kollektive Struktur

Menschen mit harmonischen Uranus/Sonne-Aspekten (Trigon, Sextil) fällt es naturgemäß leichter, das Resultat dieser bedrohlichen Voraussetzungen – nämlich spirituelle Einsicht – mit ihrem Leben zu vereinen. Sie stehen mit höheren Dimensionen in Verbindung und können unbewußt zu Wellenbrechern des noch unentdeckten Zeitgeists werden, wenn andere dem Geist der Zukunft noch völlig fassungslos begegnen.

Unter aggressiveren Aspekten (Konjunktion, Quadrat, Anderthalbquadrat, Quincunx, Opposition) muß man durch das Fegefeuer des unvorstellbaren Erkennens bewußt hindurch, und man kann die neuen Erkenntnisse auf den Fundamenten des überlieferten Wissens nicht mehr unterbringen. Damit ist man gezwungen, diesen Aspekt durch sein eigenes psychisches Chaos solange darzustellen, bis man die Plattform jener geistigen Radnabe erklommen hat, in deren Zentrum die Widersprüche aller Lebensläufe zusammenfallen, weil diese nur in unserem Bewußtsein existieren. Man hat Schwierigkeiten, den Wald vor lauter Bäumen zu erkennen, weil man von seinen eigenen Visionen einfach überfahren wird.

Die ganze Umwelt wird dabei zum Käfig: Man wird durch ihre Wünsche ständig eingepfercht. Die seelische Rastlosigkeit drängt ins Erleben: Man will vor der Bedrohung davonlaufen. Da in dieser Gefährdung aber die eigene Schwangerschaftsgefährdung eingebettet ist, will man im Grunde vor sich selbst davonlaufen.

Dieses "Vor-sich-Davonlaufen" wird durch die Beständigkeit in einen Lebensrhythmus umfunktioniert, in dem die Unruhe ein Teil des persönlichen Verhaltens wird. Es kommt zum ständigen Anrennen gegen die gewohnten Pfade, zum ständigen Ausbruch aus den von der Gesellschaft angebotenen Verwirklichungsmöglichkeiten. Der

Gedanke schon an die Einbindung in die Gesellschaft wird zur Bedrohung – eine unbewußte Aversion gegen alle unausgesprochenen Anforderungen und Erwartungen.

Die Befreiung aus den Erwartungen der Welt entsteht in einem freiwilligen Überdrehen der Ansprüche, indem man die Forderungen der Umwelt übertreibt und sich Tätigkeitsfelder aussucht, die die Unruhe absorbieren: in denen Hektik und Aufhebung des Alltäglichen schon einbezogen sind. So will man die Angst von sich aus lösen, indem man die Angst immer wieder hervorzwingt und ihr bewußt begegnet. Auf dem Höhepunkt dieses Prozesses kann der Wunsch nach Wiederholung hochsteigen, nach Wiederholung der vorgeburtlichen Prägung, welche durch den bewußten Suizidversuch eine unbewußte Schwangerschaftsbedrohung wieder ausgleicht.

Aus dieser Blockade im seelisch-körperlichen Erleben wächst der Wunsch im Inneren, die ganzen Voraussetzungen, die zur Blockade führten, wieder aufzuheben. Da es aber die eigenen Mechanismen sind, die in den Alltag hochgehoben, über geeignete Bezugspersonen nur auf die projizierten Probleme zurückreflektieren, haben wir hier das Syndrom vorliegen, ständig über seine eigene Hülle hinauszuwachsen und einen Blick in den Himmel tun zu wollen, von dem man annimmt, daß er jenseits der eigenen Probleme liegt.

Das persönliche Karma

Die latente Unruhe unter diesem Zeichen dürfte ihre innere Ursache in den vorgeburtlichen Begleitumständen haben. Du warst unerwünscht, solltest nach den Wünschen deiner Eltern vielleicht gar nicht geboren werden; auf jeden Fall ging der Geburt die Bedrohung des Ungeborenen voraus.

Durch diese unterschwelligen Bedrohungen schon im Embryonalzustand fühlst du dich in deiner Existenz nicht nur bedroht, sondern innerhalb der Bedrohung auch nicht ernstgenommen. Denn irgendwie ist es dir bewußt, daß du deine Existenz nur dem Umstand verdankst, daß nicht einmal deine Verhinderung ernstgenommen wurde und die erwogene Abtreibung wahrscheinlich nur aufgrund eines Versäumnisses unterblieb.

Dadurch fühlst du dich dauernd unter Druck gesetzt. Unterschwellige Vernichtungsängste assoziieren sich dir zur immerwährenden Gefährdung. Sie bestimmen deinen emotionalen Background, wachsen sich zum unbewußten Verlangen aus, aus deiner eigenen Form herauszubrechen und dabei die Hülle zu sprengen.

Schließlich mutiert der innere Zug nach Unabhängigkeit zu einer Bewegung aus der Form, und du versteigst dich zu der Annahme, tun und lassen zu dürfen, was du willst. Du fühlst dich in der Lage, alles in Frage zu stellen und ohne Rücksicht auf Verluste zu neuen Ufern aufzubrechen.

Auf dem Gipfel dieses Aktes, alle Werte zu zerbrechen, um die unbewußte Erinnerung an die eigene Vernichtung loszuwerden, kann die Krise ausbrechen, die dich zwingt, dein Karma nicht nur anzunehmen, sondern als Motor zur Einsicht zu benutzen, daß deine Realität durch die Art deiner eigenen Wahrnehmung geschaffen wird und demnach die Verantwortung für alles, was dir von außen zustößt, bei dir selber liegt.

Dadurch läßt sich die Möglichkeit ableiten, daß du umgekehrt auch in der Lage bist, dich durch Einsicht und bewußte Kenntnisse zu ändern. Dein Bewußtsein ist die Steuerungszentrale dieser Kräfte, die die Möglichkeiten haben, deine eindimensionale Wahrnehmung in die aufgebrochene Wirklichkeit einer mehrdimensionalen Kosmosophie zu tragen.

Mythologischer Hintergrund

Till Eulenspiegel

Uranus ist die Personifizierung des Himmels, des Urmännlichen und der alle Formen sprengenden Entwicklungskraft. Als Sohn und Vater der Gäa (Erde), Ahnherr aller Götter, Ursprung und Zeuger der Natur- und Himmelsgewalten ist er ein Symbol des sich immer neue Wege bahnenden Schöpfungsstroms. So wie er selbst aus dem Nichts entstanden ist, umhüllt ihn eine Aura des Plötzlichen, Neuen und Unerwarteten. Er haßt Struktur und Norm, denn die kontinuierliche Entwicklung ist ihm zuwider; er springt aus der Form, denn er liebt das Sprunghafte, Unberechenbare, denn er ist das Symbol des Urknalles an der Wiege von Zeit und Raum, an der Schwelle zum Schöpfungsanfang. Man könnte ihn sich auch als Till Eulenspiegel vorstellen, der mit der Einfältigkeit seiner Mitmenschen Schabernack trieb und, indem er ihnen ihre Dummheit vor Augen hielt, sie im gleichen Atemzug auch noch bloßstellte. Nun mag er lernen, diese kühle Distanz selbst zu ertragen, indem er die emotionale Kälte, den spielerischen Zufall, durch den ihn das Schicksal in die Welt schlüpfen ließ, annimmt und darin sein vergangenes Karma erkennt, mit den Werten seiner Mitmenschen nur jongliert zu haben, ohne je im Herzen von ihnen berührt worden zu sein.

Fazit

Er ist der Blitz aus heiterem Himmel, der die natürliche Entwicklung stört, der die Veränderung einleitet und generell das Alte zugunsten des Neuen stürzt, der aber plötzliches und unverhofftes Glück genauso wie unvermutet über den Menschen hereinbrechendes Unglück bedeuten kann. Denn Uranus verkörpert immer eine Wende; er ist das Symbol der plötzlichen Veränderung, die sich auf leisen Sohlen anpirscht. Wenn sich der Saturneinfluß durch langsam anwachsenden Druck ankündigt, durch stetiges Ansteigen von Widerstand und Hemmung, dann überkommen uns die Uranuseinwirkungen völlig überraschend: Sie überfallen uns so unvorbereitet, daß wir keine Chancen zur Verdrängung oder Abwehr haben.

Dies ist mit einer Bootsfahrt durch dichten Nebel zu vergleichen. Wenn man im Nebel einen Dampfer vor sich auftauchen sieht, kommt jede Reaktion zu spät. Dort aber, wo sich ein Zusammenstoß durch eine Kursänderung noch leicht vermeiden ließ, dort sieht man die Gefahr noch nicht. Uranus/Sonne können bei starker Aspektierung im Radix Schnittpunkte markieren, deren Auslösungen wie ein Blitz aus heiterem Himmel einschlagen. Wenn es uns nicht gelingt, diese Kräfte zu absorbieren, kann unser ganzes Weltgebäude wie ein Kartenhaus zusammenfallen.

Psychosomatische Entsprechungen

Bluthochdruck, Herzrhythmusstörungen, Herzinfarkt

Der Blutdruck resultiert aus dem Wechselspiel zwischen Blut und Gefäßen. Wenn das fließende Blut die Sonne symbolisiert, so kannst du dir unter den begrenzenden Gefäßwänden Saturn vorstellen, denn Saturn verkörpert die Beengung (Gefäße), welche die Ströme des Herzens reguliert. Uranus entspricht dagegen der Aufhebung, dem Ausbruch aus den gesellschaftlichen Begrenzungen. Begegnet Uranus der Sonne, so peitscht er das Blut durch die Kanäle, um den Ausbruch aus den Konventionen einzuleiten oder wenigstens die Bereitschaft zum Ausbruch sicherzustellen. Das entspricht auf der psychologischen Ebene deinem gespannten Verhalten, immer auf der Hut zu sein, weil deine vorgeburtlichen Erfahrungen ständig die Bereitschaft ankurbeln, sofort auszubrechen, wenn Gefahr im Anzug ist. Schon der Gedanke an die Einbindung in die Gesellschaft wird zur Bedrohung. Ständige Fluchtbereitschaft unterstützt diese Erregung in der Erwartung, daß sich die Spannung in Handlung umsetzt und damit erlöst. Wird ein solcher Ausbruch aber nicht gelebt, so kann die vermehrte Energie, wie sie vom Kreislaufsystem bereitgestellt wird, nicht entschärft werden, was sich in erhöhtem Blutdruck niederschlägt.

Wenn der Ausbruch nicht Realität wird, also in deiner Vorstellung steckenbleibt, bleiben auch die uranischen Kräfte im hohen Blutdruck stecken, weil sie weder durch Selbstbeherrschung noch Vernunft abgebaut werden können. Diese unerlöste Spannung greift auf das Herz über. Wenn du dich nicht getraust, deine Ängste anzunehmen und die Ausbrüche zu leben, da sie deine gesellschaftliche Funktion erschüttern, beginnt das Herz dich zu erschüttern. Die unterdrückte Aggression führt zum Hochdruck, die Angst vor einem Ausbruch zur Verengung der Gefäße. Druck und Gegendruck lassen das immer stärker pulsierende Blut durch die immer enger werdenden Kanäle (Saturn) schießen. Das Herz stottert, rast und galoppiert... bis es kollabiert und die Seele aus ihren Begrenzungen herauskatapultiert!

Symptom-Katalog

Psychisch

- Angstzustände, Zerstörungswut, Wahnideen (Gereiztheit aus unterschwelligen Bedrohungserwartungen)
- Beengungsangst, Erregung (hypotone Kreislaufschwäche mit Kollaps)
- Beengungspsychosen, panische Furcht (Alpträume, Horrorbilder, unbewußte Traumafolgen)
- Melancholie mit Stupor und Manie (motorische Störungen mit Ataxie)

Physisch

- Herzangst, Herzbeklemmung, Herzbeschwerden (blitzartig einschießende Nervenschmerzen, Gefühl des plötzlichen Herzstillstands)
- Schwindel, Kopfschmerzen und Schmerzen in den Gliedern (rheumatische Affektionen mit Herzbeteiligung)
- Herzflattern und stark beschleunigte Herztätigkeit
- andere Symptome organischer Herzerkrankung: Schwäche, Verfall, Erstickungserscheinungen
- Störungen des parasympathischen Systems (Vagus-Symptome): Schwindel, Übelkeit, Fallträume (Ohnmachtsanwandlungen)
- Spannung, Verkrampfung, Unfallschock

Homöopathische Mittel

Chemisches Element

Phosphorus (Phosphor)
Das große Nervenmittel bei Überempfindlichkeit der Sinne:

- "Auf-dem-Sprung"-Sein, Ausbruchs- und Zerstörungslust: D30
- Paranoia, Phobien, ekstatische Anfälle (nervale Erregung mit übertriebener Reaktion auf äußere Reize): D20
- Kollapsneigung, Herzinsuffizienz (Herzflattern, Herzrhythmusstörungen): D12-D15
- Unruhe, Angst, nervöse Erschöpfungszustände (plötzlich einschießende Gedanken und Einbildungen, Furcht vor Ereignissen, düstere Vorahnungen): D8-D12

Chemische Verbindung

Glonoinum (Nitroglyzerin)

- Ängstlichkeit, Unruhe, Umklammerungsgefühle: D6
- äußerste Reizbarkeit bei großer Mattigkeit und Arbeitsunlust: D4

Pflanzen

Aconitum napellus (Blauer Sturmhut)

- Delirium, Zerstörungswut, Todesangst: D30
- Beengungspsychosen, Bedrohungserwartungen, panische Furcht: D20
- Herz-Rhythmusstörungen und stark beschleunigte Herztätigkeit (Folge von Angst und Schreck): D12
- Spannung, Verkrampfung, plötzliches Fieber: D6

Arnica (Bergwohlverleih)

- Alpträume, Horrorbilder, unbewußte Traumafolgen (unverarbeitete Erlebnisse, die plötzlich ausbrechen!): D200
- Überanstrengung, Blutandrang zum Kopf: D20
- Kreislaufschwäche: D12
- Verletzungen, Schmerzen, Unfallschock (Sturz, Schlag, Kontusion): D4-D30
- Angina pectoris: D4-D6

Digitalis (Fingerhut)

- Herzmittel: schwacher Puls, Hypertrophie mit Herzerweiterung, Herzangst (Gefühl des plötzlichen Herzstillstands): D6
- andere Symptome organischer Herzerkrankung: Schwäche, Verfall, Kälte, Verzweiflung, Erstickungserscheinungen, Atemnot (D4-D6)

- Störungen des parasympathischen Systems (Schwindel, Benommenheit, Übelkeit, Fallträume, Ohnmachtsanwandlungen): D4-D8

Kalmia latifolia (Berglorbeer)
- Herzangst, Herzbeklemmung, Herzbeschwerden (durch blitzartig einschießende Nervenschmerzen)
- Schwindel, Kopfschmerzen und Schmerzen in den Gliedern (rheumatische Affektionen mit Herzbeteiligung): alle D12

Veratrum album (Weiße Nieswurz)
- Angstzustände, Zerstörungswut, Wahnideen (Gereiztheit aus unterschwelligen Bedrohungserwartungen): D30
- Melancholie mit Stupor und Manie (motorische Störungen mit Ataxie): D20
- Schmerzen, Beengungsangst, Erregung (hypotone Kreislaufschwäche mit Kollaps): D12
- Herzflattern (nach überstandenen Infektionen), unregelmäßiger Puls: D6

Erlösungsformen
- Biofeedback (Steuerung des Herzschlags)
- Schattenboxen (Tai Chi)
- Urschrei (Wiederholung des Geburtsschocks)

Spirituelle Öffnungen

Ritual
Schlangenbeschwörung (Tanz des Derwischs)
Farbe
Eisblaugrün
Duft
Galbanum, Zitronengrasöl
Edelstein
grünblauer Türkis
Krafttier
Affe
Symbol
geflügeltes Ei; Lemniskate
Mythos
Ikarus; Merlin; Thyl Ulenspiegel
Archetyp
Scharlatan, Zauberlehrling, Clown
Gottheit
Dionysos und sein Gefolge (Satyrn)
Kraftort
Labyrinth
Kultstätte
Abtei Thelema (zu Cefalù auf Sizilien)
Sabbat
29. Februar
Musik
"Petruschka" von Igor Strawinsky
Malerei
Bilder von René Magritte
Schrift
"Nachts schlafen die Ratten doch" von Wolfgang Borchert

SONNE/NEPTUN

100% Konjunktion; Quadrat; Opposition; Spiegelpunkt
85% Anderthalbquadrat; Quincunx
75% Halbquadrat; Sonne in Haus 12; Sonne in Fische
60% Trigon; Neptun in Haus 5
50% Sextil
40% Halbsextil; Hausspitze 5 in Fische; Hausspitze 12 in Löwe
25% Neptun in Löwe; Herrscher von Haus 5 in Haus 12; Herrscher von Haus 12 in Haus 5

☉ ♆

Thema	Auflösung, Selbstbetäubung, Transparenz
Ziel	göttliche Führung
Sinn	Transzendenz
Licht	Unschuld und Torheit, idealisierte Wirklichkeit
Schatten	Apathie, Unentschlossenheit, Unklarheit
Leitbild	der gespiegelte Spiegel (die visionäre Erleuchtung und der Tor)

Die Welt, wie wir sie sehen, ist nur das Modell unserer anerzogenen Vorstellungen. Man könnte es auch so ausdrücken, die Welt stelle sich im Spiegel unserer Vorstellung auf sich selber ein, und das, was wir im Spiegel sehen, ist der Ausdruck unserer Bildregie.
Die Quellen der Schöpfung

Alles fließt!
Laotse

Grundlage

Geistige Prägung

In den Träumen des Lebens kann sich der Mensch als Teil eines Größeren erfahren, und dieses Größere ist der Traum des Lebens selbst. Unter Sonne/Neptun bist du besser in der Lage, die menschliche Leere zu ertragen, weil du dich selber als Mysterium erfährst. Dir fällt es leichter, der Auflösung zu begegnen, da du deine Identität nicht rücksichtslos auslebst, sondern den unsichtbaren Schwingungen des Göttlichen nachstellst. Wenn es dir gelingt, deine Aufmerksamkeit von den äußeren Sichtweisen abzuziehen, kannst du alle Ursachen des Lebens in dir selber finden, weil dir durch die kosmische Berührung der Sonne Einsichten zufließen, die normalen Sterblichen nicht zugänglich sind.

Kindheit

Du wurdest in die Welt geboren, um zu lernen, mit diesen Träumen umzugehen, und indem du spürst, wie sie auf dich wirken, lernst du, was davon richtig ist und was nicht. Weil alle Träume in dir selbst liegen, enthüllen sie dir das kollektive Urwissen deines inneren Selbst. Wenn du merkst, daß du nur träumend über die Welt nachsinnst und dich gleichzeitig bemühst, sie so zu betrachten, wie du sie in deinen Träumen wahrnimmst, dann siehst du dich durch eine offene Tür wie in einen großen Korridor eintreten, der sich zwar der materiellen Welt entzieht, jedoch zu immer neuen offenen Türen führt.

Frau/Mann

Wir Menschen träumen gleichzeitig den gleichen Traum. Wir sind die Autoren, Regisseure und Akteure in einem Schauspiel, das von unseren Bewußtseinsvorstellungen getragen und von unserem urmenschlichsten Schöpfungsimpuls inszeniert wird, das aber auch nur ein Stück im Stück ist, das wiederum innerhalb eines weiteren Stückes nur ein weiteres Stück im großen Schöpfungsvorgang ist. Es gibt niemals ein Ende dieses Stückes. Dieses Ahnen nährt aber wiederum in dir die Angst, das Bewußtsein zu hinterfragen und hinter allen Vorstellungen nur das Nichts zu erfahren, welches dich wie ein Ungeheuer umzingelt.

Du ahnst, wie Erlebnisse in den Träumen vorbereitet werden, die sich zuerst im Halbbewußten ankündigen, bevor sie sich zu erlebbarer Wirklichkeit gestalten, und bist bereit, diesen inneren Strömen nachzuspüren, um sie als Urquell allen Handelns zu erkennen, als Pläne sozusagen, deren Verwirklichung dann das ist, was wir die erlebte Realität nennen. Deine inneren Ängste versuchst du loszuwerden, indem du dich an Personen klammerst, denen du die Abwehr dieses Ungeheuers (das Dagegenstemmen gegen diese Wahrheit) überträgst. Das entspricht dem Paradoxon, dich selber finden zu wollen, ohne persönliche Eigenart zu zeigen.

Die Angst vor der Realität des Alltags wird aber in dem Augenblick abgestreift, wo dein Vertrauen in die Spiritualität dieser höheren Erkenntnis Einzug hält. Das Wissen aus dieser transzendent vergeistigten Dimension ist sich der Relativität seines eigenen Denkens bewußt, weil es weiß, daß die Täuschung unserer Sinne dem Spiel entspricht, das wir uns selber ausgedacht haben und das wir nur über die geistige Einsicht in korrekter Beachtung der Regeln überwinden können.

Sinn/Ziel

Neptun zeigt ein Gefühl der Auflösung aller irdischen Bindungen und der Verschmelzung mit dem uferlos Göttlichen an. Wenn du aber versuchst, dieses Uferlose zu erfahren, die Auflösung der Anpassung an die Umwelt bewußt nachzuvollziehen, siehst du dich plötzlich einer Welt gegenüber, die mit deinen Denkwerkzeugen gar nicht mehr zu erfassen ist. Aber gerade, weil sie von deinem Bewußtsein nicht mehr auszumessen ist, läßt sich auch nie erfahren, ob sie die spirituelle Wahrheit verkörpert oder einfach den inneren Wunsch vertritt, sich den Lebenslügen der eigenen Verdrängungen hinzugeben und die Träume als Visionen von oben zurückzunehmen, an die du selbstbetrügerisch zu glauben vermagst!

Die Sonne benutzt Neptun sozusagen als Spiegel, um sich selber besser verstehen zu lernen. Dadurch lernt sie die materielle Welt als Spiel erkennen, wo zwischen einer Sichtweise und ihrem Gegenteil nur das Kriterium unserer persönlichen Beurteilung liegt. Gleichzeitig fühlt sich Neptun durch die Sonne herausgefordert, dieses Spiel mitzumachen und die Spielregeln einzuhalten. Da er aber durch seine innere Natur gleichzeitig die Spielregeln auflöst, finden wir unter Sonne/Neptun nun den Widerspruch, daß eine Lebensperspektive durch Auflösung schärfere Konturen zu gewinnen und durch das Erkennen einer höheren Wirklichkeit die inneren Möglichkeiten zu nähren vermag, um jene Dimensionen zu erreichen, aus deren Universalität sich eine andere Wirklichkeit erzeugt.

Karmisch-seelische Struktur

Die kollektive Struktur

Die Sonne/Neptun-Verbindung symbolisiert einen Aspekt des Lebens, bei dem man den Schwingungsfeldern zwischen den Dingen die eigenen unbewußten Sehnsüchte überträgt. Die Betreffenden scheinen der realen Welt entrückt durch Sphärenklänge, die nur sie fühlen. Sie haben sich zu den unsichtbaren Quellen zurückgezogen, die nur sie spüren und die ihnen Ursprung zu Verwirrungen und Täuschung sind oder aber göttliche Einsichten bescheren. Diese Menschen halten sich bisweilen gar vom Göttlichen durchdrungen, derweil sie Opfer ihrer eigenen Bilder sind. Wenn sie zu mystischer Versenkung neigen, glauben sie sich als Werkzeug eines Meisters oder Gottes auserkoren, was in Wirklichkeit nur der verzerrten Wahrnehmung ihrer Wirklichkeit entspricht.

Sonne/Neptun-Aspekte können aber auch darauf hinweisen, daß der Mensch aufgrund seiner inneren Sensibilität in der Lage ist, sich der Wirklichkeit zwischen Idealität und Realität von verschiedenen Perspektiven zu nähern. Diese hüten in ihrem tiefen Inneren die Einsicht, daß das, was wir die Wirklichkeit nennen, nur ein Bild unserer eigenen Vorstellung ist, da jeder Mensch über eine eigene, persönliche Vorstellung verfügt, es also so viele Wirklichkeiten wie Menschen gibt.

In den weniger hochfliegenden Sphären des täglichen Lebens wird sich der Mensch mit Sonne/Neptun mehr zu einer Weltanschauung hingezogen fühlen, die er zwar selbst in sich spürt, die er aber nicht riskiert, persönlich darzustellen. Diese nicht selbst dargestellte Persönlichkeit führt über den Umweg der fremdinterpretierten Erfahrungen zum Wissen, das man aber darzustellen sich wiederum nicht selbst entschließt.

So sichert man sich nach innen mit fremden Bildern der Erkenntnis ab, um die Blockierung des eigenen Ahnens einerseits durch die Angst zu lösen und andererseits die Konsequenz des eigenen Erkennens auf die Vorstellung übernommener Bilder zu verteilen.

Daraus entsteht eine Ziellosigkeit der inneren Sehnsüchte. Es ist dies ein sich Hinwegheben in den Himmel fixierter Vorstellungen, die der Realität unerreichbar sind. Dort fühlt man sich vor Menschen sicher und ist gleichzeitig den Göttern näher.

Das persönliche Karma

Da Neptun die innere Sehnsucht verkörpert, die materiellen Fesseln abzustreifen und sich mit dem Göttlichen zu verbinden, wirst du jede Ich-Verwirklichung (Sonne) nicht nur unterbinden, sondern die ganze Realitätsverkörperung verhindern, indem du spirituelle Einsichten in die materiellen Gegebenheiten einfließen läßt.

Daraus kristallisiert sich das Bestreben, deine materiellen Bedürfnisse nicht mehr zu leben, weil du mit der Ablehnung deines Egos gleichzeitig jede Ausrichtung nach realen und gesellschaftlichen Zielen ablehnst.

Irgendwann entwickelt sich die illusionäre Einbildung, die materiellen Gesetze schon überwunden zu haben. Damit versuchst du, die Verhinderung deiner materiellen Selbstverwirklichung hinter einem kosmischen Mäntelchen zu verstecken, was ein Widerspruch in sich ist, nämlich das Bild der Überwindung durch das Ego darzustellen. Auf diesem Weg hast du dich meistens in den Fängen eines Dogmas verstrickt, das dir hilft, deine eigenen gesellschaftlichen Ängste hinter kosmischen Zielen zu verbergen.

Wenn nun diese Grundlagen zusammenbrechen, auf denen du dein verdrängtes Ego aufgebaut hast – sei es, daß du deinen Guru verlierst, sei es, daß du dessen Dogma aus irgendwelchen Gründen nicht mehr akzeptierst –, dann wird das Unvermögen, dein eigenes Ego darzustellen und deine innere Individualität zu leben, in die Krise führen, weil du nie gelernt hast, dich in deiner ursprünglichen Personalität zu erfahren, sondern deine Persönlichkeit nur immer auf das projiziertest, was dir die Außenwelt reflektierte und von dem du dich angesprochen fühltest.

Die einzige Lösung wäre, diesen Verdrängungsmechanismus aufzuheben, weil du darin die Verhinderung erkennst, deine persönliche Eigenart auszuleben, die nur so lange sinnvoll ist, wie du sie nicht siehst!

Gerade durch das Erkennen machst du dich frei, den Sinn der Verhinderung anzunehmen, die dich zwar hindert, bloße Selbstverwirklichung anzustreben, deren Sinn aber andererseits nicht sein kann, den Vorstellungen der anderen nachzuleben – sondern deren Aufgabe sich allein in der Einsicht erfüllt, dich dem Göttlichen wie dem Irdischen hinzugeben und deine eigene Brücke zu werden, auf der du zwischen den Welten hin- und herschwebst!

Mythologischer Hintergrund

Unio Mystica

Es war, als ob die uns bekannte Erscheinungswelt plötzlich wie ein bloßes Gemälde auf dünnem Seidenpapier geworden wäre, durch das die Wirklichkeit hindurchschimmerte und durch das wir plötzlich, das Geräusch des Zerreißens in den Ohren, wie durch einen nebulösen Vorhang hindurchgeschleudert wurden. Wir fühlten uns durch Dingliches hindurchgezogen und stürzten durch unsere Weltvorstellung hindurch. Der Sturz war die Auflösung des Ich, von dem wir uns verlierend durch Selbstbetrachtung wieder zurückgewinnen konnten. Aus dem Zustand der Auflösung heraus konnten wir jede Form annehmen. Wir stürzten durch die Vernetzungen von DNS und RNS hindurch, aus deren tanzenden Verstrikkungen sich immer neues Leben bildet, und fanden uns vor einer offenen Türe wieder. Es war eine schillernde Welt, die sich da vor uns auftat. Lichtwesen huschten auf uns zu und führten uns in einen weiten Raum, in welchem sich sonnengroße Lichteier an den Kristallwänden reflektierten. Kosmische Reiter schwebten durch die Galaxis und die Lichteier verwandelten sich in galaktische Sternenmeere, welche die ganze Umgebung in einen multidimensionalen Lichtschein tauchten. Plötzlich schoß aus einer Ecke eine hohe Flammenwand hervor, und als wir uns umdrehten, pfiff uns aus einer anderen ein heftiger Orkan entgegen, aus der dritten wälzte sich eine riesige Brandungswelle heran, und als wir schon davonrannten, versperrte uns aus der vierten eine brodelnde Lavamasse den Weg. Wir waren völlig eingekreist von diesen infernalen Elementen und wurden in einem alchemistischen Prozeß in die "Unio mystica" eingeschmolzen, als Feuer und Wasser, Luft und Erde zischend ineinander übergingen.

Akron, "Der Tanz des Lebens"

Fazit

Neptun repräsentiert die unergründlichen Tiefen der Seele, und als Gott der Meere und der visionären Geheimnisse ist es sein Ziel, die gefestigte Ordnung aufzuweichen und die Materie in ihre Urbestandteile aufzulösen. Doch hinter seiner Fähigkeit, Wunder und Illusionen zu erwirken, steht auch das hellsichtige Verlangen, den Menschen durch den vordergründigen Alltag zum transzendenteren Hintergrund zu führen, um die Sehnsüchte in den tieferen Schichten seines Unterbewußten selber zu entdecken, die wiederum die Grundlage seines Strebens sind. Sonne und Neptun sind die ätherischen Schleier der Seelenbilder, die die inneren Bilder lebendig werden lassen, die Zaubergärten der Delirien und Drogenräusche, die den Gespenstern als Zwischenwelt dienen, oder die Ahnungen und Botschaften aus dem Reich der Tiefe, die zu den Quellen der Träume und den Schwellen des Unbewußten hinabführen. Sie sind das versunkene Atlantis als Symbol für das aus den Tiefen leuchtende Licht, der über den Wassern schwebende Geist Gottes als himmlische Wahrheit oder der Sternenhimmel für die Einstrahlung des Kosmos in den erahnenden menschlichen Geist.

Psychosomatische Entsprechungen

Sucht, Unlust, psychische Erschlaffung

Du segelst in einem Meer aus inneren Bildern und Empfindungen, die der Grenzüberschreitung und Selbstauflösung huldigen. Die Umwelt zeigt sich dir wie durch das Fenster eines Traums, in dem Realität und Einbildung miteinander verwoben sind. Du besitzt einen ausgeprägten Imaginationssinn und verfügst über ein gutes Gespür für verborgene Zusammenhänge. Meistens fühlst du dich durch die Spielregeln der Gesellschaft überfordert, weil du ihre Mechanismen nicht richtig interpretierst. Über deinem Reich versuchst du einen spinnennetzfeinen Schleier zu spannen, in dem alle Grobheiten des materiellen Imperativs hängenbleiben und nur der Geist des Konjunktivs transparent genug ist, die Maschen des Netzes zu passieren und in deine Vorstellungswelt vorzudringen. Dabei bist du von einer Müdigkeit gegenüber den Auswirkungen der Realität gezeichnet, die dich mit ihrer Geschäftigkeit nervt, und deshalb mußt du deine Sinne betäuben, damit du die Welt nicht so wahrzunehmen brauchst, wie sie sich dir darstellt. Diese Verfälschung der Wahrnehmung, die dir alles Grobstoffliche aussiebt und dich, statt die Realität zu leben, eine andere Wirklichkeit träumen läßt, inszeniert deine Seele durch die Überfunktion der Nebennierenrinde, die die normalen Raum- und Zeitbegriffe der Gesellschaft mit körpereigenen Drogen überspielt. Damit du dich in dieser Welt nicht zu behaupten brauchst, entziehst du dich der Welt, indem du blind und taub wirst und dich aus jeder Übereinkunft ausschließt.

Symptom-Katalog

Psychisch
- psychische Müdigkeit: Traurigkeit, Lebensüberdruß, Apathie, Teilnahmslosigkeit, Erschlaffung (Nebennierenrinden-Überfunktion)
- Benommenheit und andere Formen der Bewußtseinstrübung: Stomnolenz, Stupor, Sopor, Hirnlähmung, Halluzinationen, Koma
- Vergiftungen (Drogen- und Alkoholmißbrauch)

Physisch
- Eiweißabbau der Muskulatur (Tonusschwäche: führt zu Herzmuskel- und Kreislaufschwäche)
- skrofulöse und rachitische Zustände, Drüsenschwellungen, unterdrückte Ausschläge (lymphatische Konstitution)
- Hypophysen- und Schilddrüsendysfunktion

Homöopathische Mittel

Minerale

Calcium carbonicum (Austernschalen)
Das große Hahnemannische Antipsoricum:
- skrofulöse und rachitische Zustände, Drüsenschwellungen: D4-D30
- Lymphatismus
- Hypophysen- und Schilddrüsendysfunktion: beide D20
- Schwäche, Erschöpfung, Mangel an Spannkraft (reaktionslos, schwerfällig, unentschieden, pastös): D6-D12

Sulfur (Schwefel)
Das klassische Mittel gegen alle Formen von Unterdrückung und Verdrängung:
- Illusionen, Launenhaftigkeit, Drogen- und Alkoholmißbrauch (reizbar und schwach): D200
- psychische Müdigkeit, Traurigkeit, Lebensüberdruß (entschlußlos, eigenbrötlerisch, zieht sich in sich selbst zurück): D12-D200
- unterdrückte Ausschläge, Erschlaffung der Muskulatur (Tonusschwäche): D4-D30

Alkaloid

Opium (Milchsaft des Schlafmohns)
- Apathie, Teilnahmslosigkeit, Erschlaffung
- Stomnolenz, Stupor, Sopor
- Hirnlähmung, Halluzinationen, Koma
- Benommenheit und andere Formen der Bewußtseinstrübung: alle D12-D30

Erlösungsformen

- Hypnose (Regression, Traummeditation, rituelle Trance)
- Kinesiologie
- Geistheilung
- Bhakti Yoga

Spirituelle Öffnungen

Ritual
Erleuchtung (Kommunion)
Farbe
strahlendes Weiß; schimmerndes Grün
Duft
Opium, Patchuliöl
Edelstein
Chrisolyth
Krafttier
Schwan
Symbol
Schale, Kelch
Mythen
Parzival und der Gral; der stigmatisierte und den Vögeln predigende heilige Franziskus
Archetyp
Träumer, Visionär (der über den Wassern schwebende Geist Gottes)
Gottheit
Bran, Dewi, Oberon, Kühleborn (Poseidon), Morpheus, Urbuddha (Adi-Buddha)
Kraftort
Wassergrotten; Opiumhöhlen
Kultstätte
Ludwigs Märchenschlösser (Linderhof, Neuschwanstein)
Sabbat
Ostersonntag
Musik
"La Cathédrale engloutie" von Claude Debussy
Malerei
"Kathedrale von Rouen" von Claude Monet
Schrift
"Les Illuminations" von Arthur Rimbaud

SONNE/PLUTO

100%	Konjunktion; Quadrat; Opposition; Spiegelpunkt
85%	Anderthalbquadrat; Quincunx
75%	Halbquadrat; Sonne in Haus 8; Sonne in Skorpion
60%	Trigon; Pluto in Haus 5
50%	Sextil
40%	Halbsextil; Hausspitze 5 in Skorpion; Hausspitze 8 in Löwe
25%	Pluto in Löwe; Herrscher von Haus 5 in Haus 8; Herrscher von Haus 8 in Haus 5

Thema	Herrschaft, Macht
Ziel	Verwirklichung des innersten Selbst (Machtstreben, Herrschsucht, Schöpferzwang)
Sinn	Vollendung irdischer Macht durch die Verdichtung von Kraft
Licht	Unbeirrbarkeit, Schattenarbeit, innerer und äußerer Glanz
Schatten	Selbstgefälligkeit, Persönlichkeitskult, Größenwahn
Leitbild	der allmächtige Sonnengott; Luzifer, der Lichtbringer

Stets ist's das eigene Gesicht, wenn man sich selbst im Gral erblickt, weil sich das Ich im Licht erfüllt, auch wenn der Mensch nicht weiß, wohin der Weg ihn führt, aber trotzdem tut, als kenne er den Zusammenhang der Dinge, damit das Streben weitergeht, das Finden, und auf dem Weg des Suchens in die Sonne dringe...

Akron, "Wessen Auge ist die Sonne?"

Grundlage

Geistige Prägung

Von Pluto kann man sagen, daß er den Mechanismus der Instinkte und der Schöpfung symbolisiert, der so komplex ist und sich aus so tiefen Urquellen speist, daß er die Abgründigkeit des Unfaßlichen in einem Mantel des Mysteriums um sich trägt. Der Geist des Menschen zielt nach der faustischen Erleuchtung, in der Hoffnung, in die Bedeutung des eigenen Wirkens und den Sinn der eigenen Existenz eingeführt zu werden.

Im Zusammenspiel mit der Sonne überfallen dich diese reichen Gaben aber erst einmal als Ichbezogenheit und Selbstdurchsetzung, welche sich ohne Einsicht in die Gegebenheiten einfach in einer Bewegung aus sich selbst heraus zu Bewußtsein bringen: entweder auf den Gipfel der Erleuchtung oder in die Unerlöstheit der Selbstvernichtung!

Kindheit

Schon als Kind brauchtest du einen gewissen äußeren Widerstand, um deine inneren Spannungen in die Außenwelt zu übertragen und damit innerlich loszuwerden. Was liegt daher näher, als dich von Autoritäten dominieren zu lassen, denn dadurch verwandeltest du die unsichtbare innere Spannung in eine äußere, kampfbezogene Dualität, mit welcher du dich arrangieren oder die du wenigstens bekämpfen konntest. Falls dein Vater dazu nicht taugte, suchtest du dir andere Autoritäten, weil du ja darauf angewiesen warst, mit Situationen konfrontiert zu werden, gegen die du dich nicht wehren konntest, um deine Ohnmacht innerlich loszuwerden, in die Außenwelt zu übertragen und dadurch zu erfahren.

Mann

Deine unbewußten Machtansprüche machen es dir freilich schwer, dich wirklich zu empfinden, weil du dir Identität nur aus deiner persönlichen Vorstellung von Größe (Vaterbild, Gottesbild, Über-Ich) erringen kannst, was aber wiederum die Verdrängung deiner eigenen Gefühle voraussetzt. Die Verlockung ist groß, Bedeutung auf Kosten persönlicher Gefühle zu erreichen, indem du an deinen eigenen Bedürfnissen vorbeizielst und sozusagen ein Opfer leitbildhafter Machtzwänge wirst, was mit der Zeit zu einem Gefühl von Sinnlosigkeit und Unverstandensein führt. Mit dieser Einstellung werden aber auch Schuldgefühle und Selbstbestrafungsabsichten mobilisiert, auf deren Altar du am Ende selbst hingeschlachtet wirst. Denn dieses Gestirn symbolisiert neben dem Herrscher und Weltenlenker auch den durch das Opfer "entthronten" Mann. In dem Augenblick, wo dich das ständige Herrschertum, der unablässige Schöpferzwang ausgelaugt hat und du dich er-

schöpft zurückziehen möchtest, kehrt sich der Energiestrom um und du ziehst die Strafe deiner Opfer an.

Erst durch Situationen, denen du hilflos ausgeliefert bist, kannst du dich auf deine innere Gewalttätigkeit einstimmen, die ein Teil deiner Psyche und die in die Außenwelt zu übertragen deine Aufgabe ist. Du mußt dich hier von deinen moralischen Vorurteilen befreien, indem du die Gewalttätigkeit nicht zuläßt, weil sie nicht in dein Weltbild passt. Denn Aggression ist ein Bestandteil der menschlichen Natur, die sich in der Konfrontation mit anderen selber reguliert. Das, wovor du Angst hast, ist deine eigene Unterdrückung, die du auf die anderen überträgst. Wenn du die Gewaltvorstellung nicht in dir selber trügest, wovor solltest du dann Angst haben? Was gäbe es denn Böses in der Welt, vor dem du dich verstecken müßtest, wenn du die Gewalt nicht in dir selber spürtest?

Frau

Der Drang, sich aus sich heraus neu zu bilden und sich über Skrupellosigkeit und Machtansprüche gegen andere zu finden, ist bei Frauen gleichermaßen ausgeprägt. Manchmal wird der Zwang, die eigene Kraft zu transformieren, über das harte Vaterbild auf den brutalen, rücksichtslosen Killertyp projiziert, der dir hilft, alles, was dich an der Umwelt stört, unbarmherzig zu eliminieren (typisch: "Bonnie and Clyde"). Tatsache ist, daß du deine Mitmenschen nicht in Ruhe lassen kannst, weil du vom inneren Drang besessen bist, die anderen zu transformieren. Gerade in der Erziehung wirkt sich das verheerend aus. Du willst deine Kinder nach deinen eigenen Vorstellungen kreieren, was bedeutet, daß du das Kind erst dann akzeptieren kannst, wenn es mit deiner Vorstellung von Größe völlig übereinstimmt.

Karmisch-seelische Struktur

Die kollektive Struktur

Da Pluto und Sonne über die geistigen Kräfte verfügen, bis zu den Quellen der Erkenntnis vorzudringen, können sie sich Zugang zu den höheren Bewußtseinsebenen erzwingen, ohne ihre Absicht mit dem göttlichen Willen in Übereinstimmung zu bringen. Darum symbolisiert die dunkle Seite dieser Konstellation auch das Luzifer-Syndrom: *Weil sich Satan mit dem Göttlichen nicht in Übereinstimmung befand, konnte er auch das Wohl des Ganzen nicht erkennen. Da er seinen eigenen Mittelpunkt im Göttlichen nicht erkannte, erkannte er das Göttliche als Mittelpunkt in sich selbst und identifizierte sich mit seiner eigenen Gottesvorstellung. Damit machte er das Göttliche zum Teil seines Persönlichen und sah sich dabei in der Schöpferrolle, die Umwelt mit seinem eigenen Willen zu durchdringen und sie in seine persönlichen Ziele einzubinden. Er reißt die Inhalte seiner Mitmenschen an sich und läßt sie wie Planeten um die Sonne seines eignen Willens kreisen, bis diese psychisch-diktatorischen Tendenzen eines Tages (unter Mithilfe seines Unbewußten) zusammenbrechen und den Unglücklichen in den Strudel seiner eigenen Selbstvernichtung reißen...*

Pluto/Sonne kann sich aber auch von jener Seite zeigen, daß alte Lebensformen, welche die höheren Lebensziele nicht erreichen, total transformiert werden. Wenn wir das verstehen, werden wir auch verstehen, warum unter Eingeweihten die Verstrickung mit der Macht, aber auch die Loslösung aus der Verstrickung dem Skorpion (Pluto) zugeordnet wird. Der Skorpion tötet sich selber, und so verwandelt sich die Identifizierung mit der Macht in die Macht, sich in der Identifizierung zu erkennen und damit diese Identifizierung in jene geistigeren Kanäle umzuleiten, um sich dieser Macht bewußt zu werden! Damit ist sie aber keine persönliche Macht mehr, sondern das Persönliche hat sich der Macht ausgeliefert, sich in die Einheit mit dem Göttlichen integriert.

Menschen unter dieser Konstellation stehen mit zwanghafter Faszination und zugleich großer Angst vor dem Verlust ihrer eigenen Identität – angesichts des Problems, daß man seine Persönlichkeit selbst opfern muß, um das ganze Selbst seiner Schöpferkraft zu erlangen.

Das persönliche Karma

Unter der gewaltigen Krafteinwirkung von Pluto/Sonne warst du schon als Kind von einem starken Bedürfnis nach Macht besessen. Dieses Bedürfnis, das so stark war, daß du es nur über Umwege ausleben konntest, wurde zuerst einmal auf den Vater übertragen. Auch wenn dieser deiner Ich-Entfaltung grundsätzlich im Wege stand, geschah dies durch dein unbewußtes kindliches Einverständnis, weil du dich nicht nur mit dem Vater gegen dich identifiziertest, sondern auch deine eigene Kindrolle auf andere Kinder projiziertest, die du dann stellvertretend schikaniertest.

Damit bist du deine Autoritätsvorstellung fürs erste losgeworden, wenn du später nicht vergißt, dieses Bild wieder zurückzunehmen und die Welt mit eigener Kraft, nicht durch das Bild des Vaters, zu dirigieren und damit die Verantwortung für deine Taten nicht nur äußerlich, sondern auch innerlich zu übernehmen.

Gelingt dies nicht, wird du zeit deines Lebens Schwierigkeiten mit Autoritäten haben, die sich dir in den Weg stellen, weil du sie unbewußt dazu benutzt, dich zu hemmen, um das Vaterbild, das du anders nicht loswerden kannst, gegen dich selber zu richten.

Denn diese teuflischen Kräfte wirst du nicht ohne weiteres los, auch wenn du sie nicht anwendest, sondern du mußt sie erst einmal selbst erleiden, um dich von ihnen befreien zu können.

Oder du kannst diese inneren Dämonen noch zusätzlich energetisieren und für dich und andere damit zur Gefahr werden, weil ein unbewußter Drang hochsteigt, die Unerbittlichkeit deines Charakters zu demonstrieren und dich damit zum Hüter des gesamten Schöpfungsplanes aufzuspielen.

Das kann sich zu Machtkämpfen von solcher Tragweite ausweiten, daß die ganze Identität in Frage gestellt wird, weil du jedes Techtelmechtel zu einer "Sein- oder Nichtsein"-Frage hochstilisierst. Tief im Unbewußten verborgene Verhaltensmuster übernehmen das Steuer, wobei der Fahrplan und die innere Landkarte nicht nach der Gegenwart, sondern nach uralten Verhaltenszwängen ausgerichtet sind.

Du solltest dir unter diesen Voraussetzungen darüber bewußt werden, daß alle Krisen, die im Leben periodisch immer wieder auftreten, nur die innere Hölle sind, welche du nach außen projizierst. Um dich aus diesen karmischen Verstrickungen zu befreien, mußt du lernen, deine überzogenen Ansprüche loszulassen und dich nicht mit der Unerbittlichkeit der Götter zu identifizieren, damit das Menschliche unter dieser Maske nicht erstickt und zur Menschenfeindlichkeit mutiert.

Mythologischer Hintergrund

Der alchemistische Faust

Plutos geheimnisvolle, suggestive Triebkräfte verkörpern die archaisch-unbewußten Urmuster, die durch die Sonne aus der Tiefe von Zeit und Raum ins Licht gehoben werden können, wenn die Zeit dazu gekommen ist. Die Berührung mit der Sonne zeigt dabei an, daß der Mensch in dieser Inkarnation bereit ist, in dunkle Schächte hinabzusteigen und das Medusenhaupt ins Licht zu heben.

Auf einer anderen Ebene symbolisiert dieser Prozeß die Goldumwandlung der Alchemisten. Gold als edelstes aller Metalle gilt als das Hauptziel alchemistischer Umwandlung, was durch die psychologische Brille der Transformation des Geistes entspricht. Denn die Umwandlung kann nur geschehen, wenn sich gleichzeitig zur äußeren Verwandlung auch eine innere Umwandlung vollzieht. Mit der Einstimmung auf diesen inneren Prozeß wird in der Psyche eine gleichzeitige Veränderung stattfinden, die dem Geborenen die Aufarbeitung tiefster archaischer Schichten ermöglicht und in Assimilierung des plutonischen Bereichs die Überwindung der Angst und die Integrierung der Lebens- und Sterbezyklen gewährleistet. Denn die plutonischen Energien lassen die unteilbare Ganzheit des Seins in seiner ewigen Folgerichtigkeit aufleuchten, im ständigen Wechsel von Sterben und Wiedergeburt. Sie eliminieren überholte Wertvorstellungen, befreien aus veralteten Moralkodexen und reißen mittels Leid- und Loslösungsprozessen aus Fehlfixierungen und Verstrickungen.

Pluto und Sonne konfrontieren die Betroffenen mit ihren inneren Dämonen, aber im Gegensatz zu Pluto und Saturn, die die Menschen zwingen und ihnen jede Ausweichmöglichkeit nehmen, machen Pluto und Sonne nur nachdrücklich geneigt. Unter dieser Konstellation ist der Geborene noch in der Lage, sich mit seinem Dasein bewußt auseinanderzusetzen, wenn auch (wie weiland Faust) als der ewig unbefriedigte, die Grenzen des Menschlichen überschreiten wollende Titan. Auch wenn dem Betreffenden ein dauerhaftes Glück mißgönnt ist und alle Schätze der Welt ihm im Grunde nichts zu geben vermögen, so hofft er wenigstens, über die Magie (heute Psychologie) in das Geheimnis der Welt einzudringen und den Sinn des Lebens zu ergründen. Er berauscht sich beim Erfühlen des Ewigen, das das All durchdringt und wendet sich angewidert von den Menschen ab, die ihn in ihrem Streben nach lächerlichen Werten nur unangenehm berühren.

Von maßlosem, unstillbaren Wissensdurst getrieben, möchte er sich von seinen inneren Selbstzweifeln befreien, seine Zerrissenheit heilen, den Wunsch nach letzter Klarheit stillen und alle Fesseln der Materie durchdringen; er möchte alle Geheimnisse verstehen, das Unbegreifliche erkennen, Wahrheit erzwingen und sich auf diesem Wege gleichsam überwinden, indem er den Tod schließlich heiter und versöhnt als seine höchste Lust anfleht: *Im Vorgefühl von solchem hohen Glück, genieß ich jetzt... den höchsten Augenblick!* (Fausts Ende, 2. Teil, Akt 5)

Fazit

Wir müssen Pluto als eine unpersönliche Kraft begreifen, die sich im Spiegel unserer Sonne zwar reflektiert, sich aber nicht erklärt. Würde sie dies tun, so müßten wir den inneren Beweggründen unserer Handlungen ins Auge schauen und würden dabei zu Tode erschrecken, wenn wir unserem Schatten begegneten, vor dem wir instinktiv zurückweichen.

Wir möchten uns wie Faust an die erstrebten Augenblicke klammern, doch jede Entwicklung erfordert den Verfall. Wir müssen uns verändern und die überholten Formen zerbrechen, ob wir dies wollen oder nicht, sonst werden wir zerbrochen; denn die Schöpfung neuer Werte erfordert den Tod der alten.

Psychosomatische Entsprechungen

Krebs (Entartung des Zellwachstums)

Um Mißverständnissen vorzubeugen, ist zu sagen, daß es hier weniger darum geht, zu behaupten, daß du unter Sonne/Pluto mehr zu Krebs-Dispositionen neigst als andere. Es geht hier vielmehr darum, die innere Beziehung einer Krankheit mit den Auswirkungen der ihr zugeordneten Konstellation zu vergleichen und eine analoge innere Verwandtschaft aufzuzeigen.

Krebs ist eine Krankheit, die nicht von außen kommt, sondern im Inneren entsteht, indem einige Zellen ihre Funktionen verändern und durch unkontrollierte Teilung der Ewigkeit nacheifern, bis die Begrenzung des Leibes dem ein Ende setzt. Dabei ist eine gewisse Nähe zum Expansionsbestreben unserer Wirtschaft nicht zu übersehen. Es ist nicht die Aufgabe dieser Ausführungen, die Fragen nach dem Warum und Wieso dieser Krankheit zu erörtern, doch es bietet sich an, ein bißchen über die gesellschaftlichen Hintergründe zu spekulieren. Da die Sonne den Vater symbolisiert und Pluto die "Stirb und Werde"-Rhythmen, haben wir uns hier mit dem Patriarchat und dem männlich orientierten Wirtschaftswachstum auseinanderzusetzen und das Auftreten des Krebses im Spiegel dieser Auswirkungen zu betrachten.

Es ist nicht einfach falsch, die Natur kaputtzumachen, wenn es der eigenen Entwicklung dient, nur ist es falsch, jetzt vor den Konsequenzen unseres Tuns die Augen zu verschließen, wenn die Schattenseiten dieses Verhaltens sichtbar werden. Es gibt eben keine Entwicklung ohne Risiko, und das Risiko, das die Möglichkeit des Scheiterns immer in sich trägt, birgt gerade die Kraft, die uns zum Wachstum führt. Die menschliche Entwicklung ist ohne Risiko und Zerstörung gar nicht denkbar, ob wir dies wahrhaben wollen oder nicht. Wir haben alles vernichtet, was sich unserem Wachstum entgegenstellte: Warum jetzt plötzlich kalte Füße kriegen, nur weil wir sehen, daß die Natur reagiert und langsam stirbt? Spiegelt sich in unserem Verhalten nicht gerade das Verhalten der Krebszellen wider, die aus der Organisation ihres Verbandes ausgestiegen sind und durch die rücksichtslose Verwirklichung ihrer Interessen eine unbegrenzte Freiheit anstreben, um eines Tages ernüchtert festzustellen, daß ihnen dieses Verhalten gerade den Boden zur eigenen Verwirklichung entzieht. Genauso wie wir erkennen müssen, daß das Sterben unseres Planeten unser eigenes Ende miteinschließt.

Symptom-Katalog

Psychisch

- "Napoleon-Syndrom" (Größenwahn)
- Neigung zum Exodus: Hang zu Zerstörungstaten gegen sich und andere
- Größenwahn/Depression (Selbstvernichtung, Weltverdammung, Drang nach Heldentaten)

Physisch

- Herzbeschwerden (Herzklopfen und Gliederzittern: starke Ausbrüche von aggressiver Aktivität)
- physische Einengung aus zelebraler Aktivität (verstärkte Herztätigkeit führt bei labilem Puls zu Zusammenschnürungs- und Erstikkungserscheinungen)

Homöopathische Mittel

Metall

Aurum metallicum (Gold)
- Selbstzerstörung, Weltvernichtung, manische Depression ("Napoleon-Syndrom"): D20-D30
- Hoffnungslosigkeit, Enttäuschung (verträgt keinen Widerspruch): D12
- Aufregung, Verwirrung, sexuelle Hyperästhesie: D6

Alkaloid

Cocaina (aus den Blättern des Koka-Strauches)
- Drang nach Heldentaten, Streben nach Größe (Über-Ich-Identifikation): D4

Tiere

Naja tripudians (Kobra)
- Größenwahn mit Neigung zum Exodus: D30
- Einengungsgefühle aus übertriebener zelebraler Aktivität (beschleunigte Herztätigkeit führt bei schwachem und frequentem Puls zu Zusammenschnürungs- und Erstickungserscheinungen): D6-D20

Mygale lasiodora (Kubanische Spinne)
- Veitstänze, Todesängste, Höllentraumata: D20
- Hang zu Zerstörungstaten gegen sich und andere: D12-D20
- starke Ausbrüche von aggressiver Aktivität: D12
- heftige Erektionen und überpeitschte Erregungsstände: D8-D12
- Herzklopfen und Gliederzittern: D6

Erlösungsformen

- Aufsuchen von Kraftorten (Orte mit erhöhter Strahlung durch die Kreuzung von Kraftlinien)
- Pyramiden (Pyramidenenergietherapie)
- Licht- und Strahlungstherapie (bei Krebs: Strahlentherapie!)

Spirituelle Öffnungen

Ritual
Kultopferung
Farbe
Gold (leuchtendes, funkelndes Strahlen)
Duft
Kyfi (Weihrauch der alten Ägypter)
Edelstein
Diamant
Krafttier
Adler, Löwe oder Falke, der mit seinen Flügeln den Himmel überspannt
Symbol
Sonne, Feuer (Sonnengott)
Mythos
Faust
Archetyp
Pharao, Tyrann
Gottheit
Luzifer (Lichtbringer; ägyptischer Seth)
Kraftort
Tempelbauten
Kultstätte
Cheopspyramide bei Gisé
Sabbat
Lugnasad
Musik
Symphonie Nr. 8 ("Sinfonie der Tausend") von Gustav Mahler
Malerei
Drohende Gewitterstimmungen von Rembrandt; "Göttersturz der Verdammten" von P. P. Rubens
Schrift
Gilgamesch-Epos; "Faust" von Goethe

MOND/MERKUR

100% Konjunktion (–); Quadrat (–); Trigon (+); Opposition (–); Spiegelpunkt (–)
85% Sextil (+)
75% Anderthalbquadrat (–); Quincunx (–); Merkur in Haus 4
60% Halbquadrat (–); Mond in Haus 3; Mond in Zwillinge; Merkur in Krebs
50% Halbsextil; Mond in Haus 6; Mond in Jungfrau; IC in Zwillinge
40% IC in Jungfrau; Hausspitze 3 oder 6 in Krebs
25% Herrscher von Haus 3 oder 6 in Haus 4; Herrscher von Haus 4 in Haus 3 oder 6

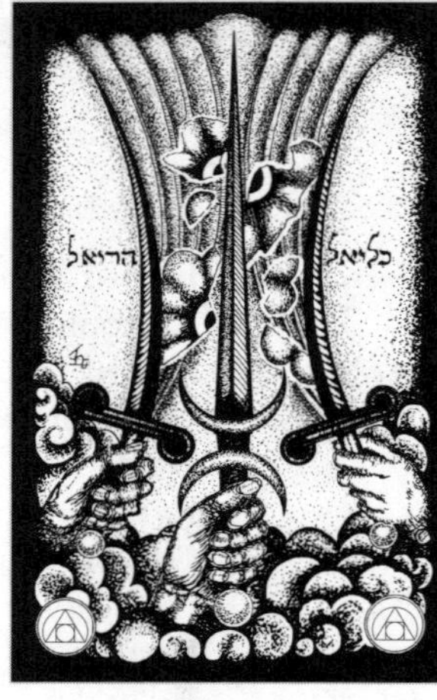

Thema	Neutralisierung der Gefühle
Ziel	objektivierte Subjektivität
Sinn	Mittlerfunktion zwischen emotionalem Anspruch und rationaler Wirklichkeit
Licht	Ausgewogenheit und Fairneß
Schatten	Formalismen, Puritanertum, berechnende Kühle
Leitbild	die rationale Verführung (umgekehrt: die emotionale Erkenntnis)

Der Mensch soll streben, zu werden, was er ist.
Goethe

Der Mensch soll endlich aufhören, zu fühlen, was er denkt!
Advocatus Diaboli

GRUNDLAGE

Geistige Prägung

Auf der Tiefenebene kann man diesen Aspekt auch als Öffnung bezeichnen, durch die man das Modell des Kosmos sieht, denn er symbolisiert die Transformationsfläche, auf der sich das Unzusammenhängende jetzt strukturiert. Unterschwelliges Gefühlsverhalten wird in die Erinnerung hochgespült, um dort von den Denkmechanismen sortiert zu werden. Mond/Merkur ist nichts anderes als der Versuch, die unstrukturierten, gefühlsmäßigen Taten und Entscheidungen in die vielfältigen Schubladen unserer Denkmodelle einzureihen.

Wenn Sonne/Merkur dem Verhalten entspricht, die Welt so zu beurteilen, wie man sie sieht, dann ist unter Mond/Merkur das Prinzip dominierend, die Welt so zu sehen, wie man sie fühlt. In Abänderung des Sonne/Merkur-Zitates *Der Mensch soll streben, zu werden, was er ist* (Goethe), könnte man Mond/Merkur mit der Zeile postulieren: *Der Mensch soll endlich aufhören, zu fühlen, was er denkt!* Der Zustand unter dieser Konstellation wird von einem starken Mißverständnis geprägt zwischen dem, was man fühlt und dem, was man zu fühlen denkt.

Nach Gurdjieff könnte man das Gefühl (Mond) mit einem Droschkenpferd vergleichen, den Verstand (Merkur) aber mit dem Kutscher, der das Gefährt für jeden antreibt, der bezahlt. Der Fahrgast schließlich, unser Ego, wechselt ständig. Und so wie die Motivationen und Ziele im Leben ständig wechseln, so wechseln auch Ziel und Richtung der Fahrt: *Das Universum selbst ist nur ein Spielwerk des Bestimmten und des Unbestimmten, und das wirkliche Bestimmen des Bestimmbaren ist eine allegorische Miniatur auf das Leben und Weben der ewig strömenden Schöpfung. Mit ewig unwandelbarer Symmetrie streben beide, auf entgegengesetzten Wegen sich dem Unendlichen zu nähern und ihm zu entfliehen. Mit leisen aber sicheren Fortschritten erweitert das Unbestimmte seinen angeborenen Wunsch aus der schönen Mitte der Endlichkeit ins Grenzenlose. Die Natur selbst will den ewigen Kreislauf immer neuer Versuche; und sie will auch, daß jeder einzelne in sich vollendet einzig und neu sei, ein treues Abbild der höchsten unteilbaren Individualität.* (Friedrich Schlegel)

Kindheit

Ein Geburtsschock (der Fötus wurde bedrängt, als der Gebärmutterkanal noch nicht offen war; vgl. Psychosomatische Entsprechungen) könnte der Grund gewesen sein, der das Vertrauen in die eigenen Gefühle untergrub. Deshalb konntest du keine emotionalen Bindungen zur Außenwelt aufbauen. Es bestanden keine gefühlsmäßigen Beziehungen zu den Eltern, die Nähe wurde bestenfalls gespielt, alle Kontakte hatten eine zweckbestimmte Färbung.

Durch diese schon früh auftretende Gefühlsabwehr entstand natürlich auch keine Beziehung zum eigenen Körper. Da du dich selbst nicht spürtest, wurde das fehlende Gespür durch ein Gefühlsmuster ersetzt. Das innere Gefühl, ins Bodenlose zu fallen, wurde durch einen begrifflichen Rahmen aufgefangen, der die Leere ausfüllte: Alles wurde definiert, jede Unklarheit in den Gefühlen unterdrückt und nach speziell dafür erarbeiteten Kriterien katalogisiert. Der Körper wurde abgelehnt, alle körperlichen Funktionen abgewehrt und die Absonderungen und Ausscheidungen als ekelerregend empfunden. Im spontanen Entfalten gehindert, wurdest du aber nicht von den Eltern unterdrückt, sondern du unterdrücktest dich selber, indem du den Machtapparat der Eltern für die eigene Unterdrückung benutztest. Du wurdest nicht gedrillt, sondern drilltest dich selber, indem du dich von den Eltern drillen ließest!

Frau

Die innere Entfernung zu den eigenen Empfindungen, die du in der Kindheit über die Eltern reflektiertest, wird später stellvertretend über die Vernunftskanäle ausgelebt. Du bist mit Argumenten schnell zur Hand, wenn es gilt, über Gefühle zu reden. Du versuchst dir die Gefühle, die du durch dein Abwehrverhalten nicht spüren kannst, einzureden, bis du sie zu spüren glaubst. Damit hast du die Gefühle zum Teil jenes Vorstellungsrahmens gemacht, mit dem du die Gefühle gleichzeitig kontrollierst.

Konflikte auf der Gefühlsebene läßt du nicht zu, indem du die Ratio entweder vernebelst oder die Vernebelung anderer rationalisierst. Du trinkst oft starken Kaffee, weil das Koffein die allgemeine Sauerstoffzufuhr durch Erhöhung des Blutdrucks steigert (mehr "Durchblick"), oder du schreibst Tagebücher oder Briefe, weil du über den Intellekt versuchen willst, die Ängste vor dem Fühlen abzubauen und das Vertrauen in dir selbst zu finden. Es ist ein durchaus ernstzunehmender Versuch, den aufwühlenden Emotionen durch die Übersetzung in Sprache sozusagen den Stachel zu nehmen, die bedrohlichen Gefühle (Mond) also gewissermaßen zu neutralisieren und auf eine Ebene zu heben, auf welcher ihnen verstandesmäßig (oder merkurhaft) begegnet werden kann.

Mann

Bei dir als Mann ist die Beziehung zur Mutter sehr stark gefühlsorientiert und von gegenseitiger Sympathie geprägt, was aber in unbewußter Übereinstimmung verdeckt wird. Das führt zu einem partnerschaftlichen Verhalten, das trotz gegenseitiger Resonanz von einem Gefühl des Unverstandenseins begleitet wird, weil du nicht gelernt hast, deine Gefühle anzunehmen. Gelingt es dir nicht, dieses Verhaltensmuster abzulegen, so können diese Sublimierungen in den somatischen Bereich abgleiten, wo sich gefühlsmäßige Sprachlosigkeit z.B. in Form von Asthma und Erstickungsanfällen zeigt.

In weniger akuten Fällen können diese angestauten Gefühlsblockaden aber auch zu unkontrollierten Redekrämpfen ausufern, die vom bewußten Willen kaum zu bremsen sind. Dann wirst du durch den Strom deiner überfließenden Gedankenmuster gezogen und hörst dich selber reden, ohne in der Lage zu sein, auf dein eigenes Mundwerk Einfluß zu nehmen.

Liebe/Beziehung

(+)
Im harmonischen Brennpunkt dieser Wirkungskräfte verfügst du über eine geistige Beweglichkeit, die es dir erlaubt, dich mit den verborgeneren Dingen in deiner Psyche auseinanderzusetzen. Es wird dir nach und nach gelingen, mit dem reinen Intellekt Annäherungen an den ungreifbaren Gefühlsbereich zu finden, wo sich Fühlen und Denken nicht mehr so stark gegenseitig behindern. Du hast die Fähigkeit, seelische Tiefen zu ergründen und sie mit einer allegorischen und gleichnisreichen Sprache in symbolische Bilder zu hüllen, die das rationale Denken übersteigen und über begriffliche Erklärungen hinausreichen.

Die Grundmerkmale dieser Erfahrung sind das Überschreiten der Grenzen von Zeit und Raum, bei einem religiösen Hintergrund der Aufstieg in die himmlischen Gefilde. Die Bilder stammen aus dem kollektiven Unbewußten, und über einen harmonischen Merkur können sie unbeschadet ihrer Schönheit direkt in die Bildvorstellungen des Denkens übertragen werden, einzig und allein abhängig vom persönlichen Bildungsniveau.

Im Begegnungsbereich könnte man von einer Flucht in die idealisierte Partnerschaftsbeziehung reden, wo die Gefühle nicht mehr gelebt, sondern durch die "Vorstellung des Erlebens" ersetzt werden. Eine gefühlsmäßige Öffnung gegenüber dem anderen ist nicht möglich, aber man kann intellektuelle oder soziale Ziele verfolgen, die eine gemeinsame Basis auf der denkerischen Ebene haben. Aber auch wenn keine intellektuellen Beziehungen vorliegen, ist man immerhin bestrebt, eine gute Ehe wenigstens nach außen hin zu führen, um zumindest selbst an die Ehe oder an die Beziehung oder an die eigene Vorstellung des Zusammenlebens glauben zu können.

(–)
Im Konflikt zwischen bildhaftem Sehen und begrifflichem Erkennen ist die Verbindung zwischen Kopf und Bauch verlorengegangen. Da du dich in deinen Gefühlen nicht mehr spüren kannst, führt jede emotionale Nähe zur Beklemmung und zum Wunsch, die Beziehung möglichst rasch wieder abzubrechen. Als mögliche Fluchtwege bieten sich die Versplitterung in viele Aktivitäten (Flucht durch Inflation) oder der Rückzug in eine über der Sache stehenden Unverbindlichkeit an, weil jedes gefühlsmäßige Festlegen den eigenen Schutzmechanismus gefährden kann. Jede tiefe Bindung wirkt beklemmend, jedes emotionale Abenteuer wird mit einem intellektuell-verbalen Rahmen überfrachtet. Das fördert Gefühle von Sinnlosigkeit, und in dieser Phase erlebst du dich oft in einem Lebensrahmen, der eng und unerträglich geworden ist.

Umgekehrt kann ein Aufbrechen der Blockaden klaustrophische Alpträume evozieren, in denen die verdrängten Geburtserinnerungen aufplatzen und nach Ausdruck streben: Wo die Ruhe im Mutterleib (Mond) durch die Kontraktionen des Uterus (Merkur) unterbrochen wurde, was sich im Leben (auf traumatischer Ebene) mitunter als Abstieg in die Unterwelt (Regression zu frühkindlichem Verhalten) darstellt.

Karmisch-seelische Struktur

Der energetische Strom

Der Mond ist jenseits polarer Interpretationen mit einem geruchlosen und unsichtbaren Gas zu vergleichen, das jede Bildvorstellung wie eine Heißluftkugel aufbläht. Seine polaritätsauflösende, Raum und Zeit transzendierende Energie ist unerklärt und läßt sich vielleicht am ehesten mit jenem inneren Gefühl umschreiben, das sich nach etwas Unbestimmten sehnt: nach der Dimension des Unbewußten vielleicht, was den diffusen Schmerz mit einer numinosen Sehnsucht stillt. Eine Kraft also, die den Eindruck vermittelt, selbst zu scheinen, wobei sie aber nur die Sehnsucht reflektiert; eine Kraft aber auch, die die Bilder unserer Seele zeugt, indem sie sie mit unseren unbewußten Energien anreichert und dadurch erst sicht- und spürbar macht.

In diesem Spiegelspiel (dem Spiel der Schöpfung mit sich selbst) wird der Mond durch die verstandesorientierten Merkurkräfte natürlich hinterfragt und strukturiert. Ohne die bezugsetzenden Kräfte des Denkens würden sich die unergründlichen Gefühlskräfte des Mondes zu einem kolossalen Ballon aufpumpen, weil es nichts mehr gäbe, was dieses Hochschaukeln am eigenen Empfinden unterbinden würde. Der Mensch verlöre jeden Halt, weil sich die Urgefühle in ihm überschlügen; alle Emotionen lösten wahre Kettenreaktionen aus, was auf der Gefühlsebene dem historischen Urknall gleichkäme. Der merkurische Intellekt hält diesem Chaos aber jene überlebenswichtige Verlogenheit entgegen, die diese infernalen Abgründe in verstandesmäßige Strukturen zu verpacken weiß. Auch dies ein Aspekt unserer verkehrten Perspektive, indem wir die Pole umgedreht haben, denn nicht der Mond entspricht den Vernebelungen des Geistes, sondern es ist im Gegenteil Merkur, der die Wahrheit in Denkmustern verschleiert, denen wir dann einfach das Etikett "Realität" umhängen. Wenn wir uns aber fragen, was das ist, das uns die Wirklichkeit kreiert, dann müssen wir erkennen, daß es das verstandesmäßige Denken selber ist, das sich zur Wahrheit kürt. In Wirklichkeit symbolisiert jedoch der Mond die Wahrheit, auch wenn uns dies durch die Brille kollektiven Denkens unfaßbar erscheint. Die Wahrheit braucht keinen Halt, kein Zentrum, alles geschieht unmittelbar aus sich selbst heraus. Dagegen sind alle unsere Gedanken Fata Morganen, um die Wahrheit zu verschleiern und der Tatsache nicht ins Auge blicken zu müssen, daß alles zu Erfassende unseren eingeübten Denkmustern entspringt.

Die kollektive Struktur

Mond und Merkur symbolisieren in ihrem Zusammenspiel die Wechselwirkung von Gefühl und Denken (die rechte bzw. linke Hälfte des Großhirns). Du möchtest wissen, wie Gefühle entstehen, und du möchtest sie mittels deines Intellekts ausloten, damit du sie besser beherrschen kannst. Die meisten gefühlsmäßigen Reaktionen (Ängste, Abwehrverhalten) sind noch Relikte aus der Steinzeit der Entwicklung, was sie ihren Wirkungen aber keineswegs beraubt, denn die Steinzeit entspricht tiefenpsychologisch dem bewahrenden Matriarchat, das sich nach der Einbindung in die ursprünglichen Zyklen der Naturkräfte zurücksehnt. Wissen wir das, verstehen wir auch die großen Ängste, die plötzlich ausbrechen, wenn dieses innere Verlangen mit den Errungenschaften moderner Technologien in Berührung kommt.

In der Entwicklungsgeschichte des Individuums zeigen sich die durch Mond und Merkur repräsentierten Reflexe in ihrer Entstehung besonders deutlich. Direkt nach der Geburt schälen sich die mondhaften Saug- und Schluckreflexe heraus, unbewußte Gesten nach den Quellen innerer Heimat, die sich in der Berührung mit der Mutterbrust erfüllen. Später gesellen sich dann die merkurhaften Greif- und Haltungsreflexe dazu, indem sich der Säugling an der Mutterbrust festhält. Damit ist aus dem Sehnen ein Streben geworden und man sieht, wie aus dem hilflosen Sehnen (Mond) ein kontrolliertes Streben (Merkur) wird, das nach dem Objekt seiner ich-betonten Wahl verlangt.

Langsam beginnt sich ein persönliches Erleben herauszubilden, denn um das Ende des dritten Lebensjahres formuliert sich das Ego, das der dominierenden Umwelt ein eigenes Ich entgegenzustellen beginnt. Damit steht den Reaktionen der Objekte ein erlebendes Subjekt gegenüber, welches die Signale der Umwelt auswertet und auflistet. Die Realität erwacht und wird in immer deutlicheren Bildern wahrgenommen. So sprießen Gedächtnisinhalte (Merkur) aus dem unbewußten Reflexverhalten (Mond) und lassen das menschliche Verhalten aufblühen, das sich nach seinen eigenen Mustern ausrichtet.

Neugier und Nachahmungstrieb im Kind wachsen sich über ein ständig wachsendes Wissen schließlich zu den Erfahrungsmechanismen der Erwachsenen aus, nämlich die Welt so zu spüren, wie sie sie wahrzunehmen gelernt haben. In der reifenden Ausgestaltung seines Intellekts übernimmt es diese frühen Muster automatisch in sein Weltbild, ohne sich deren Ausrichtung nach anderen (Fremd-Eintrichterungen durch die Eltern) aber bewußt zu sein.

Das persönliche Karma

Wenn Verstand und Psyche harmonisch miteinander in Verbindung treten, kann das Ergebnis nur Kreativität sein (oder Erkenntnis), also Schöpferisches, das sich aus den Urnebeln des Unbewußten nährt. Das symbolisiert das Aufbrechen innerer Gesichter und das Hervorkeimen einer spirituellen Erkenntnis, in den scheinbaren Zufälligkeiten vergangener Ereignisse den inneren Zusammenhang zur eigenen Entwicklung zu ermitteln. Unter disharmonischen Aspekten können die Widersprüche zwischen Fühlen und Denken aber nicht so spielerisch ummäntelt werden (da bieten sich keine Modell-Lösungen emotionaler Probleme an). Dein Intellekt vermag die Gefühle nicht in den Griff zu kriegen, wodurch sich irrationale Handlungen in den Alltag einschleichen. Irrtümer und Fehleinschätzungen in den von Merkur dominierten Zonen sind die Regel, Nervenstörungen infolge psychischer Ursachen angesagt. Ist jede Orientierung am Machbaren verlorengegangen, nisten sich hartnäckige Fehlerquellen und Versagensquoten ein, deren Ursache einerseits in der Fehleinschätzung der Gefühle, andererseits in einer Vernebelung der Ratio liegt.

☽☿

Mythologischer Hintergrund

Die drei Moiren

Im Mythos verkörpern die drei Moiren (auch Parzen oder Nornen) die Schwelle zwischen Diesseits und Jenseits. Sie stellen das Unergründliche oder den symbolischen Schoß der Urmutter dar, aus dem das Leben entspringt und in den es nach Ablauf seiner Zeit wieder zurückkehrt (Mondsphäre). Sie drücken aber auch das bewußtseinsmäßige Erkennen aus, daß sich alles wandeln muß, um das Gleiche zu bleiben, und daß *das stets sich Verändernde das einzig Beständige im Universum ist* (Merkurebene). Wenn sich beide Sphären durchdringen, kann der Geborene in den Mustern des Gewebes (Erbmasse) die treibende Schicksalskraft erkennen, die jedes Individuum in sich birgt. Die gegenseitige Überschneidung ist die Schwelle, wo sich die bewußten und die unbewußten Kräfte begegnen. Das bedeutet einen Denkeinbruch in die Welt des Visionären, oder kurz: Erkenntnis!

Unter dieser Konstellation können wir einen Ausschnitt unseres Verhaltens erkennen, in dem uns das Ewige entgegentritt. Hier begegnen uns die drei Moiren, die bei Dichtern wie Homer oder Hesiod als Göttinnen beschrieben sind, die den Lebensfaden knüpfen und damit das Tun der Menschen zu einem Gewebe vernetzen, in deren Maschen sich die Zukunft spinnt. Die Fäden, die die dunklen Frauen weben, entsprechen den Zyklen von Geburt und Tod, in deren Rahmen wir sowohl unser individuelles wie auch unser kollektives Schicksal erleben, das wir aber nicht nur von außen erleiden, sondern auch von innen her durch unser eigenes Erbgut mitbestimmen. Die Wurzeln liegen im Unbewußten, und die Fäden repräsentieren unsere Handlungen und deren Auswirkungen, deren Anfänge in unserer Tiefe gründen. Die Frauen verkörpern die geheimnisvollen Gestalten, die in unserer Psyche wirken, auch wenn sie nicht Teil unserer bewußten Persönlichkeit sind (Klotho hält den Spinnrocken, Lachesis spinnt den Faden und Atropos schneidet ihn ab). Sie sind ein Symbol der zyklischen Abläufe, die im Laufe der Zeit alle ungenutzten Persönlichkeitsteile auslösen, indem sie sie in die Maschen der Verwirklichung einweben und dadurch in das sichtbare Leben hochheben. Das Spinnrad aber verkörpert den Raum, in dem sich die Zeit dreht, und damit das äußere Schicksal, das jeder von uns solange unbewußt in sich trägt, bis sich seine Fäden durch die Bewegung des Rades in die Geschehnisse von Raum und Zeit eingeflochten haben.

Fazit

Wir haben nicht die Wahrheit zum Denken, sondern das Denken zur Wahrheit gemacht, und das entspricht gleichzeitig dem evolutionären Schritt, der uns zu Menschen macht. Darum dürfen wir weder das Denken verteufeln (das uns im Durcheinander der Gefühle einen Rahmen setzt) noch die Wahrheit verleugnen (die dem infernalen, immer noch krachenden Bums des Urknalls entspricht), sondern wir müssen versuchen, in einer verstandesmäßigen Annäherung an das innere Fühlen die eigenen Spiegelbilder zu erkennen, hinter denen die verdrängten Ängste und Instinkte lauern. Erst an den Überschneidungen zwischen den inneren Ängsten und den äußeren Bildern dämmert dann so etwas wie ein individueller Seeleninhalt auf.

Psychosomatische Entsprechungen

Tiefsitzende seelische Ängste hinter gefühlsmäßig vordergründiger Unverbindlichkeit

Der mythologische Merkur leitet die Seelen nur bis an die Pforten der Unterwelt, denn im Reiche des Unfaßbaren verschlüge es ihm sprichwörtlich die Sprache – denn wie sollte er das Unfaßbare auch formulieren? Auf die Alltagsebene übertragen kommt dafür ein tiefsitzendes Geburtstrauma in Frage, wenn das Zusammenziehen des Uterus den Fötus bedrängt, bevor der Gebärmutterhals offen ist. Das bewirkt einen Hang zu Atemkrämpfen und Erstickungserscheinungen, wenn das Ereignis aus dem Unbewußten wieder in die Erinnerung aufstößt (Hyperventilation führt durch den erhöhten Abfluß von Kohlendioxyd zu Erstickungsanfällen). Du fühlst dich in die Enge getrieben: die Ausweglosigkeit versetzt dir einen Schock und verschlägt dir die Sprache. Du bist in sprichwörtlichem Sinn atemlos!

Eine andere Störungsquelle ist die intellektuelle Sublimierung von gefühlsmäßigen Verklemmungen. Die durch das Merkurpotential verkörperte Selbstkontrolle (Triebhemmung) läßt den Sexualbereich nicht unberührt. Die Verbindung der inneren Triebstruktur zur Außenwelt ist unterbrochen, d.h. du getraust dich nicht, deine Gefühle zu leben, sondern versuchst sie in Theorien einzugliedern, die du kontrollieren kannst. Die Sexualsphäre steigt in den Kopf. Gut darüber informiert, wie Sexuelles zu funktionieren hat, fühlst du dich buchstäblich vom Körper getrennt: Du hast den Kontakt zu deiner Leiblichkeit verloren. Da du aber andererseits auf die Gefühle nicht verzichten willst, versuchst du sie über den Kopf nachzuvollziehen. Stilisiertes Verhalten ersetzt die Werte; Gefühle werden auf Formalismen reduziert. Die emotionalen Werte werden nicht gelebt, sondern der Umwelt vorgespiegelt: *Mond und Merkur lassen lieben!*

Symptom-Katalog

Psychisch

- emotionale Ängste (die man hinter gefühlsmäßiger Unverbindlichkeit zu tarnen sucht):
  a) Redeneigung (um von den bedrohlichen Emotionen abzulenken)
  b) intellektuelle Sublimierung (Gefühle werden durch die Ratio ersetzt)
  c) permanente Unruhe (ständig in Bewegung); Neugier, Wissensdurst (aus Angst vor eigenen Gefühlen)
  d) Einschlafstörungen (Unterdrücktes macht sich bemerkbar); Suchtverhalten (verdrängte Standpunktlosigkeit)
- verkümmerte Gefühle (vorsichtiger Rückzug auf erprobte Verhaltensmuster):
  a) phrasenhafte, schönrednerische Brillanz (leere Formalismen ersetzen die Inhalte)
  b) Zahlenneurose (Zählzwang); übersteigerter Redezwang (nicht zu kontrollierende Wortkaskaden, evtl. Stottern)
- Regression zu frühkindlichem Verhalten (aus mangelnder emotionaler Zuwendung):
  a) Bettnässen
  b) Selbstbeschmutzung (Fäkalien)
  c) Baby-Sprache; sexuelle Perversionen (Doktorspiele)
- oder Hygienekult (übersteigerter Reinlichkeitsfimmel: Abscheu vor Schweiß und anderen Körperausscheidungen)

Physisch

- schwere Atemwege (verschleimte Bronchien, Schleimhautaffekte, Lungenbeschwerden)
- nervöse Magenstörungen (Magenschleimhautentzündungen)
- Asthma, Ausschläge (Herpes) und Hyperventilation

Schüssler-Salze

Mineral

Kalium chloratum (Nr. 4)
- gegen Kopflastigkeit
- Schleimhautaffekte
- Katarrhe der Bronchien
- Magenschleimhautentzündung

Neben-Minerale

Zincum chloratum (Nr. 21)
- bei Schlaflosigkeit
- Überspanntheit
- Nervenschwäche

Arsenum jodatum (Nr. 24)
- gegen Asthma
- schwere Atemwege (verschleimte Bronchien)
- Ausschläge (Ekzeme)

Bach-Blüten

Verdrängter Mond:
Cerato (Bleiwurz)
- bei permanenter Unruhe (intellektuelle Sublimierung); ständig in Bewegung

Verdrängter Merkur:
Clematis (Weiße Waldrebe)
- bei tiefsitzenden Geburts- und Kindheitstraumen (Rückzug in den Schlaf)

Beide verdrängt:
Aspen (Zitterpappel)
- gegen alle Formen von unterschwelliger Angst (Angst vor der Angst!)

Urtinkturen

Eucalyptus-Öl
- lokal bei katarrhalischen Beschwerden, bronchialen Störungen

Mentha piperita (Pfefferminze)
- schwere Atemwege
- nervöse Magenstörungen (stimulierend, sedativ und krampflösend)

Drogen

Vasopressin (Gehirndroge[1])
- Hydergine verbessern Bewußtsein sowie Wohlbefinden (Wirkung ähnlich Amphetaminen, Kaffee oder Kokain, aber ohne Nebenwirkungen)

Prozac (Fluoxetin)
- stimmungsaufhellende Droge (Erhöhung der Serotonin-Konzentration im synaptischen Raum)

MDMA (Amphetamin-Derivat)
- kosmetische Psychopharmaka

Erlösungsformen

- Emotionstraining (Ausgleich zwischen Denken und Gefühl)
- Psychodrama, Gestalttherapie

Spirituelle Öffnungen

Ritual
Meditation
Farbe
silbergrau
Duft
Menthol, Pfefferminzöl
Edelstein
Rutilquarz, Turmalin
Krafttier
Krähe
Symbol
Spinnrad
Mythos
die alte Vettel
Archetyp
die kluge Hexe
Gottheit
Arianrhod, Artemis, Hera, Hathor
Kraftort
Moorheiligtümer
Kultstätte
Matronenheiligtum von Nettersheim; Thorsmoor von Süderbrarup
Sabbat
Rauhnächte
Musik
"Lyrische Suite" für Streichquartett von Alban Berg
Malerei
"Angstgefühl" von Edvard Munch
Schrift
"Der Knabe im Moor" oder "Heidebilder" (Krähen-Gedicht) von Annette von Droste-Hülshoff

1 Gehirndrogen wirken nicht aufgrund ihrer chemischen Zusammensetzung, sondern weil sie aufgeladene Elektronen abgeben!

MOND/VENUS

100% Konjunktion (+); Quadrat (–); Trigon (+); Opposition (–); Spiegelpunkt (+)
85% Sextil (+); Halbsextil (–)
75% Mond in Haus 2 oder in Stier (Demeter); Mond in Haus 7 oder in Waage (Persephone); Venus in Haus 4 oder in Krebs
60% Halbquadrat (–); Anderthalbquadrat (–); Quincunx (–)
50% DC in Krebs; IC in Waage (beide Persephone)
40% IC in Stier; Spitze 2 in Krebs (beide Demeter)
25% Herrscher von Haus 2 (Demeter) oder Haus 7 (Persephone) in Haus 4; Herrscher von Haus 4 in Haus 2 (Demeter) oder Haus 7 (Persephone)

Thema	Empfängnis, Verschmelzung, kontemplative Versenkung
Ziel	Medialität, Zärtlichkeit, inneres Licht
Sinn	Verbindung der inneren mit der äußeren Welt
Licht	Harmonie zwischen Eros und Gefühlsbereich
Schatten	Liebesmißbrauch (Beeinflußbarkeit, Täuschung, Verführungszauber)
Leitbild	die versunkenen Brunnenstuben der Urmütter

☽ ♀

...bin ich da, die Mutter der Natur, Herrin aller Elemente, Keimzelle aller Geschlechter, Geisterfürstin, Totenkönigin, Himmelsherrin, Inbegriff der Götter und Göttinnen. Des Firmaments Lichtkuppel, des Meeres Heilbrise, der Hölle Jammerstille gehorchen meinem Wink; ein Wesen bin ich, doch in vielen Gestalten, wechselnden Bräuchen, mancherlei Namen betet mich der ganze Erdkreis an.
"Rede der Göttin" in Apulejus, "Der Goldene Esel"

Grundlage

Geistige Prägung

Auf der Suche nach einem Modell allumfassender Liebe begegnest du hier ungeachtet deiner persönlichen Vorstellungen den polymorphen Ur-Perversionen im Reich der Triebe, egal, hinter welchen schönen Masken sich diese verbergen. Hier findet sich das diabolische Vergnügen, frei innerhalb der gesellschaftlichen Werte zu halluzinieren, d.h. seine eigenen Gefühle und Gesichter in die starren Alltagsbilder hineinzuinterpretieren. So kommt das innere Gefühl bedrohender Befremdung auf, wenn du dich plötzlich in konkrete Alpträume verstrickst. Der Deckmantel des Alltags ist zerrissen, wo die Seele aufgefordert wird, darauf zu achten, daß wir schlafen, wenn die unverdauten Reste in der Tiefe einen Alptraum lang erwachen.

Da Mond und Venus die Verbindung der Realität zur inneren Gefühlswelt ausdrücken, kannst du ermessen, wie dein äußeres Empfinden in den Gefilden unbewußter Träume steckt. Somit entdeckst du die Wurzeln in den inneren Bildern: Da gibt es keinen Unterschied mehr zwischen Ich und Nicht-Ich. Die objektive Welt läßt die individuellen Ängste durchscheinen, weil die subjektiven Ängste die Grundlage objektiver Weltanschauung sind; doch die Maske läßt als Wahrheit nur durchschimmern, daß jede Wahrheit immer wieder eine neue Maske von Verlogenheit darstellt. Unter dieser Gestirnseinwirkung verschiebt sich die Wahrnehmungsschwelle, und du kannst den Mechanismus erkennen, der dir die Alltagswelt umreißt. Dadurch fühlst du dich mit den unbewußten Tiefen verbunden und das viel enger als mit Worten, hinter denen sich ja immer nur ein Bild beschreibt. Lassen wir also Sigmund Freud zu Wort kommen, der den Nagel auf den Kopf trifft, wenn er sagt: *Nur jener ist ein Wissender, der sein Unterbewußtsein zu erahnen weiß!*

Kindheit

In der Kindheit begegnest du der Welt mit einem großen Bedarf nach Nähe und Verständnis. Das wirkt sich im Verhalten aus, indem du dich in allem nach der Außenwelt ausrichtest. Das heißt: Du lieferst dich den anderen aus, indem du deine Individualität nicht selbst lebst, sondern sie in deinen Beziehungsrahmen (Elternbild) überträgst. Es ist aber nicht nur so, daß du dich ganz passiv zu einem Bestandteil deiner Umgebung machst, sondern du kannst auch umgekehrt die Umgebung zu einem Teil von dir selbst machen, wobei die Grenzen zwischen Aufgabe (des Ich) und Einbeziehung (der anderen) manchmal fließend sind.

Frau

(–)
Später im Erwachsenenleben spiegelt sich dir der Mond/Venus-Dämon in Gestalt einer erdhaften Frau wider, die nie müde wird, sich in deiner verdrängten Sinnlichkeit zu wiegen. Sie sitzt wie eine Spinne im Netz (in ihrem Spiegelbild), denn sie weiß, daß sie dich nie wird verfehlen können. In ihr reflektieren sich alle heimlichen Wünsche nach Hingabe und dem erlösenden Gefühl körperlicher Liebe. Um diese Ziele aber zu erreichen, müßtest du zuerst deine verdrängte Sinnlichkeit erkennen, denn die Gespiegelte bist du immer selbst! (Demeter-Typus)

In den kühleren Gefilden der Gefühle begegnest du deinem dunklen Glanz aber oft auch in der Gestalt der anderen. Das heißt, du bist innerlich kalt, weil du den unbequemen Tiefenteil aus dir entfernt hast. Damit Heilung und somit Vollständigkeit wieder erreicht werden kann, mußt du den abgetrennten Teil wieder zurücknehmen, und das erreichst du, indem dir das Ungeliebte in der Außenwelt erscheint. Das kann in Form eines Höllenprinzen geschehen, dem du dich auszuliefern hast oder in Gestalt einer faszinierenden Frau, die dir alle jene Aspekte zurückspiegelt, die du bei dir selber zerstört hast. (Persephone-Typus)

(+)
Im Fluidum einer günstigen Bestrahlung repräsentierst du eine starke Weiblichkeit. Die traditionelle Ehe gibt dir Platz genug, dich zu verwirklichen, und du wachst mit beschützendem Auge über Mann und Kinder. Die Bedürfnisse der Familie stehen im Vordergrund, und du lebst alle Aspekte deiner Freude in der ehelichen Gemeinschaft aus. Auf der einen Seite verkörperst du die lebendige, nährende Seite des instinkthaften Selbst, das sich lustvoll an die Erde bindet, während ein anderer Teil deines Wesens das transpersonale Gegenteil darstellt. (Demeter-Typus)

In der geheimnisvollen Persephone begegnest du jenem unbekannten Teil in dir, der mehr auf dunkle Tiefen ausgerichtet ist. Du versuchst in die unbewußten Strömungen der Psyche einzudringen, um dich dort mit den Tiefenbildern zu verbinden, die jenseits täglicher Verhaltensmuster sind. Dabei bist du von einer Liebe nach dem Tiefenselbst durchdrungen, was die Begegnung mit dem Schatten nicht ausschließt. Du bist im Gegenteil bestrebt, dem Tiefgründigen zu begegnen, was dich zu jenem Bild von Schatten führt, in dem du dich jetzt selbst erkennst! (Persephone-Typus)

Mann

(+)
Im gesellschaftlichen Alltag überzeugst du die anderen zunächst durch ein gesundes Selbstvertrauen, einen kräftigen Schuß Optimismus und eine große Portion Humor. Du legst großen Wert auf ein gemütliches Zuhause und neigst besonders in der ersten Liebe (die sich oft ein Leben lang bewährt) zu ungeahnten Höhenflügen. Die Eigenschaft eines bewahrenden Umsorgens ist dir schon in die Wiege gelegt, und man fühlt sich in deiner Nähe wohl. Ergeben sich in deiner Umwelt Konflikte, bist du der geborene Vermittler. Nur in Familiendingen verstehst du keinen Spaß. Du verkörperst den bald ausgestorbenen Typus des Familienpatriarchen. Wehe, wer dir in deine Angelegenheiten hineinredet: Da platzt dir schon ab und zu der Kragen, was zu heftigen Gewittern führt. (Demeter-Projektion)

Auf der "ent-rückteren" (oder himmlisch-uranischen) Ebene ist dein Weg vom Streben nach einem inneren Gleichgewicht begleitet, das dich aus den Extremen der sich widersprechenden Gefühle erlösen soll. Unter dieser Perspektive findet sich nämlich auch das verzärtelte Söhnchen, dem Mama immer alle Steine aus dem Weg räumte. So konntest du dich stets auf der Sonnenseite des Lebens tummeln, ohne dafür je Leistung zu erbringen. Trotzdem bleibt dir das Glück irgendwie hold, und wenn andere für ihren Erfolg kämpfen und treten müssen, so gilt das nicht für dich: Du kannst dich darauf verlassen, daß dir die Ideen und Möglichkeiten nur so zufliegen. Niemand beherrscht den Balanceakt zwischen Realität und Unbewußtem so perfekt: den Doppelsalto, sich in seinen eigenen Neurosen so unbeschwert und heiter spiegeln zu können... (Persephone-Projektion)

(–)
Genauso wie aus einer glücklichen Eltern/Kind-Beziehung oftmals zufriedene und glückliche Menschen hervorgehen, resultieren aus einem belaste-

ten Verhältnis oft Versager. Unter negativen Vorzeichen finden wir in dir den Mann, dessen Lebensinhalt sich in panischer Verlustangst um die Seinen dreht und dessen Streben vor allem darauf zielt, Ehe und Familie zusammenzuhalten. In diesem Verhalten spiegelt sich meistens eine problematische Eltern- bzw. Mutter-Beziehung. Möglicherweise brachte dich deine (persephonische) Mutter mit ihrer unerfüllten Partnerbeziehung in Verbindung, was sich auf dich derart auswirkte, daß du darauf mit der kindlichen Angst reagiertest, dafür von der Mutter verlassen zu werden. Diese Angst wiederum kompensierte sich mit einem unbewußten Vorhaben, die Mutter um jeden Preis an dich zu binden, ein Verhalten, das sich auf deine Beziehungen überträgt. Im krampfhaften Bestreben, nicht verlassen zu werden, gibst du dich selber auf und identifizierst dich "fremd", das heißt, du verlagerst den Schwerpunkt deiner Aufmerksamkeit in die Außenwelt, wo du die deinigen mit Argusaugen überwachst. Dadurch wirst du in Beziehungsangelegenheiten für alle Beteiligten oft ungenießbar. (Demeter-Projektion)

Voraussetzung zur umgekehrten Entwicklung könnte eine Mutter (vom Demeter-Typus) gewesen sein, die dich mit ihrer Überpräsenz schier erdrückte. Daraus entwickelte sich eine Haß-Liebe, in der sich die Sehnsucht nach der großen Nährerin mit der Angst vor ihrer erstickenden Nähe abwechselte. Um diesem Widerspruch zu entgehen, flohst du in eine Traumwelt, in der du dir die Zuwendung von einer Märchenfee ohne das Risiko holtest, von ihr um der besitzenden Liebe willen erdrückt zu werden. Dies wuchs sich später in irrationale Schuldgefühle aus, weil die Unfähigkeit, zwischen realer und irrealer Mutter zu unterscheiden, innerhalb der Partnerschaft zu Verwechslungsschwierigkeiten führte. Du fühlst dich deiner Mutter gegenüber schuldig, weil du ihre Liebe nicht annehmen konntest, und rehabilitierst dich dadurch, indem du auch die Liebe jeder anderen (Traum-)Frau ablehnst. Dadurch müssen nach außen delegierte Leistungsziele dazu herhalten, die innere Mutter wieder zurückzugewinnen. Öffentlicher Beifall in künstlerischen Bereichen dient dem einzigen Zweck, die innere Weiblichkeit wieder zu versöhnen und damit den unersättlichen Hunger nach Liebe und Anerkennung wenigstens vorübergehend zu stillen! (Persephone-Projektion)

Karmisch-seelische Struktur

Die kollektive Struktur

Auf der innersten Ebene symbolisieren Mond und Venus die Verbindung zwischen dem Weiblichen und dem Unbewußten. Hinter der hellen und harmonischen Welt, die uns dieses Gestirn vordergründig vermittelt, dämmert eine mysteriösere und gefährlichere auf. Mond/Venus ist nicht nur das Symbol einer gefühlsmäßigen Anpassung an die Umwelt, sondern diese Konstellation verkörpert auch die Geheimnisse des Unbewußten, die wir bisweilen in unseren Träumen und Intuitionen erahnen. Auf der dunklen Seite symbolisiert es Sterilität und die monatlichen Beschwerden, was die Verbindung zwischen Persephone und Pluto darstellt (vgl. Mythologischer Hintergrund). Erst, wenn die Frau keine Verbindung mehr zur Fruchtbarkeit und zum Leben (Erde) hat, kann sie die brachiale Weisheit ihres Tierkörpers erfahren. Durch das tiefe Eintauchen in ihr instinkthaftes Selbst kann sie die Menstruationsschmerzen als unbewußt-inneres Signal der Erbsünde entlarven. Auf der exoterischen Stufe bedeutet das die hinausgezögerte Geburt (der unbewußte Teil behindert die Befruchtung, was sich kollektiv in der Einnahme von Verhütungsmitteln erklärt), auf der esoterischen hingegen die Auseinandersetzung mit dem Thema Wiedergeburt.

Auf einer anderen Ebene kann man dieses Gestirn auch als ein Symbol des weiblichen Menstruationszyklus betrachten. In der ersten Hälfte des Kreislaufs dominiert der Mond, denn vor dem Eisprung und der damit möglichen Empfängnis fühlt sich die Frau der Fruchtbarkeit verbunden, weil sich in dieser Zeit die Nähe zum wachsenden Mond anzeigt. Wird sie aber nicht schwanger, so gewinnt Venus (der abnehmende Mond) die Überhand, da Venus die Mutterschaft ablehnt. Der Mond kann den Lebenssinn in der gefühlsmäßigen Auslieferung an Mann und Kinder finden, doch die Venus kann sich nur erfüllen, wenn sie Männer mit ihrer Weiblichkeit becirct und damit gefühlsmäßig von sich abhängig macht.

Also verkörpert Mond/Venus die Einnahme der "Pille", da die Frau die Schwangerschaft (Mond) nur vortäuscht, um sie in Wirklichkeit zu verhindern (Venus). Das ist auch der Grund, warum das sexuelle Verhalten (Empfängnisverhütung, z.B. durch die Pille) einem Mond/Venus-Problem entspricht und ein tieferer Gefühlsaustausch nicht stattfindet. Aufgrund des mondgeprägten Hingabeverlangens will sich die Frau zwar unterwerfen (Wunsch nach Schwangerschaft), aber durch die selbstbestimmende Venus-Komponente wird dieses Verlangen entschärft und dadurch unschädlich gemacht (Hingabe-Inszenierung), indem sie sich nur einem gefühlsmäßig abhängigen Partner "unterwirft".

Aber auch Männer erleben ihre Sexualität in einem Rahmen, der sich zwischen Hingabe und Verweigerung bewegt (verdrängte Homosexualität). Das entspricht (wie auch die weibliche Verspannung vor den "Tagen") dem Prozeß der Gärung, wenn die Hormone im Zustand innerer Stockung sind. Hier zeigt sich die pulsierende, enervierende Unerträglichkeit des Seins, wenn die Samen (neue Potentiale) im Schoß der Unterwelt noch kalzinieren müssen, bis sie ins Licht der Sonne explodieren können.

Das persönliche Karma

Unter diesem Zeichen brauchst du eine Außenwelt, die dich in deinem So-Sein bestätigt und dir den Teil an Eigenliebe zukommen läßt, den du dir selbst nicht zu geben vermagst. Damit bricht hinter dem Bild von Harmonie und Zuneigung jene dunklere Seite auf, die dem instinktiven, irdischen Aspekt des archetypisch Weiblichen entspricht, nämlich alles in die eigene Gefühlswelt einzubringen. Du versuchst, die Außenwelt für dich zu gewinnen, indem du dich charmant und freundlich gibst, ohne dich gefühlsmäßig zu engagieren.

Was unter Mond und Venus also leicht verführbar machen soll, ist nur ein fauler Zauber. Sicher kann man sagen, daß der Wunsch nach Akzeptanz sehr groß ist, und es könnte auch sein, daß du nötigenfalls sogar die eigene Identität aufgibst, wenn du dich von der Umwelt ausgeschlossen fühlst. Das aber ist ein Trick, denn alles, was du preisgibst, ist eine vorgeschobene Maske, weil dieses Abnehmen der Maske ja geradezu ein Teil des taktischen Manövers ist, um deine inneren Verhaltensmuster in den Mittelpunkt zu bringen. Du gibst gar nichts auf, sondern das Aufgeben entspricht im Gegenteil deinem Charakterverhalten, dich in Szene zu setzen und damit deinem innersten Persönlichkeitskern Geltung zu verschaffen.

Mythologischer Hintergrund

Demeter und Peresephone

Demeter war die Göttin der Fruchtbarkeit und regierte über alle Formen von Leben. Sie ließ Blumen sprießen und das Korn wachsen, und die Menschen dankten es ihr mit reichen Opfergaben. Mit ihrer Tochter Persephone lebte sie zufrieden und glücklich und fern aller Zwiste der sich ständig streitenden Götterwelt.

Eines Tages aber wurde sie jäh aus ihrer Idylle gerissen, als Persephone von einem Ausflug nicht zurückkehrte. Die entsetzte Göttin suchte Himmel und Erde nach ihr ab und klagte ihren Schmerz den Göttern, bis sich der Sonnengott Helios ihrer erbarmte und sie über das Geschehen informierte: Der Fürst der Unterwelt sei mit seinem Pferdegespann aus einer klaffenden Erdspalte emporgestiegen und habe Persephone in sein Totenreich hinab entführt. In ihrem Schmerz ließ die Göttin die Erde verdorren und war nicht eher zu bewegen, den alten Überfluß wieder herzustellen, bis sie ihre Tochter in die Arme schließen konnte.

Wir erkennen in Demeter das Ursymbol der Mutter, die für den Ursprung allen Lebens steht. Sie ist die Urgestalt der Erde, ohne die Leben nicht möglich ist. Als Schattenseite haben wir aber auch die Zerstörerin, die alles an sich bindet und rücksichtslos vernichtet, was sich ihr zu entziehen sucht. Diesem Schatten begegnet sie im "Herrn der Unterwelt", der ihr als reflektierendes Spiegelbild entgegentritt, indem er ihr das Teuerste entreißt. Psychologisch könnte man Persephone als die innere Mitte von beiden bezeichnen, um die sich die beiden Exponenten streiten.

Fazit

Mond/Venus symbolisiert das Leben ohne das verdrängte Böse (Pluto-Komponente). Trotzdem ist das Dunkle gegenwärtig, weil Demeter mit Zerstörung droht (sie macht die Erde unfruchtbar), wenn Persephone nicht zurückkehrt. Aber als der Fürst der Unterwelt einlenkt, ist es schon passiert: Persephone ist eine andere! Im Mythos heißt es, sie habe den Granatapfel gegessen, den ihr Pluto anbot, und sei damit zu einem Teil des Schattenreichs geworden. Tiefenpsychologisch ist es natürlich umgekehrt: Durch die Einverleibung des Apfels hat sie das Schattenprinzip assimiliert und ist in sich vollständig geworden. Das spiegelt sich auch darin wider, daß sie gar nicht mehr zurückzukehren wünscht, sondern sich für beide Seiten entscheidet: im Frühling und Sommer für die Erde (Mutter), im Herbst und Winter aber für das Totenreich.

Psychosomatische Entsprechungen

Emotionale Labilität und intime Irritierbarkeit durch fehlende innere Geborgenheit

Die innere Differenz zwischen der nährenden Demeter und der lebensabwehrenden Persephone kann sich bei dir in einer unterschwelligen Körperfeindlichkeit ausdrücken (Schlemm- und Abführmittelphasen). Du neigst dazu, deine physischen Bedürfnisse zu bekämpfen, weil du dich in der Fruchtbarkeitsbedeutung aus persephonischer Sicht lächerlich vorkommst (abgewehrte Mutter- oder Vater-Rolle). Andererseits fühlst du dich in der Hades-Position auch nicht ausgesprochen wohl, und so finden wir hier in einem übertragenen Sinn die Kindsmörderin, was sich im Akt der Empfängnisverhütung auf gesellschaftlich-sozialer Ebene ja völlig legitim ausdrückt.

Die innere Konfliktsituation der Frau, nämlich einerseits Kinder zu bekommen und andererseits ihre Unabhängigkeit zu bewahren, wird damit in ihrer ganzen gesellschaftlichen Widersprüchlichkeit erhellt. Aber nicht nur Frauen unterwerfen sich den sozialen Normen: Viele Menschen geben sich als starke Mütter oder Väter, obwohl sie selber noch der elterlichen Behütung bedürfen, andere markieren die Karriere-Strebenden, die sich aber hinterrücks nach infantiler Liebe sehnen. Auf dieser Suche nach den Eltern sind sie jetzt entweder selbst das Kind, das sich zu verhindern sucht (schlechte Ernährung, schlechte körperliche Angewohnheiten), oder sie sind die Eltern, die ihr inneres Kind (ihr verdrängtes Alter ego) zu vernichten trachten.

Symptom-Katalog

Demeter-Komponente

- fehlende innere Geborgenheit (wird kompensiert durch hysterisches Klammern, suchtartiges Essen und Trinken, Kettenrauchen, orale Sexualpraktiken)
- Launenhaftigkeit (Fluktuation zwischen zwei Polen: Hure und Mutter)
- psychosomatische Auswirkungen durch den widersprüchlichen Umgang mit der eigenen Weiblichkeit (Drüsen-, Gebärmutter-, Eierstock- und Brusterkrankungen)

Persephone-Komponente

- fehlende Erdverbundenheit (Haßliebe zur Großen Mutter: daraus resultieren Ernährungsstörungen und Stoffwechselschwierigkeiten)
- emotionale Labilität (selbstmitleidige Passivität)
- intime Irritierbarkeit (Hin- und Hergerissenheit zwischen erotischer Überhitzung und frustrierender Geschlechtskälte)
- Flucht in die Krankheit (Phobien, Hypochondrie, Neurosen)
- Sucht (Hang zu Beruhigungsmitteln)

☽♀

Schüssler-Salze

Demeter-Komponente:

Natrium sulfuricum (Nr. 10)

- reguliert den venösen Kreislauf, das Hormonsystem und den Wasserhaushalt
- unterstützt den Dickdarm und die Bauchspeicheldrüse
- erhöht die Nieren-, Blasen- und Darmtätigkeit
- nützt bei Verstopfung, Erkältung und Halsentzündung

Persephone-Komponente:

Natrium phosphoricum (Nr. 9)

- hilft gegen neurovegetative Störungen (labile Gemütsverfassung, Neigung zu hysterischen Zuständen)
- stärkt Niere, Blase, Harnwege und Haut (bei schwer diagnostizierbaren resp. psychosomatischen Symptomen)
- primär: gegen Übersäuerung und Schwäche

Bach-Blüten

Demeter-Komponente:
Gentian (Herbstenzian)
- gegen Zustände von Trägheit und materieller Verhaftung (tief in die Physis eingedrungene Melancholie)

Persephone-Komponente:
Water Violet (Sumpfwasserfeder)
- bei äußerer Zurückhaltung und kühler Distanz (Stolz und Menschenverachtung aus innerem Unverstandensein)

Urtinkturen

Demeter-Tinktur:
Lactuca virosa (Giftlattich)
- bei seelischer Enge (hysterisches Klammern innerhalb von Beziehungen und andere versteckte Formen von Sucht: Befreiung durch Essen, Trinken oder Rauchen)

Persephone-Tinktur:
Melissa (Zitronenmelisse)
- gegen alle Arten von seelischer Erschöpfung (krampflösend und nervenstärkend)
- für einen tiefen und erholsamen Schlaf

Erlösungsformen

Demeter-Erlösung:
- Handauflegen
- Umarmen von Bäumen
- Trinkkuren, Diätformen (Mineralwasser, Kräutertee)

Persephone-Erlösung:
- Heilen mit Kristallen
- Bachblüten, Homöopathie
- Übertragen von Geist-Energien

Spirituelle Öffnungen

Ritual
Seelenwanderung (der Ritus der spirituellen Vermählung mit Engeln)
Farbe
weiß oder silbern, durchsichtig
Duft
Rosenholz (Demeter), Grenadine (Persephone); Muskatellersalbeiöl
Edelstein
durchscheinender Chalzedon, fluoreszierender Serpentin
Krafttier
Gazelle
Symbol
Weizenfeld und Granatapfel (Fruchtbarkeitsausdruck bzw. Todessymbol)
Mythos
Ischtars Höllenfahrt
Archetyp
Priesterin, Hure
Gottheit
Eleusis, Hebe, Isis, Kore, Kurukulla, Levvanah
Kraftort
Grotten, Katakomben, Krypten, Höhlenseen
Kultstätte
Eleusische Tempelanlagen; Astartes Tempel zu Byblos
Sabbat
Valentinstag
Musik
"Venusberg-Bacchanale" aus "Tannhäuser" von Richard Wagner
Malerei
"Die Sünde" von Franz von Stuck
Schrift
"Klage der Ceres" von Friedrich von Schiller

MOND/MARS

100% Konjunktion (–); Quadrat (–); Trigon (+); Opposition (–); Spiegelpunkt (–)
85% Sextil (+); Mond in Haus 1
75% Anderthalbquadrat (–); Quincunx (–); Mond in Widder; Mars in Haus 4
60% Halbquadrat (–); Mars in Krebs
50% Halbsextil; AC in Krebs
40% Hausspitze 4 in Widder; Herrscher von Haus 1 in Haus 4
25% Herrscher von Haus 4 in Haus 1

☽ ♂

Thema	Erlebnishunger (Sturm und Drang)
Ziel	Erregung und Abenteuer (unkontrollierter Durchbruch zu sich selbst)
Sinn	die Auseinandersetzung mit den inneren Dämonen (die Begegnung mit sich selbst)
Licht	Anziehung, Begeisterung, Offenheit
Schatten	verletzte Gefühle, verdrängte Wut, Affekt- und unkontrollierte Triebhandlungen
Leitbild	Aufbruch in die Unterwelt (Begegnung mit den Müttern)

...Geh... Wandre immerfort, auf daß deine Beine dir die Stütze versagen. Durchquere den Sand der Wüsten, bis das Ende der Welt die Sterne ins Nichts verschlingt. Wenn du vorbeiwanderst an der Höhle des Tigers, wird er von dannen fliehen, um nicht wie in einem Spiegel sein eigenes Wesen anzusehen, erhoben auf den Sockel der idealen Verderbtheit...

Isidore Ducasse, "Die Gesänge des Maldoror"

GRUNDLAGE

Geistige Prägung

Wo du in früheren Inkarnationen deine Ängste in der Bibelgläubigkeit ertränktest, versuchst du es heute mit Psychotherapie, Parapsychologie oder Magie. Die Beschäftigung mit den eigenen Dämonen ist damit zum Ventil für unterdrückte Aggressionen geworden, und ihnen zu unterliegen verspricht gleichzeitig Lustgewinn. Eine häufige Variante dieser karmischen Prägung ist dabei deine innere Empfindung, von einem gräßlichen Ungeheuer verschlungen zu werden. Dies ist das Symbol des Höllenschlundes und verkörpert den Eintritt in die Unterwelt. Ob "Dies irae" oder Hexensabbat: Die Angst will raus! Damit hast du den Drachen jetzt umzingelt. Du mußt ihn durchschauen, sonst verheddert er sich in den Tiefenschichten seelischer Bilderkräfte und liefert dich deinen inneren Perversionen – den verdrängten, eigenen Aggressionen – aus.

Geburt (und Tod)

In einem anderen Sinn symbolisiert dieser Aspekt auch die Geburt. Der Mond entspricht dabei dem Mutterleib, in dem der Fötus ruht, und Mars verkörpert die Ausstoßung durch den Geburtskanal und die Abtrennung der Nabelschnur.

Die Geburt geht niemals mühelos vor sich, sondern sie bedarf einer großen Kraftanstrengung. Der Mutterschoß (Mond) hat die Aufgabe, das heranwachsende Leben zu beschützen. Und dieser Aufgabe kann er nur gerecht werden, wenn er das zu Behütende völlig vor den Einflüßen der Außenwelt abschirmt. Aber das neue Leben will und muß hinaus, wenn seine Stunde gekommen ist, und das Verlangen, die umschließende Hülle zu durchstoßen, symbolisiert sich im Archetyp des Mars. Der Geburtsakt ist auf allen Ebenen des Lebens ein Vorgang aggressiver Kräfteballung, der sich im unbändigen Willen des Embryos manifestiert, nämlich aus der dunklen Eingeschlossenheit der Muttererde (Mutterschoß) hervorzubrechen: ins Licht der Selbstbestimmung seines Eigenseins!

Damit repräsentiert die Geburt den hellen Pol im "Tod- und Wiedergeburts"-Zyklus, aber der Durchbruch ins Leben ist genauso rücksichtslos wie der Tod, auch wenn wir uns das ungern eingestehen. Sein ganzes Streben zielt auf das bedingungslose *Ich will leben,* und selbst wenn dieser Akt dem Wirt (Mutter) den Tod bringt, der Keimling kennt nur dieses Ziel: *Ich muß hinaus!*

In dieser Rücksichtslosigkeit liegt nämlich völlig unbemerkt der Lebenssinn, denn jedes neue Leben basiert auf der Vergänglichkeit des alten. Doch weil wir diese Wahrheit ablehnen, bekämpfen wir

sie in dem, was sich uns als Tod umschreibt, und verdrängen damit das einzig Währende oder die Folgerichtigkeit des Schöpfungssinns.

Stets fließt der Tod in eine Welle der Befreiung, weil sich im Ende immer das sich unendlich nach dem Kosmos zurücksehnende Verlangen inkarniert. Das Ewige erscheint unendlich schön und strahlend. Genauso folgt auf die explosiv anmutende Herausstoßung aus dem Mutterleib ein Gefühl der Erleichterung und Entspannung. Wie der biologische Tod entspricht auch der Lebensanfang einer Etappe im Spektrum eines unüberschaubaren Bewußtseinsabenteuers, wobei unter Paradies und Hölle oder Gott und Teufel weniger physische Entitäten (Zeiten und Orte) zu verstehen sind als vielmehr seelische Realitäten unter dem Einfluß sich laufend verändernder Bewußtseinszustände.

Frau

(–)
Unter dieser Konstellation bist du impulsiv und heftig und befindest dich mit deiner Umwelt stets im Clinch. Mars schürt einerseits das Bedürfnis, mit der Umwelt in Kontakt zu kommen, der diskrepante Mond kühlt aber andererseits den Mut und verhindert das Empfinden, dich in einer schnellen Umarmung auch wohl zu fühlen. Wir haben hier einen klassischen Anziehungs- und Verhinderungseffekt, und zwar auf der Kommunikationsebene. Der reizbestrahlte Mond ist viel zu schwach, sich gefühlsmäßig zu engagieren, andererseits zieht er über die marsische Reizung die Außenkontakte nur so an.

Die Voraussetzung deiner Probleme unter diesem Zeichen ist vielfach blanker Mutterhaß. Als Tochter schon ließest du dir die Disharmonie im Gefühlsleben stellvertretend durch die Mutter vorleben. Gleichzeitig wehrtest du das Verhalten der Mutter ab, weil du nicht wie diese werden wolltest; damit wehrst du dich gegen deine eigene Weiblichkeit und nimmst so ein aggressives, burschikoses Wesen an. Gleichzeitig wiegelst du die Mutter gegen dich auf und bist damit auf eine unbewußte Art in Harmonie, weil du diese jetzt bekämpfen (und deine Aggressionen auslagern) kannst, ohne die Ursachen zu erahnen.

(+)
Positiv bestrahlt bist du in dieser Sphäre offen, begeisterungsfähig und emotional stark ansprechbar. Der innere Bezug zur bildenden Kunst (Bildhauerei, expressive Malerei) und Musik *(Gimme All Your Lovin')* ist vorgegeben, auch wenn die emotionalen Repräsentanten des jeweils vorherrschenden Geschmacks rasch wechseln. Gerade die Schnelllebigkeit der Musik in unserer Konsumgesellschaft ist ein gutes Beispiel: Nicht der einzelne Interpret, sondern das Phänomen der äußeren Betäubung ist der Stimulus, der die Triebmomente unterstützt, um sie leichter in die eigene Gefühlswelt zu integrieren. Der Glaube versetzt Berge, und es gibt nichts, was du nicht kannst, wenn du nur glaubst, daß du es kannst! Da alle seelischen Prozesse, wenn sie harmonisch ablaufen, körperlich und geistig aktivieren, finden alle deine inneren Bestrebungen ihren richtigen Ausdruck.

Mann

(–)
Dominiert im negativen Bereich Mars, werden die Gefühle verdrängt ("Herakles-Syndrom") und hinter einem betont aggressiven Verhalten versteckt. Das dadurch entstehende Gefühl innerer Unbefriedigtheit wird durch ein immer aggressiveres Verhalten verdeckt, was sich gleichzeitig im Drang nach körperlicher Aktivität und nervöser Überreizung ausdrückt. Aus diesem Teufelskreis gibt es nur schwerlich ein Entrinnen, weil die Außenreize, denen du dich auslieferst, gleichzeitig die Aufgabe haben, das innere Empfindungsvermögen zu betäuben, um nicht immer an die seelische Gefühlsinsuffizienz erinnert zu werden.

Dominiert aber der Mond, dann verfällst du ins umgekehrte Verhalten, die aggressiven Tendenzen, statt in der Umwelt auszuleben, ins Körperinnere abzuleiten. Du bist dann überempfindlich und ausgesprochen schnell verletzt, weil du die Aggressionen, die du nicht ausleben kannst, von außen aufnimmst und nach innen überträgst, was sich in Magen- und Verdauungsschwierigkeiten auswirkt. Du explodierst nicht, du implodierst, und wenn deine Mars-Betonung gelegentlich über alle Ziele hinausschießt, so nimmt dein Mond-Akzent alle Reaktionen der Umwelt mit dem Magen auf, um die nicht auszudrückenden Aggressionen wenigstens durch Erleiden (Einstecken der Aggressionen anderer) loszuwerden. Der Magen wandelt die steckengebliebene Aggression in Magensäure um, und mit der Akzeptierung des Magengeschwüres bringst du dich auf eine überspitzte Weise ins Gleichgewicht. Oder ironischer ausgedrückt: Das Magengeschwür schützt dich davor, deine Aggressionen in der Außenwelt auch ausleben zu müssen.

(+)
Ein harmonischer Aspekt läßt auf ein lebhaftes und spontanes, wenn auch noch wenig differenziertes seelisches Empfinden schließen. Man kann zwar sagen, daß du im Einklang mit deinen inneren Gefühlen handelst, denn du verfügst über eine sinnliche Wärme und strahlst eine immense Herzlichkeit aus, aber in einem archetypischen Sinn entspricht dein Gefühlsleben noch dem deiner Ur-Urahnen aus der Steinzeit. Alle Gedanken drehen sich um das egozentrierte Ich-Empfinden, der Schatten gehört allein der Umwelt, die deshalb immer ein bißchen im Auge behalten werden muß. Daher rührt wohl auch das Bemühen, dich stets vorteilhaft zu präsentieren, denn das Demonstrieren innerer Stärken ist unter diesem Gestirn aus prähistorischer Erinnerung geradezu lebenswichtig.

Sexualität

(–)
Auch dein sexuelles Verhalten wird von einer mehr oder weniger latenten Gewaltproblematik beherrscht. Die innere Angst, dieser unterschwelligen Kraft nicht gewachsen zu sein, hemmt deine triebhaften Gefühle, was zu seelischen Blockaden führt. Die durch die unterbliebene Befriedigung ins Unermeßliche gesteigerten Triebe inkarnieren beim Mann die Gefühlsneurosen eines besessenen Melancholikers, der seinen angestauten inneren Gefühlen gewaltsam Luft verschaffen muß.

Das kann zu schönen Visionen führen, denn die klassische Ersatzfunktion für Partnersexualität, die Masturbation, ist bestens geeignet, jenen Bereich der Phantasie zu entwickeln, der ihm die ungelebten Träume zur Realität werden läßt. Auch die unterschwellige Angst der Frau, sich in der hingebenden Rolle ausgeliefert zu fühlen (weil der auf den Partner projizierte Mars ja “drückt”), ist damit umschifft, denn Onanie ist losgelöste Phantasie, die immer weiter wächst und ständig neue Formen annimmt. Sie ist das Produkt der Verbindung Triebe/Ego, wobei das Stück verinnerlicht und in den eigenen Phantasiegelüsten inszeniert wird.

In anderen Fällen (wenn die Seele unter dem Druck der Libido zusammenbricht) kippst du aber aus jedem Sozialgefüge, weil selbst die Phantasie-Flucht für dich jetzt sinnlos wird. Die verhinderten Aggressionen drängen ins körperliche Erleben, wollen nicht mehr auf der (unverbindlichen) Traumebene entschärft werden. Alkohol dient als Medium, um die unerträgliche Realität zu ertränken (die Betroffenen nennen das *die Wirklichkeit erfahren),* und härtere Drogen wie Kokain dienen als Skalpell, die Wahrheit zu sezieren. Der Alptraum ist das metaphysische Labyrinth, voll kompromißloser und grausamer Bilder, verstellt von den eigenen Begierden. Er verkörpert den Sog von Mutterinstinkten (Mond) und Endzeit-Ängsten (Mars) und bietet Suche als Sucht. Auch liefert er den psychologischen Hintergrund; immer tiefer verstrickt man sich in seinen aggressiven Wahnbildern – bis hin zum finalen Knockout!

(+)
Auch unter günstigen Gesichtspunkten fühlst du dich von deinem inneren Aggressionspotential bedroht. Das ist der Preis für die Erfahrung, Sex und Tod als ekstatisches Moment im gleichen Augenblick wahrnehmen zu können, denn Geburt und Tod sind die beiden extremen Pole der Schöpfungsabsicht, und im Sex drückt sich beides gleichermaßen aus. Die Sexualität, die nur aus unserer individuellen Sichtweise als Eingang oder Ausgang bezeichnet werden kann, entspricht dem Heimweg, der niemals zu Ende geht. Im Gegensatz zu den Spannungsanlagen finden sich unter diesen Gestirnswinkeln aber humanere (verlogenere) Möglichkeiten, die inneren Unvereinbarkeiten auf äußere Adäquate zu übertragen und sie dort stellvertretend für die eigenen Probleme zu verteidigen (z.B. Friedensbewegung, Anti-Atomkraft-Bewegung, Hausbesetzer-Szene etc.).

Karmisch-seelische Struktur

Die kollektive Struktur

Die aktiven, zur Entwicklung und Durchsetzung benötigten Aggressionskräfte (Mars) können sich unter dem Einfluß des Mondes nicht entfalten. Sie bleiben in den Kanälen des Unbewußten hängen, wo sie sich destruktiv gegen das Selbst der Geborenen richten: Dadurch kann es in der Persönlichkeitsverwirklichung zu Störungen kommen. Die Betroffenen können sich von ihren eigenen Gespenstern, die sie in die Umwelt übertragen, angegriffen fühlen, was sich in einer Neigung zu Verfolgungswahn ausdrückt. Die innere Seelenlandschaft ist dauernd überlastet, und an die tieferen Schichten ihrer Psyche lassen sie sowieso niemanden heran, weil jede Auseinandersetzung mit der Umwelt stets die inneren Konflikte hervorkitzelt. Sie fühlen sich sofort bedroht, ohne zu merken, daß sie sich in ihren eigenen Aggressionen spiegeln, die von der Umwelt nur reflektiert werden.

Im Zusammenspiel mit den inneren Instinkten drücken die ans Tageslicht drängenden Aggressionen die rohen sexuellen Impulse aus, die wir als negativ empfinden und deshalb abwehren. Damit zeigt sich ein verhindertes Erleben, das im Zusammenhang mit den Gefühlen die dunklen Triebe nicht vermeiden, aber auch nicht annehmen kann. Das mündet (im Ausleben der Verhinderung) dann zu einem verschachtelten Sexualverhalten, dessen Aufschlüsselung zu einer Domäne der Psychoanalyse geworden ist. Das Gefühl, böse, häßlich und ein Wüstling zu sein, hält sich mit der Angst die Waagschale, diese durch Verdrängung überhitzten inneren Gelüste in die Außenwelt zu übertragen.

Auf der tiefsten Ebene symbolisiert dieser Aspekt die Bindung der aktiven, nach außen drängenden Aggressionskräfte an den innersten Gefühlsbereich. Das entspricht den verhinderten Instinkten, die im Keller des Unbewußten, vom Tageslicht abgeschnitten, ihr Unwesen treiben. Dieser innere Zustand drückt sich im Alltag dann als etwas aus, das uns ängstigt und fasziniert zugleich: Angst, weil wir die verdrängte Aggression im finstersten Winkel als etwas spüren, vor dem wir uns fürchten, und Faszination, weil der dunkle Trieb uns gleichzeitig durch unsere Neugierde gefesselt hält.

Das persönliche Karma

Im Einflußbereich dieses Gestirns siehst du dich beständig in der Situation, deine inneren Gefühle gegen äußere Einwirkungen verteidigen zu müssen. Diese Energie aber, die du dadurch verbrauchst, daß du die Aggressionen nicht zuläßt, fehlt dir schließlich zur persönlichen Entfaltung. Statt dich auf eine kreative und angemessene Weise durchzusetzen, bleibst du stets ein Gefangener deiner eigenen Furcht. Ständig auf der Hut vor Angriffen aus der Außenwelt, verdrängst du die Angst, wo es doch gerade dieser Mechanismus ist, der die Problematik schafft.

Es ist ja gerade dein Problem, die eigenen Aggressionen nicht ausleben zu können, den Verdrängungsmechanismus aber auch nicht zu durchschauen, der den Auswirkungen dieser fehlgeleiteten Entwicklung zugrunde liegt. Umgekehrt ist es aber auch wieder diese Entwicklung, die durch den Aggressions-Anstau zum Zerreißpunkt führt, wo sich die angesammelte Kraft gewaltsam entlädt und endlich zum Durchblick führt: zur Erkenntnis nämlich, was in der eigenen Psyche schattenhaft, dunkel und beengend ist.

Lernst du, dich in dir selber zu erkennen, bekommst du die Aggressionen in die Hand, die durch deine eigenen Ängste gefesselt sind. So erblickst du deine individuelle Dunkelheit in der kollektiven Dunkelheit der Triebe und erkennst gleichzeitig den Mechanismus des Bösen, der sich aus den Polaritäten im menschlichen Bewußtsein schafft: In Wirklichkeit ist gar nichts böse, sondern nur ungezügelt, launisch und naturhaft!

Mythologischer Hintergrund

Der Abstieg in die Unterwelt (Herakles und der Höllenhund)

Auf der tiefsten Ebene symbolisiert dieser Aspekt die Möglichkeit, den Tod zu erfahren, ohne wirklich zu sterben. Die ältesten Überlieferungen dieser Art finden wir in den Ritualen der Schamanen. Es handelt sich dabei um einen Akt der Vernichtung und der Wiedergeburt. Die Adepten berichten von einer Reise in die Unterwelt, in der sie ihren verdrängten Aggressionen und unbewußten inneren Ängsten in allen Schattierungen begegnen. Bildlich zeigt sich das im höllischen Entsetzen, wenn den Betreffenden das Fleisch buchstäblich von den Knochen gerissen wird. Dem symbolischen Tod folgt aber stets die Wiedergeburt, und auf die Zerstückelung des Fleisches erfolgt der magische Aufstieg in einem neuen Körper.

Dieser bildliche Aufstieg in die höheren Ebenen, zu den himmlischen Regionen mittelalterlicher Mystiker oder den Regenbogen-Sphären moderner Esoteriker bedeutet tiefenpsychologisch aber nichts anderes als die Verarbeitung einer Bewußtseinskrise. Die Voraussetzungen werden erkannt, die Wirkungen von den Ursachen getrennt, analysiert und dadurch unschädlich gemacht. In der schamanischen Sichtweise heißt dies: Die befallenen Körperstücke werden den Krankheitsdämonen zurückgegeben. Das übernatürliche Wissen, von den Urvätern göttlicher Eingebung zugeschrieben, entspricht der inneren Verarbeitung, der magische Aufstieg aus den Tiefen hingegen der Beendigung der Krise.

Tod und Wiedergeburt ist ein immer wiederkehrendes Thema, das in vielen Mythen seinen Niederschlag gefunden hat. Die Helden steigen in die Tiefe, um nach vielen Auseinandersetzungen mit den inneren Dämonen wieder in die Welt zurückzukehren. Sie, die tot und wieder auferstanden, von Ungeheuern verschlungen und wieder ausgespien worden sind, kehren eben um diese Erfahrungen reicher in die Oberwelt zurück.

In den altägyptischen Mysterien wurde dieses rituelle Gleichnis in der Auferstehung des gemeuchelten Osiris dank Isis und Nephtys zum Ausdruck gebracht. Der Kult des Orpheus, die dionysischen Mysterien von Attis und Adonis oder die babylonisch-assyrische Überlieferung von Tammuz und Ischtar: Sie alle versinnbildlichen die menschliche Auseinandersetzung mit dem "Tod und Wiedergeburts"-Vorwurf.

Etwas weniger verschlungen finden wir das gleiche Thema auch im Mithraskult (Mithras Kampf mit dem Urstier) oder in Herakles' Sieg über den Höllenhund Kerberos. Kerberos oder Cerberus ist der dreiköpfige, schlangenhaarige Wächter an der Pforte zur Unterwelt. Er läßt zwar eintreten, wer hindurch will – doch läßt er keinen mehr zurück!

Fazit (Tiefenpsychologisch)

Psychisch gesehen spiegelt Herakles' Kampf mit Kerberos die Ebene wider, auf der sich der Mond/Mars-Mensch zu bewähren hat. Die Herakles- oder Mars-Seite im Geborenen entspricht jener Ellbogenmentalität, alles aus dem Weg zu räumen, was die eigene Durchsetzung erschwert. Herakles symbolisiert das zornige Kind im Mann, das darauf besteht, daß sich die Welt um ihn zu drehen hat (was sich in allen Heldenkämpfen ausdrückt).

Sein Antipode, der Höllenhund Kerberos oder Cerberus (Hüter der Schwelle) begegnet ihm auf zwei Ebenen. Zuerst einmal da, wo er dem Helden als Spiegel dient, denn beide verkörpern Rücksichtslosigkeit und Härte. Beide sind durch ihre Aufgaben gezwungen, ihre persönlichen Gefühle zu verdrängen. Das führt zu einem schroffen Kommunikationsverhalten, und da beide dazu neigen, ihre inneren Gefühle mit äußeren Funktionen zu überdecken, bleibt für eine gefühlsmäßige Auseinandersetzung kein Platz. Da die Gefühle aber damit nicht verschwunden sind, mutieren sie zur umgekehrten Liebe: zum Schmerz! Es ist für die Betroffenen nicht leicht, ihre Aggressivität und Kampfbereitschaft als Schmerzverlangen zu durchschauen und gleichzeitig als verdrängte Liebessehnsucht. Doch durch die Abschirmung der Gefühle ist nur der Schmerz noch intensiv genug, den eigenen Panzer zu durchbrechen.

Auf einer zweiten Ebene zeigt dieses Beispiel aber noch viel tiefere Dimensionen auf, denn das Verhalten des treuen Wächters, die Seelen aus der Unterwelt nicht mehr zurückzulassen, entspricht der Schöpfungsabsicht, Bewußtseinserfahrungen nicht mehr rückgängig zu machen. Kerberos ist das Symbol für die menschliche Entwicklung, niemals zurückzuschauen und sich stets nach vorne auszurichten. Wenn Herakles also Kerberos begegnet, begegnet das in der Außenwelt sich durchsetzende Ego seiner innersten Schöpfungsabsicht, die sich ihm nur durch die eigene Projektion auf der gleichen (aggressiven) Ebene entgegenstellt. Diese läßt in einem überspitzten Sinne Liebe zu (fast erwürgt Herakles den Höllenhund mit bloßen Händen), als sie sich vom Ego überwinden und umarmen läßt.

Indem sie das Äußere eindringen läßt und so zu einem Teil des Inneren macht, erkennen wir die nach Vollständigkeit und Ganzheit strebende Schöpfungsabsicht. Da das aggressive Ego nur auf Kampf anspricht, finden wir in der Unterwerfung das versteckte Hingabeverlangen und dahinter die Verschmelzungsabsicht (Wachstumstaktik), um die äußere Aggression in sich hineinzuziehen und damit zu erlösen!

Gehen wir der Sache nach: Herakles kann das Ungeheuer nicht töten, weil es ein Teil der göttlichen Absicht oder eigenen Entwicklung ist (im Mythos wird dies ausgedrückt, indem der Gott der Unterwelt das Tier jetzt schützt). Da der "Herr der Tiefe" für den unbewußten Gefühlsbereich zuständig ist, muß Herakles das Untier integrieren, ein psychologischer Akt, der mit der Überwindung beginnt. Jetzt trägt er den Höllenhund in Armen (im Mythos besiegt er ihn mit bloßer Hand), und sie halten sich wissend umfangen, weil der Wächter am Tor einem Stück seiner innersten Wahrheit entspricht, die über die Rücknahme der Projektion zu ihm zurückgefunden hat.

Psychosomatische Entsprechungen

Unbewußte Ängste, Bedrohungen und Wahnvorstellungen

Die Erlebnisschilderungen Schizophrener ähneln frappant den religiösen Vorstellungen vom Endschicksal des Einzelmenschen, also den auf die "Letzten Dinge" sich beziehenden "eschatologischen Schriften". Diese Beschreibungen schildern die inneren Auseinandersetzungen mit entsetzlichen Ungeheuern und Dämonen: Sie berichten von Begegnungen mit Geistern oder übermenschlichen spirituellen Wesen. Fötale oder embryonale Erinnerungen tauchen auf, Abläufe auf der Ebene des Zellbewußtseins werden reaktiviert. Bisweilen weisen deine inneren Bilder auch über das Raum-Zeit-Kontinuum hinaus, dann wird das Bewußtsein der ganzen Schöpfung mit den Poren aufgesogen. Dein kleiner Menschengeist scheint den Schöpfergeist zu umfassen und sich mit der Totalität alles Seienden zu identifizieren, was in einem implodierenden Akt zur letzten Erfahrung der geheimnisvollen Leere führt, dem Nichts.

Im Einflußbereich dieses Gestirns befindest du dich damit in einer geistigen Nähe zu den Initiationsriten der Schamanen oder den Transformationsritualen östlicher Tempelmysterien. Das kulturelle wie das pathologische Symptom spiegelt psychologisch das gleiche Symbol: die Verinnerlichung der äußeren Krise. Dies wird erreicht durch die Verkleinerung des äußeren Betätigungsfeldes. Sinn und Zweck dieses psychischen Heil- und Reinigungsprozesses sind klar: Du begegnest deinen inneren Dämonen, durchschaust sie und wirst frei! Gelingt dir dies nicht, dann schlägt diese innerliche Feigheit (Angst vor der Angst) auf der äußeren Ebene in Verfolgungswahn (oder kompensierend: Größenwahn) um.

Symptom-Katalog

Psychisch

- Ticks wie Nägelbeißen (Unsicherheit, nervöse Unruhe)
- übertriebene Aktivität aus Bedrohungserwartung (Sympathikusüberfunktion bzw. erhöhter Adrenalinspiegel)
- Integrationsschwierigkeiten der aggressiven (sexuellen) Perspektive

Physisch

- Eisenmangel, schlechte Zähne
- Magenübersäuerung
- Migräne, Augenflimmern, Sehprobleme
- Lymphstörungen (Lymphstauungen, Entzündungen der Lymphorgane)

Schüssler-Salze

Minerale

Calcium fluoratum (Nr. 1)

- gegen Magenübersäuerung und allgemeine Magenbeschwerden (hilft gegen alles, was auf den Magen schlägt)
- gegen Gemütsleiden (ungelöster Streß, "Nicht-aus-sich-heraus-können")
- nützt bei allen Krankheiten, die durch Feuchtigkeit und Kälte verschlimmert werden
- gegen Lymphstauungen, Entzündungen der Lymphorgane und Brustdrüsenerkrankungen
- bei Verhärtung (Schleimhaut) wie Erweichung oder mangelnder Substanz (schlechte Zähne)

Kalium phosphoricum (Nr. 5)

- hilft bei Erschöpfungszuständen von Körper und Geist (generell bei inneren Spannungszuständen und nervöser Unruhe aus unterschwelligen Bedrohungserwartungen)
- bei Migräne, Spannungskopfschmerzen und Sehstörungen

Bach-Blüten

Cherry Plum (Kirschpflaume)

- gegen unbewußte Ängste, die tief im Innern sitzen und sich anschicken, im Alltag aufzutauchen (übertriebene Aggressionen gepaart mit Angst)

Mustard (Wilder Senf)

- bei Symptomen aus physischer oder psychischer Überforderung (Suchterscheinungen, Ohnmachtsgefühle, Teilnahmslosigkeit, sexuelle Erschlaffung oder Melancholie)

Urtinkturen

Lichen islandica (Isländisch Moos)
- bei nervöser Unruhe und (leichten) Magenbeschwerden

Natriumhydrogen-carbonat
- gegen Sodbrennen (doppelkohlensaures Natron)

Zaubertränke

Amazonas-Gebiet:
Ayahuasca/Yage (aus der Caapi-Pflanze)

Afrika:
Tabernanthe iboga (aus der Eboga-Pflanze)

Mexiko:
Lophophora williamsii (Peyotl)
Psilocybe mexicana (Teononacatl)

Europäisches Mittelalter:
Atropa belladonna (Tollkirsche)
Datura stramonium (Stechapfel)
Mandragora officinarum (Alraune)

Alle:
- Reisen in die Unterwelt bzw. Quantensprünge zu Zielen jenseits der Pforten der Wahrnehmung

Erlösungsformen

- Erfahrungen der Wandlung (bewußtseinsverändernde Techniken wie Schlafentzug, Fasten oder Isolation)
- katathymes Bilderleben (Kriegs- und Verwüstungsszenen: Konfrontation mit dem Tod)
- "Initiatische Krankheiten" (schamanische Rituale zur Überwindung von Schmerz und Tod)

Spirituelle Öffnungen

Ritual
Geisterbeschwörung
Farbe
zwischen rötlich-braun und violett-schwarz
Duft
Oreganoöl (Abstieg in die Unterwelt) und Cajeputöl (Begegnung mit den Müttern)
Edelstein
Almandin, Pyrop, roter Jaspis
Krafttier
Chthonische Tierwelt (Blutegel und Zecken)
Symbol
Schrumpfkopf, Haifischrückgrat
Mythos
Cerberus, der von Herakles überwundene Höllenhund
Archetyp
der gefangene Held (Opferrolle)
Gottheit
Kala-Nath, der Urschlund, als menschenfressendes Ungeheuer beschrieben, das Hekatomben von Opfern in ihren Katakomben verschlang
Kraftort
Kellergewölbe alter Ruinen
Kultstätte
Fingalshöhle, Loch Ness
Sabbat
Depressive Phasen und seelische Krisentage
Musik
"In der Halle des Bergkönigs" ("Peer Gynt") von Edvard Grieg;
"Aus einem Totenhaus" von Leo Janácek
Malerei
"Der Geist einer Fliege" von William Blake;
"Atomkinder" von H. R. Giger
Schrift
August Strindbergs selbstquälerische Bekenntnisse ("Inferno", "Gespenstersonate", "Totentanz");
"Naked Lunch" von William S. Burroughs

MOND/JUPITER

100% Konjunktion (+); Quadrat (–); Trigon (+); Opposition (–); Spiegelpunkt (+)
85% Sextil (+); Mond in Haus 9
75% Anderthalbquadrat (–); Quincunx (–); Mond in Schütze; Jupiter in Haus 4
60% Halbquadrat (–)
50% Halbsextil; Jupiter in Krebs; IC in Schütze
40% Hausspitze 9 in Krebs
25% Herrscher von Haus 9 in Haus 4; Herrscher von Haus 4 in Haus 9

☽ ♃

Thema	Bewußtwerdung, Wohlwollen, Großzügigkeit
Ziel	kosmische Vernetzung; Einswerden mit dem Urgrund
Sinn	Reife, Vertrauen, Würde und Mitgefühl
Licht	Loyalität, Humanität und seelische Wärme
Schatten	Überheblichkeit, Pathetik, Arroganz (Überschätzung der eigenen Energien)
Leitbild	die Weisheit des Schoßes; die schöpferische Vision

Es ist des Teufels Sehnsucht nach seinem Geschöpf, das uns unsere Sehnsucht in Gott realisieren läßt!
Advocatus diaboli

GRUNDLAGE

Geistige Prägung

Schon seid Urzeiten wird Jupiter mit Eigenschaften wie Glauben, Religion und Weltanschauung in Verbindung gebracht, und im Zusammenwirken mit den lunaren Schwingungen kristallisiert sich das Eintauchen in die visionären Tiefenschichten heraus: dort, wo sich das Wissen auch ohne menschliches Zutun miteinander austauschen kann. So heißt es im "Eintritt in das Leben zur Erleuchtung" des indischen Meisters und Bodhisattvas Sántideva (II.37): *Wie eine Traumerfahrung wird all das, was ich nun genieße, eine Erinnerung werden. Das Vergangene, was es auch sei, werde ich nicht wiedersehen.*

"Gieße deine Träume in den Alltag aus", heißt die moderne Übersetzung dieses alten Karmas. "Ausgießen" heißt vor allem: *Breite dich aus. Entdecke die Urfrau, den Urmann in dir. Entwickle deine Medialität. Erlebe die Verschmelzung mit allen Dingen, das Einssein mit Gott. Akzeptiere die heilende Kraft deiner Gedanken und die hilfreiche Macht deines Willens. Erfasse den inneren Buddha, der du bist, und damit das spirituelle Feuer in dir. Sei ganz du selbst und lasse deine psychischen Kräfte zu: das tiefste, heiligste und eigenste Ur-Fließen!*

Kindheit

Nachdem du einmal geboren bist, vergeht kein Tag, an dem deine kosmische Wahrnehmung nicht verhindert werden will. Kanäle werden vorgegeben, innerhalb derer du handeln und dich bewegen darfst. Denn nur, was die kollektive Meinung für richtig hält, darf zum Maßstab kindlicher Entwicklung werden. Du aber willst nicht lernen, um zu wissen, sondern du willst an dein inneres Wissen wieder erinnert werden (und fühlt dich dann am Schöpfungsnabel, wenn das ganze Universum klingt). Was das merkurorientierte Denken nicht für möglich hält (Mond/Merkur bzw. Merkur/Jupiter), für das Mond/Jupiter-Kind-Empfinden ist es selbstverständlich: der innere Austausch mit allen Tier- und Pflanzenformen, mit Viren, Krankheitskeimen und Erregern, ja sogar mit der sogenannten toten Materie wie Stein, Metall und Erde.

Frau

(–)
Unter negativer Prägung stehen dir Anmaßung und Überheblichkeit im Wege. Deine archetypische Prägung als Frau ist vom Bewußtsein des Außergewöhnlichen beseelt, denn dein Selbstbild ist von großer Macht durchdrungen. Männer eroberst du im Nu, denn du bist dir der Erscheinung einer Frau bewußt, von der Männer immer träumen. Du bist die Sphinx, von deinen weiblichen Trieben besessen, von deinen innersten Sehnsüchten motiviert. Was immer du auch tust, du tust es

ganz, und wen du liebst, dem gibst du dich in deiner ganzen Verführbarkeit hin. So wie der Lotus seine Nährstoffe aus dem Schlamm zieht, so ziehst du deine Kreativität aus der Tiefe deiner animalischen Triebspannung. Trotzdem bist du in einem tieferen Sinne unschuldig, weil du die Konflikte nicht provozierst, sondern diese sich umgekehrt an dir entzünden. Du bist eine Botschafterin der Tiefenschichten, die ihre geheime Mission unbewußt verfolgt: nämlich in der Jauche anderer zu gründeln, bis deren verschüttete Probleme wieder an die Oberfläche kommen.

(+)
Positiv bestrahlt lebst du dein Gefühl für Einheit aus der Tiefe deines Bauches heraus. Bis in alle Schichten deines Wesens berührt und fordert dich der innere Gott, denn Ganzheit entsteht nicht durch das Beherrschen äußerer Kräfte, Ganzheit fließt aus der tiefen Verbindung mit dem innersten Kern der Schöpfung: der Liebe. In seiner positiven Verkörperung symbolisiert dieser Einfluß sexuelle Schöpferkraft, also Befruchtung und alle Formen kreativer Zeugung. Grundlage ist das Bedürfnis nach religiöser oder mystischer Erfahrung, in übertragenem Sinn die Sehnsucht nach dem Embryo-Zustand des Eingebettetseins in einem heilen Rahmen. Auch beschäftigst du dich viel mit Meditation und schließt dich mit anderen Frauen zusammen, um die innere Sehnsucht zu stillen und den Regenbogen am Ende aller Wege gemeinsam zu suchen. Nur in der inneren Erkenntnis kannst du ihn finden, wenn du entdeckst, daß alle Wesen Schwestern, alle Erscheinungen Ausdruck einer einzigen kosmischen Schwingung sind.

Mann

(–)
In dir verbindet sich die Anschauung, über den Dingen zu stehen, mit der Angst, in die Dinge hineinzusehen. Damit erinnerst du an einen Menschen, der mit seinen Blicken sehnsuchtsvoll über die geheimnisvollen Tiefen der Wasseroberfläche streift, aber andere hinabschickt, weil er sich vor dem Ertrinken fürchtet. Du fürchtest dich vor nichts so sehr wie vor der Gefühlshingabe an andere, weil du damit ja die eigene Kontrolle verlieren könntest.

Damit diagnostiziert sich der Fall eines kompensativ Übertreibenden, der sich mit der Dunkelheit der anderen auseinandersetzt, weil er den Finger nicht gern in die eigene Pfütze steckt. Scheinbar befreit von den materiellen Zwängen der Welt, spielst du dich zum spirituellen Befruchter auf und stellst dich in einem Bild geistiger Freiheit zur Schau, das diametral zu deinen inneren Empfindungen steht. In mancher Hinsicht verkörperst du die moderne Entsprechung des antiken Orpheus, mit dem Unterschied, daß du andere in die Unterwelt schickst, um deiner Tiefensehnsucht (Eurydike) zu begegnen. Über geistige Transformationsprozesse bei anderen suchst du selber spirituelle Erlösung. Dadurch bist du stets bestrebt, anderen bei ihren Sinnfindungs-Prozessen zu helfen, während es dir selbst an Vertrauen fehlt. In emotionalen Dingen bist du sprunghaft, selbstsüchtig und hoffst auf den höheren Willen, um dir deine egoistischen, ichbezogenen Wünsche zu erfüllen. Du bist sogar versucht, in die Rolle des Weltenlenkers hineinzuschlüpfen, um das Schicksal zu deinem Vorteil umzubiegen. Gottes Ja zum Menschen wird nur unter der Bedingung der eigenen Wunscherfüllung akzeptiert: Du bejahst in ihm all das, was er dir an eigenen Wünschen erfüllt!

(+)
Als harmonischer Mond/Jupiter-Typ entwickelst du dein geistiges Potential aus dem Fundus der Liebe, vor allem aus der Liebe zu deiner Mutter. Diese Haltung der Verehrung ist zwar auch eine versteckte Form von Sexualverdrängung – dein spirituelles Engagement entspricht der Sublimation deines Mutter-Eros –, aber immerhin, es funktioniert! Die übertriebene Idealisierung der Mutter entspricht dem Streben nach Befreiung von instinktgebundenen Zwängen, was dich unentwegt nach jener reinen Form von Liebe suchen läßt, die letztlich wohl nur im Göttlichen zu finden ist. Da es dir aber gelingt, diese Göttlichkeit auf schöne Frauen in der Außenwelt zu projizieren, erleben wir in dir den "Herrn der Triebe", der sich mit dem Streben nach den höchsten Zielen brüderlich verbunden hat.

Unter diesem Einfluß zeichnest du dich durch Großzügigkeit, Offenheit und Freimut aus. Lebensfreudig entwickelst du ein tiefes Vertrauen in die kosmischen Abläufe und versuchst mit der Flamme der Begeisterung deine Mitmenschen zu motivieren, das goldene Zeitalter schon auf Erden zu schaffen. Dabei bist du von lichterfüllten Paradiesvorstellungen durchdrungen, träumst von einem kommenden Atlantis und siehst das Leben als ein Füllhorn unbegrenzter Möglichkeiten an. Auch verfügst du über eine stark sinnliche Komponente, in der ästhetische Freuden und Sinnengenuß einen großen Platz einnehmen. Du suchst

Befriedigung in Wohlstand und Erkenntnis. Überfluß und Fülle sind für dich ideale Lebenssituationen, sowohl in sexueller wie in geistig-spiritueller Hinsicht.

Karmisch-seelische Struktur

Die kollektive Struktur

Jupiter und Mond deuten auf eine übertriebene Bedeutung der Gefühle hin. Die Geborenen werden von ihren emotionalen Höhenflügen geprägt: Es ist für sie leichter, telepathisch an jeden beliebigen Platz im Universum zu gelangen, als sich beispielsweise um die Hausarbeit zu kümmern. Sie benötigen die Unterstützung ihrer Umwelt, um den eigenen Alltag organisatorisch überhaupt bewältigen zu können.

Dieser negativen Entwicklung setzt sich aber oft auch eine idealistische, humanitäre Geisteshaltung entgegen, die sich, statt von atomgespeisten oder mit Lichtkraft betriebenen Zeitmaschinen zu träumen, mit religiösen oder sozial engagierten Ideen auseinandersetzt. Die expansive Sehnsucht nach dem Unbekannten kann durchaus auch in selbstlose und religiöse Themen münden. Die Geborenen können sich für die Verwirklichung transzendenter Erfahrungen einsetzen, die von der allgemeinen Meinung nicht beachtet werden, und ihre Anlagen somit auf eine Weise loswerden, die für die Umwelt nützlich ist.

Da der Mond die Suche nach den Wurzeln ausdrückt und Jupiter die äußere Fülle, versinnbildlicht diese Konstellation den Himmel, wie er in den Bilderbuchvorstellungen der Alten (mit Petrus an der Himmelspforte und harfespielenden Engeln auf den Wolken) einst vorgekommen sein mag. Die himmlischen Räume, von Licht und Harmonie durchdrungen, waren in den Köpfen unserer Väter ein Synonym für Seligkeit und Heimat. Dieser Konstellation lassen sich auch die weisen Frauen zuordnen, die sich mit Magie befassen, insbesondere mit deren schützenden und heilenden Wirkungen. Durch die Mond/Jupiter-Optik befinden wir uns in einem Netz, das alle Schöpfungsformen miteinander verbindet. Dadurch haben wir die Möglichkeit, zu kosmischen Sendern und Empfängern zu werden und damit alle Schwingungen von Erde, Lebewesen und Universum zu einem großen Kommunikationsnetz zu verknüpfen. Davon gehen alle animistischen Kulte aus, also Vorstellungen, die auf der Annahme beruhen, die Seele (Anima) sei ein alles umfassendes Kommunikationsmittel: Jedes Wesen und jeder Gegenstand ist beseelt und dadurch kommunikationsfähig.

Wir spiegeln uns in allen Lebensformen, und alle Lebensformen reflektieren sich in uns; daher können wir ohne das Verständnis selbst der kleinsten und unscheinbarsten Lebensformen gar nicht existieren. Es ist alles vernetzt im großen Bewußtseins-Computer, deshalb kann jeder Botschaften aussenden oder empfangen. Gleichzeitig repräsentieren die Auswirkungen dieses feinstofflichen Austauschs das kosmische Chaos oder all das, was geschieht. Ob es sich aber um kybernetische und quantenphysikalische Ansätze handelt (Merkur/Jupiter), mit denen man Trance und Ekstase herbeiführen kann, oder ob es Rituale sind, um die Umweltzerstörungen mit der magischen Kraft der Meditation zu bannen, es ist immer die Rück-Orientierung nach der Großen Göttin oder das Bestreben nach einer spirituellen Erneuerung der Erde, die das Verhalten unter diesem Zeichen bestimmen.

Das persönliche Karma

In voller Ausreifung symbolisiert diese Konstellation eine ihre Träume in den Dienst einer höheren Absicht stellende Seele und charakterisiert dich damit als esoterischen Menschen. Bisweilen steigerst du dich in unrealisierbare Vorstellungen hinein und wirst von deinen überschäumenden Gefühlen weggetragen, aber den Göttern ist eben immer ein Tribut zu zahlen für das Verlangen, das den versteckten Wahrheiten unseres Seins ein Stück näherrücken will.

Durch die Mond/Jupiter-Perspektive rückst du Mythen wie Atlantis oder Thule in ein visionäres Zentrum und wähnst dich als Außerirdisch-Inkarnierter, der seine wahre Heimat wiederfinden will. Damit werden aus biederen Verwaltern oder schlichten Kassiererinnen kosmische Kuriere, die sich in ihrer Unscheinbarkeit nur tarnen, nachdem sie vom Orion "herübergechannelt" sind.

Mythologischer Hintergrund

Orpheus in der Unterwelt

Mythologisch läßt sich dieser Aspekt mit dem Abstieg von Orpheus in die Unterwelt vergleichen, dem wohl berühmtesten Dichter und Musiker aller Zeiten. Ihm schenkte Apollon einst eine Leier, und die Musen lehrten ihn, so schön zu spielen, daß er nicht nur die Herzen aller Menschen, sondern die Wesen der ganzen Schöpfung berührte. Es gelang ihm, wilde Tiere zu betören, Pflanzen zu bezaubern, Krankheiten zu heilen und sogar Steine zu bewegen. Als eines Tages Eurydike, seine Gattin, von einer Schlange gebissen wurde und daran starb, entschloß er sich, hinabzusteigen und den Gott der Unterwelt mit seinen Tönen zu erweichen, in der Hoffnung, dadurch Eurydike wieder zurückgewinnen zu können.

So schön sang Orpheus, daß er nicht nur Charon, den Fährmann, betörte; auch Kerberos, der Höllenhund (den Herakles noch überwinden mußte: Mond/Mars), ließ ihn willenlos passieren; selbst die furchtbaren Erinyen brachen in Tränen der Entrückung aus, als sie der traurigen Gesänge teilhaftig wurden. Hades und Persephone ließen sich umstimmen, ihm Eurydike zurückzugeben unter der Bedingung, daß er sich nicht nach ihr umdrehen dürfe. Doch nahe dem Ausgang wurde Orpheus von heftigen Zweifeln gepackt und sah sich um, ob sie ihm folge. Durch die innere Skepsis gegenüber des Ewigen Worts aber verlor er Eurydike für immer.

Fazit

Jupiter verkörpert eine Kraft, die zu den Gipfeln strebt, um die Absichten der Götter mit uns Menschen zu verstehen. Er ist der spirituelle Führer, der die Verbindung zwischen menschlichem Bewußtsein und göttlicher Erkenntnis herstellt. Jupiter, Manifestation des Dranges nach Horizonterweiterung und bewußtseinsmäßiger Entwicklung, verkörpert schlechthin das Symbol des Menschlich-Ewigen (oder Ewig-Menschlichen), das Bestreben also, den Sinn des Lebens in Bilder zu fassen und die Bilder zu kontrollieren.

Das Ziel, das menschliche Selbst zu transzendieren (die Bilder aus dem Rahmen herauszusprengen), führt in Verbindung mit dem lebensspendenden, dämonisch-verschlingenden, illusionserzeugenden, irrational-dimensionierten und urseiend-weiblichen Mond-Prinzip aber nicht nur zur philosophischen Gipfel-Erklimmung, sondern mündet auch in die Rückbindung zum Zeitlos-Ewigen, in die Ur-Anfänge, in die Transformationsprozesse der Triebkräfte oder Ausleuchtung der Tiefenschichten. Jupiter ist der spirituelle Vater, der die geheimnisvolle Welt der Persephone (Mond/Venus) erhellt, wobei es aber nicht das Ziel ist, die Unterwelt mit der Ratio zu erfassen, sondern die inneren Visionen zu entdecken, die das seelische Verhältnis zum Göttlichen ausdrücken. Jupiter und Mond verkörpern das aus den Tiefen der Mütter geborene und mit den Zielen der Väter verknüpfte Gottesbild, das weniger die Antworten auf die Rätsel des Lebens, sondern mehr die äußeren Reaktionen auf die inneren Sehnsüchte darstellt.

Psychosomatische Entsprechungen

Aufblähung, Verfettung, Fluchttendenzen in die Sucht (Entgrenzungen und Übertreibungen aus Hunger nach seelischer Geborgenheit)

Es war einmal ein armes frommes Mädchen, das lebte mit seiner Mutter allein, und sie hatten nichts mehr zu essen. Da ging das Kind hinaus in den Wald, da begegnete ihm eine alte Frau, die wußte seinen Jammer schon und schenkte ihm ein Töpfchen, zu dem sollt es sagen: "Töpfchen koche", so kochte es guten süßen Hirsebrei, und wenn es sagte: "Töpfchen steh", so hörte es wieder auf zu kochen. Das Mädchen brachte den Topf seiner Mutter heim, und nun waren sie ihrer Armut und ihres Hungers ledig und aßen süßen Brei, so oft sie wollten.

Auf eine Zeit war das Mädchen ausgegangen; da sprach die Mutter "Töpfchen koche", da kocht es, und sie ißt sich satt; nun will sie, daß das Töpfchen wieder aufhören soll, aber sie weiß das Wort nicht. Also kocht es fort, und der Brei steigt über den Rand hinaus und kocht immerzu, die Küche und das ganze Haus voll, und das zweite Haus und dann die Straße, als wollt's die ganze Welt satt machen, und ist die größte Not, und kein Mensch weiß sich da zu helfen. Endlich, wie nur noch ein einziges Haus übrig ist, da kommt das Kind heim und spricht nur: "Töpfchen steh", da steht es und hört auf zu kochen; und wer wieder in die Stadt wollte, der mußte sich durchessen.

Gebrüder Grimm, "Der süße Brei"

Symptom-Katalog

Psychisch
- unstillbarer Freiheitsdrang, übersteigertes Triebleben (Fluchttendenzen in die Sucht)
- krankhafter Missionstrieb, religiöse Wahnvorstellungen (Hunger nach seelischer Geborgenheit)
- Wachstumseuphorie (Aufblähung, Verfettung)
- Selbstüberschätzung, Größenwahn

Physisch
- Übertreibungen im Bereich der Nahrungsaufnahme (Völlerei)
- Gas- und Kotbauch (ballonartige Gasauftreibungen des Bauchraumes resp. Darmerweiterung durch Kotrückstände)
- Senkungen der Baucheingeweide, Erschlaffung oder Dünndarmträgkeit
- Leberbeschwerden (Zirrhose, Fettleber)
- Insuffizienz der Bauchspeicheldrüse
- erhöhter Cholesterinspiegel
- Schilddrüsendysfunktion

Schüssler-Salze

Minerale

Magnesium phosphoricum (Nr. 7)
- bei Darmkrämpfen (chronische und krampfartige Verstopfungen), Blähungen (Koliken), Magenbeschwerden

Natrium sulfuricum (Nr. 10)
- bei Leberstörungen (zur Unterstützung der Leberfunktionen)
- zur Stoffwechselanregung
- bei Fettsucht und gegen Stauungsbeschwerden

Neben-Minerale

Kalium aluminium sulfuricum (Nr. 20)
- gegen Meteorismus

Natrium bicarbonicum (Nr. 23)
- bei trägem Stoffwechsel, ungenügender Entschlackung und Dickenwachstum

Bach-Blüten

Chestnut Bud (Kastanienknospe)
- gegen seelische Verwirrung (religiöse Wahnvorstellungen von Auserwähltheit)
- Gefühlspathos (seifenopernhafter Positivismus)
- physisch: Leberstörungen (Anstauungen im Pfortaderkreislauf)

Star of Bethlehem (Milchstern)
- auf der Suche nach Lebenssinn (Sehnsucht nach Gott)
- gegen religiöse Wahnideen (Erlösungs- bzw. Guru-Kult)

Urtinkturen

Rizinusöl (aus dem Samen des Wunderbaumes)
- Abführmittel

Anislikör,
Wacholderschnaps
- gegen Völlegefühle

Erlösungsformen

Austausch mit dem Mikro- und Makrokosmos:
- Alphazustand (mentale Reisen zu jedem beliebigen Punkt im Universum)
- Aqua-Rebirthing (zurück in die Geborgenheit des Mutterleibs)
- Channeling (Verbindung mit den Ahnengeistern)
- Pflanzenmedizin (Blüten-Frequenz-Therapie)
- innere Beziehung zu Tieren und Pflanzen
- Steinkreis-Rituale

Spirituelle Öffnungen

Ritual
Aqua-Rebirthing (inneres Erwachen)
Farbe
von den wachsbleichen Silberstrahlen des Mondes zum schimmernden, leuchtenden Blau des Nachthimmels
Duft
Zimt-, Kamillen- und Mandarinenöl
Edelstein
Wasseropal, Geyserit oder durchscheinender Chalzedon
Krafttier
Taube (chthonisch: Fledermaus, Rochen, Oktopus)
Symbol
Brücke (kosmisch: Sphäre)
Mythos
Johannes der Täufer; das versunkene Atlantis; die sagenumwobenen Schätze auf dem Grund des Guatavita-Sees im Andenhochland (El Dorado)
Archetyp
Höhenwanderer, Traumwandler, Tiefentaucher
Gottheit
Himmelsvater Petra (er stieg nach unten, um den Schoß der Mutter Erde zu befruchten)
Kraftort
Heilbäder, warme Quellen
Kultstätte
Thermen von Pamukkale (warme Quellen in türkisfarbenen Kalkschalen, in denen schon die römischen Kaiser badeten)
Sabbat
Muttertag; Tag der Einheit
Musik
"d-moll-Sinfonie" von César Franck;
"Glaubens-Sinfonie" von Anton Bruckner;
"Orgelsinfonie" von Camille Saint-Saëns
Malerei
Ruinenromantik; sowie der diffuse Dunstschleier ("Sfumato") von Leonardo, der seinen Bildern die perspektivische Tiefe gibt ("Anna Selbdritt")
Schrift
Friedrich Klopstock und sein großes Thema "Gott und Unsterblichkeit";
"Die versunkene Krone" von Ludwig Uhland

MOND/SATURN

100%	Konjunktion; Quadrat; Opposition; Spiegelpunkt
85%	Anderthalbquadrat; Quincunx
75%	Halbquadrat; Mond in Steinbock; Saturn in Haus 4
60%	Trigon; Mond in Haus 10
50%	Sextil; MC in Krebs; IC in Steinbock
40%	Halbsextil; Saturn in Krebs
25%	Herrscher von Haus 4 in Haus 10; Herrscher von Haus 10 in Haus 4

☽ ♄

Thema	Besonnenheit, Pflichterfüllung und Selbstdisziplin
Ziel	Gefühlsstabilität
Sinn	Mutterrollenspiel (das Familienmodell als festes Fundament)
Licht	Gewissenhaftigkeit, Tiefe und Lebensernst
Schatten	Verbitterung, Verhärtung, Unfruchtbarkeit (tiefsitzende Blockierungen)
Leitbild	Stiefmutter (Leermond)

Lilith wandert während der Nacht umher, belästigt die Menschensöhne und bewirkt, daß sie sich selbst beschmutzen. Immer wenn sie Menschen findet, die allein in einem Haus schlafen, schwebt sie über sie, legt Hand an sie und klammert sich an sie, erzeugt Lust in ihnen und empfängt von ihnen. Sie bringt ihnen auch Krankheiten, ohne daß sie es merken – und das alles wegen der Abnahme des Mondes.

Sohar I. 19b

GRUNDLAGE

Geistige Prägung

Saturn/Mond weist auf ein Karma hin, die eigenen Gefühle ohne Rücksicht auf die anderen zu sehr auf die Befriedigung der eigenen Bedürfnisse ausgerichtet zu haben. Nun findet die Seele ihr eigenes Verhalten wie in einem Spiegel wieder, wenn sie von den Gefühlen ihrer Umwelt abgeschnitten ist.

Dabei erfährt die Psyche, wie schwer es ist, in einer Eiswüste Wärme und Geborgenheit zu finden. Sie durchlebt Frustration im Kleide von Isolation, weil sie die Abgeschnittenheit von ihren Wurzeln spürt. Kränkungen verstärken diese Gefühle. Sie ist sehr sensibel und versteckt sich hinter einer immer dickeren Mauer, um sich vor der Kälte zu schützen, weil sie noch immer nicht gelernt hat, die Schmerzen als Auswirkung ihres eigenen Verhaltens zu akzeptieren.

Geburt/Hintergrund

Unter diesem Gestirn gab es schon während der Geburt Probleme, denn du spürtest in dir die innere Erkenntnis aufdämmern, gar nicht ins Leben heraustreten zu wollen. Es scheint, daß damit eine unbewußte Abwehr verbunden war, eine Art Warnung, die sich während der Geburt auf dich übertrug, um dich vor dem Leben, in das du hinausmußt, in acht zu nehmen. Diese Angst, die sich gerade in dem Augenblick manifestiert, in dem du "hinausmußt", schlägt sich nieder im Reaktionssyndrom, daß du zurückschreckst, wieder "hineinwillst", in die Gebärmutter zurück, zu den Urquellen des Geborgenen. Du wirst von dieser Angst, die dich beim Eintritt in die Welt umweht, psychisch auf die Quellen des Unbewußten zurückgeworfen. Und da du zwischen deiner leiblichen Mutter und den kollektiven Urmüttern nicht unterscheiden kannst, erfolgt keine Ablösung vom Mutterprinzip. Du bleibst in den Schleiern des Unbewußten verhangen, die Psyche wird nicht abgenabelt, und die ungestillte Sehnsucht wird in der Identifikation mit dem Mutterprinzip gesucht.

Ohne eigenes Empfinden suchst du dir die Geborgenheit in den Träumen, in den Brunnenstuben der Phantasie. Denn die Welt kommt mit ihrer Rolle als Gebärmutter, als Mutterprinzip nur schwer zurecht. Aber gerade das müßte hier vorausgesetzt werden können. Gefühlsgeborgenheit und Harmonie müßten ständig aufgebaut werden, damit die Seele im Alltag Vertrauen findet, und schon die geringste Störung, die geringste Unfreundlichkeit kann zu Verstimmungen führen. Du forderst von der Umwelt die beständige Lieferung von Gefühlsübereinstimmung.

Kindheit

Als Kind hingst du am Rockzipfel der Mutter, obwohl dir diese die Liebe und Geborgenheit verwehrte. Da du aber die Anlage in dir trägst, wärmende Liebe nur über den Umweg der Ablehnung entgegennehmen zu können, hingst du dich an den Rockzipfel mütterlicher Autorität wie an einen Bulldozer, um im unüberschaubaren Sumpf der Gefühle wenigstens einen ordentlichen Weg gebahnt zu bekommen.

In den Alltag übertragen, sieht das aber so aus, daß die Mutter mit ihrer eigenen Existenz schon überfordert war und für dich wahrscheinlich keine Aufmerksamkeit mehr übrig hatte. Dadurch wurdest du gezwungen, dich dem Umstand anzupassen, von der Mutter in Frage gestellt und nicht geliebt zu werden. Auf psychologischer Ebene bedeutet dies die Notwendigkeit für dich, dich mit deiner Peinigerin gegen dich selber zu verbünden, um überhaupt Aufmerksamkeit zu erreichen: *Ich bin nur liebenswert, wenn ich so bin, wie meine Mutter mich liebt!*

Frau

Frauen empfinden unter Saturn die schmerzliche Abgespaltenheit der eigenen Weiblichkeit (Mond). Grundlage dessen dürfte wahrscheinlich die kühle Beziehung zur eigenen Mutter gewesen sein, welche zuviel Gewicht auf Recht und Ordnung legte und dir die spontane, weibliche Seite zu unterdrücken half. Infolgedessen kannst du dich mit der eigenen Weiblichkeit nur schwer identifizieren, weil du dir durch das Vorbild der Mutter in dieser Rolle minderwertig und lächerlich vorkommst.

Mit diesem Aspekt fühlst du dich innerlich allein und öffnest dich als Frau dem Partner erst – wenn überhaupt – nach langem Zaudern. Du scheust jedes gefühlsmäßige Engagement, aus Angst, zurückgewiesen zu werden. Du kannst dich nicht öffnen und erschrickst andererseits beim Gedanken, dich nicht preisgeben zu können. Diese Kälte aber, gegen die du dich wehrst, verkörperst du gerade selber.

Als Erzieherin und Mutter legst du großen Wert auf die Kontrolle der Gefühle deiner Kinder, damit sich diese den Anforderungen der Gesellschaft korrekt einzupassen lernen. Die Kinder befinden sich damit in der Klemme, Unterdrückung als Liebe angeboten zu bekommen ("Ich meine es ja nur gut!"), was dich dazu legitimiert, deine Zuneigung nicht in Gefühlen ausdrücken zu müssen.

Mann

Als Mann suchst du nach einer Frau, die dich in Frage stellt, um dich mit deinem eigenen "In-Frage-Gestellten" zu identifizieren und aus dieser Schlupfloch-Rolle heraus Liebe zu deiner dunklen Weiblichkeit zu empfinden. Das entspricht im realen Leben einer triebbetonten, instinkthaften Frau, der du dich völlig auslieferst – in der ganzen Embryonalität deiner kindlichen Gefühlsnatur.

Wenn du aber nicht den Mut findest, dich der Verkörperung deines inneren Bildes im äußeren Leben anzuvertrauen, dann siehst du dich plötzlich der Hölle deiner eigenen Vorstellungen gegenüber. Dann taucht Lilith, der du dich in der Welt nicht auszuliefern traust, als Dämon in deiner Psyche auf. Die Angst und der Schrecken in der Konfrontation mit deiner inneren Frau läßt dich erstarren. Und aus dieser Erfahrung heraus wirst du dazu neigen, deine Gefühle zu verdrängen, aus Angst, daß diese unkontrolliert in dein Leben eindringen. Dadurch wird es dir unmöglich, dich unbelastet und ohne Skepsis auf neue Beziehungen einzulassen. So versuchst du, alle gefühlsmäßigen Entscheidungen deinem Kopf zu überlassen und hoffst vergeblich, durch praktische und nachvollziehbare Werte die in den Fluten des Traumas versunkene Identität wieder ans Tageslicht zu befördern.

Der Schwerpunkt liegt auf Recht und Ordnung, weil du dich in deiner blockierten Spontaneität an sichere Strukturen ausgeliefert hast, ohne zu bedenken, daß du damit nur dein Karma weiterreichst, ohne es aber loszuwerden.

Karmisch-seelische Struktur

Die kollektive Struktur

Wie Saturn sich auch immer anbietet, immer ist er ein Wegweiser, der uns über den Entzug von menschlichen Bedürfnissen zwingt, die Ursachen zu diesen Wirkungen zu suchen und den Heimweg unter dem Schutt der eigenen Vorstellung zu finden. Denn die Sehnsucht nach der Mütter Quelle ist doch geradezu der Heimweg und gipfelt in der Frage, was für Voraussetzungen in der eigenen Psyche solche Wirkungen erst sinnvoll machen: nämlich diesen Bedürfnissen nicht zu unterliegen, die man sowieso nie befriedigen kann, und statt dessen den Rahmen der Gefühle in jenem größeren Zusammenhang zu suchen, der im Gewölbe unserer unbegriffenen Psyche eingekerkert ist!

Solange wir natürlich nicht bereit sind, unsere persönliche Perspektive zu erweitern, dürfen wir in unseren Gefühlen auch keine Paradieszustände erwarten. Es ist die Aufgabe der Mond/Saturn-Verbindung, uns durch diese Kälte hindurchzustoßen, bis der Leidensdruck größer ist als unsere Angst vor unserer Psyche – unsere Angst vor Umwertung der Werte und dem Verlust der Welt.

Denn diese Konstellation läßt einen Menschen Schwierigkeiten im Gefühlsleben nur so anziehen, eine Schwäche, die wahrscheinlich schon in der Mutterbeziehung vorgezeichnet lag. Voraussetzung dazu war möglicherweise eine Mutter, die sich unbewußt weigerte, Mutter zu werden. Ihre Unzufriedenheit in dieser Rolle könnte sich auf das Kind übertragen haben, welches Schuldgefühle entwickelt und zur Tilgung dieser Zinsen psychologisch ungeboren zu bleiben wünscht, gefangen im Mutterbauch.

Ist das Kind ein Junge, wird er sich in seinem späteren Leben den Frauen zu unterwerfen haben, zum Zeichen seiner Schuld. Er wird sich dem weiblichen Ungeheuer in seiner eigenen Psyche ausliefern müssen mit der naiven Kindlichkeit seiner ganzen Gefühlsnatur. Ablöseprozesse gelingen ihm nicht, da er von den Schuldgefühlen, welche die Frauen in ihm auslösen, abhängig ist. Er lebt sich ja nicht selber, sondern tarnt sich in einer Vorstellung von Buße für die Unzufriedenheit der Mutter. Andererseits erkennt er seinen Sinn nur in der exemplarischen Bestrafung durch die Frau. Die Reflexion aus der Begegnung läßt ihn die eigene Bedeutung erst erkennen; er ist im eigenen Fühlen auf die Reaktionen aus der Umwelt angewiesen. Die Ehe wird dabei zur seelischen Prothese, zur Abdeckung der inneren Leere, weil einem erst die Reaktion des Partners die eigene Vorstellung ausfüllt, wer man jetzt ist.

Als Frau hat man sich vom Bild der eigenen Weiblichkeit gelöst und von der Vorstellung, sich als Frau und Mutter zu bewähren. Was einem bleibt, ist die Freiheit, durch Überkompensation eine strategische und geschäftige Tüchtigkeit zu erreichen, die an den biologischen Bedürfnissen des eigenen Leibes vorbeizielt. Oder eine gesittete Wohlanständigkeit, die auf das Ich verzichtet und nirgends aneckt.

Das persönliche Karma

Unter diesem Aspekt finden wir oft Mütter, die nicht fähig sind, ihren Gefühlen Ausdruck zu verleihen. Dadurch bleiben Kinder in der Abwehrhaltung gefangen und entwickeln keine seelische Kraft.

Deshalb tust du dich im späteren Leben schwer, deine eigenen Empfindungen zu formulieren oder überhaupt Entscheidungen zu treffen, weil du deine realen Werte nicht entwickelt hast.

Du überträgst die Verantwortung auf Autoritäten, welche dir die Entscheidungen abnehmen. Du machst dich von ihnen abhängig, um ihnen die Verantwortung zuweisen zu können.

Oder du drehst den Spieß um und machst ein geeignetes Opfer von deinen eigenen Vorstellungen abhängig. Damit reduzierst du es auf die Kindrolle und zwingst es in ein Verhalten nach den eigenen, erzieherischen Anschauungen, um aus ihm einen "wohlgesitteten" Menschen nach den Bildern deiner eigenen anerzogenen und gefühlsblockierten Wohlanständigkeit zu machen.

Als Auslösungen können schwere Depressionen auftreten, wenn Ablöseprozesse (Mutter-, Heimat- oder Partnerschaftsbindungen) nicht durchgestanden werden und "auf den Magen schlagen".

Du mußt versuchen, dir der Ursache der Krise in der fehlenden Ablösung vom inneren Mutterbild bewußt zu werden. Ablöseprozesse gelingen erst, wenn du dich von der eigenen inneren Autorität (Saturn), die du auf die Umwelt überträgst und die in der mütterlichen Gewalt zum ersten Mal hochgespiegelt wurde, löst und die dadurch entstehenden Verlustängste als abgespaltenen Teil von dir selbst bewußt zurücknimmst.

Mythologischer Hintergrund

Der Leermond (Die Nachtmeerfahrt)

Der Mond verkörpert die unterirdischen Räume der Seele, die tiefen Brunnenstuben der Mütter und die unergründlichen Wasser weiblicher Geheimnisse. Er verleiht ein besonderes Hingabeverlangen. Um die Strahlen der Sonne in der Tiefe der Nacht zu empfangen und zu den düsteren Hainen Persephones hinunterzuziehen, um die verborgenen Quellen der Ungeborenen zu erschließen und die Wasser des Lebens mit dem Schöpferlicht zu verbinden, müssen die gefährlichen Kräfte und geheimen Schätze der Tiefe entdeckt und das innere Licht, gereinigt von der Schmach der Gruft, wieder ins Sonnenlicht heraufgeführt werden. Denn der Mond segelt in einem Meer aus inneren Empfindungen, die der Grenzüberschreitung und Selbstauflösung huldigen, und die Welt zeigt sich durch ihn wie durch das Fenster eines Traumes, in dem Realität und Einbildung miteinander verwoben sind. Am Ende eines jeden Monats können wir die Sichel des alten Mondes ein letztes Mal kurz vor Sonnenaufgang am östlichen Himmel erblicken. Dann folgen drei mondlose Nächte, bevor die Sichel des neuen Lichtes das erste Mal kurz nach Sonnenuntergang im Westen zu sehen ist. Der Mond stirbt im Osten, verweilt drei Tage in der Unterwelt, bevor er im Westen wieder aufersteht. Damit wurde er zum Symbol aller Helden und Erlöser, die für drei Tage in das Totenreich gingen. Ein Eingeweihter in die Isis-Mysterien erzählt: *Ich kam an die Grenzscheide von Leben und Tod. Ich übertrat in der Unterwelt die Schwelle der Proserpina, und nachdem ich durch alle Elemente gefahren, kehrte ich wieder zurück. Zur Mitternacht sah ich die Sonne in hellem Lichte strahlen. Ich trat den Göttern der Tiefe wie den Göttern der Höhe von Angesicht zu Angesicht gegenüber und betete sie aus nächster Nähe an.* (Apulejus, "Der goldene Esel")

Fazit

Der Mond erzeugt jenes schmachtende Gefühl nach dem authentisch Unergründlichen, Unerforschlichen, Ungesehenen, das jedes Bild, das sich unsere Vorstellung vom Geheimnis macht, wie einen Luftballon in höhere Schichten des Geistes auftreibt, in denen unsere begrenzte Auffassungsgabe nichts mehr zu erfassen vermag. Ein Gefühl also, welches das Bewußtsein glauben macht, daß es aus sich selbst heraus existiert, das aber doch nur die unbewußte Sehnsucht reflektiert. Ein Gefühl aber auch, das unsere Seele anregt, sich ihre eigenen Bilder zu bilden.

Mond/Saturn führt uns daher in die unendlichen Tiefen unserer Innenwelt und damit in die Bilderwelt der Seele. Er gewährt uns einen Blick hinter den Spiegel, in dem wir unsere bewußte Welt den Sicherheitsbedürfnissen unserer inneren Ängste angepaßt haben, ins Reich des Unbewußten, wo uns unsere Sehnsüchte und Abgründe entgegenblicken. Auf der Ebene unseres Bewußtseins zeigt dieses Gestirn eine große Chance zum Erkennen, einschließlich aller damit verbundenen Gefahren. Es geht um eine Reise in die Tiefe, von der die Mythen eindrucksvoll als Hadesfahrt oder als Abstieg in die Unterwelt erzählen. Sie wissen die Schreckensbilder unserer Seele als die Brut der Nacht am anschaulichsten zu beschreiben. Jenen Ungeheuern zu begegnen und sie zu überwinden, ist die schwierigste Phase jeder Heldenreise und damit auch die größte Herausforderung im Leben. Denn alle Drachen, Spinnen, Schlangen, Ungeheuer und Dämonen sind vergangene Erlebnismuster, die aus den Tiefen unserer Erinnerung aufsteigen. Sie sind archetypisch in unser Bewußtsein eingewoben und stellen einen Teil unseres seelischen Erbes dar. Die Evolution hat sie nicht ausgelöscht, sondern lediglich unter höheren Formen bewußteren Verhaltens verborgen. Die größte Gefahr dabei ist, von der Nacht verschlungen zu werden, was in einer milderen Form Weltflucht, in einer extremen der geistigen Umnachtung entspricht.

Psychosomatische Entsprechungen

Verlustängste, Depressionen und Verdauungsbeschwerden

Der Mond symbolisiert die Gefühle, die durch die Kristallisierung Saturns nicht mehr frei ausgelebt werden können, denn Saturn zwingt die spontan fließenden Gefühlsäußerungen in einen realen Verhaltensrahmen, der die Art und Weise regelt, wie man Gefühle mit der Umwelt auszutauschen hat. Dadurch wirst du deiner eigenen Lebendigkeit entzogen, und du wirst statt dessen in ein streng begrenztes Verhaltensfeld gesetzt. Dieses Gefängnis, das die eigenen Gefühle nicht herausläßt, schützt dich aber gleichzeitig vor Aggression, und so bindest du dich in Ermangelung der eigenen Gefühle wenigstens an diesen Schutzmechanismus, der dich vor dem Unbill der Umwelt bewahrt. Das heißt im übertragenen Sinne, daß du dich an Autoritätspersonen klammerst, gerade weil sie dich maßregeln und Übergriffe ausüben (oder umgekehrt: Kompensation).

Durch Tod (der Mutter) oder Trennung (vom Partner) werden oft Depressionen ausgelöst, weil du jetzt erkennen kannst, wie sehr du dich an die Verhinderung der Gefühle gebunden hast (und diese gebundenen Gefühle reagieren beim Wegfall der Gebundenheit ähnlich wie zurückgestautes Blut beim Loslassen – mit Schmerzen). Umgekehrt läßt sich natürlich gerade in diesen Schmerzen das Ziel dieser Konstellation erkennen, dich zwar an die Strukturen der Welt, gleichzeitig aber auch darüber hinaus an die Relativität von Strukturen zu erinnern: Das Leben ist sich auch ohne bewußtseinsmäßige Absicherung genügend Sinn in sich selber.

Auch Magenstörungen lassen sich oft auf einen verletzten Mond zurückführen, wobei Magenübersäuerung und Magengeschwüre auf einen disharmonischen Winkel zum aggressiven Mars hinweisen, Verdauungsbeschwerden durch Untersäuerung umgekehrt in der Verbindung mit dem trockenen Saturn zum Vorschein kommen. Unter Mond/Saturn hast du also das Problem im Magen liegen, daß du deine Gefühle nicht frei auszuleben vermagst. Da aber die Gefühle das Salz des Lebens sind, kannst du davon ausgehen, daß du ohne sie von den instinktiven Verbindungen zum Leben ausgeschlossen bist – daß du ohne Gefühle keine eigene Identität aufbauen kannst, weil du dich nur durch die persönlichen Gefühle als eine eigene Wesenheit empfindest. Also wird diese Bindung an Autoritäten, die dir die nichtempfundene Identität ausfüllen sollen und hinter denen du deine nicht entwickelte Persönlichkeit versteckst, demnach selber zur Falle: Da du nicht deine eigenen Probleme, sondern nur die Probleme deiner Vorstellung, wie du sie durch Autoritäten vorgesetzt bekommst, im Magen hast, kann der Körper dazu auch keine eigenen Verdauungssäfte bilden.

Somit bleiben deine Vorstellungen unverdaut im Magen liegen (die Welt, wie sie zu sein hat), weil dir der insuffiziente Magen gerade den Schlüssel in die Hand geben will zur Erkenntnis, fremde Vorstellungen sowieso nicht mit den eigenen Körpersäften verdauen zu können. Die Unzulänglichkeit der Magensäfte erinnert dich daran, daß es gar nichts zu verdauen gibt, außer der Erkenntnis, daß du dein eigenes Essen (Weltbild) gegen die Mahlzeiten jener Autoritätspersonen ausgetauscht hast, denen du aus Angst vor eigenen Entscheidungen jetzt ausgeliefert bist.

Symptom-Katalog

Psychisch

- Reizbarkeit, Unzufriedenheit, Verhärtung (seelische Verstimmung)
- Verlust- und Höhenangst (Angst vor dem Alleinsein)
- Befürchtungen, Depressionen, Lampenfieber (Prüfungsangst)

Physisch

- Harn- und Verdauungsstörung: Harnsäure-Diathese (Harnverhaltung)
- Magen-Darm-Affektionen, Libidoschwäche, Unterleibsbeschwerden, Insuffizienz der Bauchspeicheldrüse
- Schleimhautaffektionen (Trockenheit, gestörter Wasserhaushalt)

Homöopathische Mittel

Metallische Verbindung

Argentum nitricum (Höllenstein)
- Befürchtungen, Ängste, Lampenfieber; Depressionen, Zwangsvorstellungen, Beengungspsychosen: D20
- Schwäche, Schwindel, Ohrensausen (Neurasthenie, Hirnmüdigkeit, Angst in Höhen): D12
- Libidoschwäche, Zittrigkeit (Prüfungsangst), Magen-Darm-Affektionen (Schleimhautulzerationen): D4-D12

Metall

Bismutum (Wismut)
- Verdauungsbeschwerden, Magenreizung, katarrhalische Entzündung: D6
- Verlustängste (Angst vor dem Alleinsein): D12

Pflanzen

Bryonia alba (Weiße Zaunrübe)
- Reizbarkeit, Unzufriedenheit, seelische Verhärtungen: D20
- Schleimhautaffektionen (Trockenheit, gestörter Wasserhaushalt): D4

Lycopodium (Bärlapp)
- seelische Verstimmung, ohne Selbstvertrauen, fehlende Unternehmungslust: D12-D30
- Harn- und Verdauungsstörung: Harnsäure-Diathese (Harnverhaltung), Versagen der Verdauungskräfte (D4-D8)

Erlösungsformen

- Urschrei (Angst komm raus!)
- Petting (Überwindung der Geschlechtsangst: Angst vor körperlicher Nähe)
- sich nackt im Gras wälzen (in lauen Vollmondnächten: Körperkontakt zur Erde)

Spirituelle Öffnungen

Ritual
Fesselung, Züchtigung, (Selbst-)Bestrafung
Farbe
milchig grau
Duft
Nelkenöl; der beißende Geruch der Holzkohle
Edelstein
Perle, Crapaudina
Krafttier
Kröte
Symbol
Zisterne (Gebärmutter)
Mythos
Niobe (wird in einen Fels verwandelt)
Archetyp
Stiefmutter, Greisin, Kind
Gottheit
Hekate, Harpyien; oder die Sittenwächterin und Gralshüterin Hera
Kraftort
Brunnen, Gruft, Moor (unterirdische Quellen)
Kultstätte
Ahnenschacht (Totes Gebirge), Gollenstein in Blieskastel (Saarland), Wutachschlucht im Schwarzwald
Sabbat
Leermond
Musik
"Kindertotenlieder" von Gustav Mahler
Malerei
"Hexensabbat" von Francisco de Goya
Schrift
"Meister Leonhard" von Gustav Meyrink

MOND/URANUS

100% Konjunktion; Quadrat; Opposition; Spiegelpunkt
85% Anderthalbquadrat; Quincunx
75% Halbquadrat; Mond in Wassermann; Uranus in Haus 4
60% Trigon; Mond in Haus 11
50% Sextil; IC in Wassermann
40% Halbsextil; Hausspitze 11 in Krebs
25% Uranus in Krebs; Herrscher von Haus 4 in Haus 11; Herrscher von Haus 11 in Haus 4

☽ ♅

Thema	Wechsel, Distanz, Wunsch nach Veränderung
Ziel	emotionale Freiheit (Vogelperspektive)
Sinn	Individualität und seelische Unabhängigkeit
Licht	Originalität, Freiheit, Geistesgegenwart, Identifikation mit dem Extraordinären
Schatten	Eigenwilligkeit, Unberechenbarkeit, zwanghaftes Freiheitsbedürfnis, gefühlsmäßige Irritation
Leitbild	Lilith, die Hexe

Eva litt noch an einem widerlichen fötalen Gestank: Denn sie kam aus dem brodelnden Schoß eines Sumpfes. An ihren Eutern waren die Zitzen Fingerglieder von erwachsenen Ringfingern mit hornähnlichen Propfen, die bei der ersten Milch abfallen sollten. Ihr unverwunderter Mund stand offen, und die Spitze ihrer Zunge hing wie ein Wurm aus einer faulenden Kirsche.

Rosanna Ombras, "Lied von Lilith"

GRUNDLAGE

Geistige Prägung

Es sieht so aus, als ob du in deinen vergangenen Leben den Menschen zu wenig Aufmerksamkeit gegeben hättest, besonders jenen, die dich liebten. Du hast sie angeschaut, ohne sie wirklich sehen zu können, weil du nur dein eigenes Bild anschautest, welches du auf sie übertragen hast. Nun wird dir erneut die Chance eingeräumt, zu lernen, die anderen wieder anzuschauen, weil du sonst immer davonlaufen mußt, wenn du *die eigene Maske vor dem Gesicht der anderen* siehst. Denn in dieser Maske sind deine eigenen Erinnerungen verborgen, die du nicht erträgst, die dir aber immer wieder vorgehalten werden, so daß du gezwungen bist, immer und überall davonzulaufen, weil sich in allem immer das eigene Davonlaufen spiegelt, welches dich aus der Vergangenheit immer wieder einholen wird.

Frau/Mann

Erst wenn du die Idee erkennst, die dein Karma ausmacht – die Idee, emotionell davonzulaufen, weil dir der menschliche Kontakt zu eng geworden ist –, hast du das ganze Problem erfaßt. Wenn nicht, schließt du dich seelisch von der Umwelt ab, weil du dich innerlich als nicht dazugehörig fühlst. Du entwickelst ein starkes Bedürfnis, einen eigenen Weg zu gehen und erträgst autoritäre Zwänge schlecht. Dabei mag das Verhalten deiner Mutter mit hereinspielen, ihre eigenen unerlösten Vorstellungen auf dich projiziert zu haben, ohne aber Wärme und Gefühlstiefe geben zu können.

Das Ergebnis dieser frühen Prägung ist eine merkwürdige Schizophrenie zwischen dem Gebot nach absoluter Freiheit und dem inneren Bedürfnis nach Bindung und Geborgenheit. Deshalb tust du dich auch mit der Erziehung deiner Kinder schwer, weil sie dich an deine eigene Kälte erinnern und an die Bereitschaft, dich gegen alles gefühlsmäßig querzustellen. Da du aber damals mit allen Mitteln in die Schranken gewiesen wurdest, spürst du heute das Bedürfnis, es deinen Eltern nicht gleichtun zu wollen und deinen Kindern einen größeren Freiplatz einzuräumen. In Wirklichkeit verdrängst du hinter dieser Großzügigkeit aber die Tatsache, die Kinder überhaupt geboren zu haben, denn unter diesem Gestirn willst du dich nicht in Verantwortung einbinden und verharrst lieber in unverbindlicher Beziehungslosigkeit.

Liebe/Sexualität

Da du es unter diesem Gestirn besonders schwer hast, das kreative Feuer deiner Sexualität in eine spirituelle Dimension zu heben, weil deine innere Gefühlsebene irgendwie verletzt ist und du das Selbstvertrauen für eine starke, sich hingebende Liebe gar nicht aufbringst, wäre es für dich besonders wichtig, dich selber zu akzeptieren und lieben zu lernen, um die Liebe der anderen annehmen zu können. Die Schwierigkeit ist, an jenen Punkt zu gelangen, wo vergangenheitsbezogene Projektionen nicht mehr existieren, wo die uneingeschränkte Aufmerksamkeit dem fließenden, unzentrierten, innen und außen gleichzeitig existierenden Sosein gilt. Erst dann kann die Wahrheit aus den eigenen Verdrängungen herausdestilliert werden, in einem alchemistischen Vorgang sozusagen, der in der Hexenweihe so umschrieben ist: *Ich erkenne dich, o Fürst der Hölle, als einen Aspekt meiner selbst!*

Karmisch-seelische Struktur

Die kollektive Struktur

Alle Berührungen mit Uranus konfrontieren uns mit dem Symbol der Wende, der Umgestaltung und der Aufhebung. Wird dabei der Mond mit angesprochen, so bezieht sich die Wende auf die Gefühlsebene. Das Seelenleben fließt plötzlich nicht mehr ruhig daher, sondern zeigt sich äußerst sprunghaft und unbeständig.

Um diese inneren Ziele im normalen Alltag zu verankern, hat sich die Seele eine Mutter erkoren, die ihre unerfüllten Sehnsüchte in das Kind hineinerzog, so daß dessen eigene Gefühle sozusagen durch die Gefühle der Mutter überlagert wurden. Damit wurde die Voraussetzung geschaffen, daß das Kind sich in sich selbst verlor resp. keine Grundlage mehr hatte, auf der es sich emotional entfalten konnte. So blieb ihm nur die Möglichkeit, diese übertragenen Gefühle abzuwehren und sich in die Beziehungslosigkeit zu retten. Was das Kind aber nicht wußte, war, daß es nur den Übergriff seiner Bezugspersonen abwehrte: die Zudringlichkeit der Eltern, ihre eigenen Wünsche aus dem Kind herauszulesen, um die verpaßten Möglichkeiten im Kind neu nachzuleben. Somit blieb es beim hilflosen Versuch, die Gefühle, die es nie entwickeln konnte, als minderwertig abzutun und das Kompensieren dieser Beziehungslosigkeit, ein Sehnen nach Gott, ins Zentrum seines Lebenswegs zu rücken. Denn die Gefühle zu Gott symbolisieren gerade die emotionale Schwäche, die sich im Streben nach dem Ewigen nie zu entschleiern braucht, weil das Göttliche im Gegensatz zum Menschlichen sowieso nie zu erreichen ist und wenn, dann nur als Bild.

Unter diesem Stigma ist man ständig auf der Hut und entwickelt ein psychologisches Gespür, um alle Angriffe von außen parieren zu können. Mit seinen feinen Antennen spürt man schon im voraus, was die anderen jetzt vorzubringen haben und läßt sie gar nicht erst zu Wort kommen. Uranus schenkt die Fähigkeit, in Sekundenbruchteilen die Gefühle von außen blitzschnell zu erfassen und auf alle Situationen gefaßt zu sein. Und das mondhafte Empfinden sieht sich in der abstrakten Situation, in der es an den Projektionen der Gefühle zwar interessiert teilnimmt, aber mehr, um sich wie in der Hauptrolle eines Filmes zu betrachten und ohne am Geschehen seelisch teilzunehmen. Durch die kindlichen Erfahrungen gewarnt, bestehen die Gefühle jetzt darin, sich selber aus der Perspektive eines Berichterstatters zu betrachten, der über die Gefühle zwar berichtet, ohne sich dabei jedoch persönlich festzulegen. Man distanziert sich gleichsam von sich selbst!

Das persönliche Karma

Voraussetzung zum uranisch-mondhaften Verlangen, emotional immer aus der Rolle zu fallen, dürften die Übergriffe der Mutter (oder die der weiblichen Erziehungsperson) in frühester Jugend schon gewesen sein. Das kann zu einem Verhalten führen, den weiblichen Teil in sich nicht anzunehmen, weil mit diesem Teil die Erinnerungen an die psychische Zudringlichkeit der Mutter verbunden sind und in der Vorstellung immer wieder neu bebildert werden.

Als Frau legst du Wert auf lose Beziehungen, auf distanzierte Sexualität, keine bindende Liebe, weil verpflichtendes Einbeziehen des anderen die freie Entfaltung deiner Weiblichkeit behindert. Als Mann lebst du deine Verhinderung dadurch aus, indem du dominanten, starken Frauen aus dem Weg gehst und mehr den knabenhaften, instinktschwachen und daher ungefährlicheren Typ bevorzugst.

Aus dieser Zurückhaltung kann sich später das Verhalten bilden, die Blockaden loszulassen, indem du dich ans Umgekehrte klammerst: Als Frau lebst du deine abgewehrte Weiblichkeit dann dadurch aus, indem du dich dem Mann auf eine Weise öffnest, in welcher du ihn für schuldig erklärst, sich dem "Weibe" in dir genähert zu haben und ihn aus dieser Sichtweise heraus nicht nur plagst und quälst, sondern ihm die Verantwortung dafür auch noch aufbürdest. Und als Mann kompensierst du dein Verhalten dadurch, indem du dich der instinktbetonten, animalischen Frau zwar körperlich auslieferst, dich ihr aber seelisch immer wieder entziehst und damit indirekt die Mutter bestrafst, indem du sie in ihrer seelischen Zudringlichkeit an deiner Kälte beständig auflaufen und leiden läßt.

Erst wenn du dein Abwehrverhalten durchschaust, dich aus jeder Körperlichkeit herauszuhalten, weil Körperlichkeit Gefühle provoziert und Gefühle an die Zudringlichkeit der Mutter erinnern, vor welcher du erschauderst, kann die Krise bewältigt werden. Erst, wenn du die Erfüllung in dir selber suchst und nicht ein aus Angst vor Entzug genährtes Liebesverlangen auf den anderen überträgst, findest du zu einer Form von Liebe, die dem Partner vollständige Freiheit zu lassen vermag und trotzdem das hohe Ziel wahrer Partnerschaft gewährleistet.

Mythologischer Hintergrund

Lilith

Es war einmal ein Mann, der wurde von Lilith verfolgt. Der Dämon hatte sich mit den Kleidern einer normalen, einfachen, angenehmen Frau verkleidet und besuchte Adam, als dieser allein war.

Warum bist du allein? fragte Lilith. Wo ist deine Frau, die kam, um mich zu ersetzen?

Sie ist draußen auf dem Land, sie ging, um Verwandte zu besuchen, und sie wird bald zurückkommen. Sie wird sich nicht freuen, dich hier zu treffen, denn sie fürchtet dich.

Warum sollte meine Schwester Angst vor mir haben? fragte Lilith. Ich bin im Herzen so einfach wie sie. Ich bin so gut und freundlich wie sie. Ich liebe meine Eltern und meine Kinder, genauso wie sie es tut. Doch ich denke nicht wie sie, der Unterschied zwischen uns ist im Geist verborgen, nicht in unseren Körpern.

Ich glaube dir, sagte Adam, und ich liebe dich, doch ich brauche ein friedliches Leben.

Mache das, wie du willst, sagte Lilith, führe dein friedliches Leben. Ich bin einfach nur deine andere Frau, und ich werde dich nicht verlassen, sondern werde dich lieben, wie ich dich immer geliebt habe.

Adam sah ihr in die Augen und sagte nichts mehr. Ihre Augen waren wie Türen, weit geöffnet in eine Welt, die er beinahe vergessen hatte, und er trat ein.

Ihre Arme und Münder umfingen einander, als Eva zurückkam. Sie dachte, Lilith und Adam sind vereinigt. Bleibe bei mir, Schwester. Ich werde etwas zu essen an euer Bett bringen. Sie brachte zu essen und zu trinken an ihr Bett, zog sich in eine entfernte Ecke des Hauses zurück, wo sie sich neben dem Ofen zusammenkauerte, um warm zu bleiben, und verfiel in Trance. Sie verließ ihren Körper und trat in den Körper ihrer Schwester Lilith ein, und so umarmte und küßte sie Adam und spürte seine Liebe zu ihr, wie sie sie vorher nie gespürt hatte.

Aber ich bin deine Eva, sagte Lilith. Warum liebst du mich so leidenschaftlich? Du hast mich noch nie zuvor mit so viel Leidenschaft geliebt.

Adam lachte und sagte: Du wirst in der Morgendämmerung fortgehen, und ich werde dich lange nicht sehen. Wenn ich leidenschaftlich bin, kommt das daher, daß unser Glück nur von kurzer Dauer ist.

Wie kannst du das sagen? erwiderte Lilith. Ich werde morgen und am nächsten Tag und auch weiter für den Rest deines Lebens hier sein. Warum liebst du mich so leidenschaftlich? Glaubst du, ich bin diejenige, die du siehst? Ich bin Eva, die durch den Mund ihrer Schwester spricht.

Du machst Witze, lachte Adam. Ich weiß, du wirst mich bei Tagesanbruch verlassen und wirst für ziemlich lange Zeit nicht wiederkommen.

Lilith, die jetzt Eva war, küßte ihn und sagte: Ich wünschte, das wäre so, doch leider kann ich dich nicht verlassen. Ich werde bei dir bleiben, weil du voller Feuer für diese andere Frau bist, deren Körper ich jetzt angenommen habe. Sieh mich genau an und sage mir, ob du nicht sehen kannst, daß ich deine Frau Eva bin?

Eva sitzt in einem abgelegenen Winkel des Hauses, sagte Adam. Doch als er nachsah, konnte er sie dort nicht sehen. Was er sah, waren die Flammen des Ofens.

Jakov Lind: Lilith and Eve. Avon: New York 1976.

Fazit

Mond/Uranus ist eine komplexe Mischung aus der Offenheit gegenüber allem Neuen und der gleichzeitigen Fixierung an die inneren Vorstellungsbilder. Menschen unter diesem Aspekt haben zwar den Drang, ihr inneres Selbst loszuwerden, nur ist das, was sie als "inneres Selbst" bezeichnen, ihre persönliche Bezeichnung für die in Wirklichkeit "fremdbesetzte" Vorstellung, die aus den übertragenen Wünschen und anerzogenen Aufträgen seitens ihrer Eltern resultiert. Jetzt haben sie Angst vor ihren inneren Gefühlen, die sie irrtümlicherweise für die eigenen halten, und möchten statt ihrer lieber Gefühle verwirklichen, von denen sie glauben, daß es nicht die eigenen sind. Sie wandeln durch die Räume wie im Schlaf, um dieses "Sich-zu-verlieren" zu erleben. Das verhindert persönliches Erleben. Und da sie sich nicht an andere Menschen binden wollen, ihrem eigenen Fühlen aber auch nicht trauen können, hilft ihnen hier nur noch ein göttlicher Weg aus dem Dilemma. Denn gerade die Distanz, aus der sie sich betrachten, ermöglicht ihnen umgekehrt den Abstand, um sich gleichsam innerhalb und außerhalb des eigenen Leibes zu betrachten. Die Überwindung des Subjektiven könnte dazu führen, die Welt als Startbahn zu benutzen, in der sie den Lebenssinn aus dem Alltag entfernend als einen Zielpunkt der Heimkehr in die Ewigkeit darstellen.

Psychosomatische Entsprechungen

Menstruationsbeschwerden, Magenkatarrh

Die monatlichen Blutungen sind das Sinnbild des Jungbrunnens, aus dem das Leben hervorquillt und der die Fruchtbarkeit und Empfänglichkeit darstellt. Nun kann es unter dieser Konstellation vorkommen, daß ein heranwachsendes Mädchen sich mit seiner Geschlechtlichkeit nicht auseinandersetzen will. Voraussetzung dazu dürfte wahrscheinlich die Mutter gewesen sein, die ihr Kind mit ihren Gefühlen zudeckte, mit ihren Zielvorstellungen überschwemmte, so daß es die Übergriffe der Mutter abwehren und gefühlsmäßig in Deckung gehen mußte, um seine Eigenart nicht zu verlieren.

Dieses Abwehrmanöver zur Wahrung der persönlichen Integrität hat allerdings auch seinen Preis. Das Kind, das die Mutter ablehnt, lehnt damit auch sein Frausein ab, weil die Mutter die erste Besetzung und Verkörperung der weiblichen Rolle ist, von der es sich distanziert. Als Frau distanzierst du dich nicht nur vom mütterlichen Verhalten, sondern in der Verkörperung der Mutter als Frau auch vom Weiblichen schlechthin. Als Mann hingegen kann dein Freiheitsbedürfnis zwanghafte Züge annehmen und du kannst dich emotional auf keine Frau einlassen mit Ausnahme von sogenannten ungefährlichen Fällen, d.h. physisch oder psychisch unerreichbaren Personen. In beiden Fällen ekelst du dich vor dem Verhalten der Mutter, und da du das Weibliche nicht an dich herankommen lassen willst, willst du das Weibliche auch nicht aussenden oder spüren. Man kann natürlich auch umgekehrt argumentieren, daß die Anlagen nach Ungeschlechtlichkeit und Unberührbarkeit im Kind das Verhalten der Mutter benutzen, sich einen sichtbaren Grund im Leben zu erschaffen, um sich von der biologischen Aufgabe absetzen zu können und sich vom Weiblichen zu entfernen.

Durch die formale Brille läßt es sich so anschauen, daß die Frau ihre eigene Weiblichkeit nicht akzeptiert hat und sich in ihrem Frausein minderwertig fühlt. Diese Unversöhnlichkeit mit der geschlechtlichen Rolle wird zum Ursprung aller Symptome, die in den Menstruationsbeschwerden ihren Anfang haben und in der Verweigerung von Sexualität und Mutterschaft ihr Ende. So sind unter dieser Konstellation Menstruationsstörungen und Ausbleiben der Periode die Regel, weil die Frau ihre Abneigung gegen ihre Weiblichkeit nicht loslassen kann.

In einem übertragenen Sinn versinnbildlicht auch der Magen ein zentrales Feld von Weiblichkeit, nämlich die Empfängnisfähigkeit und Aufnahmebereitschaft. Er nimmt alles auf, was durch Mund und Speiseröhre auf ihn zukommt und repräsentiert weibliche Hingabefähigkeit, weil er sich der Nahrung öffnet, sie empfängt und dann verdaut.

Du siehst also, daß die Probleme, die sich unter Mond/Uranus gerne in einem gestörten Sex-Verhalten niederschlagen, sich ebenso auch auf den Magen übertragen. Genauso wie eine Frau ihre Weiblichkeit verdrängt, sich dem Manne nicht öffnet und ihm ihren Schoß verwehrt, so weigert sich der Magen, Nahrung aufzunehmen. Er wehrt sich gegen eine Welt, die er nicht akzeptiert, indem er das, was diese Welt am Leben erhält (Nahrungs-, in einem übertragenen Sinn Samenaufnahme), erbricht, also gar nicht annimmt. Es ist dies der unbewußte Versuch, sich unsichtbar zu machen, in einer Welt der Übergriffe gar nicht aufzutauchen oder sich sofort aus dem Staub zu machen, wenn eine Konfrontation von außen an das Individuum herantritt.

Man könnte etwas überspitzt sagen, daß eine Frau, die ihre eigene Weiblichkeit nicht akzeptiert, sich den Bedürfnissen ihres Umfelds aber nicht entziehen kann (Ehemann), das Problem vielleicht auf die Weise loswird, indem sie aus Abwehr gegen den eingedrungenen Samen die eingenommene Nahrung stellvertretend erbricht.

Symptom-Katalog

Psychisch

- Schwäche der Sexualhormone: Verdrängung von Fruchtbarkeit und Mutterschaft
- emotionale Störungen durch psychische Symptome: inneres Spannungsfeld zwischen Lust und Stolz (sexuelle Erregungszustände verbunden mit Hingabestörungen und Frigidität)
- bei Frauen unterdrückte Männlichkeit (Hingabeverweigerung aus Rache gegen männliche Aggression)

Physisch

- Funktionsstörungen der Geschlechtsorgane: gestörte Hingabefähigkeit, Angst vor Weiblichkeit und Sexualität (Regelstörungen, Menstruationsbeschwerden, sexuelle Verspannungen)
- Gebärmutterschleimhautentzündungen: Schwangerschaftsabwehr und Sterilität
- Krämpfe (Bauchkrämpfe), kolikartige Wehen in den Beckenorganen, Spasmen und Kongestionen im Ovarium/Uterus-Bereich
- Schwäche der Bauchspeichelhormone
- Magenstörungen (Gastralgie, Gastritis)
- Ulzera, Weißfluß (Leukorrhöe)

Homöopathische Mittel

Säure

Aceticum acidum (Essigsäure)
- sexuelle Schwäche (verdrängte Mutterschaft)
- Magenkrämpfe (häufiges Erbrechen, besonders nach dem Koitus)
- Regelstörungen, chronische Diarrhöe: alle D4-D12

Mineralische Verbindung

Antimonium crudum (Grauspießglanzerz)
- Reizbarkeit und voller Widerspruch (mürrisch, empfindlich, abweisend, unverträglich): D20
- sexuelle Erregungszustände (gleichzeitig mit Hingabestörungen und Frigidität): D12
- Magenstörungen (Gastritis), Leukorrhöe: D4-D6

Pflanzen

Gratiola officinalis (Gottesgnadenkraut)
- bei Frauen unterdrückte Männlichkeit: Hingabeverweigerung aus Rache gegen männliche Aggression (D30)
- kann umkippen in Nymphomanie (emotionale Störungen durch psychische Symptome: inneres Spannungsfeld zwischen Lust und Stolz): D20
- Gastralgie, Gastritis, Ulzera, Weißfluß, Gonorrhöe: D6

Viburnum opulus (Schneeball)
- Regelstörungen, Menstruationsbeschwerden, sexuelle Verspannungen (Dysmenorrhöe): D4
- Krämpfe (Bauchkrämpfe), kolikartige Wehen in den Beckenorganen, Spasmen und Kongestionen im Ovarium/Uterus-Bereich: alle D2-D4

Erlösungsformen

- Schlammbäder, Lehmwickel (Erdkontakt gegen Berührungsangst!)
- Tantra (Befreiung von der prüden Geschlechtlichkeit durch rituelle Vertiefung der Sinne)

Spirituelle Öffnungen

Ritual
Besenritt
Farbe
Silberweiß, weißschimmernd
Duft
Estragon, Lavendelöl; der Geruch der Heide
Edelstein
Mondstein
Krafttier
Kranich
Symbol
Gebeine, Eingeweide, Kerngehäuse eines Apfels
Mythos
Medusa
Archetyp
Zauberin, böse Stiefmutter
Gottheit
Nemesis, Nimuë (Göttin der Druidinnen)
Kraftort
alte Kult- und Schädelstätten (Grabhügel; etruskische Kuppelgräber)
Kultstätte
Stonehenge; Menhire bei Carnac; Barberine am Pfaffenstein (Elbsandsteingebirge)
Sabbat
Mond im Erdschatten
Musik
"Eine Nacht auf dem kahlen Berg" von Modest Mussorgski
Malerei
"Medusa" von Michelangelo Carravagio; "Die Hexen" von Francisco de Goya
Schrift
"Schwarze Visionen" von Georg Heym

MOND/NEPTUN

100%	Konjunktion; Quadrat; Trigon; Opposition; Spiegelpunkt
85%	Sextil; Mond in Haus 12; Mond in Fische
75%	Anderthalbquadrat; Quincunx; Neptun in Haus 4
60%	Halbquadrat
50%	Halbsextil; IC in Fische
40%	Hausspitze 12 in Krebs
25%	Herrscher von Haus 4 in Haus 12; Herrscher von Haus 12 in Haus 4

☽ ♆

Thema	Inspiration, Inflation, Grenzenlosigkeit
Ziel	Empfänglichkeit, Sensitivität, Stimulierung der inneren Gesichter
Sinn	Rückzug ins Unbewußte, Aufgehen im Nichts
Licht	innere Weisheit, mediales Wissen (visionäres Erahnen versunkener Schätze)
Schatten	Manie und Wahnsinn, Selbsttäuschung, Verlogenheit, Flucht in die Phantasie
Leitbild	Alpdruden, Nachtmahren und Wassergeister

Es liegt eine Sternenhoffnung in der Durchsichtigkeit der Tränen.
Antonin Artaud

GRUNDLAGE

Geistige Prägung

Der Mond ist nicht nur das dunkle Gestirn, unter dessen abnehmendem Schein Hexen und Giftmischer ihre todbringenden Kräuter sammeln, die in der Welt Verworrenheit und Schwäche, Perversion und Täuschung, Schwindel und Verwirrungen hervorbringen, sondern er ist auch der Weg, der zu den Geistern der Wasser, zu den Quellen der Träume und zu den Schwellen des Unbewußten hinabführt. Der Gang durchs Wasser bewirkt die Verfeinerung der Seele und fördert somnambule Eigenschaften wie Hellsichtigkeit oder Psychometrie. Weil die Mond/Neptun-Schwingungen für die menschlichen Bedürfnisse aber viel zu undurchsichtig sind, dürfen wir von ihnen das kosmische Erahnen nur um einen Preis erwarten, der sich für unsere Realität meist als verhängnisvoll herausstellt.

Kindheit

Neptun zeigt den Drang nach Auflösung und Verschmelzung an, und da der Mond andererseits die Beziehung zum "inneren" Kind repräsentiert, das kaum vom Intellekt berührt wird und nur auf Bilder und Symbole reagiert, finden wir unter dieser Konstellation eine Sehnsucht nach der inneren Göttin vor, die dich freundlich an der Hand nimmt und zu den Müttern führt.

Das Kind (in dir), das sich aus Angst vor der Stiefmutter gar nicht in seine eigene Identität hineintraut (vgl. Mythologischer Hintergrund), sucht seine Aufgabe darin zu finden, daß es sich zwischen die Welten stellt, um dort die Botschaften der Unsichtbaren zu empfangen. Statt sich in der Umwelt darzustellen, versucht es seine Träume mit der Realität zu verweben und dadurch in jene geistigen Bereiche zu entschweben, wo alles Körperliche aufgehoben ist.

Frau

Da der Mond neben den Gefühlen besonders die lebensspendende Weiblichkeit darstellt, ist die Verwirrung hier besonders groß. Deine Fruchtbarkeit wird durch Neptun zwar irritiert, aber nicht geschmälert. Daher kann sich in dir das "Mutter-Gottes-Syndrom" bilden mit der Illusion, einen Christus zu gebären. Denn die durch Neptun injizierte Angst, dich selber zu empfinden, kann nur durch die personale Überhöhung ertragen werden, sich dem Ewigen hinzugeben und sozusagen ein Kanal Gottes zu werden. Voraussetzung zu dieser Entwicklung war die Unterwerfung der Geborenen unter den geschlechtsgleichen Elternteil. Als Mädchen hieltst du dich hormonell getarnt, aus Angst, dich selber zu empfinden. Du hast dich der Mutter unterworfen, um der Bedrohung durch die Mutter zu entgehen. Damit hast du dich aus dem Geschlechterkampf entfernt: Die Psyche wurde in die Vorstellung des Unberührbaren versenkt.

Damit taucht das Bild der Seele auf, die vertrieben von den Gestaden des Alltags in den Gewässern des Unbewußten träumt. Die schlummernde Psyche ist vom eigenen Geschehen abgeschnitten:

Auf Ausformungen des Lebens erfolgen keine persönlichen Reaktionen mehr. Daraus resultiert das Gefühl, der Realität gegenüber ausgeliefert zu sein, weil der geistige Wunsch nach Transzendenz das Gefühl der eigenen sexuellen Schwäche nährt.

Es trifft durchaus zu, daß diese Konstellation geeignet ist, auf negative Art das auszudrücken, was wir mit Weltflucht, Pseudospiritualität und Selbstbetrug umschreiben. Andererseits sind selbst diese negativen Auswirkungen ein Anzeichen dafür, daß der Mensch beginnt, sich vom materiellen Verhalten abzukehren und auf seine inneren Regungen zu hören, die er aber nur teilweise richtig interpretiert.

Mann

Auch als Mann ist es dir nur schwer möglich, deine Träumereien in die äußere Welt zu übertragen und dieser unvoreingenommen zu begegnen. Frauen können deine abgehobenen Idealisierungen weder erfüllen noch ertragen, und so ziehst du dich von der Sexualität zurück und gibst dich lieber deinen Träumen hin. Du kapselst dich völlig ab und ruhst dich an den seelischen Gestaden deiner Traumgewässer aus, wo du dich mit Wassergeistern verlustierst. Oder du wartest auf die "böse" Stiefmutter, der du dich opfern darfst.

Im profanen Alltag sieht das dann so aus, daß du dich aus dem Leben in eine unpersönliche Warteposition zurückziehst, um ja nicht ins Schicksal vorzugreifen. Du bist also nicht bereit, individuelle Eigenart zu zeigen, um Endgültiges im Leben zu vermeiden und dir die Hoffnung zu erhalten, in Übereinstimmung mit dem Kosmischen zu bleiben.

Karmisch-seelische Struktur

Die kollektive Struktur

Geborene unter diesem Gestirn sind in höchstem Maße beeindruckbar und zeigen die Tendenz, die Situation immer so zu betrachten, wie sie ihren unmittelbaren Wünschen entspricht. Sie sehen die Wirklichkeit nicht und nehmen nur das wahr, was ihnen gerade in den Kram paßt. Verwirrung und die Neigung, sich von ihren Einbildungen überrollen zu lassen, sind ebenfalls angezeigt. In der Folge sind die Betroffenen nicht mehr in der Lage, die Realität zu kontrollieren.

Was die Sache aber gefährlich macht, sind die Umstände, daß ihnen ihre eigenen Ziele und Bestrebungen in vielen Teilen unverständlich sind und sie die eigenen Motivationen gar nicht sehen. Mit dieser Stellung neigen die Betroffenen dazu, ihre eigene emotionale Verwirrung auf andere zu projizieren und die ganze Welt für schuldig zu erklären. Traum und Wirklichkeit verweben sich so miteinander, daß sich zum Schluß die eigene nebulöse Welterfahrung zur Wirklichkeit emporschwingt und das bewußte Ich im Morast des Unbewußten ertrinkt.

Da die Mond/Neptun-Konstellation sehr intuitiv und empfänglich ist, verkörpert sie tagträumerische und nachtwandlerische Neigungen. Menschen unter ihrem Signum fühlen sich zu allem Mystischen stark hingezogen. Weil diese Konstellation nach Auflösung des Irdischen und Transzendierung ins Licht tendiert, bringt sie auf gesellschaftlicher Ebene einen Zustand vollständiger Sinnlosigkeit hervor, der in dunkelste Depressionen zwingt.

Somit entsteht eine Sucht nach Liebe und Geborgenheit, die kaum je zu erfüllen ist. Wenn man dieses innere Bild aber nicht ins Ideal umsetzt, unbegrenztes spirituelles Wachstum zu erreichen, kann man schwer am Unvermögen der Menschen leiden, der eigenen Vorstellung zu entsprechen.

Das persönliche Karma

Da Mond und Neptun deine intuitive und empfängliche Seite darstellen, die sich zu Mystifizierungen hingezogen fühlt, schwingen die Voraussetzungen zu ihrer Verkörperung schon im kindlichen Verhalten, dich nicht empfinden und darstellen zu wollen, um dich nicht fixieren und erklären zu müssen und so wie die anderen zu sein.

Du bist nicht bereit, den Alltag anzunehmen, schon weil du nicht bereit sein kannst, deine Träume, die von den anderen nur belächelt werden, als weltfremd oder exotisch zu bezeichnen. Du spürst in ihnen die zeitlose Wahrheit, die aus den verborgensten Schichten des Unbewußten steigt.

Da die inneren Kanäle den spirituellen Einsichten nicht zuletzt geöffnet sind, um die körperlichen Gefühle zu betäuben, wird die eigene Vitalität gelähmt, die Sexualität verdrängt und in den Himmel abgeschoben, wo sie mit den Engeln psalmodierend von der betäubten Psyche abgeschnitten ist.

Umgekehrt kann sich aber auch das innere Verlangen bilden, den Garten Eden im Uterus zu finden. Dann wird in dir der Wunsch aufkeimen, die verdrängte Sexualität in den Kammern der Unterwerfung auszuleben, wo du dich hingeben kannst, ohne persönliche Eigenart zu zeigen und ohne somit schuldig zu werden.

Im Leben wirst du die eigene Richtung durch spirituelle Modetrends ersetzen und den Jenseitigen nacheifern, die dir aus dem Mund medial Veranlagter entgegenlächeln.

Du wirst reif, aus jenem äußeren Traum zu erwachen, der nicht der kosmischen Welt entspricht, sondern nur die verdrängte Realität darstellt, deren Anforderungen du nicht gewachsen bist. Dieses Erwachen führt zum Auftauchen in einer Zwischenwelt, die sich aus der Vorstellung, wie die Welt sein könnte, wenn sie nicht so wäre, wie sie ist, zusammensetzt. Im Dämmern der Seele wacht Angst auf und mit ihr die Verdrängung der Verdrängung, die Sehnsucht nach dem verlorenen Paradies und damit die Sehnsucht nach dem Tod.

Die Sehnsucht nach dem Garten Eden ist die lyrische Sehnsucht nach dem Tod, die nur dann bewältigt werden kann, wenn die Themen der Auseinandersetzung den visionären Einsichten angemessen sind. Denn Mond/Neptun entspricht dem inneren Anteil von Gott, der von der Psyche verarbeitet werden muß. Eine gute Beziehung zu diesen inneren Werten schafft die Verbindung mit dem Zeitlosen und Unvergänglichen, eine schlechte provoziert die Suche nach Fluchtwegen.

Mythologischer Hintergrund

Schneewittchen und die böse Stiefmutter

Unter Mond/Neptun haben wir uns mit dem Symbol der weiblichen Urschuld auseinanderzusetzen, was uns auch in die Nähe von Mond/Saturn oder Mond/Pluto führt.

Wenn wir Mond/Pluto mit der bösen Hexe in Verbindung bringen, können wir Schneewittchen getrost Mond/Neptun zuordnen, denn Schneewittchen wie Hänsel und Gretel sind leicht mit dem kindlichen Selbst (Mond) zu identifizieren, das aufgrund seines verdrängten Schattens von der Stiefmutter entweder vergiftet (Neptun) oder von der Hexe gar aufgefressen werden will (Pluto).

Es ist in beiden Fällen die böse Mutter (Saturn), die sich gegen die kindliche Gefühlswelt stemmt. In dem einen Fall ist es die Stiefmutter, die das Kind vergiften will, weil es angeblich schöner ist als sie, im anderen ist es die Mutter, welche die Kinder in den Wald zur Menschenfresser-Hexe hinausschickt.

Auch wenn wir uns unter dieser Konstellation gerne mit Schneewittchen identifizieren, der von der bösen Stiefmutter im Haus der Zwerge genau das angeboten wurde, was schon Eva durch die Schlange zum Verhängnis gereichte (einen Apfel), dürfen wir nicht übersehen, daß die Stiefmutter ein innerer Bestandteil von Schneewittchen selber ist – eine Tatsache, die verdunkelt bleiben muß, damit Schneewittchen den Apfel annehmen und damit über den Umweg des Todes zu sich selber finden kann. Denn der Apfel ist ein Symbol des Lebens und damit auch der Wiedergeburt.

Schneewittchen nimmt nicht irgendeinen Apfel, sondern es nimmt den Apfel von der Stiefmutter, die sich wiederum als alte Bäuerin verkleidet hat, damit sie nicht erkannt wird. Denn würde Schneewittchen sie erkennen, würde es den Apfel nicht annehmen, und würde es den Apfel nicht annehmen, könnte es nicht sterben und die Stiefmutter als Voraussetzung seiner eigenen Schuld nicht loswerden. Erlösung kann nur durch das bewußte Loslassen des lebensvernichtenden Egotrips geschehen, den die böse Stiefmutter als Verkörperung des eigenen Schattens immer wieder heraufbeschwört.

Fazit

Haben wir einen anderen vergiftet, dann haben wir uns selbst vergiftet und das Gift schwebt noch immer in der Welt, bereit, uns mit Leib und Seele zu vernichten. Darum haben wir auch Angst, uns selber zu empfinden und zu öffnen, was das Verhalten unter dieser Konstellation erklärt. Eine bessere Lösung aber, statt vor sich davonzulaufen, wäre das verabreichte Gift bewußt zurück- und Evas Apfel anzunehmen (Schlangengift!), was einer Einnahme in homöopathischen Dosen entspricht.

Psychosomatische Entsprechungen

Drosselung der Hormondrüsen

Unter Mond/Neptun kreierst du dir deine eigene Welt, in der du der Realität den Eintritt verwehrst, denn unter diesem Gestirn willst du dich manchmal einfach auflösen und hoffst, ein Radio des Göttlichen zu werden, wenn du dich innerlich betäubst und dich den Signalen des Unbewußten nicht widersetzt. (Auf einer anderen Ebene wiederholt sich dieses Ritual Nacht für Nacht, wenn du in den Arenen des Unbewußten deinen eigenen Gespenstern begegnest, die dir auf den Traumebenen die unbewußten Zusammenhänge reflektieren, denen du im Leben nachjagst.)

Mond und Neptun symbolisieren somit das Bestreben, sich diesen Zusammenhängen schon während des Tages bewußtzuwerden und sie erreichen das durch Drosselung der Hormondrüsen. Durch die Unterfunktion des Nebennierenmarks werden die Umweltreize nicht wahrgenommen und durch das innere Verlangen ersetzt, sich dem Ewigen zu nähern und in den Mutterschoß zurückzukehren, um die Wahrheit zu erfahren und die Sehnsucht nach dem Unbewußten zu stillen.

Mond/Neptun steht also für den Drang nach Auflösung des Egos zugunsten dessen, was man die mystische Vision nennen könnte, wenn diese nicht einfach dem Realitätsmangel entspräche, hinter dem sich die Lähmung des Egos versteckte. Einerseits wird diese Konstellation nach innen übertragen und als göttliche Vision erfahren, die dich in deine eigenen Verdrängungen verstrickt, gleichzeitig wird sie aber auch nach außen projiziert und als äußeres Ereignis zurückgenommen, auf das du deine inneren Visionen übertragen hast. Der Wunsch nach Übereinstimmung mit dem Kosmos ist also nichts anderes als deine innere Handlungsschwäche, Entscheidungen zu treffen und führt zum Verlangen, von außen auf eine Weise übergriffen zu werden, die mit deiner inneren Erwartung übereinstimmt.

Symptom-Katalog

Psychisch

- Verwirrung und Überempfindlichkeit gegen Sinneseindrücke: Handlungslähmung, Realitätsauflösung, Bewußtseinstrübung
- oder hormonelle Dissoziationen als raffinierte Kompensationen von Triebstörungen
- gestörte Empfindungs- und Erlebnisfähigkeit: endogene Melancholie, innerer Rückzug, psychogene Amnesie, Verlangen nach Stimulanzien
- unbewußte Schuldgefühle, Selbstbestrafungsmechanismen, Auflösungserscheinungen

Physisch

- Unterfunktion des Nebennierenmarks (Drüsenstörungen, schlaffer Gewebstonus, Galaktorrhöe)
- Wassereinlagerungen in den Geweben (Gewebsaufschwellung)
- Eierstock- und Brusterkrankungen (Milchdrüsen)
- Lymphatische Konstitution
- (Blut-)Vergiftung

Homöopathische Mittel

"Paradiesschlangen"

Lachesis muta (Buschotter)
Vergiftungen (wirkt auf den Kreislauf: Evas bzw. Schneewittchens Apfel!):
- Angst vor Vergiftung: Handlungslähmung, Realitätsauflösung, Bewußtseinstrübung (Verwirrung und Überempfindlichkeit gegen Sinneseindrücke): D200
- Eifersucht, Neid, Grausamkeit, Rachegefühle (hormonelle Dissoziationen, raffinierte Kompensierung von Triebstörungen): D30

Crotalus horridus (Klapperschlange)
Betont zusätzlich die Uranus-Komponente:
- schizoid: irrationale Ängste, religiöse Wahnzustände: D200
- Apathie, psychogene Amnesie ("Blackout"), Verlangen nach Stimulanzien (Räusche): D30

Andere

Pulsatilla pratensis (Küchenschelle)
Östrogenwirkung mit Folgen auf Physe und Psyche:
- gestörte Empfindungs- und Erlebnisfähigkeit: endogene Melancholie, innerer Rückzug, nervöse Überempfindlichkeit: D30
- Drüsenstörungen (verzögerte Menses), schlaffer Gewebstonus: D12-D20

Lac caninum (Hundemilch)
- starke Schwäche und Erschöpfung, (unbewußte) Schuldgefühle, Selbstbestrafungstendenzen, Auflösungserscheinungen (sieht überall Schlangen!): D200
- Eierstock- und Brusterkrankung (Heimweh nach den "Müttern": geschwollene Brüste, Störung der Milchdrüsen), Galaktorrhöe: D20

Erlösungsformen

- Schlangenträume (gelenkter Tagtraum)
- katathymes Bilderleben (entspanntes Zulassen von inneren Bildern)
- Blutreinigung
- Hydrotherapie

Spirituelle Öffnungen

Ritual
Somnambulismus; tiefe innere Versenkung
Farbe
milchiges Grün, schleierndes Grau
Duft
Lilie, Jasmin
Edelstein
Jade
Krafttier
Einhorn
Symbol
Lyra, Leier; Rosenkranz
Mythos
Schneewittchen; Ophelia (in Shakespeares Tragödie von Hamlet geliebt)
Archetyp
Sibylle, Märtyrerin
Gottheit
Jungfrau Maria, die himmlische Mutter
Kraftort
Thermalbad, Quelle, Tropfsteinhöhle
Kultstätte
Lourdes; Gießbachfälle am Brienzersee
Sabbat
Lichtmeß
Musik
"Verklärte Nacht" von Arnold Schönberg
Malerei
"Badende Frau" von Rembrandt
Schrift
"Hymnen an die Nacht" von Novalis

MOND/PLUTO

100% Konjunktion; Quadrat; Opposition; Spiegelpunkt
85% Anderthalbquadrat; Quincunx; Mond in Haus 8
75% Halbquadrat; Mond in Skorpion; Pluto in Haus 4
60% Trigon
50% Sextil; IC in Skorpion
40% Halbsextil; Hausspitze 8 in Krebs
25% Pluto in Krebs; Herrscher von Haus 4 in Haus 8; Herrscher von Haus 8 in Haus 4

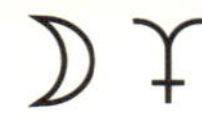

Thema	Energie, Leidenschaft, Ausstrahlungskraft
Ziel	Liebe und Tod (sexuelle Transformation)
Sinn	Ausagieren der höllischen Instinktnatur
Licht	Sinnlichkeit, Stärke, seelische Macht
Schatten	seelische Übergriffe, Unterwerfung, Schmerz (psychische und physische Erniedrigung)
Leitbild	die verschlingende Urmutter

Das Geheimnis des Todes ruht im Mutterschoß
oder
Das Licht der Erkenntnis leuchtet aus dem Vorhof der Hölle.
Des Teufels Großmutter

Grundlage

Geistige Prägung

Wie der Mond, so steht auch Pluto für das Gefühlsnaturell. Allerdings verkörpert er eine andere Dimension dieser Gefühlsnatur. Während der Mond sich auf das Selbstbildnis beschränkt, auf eine Gefühlsübereinstimmung mit der Umwelt, fördert Pluto die Tendenz, die alten Bilder zu zerstören, und erzwingt somit durch seine Destruktivität Wachstum. Die Notwendigkeit, alte Lebensstrukturen zu eliminieren, um sich dadurch neu zu formen, und der Drang, Tabus zu durchbrechen und über sich selbst hinauszuwachsen, um das Mysterium des Lebens zu ergründen, kann bis zum Selbstvernichtungswahnsinn führen. Dieses Verhalten ist der Instinktnatur nicht fremd, wo sich die Starken behaupten und die Schwachen einfach aufgefressen werden. Die Naturgesetze, die diese Abläufe steuern, werden durch Pluto symbolisiert.

Damit hilft der Fürst der Unterwelt dem Menschen, sich seiner Gefühle (Mond) immer bewußter zu werden. Erst wenn wir die Wünsche unseres Egos, die in den Polaritäten von Gut und Böse schmachten, überwinden, kommen wir in den Besitz der Urkraft, die durch die Vorstellung im Menschen die Dualität überhaupt erst ausmacht. Wenn wir das Göttlich-Schöpferische außerhalb von uns als einen Teil von uns selber erkennen, als einen Teil des Schicksals, dann erst können wir uns als der erleben, der wir sind. Nur wenn wir alle Kontrollbedürfnisse und Übergriffe zurücklassen, können wir Raum und Zeit überspringen und das Wunder in uns selbst vollbringen, die Gegensätze in uns selber zu verbinden.

Frau

Auf der inneren Ebene drückt Mond/Pluto das Symbol der verschlingenden Mutter aus, die nicht nur von ihren Besitzzwängen völlig beherrscht, sondern im Ausleben ihrer Triebe gleichzeitig von unbändiger Geschlechtslust überwältigt wird. Dir ist zwar klar, daß sich alles im Kreise dreht, doch gefühlsmäßig kannst du dich diesem Kreislauf nicht unterwerfen, weil du deine Besitztümer nicht aufgeben willst. Du wehrst dich gegen den Ablauf der Natur, weil du die Objekte deiner Gefühle und Begierden nicht loslassen kannst, um deine Identität nicht zu verlieren.

Da du aber dein eigenes Selbstbild zerstören und transformieren mußt, können wir hier den ewigen Willen ersehen, der sich ins persönliche Wollen einbringt: Indem du den Besitz deiner Objekte dadurch verlängerst, indem du dich mit den Objekten identifizierst und damit deine eigene Persönlichkeit in den Brennpunkt bringst, kannst du mit dem Verlust der Objekte gleichzeitig deine Identität verlieren, weil die Objekte die Eigenschaft haben, beim Verlust die auf sie übertragenen Persönlichkeitsmerkmale vom Absender abzuziehen.

Mann

Pluto/Mond zeigt dich hier als einen durch das Weib kastrierten Mann, der durch den Verlust seiner Männlichkeit und die schmerzende Wunde am eigenen Leib die spirituelle Seite seiner Persönlichkeit entwickeln und den Weg der Priesterschaft beschreiten kann, der ihm einen besseren Zugang zu seinen unterentwickelten Persönlichkeitsanteilen bietet. Nämlich die Akzeptanz seiner weiblichen Seite, die er in vorgeburtlichen Zeiten so sehr verdrängte, daß er ihr heute unter umgekehrten Vorzeichen ausgeliefert werden mußte, um seine innere Vollständigkeit durch die Vernichtung seines Egos zu erreichen. Durch die Verschmelzung mit dem Weiblichen suchst du die nötige Verwundung zu erreichen, um der eigenen Unvollständigkeit bewußt und für die Leiden der anderen offen zu werden. Denn der wahre Heiler ist für die Wunden der anderen erst dann empfänglich, wenn er selber leidet. Nur wem jeder persönliche Standpunkt entzogen wurde, ist für überpersönliches Verständnis bereit.

Karmisch-seelische Struktur

Die kollektive Struktur

Vieles spricht dafür, daß Plutos Folgerichtigkeit den Mythos der Unsterblichkeit verkörpert, der sich durch die Aufeinanderreihung von Toden und Anfängen zu einem geistigen Wachstum strukturiert, dessen Ende die Auflösung von Zeit und Raum sein wird. Das einzelne Individuum muß sich entwickeln, ob ihm dies paßt oder nicht, und die einzelnen Entwicklungsphasen fordern ihren Tribut in Form von Höhepunkt und Krise, Blüte und Zerfall.

Leider haben wir die Beziehung zu diesem Naturkreislauf verloren und leben nach den Vorstellungen, die irgendwie mit "Himmel ohne Hölle" oder "Liebe ohne Kriege" zu tun haben. Durch die persönlichen Gefühle (Mond) manövrieren wir uns in die Lage, die Folgerichtigkeit des Ewigen (Pluto) zu bekämpfen, dem wir aber gleichzeitig auch wieder unterliegen. So bekämpfen wir das Schädliche und das Böse, verdrängen Krisen und den Tod, um unbewußt diesen Kräften im Kleid von Krankheit, Unfall, Umweltzerstörung oder Krieg doch wieder zu begegnen. Veränderungen sind nur dann akzeptabel, wenn sie einen Vorteil bringen, und wir schrecken instinktiv vor der Unerbittlichkeit des plutonischen Prinzips zurück, weil wir unbewußt die Anpassung des Ewigen an unsere Welt der Vorstellung verlangen. Darin sind wir mit Faust zu vergleichen, der von Mephisto fordert, bestimmte Augenblicke bis in alle Ewigkeit dauern zu lassen. Umgekehrt kann sich das Schicksal aber nur konkretisieren, weil sich die Inhalte stets verändern. Dies hat den Drang zur Veränderung in der Psyche des Menschen zur Voraussetzung.

Das persönliche Karma

Mond/Pluto wird durch die matriarchalische Göttin regiert – ein mächtiges Mutterbild, welches das Kind mit der Rechten nährt und mit der Linken verschlingt.

Dadurch erlebst du die Beziehung zu deiner Mutter als Einschließungs- und Erstickungstrauma, und du mußt später dieses Mutterbild zerstören, um innerlich wieder frei zu werden.

Da dieses schreckliche Muttergesicht aber der Disposition in dir selber entspricht, können wir erkennen, daß die starke Aggression gegen die Mutter nur der Umweg zu deinen wahren inneren Gefühlen ist.

Schon die starke bestimmende Mutter war nichts anderes als ein Erfüllungsgehilfe deines unbewußten Karmas, um dir zu helfen, dich neu zu strukturieren und deine alten Gefühlsstrukturen zu zerstören, denn unter Mond/Pluto besteht der Zwang, dich aus den veralteten, sinnlosen Gefühlswindungen herauszuschälen, weil du dich in ihnen nicht mehr weiterentwickeln kannst.

Oder du suchst dir Menschen, denen du – stellvertretend für das eigene Unvermögen, dich selber zu befreien – hilfst, aus ihren seelischen Verstrikkungen herauszufinden, indem du sie nach den Bedingungen deiner eigenen Erlösungsmuster formst. Hier finden wir dann die "Supermütter" und "Erziehungsgeneräle", die im völligen Unwissen um die wirklichen Zusammenhänge die anderen zwingen, sich nach Methoden auszurichten, die nicht einmal für sie selber stimmen.

Schicksalskrisen ziehen sich wie ein roter Faden durch dein Leben, weil durch das starke Gefühlsengagement und die intensiven Beziehungen zu anderen Menschen immer genügend Außenreize in den Hexenkessel (Schmelztiegel) einfließen, um das Loslassen der Gefühle und die Selbstfindung in Bewegung zu halten.

Lösungen sind da zu erwarten, wo du im besitzergreifenden Verlangen, Mitmenschen zu "Filialen" eigener Strukturen auszubauen, deine eigene Unsicherheit erkennst.

Mythologischer Hintergrund

Hänsel und Gretel und die böse Hexe

Unter Mond/Pluto haben wir uns mit dem Symbol der weiblichen Urschuld auseinanderzusetzen, was uns auch in die Nähe von Mond/Saturn oder Mond/Neptun führt.

Da wir der astrologischen Verbindung Mond/Neptun Schneewittchen zuordnen, können wir das gleiche mit der Grimmschen Märchengestalt der Gretel tun. Schneewittchen wie Hänsel und Gretel sind leicht mit dem kindlichen Selbst (Mond) zu identifizieren, das aufgrund seines verdrängten Schattens von der Stiefmutter (Saturn) entweder vergiftet oder von der Hexe (Pluto) gar aufgefressen werden will.

Es ist in beiden Fällen die böse Mutter, die sich gegen die kindliche Gefühlswelt stemmt. In dem einen Fall ist es die Stiefmutter, die das Kind vergiften will, weil es angeblich schöner ist als sie, im anderen ist es die Mutter, welche die Kinder in den Wald hinausschickt, weil sie nicht genug zu essen haben. Das läßt die Frage offen, was man denn unter dieser Konstellation im Herzen gegen Kinder hat.

Diese Frage zielt metaphorisch gesehen auf den Schöpfungsvorgang zurück, wo Gott von Adam eine Rippe nahm, um Eva damit zu erschaffen. Heute wissen wir es besser: *Natürlich war es Eva, von welcher Gott die Rippe nahm, um Adam damit zu gestalten. Die Schlange entsprach dabei dem sexuellen Prinzip, das Eva mit der Botschaft lockte, sich das durch Gott Entzogene durch einen eigenen Schöpfungsakt wieder zurückzuholen und damit wie Gott zu werden, nämlich durch den Besitz der Rippe eines Sohnes. Der Griff nach dem Apfel entsprach dem Zeugungsakt, der Apfel selber der Leibesfrucht. Warum aber gerade eines Sohnes?*

In Märchen und Sagen begegnen wir oft dieser Tragödie, in der Mütter mit der Geburt von Töchtern bestraft werden, die ihnen die "verlorene Rippe" nicht zurückgeben können, weil sie sie selbst nicht haben. Damit läßt die Mutter die Maske fallen und verwandelt sich in die Stiefmutter zurück, um das Kind, das ihr nichts nützt, zu vernichten, weil sie genau weiß, daß sie sonst später von der Tochter erkannt und geopfert wird (Elektra-Komplex).

Denn es entspricht der Wahrheit, daß die Mutter die Kinder nicht um derentwillen, sondern der eigenen Vollständigkeit wegen geboren hat. Sie will ihre innere Leere durch die Schwangerschaft mit Söhnen wieder ausfüllen, denen sie gleichzeitig das Abnabeln verwehrt (schwache Söhne: Neptun/Mars). Kehren wir aber zu Hänsel und Gretel zurück. Es ist die Mutter, die die Aussetzung der Kinder gegen den Willen des Vaters durchsetzt (schwacher Vater: Uranus/Mars), deren Pläne Gretel durchkreuzen muß, will sie ihrem vorzeitigen Ende entgehen. Es ist auch die Mutter in der Gestalt der bösen Hexe, die die Tochter vernichten, den Sohn aber kastrieren und absorbieren (mit Süßigkeiten mästen und auffressen) will.

Und es ist die Mutter, die sich von der Tochter überlisten lassen muß, damit der "Stirb und Werde"-Prozeß fortgesetzt werden kann. Denn auf die Aufforderung, sich in den Backofen zu bücken und nachzuschauen, ob er schon heiß genug sei, antwortet Gretel, daß sie es ihr zuerst vormachen solle, damit sie genau sehen könne, was sie zu tun habe.

Da der Backofen aber das Ur-Weibliche symbolisiert, erkennen wir die Lösung, indem Gretel mit der Hexe genau das tut, was diese selber mit ihr vorhatte: sie in den Ofen stößt und damit den Urmüttern überantwortet. Weil sie die Schuld der Mütter dadurch bewußt annimmt, indem sie die Hexe als die Verkörperung ihres eigenen Schattens (Mond/Pluto) verbrennt, kann sie nicht nur ihren Bruder befreien, sondern auch ihrem Vater die von der Mutter-Hexe absorbierte Männlichkeit wieder zurückgeben. Denn die Mutter ist in der Zwischenzeit gestorben.

Fazit

Unter dieser schwierigen Konstellation fühlt man sich in der Lage, völlig neue Fundamente für seine Gefühle zu erschaffen. Bis die alten Hüllen der sinnentleerten Emotionen aber abgerissen und beseitigt sind, geht die Seele durchs Feuer. Der Mensch macht seiner Umwelt das Leben zur Hölle, bis sie sich gegen ihn auflehnt und ihn in die Krise stürzt. Er fordert vom Partner, daß er bedingungslos zu ihm hält, und gerade dieses Zwanghafte ist meistens der Grund, warum sich dieser dann von ihm abwendet, und das Unglück, welches er mit allen Mitteln verhindern wollte, tritt gerade deshalb ein.

Gleichzeitig spürt er aus seinem Innersten aber eine gewaltige archaische Kraft aufsteigen, die dieses persönliche Leid absorbiert, und er fühlt sich plötzlich in der Lage, durch die Trümmer einer zerstörten Verbindung ein tieferes emotionales Fundament zu legen, um darauf eine seelische Beziehung zu erstellen, welche die Aufforderung zur Regeneration und Wandlung schon in sich trägt.

PSYCHOSOMATISCHE ENTSPRECHUNGEN

Sexuelle Besessenheit, emotionale Übergriffe, karmische Rückstände

Da du die Außenwelt nie so siehst, wie sie ist, sondern nur so, wie du sie wahrnimmst, spürst du unter Mond/Pluto das Allmachts-Syndrom der Gefühle, indem du deinen eigenen Willen zur Folgerichtigkeit des Ewigen erklärst. Das heißt, du bist der festen Überzeugung, daß sich die Welt in deinem persönlichen Wollen spiegelt und dein eigener Wille dem Göttlichen entspricht. Da alles Persönliche somit dem überpersönlich Göttlichen entspricht, verbindest du alle deine Gefühlsengagements mit erheblichen Forderungen an die Umwelt. Gleichzeitig sind deine sexuellen Bedürfnisse erheblich und zudem mit der Angst verbunden, deine Beziehungen wieder zu verlieren. Dem versuchst du dadurch zu entgehen, daß du deine Beziehungspartner kontrollierst, weil du der irrigen Meinung bist, sie besser halten zu können, wenn du sie total absorbierst. (Unter dieser Konstellation bist du der verschlingenden Mutterkraft tief verbunden, was im Licht der Karma-Gesetze und Wiedergeburten aber noch eine andere Dimension aufwirft.)

Wenn wir davon ausgehen, daß jeder Mensch schon mehrere Leben in verschiedenen Körpern gelebt hat (oder medizinischer: das Los seiner Ahnenreihe in sich trägt), dann erscheint auch die Annahme sinnvoll, daß du nicht nur die Erinnerung an alle Erlebnisse unbewußt in dir trägst, sondern daß auch die körperlichen Auswirkungen dieser Taten in deinem genetischen Material vorhanden sind. Deshalb kann man Mond/Pluto auch als jene innere Kraft bezeichnen, welche deine karmischen Rückstände aufrührt und an die Oberfläche bringt, so daß du diesen Rückständen in diesem Leben begegnen und sie durch innere Akzeptanz auch leben kannst, indem du in ihnen die Bilanz deiner ganzen Ahnenreihe siehst und das Ergebnis am Ende dieser Kette annimmst.

Symptom-Katalog

Psychisch

- starke Reizbarkeit mit Hang zu Phobien: Fixierungen, hemmungslose Gewalt (unüberbrückbare seelische Spannungen)
- konvulsive Auslösungen sexueller Wahnzustände (epileptische Anfälle in Verbindung mit sexuellen Spannungen)
- zwanghafte Übergriffe (Mißtrauen gegen andere aus Mangel an Vertrauen zu sich selbst)
- starke mentale Störungen wie Selbstüberhebung, Hysterie, emotionale Überhitzung und Besessenheit

Physisch

- Erbkrankheiten (Erbschäden)
- Chromosomen-Defekte (falsche Gen-Information führt zu Dysfunktionen der Enzyme: z.B. Bluterkrankheit, Stoffwechselstörung)
- Mutationen (neu auftretende Veränderungen des Erbmaterials)
- zentrale Vagus-Reizung: chronische Endometritis, Ovarialgie
- Erstickungsphophien (Hypertonie, Asthma, Klaustrophobie)

Homöopathische Mittel

Metall

Platinum metallicum (Platin)

- Erbschäden wie z.B. Störungen im Zellaufbau (Dysfunktionen der Enzyme): D200
- starke mentale Störungen wie Selbstüberheblichkeit, Menschenverachtung, Überdruß (Größenwahn, Hysterie, Selbstzerstörung): D30
- abnorme Libido, seelische Spannungen, sexuelle Überhitzung (Nymphomanie, chronische Reize der Ovarien): D12-D20

Pflanzen

Anacardium orientale (Elefantenlausbaum)

- starke Reizbarkeit mit Hang zu Phobien: Fixierungen, Wahnvorstellungen, hemmungslose Gewalt (alle Verhaltensmuster brechen zusammen)
- schizoides persönliches Verhalten (Zwiespalt und Widerspruch in sich selbst: Unentschlossenheit/Gewalt, Brutalität/Angst)
- neidisch, zänkisch, boshaft, gemein und rachedurstig: alle D12-D30

Viscum album (Mistel)
- zentrale Vagus-Reizung: chronische Endometritis, Ovarialgie: D4
- Erstickungsphobien (Hypertonie, Asthma, Klaustrophobie): D6
- zwanghafte Übergriffe (Mißtrauen gegen andere aus Mangel an Vertrauen zu sich selbst): D6-D8

Tiere

Bufo rana (Krötengift)
Zur Unterstützung der Aufarbeitung karmischer Rückstände:
- konvulsive Auslösungen sexueller Wahnzustände
- epileptische Anfälle in Verbindung mit sexuellen Spannungen: beide D20
- Uterussymptome: D6-D12
- zur Reaktivierung verdrängter Verhaltensmuster (karmische Auslösungen): D200

Hippomanes (Allantoishaut des Pferdeembryo)
Das berühmte Aphrodisiakum der alten Griechen:
- gegen sexuelle Überreizung (bei unüberbrückbaren seelischen Spannungen): D6-D12

Erlösungsformen

Frau
- Bauchtanz

Mann
- Kindrolle akzeptieren (Annahme der Priesterschaft)

Beide
- Blutreinigung
- Aderlaß
- Abführmittel
- Darmspülungen
- finnische Sauna

Spirituelle Öffnungen

Ritual
Vollmondtänze (rituelle Ekstase)
Farbe
fleischfarben
Duft
Fenchelöl; Hautgeruch
Edelstein
Milchopal, Obsidian (Lava)
Krafttier
Spinne
Symbol
Venus von Willendorf ("fette Venus")
Mythos
Hydra, Medea, Arachne (wird in eine Spinne verwandelt)
Archetyp
die verschlingende Urmutter
Gottheit
Demeter, Kore, Kali, Chthonia
Kraftort
Vulkan- und Kraterlandschaft; heiße Quellen
Kultstätte
Dachstein-Mammuthöhle;
kochende Schlammteiche im Thermalgebiet um Rotorua (Whakarewarewa) in Neuseeland
Sabbat
Beltane (Maifest)
Musik
"Bolero" von Maurice Ravel
Malerei
"Medea" von Eugène Delacroix; "Saturn verschlingt seine Kinder" von Francesco de Goya
Schrift
"Venus im Pelz" von Leopold von Sacher-Masoch

MERKUR/VENUS

100% Konjunktion; Spiegelpunkt
85% Halbquadrat; Sextil
75% Halbsextil; Merkur in Haus 7; Merkur in Waage
60% Venus in Haus 3; Venus in Zwillinge
50% Merkur in Haus 2; Venus in Haus 6; Merkur in Stier; Venus in Jungfrau; DC in Zwillinge
40% DC in Jungfrau; Hausspitze 3 in Waage
25% Hausspitze 6 in Waage; Hausspitze 2 in Zwillinge oder Jungfrau; Hausspitze 3 oder 6 in Stier; Herrscher von Haus 7 oder 2 in Haus 3 oder 6; Herrscher von Haus 3 oder 6 in Haus 7 oder 2

Thema	Anpassung, Vermittlung, diplomatische Umgangsformen
Ziel	gesellschaftlicher Austausch, kommunikative Übereinstimmung
Sinn	Gleichklang, Objektivität
Licht	Ausgeglichenheit, Verhältnismäßigkeit und Harmonie
Schatten	Selbstgerechtigkeit und Pharisäertum
Leitbild	Balance (die ästhetisierende Distanz)

Der Abstand ist die Seele des Schönen.
Simone Weil

Niemals wirst du aus den anderen Dingen die Einheit schaffen, wenn nicht zuvor du selbst ein einiger geworden bist.
Agrippa von Nettesheim

GRUNDLAGE

Geistige Prägung

Durch die Kommunikationskanäle strömt ständig das Gefühl des Gleichklangs, denn das Streben nach Harmonie bedingt, daß du dich beständig nach der Umwelt ausrichtest. Dahinter versteckt sich der innere Konflikt, dich in deinen vergangenen Inkarnationen mit deiner Subjektivität noch zuwenig auseinandergesetzt und dir statt dessen das Leben in den Gefäßen erschloßen zu haben, die dir die Gesellschaft zur Verfügung stellte und an die du dich in der Außenwelt angepaßt hast. Es war dies der Versuch, dich in die Lebensströme einzuschleusen, ohne dich am Leben selber zu beteiligen. Dazu bedurfte es eines Verhaltens, das sich hinter den Motiven selbstloser Mitverantwortung versteckte, um von allem abzulenken, was die seelische Androgynität betrifft.

Diese Verbindung schürt das spirituelle Glimmen geläuterter Jungfräulichkeit, weil sie die Erkenntnisse nur aus den äußeren Reflexionen zieht (Anpassung nach außen), ohne zu bedenken, daß die Abwehr individueller Wünsche ja gerade dem Verhalten entspricht, die eigene Subjektivität vor sich selber zu verstecken. Auf einer moralischen Ebene hängt dieser Aspekt auch mit deiner inneren Absicht zusammen, dich mit dem "Charisma von Objektivität" zu ummänteln, indem du die "Subjektivität der anderen" ausgleichst.

Frau/Mann

Merkur und Venus verleihen dir die Gabe, dich gut auszudrücken und auch komplexere Aussagen in poetische und einfache Bilder zu übertragen, die von der Umwelt leicht verstanden werden. Athene ist die Schutzherrin der Dichter, Denker und Philosophen, was die Tragweite dieses Aspektes gut umschreibt, auch wenn wir es ohne transsaturnische Einstrahlungen natürlich mit weniger tiefgründigen Auswirkungen zu tun haben (wenigstens was die Bewußtwerdung der Zusammenhänge in deinem Hirn betrifft). Trotzdem schenkt dir die innere Auflehnung dieses Aspektes gegen alles Beengende eine poetisch-pointierte Ader, auch wenn aus einer inneren Naivität heraus die Widersprüche meist nur bei den anderen gesehen werden können.

Um dieses innere Dilemma zu verstehen, mußt du dir hier über die Wirkungen dieser beiden Komponenten Klarheit verschaffen: Merkur stellt sich in den Dienst des prüfenden Erkennens, der natürlich immer nur die Voraussetzung seiner inneren Modelle ausmißt (die Unstimmigkeit sucht er meistens bei den anderen); Venus wiederum ist eine Kraft, die sich krampfhaft bemüht, Reibereien und Zwistigkeiten zu verhindern und so versucht, die von Merkur bei anderen diagnostizierten Fehler auszugleichen. In ihrem Zusammenwirken versuchen beide, sich über die Außenwelt zu heilen. Das verleiht ihnen (und dir!) im Umgang mit der Umwelt viel Geschick und diplomatisches Gespür. Dieses Ablenken von sich selber ist deshalb auch der Kanal für menschliche Kultur, denn was sollte sich besser eignen als die Kunst, sich mit seinen inneren Problemen auseinandersetzen zu können, ohne sie als seine eigenen erkennen zu müssen?

Beziehung/Sexualität

Das *eigene Ungesehene* also gewissermaßen *von sich selber in Distanz zu bringen* (und in der Außenwelt zu manifestieren), ist ein Akt der inneren Verunsicherung. Aber was sich in der Kunst zu kompensativen Schöpfungsmonumenten auswachsen kann, ist in partnerschaftlicher Hinsicht nur die erschöpfende Erkenntnis, ohne Projizierung auf den Partner aus seiner inneren Mitte heraus gar nicht lebensfähig zu sein.

Es ist also nicht innere Tiefe, die deine Beziehungen kennzeichnet, sondern nur die Darstellung eines vermeintlichen Beziehungsglücks. Unter dieser Konstellation hast du dich an die äußere Form verloren, welche du zum Inhalt machst, und damit lieferst du dich der Form jetzt aus. Wenn du dir vor Augen hältst, daß jede Form nur soviel wert ist, wie ihr an gesellschaftlicher Zustimmung zufließt, kannst du erfahren, wie du dich in deinem Gefühlswert an die Umwelt klammerst. Und da dein Gefühlswert ja wiederum von den Bildern abhängig ist, wie die anderen über dich denken, haben wir hier eine vollständige Auslieferung an die eigene Vorstellung, die sich aus dem *Denken, was die anderen denken* zusammensetzt.

Damit ist aber auch schon klar, warum Sexualität nicht funktionieren will. Statt die eigenen Triebe zu leben, setzt du dich mit der Geilheit deiner Umwelt auseinander und suchst durch kulturelle Überhöhung zu entschärfen, was du an eigenen Triebinstinkten nicht erträgst. Indem du dein Augenmerk auf Styling, Ausgewogenheit und äußere Schönheit richtest, formalisierst du die Gefühle und machst sie hinter ästhetisierenden Ideen ungreifbar. Du biederst dich Begriffen wie "ästhetische Androgynität" an, damit du den anderen kastrieren und dich den eigenen Trieben gleichzeitig entziehen kannst!

Karmisch-seelische Struktur

Die kollektive Struktur

Merkur/Venus ist die Vorstufe zur Auflösung, die, wenn auch noch unbemerkt, in ihren subjektiven Verfeinerungen und differenzierten Strukturierungen die Realität schon auszuhöhlen beginnt. Die übermäßige Subjektivierung, die sich unter diesem Gestirn in die Welt einbringt, versucht das Leben unter objektiven Gesichtspunkten zu gestalten, aber da sich das gegenseitig ausschließt, bleibt nur die Möglichkeit, in den eigenen Lebensbeschreibungen zu leben. Man lebt in dem Bild, das einem die Welt umreißt, d.h. man hat die Realität "erlebnismäßig" von sich selbst entfernt und lebt sie in der "Umschreibung der Umwelt" aus, was schon die Nebel der Auflösung anzeigt. Nur stülpt man diesem Nebel noch schnell eine Zielrichtung auf, um die Realität zusammenzuhalten, denn man glaubt, der Nebel sei die Wirklichkeit.

Merkur und Venus umschreiben also, was sie zu leben nicht gewillt sind, und dazu benutzen sie ein einfühlsames Denken, das vor allem ihre eigenen Empfindungen (das eigene Ungesehene) in die anderen hineinspiegelt. Sie versuchen sich an den Gipfeln objektiver Klarheit, wobei sie sich selber überlisten, weil ihr Denken ja immer nach dem inneren Empfinden ausgerichtet ist. In der Selbsttäuschung verhangen, die anderen zu harmonisieren, sind alle Vermittlungs- und Schlichtungsabsichten schließlich bloß Versuche, die Realität sozusagen *aus der Entfernung von sich selber über die Divergenzen anderer* zu leben.

Das persönliche Karma

Hier läßt sich leicht erkennen, wie du aus dem inneren Unvermögen, deine Individualität zu leben, dich an die Umwelt anpaßt und diese Anpassung schließlich zum eigenen Persönlichkeitsmodell machst (die Auseinandersetzung mit den Problemen anderer wird zum eigenen Selbstwert). Du hast nicht die Absicht, die Umwelt zu erlösen, sondern suchst Harmonie im Gegenteil aus dem Verhalten, deine unterdrückten Spannungen in den Problemen anderer loszuwerden. Dein seelisches Bemühen, die Spannungen der Umwelt auszugleichen, entspricht im Grunde dem verdeckten Streben, durch Harmonisierung der anderen die innere Psyche zu stabilisieren. Und was als Aufopferung an die Außenwelt erscheint, ist im Grunde nur das stetige Bemühen, die anderen als Projektionsfläche für die eigenen Ängste zu benutzen. Damit befindest du dich auf dem Gipfel unbewußter Selbstverstrickung: *Das Problem versteckt sich vor sich selbst, indem es sich in den Problemen anderer versteckt und sich im Bild der anderen von seiner eigenen Lösung überzeugt.*

In guten Zeiten kannst du einen Zipfel vom Bild des Ewigen erhaschen, wie es stets erstrebt wird und doch nie erreicht werden kann. Gerade die Einsicht, daß sich in den Bildern immer nur das eigene Erkennen "erkennt", gibt dir die Kraft, unbeirrt der großen Zusammenhänge deine eigenen Widersprüche zu leben. Indem du die Widersprüche zu akzeptieren beginnst, beginnst du die Probleme in ihrer Widersprüchlichkeit zu leben, die ja immer auch die Widersprüchlichkeit des kollektiven Geistes sind. Du spürst, daß in jeder Lösung schon wieder Keime neuer Fragen dämmern – daß in jedem Ende schon wieder ein neuer Anfang keimt!

Mythologischer Hintergrund

Die Geburt der Pallas Athene

In der Überlieferung wurde Zeus von Uranos gewarnt, daß die Frucht, welche die geschwängerte Metis von ihm im Leibe trug, zusammen mit der Mutter, der Göttin der Weisheit, seinen Machtanspruch einst behindern könnte. Um diese Pläne zu durchkreuzen, verschlang er Metis, noch bevor diese das Kind gebären konnte. Aber es dauerte nicht lange, da wurde der Gott von Schmerzen im Kopf befallen, die so heftig waren, daß er den Götterrat um Hilfe anrief, die ihm von Hephaistos auch gewährt wurde. Der Schmiedegott erbot sich, ihm den Kopf zu öffnen, damit sich das Übel verflüchtigen könne. Also spaltete er ihm mit einer scharfen Bronzeaxt den Schädel – und der klaffenden Wunde entsprang Pallas Athene.

Da Merkur/Venus die menschliche Fähigkeit verkörpert, sich aus seinen reflektierenden Eindrükken Bilder zu schaffen, die für das Individuum die Wirklichkeit bedeuten, treffen wir neben dem Verhalten, sich in die eigene Tasche zu lügen, auch auf Eigenschaften wie Umwandlung und Kreativität. Für die alten Griechen war diese Gabe ein göttliches Geschenk, denn äußere Eindrücke zu immer neuen Inhalten umzugestalten war für dieses kultivierte Volk eine Fähigkeit, die sie mit ihrem höchsten Schöpfer-Sinnbild in Verbindung brachten. Deshalb schufen sie sich in Pallas Athene eine Symbolform, die den Dichtern und Denkern zugeordnet war und verehrten sie als eine Gottheit, die dem Allvater direkt aus dem Haupt entsprungen war.

Fazit

Damit begegnet uns das Merkur/Venus-Prinzip nicht nur auf der äußeren (Venus entsprang dem Merkur-Hirn), sondern auch auf der inneren Ebene. Zeus gleicht die Gefahr von außen aus, indem er das Problem verinnerlicht. Hat er sich die Mutter einverleibt, kann sich die Ungeborene nicht mehr gegen ihn verbünden, und so verwandelt sich das, was ihn in seiner Machtentfaltung hindern könnte, zu einer Kraft, die ihn in seiner Machtentfaltung unterstützt (Athene wird also folgerichtig seine Lieblingstochter). Der Preis, den er für diesen Transformationsprozeß entrichten muß, ist die offene Wunde (das Vagina-Prinzip), durch die er seine Lösung in die Welt gebärt. Damit erzielt er zwar einen momentanen Ausgleich, aber natürlich nur innerhalb der Grenzen, die seine Strategie umfaßt.

In jeder Lösung aber immer auch die Wurzel eines künftigen Problemes zu erkennen, ist Sinnbild dieser Verbindung, die im Denken liegt. Das Denken kann sich nur im Denken spüren, und da die Grundlagen des Denkens auch im Denken liegen, können wir hier sehen, wie hinter dem Wunsch nach objektivem Denken geradezu die "Wunde" blutet, die nach einem "Pflaster" sucht: *Objektivität ist das Pflaster, worunter sich die Wunde versteckt; weil man die eigene Subjektivität nicht zu leben getraut, bringt man unter diesem Gestirn seine Problematik dahingehend zur Deckung, daß man sich mit der Subjektivität der anderen befaßt.*

Psychosomatische Entsprechungen

Verdrängung der Wirklichkeit (Anpassung an die eigene Wunschvorstellung)

Die Welt der Harmonie, wie sie unter diesem Aspekt gerne gesehen werden möchte, ist ein Ideal, das mehr mit deinen inneren Wünschen als mit der äußeren Wirklichkeit zu tun hat. Weil du dir nicht eingestehen willst, daß die Grundlage, auf der diese Gesellschaft funktioniert, gerade die Konflikte bzw. die "Konfliktsverhinderungskonflikte" sind (die wiederum in dir selber liegen), brauchst du zur Verdrängung eine Anpassung an deine eigene Wunschvorstellung, damit du deine Verlogenheit auch leben kannst.

Unter diesem Gestirn kannst du die Wahrheit nicht erkennen, weil du laufend damit beschäftigt bist, die Bilder zu erschaffen, hinter denen sich die Wirklichkeit versteckt. Das entspricht einem Akt der Vernunft oder einem verdeckten Angriff der Schizophrenie (Schein-Schizophrenie), wie sie für dein gesellschaftliches Verhalten typisch ist. Denn du bist ein Gefangener deiner eigenen Anpassung, gerade weil es dir gelingt, deine fehlende innere Sicherheit mit den Vorstellungen der Gesellschaft in Übereinstimmung zu bringen. Zwar ist Anpassung ein legitimer Versuch, der Widersprüchlichkeit des Daseins zu entfliehen, aber als Methode, Wahrheit und Erkenntnis zu erlangen, taugt sie nicht. Ambivalenz bedeutet menschliches Erleben; wer das verdrängt, schließt Spiritualität aus. Das entspricht der unbefruchteten, verwelkenden Blüte, die den Zweck ihrer Bestimmung vergessen hat. Ist der Kontakt zu den Wurzeln unterbrochen, ist der Lebenssinn verloren: Der Geist des Lebens ist vermodert, der Trieb des Blühens ist verdorrt!

Symptom-Katalog

Allgemein

Verdrängungsmechanismen:
- Stilisierung des Alltags (Unakzeptanz der Wirklichkeit) oder Aufwertung der Realität mittels äußerer Eindrücke (Mode, Kunst)
- Narzißmus (ästhetisierende Erotik) oder Asexualität bzw. neutralisierte Hingabefähigkeit

Verdrängungsneurosen:
- Distanzierung und Unterkühlung (aus Angst vor Gefühlen) oder gefühlsmäßige Unverbindlichkeit (Tarnung hinter Freundlichkeit)
- Reduktion auf Formalismen (gefühlsmäßige Erstarrung) oder Puritanertum (moralisierende Heiligtuerei)

Psychisch
- Scheinvernunft, Entscheidungsverweigerung, Gefühlsinflation
- Verirrung in Einzelheiten, Interessenverzettelung

Physisch
- Affektionen der Atemwege (Austauschschwierigkeiten) und der Haut (Kommunikationstrübungen)
- Darmerkrankungen (Dünndarm, Zwölffingerdarm)
- allergische Überempfindlichkeit (körperliche Harmoniekonflikte)

Schüssler-Salze

Mineral

Kalium sulfuricum (Nr. 6)
- fördert den inneren und äußeren Stoffwechsel (reinigt und vertieft die Umweltbeziehungen)

Neben-Minerale

Kalium arsenicosum (Nr. 13)
- als Mittel gegen Hautprobleme, Durchfälle und allgemeine Schwächezustände (Angst vor der öffentlichen Meinung)

Cuprum arsenicosum (Nr. 19)
- bei Schwierigkeiten, sich mit der Umwelt auszutauschen (Reduktion auf Formalismen, emotionale Erstarrung)
- oder generell: gegen Magen-Darmbeschwerden

Bach-Blüten

Centaury (Tausendgüldenkraut)
– bei chronischen Anpassungssymptomen (man hat sich vor lauter Anpassung an andere von seinen eigenen Bedürfnissen entfernt)

Pine (Schottische Kiefer)
– gegen Schuldgefühle und Selbstvorwürfe ("Märtyrer-Syndrom": man hält sich für die Fehler anderer verantwortlich)

Scleranthus (Einjähriger Knäuel)
– bei Interessenverzettelung oder Verstrickungen in Einzelheiten

Wild Oat (Waldtrespe)
– gegen Unentschlossenheit (bei angepaßter Scheinvernunft)

Urtinkturen

Mangifera indica (Mangobaum)
– bei Distanzierung, Unterkühlung und Austauschproblemen (Angst vor der Wirklichkeit)

Passiflora (Passionsblume)
– gegen übertriebene Gewichtung der Werte (Aufwertung der Realität) durch äußere Eindrücke

Erlösungsform

– Psychotherapie mit Gewicht auf sozialer Interaktion

Spirituelle Öffnungen

Ritual
platonische Liebe; Liebe zum Schönen
Farbe
Safrangelb, Gelborange, Zartrosa
Duft
Ingwer-, Geranium- oder Salbeiöl
Edelstein
Beryll, gelber Saphir, Goldtopas
Krafttier
Honigbiene, Brieftaube
Symbol
Waage
Mythos
Narziß (verliebt sich in sein Spiegelbild)
Archetyp
Steward, Vermittler, Diplomat
Gottheit
Brigid (Göttin der Dicht- und Heilkunst), Iris (Botin Heras), Minerva (Wissen und Weisheit), Sarasvati (hinduistische Göttin der Harmonie), Paramita Prajna (buddhistische Erkenntnisfee)
Kraftort
Theater, Empfänge, Vernissagen
Kultstätte
Centre Pompidou und Louvre in Paris
Sabbat
Tag- und Nachtgleichen
Musik
"Der Barbier von Sevilla" von Gioacchino Rossini
Malerei
"Ballett" von Edgar Degas
Schrift
"Über den Umgang mit Menschen" von Adolph Freiherr von Knigge

MERKUR/MARS

100% Konjunktion (+);Quadrat (–); Trigon (+); Opposition (–); Spiegelpunkt (+)
85% Sextil (+)
75% Anderthalbquadrat (–); Quincunx (–); Merkur in Haus 1; Merkur in Widder
60% Halbquadrat (–); Mars in Haus 3; Mars in Zwillinge
50% Halbsextil; Mars in Haus 6; Mars in Jungfrau; AC in Zwillinge
40% AC in Jungfrau; Hausspitze 3 in Widder; Herrscher von Haus 1 in Haus 3 oder 6
25% Hausspitze 6 in Widder; Herrscher von Haus 3 oder 6 in Haus 1

Thema	Schlagfertigkeit, Gedankenschärfe (geistige Aktivität)
Ziel	Kritikfähigkeit, Unterscheidungsvermögen, Strukturanalyse
Sinn	Ausgleich, Beilegung von Differenzen (objektivierte Subjektivität)
Licht	Erkenntnis, Klarheit, geistige Veränderung
Schatten	Streitlust, loses Mundwerk, destruktives Kritikvermögen
Leitbild	"Messer im Kopf" oder Pallas Athene, des mutigen Helden kluges Alter ego

Denn nur in seinem Suchen selbst findet der Geist des Menschen das Geheimnis, welches er sucht!
Friedrich Schlegel

Irgendwo weiß man ja zuunterst in der Seele meistens schon, wohin es geht, aber sehr oft macht der Hanswurst, den wir Ich nennen, einen solchen Lärm, daß die innere Stimme nicht hörbar ist.
Marie-Luise von Franz

☿ ♂

Grundlage

Geistige Prägung

Wenn sich kämpferische Durchsetzung oder jugendliche Unbekümmertheit mit dem Akt des Denkens verbinden, dann begegnen wir dem radikal Denkhandelnden in dir, der sich die Motivation zum Handeln aus seinem eignen Tun kreiert. Damit brauchst du keinen *Grund mehr zum Handeln,* sondern du brauchst das *Handeln als Grund* zur Selbstverwirklichung. Der Drang ins äußere Leben ist dir deshalb Grund genug, die eigene Aggressivität zu leben (dies zu erkennen ist wiederum der Grund, warum du in die Welt geboren bist), und durch Merkur fließen die marsischen Energieströme auf die Mühlen der Sprache, wo sie sich zu durchsetzungsbetonten Verstandesangelegenheiten auswirken. Das gelingt nicht immer leicht, weil Merkur die marsischen Instinkte in eine rationale Form eingießt. Jede Aggression trägt deshalb den Stempel intellektueller Ich-Besessenheit, die sich bestätigen will (oder zu erkennen sucht), aber immer nur vor sich selber davonläuft, weil hinter allen Zielen ja bloß das eigene Suchen steht. Aus diesem inneren Antrieb, der dich zeitweise für jede (falsche) Einsicht unzugänglich macht, quillt kreatives, expressives Aufbegehren, die Ausdrucksformen werden übersteigert bis zum inneren Kollaps. Das Ich implodiert, stürzt in sich selber ab und überholt sich ständig selbst.

Sinn/Ziel

Die Absicht unter diesem Zeichen ist also permanentes Werden, und damit nähert es sich auf eine erkenntnistheoretische Weise dem absichtslosen Wirken mystischer Weltanschauung an. So wie Neptuns Illusionshaftigkeit einem *Widerspruch innerhalb des Nichtseins* entspricht, so führen die pragmatischeren Abstrahierungen von Merkur/Mars zu einem genauso widersprüchlichen *Werden durch Tun.* Wo aber früher die Sinnsuche die Kirchentürme in den Himmel schießen ließ (aus Angst vor Hölle), so läßt uns im Zeitalter moderner Technik das denkerische Suchen ins Luftleere vorstoßen. Wer Wissen sucht, stößt ins Nichtwissen vor und findet Unerklärlichkeit und Wunder.

Frau/Mann

(+)
Im Falle einer harmonischen Gestirnsverbindung fühlst du dich in Situationen wohl, wo schnelle Entscheidungen verlangt werden, ohne dich an zementierte Standpunkte zu klammern. Ständiges Fluktuieren und Infragestellen der akquirierten Standpunkte zeichnet dich aus, und du suchst dir dein Weltbild aus den unterschiedlichsten Perspektiven zusammen. Du bist tief im Diesseitigen verhaftet, konzentrierst dich auf das augenblickliche Handeln und hast keinen Anspruch an die Ewigkeit. Deinen Lebenssinn findest du in den Erfolgsmomenten, auch wenn es nur Sekunden sind, die du aber immer wieder auskostest, weil sie auf unmittelbare Erfolgserlebnisse ausgerichtet sind.

Ohne erkenntnisbezogene Tiefenperspektive ist es für dich nicht schwer, Risikobereitschaft zu zeigen, weil für allzugroße Ängstlichkeit der gefühlsmäßige Rahmen fehlt. Auf dem Grat zwischen Sein und Nicht-Sein bewegst du dich in kindlicher Unbefangenheit, denn dein historisches Bewußtsein ist jung und die Fermente deines Denkens noch viel zu sehr in einem Entstehungsprozeß begriffen. Für dich ist das Leben in jedem Augenblick ein Abenteuer, und da ist jede einengende Form von Standpunkt hinderlich.

(–)
Die negative Konstellation beruht auf der "aggressiven Wirklichkeit der Handlung", und das ist auch ihr geheimes Ideal: nur auf sich selbst bezogen in der Welt zu stehen, nur so, als Hirnereignis oder Tat. Deshalb bist du auch oftmals voller Tücke, weil in dir ein empfindungsloses Ich regiert, welches abgeschnitten von einem emotionalen Hintergrund in einer künstlichen, isolierten Denkwelt existiert. Du geisterst durch die Abgründe deiner Isolation und wirst dabei zu jenem verrannt-besessenen Voyeur, der alles wahrnimmt, was um ihn herum geschieht, ohne sich aber selbst zu spüren. Denn Merkur/Mars ist im eigenen Denken eingesperrt, und da er als Maßstab selbst fungiert, erkennen wir das Unvermögen, die Wahrheit zu erlangen. Trotzdem stellst du dir die Frage nach dem Ursprung allen Seins, aber da du keine Antwort weißt, versinnbildlicht dies dein eigenes Verhalten: "Ewiges Werden ist ewige Durchsetzung und ewige Durchsetzung ist Sein!" Du existierst an der Peripherie des Seins, und wenn du handelst, so handelst du aus dem Alptraum deiner denkerischen Ich-Besessenheit, denn jede deiner Handlungsabsichten will umwegslos Ereignis werden.

Beziehung/Sexualität

Die Liebe ist ein Zeitvertreib, man braucht dazu den Unterleib, sinnierte einst Erich Kästner und hat damit die Aura dieser Stellung gut umschrieben. Da Mars die wollüstigen Schreie, den klebrigen Schweiß, die mampfenden Bewegungen und die aneinanderklatschenden nassen Leiber symbolisiert, Merkur die Ratio aber eingeschaltet läßt, wird der Orgasmus "verkopft", über die Hirnströme wahrgenommen, also verstandesmäßig erforscht und gefühlsmäßig dadurch unschädlich gemacht.

Merkurbetonten fällt es schwer, in den Niederungen sexueller Dümpeleien zu gründeln, weil sie auf den Höhen verbaler Abgehobenheit thronen und sich lieber in die Zunge beißen, als ein "unanständiges" Wort in den Mund zu nehmen. Sie sind die geborenen Voyeure, die sich brennend dafür interessieren, wie es die anderen treiben ("Kinsey-Report"), ohne von ihren eigenen Bedürfnissen auch nur ein Wort über die Lippen zu kriegen. Sie reden nicht über Sexualität, sie referieren.

Marsbetonte referieren nicht, sie handeln. Wenn Mars vorprellt, werden die Instinkte von der Kette gelassen, aber da die Triebe über die Merkurkanäle ja mit Vernunftbildern beliefert werden, die in die Instinktrealität nur schwer zu integrieren sind, wird in die Masturbations-Ecke ausgewichen und die Inszenierung heißer Bilder verstandesmäßig kontrolliert.

Karmisch-seelische Struktur

Die kollektive Struktur

Auf der Alltagsebene finden wir unter diesem Aspekt die inneren Instinkte, die auf die Formmuster des Denkens stoßen. Das wirkt sich zur Aufgabe im Leben aus, die Durchsetzungskräfte an die Bedingungen der Umwelt anzupassen, ohne sie weder zu unterdrücken noch zu verhindern. Die Geborenen werden also zum Balanceakt aufgefordert, ihre widerstreitenden, animalischen Triebe in die gesellschaftlichen Modelle zu integrieren, um sich im Leben einerseits behaupten zu können, ohne die Umwelt aber andererseits zu brüskieren.

Diese Gestirnsverbindung verspricht nämlich einen aktiven, energischen Verstand. Die Menschen neigen dazu, in ihren Ansichten zu überhitzen und radikal zu denken. Sie schrecken die Welt aus ihrer lethargischen Verträumtheit, treiben sie mit dem Feuer flammender Worte aus den Refugien harmonisierender Weltvorstellung und wollen dabei nichts als die Einsicht herbeiführen, daß zum Gleichgewicht des Ganzen die Aggression des Einzelnen gehört, daß Triebenergien nie etwas Falsches sein können, wenn man sie im Ausmaß der ganzen Schöpfungsabsicht erkennt. Erst in der Summe allen Tuns wirkt sich die Ewigkeit aus. Anders ausgedrückt: Das Immerdauernde setzt sich aus den tiefsten Triebenergien zusammen, die sich in den Auswirkungen ihrer Handlungen von Raum und Zeit in Ewigkeit umwandeln.

Mars ist pausenlos in Auseinandersetzungen verwickelt und Mittellagen sind ihm Lüge, Abwägen Feigheit, kurz: In Sachen Sprache herrscht ein Ton äußerster Konsequenz. Er zerschlägt immer wieder die Ureinheit kosmischer Entwicklung, aber in seiner Aggressivität stellt er auch ein gewaltiges Potential kollektiver Verwirklichung dar, die den gordischen Knoten nicht durch abwägendes oder bedächtiges Herumnesteln löst, sondern durch den ich-durchsetzenden Akt der Trennung (er zerhaut den Knoten mit dem Schwert). Dadurch verhilft er dem merkurhaften Streben, immer alles miteinander in Beziehung bringen zu wollen, zu einem schnellen Reaktions- und Koordinationsvermögen. Blitzhaftes Erfassen und augenblickliches Handeln sind Attribute, die unter dieser Gestirnsverbindung wuchern. Der Preis dafür ist aber auch nicht ohne: Merkur/Mars blutet sich oft in seinen eigenen Zersplitterungen aus.

Das persönliche Karma

Genauso wie es unter dieser Konstellation nicht nur um Recht und Ordnung geht ("Messer im Kopf"), sondern vor allem um die Verwaltung von Verhaltensnormen (kontrollierte Triebe, objektivierte Subjektivität), genauso ziehst du aber auch Konfliktsituationen an. Der kombinierte Aufbau ist verloren, reale Zielsetzungen sind verwischt und du bist den irrationalen Dschungelgesetzen ausgeliefert, die nach den kollektiven Triebanlagen ausgerichtet sind. Dadurch vermischen sich deine inneren mit den äußeren Aggressionen und schwitzen sich im harten Alltag aus. Du mußt in deiner persönlichen Eigenart Farbe bekennen als Teilnehmer eines Krieges, den du in weiter Ferne wähnst, dabei findet er in deinen eigenen Taten statt.

Aggression ist Mars und Spiel ist Merkur, und damit Mars funktionieren kann, braucht er die Reflexion der Sprache. Gleichzeitig ist die Sprache aber auch Prothese, um mit der Wirklichkeit nicht konfrontiert zu werden. Somit können wir in dir die Aggression erkennen, die nicht wirklich ins Leben hineingeht, sondern die nur mit sich selber kokettiert. Dabei hast du öfters das Bedürfnis, die Denkgebäude anderer umzustülpen, weil du deine aggressiven Spitzen ja bloß gegen die Hirnmodelle richten kannst, denn statt eines mutigen Triumphators auf dem Schlachtfeld der Triebe bist du nur ein Gladiator der Zunge in der Arena der Argumente, der seine Einsichten nach allen Seiten loswird. Dadurch werden alle Weisheiten zu tauben Worten *(Das Leben ist ein Spiel, und die Regeln sind wir selbst)* und die Reden selbst zu jenen hohlen Sprüchen, die du brauchst, um deine innere Leere zu verstecken. In überspitztem Sinn entspricht das einem Plastik-Guru, der in der Tao-Show verkündet: *Einfach toll, was Menschen machen. Immer richtig, ganz egal, was sie tun!*

Mythologischer Hintergrund

Die geharnischte Pallas Athene/Hermes der Psychopompos

Hier begegnen wir einem anderen Aspekt von Pallas Athene, die nicht nur die Schutzpatronin der großen Dichter und Denker ist, sondern auch die Göttin raffinierter Strategien und verstandesmäßiger Aggressionen. Dieser Umstand wurde im Mythos dadurch ausgedrückt, daß sie der Kopfwunde von Zeus in voller Kriegsrüstung entsprang (vgl. Merkur/Venus). So wurden ihr gewisse kämpferische Züge unterlegt, auch wenn diese weniger dem Hang zum Blutvergießen entsprangen als dem Drang, sich verstandesmäßig durchzusetzen. Mehr Kopfstrategin als Muskelkämpferin, verbinden sich in ihr das diplomatische Geschick von Merkur/Hermes mit der physischen Aggression von Ares/Mars. Dadurch wurde sie zum Beistand vieler antiker Helden, die sich nicht nur mit den Waffen, sondern auch mit Verstand und List zu helfen wußten (Odysseus, Perseus, Achilleus).

Ähnliche Eigenschaften kann man auch Hermes Psychopompos zuordnen, der die Verstorbenen in die Unterwelt führt (auch wenn es ihm ohne Plutos Einwilligung natürlich unmöglich ist, über den Styx zu gelangen). Wir finden in ihm aber das Bestreben, den Intellekt bis an die Grenzen auszudehnen sowie das unbotmäßige Verlangen, die Schöpfungsmechanismen, denen er sich anzupassen hat, hin und wieder zu umgehen.

Fazit

Da Hermes Psychopompos die Aufgabe zufällt, die toten Seelen zum Gericht zu führen, erkennen wir in dieser Konstellation auch das innere Bedürfnis, über die Aggressionen Rechenschaft zu geben. Das Jüngste Gericht oder das Weltgericht, bei dem die Toten Rechenschaft über ihre Vergangenheit ablegen müssen, ist ein Symbol, in dem sich die Angst der Menschen vor den Auswirkungen ihrer Handlungen ausdrückt. Diese verinnerlichte Angst ist eine unbewußte Reaktion gegen die drohende Saturn-Instanz, die Freud das Über-Ich nannte: Ein Normengefüge aus früh-kindlichen Erziehungsmustern, öffentlichen Meinungen und sozialer Moral, das sich wie ein mächtiger Wall gegen die persönlichen Bedürfnisse des Individuums stellt.

Angst ist zwar durchaus auch ein lebenserhaltender Instinkt und ein Sicherheitsfaktor, Angst ist aber vor allem einmal ein lebensverengendes und einschnürendes Erlebnis. Da unter Merkur/Mars die Instinkte direkt ans Denken angeschlossen sind, droht natürlich die Gefahr, daß bei entsprechendem Anstau die ausbrechenden Ängste in die Denkkanäle überlaufen. Die im Innern lauernde Gefahr zwingt in die Tat: Man glaubt sich aggressiv verhalten zu müssen, um die Kanäle besetzt zu halten, über die sich die unbewußten Ängste einspeisen könnten. Das ist natürlich ein Zirkelschluß, da der Abwehrplan, mit welchem man die Angst verhindern will, ja gerade dem Ausdruck dieser Angst entspricht: nämlich dem Spiel der Aggressionen mit sich selbst!

Psychosomatische Entsprechungen

Erregungssteigerung (überdrehte Vernunft aus verdrängter Angst), Anfälligkeit für streßerregende Sinnes- und Gefühlsreize

Wenn sich Mars unter Merkur nicht richtig austoben kann (weil oft der intuitiv-emotionale Rahmen fehlt), bleiben die Ängste im Raum der Denkvorstellung hängen, als Instinktbild sozusagen, das sich zur Kopf-Aggression formiert. Die Emotionen werden auf die Denkmühlen gelegt, die Lebensängste in Vernunft und Leistung umgesetzt. Diese scheinbare Angstlosigkeit ist aber nur ein Ablenkmanöver, weil du deine Gefühle nach außen nicht zeigen kannst. Vom inneren Unvermögen, dich selbst nicht empfinden zu können, wirst du buchstäblich in die Leistung gepreßt: Du mußt kämpfen, um dich über die Auswirkungen deiner Taten spüren zu können und den inneren "Angst-Verhinderungs-Dämon" zu besänftigen. Du hast dich deinem inneren Angst-Verhinderer jetzt ausgeliefert, und darum mußt du kämpfen, um ihn zu nähren (aber nicht so sehr, um ihn wirklich zu besiegen). Denn der Dämon (das Symptom) ist zu einem Teil deines eigenen Verhaltens geworden; besiegtest du ihn, zerfiele dir dein Weltsystem! Die Krankheit hat sich nämlich in deine eigenen Denkvorstellungen eingefressen und ist inzwischen ein Teil dessen, *wie sich dir die Welt darstellt.*

Auf spiritueller Ebene ist es das unbewußte Streben, den Widersprüchen des Lebens entgehen zu wollen, ohne sich der Widersprüche aber bewußt zu sein. Das entspricht dem Verhalten, sich in seiner eigenen Falle zu fangen (die Falle, die sich selber fängt!), denn Merkur ist auf Selbsthinterfragung gar nicht eingerichtet. Er kann die Unvernunft nicht sehen, weil er dafür kein Auge hat. So wird er immer Gründe finden, sie in gesellschaftliche Modelle einzubinden. Daher kann der Sinn dieses Versteckspiels nur der sein, sich immer mehr in dem zu verstricken, was schließlich zum Zusammenbruch führen kann. Merkur/Mars verkörpert den kollektiven Bazillus, den wir seit vielen Generationen ganz tief in uns vergraben haben, damit wir diese Unvernunft, die wir Vernunft nennen, überhaupt leben können.

Symptom-Katalog

Psychisch

Erregung und intellektuelle Übersteigerung durch ungenügende Reizverarbeitung:

- Begriffsverschiebungen (Störungen in der Wahrnehmung von Zusammenhängen)
- Unfähigkeit, die eindringenden Außenreize zu verarbeiten (Nervosität, Schlafstörungen, Unrast)
- Anfälligkeit für vielschichtige, streßerregende Sinnes- und Gefühlsreize (Erregungssteigerung des Zentralnervensystems):
  a) Wahrnehmungszerfall
  b) Denk- und Ich-Störungen
  c) Kommunikationsverlust
  d) emotionelle Abstumpfung
  e) komplexe Reizverarbeitungsschwäche
  f) Denkzerfahrenheit, Trugwahrnehmungen und Wahnbildung

Physisch

- Atemwegserkrankungen (Bronchitis, Bronchialkatarrh)
- Kopfweh und Kribbeln in den Gliedern
- allgemeine Entzündungen und Nervenschwäche

☿ ♂

Schüssler-Salze

Minerale

Ferrum phosphoricum (Nr. 3)

Eisen (Mars) bindet und transportiert den Sauerstoff (Merkur) im Blut:

- bei Erregung (Blutanstau im Kopf) durch ungenügende Reizverarbeitung (Denkübersteigerung)
- gegen Entzündungen
- gegen Bronchialkatarrh (Atemwegserkrankungen)

Natrium muriaticum (Nr. 8)

- bei nervös-rechthaberischem Verhalten (aggressives Denken führt zu selbstquälendem Grübeln)
- Kopfweh
- Kribbeln in den Gliedern
- Wasserscheu (Salzmangel)

Neben-Minerale

Manganum sulfuricum (Nr. 17)

In Verbindung mit *Ferrum phosphoricum:*

- gegen allgemeine Entzündungen und Nervenschwäche

Kalium jodatum (Nr. 15)
– bei Nervenreizungen (Nervosität, Schlaflosigkeit und Unruhe)

Bach-Blüten

Impatiens (Drüsentragendes Springkraut)
– gegen nervöse Unruhe (Ständig-auf-dem-Sprung) und Ungeduld (Nichts-geht-schnell-genug!)

Crab Apple (Holzapfel)
– intellektuelle Reizbarkeit (trockenes, verholztes Denken)

Heather (Schottisches Heidekraut)
– vordrängende Ichhaftigkeit (übertriebene Pseudo-Intellektualität)

White Chesnut (Roßkastanie)
– oder irritierte Aggressivität (Selbstbespiegelung egomanischer Wünsche)

Urtinkturen

Camphora (Kampfer)
– gegen innere und äußere Kälte (Leere, Taubheit, Kälteschauer)

Scutellaria lateriflora (Heimkraut)
– Sedativum für die Nerven (bei Reizung, Schwäche oder Furcht)

Tabak
– gegen Nervosität *(Schon die alten Indianer rauchten Pfeife als Symbol der Ruhe und des Friedens!)*

Erlösungsformen

Verletzlichkeits-Streß-Therapie:
– Streßvermeidungs- bzw. Streßbewältigungs-Therapie

Spirituelle Öffnungen

Ritual
Kommunikationsaustausch, Meinungsbildung, Rechthaberei und Redeschlacht: *Leck mich im ...!* (Götz von Berlichingen)
Farbe
von Gelb und Grau bis Braun und Rot
Duft
Kampferöl; Tabakgeruch
Edelstein
Grossular (Kalktongranat) oder Silex (unreiner Feuerstein)
Krafttier
wilde Hunde; durchgehende Pferde
Symbol
Alexanders Gordischer Knoten, den er mit einem Hieb durchtrennt
Mythos
das Troyanische Pferd; die Vertreibung der Händler aus dem Tempelvorhof (Johannes 2,12-17)
Archetyp
Meinungsforscher
Gottheit
Hermes-Merkur (Gott der Kaufleute und der Diebe); Odysseus und die geharnischte Pallas Athene
Kraftort
Straßen, Wegkreuzungen (mitten im Verkehrsstrom auf der Golden-Gate-Brücke)
Kultstätte
Tempel in Khajuraho und Konarak (in ihrem Mittelpunkt stellen sie einen von Pferden gezogenen Wagen dar)
Sabbat
Passah (kultisches Gedächtnisfest des Auszuges aus Ägypten)
Musik
"Ionisation" für Schlagzeuginstrumente und Sirenen von Edgar Varèse
Malerei
Pop Art (Andy Warhols oder Roy Lichtensteins zur Bildwürdigkeit stylisierte Banalitäten)
Schrift
Computer-Handbuch; "Kinsey-Report"; "Freak-Brothers" (U-Comix) von Robert Crumb; oder Raymound Roussels experimentelles Verfahren, aus klangähnlichen, aber bedeutungsfremden Wörtern eine autistisch-irreale Phantasiewelt zu gestalten

MERKUR/JUPITER

100% Konjunktion (+); Quadrat (−); Trigon (+); Opposition (−); Spiegelpunkt (+)
85% Sextil (+); Merkur in Haus 9
75% Anderthalbquadrat (−); Quincunx (−); Merkur in Schütze
60% Halbquadrat (−); Jupiter in Haus 3
50% Halbsextil; Jupiter in Haus 6; Jupiter in Zwillinge
40% Jupiter in Jungfrau; Hausspitze 9 in Zwillinge; Hausspitze 3 in Schütze
25% Hausspitze 9 in Jungfrau; Hausspitze 6 in Schütze; Herrscher von Haus 9 in Haus 3 oder 6; Herrscher von Haus 3 oder 6 in Haus 9

☿ ♃

Thema	Wissen, Fortschritt, Weiterentwicklung
Ziel	Bildungsdrang, Erkenntnis, Verstandesgipfel
Sinn	Streben nach Einsichten in größeren Zusammenhängen
Licht	Scharfsinn, Klugheit, Gedankenreichtum
Schatten	die Falle des Denkens (Kopflastigkeit, Gefühlskälte, Dogmatismus)
Leitbild	Einsteins Relativitätstheorie als moderne Entsprechung des "Lapis philosophorum" (Stein der Weisen)

Endlose Zeit ist wie ein Moment.
Wenn einer den endlosen Moment begreift, erkennt er die Person, die er sieht.
Tosotsu

Grundlage

Geistige Prägung

Mit Merkur/Jupiter hast du die Aufgabe, die inneren Sehnsüchte auszumessen und in die Ratio zu integrieren. Jupiter ist dabei die Vorgabe, die ihr eigenes Gottesbild in der Welt der Wunder sucht, und Merkur der Koordinator, der das jupiterhafte Sehnen in den kollektiven Mustern findet. Er forscht in den alten Mythen und Archetypen und findet darin das passende Kleid, in dem sich Jupiter gefällt. Deshalb steigst du auf der Suche nach Erlebnistiefe in die Labyrinthe der Vergangenheit zu den Pharaonen oder Aztekenpriestern hinab, ohne zu erkennen, daß sich dahinter oft nur ein verlorener Lebenssinn (Vergangenheitssuche als Ich-Findung) verbirgt.

So kannst du alle Mythen mit neuen Zielen zu Pseudowahrheiten verbinden, deren Zwecke einzig darin liegen, die innere Leere auszufüllen und von den eigentlichen Zielen abzulenken. Das richtige Ziel aber wäre, in der Vergangenheit das Zeitlose zu erkennen und daraus reale Gegenwartsbezüge zu gewinnen. Dazu bieten sich neben der Tiefenpsychologie, der Religionsphilosophie und vielen esoterischen Disziplinen auch die moderne Physik (das Wissen um die gleichzeitige Richtigkeit sich widersprechender Theorien) an.

Wenn du dein eigenes Unfaßbares also in dir selber finden willst – und nichts weniger als das ist es, was du unter dieser Konstellation anstrebst –, dann mußt du alle Werte aufgeben, die dir heilig sind, ohne aber die Form zu zerbrechen, worin du die neuen Inhalte auffängst. Wenn du erfahren willst, was dich noch trägt, wenn dich die allgemeinen Modelle nicht mehr tragen (und das ist es gerade, was wir Jupiter oder Gottvertrauen nennen), mußt du die Modelle aufs Spiel setzen, ohne aber die Form zu riskieren, in welche wir uns selber hineingestellt haben.

Sinn/Ziel

Merkur/Jupiter erweitert Geist und Verstand, denn die Widersprüche im Leben wollen durch hinterfragendes Denken gelöst und darin gleichzeitig ein innerer Sinn erkannt werden. Die merkurialjupiterhafte Form des Denkens ist vom inneren Wunsch erfüllt, Harmonie und Frieden durch den Austausch von Informationen herzustellen und aus der Erweiterung des Wissens Perspektive zu gewinnen. Die Verschmelzung von Seele und Geist muß über die Denkkanäle vollzogen werden, was mystische Ergriffenheit und seelische Bewegung nur in Modellen zuläßt. Mit einem gutgestellten Mond kann dennoch auf die überindividuellen, kollektiven und mythischen Bilder zurückgegriffen werden, weil sich in den lunarischen Kräften das archaisch oder magisch Unbewußte verborgen hält. In der Regel aber mußt du dein seelisches Manko, die Gefühlswelt transparent zu machen, durch denkerische Klimmzüge ausgleichen. Die seelische Transparenz muß über die Handhabung der Sprache geschehen, was natürlich einen Widerspruch in sich darstellt.

Tiefenpsychologisch finden wir hier das Streben, die "Dreidimensionalität des Ewigen" in die "Zweidimensionalität des Intellekts" hineinzuzwängen, was zu verschachtelt-vernebelten Gedankengebilden führt, die sich kristallisierend auflösen. Die kristallinen Verschwebungen finden sich in den gedanklichen Widersprüchen, die aber Anreiz zur Vereinigung bieten und damit das Unaussprechliche oder Undenkbare spiegeln, für das sie in der Dualität Symbol sein wollen. Du verstehst dich als ein nach Objektivität strebender Architekt des Ewigen, welcher die Grenzen der Vernunft "vernunftmäßig" sprengt, um das "Unaussprechliche" darin unterbringen zu können. Dabei bist du nur der Biograph im Akt des Erfassens deiner eigenen Seelenkräfte, der sich in den Möglichkeiten seiner Bilder selber untersucht.

Frau/Mann

(–)
Wegen der Überfülle von Eindrücken, die es hier zu verarbeiten gilt, besteht allerdings auch die Gefahr, daß du dich in deinen eigenen Denkmustern verstrickst, denn deine Denkströme versiegen nie. Unentwegt damit beschäftigt, neue Eindrücke zu sichten, fließen deine Gedanken an allen Ecken und Enden über und die Begabung, auf verschiedenen Ebenen gleichzeitig zu denken, macht dich für Hirnstörungen anfällig. Deine Bemühungen, allen widersprüchlichen Bereichen gerecht zu werden, lassen dich die Informationen aus einem so weitgesteckten Umfeld sammeln, daß es dir vielfach nicht gelingt, die vielen Meinungen und Belehrungen unter einen Hut zu kriegen. Die äußere Überfülle spiegelt sich im inneren Erleben wider und der Wunsch, Wanderer "und" Weg sein zu wollen, schlägt sich im gesellschaftlichen Verhalten nieder, gleichzeitig in vielen Sätteln unterwegs zu sein.

(+)
Unter harmonischen Aspekten gelingt es dir besser, die Rolle deiner Doppelnatur, nämlich die des "engagiert Handelnden" und gleichzeitigen "Beobachters der eigenen Handlungen" miteinander zu verbinden. Die Fähigkeit, sich nicht nur innerhalb seiner eigenen Denkmuster zu leben, sondern sich auch außerhalb in der Handhabung seiner eigenen Weltbilder zu beobachten, führt dich zu einem von außen beobachtenden Handeln, das sich (innerhalb des Freiraums aus dem inneren Abstand) mehrdimensional gestaltet.

Du denkst dich locker ein, wo andere ihre Gefühlssensoren voll beanspruchen. Logisch-intuitives Denken ist angesagt (das sich ständig hinterfragt, ohne sich selber in Frage zu stellen), denn du siehst die Welt als ein Netzwerk gedanklicher Abläufe, die gesichtet, geordnet und in einen Gesamtzusammenhang gebracht werden müssen, ohne aus den eigenen Erkenntnissen jetzt eine Religion zu machen. Wissen ist nicht mehr ein Machtmittel privilegierter Individualität, sondern nur noch Kanal, über den sich Kommunikation vollzieht. Einerseits zwischen Mensch und Mensch, andererseits aber auch zwischen Seele und Geist, weil unter Merkur/Jupiter den dunklen Schichten im Inneren nur über das äußere Erfassen (Wissen) begegnet werden kann.

Mensch (kybernetisches Modell)

Heute wird der Sinn unseres Daseins nicht mehr im Gottesdienst empfangen, sondern in den Denklaboren der Biochemie oder der Atomphysik. Die moderne Erkenntnisfindung berücksichtigt die Relativität ihrer eigenen Axiome, und die schnellen Medien verbreiten jede neue Sinnfindung in Windeseile in jedem Wohnzimmer. Unglaubliche Wirklichkeitseinbrüche pochen laut an die Pforten unserer Weltvorstellung, und die Phantastik durchdringt langsam den Alltag. So ist es nicht verwunderlich, daß durch die zunehmende Abhängigkeit von der sich immer schneller entwickelnden Technik sich auch die gefühlsmäßige Abwehr anstaut: daß sich in der Sehnsucht nach den Hochblüten vergangener Kulturen trotz Hochtechnisierung nur die seelische Verunsicherung zeigt. Das innere Empfinden ist nicht mehr in der Lage, die Verantwortung für das äußere Gestalten zu übernehmen, und die zunehmende Bewußtwerdung, das Wissen um die Grundlagen der Umweltkatastrophen, die die Auswirkungen des menschlichen Verhaltens widerspiegeln, stärkt die innere Revolte, sich den Bedingungen dieser Gesellschaft zu entziehen. Die Welt ist aus dem Lot geraten, die Epoche der naiven Fortschrittsfreude ist vorbei und nun schießen die tastenden Versuche wie Pilze aus dem Boden, die Wirklichkeit umzuinterpretieren, also neu zu definieren.

(–)
Da die Entwicklung in den verschiedenen Gebieten der Wissenschaft, Forschung und Technik immer rascher voranschreitet und die wechselseitigen Einflüße und Verknüpfungen untereinander dadurch immer undurchdringlicher werden, kannst du unter Spannungswinkeln bisweilen deinen Kopf verlieren. Merkur liefert dir die Informationen, Jupiter aber zwingt dich, diese Informationen zu einem fundierten Weltbild zu gestalten, was in der Vielfalt unserer heutigen Ereignisse nur mehr sehr selten möglich ist. Gerade der denkerische Zwang, den Überblick nicht zu verlieren, liefert dich dieser Denk-Inflation oder Informations-Schwemme aus. Und da die Weltbilder im Kopf entstehen, schwingt sich dein Denken in die schwindelerregende Uferlosigkeit vernetzter Wechselseitigkeiten aus.

(+)
Unter harmonischen Gestirnsverbindungen setzt du dich mit Gott auf eine Weise auseinander, die dich alle Bereiche von Sein und Werden durchstreifen läßt. Dabei löst du dich von den Grundlagen der Polaritäten des Ja und Nein *(der Shakespearschen Frage nach Sein oder Nicht-Sein),* denn du erkennst jetzt die Parallelität von Ja und Nein, Sein und Nicht-Sein. Vielfach wendest du dich auch fernöstlichen Lehren zu. In Vorwegnahme der Einstein'schen Relativitätstheorie wird schon in den buddhistischen Systemen die Relativität von Zeit und Raum, die Relativität von Wahrnehmung und Denken in einen philosophischen Mittelpunkt gebracht und die Lösung darin gesehen, daß man den Zustand der Leere durch meditative Techniken erfahrbar macht.

Karmisch-seelische Struktur

Die kollektive Struktur

Merkur und Jupiter weisen auf eine kreative und schöpferische, wenn auch widersprüchliche Perspektive hin, aus deren Verbindung und Ineinanderfaltung sich große Erkenntnisse herausmodulieren lassen. Aus dem Widerspruch, sich das Unfaßbare durch Denken faßbar zu machen, kann Großes wachsen, wenn man mit diesen Gegensätzen umgehen kann, denn in der Verschmelzung dieser beiden Zeichen liegt ein nur von wenigen Menschen benutzter Realitätsbegriff, der, ohne seine Denkgrundlagen zu verlassen, trotzdem nicht an der Schwelle begrifflichen Verstehens haltmacht.

Man kann diesen Zustand so umschreiben, daß sich das Denken (Merkur) in die inneren Empfindungen der Sehnsüchte (Jupiter) einschleicht und sich damit über die eigenen Grenzen hinaustragen läßt (das Denken vergißt sich kontrolliert, ohne jedoch seine Wachsamkeit aufzugeben!). Und in dieses von seinen eigenen Mustern befreite Denken können neue Eindrücke fließen, die bei Rücknahme der alten Begriffsmuster als sphinxhafte Visionen, allegorische Vexierbilder oder poetische Futurismen hängenbleiben. Diese Konstellation will Grenzerfahrungen in Formen kneten, denen man sich begrifflich nähern kann. Damit hat der Mensch die Chance, die Schranken seines Weltbildes nicht nur weiter hinauszuschieben, sondern sogar zu sprengen, solange er sich wenigstens des Umstands bewußt ist, daß er sich selber auch mitnimmt: daß jede Erweiterung gleichzeitig auch immer seine Ängste und inneren Gegenkräfte vermehrt.

Wenn Jupiter dominiert, identifiziert sich der Mensch mit dem Ewigen und greift dadurch auf die von Merkur symbolisierte Erkenntnisfindung ein. Das sachlich Denkende wird vom intuitiv Schöpferischen unterbrochen und vom kosmisch inspirierten Ego in jenseitige Gipfelhöhen gehoben, in denen sich ihm seine Göttlichkeit reflektiert. Das, was wir aus der Jupiter-Perspektive mit Gottvertrauen umschreiben, ist in Wirklichkeit nur das übersteigerte Ich-Gefühl, das über seine Grenzen hinauszufliegen sucht. Für diese kolossale Aufblähung setzt es seine eigenen Grenzen aufs Spiel, indem es sich in ein überdimensionales Bild hineinsuggeriert, das Gott darstellt (oder sich als überdimensionierte Kraft ansieht, die das Rad des Schicksals dreht).

Dominiert Merkur, dann werden die Teile eines Ganzen übergewichtet und das Mysterium bestritten, daß das Ganze mehr als die Summe seiner Teile ist. Damit scheint jedes Sakrament gebannt: Zwei und zwei sind vier, und die Winkelsumme eines Dreiecks beträgt 360°! Die ganze Welt ausgemessen und korrekt verstaut in den Schubladen der Logik, haben wir die Wunder fein säuberlich in die Phantasie zurückgelegt. Es gibt keine Engel, Geister, Ufos mehr und Götter. Die böse Hexe ist in der Kiste Ammenmärchen verstaut und der Poltergeist im Gruselkino untergebracht. Und auch Gott funktioniert höchstens noch als TV-Spot für die weihnachtliche Einkaufswerbung.

Verbinden sich aber die Gestirne, indem sich das denkerische Erkennen und das intuitive Erahnen nicht mehr aneinander aufreiben, sondern sich gegenseitig zu einem intuitiv-erfaßbaren Prozeß antreiben, dann mündet dies in verstandesmäßig kontrollierte Futurismen oder nachvollziehbare Zukunftsperspektiven.

Das persönliche Karma

Auf der spirituellen Ebene ist Merkur/Jupiter auch ein Bild für die Fähigkeit deines Geistes, die intellektuelle Enge zu vertreiben und sich dem Höchsten zuzuwenden. Das entspricht dem Drang nach Freiheit, der allem Denkerischen innewohnt: der Sehnsucht nach Befreiung und dem Drang nach Einsicht in die Abläufe der Natur. Merkur und Jupiter verkörpern intellektuelles Streben mit einer Vision von Zukunft, die das Ideal einer weltumspannenden Perspektive schon in sich trägt.

Das zeigt sich in allen Arten von Verhalten, wo geistige Ziele eine Rolle spielen. Dein Wissensdurst nimmt überhand und dabei sammelst du Informationen an, die du zu einer beeindruckenden Synthese verarbeitest. Großzügiges Denken, das auf sachliche Argumente reagiert und auch gegensätzliche Meinungen toleriert, beherrscht die Szene; du siehst die Dinge global, ohne daß Details verlorengehen. Aber auch die moralischen und ethischen Gesichtspunkte von Gedanken und Handlungen ziehst du in Betracht und bist dem zugeneigt, was man unter Esoterikern als *Kraft des positiven Denkens* umschreibt. Dieser Aspekt ist besonders hilfreich für Menschen, die nach Höherem streben, also mit religiösen und philosophischen Themen in Berührung kommen (Denker, Dichter, Philosophen). Wenn sich das praktische, logische Denken (Merkur) und das höhere mentale Streben (Jupiter) glücklich miteinander verbinden, dann ist auch das weltliche Augenmerk nicht weit. Das kann viel Aufmerksamkeit bedingen in einer Zeit, wo der große schöpferische Wurf nur darauf wartet, in die Sichtbarkeit vorzudringen.

Auch unter den sogenannten Spannungswinkeln findet sich Weltverständnis und Erkenntnis. Zwar wirken sich diese zuerst einmal nachteilig aus, weil die vielen Ideen und Pläne nie halten, was du dir von ihnen versprichst, da sie meistens realitätsfremd und übertrieben sind. Doch sind sie auch ein Zeichen für jenen Prozeß, der im wichtigsten Moment des Scheiterns einsetzt: eine Rückschau, in deinen Pleiten die Ursachen zu erkennen und damit die Auswirkungen der eigenen Taten als Teil jenes intelligenten Musters, das sich in den Absichten des Handelns ausdrückt. Es ist ein Prozeß der Reife, das menschliche Tun zu durchschauen, die verfehlten Ziele in einen Zusammenhang mit den inneren Absichten zu bringen und daraus Einsicht zu gewinnen, denn in den erkannten Fehlern liegt Erkenntnis und darin Lebensweisheit oder Wissen.

Bevor du diese hohe Ebene jedoch erreichen kannst, neigst du dazu, zu übertreiben und dich der Welt als jemand zu beweisen, der du in Wahrheit gar nicht bist. Übersteigerter Optimismus prägt dein Verhalten; eitles Denken und große Gesten zeichnen dich aus. Selbstüberschätzung gesellt sich dazu und eine Neigung zu maßlosen Erwartungen. Auch der Hang zum Risiko und lügenhafter Leichtsinn sind angesprochen.

Mythologischer Hintergrund

Prometheus und Zeus

In der Urfehde Prometheus/Zeus reflektiert sich das unerlöste Merkur/Jupiter-Prinzip. Prometheus, Zeus' gewichtigster Widersacher, kämpfte gegen dessen oft arroganten Machtanspruch mit List und Witz. Er galt als die Urquelle des Menschengeschlechts (aus Lehm formte er den Menschen nach dem Ebenbild der Götter), und diese Bezeichnung trifft nicht schlecht. Er lehrte die Menschen, sich gegen die Naturgewalten zu wehren, Häuser zu errichten, Bodenschätze zu bergen, Tiere zu nutzen, Schiffe zu bauen und unterrichtete sie auch in der Kunst der Kommunikation (Sprache) und des materiellen Austausches (Zahlen).

Dem Riesentitanen Jupiter (Göttervater Zeus) schien dieses Wissen in den Händen der Menschen allerdings nicht sonderlich geheuer, denn für ihn war Wissen nichts Kühles und Abstraktes, das man einfach zur Verfügung hatte, sondern ein Machtfaktor, der nur von wenigen Auserwählten gehandhabt werden durfte. Als oberste Instanz vertrat Jupiter eine Weltanschauung, die kosmische Universalität und schöpferisches Gestalten umfaßte. Auf eine zeitgemäße Ebene übertragen, verkörpert er den Wissensmanager, der alle Entscheidungen für sich beansprucht.

Für das Wohlwollen also, das menschliche Geschlecht gewähren zu lassen, forderte Zeus die Darbietung von Opfergaben, und als Prometheus die Götter bei der Opferung eines Stieres hinterging, versagte er den Menschen das Feuer. Auf der psychologischen Ebene entspricht das dem Versuch, der äußeren Wissensform (Information) die innere Intuition zu verweigern, und als es Prometheus gelang, den Menschen selbst diese zu erschließen (indem er den Stengel eines Riesenfenchels an der Glut des vorbeirasenden Sonnenwagens entzündete), da entschloß sich Zeus, die Menschheit zu vernichten. Hier erkennen wir die Angst des Schöpfers vor der Schöpfung oder die Angst des Lehrers, vom wißbegierigen und schnellreagierenden Schüler überrundet zu werden.

Prometheus symbolisiert diesen Schüler, der den Lehrer zu überflügeln sich anschickt und damit den Haß des Gottes auf sich zieht. Prometheus verpflichtete sich nicht irgendwelchen Ideologien, sondern er nutzte sein Wissen auf geschickte Art, ohne sich in väterliche Perspektiven zu verstricken. Er identifizierte sich nicht mit dem Wissen, sondern er benutzte es, und so war er auch bereit, alles zu riskieren, um seinen Schützlingen den Fortschritt zu sichern. Um den Menschen die Teilnahme an der Entwicklung neuer Ideale zu ermöglichen (Raub des Feuers), lieferte er sich sogar dem Zorn des Göttervaters aus, der ihn darauf an eine Felswand schmieden ließ, täglich besucht von einem Adler, der ihm seine immer wieder nachwachsende Leber (ein Jupiter- oder Sinnfindungssymbol) auffraß.

Fazit

Prometheus ist ein Symbol der Forderung, dem Fortschritt seinen Lauf zu lassen, auch wenn uns der Fortschritt irgendwann zerstört. Das Risiko ist aus jeder Form von Fortschritt gar nicht wegzudenken, weil der Fortschritt ja immer Bestehendes in Frage stellt. Das ist der Lauf der Welt, und Prometheus symbolisiert das innere Bestreben, aus dem Bestehenden immer neue Einsichten zu gebären, ohne sich um die Einbindung in eine universale Gesamtperspektive zu scheren.

Daher entspricht diese Konstellation dem inneren Empfinden, die menschliche Entwicklung zu vollziehen, auch wenn wir deren Auswirkungen nicht überschauen. Die Auswirkungen sind immer Teil des Folgerichtigen, das wir getrost sich selber überlassen können, weil wir, wie auch immer, stets nur aufgrund unserer Anlagen reagieren können, die wiederum ein Teil des Ganzen sind.

So sehen wir, daß im Grunde zwischen Tun und Nicht-Tun gar kein Unterschied besteht, weil beide Ausdruck eines jeweiligen Verhaltens sind, das seinerseits auf vorangegangene Ursachen reagiert und somit selber nur Auswirkung eines sich immer weiter ausströmenden universellen Musters ist. Alles, was wir beabsichtigen, ist ein Teil des Ewigen, das auf Vorangegangenem basiert, und die Reaktionen, die wir menschliches Bestreben nennen, sind im Prinzip die Auswirkungen der Folgerichtigkeit der Natur. Merkur verkörpert das Ineinandergreifen der Schicksalsrädchen sowie das Ausstanzen der Denk- und Entwicklungsmuster, mit deren Ursachen sich Jupiter identifiziert – auch wenn sie hinter den Drehungen des Schicksalsrades natürlich verborgen bleiben.

Psychosomatische Entsprechungen

Wahrnehmungsstörungen und gedankliche Zersplitterung (Störungen in der Vermittlung zwischen Innen- und Außenwelt)

Merkurs dialektisches Geschick und schnelle Auffassungsgabe sind nicht nur ein Ausdruck innerer Interessenvielfalt, sondern auch ein Phänomen der Gehirntätigkeit (Gedächtnisbildung) und damit bioelektrischer und biochemischer Natur. Zusammen mit Jupiter betreibt er eine Interessengemeinschaft, die "Hirn AG", wobei Merkur die Informationen heranschafft und Jupiter den Erfahrungshintergrund beisteuert. Der schnelle Austausch zwischen den Informationen verläuft über elektrische Impulse (chemische Übertragungsstoffe) innerhalb der Nervenzellen im Gehirn.

Bist du z.B. mit Tempo 100 unterwegs und siehst auf der Straße ein Hindernis, dann erhält diese Feststellung erst im blitzschnellen Vergleich mit allen angesammelten Fakten aus dem Gedächtnisspeicher einen konkreten Informationswert. Was diese Aussage für dich bedeutet, kannst du erst aus dem Vergleich mit den gespeicherten Inhalten ähnlicher Vorkommnisse erkennen, denn das gleiche Hindernis ergibt je nach Perspektive einen ganz anderen Stellenwert. Die journalistische Schlagzeile "Straße verstellt!" (Merkur) muß erst zum Redaktoren (Jupiter), der sie überprüft, indem er aus dem Sammelarchiv eigene oder fremde Erfahrungen mit ähnlichen Situationen abruft. Erst, wenn sich aus der Situation eine eindeutige Bedrohung ergibt (wie in diesem Fall), löst die Zentrale den Alarm aus und zwar in den Abteilungen Affekte und Emotionen. Diese wiederum rufen über die Lernerfahrungen im motorischen Bereich jene reflexartigen Abläufe in der Reproduktion kombinierter Leistungen auf, die geeignet sind, einen Aufprall auf das Hindernis zu vermeiden.

Damit rekonstruieren Merkur und Jupiter die Ereignisse, indem sie die äußeren Eindrücke unter Berücksichtigung der erfahrungsbedingten Tiefenschärfe in Weltanschauung umsetzen. Da sie sich für die Sicht verantwortlich zeichnen, wie du nach außen reagierst (die Welt anschaust), kann das bei Diskrepanzen Störungen in der Vermittlung zwischen Außen- und Innenwelt anzeigen. So äußern sich merkurische Schwierigkeiten organisch in Wahrnehmungsstörungen und gedanklicher Zersplitterung (die journalistischen und redaktionellen Zielsetzungen klaffen auseinander); Jupiter-Störungen zeigen sich in Sinnkrisen (Erschöpfungszustände aus intellektueller Leere) oder Größenwahn.

Symptom-Katalog

Psychisch

- Wahrnehmungsstörungen im Bereich der Sinnesorgane (Proportionsprobleme zwischen Tun und Haben, Sein und Werden)
- übertriebene Objektivität (individuelle Aussagen fließen durch Einbeziehung aller Perspektiven auseinander)
- intellektueller Größenwahn (...man will das Unfaßbare in Dualitäten pressen!)
- oder Hirnermüdung und schöpferische Leere (Sinnlosigkeitsgefühle, Antriebslosigkeit)

Physisch

- Beziehungen zum vegetativen Nervensystem (Dispositionen zu Nervenstörungen)
- Luftansammlung im Gewebe, insbesondere vermehrter Luftgehalt in den Lungen

Schüssler-Salze

Mineral

Natrium muriaticum (Nr. 8)

- bei selbstquälerischem Grübeln
- bei rechthaberischem Verhalten (aggressives Denken ist das kompensative Grübeln über den anderen!)

Neben-Mineral

Kalium bromatum (Nr. 14)

- gegen Verwirrungen (disharmonische Denkvernetzung)
- Schlaflosigkeit
- als Beruhigungsmittel (bei nervlicher Erregung)

Bach-Blüten

Hornbeam (Weißbuche)

- bei übertriebener Objektivität (Angst vor persönlichen Entscheidungen)

Olive

- Müdigkeit des Geistes

Walnut (Walnuß)

- bei schöpferischer Leere (Sinnlosigkeitsgefühle, Antriebslosigkeit)

Urtinkturen

Avena sativa (Hafer)
- allgemeines Stärkungsmittel (bei Konzentrationsmängeln und geistiger Erschöpfung)

Coca (Inkapflanze)
- gegen übertriebenen Drang nach oben (Merkur/Mars/Jupiter-Komponente: wünscht Heldentaten zu vollbringen)
- Erschöpfungen aus überhöhten Erwartungen ("Weltumspannungs-Symptom")
- "Einstein-Syndrom" (Wunsch, den Kosmos auszumessen und das Absolute zu erkennen)

Darjeeling Blend (Schwarztee-Mischung)
- unterstützt den Einklang mit der Umwelt (entspricht dem entspannten Zustand eines gehobenen, wohlbehagenden Gesamtempfindens)

Erlösungsformen

- Biofeedback (bewußtes Gehirnwellen-Feedback-Training: willentliche Beeinflussung der eigenen Hirnströme, die einem über ein EEG-Gerät ständig mitgeteilt werden)
- Brain-Tech (Meditationsmaschinen oder Synchro-Energizer wirken mit optischer, akustischer und elektromagnetischer Stimulierung auf das Gehirn ein: Meditation per Knopfdruck)
- Hemi-Sync-Verfahren (elektronisch herbeigeführter Synchron-Zustand beider Gehirnhälften bei ca. 3 Hertz)
- Mind-mapping/*the emotional brain* (das Bewußtwerden der Wechselwirkungen zwischen Wissen und Gefühl dient dazu, die vielen Einzelinformationen besser zu verstehen und in einen Gesamtzusammenhang zu bringen, um die immer größer werdende Wissensflut dadurch leichter zu bewältigen)

Spirituelle Öffnungen

Ritual
Denken, Erkennen, Verschmelzen mit sich selbst
Farbe
Spektralfarben
Duft
Zedernholz, Tea-Tree-Öl
Edelstein
"Matura-Diamant" (farbloser Hyazinth)
Krafttier
Adler, Falke (der Falkengott Horos)
Symbol
Armillarsphäre; Stein der Weisen
Mythos
Prometheus und Zeus;
Abraham (sein Bündnis mit Gott);
Moses (Mittler des Jahwe-Gesetzes am Sinai);
die Tabula Smaragdina des Hermes Trismegistos
Archetyp
Alchemist, Mathematiker, Physiker, Philosoph
Gottheit
Elohim, die göttliche Urkraft, die über den Urwassern schwebt, um das Leben und das Universum ständig zu erneuern
Kraftort
Leuchtturm; Panoramafenster im Fernsehturm (näher bei Gott); Meditationszimmer in Pyramidenform
Kultstätte
Hradschin (Alchemistengäßchen) in Prag
Sabbat
50. Tag nach Ostern (Aussendung des Heiligen Geistes)
Musik
"D-moll-Toccata" von J. S. Bach;
"Harmonia mundi" von Paul Hindemith
Malerei
"Maß aller Dinge" (Zeichnung) von Leonardo;
"Die Schule von Athen" von Raffael
Schrift
systemorientierte Esoterik oder verständlich geschriebene Monographien aus der Reihe "Wissenschaftsspektrum" *(Wirklichkeit ist das Selbstbewußtwerden des absoluten Geistes!)*

MERKUR/SATURN

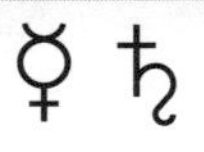

100%	Konjunktion; Quadrat; Opposition; Spiegelpunkt
85%	Anderthalbquadrat;Quincunx
75%	Halbquadrat; Merkur in Steinbock
60%	Trigon; Merkur in Haus 10; Saturn in Haus 3
50%	Sextil; Saturn in Haus 6; MC in Zwillinge
40%	Halbsextil; Saturn in Zwillinge; MC in Jungfrau; Hausspitze 3 in Steinbock
25%	Saturn in Jungfrau; Hausspitze 6 in Steinbock; Herrscher von Haus 3 oder 6 in Haus 10; Herrscher von Haus 10 in Haus 3 oder 6

Thema	Detailgewichtung, Gewissenhaftigkeit, Ordnung der Dinge
Ziel	Gerechtigkeit, Gesetz, Struktur
Sinn	Logik, Recht und Norm
Licht	Strukturierung der Dinge und Erkennen der Zusammenhänge
Schatten	Pedanterie, Trübsinn, Verschlossenheit (Erstarrung in Formalismen)
Leitbild	der einsame Denker, der pedantische Lehrer

Einsamer, du gehst den Weg zu dir selber! Und an dir selber geht dein Weg vorbei, und an deinen sieben Teufeln.
Friedrich Nietzsche, "Zarathustra"

Grundlage

Geistige Prägung

Unter diesem Zeichen mag man sich eine Seele vorstellen, deren Schwerpunkt in vergangenen Leben im träumerischen Erleben lag. Es wurden buchstäblich Tausende von Stunden darauf verwendet, die Träume zu leben, das Leben zu träumen, und das Geträumte zu einem visionären Weltbild zusammenzutragen, mit dem man sich vor dem Plenum gebrüstet hat.

Nun ist die Seele eingeladen, dieses Versäumte nachzuholen und sich das Wissen systematisch zu erfragen, um die Zusammenhänge zu erfahren, die man schon immer darzustellen sich angeschickt hat. Denn ohne diesen denkerischen Zuschnitt, der uns die Bilder quasi festhält, die Schätze aus dem Meer des Unbewußten sozusagen an Land zieht, wäre jede Erfahrung verloren, weil sie aus dem Bereich des perspektivisch Faßbaren wieder in der unfaßbaren Wirklichkeit des Ewigen versänke. Und ohne diese Faßbarkeit des Unfaßbaren, ohne diese Bündelung von Erfahrungen, die wir aneinander vergleichen, miteinander kombinieren oder voneinander unterscheiden, wäre keine menschliche Entwicklung denkbar.

Kindheit

Kinder unter Merkur/Saturn suchen sich meist Eltern aus, die ihnen helfen, die eigene Spontaneität zu unterdrücken, weil sie sich unbewußt nach einem strengen Rahmen sehnen, dessen Überwindung sie gleichzeitig wieder anspornt!

Man muß sich also klarmachen, daß ein Kind mit dieser Konstellation gar keine Chance hat, seine eigenen Empfindungen zu strukturieren. Da aber dieses Bedürfnis gleichwohl – wenn auch unbewußt – existiert, wird sich das Kind den elterlichen Strukturen nicht ungern unterziehen.

Damit wächst das Kind in einen Rahmen, in dem es sich bewegen kann, der es aber andererseits zu Wachstum und größeren Einsichten zwingt, will es als Erwachsener die Beengung dieses Rahmens wieder lösen. Denn gerade in dem Augenblick, in dem es im späteren Leben erkennt, sich einem solchen Rahmen ausgeliefert zu haben, werden die Bedingungen zu dessen Existenz verschwinden.

Mann

Merkur/Saturn symbolisiert also das Bedürfnis eines Mannes, die Bedingungen seines Rahmens in seiner eigenen Vorstellung zu suchen und deren Bedeutungsinhalte in den Krusten seiner eigenen Verhaltensnormen zu finden. Damit bist du deinem eigenen Bestreben ausgeliefert, alles, was du in der

Welt vorfindest, zu strukturieren, um es inhaltlich in den Griff zu bekommen. Doch die Antwort auf die Frage, wer du wirklich bist, kannst du nie in einem Menschenbild finden, das von den Zielen der Allgemeinheit bestimmt ist. Der menschlichen Gemeinschaft kann es nicht um Wahrheit zu tun sein, sondern nur darum, daß jeder denkt, was alle denken! Erkenne, daß dein Rückzug ins Erkennen der Wahrheit nur einem Bild der Wahrheit dient, mit dem deinem Ich die Identifikation gelingt! Dann kannst du ermessen, daß du dich damit nicht zum Diener der Wahrheit gemacht hast, sondern vielmehr dein unerkanntes Selbst manipulierst, in dessen Mittelpunkt du alle Zusammenhänge kontrollierst. So werden alle Beziehungen zum anderen Geschlecht beschriftet und die Gefühle katalogisiert, um ja nicht von den Instinkten überrannt zu werden.

Frau

Bei dir ist die Wahrnehmung der eigenen Gefühle ebenfalls gehemmt. Du hast dich den Bedingungen deines anerzogenen Rahmens unterworfen, wonach es sich nicht schickt, Empfindungen wahrzunehmen, geschweige denn, sie loszuwerden. So bist du denn mit deiner Körperlichkeit allein auf dich gestellt, verdrängst dein Empfinden, weil du unbewußt befürchtest, das Zeigen von Gefühlen werde (elterliche) Strafe nach sich ziehen.

Folgerichtig erziehst du deine Kinder nach den Normen, die Konvention und Sitte verlangen. Die Kanäle, in denen sich Gefühle frei austauschen, werden verstopft. Selbst wenn du deine innere Freiheit gefunden hast, gibst du diese kaum an deine Kinder weiter, weil du instinktiv zu wissen glaubst, daß diese damit gar nichts anzufangen wissen.

Du gibst deinen Kindern zwar einen inhaltlich beschränkten Rahmen vor, nicht ohne ihnen aber gleichzeitig die Möglichkeit einzuräumen, diesen beengenden Käfig später in den Mittelpunkt zu bringen und ihn unter Beihilfe von Wissen und Erkenntnis zu sprengen. Erst wenn du die Verlogenheit und Fruchtlosigkeit deiner Wahrheitssuche durchschaust, die dir unter dem Deckmäntelchen von Wahrheit nur Macht vermittelt, kannst du die Suche nach Wahrheit als die Suche nach einer Macht erkennen, die das Wissen der anderen kontrolliert: "Erkenne" dich in deinem eigenen Erkennen!

Karmisch-seelische Struktur

Die kollektive Struktur

Merkur, das Symbol für die schnelle, leichte und bewegliche Energieform der Gedanken, wird unter dem Zugriff Saturns zur Verdichtung gezwungen. Es fließt unter Saturn feste Energie in Merkur, so daß dieser sie auf körperlicher Ebene loswerden muß. Das kann zu Widerständen, Hemmungen und Blockaden im Wirkungsbereich Merkurs führen. Wenn Merkur/Saturn der Maßstab ist, mit dem wir die Bedingungen ausmessen, wie die Welt zu sein hat, damit sie unsere Welt sein kann, dann ist Saturn der Stab und Merkur das Maß (die Zahlen auf dem Stab). Beide zusammen sind ein Symbol, das aus dem unüberschaubaren Meer des Unfaßbaren einen Ausschnitt des Sichtbaren herauszirkelt, den wir bewußt ausmessen und mit dem Verstand ausloten können, da die Unendlichkeit der Weltanschauung durch die Informationskanäle Merkurs in ein Verhältnis gebracht werden muß, das unseren Sinnen zugemutet werden kann. Denn ohne das Denken ist jede Erfahrung verloren, weil wir in unserer selbst ausgemessenen und verplanten Welt nur das integrieren können, was auf diese ausgemessene und verplante Welt auch zugeschnitten ist.

Wenn Zahl und Stab nicht zueinander passen (Spannungswinkel), dann ist man aufgefordert, das Verhältnis zur Welt ständig neu zu definieren, was einen auf die Dauer natürlich überfordert. Also ist man gezwungen, sich einem kompletten Weltbild auszuliefern, das man irgendwann einmal für sich in Anspruch genommen hat, weil es damals stimmte (z.B. eine wissenschaftliche Weltanschauung während der Universitätszeit), und nun befindet man sich in der Zwickmühle, dieses Weltbild durch alle persönlichen Veränderungen hindurch verteidigen zu müssen. Wenn einem dieses Weltbild zusammenfällt, bricht die ganze Inszenierung zusammen, weil sie nur auf dieses Weltbild zugeschnitten ist.

Aber gerade diese Katastrophe, die man um jeden Preis verhindern will, ist um der Wahrheit willen gefordert, damit man unter der Flut unpersönlicher Vorstellungen seine persönliche Schwäche wieder erreichen kann. Um damit überhaupt in den Bereich vorzustoßen, in dem man sich mit dem fehlenden Vertrauen in die eigene Handlung auseinandersetzen kann. Das Stichwort hierzu: Individualität!

Das persönliche Karma

Merkur/Saturn mag seine Auslösung im elterlichen Verhalten haben, dir als Kind keine eigene Meinung zuzubilligen, weil du eben ein Kind warst, und die Eltern sich berechtigt fühlten, jegliche kindliche Äußerung, sobald diese mit ihrer reiferen Meinung kollidierte, zu unterdrücken. Dadurch wurde deine Kommunikations- und Ausdrucksmöglichkeit blockiert und in die Normen und Gebote gezwungen, die der elterliche Rahmen diktierte.

Somit wurde in deiner Psyche der Grundstein gelegt, den intellektuellen Forderungen genügen zu müssen, die du als Elternanspruch in dir trägst: die Anerkennung der Umwelt zu erlangen, welche die verdeckten Elternanforderungen repräsentiert.

Das kann sich im späteren Leben dahingehend auswirken, daß du wünschst, dumm zu sein, weil du unbewußt gegen die aufgezwungenen Normen und Gebote rebellierst. Weil aber gerade diese Normen dein intellektuelles Inventar ausmachen, rächst du dich dafür, indem du dich für "blöd" verkaufst, um deine Eltern im Nachhinein für diese aufoktroyierten Normen zu bestrafen.

Oder du bekämpfst diese Hemmung aus der Kindheit, indem du jetzt umgekehrt auf totale Intellektualität setzt. Du legst alles Gewicht auf verstandesmäßiges Wachstum und kompensierst damit das fehlende Vertrauen in dein individuelles denkerisches Verhalten.

Die Krise zeigt sich hier im grauen, düsteren Gewand, in dem sie als Gralshüter das Tor zur Sinnfindung versperrt. Aus diesem Gesichtswinkel sollte dir bewußt werden, daß du mit deiner analytischen Intellektualität dein eigenes Lebensgefühl so stark verengt hast, daß der Zugang zum Lebenssinn für dich zu spärlich geworden ist. Dein Wissen mag groß sein, doch es hat dein Leben erstickt. Beim Versuch, auch das Mysterium des Lebens auf Herz und Nieren zu prüfen, damit es mit den Gedanken nachvollziehbar wird, ist der Sinn des Lebens verlorengegangen.

Als Lösung kann sich hier nur anbieten, den Lebenssinn dadurch zurückzugewinnen, daß du dessen Verhinderung erkennst und zurücknimmst: das Bild vom Bild des Elternbildes!

Mythologischer Hintergrund

Der Hüter der Schwelle

Saturn als Prüfer der Wirklichkeit fordert von Merkur unerbittlich Wahrheit. Diese Wahrheit fördert aber gerade das zutage, was wir jetzt liebend gern verdrängen, nämlich die Erkenntnis unserer eigenen Relativität. Damit wird hier ein Geist beschworen, der sich nicht mehr für das Inventarisieren unserer Weltvorstellung eignet, nicht mehr als Werkzeug zum Katalogisieren dient, sondern der alle menschlichen Werte jetzt in Frage stellt, weil er sich selber kennt und die Zusammenhänge im menschlichen Denken. Der sich erhebt, die dunklen Kanäle zu erforschen, die Abgründe der menschlichen Psyche, um, statt länger die anerkannten Werte zu bestätigen, die Motivationen kennenzulernen, die eben zu diesen anerkannten Werten führen: *Ich bin der energetische Geist, der sich materialisiert hat, um dir zu zeigen, wie du aus Energie Ideen formen kannst und aus diesen wiederum Materie. Die materielle Erscheinungswelt ist die menschliche Projektion, die sich der Geist geschaffen hat, um mit sich selbst in Berührung zu kommen: Ich bin nur ein Fragment deiner selbst. Du projizierst dein inneres Wissen in eine Form hinein, die sich dir mitteilen kann.*

Die Erkenntnis aber, daß all unsere Erfahrungen relativ sind, bringt dem gereiften Merkur/Saturn-Menschen eine besondere Begabung. So entsteht der Wunsch, sich der Vorstellung des Gewöhnlichen, der Erwartung der Anpassung immer wieder zu entziehen. Es geht darum, der Bedrohung durch die Bindung an das Normale zu entgehen, die Vernunft zu durchbrechen, um das gefühlte Unerkannte, die gefühlte Wahrheit, den unerkannten Gott aus der Realität herauszumodulieren, also faßbar zu machen und durch sich selber darzustellen.

Diejenigen aber, die mit der Gabe, das eigene Denken auch zu hinterfragen, noch nichts anzufangen wissen, werden diesen Wahrheitsanspruch Saturns mehr veräußerlichen. Sie, die vergessen, sich selber in die Relativität der eigenen Werte miteinzubeziehen, werden ihr Mißtrauen nach außen richten und auf andere übertragen, indem sie nichts und niemandem glauben, ehe sie nicht alles überprüft und auch verstanden haben. Wenn sie aber einmal soweit sind, liefern sie sich diesem Glauben aus.

Fazit

Der unbewußte Mensch mit Merkur/Saturn wird seine Schwäche im Erleben durch ein komplettes Weltbild zu ersetzen haben. Das Unfaßbare wird durch anerkannte Bilder integriert. Die Wahrheit wird dann nur noch durch diese Vorstellungen hindurch gesucht und somit als Bedrohung für das eigene Erkennen entschärft. Das Sichöffnen in die Umwelt wird also durch ein verbal-demonstratives Bestätigen übernommener Werte ersetzt.

Doch das Manöver bleibt nicht unbemerkt. Das Fehlen einer eigenen Identität wird sichtbar. Die Bedeutung seiner persönlichen Erfahrung ist diesem Menschen verlorengegangen. Aber das Echo aus der Menge gibt ihm keinen Halt. Ihm fehlt das Vertrauen in die eigene Handlung. So bleibt ihm nur die Freiheit, diesen Mangel an persönlicher Stärke durch eine Sucht nach Wissen zu übertünchen und dieses Wissen oder sich selber als Verkünder dieses Wissens darzustellen (Wissen ist Macht) – eine Kompensation der eigenen Handlungsschwäche.

Psychosomatische Entsprechungen

Atembeschwerden (blockierter Luftaustausch)

Wenn du dir vorstellst, daß die Lunge dem Planeten Merkur zugeordnet wird, so kannst du daraus direkt ableiten, daß der Austauschprozeß der Atmung auf der psychischen Ebene der Kommunikation entspricht. In der Konfrontation mit Saturn wird dieser Luftaustausch blockiert. Psychologisch könnte man das so umschreiben, daß du unter dieser Konstellation deine Vorstellungen nicht mit den Vorstellungen anderer in Berührung bringen willst, um dich der Relativität deiner Bilder nicht bewußt werden zu müssen. Der Austauschprozeß wird blockiert, denn du verweigerst die Auseinandersetzung mit der Umwelt, um deinen Rahmen, in dem du die Welt nach deinem Bild verkleinert hast, nicht mit dem Weltbild deiner Mitmenschen vergleichen zu müssen. Denn nur in deinem eigenen Rahmen fühlst du dich geborgen. Sauerstoffaustausch führt zur Kommunikation, vor der du Angst hast, und in deinem Syndrom inkarniert sich der unbewußte Wunsch, dies möglichst lange zu vermeiden. Bevor du dich also mit der dich bedrängenden Umwelt auseinandersetzt, bekommst du lieber Herzklopfen und Atemnot, in der Hoffnung, damit aus der Konfrontation mit dem für dich Unangenehmen entbunden zu werden; eine dir unliebsame Unterhaltung beendest du durch einen Hustenreiz.

Symptom-Katalog

Psychisch

- Angstgefühle, Zwangsvorstellungen, Traurigkeit, Melancholie (intellektuelle Erschöpfung aufgrund von Kummer, Ärger und Verlust)
- Spannungskopfschmerzen, Einschnürungsempfinden, überdrehende Gedanken (Hämmern im Gehirn!)
- Konvulsionen, tetanische Spasmen: Erregung, Krämpfe, Klaustrophobie

Physisch

- Asthma, Atemnot, Erstickungserscheinungen
- Bronchialschleimhautaffektionen (Bronchien, Lungen, Kehlkopf)
- chronische Katarrhe (Nasenschleimhaut)

Homöopathische Mittel

Metallische Verbindung

Natrium chloratum (Kochsalz)
- Angstgefühle, Zwangsvorstellungen, Folgen von Kummer, Ärger und Verlust: D20
- Spannungskopfschmerzen, Einschnürungsempfinden (überdrehende Gedanken, Hämmern im Gehirn): D12
- chronische Katarrhe (Nasenschleimhaut): D6

Organische Verbindung

Succinum (Bernstein)
- Asthma, Entzündung der Atemwege (Atembeklemmung): D2-D4
- Traurigkeit, Melancholie, intellektuelle Erschöpfung: D4-D6

Pflanzen

Camphora (Kampferbaum)
- Kopfschmerz mit katarrhalischen Symptomen: Urtinktur (zum Riechen!)
- Atemnot, Asthma, Erstickungserscheinungen (keine Luft): D2
- heftige Konvulsionen, tetanische Spasmen: Erregung, Krämpfe, Kälte (D4)

Eucalyptus (Fieberbaum)
Das klassische (Schleimlöse-)Mittel gegen katarrhalische Beschwerden:
- Bronchialschleimhautaffektionen (Bronchien, Lungen, Kehlkopf): Urtinktur
- Symptome von Schwäche und geistiger Erschöpfung: D2-D4
- Asthma mit starker Atemnot: D4

Erlösungsformen

- Gespräche
- Atemtherapie
- Ozontherapie
  (Was Sauerstoff nicht kann, vermag Ozon!)

Spirituelle Öffnungen

Ritual
Schach, Militärparaden (Stechschritt!)
Farbe
Gelb, Ocker
Duft
Eukalyptusöl (Atemfrische)
Edelstein
Harz (Bernstein)
Krafttier
Mücke, Grille
Symbol
Taschenrechner, Zirkel, Paragraphen
Mythos
die Zehn Gebote
Archetyp
Lehrer, Schüler, Student
Gottheit
Loge
Kraftort
Weichenstellwerk; vor der Verkehrsampel (oder vor der Prüfungskommission!)
Kultstätte
Berg Sinai; Cambridge, Oxford oder Harvard University
Sabbat
Prüfungstag
Musik
Fugen von Bach
Malerei
Piet Mondrians Neoplastizismus
Schrift
Großer Brockhaus, Duden (Lexika); "Schachnovelle" von Stefan Zweig

MERKUR/URANUS

100%	Konjunktion; Quadrat; Opposition; Spiegelpunkt
85%	Anderthalbquadrat; Quincunx
75%	Halbquadrat; Merkur in Wassermann
60%	Trigon; Merkur in Haus 11; Uranus in Haus 3
50%	Sextil; Uranus in Haus 6
40%	Halbsextil; Uranus in Zwillinge; Hausspitze 3 in Wassermann; Hausspitze 11 in Zwillinge
25%	Uranus in Jungfrau; Hausspitze 6 in Wassermann; Hausspitze 11 in Jungfrau; Herrscher von Haus 3 oder 6 in Haus 11; Herrscher von Haus 11 in Haus 3 oder 6

Thema	Ideen, Bewegung, geistige Freiheit (unabhängige Selbstverwirklichung)
Ziel	Grenzpunkte (Infragestellung alter Verhaltensmuster durch originelle Perspektiven)
Sinn	neue Wege, neue Strömungen und Reformbewegungen
Licht	Beweglichkeit, schnelle Auffassungsgabe, brillante Schärfe in Wort und Ausdruck
Schatten	exzentrische Gedankensprünge, verkopfte Überspanntheit, Originalität um jeden Preis
Leitbild	der visionäre (Geistes-) Blitz

Ich bin der Denker und die Vision, das Bewußte und das Unbewußte.
Ich bin der Zauberer, dessen Zauber die Sphäre des Bewußtseins schafft;
Ich bin in allem - alles ist in mir!
The Magus of Power

GRUNDLAGE

Geistige Prägung

Wenn du versuchst, dir eine Vorstellung vom Ewigen zu machen, stellt sich dir zuerst die Frage nach dem Anfang. Nun ist diese Frage aber mit dem merkurischen Verstand nicht lösbar, solange du dich deiner gegenständlichen Wirklichkeit nicht entziehst und bereit bist, Höhenluft zu atmen. Und hierfür wurde von den Göttern dem Merkur Uranus beigestellt.

Dieser Aspekt mag etwas über deine frühere Auseinandersetzung mit Mathematik und Wissenschaft aussagen, bei der du die innere Bedeutung der Zahlen nicht (als Schlüssel symbolischer Weltanschauung) erfaßt hast. Nun wirst du durch Uranus eingeladen, die Relativität der menschlichen Sinne zu erfahren, indem du lernst, daß deine Wirklichkeit, in welcher zwei Schienenstränge in der Ferne zu einem einzigen Punkt verschmelzen, gerade in deiner urtümlichen Wahrnehmung liegt.

Und so wie du erfährst (wenn du bereit bist, den Geleisen zu folgen), daß es keinen Punkt gibt, an dem die Schienen enden, daß sie sich immer wieder öffnen, wo du das Ende vermutest, so gibt es auch im Leben keinen Anfang und kein Ende. Die Vorstellung des Endes ist nur ein intellektuelles Bedürfnis, deiner materiellen Vorstellung von Leben einen Abschluß zu geben, weil das, was du zu Ende gebracht hast, gerade die Fortsetzung ist, etwas Neues anzufangen.

Uranus verkörpert die Ausweitung der Einsichten über den Bereich des durch Fakten gesicherten Wissens hinaus. Damit bist du in der Lage, über die Beschränkung saturnaler Dualitäten hinauszuwachsen und die Frage nach allem Anfang dort anzusiedeln, wo alle Unterschiede zusammenbrechen. Denn Uranus ist das heilige Feuer, mit dem sich unsere Welt in Asche legen ließe: die Relativität unserer Vorstellungen, die Wahrheit unserer Wahrnehmung, deren Erfassen unsere Denkkanäle verschmorte. Im Verbund mit Merkur ist er aber umgekehrt auch der Geist, um die Zaubergärten der Zukunft, die Visionen des Ungewordenen vor dem Menschen entstehen zu lassen, weil durch Merkur diese nichtmeßbaren Schwingungen ins geistige Auge des Menschen übertragen werden können. Der den Menschen dabei überflutende Genius kann fruchtbar oder furchtbar werden, strahlend oder zerstörend, je nach den Zielen, zu denen diese Ströme fließen.

Kindheit

Schon als Kind nahmst du gerne extreme gedankliche Standpunkte ein. Alles, was die alten Perspektiven aufbrach und neue Horizonte anzeigte, zog dich magisch an. Die uranische Veranlagung, die Werte auf den Kopf zu stellen, zwang dich bisweilen zu einem Verhalten, dich in Pose zu werfen und solch verstiegene Sichtweisen anzunehmen, die weniger die Absicht verraten, hinter die Kulissen zu schauen, als mehr das Bedürfnis, aufzufallen.

Frau/Mann

Im späteren Leben kann sich dieses Bedürfnis zu einem Zwangsverhalten auswachsen, denn unter dieser Konstellation neigst du zu Schlüssen, deren Verstiegenheit ins Auge fällt. Für reale Gegebenheiten fehlt dir das soziale Auge, außerhalb intellektueller Überdrehtheit wirkst du blaß. Wo du nicht übertreibst, wirkst du farblos. Um aber eine langfristige Verantwortung für das übernehmen zu können, was du den anderen Menschen mitteilst, wäre der Wille zur Reflexion des eigenen Denkens nötig. Es geht um jenes geistige Feuer, das seine Kraft gerade aus der Glut zieht, welche es verzehrt. Denn "das sich in sich selber reflektierende Denken" zerstört die Kommunikation zum Mitmenschen – eine unbeständige, sprunghafte Geistestätigkeit, durch die du dich ständig mit anderen überwirfst und mit der sich auch nicht harmonisch kommunizieren läßt, weil sie beständig den normalen Austausch von bürgerlichen Werten unterbricht. Vieles, was umstürzlerisch erscheint, ist nichts anderes als das Suchen nach neuen Wegen, was aber auch heißt, daß es zu exzentrischen Umwegen kommen kann. Der Verstand als der Chefarchitekt unserer Wirklichkeitskonstruktion ist im Grunde mit nichts anderem beschäftigt, als die angelernten Muster unserer Wahrnehmungen und Vorstellungen zu sichten und zu ordnen. Obwohl er meistens nur den durch das Bewußtsein huschenden Mustern hinterherschaut, gewinnen seine Konstruktionen in dem Maß an Stabilität, wie es ihm gelingt, die Wirklichkeit vom Bewußtsein auszuschließen. Es werden Handlungen unternommen und Pläne geboren, die weniger die Alternativen zu neuen Ausdruckssphären symbolisieren, sondern mehr der Ausdruck von Verdrängungen sind, die unter den Rockschößen des Schicksals hervorzüngeln, weil das bewußte Ego vor ihnen immer die Augen so fest verschlossen hält. Unter diesem Signum aber darfst du dir deine Individualität aus der Übertreibung borgen, die dich entweder ins Abseits stellt oder aber zu neuen kollektiven Einsichten führt. Du trägst nämlich, um auch die andere Lösungsmöglichkeit zu nennen, alle Voraussetzungen in dir, zu neuen Ufern menschlicher Gesinnung vorzudringen, wenn andere noch im Bannkreis überholter Verhaltensmodelle schlummern.

Karmisch-seelische Struktur

Die kollektive Struktur

Was Uranus beabsichtigt, ist die Überwindung der Materie, der schöpferische Durchbruch zur Erkenntnis und die gleichzeitige Entdeckung, daß jede Erkenntnis nur ein Wiederfinden der zeitlos in uns angelegten Möglichkeiten ist, welche bisher noch nicht in unser Erfahrungspotential einbezogen wurden. Er funkt seine Signale unbekümmert in den Raum, ohne sich um deren Dechiffrierung zu bekümmern. Diese überläßt er Merkur, der nun alle Hände voll zu tun hat, seiner Aufgabe Herr zu werden, um die Impulse zu einem Gerüst zementierter Einsichten zusammenzubauen. Wenn das Gerüst aber zu schwach ist, das Merkur zusammenhält, oder das Weltbild in der Vorstellung des Menschen zu schwer, dann kann es passieren, daß das Gerüst zusammenbricht und der Mensch, der sich mit dem Gerüst identifiziert – er kann die Hochspannungsblitze des uranischen Gedankenstrudels nur innerhalb des merkurischen Rahmens erfassen – seine innere Struktur auflösen muß, um zu überleben.

Wir alle kennen diese Erfahrungen, wenn wir mit hohem Fieber für kurze Augenblicke den Bilderstürmen unserer inneren Gedanken ausgeliefert sind. Uranus beschleunigt alles, was er berührt, und legt mit seiner Hochspannung den Menschen lahm. Denn nähert ihm sich dieser aus einer persönlichen Perspektive, dann kann es passieren, daß der Mensch die uranische Dimension aus seinem merkurischen Gesichtswinkel für seine eigene erklärt, um vom Ergebnis dieser Visionen davongetragen zu werden und sich in seinen multidimensionalen Strömungen zu verlieren.

Die Objektivität und Sprengung aller subjektiven Grenzen, die Uranus auszeichnen, hat aber auch ihre positiven Seiten. Überall dort, wo neue Erkenntnisse aus dem kosmischen Sein in den Fluß unserer Gegenwart gehoben werden können, hat irgendein Künstler oder Visionär den Strom unserer Raum/Zeit-Polarität aufgehoben. Lange genug wenigstens, um den Panzer unserer Bilder, der die Wirklichkeit erstickt, für einen Moment beiseite zu schieben, so daß von dieser freigelegten Wirklichkeit Wahrheiten vor unser Auge steigen, die von unseren Vorstellungen übernommen und in den Panzer integriert werden können.

Merkur/Uranus verkörpert also einen Ausschnitt jener ganz einfachen Wahrheit, die nur durch die Brille unserer Logik so schrecklich kompliziert erscheint. Was wir in der Religionsphilosophie als "Geist Gottes" umschreiben oder mit Platos Worten als "Idee der Welt", heißt nichts anderes, als daß selbst die kleinsten Teile unseres Erkennens (Elektronen) ein gebündelt Maß an schöpferischer Intelligenz besitzen. Von hier aus bis zur Schlußfolgerung, daß im Ausschnitt die Bedingungen des Ganzen sichtbar sind, ist es dann nicht mehr weit. Dies heißt nichts anderes, als daß die Zukunft schon im Gegenwärtigen angelegt sein muß und deren Ursachen wiederum in der Vergangenheit wurzeln. Jeder Ausschnitt an Zeit umschreibt sowohl die Übereinstimmung mit dem Augenblick sowie die Verbundenheit mit jeder vergangenen wie zukünftigen Entwicklung, so wie jeder Ausschnitt an Materie der Verbundenheit zum ganzen Universum in jedem einzelnen Molekül jetzt Rechnung trägt.

Das persönliche Karma

Eine Verbindung zwischen Merkur und Uranus zwingt dich schon in deiner Kindheit zu einem denkerischen Schnellfeuer, in dem bewußtseinsmäßige Auskristallisierungen keinen Platz haben. Dieser Aspekt unterstützt dein frühkindliches Unterfangen, dich von den Übertragungen elterlicher Realitäten zu befreien und über alle gedanklichen Stränge zu schlagen, um die Welt der reinen Ideen zu erfahren.

Diese Neigung mag dir schon in der Schule Schwierigkeiten bereitet haben, weil dir das mühsame Zusammentragen der Fakten unnötig erschien und dir sowieso alles immer viel zu langsam ging. Es bestand eine Neigung zu vorschnellen Schlüssen aufgrund deiner Weigerung, die Gedanken um einen festen Mittelpunkt zu formieren und in das Vokabular der begrifflichen Vorstellung zu übertragen.

Aus der Angst heraus, von seiten der Umwelt nicht akzeptiert zu werden, weil diese kein Verständnis für deine Einsicht aufbringt, *daß sich die Dinge ändern müssen, um die gleichen zu bleiben,* kann es dazu führen, daß du deine inneren Visionen blockierst. Oder du biederst dich dem Wissen an, das du gedanklich vielleicht ablehnst, das dir aber andererseits ermöglicht, die anderen zu belehren, und zur Strafe bringst du sie durch Hinterfragen und Relativieren des gerade selbst verkündeten Wissens wieder durcheinander. Aus diesem Betragen läßt sich leicht das Verhalten ablesen, den eigenen Frust auf die anderen zu übertragen und sie an eigener Statt dafür zu bestrafen, weil sie es sich ebensowenig leisten können, die bestehenden Grundsätze in Frage zu stellen.

In der Tat gehört es zur tragischen Ironie wie zur Glaubwürdigkeit dieses Aspektes, daß er gerade das Versäumte selber demonstriert, das er anklagt und denunziert. Dieses Realitätsdefizit gipfelt in der Krise, daß der Verstand mit seinen Blitzen von Einsichten den Menschen derart betört, daß dieser vergißt, seinem intellektuellen Onanieren ein Ende zu setzen und lieber bereit ist, die Kontakte zur ganzen Umwelt zu verlieren, als sein exzentrisches Denken zu disziplinieren.

Mythologischer Hintergrund

Advocatus Diaboli (der Advokat des Teufels)

Merkur ist das Symbol des Denkens und der Denkmodelle, der Ball des Spieles, das die Schöpfung mit sich selber spielt. Er schützt uns vor dem Chaos des Numinosen durch seine vernunftmäßige Logik und sein verstandesmäßiges Erkennen. Sein unvermeidlicher Schatten aber ist der ruhelose Geist des Lebens, Uranus, der Anwalt der Wahrheit, der uns einflüstert, daß Wahrheit nur immer sein kann, was wir zur Wahrheit machen: Wahrheit oder Lüge, Recht oder Unrecht, Teufel oder Gott. Deshalb verkörpert Merkur/Uranus den *Advocatus Diaboli,* die kreative Kraft des fragenden Geistes, der alle Grenzen aufbricht und eine Brücke zwischen den Welten baut, wo alle Gegensätze verschwinden und blitzhaft alle getrennten Formen als Teile eines übergeordneten Ganzen erahnt werden können. Denn alle Gegensätze lösen sich dort auf, wo sie naturnotwendig entstehen müssen: im Polaritätsprinzip des menschlichen Denkens. Das Problem der Polaritäten ist unsere eigene Vorstellung davon, was Wahrheit sei. So streben wir immerfort nach Recht und Wahrheit, merken aber nicht, daß das Unrecht so lange unvermeidlich ist, solange wir wollen, daß Recht geschieht. In diesem Sinn sind unsere Gerechtigkeitsmodelle völlig sinnlos: Wahrheit oder Lüge, Recht oder Unrecht, Teufel oder Gott bekämpfen sich nicht gegenseitig, sondern sie ergänzen einander. Sie stellen zwei Seiten ein und derselben Wirklichkeit dar und ergeben erst in der Gesamtschau ein der Wahrheit entsprechendes Bild der Wirklichkeit. Das eine ist nicht der Widerspruch zum anderen, das durch das andere vermieden werden kann, sondern die eine Seite des anderen selbst, die wir vom anderen abgetrennt haben, damit das eine im Widerspruch zum anderen weiterexistieren darf.

Fazit

Wenn wir dieses Spiel durchschauen, das die Schöpfung mit sich selbst spielt, durchschauen wir auch die *Falle, die sich selbst fängt:* die kollektiven Verhaltensmuster, mit denen wir die Welt gestalten, damit diese immer mehr so wird, wie wir sie uns vorstellen, und sich uns immer weniger so zeigt, wie sie wirklich ist. Dieser seelische Kokon von Erwartungen reproduziert die Tendenz, sich stets und immer wieder auf Vorangegangenes zu beziehen. Das ist der Bewußtseinsstoff, aus dem unsere Bilder sind: die Spiele unserer Vorstellungen mit sich selbst, die uns zwingen, die Welt immer nur unter der Perspektive der Wahrnehmungs-, Denk- und Verhaltensmuster wahrnehmend und denkend zu erleben und handelnd umzugestalten. Süffisant stellt der Advokat des Teufels denn auch die Frage, *ob es nicht das verdrängte Böse selbst ist, das für Gerechtigkeit in der Welt jetzt sorgt, und ob nicht "gerechte" Kriege, Verketzerung Andersdenkender und gewaltsame Ausgrenzung des Bösen unserer Triebnatur insgeheim die Erfüllung ihrer atavistischen Sehnsüchte sichern.*

Psychosomatische Entsprechungen

Motorische Störungen und überhöhte Visionen (Wahnideen)

Da Uranus für alles steht, was exzentrisch ist und aus dem Rahmen fällt (sogar seine Achse ist nicht senkrecht, sondern liegt in der Ekliptik), kannst du dir leicht vorstellen, wie sich seine Einflüsse auf dein irdisches Bewußtsein auswirken. In ihm mischen sich Originalität und Chaos, die Manifestationen eines im Grunde gleichen Prinzips, wenn auch in ihren Auswirkungen verschieden. Uranuseinflüsse betreffen die Lebensrhythmen, das Einsetzen der Wechseljahre und der Pubertät, das Längenwachstum, da die Hypophyse, die das Wachstum regelt, dem Uranus zuzuordnen ist. Diese Energieschübe gelangen allerdings nur sehr sporadisch zum Einsatz, aber wenn, dann sehr unberechenbar: sprunghaftes, überstürztes Handeln und Unkonventionalität kennzeichnen den Uranier. Er, der sich seiner Umwelt enthoben glaubt, bezahlt den Preis für seine Höhenflüge, indem ihn die Abgehobenheit von den motorischen Funktionen seines Körpers trennt und ihm die Möglichkeit entzieht, seelisch gegenzusteuern. Er, der sich in die magisch-mystischen Bereiche geflüchtet hat, die zu beschreiben Worte nicht mehr ausreichen, muß so dieses selbergewählte Verdikt körperlich in der Welt vorzeigen, daß er erschrickt, wenn man ihn ansieht, zusammenzuckt, wenn er sich beobachtet fühlt oder stottert, wenn man ihn anspricht.

Hier kannst du auch die Voraussetzung erkennen, die zu einer solchen Störung führt. Du hast dich zu einer Sichtweise emporgehoben, in der du dich allen Dualitäten entzogen glaubst. Selbst dein eigenes Realitätsdefizit hast du in diesen kosmischen Überbau einbezogen. Es ist jetzt Teil einer Welt geworden, in dem Realität ein Irrtum ist und wahre Freiheit sowieso keine Bindung kennt. Aus diesem überdrehten Weltverständnis läßt sich leicht die innere Not ablesen, aus welcher du deine Körperlichkeit abwehrst, mit deren Bedürfnissen du nicht mehr klarkommst. Diese gleicht sich deiner Vorstellung an und gesellt sich zu dir auf die höhere Ebene. Damit verlierst du aber die Kontrolle über die fundamentalen Dinge: Du bist nicht mehr in der Lage, deine motorischen Funktionen zu kontrollieren. Kommt zu diesen Auswirkungen mit dem Merkur-Einfluß aber noch ein diffiziler Verstand, dann sprengst du nicht nur alle traditionellen Vorstellungen, sondern zwängst jetzt eine neue Weltvorstellung zwischen die geborstenen Bilder der alten Weltanschauung. Damit empfindest du dich als Botschafter des Zeitgeists, Kurier eines neuen Zeitalters, als Träger einer höheren Ordnung oder sonstwie des Skurrilen. Eingebungen und Verwirklichungen fallen total auseinander, die Unterscheidungen zwischen Ideen und Realisierung fallen schwer. Das Realitätsdefizit sucht sich zwar einen Ausweg aus diesem Chaos, gerät aber in das Labyrinth kosmischer Ideen: Gott spricht zu Moses aus dem Dornbusch und macht ihn zum Verbündeten seines eigenen Dämons.

Symptom-Katalog

Psychisch

- Affektlabilität: starke Erregungszustände, Schwindel und Beengung, Hyperventilation
- überreiztes Nervensystem mit großer Ruhelosigkeit und Angst (Wahnideen, visionäre Gesichter)
- überdrehte Aktivitäten (oft bei gleichzeitiger Abkapselung aus Furcht vor Menschen)
- hektische Zustände bei erhöhtem Sympathikotonus: überdrehte Aktivitäten (dauernd in Bewegung), Gleichgewichtsstörungen, nervale Hautaffektionen, Nervenzucken
- Verspanntheit (Blutandrang zum Kopf durch unversiegbare Gedanken)

Physisch

- Entkräftung, Schwäche, Schilddrüsenhypertrophie
- Erkrankungen der Atemwege (Katarrhe, asthmatische Bronchitis, Verschleimungen im Hals)
- Erregung des Zentralnervensystems: spastische und paretische Affektionen (motorische Ataxie, Zittrigkeit, Ruhelosigkeit, Verspannung)

Homöopathische Mittel

Metallische Verbindung

Mercurius solubilis (Hahnemanni)

Das klassische Mittel gegen Affektlabilität:

- starke Erregungszustände (zitternd, ängstlich, berührungsempfindlich)
- Schwindel und Beengung (Bandgefühl um den Kopf)
- Hyperventilation
- spastischer Husten, Katarrh aller Schleimhäute (katarrhalische Kopfschmerzen), asthmatische Bronchitis: alle D6-D12

Halogen

Jodum (Jod)

- überreiztes Nervensystem mit großer Ruhelosigkeit und Angst (Abkapselung aus Furcht vor Menschen, Wahnideen): D15
- hektische Zustände bei erhöhtem Sympathikotonus: überdrehte Aktivitäten (dauernd in Bewegung), Gleichgewichtsstörungen, nervale Hautaffektionen, Nervenzuckungen (D12)
- Entkräftung, Schwäche, Schilddrüsenhypertrophie (muß ständig essen): D8
- Erkrankungen der Atemwege (Katarrhe, Schleimabsonderungen im Hals): D6-D8

Pflanzen

Cocculus (Kockelskörner)

- Erregung des Zentralnervensystems: viele spastische und paretische Affektionen, motorische Ataxie, Zittrigkeit, Schwindel, Übelkeit, Gefühl von Leere: D12

Coffea (Kaffeebohne)

- Schlaflosigkeit (kann nicht abschalten)
- Verspanntheit (Blutandrang zum Kopf durch unversiegbare Gedanken)
- reizbar und empfindlich (Sympathiekotonie)
- Herzklopfen und Unruhe: alle D4

Erlösungsformen

- Atemtherapie, Atemlenkung, Atemmassage
- erfahrbarer Atem nach Middendorf
- ekstatische Atemarbeit (Rebirthing)
- Neuraltherapie nach Hunecke
- Orgontherapie
- Sauerstoff-Mehrschritt-Therapie nach Ardenne

Spirituelle Öffnungen

Ritual
Erkenntnis im Erkennen
(Tu, was du denkst: Bedenke, was du tust!)

Farbe
Quecksilber

Duft
Bohnenkrautöl; Geruch von Pergament

Edelstein
synthetischer Spinell

Krafttier
beleuchteter Glasadler

Symbol
Die Falle, die sich selber fängt!

Mythos
Sisyphus

Archetyp
Avantgardist

Gottheit
Toth (ägyptischer Merkur)

Kraftort
Hochspannungsleitungen; Elektrizitätswerk; Cyper-Space

Kultstätte
Hermupolis Magna (altägyptische Ruinenstätte bei Al Aschmunain)

Sabbat
Fasching, Karneval

Musik
“Klavierkonzert” (Zuknallen des Deckels), oder “4 Minuten 33 Sekunden” (das Stück umfaßt nur Pausen) von John Cage

Malerei
die nervenkontrapunktisch ineinandergebogenen Perspektiven von M. C. Escher (“Wasserfall”)

Schrift
“König Ubu” von Alfred Jarry

MERKUR/NEPTUN

100% Konjunktion; Quadrat; Opposition; Spiegelpunkt
85% Anderthalbquadrat; Quincunx
75% Halbquadrat; Merkur in Haus12; Merkur in Fische
60% Trigon; Neptun in Haus 3
50% Sextil; Neptun in Haus 6
40% Halbsextil; Hausspitze 3 in Fische; Hausspitze 12 in Zwillinge
25% Neptun in Jungfrau; Hausspitze 6 in Fische; Hausspitze 12 in Jungfrau; Herrscher von Haus 3 oder 6 in Haus 12; Herrscher von Haus 12 in Haus 3 oder 6

Thema	Auflösung der Wahrnehmung, mystische Eingebung
Ziel	Entgrenzung zwischen Traum und Wirklichkeit
Sinn	Annäherung an die Quellen des Unbewußten
Licht	Inspiration, Intuition, Transzendenz (Aufarbeitung von Verdrängungen)
Schatten	Diffusität, Versponnenheit, Irrationalität
Leitbild	der mediale Channel oder das Menetekel (geisterhafte Schrift während Belsazars Fest als gechannelte Hiobsbotschaft)

Verstand ist die Illusion der Wirklichkeit.
Hazrat Inayat Khan

Raum und Zeit sind erst im Laufe der geistigen Entwicklung zu "festen" Begriffen geworden, und zwar durch die Einführung der Messung. An sich bestehen Raum und Zeit aus Nichts. Sie gehen als hypostasierte Begriffe erst aus der diskriminierenden Tätigkeit des Bewußtseins hervor.
C. G. Jung

Grundlage

Geistige Prägung

In vergangenen Inkarnationen könnte sich in dir ein visionärer Denker verborgen haben, der sich mit der Darstellung des Unfaßbaren oder Unwirklichen befaßte und dem ungeheuren Dilemma nur dadurch entging, daß er es in Bildern und Symbolen darstellte. Diese Kunst der Übertragung ist so alt wie Platons Dialoge, indem mittels Metapher und Symbole das wiedergegeben wird, was durch den bezugsetzenden Geist der Vernunft nicht zerstört werden kann, auch wenn es sich den Zugriffen des Verstandes entzieht. Die Darstellung in Symbolen gestattet es dem Unsagbaren nämlich, aus dem Unbewußten hervorzutreten und in übertragenem Sinn das auszudrücken, was durch unsere Logik gar nicht erfaßt werden kann – daß alles nämlich, was wir in der äußeren Welt vorfinden, auf der Ebene unserer Vorstellung begann.

Kollektiver Glaube und kollektive Bilder schaffen jenen Teil der Wirklichkeit, den wir Realität nennen, gestalten astrale Energien zu sichtbaren Formen, die wir als gegenständlich empfinden, und formen schließlich uns, die wir die Welt formen, damit die Welt, in der wir leben, immer genau unserer Wirklichkeit entspricht.

Kindheit

Dieses unbewußte Wissen ist ein schweres Erbe, und so ist es auch verständlich, wenn du dich schon früh der Welt entziehst, entfliehst, im Denken gar nicht erst auftauchst, weil du die Vorstellungsinhalte deiner Umwelt durch die vorgeburtlichen Prägungen ablehnst. Da du dir dieser Voraussetzungen aber nicht bewußt bist, zieht es dich aus der Welt zurück, indem du deine intellektuellen Reaktionen schon in der Schule unterbrichst, um dich von den menschlichen Verhaltensbildern gar nicht erst einnehmen zu lassen. Seelen unter diesem Signum befinden sich alle auf einer Reise in die innersten Bezirke des Mysteriums. Dabei bedürfen sie des Schutzes der inneren Zurückhaltung gegenüber den rationalen Gepflogenheiten der Gesellschaft, um die Selbsteingrenzungen der kollektiven Bilder auflösen zu können.

Frau/Mann

Deshalb weiß man bei dir oft nie, was du als nächstes tun und lassen wirst. Du scheinst unfähig, das, was wir unsere Welt nennen, in den richtigen Proportionen zu sehen, und neigst in einem gefährlichen Maß zu Launenhaftigkeit und Unbeständigkeit. Dein Denken geht leicht in einen somnambulen Zustand über, und endlose Abfolgen von medialen Bildern erscheinen dir. Aber damit stimmst du dich auf die unbewußten Ebenen anderer Menschen ein. Genau das aber gibt dir wiederum die Kraft, den Fragen anderer auszuweichen, weil du deren Motivation erahnst. Du kannst sozusagen einen Menschen dadurch ergründen, daß du ihn dauernd ins Leere laufen läßt und sein Verhalten hinter den Reaktionen analysierst, ohne ihm die eigene Absicht je zu zeigen.

Du bist also keineswegs nur in chaotische Gedankenmuster verstrickt, wie es von außen bisweilen den Anschein hat, sondern du kannst ganz im Gegenteil die Beziehung zu dir selber finden, indem du deine eigenen Visionen lebst und deiner eigenen Vergangenheit darin begegnest. Die eigene Vergangenheit versperrt dir den Weg, bis du erkennst, daß nur die Abkehr von den intellektuellen Verstrickungen materieller Zielrichtungen dir die Voraussetzungen erfüllen, dein eigenes Schicksal anzunehmen und zu einem Sprachrohr des Unsagbaren zu werden.

Dies kann eine Eignung für die Fiktionen mathematisch-mystischer oder okkult-utopischer Richtung anzeigen, in denen weniger das Detail, sondern mehr der Sinn fürs Ganze herausgehoben werden will. Denn durch Neptun kannst du den Mitmenschen den Weg zu einem Mythos zeigen, der wahr und doch nicht wahr ist, da sein Inhalt – da symbolisch – für alle Zeiten unerschöpflich ist. Denn faßt man ihn symbolisch auf, ist er der Anfang und das Ende, untersucht man ihn aber konkret, dann stellt er sich als das Nichts heraus, aus dem alles Göttliche hervorgegangen ist.

Schon Immanuel Kant schrieb in der "Kritik der reinen Vernunft" (1781): *Das Erhabene liegt in der menschlichen Vorstellung vom Unendlichen! Jede menschliche Erkenntnis beginnt bei der sinnlichen Erfahrung, ohne ihr zu entspringen; die a priori vorgegebenen "Anschauungsformen" Raum und Zeit sowie die Denkformen der aus den Urteilsformen abgeleiteten Kategorien transzendentaler Geltung machen Erkenntnis, Erfahrung und die Einordnung erfahrener Gegenstände erst möglich; trotzdem trifft die Erkenntnis nicht das "Ding an sich", sondern nur dessen Erscheinung!*

Karmisch-seelische Struktur

Die kollektive Struktur

Mit Merkur/Neptun kommt das Rationale und Begriffliche mit den Ausflügen in die Welt der Träume und des Unbewußten zusammen und führt über die berühmte Frage nach dem letzten Sinn tief in den Brennpunkt des spirituellen oder religionsphilosophischen Denkens. Dieser ist aber außerhalb seiner selbst nicht erfahrbar, sondern höchstens in einer Vielzahl von Hinterfragungen konstruierbar und in einer Reihe von Annäherungen mystifizierbar.

Man muß an diesen Kosmos entweder glauben oder sich seinen Schwingungen mit Hingabe ausliefern. Denn die Neptunerfahrungen entziehen sich immer dem zupackenden Verstand des unterscheidenden Merkurs. Andererseits kann sich Merkur unter dem Einfluß Neptuns der Relativität seines eigenen Denkens bewußt werden und damit die Voraussetzung erschaffen, volles Vertrauen in das Beständige des Vergänglichen jeden Gedankens zu entwickeln.

Gleichzeitig kann die Neptun-Komponente dieses Aspektes aber auch verdrängt und auf andere projiziert werden, so daß man bei anderen gerade das aufspürt, was man bei sich selber nicht wahrhaben will: Spiritualität und Mystizismus. Man schwingt sich dann zum Verteidiger des überlieferten Weltbilds auf, weil man sich durch die eigene Angst genötigt sieht, die Angreifer in seiner eigenen Seele zu bekämpfen und sich mit jener Seite zu verbünden, welche einem Realität und Wahrheit suggeriert.

Was sich aus der einen Sicht mit Auflösung der Wahrnehmung und Verwirrung im Bereich des Denkens umschreiben ließ, zeigt sich auf der anderen als das innere Vermögen, intuitive Zusammenhänge in eine höhere Begrifflichkeit zu übertragen. Je nachdem kann ein Mensch mit neptunischem Denken einen auf höchste Ziele und größte Ideale ausgerichteten Verstand haben, oder er muß mit viel Phantasie die verschwommene Realität ersetzen, die sich vor seinen Augen aufzulösen beginnt.

Das persönliche Karma

Diese Konstellation manifestiert sich schon im Bewußtsein deiner Kindheit, dich in allen Spektren der Wahrnehmung zu verlieren, statt deinen Verstand zu disziplinieren. Die daraus resultierende Angewohnheit, allem Klaren und Eindeutigen auszuweichen und dabei jenes geistreiche, ja hinterhältige Spiel zu betreiben, entweder alles Rationale in Frage zu stellen oder umgekehrt das Irrationale des Visionären rational wegzudiskutieren (Merkur/Saturn/Neptun-Komponente), bringt oft jene Mitmenschen in Rage, die gewohnt sind, ihre Gedanken klar und eindeutig zu formulieren.

Es kommt aber auch vor, daß du durch konservative Bildungs- und Erziehungsmuster darin bestärkt wirst, gegen deine eigene Veranlagung ins Feld zu ziehen, weil du dich schämst, deinen verstiegenen Neigungen nachzugehen und die visionären geistigen Qualitäten deiner Träume und Visionen auszuleben. In diesem Fall wirst du den Geist der intuitiven Wahrnehmung, den du leichter in Symbolen und Metaphern als in logisch konstruierten Sätzen nachvollziehen kannst, nach außen projizieren und ihn dort gleichzeitig als jemand zerstören, der weiß, was es heißt, seine eigenen Träume nicht annehmen zu können.

Versorgungsängste und Verfolgungswahn führen entweder zum Rückzug aus der Welt oder zum Bedürfnis, dich deiner selber proklamierten Ratio durch Betäubung wenigstens für kurze Augenblicke zu entziehen. Aber statt das Opfer deiner eigenen Verdrängungen zu werden, was auch der Täuschung durch andere entspricht, könntest du unter dieser Konstellation zu einem viel besseren Ergebnis kommen, besonders dann, wenn du dir darüber klarwerden kannst, daß die Polaritäten nur zwei Seiten einer Medaille sind (vgl. Mythologischer Hintergrund).

Dichtung und Wahrheit verschmelzen in Poseidons Gewässern zu jener Einsicht, nur Perspektive irgendeines Rahmens zu sein, der selber wieder Perspektive eines Rahmens ist, deren Hintergrund sich zwar Gott nennt, in Wirklichkeit aber nur der Stoff ist, aus dem unsere kollektiven Bilder sind. Denn alle religiösen und magischen Rituale sind als die der Ratio entgegengesetzten Bemühungen zu verstehen, zurück zum Geist als Ganzem zu gelangen.

Mythologischer Hintergrund

Das Ende der Vorstellung

Merkur: *Wenn ich mir meine Weltanschauung aufgrund der kollektiven Bilder schaffe, die man mir anerzogen hat, ist dann mein Realitätsbild nicht sinnlos, weil es immer nur die Voraussetzung meiner eigenen Vorstellung bestätigt?*

Neptun: *Richtig! Selbst wenn du die Wirklichkeit so sehen könntest, wie sie ist, könntest du dir mit deinen Sinnen gar kein Bild von ihr machen, weil die Wirklichkeit gar keinen Platz in dem Rahmen hat, den der Mensch mit seinen Sinnesorganen austastet...*

Merkur: *Dann kann ich die Wirklichkeit ja nur durch jene Bilder erfahren, welche ich mir selbst geschaffen habe?*

Neptun: *Gewiß! Das entspricht dann jener Vorstellung von Wirklichkeit, die zwar sehr sinnvoll ist, auch wenn sie gar nicht stimmt. Nur wenn du sie zu hinterfragen suchst, das Bild als Bild entlarven willst, dann wird dein ganzes Denken sinnlos, denn damit läufst du ja deiner eigenen Wahrnehmung davon!*

Merkur: *Aber wo liegt das Ziel, wohin ich laufen könnte, wenn ich das Bild als Bild erfahren wollte? Gibt es irgend etwas, wohin ich fliehen könnte?*

Neptun: *Wenn du die Illusion als Illusion erfahren willst, dann gerätst du von der Illusion sinnvoller Ziele zum Bild sinnloser Wahrheit!*

Merkur: *Dann lande ich wieder bei mir selber?*

Neptun: *Bei einem Bild deiner Projektion! Du projizierst das Inventar deiner Bilder auf alles, was dir von außen entgegentritt und reagierst dann auf dein Bild anstatt auf das Geschehen. Du kannst deinem Denken aber nicht entfliehen, denn es färbt ja die Inhalte von allem, was du siehst: Du lebst also nicht in dem, was geschieht, sondern in dem von dir durch deine Vorstellung selber geschaffenen Raum/Zeit-Kontinuum!*

Merkur: *Dann wäre ja jede Erkenntnis sinnlos?*

Neptun: *Sie ist sinnlos, wenn du durch sie die Wahrheit zu erfahren trachtest, sie ist aber sehr segensreich und sinnvoll, wenn du erkennst, daß du gerade durch Erkenntnisse die Welt, in der du lebst, verändern kannst. Und da die Welt, in der du lebst, exakt dem Spiegelbild deiner Vorstellung entspricht, kannst du durch innere Erkenntnisse deine Lebensqualität verbes-*

sern und frei werden, indem du dein Gebundensein an die Qualität deiner inneren Vorstellungen freudig akzeptierst.
Merkur: *Ist das der Sinn?*
Neptun: *Der Sinn ist, dich in deine Illusionen einzubeziehen und dir ihrer voll bewußt zu werden, ohne aber irgend etwas ändern zu wollen. Denn du änderst dich in jedem Augenblick, wenn du dich dem freien Fließen deines Geistes überläßt, weil du dann frei wirst von deinen persönlichen Zielen und Vorstellungen, die doch auch nur wieder ein Produkt übertragener Verhaltensmuster sind.*

Akron, "Die Auflösung des Weltbilds"

Fazit

Beziehungen zwischen Merkur und Neptun bewirken immer eine sensibilisierte Denkfähigkeit. Der Mensch ist dadurch in der Lage, Archetypen in ihrer schwer faßlichen Symbolik auf eine intuitive Weise zu verstehen, die nicht in Worte zu fassen ist. Denn Neptun zwingt den auskundschaftenden Verstand auf seiner Reise ins Unfaßbare durch Kanäle, die man mit den Werkzeugen des Denkens nicht mehr nachvollziehen kann. Der Gedankenaustausch gestaltet sich recht schwierig, da die Geborenen ihre visionären Einsichten in mystischen oder abstrakten Ideen zusammenfassen, die sich dem Verständnis anderer entziehen.

Gleichzeitig ist Merkur auch ein Täuscher und Neptun der Meister aller Schrullen, was zu einer verstiegenen Eulenspiegelei führen kann. Das mag manche Seele dazu bewegen, sich vor ihren eigenen Erkenntnissen zu tarnen, die sie als relativ abtut, und sich in unpolarisierten Gleichgewichtszuständen zu halten, in denen persönlichen Meinungen und Entscheidungen ausgewichen werden kann. Sie entzieht sich der Umwelt, um sich der Vielzahl ihrer Möglichkeiten zu versichern und keine persönliche Denkart zu entwickeln.

Psychosomatische Entsprechungen

Wahrnehmungsstörungen (Auflösung der Wahrnehmung)

Du scheinst oft unfähig, die Reflexionen der Umwelt in den richtigen Proportionen wahrzunehmen. Dein Denken zerfließt in die numinosen Urgründe, das Unschaubare wirklich zu sehen oder wenigstens eine Annäherung an die Quellen des Unbewußten vorzunehmen. Aber statt das Opfer deiner eigenen Verstiegenheiten zu werden, was auch der Täuschung durch andere entspricht, könntest du unter dieser Konstellation zu einem viel besseren Ergebnis kommen, besonders dann, wenn du dir darüber klarwerden kannst, daß der Sinn unter Merkur/Neptun nur der sein kann, dich deiner Illusionen vollständig bewußt zu werden, ohne aber irgend etwas ändern zu wollen. Überlege dir, was Neptun sagt (vgl. Mythologischer Hintergrund): *Du änderst dich in jedem Augenblick, wenn du dich dem freien Fließen deines Geistes überläßt, weil du dann frei wirst von den persönlichen Zielen und Vorstellungen, die doch auch nur wieder ein Produkt übertragener Verhaltensmuster sind. Und da die Welt, in der du lebst, exakt dem Spiegelbild deiner Vorstellung entspricht, könntest du durch innere Erkenntnisse deine Lebensqualität verbessern und frei werden, indem du deine Gebundenheit an die Qualität deiner inneren Vorstellungen freudig akzeptierst.*

Symptom-Katalog

Psychisch

- Wahrnehmungsauflösung (geistige Betäubung, Flucht vor Menschen, Gefühl von Auflösung und Leere, tiefe Versenkung in sich selbst)
- Stupor, Stumpfsinn, Indolenz (Hirnmüdigkeit, Denkunfähigkeit und Auflösungserscheinungen: sieht weiße Mäuse!)
- Antriebs- und Willenslähme, Reaktionsschwäche, pathologische Reflexe
- irritierende Gewichtung äußerer Eindrücke (Sinnlosigkeit, schizothyme Symptome)
- Drogen- und Alkoholmißbrauch

Physisch

- Atembeklemmung, schwacher Puls (Lähmung von Gedanken und Bewegung)

- Muskelerschlaffung, Konzentrationsschwäche, Schwindel, Übelkeit, Erschöpfung
- Seh- oder Hörstörungen (Augenflimmern, Hornhautverkrümmungen, Ohrensausen)
- audiovisuelle Störungen, Legasthenie

Homöopathische Mittel

Säuren

Carbolicum acidum (Karbolsäure)
Das bewährte Mittel gegen Auflösungserscheinungen:
- Abneigung gegen das Denken (Denkermüdung, Stupor), völlige Apathie: D12-D30
- Atembeklemmung, schwacher Puls (Lähmung von Gedanken und Bewegung): D8-D12

Carboneum sulfuratum (Schwefelkohlenstoff)
- Schwindel, Delirium, Bewußtseinstrübung (Stumpfsinn, Indolenz, geistige Erschlaffung)
- Augenflimmern, Gedanken- und Sprachverwirrung, audiovisuelle Störung
- Drogen- und Alkoholmißbrauch (pathologische Reflexe, irritierende Gewichtung äußerer Eindrücke): alle D12-D30

Gas

Chloroformum (Trichlormethan)
- Hirnmüdigkeit, Denkunfähigkeit, Konzentrationsschwäche, Wahrnehmungsauflösung, völligeMuskelerschlaffung: D20

Pflanze

Cannabis sativa (Hanf)
- Antriebs- und Willenslähmung (unfähig zu denken und die Aufmerksamkeit bewußt zu lenken): D2-D4

Tier

Ambra grisea (Sekret des Pottwals)
- Schwindel, Übelkeit, Erschöpfung: D6
- Gedächtnisschwäche, geistige Betäubung: D8
- Gefühl von Auflösung und Leere: D8-D12
- tiefe Versenkung in sich selbst bzw. Flucht vor Menschen: D12-D30

Erlösungsformen

- Geistheilungen, meditatives "Touch for Health" (Heilen durch Berührung)
- Beschäftigung mit transzendentaler Philosophie und kritischer Metaphysik

Spirituelle Öffnungen

Ritual
Träumen, Nebelgaffen (Weissagung, Drogen, Visionen)
Farbe
Tarnfarben (in allen Farben schimmernd)
Duft
Majoran; Haschisch-Duft
Edelstein
Titania-Nachtstein (Rutilquarz)
Krafttier
Nachtfalter
Symbol
Tarnkappe; Dreifuß
Mythos
mene, mene tekel upharsin (gezählt, gezählt, gewogen und zerteilt), Geisterschrift beim frevlerischen Gastmahl Belsazars (Daniel 5,25)
Archetyp
Seher, Medium
Gottheit
Pythia, Priesterin Apolls in Delphi, auf einem Dreifuß über einer Erdspalte sitzend, aus der betäubende Dämpfe aufstiegen und sie in Trance versetzten, in der sie ihre Orakel verkündete
Kraftort
Sitzbank am Wasser mit Sicht auf den nahtlosen Wasser-Horizont-Übergang
Kultstätte
Omphalos, heiliger Stein in Delphi, der für die Griechen der Antike als Nabel der Erde galt (Delphisches Orakel)
Sabbat
Neblige Novembernächte
Musik
"The unanswered Question" von Charles Ives
Malerei
"Das fliegende Pferd" von Marc Chagall
Schrift
"Finnegans Wake" von James Joyce;
"Pforten der Wahrnehmung" von Aldous Huxley (Erfahrungen mit Meskalin)

MERKUR/PLUTO

100% Konjunktion; Quadrat; Opposition; Spiegelpunkt
85% Anderthalbquadrat; Quincunx
75% Halbquadrat; Merkur in Haus 8; Merkur in Skorpion
60% Trigon; Pluto in Haus 3
50% Sextil; Pluto in Haus 6
40% Halbsextil; Hausspitze 3 in Skorpion; Hausspitze 8 in Zwillinge
25% Pluto in Jungfrau; Hausspitze 6 in Skorpion; Hausspitze 8 in Jungfrau; Herrscher von Haus 3 oder 6 in Haus 8; Herrscher von Haus 8 in Haus 3 oder 6

☿ ♇

Thema	Schicksalserkenntnis (Erfassen der inneren Zusammenhänge)
Ziel	erweitere Wahrnehmung und Befreiung bislang verborgener Fähigkeiten
Sinn	vertiefte Selbsterkenntnis
Licht	Tiefensicht (scharfer, schonungsloser und bohrend hintergründiger Verstand)
Schatten	mentale Zwänge, göttlicher Wahn (selbstgerechte Selbstbestrafung aus verdecktem Größenwahn)
Leitbild	die Psychoanalyse als moderate Umschreibung des Jüngsten Gerichts

Per me si va nella città dolente
Inschrift des Danteschen Höllenportals:
"Durch mich gelangt man in die Stadt der Schmerzen"

Nur wer sich der Dunkelheit aussetzt, öffnet sich dem Licht!
Advocatus diaboli

GRUNDLAGE

Geistige Prägung

Merkur/Pluto ist bei dir im Leben angezeigt, wenn du in vergangenen Inkarnationen noch immer nicht begriffen hast, daß du selbst der Schöpfer oder die Schöpferin deiner eigenen Realität jetzt warst. Du schufst dir kraft deines Geistes zwar den Weg, auf dem du dich heute noch abstrampelst, merkst aber immer noch nicht, daß du dir die Voraussetzungen dazu ständig selber lieferst. Es ist also nicht nur wichtig, daß sich dein äußeres Ich in der materiellen Welt behauptet, sondern es ist noch viel wichtiger, daß es die Voraussetzungen dazu in seiner inneren Welt erkennt. Denn die äußere Welt ist nur das Abbild deiner Gedankenmuster. Deshalb kannst du jetzt lernen, Verantwortung zu übernehmen für alles, was in der Welt geschieht, weil alles ein Teil von dir und du ein Teil von allem bist.

Seelen, die noch immer nicht erkannt haben, daß sie sich die Ursachen der Auswirkungen ihres Schicksals selber zuzuschreiben haben, erteilen sich selber die Aufgabe und kehren immer wieder zurück, bis sie gelernt haben, sich an den Wirkungen der Veränderungen zu erkennen, die sie in der Welt bewerkstelligen.

Frau/Mann

Deshalb bist du unter dieser Konstellation natürlich besonders motiviert, die Welt im Auge zu behalten, und das beinhaltet nicht nur Charaktereigenschaften wie Redseligkeit und Neugierde, sondern auch das Bedürfnis, die Umwelt in die eigenen Beobachtungen und Erfahrungen einzubeziehen. Als Folge hiervon wirst du aber von der Umwelt in deinem überschäumenden Rede- und Mitteilungsfluß immer wieder unterbrochen. Diese Unterbrechungen wirken sich im späteren Leben dann insofern aus, daß du auf die verborgeneren Dinge ausweichst und dich um die Aspekte des Lebens kümmerst, die den anderen entgehen. Dies verbindet sich nicht nur mit einem Interesse an allem Mysteriösen und Geheimnisvollen, sondern auch mit der Freude am Aufspüren verborgener Zusammenhänge, denn unter diesem Gestirn kannst du dir der Relativität im Erkennen aller Dinge sehr bewußt werden. Daher bist du auch in der Lage, die dynamischen Kräfte in deiner Vorstellung zu begreifen. Damit lernst du deine Welt als ein Wechselspiel von Bildern und Ideen zu verstehen, die durch den Zeitgeist für eine Weile meinungsbildend werden können. Du vermagst dein Auge dabei auf die Gesetzmäßigkeiten zu richten, die für deine Maskeraden und Verhaltensweisen verantwortlich sind, und dabei auch die Strukturen der den äußeren Erscheinungen zugrundeliegenden Ursachen zu erkennen, die deine Welt erst ausmachen.

Sinn/Ziel

Sobald du aber die äußeren Erscheinungsbilder zu relativieren beginnst, indem du dich für die inneren Gesetzmäßigkeiten interessierst, veränderst du die Welt. Denn sobald du die Welt nicht mehr so ansiehst, wie du sie anzusehen pflegst, verändert sie sich, weil du nicht die Welt siehst, sondern nur deine Gewohnheit, sie anzusehen. Denn jetzt kannst du in einem Akt unmittelbaren Erkennens die der kollektiven Vorstellung zugrunde liegende Idee deiner Welt erfassen, die viel mehr ist als bloßes Verstehen, weil du jetzt selber zur "Idee der Welt" geworden bist und nicht einfach in die Welt hinein-, sondern aus deiner "Vorstellung der Welt" herausblickst... und dir damit beim Erschaffen deiner eigenen Realität selbst zusiehst!

Karmisch-seelische Struktur

Die kollektive Struktur

Merkur ist der Verfechter eines Weltbilds, das uns suggeriert, die Welt sei so, wie wir sie wahrnehmen. Pluto hingegen bringt die Erkenntnis mit sich, daß die Welt nur darum dem entspricht, was wir uns vorstellen, weil gerade unsere Vorstellung die Welt zu dem macht, was sie zu sein scheint – daß sie dies aber nur so lange ist, solange wir sie durch unser Denken in unserer Vorstellung bestätigen.

Die unheimliche Präsenz der unbewußten Kräfte zwingt Merkur, das Spektrum seiner Wahrnehmung so weit zu öffnen, daß nicht nur die äußeren Merkmale, sondern auch die inneren Strukturen aller Dinge darin Beachtung finden. Unter Merkur können wir den realen Teil der Dinge wahrnehmen. Im Verbund mit Pluto aber können wir uns hinterfragen, warum wir den realen Teil so wahrnehmen, wie wir ihn wahrnehmen, und ob die Brille unserer Wahrnehmung im Alltag nicht eine in Wahrheit doch recht bescheidene Wirklichkeit darstellt.

Auf einer höheren Stufe können wir diese Konstellation aber auch als einen denkerischen Seinszustand erleben, der in unserem Bewußtsein als höchste Selbsterkenntnis, als äußerstes Ichbewußtsein aufdämmert. Da gibt es weder Zwielicht noch Halbbewußtheit, weil ich alles erkenne, und dieses Erkennen nicht an die Wahrheit, sondern an mein Ich gebunden ist: *Ich bin nichts, weil ich alles bin! Denn gerade dadurch, weil ich alles bin, brauche ich nichts mehr zu sein, denn ich bin jetzt das alles umfassende, alles durchdringende und alles überstrahlende "Ich selbst"!*

Auf seiner unerlösten Seite hingegen läßt Merkur/Pluto die Denkkanäle sprengen, so daß die Betreffenden unter der Spannung, sich selbst zu präsentieren, indem sie ihr Wissen formulieren und das Unsagbare artikulieren, die Umwelt mit einem Schwall von Worten überfluten, die außer Rand und Band geraten, ohne Zusammenhang und Logik sind.

Das persönliche Karma

Ursprung deiner Fähigkeit, eine Sache gleichzeitig von außen und von innen zu betrachten, dürfte deine (vermeintliche) intellektuelle Behinderung, deine reduzierte verstandesmäßige Aufnahmefähigkeit gewesen sein, so daß sich dein kindliches Denkvermögen nur über die Aneignung der inneren Zusammenhänge entwickelte, um sich so innerhalb der Behinderung durch die Erziehenden gleichwohl zu behaupten.

Damit wurde aber gleichzeitig das Verlangen in dir wach, dich mit der dunkleren Seite zu identifizieren. Dieser Weg führt ebenfalls zur Erkenntnis, weil du dein Auge dann auf die inneren Gesetzmäßigkeiten aller Dinge lenken kannst. Aber nur, wenn du dich selber in deine Erkenntnisse einbeziehst und deinen Hang, Pluto durch die Ausgrenzung (Merkurisierung) der Schatten- und Tabu-Bereiche loszuwerden, nicht ausschließt.

Da du aber gerade im Tal der Schatten auch die eigene Psychose erkennst, dich hinter den Dingen zu verstecken, um nicht als der gesehen zu werden, der du bist, verschanzt du dich hinter dem Mythos des Unnahbaren. Oder du willst dich der Welt umgekehrt von jener Seite zeigen, welche Vollständigkeit verspricht, oder wenigstens ein Verhalten vorweisen, das mit dem Bild übereinstimmt, von dem du glaubst, die Umwelt damit besser beeindrucken zu können. Also spielst du eine Rolle, in der du durch Ausdruck und Auftreten die Umgebung beeinflussen und dadurch Macht und Kontrolle über die Mitmenschen gewinnen kannst.

Andererseits weißt du, daß die anderen auch bloß Rollen spielen. Da du aber nun zu wissen glaubst, wie es sich verhält, durchschaust du gleichzeitig, daß die Rollen, die die anderen spielen, nicht ihrem wahren Kern entsprechen. Also spielst du zwar die eigene Rolle, durchschaust aber gleichzeitig die Rollen der anderen.

Deshalb erkennst du zwar die Rollen anderer, aber weil du dazu neigst, nur das für objektiv zu halten, was du selber erkennst, verdrängst du dein eigenes (Rollen-)Verhalten. Wenn dir einer dies vorhält, ist das natürlich subjektiv. Objektiv ist nur das eigene Erkennen. Damit hast du dich gefangen im Netz der eigenen Subjektivität.

Erkenntnis und damit Erleichterung sind da zu finden, wo du dich selbst miteinbeziehst, d.h. wo du das "Erkennen" des Erkennens als die Gesetzmäßigkeit deines eigenen Erkennens erkennst, dich an die Erscheinungen hinter den Dingen heranzutasten.

Mythologischer Hintergrund

Das Jüngste Gericht

Merkur/Pluto steht für den Tag des Jüngsten Gerichts, an dem die Seelen der Toten vor Gott treten und Rechenschaft über ihr Leben abgeben. Das bedeutet nach den Gesetzen der Kirche nichts anderes als den Himmel für die Guten und die ewige Verdammnis für die Bösen. Hier ist das Gericht aber auch ein Symbol für die Metamorphose, die sich mit dem Menschen und der Schöpfung vollzieht, wenn die Stunde der Wahrheit schlägt. Der Augenblick, in dem der Mensch die Ängste seiner Seele erschaut, ist gleichzeitig der Moment, in dem er die eigene Hölle erkennt, die ihn draußen in der Welt umzingelt. Das Thema dieser Konstellation ist aber nicht nur die Vorstellung von Schuld oder die Konfrontation mit unseren inneren Ängsten. Diese sind ja die Grundlage für unsere Handlungen, die wiederum die Ursachen und die Wirkungen bilden, durch die hindurch die Entwicklung des Menschen voranschreitet. Thema ist auch – und hier kommen wir zur Metamorphose, die eine abgearbeitete Ebene transzendiert – der immerwährende Beginn, die Zukunft, die in der Vergangenheit beginnt.

Schon Pluto ist ein Symbol der karmischen Bestimmung, der treibenden Kraft hinter jeder Handlung. Wie auch immer es sich dreht, stets erkennen wir als folgerichtig, was geschieht, wenn wir die Voraussetzungen unserer Handlungen einbeziehen. Merkur/Pluto führt die in den Taten der Menschen verborgene Struktur vor Augen, die gleichermaßen Ursache und Wirkung ist: *Das aus allen Handlungsfäden sich unablässig knüpfende Schicksalsmuster ist die Grundlage, auf der sich das Ganze bewegt, und dadurch verändert sich das kosmische Ganze laufend durch die Initiative seiner Teile.*

Was Merkur/Pluto von Pluto unterscheidet, ist eine engagiert zur Geltung gebrachte Selbstverantwortung. Sie kann sich in einen unerbittlichen Selbstbestrafungsmechanismus auswachsen. Dahinter verbirgt sich nicht etwa göttliche Demut, sondern göttlicher Wahn: sich dafür zu bestrafen, fehlerhaft und menschlich zu sein, ist eine verkappte Form von Größenwahn. Dahinter zeigt sich auch der Aufruf an die Toten, sich aus ihren Gräbern zu erheben und ihrem Schöpfergott gegenüberzutreten, der über sie richten wird.

Damit taucht unterschwellig sofort wieder die Frage auf: Ist es nicht unsere alte Bekannte, die Paradiesschlange, die auf dem Richterstuhl züngelt, die uns aus einer Handvoll von Vorstellungsmustern eine Realitätskonstruktion in probate Bilder gießt und das Ganze mit einem allumfassenden Wahrheitsanspruch umhüllt? In allem, was wir sehen, können wir immer nur uns selbst sehen, und im Umgang mit der Außenwelt können wir immer nur mit der nach außen projizierten Innenwelt umgehen. Indem wir die Verantwortung für dieses "In-sich-selbst-Kreisen" unserer Erkenntnis übernehmen, konfrontieren wir uns schrittweise mit den von uns selbst geschaffenen Wirkungen und sehen schließlich, was an unserem Handeln richtig und was falsch ist.

Daher ist das Thema Merkur/Plutos die Erneuerung, Vergangenheitsbewältigung und Erwekkung des Bewußtseins, wobei es anzufügen gilt, daß das Schicksal immer eine universale Antwort auf individuelle Handlungen (Fragen) gibt. Alle Antworten liegen in uns selbst; und solange wir nicht erkennen, daß wir uns die Realität selbst erschaffen, kehren wir immer wieder zurück und lernen von neuem, sie zu gestalten. Erst wenn wir in unseren ererbten und anerzogenen Empfindungsmustern heimisch geworden sind und unser Schicksal nicht mehr von außen betrachten, sondern von innen heraus, können wir uns in unserem eigenen Handeln als gleichzeitig Handelnde und Gehandelt-Werdende erkennen und die Ergebnisse unserer inneren Wirklichkeit an dem erkennen, was wir in der Außenwelt verändern.

Fazit

Die Welt ist also das, was wir selbst sind, und Merkur/Pluto ist die Differenz zwischen dem, was wir sind und dem, was wir sein wollen. Weil wir eben so sind, wie wir sind, und nicht so, wie wir sein wollen, ist ein gewalttätiger Gott oder dunkler Richter (Pluto) erforderlich. Seine Aufgabe ist es, uns zu motivieren, nach jenem unerreichbaren Urbild zu suchen, als dessen Ebenbild er uns geschaffen hat, damit wir ja nicht merken, daß dieses Suchen nach dem, was wir niemals sein können, uns gerade daran hindert, frei zu werden. Weil wir aber auch nicht erkennen wollen, wer wir sind, damit wir unsere Muster nicht ändern müssen, brauchen wir das Bild der Schuld, um uns gleichzeitig dafür bestrafen zu können, nicht das zu sein, was wir unter allen Umständen verhindern wollen... – nämlich frei!

Wer sich mit seinem Karma beschäftigt, muß das Gesetz von Ursache und Wirkung relativieren. Dieses Prinzip ist nur ein Kunstgriff unseres Verstandes, um uns die Welt verständlicher zu machen: sind es doch gerade die Voraussetzungen unseres Denkens, die uns zwingen, die Welt nach dem Prinzip von Ursache und Wirkung zu betrachten. Wir müssen begreifen, daß die Ursachen, aus denen sich die Wirkungen ergeben, selbst nur Wirkungen davorliegender Ursachen sind, die sich auf immer weiter zurückliegende Voraussetzungen zurückführen lassen: Wirkungsabsichten eben, die aus Ursachen folgen, die in uns selbst zu suchen sind. Wenn wir den Zeitbegriff relativieren, erkennen wir, daß jedes Erleben nie nur Wirkung, sondern immer auch Ursache eines in uns angelegten Verhaltens ist, das gleichzeitig in die Vergangenheit zurück- und in die Zukunft vorwärtsschwingt. Ob man nun an die Wiedergeburt der Seele glaubt, an die Seelenschuld, die in früheren Inkarnationen durch eigenes Handeln gebildet wurde, oder nicht – man muß sich in jedem Fall Gedanken über die Gesamtzusammenhänge machen, um sich mit diesem Gestirn spirituell auseinandersetzen zu können.

Psychosomatische Entsprechungen

Zwangsneurosen

Bei der Zwangsneurose handelt es sich um eine verdrängte Tiefenangst (Versagenserwartung), die sich als zwanghaftes Verhalten niederschlägt, dich mit der äußeren Hülle ununterbrochen beschäftigen zu müssen. Dieser Zählzwang zwingt dich zum Zählen der Mosaikplättchen in der Küche oder im Bad, nur weil Merkur den plutonischen Tiefenzwang, die Gesetzmäßigkeiten hinter den Dingen zu ergründen, auf der Verstandesebene lösen will. Beim Grübelzwang mußt du dich mit gewissen Fragen, die dich belästigen, unablässig auseinandersetzen, weil du an der äußeren Form der Fragen hängenbleibst und nicht bis zum Kernpunkt deiner inneren Angst durchdringst, nämlich auf die speziellen Anforderungen der Fragen keine Lösungen zu haben, dich mit normalen Antworten aber auch nicht zufriedenzugeben. Durch dein übertriebenes Kontrollverlangen, die Welt im Auge zu behalten, kann es passieren, daß du, statt dich mit den Zusammenhängen hinter den Dingen auseinanderzusetzen, bei der äußeren Hülle steckenbleibst.

Symptom-Katalog

Psychisch

- Zwangsneurosen, choreiforme Besessenheitsvorstellungen, Phobien (Hyperallergie, agitierte Zustände, Erstickungserscheinungen)
- Gedankenüberhitzung, Delirien, Hyperästhesie des Hirns (Irresein, Wahnsinn, Todesängste)

Physisch

- Schwindel, Ohrsausen, Parästhesie
- Atemnot, Einschnürung, tetanische Krämpfe
- zerebrale Affekte (übersteigerte neuromuskuläre Erregung, unkontrolliertes Zucken einzelner Muskelgruppen)
- Überempfindlichkeit der Sinne, Hirnüberreizung (extreme Geräuschempfindlichkeit)

Homöopathische Mittel

Pflanze

Stramonium (Stechapfel)
- außerordentliche Redemanie (Phobie): Zwangsneurosen und choreaforme Besessenheitsvorstellungen
- Gedankenüberhitzung, Delirien, Hyperästhesie des Hirns (oft sexuelle Spasmen): alle D30

Tiere (Spinnen)

Aranea ixobola (Familie der Kreuzspinne)
- heftige Angstzustände, schwere Zwangsvorstellungen (Schwindel, Ohrsausen, Parästhesie)
- Atemnot, Erstickungserscheinungen (Furcht in geschlossenen Räumen)
- unkontrolliertes Zucken einzelner Muskelgruppen: alle D12

Latrodectus mactans (Schwarze Witwe)
- Atemnot, Einschnürung, tetanische Krämpfe
- Reizbarkeit, zerebrale Affekte (übersteigerte neuromuskuläre Erregung)
- Irresein, Wahnsinn, Todesängste: alle D12

Theridion (Orangenspinne)
- Hyperallergie, agitierte Zustände (unaufhörliches Rede- und Mitteilungsbedürfnis)
- Überempfindlichkeit der Sinne (extreme Geräuschempfindlichkeit)
- oder Hirnüberreizung (verkopftes Durchdrehen, nervöse Ruhelosigkeit): alle D12

Erlösungsformen

- Psychoanalyse, Krisentherapie, Schock
- Ritualmagie, Hypnosetherapie, schamanistische Heilung (generell alle tiefgreifenden Formen von seelischer Aufarbeitung)

Spirituelle Öffnungen

Ritual
Bestattung, Gedenkfeier, Totenmahl
Farbe
Gelb/Schwarz, Rauchgrau
Duft
Salbei, Ysop; abgestandener Nikotingestank
Edelstein
Fluorit; Tektik (Quarzglas aus Meteoriteneinschlag)
Krafttier
Schakal, Fledermaus
Symbol
Caduceus, geflügelter Helm, Ibiskopf
Mythos
Sphinx; das Jüngste Gericht
Archetyp
der Psychoanalytiker
Gottheit
Hermes Psychopompos, der Seelenbegleiter; Anubis, ägyptischer Totengott
Kraftort
Kanalisationsschächte, unterirdische Labyrinthe, Pyramideninneres
Kultstätte
Sphinx von Gisé
Sabbat
Todestag (die alljährlich wiederkehrenden Gedenktage an die Verstorbenen)
Musik
Symphonie Nr. 9 von Gustav Mahler; "Dante-Symphonie" von Franz Liszt
Malerei
Kubismus (Versuch, die Welt von innen und außen gleichzeitig darzustellen: Picasso, Braque, Gris)
Schrift
"Divina Commedia" von Dante Alighieri

VENUS/MARS

100% Konjunktion (–); Quadrat (–); Trigon (+); Opposition (–); Spiegelpunkt (–)
85% Sextil (+); Venus in Haus 1
75% Anderthalbquadrat (–); Quincunx (–); Mars in Haus 7; Venus in Widder
60% Halbquadrat (–); Mars in Waage
50% Halbsextil; AC in Waage
40% Mars in Haus 2 ; Mars in Stier; Herrscher von Haus 1 in Haus 7
25% AC in Stier; Hausspitze 2 in Widder; Herrscher von Haus 1 in Haus 2; Herrscher von Haus 7 oder 2 in Haus 1

♀ ♂

Thema	Liebe und Gewalt (Erotik, Begierde, Leidenschaft)
Ziel	Verbinden der Gegensätze (Anziehung, Vereinigung, Harmonie)
Sinn	Kontaktfähigkeit und sexuelle Präsenz; Triebinstinkt
Licht	sinnliche Begierde, Instinktsicherheit, evozierte Leidenschaft
Schatten	Unsicherheit, Mißtrauen, sexuelle Gewalt
Leitbild	Psyche und Eros (die gefangene Prinzessin und der Held)

Liebe ist nicht die Befriedigung eines Bedürfnisses, sondern die Voraussetzung für alle anderen.
Advocatus diaboli

Grundlage

Geistige Prägung

Die offene, spontane Art, die Gunst von Aphrodite zu gewinnen, sorgt für Abwechslung und interessanten Umgang, denn der Wunsch nach Anbindung ans andere Geschlecht ist früh vorhanden. Weil ständiges Werben aber nicht nur zwingt, gegenüber der Umwelt Transparenz zu zeigen, sondern bei Enttäuschungen auch hilft, über die eigenen Erwartungen zu reflektieren, ist das für emotionale Menschen keine schlechte Wahl. Venus/Mars ist ein Aspekt, der nicht nur einlädt, die vitalen Triebbedürfnisse zu leben, sondern auch der Tiefensehnsucht nachzuspüren, die Zweig eines unerfüllbaren inneren Anspruchs ist und nicht Teil eines von außen zu erfüllenden Bedürfnisses. Doch um die Rückwirkungen im persönlichen Erleben festzustellen, muß bei Venus/Mars-Konstellationen zwischen Venus-Betonung und Mars-Dominanz unterschieden werden (in den Häusern dominiert im Gegensatz zu den Zeichen immer der entsprechende Planet: also Venus-Dominanz bei Venus im 1. Haus, Mars-Betonung bei Venus in Widder).

Schwache Mars-Anlagen wirken sich in einer zunehmenden Abhängigkeit von den Erwartungen der Umwelt aus, in einem Verhalten also, Durchsetzung nur noch dort zu zeigen, wo sie von der öffentlichen Meinung auch ausdrücklich gebilligt wird. Männliche Eigenart versteckt sich hinter kollektiven Zielen, was die Gefahr heraufbeschwört, zu übertreiben, wo sie sich gegenüber einer Minderheit aufbläht (Staatsgewalt). Die Rollenanpassung, die versucht, persönliche Eigenart vor sich selber zu verbergen, gelingt bisweilen so perfekt, daß die Individualität, die nur getarnt werden sollte, sich unter der Maske ganz verliert.

Venus wiederum leidet unter der Vorstellung, gesellschaftlich nicht die gebührende Beachtung zu finden. Das unterschwellige Empfinden, etwas Besonderes darzustellen, wird von der Umwelt nicht wahrgenommen und liefert die verletzte Venus ebenfalls der Anpassung nach außen aus. Sie ist versucht, sich der Umwelt auf eine um Anerkennung heischende Weise zu präsentieren, um über diesen Rahmen die Bestätigung zurückzubekommen, die sie sich selbst nicht zu geben vermag. Im Extremfall wünscht sie erniedrigt, geschlagen oder gar verletzt zu werden, um sich in der totalen Hingabe an äußere Gewalt spüren zu können und damit wenigstens zur Scheinbefriedigung ihrer geopferten Identität beizutragen.

Betonte Venus (+) oder blockierte Venus-Dominanz (–):
- Venus in Waage, Stier oder Fische
- Venus in den Eckhäusern
- Aszendent Waage oder Stier
- Mars in Waage, Stier, Krebs oder Fische
- Mars in Haus 12

Betonter Mars (+) oder blockierte Mars-Dominanz (–):
- Mars in Widder, Skorpion oder Steinbock
- Mars in den Eckhäusern
- Mars in Haus 2
- Aszendent Widder
- Hausspitze 7 oder 2 in Widder
- Venus in Widder, Jungfrau oder Steinbock
- Venus in Haus 6

Frau

(+)
Die betonte Venus zeigt Begeisterungsfähigkeit, Leidenschaft und sinnliche Kraft, die sich nach körperlicher Erfüllung sehnt, denn es ist die himmlische Jungfrau, ins Monumentale entrückt, die aus höheren Sphären heraus befruchtet wird. Damit überträgt sich ihre triebhafte Hingabe auf dich, eine Art Wahnsinn, die gleichzeitig verzückte Ekstase ist, weil sie in eine Vision des Göttlichen einmündet, aber auch Ausdruck orgiastischer Lust, die sich an der Schwelle zur Qual befindet. Denn es sind die Flammen des alle Unreinheit der Seele verbrennenden Fegefeuers, die aus dem Augenblick spontaner Lust heraus gelebt und empfunden werden wollen, und die dich lustvoll an die Materie binden und dir alles erfüllen, was das Leben interessant und abwechslungsreich erscheinen läßt.

Auch ein dominanter Mars verspricht viele prickelnde Abenteuer, wenn auch nur solange, wie die züngelnde Flamme der Leidenschaft anhält. Damit treibst du deinen inneren Energiepegel in ungeahnte Höhen und kontrollierst somit die Gewalt, weil sie jetzt ein Teil jenes tiefen Friedens geworden ist, der aus der Resonanz zwischen Erregung und Entspannung fließt. Henry Miller schrieb: *... ihre Finger öffneten sanft seinen Hosenschlitz, und er sprang heraus, wie ein wütender Löwe aus seinem Käfig. Sie streifte seine Vorhaut zurück, legte seine rote und zornige Eichel bloß und nahm ihn in beide Hände, eine Hand über der anderen, als ob sie einen Baseballschläger hielt.*

(–)
Die dominante Venus (bei unterdrücktem Mars) führt zur Verwirrung der Instinkte. Gewohnt, das bei sich selber Ungesehene in den Beziehungen anderer auszuleben, hat sie den Bezug zum inneren Lustprinzip verloren. Deshalb wehrst du das eigene Erleben, die inneren Instinkte bei dir selber ab und verneinst jede Form von sexueller Annäherung. Der Horror vor Gewalt, die innere Scham oder die Angst vor Ansteckung haben aus der einst so verführerischen Venus einen komplizierten Abwehrblock gemacht. Andererseits mußt du aber auch deinen versteckten Mars loswerden und willst so in Aggressionen verwickelt werden, um deine unbewußte Aggressivität an den äußeren Umständen entfalten zu können. Unter dem Vorwand, wenigstens zu erfahren, was du nicht willst, setzt du dich von Zeit zu Zeit äußeren Gefahren aus, die einen Widerspruch zu deinen üblichen Kontakten bedeuten, um deine inneren Konflikte zu spüren und stellvertretend in den Taten anderer zu bewältigen. (Verhinderte Venus-Dominanz)

In den Flammen einer blockierten Mars-Betonung begegnest du umgekehrt der animalischen Wut schmerzender Liebesglut. *(Du spürst den Speer des Helden auf den Knochen seiner Feinde splittern!)* Deine sinnliche Magie läßt sich nicht in Verhaltensnormen einbinden, denn du liebst diese Phantasien. Im Umgang mit dem anderen Geschlecht läßt du jeden Takt vermissen und zwingst dein Triebleben deiner Umwelt auf. Die aktiven, zur Entwicklung drängenden Aggressionskräfte können nicht in Wachstum umgeleitet werden, was zu Perversionen oder Sex ohne Entspannung führt. Du weißt, daß nur ein Mann, der sich dieser Bilder bedient, dich befriedigen kann, weil du glaubst, daß nur ein solcher Mann das hingebende Verlangen deiner aggressiven Triebinstinkte spürt. Du wünschst mit der Realität der Gewalt hautnah konfrontiert zu werden! (Blockierte Mars-Dominanz)

Mann

(+)
Positive Aspekte zielen darauf, aus den gegensätzlichen Reibungen harmonische Spannungen aufzubauen, denn hier geht es darum, deine Sexualität kreativ zu entfalten und sie mit deinem Körper harmonisch zu gestalten. Unter diesem Gestirn symbolisierst du den emotionalen Virus männlicher Leidenschaft, denn allein die Triebe sind fähig, die Besessenheit der Anziehung zu offenbaren, die sich als Liebe tarnt. Dazu mußt du aber erst Venus und Mars ins Gleichgewicht bringen. Mit einer beton-

ten Venus dürfte es dir leicht fallen, dich in liebkosendem Gleichklang mit dem Ganzen zu spüren. Aber auch unter einem dominanten Mars ist es dir ein Anliegen, Frieden zu schließen mit dem andersgeschlechtlichen Teil in dir. Versuche nicht, dir über die Hintergründe klarzuwerden, sondern handle einfach, als wüßtest du, was du tust.

(–)
Wirst du in deiner inneren Männlichkeit jedoch von deiner eigenen Venus bedroht (unterdrückter Mars), dann siehst du dich in der ungemütlichen Situation, in der sich das Männliche durch das unaufhaltsame Vordringen des Weiblichen allgemein befindet. Zwar begehrst du, läßt dich aber gleichzeitig von deiner dominanten Venus dazu zwingen, das eigene Begehren abzulehnen und statt dessen Befriedigung in der Unterwerfung unter deine übertragenen Aggressionen zu finden. (Wahrscheinlich glaubtest du deiner Mutter, die dir beibrachte, daß gute Jungens keine Aggression zu haben bräuchten!) Nun kannst du deine Triebe nur noch gegen diese innere Verhinderung durchsetzen, und dazu bedarf es einer Partnerin, der du deine Hingabe opfern darfst, deine Schmerzen, deine Lust... – der du dich mit jeder Pore deines Körpers überlassen mußt bis hin zur schmerzlichen Vereinigung, die für dich aber Vollständigkeit bedeutet! (Blockierte Venus-Dominanz)

Umgekehrt drängt die blockierte Triebnatur des Mars zum Feuer, aber weil der kreative Ausgleich fehlt, kannst du die Spannungen nicht lösen. Das muß zu Aggressivitäten führen, weil du die aufgepeitschten Kräfte nicht beherrschst. Es fällt dir schwer, mit dem weiblichen Teil in dir Frieden zu schliessen, denn zu zelebrierst das Sakrament der Liebe auf dem Altar der Kriege. Im Umgang mit dem anderen Geschlecht läßt du jeden Takt vermissen und zwingst dein Triebleben deiner Umwelt auf. Weil jede Möglichkeit zur Ruhe fehlt, weichst du oft in Sexualneurosen aus. Hier begegnest du der animalischen Wut schmerzender Liebesglut, denn aus karmischer Vergangenheit erwacht, dich den Frauen physisch unterworfen zu haben, dämmert hier die aggressive Lust, es den "Weibern" wieder heimzuzahlen. Du spürst eine unbändige Freude beim Gedanken, die äußere Frau zu quälen und stellvertretend für die unterdrückte Venus ihr Fleisch so richtig durchzuwalken und zu dehnen, dich tief in ihren Leib zu drehen und sie wie ein Tier zu "nehmen". (Blockierte Mars-Dominanz)

Beziehung/Sexualität

Sexualität ist Venus/Mars (kein kleiner Anspruch in einer Zeit, wo Sex und Liebe das ungelöste Thema Nummer eins sind). In der Regel sorgen Venus/Mars-Verbindungen für Durchsetzungsstörungen beim Mann oder Hingabeverwirrungen bei der Frau, und da dieser Zustand nicht nur bei den Betroffenen, sondern fast in jeder Beziehung auftritt, sehen wir, wie diese Störung zu einem Teil des Partnerschaftsverhaltens allgemein geworden ist.

Dies ist auf eine Rollenerziehung zurückzuführen, bei der die Mädchen lernen, sich als weich, empfangend (bei gleichzeitiger Abwehr) und passiv wahrzunehmen, die Knaben dagegen als stark, unnachgiebig und gefühlslos. Der äußere Geschlechterkampf besteht unter anderem darin, daß die Frau durch ihre sexuelle Anziehung den Mann erst lockt und dann ablehnt, und das entspricht der Fehde Venus/Mars. Statt die männliche und weibliche Ekstase miteinander zu verbinden und aus den gegensätzlichen Reibungen harmonische Spannungen aufzubauen, die Freiräume für zusätzliche Lebensenergien schaffen, zwingt die abwehrende Venus Mars oft zur Verdrängung seiner inneren Gefühle und zur Annahme, Sexualität habe etwas mit äußerer Durchsetzung zu tun. Venus/Mars-Störungen können die sinnliche Liebe nicht einbeziehen, und dadurch säen sie Gewalt.

Sinn/Ziel
(Die Alchemie der Triebe)

Ohne die triebhafte Präsenz des Mars bliebe Venus formlos, unerfüllt und leer. Erst durch die Einbeziehung der phallischen Opponente wird sie zur inneren Quelle, aus der es flüstert, daß wir alle Voraussetzungen in uns tragen, um das Ewige auch über den Körper zu erfahren. Dazu muß man aber die Spreu vom Weizen trennen. Damit die Energien der Liebe nicht mehr unkontrolliert im Feuer sexueller Glut verbrennen, muß man die Freude am Spirituellen wiederentdecken und die Inspiration in die bloße Fleischeslust zurückbringen, denn wenn sich Venus und Mars verbinden, dann kommt das Feuer tief von innen!

Venus und Mars sind das Symbol für körperliche Liebe. Allein für sich betrachtet dienen sie dem Lösen sexueller Ströme, also dem Binden überschüssiger Energie! Unter Mitwirkung der Sonne finden wir die Liebe, die nicht nur durch den Körper geht, sondern auch das Herz einbezieht. Hier geht es um die Sexualität als Ausdruck der Freude, wenn Ausdruck und Gefühl miteinander verbunden sind. Ist Venus und Mars Neptun beigestellt, dann liebt man sich wie Gott und Göttin. Die Liebe stilisiert sich zum Gebet: ohne Ejakulation kann sie zum Tempel innerer Übereinstimmung werden. Wenn man aber nur das "Göttliche in sich" im anderen liebt, dann ist Pluto aufgerufen, um das aufgeblähte Ego über schmerzliche Transformationsprozesse wieder auf seine Grundlagen zurückzustufen. Diese alchemistische Verwandlung entspricht dem höchsten Ziel der körperlichen Triebe (Venus/Mars), denn sie entspricht dem *Sich-Einbeziehen in die höchste Schwingungsenergie* (Neptun/Pluto) und damit der Verschmelzung der sexuellen Triebinstinkte mit dem Kosmos. In dem Augenblick, wo der Geist mit der Seele verschmolzen ist, braucht der Mensch keinen physischen Partner mehr, weil er jetzt direkt an der Urquelle Anteil hat, die sich mit allem Wesenden in einem ewigen Liebesakt befindet.

Karmisch-seelische Struktur

Die kollektive Struktur

Venus/Mars ist ein Bild für diejenige Seite in uns, die, überwältigt vom unbändigen Verlangen nach Liebe, sich den Triebinstinkten überläßt. Das Verlangen nach Kontakten ist so groß, daß man sozusagen "mit der Tür ins Haus" fällt (ins Haus der andern, wohlgemerkt!), denn das Verlangen nach Begegnung zwingt in den Konflikt. Wir möchten aber meinen, daß der Konflikt auch eine Chance unter Venus/Mars ist, die persönliche Entwicklung voranzutreiben, weil wir erst in den Auswirkungen den Ursachen begegnen können, für die wir letztlich einzustehen haben, denn die Triebinstinkte wirken sich auf allen Ebenen des Lebens aus.

Wenn wir Mars mit den Aggressionen gleichsetzen und Venus mit dem Prinzip, Aggressionen zu vermeiden, dann sehen wir, wie die Kutsche der Gefühle von den ambivalenten Trieben (Pferde) in verschiedene Richtungen gezogen wird. Die Pferde, die sich im Geschirr verheddern, sind ein deutlicher Hinweis auf die Unvereinbarkeit der beiden Triebrichtungen in uns. Es braucht eine gehörige Portion Einsicht und Lebenserfahrung des Kutschers (Bewußtseins-Wille), den Rappen "Sexualanziehung" und den Schimmel "Emotionsbindung" in den Zügeln zu halten und auf ein gemeinsames Ziel hinzutreiben. Andererseits bedeutet jedes erreichte Ziel aus der sich verbindenden Gegensätzlichkeit natürlich Energiegewinn und damit konkrete Nutzung der sich sonst bekämpfenden Triebnatur.

Das persönliche Karma

Dein sexuelles Streben strahlt einen stark magnetisierten Eros aus, denn der innere Widerspruch artikuliert sich in einer elektrisierenden Sexualität, die entpolarisiert werden will. Das führt unweigerlich zu Machtkonflikten, weil die Unfähigkeit zu echter Begegnung sich hinter einem starken Partnerwunsch versteckt. Da die marsische Triebenergie, beim anderen "ins Haus zu fallen", sich mit der venushaften Selbstbespieglung reibt, wird der andere vom *inneren Wollen* überrollt (Mars); oder du läßt dich lieben, ohne selber zu agieren (Venus), damit du dich nicht preisgibst und im anderen verlierst.

Die diplomatische Venus tut sich schwer, Gefühlsentscheidungen zu treffen. Damit verdrängt sie die eigene Aktivität, die sie auf die Umwelt überträgt, um ihr inneres Hingabepotential ausleben zu können. Der in die Umwelt übertragene Mars fordert sich aber in der Begegnung zurück: Er verkörpert die Bedrohung von außen, der sich das Individuum auszuliefern hat, um doch noch in den Genuß der eigenen Vollständigkeit zu kommen *(...um so mehr mich der andere leiden läßt, desto anziehender wird er für mich!).* Da er ja das verdrängte Prinzip vertritt, wird er desto anziehender, je mehr er die übertragene Aggressivität reflektiert: dich gewissermaßen "über die verdrängten Wünsche balbiert".

Ist Mars dominant, dann ist es für ihn selbstverständlich, die Umwelt zu erobern und den anderen in Besitz zu nehmen. Er zwingt dem Partner seine Liebe auf und besteht darauf, daß sie dieser auch erwidert. Er ist also darauf angewiesen, die verdrängte Hingabe vom anderen zurückzubekommen, das macht ihn (in dir) für alle Vorspiegelungen von Gefühlen völlig hilflos. Da er diese Schwäche aber wiederum verdrängt, wird er in seiner Demonstration von Stärke zum Spielball seiner aggressiven Art, die er zur Selbstbespiegelung braucht und in die er all sein Liebesverlangen hineininszeniert. In der Position des Siegers liefert er sich jedoch den Dämonen aus, *denn je mehr sich der andere für mich quälen läßt, desto attraktiver wird er für mich!* Damit hat er sich an seine verquälten Liebesneigungen verloren.

Sind die Energien aber ausgeglichen, führt das zur magischen Verstrickung, denn die Gleichzeitigkeiten von Triebhaftigkeit und Erotik, Hingabe und Aggressivität sorgt für allerlei Verwirrung. Es wird ein Zustand des Verliebtseins angestrebt, da Venus/Mars nur dann andauert, wenn er im Eroberungsstadium verharrt. Nur im "Limerenz-Zustand" (Verliebtheits-Zustand) können Venus und Mars gleichberechtigt nebeneinander existieren, denn nur im Zustand des Verliebtseins ist der Drang nach Eroberung (Mars) mit dem gleichzeitigen Verlangen gepaart, vom anderen auch begehrt zu werden (Venus). Solange du ständig neue Liebesbeweise forderst, ist die Unvereinbarkeit im Lot, und ganz nebenbei öffnet sich auch der Kanal, die Reibungsverluste der gegensätzlichen Planetenkräfte über die Sehnsucht nach unerreichbarer Liebe (Streben nach Unerfüllung) auszugleichen.

Mythologischer Hintergrund

Die Entscheidung des Paris

Als auf dem Olymp zwischen Hera, Athene und Aphrodite ein Streit ausbrach, wer die Schönste sei, wurde Paris die zweifelhafte Ehre zuteil, diesen zu schlichten. Vor die Wahl gestellt, zwischen Hera (die ihm Weltherrschaft bot), Athene (die ihm Weisheit antrug) und Aphrodite zu wählen, entschied er sich für die Liebesgöttin, die ihm dafür das schönste Weib der Welt versprach.

Wenn Aphrodite dem Mythos von Sonne/Venus entspricht (vgl. S. 177/178), so entspricht Paris' Entscheidung Venus/Mars. Es war Aphrodites verführerische Schönheit und ihr gefährliches Liebesangebot, das die Wahl zu ihren Gunsten entschied. Daraus entstand jedoch eine ungeheure Verwicklung, denn das Versprechen Aphrodites hatte einen vergifteten Stachel, weil die Schönste (Helena) schon die Gattin des König Menelaos von Kreta war.

Trotzdem kann man nicht behaupten, daß die Wahl des Paris falsch war. Mars wäre nicht Mars, könnte er Venus' erotische Anziehung gegen die langfristigen Folgen seines Handelns abwägen. Seine innere Absicht, der eigenen Spontaneität freien Lauf zu lassen, macht ihn zwar ehrlich, aber unreif: auch nicht böse, aber aggressiv und töricht. Sein emotionales Streben, ohne planendes Handeln in Bestehendes einzugreifen, macht ihn zu einem Helfer ohne Absicht, zu einem Prüfer wider Willen, weil sein Handeln vor allem den Ordnungshüter (Saturn) auf den Platz ruft, um die Bruchstellen, durch die Mars eindrang, wieder abzudichten und zu flicken. Daß sich die Wahl des Paris aber zum Trojanischen Krieg auswuchs, lag weniger in der Triebhaftigkeit Paris', sondern in der Saturn/Uranus-Beziehung der beiden Völker (die sich den Anlaß zum willkommenen Funken machten, die Aggressionen zu entzünden).

Auch Aphrodites Versprechen war nicht falsch. Es ist nicht ihre Aufgabe, aus spontanen Entscheidungen auf Gesamtzusammenhänge zu schließen und für mögliche Auswirkungen die Verantwortung zu übernehmen. Als Liebesgöttin ist es vielmehr ihre Pflicht, die Vorzüge des Leibes und die Betonung körperlicher Reize in den Vordergrund zu bringen, und das hat sie vortrefflich getan. Da Paris nicht aus einer reifen Perspektive, sondern aus seinen inneren Trieben heraus wählte, konnte er sich gar nicht anders als für sie entscheiden. Aphrodite hat ihm die Entscheidung zwar erleichtert, aber nicht die Wahl verfälscht.

Fazit

Daraus können wir ersehen, wie schwer es ist, Strategie und Klarsicht gegen die Triebinstinkte zu behaupten. Unter Venus/Mars gelingt das sicher nicht. Und wenn wir schon glauben, daß weder Aphrodites Versprechen noch Paris' Wahl falsch waren, sondern nur Teil eines Instinktverhaltens, das, wenn es ausbricht, zwingend ist, so können wir auch sagen, daß es sicher nicht der inneren Absicht von Venus/Mars entspricht, einen objektiven Vermittler abzugeben. Es ist nämlich gerade das Vorrecht dieser Konstellation, auszubrechen, ohne die Folgen abzuwägen, die in diesem Fall darin bestehen, daß man sich die Frau eines anderen nimmt. (Als Frau ließe man sich von einem anderen "nehmen", um aus den gesellschaftlichen Normvorstellungen auszuscheren, nicht nur des sexuellen Reizes, sondern auch des revolutionären Widerstandes wegen.) Venus/Mars befreit sich mit Geschrei, um auf das menschliche Vorrecht aufmerksam zu machen, Fehler zu verursachen, ohne dafür die Verantwortung übernehmen zu müssen.

In einem spirituellen Sinn verkörpert Venus/Mars das sexuelle Lustprinzip: das spontane, kindliche Empfinden, den instinktiven Trieben nachzugeben, ohne sich um eine harmonische Einbindung in die gesellschaftlichen Vernetzungen zu kümmern, also das Recht auf Entwicklung durch Konflikte und gleichzeitig die Abwehr von Verantwortung, für die die Seele noch nicht reif ist.

Psychosomatische Entsprechungen

Sexuelle Unvereinbarkeit (Gleichzeitigkeit von Hingabe und Aggression), Dispositionen zu Blasenerkrankungen und Nierenstörungen

Am deutlichsten drückt sich die Polarität dieser Konstellation im Lustprinzip des Säuglings aus. Seine Reaktion, die nur zwischen angenehm und unangenehm unterscheiden kann, ist völlig lustorientiert, und unter Venus/Mars bleibst du diesem Prinzip länger ausgeliefert als andere. Vom Verlangen beseelt, alles zu zerstören, was dir keinen Lustgewinn verschafft, ist Mars ein Befruchter des Ursache/Wirkungs-Prinzips, weil er alles noch beschleunigt, was sich sowieso zu werden beabsichtigt. Vom Zwang zur Tat getrieben, ist für ihn jeder Kampf ein Mittel zum Zweck, um die innere Aggression in Handlung umzuwandeln und somit das zu bewegen, was wir den Lauf der Welt nennen. Der Gegensatz zu der die Gegensätze miteinander verbindenden Venus könnte nicht größer sein. Diese verkörpert Ausgewogenheit, wo Mars Verstrikkung signalisiert, und spiegelt Öffnungsbereitschaft, wo Mars aggressive Zerstörungswut anzeigt. Durch die erotischen Entzündungen wird sie zur raffinierten Verführerin, wo Mars nur rasch zum Gipfel strebt. Umgekehrt ist aber Mars auch Energie, wo Venus passive Hingabe verkörpert und ausufernde Genußsucht repräsentiert.

Was also zusammen für triebhafte Verschmelzung steht (oder in der bürgerlichen Assoziation für rauschende Liebesfeste), setzt zuerst einmal Formen von emotionalen Störungen voraus: Sexuelle Anziehung wechselt sich ab mit Impotenz (Gleichzeitigkeit von Hingabe und Aggression). Auch Dispositionen zu Blasenerkrankungen sind möglich und Nierenstörungen angesagt, wenn Venus/Mars aus dem Gleichgewicht gerät, weil sich die inneren Konflikte in Problemen mit der Umwelt reflektieren, was sich im "paarig" angelegten Nierenorgan niederschlägt.

Symptom-Katalog

Allgemein

Venus/Mars-Syndrom:
- Unvereinbarkeit von emotionaler Bindung und sexueller Anziehung (Trennung von Partnerschaft und Sexualität)
- Gleichzeitigkeit von Hingabe und Aggression (Ich-Durchsetzung und Ich-Schwäche):
  a) triebhafte Aggression (sexuelle Erregung in Verbindung mit innerer Ohnmacht)
  b) oder Impotenz (sexuelle Über-Erregung in Verbindung mit Angst)

Psychisch
- Irritation der Körperabwehr (Abwehrschwäche/Allergie: bei Frauen vor der Periode Menstruations-Ausschläge)
- Identitätssuche, Umweltabhängigkeit (Angst vor Ablehnung gegenüber der Umwelt)
- übersteigerte Triebhaftigkeit, Perversion

Physisch
- Nieren- und Blasenerkrankung (Nierenbecken- oder Blasenentzündung)
- Venenentzündung (Hämorrhoiden, Krampfadern), Bindegewebsschwäche
- venerische Krankheiten (durch Geschlechtsverkehr übertragen)
- Übersäuerung

Schüssler-Salze

Minerale

Ferrum phosphoricum (Nr. 3)
- bei Blasenkatarrh und Gallenblasenentzündung

Natrium phosphoricum (Nr. 9)
- bei Übersäuerung (Menschen reagieren sauer!) und Nierenerkrankungen (Nierenbeckenentzündung)

Calcium fluoratum (Nr. 1)
oder - stärker -
Silicea (Nr. 11)
- bei Bindegewebsschwäche, Drüsenverhärtungen und Venenerweiterungen (Hämorrhoiden, Krampfadern)

Neben-Mineral

Lithium chloratum (Nr. 16)
- gegen Harnwegentzündungen

Bach-Blüten

Gorse (Stechginster)
- bei inneren Ängsten aus blockierter Durchsetzung

Holly (Stechpalme)
- gegen triebhafte Aggressionen (sexuelle Erregung in Verbindung mit innerer Ohnmacht: Haß, Eifersucht und Neid)

Sweet Chesnut (Süße Kastanie)
- bei gefühlsmäßiger Polarisierung (Identitätssuche/Umweltabhängigkeit)

Wild Rose (Heckenrose)
- bei Bindungs- und Hingabeunfähigkeit, innerer Disharmonie und Ablehnungsängsten

Urtinkturen

Ginseng
oder
Yohimbin
- Aphrodisiaka

Lupulus-humulus (Hopfen)
- gegen Anspannung und Streß
- bei Pollutionen und Spermatorrhoen

Bier
- Durchspülen der Nieren

Erlösungsformen

- Sex
- Konzentrierung der Orgasmus-Energien ("High-Sex")

Spirituelle Öffnungen

Ritual
Tantra (ritueller Gebrauch der Sinne)
Farbe
frisches Hellrot, leuchtendes Orange
Duft
Moschus, Lavendel und Rosmarin
Edelstein
rote Koralle (Karneol, Rubin)
Krafttier
Großkatze (Leopard) und ihre Antipoden: Antilope, Zebra, Vogel Strauß
Symbol
Amors Liebespfeile
Mythos
Adonis und Aphrodite; das Urteil des Paris
Archetyp
Selbstverwirklicher im anderen (Verliebte im Zustand der Übertragung)
Gottheit
Amor/Eros und alle ithyphallischen Urbilder
Kraftort
Vulkaninseln (Kilauea auf Hawaii: Paradies auf Feuer gebaut)
Kultstätte
Akrotíri, im Süden Santorins;
Mistras, Ruinenstadt bei Sparta, im Mittelalter als "Florenz des Ostens" gerühmt
Sabbat
(Erste) Liebesnacht; Lupercalia (15. Februar): Römisches Fest zu Ehren Pans
Musik
"Mephisto-Walzer" von Franz Liszt;
"Liebeszauber" von Manuel de Falla;
"Carmen" von Georges Bizet
Malerei
"Der große Onanierer" oder "Junge Jungfrau, die von den Hörnern der eigenen Keuschheit unzüchtig behandelt wird" von Salvador Dali
Schrift
"Lulu" von Frank Wedekind;
"Miracle de la rose" von Jean Genet

VENUS/JUPITER

100% Konjunktion (+); Quadrat (−); Trigon (+); Opposition (−); Spiegelpunkt (+)
85% Sextil (+); Jupiter in Haus 2
75% Anderthalbquadrat (−); Quincunx (−); Venus in Schütze; Jupiter in Haus 7
60% Halbquadrat (−); Venus in Haus 9; Jupiter in Stier
50% Halbsextil; Jupiter in Waage
40% Hausspitze 9 in Stier oder Waage; Hausspitze 2 oder 7 in Schütze
25% Herrscher von Haus 9 in Haus 2 oder 7; Herrscher von Haus 2 oder 7 in Haus 9

♀ ♃

Thema	Gefühlsreichtum, Harmonie und Fülle
Ziel	Paradies (Suche nach dem Weg der inneren Vollendung)
Sinn	Glück und Wohlstand (seelische Erfüllung in körperlichen und geistigen Idealen)
Licht	Optimismus, Selbstbewußtsein, Herzenswärme
Schatten	Aufblähung, Genußsucht, innere Leere
Leitbild	die Fülle (prosaisch) oder die Schönheit der Schöpfung im Lächeln der Menschen (poetisch)

Ich ahne, was als Leben in dir waltet
Wenn deine Blätter, wie in Wollust, prangen
Und wenn dein Duft in sehnendem Verlangen
Dem Kelch entschwebt, den seine Glut gespalten.
Georg Friedrich Hebbel

Grundlage

Geistige Prägung

Venus/Jupiter verkörpert das Optimum dessen, was der Mensch im Lauf seines Lebens an innerem Seelenfrieden erreichen kann. "Fortuna major" und "fortuna minor" zeugen von der Absicht, Widersprüchliches im Herzen auszugleichen und im Erkenntnis-Dom zum Wissen zu vereinen, daß alles irgendwo im Leben seinen tiefen Sinn besitzt. Der Glaube an das innere Gelingen schürt deshalb auch dein seelisches Empfinden, dich mit der Umwelt stets harmonisch zu verbinden, was sich in Toleranz und Güte ausdrückt. Was für die einen aber Lebenssinn bedeutet, ist für die anderen nichts als Wichtigtuerei. Da Venus das Gefühl umschreibt, sich in den eigenen Wünschen auszuleben, dehnt sie sich oft in Jupiters Expansivität mit aus, der, seinem Wachstumstrieb gehorchend, ins grenzenlose All ausfließt: in die bildhafte Vorstellung des Alls natürlich, denn Jupiter wird mit dem Sehnen in Verbindung gebracht, die vorstellungsmäßigen Inhalte zu schaffen, aus denen sich das Denken dann seinen Lebenssinn zusammenfaßt. Damit löst Venus die jupiterhafte Ideologie in einem schwärmerischen Idealismus auf, der nicht mehr der Erkenntnis und Durchforschung des Unerkannten dient, sondern die Befriedigung nur noch aus dem Suhlen in den eigenen Vorstellungs-Idealen zieht.

Frau

(+)
In dir begegnen wir der offenen, charmanten Frau, die sich der Liebe nicht verschließt und auch der Leiblichkeit gut zuspricht, was Kraft und Sinnlichkeit ausdrückt. Den eigenen Vorzügen bewußt, möchtest du mit Göttern in Berührung kommen, um Ambrosia und Nektar zu erringen. Die venusische Energie verkörpert das Sinnliche im ganzen Spektrum seiner Reize; sie ist die nackte Eva nach dem Sündenfall, die sich vor Gott verbergen mußte. Auch Jupiter verkörpert eine Haltung, die von grenzenloser Fülle zeugt, denn er besitzt eine sinnliche Komponente, bei der Erotik, Triebhaftigkeit und wucherndes Verlangen eine große Rolle spielen. In der sexuellen Flora dieses Gestirns wird es dir zum dringenden Ziel, dich in liebkosendem Einklang mit den Wellen der Liebe zu spüren, wo die Spermen des Lebens an den Muschelstrand der Aphrodite spülen. Nicht nur deshalb, weil für dich die Brüste der Mutter, aus denen süße Milch strömt, Nahrung und Glück in einem sind, sondern weil diese Art der Selbstverwirklichung auch deinem tiefen seelischen Bedürfnis entspringt, dich in die physische Verbindung einzubringen.

(–)
Unter "dunkleren" Verbindungen bist du Mutter und Hexe, Hölle und Himmel, Leben und Untergang. Deine Sexualität gehört dir und der Göttin allein. Sie ist die Schlange, die Adam verführt, die alten Werte zerstört und den fruchtbaren Aspekt des Weiblichen (Eva) wieder mit der orgiastischen Lust (Lilith) vereint, die beide aus Gott-Teufel hervorgegangen und innig mit der menschlichen Natur verwachsen sind. Dieses Gestirn bindet jene seelische Ebene in die Erfahrung mit ein, die von der Urmütter Weisheit durchdrungen ist und zur Rückkehr in die innere Kraft, zur lebendigen, nährenden Seite der Muttergöttin führt. Das Verlangen nach üppigen Formen entspricht einem inneren Bedürfnis nach Ausdehnung, wobei du auch chirurgische Eingriffe nicht scheust (Brustvergrößerung), um die Materie mit dem Wunschbild in Übereinstimmung zu bringen. Soziale Anerkennung wird großgeschrieben, der Partner vereinnahmt und zur Erweiterung der eigenen Grenzen benutzt. Die innere "Ausgrenzung in den anderen" bedarf der ständigen Anpassung der Gefühle zur Erhaltung der Beziehung. (Der Partner wird auf die Mutterbrust fixiert.) Venus/Jupiter muß wachsen, und da dieser Aspekt weder Durchsetzung noch Arbeit schätzt, erfolgt das Wachstum über die Ausdehnung des anderen (Partnerschaft muß zum sozialen Aufstieg führen), welcher solange mit "Muttermilch" gemästet wird, bis er in die Umwelt "platzt". Mit anderen Worten: "Karriere macht!"

Mann

(+)
Das psychische Bedürfnis, über das Normale hinauszuwachsen, das unter disharmonischen Aspekten zur Identifikation mit Götter-Archetypen führt, wächst unter diesem glücklichen Gestirn zum umgekehrten Verlangen, dich der Ich-Ummäntelungen zu entblättern und die Freiheit in der Auflösung von Ich-Kristallisierungen zu finden, also der inneren Leere ins Auge zu schauen, die sich im Streben nach Prestige und Überhöhung tarnt, um nicht einem Wachstum zu verfallen, das sich von seinen eigenen Wurzeln abgespalten hat (Genußsucht, Luxus). Erst das geläuterte Bewußtsein ist in der Lage, seine inneren Ideale mit der äußeren Realität unter einen Hut zu bringen und damit das alchemistische Gold zu finden!

(–)
Der krampfhafte Zug, etwas Großes darzustellen, resultiert unter negativen Vorzeichen aus dem inneren Unvermögen, die Wachstumszwänge mit der körperlichen Begrenzung in Übereinstimmung zu bringen. Da dir die Umwelt deine Identifikationsabsichten, etwas Besonderes darstellen zu wollen, nicht immer abnimmt, mußt du dich in Wunschvorstellungen flüchten, und das bedeutet Verschmelzung mit den eigenen "Ausgrenzungsabsichten", Verbindung mit den inneren Träumen oder Auslieferung an die egozentrierte Ich-Aufblähung. Dieser Weg führt zu mehr oder weniger starken Identifikationen mit überpersönlichen religiösen Modellen, zu einem mystisch-esoterischen Sektierertum, das sein wissendes Image ichvergrößernd durchsetzt, ohne zu bedenken, daß in diesem Akt weder Bewußtseinserfahrung noch Gotteserkenntnis, sondern nur die egoaufblähende Auswirkung einer grandiosen Selbstbespiegelung schlummert.

Sinn/Ziel

So wie die Nährstoffe der Lotosblüte im Schlamm wurzeln, so lagert der Antrieb für handelndes Tun in der Tiefe der Triebe, denn dieses Gestirn repräsentiert die saugende Vulva, die sich um das erigierte Glied des Mannes schließt. Vor die Wahl gestellt, dich zwischen Liebe und Treue zu entscheiden, entscheidest du dich für beide Seiten und zwar als schillerndes Verbindungsstück, das die Höhe seelisch gemeinsamen Erlebens mit der Tiefe heißer Triebbefriedigung verknüpft. Bei disharmonischen Aspekten ist das Vertrauen in die eigenen Gefühle gestört und führt bei einer Anlage, die auf das Wachstum emotionaler Werte ausgerichtet ist, zu Zügen von Ausschweifung und Fettsucht.

Hinter der Oberfläche dieses Gestirns finden wir aber auch ein tieferes Sinnbild für die Erfahrung von Ganzheit, denn aus dieser Perspektive verkörpern männlich (Jupiter) und weiblich (Venus) viel mehr als sexuelles, nur geschlechtsbezogenes Verhalten. Venus und Jupiter sind die beiden Brückenköpfe, die eine Verbindung zwischen den Welten bilden, die eine Bresche ins Universum schlagen, die inneren Kräfte auf den Kosmos übertragen und sich die geläuterten Energien via Ich-Satelliten (Identifikation mit dem Weltall) zurückstrahlen lassen.

Damit entspricht das Suchen nach Freiheit und das Finden von Sinn einem Widerspruch in sich: nämlich der Befreiung vom eigenen Sein mit sinnhaften Mitteln! Doch die große Chance von

Venus/Jupiter ist die Vereinigung der Gegensätze, denn Venus beinhaltet das Element von Harmonie und Ausgleich genauso wie Jupiter. Während Venus das innere Gleichgewicht regiert, vermittelt Jupiter das Gleichgewicht zur "Großen Weltenschlange", die die Sinnsuche symbolisiert: *Das spirituelle Streben nichts als sublimierter Eros, erlösen sich die geistigen Ziele in einer Suche nach Sinn, woraus sich die Handlungen wiederum befruchten!*

Karmisch-seelische Struktur

Die kollektive Struktur

Die venusische Energie verströmt Harmonie oder ein die Gegensätze miteinander verbindendes Empfinden, das sich nicht gern in enge Weltbilder verstrickt. Ihr innerer Ausdruck wird durchpulst von einer tiefen Verschmelzungssehnsucht mit dem ganzen All, und dieses Streben manifestiert sich materiell in der Hingabe an alles Anziehende und harmonisch Schöne.

Auch Jupiter verkörpert eine Haltung, die von Grenzenlosigkeit und Fülle zeugt. Das Leben erscheint unter ihm wie eine fließende Ausdehnung, die unablässig aus sich selber wächst: eine sich aus sich selbst gebärende Vergrößerung, welche die Energien aus sich selber schöpft und damit die Grundlagen für das ewige Wachstum sicherstellt. Jupiter, der sich durch Großzügigkeit und Freimut auszeichnet, aber auch Aufblähung und plumpe Genußsucht in sich birgt, ist ein Symbol des menschlichen Dranges nach Erweiterung, ganz egal, ob dies in körperlichen, seelischen oder geistigen Bahnen geschieht.

Hinter den Nebeln des Unfaßbaren rötet sich die Sehnsucht, die sich auf ihre Tiefen bezieht oder auf das, was wir die vergessene Erinnerung nennen. Obwohl diese Rückbindung nur ein Trick ist, sich des numinosen Zeitlos-Ewigen zu bemächtigen (um das Ego aus seiner Enge hervorzulocken), ist es Jupiters Verdienst, das ungreifliche Verlangen zum Ausdruck zu bringen, denn jedes äußere Ziel wurzelt in der inneren Sehnsucht nach Sinn und gehorcht damit einem Streben nach Gott. Seelisch entspricht das dem Verhalten, die spirituell nicht erreichte Erweiterung wenigstens materiell durch die Form "hindurchzuprojizieren" (Venus), und das geschieht psychisch durch Erotik und ästhetische Freuden, physisch durch Gewichtszunahme und Völlerei.

Das persönliche Karma

Venus/Jupiter-Verbindungen haben Bezug zum Liebesleben: zu Vergnügungen, Wachstum und zum Harmonieaustausch. Sind die Planeten günstig aspektiert, dann kann dein Harmonieverlangen sowohl materiell wie spirituell gestillt werden, denn es drückt sich in erfüllenden Beziehungen wie in beziehungsmäßiger Erfüllung aus. Im Bestreben, in die Feinstofflichkeit blühender Herzenswünsche einzustimmen, wo auch materielle Ziele ihre geistige Erfüllung finden, führt das spirituelle Schicksal dein materiegebundenes Handeln an die Illusion der Realität heran. (Entschwebtere Seelen werden zur Realitätsbewältigung umgekehrt an den verfestigenden Ausdruck materieller Vorstellung angeschlossen.)

Das Tor zum Wachstum ist der Wunsch nach innerer Entfaltung, kurz: Das Beabsichtigen der inneren Kraft! Nur das gelassene Vertrauen, das die Erscheinungen der Welt (das Einbrechen in den Raum) als eine Illusion akzeptiert, die sich aus der Leere formt, ermöglicht die Erfahrung kosmischer Ausdehnung und schenkt auch materielles Wachstum. Es gilt, nicht die äußeren Erscheinungen, sondern das innere Fließen aller Dinge zu erkennen, ohne aber von seinen eigenen Projektionen – das Erkannte ist die Projizierung des Erkennenden – jetzt weggespült zu werden.

Mythologischer Hintergrund

Das Märchen vom Schlaraffenland

Hört zu, ich will euch von einem guten Lande sagen, dahin würde mancher auswandern, wüßte er, wo selbes läge. Aber der Weg dahin ist weit für die Jungen und für die Alten, denen es im Winter zu heiß ist und zu kalt im Sommer. Diese schöne Gegend heißt Schlaraffenland, da sind die Häuser gedeckt mit Eierfladen, und Türen und Wände sind von Lebzelten und die Balken von Schweinebraten. Um jedes Haus steht ein Zaun, der ist von Bratwürsten geflochten und von bayerischen Würsteln, die sind teils auf dem Rost gebraten, teils frisch gesotten, je nachdem sie einer so oder so gern ißt. Alle Brunnen sind voll Malvasier und andrer süßer Weine, auch Champagner, die rinnen einem nur so in das Maul hinein, wenn er es an die Röhren hält. Auf den Birken und Weiden wachsen die Semmeln frischbacken. Und unter den Bäumen fließen Milchbäche; in diese fallen die Semmeln hinein und weichen sich selbst ein für die, die gern einbrocken. Die Fische schwimmen in dem Schlaraffenlande obendrauf auf dem Wasser, sind auch schon gebacken oder gesotten und schwimmen ganz nahe am Gestade. Auch die Spanferkel laufen gebraten umher, und jedes trägt ein Transchiermesser im Rücken, damit, wer da will, sich ein frisches saftiges Stück abschneiden kann. Die Käse wachsen in dem Schlaraffenlande wie die Steine, groß und klein; die Steine selbst sind lauter Taubenkröpfe mit Gefülltem oder auch kleine Fleischpastetchen. Im Winter, wenn es regnet, so regnet es lauter Honig in süßen Tropfen, da kann einer lecken und schlecken, daß es eine Lust ist. Und wenn es schneit, so schneit es klaren Zucker. Und wenn es hagelt, so hagelt es Würfelzucker, untermischt mit Feigen, Rosinen und Mandeln. Nun wißt ihr des Schlaraffenlandes Art und Eigenschaft. Wer sich also auftun und dorthin eine Reise machen will, aber den Weg nicht weiß, der frage einen Blinden. Aber auch ein Stummer ist gut dazu, denn der sagt ihm gewiß keinen falschen Weg. Um das ganze Land herum ist aber eine berghohe Mauer von Reisbrei. Wer hinein oder heraus will, muß sich da erst überzwerg durchfressen.

Ludwig Bechstein

Fazit

Der tiefere Sinn dieser Glückskonstellation liegt wohl darin, den inneren Frieden und die kosmische Übereinstimmung nicht wegen des äußeren Glücks, sondern trotz dieses Glücks, sozusagen durch das Glück hindurch zu empfinden. Man muß das äußere Glück bis zur Neige leeren, bis man spirituell an diesem Glück stagniert. Wenn Glück und Harmonie der Zielpunkt sind, werden Differenzen ausgeschlossen, die allein zur Weiterentwicklung führen. Aber ohne Differenzen gibt es keine Entwicklung, und Nicht-Entwicklung führt zum Stillstand!

Erst das Erkennen, daß das wirkliche Glück kaum innerhalb dualer Grenzen zu finden ist, schenkt Erlösung, und in diesem Licht begegnet uns Venus/Jupiter als Aufforderung, das Gleichgewicht zu entwickeln und das Glück nicht nur einseitig in Wohlstand und Harmonie zu suchen. Genuß und Luxus werden schal, wenn sie von den Wirbeln der Konflikte nicht bewegt werden, genauso wie das Wasser fault, wenn es von den peitschenden Stürmen und den unterirdischen Strömen nicht mehr durchquirlt werden kann.

Psychosomatische Entsprechungen

Ausschweifung und Fettsucht (Stoffwechselstörungen, Lebererkrankungen, Bauchspeicheldrüsenschwäche)

Als Mensch im Bannkreis dieses Zeichens verlangst du nach Idealen von Frieden und Harmonie. Dabei bleibst du nicht selten in schwärmerischen Übertreibungen, zu hoch gegriffenen Idealisierungen, ablenkenden Wunschvorstellungen und Lügengebilden hängen. Scheinheiligkeit breitet sich oft anstelle humanitärer Ideale aus, grenzenloser Anspruch anstelle Grenzenlosigkeit, denn diesem Gestirn wohnt die Darstellung von Größe inne, und die Ideale kosmischer Sinnfindung kollidieren mit der weltlichen Trieberfüllung. Die Zielpunkte expansiven Strebens stehen in krassem Widerspruch zu Eigenschaften wie sexueller Ausschweifung, Gefallsucht, Bequemlichkeit, Faulheit, Geltungsbedürfnis, pathetischer Übertreibung, Liebe zu Äußerlichkeiten, Sorglosigkeit, Konfliktverdrängung oder Leichtsinn. Gleichzeitig verstärkt dieses Bedürfnis nach Ausweitung aber auch die Angst, sich in der Weite zu verlieren, und das schürt bei materiellen Seelen zuweilen die ich-betonte Selbstaufgabe, nämlich die stofflichen Bedürfnisse in die Ausdehnung einzubeziehen und statt der geistigen Ideale die körperlichen Formen wachsen zu lassen. Fehlt die idealistische Ausrichtung (Ausgrenzung) in die Welt, dann holst du dir dein Bedürfnis nach Größe durch Wachstum aus Überfütterung zurück. Kompensativ entspricht dieser Aspekt der Schweinezucht (Fleischgewinnung) oder Gänsemast (Überfütterung der Tiere zur Gewinnung der Gänseleber). Bei disharmonischer Berührung ist das Vertrauen in die kosmische Ordnung gestört und führt bei einer Anlage, die auf Ausweitung und Wachstum ausgerichtet ist, zu Zügen von Ausschweifung und Fettsucht.

Symptom-Katalog

Psychisch

Schlaraffenmentalität:

- Geltungsbedürfnis und Übertreibung
- Gefall- und Prahlsucht (Ich-Betonung)
- Lügenhaftigkeit (Konfliktverdrängung)
- Bequemlichkeit und Faulheit (Sorglosigkeit, Leichtsinn)

Physisch

- ovariale Erkrankungen
- Drüsenstörungen:
  a) endokrine: Störung der inneren Sekretion
  b) Schilddrüsenprobleme
- Stoffwechselerkrankungen
- Insuffizienz der Bauchspeicheldrüse (Blutzuckerkreislauf)
- schlaffes Erscheinungsbild (Bindegewebsschwäche)

Schüssler-Salze

Minerale

Natrium sulfuricum (Nr. 10)

- bei Stoffwechselstörungen, Lebererkrankungen, Bauchspeicheldrüsenschwäche und Gewichtszunahme (Fettsucht)
- unterstützt die körperliche Entschlackung: überschüssige Gewebeflüssigkeiten werden abgebaut

Silicea (Nr. 11)

- ebenfalls ein Ausscheidungs- und Entschlakkungsmittel (siehe oben)
- gegen Grenzenlosigkeit (physisch: Auflösung ins Leere = schwaches Bindegewebe)

Neben-Mineral

Natrium bicarbonicum (Nr. 23)

- bei Stoffwechselproblemen aus ungenügender Entschlackung
- ausschweifendem Lebenswandel
- oder übertriebener Genußsucht (übersteigerte Nahrungsaufnahme)

Bach-Blüten

Agrimony (Odermennig)
- bei (zu) hoch gesteckten Zielen
- Geltungsbedürfnis und Übertreibung
- Gefall- oder Prahlsucht (Ich-Betonung)

Clematis (Weiße Waldrebe)
- gegen Selbstmitleid (verträumte Ideale)
- Lügenhaftigkeit (Flucht in die Ausschweifung aus Konfliktverdrängung)
- Bequemlichkeit und Faulheit (Antriebsarmut)

Honeysuckle (Geißblatt)
- bei ablenkenden Wunschvorstellungen (Sorglosigkeit, Leichtsinn)
- Fernweh (Sehnsucht nach dem Unstillbaren)
- oder Auflösungserscheinungen (Nostalgie)

Urtinkturen

Birkenblätter
oder
Löwenzahnwurzel
- gegen Wasser- und Fettsucht (blutreinigend, stoffwechselanregend)
- bzw. überhöhten Cholesterinspiegel

Mineralwasser
- reinigt und entschlackt

Erlösungsformen

- Frischzellentherapie
- Diät, Naturkost oder Fasten
- Farb-, Musik- und Aromatherapie
- Praktiken mit Heilerde (Lehmwickel)
- "Umarmen der Erde" (mit ausgestreckten Armen auf dem Boden) oder Eingegrabenwerden im Sand (im Schoß der Erde)

Spirituelle Öffnungen

Ritual
Festbankett
Farbe
Elfenbein, Gold, Königsblau
Duft
Sandelholz, Ophier
Edelstein
Padparadscha, Sarder
Krafttier
Elefant
Symbol
Tischlein-deck-dich oder Tausendundeine Nacht
Mythos
Salomo und die Königin von Saba; die wundersame Fisch- und Brotvermehrung (Lukas 9, 10-17)
Archetyp
Krösus, Maharadscha, Scheich, Schlaraff
Gottheit
Ganesha, der hinduistische Elefantengott mit überdimensioniertem Bauch
Kraftort
großes Liebeszelt, Lustschlößchen oder die Marmormoscheen und Königspaläste mit dem geheimnisvollen Zauber islamischer Kultur
Kultstätte
Ruinen von Sardes; Alhambra in Granada; Heiliger Hain von "Sangeh" in Denpasar (Insel Bali)
Sabbat
Laubhüttenfest (christlich: Erntedankfest)
Musik
"Mignon" von Ambroise Thomas *(Kennst du das Land, wo die Zitronen blühn?);*
"Nächte in spanischen Gärten" von Manuel de Falla
Malerei
"Das Venusfest" von Peter Paul Rubens; üppige Akte von Pierre-Auguste Renoir
Schrift
"An die Freude" von Friedrich Schiller

VENUS/SATURN

100% Konjunktion; Quadrat; Opposition; Spiegelpunkt
85% Anderthalbquadrat; Quincunx
75% Halbquadrat; Venus in Steinbock; Saturn in Haus 7
60% Trigon; Venus in Haus 10
50% Sextil; Saturn in Haus 2; MC in Waage; DC in Steinbock
40% Halbsextil; Saturn in Waage; MC in Stier
25% Saturn in Stier; Hausspitze 2 in Steinbock; Herrscher von Haus 7 oder 2 in Haus 10; Herrscher von Haus 10 in Haus 7 oder 2

♀ ♄

Thema	Strenge, Verantwortung, Liebespflicht
Ziel	Abgrenzung gegen Gefühle (emotionale Kontrolle)
Sinn	Ordnung, Gleichgewicht, Stabilität
Licht	Askese, Beständigkeit, Selbstdisziplin (Liebe und Pflicht als Ideal)
Schatten	Selbstgerechtigkeit, Unterkühlung, Angst vor Gefühlen (moralisierende Heiligtuerei)
Leitbild	Herz aus Glas

Die schwarzen Krähen auf dem weißen Feld:
Der Anblick macht mein Herz erregt.
Es stäubt der Schnee. In Wirbeln kreist die Welt.
Sie sitzen auf den Bäumen unbewegt.
Georg Britting

Grundlage

Geistige Prägung

Unter diesem Gestirn mußt du viele Lektionen in Hinsicht auf die Gefühle und ihre Vertiefung in Beziehungen lernen. In früheren Leben konntest du lockeren Liebschaften frönen, ohne dich allzu tief in die Gefühlsbeziehungen einzubringen; dem wird heute unter Saturn nicht mehr stattgegeben.

Die Angst der Persönlichkeit besteht darin, in den Beziehungen von anderen abhängig zu werden, aber gerade dem wirst du unter diesem Aspekt zu begegnen haben: Du wirst lernen müssen, dich im Selbstausdruck zu versagen und dich an Beziehungen zu binden, die deine Gefühle nicht wahrnehmen und sie im Eigenwert blockieren. Es wird für dich schwierig zu verstehen sein, daß dies der Umkehr deiner früher gelebten Selbstsucht entspricht, die exakt alle Probleme schuf, die du den anderen jetzt vorwirfst.

Kindheit

Als Kind wurdest du von den Eltern nur akzeptiert, solange sich deine Rolle mit ihrer Aufgabe vereinen ließ, dich in allen Bereichen zu dirigieren (weil die Ausübung von Kontrolle der Perspektive ihrer Verantwortung entsprach). So wurdest du von den Eltern völlig fremdbestimmt und konntest deine eigenen Werte nicht entwickeln. Vergnügen und Freude wurden dir vergällt, hingegen Strafe ausgesprochen, wenn du z.B. den Anforderungen der Schule nicht genügtest. Dadurch konntest du deine eigenen Empfindungen nur noch loswerden, indem du deine Gefühle umgekehrt an die Verhinderung der Empfindung bandest: Arbeit ist gut, auf das Vergnügen folgt Strafe. Jede Freude zieht eine Blockierung nach sich.

Frau

Für dich als Frau bedeutet dieser Aspekt, daß du von der inneren Anmut deines weiblichen Bildes getrennt bist. Das heißt, daß deine Unfähigkeit, deine eigene Bedeutung mit Inhalt zu füllen, dich in Sachen Liebesverlangen zu einem Faß ohne Boden werden läßt. Dein in der Kindheit ausgelöstes Syndrom, nicht um deiner selbst willen geliebt worden zu sein, wächst sich zur Vorstellung aus, dafür aber wenigstens verehrt und hoch geschätzt werden zu müssen. Du lieferst dich der Vorstellung aus, dich selbst nur lieben und empfinden zu können, wenn dir jemand zu Füßen fällt und dich anbetet.

Unter Venus/Saturn wird jede Illusion auf die Wirklichkeit reduziert. Und da du die Liebe ebenfalls für eine Illusion hältst, gibst du dich ihr nur unter der Voraussetzung hin, eine reale Gegenleistung dafür zu erhalten: Prostitution oder wenigstens einen gesicherten Lebensunterhalt (gesicherte Unterhaltszahlungen nach der Scheidung), frei nach dem Motto: Tausche "Illusion von Hingabe" gegen die "Befriedigung eines realen Versorgungsanspruches".

Mann

Bei dir als Mann schwingt sich diese Verbindung im Leben zu einem Selbstverhinderungs-Mechanismus aus, allem, was Spaß macht, zu entsagen, um der Bestrafung zu entgehen. Umgekehrt lieferst du dich gerne Schwierigkeiten aus, wohl eingedenk dem Motto, daß alles, was keinen Spaß macht, Wert und Bedeutung nach sich zieht. Also verdrängst du entweder deine Gefühle, oder du suchst dir Beziehungen zu besonders schwierigen Frauen aus, weil ihre Schwierigkeit für dich gerade der Gradmesser ist, deine Liebe zu beweisen.

Bist du dir aber bewußt, daß dein emotionales Wachstum in der Kindheit verhindert wurde, dann durchschaust du den Mechanismus dieses Verhaltens. Die Liebe, die ihrer normalen Kanäle beraubt ist, weil sie keine Vorbilder in der Kindheit findet, denen sie ihren Ausdruck nachgestalten kann, verbindet sich mit der einzigen Empfindung, die sie kennt: dem Ausdruck des Verzichts und des Opfers. Und so bringst du unter Venus/Saturn deine Liebe meist auf dem Opferaltar dar.

Auch deine Zuneigung zu Kindern bewegt sich in den Kanälen, wenigstens die eigene Verantwortung zu mögen, die du dir durch Kinder aufbürden läßt. Denn um der eigenen Verantwortung gerecht zu werden, spannst du einen ganzen Katalog von Eigenwerten um die Kinder auf. Dadurch wird dein eigenes Manko (Kindheit) in die Vorstellung gehoben, und du kannst als Elternteil endlich das nachholen, was du als Kind nicht selber entwickeln durftest: die Bestimmung eigener Werte.

Sinn/Ziel

Nun mußt du dir aber auch die Frage stellen, welchem inneren Ziel dieser Aspekt jetzt dient. Denn es ist hier wie stets bei Saturn kaum anzunehmen, daß die geschilderten Entbehrungen nur nach Verhinderung streben ohne als Gewinn nicht auch etwas anzubieten: eine Freiheit nämlich, die über das hinausgeht, was du Liebe nennst, und die diese nicht nur nicht verhindert, sondern im Gegenteil gerade erst ermöglicht, wenn du auf die Illusion verzichtest, daß Liebe nichts bedarf als eines liebenswerten Partners. Die wahre Liebe kostet ihren Preis, weil sie die Projektionen nicht mehr braucht, die du auf Menschen deiner Zuneigung normalerweise überträgst.

Diese Perspektive der Liebe erscheint nur so lange als zynisch oder deprimierend, wie du das Funktionieren der Projektion von Gefühlen verdrängst. Wenn du aber erst einmal zur Kenntnis nimmst, was unter der Vorstellung des idealen Partners schließlich zum Vorschein kommt, kannst du dir ein Bild von diesem ungeheuren Mechanismus machen. Im Alltag wird die enttäuschte Liebe meistens als Entlarvung der wahren Absichten des anderen gewertet. Kommt es schließlich zu einem Bruch, so wünscht man sich eigentlich weniger den Partner als vielmehr jenes Bild zurück, das man auf den Partner projiziert: die eigene Vorstellung des idealen Partners nämlich. Dieses Bild des Verlustes kann dann über eine neue Beziehung wenigstens so lange wieder wettgemacht werden, bis der neue Mensch unter der alten Vorstellung wieder zum Vorschein kommt.

Wenn du aber akzeptierst, daß deine Gefühle vom Partner nur das aufnehmen, was deine Gefühle vordem auf den Partner projiziert haben, dann kannst du erkennen, wie sich der Kreis hier wieder schließt.

Karmisch-seelische Struktur

Die kollektive Struktur

Alles, was Liebe, Geborgenheit und Wärme betrifft, wird unter Venus/Saturn tiefgekühlt und eingefroren. Die Konstellation zeigt sich selbst in harmonischen Verbindungen von einer spröden und abweisenden Seite, in disharmonischen erstarrt sie aber zu einem klirrenden Panzer, der die Seele von ihren eigenen Gefühlen trennt und sie das Manko mit materiellen Werten kompensieren läßt, die sie immer mehr ihren inneren Werten entfremden.

Männer werden das "Gefühle-nicht-zeigen-können" in ein "Gefühle-nicht-zeigen-wollen" ummünzen und ein "Über-den-Gefühlen-stehen" anzeigen, eine Unempfindlichkeit gegenüber Emotionen und eine bis zur Gefühlskälte reichende Sachlichkeit, um von ihrem inneren Dilemma abzulenken, von dem sie glauben, daß es sich in der Gesellschaft vorzuzeigen nicht schickt.

Frauen kompensieren diese innere Schwäche mit einer Tüchtigkeit auf Gebieten, auf denen sie ihre Verführbarkeit nicht beweisen müssen. Wo sie sie entweder ganz weglassen (Management) oder dann extrem darstellen (Film, Theater, Mode) können. Für letztere ist die gesellschaftliche Übereinstimmung mit weiblichen Attributen wie Ausstrahlung, Charisma oder reizvollem Charme besonders wichtig. In krassen Fällen kann dieser Aspekt sogar bis an die Grenze führen, wo sie ihre Umwelt zu terrorisieren beginnen, um sich deren Gefühlsabhängigkeit zu beweisen, und dann enttäuscht sind, wenn diese sich von ihnen abwendet.

Was sich hier zeigt, ist das Streben nach Sicherheit in den Gefühlen, die es gar nicht gibt. Saturn legt seine schwere Pranke auf die zarte Schulter Venus', welche unter dem Gewicht zusammenbricht. Trotzdem ist sie nicht bereit, auf die Gefühle zu verzichten. Das Resultat dieser Verbindung aber ist, daß der Horoskopeigner einen Kompromiß eingeht, den er dann "Liebe zur Pflicht" oder "Verantwortungsbewußtsein" nennt. Denn die Sicherung ist ihm näher als die Liebe, und lieber verzichtet er, als daß er sich auf etwas einläßt, das kurzfristig zwar schön sein mag, ihm langfristig zur Erreichung seiner Ziele aber nicht real genug erscheint.

Das persönliche Karma

Du wurdest von den Eltern nicht geliebt. Du wurdest akzeptiert, solange das Kindsein nicht mit der Absicht, eigene Gefühle zu entwickeln, kollidierte. So wurde dein kindliches Verlangen, Gefühle zu zeigen, blockiert. Du mußtest dir die inneren Werte gemäß denen deiner Eltern bilden.

Damit sind die Voraussetzungen gegeben, daß du dich später den Bedingungen der Gesellschaft auslieferst, weil du deine Gefühle von den Reaktionen deiner Umwelt abhängig machst. Du unterwirfst dich den Maßstäben der Gesellschaft, weil du die eigene Gefühlswelt, die du dagegensetzen könntest, den gefühlsmäßigen Eigenwert, jetzt nicht entwickelt hast.

Kannst du deinen inneren Eigenraum aber nicht entfalten, bist du auf der Suche nach Selbstfindung entweder auf den Raum des Partners oder auf die kollektiven Räume der Gesellschaft angewiesen. Das läßt sich, auf den Alltag übertragen, so umschreiben, daß du dir deine Gefühlswelt von außen aufoktroyieren läßt.

Willst du dich von außen aber nicht bestimmen lassen, obwohl du deinen inneren Selbstwert nicht gefunden hast, so suchst du dir einen Partner, der sich dazu motivieren läßt, die eigene Schwäche in der Umwelt stellvertretend auszuleben, die du selbst darzustellen dich nicht traust.

Da du die Beziehung jetzt dazu benutzt, den nicht entwickelten Eigenwert im anderen darzustellen, sind die ganzen Beziehungsverhältnisse nichts anderes als der Versuch, das ungelöste Selbstwertdrama in immer neuen Partnerschaften auszuleben.

Wenn du aber einmal akzeptiert hast, daß du vom Partner nicht das kriegen kannst, was du auf ihn projiziert hast, so kannst du auch erkennen, daß die Krise durch falsche Erwartungshaltungen geradezu vorprogrammiert ist. Die Krise in der Partnerschaft zeigt die Bruchstelle an, wo du nicht den anderen, sondern nur "deine eigene Vorstellung vom anderen" liebst.

Die Erkenntnis aber, daß der andere nicht so ist, wie du ihn dir vorstellst, weil diese Vorstellung ja gerade das eigene Problem anzeigt, kann die Befreiung aus diesen Zwängen bedeuten.

Mythologischer Hintergrund

Rotkäppchen und der böse Wolf

Unter diesem Zeichen trägt man als Symbol die Unvereinbarkeit von Kopf und Bauch im Herzen, was seinen Niederschlag in vielen Gleichnissen gefunden hat. Im Märchen "Rotkäppchen und der böse Wolf" zum Beispiel reflektiert Rotkäppchen (Venus) das gefühlsmäßige Bestreben, mit der Welt der Anmut und der Liebe eine gewisse Herzlichkeit zu pflegen. Das bringt den bösen Wolf (Saturn) in Rage. Er neigt nämlich zu Eifersucht und Mißtrauen und lebt ständig im Bestreben, vor Gefühlen auf der Hut zu sein. Andererseits besteht zu Venus eine mehr oder weniger starke Anziehung, weil sie auf Gebieten, auf denen er sich schwerfällig und verkrampft vorkommt, Charme und Lieblichkeit verkörpert.

Natürlich meint es Saturn nicht nur böse, und sicher hat er auch gute Gründe für sein kritisches Verhalten. Der Raster, durch den er die Welt betrachtet, ist eben ein anderer, und die Erfahrungen, die er durch diesen anderen Raster von der Welt gemacht hat, sind den Erfahrungen der Venus entgegengesetzt. Wenn sich diese entgegengesetzten Erfahrungen aber in einem Menschen berühren, so sind die daraus erwachsenden Schwierigkeiten im Verkörpern der Gefühle schon vorprogrammiert. Man kann sagen, daß es Menschen unter dieser Konstellation sehr schwer fällt, ihre Liebe zu zeigen, weil ihr Abwehrmechanismus (das Mißtrauen des Wolfes) gleichzeitig immer mitangesprochen wird. Sie sind also gleichermaßen immer auf der Hut, wenn sie Liebe verspüren, oder umgekehrt wird ihr Abwehrmechanismus immer mit ausgelöst.

Fazit

Dieser Abwehrmechanismus verkörpert die von Saturn symbolisierte Wahrheitsfindung, die die von Venus vertretenen Gefühle ihrer emotionalen Darstellung entkleidet und bis auf die Strukturen reduziert. (Das Resultat ist allerdings erstaunlich und verhilft dem bösen Wolf als dem verdrängten Teil der lieben Großmutter in der Projektion von Rotkäppchen zu einer gewissen Sympathie.) Danach kann eine Sache aus der Perspektive der Gefühle nicht so gesehen werden, wie sie ist, sondern nur in dem Maße, wie hierzu Bereitschaft besteht.

Wenn wir jetzt voraussetzen, daß der unbewußte Mensch nicht in der Lage ist, diese Gedankengänge zu verfolgen, er dem Resultat dieses Wirkens aber trotzdem unterworfen ist, dann begreifen wir, wie unbeholfen sich ein Venus/Saturn-Individuum vorkommt, wenn es in der Welt auf die Gefühle trifft, denen es gelöst und völlig unbeschwert nicht zu begegnen weiß.

Denn im Alltag werden wir vielen Menschen begegnen, die einerseits ihre Gefühle leugnen, andererseits auf die Gefühle aber nicht verzichten können und die verleugneten Gefühle so in den Stand der wirklichen Gefühle heben, wodurch Assoziationen wie "Liebe als Pflicht" und "Treue zur Strafe" aufgeworfen werden.

Psychosomatische Entsprechungen

Diabetes, Nierensteine

So wie Saturn die Schwingungen der fröhlichen Venus mit seinem düsteren Weltbild nicht zusammenbringen kann, so kann der Diabetiker den mit der Nahrung aufgenommenen Zucker nicht integrieren. Wenn wir im Symbol des Zuckers den harmonischen Wunsch nach Übereinstimmung suchen, wie es Venus symbolisiert, dann können wir in Saturn den Verhinderer finden, der die Gefühle nicht annehmen kann und sie sozusagen als "Zucker" durch den Urin vorzeitig wieder ausscheidet. So wie der Diabetiker sich nach Süßem sehnt, den Zucker aber nicht assimilieren kann, so sehnst du dich unter Venus/Saturn oft nach Liebe, die du aber nicht annehmen kannst, weil deine innere Veranlagung dir nicht erlaubt, dich hinzugeben. Daher mußt du sie unangenommen wieder ausscheiden.

Auch Nierensteine sind die Kristallisierungen diverser im Harn abgelagerter Calcium-Verbindungen, und da die Nieren der Venus unterstehen, die Kristallisierungen (Steinbildung) aber Saturn, ist es gut nachvollziehbar, daß ein kritischer Aspekt zwischen diesen Planeten die Bildung von Nierensteinen fördern kann. Der Nierenstein, der sich gar nicht hätte bilden können, wären die alten Bilder (Saturn) besser an die veränderten Bedingungen der Umwelt (Venus) angepaßt worden, übernimmt in seiner körperlichen Ausformung die Funktion der seelischen Hemmung. Es wird also zum Symbol eines verhärteten Kommunikationsverhaltens, in welchem sich genau dasjenige verhindert, was du im Leben nicht (immer) loswerden kannst: den freien Austausch fließender Gefühle.

Symptom-Katalog

Psychisch

- Gefühlsblockaden, Kommunikationsversagen (Einschließung nach innen)
- Konvulsionen, Neigung zu Krämpfen (rheumatoide und neuralgische Beschwerden)
- Menstruationsverzögerungen, Ausschläge

Physisch

- Nieren- und Blasenbeschwerden (Nierenentzündungen, Schrumpfniere)
- Erkrankung des Wasserstoffwechsels (Diabetes insipidus)
- Drüsenschwellungen, Drüsenverhärtungen sowie Drüsenverkümmerungen (Hemmungen der inneren Sekretion)
- Schleimhautaffektionen
- Schuppenflechte

Homöopathische Mittel

Metallische Verbindung

Cuprum arsenicosum (Kupferarsenit)
- Diabetes, mangelhafte Nierentätigkeit und Urämie, Entzündung des Dünndarms (Darmkatarrh): D4-D6
- Konvulsionen, Neigung zu Krämpfen (hysterische Krampfneigung), Drüsenverhärtungen, Dysmenorrhöe: D6-D8
- Gefühlsblockaden, Kommunikationsversagen (Einschließung nach innen): D30

Pflanzen

Dulcamara (Bittersüß)
- rheumatoide und neuralgische Beschwerden
- Schwäche des Nieren- und Blasensystems (Feuchtigkeit)
- Schleimhautaffektionen
- Menstruationsverzögerungen, Ausschläge (unterdrückte Absonderungen)
- Schwellung und verhärtete Drüsen (durch Kälte): alle D4

Sarsaparilla (Stechwinde)
- Nierenreizung, Harnsymptome (gichtisch-rheumatische Beschwerden mit Dysurie): D6-D12
- Schuppenflechte: D12

Zingiber officinalis (Ingwer)
- Nierenstörungen mit Ausfallerscheinungen (symptomatisch für innere Kälte): D4-D12
- Blasenleiden (schmerzhafte Erektion) sowie Atmungsbeschwerden und insuffizienter Verdauungstrakt: D6

Erlösungsformen

- Mode, Design, Kunst, Kosmetik
- Körpermassage, Hautberührung, Hingabe, Zärtlichkeit

Spirituelle Öffnungen

Ritual
einsame Winterspaziergänge (ausgelagerte Melacholie)
Farbe
Blaugrau
Duft
Fichte, Kiefernadel, Benzoe ("Mönchsbalsam")
Edelstein
blauer Saphir
Krafttier
Bergdohle, Krähe
Symbol
Eisblumen am Fenster
Mythos
Psyche und Eros
Archetyp
Managerin, Direktrice, Vorführdame
Gottheit
Artemis, Athena Parthenos (Justitia)
Kraftort
vereister Teich, zugefrorene Winterlandschaft
Kultstätte
Palladio-Villa (Villa Rotonda) bei Vicenza; Panthéon in Paris (Ehrentempel der Franzosen)
Sabbat
Mariä Opferung (21. November)
Musik
"Winterreise" von Franz Schubert
Malerei
"Mona Lisa" von Leonardo da Vinci
Schrift
"Madame Bovary" von Gustave Flaubert

VENUS/URANUS

100% Konjunktion; Quadrat; Opposition; Spiegelpunkt
85% Anderthalbquadrat; Quincunx
75% Halbquadrat; Venus in Wassermann; Uranus in Haus 7
60% Trigon; Venus in Haus 11
50% Sextil; Uranus in Haus 2; DC in Wassermann
40% Halbsextil; Hausspitze 11 in Waage
25% Uranus in Waage oder Stier; Hausspitze 2 in Wassermann; Hausspitze 11 in Stier; Herrscher von Haus 7 oder 2 in Haus 11; Herrscher von Haus 11 in Haus 7 oder 2

Thema	freie Liebe, Liebe zur Freiheit
Ziel	Unabhängigkeit und Liebe nach dem Unerreichbaren
Sinn	sexueller Selbstausdruck
Licht	Abwechslung, Phantasie, sexuelles Feuer
Schatten	Launenhaftigkeit, Unverbindlichkeit, Narzißmus
Leitbild	Salomes Schleiertanz (das emotionale Strohfeuer)

Die Vulva begann sich zu bewegen und dehnte sich wie eine Seeanemone, als zögen unsichtbare Hände an ihr, Hände, die neugierig waren, die den Körper zerstückeln wollten, um an sein Innerstes zu gelangen. Jede Bewegung schien den Körper völlig und bis zum Zerreissen zu öffnen. Zum erstenmal hatte sich der sexuelle Hunger, der bisher nur Reiz ihrer Hautoberfläche gewesen war, in ihr Innerstes zurückgezogen und saß jetzt tief im Körper und staute sich dort an…

Anaïs Nin, "Delta der Venus"

Grundlage

Geistige Prägung

Venus und Uranus weisen über das Verlangen, keine echte Liebe zu empfangen, auf die Strukturen in früheren Leben zurück, kalt und berechnend alles vernichtet zu haben, was den eigenen Plänen im Wege stand. Die Liebe (Venus) wurde eingesetzt, um die Liebe selber zu zerstören (Uranus) – sie wurde damit Zielen untergeordnet, die nichts mit Liebe, sondern ausschließlich mit persönlichem Ehrgeiz zu tun hatten (historisches Beispiel: Marquise de Montespan, Mätresse Ludwigs XIV.).

Man kann daraus ablesen, daß in der Art, wie du mit deiner Umwelt umspringst, immer noch ein karmischer Übertrag aus früheren Leben mitschwingt: weil jeder Versuch, die Verbindung zu einem Partner (als Repräsentant des ungelebten Teiles in dir) zu verhindern, Ausdruck der Verhinderung selber ist, deine verlorengegangene Einheit wiederzufinden, was sich in zerstrittenen Persönlichkeitsanteilen niederschlägt.

Denn obwohl jeder spirituelle Meister darauf hinweist, daß keine Verbindung für alle Zeiten befriedigen kann, weil wir in der Liebe des anderen nur unsere eigene unerlöste Wesensart finden, die nach immer neuen Beziehungen dürstet, ist es unsinnig, auf tiefe Liebesbindungen zu verzichten, weil wir damit die Chance vergeben, das Glück der inneren Vollständigkeit wenigstens für einen kurzen Augenblick zu finden und darin das Antlitz unserer Schöpfung zu erkennen.

Frau

Hier klingt der Venus-Dämon an, nämlich das Geliebte zu einem Besitz der eigenen Vorstellung zu machen, denn was du liebst, möchtest du behalten; was du aber halten kannst, das willst du nicht. Was sich halten läßt, wird schal, und nur, was sich nicht halten läßt, ist es wert, überhaupt begehrt zu werden. Erst dann setzt du deine Verführungskünste ein, um es zu einem Objekt deiner eigenen Begierde zu machen, denn in deinem Blut pulst das Verhalten, dich lieber heiteren Unverbindlichkeiten frivoler Spielereien als einer tiefen Bindung hinzugeben. Aus inneren Launen kannst du Beziehungen ganz unvermutet eingehen und fühlst dich dabei von eigenwilligen und verrückten Menschen angezogen. Du fühlst dich besonders unter Homosexuellen, Transvestiten und ähnlichen Minderheiten geborgen – wahrscheinlich aus der inneren Angst heraus, dich auf persönlicher Ebene zu verlieben und dich im anderen zu verlieren, ein Vorgang, den du im halbseidenen Milieu weniger zu fürchten brauchst.

Wenn aber schon Liebe, dann wenigstens origineller Sex (z.B. inmitten einer Menschenmenge auf der Stehrampe während eines Fußballspiels), weil du dich besser geben kannst, wenn es sich weniger um individuelle Lust als vielmehr um nervenkitzelnde Psychospielereien oder originelle "künstlerische Zitate" handelt, um so von dem abzulenken, von dem du wenig zu bieten hast: von deiner inneren Mitte.

Mann

Unter diesem Zeichen hast du ein Bedürfnis nach aufregenden Gespielinnen, die dich weniger seelisch anziehen als äußerlich betäuben und in ihrem Sex-Appeal ansprechen müssen. Das trägt zwar nicht unbedingt zur Stabilität deiner Beziehungen bei, besonders wenn auf die spontane Begeisterung der ersten Begegnung die Routine des Alltags folgt, bringt aber andererseits auch einen interessanten Austausch, der dich die Beschränkungen der Gegenwart ein bißchen länger vergessen und verdrängen läßt. Gewöhnlich drücken sich im Wunsch nach Freiheit, wechselnden Beziehungen und im Verlangen nach Experimenten gern homosexuelle, bisexuelle oder andere unkonventionelle Veranlagungen aus.

Das Ergebnis ist aber so oder so immer Leiden, denn nur das, was unerreichbar scheint, will als Bild Verwendung finden. Darum ist Venus auch die Schirmherrin der Künste, weil gerade hier die überhöhte und göttliche Liebe gezeigt wird, die im Leben nicht erreicht werden kann. Venus/Uranus gibt sich durchaus mit der ästhetischen Stilisierung und der archetypischen Symbolisierung zufrieden, weil diese Verbindung in deinem Innersten gar nicht gelebt werden will.

Sinn/Ziel

Im Fluidum dieser Triebe wird die Liebe zum Strohfeuer, in dem du dich bis zum letzten Funken wälzt, auch wenn die Schatten schon aufdämmern, welche das Ende der Glut ankünden. Aber es ist dieses irisierende Spiel mit den Flammen, das dich über die konventionellen Schranken hinauswachsen läßt, das im Innersten deiner Gefühlskälte eine Sucht nach Ausschweifung entfacht.

Erst in der Bedeutung der anderen findest du deinen eigenen Wert. Davor mußt du das Gleichgewicht finden, den Strom der Liebe zwar zu akzeptieren, ohne dich aber an die Triebe zu verlieren. Du darfst der Liebe nicht gestatten, die Wahrheit zu verschleiern, wie du aber umgekehrt der Wahrheit nicht erlauben darfst, die Triebe zu blockieren. Denn du mußt eine Sachlichkeit entwickeln, aus der du die Welt außerhalb der eigenen Leidenschaft begutachten kannst. Dann erst bist du fähig, dich selbst als Bestandteil jener allumfassenden Liebe zu betrachten, die nirgends anfängt und nirgends aufhört, weil ihr Ziel der Anfang in sich selber ist.

Die transformative Bedeutung der Venus/Uranus-Konstellation kann somit dahingehend illustriert werden, daß sie dich empfänglich macht, deinen Gesichtskreis zu erweitern und zu höheren Beziehungsmustern vorzudringen. Allerdings werden die Erfahrungen von einer inneren Kälte begleitet, die jegliche Abwesenheit von Sentimentalität beinhaltet, aber auch den Verzicht auf moralische Fixierungen oder Bindungen. Das Wirken ist lediglich dem Fließen unterworfen und der Einsicht, daß es töricht wäre, etwas festzuhalten oder an sich zu binden.

Karmisch-seelische Struktur

Die kollektive Struktur

Unter dieser Konstellation treffen wir auf Menschen, deren Unvermögen, Wärme und Gefühle zu entwickeln, ihnen keine echten Beziehungen ermöglicht. Uranus will sich nicht mit den Gefühlen anderer verbinden, weil er sich dadurch in persönliche, intime Sphären einzumischen glaubt. Und das möchte er genausowenig wie er umgekehrt auch niemandem erlaubt, in seine Psyche einzudringen. Er hält einen inneren Abstand für äußerst wichtig und opfert ihm notfalls sogar die eigenen Beziehungen.

Wir finden hier eine Tendenz, sich gar nicht lieben zu lassen und statt dessen sein Bedürfnis nach neuen Beziehungsformen auf unkonventionelle Liebesabenteuer zu verteilen. Das will heißen, daß der Mensch unter diesem Aspekt seelisch gar keine innere Beziehung einzugehen wünscht, weil er dieses körperliche, besitzende Ergreifen im menschlichen Verhalten zumindest unbewußt ablehnt, sich seine Haltung aber andererseits nicht zu erklären weiß und statt dessen immer nur das sucht, was er nie erreicht! Sobald sich das Unerreichbare nämlich erreichbar zeigt, kehrt sich die Voraussetzung um und läßt im Menschen das Gefühl aufkommen, daß er im Grunde niemanden braucht.

Das persönliche Karma

Das persönliche Verhalten, die Zuneigung deiner Umwelt abzublocken, könnte seine Wurzeln in der Voraussetzung haben, daß du als Einzelkind (oder als sehnlichster Erfüllungswunsch der Eltern) maßlos verwöhnt und mit Zuneigung überhäuft wurdest. Durch diese Überhäufung mit Liebe neigst du zu einer Haltung, die normalen Genüsse sinnlicher Freuden als leer und sinnlos zu betrachten, was zu überspitzten Inszenierungen bizarrer Unterwerfungs- und Hingaberituale führen mag.

Wenn du dich nicht traust, deine inneren Gelüste auszuleben, dann suchst du dir einen anderen, der dir hilft, die verdrängten Süchte an dir zu erfüllen. Dann wirst du zum Opfer, dem übel mitgespielt wird und das doch selber schuld ist, weil es seine eigene Veranlagung nicht annimmt und daher den Täter braucht: *Die schöne Jungfrau opfert sich dem Biest.*

Oder es kommt zum aktiven Gebaren, alle Triebe auszuleben, die die Perspektive in sich tragen, aus den engen Grenzen konventioneller Muster auszubrechen und in jene Bereiche einzudringen, die ihre Befriedigung aus sexueller Ausschweifung und Perversion ohne Bindungsabsicht schöpfen.

Aufgrund der inneren Angst, daß emotionelle Bindungen deine Freiheit behindern, läßt du gar nicht zu, geliebt zu werden, um im gleichen Atemzug aber zu beklagen, daß niemand dich liebt.

Die Schwierigkeit liegt darin, die Krise zu durchschauen, weil die Krise ja die Lösung und die Lösung die Krise ist. Denn jede Beziehung ist nur eine Wegmarke auf dem Weg zur letzten und höchsten Liebeserfüllung, und diese Erfüllung findet sich nur in einem selbst!

Mythologischer Hintergrund

Die Schaumgeborene

Die Legende weiß zu berichten, daß Venus der Verbindung des gestürzten Himmelsgottes Uranos und seiner Gattin Gaia, der Erde, entsprang. Uranos, der seine Kinder verschlang, wurde von Kronos/Saturn, seinem Sohn, mit einer Sichel entmannt. Aus dem abgeschlagenen Glied des Vaters, von Kronos ins Meer geschleudert, floß weißer Schaum, dem Venus/Aphrodite an den Gestaden der Insel Kythera entstieg.

Wie wir uns der mythologischen Gestalt auch nähern, immer kommt Venus aus dem unergründlichen Element, das aus der Verwandlung des Geschlechtlichen zum Licht drängt und im Zauber der Liebe die Gegensätze zerstört. Der Urgrund ihrer Triebe ist die Sehnsucht, und in ihrer Hingabefähigkeit und Öffnungsbereitschaft lauert auch der Wunsch nach Vereinigung mit dem entmannten Mann, dem kastrierten Vater oder, auf einer anderen Ebene, mit dem androgynen Gott. Obwohl man sie die Göttin der Liebe nennt, muß man diese Liebe als bloße "Verkörperung von Liebe" interpretieren, denn was Venus verkörpert, hat weder etwas mit Liebe oder Verschmelzung gemein (sie entsprang direkt dem Samen des Vaters), sondern dient der Verführung durch die Mittel der Erotik, um die körperlichen Reize und Vorzüge ins richtige Licht zu setzen (vgl. Venus-Archetyp, Seite 63).

Venus verkörpert die Verschmelzung mit Gott (die Rehabilitation des Vaters) oder die Auflösung im Nichts. Dabei spricht sie ein Bewußtsein göttlicher Liebe an, das im Prinzip auf eigene Liebeszuwendung verzichtet, bis auch das letzte Bewußtsein im Universum Liebe gefunden hat. Hinter dieser hohen Absicht verbergen sich aber die Unfähigkeit zur Liebe und die Abwehr tieferer Gefühle. Die Venus-Qualität entspricht dem urinstinktiv-weiblichen Verlangen nach dem Spiel von Zu- und Abneigung, nach dem Reiz von Ablehnung und Gewährung. Venus verkörpert weder das seelische Empfängliche noch den Wunsch nach gefühlsmäßiger Verschmelzung, sondern jenes Gefühl nach totaler Übereinstimmung, das aus seiner hohen Zielrichtung heraus (Einswerden mit Gott) geradezu lebensfeindlich ist.

Fazit

Hinter diesen Überhöhungen verbirgt sich das Unvermögen, den Vater (Uranos) als inneres Bild jetzt loslassen zu können. Damit wird ein Verhalten in die Welt gesetzt, Menschliches nicht anzunehmen und Lösungsmöglichkeiten anzustreben, die im Leben unerfüllbar sind. Das läßt auf eine Seelenstruktur rückschließen, sich entweder der Göttin in die Arme zu werfen, die der irrationalen inneren Weiblichkeit entspricht (Mann), oder diese Irrationalität selber zu verkörpern, was nur innerhalb pointierter Überspitzungen möglich ist (Frau).

Uranus' emotionslose Visionen bringen einem die innere Einsicht, daß in jeder Beziehung irgendwann die Probleme auftauchen, die man unerlöst in sich selber trägt. Je stärker man diese auf den Partner projiziert, desto unerbittlicher spiegeln sie sich einem dann im Verhalten des Partners zurück. Dieses *den anderen in dem zu erkennen, was der andere ist,* wäre aber das Ende der Prothesenfunktion des Partners, weil man darin die eigene Vorstellung seines Partnerbildes erkannte. Voraussetzung dazu wäre das Überschreiten jeder besitzergreifenden Beziehung und die Einsicht, daß man sich auch bewußt machen kann, was Uranus/Venus unbewußt verkörpert.

Denn wie soll man eine menschliche Beziehung verstehen, wenn man nicht weiß, was für komplizierte Übertragungsmuster sich da abspielen? Auf dem uranischen Weg des Wissens kann man aber umgekehrt die Unvereinbarkeit zum Partner als Wegweiser zur Lösung seiner eigenen Probleme benutzen, was in dem Maße wegfällt, wie man sich mit seinem oppositionellen Teil, der sich in der Partner-Projektion nur reflektiert, aussöhnt.

Der Wunsch nach ich-transzendierender Liebe durch Spiritualisierung des Hingabeempfindens ist nichts anderes als das Eingeständnis, normale Körperlichkeit gar nicht annehmen zu können. Venus/Uranus verkörpert den Grundsatz, der Mutterschaft und Weiblichkeit durch Überhöhung des ästhetizierenden Verlangens auszuweichen und in jenem Abwehrmechanismus Erfüllung zu erreichen, der jegliches Liebesleben durch Zwang nach Harmonie zerstört.

Psychosomatische Entsprechungen

Schwer zu beherrschende Gefühlsspannungen (Hingabe- und Kopulationsverweigerung)

Venus/Uranus ist die Komponente, sich ohne jede Rücksicht auf Liebe oder Bindung sexuell zu verwirklichen. Daher kann man diesen Aspekt nicht als sehr bindungsfreundlich bezeichnen, weil er in der Beziehung einen großen Spielraum für die individuelle Entfaltung fordert und gleichzeitig darauf hinweist, daß gegenseitige Verpflichtungen und Übergriffe kaum Sinn und Zweck menschlichen Zusammenlebens sein können. Die Wirkungen zwischen Venus und Uranus setzen sich bis in die intimsten Schichten fort. Als Frau bist du kaum mehr in der Lage, deine inneren Ausbruchsgelüste vor der Umwelt zu verbergen. Lebst du diese nicht selber, indem du aus den überlieferten sexuellen Konventionen ausscherst, dann mußt du den Schatten anderer ertragen, die in deine emotionalen Sperren einbrechen und dich aus deiner braven, aber verlogenen Sexualität herauszerren. Oder wenn du als Mann trotz der Schwäche deines Sexualverlangens nicht dazu ermuntert werden kannst, deine Geschlechtsrolle neu zu definieren, dann zwingt dich diese Konstellation so lange in die Isolation, bis du dir über deine sexuelle Identität Rechenschaft abgelegt hast und dir über deine inneren Anteile unterdrückter Homosexualität und verdrängten Hingabeempfindens klar geworden bist.

Symptom-Katalog

Psychisch

- Unabhängigkeitsdrang in der Liebe (Launenhaftigkeit, Exzentrizität)
- manisch-depressive Erregungszustände (psychische Zerwürfnisse und seelische Verspannungen)
- Hingabe- bzw. Kopulationsverweigerung (unterschwelliges Verlangen nach Gewalt)
- sexuelle Phobien und hysterische Spasmen (bei schwacher, nervöser und affektlabiler Konstitution)

Physisch
- Herzklopfen und asthmatische Bronchitis (steht bildhaft für Ausbruch mit Gewalt)
- Schilddrüsen-Überfunktion, Magersucht, Eingeweidesenkung
- Bindegewebsschwäche, Schwund des inneren Fettgewebes (Nierenfett)
- Drüsen- und Durchblutungsstörungen (Wadenkrämpfe, Krampfadern, Venenleiden)

Homöopathische Mittel

Pflanzen

Chamomilla (Kamille)
- Affektlabilität: Ruhelosigkeit, Übellaunigkeit, Ungeduld: D6-D12
- berührungsempfindlich, schnippisch, hysterisch (alle Formen von Verweigerung: Will immer das, was man nicht hat!): D12

Valeriana officinalis (Baldrian)
Das klassische Mittel gegen Überempfindlichkeit und nervöse Schwäche:
- allgemeine Symptome wie Unruhe, Schwindel, Wallungen, innere Spannungen bei schwacher, nervöser und hysterischer Konstitution: Urtinktur

Tiere

Moschus (Drüsensekret des Moschusochsen)
- Hysterie, Katalepsie und Sexualneurosen (triebhafte Zustände mit ungehemmter Erregung)
- sexuelle Ausbrüche bis zur Erschöpfung: unterschwelliges Verlangen nach Gewalt
- Herzklopfen und asthmatische Bronchitis (für innere Enge und Ausbruch mit Gewalt): alle D6

Murex purpureus (Purpurschnecke)
- manisch-depressive Erregung (Nymphomanie) und völlig enthemmte sexuelle Anfälle (hysterische Spasmen): D4

Erlösungsformen
- Schlangenfeuer (Erweckung der Kundalini-Schlange)
- Sado/Maso-Party (unkonventionelle Beziehungsspiele)
- One-Night-Stand (Sex durch den emotionalen Schnelldurchlauferhitzer)

Spirituelle Öffnungen

Ritual
Schleiertanz (Liebesvorspiel)
Farbe
Orange
Duft
der Duftstoff Muskon aus der Drüse des männlichen Moschustieres
Edelstein
Karneol
Krafttier
Chinesische Nachtigall
Symbol
Schleier; Spiegel; sehnsüchtiger Gesang
Mythos
Salome, Kleopatra, Nofretete; der Raub der Sabinerinnen
Archetyp
Hure/Heilige, Hermaphrodit
Gottheit
Isis, Isthar, Astarte, Europa
Kraftort
Lustgarten, Venusgrotte
Kultstätte
Isistempel auf der Nilinsel Philä bei Assuan
Sabbat
Mabon (Herbst-Tagundnachtgleiche)
Musik
"Salome" von Richard Strauss
Malerei
"Venus vor dem Spiegel" von Peter Paul Rubens; erotische Grafiken des Marquis de Bayros
Schrift
"Notre-Dame-des-fleurs" von Jean Genet; "Das Delta der Venus" von Anaïs Nin

VENUS/NEPTUN

100% Konjunktion; Quadrat; Trigon; Opposition; Spiegelpunkt
85% Sextil; Venus in Haus 12; Venus in Fische
75% Anderthalbquadrat; Quincunx; Neptun in Haus 7
60% Halbquadrat
50% Halbsextil; Neptun in Haus 2; DC in Fische
40% Hausspitze 12 in Waage
25% Neptun in Waage; Hausspitze 2 in Fische; Hausspitze 12 in Stier; Herrscher von Haus 7 oder 2 in Haus 12; Herrscher von Haus 12 in Haus 7 oder 2

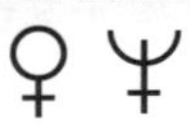

Thema	Versinken in der Tiefe (das Ewigweibliche zieht uns hinab)
Ziel	Innenschau (Sehnsucht nach dem Erlöser)
Sinn	Hingabe an das Ewige
Licht	spirituelle Erleuchtung, entschleierte Wahrheit, göttliche Energie
Schatten	Sucht, Auflösung, Illusion
Leitbild	das versunkene Licht

Wenn einer träumt, so kann ein Übermaß
Geträumten Fühlens ihn erwachen machen.
So wach ich jetzt in Fühlens Übermaß
Vom Lebenstraum wohl auf im Todeswachen.
Hugo von Hofmannsthal

Grundlage

Geistige Prägung

Hier entsteht das Bild einer Seele, die, vertrieben von den faden Alltagsgestaden, in den körperwarmen Gewässern des Unbewußten sanft dahintreibt. Die schlummernde Psyche ist befriedet, jedoch vom wirklichen Geschehen abgeschnitten; auf die Herausforderung des Lebens erfolgen keine persönlichen Reaktionen mehr. Daraus resultiert irgendwann das Gefühl, der Realität ausgeliefert zu sein, weil der Wunsch nach Vergeistigung nicht in wirkliche Transzendierung der menschlichen Begrenztheiten mündet, sondern letztlich das Gefühl der eigenen Schwäche nährt. Unter dieser verführerischen Konstellation bildet sich vor unserem geistigen Auge eine bezaubernde, betörende Frau in einem seltsam irisierenden und opalisierenden Licht heraus. Sie ist aus den Tiefen der Wasserfluten hochgestiegen, um das Feuer einer Sehnsucht in die Welt zu tragen, in dem wir unsere Sehnsucht nach dem Mutterschoß erfahren. Es ist der Archetyp der inneren Sehnsucht, der da ins Licht des Bewußtseins dringt und uns mit unserem inneren Bild der Weiblichkeit verbindet, das mit der Mutter und dem Bild des Ewigweiblichen beginnt.

Geburt/Hintergrund

Um dieses Karma aber in das Leben hochzuheben, brauchte es eine gewisse Angst vor der Geburt. Die Angst vor dem Leben kann aufgefangen werden durch ein Verhalten, das die eigene Ich-Darstellung lähmt, um die Bedrohung gegen die eigene "Person" zu verhindern. Ein Teil der eigenen Persönlichkeit wird aus sich selbst heraus gewissermaßen antriebslos, die Erlebnisfähigkeit wird aufgelöst. Es kommt zum inneren Wunsch, sich seelisch in einem Zustand unpersönlicher Abgehobenheit zu tarnen und man wird empfindlich gegen jede Art Berührung: fremde Gefühle und Empfindungen werden nicht mehr mit der eigenen Person zur Deckung gebracht. Man fühlt sich psychisch "draußen", außerhalb der Menschen, und wird gerade dadurch verteidigungsunfähig, weil es ja nichts mehr gibt, was es zu verteidigen gilt.

Venus/Neptun ist der Archetyp der inneren Sehnsucht nach den göttlichen Wassern des Lebens, die den Schöpfungsquellen des Ewigweiblichen entspringen, der kindliche Urgrund der Seele oder die Sehnsucht nach dem Numinosen, der zugleich Vertrauen und Schauer erweckenden Macht des Göttlichen. Du strebst in kosmische Höhen, erarbeitest dir zumindest eine bildliche Vorstellung davon, verlierst dich jedoch gleichzeitig auch in deiner Sehnsucht, die fade Realität in schönen Bildern zu verbrämen. Das Ziel, die Bilder aus dem Rahmen der irdischen Wirklichkeit herauszusprengen, führt in Verbindung mit dem lebensspendenden, dämonisch-verschlingenden Neptun-Prinzip in die Rückbindung an das ungeformte Ur-Anfängliche in den Tiefenschichten der Seele, wo die Erinnerung an das kindliche Eins-Sein mit den noch ungerichteten und deshalb unschuldigen Triebkräften aufbewahrt ist.

Kindheit

Diese kollektive Sehnsucht, die aus dem Verlangen des Kleinkinds herrührt, mit der Mutter eins zu werden, wird unter diesem Gestirn so sehr mit dem Vorgang der Verschmelzung verbunden, daß du dich immer mehr mit deiner Mutter identifizierst, bis die Mutter nicht mehr als eigenständige Person, sondern nur noch als Außenteil deines Weltbilds (wenigstens in deinen kindlichen Gefühlen) existiert. Das entspricht einer verantwortungslosen Sehnsucht nach grenzenloser Wonne, wie du sie als Neugeborenes in den Armen deiner Mutter empfingst.

Frau

Später wirst du selbst zur lieblichen Verführerin, die aus den Wassertiefen hochsteigt, um ihre unstillbare Sehnsucht in die Welt zu tragen, die sich im unwiderstehlichen Entzücken ihrer Schönheit und zugleich in der Wehmut ihrer letztlichen Unerreichbarkeit widerspiegelt. Du versinnbildlichst die Erschließung der inneren Bilder und das tiefe Eintauchen in die unbewußten Bereiche des Selbst. Da die Venus durch den Kontakt mit Neptun zur Wassernixe wird, die Umarmung einer Nixe aber auch für das trügerische Ringen mit infantilen Traumvorstellungen steht, die einen in die Fluten unbewußter Sehnsüchte hinunterziehen, begegnen wir hier auch den sirenenhaften Verführungskünsten, mit welchen du deine Opfer in die Tiefe lockst. Es ist, als ob du dich selbst in die Quelle zurückverwandelt hättest, in deren Spiegelung alle Menschen ihrem Seelenbild begegnen, dabei bist du in deinem Inneren flüchtig und ungreifbar; du bist die Verführung und gleichzeitig die Kraft, die der Verführung widersteht.

Mann

Was du als Mann gewinnen kannst, wenn du zu den "Quellen" zurückfindest, ist der *Segen der Mütter* (womit Goethe den vielgestaltigen Archetypus des Ewigweiblichen umschrieb), doch nur, wenn du genügend abgenabelt bist, um in den Urgründen baden zu können, ohne von deinen aufsteigenden Sehnsüchten (wieder in den Mutterbauch zurückzuwollen) verschlungen zu werden. Denn durch die übermäßige Mutterimago wirst du das menschlich Weibliche mit dem Ewigweiblichen verwechseln und das Alltagsweibliche so sehr mit der Vorstellung überirdischer Liebe belasten, daß dich nur schlechte Erfahrungen mit Frauen erwarten und du schließlich enttäuscht in die Umarmungen der Wassernixen flüchtest, die dich zu den Gründen ewiger Träume hinunterziehen. Die Gefahr unter dieser Konstellation ist groß, normale Liebe nicht mehr erwidern zu können.

Auf der geistigen Ebene führt das Schürfen nach dem letzten Sinn tief in die Urgründe der Spiritualität hinein. Die vehementen Kreisbewegungen um das lockende Unbekannte herum sind aber kaum noch von anderen nachvollziehbar. Unter dem Einfluß dieses Gestirns strebst du nicht nach klaren Zielen, sondern nach einem Mythos, der in seinen metaphorischen, symbolischen und allegorischen Ummäntelungen ebenso unerschöpflich wie für das pragmatische Denken unverständlich ist. Erfaßt man ihn abstrakt, umgreift er nichts weniger als Anfang und Ende von allem in allem, untersucht man ihn aber konkret, dann stellt er sich als das rätselhafte Nichts heraus, aus dem alles Göttliche hervorgegangen ist.

Karmisch-seelische Struktur

Die kollektive Struktur

Wenn Venus *die sichtbare Liebe des Menschen* verkörpert, dann ist Neptun *die unsichtbare Liebe zu Gott.* Neptun symbolisiert einerseits jenen grenzenlos größeren Teil unseres Ich, der für uns völlig unerkannt die Sehnsucht nach dem Ewigen regiert, andererseits steht er aber auch für jenen Trug und Spuk, der nicht mehr himmlisches Verlangen ist, sondern nur noch die Fratzenhaftigkeit verhinderter Spiritualität. Zusammen verbinden sie sich zu einer Freiheit, die uns vom Irdischen wegführen und uns den Weg zum Himmel bahnen will, der aber oftmals in die Hölle führt.

Auf die Ebene des gewöhnlichen Alltags übertragen, umschreiben diese beiden Kräfte das Sehnen nach einer Liebe, die nicht mehr vom unbewußten Menschen kommt, sondern die aus den Strahlenquellen jener Gottesmenschen strömen, die in ihren innersten Erfahrungen mit dem Ewigen schon tief verbunden sind.

Unter dem irrlichternden Bann von Venus/Neptun scheint es für die Betroffenen gerade so, daß der Akt der Liebe so stark sensibilisiert und mit einer göttlichen Sehnsucht aufgeladen ist, daß es für sie unmöglich wird, diese Gefühle in der Beziehung zu einem normalen Menschen zu befriedigen. Es ist, als ob der Betreffende von der Vorstellung seiner Göttlichkeit ausgefüllt und von der idealen Gott-Liebe besessen der Verschmelzung mit dem Universum nachsinnt.

Das persönliche Karma

Venus in dir verkörpert die liebliche Verführerin, die aus den Wassern gestiegen ist, um die Psyche daran zu erinnern, daß ihre wahre Heimat die Katakomben unter der Wasseroberfläche (Neptun) sind, in denen sie jederzeit wieder willkommen ist.

Das symbolisiert die Verstrickungen mit den unerlösten Sehnsüchten, die für das Bewußtsein nicht zu lösen sind, weil du dich ihnen aus dem Blickwinkel der Ratio nicht nähern, dich ihren unbewußten Auswirkungen aber andererseits auch nicht entziehen kannst.

Deshalb steigt die Angst in deiner Seele auf, dich selber zu verlieren. Weil du mit dieser Angst auf die Dauer nicht leben kannst, löst du sie auf, indem du dich betäubst (körperliche Betäubung durch Drüsendysfunktionen). Damit hast du die Angst, dich zu verlieren, gebannt, weil du die Angst im Ozean der Gleichgültigkeit aufgelöst hast.

Indem du dein Leben träumst und deine Sehnsucht lebst, glaubst du, deinem Schicksal zu entrinnen und dich ungelebt deinen inneren Sehnsüchten überantworten zu können.

Das führt dazu, sogar das Gefühl der Liebe aufzulösen, um deine spirituellen Ziele nicht mit deinen instinktiven Trieben zu verbinden. Mit anderen Worten, um die Liebe venusischen Elysiums in den neptunischen Gewässern nicht zu verletzen, verzichtest du auf die Erfüllung deiner Triebe.

Auf der Suche nach Liebe hast du also nur die Vergleichsmöglichkeiten deiner unbewußten Sehnsucht. Es ist daher leicht verständlich, daß alle konkreten Bemühungen um intime menschliche Beziehungen immer in der Sackgasse deiner irrealen Wünsche landen und im Leben nicht zu verwirklichen sind.

Deshalb zieht es dich unterschwellig zur Großen Mutter zurück. Da diese aber als liebliche Verführerin verkleidet ist, die ja gerade für dein Dilemma verantwortlich zeichnet, bist du verloren, wenn du ihr erliegst; denn die Verführung ist gleichbedeutend mit dem Verschlungenwerden. Der Verführung zu unterliegen, bedeutet das Versinken in dem, was sich als ein Faß ohne Boden umschreiben ließe.

Mythologischer Hintergrund

Undine

Dieses Gestirn symbolisiert Undine, die schillernde Wassernymphe, die ihre unsterbliche Seele erst dann erhält, wenn sie unter den Menschen ein Opfer (Gatten) gefunden hat. Auf der allegorischen Ebene entspricht sie der lieblichen Verführerin, die aber weniger für Liebe, sondern mehr für die unerlösten Sehnsüchte in uns selber steht, und die uns wieder zu den Urquellen hinunterziehen will. Die Sehnsucht nach dem Partner wird als Wahrheit auf dem Weg zur Lösung dieser eigenen Sehnsucht erfahren, was sich in jenem Maß erübrigt, als man die Partnerprojektion erkennt. Wir müssen also bereit sein, die Projizierung zurückzunehmen und in Undine die eigene Sehnsucht zu erkennen – d.h. in der Faszination, die uns aus ihren Verschleierungen entgegenschwingt, müssen wir die eigene Sehnsucht nach Gott begreifen. Hierdurch werden wir vom inneren Zwang befreit, unsere eigenen Sehnsüchte zuerst nach außen zu projizieren und sie dort draußen als numinoses Mysterium dann wieder zurückzunehmen. Psychologisch betrachtet verkörpert Undine das unberührbare Kind, das Männer verführt (in die Tiefe lockt), aber nicht, weil es ihnen schaden will, sondern weil es aus seiner inneren Arglosigkeit nicht sieht, was es gefühlsmäßig im anderen auslöst. Sie verkörpert das aus den Tiefen der Mütter geborene und mit den Zielen der Väter verknüpfte Gottesbild, das nicht die Antworten auf die Rätsel des Lebens, sondern eher ein noch nicht gereiftes, an regressiven Mustern orientiertes, sehnsuchtsvoll-romantisches Streben zum Göttlichen darstellt.

Fazit

Die Tochter der Fluten repräsentiert das Bild der Seele, die vertrieben von den Gestaden des Alltags in den Gewässern des Unbewußten träumt. Neptuns Drang nach absoluter Freiheit (die man nur noch mit Auflösung und Abstreifung alles Irdischen umschreiben kann) verbindet sich mit Venus zu einer Passivität, die sich bis zur Aufgabe des persönlichen Egos auswachsen kann. Das führt natürlich zu Verwirrungen, weil Neptun die sinnliche Venus auf die Unendlichkeit der inneren Welt abstimmt, was im Alltag zu überzogenen Erwartungshaltungen, irrealen Liebesverstrickungen, pseudospirituellen Egospielereien und ich-zersetzenden Neurosen führt. Wie sagt doch Kühleborn, der Erlkönig, wenn er aus dem Nichts aufsteigt und in der Gestalt Undines den Träumer in die Tiefe lockt: *Du mußt erst sehen, um zu träumen, und dann mußt du im Traum nach dem Gesehenen suchen! Du mußt zuerst den Schatten suchen, damit du in den Träumen sein Licht findest. Gleichzeitig mußt du dich vom Schatten lösen und von der Sonne träumen, um den Schatten zu erkennen, denn womit vermagst du zu erkennen, wenn es nichts gibt, womit du zu erkennen vermagst? Das Ungesehene, das sich jetzt selbst sieht, das sich im eigenen Blick verliert und im Verlieren wiedersieht – ist Nichts!*

Psychosomatische Entsprechungen

Gestörte Empfindungs- und Erlebnisfähigkeit (verschleierter Wirklichkeitssinn)

Die innere Leere, die dich oft im Leben überfällt, nämlich jenes numinose Unvermögen, dich in dir selber zu empfinden, bewirkt mangelnde Hingabe an das Leben und damit gedrosselte Hingabefähigkeit. Die Abwehr der Materie wurzelt in den Überresten karmischer Urängste, von der gewaltigen Mutter (Mutter des Lebens, Mutter der Erde) wieder verschlungen zu werden. Initiatives Handeln birgt Schuld in sich und damit die Möglichkeit von Strafe, aber gerade das willst du verhindern – selbst um den Preis des Lebens. Du ziehst dich von der äußeren Hektik in die Träume des Unbewußten zurück, wo du dich ungeboren fühlen und andere in dieses Ungeborensein hineinziehen kannst. Damit hast du dich symbolisch ins Reich der Wassernixen zurückgezogen, bist vom Alltag äußerlichen Wirkens in die Reihen der Irrlichter zurückgekehrt, die draußen in den Sümpfen schweben und ihre Netze nach den Menschen auswerfen. Aus vielen Märchen und Sagen kennen wir das Geschlecht der Undinen, die Männer in die Tiefe locken oder, wenn es Männer (Undinos) sind, ihr irritiertes, unberechenbares Frauenbild in den Armen irisierender, unwirklicher Seejungfrauen finden. Sie locken zu den unbewußten Sehnsüchten wonniger Unverantwortlichkeit, was ein Einbinden des Partners in die eigene Urangst bedeutet – nämlich vom Leben verschlungen zu werden. Diese Angst werden sie dadurch los, indem sie ihre Partner verschlingen: Denn die Träume, die sie ihnen vorgaukeln, sind die Stillung deren Sehnsüchte nach Unverantwortlichkeit und Liebeserfüllung.

Symptom-Katalog

Psychisch

- Antriebslosigkeit, Schwärmerei, reduzierter Wirklichkeitssinn
- Tendenz zu verinnerlichtem Verträumtsein (Stupor, Delier, Wahrnehmungsschwäche)
- fehlender Sexualinstinkt, geringe Vitalität

Physisch

- Nierenschwäche
- Menstruationsbeschwerden
- empfindliches Nerven- und Drüsensystem:
  a) testikuläre Feminisierung (beim Mann)
  b) atrophierte Eierstöcke (primäre Keimdrüsen-Unterfunktion)
  c) Unterfunktion der Schilddrüsen (Myxödem, Ostipation)
  d) Hormonstörungen, schlaffe Drüsenfunktionen (Keimdrüsenschwäche), Schwäche der Zeugungsorgane, vagotone Kreislaufinsuffizienz

Homöopathische Mittel

Metallische Verbindung

Kalium carbonicum (Kaliumkarbonat)
- geringe Vitalität (reduzierte Empfindungs- und Erlebnisfähigkeit): D30
- Überempfindlichkeit gegenüber äußeren Einflüssen: Niedergeschlagenheit, Furcht und Einbildung: D20
- fehlender Sexualinstinkt (nervöse Schwäche): D12
- Rücken- und Nierenstörungen: D8

Pflanzen

Aletris farinosa (Sternwurzel)
- Anämie, Bleichsucht, Uterusschwäche (Leukorrhöe): D4-D6
- Körperabwehr, Lebensverneinung, Antriebsschwäche (Nahrungsverweigerung): D12-D20

Helleborus niger (Christrose)
- Stupor, Delir, Wahrnehmungsschwäche (Abkehr von der äußeren Welt): D20-D30
- Nierenreizung, Hormonstörungen (Drüsenvergrößerung, Keimdrüsenschwäche): D6-D12
- vagotone Kreislaufinsuffizienz: D4-D6

Nuphar luteum (Seerose)
- Störungen in der Sexualsphäre (bei der Frau physische Abneigung gegen Berührung; beim Mann Impotenz): Urtinktur bis D2
- Antriebslosigkeit, sexuelle Schwäche, starker Durchfall (Geschlechtsabwehr): D4

Tier

Thyreoidinum (getrocknete Schafschilddrüse)
- Dysfunktion der Schilddrüsen (Myxödem): D12
- Drüsenschwellungen (Uterusfibrom): D6
- diuretische Wirkung bei Ödemen: D4-D12

Erlösungsformen

- Lehmwickel, Fangoschlamm, Eigenharn-Behandlung (Urintherapie: z.B. Morgenurin als Beruhigungstrunk)
- sexualmagische Tiefentrance: Astralwanderungen (luzides Träumen, Clairvoyance) und Heilungszauber

Spirituelle Öffnungen

Ritual
Hellsehen (Luzidität)
Farbe
Algengrün, Meerschaumweiß
Duft
Lavendel, Jasmin, Huele de Noche (Mexiko)
Edelstein
Aquamarin
Krafttier
Seepferd
Symbol
Tränen; Morgentau; trügerische Irrlichter
Mythos
Undine, Sirenen (verführerische Totenseelen, werden in Klippen verwandelt)
Archetyp
Verführerin, Mimose, Fee
Geistwesen
Wassernixen, Quellnymphen, Nereiden
Kraftort
Aquarien, Wassergrotten, Unterwasserlandschaft
Kultstätte
Loreley-Felsen
Sabbat
Ostara (Frühlings-Tagundnachtgleiche)
Musik
"Undine" von Albert Lortzing;
"Daphne" von Richard Strauss
Malerei
"Die Insel der Aphrodite" von Ernst Fuchs;
"Seerosen" von Claude Monet
Schrift
"Fleurs du mal" von Charles Baudelaire

VENUS/PLUTO

100% Konjunktion; Quadrat; Opposition; Spiegelpunkt
85% Anderthalbquadrat; Quincunx; Venus in Haus 8
75% Halbquadrat; Venus in Skorpion; Pluto in Haus 7
60% Trigon
50% Sextil; Pluto in Haus 2; DC in Skorpion
40% Halbsextil; Hausspitze 8 in Waage
25% Pluto in Waage; Hausspitze 2 in Skorpion; Hausspitze 8 in Stier; Herrscher von Haus 7 oder 2 in Haus 8; Herrscher von Haus 8 in Haus 7 oder 2

♀ ♇

Thema	Anziehung, Begegnungspower, sexuelle Ausstrahlungskraft
Ziel	Lust und Leidenschaft
Sinn	Liebesverstrickung
Licht	erotischer Magnetismus (starke Trieb- und Suggestivkraft)
Schatten	Auslieferung, Abhängigkeit, Gewalt
Leitbild	der Lustpranger

Der Pfad der Ausschweifung führt zum Turm der Weisheit.
William Blake

Grundlage

Geistige Prägung

In den Geburtsbildern von reifen Menschen kann dieser Aspekt die karmische Notwendigkeit aufzeigen, im Kreislauf des Lebens vor allem mit dem Ende konfrontiert zu werden und über die sexuellen Triebe die tötende, regenerierende und wieder auferstehende Liebe zu erfahren, die auf den geistigen Ursprung allen Lebens zurückweist und den göttlichen Schöpfungsplan darstellt. Unter diesem Gestirnseinfluß mußt du meist alle deine Beziehungen und Verbindungen zur Umwelt verlieren, um zu erfahren, daß du mit dem Verlorenen nicht identisch bist. Daß im Gegenteil nur das unter Schmerzen Verlorene dir die Chance gibt, dich im Verlieren zu erkennen. Du mußt alle Beziehungen zerstören, welche deine Transformation behindern, und da die Beziehungsmuster in dir selber liegen, mußt du deine Verhaltensmuster liquidieren. Dann kannst du wie Phönix aus der Asche steigen, weil du erst durch Loslassen die Freiheit hast, dich mit jener Liebe zu identifizieren, die frei von emotionellen Zwängen und Übergriffen eine regenerierende und erlösende Wirkung ausstrahlt.

Frau

Aus dem plutonischen Gefühl der Unvollkommenheit, der Unvollständigkeit und der inneren Angst heraus, aus deiner emotionalen Mitte verjagt zu werden (was sich in der Verbindung mit Venus auf Eigenschaften wie Charisma oder körperliche Anziehung beschränkt), versuchst du durch Einbeziehung deines Umfeldes Vollständigkeit zu erreichen. Du versuchst, die Unvollständigkeit, die du in dir spürst, dadurch auszugleichen, daß du alles aufsaugst, was dir aus der Welt entgegentritt, und du setzt deine charismatischen Instinkte dafür ein, um Einfluß über die Männer zu bekommen, weil dir nur die Macht über jenen Teil der Schöpfung, der außerhalb von dir liegt, Vollständigkeit suggeriert. Da du aus deiner eigenen Unvollständigkeit heraus nicht spürst, daß deine Leere gerade der Abweichung von deinem innersten Wesenskern entspricht, kannst du natürlich auch nicht spüren, daß alle Bemühungen in dieser Hinsicht dich nur immer weiter von deinem eigentlichen Ziel wegführen. Bildlich gesprochen, nützt es nichts, ein Faß mit Liebe zu füllen, solange das (psychische) Leck nicht gestopft ist.

Denn dieses Gestirn plädiert für jene züngelnde, geile weibliche Lust, die Hexen auf den Blocksberg trieb, wo sie es nach eigenem Geschmack mit dem Teufel trieben. Gleichfalls bindet es jene seelische Ebene in die Erfahrung ein, die von der Urmütter Weisheit durchdrungen ist und zur Rückkehr in die innere Kraft, zur lebendigen, nährenden Seite der Muttergöttin führt. Venus/Pluto steht für unbefangene, ungezähmt weibliche Sinnlichkeit – jene amazonenhafte Power, die den Mann lieber

unter als neben oder gar über sich spürt und von der Wechselspannung zwischen sexueller Kraft, unterwerfender Macht und aufreizender Hingabe an die reine Lust lebt.

Mann

Venus/Pluto offenbart die Tragödie des Mannes, der vom alles dominierenden Platzhirsch zum Fossil der Evolution geworden ist: Lustversklavt und glücksgierig, gewohnt, Probleme durch körperliche Kraft und Gewalt zu lösen, fühlst du dich unter diesem Gestirnseinfluß meist ungeliebt und einsam, erschöpft und in deinen eigenen Zielen unverstanden. Indem du die Gefühle deiner Umwelt absorbierst und deine charismatischen Instinkte dafür einsetzt, um seelischen Einfluß über die Objekte deiner Begierde zu bekommen, versuchst du deiner inneren Leere zu entkommen, was natürlich nicht gelingen will. Da dieses unwillkürliche Verhalten auf ein urmütterliches Verschlingen zielt, haben wir in den Gefühlsstrukturen ein typisch weibliches Empfinden vorliegen, das im Horoskop von Männern leicht zu sexuellen Schwierigkeiten führt. Bisexualität ist üblich, Homosexualität oft angesagt, und selbst bei denen, die ihre Triebe normal ausleben, spüren wir ein extremes und widersprüchliches Verhalten, weil die Ästhetik und das Schönheitsempfinden der Venus mit den Übergriffen und Verschlingungen des "Herrn der Unterwelt" nur schwer zusammengeht und eine sexuelle Richtung symbolisiert, die bis zum völligen Aussaugen des Opfers reicht und auch vor bizarren Ritualen nicht zurückweicht.

Man muß sich hier die Frage stellen, warum du keine liebevolle Vereinigung zulassen kannst. Ist es die Angst vor Strafe, die dich hindert, wirklich zu lieben? Welche jahrtausendealten Konfliktherde schwelen in den Tiefen des kollektiven Unterbewußtseins des zeitgenössischen Mannes? Ist es die Erinnerung an die Hexenfrau, die dich zum Höhepunkt tanzte, die dich die Einheit von Liebe und Leidenschaft fühlen ließ! Sie hast du verbrannt, doch nun ist sie als emanzipierte Frau wieder auferstanden – als leibhaftiger Beweis für deine eigene Schwäche, die nun wieder unbarmherzig sichtbar gemacht wird. Wen sucht der zitternde Held der Postmoderne, wenn er sich unter die Stiefelabsätze seiner strengen Herrin beugt? Wen anders als die "böse Mama", jene Frau, die die Überlegenheit der Mutter und die scharfe Lust der Hure in sich vereinigt! Mit deiner Domina versuchst du notdürftig den Riß zu kitten, der sich durch deine Seele zieht, und damit die seelische Hypothek abzutragen, unter deren Last die Söhne des Patriarchats stöhnen.

Karmisch-seelische Struktur

Die kollektive Struktur

Venus/Pluto verkörpert das Verhalten, Sexualität als Unterwerfung zu betrachten, um vom anderen Besitz zu nehmen. Diese sexuelle Hypothek hat sich einerseits totgelaufen, und man strebt nach höheren Werten, andererseits ist es nicht möglich, diese psychischen Übergriffe auf andere Menschen einfach aufzugeben, weil sie allzusehr mit der inneren Struktur verbunden sind. Die Verlagerung in spirituelle, aus sich selber schöpfende Einsichten und Erfahrungsmuster muß erst erarbeitet werden. Dann allerdings stehen einem alle Türen offen.

Dieser Aspekt symbolisiert das Auffressen des anderen, die Einverleibung des Teils, der außerhalb von einem liegt, um sich der Liebe zu versichern. Das Problem liegt darin, daß das Zwangsverhalten von Pluto Begleitumstände heraufbeschwört, die mit den Bedürfnissen der Venus nicht in Übereinstimmung zu bringen sind. Das Ergebnis besteht dann meist in einem Trauma und der Erkenntnis, daß Beziehungen nicht zu erzwingen sind.

Das persönliche Karma

Die Voraussetzung dieses emotionalen Verlangens, alles Äußere zu absorbieren, formulierte sich schon im frühkindlichen Verhalten, die Umgebung in deine Gefühle einzubeziehen, sie zu vereinnahmen.

Da es natürlich nicht Sinn und Absicht dieses Aspektes sein kann, sich in einer solchen Symbiose zu verwirklichen, sondern es im Gegenteil um die innere Aufgabe geht, diese Empfindungen zu überwinden und dich auf deine inneren Quellen zu besinnen, darfst du nicht erwarten, daß sich diese Erwartungen erfüllen.

Du kannst die Erfüllung deiner Wünsche entweder auf unbestimmte Zeit verschieben, in der Hoffnung, von einem starken Du irgendwann in Richtung Vollständigkeit ergänzt zu werden, ohne dabei zu merken, daß du nur unbewußt versuchst, deinen tieferen Gefühlen auszuweichen. Oder du versuchst, direkt in die Höhle des Löwen einzudringen, indem du den Teufel bei den Hörnern packst und den geliebten Menschen unter dem Vorwand, ohne ihn zu sterben, unter die eigene Knute zwingst.

Da du hier aber die karmische Prägung findest, deine innere Entwicklung gerade über die äußeren Enttäuschungen zu leben, kommt es naturgemäß immer wieder zu traumatischen Erlebnissen, weil du dich an Partner bindest, die dich zwingen, die Ursachen deiner Enttäuschungen in dir selbst zu finden.

Denn das Credo dieser Erlebnisse gipfelt in der Einsicht, daß es keinen Tag ohne Nacht, keine Liebe ohne Enttäuschung gibt, weil das, was du Liebe nennst, nur die Kaschierung deines Unausgelebten durch den Partner ist, der dir vielleicht Rückendeckung und Sicherheit gibt, was dich aber nicht der Verantwortung enthebt, den Quell der Liebe in dir selber zu entdecken.

Wenn du erkennst, daß deine Vorstellung vom idealen Partner oder vom großen Glück gerade dem Spiegelbild deiner eigenen Liebesunfähigkeit entspricht, erkennst du gleichzeitig, daß deine Erfahrungen und Enttäuschungen nichts anderes als die Reaktionen auf diese Mängel sind, denen du dich unbewußt auslieferst.

Mythologischer Hintergrund

Die Büchse der Pandora

Der emotionale Zwang, alle Mysterien der Liebe zu durchdringen und sich ohne Rücksicht auf die Wunden in der Unterwelt der Triebe aufzugeben, findet sein Pedant im antiken Mythos "Die Büchse der Pandora".

Pandora, das auf Zeus' Befehl geschaffene Weib, das von ihm auf die Erde gesandt wurde, um die Männer für den Raub des Feuers durch Prometheus zu strafen, symbolisiert den Hunger nach seelischer Nahrung, den Drang, zu den Mysterien des Weiblichen vorzudringen und damit die den Göttern gestohlenen prometheischen (uranischen) Qualitäten wieder zurückzugeben. Das damit verbundene Gefühl, emotionale Erfüllung als wichtigstes Kriterium im Leben zu empfinden, weist sie als Verkörperung der Triebe aus. Da Pandora den Männern aber suggerierte, daß sie sie nicht lieben könne, weil ihre Liebe zu den Menschen von eifersüchtigen Göttern in der "Büchse" eingesperrt worden sei, halfen ihr diese, die Büchse zu öffnen (was in einem übertragenen Sinn der ersten Vergewaltigung gleichkam).

So öffnete Venus das Tor der Triebe *(in der Mythologie öffnete Pandora die Büchse, in der alle Übel und Qualen eingeschlossen waren, die daraufhin die Welt überfielen und seitdem die Menschen plagen).* Was da aber im Kleid der Liebe zum Vorschein kam und in die Welt drängte, waren jetzt genau die Werte, die wir zerstören und vollständig eliminieren müssen, wenn wir zum inneren Kern der Liebe vordringen wollen.

Fazit

Menschen unter dieser Konstellation fühlen sich oft einsam, unverstanden und allein. Denn der Weg, über dem Venus/Pluto glüht, ist nicht nur mit unersättlicher Gier gepflastert, sondern auch von der Unfähigkeit umsäumt, Liebe zu empfinden, weil man keine Liebe geben kann.

In seiner niedrigen Schwingung wird man diesen Aspekt als sexuelle Leidenschaft wahrnehmen, der weder zu beherrschen noch zu lenken ist. Der Schlüssel zum Verständnis dieser spirituell verirrten Liebe ist, daß einen eine schier unersättliche Gier nach emotionellem Manna überkommt. Es ist der Versuch, ohne Rücksicht auf Schmerzen bis an die Schwelle vorzustoßen und die Grenze zu erkennen, die die Liebe von den Trieben trennt. Aber genau zu diesem Zeitpunkt, an dem ihn das Unbewußte sozusagen in den Feuerkreis der Krise stößt, kann der Mensch beginnen, sich mit den Quellen seiner inneren Ströme wieder zu verbinden, um die Übereinstimmung zwischen den triebhaften Bedürfnissen und der wahren Liebe zu erfahren: Die Liebe der Schöpfernatur zu sich selber, die durch unsere Triebe atmet und die erst durch unsere triebhafte Offenbarung in die Welt übertragen werden kann.

In dem Moment tiefster Niedergeschlagenheit herrscht gleichzeitig das Gefühl höchster Selbstaufgabe, wo sich das Ich aus Verzweiflung seiner Verantwortung entkleidet hat. Aus dem Mut aber, seine persönliche Begrenzung aufzugeben, damit Höheres entstehen kann, entwickelt sich die Gabe plutonischer Freiheit, die zwar schon immer in uns war, aber erst durch den Akt, das Ego hinter uns zurückzulassen, wie Feuer aus der Seele strömt.

Psychosomatische Entsprechungen

Übersteigertes Triebleben (emotionale Übergriffe, übertriebene Einbeziehung der Umwelt)

Da Sexualität die gängigste Methode (für einen Menschen) ist, um der eigenen Unvollständigkeit zu entrinnen und die Grenzen der eigenen Personalität wenigstens für einen kurzen Moment zu erweitern, versuchst du im Einflußbereich dieses vereinnahmenden Gestirns verzweifelt, durch die Verschmelzung mit anderen deiner inneren Leere zu entkommen. Du versuchst dich mit jemandem zu verbinden, der dir Vollständigkeit verspricht und dabei deinem äußeren Schönheitsbild entspricht. Dann vereinigst du dich körperlich mit dieser Wahl deiner Vorstellung und erlebst dabei vielleicht den Inbegriff deiner Vorstellung von Glück, der sich aber nicht halten läßt. Weil du diesen Moment nicht loslassen kannst, da er dir die Leere füllt und dich für einen kurzen Augenblick vollständig macht, lieferst du dich diesem Glücksgefühl (sprich: Orgasmushäufigkeit) jetzt aus. Das Problem liegt jedoch nicht beim Orgasmus, denn bei einem Orgasmus stirbt das Ich verbunden mit seinen Zwängen und Übergriffen, nein, das Problem liegt bei der zwanghaften Sucht nach dem Orgasmus, um deiner eigenen inneren Leere zu entkommen. Denn es handelt sich hier nicht um das spirituelle Streben, dein Ego in der Verschmelzung mit einem anderen Menschen aufzugeben, sondern im Gegenteil um den übergreifenden Versuch, den anderen zu einem festen Bestandteil von dir selbst zu machen.

Symptom-Katalog

Psychisch

- überspanntes Gefühlsleben (Obsession):
  a) Fanatismus, Verführung, übersteigertes Hingabeempfinden (Kontrollierung der Gefühle)
  b) übertriebene Einbeziehung des Sexualpartners ("Stirb und Werde", ungeschminkter: "Gedeih oder Verderbe!")
  c) Hysterie, Nymphomanie, Orgasmussucht (wollüstiges Begehren)
  d) Verlustängste, innere Leere, krankhafte Eifersucht, emotionale Einschnürungsgefühle

Physisch

- übersteigerte Drüsentätigkeit, Nierenentzündungen, Epilepsie (starke Erregung des Zentralnervensystems)
- Eierstock-Insuffizienz (Eileiterentzündungen) und Probleme mit den Schleimhäuten (After, Genitalien)

Homöopathische Mittel

Pflanzen

Belladonna (Tollkirsche)
- Abstieg in die Unterwelt: Leidenschaft, Fanatismus, Zügellosigkeit (Neigung zur übertriebenen sexuellen Gebärde): D12
- im Kreis der inneren Dämonen: aktive Kongestion, wilde Erregung, übersteigertes Triebleben (D12-D20)
- Fressen und Gefressenwerden: Emotionale Einschnürungsgefühle (Festklammern am anderen): D20

Hyoscyamus niger (Bilsenkraut)
- starke Erregung des Zentralnervensystems: Hypererregung mit Delirium und sexueller Hysterie (Nymphomanie, obszöne Manie, erotische Wahnvorstellungen): D12
- Besessenheitsvorstellungen, Obsessionen, Verschmelzungseinbildungen (glaubt Teil von jemand anderem zu sein): D30

Tier

Tarantula hispanica (Wolfsspinne)
- Hysterie, Nymphomanie, Einsaugen des anderen (hysterische Epilepsie): D6-D12
- Verlustängste, Eifersucht, Todesangst (Erstickungserscheinungen beim Loslassenmüssen): D12

Erlösungsformen

Sexus und Tod:
- Einweihung durch Schrecken oder Erzeugung von Entsetzen zur Förderung der Erkenntnis um die Vergänglichkeit allen Seins:
  a) schwarze Messe, astraler Sabbat, Ritus des Baphomet (Sadismus/Masochismus und alle devianten Formen der Sexualmagie)
  b) magischer Fetischismus (durch kontrollierte sexuelle Ladung magische "Lustübertragung")
  c) Kaula Tantra

Spirituelle Öffnungen

Ritual
Sexualmagie, Lustfolter, rituelle Balz
Farbe
glänzendes, durchdringendes Strahlen in allen Farbmustern
Duft
Zypresse
Edelstein
Hyalit (wasserheller, glänzender Opal); Vesuvian (Idokras)
Krafttier
Tarantel
Symbol
Venusfliegenfalle
Mythos
Omphale; Pandora; Phyllis; Circe (verwandelt Männer in Schweine)
Archetyp
Femme fatale
Gottheit
Pan, Baal, Beelzebub, Asmodaios, Astaroth
Kraftort
Berghöhlen; mediterane Hügellandschaft (Venusberg bei Spoleto/Umbrien)
Kultstätte
Ruinen von Ninive (Palast Assurbanipals); Alabastersphinx (Memphis)
Sabbat
Walpurgis
Musik
"Le poème de l'exstase" von Alexander Skrjabin
Malerei
"Die Brautwaschung" von Max Ernst;
"Aristoteles und Phyllis" von Hans Baldung Grien *(Phyllis versprach dem Philosophen ihre Gunst, wenn er sie zuerst auf ihm reiten ließe)*
Schrift
"Im Bordell der Bella Cohen" (bizarrer Dialog aus "Ulysses") von James Joyce

MARS/JUPITER

100%	Konjunktion; Quadrat; Trigon; Opposition; Spiegelpunkt
85%	Sextil; Jupiter in Haus 1
75%	Anderthalbquadrat, Quincunx; Mars in Haus 9; Mars in Schütze
60%	Halbquadrat
50%	Halbsextil; Jupiter in Widder; AC in Schütze
40%	Hausspitze 9 in Widder; Herrscher von Haus 1 in Haus 9
25%	Herrscher von Haus 9 in Haus 1

♂ ♃

Thema	Titanentrotz (Loslösung, Erneuerung, neue Ziele)
Ziel	Aufbruch zu neuen Ufern (Pioniergeist)
Sinn	Glauben und Vertrauen in die Wege der Schöpfung
Licht	geistiger Ethos und hohe Ideale
Schatten	Anmaßung, Intoleranz, guruhafte Arroganz
Leitbild	Vater/Sohn oder der Königsmord (Überwindung und Wiedergeburt des inneren Vaterbilds)

Gott ist tot.
Friedrich Nietzsche

Gott ist überall.
Der einzige Weg, ihn nicht zu finden,
ist der, ihn suchen zu wollen!
Advocatus diaboli

Grundlage

Geistige Prägung

Auf dem Heimweg unter diesem Karma begegnest du deinem mächtigen inneren Vaterbild, das dir mit seinen Schöpfungskathedralen, diesen behindernden Monumenten an Größe und Selbstüberschätzung, den Weg verstellt. Wenigstens solange, bis du die Verantwortung übernimmst und die religiösen oder gesellschaftlichen Dogmen zerstörst, die dir die Entwicklung stören, denn die eigenen Wurzeln erschließen sich dir erst viel später in der Aufarbeitung des besiegten Vaterbilds.

Psychologisch ist der Sachverhalt eindeutig: Jupiter ist der übriggebliebene Teil der Erinnerung an das kosmische Bewußtsein, also Gott oder jener Splitter göttlicher Sehnsucht, der im Menschen individualisiert ist. Dieser Gott – nennen wir ihn einmal Gott – ist sich nun seiner eigenen Schöpfung überdrüssig geworden, die zwar Wirklichkeit geworden, aber eben nicht Wahrheit ist, weil sie ja nur der körperlich-materiellen Realität deiner inneren Bilder entspricht. Wo könnte sich Jupiter aber besser erneuern als in Mars? Daher stellt er sich dem Krieger in den Weg, um von ihm zerstört und dadurch erneuert zu werden. Das entspricht energetisch dem Bad im Jungbrunnen, wo der Vater erlöst und der Sohn zum Vater wird: *Mit dem Auge, das als andres dir fehlt, erblicke ich selber das eine, das mir zum Sehen verblieb!* (Wagner, "Siegfried", 3. Aufzug).

Du siehst, weil du das Sehen "siehst", denn du bist jetzt das alles umfassende, alles durchdringende und alles überstrahlende "Auge selbst"!

Sinn/Ziel

Du siehst: Willst du zur Urquelle kosmischen Bewußtseins zurückkehren, mußt du dich in einem Akt der Selbsterneuerung zerstören. Das entspricht auch der mythologischen Allegorie, für das "innere" Sehen eines der beiden äußeren Auge zu verlieren.

Hier zeigt sich der Versuch, das heldenhafte Ich (Mars) mit dem zu verbinden, was dich als Schwingung einer größeren Kraft (Jupiter) umzingelt, denn du hast in deinem Leben sicher schon die Erfahrung gemacht, daß etwas Größeres und Mächtigeres dich umfaßt, durch dich hindurchwirkt und deine Zielvorstellungen bestimmt. Diese Kraft, die wir nicht dem Mutteraspekt der Natur zuordnen, sondern als Wille oder Geist umschreiben, der in der Lage ist, die Welt nach seinen inneren Vorstellungen zu gestalten, bringen wir mit unserem archetypischen Vaterbild in Verbindung. Das geistige Bewußtsein ist eine patriarchalische Modifikation des chaotischen, den Sinn in sich selber findenden Natur-Matriarchats.

Frau/Mann

Die aktiven, nach Entwicklung drängenden Aggressionsflammen des Mars verlangen nach Wegen, die von den konventionellen Gestaden weg zu neuen Zielen führen. In den unbekannten Tiefenschichten deiner Seele lodert das Feuer, das sich mit der Sehnsucht nach dem Vater in der Außenwelt verbindet und auf den unfaßbaren Gott zusteuert, der sich seines Seins in dir bewußt ist, weil er dem Ganzen entspricht, das sich in dir als Teil seiner selbst erkennt!

Du mußt über deine Prägung hinauswachsen, indem du dich im bildhaften Gestalten, die Welt durch deine Vorstellung zusammenzuhalten, durchschaust. D.h. du mußt die Form anschauen und dich gleichzeitig in diesem Verhalten betrachten, denn nur im objektiven Hinterfragen deines Verhaltens kannst du die Form zerbrechen, ohne gleichzeitig von den zusammenstürzenden Trümmern erschlagen zu werden: *Erst im "objektiven Betrachten deiner Weltbetrachtung" kannst du deine Bilder anhalten und dich gleichzeitig in die Rolle des Beobachters retten, der sich als "gespiegeltes Bild im Spiegel seiner eigenen Vorstellung" erkennt.* (Der Geist der kollektiven Vorstellung)

Unter Mars/Jupiter bist du in der Lage, dich trotz gesellschaftlicher Bewahrung in Bezirke vorzuwagen, die dem menschlichen Auge normalerweise nicht zugänglich sind. Du mußt nur den Mut aufbringen, die Inseln deiner Bilder aufzulösen und gleichzeitig den Akt der Auflösung zu bebildern, also einen neuen Kommentar zu finden, wie die Welt sein könnte, und dabei die alten Muster überwinden, welche dich zwingen, Zerstörung anstatt Leben anzunehmen. Die Liebe ist nicht abhängig von Atomen und Molekülen, sie ist lebendiges Bewußtsein und führt dich zu den Gipfeln deiner angestreben Wesenheit. Sehen heißt hier, die Vergeblichkeit einzusehen, irgendetwas ändern zu wollen und trotzdem Teil jeder Veränderung zu sein: Erst wenn du diesen Widerspruch in deinem Inneren gelöst hast, bist du zum Aufbruch (Mars) in die Ewigkeit (Jupiter) bereit.

Karmisch-seelische Struktur

Die kollektive Struktur

Mars/Jupiter symbolisiert die Kraft, den inneren Schöpfergeist aus sich hervorzubringen und in der Umwelt zu verwirklichen. Das entspricht dem Wunsch, das eigene Wollen zu gestalten und vor den Menschen zu verantworten. Auf einer anderen Ebene dient das der Suche, im Streben nach materiellen Dingen die höhere Absicht kennenzulernen, die sich in allen materiellen Zielen zu erkennen gibt. Unter diesem Einfluß sucht der Mensch nicht nur die materielle Fülle, die die Beziehungen unter den Menschen regiert, sondern er sucht vor allem seine innere Beziehung zu Gott oder besser: seine Verbindung zu seinem inneren Bild von Gott!

Darum identifiziert er sich auch gern mit Rollen, die mit Bewußtseinsausdehnung zu tun haben und ist darauf erpicht, der Umwelt ein auf Horizonterweiterung ausgerichtetes Bild zu vermitteln, gerade weil es nicht um Wissen, sondern nur um die Identifizierung mit dem Bild von Wissen geht. Er versucht, den Lebenssinn im eigenen (Guru-) Rollenspiel zu finden, ein kontraproduktives Streben, das von der eigenen Suche ablenkt! So ist er immer auf der Suche, die Antwort nach dem Sinn bei anderen zu finden (im Überzeugen anderer vom Lebenssinn), denn er wähnt sich an der Quelle des Erkennens angekommen und sieht nicht, daß sie ihm nur die eigene Maske reflektiert.

Gott muß es sein, selbst wenn man ihn selbst erfinden müßte, und dieser Akt wird wiederum verdrängt, indem man seine eigenen Inhalte auf Modelle überträgt, die geeignet sind, den Größenwahn vor sich selber zu verstecken. Das eigene Ich tarnt sich, indem es sich vom Geborenen scheinbar trennt und ihn damit zwingt, es durch die Identifizierung mit den Sinnfindungs-Modellen, auf die es sich überträgt, wieder zurückzuholen. In der Identifikation mit dem äußeren Gott erhält der Geborene in Wahrheit aber nur sein eigenes Ich zurück. Da er immer auf der Suche ist, die Antwort nach dem Sinn "im Suchen anderer" zu finden, muß er seinen Gott (Lebenssinn) unter die Leute bringen, damit ihn diese "finden" und ihm wieder zurückbringen können.

Das persönliche Karma

Mars verkörpert also das, was wir die Aggressionskräfte nennen, und in dieser Position ist er der natürliche Feind von Hemmung und Blockade. Risikofreude, Kampfbereitschaft, Unternehmungslust und sexuelle Triebhaftigkeit sind seine Merkmale, und damit steuert er (in dir) alle Hindernisse auf direktem Wege an, wobei er den gordischen Knoten nicht durch vergleichendes, reflektierendes Denken löst, sondern indem er ihn ganz einfach mit dem Schwert durchschlägt. Jupiter hingegen spiegelt sich in dem, was man die Suche nach dem Sinn oder den Glaubenstrieb nennen könnte. Sein Sehnen, selbst in den profansten Angelegenheiten noch einen tieferen Sinn zu erkennen, läßt in dir den Esoteriker erahnen. Dein Bestreben, die Dinge in einem größeren Zusammenhang zu sehen, krönt sich in der Auseinandersetzung mit einer Ein- und Rückbindung ins Zeitlos-Ewige, was sich dann innerhalb des bewußtseinsmäßigen Erfassens zur horizonterweiternden Intuition ausdehnt. Das Schicksal ereilt dich nicht, du rennst auf das Schicksal zu, indem du durch das Ausleben der inneren Strukturen die Ereignisse in dein Leben ziehst, die als Projektionsträger deiner unerlösten Wünsche in der Außenwelt fungieren. Erst wenn du im äußeren Schicksal jene Teile deiner Personalität erkennst, die du im Tageslicht nicht siehst, kannst du die Verantwortung für deine äußeren Sinn- und Gottesbilder wieder übernehmen und zwar auf einer Tiefen-Ebene, die dich erschreckt, weil sie unendlich mehr ist, als was du in deinem Bewußtsein unterbringen kannst.

Die Welt, wie du sie siehst, ist nur das Modell deiner anerzogenen Vorstellungen. Darum kannst du auch nichts erkennen, was außerhalb dieser Vorstellung liegt, und alle Wahrheiten und Erkenntnisse sind nie etwas anderes als mehr oder weniger interessante Denkmodelle. Dein pausenloses Streben, diese Welt immer mehr in dem zu bestätigen, wie du sie siehst, liefert dich nicht dieser Welt, wohl aber deiner Weltanschauung aus. Du hast dich auf dein eigenes Leid fixiert, aus dessen Mitte du dich selbst bedauerst, ohne zu merken, daß sich in dieser Haltung ja gerade dein Wunsch erfüllt: Der Wunsch, vom Vater für die Ursünden bestraft zu werden... oder vom Schicksal für das Fehlen, nicht wie Gott zu sein!

Mythologischer Hintergrund

Die Quelle der Weisheit (Weltesche Yggdrasil)

In der germanischen Mythologie mußte Wotan ein Auge als Pfand einsetzen, um am Fuß der Weltesche Yggdrasil aus dem Brunnen der Weisheit trinken zu können. Die durch die Quelle symbolisierte Tiefeneinsicht ist introvertiert und dem Unbewußten um den Preis abgerungen, daß sich die Weltsicht des Erkennenden nicht nur nach außen, sondern zur Hälfte auch nach innen richtet. Yggdrasil ist ein Symbol der Weisheit und der inneren Erkenntnis und steht in enger Verknüpfung mit dem Kreuz, an dem Christus hing, denn auch Odin verletzte sich mit einem Speer und hing sich an der Esche auf. Nach neun Tagen und Nächten konnte er die in den Baum geritzten Runen lesen. Die Parallele zum christlichen Erlöser ist nicht zu übersehen, denn beide suchten nicht die individuelle, sondern die kollektive Erkenntnis.

Mars/Jupiter verkörpert die Erneuerung des Alten und der Tod Christi und seine Auferstehung bedeuten die Vereinigung mit dem Vater *(Ich und der Vater sind eins!)*. Der Ahnenkreis wird geschlossen und die Schöpfung ist zur Erneuerung bereit.

Damit sind wir am Ende unseres Weges angelangt, denn wir treffen hier wieder auf den alles umfassenden "Ödipus-Komplex", von dem unsere Reise ausgegangen war und der schon an der Wiege unserer Entwicklung stand (Sonne/Mond): *Ödipus erschlägt den Vater. Von außen betrachtet ist er ein Suchender auf dem Wege zu sich selbst. Da begegnet ihm das Schicksal in der Gestalt des Vaters als ein ihm unbekannter Teil von sich selber, doch er erkennt sich selber nicht!* (Vgl. S. 168)

Wo er aber unter Sonne/Mond durch die Rebellion gegen die väterliche Macht in die Gewalt der verschlingenden Mutter zurückfiel, um das Schicksal aller Gefährten der triebhaften Gefühle zu erleiden, nämlich Hilflosigkeit und Embryonalität, kommt unter Mars/Jupiter jetzt das geistige Erkennen: Er akzeptiert die Unausweichlichkeit seines zukünftigen Endes und steht zu seiner Tat. Nicht nur, weil sie unabänderlich, sondern weil sie auch notwendig und sinnvoll ist für seine Entwicklung und für den ewigen Lauf der Dinge, denn aus der Vernichtung des Alten durch das Junge schöpft sich der Kreislauf der Natur. Da er weiß, daß er den Vater "opfern" muß, um selber zum Schöpfer zu werden, kann er die Tat ausführen, ohne von den Müttern verschlungen zu werden. Es ist das Wissen, das es ihm ermöglicht, gleichzeitig auf Distanz zu bleiben und die Tat trotzdem zu vollbringen, und dieses Wissen entspricht dem vollkommenen Vater, *der sich selbst zum Sohn geworden ist.*

Fazit

Schon die biblische Schöpfungsgeschichte beschreibt den Akt der Selbsterkenntnis so, daß die Menschen vom Baum der Erkenntnis aßen und dafür mit der Vertreibung aus dem Paradies bezahlten. Nun war es aber nicht so, daß sie wegen der Erkenntnis aus dem Paradies verstoßen wurden, sondern es war im Gegenteil die Erkenntnis selbst (das Erkennen der Polarität), die sie veranlaßte, das Paradies zu verlassen. Aus allegorischer Sicht erkennen wir hier das aufflammende Bedürfnis nach Ergänzung (Sexualität) mit dem unbewußten Wunsch, gleichzeitig von Gott für den Verrat am "All-Einen" bestraft zu werden. Sigmund Freud hätte dies als ursprüngliches Inzest-Verlangen mit der Mutter gedeutet, das, vom Bewußtsein entdeckt, sich in das Schuldgefühl verwandelte, vom Vater für den Drang bestraft zu werden (und ihn dafür dann umzubringen: vgl. Mars/Saturn).

Wir müssen uns die Strafe verdienen, aber da wir das kaum erkennen wollen, müssen wir dies gleichzeitig vor uns verbergen, indem wir (aus Furcht vor Strafe) die Aggressionen unterdrücken und damit für ihr sicheres Eintreffen sorgen.

Psychosomatische Entsprechungen

Neigung zu Übertreibungen und Entgrenzungen (vor allem im Bereich der Bewußtseinszunahme)

Die Übertreibung im Bereich der Bewußtseinszunahme, eine typische Erscheinung unter Mars/Jupiter, zeigt in Zonen, die Grenzen der Vorstellung zu überschreiten und führt, wenn spirituelle Ziele nicht erreicht werden können, zu pseudoesoterischen Entgrenzungen. Die Voraussetzung dazu ist aber nicht das depressive Scheitern an den Lebensumständen, sondern ein vages Unbefriedigtsein mit den gesellschaftlichen Bedingungen, die für dich keinen Sinn ergeben.

Wenn wir die individuelle Abhängigkeit von den kollektiven Mustern erkennen, die wiederum ein Ausdruck menschlicher Sinnfindung sind, dann können wir die Welt als ein großes Haus betrachten, in dessen Räumen die verschiedensten religiösen und kulturellen Modelle untergebracht sind. Dein Alltag wäre dann mit jenem Zustand zu vergleichen, je nach Fixierung an ein Weltbild in einer dieser Kammern lebenslänglich eingesperrt zu sein. Der Durchschnittsmensch betritt das Zimmer (die Ausrichtung an die ihn prägende Kultur) durch die Geburt, und er entgeht ihm durch die gegenüberliegende unsichtbare Tür, den Tod. Du aber möchtest das Zimmer schon zu Lebzeiten verlassen, was aber die Grundlagen deiner gesellschaftlichen Prägung in Frage stellt, denn das Zimmer wird durch die eigene Vorstellung geschaffen, und du kannst es nur durch das Hinterfragen deiner anerzogenen Vorstellungsinhalte verlassen. Die magische Tür, durch die du Raum und Zeit enteilst, ist die kontrollierte Wahrnehmungs-Leere, und der Preis, den du für diese Freiheit bezahlst, ist Sehnsucht nach der verlorenen Struktur. Außerhalb des Raumes bist du nicht nur von den dich gleichermaßen einschränkenden wie stützenden Gewohnheitsmustern getrennt, sondern du kannst auch erkennen, daß die Stabilität unserer Weltanschauung Illusion ist, weil die Realität nicht "ist", sondern durch die Akzeptanz unseres anerlernten Sehens, im Gesehenen die Realität zu interpretieren, erst "wird". Weil die meisten Menschen die Hoffnung aufgegeben haben, jemals zu sich selbst zurückzufinden, suchen sie Trost in schönen Paradiesvorstellungen und Jenseits-Bildern. Sie fixieren sich auf ihre Wünsche und suchen diese zu finden, indem sie sie in ihren eigenen Phantasiegebilden suchen. So kommt es, daß sie im Streben nach

♂♃

Erkenntnis nur die innere Entgrenzungsabsicht finden. Unter diesem Gestirn aber bist du in der Lage, *dich als gespiegeltes Bild im Spiegel deiner Vorstellung zu erkennen und den Spiegel deiner Selbstbetrachtung zu zerbrechen!* (Der Geist des Erkennens)

Symptom-Katalog

Psychisch

- Bewußtseinsveränderungen (geschärfte, aber unbeabsichtigte und daher gefährliche Wahrnehmungszustände)
- Übertreibungen im Bereich der "inneren Erkenntnis":
  a) spirituelle Unbefriedigtheit, Sinnlosigkeit und Todessehnsucht (pseudo-esoterische "Entgrenzung der Materie")
  b) Sinn- und Glaubenskrisen (Blockaden innerhalb von Religion und Weltbildfragen)
- Ablöseschwierigkeiten vom inneren Vaterbild:
  a) übertriebenes Verantwortungsbewußtsein
  b) kompensative Großzügigkeit ("Heimweh nach den Vätern")

Physisch

- Leber- und Gallenleiden
- Kreislauf- und Drüsenstörungen (Drüsenüberfunktion)
- Infektionen, Fieber, heftige Durchfälle
- Entzündungen, Eiterungen, Ekzeme (Juckflechten, Ichthyosen)

Schüssler-Salze

Mineral

Calcium sulfuricum (Nr. 12)

- gegen Eiterungsprozesse (Eiterfisteln, Abszesse)
- Leber- und Gallenstörungen
- innere Ruhelosigkeit (Durchfall, Nasenbluten, chronische Entzündung)

Neben-Mineral

Calcium sulfuratum (Nr. 18)

- bei Niedergeschlagenheit und Erschöpfungszuständen
- bei Kreislaufschwäche, hormonellen Störungen (Hitzewallungen) oder Drüsenschwellungen

Bach-Blüten

Elm (Ulme)

- gegen Übertreibungen im Bereich der Bewußtseinszunahme (inneres Streben nach Erleuchtung)

Red Chestnut (Rote Kastanie)

- bei Formen von übersteigertem Verantwortungsempfinden (übertriebenes Kümmern um andere)
- oder gegen die Schwäche, sich von den Umweltansprüchen vereinnahmen zu lassen

Mit Sonne/Mond-Einfluß:

Rock Water (Felsenquelle)

- gegen die egoaufblähenden Auswirkungen grandioser Selbstdarstellung (unterstützt das Streben, die höchsten Ebenen menschlicher Entwicklung zu leben)

Urtinkturen

Lecithin (Phosphatid)

- die phosphorhaltige, organische Substanz aus Eidotter und Tierhirnen dient der größeren Bewußtseins- und Konzentrationsfähigkeit und damit der inneren Sinnfindung

Met (weinartiges Getränk aus vergorenem Honig)

- dieser altgermanische Trunk versinnbildlicht die ungestüme, extrovertierte Seite Mars/Jupiters

Erlösungsformen

Erweckung paranormaler Fähigkeiten:

- Pranayama, Psychometrie, Orgontherapie
- Trauminkubation, Resonanztherapie
- hologenes Training
- Aufsuchen von Kraftplätzen
- Sigill-Ladung in Erregungstrance

Spirituelle Öffnungen

Ritual
Erlösung und Tod (Erneuerung und Aufbruch in die Ewigkeit)
Farbe
strahlendes Dunkel (Purpur/Violett-Schwarz) oder dunkler Glimmer (durchsichtige Tiefe)
Duft
Melisse, Zedernholz (Atlaszeder)
Edelstein
schwarzer Turmalin
Krafttier
Wolf ("Lamm Gottes")
Symbol
Spirale (Symbol für Ewigkeit)
Mythos
Tyr/Odin (mythologische Metamorphose)
Archetyp
Sohnvater/Vatersohn
Gottheit
Gottsohnvater
(Ich und der Vater, wir sind eins!)
Kraftort
Höhenwege *(Der Weg ist das Ziel)*
Kultstätte
Ölberg (Ort der Erlösung)
Sabbat
40. Tag nach Ostern ("Christi Himmelfahrt")
Musik
"Auferstehungs-Sinfonie" von Gustav Mahler
(Sterben wirst du, um zu leben!)
Malerei
"Die Alexanderschlacht" von Albrecht Altdorfer (Im Sonnenuntergang über der Riesenschlacht übersteigert der Künstler die kosmische Landschaft bis zur Tragödie der ewigen Alpträume)
Schrift
Geniebewegung (Titanentrotz) oder das Ideal eines freien Menschentums

MARS/SATURN

100% Konjunktion; Quadrat; Opposition; Spiegelpunkt
85% Anderthalbquadrat; Quincunx
75% Halbquadrat; Saturn in Haus 1; Mars in Steinbock
60% Trigon; Mars in Haus 10
50% Sextil; AC in Steinbock; MC in Widder
40% Halbsextil; Saturn in Widder; Herrscher von Haus 1 in Haus 10
25% Herrscher von Haus 10 in Haus 1

♂ ♄

Thema	Kampf, Widerstand, Durchsetzungsblockaden
Ziel	das Lösen der Spannung (meist durch Gewalt)
Sinn	Herausforderung, Überwindung, Streit
Licht	Ausdauer, Widerstandskraft, Entschlossenheit
Schatten	Ohnmacht, Aggression, Zerstörungswut
Leitbild	Der Rohrkrepierer

Wenn einer nicht den Mut hat, seine Mutter zu ficken, sollte er wenigstens seinen Vater erschlagen!
Heinz Sobota, "Der Minus-Mann"

GRUNDLAGE

Geistige Prägung

Mars/Saturn weist auf Brutalitäten in vergangenem Karma hin, das zur Bewußtwerdung, zur Konfrontation mit den Auswirkungen seines eigenen Scheiterns, nochmals in die Welt hinaus darf. Deine Aufgabe in diesem Leben, dich in deiner Personalität weniger wichtig zu nehmen, ist dann erreicht, wenn du durch Hinterfragung und Aufarbeitung deiner Erlebnisse deine Spannungsknoten löst und dich damit einem positiveren Lebensgefühl öffnest. Oder wenn es dir gelingt, Abstand zu dir selber zu gewinnen – Abstand zu deinem eigenen Durchsetzungswillen, der gleichzeitig gefördert und verhindert werden will. Gefördert, wo er sich mit den Interessen anderer zu gemeinsamen Zielen verbindet, und verhindert, wo sich nur das eigene Ego zur Demonstration seines Willens in den Mittelpunkt der Welt bringt.

Kindheit

Schon früh sahst du dich in einen feindlichen Verband hineingetragen, in dem du dich gegen alle Angriffe zu wappnen hattest. Das Konkurrenzverhalten innerhalb der eigenen Familie wurde prägend, und in deiner kindlichen Psyche verankerte sich die Hierarchie des Stärkeren entsprechend früh. Körperliche Mißhandlungen im Kindesalter sind unter diesem Aspekt keineswegs die Ausnahme. Oft verhalten sich die engsten Familienmitglieder brutal und schüren in ihrer bedingungslosen Durchsetzung im Unterlegenen jenen Haß auf Autoritäten, der im späteren Leben, besonders bei Jungen, die Richtung ihrer freigesetzten Frustration bestimmen kann.

Frau

Diese Energie wird von Frauen in den meisten Fällen auf den Mann übertragen, weil Mars/Saturn eher für die heroische Selbstüberwindung des Helden steht. Das heißt, der Mann deiner Wahl kommt in die Gnade, dieses Gestirn stellvertretend für dich in der Außenwelt zu reflektieren. Aus dieser Perspektive wird für den Mars/Saturn-Mann die im späteren Leben ausgeübte Aggressivität verständlich. Sie wird als jene Überkompensation einsichtig, die den Erwachsenen in seinem Mannesverständnis aus der eigenen Kindrolle herauskatapultiert, damit er dem Rollenverständnis seiner Unterdrücker nacheifern und seine karmische Aggression in die planetarische Realität übertragen kann. Deshalb wirst du dich auch dem in seinem Selbstvertrauen verletzten und daher entweder blockierten oder überkompensierenden Mann je nach Art des Vaters hingeben, der sich entweder total beherrschen ließ oder sich mit ungewöhnlicher Härte durchsetzte. Dabei kann das Bett zum Schlachtfeld dieser innerlichen Spannungen werden, wobei die Siegestrophäe demjenigen winkt, der seinen Gegner in einem sinnlosen Akt zu unterwerfen imstande ist, aber nicht um der physischen Sinnlichkeit wegen, sondern aus dem tiefsitzenden, frustrierenden Gefühl heraus, ohne die totale Unterwerfung vom anderen nicht angenommen zu werden.

Mann

Unter dem Gesichtswinkel karmischen Potentials stehen keinerlei moralische Postulate zur Debatte, weil diese Konstellation ja gerade die Überwindung der Blockade bedeutet, was gar nicht anders als in der Übertreibung enden kann. Als Mann könntest du deine Durchsetzung anderen gar nicht aufzwingen, wärest du in der Entfaltung deines Willens als Kind nicht stark behindert worden. Dadurch fehlt es dir als Vater an der Gabe, dich auf deine Kinder einstellen zu können und diese als eigenständige Persönlichkeiten zu ertragen. Es kommt zur Vergewaltigung ihrer Psyche, und oft nährst du mit der brutalen Unterwerfung unter deinen Willen die Aggressionen, die über die Kinder weiter in die Welt hinausgetragen werden, und die doch immer nur auf dein eigenes Dilemma zurückweisen. Und das wirft hier wieder einmal die Frage auf, inwieweit wir nicht mit unseren moralischen Vorstellungen an den Bedingungen solcher Anlagen vorbeioperieren. Der Schlüssel zum Verständnis solcher Konstellationen liegt immer in der Kindheit. Das Tor aber, welches uns die Zusammenhänge aufschließt, unter welchen Voraussetzungen eine solche Kindheit zur Bedingung wird, liegt an der Schwelle zum Unfaßbaren.

Karmisch-seelische Struktur

Die kollektive Struktur

Wir Menschen sind vergänglicher Staub im Universum, von einem persönlichen Willen auf vergängliche Ziele geprägt. Diese Ziele müssen wir aber nicht erreichen, weil wir sie nicht erreichen können: denn sie erreichen uns! Wir haben im Gegenteil gar keine Chance, die Ziele zu verfehlen, wenn sie in uns selber liegen, wie wir auch keine Chance haben, sie zu erreichen, wenn sie nicht in uns selber sind.

Bis wir aber bereit sind, diese Lektion von Mars/Saturn nicht nur zu erfahren, sondern auch innerlich zu verstehen, so lange werden Menschen unter dieser Konstellation an der Pattsituation zwischen Aggression (Mars) und Hemmung (Saturn) schwer zu tragen haben. Umgekehrt kann nur aus Konfliktsituationen heraus an die Mechanismen, die hinter den Dingen liegen, herangegangen werden, weil nur aus dem Leiden die Kraft erwächst, Dinge zu verändern.

Mit Mars/Saturn verbindet sich meist eine Kindheit, die den Horoskopeigner schon früh an die Polarität des Lebens band, ihn auf die Notwendigkeit gesellschaftlicher Konkurrenz festlegte und an die Wertbegriffe von Gut und Böse band. Mochten es Anfeindungen von außen sein, die gegen die eigene Sippe gerichtet waren, oder war es ein ausgesprochenes Konkurrenzverhalten unter den Geschwistern um die Gunst der Eltern: Wichtig ist allein die Tatsache, daß sich der Betreffende nur in jener Mars/Saturn-Rolle der Umwelt zeigte, in der er auch herausgefordert werden konnte. Weil das natürlich unbewußt geschah, mußte er sich von den Reaktionen seiner Umwelt herausgefordert fühlen. Denn äußerer Widerstand wurde zur Voraussetzung für Leistung. Saturn und Mars schaukelten sich gegenseitig hoch. Man gab mit durchgedrückter Bremse Vollgas.

Das persönliche Karma

Da deine Eltern es nicht zulassen wollten, daß du in der Kindheit deinen Willen durchsetzen konntest, haben sie dich – vielleicht auch, weil du sehr wild warst und immer ein bißchen über die Stränge schlugst – schon sehr früh in deinen Aggressionen blockiert.

Dadurch haben wir später die in die Kindheit zurückreichende Verhaltensstörung vorliegen, Aggressionen schnell loszuwerden, bevor du durch die Umwelt daran gehindert werden kannst, indem du gegen alle möglichen Einschränkungen schon von vorneherein rebellierst.

Umgekehrt kann dieser Aspekt im Leben auch zur Unterwerfung gegenüber Autoritätspersonen führen. Unbewußt suchst du in diesen nämlich deine Eltern, um dich in der eigenen Durchsetzung von ihnen behindern zu lassen. Damit hast du einerseits die Sicherheit, dein kindliches Rollenverhalten fortsetzen zu können, andererseits hast du gleichzeitig die Sündenböcke, denen du die Schuld zuschieben kannst, um deine eigenen Aggressionen nicht ausleben zu müssen.

Möglicherweise wird aber der Ehrgeiz gerade noch mehr angestachelt, dich um jeden Preis durchsetzen und alle übertreffen zu müssen, um dich mit deinen paranoiden Gipfelstürmen einer allgemeinen Anerkennung zu versichern.

Unter Mars/Saturn liegst du dauernd mit dir selbst im Streit, weil sich hier die eigene Willenskraft (Durchsetzung um jeden Preis) und die Angst

(Wissen um das eigene Unvermögen) aneinander aufreiben. In der Krise kann sich das Bedürfnis auslösen, diese Blockade durch die Eltern nochmals in die Umwelt hochzuheben, aber diesmal den Elternrollen-Spieler anzugreifen und zu besiegen: In Extremfällen bis zu Mord und Totschlag!

Die Lösung liegt hier in der Erkenntnis, daß nur derjenige zum Opfer werden kann, der die verhinderte Aggression gegen sich selbst auslebt. Es geht um das behutsame Aufarbeiten des innerpsychischen Spannungsfeldes zwischen Täter und Opfer, indem du dich in beiden Rollen selbst erkennst und dann vorsichtig nicht nur das "innere Gaspedal" losläßt, sondern auch den "Fuß von der Bremse" nimmst, damit die Psyche weder blockiert ist, noch überdreht.

Mythologischer Hintergrund

Der Vatermord

In der patriarchalischen Tradition opfert sich der Held immer dem Vater, den er gleichzeitig bekämpft, denn der männliche Gott erkennt nur eine höhere männliche Kraft an, die er gleichzeitig anfechten kann. Der Sohn will, ja muß vom Vater bestraft werden, damit er sich in einem Akt der Rache für die Bestrafung durch den Vater über diesen erheben und sich dadurch von ihm ablösen kann. Er muß den Vater ins Unrecht setzen, damit er ihn – folgerichtig und gerechtfertigt – dann umbringen kann. Ohne daß er sich dessen bewußt ist, hält er den karmischen Kreislauf von Ursache und Wirkung dadurch in Bewegung. Ja, man kann es auch so sehen, daß Mars die karmische Aufgabe hat, voranzutreiben, was Saturn zu hemmen bestrebt ist, damit sich das Schicksal auch im Scheitern der erstrebten Ziele erfüllen kann. Sigmund Freud hat diesen innerpsychischen Vorgang als Konsequenz des ursprünglichen Inzest-Verlangens des Sohnes gegenüber der Mutter gedeutet, der dafür seine Bestrafung durch den Vater fordert, um ihn aus Rache dann umbringen zu können. In der Rebellion gegen sich selbst und durch die Tötung des Vaters verliert er zunächst die Verbindung zum eigenen Selbst. Nachdem er im Kraftfeld von Ursache und Wirkung in die immerwährende Drehung des Schicksalsrades eingespannt schließlich die Voraussetzungen seiner Situation erkannt hat, kehrt er eines Tages, von seinen Schuldgefühlen geplagt, zurück, um sich selbst zu opfern. Denn umgekehrt muß der Vater, der sich im Sohn erneuern will, sich dem Sohn auch in den Weg stellen. Das entspricht mythologisch dem Bad im Jungbrunnen, durch das der Vater erlöst und der Sohn zum Vater wird (vgl. Mars/Jupiter: Ödipus bzw. Tyr/Odin). Mars/Jupiter symbolisiert die Transformation des Vaters, der sich in den jungen Prinzen verwandelt und durch die Vermählung mit der eigenen Tochter zum neuen König wird, Mars/Saturn den ewigen Zerstörer, der auf der aggressiven Stufe der Pubertät steckengeblieben ist, weil er sein inneres Vaterbild nicht finden kann.

Fazit

Da Mars für die körperliche Durchsetzung und die Sexualität des Mannes steht, Saturn aber für die Hemmung und Verkrampfung, so läßt sich aus dieser Verbindung (als Kompensation der blockierten Männlichkeit) ein selbstzerstörerisches Verhalten fast erwarten. Dieser Aspekt gibt dem Mann als Reaktion seiner Umwelt zu verstehen, daß er nicht vollwertig ist. Exakter: Der Mann ist nur bereit, als Reaktion auf sein Verhalten aus der Umwelt zu entnehmen, daß er seine fehlende Männlichkeit zu kompensieren habe, weil er erst durch den Widerstand zu seiner wahren Leistung findet.

Gleichzeitig ist es natürlich nicht die Absicht von Mars/Saturn, den Mann über den Weg der Überkompensation in seiner Männlichkeit zu bestätigen. Dieses Manöver ist im Gegenteil ein raffinierter Umweg zu dem wirklichen Ziel, ihn sein Scheitern gerade im Gelingen seines Verhaltens erfahren zu lassen. Denn alle Arten von Kraftmeiereien, die zur Krönung ihrer Verdrängung die Unterwerfung des Gegners verlangen, lassen plötzlich Frustration aufkommen, wenn der Betreffende spürt, daß die Aufwendungen in gar keinem Verhältnis zum Ertrag (Lustgewinn) stehen. Wenn er spürt, daß er vor lauter Anstrengungen das eigentliche Ziel aus den Augen verloren hat.

Die saturnische Komponente möchte den martialischen Teil zu der Einsicht bringen, daß das eigentliche Kampffeld nicht das Anrennen gegen äußere Widerstände ist, sondern das Erreichen einer inneren Stärke, um die Dinge ganz bewußt geschehen zu lassen! Das Gewalttätige, Explosionsartige in der Disposition dieses Aspektes ist offenkundig und wird zu Affekthandlungen, Unfällen oder akuten Krankheitsausbrüchen führen, wenn diese inneren Spannungen nicht durch Einsichten und entsprechende Reife aufgefangen werden können.

Psychosomatische Entsprechungen

Rheumatische Symptome, Gallensteine, Magengeschwür (blockierte Aggressivität)

Unter diesem Gestirn scheinen alle Aktionen blokkiert zu sein, und wenn wir wissen, daß die Knochen und Gelenke zu Saturn gehören, die Aktionen aber zu Mars, scheint es folgerichtig, daß die Aktionen und Aggressionen in den Gelenken zum Stillstand kommen. Damit verbinden sich Symptome wie Arthritis, Gicht und Arthrose. Versteift das Gelenk, bist du der Aktionen, die mit den Gelenken verbunden sind, enthoben, wobei Arthritis die Entzündung symbolisiert, die der blockierten Aggressivität des Mars entspricht (die sich in den Gelenken "durchsetzt"), Arthrose hingegen für die Abnützungserscheinungen steht, die der chronischen Verhinderung nahekommen, welche durch den saturnalen Abwehrmechanismus für den Menschen unerreichbar im Irreparablen fixiert wird.

Da Mars auch die Galle symbolisiert, die durch Saturn im freien Fluß gehindert wird (in Steine umgewandelt wird, die den Abwehrmechanismus repräsentieren), steht dieses Symptom für das psychische Syndrom, die Aggressionen im Alltag nicht loswerden zu können. Dies kann für Familien- oder Berufszwänge stehen, aus denen du dich nicht auszubrechen traust, und infolgedessen du die Frustration nach innen überträgst, wo sie sich in der Verwandlung in Gallensteine auf eigene Art auslebt. Ganz ähnlich wird beim Magengeschwür die im Alltag nicht ausgelebte Energie nach innen übertragen. Folglich werden die Aggressionen, die du, bildlich gesprochen, nicht herauszulassen wagst, wenn dir die Umwelt auf die Füße tritt, verschluckt, wo sie dann stellvertretend die eigenen Magenwände angreifen.

Symptom-Katalog

Psychisch

- Überreizung des zentralen und vegetativen Nervensystems: nervliche Anspannungen, gereizte Blockaden (Gefühl "Zum-aus-der-Haut-fahren")
- Streitsucht, Zerstörungslust, gesteigerte Motorik
- Beklemmung, heftige innere Zusammenschnürungsgefühle

Physisch

- Energieblockaden (rheumatische Symptome)
- gichtische Diathese (rheumatische arthrotische Gelenk- und Muskelschmerzen)
- Rheumatismus mit Herzschädigung
- Knochenhaut- und Knochenmarkentzündungen
- Knochenbrüche, Prellungen
- Nieren- und Blasenentzündungen (diuretische Wirkung)
- katarrhalische Infekte, Drüsenaffektionen, chronische Ekzeme (Rheuma verbunden mit urtikariaartigen Ausschlägen)

Homöopathische Mittel

Nosode

Tuberculinum (Tuberkelbacillus)
Nosode als Reiztherapie für tuberculinische Konstitution:
- akuter Gelenkrheumatismus, katarrhalische Infekte, Drüsenaffektionen, chronische Ekzeme: D30-D200
- Gefühl "Zum-aus-der-Haut-fahren": Ruhelosigkeit, Verzweiflung, quälende Gedanken: D200

Pflanzen

Nux vomica (Krähenaugenbaum)
Überreizung des zentralen und vegetativen Nervensystems:
- Streitsucht, Zerstörungslust, gesteigerte Motorik (wenn Mars überdreht): D20
- nervliche Anspannungen, gereizte Blockade (wenn Saturn dominiert): D12-D20
- Muskelrheumatismus: D12
- Beklemmung, Prellungen, Koliken im Magen-Darmbereich (spastische Konstriktion): D6-D12

Urtica urens (Brennessel)
- Fieber und Entzündungen (unterdrücktes Nesselfieber)
- Ausschläge (Rheuma verbunden mit urtikariaartigen Ausschlägen)
- Neuritis: alle D2

Tiere

Apis mellifica (Biene)
- hektische und nervöse Unruhe (heftige innere Zusammenschnürungsgefühle): D12-D30
- akute rheumatische Muskel- und Gelenkentzündungen: D6

Formica rufa (Rote Waldameise)
oder wahlweise
Formicicum acidum (Ameisensäure)
- Arthritis, Gicht und Gelenkrheumatismus
- Nieren- und Blasenentzündungen (diuretische Wirkung): alle D6-D12
- *Formicicum* wirkt stärker bei Muskelverkrampfungen: bei gichtischer Diathese bzw. rheumatischen arthrotischen Gelenk- und Muskelschmerzen: D12

Erlösungsformen

- Karate, Kampfsportarten (gesteuerte Aggression)
- Schlachtschreie (Lösen psychischer Blockaden)

Spirituelle Öffnungen

Ritual
stampfende Kriegstänze
Farbe
Rotbraun
Duft
Salbei, Tabak, Knoblauch, Eisenbaum
Edelstein
Hämatit
Krafttier
Ameise, Wespe, Stechmücke
Symbol
Schwert
Mythos
Kain und Abel
Archetyp
Opfer oder Täter
Gottheit
Thor (Donar), Samiel
Kraftort
Felsgräber
Kultstätte
Gordion; Memnonskolosse in Theben
Sabbat
erste Saat
Musik
"Ouvertüre 1812" von Peter Tschaikowsky
Malerei
"Der Sämann" von Vincent van Gogh
Schrift
"Via Mala" von John Knittel

MARS/URANUS

100% Konjunktion; Quadrat; Opposition; Spiegelpunkt
85% Anderthalbquadrat; Quincunx
75% Halbquadrat; Uranus in Haus 1; Mars in Wassermann
60% Trigon; Mars in Haus 11
50% Sextil; AC in Wassermann
40% Halbsextil; Hausspitze 11 in Widder; Herrscher von Haus 1 in Haus 11
25% Uranus in Widder; Herrscher von Haus 11 in Haus 1

Thema	Freiheit und Unabhängigkeit
Ziel	Individualität und Selbstausdruck
Sinn	Sprengung der Norm
Licht	Spontaneität, Mut, Leidenschaft
Schatten	Erregung, Impulsivität, Affekt
Leitbild	der Muttermord (Rache für den Vater)

Und mein Haus wird die Hölle der Hure sein,
ein geheimer Ort des unauslöschlichen Feuers,
der Wollust und der ewigen Folter der Liebe.
Aleister Crowley

Grundlage

Geistige Prägung

Wenn wir uns Mars als Impuls vorstellen, der das elektrische Energiefeld von Uranus auslöst, dann haben wir uns hier den Ausbruch aus der Form zu vergegenwärtigen, der im Grunde meistens unangemessen ist. Wie immer, wenn Mars beteiligt ist, aber besonders, wenn Uranus auf den Funken trifft, explodieren die angestauten Kräfte zu ganzen Universen losgelassener Konflikte, die jahrelange Blockaden und Verdrängungen zum Inhalt haben.

Falls sich Uranus und Mars in der Geburtsstunde befehden, dann heißt dies aufgepaßt: In ihrer Berührung werden kriegerische Erfahrungen aus früheren Inkarnationen angesprochen, auf hiesige Dimensionen übertragen und in diesem Leben wieder ausgelöst. In früheren Zeiten legtest du großen Wert darauf, stets zu den Ersten und Besten zu gehören, ein Vorhaben, das dir heute nur noch schwer gelingt. Lediglich die innere Ruhelosigkeit ist dir geblieben zum Zeichen, daß dir deine kriegerische Seite nicht einfach weggestrichen, sondern mit der Aufgabe verbunden wurde, die blockierten Aggressionen zu lösen und zu erkennen, daß diese, wenn man sie für schöpferische Ziele nutzt, auch aktiv eingesetzt werden können.

Zusammenfassend kann man also sagen, daß die Aggression der Hebel ist, um aus alten Verhaltensweisen auszubrechen. Neue Wege werden beschritten, die sich zum Zeitgeist kongruent entwickeln und die Vorwegnahme künftiger Prozesse als Anlage schon in sich tragen. So kannst du zu den aktiven Befürwortern eines Zeitgeists werden, der die Entwicklung weit vorantreibt, so daß der Schwarze Peter dieser Konstellation der Umwelt (Saturn) zufällt, die das Individuum (Mars) in der Aufhebung der alten Form (Uranus) bekämpft. Deine starke Unruhe gibt dir aber auch die Kraft, nötigenfalls die Nabelschnur zur gesellschaftlichen Einbindung durchzutrennen.

Kindheit

Durch diese karmische Voraussetzung wurdest du (zur ersten großen Verhinderung) in einen Familienverband hineingeboren, in dem die Position des Vaters entweder schon bedenklich schwach oder gar nicht mehr vorhanden war. Damit warst du schon in frühester Jugend gezwungen, das innere Vaterbild selbst auszufüllen, ohne durch den insuffizienten Vater aber Identifikationsmöglichkeiten oder Unterstützungshilfen zu erhalten. Denn dieser Vater war psychisch gar nicht da. Somit ist klar: Du bist der von sich selbst abgespaltene Teil, der sich das seelische Vertrauen durch die Akzeptanz seiner inneren Leere zurückholen muß. Damit ist das Problem erkannt: Das Kind muß etwas in sich suchen, von dem es keine Ahnung hat, was es ist. Ergo muß es das fehlende

Stück in sich als Autorität in der Außenwelt erkennen, die es aber gleichzeitig ablehnt. So bleibt es buchstäblich zwischen den Stühlen hängen, sich einerseits nicht entscheiden bzw. durchsetzen zu können, äußere Einmischungen aber gänzlich zurückweisen zu müssen.

Die kindliche Durchsetzung bleibt also in der psychologischen Hinterfragung hängen und wird von der eigenen Entschlußunfähigkeit noch überlagert. Als Ausgleich gesellt sich der Wunsch nach persönlicher Unabhängigkeit hinzu, der für übertriebene Leistung steht und einen Drang nach zwanghafter Aktivität mit sich bringt. Wirst du an der Entäußerung deiner Aggression gehindert, führt das zu unterdrücktem Zorn. Andererseits ist es gerade die Behinderung deiner Entfaltungsmöglichkeiten, die das Aggressionspotential in dir zu immer rasenderer Fahrt antreibt, mit anderen Worten: dich deinen Willen auf Biegen und Brechen durchzusetzen verleitet.

Frau

Als Frau kommst du in die Lage, durch die Projektion von Mars und die bizarren Vorstellungen des Uranus an Männer zu geraten, die mit Normvorstellungen nichts am Hut haben. Dies entspricht dem unbewußten Wunsch, das schwache Vaterbild durch einen starken Partner zu korrigieren – mit dem kalkulierten Risiko, dich gegen ihn zu wehren und ihm lustvoll zu unterliegen oder ihn genußvoll wie eine Beute zu verzehren.

Da du dich gegen die Männer wehrst, um keine Übergriffe zu erleiden, sie aber gleichzeitig auch anfeuerst, haben wir hier einerseits den Wunsch nach passiver Kontrolle vorliegen, indem du den Mann durch Hingabe dirigierst. Weil du aber andererseits auch nur einen starken Partner akzeptierst, sehen wir hier deutlich, wie sich in diesem vermeintlichen Wunsch nach Kontrolle in Wirklichkeit die Hoffnung auf Demütigung verbirgt. (Nämlich in deiner Rache gegen die Mutter, mit der du dich identifizierst, bestraft zu werden, weil ein richtiger Mann sich das, was sich dein Vater gefallen lassen mußte, nicht gefallen läßt.)

Mann

Als Mann wirst du auf den Wogen deiner überschäumenden Maskulinität zu den höchsten Wolkenkämmen menschlicher Leistungsfähigkeit getragen, wo du durch gigantische Luftschlösser deine innere Leere zu übertünchen suchst, um dich mit deiner größenwahnsinnigen Männlichkeit zu identifizieren. Dabei versuchst du die Umwelt mit der Wucht deiner kompensierenden Versagensangst aus dem mangelnden Vertrauen in deine eigene Männlichkeit zu überfahren, nicht, um deine inneren Bilder zu korrigieren, sondern um die Welt deinen inneren Vorstellungen anzupassen. Das dadurch injizierte Verlangen nach einer eigenen Inszenierung und die Ablehnung jeglicher Art von Einmischung in den psychologischen Ablauf deiner Regieanweisungen schwingt sich deutlich negativ in deinen Energiefeldern aus. Es zeigt die Unfähigkeit, dich einem Menschen zu öffnen und fremde, nicht assimilierte Schwingungen außerhalb der eigenen Stratosphäre zuzulassen.

Karmisch-seelische Struktur

Die kollektive Struktur

Uranus als Repräsentant des Unvorhergesehenen und Plötzlichen entpuppt sich im Aspekt mit Mars als Widerspruchsgeist, der sich allen Erkenntnissen des Denkens widersetzt. Dabei legt er sich mit allem an, was Tradition verkörpert und erinnert in seiner Unvernunft an einen Bergsteiger, der, weil es unten heiß ist, keine warmen Kleider mitnimmt, obwohl er weiß, daß oben auf dem Gipfel kalte Winde blasen. Da die Intuition sein Handeln bestimmt, ist er in Opposition zu allem, was vernünftig sein will. Das ist gelegentlich gut zu beobachten, wenn der Horoskopeigentümer seine Weltanschauung umkehrt und die daraus resultierenden entgegengesetzten Ziele mit der gleichen Vehemenz wie die alten anzustreben beginnt.

Ursache für diese Wirren dürfte ein unzulängliches Vaterbild gewesen sein. Da der Junge den Rahmen seiner Männlichkeit nur am Bild des Vaters messen kann, verbindet sich in ihm das Bild von Männlichkeit mit der Vorstellung von Indifferenz (was ein Mädchen auf den Partner überträgt): Immer dann, wenn sich das Kind behaupten möchte, wird das Bild der Vaterschwäche in das eigene Handeln übernommen, und es entsteht ein inneres Gefühl von Leere und Entscheidungsunfähigkeit.

Später wird dann der Drang entstehen, diese Situation zu entschärfen, indem man unter großem Einsatz die verlorene Stärke zurückzugewinnen versucht. Der innere Wille, die Welt zu verblüffen, ist gleichsam die Peitsche, um das fehlende Vertrauen in das eigene Handeln auszugleichen. So besteht einerseits der Wunsch, sich dauernd zu bestätigen und andererseits der Druck, die eigenen Ziele noch zu übertrumpfen und damit in Gefilde vorzustoßen, wo nicht die Präsentation von Leistungsmonumenten, sondern die Auflösung der Zwänge Linderung verschafft.

Das persönliche Karma

Der Grund, die Aggressionen nicht in die Welt zu heben (nicht in der Realität zu leben), ist der numinose Vater, der dir als Kind die Identifizierung mit dem aggressiven Teil der Wirklichkeit erschwerte.

Da Uranus die persönliche Zielrichtung des Mars, *aus sich heraus* auf seine Umwelt direkt loszustürmen, zu einer Rückführung *in sich hinein* umdreht, begegnest du unter Mars/Uranus dem Verhalten, immer, wenn du explodieren willst, die Situation so hinzubiegen (zu implodieren), daß jeder Akt von Durchsetzung unsinnig und unverhältnismäßig erscheint.

Dadurch bleibt die marsische Aggression in der Hinterfragung des eigenen Verhaltens hängen. Die Wut bleibt unerlöst und unterschwellig im Vorsatz kleben, es der Welt dann irgendwann schon zeigen zu wollen.

Da du aber diesem frommen Wunsch selbst nicht traust, dreht sich die ganze Versagensangst im Kreise und wird zum Antrieb eines übersteigerten Verhaltens, das nur die eigene Angst hochtreibt.

Die Folge davon ist die Überpeitschung der Durchsetzungsschwäche mittels gewalttätiger und aggressiver Ziele, weil nur im Bild des äußerst Männlichen das schwache Selbst Vertrauen findet: ein Selbstvertrauen aber, das die Krise als Ausdruck seiner Angst im Handgepäck schon mit sich führt.

Eine Lösung ließe sich vorstellen, wenn es dir gelänge, das sich selbst mißtrauende Selbstvertrauen zu hinterschauen, um die Wurzeln der Aggressionen in deinen eigenen Blockaden zu erfahren und dir die Frage zu stellen, wo solche übertriebenen Reaktionen überhaupt hinführen?

Mythologischer Hintergrund

Das Zauberschwert (die Rehabilitierung des Männlichen)

Wenn eine symbolische Entsprechung von Uranus der heilige Gral (Parzival-Legende) wäre, dann könnte Mars für Klingsors Zauberschwert stehen, das König Amfortas die Wunde schlägt, die sich nicht mehr schließt. Es bedarf einer gleichen Schwertspitze, die ihm die Wunde schließt (wenn sie an die Wunde gehalten wird), wie diejenige, die ihm die Wunde geschlagen hat. Darin erkennen wir das homöopathische Prinzip, daß das Licht sich in Schatten und der Schatten sich in Licht verwandelt, und daß Gleiches nur durch Gleiches geheilt werden kann. Mars und Uranus können uns zwar Erlösung verschaffen, aber auch die Wunde verursachen, solange wir sie nicht als unseren eigenen Teil erkennen, sondern sie über ein schwaches Vaterbild nach draußen in die Welt befördern. Von dort kann Mars/Uranus über die unbewußte Rehabilitierung dieser Vorstellung plötzlich als Aggressionsentladung auf uns selber zurückkommen und unser Weltbild zertrümmern. Denn Mars gehört zu den schicksalsgestaltenden Kräften und spaltet mit seinem Schwert die kosmische Harmonie, um das Karma unseres Verhaltens sowie das Ziel der Heimkehr gleichermaßen zu entfalten.

Nehmen wir ein anderes Beispiel. Siegfried ist durch sein Bad im Drachenblut – bis auf eine Stelle im Rücken – unverwundbar geworden. Er besitzt den Schatz der Nibelungen, hat dem Burgunderkönig Gunther geholfen, Brunhilde zu besiegen und zu freien, und dafür selbst Gunthers Schwester Kriemhild zum Weib bekommen. Hagen tötet Siegfried auf einer Jagd im Odenwald; Brunhilde hat ihn dazu angestachelt, als sie erfuhr, daß nicht Gunther, sondern Siegfried sie bezwungen hat. Nach der Trauerzeit wird Kriemhild die Gemahlin des Hunnenkönigs Etzel. Sie lädt die Burgunder an den Hof, um die Blutrache an Hagen vollziehen zu können. Da die anderen treu zu ihrem Gefährten stehen, vernichtet Kriemhild in ihrem Blutrausch die eigene Sippe und erschlägt Hagen, und wird dafür wiederum selbst erschlagen. Denn es geht hier nicht nur um Liebe und Ehre, sondern auch um Grausamkeit und Härte, um grimmiges Warten auf die Stunde der Rache, um stolzes Untergehen in der Schicksalsstunde der Bewährung.

Noch deutlicher erkennen wir Mars/Uranus im Porträt einer Hysterikerin: Hofmannsthals Elektra. Elektra, griechische Sagengestalt, Tochter des Agamemnon, rächt ihren ermordeten Vater an ihrer eigenen Mutter und deren Liebhaber. Und wie alle abwesenden Väter entfaltet er seine Macht schweigend, post mortem, in der tödlichen Umklammerung einer vernichtenden Vision:

Wo bist du, Vater? Hast du nicht die Kraft,
dein Angesicht herauf zu mir zu schleppen?
Es ist die Stunde, unsre Stunde ist's,
die Stunde, wo sie dich geschlachtet haben,
dein Weib und der mit ihr in einem Bette,
in deinem königlichen Bette schläft.
Sie schlugen dich im Bade tot, dein Blut
rann über deine Augen, und das Bad
dampfte von deinem Blut. Agamemnon! Vater!
Dein Tag wird kommen. Von den Sternen
stürzt alle Zeit herab, so wird das Blut
aus hundert Kehlen stürzen auf dein Grab!
Hugo von Hofmannsthal, "Elektra"

Fazit

Uranus kündet vom Zusammenbruch des Alten auf dem Weg zum Neuen bzw. vom Scheitern als notwendigen Voraussetzung, um zu einer umfassenderen Wahrheit zu gelangen. Er verkörpert die wahre Kultur, die sich selbst erneuert, wenn die vom Zeitgeist zersetzte Kultur ihrer kreativen Vitalität verlustig gegangen ist. Wie immer er sich im individuellen Rahmen auch manifestieren mag, immer ist die Lösung von bürgerlichen Normvorstellungen seine Botschaft. Die Personalität und ihre Lebensmotive liegen außerhalb der Gesellschaftsformen. Die Individualität ist außergewöhnlich, ihre Spannungsbreite reicht vom Ideellen bis zum Wahnsinn. Dabei sieht man Zukunft stets in einem Glanz, der von den Gipfelträumen verstiegener Gesichter herrührt. Das explosionshafte Neue, das spontane Zukunftsweisende wird dabei visionär erahnt und vor allem anderen erkannt. Mars/Uranus zeigt aber auch die Möglichkeit an, daß die Psyche ihr Wachstum ebenso durch Krisen auslösen kann, durch die Integration von Schicksalsschlägen, welche ihr die Hintergründe ihres Handelns erst im Nachhinein aufschlüsseln. Der betroffene Mensch kann sich so im Zentrum seines inneren Wandels erkennen und das Ziel erblicken, unabhängig von allen konventionellen Normen und bürgerlichen Einschränkungen seinen ungestümen, potenzierten und kreativen Geist zu entwickeln.

Psychosomatische Entsprechungen

Überreaktionen/Allergie (Aggressionsstau)

Psychisch gesehen entspricht die Überreaktion einem Verhalten, die Aggressionen solange zurückzuhalten, bis durch den Aggressionsstau die Gefahr besteht, in einer explosiven Entladung ganz fürchterlich über die Stränge zu schlagen. So wie die übertriebene Reaktion die starke Aggression anzeigt, die verdrängt wurde, so zeigt sich auch bei ihrer harmloseren Schwester, der Allergie, ein Ausdruck starker Aggressivität, die in den Körper umgeleitet wurde. Dabei handelt es sich um Reaktionen, die im Prinzip richtig (da das körpereigene Abwehrsystem einer sinnvollen Verteidigung gegen feindliche Eindringlinge entspricht), im Ausmaß und Verhältnis aber übertrieben sind. Da der Allergiker seine Aggression nicht annehmen will, unterläuft sie seine Bewußtseinsschwelle und drückt sich im Immunsystem des Körpers aus, das dadurch auf alles zu reagieren beginnt, was auch nur im Entferntesten als Feind herhält: Eichen-, Birken-, Erlenpollen, Getreide-, Gras- und Unkrautpollen, Schimmelpilze, Hausstaubmilben, Tierhaare, Kosmetika, Farbstoffe, Seifen, Medikamente, Nahrungsmittel, Blumen oder gar der Druck einer Gürtelschnalle oder eines Ringes.

Allergien sind auf die Spitze getriebene Reaktionen des Abwehrsystems – eine häufig in der Kindheit schon erworbene Reaktionsform des Körpers auf bestimmte Außenreize. Allergiker sind meistens sehr angepaßte Leute, die sich ihr Bravsein verdienen, weil ihre Körperabwehr den Krieg stellvertretend für sie führt. Wenn sie ihre Allergien allerdings loswerden wollen, müssen sie den Krieg selber führen, d.h. ihren Verdrängungen begegnen und ihr aggressives Potential annehmen und dort in der Welt ausleben, wo es für sie und ihre Umwelt ungefährlich ist. Als Betroffener müßtest du lernen, die Aggressionen dem Körper wieder abzunehmen, indem du diese selber lebst. Dazu ist es notwendig, aus den Stoffen, gegen die du allergisch bist, auf die verdeckten seelischen Bereiche zurückzuschließen und sich aus dem Symbolcharakter der verdrängten Dinge über die wirklichen Zusammenhänge klarzuwerden: aus Tierhaaren über die Angst vor Animalität, aus Hausstauballergie und Beschmutzungsangst (Duschzwang) über die Angst vor Körperlichkeit und Sex!

Symptom-Katalog

Psychisch

Überreaktionen durch Aggressionsstau:
- Reizbarkeit infolge zelebraler Überdrehung (Zittern aus Folgen von Angst und Erregung, motorische Erschlaffung des Nervensystems)
- Angstzustände aus Aggressionsverdrängung (neurovegetative und epileptoide Störungen)
- nervöse Überempfindlichkeit bei übersteigerten Reflexen (Krämpfe, Zittern, Nägelbeißen)
- Wutausbrüche (Autoaggressionssymptome) und sexuelle Schwäche (Impotenz bei überreizter Libido)

Physisch

- Wirbelsäulenbeschwerden, Rückenmarkdegeneration (Ischias und Bandscheiben)
- Kopfschmerzen, Gehirnerschütterung, Augenleiden (Flimmern, Sehstörungen), erhöhte Fieberneigung
- Bindegewebsaffektionen: Gelenke, Sehnen, Bänder
- rheumatoide Muskelverspannungen: starkes Kribbeln sowie Taubheits- und Lähmungsgefühle
- Unterfunktion der Nebenschilddrüsen (Tetanie, Spasmophilie)
- Überfunktion des Nebennierenmarks
- Allergie (als Ausdruck starker, in den Körper umgelenkter Aggressivität)

Homöopathische Mittel

Metallische Verbindung

Ferrum phosphoricum (Eisenphosphat)

Das klassische Mittel gegen entzündliche Affektionen bzw. unterdrückte Entzündungen:
- Angstzustände aus Aggressionsverdrängung
- Nervenschwäche und Erschöpfung (Antriebsarmut, Unlust, Schwäche, Unentschlossenheit, Depression): alle D4-D6

Säure

Picricum acidum (Trinitrophenol)
- Demenz mit Erschöpfung, Schmerz im Rücken (Wirbelsäulenbeschwerden, Rückenmarkdegeneration)
- nervöse Überempfindlichkeit bei übersteigerten Reflexen: Krämpfe, Zittern, Nägelbeißen
- geistige und sexuelle Schwäche (Impotenz bei überreizter Libido: Satyriasis, Priapismus): alle D12

Pflanzen

Gelsemium (Gelber Jasmin)
- Reizbarkeit infolge zelebraler Überdrehung; Zittern als Folge von Angst und Erregung (Muskellähmung): D20-D30
- motorische Erschlaffung des Nervensystems (hysterische Konvulsionen verdrängter Ängste): D12-D20
- Schwindel und Benommenheit aus allgemeiner Erschöpfung (Nervosität, Vitalitätsmangel, Erwartungsangst): D6-D12

Rhus toxicodendron (Giftefeu)
- Jähzorn, verdrängte Wut oder Autoaggressionssymptome (entzündliche Reaktionen): D30
- Bindegewebsaffektionen an Gelenken, Sehnen und Bändern: D4-D12
- rheumatoide Muskelverspannungen; Kribbeln, Taubheits- und Lähmungsgefühle: D4-D6

Staphisagria (Läusepfeffer)
- heftige Wutausbrüche, nervöse Beschwerden mit deutlicher Reizbarkeit (zielt auf Gehirn, Rückenmark und Nervensystem): D20-D30
- "überdrehte" Aggressionen; Hypochondrie, Herzneurosen, neuralgische Zustände, sexuelle Störungen: D12-D20
- Überempfindlichkeit der Genitale (Schwäche der Harn- und Geschlechtsorgane): D4-D12

Erlösungsformen

- Fieber (Fieber gegen Fieber: künstlich injiziert)
- Fallschirmspringen (Überwinden der Blockaden, Loswerden der Angst)
- Marathon (zur Inszenierung des inneren Aggressionspotentials werden Teilnehmer 48 Stunden miteinander eingesperrt)

Spirituelle Öffnungen

Ritual
Initiationstänze (Entjungferung, Beschneidung)
Farbe
leuchtendes Hellrot
Duft
Niaouli, schwarzer Pfeffer
Edelstein
Granat
Krafttier
Falke; Kojote
Symbol
Feuerspeer
Mythos
Prometheus; Agamemnon (Schlacht um Troya); die Irrfahrten des Odysseus
Archetyp
Held, Rebell
Gottheit
Tyr, Skadi (Samothea)
Kraftort
Sanddünen, Kampfbahn
Kultstätte
Troja; Pompeji
Sabbat
Nacht vom 31. März auf den 1. April
Musik
"Le sacre du printemps" von Igor Strawinsky
Malerei
"Napoleon in der Wüste" von Max Ernst
Schrift
"Elektra" (Libretto) von Hugo von Hofmannsthal

MARS/NEPTUN

100% Konjunktion; Quadrat; Opposition; Spiegelpunkt
85% Anderthalbquadrat; Quincunx; Mars in Haus 12
75% Halbquadrat; Neptun in Haus 1; Mars in Fische
60% Trigon
50% Sextil; AC in Fische
40% Halbsextil; Hausspitze 12 in Widder; Herrscher von Haus 1 in Haus 12
25% Herrscher von Haus 12 in Haus 1

♂ ♆

Thema	Verdrängung, Schwäche, unterdrückte Aggression
Ziel	Opfernatur (unbewußte Eingebungen, göttliche Vision)
Sinn	Auflösung der Werte, Zersetzung, Kastration
Licht	Gewaltlosigkeit, Einfühlungsvermögen, mediale Begabung
Schatten	Triebverdrängung (Rausch, Sucht, Perversion)
Leitbild	der Krankheitserreger oder der feige Held

Nur wer seine eigene Dunkelheit kennt und im Auge behält,
ist der Arglist der Welt und
der Arglist der Dämonen des Unbewußten gewachsen.
Hedwig von Beit

Grundlage

Geistige Prägung

In deiner Seele hält sich ein potentieller Drachentöter versteckt, der den Kampf mit dem Ungeheuer zwar wagen möchte, diesem selber aber noch nicht begegnet ist. Da der Drache auch den verschlingenden Aspekt der Frau darstellt, symbolisiert er die schreckliche Gefahr, die für den Ritter unter Mars/Neptun von der Mutterimago ausgeht. Das Problem dabei besteht, daß deine Seele durch die lähmende Angst, die vom Mutterbild ausgeht, bei der Begegnung hypnotisiert wird und vergißt, den Drachen zu durchbohren und den von ihm gehüteten Schatz (mythisch: Jungfrau oder Gold) zurückzuholen.

Frau/Mann

Als Mann mußt du den negativen Attributen deines Mutterbildes entgegentreten und dir die Libido zurückerobern, damit du nicht deine negativen Bilder (Kastrationsängste) auf die Frauen projizierst und in der Machorolle deine eigenen Wurzeln zerstörst. Du mußt den Drachen überwinden, der ein Teil deiner eigenen Psyche ist, und nicht in supermännlichem Verhalten schwelgen, das die wirklichen Probleme nur verdeckt. Du mußt den Helden in dir selber finden, deinen Ängsten gegenübertreten und sie überwinden, wenn du nicht selbst verstümmelt bleiben willst.

Als Frau solltest du versuchen, dir bewußt zu werden, daß du dich auf der Beziehungsebene nur von Männern angesprochen fühlst, die aufgrund ihrer inneren Anlage ihre Männlichkeit unbewußt ablehnen und dadurch glauben, sich gegenüber Frauen besonders behaupten zu müssen. Du genießt ihre Angst nicht nur, sondern läßt sie geradezu stellvertretend für dich ausleben, indem du die Männer in ihrer Schwäche provozierst und in ein kompensierendes Verhalten hineintreibst, das jede Möglichkeit einer wirklichen Beziehung ausschließt.

Sinn/Ziel

In seiner positiven Erscheinungsmöglichkeit kann dieser Aspekt anzeigen, nach Dingen zu streben, die jenseits der Grenzen des Erfaßbaren liegen. In ihrem negativen Ausdruck kann sich diese Kombination aber auch als Selbsttäuschung darüber manifestieren, was du real erreichen willst oder als Bestreben, jede Auseinandersetzung zu umgehen, die dich aus den Traumreisen auf den Boden der Realität zwingt.

Die Wirkung Neptuns reicht von den finstersten seelischen Abgründen bis zu höchster geistiger Klarheit. Die Motivation bleibt stets dieselbe. Es ist das Sehnen nach Unendlichkeit, die Verschmelzung mit Gott. Der Alkoholiker und Drogensüchtige, der Meditierende und Yoga-Übende, der Mystiker und auch der Wissende sind alles Kinder eines Vaters, der ihnen das unbewußte Streben

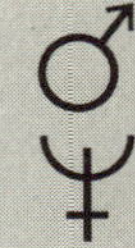

nach den letzten Dingen mitgegeben hat. Nicht der Stammbaum ist es, der sie voneinander unterscheidet, sondern die persönliche Kraft im Umgang mit diesem höchsten aller Ziele. Es ist auch nicht das Inventar der Weltanschauung, das einen Heiligen von einem Schwindler unterscheidet, es ist der Umgang mit der Psyche, der den Unterschied zwischen einem Mystiker und einem Trinker ausmacht.

Es kommt ganz darauf an, wie stark die Verwurzelung im Weltlichen ist, um einen wohltätigen Idealisten und hilfreichen Visionär von einem launischen Tagträumer zu unterscheiden, der das Blaue vom Himmel verspricht. Die Umsetzung von Mars/Neptun auf reale Ziele erfordert eine solide weltliche Grundlage. Erst dann wird es dir möglich sein, deine persönlichen Eingebungen in die Wirklichkeit zu integrieren, Inhalte aus dem Unbewußten ans Tageslicht zu heben oder dich in die verdrängten emotionalen Probleme anderer Menschen einzufühlen.

Karmisch-seelische Struktur

Die kollektive Struktur

Mars' direkte Absicht, die Objekte seiner Begierde möglichst rasch und ohne Umweg anzusteuern, wird durch Neptuns Brechung und Vernebelung völlig irritiert. Der rote Kriegsplanet wird durch das Eintauchen in Neptuns Spiegelmeere seiner direkten Aggressivität beraubt, um über die unbewußten Kanäle mit jener kollektiven Zielgerichtetheit zu verschmelzen, die sich in karmischer Verstrickung zum persönlichen Schicksalsweg herauskristallisiert. Denn auf seine schillernd-unbegreifliche Art ist Neptun die Achillesferse jedes Horoskops. Und zwar aus dem Grund, weil alle von Neptun verkörperten Bereiche jenen Gebieten zuzurechnen sind, die nicht mehr von der Vernunft regiert werden. Wo Bereiche angesprochen sind, die Schranken von Raum und Zeit jetzt niederzureißen und auf die Barrikaden zu steigen, um die unbewußte Todessehnsucht wieder zu erreichen.

Gleichzeitig trägt Mars die neptunische Vision im Nacken, daß alles, was er als Realität akzeptiert, relativer Natur sein soll, und stellt diesem die nicht zu beantwortende Frage, *warum etwas überhaupt erst wird, wenn es schon am Anfang seines Keimens die Folgerichtigkeit des Endes in sich spürt?*

Daraufhin wird Mars von Neptun eingeladen, sein nach außen gerichtetes Denken nach innen zu verlagern und in dem Bild der milden Dämmerung die strahlende Abendröte zu erfahren, die nach des Tages Kampf und Sieg sich nach dem schlummernden Erlöschen sehnt. Damit lernt er erkennen, *daß im ewigen Wechsel der Gezeiten, in der Aufeinanderfolge von Tod und Auferstehung Gott jetzt wohnt.* Wie könnte er sonst wissen, daß Gott selbst in ihm thront, wenn er nicht weiß, daß die Unversöhnlichkeit von Tod und Leben das Wesen aller Schöpfung ist?

Die weise Seele ahnt, daß das Leben ein Traum ist, aber sie vermengt die Realität dieses Wissens nicht mit der Realität des täglichen Geschehens, damit aus dem Traum kein Alptraum wird. Leider ist das aber nicht so einfach, denn wir befinden uns (mit unserem Geist) in der Materie, aus der wir uns nur befreien können, wenn wir die Bedingungen ihres Wirkens zwar kennenlernen, ohne aber ihre Gesetzmäßigkeiten in Frage zu stellen, denn damit vernichten wir uns selbst.

Auch wenn wir die Materie als Illusion erkennen, die sich aus Energie und Kraft zusammensetzt, müssen wir doch lernen, die Wirkungen dieser Illusionen zu erfassen und ihren Ausdruck zu beherrschen. Denn wie könnten wir uns Neptun öffnen, wenn wir nicht vordem unser Ego (Mars) mittels strukturierter Grenzen (Saturn) gegen das Grenzenlose hin abgesichert hätten?

Das persönliche Karma

Die durch deine inneren Versagensängste potenzierte Aggressions- und Willenslähmung (Neptun löst Durchsetzung auf) wirkt sich so aus, daß es dir nie gelingt, dich auf konkrete Bilder einzustimmen und materielle Ziele zu konkretisieren. Das führt dazu, allen persönlichen Entscheidungen und persönlicher Durchsetzung auszuweichen.

Das kann bis zu Reaktionen führen, die Realität nicht nur passiv zu erleben, sondern die Hemmung auszuleben und allen Verantwortungen zu entschweben (z.B. durch Alkohol oder Drogen). Da Sexualität als Befreiung von Begrenzung erlebt wird, erhält der Orgasmus unter diesem Aspekt enorme Bedeutung.

Der Orgasmus ist der entfernteste Zustand, den du mit deinen Sinnen nachvollziehen kannst – sozusagen ein Riß zwischen den Welten, an dem sich Mars und Neptun begegnen. Es ist natürlich schwierig, über diese andere Seite etwas auszusagen, weil sie von Mensch zu Mensch verschieden erlebt wird. Sicher wirst du unter diesem Aspekt in den sich überschneidenden Welten deiner erweiterten Perspektive zuerst einmal von den Urmüttern empfangen, die dir nicht eben freundlich entgegentreten, beinhalten sie doch deine eigenen Versagensängste, die dir aus dem Schatten deiner verdrängten Libido entgegenschimmern.

Da du im Umgang mit der Welt aber nicht nur auf deine inneren Bilder triffst, sondern immer auch auf menschliche Personen, die dich akzeptieren oder nicht, gibst du dich nur solchen hin, die du vollständig beherrschst (aus Angst, das innere Bild an ein äußeres zu verlieren, das dir irgendwann entwischt).

In ihrem positiven Ausdruck kann diese Konstellation anzeigen, daß du deinen Aggressionen bewußt entgegentrittst und sie dadurch besiegst, daß du sie als das erkennst, was sie jetzt sind: die eigenen Versagensängste (Neptun löst Mars auf). In ihrer negativen Auswirkung kann sich diese Kombination als ein Verhalten ausdrücken, vor deinen eigenen Verdrängungen so zu erschrecken, daß du den Ausgang nicht mehr findest und sozusagen zwischen den Welten vor deinen eigenen Ängsten davonrennst.

Mythologischer Hintergrund

Die geopferte Libido (der feige Held)

In allen Sagen speit der Drache Feuer. Dies entspricht der männlichen Kraft, die vom Mutterbild zurückerobert werden will. Erst wenn es dem Helden gelingt, den Körper des Ungeheuers zu durchbohren, fließen ihm die feurigen Kräfte wieder zu, und indem er sich im Blut des Drachens wälzt, wird er in seiner umfassenderen Männlichkeit, die das Weibliche nicht bekämpft, sondern einbezieht, wiedergeboren. Dies ist zwar pure Sexualität, aber Sexualität von einer unschuldigen Kraft. Der Ruf seiner Instinkte erreicht den Mann dann nicht mehr über die Verbindung zu seinen frauenfeindlichen Tendenzen, die von der Ohnmacht gegenüber dem übermächtigen Mutterbild herrühren, sondern in der kraftvollen und natürlichen Unterstützung seiner Männlichkeit. Es ist die Kraft gelassener Stärke und das Urbild dessen, was Männer sein könnten, müßten sie nicht ihre eigene Weiblichkeit in der Außenwelt bekämpfen – oder wären sie von den patriarchalischen Leistungs- und Gefühlszwängen befreit.

Fazit

Auf der inneren Ebene versinnbildlicht das Durchbohren mit dem Schwert einen (versteckten phallischen) Prozeß, der auf einen psychischen Inzest hinausläuft, da er das Eindringen in das Mutterbild darstellt. Darum muß der Akt verschleiert werden, auch wenn er konstruktiv genutzt zur Wiedergeburt und Erlösung führt. Wenn sich der Geborene dem Inzest mit der Mutter widersetzt und sich der symbolischen Geschlechtsberührung schämt, muß er sich jeder Sexualität enthalten, um einer Auseinandersetzung mit dem Drachen zu entgehen. Da die Stärke der Frau über den Mann der Stärke seines Verlangens nach ihr entspricht (immer droht im Hintergrund das januskköpfige Muttergesicht), kann er versuchen, den Drachen auszuhungern, indem er Enthaltung übt und die Libido, die sonst immer zum unbewältigten Mutterbild hinströmt, zurückhält.

Psychosomatische Entsprechungen

Infektionskrankheiten (reduzierte Infektionsabwehr durch Unterfunktion der Nebenniere)

Wenn Mars die Aggressionen symbolisiert und Neptun die Auflösung, dann löst Neptun das Ausleben der Aggressionen auf, was bedeutet, daß du deine Aggressionen nicht zielgerichtet abbauen kannst. Weil die Aggressionen damit aber nicht verschwunden sind, sondern nur nicht herauskommen können, wenden sie sich gegen dich selbst, indem du dich psychisch mit den Aggressionen der anderen identifizierst. Auf der körperlichen Ebene bedeutet das, daß du dich den feindlichen Aggressionen (Erreger) öffnen mußt, willst du ihnen draußen nicht begegnen. Denn nur durch die Auseinandersetzung kannst du wachsen, und da du unter Mars/Neptun die Auseinandersetzung "draußen" scheust, ziehst du sie in dich hinein, um der Auseinandersetzung als Infektion ("drinnen") zu begegnen.

Symptom-Katalog

Psychisch
- Durchsetzungsschwäche, Apathie (Mangel an Spannkraft, sexuelle Atonie)
- Angst vor Erschrecken (Störungen infolge Unterdrückung von Entsetzen: Angst vor der Angst)

Physisch
- Infektionen (reduzierte Infektionsabwehr)
- Ausschläge, Sekretionen und andere skrofulöse Haut- und Lymphknotenbelastungen (Unterfunktion der Nebennierenrinde)
- Adrenalin-Mangel (Unterfunktion des Nebennierenmarks)
- Hypoglykämie (Unterzuckerung)
- atrophierte Hoden: Impotenz, Sterilität (primäre Keimdrüsen-Unterfunktion)
- Muskellähmung bzw. verringerte Reflexe (Wahrnehmungsstörungen im Bereich der Sinnesorgane)
- ganz allgemein arthritische, rheumatische und paralytische Beschwerden

Durch zusätzlich induzierte Pluto-Störungen total ausgeschaltete Infektionsabwehr:
- Leukämie

Homöopathische Mittel

Mineralische Verbindung

Selenium (Selen)
- Durchsetzungsschwäche, schwache Konstitution, erschöpfte Vitalität (Mangel an Spannkraft): D20
- sexuelle Atonie (Erschlaffung des Gliedes trotz sexueller Phantasie): D12-D15

Säure

Causticum (Hahnemanni)
- Angst vor Erschrecken (psychische Symptome infolge Unterdrückung von Entsetzen: Angst vor der Angst): D200
- oder physisch: Unterdrückung von Infektionen: D20
- fortschreitende Abnahme der Muskelkraft (Sehnenkontrakturen): D12
- oder ganz allgemein bei chronischen, rheumatischen, arthritischen und paralytischen Beschwerden: D12-D20

Nosoden

Psorinum (Krätzebläschen)
Antiseptikum (Reaktionen von innen auf Aggressionen von außen):
- Infektionen, Sekretionen, Ausschläge und andere skrofulöse Haut- und Lymphknotenbelastungen: D20
- psychisch: sehnsüchtige Verzweiflung, religiöse Melancholie, Überdruß: D200

Pyrogenium (Faules Fleisch)
Das klassische Mittel für septische Zustände:
- Infektionen (reduzierte Infektionsabwehr), Vergiftungen, Diphtherie: D30
- Schüttelfrost, epidemische und septische Fieber: D20

Pflanzen

Agnus castus (Mönchspfeffer)
- gegen sexuelle Schwäche bzw. nervliche Schwäche (nervöse Depressionen) aufgrund sexueller Erschöpfung: D4-D6

Curare
(Pfeilgift aus der Rinde von Strychnos toxifera)
- Muskellähmung bzw. verringerte Reflexe (Wahrnehmungsstörungen im Bereich der Sinnesorgane): D20
- Ermüdungsschmerz, Schwäche, Katalepsie: D12

Erlösungsformen

- Dämpfungstrance (sexualmagische Tiefenentspannung: Gedankenleere, Entzug der Sinnesreize, Fasten, Erschöpfung, Meditation)
- Aurasehen (Kristall- und Spiegelschau)

Kompensativ

- Schreien ("Teller an die Wand")
- Motorradfahren, Motocross ("Ritt auf dem Drachen")

Spirituelle Öffnungen

Ritual
katathyme Aufarbeitung der Verdrängungen (oder kontrollierter Rauschzustand in der Hütte des Schamanen)
Farbe
Interferenzfarben
Duft
Basilikum
Edelstein
Rheinkiesel
(Bergkristall mit flüssiger Kohlensäure)
Krafttier
Basilisk; Piranha
Symbol
Totengebeine; Haifischzahn
Mythos
Siegfrieds Tod; der geschorene und geblendete Samson
Archetyp
der Gehängte
Gottheit
Tartarus, Typhon; Erinyen/Eumeniden
Kraftort
Galgenhügel
Kultstätte
Mäuseturm (Rheininsel bei Bingen);
Hebriden (Fingalshöhle)
Sabbat
Allerseelen
Musik
3. Symphonie ("Rheinische") von Robert Schumann
Malerei
Niederländische Manieristen (Höllenbreughel)
Schrift
"Geschichten des Grauens" von Edgar Allen Poe

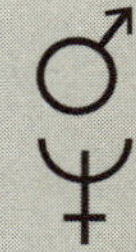

MARS/PLUTO

100% Konjunktion; Quadrat; Opposition; Spiegelpunkt
85% Anderthalbquadrat; Quincunx; Mars in Haus 8
75% Halbquadrat; Pluto in Haus 1; Mars in Skorpion
60% Trigon
50% Sextil; AC in Skorpion
40% Halbsextil; Hausspitze 8 in Widder; Herrscher von Haus 1 in Haus 8
25% Herrscher von Haus 8 in Haus 1

♂ ♇

Thema	Triebinstinkt, libidinöse Kraft (die Instinkte der männlichen Triebnatur)
Ziel	Wachstum und Zerstörung; Macht und Leidenschaft
Sinn	Lebensenergie (Ur- oder Zeugungskraft)
Licht	Dynamik, Unbeirrbarkeit, instinktiver Wille
Schatten	Animalität, Besessenheit, sexuelle Gewalt
Leitbild	der Pyrrhussieg (der sich zu Tode siegende Held)

Der Mensch kann zwar tun, was er will;
aber er kann nicht wollen, was er will.
Arthur Schopenhauer

Grundlage

Geistige Prägung

Mars/Pluto steht für die vielen kleinen Tode, die dich immer wieder zwingen, Abschied zu nehmen und Vertrautes hinter dir zurückzulassen, das deinem Schicksal im Wege steht. Da du dich aber gerne mit deinen Gewohnheiten identifizierst und die vertrauten Verhaltensmuster nur ungern aufgibst, legst du dich oft quer – mit dem Ergebnis, daß du alles Dunkle auf die bösen Feinde projizierst, die von außen auf dich zukommen, damit du die notwendigen Veränderungen über äußere Einwirkungen und Schicksalsschläge ohne jede Schuld erleiden kannst. Mars ahnt auf seiner niederen Bewußtseinsstufe nicht, daß diese Schatten Verkörperungen aus seinem eigenen Unbewußten sind – also Teile von ihm selbst.

Da Mars die bewußte Kraft darstellt, die zur Durchsetzung persönlicher Ziele zur Verfügung steht, und Pluto den dunklen Urgrund symbolisiert, aus dem sich alle bewußten Handlungen speisen, kann zur Verbindung dieser beiden Gestirne nur gesagt werden, daß durch den Raster der Vergangenheit eine Vision der Zukunft in die Gegenwart übertragen wird.

Pluto bringt laufend die veralteten Verhaltensstrukturen zum Vorschein, die von Mars eliminiert werden müssen, wenn man für das Neue aufnahmebereit sein will. Dieser Vorgang läßt sich im Frühjahr beim Sprießen der Saat besonders gut beobachten, weil das Saatkorn gerade durch seine eigenen Kräfte zerstört wird, wenn der innere Wachstumsprozeß in Erscheinung tritt.

Ähnlich muß man sich die Prozesse von Liebe und Tod im Lauf der menschlichen Entwicklung vorstellen. Die sexuelle Kraft zeichnet sich dadurch aus, daß sie als Vermittlerin zwischen Geist und Materie der menschlichen Seele ermöglicht, in den körperlichen Leib geboren zu werden. Gleichzeitig zwingt sie den Menschen, seine innere Spannung im Geschlechtsverkehr zu lösen und durch Zeugung und Vermehrung die nie zu befriedigende Spannung immer weiter in Raum und Zeit hinauszutragen, bis sein Bewußtsein zum göttlichen Allbewußtsein zurückkehrt.

Frau

Das Sonderbare aber ist, daß du dir absolut nicht im klaren darüber bist, was dich im Innersten bewegt. Da Mars die Energie symbolisiert, die du für die Durchsetzung deiner persönlichen Ziele in der Welt zur Verfügung hast, Pluto aber die Urmuster betrifft, die diese Energien dirigieren und die inneren Bedingungen für die äußeren Zwänge anzeigen, können wir nur vermuten, daß die zwanghaften Kräfte, die unter dieser Konstellation zum Ausbruch kommen, irgendwie der Transformation deiner eigenen Personalität dienen.

Als Frau wirst du versuchen – falls du keine Amazone bist –, die zwanghaften männlichen Energieströme, die zu groben Verletzungen moralischer und sozialer Werte führen können, dadurch loszuwerden, daß du deine eigenen Aggressionen auf die Männer überträgst und deren asoziales oder gar kriminelles Verhalten zur eigenen Spannungsauslösung bekämpfst. Du wirst den Kampf gegen die Brutalität als deine ureigenste Aufgabe empfinden und dich mit einer fanatischen Hingabe dem Pfad der Gerechtigkeit zuwenden, was der Bekämpfung deines eigenen "Sündenbocks" in der Gestalt der anderen entspricht.

So versuchst du dich im anderen zu erlösen, indem du ihn zum Ausleben seiner Aggressionen bringst (und dadurch zur Annahme von Schuldgefühlen), ihn aber gleichzeitig zu retten suchst, sobald er die Rolle deines Schattens spielt und in dir dadurch den Wunsch auslöst, ihn durch die Opferrolle in deiner eigenen Inszenierung wieder zu erlösen. (Vgl. Mythologischer Hintergrund: *Brunhilde verrät Siegfried, weil sie sich verraten fühlt, sühnt aber ihren eigenen Irrtum, indem sie ihm ohne Zögern in den Tod folgt.)*

Mann

Auf der männlichen Instinktebene bedeutet dieser Aspekt, daß du als Held getrieben wirst, deine eigene menschliche Form zu zerstören, so wie das Saatkorn seine eigene Form zerbricht, wenn der plutonische Wachstumszyklus in Erscheinung tritt. Hier verbindet sich der Zwang nach Selbstdurchsetzung mit anderen Motiven: Du hängst an heroischen Vorstellungen, die dich zwingen, über die eigene Form hinauszuwachsen und diese dadurch zu zerstören.

In ihrer allgemeinen Form symbolisiert diese Konstellation die weit in den Raum ausgreifende, vereinnahmende Bewegung (Eroberung, Sieg über den Feind). Dies ist das Prinzip, das seit der Frühzeit dem Menschen das biologische Überleben sicherte. Früher war das persönliche Wohl von der Einbindung der Aggressionskräfte in die Sippengemeinschaft abhängig. Das gemeinsame Ziel entsprach nahtlos den Bedürfnissen des einzelnen, denn das Überleben war nicht nur von der Abwehr der äußeren Feinde abhängig, sondern auch von der aktiv-aggressiven Nahrungsbeschaffung. Angesichts des Fehlens von archaischen Zielen benötigst du heute Ersatzziele, um den Kämpfer in dir befriedigt zu halten. Doch die Tatsache bleibt bestehen: Die urtümliche Aggression der menschlichen Instinktnatur ist nicht mehr das Mittel, das den Herausforderungen der heutigen Zeit gerecht werden kann. Sie entspricht nicht mehr den gegebenen Erfordernissen, um der Menschheit das Überleben zu sichern, sondern sie schießt in der Unverhältnismäßigkeit ihres Einsatzes meist weiter über das Ziel hinaus.

Karmisch-seelische Struktur

Die kollektive Struktur

Mars versinnbildlicht das Ich eines Menschen oder wenigstens jenen kleinen, persönlichen Teil seines Ich, der ihm schon bewußt geworden ist. Pluto und Mars sind neben Uranus die Planeten, durch die wir am meisten mit einschneidenden Eingriffen und äußeren Veränderungen konfrontiert werden. Während die Aktionen von Mars aber auf bewußten Motivationen ruhen, beruhen die von Pluto und Uranus verkörperten Tatsachen auf der Folgerichtigkeit kosmischer Ursprünge. Das Gefährliche von Mars/Pluto liegt in der Möglichkeit, die instinktiven Kräfte für eigenmächtige Zwecke einzusetzen, die außerhalb der persönlichen Kontrolle skrupellose und diabolische Züge annehmen können, die nur noch als Besessenheit und Wahnsinn zu charakterisieren sind.

Der Betroffene ist von dem Zwang besessen, seine instinktiven Triebkräfte einzusetzen. Gleichzeitig aber wird er, wenn er einer bestimmten Idee ergeben ist, diese Besessenheit als eine karmische Mission erkennen. Oft werden solche Menschen unmittelbar in Kämpfe verwickelt oder von Krisen, Umwälzungen und Revolutionen angezogen, die das Erlösungsmoment von Gewalt und Tod schon in sich tragen. Oder sie können die größenwahnsinnige Tendenz haben, alles Unvollkommene und Schwache zu zerstören.

Wenn Mars/Pluto aktiviert wird, kann der zwanghafte Wunsch entstehen, sich gegen alle Schwierigkeiten zu behaupten, der Gefahr ohne Zögern ins Auge zu schauen und den Teufel geradezu herauszufordern. Hier verbindet sich der Zwang zur Selbstdurchsetzung mit anderen Motiven: Man hängt an heroischen Vorstellungen, die einen zwingen, über sich hinauszuwachsen. Diese Inhalte, die archetypische Muster in sich tragen, verlangen, daß wir das unbewußte Wirken der Instinkte zu höheren Zielen transformieren, damit kreative und geistige Ventile geschaffen werden, ohne sich selbstzerstörerisch zu manifestieren.

Nur ein hochentwickelter Geist ist in der Lage, dieses "Stirb und Werde"-Prinzip Plutos zu erfahren, weil er erkannt hat, daß Wille und Weg eins geworden sind. Was wir Freiheit des Geistes nennen

(Mars), ist der Zwang zu unserem eigenen Wachstum (Pluto). Real kann daher nur sein, sich an die eigene Natur anzupassen, was im eigentlichen Sinn aber nicht mehr Anpassung, sondern schon Entwicklung ist.

Das persönliche Karma

Die Ellbogenmentalität, alles aus dem Weg zu boxen, was sich dir entgegenstellt, mag im Umfeld eines brutalen Vaters wurzeln, der alles aus dem Weg räumte, was ihm zum Erreichen seiner Ziele hinderlich erschien.

So wirst du den Spieß später umdrehen und gegen die Umwelt so agieren, wie du von ihr selber behandelt worden bist. Das ist kein unnatürlicher Prozeß, deinen angestauten Aggressionen zu begegnen; unangenehm ist nur dieser ewige "Actio-Reactio"-Mechanismus, nämlich genau das in die Umwelt abzustrahlen, was dir einstmals selbst widerfahren ist.

Es kann natürlich auch vorkommen, daß du durch Niederlagen so sehr verunsichert worden bist, daß du das verlorene Potential über Personen zurückzubekommen versuchst, die das verkörpern, was du selber darzustellen dich nicht traust: äußere Gewalt. (Der Ohrfeige ist es egal, ob du sie austeilst oder erhältst!)

Umgekehrt kannst du dich von den Hindernissen aber auch herausfordern lassen und dir einen persönlichen Sport daraus machen, alle Widerstände aus dem Weg zu fegen, da du die Selbsteinschätzung vom Erreichen deiner Ziele abhängig machst. Mars ist in mancher Hinsicht wie ein kleiner Bub, der sich im Mittelpunkt des Universums wähnt und darauf besteht, daß sich die Dinge um ihn drehen.

Da aber Pluto die Bedingungen, unter denen Mars agieren kann, anzeigt und gleichzeitig auf Transformation hinweist, kannst du hier sehen, wie selbst Kriege und menschliche Zerstörung Teile des göttlichen Schöpfungsplanes oder Bausteine in der unerbittlichen Folgerichtigkeit des ewigen Stirb und Werde sind und auf die unerbittlichen Urmuster zurückweisen, die, einmal in die Welt gesetzt, sich in immer neuen Verästelungen zu immer komplizierteren Verflechtungen auswirken, deren Ausdruck sich in den menschlichen Verhaltensmustern niederschlägt.

Weil dein persönliches Verhalten zwar nie richtig, aber genausowenig falsch, sondern nur immer folgerichtig ist, kann die Lösung nur heißen, daß es keiner Lösung bedarf, weil es auch keine Probleme gibt. Man könnte natürlich auch optimistischer argumentieren und dir empfehlen, durch geistige Reife eine weitere Perspektive zu gewinnen, die groß genug ist, um deinen ungebändigten Egoismus in den Griff zu bekommen (aber nicht so groß, um einzusehen, daß es nicht das Wirken dieses Aspekts sein kann, dich in deinen eigenen Auswirkungen zu torpedieren).

Innerhalb des Zusammenspieles aller Gestirne steht Mars für das spontane Durchsetzen kurzfristiger Ziele, die ebenso ein Teil vom Ganzen sind wie die durchrationalisierten, ausbalancierten Strategien. Durch die Beteiligung von Pluto geht es aber weniger um die Frage, diese Durchsetzungszwänge in den Griff zu bekommen, als um die Tatsache, eine Ebene zu finden, wo sie sich weniger kriegerisch auf dein gesellschaftliches Leben auswirken.

Mythologischer Hintergrund

Das Drachenblut oder der Sieg über sich selbst

Wenn sich hinter Mars/Neptun ein potentieller Drachentöter versteckt, der sich dem verschlingenden Aspekt der Frau zwar stellen wollte, vor dem schrecklichen Ungeheuer aber geflüchtet ist, dann werden wir unter Mars/Pluto den Helden vorfinden, der das Mutterbild besiegt, den Drachen mit dem Schwert getötet hat und dessen letzte Aufgabe darin besteht, sich mit sich selber zu versöhnen und die verletzte Weiblichkeit in sich zurückzunehmen. Er muß sich im Blut des Drachens wälzen, um sich mit seiner verdrängten Weiblichkeit wieder zu verbinden und damit vollständig zu werden.

In Richard Wagners "Nibelungenring" sehen wir, wie Siegfried an seinem weiblich Unbewußten scheitert, als er den Drachen besiegt und sich damit indirekt Brunhilde zur Braut erkürt. *(Durch das Drachenblut wurde er unverletzlich und konnte als einziger den Feuerring durchdringen, der Brunhilde vor den Menschen schützte, denn als der unentwickelte weibliche Teil in seiner Psyche – seine Mutter starb bei der Geburt – war sie ja nur für ihn bestimmt.)*

Zwar verbindet er sich mit ihr, erkennt sie aber nicht, weil er vom Weiblichen kein Bild hat. Im Bühnenstück wird dies durch einen Zaubertrank symbolisiert, so daß er Brunhilde aus dem Gedächtnis verliert und sie für König Gunther freien geht, wofür er dessen Schwester Kriemhild zur

Frau erhält. Damit setzt er sich aber Brunhildes Rache aus, die sich mit Hagen verschwört und diesem zeigt, wo er Siegfried töten kann, weil er durch das Blut des Drachens unverwundbar geworden war bis auf die Stelle, wo ihm ein Blatt beim Baden auf die Schulter fiel.

Indem er Brunhilde den Feinden überließ (seine verdrängte Weiblichkeit den Trieben überantwortete), die ihn dafür an seinen eigenen Schatten (Hagen) verriet, damit ihn dieser mit dem Speer töten konnte, mußte er seine Erlösung Brunhilde überlassen (seiner symbolisch durch den Zaubertrank verdrängten Weiblichkeit), die ihm dann lebendigen Leibes ins Feuer folgte, das sie für seine Leiche aufhäufen ließ (vgl. Frau).

Oder machen wir einen Sprung in die Antike: Herakles, dem kein günstiges Mutterbild zur Seite stand, weil sich Zeus seiner Mutter Alkmene in der Gestalt ihres Gatten Amphitryon näherte und Herakles deshalb nicht nur eine unschuldig betrogene Mutter hatte, sondern in der Gattin des Zeus auch noch eine eifersüchtige Stiefmutter vorfand.

Diesem dunklen Mutteraspekt stellte der Held dann seinen Männlichkeitswahn entgegen, der ihn zwar sämtliche Ungeheuer besiegen ließ, ihn mit seiner inneren Weiblichkeit aber nicht aussöhnte. Denn als ihn sein Vater Zeus dazu verurteilte, drei Jahre lang bei der lydischen Königin Omphale (Venus/Pluto) zu dienen, war er nicht in der Lage, den negativen Attributen seines Mutterbildes entgegenzutreten und sich die Libido zurückzuholen. Es war für ihn leichter, sich alle Schätze dieser Welt (Mars/Pluto) zu erobern, als sich die Libido vom Mutterbild zurückzuholen (Mars/Neptun). Statt also den "Drachen" zu überwinden, der ein Teil seiner eigenen Psyche war, wurde er zum Lustsklaven, der am Spinnrad saß, während Omphale ihn, mit Löwenfell und Keule parodierend, vor aller Augen bloßstellte.

Doch eines Tages begegnete er seinem Schicksal in der Gestalt des Kentauren Nessos, den er tötete, weil sich dieser an Deianeria, seiner Frau, vergreifen wollte. Da Herakles aber nicht daran dachte, sich in Nessos Blut zu wälzen, gab dieser Deianeria sterbend den Rat, sein Blut als Aphrodisiakum zu benutzen, falls sich Herakles' Liebe zu ihr einmal erschöpfe. Es dauerte auch gar nicht lange, bis sie (aus Eifersucht) das Gewand ihres Gatten im Blut des Kentauren tränkte. Herakles zog es nichtsahnend an und wurde sofort von rasenden Schmerzen gepeinigt. Er versuchte sich das Gewand sofort vom Körper zu reißen, doch er war von seiner dämonischen Weiblichkeit schon überwunden, die ihn ins Nessoshemd einflocht, denn gleichzeitig mit dem Stoff löste sich auch sein Fleisch vom Leib. Damit war seine schwerste Aufgabe, sich mit den dunklen Müttern wieder zu verbinden, mit dem letzten Atemzug erfüllt. *(Sterbend läßt er sich einen Scheiterhaufen errichten, aus dessen Flammen er zu den Vätern emporsteigt.)*

Fazit

Vergegenwärtigen wir uns dieses Prinzip an der altgermanischen Siegfried-Sage: Siegfried ersticht den Drachen mit dem Schwert des Bewußtseins (Mars) und badet sich anschließend im Drachenblut. Damit taucht er ins Unbewußte, verschmilzt mit der eigenen Spiritualität, wodurch er die Sprache der Tiere versteht. Man könnte das so deuten, daß der Drache die menschliche Form verkörpert, die mit dem Schwert des Willens überwunden werden kann, wenn die innere Entwicklung dazu reif geworden ist. Denn so wie sich das Saatkorn durch seine eigene Kraft zerstört, wird die menschliche Form zerstört, wenn der geistige Wachstumszyklus (Pluto) in Erscheinung tritt und das äußere Weltbild zerbricht. Erst dann kann die Seele – von den Vorstellungsfesseln der Alltagswelt befreit – aus den Trümmern ihres Kerkers kriechen und wie ein Adler in die Sonne fliegen. Um dort im Feuer zu verglühen.

Wir können dieses Gestirn aber auch von der weiblichen Seite her interpretieren: Penthesilea, die Amazonenkönigin, Tochter des Kriegsgott Ares, liebt Achill, den griechischen Helden, liebt ihn ebenso leidenschaftlich, wie sie ihn haßt, da sie ihn nicht besiegen kann. Sie gesteht ihm ihre Liebe, liefert sich ihm aus, ist aber gleichzeitig über den Verlust ihrer Kraft und ihrer Selbstbeherrschung von Haß und Scham erfüllt: *Hetzt alle Hund' auf ihn! Mit Feuerbränden / die Elefanten auf ihn los! / Mit Sichelwagen schmettert auf ihn ein / und mähet seine üpp'gen Glieder nieder! / Mir diesen Busen zu zerschmettern, Prothoe!* (Heinrich von Kleist, "Penthesilea") Nachdem sie Achill in rasender Wut getötet hat, löst sie sich von ihrem allzumenschlich triebhaften Sein, das sie nicht bewältigen konnte; in einer Todestrance träumt sie sich in die reine Welt der Götter zurück. Die Frage nach dem Ausgleich zwischen der inneren Liebe und dem inneren Gefühl der Selbstbehauptung bleibt ungelöst. Ihr Konflikt wird beendet durch Entäußerung ihrer Liebe und durch Rückkehr zum klassischen Olymp.

Psychosomatische Entsprechungen

Durchsetzungswillen, Geltungsstreben, Eroberungswahn

Unter dieser Konstellation kommst du von deiner Selbstdarstellung niemals los, und was nach außen hin heldenhaft erscheint, weil sich der Alltag als zu eng erweist und du deinem Schicksal auf bedeutungsträchtigere Weise begegnest, ist nur der kompensierende Versuch, Identitätsschwäche und Mutlosigkeit hinter großen Gebärden zu verstecken, um wenigstens der Umwelt vorzuspielen, was du bei dir selbst nicht findest: Selbstvertrauen und Stärke. So versuchst du deine innere Leere zu verbergen, weil dich das Verlangen, zu zerstören, irritiert. Erst wenn du den inneren Sinn dieses Aspektes erkennst, dich durch Zerstörung zu transformieren, kannst du auch den inneren Sinn deines Verhaltens ergründen, dich nicht damit zufriedengeben zu können, ein gewöhnlicher Mensch zu sein. Dann erst kannst du im eigenen Zwiespalt zwischen übertriebenen Minderwertigkeitskomplexen und gesteigertem Geltungsbedürfnis die Antwort finden, warum du einen Drachen erschlagen mußt und nicht einfach wie normale Leute deinen Alltagspflichten nachkommen kannst.

Gleichzeitig steht Mars/Pluto aber auch für die widerstreitenden, animalischen Triebe, die einerseits zwar voller Vitalität sind, andererseits aber nie zu einem harmonischen Zusammenspiel finden. Unter dieser Konstellation wirst du von Eigenschaften wie Heldenhaftigkeit oder übertriebenem Mut berührt – Merkmale, die auch viele Frauen mit dieser Konstellation haben. Wir finden bei dir ein Verhalten, dessen Grundlage nicht in der Gestaltung sexueller Wonne wurzelt, sondern in den Aggressions- und Durchsetzungsinstinkten des Körpers; denn für die Lebenskraft und Freude fehlt dir der spirituelle Vater (Jupiter), der deiner Seele jovialere Konturen geben könnte. Schon als Kind zeigtest du dich früh beeindruckt und unsicher und verstecktest dich gerne hinter der Maske der Heldenhaftigkeit. Später vermochtest du deine Maske nicht mehr loszulassen und opfertest ihr deine Unbeschwertheit. Während du von deinem Ehrgeiz dazu angestachelt wirst, dich immer und überall durchzusetzen, wirst du gleichzeitig um jeden Lebenssinn betrogen, weil es nie zu sinnvollen Lösungen, sondern immer nur zu neuen Zielen mit größerer Hektik kommt.

Symptom-Katalog

Psychisch

- Obsession, Gewalt
- Durchsetzungsstreben, unersättliches Geltungsbedürfnis, unstillbare Steigerungen und heroische Übertreibungen
- Paranoia, Fanatismus, Vorstellungsbesessenheit

Physisch

- sexuelle Exzesse, unerträgliche Erregungszustände
- entzündliche Reaktionen der Schleimhäute (hormonelle Reizung) und andere Störungen im Animalbereich

Homöopathische Mittel

Säure

Nitricum acidum (Salpetersäure)
- extreme Überreizung und unerträgliche Erregungszustände (Verzweiflung, Obsession, Gewalt): D30
- entzündliche Reaktionen (besonders an den Haut- und Schleimhaut-Übergängen/Körperöffnungen): D12

Nosode

Hydrophobinum (Speichel eines tollwütigen Hundes)
- gegen alle Formen von Übererregung: abnorme Libido, Geltungswahn, Konvulsionen, Durchsetzungszwänge, Amoklauf(Lyssophobie): D30

Tiere

Cantharis (Spanische Fliege)
- übersteigerter Sexualtrieb: heftige Erregungen mit sexuellen Vorstellungen: D12
- Steigerung bis zu Delirien (Sexualwahn, Hysterie): D12-D30
- entzündliche Reizungen der Schleimhäute (hormonelle Reizung) und andere Störungen im Animalbereich (Harn- und Sexualorgane): D6

Scorpio (Skorpion)
- Unruhe, Aufregung, Wut und konvulsische Verkrampfungen (Infektionen, Wundstarrkrampf): D12
- alle Formen von Vorstellungsbesessenheit: D20

Erlösungsformen

Initiationsriten der Schamanen oder Transformationsrituale östlicher Tempelmysterien:
- Erregungstrance (Transformierung aggressiver Emotionen wie Furcht, Zorn, Wut oder Entsetzen)
- Ekstase (die innere Auseinandersetzung mit Ungeheuern und Dämonen: Schreien und Trommeln in sexueller Ekstase)
- Kampfsport (kontrollierte Gewalt)

Spirituelle Öffnungen

Ritual
Stierkampf, Faustkampf, Krieg
Farbe
Rot
Duft
Thymian; Schweiß und Leder
Edelstein
Rubin
Krafttier
Skorpion, Krokodil, gereizter Stier
Symbol
Keule, Feuerwaffe
Mythos
Achill; Herakles; Bellerophon; Theseus und der Minotaurus
Archetyp
Amazone, Held, Tyrann
Gottheit
Ares, Nergal
Kraftort
Dschungel, Dickicht, Kampffeld, Schlachthaus
Kultstätte
Knossos auf Kreta; Löwentor der Burg von Mykene
Sabbat
Litha (Sommersonnenwende)
Musik
Orgie der Trunkenheit, der Vernichtung und des Selbstmords ("Moses und Aron", 2. Akt/3. Szene) von Arnold Schönberg;
"Dies irae" von Krzysztof Penderecki (mit Zitaten aus der Apokalypse und den Korintherbriefen)
Malerei
"Tanz ums goldene Kalb" von Emil Nolde
Schrift
"Penthesilea" von Heinrich von Kleist

JUPITER/SATURN

100%	Konjunktion; Quadrat; Opposition; Spiegelpunkt
85%	Anderthalbquadrat; Quincunx
75%	Halbquadrat; Saturn in Haus 9
60%	Trigon; Jupiter in Haus 10
50%	Sextil; Jupiter in Steinbock; MC in Schütze
40%	Halbsextil; Saturn in Schütze; Hausspitze 9 in Steinbock
25%	Herrscher von Haus 9 in Haus 10; Herrscher von Haus 10 in Haus 9

♃ ♄

Thema	Läuterung und Selbstentwicklung (alchemistischer Prozeß)
Ziel	Wahrheit, Wissen, Selbsterkenntnis
Sinn	Lebenssinn und Offenbarung durch Erfahrung und Reife
Licht	Glauben, Vertrauen, Ausdauer, Geduld
Schatten	Pessimismus, Grübelei, Unzufriedenheit
Leitbild	der Alchemist und der Stein des Weisen

Gott ist es, der das Tiefste ins Höchste
zu verwandeln vermag, der den Stolzen erniedrigt
und das, was im Dunkeln ist, Licht werden läßt.
Horaz

GRUNDLAGE

Geistige Prägung

Hier gilt es, die Erkenntnisse, die du in so vielen Leben zu suchen nie müde geworden bist, endlich als Illusion zu begreifen. Weil du Gott überall entdeckst, wo er nicht ist, nur da nicht, wo er ist, nämlich in der Frage: *Kannst du akzeptieren, daß es keine absolute Wahrheit gibt?,* suchst du die Wahrheit überall, wo sie nicht ist, nur da nicht, wo sie ist, nämlich in der Antwort des Franz von Assisi: *Was du suchst, ist das, was sucht!* – Damit ist dir die Chance gegeben, den Weg zum Wissen, den du stets gesucht und nie gefunden hast, als Pfad zu erkennen, der nur zur eigenen Vorstellung des Wissens führt; denn die Wege zur eigenen Mitte führen im Grunde auch nur wieder über unsere kollektiven Sehnsüchte zu den Göttern, die wir Menschen mit unserem Kommentar versehen und je nach Glaubensrichtung als persönliches Credo ausleben.

Frau/Mann

Indem du der Welt gern in der Maske überlegenen Wissens begegnest, fehlt dir oft echte innere Menschlichkeit. Eine überspannte Dogmatik dient dir zur eigenen Rechtfertigung vor dir selbst, ohne daß du die wahren Bedürfnisse der Menschen wirklich verstündest. Da du die Wahrheit aber nur so erkennen kannst, wie es deiner eigenen Vorstellung entspricht, kannst du ihr, die sie sich aus dem Bewußtsein deiner Bilder nährt, niemals als echter Offenbarung begegnen. Es mag schwierig sein und dir manchmal auch recht hart erscheinen, den Sinn im Alltag zu begreifen, wenn der erdige Saturn die Höhenflüge Jupiters auf den Boden der Realität zurückbringt. Aber es ist ein notwendiger Schritt, die Visionen zu disziplinieren, wenn du dir einen realistischen Zugang zu den inneren Anlagen, wie sie diese beiden Planeten repräsentieren, eröffnen willst. Denn Saturn bündelt die Schwingungen Jupiters und bringt ihn den materiellen Gesetzmäßigkeiten unserer Gesellschaft näher, weil durch seine strukturierende, bezugsetzende Art das überschäumende Wachstum und der spontane Größenwahn Jupiters in einen realitätsnäheren Rahmen gesetzt werden.

Natürlich wird diese Berührung von deiner jupiterorientierten Seite als Einengung und Frustration empfunden, je nach Inhalt und Art der Lernerfahrung, die dich lehrt, daß du nicht alles bekommen kannst, was du dir wünschst. Andererseits ist es gerade die Blockade in den wuchernden Expansionsgelüsten, die dir zeigt, was jenseits deiner Wachstumsvisionen unternommen werden muß.

Hast du dich gegen Jupiter entschieden, dann begegnest du in der Umwelt häufig den schöpferischen, kulturellen Werten, von denen du beständig angezogen wirst, obwohl du sie verdrängt und deinem Realitätsbild geopfert hast. Hast du dich aber gegen Saturn bekannt, so wirst du von deiner Entscheidung dadurch wieder eingeholt, indem du in deiner jupiterhaften Toleranz plötzlich jene anfängst zu kritisieren, die diese Toleranz nicht leben und für eine strukturierte, durchrationalisierte Welt plädieren.

Karmisch-seelische Struktur

Die kollektive Struktur

Aus der Perspektive Jupiters ist das Sichtbare eines jeden Dinges nur die in Zeit und Raum gehobene Reflexion seiner inneren Spannung und damit nur ein Symbolträger oder Archetyp jener kosmischen Urerfahrung, die hinter dem eigentlichen Sichtbaren liegt. Für Saturn hingegen existiert kein Ding aus sich heraus und nur für sich unabhängig vom Betrachtenden, denn es existiert nur in Beziehung zu anderen Dingen, und in jeder Beziehung existiert es anders – je nach den Wertmaßstäben und in der Perspektive des Betrachtenden.

Wir sehen also, auf einer höheren geistigen Ebene drücken die Prinzipien dieser beiden Planeten fast dasselbe aus, unterschieden nur durch die mehr intuitive Einfärbung Jupiters, die tief innerlich immer einen Gott oder wenigstens einen Sinn voraussetzt, der unserem Leben Bedeutung zuerkennt, und die mehr analytische Seite Saturns, die allem mißtraut, was sie nicht versteht, und die vom spirituellen Inhalt nur das analytisch Erfaßbare annimmt.

Im normalen Alltag liegen die Dinge jedoch etwas anders. Die Möglichkeiten, die beiden Qualitäten gut und böse zu verschmelzen, bleiben zwar unangetastet, nur ist ihre Integration unter einem Gesichtswinkel, der beide Teile gleich gut und wichtig sieht, in unserer materiellen Gesellschaft kaum zu verwirklichen, weil deren eingeimpfte Ziele einseitig auf Erfolg, Wachstum und Leistung ausgerichtet sind. Das macht einen Jupiter/Saturn-Typen schon in seiner Kindheit skeptisch. In seiner Ausrichtung auf die Welt mißtraut er deren Werten, die er intuitiv zu durchschauen spürt, und stellt sich gegenüber deren Ansprüchen taub.

Unter dem einsetzenden Druck der elterlichen und schulischen Autorität kann das kindliche Ich seine intuitiv erkannte Mitte aber nicht mehr verteidigen und muß sich meist einem der beiden Pole des in ihm liegenden Aspekts verpflichten. Ist es Jupiter, dann opfert er in Saturn die kritische Analyse und die reale Einschätzung zur Erreichung seiner Ziele und handelt sich von Jupiter dafür eine spontane Lebensfreude und Visionen seiner inneren Träume ein. Ist es aber Saturn, dann tauscht er für die Erreichung seiner äußeren Ziele das Gefühl einer inneren Sinnlosigkeit ein.

Beides ist aber für sich allein genommen an diesen hier implizierten Möglichkeiten zu leichtgewichtig. Denn in der Welt da draußen gibt es nichts, was sich nicht rührt, nichts, was sich nicht ändert oder wandelt. *Jedes Ding tritt in Erscheinung, entwickelt sich und verschwindet wieder aus dem Dasein* (Jupiter). Von einer anderen Perspektive aus betrachtet, tritt aber weder etwas in Erscheinung noch verschwindet etwas aus dem Dasein. *Es ist alles schon immer da, unabänderlich, ewig* (Saturn).

Das persönliche Karma

Voraussetzung für diese Ausprägung dürfte die mangelnde Entwicklung deiner intuitiven, spontanen Mitte in der Kindheit gewesen sein. Das unbelastete, naive und fröhliche Verhalten deines Kindseins wurde durch die Realitätsansprüche der Erwachsenen schwer belastet. Du wurdest aus deiner Identität herausgerissen und sozusagen in die Polarität gedrängt, deine innere Mitte aufzuteilen in das, was für die Phantasie schöpferisch und befruchtend war und das, was im Alltag nutzbringend angewendet werden konnte, die schöpferische Phantasie aber nicht ausfüllte.

Dadurch fühltest du dich immer ein bißchen zwischen innerer Wahrheit und materiellem Streben hin- und hergerissen und trägst heute jenen Teil, den du nicht verwirklichen konntest, als feindliches Bild in dir, in dem sich die Umwelt spiegelt. Wirst du dabei in deinem Jupiterbild gehemmt, so sind der innere Glaube, die schöpferische Phantasie und die intuitive Wahrnehmung verdrängt, und du setzt statt dessen auf die Tugend saturnaler Realitätsfindung, die die Sicherung deiner Lebensbedingungen gewährleistet, gleichzeitig aber das Streben nach höheren Dingen den Zielen eines regelmäßigen Einkommens opfert. Das entgegengesetzte Manöver bringt dich in die umgekehrte Lage, den gesellschaftlichen Anpassungszwängen Lebewohl zu sagen und der Jupiter-Vision entgegenzufliegen, die dir sagt, daß alle realen Ansprüche aufzugeben sind, um das hinter der Realität liegende göttliche Licht anzuziehen.

Die Krise stellt sich für dich entweder als Verlust aller Lebensfreude (Jupiterhemmung) dar oder als Einbuße jeglichen Realitätsverständnisses (Saturnhemmung). Lösung kann nur aus der Einsicht kommen, die beiden entgegengesetzten Prinzipien wieder zu vereinen. Du mußt also versuchen, sowohl deine Träume zu realisieren, als auch deine Realität zu erträumen.

Das heißt, daß du deine Träume durchaus in die Realität einpassen kannst, wenn du nur lernst, deinen Alltag zu erfassen und demnach zu erfahren, wo du deine Träume verwirklichen kannst und wo nicht. Auf jeden Fall muß die Zukunft in den Träumen realistisch vorhanden sein, damit dieses Hin- und Hergerissensein zwischen Illusion und Wahrheit in jenen höheren Zustand überführt werden kann, in dem beide zum sich ergänzenden Teil im anderen werden: *Der Weg ist das Ziel in sich selber!*

Mythologischer Hintergrund

Der Pakt mit dem Teufel (der Pakt mit der Wahrheit)

Wenn die Menschheit vor schwierigen Problemen steht, entsinnt sie sich gern ihres Erlösergottes (Jupiter), den sie dann schnell wieder aus der dunkeln Rumpelkammer ihrer abgelegten Welterklärungsbilder evoziert, damit er sie hilfreich in dem unterstütze, was sie ohnehin zu tun und zu lassen beabsichtigt. Ist sie sich hingegen selber überdrüssig, dann sehnt sie sich nach der Hölle des Untergangs und träumt von Zerstörung und Neuanfang (Saturn bzw. Pluto). Gott und Teufel sind beide nur bildhafte Materialisationen der Energien unseres Unbewußten. Wir selbst sind es, die wir uns die Bedingungen unserer Realität setzen. Also sind wir nicht so, wie Gott uns haben will, sondern Gott ist so, wie wir ihn haben wollen und wie es uns durch den Teufel zurückgespiegelt wird. Denn sich in Gott bzw. Jupiter zu erkennen, ist Erkenntnis, und diese Erkenntnis ist der Preis, der allein dem Teufel (Saturn) innewohnt!

In himmlischen Höhen können wir "Gott-Teufel" (Jupiter/Saturn) als einen Gipfelpunkt unseres Denkens erleben, der über den Wolken unseres Bewußtseins im Licht der Erkenntnis als höchste Selbst- und Welterfahrung erstrahlt. Dort oben herrscht nicht das Dämmerlicht des Alltagsbewußtseins, und dieses Erkennen ist nicht an die gewöhnliche Wahrheit, sondern an das höllische Ich gebunden: *Ich bin der Teufel, der die Polaritäten überwunden hat, indem er Gott ins Auge blickte und darin die Wahrheit fand. Ich bin ich, weil ich bin!* (Advocatus diaboli)

Auf der materiellen Ebene aber ist Saturn der ungeliebte Spiegel unserer selbst, in dem wir unser kurzsichtiges Verhalten erkennen können, wenn wir um des materiellen Vorteils willen Mutter Erde plündern und zerstören und gleichzeitig verdrängen, daß es in der Logik unserer Systeme liegt, wirtschaftlich davon zu profitieren.

Der Teufel zieht uns die Maske vom Gesicht und zeigt uns, daß wir gerade von jenen unserer Aktivitäten am meisten profitieren, die wir verurteilen und zu bekämpfen vorgeben. Denn die menschliche Entwicklung ist ohne Risiko und Zerstörung gar nicht denkbar, ob wir dies wahrhaben wollen oder nicht. Haben wir nicht schon immer vernichtet, was sich unseren Bedürfnissen in den Weg stellte, und verdrängt, was sich mit unserer Moral nicht vereinbaren ließ? Dem Aberglauben, es könne jemals Licht ohne Schatten geben, muß endlich ein Ende bereitet werden. Diese unbequeme Einsicht ist wohl das schönste Geschenk, das uns Jupiter/Saturn macht: *Indem wir des einen Finsternis verdrängen, zerstören wir des andern Licht!*

Fazit

Eine Berührung dieser beiden durch die Planeten symbolisierten Werte mag als höchste Bedeutung beinhalten, Gott und Teufel als die verschiedenen Seiten einer gleichen Münze zu erfahren: Das Ewige und das Ewige im "Bild des Ewigen" gleichermaßen zu erfahren. Denn dieser Gott, den wir erschaffen, kann nach Saturn nur ein Bild sein, weil wir nur erfahren können, was in uns selber angelegt ist. Dieses Erfahren ohne Hinterfragen aber ist gerade die Funktion Jupiters, unserem Leben über die Befriedigung biologischer Bedürfnisse hinaus einen Sinn zu geben. Beiden zusammen wäre hier die Möglichkeit gegeben, sich der Hintergründe dieser Vorstellungen zu bemächtigen, die uns Wahrheit vermitteln sollten, uns aber in Wahrheit nur Macht vermitteln, weil sie uns im Göttlichen nur die eigenen Assoziationen erschließen, die wir vordem zwischen ihren Bilderrahmen hineinprojiziert haben.

Diese in den Besitz unserer Vorstellung gebrachte Ewigkeit ließe sich für beide Teile befriedigend aufschlüsseln, weil beide Teile Ideale haben. Nur muß das durch Saturn verkörperte Prinzip zusätzlich den Schlüssel haben, mit dem sich die von Jupiter imaginierte Tür auch aufschließen läßt. Dieser Schlüssel aber ist die Wahrnehmung, daß jede Erkenntnis bezüglich der Perspektive des Erkennenden gleichzeitig immer falsch und richtig ist: richtig hinsichtlich der Perspektive des Erkennenden und falsch hinsichtlich des Beziehungsrahmens, der außerhalb der Erfahrungen des Erkennenden ist.

Psychosomatische Entsprechungen

Leberschwäche, Hepatitis

Jupiter steht für Ausweitung und Fülle, für Energie und Vielfalt, was durch die Leber gut verkörpert wird, die das gewichtigste innere Organ mit vielfältigen Aufgaben darstellt. Saturn steht umgekehrt für Einschränkung und Reduzierung und repräsentiert neben vielem anderen auch die Angst, die Kontrolle durch Maßlosigkeit zu verlieren. Er schränkt also ein, um über das Beschränkte dann allerdings mit einer gewissen Sicherheit zu verfügen. Durch Saturn wird Jupiter in seiner Energie und seiner Vielfalt unterbunden, was sich jetzt ohne weiteres auf die Leber übertragen läßt, denn die Leber reguliert den Eiweiß-, Fett- und Kohlenhydratstoffwechsel und baut u.a. auch Energiedepots durch Glucosespeicherung auf. Hast du Saturn jetzt nicht behutsam einbezogen, indem du ihn durch Verzicht auf Übermaß und Völle integriert hast, so kannst du unter schlechten Voraussetzungen (massiven Transiten) deine ganze Lebenslust verlieren. Denn Saturn begrenzt, korrigiert und kompensiert jeden Überschwang mit tiefer Lust- und Mutlosigkeit, was dich zwingt, dich durch Einschränkung und Reduzierung in der verlorenen Mitte wieder zu zentrieren. Er entzieht dir die Freude an der bunten Vielfalt, die das menschliche Leben mit sich bringt und reduziert dich auf ein Minimum, damit du die ewigen Gesetze in der somatischen Auswirkung spürst. Kommt zu diesen Voraussetzungen aber noch eine Mars-Berührung hinzu, so kann es dazu kommen, daß du unter diesem aggressiven Zulauf in deinem Lebensanspruch völlig überdrehst und deiner Leber mehr zumutest (Alkohol, Fett, Drogen), als von dieser verarbeitet werden kann. Das führt zu Leberentzündungen, Sinnlosigkeitsgefühlen, Magen- und Darmbeschwerden und macht psychisch auf das Mars/Jupiter/Saturn-Syndrom aufmerksam: zu hohe Ziele, nicht zu verwirklichende Werte, Genußsucht und maßlose Übertreibungen.

Symptom-Katalog

Psychisch

- Depressionen und Lebensunlust durch Leberbeschwerden
- gereizte Traurigkeit (Passivität mit nervöser Melancholie)

Physisch

- Degeneration, Fettleber, Zirrhose (chronische Leberstörungen)
- Gallenkomplikationen (Leber-Gallenblasensystem)
- Pfortaderstauung, Eingeweide- und Uterusbeschwerden
- heftige Magenbeschwerden, Entzündungen im Bauchraum (Bauch- und Beckeneingeweide)
- andere Entzündungen (mit Mars-Einfluß):
  a) Bauchspeicheldrüse
  b) Lunge
  c) Hüftgelenk
  d) Hexenschuß
- Diabetes

Homöopathische Mittel

Metallische Verbindung

Magnesium muriaticum (Magnesiumchlorid)
- chronische Leberstörungen (Lebermittel): D3-D6
- Uterusbeschwerden, Auftreibung des Bauches, Verdauungs- und Magenschmerzen: D6-D12

Pflanzen

Aloe (Liliengewächs)
Das klassische Mittel gegen Pfortaderkongestion:
- Pfortaderstauung, Leberschwäche, Eingeweide- und Uterusbeschwerden: D4-D6

Aesculus hippocastanum (Roßkastanie)
- generell: Leberschwäche und venöse Stauungen: D4
- speziell: Stauungen im Pfortaderkreislauf: D6
- gereizte Traurigkeit (Passivität mit nervöser Melancholie): D8-D12

Carduus marianus (Mariendistel)
- Depressionen und Lebensunlust durch Leberbeschwerden: D12-D30
- entkrampfend auf das Pfortadersystem: D6-D12

Chelidonium majus (Schöllkraut)
- Degeneration, Fettleber, Zirrhose: D12-D20
- Gallenkomplikationen (Leber-Gallenblasensystem): D4-D12

Dioscorea villosa (Yamswurzel)
- Gallenkolik, heftige Magenbeschwerden, Entzündungen im Bauchraum (Bauch- und Beckeneingeweide): D4

Erlösungsformen

- Spagyrik (Heilkunde mit philosophischem Denkansatz für alle praktizierenden Alchemisten)
- Wallfahrten (für bereuende Sünder)
- Shiatsu (gegen Kreuzschmerzen)

Spirituelle Öffnungen

Ritual
Exerzitien (Gottesdienst)
Farbe
Dunkelblau
Duft
Wacholder
Edelstein
Lapislazuli
Krafttier
Eule
Symbol
Szepter, Reliquie, Pentagramm
Mythos
Geburt in Bethlehem;
Abrahams Opferung des Isaak
Archetyp
Sternendeuter; Alchemist
Gottheit
Der ewige Urvater und seine Söhne:
Abraham und Methusalem
Kraftort
vor dem erleuchteten Kirchenfenster
Kultstätte
die Kaiserdome (Speyer, Mainz, Worms)
Sabbat
Adventszeit (Wintersonnenwende)
Musik
"Große Messe" (f-moll) von Anton Bruckner
Malerei
"Isenheimer Altar" von Matthias Grünewald
Schrift
"Das Mädchen mit den Schwefelhölzern",
Märchen von Hans Christian Andersen

JUPITER/URANUS

100% Konjunktion; Quadrat; Opposition; Spiegelpunkt
85% Anderthalbquadrat; Quincunx
75% Halbquadrat; Uranus in Haus 9
60% Trigon; Jupiter in Haus 11
50% Sextil; Jupiter in Wassermann
40% Halbsextil; Hausspitze 9 in Wassermann; Hausspitze 11 in Schütze
25% Uranus in Schütze; Herrscher von Haus 9 in Haus 11; Herrscher von Haus 11 in Haus 9

♃ ♅

Thema	Utopien, Visionen, Quantensprünge
Ziel	Vollendung und Heimkehr
Sinn	Gottsuche und Selbstfindung (Suche nach dem Weg)
Licht	Umsicht, Weitblick, glückliche Einfälle
Schatten	geistiger Schiffbruch; weltanschauliche Konflikte
Leitbild	Straße nach nirgendwo (der Wegweiser zu sich selbst)

Und wenn auch einst die Freiheit ist errungen,
Die Menschheit hoch wie eine Rose glüht,
Ihr tiefster Kelch vom Sonnenlicht durchdrungen:
Das Sehnen bleibt, das uns hinüberzieht!
Gottfried Keller

GRUNDLAGE

Geistige Prägung

Du bist der geistige Wanderer auf den einsamen Straßen des Unbewußten und suchst das Unfaßbare aus deinen Träumen, dem du auf deinen nächtlichen Streifzügen so viele Male begegnet bist. Aber solange du suchst, hat die Straße kein Ende, weil du im Suchen das Finden suchst, das du nur im Suchen findest und das nur auf die Wirren deiner verirrten Vorstellung zurückzeigt. So mußt du den Teufelskreis des Denkens überwinden, um in den Wäldern des Unbewußten jenen Regenbogen zu finden, dessen unterirdisches Glimmen in deinem Bewußtsein die Herausforderung des Ewigen entfacht. Denn nichts ist zu groß oder zu mächtig, um nicht von dir herausgefordert zu werden.

Kindheit

Dabei trat bei dir schon früh die Begabung zutage, eine Situation durch verschiedenste Perspektiven mit immer anderen Augen zu betrachten, was den Pragmatikern unter den Erziehern nicht immer sehr geheuer war. Diese Weitsicht, nicht der Routine zu verfallen und dich Althergebrachtem zu widersetzen, brachte dir den Ruf eines widerspenstigen kleinen Querkopfs ein, obwohl du nur die Aspekte der Realität erkanntest, die den Erwachsenen entgingen. Denn schon sehr früh kam in dir jene numinose Sehnsucht zum Tragen, etwas Unheimliches und Unbegreifliches suchen zu müssen, ohne zu wissen, was es ist. Unter diesem Gestirn trägt man den Stachel einer verborgenen Sehnsucht im Herzen, in die Urschichten der Akasha einzutauchen und in den Tiefen des Unbewußten jene Energiemuster zu finden, aus denen Träume und Sehnsüchte gesponnen sind.

Frau/Mann

Heute schenkt dir dieser Einfluß Einsichten vom besten, was durch Planeten überhaupt symbolisiert werden kann. Da Jupiter alle Ansichten erweitert, so daß ihr Sinn durch die Form hindurchscheint, Uranus aber neue Dimensionen anzeigt, so haben wir hier die göttliche Voraussetzung, daß neue Dimensionen durch das Fenster der Weltanschauung hindurchscheinen und Menschen unter diesem Zeichen für neue Formen religiöser oder philosophischer Ziele begeistern.

Diese Ziele führen zu ungeheuren Tiefen, weil es für dich nicht mehr nur ums Essen oder die Fortpflanzung geht, sondern es viel wichtiger für dich zu wissen ist, wie sich das archetypische Muster aller Schöpfung intuitiv erspüren läßt. Gerade weil du erkennst, daß du die Wahrheit nie erfassen kannst, sondern höchstens eine individuelle Perspektive davon (in der sich dein eigener Gesichtswinkel spiegelt), sind visionäre Einsichten zu erwarten.

Der Schatten dieser Konstellation liegt in der Ruhelosigkeit und Hektik, die dich befallen, wenn es dir nicht gelingt, dein Spektrum auf die Bedürfnisse der Welt zu übertragen. Dann kann es passieren, daß du deine Gaben nur noch benutzt, um dich über die Umwelt zu erheben und deine Mitmenschen für dumm zu erklären. Eine breite Allgemeinbildung wäre eine gute Voraussetzung, die visionären Einsichten real abzusichern, um von den anderen nicht schon in den Grundlagen angegriffen zu werden und ihnen umgekehrt das vorzuwerfen, was du vor lauter Erkenntnissen vielleicht selber versäumt hast: die Entwicklung eines pragmatischen Wissens!

Karmisch-seelische Struktur

Die kollektive Struktur

Dieses Gestirn steht für die Gabe, aus spontanen Einfällen heraus Neuland zu gewinnen (neue Perspektiven zu sichten). Die Beziehungen zur Umwelt werden unterbunden, um Absicherungen durch alte Verhaltensmuster zu verhindern und den Alternativen Raum und Zeit zu geben, sich ins Bewußtsein der Betroffenen neu einzubringen. Ihre Wirkungen werden nur dann als unangenehm empfunden, wenn man den Drang nach neuen Perspektiven unterdrückt. Wenn man seiner Freiheit aber freien Lauf läßt, muß das Schicksal nicht zum Vollstrecker werden, um über die uranische Komponente all das zu zerstören, was man vordem für seine Wirklichkeit ansah. Sondern es wird einen auf den Wellen der Entwicklung zu Wirklichkeiten und neuen Zielrichtungen tragen.

Bis dieses Schicksal aber reif und ausgebrütet ist, haben wir es unter Jupiter/Uranus mit einem überheblichen, wenn auch selbstreflektierenden Betragen zu tun. Jupiters breite und salbungsvolle Entfaltung wird durch Uranus' relativierendes Verhalten an die selbsterkennende intellektuelle Kette gelegt. Dieser springt nicht gerade sachte mit dem Göttervater um, aber schließlich ist Uranus der geistige Ahnherr aller planetarer Kräfte. Bis der Horoskopeigner das Gleichgewicht seiner ungeahnten Möglichkeiten gefunden hat und sich innerhalb der Gesellschaft nicht mehr zu bestätigen braucht, hat er große Mühe mit den Erklärungsversuchen der Umwelt, deren Wirklichkeitsmodelle er alle in die Tasche steckt, weil er durch seine innere Kraft die Wahrheit ahnt, daß die Welt, die wir betrachten, weniger der Welt entspricht, als vielmehr dem Akt unseres Betrachtens.

Jupiter wird von Uranus dazu stimuliert, Welten zu erkennen, die er durch seine Brille gar nicht sieht. Aber gerade weil er spürt, daß er für viele Wirklichkeiten blind ist, kann man den Akt des Kompensierens mit dem Verlangen in Verbindung bringen, Bilder aus dem Unbewußten zu kreieren und sie in verständlichen Symbolen anderen aufzuzwingen. Das ist der Schatten dieser schöpferischen Verbindung! Erst wenn andere seine Visionen übernehmen, gibt ihm das die Sicherheit, an die eigenen Bilder auch zu glauben. Umgekehrt muß er jede Gelegenheit benutzen, anderen seine Botschaft aufzudrängen, damit er auf dem Umweg über deren Glauben seine eigenen Inhalte erkennt.

Jupiters Herausforderung ist die uranische Einsicht, daß es keine absoluten Werte gibt. Alles, was wir uns an persönlichen Erfahrungen erarbeiten, ist auf uns bezogen zwar immer richtig, aber gleichzeitig auch immer falsch. Denn jede Wertung ist von unserer persönlichen Erfahrungen abhängig und richtet sich in ihrer Schwingung nach dem Rahmen unserer Subjektivität, was umgekehrt aber wiederum bedeutet, daß wir im Erfassen einer Sache nie die Sache, sondern nur immer unsere Subjektivität begreifen.

Wenn wir erst einmal bereit sind, alle Wertungen gleichermaßen zuzulassen, unsere eigenen und jene, welche wir nicht gerne hören, dann erst sind wir in der Lage, eine Sache in sich selber zu erfahren. Die Wirklichkeit zu sehen, aber trotzdem unsere Subjektivität zu leben und dabei erst noch zu tun, als ob das alles uns nichts anginge, dies ist der Geist, der sich unter diesem Zeichen göttergleich vorkommt.

Das persönliche Karma

Unter dieser Konstellation wurdest du in ein Umfeld hineingeboren, in dem dir alle nur erdenklichen Entwicklungsmöglichkeiten geboten wurden. Voraussetzung dazu könnten großzügige und wohlwollende Eltern gewesen sein, die schon älter und erfahrener und dadurch mit eigenen Problemen weniger konfrontiert waren.

Dadurch boten sich dir ungewöhnliche Entwicklungschancen. Nicht mit dem Problem konfrontiert, deine inneren Anlagen gegen äußere Widerstände durchboxen zu müssen, konntest du es dir leisten, auf herkömmliche Bildungsideale zu verzichten und dein Interesse auf "Glaubensbekenntnisse" wie Astrologie, Yoga oder Positives Denken auszurichten.

Bist du aber weniger in der Lage, eine eigene Weltanschauung zu entwickeln, dann überträgst du diesen Bildungsanspruch nach außen und lieferst dich einem Guru oder Lehrer aus, der dir die Seele "stellvertretend" rettet und dir den Heimweg richtungsweisend anzeigt. Da die sogenannten Gurus, die vorgeben, die armen Seelen zu erlösen, wahrscheinlich den gleichen Aspekt oder eine ähnliche Frequenz in ihrem Geburtsbild haben, diese im Gegensatz zu dir aber kompensativ ausleben, haben wir hier wieder einmal das klassische Beispiel, an dem wir sehen, wie Hemmung und Kompensation nur in der Wirkung auseinanderliegen, in der Voraussetzung aber die gleichen sind.

Wenn wir davon ausgehen, daß du das in der Umwelt suchst, was du nur bei dir selber findest, ist es auch verständlich, daß dich jede Krise aus deinem (falschen) Zentrum zwingt, um dich über den Rückschlag am äußersten Ende – im äußersten Schmerz, wo du den Sinn der Krise erkennst – wieder in der eigenen Mitte zu zentrieren! Lösungen sind da zu erwarten, wo du erkennst, daß deine Intuitionen und spirituellen Inspirationen ständig den realen Verhältnissen angepaßt werden müssen, um dich nicht zu schwindelerregenden Höhenflügen ohne Realitätsverbindungen zu verleiten... um dich nicht in Gipfelhöhen zu versteigen und im Alltag Schiffbruch zu erleiden.

Mythologischer Hintergrund

Der Junge und die Grossmutter

Es war einmal ein Bub, der glaubte nicht an Gott. Seine Großmutter sagte ihm, Gott existiere nicht. Und da er Gott nie zu Gesicht bekam, glaubte er seiner Großmutter.

Aber eines Tages verlief er sich im Walde. Viele Stunden lief er kreuz und quer, ohne einen Weg zu finden, und als die Dämmerung hereinbrach, legte er sich unter einen Baum und schlief vor Hunger und Erschöpfung ein. Plötzlich begann ihn mitten in der Nacht ein milder Lichtschein anzustrahlen, und als er seine Augen auftat, sah er einen Mann in einem weißen Mantel vor ihm stehn.

"Wer bist du?" fragte ihn der Junge.

"Ich bin Gott!" sagte der Fremde.

"Großmutter hat mir gesagt, es gibt keinen Gott, also kannst du nicht Gott sein", erwiderte der Junge.

"Ich will dir Zeit lassen, deine Großmutter zu fragen", antwortete der Mann und war verschwunden. Der Wald war ebenso verschwunden, und der Knabe stand vor Großmutters Tür.

"Wo hast du die ganze Zeit gesteckt?" fragte ihn die Großmutter.

"Ich war im Wald und habe Gott getroffen", erwiderte der Knabe und schaute die Großmutter fragend an.

"Es gibt keinen Gott", sagte die Großmutter bestimmt.

"Ich habe ihn aber gesehen, er trug einen weißen Mantel", beharrte der Knabe.

"Trug er einen Bart?" fragte ihn die Großmutter.

"Nein, er hatte keinen Bart", erwiderte der Junge.

"Das war nicht Gott, mein Junge, das war der Tod!"

Bald wurde der kleine Bub schwer krank. Das Fieber stieg, und die Ärzte hatten ihn längst aufgegeben. Der Junge lag im Bett und dachte an den Tod. Da ging plötzlich die Türe auf, und Gott im weißen Mantel trat herein.

"Meine Großmutter hat mir gesagt, wer du bist", hub der Bub mit schwacher Stimme an, "du bist nicht Gott, du bist der Tod."

Gott im weißen Mantel lächelte.

"Deine Großmutter lügt, sie ist eine Hexe!"

"Das ist nicht wahr", kam es schwach zurück, "du lügst, denn du willst mich mitnehmen!"

"Ich will dir abermals Zeit geben, deine Großmutter zu fragen", sagte Gott und war verschwunden.

"Ist es wahr, daß du lügst?" fragte der Junge die Großmutter, als sie in das Zimmer trat.

"Natürlich ist es wahr, daß ich lüge", antwortete die Großmutter ungerührt und sah ihn lange an, "es ist gelogen, daß es keinen Gott gibt, denn es gibt im Gegenteil überhaupt nichts außer Gott!"

Da begann ihn mild ein Lichtschein aufzunehmen, und er sah eine wunderschöne Frau mit offenen Armen vor ihm schweben: "Aber wenn du das einmal selbst herausgefunden hast, dann kannst du bei uns im Elysium bleiben und mußt nicht mehr in die Welt hinaus..."

Der Knabe flog ihr jubelnd in die Arme.

Großmutter aber legte seinen Körper sanft zurück, schloß ihm die Augen zu, zündete eine Kerze an und verließ leise das Zimmer.

Akron, "Peterchens Cyperspace"

Fazit

Mit Uranus kommt zu der Fähigkeit Jupiters, Visionen zu entwickeln, auch noch die Begabung, die Relativität der Visionen zu verstehen – das heißt die Wirklichkeit der Welt, die hinter den Dingen unserer Bilder liegt, in den Dingen selbst zu sehen. Man könnte das so veranschaulichen, daß das kosmische Fließen, das wir den göttlichen Willen nennen, durch Jupiter/Uranus in seinem inneren Plan plötzlich erfaßt werden kann, was in den Gesichtern der alten Mystiker die "Berührung Gottes" zeigt: *Jedes Verstehen lebt im Bewußtsein anderer Dimensionen fort, und für viele Wesen sind diese Gedanken leuchtende Sonnen. Umgekehrt ist das, was du als leuchtende Sterne am Himmel siehst, das lebendige Bewußtsein Gottes, von den Cherubinen der menschlichen Sehnsucht geträumt. Dabei bin ich mehr als nur der Teil, zu dem du Verbindung hast, und du bist mehr als nur der Teil, dessen du dir bewußt bist, denn gleichzeitig sind wir beide miteinander verbunden. Nach deinen Begriffen bin ich deine Zukunft, aber die Begriffe deiner Zeit sind für mich bedeutungslos. Ich bin dein höheres Selbst und habe auf dich gewartet – nun bist du durch die Tür gekommen, durch die meine Erinnerung ins Leben fließt, und damit ist die Reise zu Ende und Gott erlöst: in der Auflösung von Anfang und Ende!*

Psychosomatische Entsprechungen

Sinnlosigkeit (Hinterfragter Lebenssinn)

Unter diesem Zeichen geht es für dich nicht nur um die Frage des Überlebens, sondern es ist für dich ebenso wichtig, einen Sinn im Dasein zu erkennen, eine Rückverbindung zum Urgrund zu empfinden. Jupiter/Uranus läßt nämlich das übliche Täuschungsmanöver nicht zu, den Sinn aus deiner eigenen Wunschvorstellung zu kreieren, diesen in die Welt hinauszuprojizieren und dort als Gottheit anzubeten nach dem Motto: Man kann jede Wahrheit leben, wenn man nur eine Wahrheit hat. Denn Uranus zwingt dich zur Einsicht, die Illusion deiner menschlichen Weltvorstellung zu erkennen, weil alles, was du erkennst, immer nur genährt ist von dem, was du erkennen willst. Der Weg zu den Wurzeln zurück ist auch nicht der, zu erkennen, daß es nichts zu erkennen gibt, sondern der, das zu erkennen, was für dich so schwer zu erkennen ist, weil es so nahe vor dir liegt, daß es sozusagen unsichtbar geworden ist: der Schöpfungssinn! Er braucht nicht hinterfragt zu werden, denn jedes Hinterfragen führt nur immer wieder zu sich selbst, weil es ja nichts gibt, wo es hinführen könnte.

Symptom-Katalog

Psychisch

- Sinnlosigkeitsempfindungen, Mutlosigkeit
- Zerschlagenheitsgefühl (Unruhe, Erschöpfung)
- Überempfindlichkeit gegen äußere Reflexe (Nebelwand im Kopf)
- Neigung zu Übertreibungen (Schaumschlägerei)
- unter Pluto-Einfluß:
  a) kosmisches Bewußtsein
  b) "Heimweh nach Gott"

Physisch

Jupiter/Uranus wirkt sich weniger in körperlichen Bereichen aus:

- Auftreibung, Blähungen, Erschlaffung der Gedärme
- Muskelschwäche und allgemeine Schwäche (periodisch wiederkehrende Fieber)

Homöopathische Mittel

Metalle

Stannum metallicum (Zinn)
- Sinnlosigkeitsgefühle, Mutlosigkeit (D30) oder Gliederschwäche (D12): Zinn stärkt die Jupiter-Komponente!

Zincum metallicum (Zink)
- Unruhe, Erschöpfung, nervöse Reizbarkeit (D12-D30): Zink stärkt die Uranus-Qualität!

Pflanzen

China (Fieberrindenbaum)
- akute Schwäche (allgemeine Kraftlosigkeit mit nervösem Erethismus)
- Überempfindlichkeit gegen äußere Reflexe
- Auftreibung, Blähungen, Erschlaffung der Därme
- Muskelschwäche und allgemeine Schwäche (periodische Fieber): alle D4-D12

Hamamelis virginica (Zaubernuß)
- Zerschlagenheitsgefühl ("Leck-mich-am-Arsch"-Stimmung)
- oder Schwäche, Taubheit, Nebelwand im Kopf: D6

Erlösungsformen

- Philosophie (bewußte Auseinandersetzung mit religiösen und philosophischen Fragen)
- Elektroakupunktur (Messung des Hautwiderstandes)
- Magnetfeldtherapie
- Fußreflexzonenmassage

Spirituelle Öffnungen

Ritual
Tempeltanz, kultische Opfertänze (Bitte um Erhörung und Beistand der Götter)
Farbe
schillernde, leuchtende und tiefe Farben
Duft
Gummi arabicum, Balsam und Myrrhe
Edelstein
Hyazinth
Krafttier
die drei Affen, die ihre Augen, Ohren und Mäuler zuhalten (eleusinische Initiation)
Symbol
Monstranz; (Engel auf der) Himmelsleiter
Mythos
Moses und der brennende Dornbusch; Bekehrung des Saul durch Gottesvision
Archetyp
Prophet
Gottheit
Jesus und die zwölf Apostel
Kraftort
Hain, Tempelhain
Kultstätte
Tempelruine in Heliopolis (Baalbek); Fußbodenmosaik im Inneren der Kathedrale von Chartres
Sabbat
Fronleichnam
Musik
"Unvollendete" von Franz Schubert; Symphonie Nr. 9 von von Anton Bruckner *(Mysterioso – Abkehr vom Leben, dem lieben Gott gewidmet)*
Malerei
"Das Urteil Salomos" von Raffael; "Abendmahl" von Leonardo da Vinci
Schrift
"Grenzen der Menschheit" von Goethe; "Das grüne Gesicht" von Gustav Meyrink

JUPITER/NEPTUN

100%	Konjunktion; Quadrat; Trigon; Opposition; Spiegelpunkt
85%	Sextil; Jupiter in Haus 12
75%	Anderthalbquadrat; Quincunx; Neptun in Haus 9
60%	Halbquadrat
50%	Halbsextil; Jupiter in Fische
40%	Hausspitze 9 in Fische; Hausspitze 12 in Schütze
25%	Neptun in Schütze; Herrscher von Haus 9 in Haus 12; Herrscher von Haus 12 in Haus 9

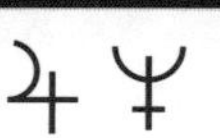

Thema	Grenzüberschreitung, Bewußtseinserweiterung, Grenzauflösung
Ziel	Kontemplation (das innere Erschauen der geistigen Sphäre)
Sinn	seelischer Friede
Licht	Einfühlungsvermögen und Erlebnistiefe kraft der inneren Stille
Schatten	Öffnungskanal für innere Ängste und Opfer eigener Hirngespinste
Leitbild	der Dharmaleib des Buddha; der Ozean des Unbewußten

Durch alle Wesen reicht der eine Raum:
Weltinnenraum. Die Vögel fliegen still
Durch uns hindurch. Oh, der ich wachsen will,
Ich seh hinaus, und in mir wächst der Baum.
Rainer Maria Rilke

GRUNDLAGE

Geistige Prägung

Die zentrale Bedeutung dieses Aspektes liegt in der Möglichkeit, die eigene Weltanschauung zu durchschauen und zu erkennen, daß sie nur dem eigenen kulturellen Erbe entspricht. Durch die Relativierung dieses Gebildes und die Einbeziehung von Räumen, die sich der euklidischen Geometrie weder einfügen noch sich in ihren Ursachen aus der Logik eines Aristoteles erklären lassen, kannst du deine Perspektiven nicht nur sehen, sondern auch sehen, wie du sie siehst! Jupiter/Neptun zeigt ein Fluidum seraphischen Elysiums an, das schnell zur Hölle werden kann, wenn du geistig abhebst oder deinen Rahmen materiell zu sehr ausdehnst. Geistig gilt es, aus einer Sache und ihrem Gegenteil keinen Unterschied zu machen, weil das einzig Objektive die Subjektivität der persönlichen Wahrnehmung ist. Dadurch kannst du zu philosophischen Einsichten vordringen, die sich aus der Relativität des Sehens und der Einbeziehung dieser Relativierungen nähren.

Frau/Mann

Die Gefahr dieser Konstellation liegt darin, daß deine inneren Ziele so hoch in den Wolken schweben, daß sie nur schwer zu verwirklichen sind. Dabei zeichnest du dich durch besonders abgehobene Vorstellungen von dir und der Welt aus. Dein innerstes Streben entspricht einem Prozeß der Suche, in dem du aber nicht nur suchst, was du verloren zu haben glaubst, sondern auch das, was es nirgends zu finden gibt. Der Enthusiasmus, der dich erfüllt, katapultiert dich in Gefilde, in denen deine Psyche nicht immer stabil genug ist, zwischen Realität und Irrealität zu unterscheiden. Aber gerade in religiösen und mystischen Bereichen, in denen das Ego zugunsten transzendenter Auflösungen zurückgelassen wird, kannst du jene schimmernde Insel erreichen, die aus den Wassern des Unbewußten aufscheint.

Als Frau versuchst du dich mit jener männlichen Urkraft zu verbinden, die frei von ödipalen Konflikten ist und in deren Wirken du den inneren Antrieb jenes Wesens findest, das auf den Dienst am Leben ausgerichtet ist. Denn Gott unter Jupiter/Neptun ist ein Gott der Liebe. Unter diesem Gestirn kannst du deine Schwächen annehmen und mit deinen Stärken verbinden, das innere Kind im Partner genauso akzeptieren wie selbst ausagieren, ohne dich in deiner weiblichen Würde angegriffen zu fühlen, und so kannst du dich auch mit deinem "männlichen Selbst" arrangieren.

Als Mann kannst du über die Schwelle, die das Licht von der Dunkelheit trennt, hinter die Illusionen deiner Dualität gelangen, in welcher du deine gesellschaftlich-kulturelle Rolle neu erfährst.

Patriarchat heißt zwar "Herrschaft der Väter", doch war es auch in vergangenen Tagen den meisten "Vätern" verwehrt, eine bedeutende Rolle innerhalb der Gesellschaft zu spielen. Da in einem hierarchischen Pyramidensystem die Vielzahl der Männer in den unteren Bereichen gesellschaftlicher Macht agierten, war es ihnen höchstens vergönnt, ihrer Position im engeren familiären Rahmen nachzukommen, wo sie dann ihren Frust in der Arbeitswelt kompensativ an den noch schwächeren Familienmitgliedern loswurden.

Unter diesem Gestirn besitzt du aber eine noble Art, solches Tun zu hinterschauen und dich den Auswirkungen eines solchen Verhaltens zu entziehen. Du besitzt eine feine Antenne für Sexualität ohne Gewalt, Spiritualität ohne Enthaltsamkeit und für das freundliche Zusammenbinden des in Körper und Geist gespaltenen Selbst.

Karmisch-seelische Struktur

Die kollektive Struktur

Jupiter und Neptun zusammen verkörpern die äußerste Spitze des Empfindens, wo sich das Sagbare mit dem Unsagbaren kreuzt. Das ist exakt der Schnittpunkt beider Welten, wo Unfaßliches faßbar wird. Es ist aber gleichzeitig auch der Ort, der das Bewußtsein von uns Menschen zu sich in die Tiefe lockt, wo der tägliche Kampf um die Materie nicht mehr ausgefochten werden muß. Denn in den Tiefen vereinigen wir uns wieder mit den unbewußten Quellen. Umgekehrt aber gibt es auch keine bewußten Höhen, die man unter Jupiter/Neptun nicht erreichen kann. In der Religionsphilosophie spricht man vom *Einswerden mit Gott.*

Schlüsseln wir es auf: Das jupiterhafte Verlangen, Verkörperungen aus dem Unfaßbaren zu machen, kommt aus den Urtiefen des menschlichen Bestrebens, Gott nach seinem Bilde zu erschaffen. Das ist der Trick, mit dem sich unsere Vorstellung selber überlisten mußte, um das materielle Weltbild nicht zu gefährden. Nicht Gott schuf den Menschen nach seinem Bilde. Sondern die Bilder schufen den idealen Menschen und nannten ihn Gott. So haben wir das Ewige als Götzenbild zum Bestandteil unserer Weltvorstellung gemacht!

Das Wirken Neptuns aber geht noch tiefer. Das Meer, in dem sich alle Formen vereinigen und wieder auflösen, wo alle Farben zerfließen und alles uneindeutig und verschwommen ist, symbolisiert die Tiefen des Verlangens und der Sehnsucht, die für das Heimweh nach dem Tode stehen. Neptun bedeutet, sich im Kollektiven zu verlieren oder sich im Streben nach einem unbestimmten Ganzen aufzugeben, um sich durch Auflösung zu heiligen. Wenn Neptun einen Menschen packt, dann geschieht dies durch die Visionen ungestillter Wünsche und Begierden, welche sich erst zaghaft in den Träumen melden und sich dann langsam ins Bewußtsein bewegen und damit den Weg zurück zu den Quellen direkt ins Erleben bringen.

Im Zentrum der Überschneidung dieser beiden Kreise ist der erstrebenswerte Platz. Dort ergibt sich ein transzendentes Erahnen jenes Empfindens, das sich nur im Mitschwingen des sphärischen Atems in Gott verwirklichen kann. Dort findet sich jenseits aller Vorstellung auch der Geist, der dieses Leben erfüllt.

Das persönliche Karma

Unter Jupiter versuchst du gleichsam durch die "neptunischen Lücken" in die Räume jenseits deiner begrifflichen Realität einzudringen und dort jene Wirklichkeit zu finden, die den inneren Träumen angemessen ist. Da diese Konstellation auf hohen geistigen Frequenzen schwingt, kann sie sich besonders gut auf Kinder auswirken, die ihre Antennen nach dem Mystischen und Geheimnisvollen ausgerichtet haben. Diese können sich im Bewußtsein eine eigene Welt schaffen, die besser zu ihren sensiblen inneren Sehnsüchten paßt. Die Wahrnehmung öffnet sich dabei nach oben, nimmt Eingebungen aus höheren Kanälen auf, wobei zwischen oben und unten, Einsichten und Einbildungen nicht mehr unterschieden werden kann.

Jupiter/Neptuns spirituelles Streben, jedem rationellen Weltbild entgegenzutreten, das sich dem materiellen Fortschritt ausgeliefert hat, kann dich aber so verwirren, daß du die Realität bekämpfst und die Anforderungen der Wirklichkeit verdrängst.

Vielleicht aber wirst du auch versuchen, der Welt ihr Scheitern aufzuzeigen, indem du dich zum Spiegel proklamierst und auf die Umweltprobleme (Überbevölkerung, Naturzerstörung, Seuchen, Hochrüstung, Sozialgefälle usw.) hinweist. Du wirst dafür plädieren, zu den Wurzeln zurückzukehren und dabei kein Ziel vor Augen zu haben, sondern dir den Weg selber zum Ziel zu nehmen!

Es ist aber nie die Enttäuschung durch dich selber, die wie ein schleichendes Gift an der Seele nagt, sondern immer die Enttäuschung durch die anderen, weil du dein Rollenspiel nicht durchschaust, eine Welt zu leben, die idealer sein will als die

Realität. Die Gefahr dieses Aspekts liegt in den hohen Idealen seiner Ansprüche, die sich kaum verwirklichen lassen. Das kann zu schweren Enttäuschungen führen, besonders, wenn du dich in deiner Hilfsbereitschaft von der Umwelt unverstanden fühlst.

Die Lösung besteht darin, daß du die eigene Enttäuschung erkennst. Denn die Enttäuschung ist auch nur eine Wahrnehmung und läßt deshalb nur einen Teil der Wahrheit durchschimmern. Nur mit der Behauptung “Es muß einen Sinn im Leben geben, damit nicht alles sinnlos ist!” hast du noch lange keine Wahrheit, denn dieser Satz steht nicht für Wahrheit, sondern nur für Hoffnung, die der eigenen Wunschvorstellung entspringt: *Wenn Gott Nichts ist* (Meister Eckehart), dann ist nichts das Ziel!

Mythologischer Hintergrund

Der numinose Gott

Jupiter symbolisiert das innere Bild jenes von uns in die Außenwelt übertragenen Gottes (Wotan, Zeus, Gottvater), der die Notwendigkeit aufzeigt, jenes Unfaßbare in uns dadurch zu erfassen, daß wir es in menschliche Formen gießen und nachher anbeten. Neptun hingegen steht für das Unsagbare selbst, das Jupiter zwar darstellen möchte, das im Grunde unserem menschlichen Bewußtsein in seiner unvorstellbaren Größe aber unerfahren bleibt.

Aus der Sicht des Mystikers gesprochen: Jupiter/Neptun ist hier der unzerstörte Teil der Erinnerung an das kosmische Bewußtsein oder jener Splitter göttlicher Sehnsucht, der im Menschen inkarniert ist. Fast jeder Mensch hat irgendwann einmal die Erfahrung gemacht, daß etwas Größeres und Mächtigeres durch ihn hindurchwirkt, als er sich gewöhnlich vorzustellen wagt, und daß dieses Etwas aus dem seelischen Hintergrund heraus seine Pläne, Absichten und Ziele bestimmt. Diese Kraft ordnet er nicht dem Mutteraspekt der Natur zu, sondern er bezeichnet sie als “Willen” oder “Geist”: *Gott ist Nichts. Nicht daß er ohne Sein wäre. Er ist ein weiseloses Sein, eine seiende Nichtheit.* (Meister Eckehart) – Aus diesem Grunde gibt es keinen Anfang und kein Ende; alle Formen von Entwicklung existieren gleichzeitig, getrennt nur durch das Raum/Zeit-Verständnis unseres Bewußtseins, denn Jupiter und Neptun tragen in sich das Ende, das seine Erfahrungen aus der Zukunft in die Vergangenheit einprägt: So sind sie nicht nur Höhepunkt und Ende des universalen Lebenszyklus, sondern auch der Funke, in dem schon wieder der Keim zu einer neuen Leuchtspur des Lebens glüht. Sie ermöglichen es uns, aus der Zeit herauszutreten und unseren Geist im seligen Reigen mit Gott zu erleben.

Fazit

Für unseren bewußten Verstand tönen solche Schalmeienklänge außerhalb der Polaritäten der strukturierenden und formgebenden Gegensätze jedoch schrecklich. Fast könnte man vermuten, daß es sich bei dieser Gottesvorstellung um die Kristallisierung eines sichtbaren Lebenszieles handelt, um unserem Erdendasein einen Sinn zu geben, denn Jupiter und Neptun verleihen eine grenzenlose Phantasie, die in allen Bereichen der Kunst und Kreativität ihren Niederschlag findet. Menschen unter ihrem Einfluß reagieren in ihrem Gefühlsleben sehr sensibel und neigen zu einer schwärmerischen Ekstase mystischer Versenkung. Dabei sind ihre Glaubensvorstellungen seltsam verzerrt. Ihre religiöse Sentimentalität läßt sie an Zeremonien und Mysterien großen Anteil nehmen: Sie lieben das Empfinden kindlichen Versinkens in einer Woge kollektiven Gefühls, das nicht selten zu einem Wahn ausartet, wenn es sich zur kultischen Anbetung eines spirituellen Meisters ausweitet. Dabei kann es sich um die Projektionen eigener Verdrängung handeln. Sie fühlen sich selbst als Auserkorene, die zu den höheren Weihen zugelassen sind.

Psychosomatische Entsprechungen

Fettsucht, Überfütterung (Stoffwechselstörungen)

Unter Jupiter (Ausdehnung) und Neptun (Auflösung) kannst du dir die Ausdehnung bis zur Auflösung vorstellen, eine immerdauernde Suche nach dem Licht! Auf der psychologischen Ebene kannst du dir darunter aber auch die Suche nach den Wahrheiten vor Augen führen, das Streben nach einem Lebenssinn, den du auszufüllen oder dir einzuverleiben suchst, um der drohenden Sinnlosigkeit zu entkommen. Der innere Sinn dieser Konstellation ist nämlich die Erkenntnis, niemals finden zu können, weil sich in jedem Suchen nur das Finden “sucht”: weil jedes Finden die Suche nur erschweren würde. Denn jeder Mensch ist auf dem Heimweg und sollte nie aufhören zu suchen, da es im

Prinzip sowieso nichts zu finden gibt. Deshalb solltest du das Leben als Pfad zu deinen inneren Wurzeln sehen und die äußeren Dinge als die vorüberziehenden Perspektiven, die immer wieder in der Ferne verschwinden, um neuen Sichtweisen Platz zu machen. Nun kann es aber leicht geschehen, daß du die Suche (wenn du ihre Inhalte geistig nicht umzusetzen weißt) auf die körperliche Ebene überträgst und, statt dein Bewußtsein zu erweitern, deine Leiblichkeit ausdehnst. Das zeigt den (ungünstigen) Versuch, dem Ausdehnungsprinzip dieses Gestirns wenigstens körperlich nachzukommen, um die Erweiterung der Perspektiven als Erweiterung des Körperumfangs zu simulieren.

Symptom-Katalog

Psychisch
- überschwengliche Erregungen, Weltumarmungseuphorien (vergrößerte Dimensionen, visionärer Größenwahn)
- aber auch: Gleichgültigkeit, Müdigkeit, endogene Depressionen, mangelnde Reaktionen, Fehleinschätzung, Unentschlossenheit

Physisch
- Schlaffheit, Aufschwemmung, Trägheit, Kälte (Lymphatismus, Ausschwitzungen, Katarrhe)
- exsudative Diathese (Krankheitsbereitschaft zu katarrhalischen Zuständen)
- Leberhypertrophie (chronische Leberschäden, fettige Leberinfiltration)
- Stoffwechselstörungen, Blähungen, Schweißausbrüche (Wallungen, Übelkeit, Erbrechen)
- hormonelle Probleme (Nebennieren- und Keimdrüsenschwäche)
- Wucherungen des Bindegewebes
- chronische Bronchitis

Homöopathische Mittel

Säuren

Ammonium muriaticum (Salmiak)
- übermäßige Fettablagerungen (Kummerspeck): D4-D12
- exsudative Diathese: Ausscheidungen, Schleimhautabsonderungen: D6
- Leberbeschwerden: D4-D6
- Bekümmertheit, Melancholie: D6-D12

Kalium bichromicum (Kaliumdichromat)
- Ausschwitzungen, Katarrhe (Schleimhautmittel): D4
- chronische Bronchitis: D12
- fettige Leberinfiltration: D6
- allgemeine Schwäche, Lahmheit, Fettleibigkeit: D4-D12

Pflanzen

Cannabis indica (Haschisch)
- vergrößerte Dimensionen, visionärer Größenwahn: unkontrollierte Redelust bei großer Vergeßlichkeit (kann den Gedanken nicht zu Ende führen): D2-D4
- überschwengliche Erregungen, Weltumarmungseuphorien, aber auch Einsamkeit, Schwäche und Weltschmerz: D6

Capsicum (Paprika)
- Schlaffheit, Aufschwemmung, Trägheit, Kälte (Lymphatismus, Schleimhautbelastung, "Delirium tremens"): D4-D6
- mangelnde Reaktionsfähigkeit, Fehleinschätzung, Unentschlossenheit: D6-D12

Ipecacuanha (Brechwurzel)
- Magenkatarrhe mit Brechneigung infolge von Völlerei und Überfütterung: D4
- rasselnder Husten, Einschnürungsgefühle in der Brust, dauernde Übelkeit mit Erbrechen: D12

Tier

Sepia (Tintenfisch)
- ängstlich, träge, endogene Depressionen (Sein oder Nichtsein): D200
- Gleichgültigkeit, Müdigkeit, Unbehagen: D20
- hormonelle Umstellungen (Uterusmittel), Nebennieren- und Keimdrüsenschwäche: D4-D12
- Pfortaderstauung mit Leberschwäche: D6
- Stoffwechselstörungen, Blähungen, Schweißausbrüche (Wallungen, Übelkeit, Erbrechen): D4-D6

Erlösungsformen

Hier eignen sich alle Therapien, die helfen, sich dem Ewigen hinzugeben oder das Unendliche auf sich einwirken zu lassen:

- Sphärenklänge
- Meditationen (unter nächtlichem Sternenhimmel)
- Samadhi-Tank (dunkler, mit Wasser gefüllter Isolierbehälter, in dem der Therapierte allen äußeren Sinneseindrücken entzogen wird)

ebenso wie:

- Körperentschlackungen (Fasten, Blutreinigung)

Spirituelle Öffnungen

Ritual
Meditation, innere Versenkung, Paternoster (Verschmelzung mit dem Dharmaleib des Buddha)
Farbe
Silber, Golden, Smaragdgrün, blasses Lila
Duft
Vetiver, Zimt, Sandelholz
Edelstein
Smaragd
Krafttier
Elefant, Walfisch, Delphin
Symbol
Lotus
Mythos
Buddha; Maja (trügerische Erscheinungswelt); der Mythos selbst (sein innerer Sinn)
Archetyp
Bodhisattwa, der Erleuchtete
Gottheit
Indra, Vishnu, Brahma
Kraftort
Moscheen, Mausoleen, Tempelkathedralen
Kultstätte
Benares, Freitreppen zum Ganges; Externsteine im Teutoburger Wald
Sabbat
Dreikönig (Magier aus dem Morgenland)
Musik
"Zauberflöte" von Wolfgang Amadeus Mozart; späte Streichquartette von Ludwig van Beethoven
Malerei
"Jupiter und Semele" von Gustave Moreau
Schrift
"Das Glasperlenspiel" von Hermann Hesse; "Die drei Lichter der kleinen Veronika" von Manfred Kyber

JUPITER/PLUTO

100% Konjunktion; Quadrat; Opposition; Spiegelpunkt
85% Anderthalbquadrat; Quincunx
75% Halbquadrat; Jupiter in Haus 8; Pluto in Haus 9
60% Trigon
50% Sextil; Jupiter in Skorpion
40% Halbsextil; Hausspitze 8 in Schütze; Hausspitze 9 in Skorpion
25% Pluto in Schütze; Herrscher von Haus 8 in Haus 9; Herrscher von Haus 9 in Haus 8

♃ ♇

Thema	Weltanschauung, Machtentfaltung (geistige Führerschaft)
Ziel	Schicksalserkenntnis (tiefgreifende Wandlung und Schicksalsakzeptanz)
Sinn	Karma-Erfahrung (Weiterleben nach dem Tod)
Licht	Gleichklang mit dem Kosmos (geistige Wandlungs- und Regenerationsfähigkeit)
Schatten	Fatalismus, Weltschmerz, Plutokratie (Machtmißbrauch)
Leitbild	Sphinx oder das Karma-Rad

Das einzig Beständige ist das ewig sich Verändernde!
Die Herren des Karmas

Du kannst den Sinn des Lebens nur dort finden, wo du bist, aber dein Verstand kann dich dort nicht suchen, wo du glaubst, daß Gott ist, also findest du dich in dir selbst, indem du Gott im eigenen Bild von dir suchst... oder du verlierst dich in Gott, indem du ihn im eigenen Bild von dir findest.
Advocatus diaboli

GRUNDLAGE

Geistige Prägung

Wenn du erkennst, daß alles, was dir aus der Welt entgegentritt, nur besteht, weil du es vordem in die Welt hineingedacht hast, dann erkennst du, daß dir in allem immer Gott entgegentritt, dem du deine Sehnsucht entgegenstellst, damit du die verdrängte Sehnsucht nach Gott als Heimweh nach dir selbst erfährst. *Denn dein Empfinden kann den Sinn des Lebens nur dort finden, wo du bist, aber dein Verstand kann dich dort nicht suchen, wo Gott ist, also findest du dich in dir, indem du Gott im eigenen Bild von dir suchst... oder du verlierst dich in Gott, indem du ihn im eigenen Bild von dir findest.* Symbolisch ließe sich unter diesem Gestirn ein alter aztekischer Mysterienpriester vorstellen, der die Menschen zum Gebet aufrief, um die Masse in seine eigene Ausdehnung miteinzubeziehen und über den Resonanzkörper der Gläubigen seine eigenen Gottesvorstellungen als Rückkopplung zu erfahren.

Frau/Mann

Diese Konstellation gewährt dir Einblick in die höchste Dimension, in den interstellaren Raum, denn sie verkörpert das Erwachen des Bewußtseins aus dem menschlichen Traum. Sie impliziert die Flucht aus der Ausweglosigkeit des menschlichen Mikrokosmos, der an seiner eigenen Verrottung erstickt und dessen Protagonisten nur noch die Inbrunst des Zerstörungswillen aufzubringen vermögen. Unter diesem Einfluß bist du vom Bedürfnis erfüllt, dich direkt auf die innerste Seinsebene zu begeben und den Urmustern des Ewigen zu begegnen. Du stößt das Tor zu neuen Welten auf. Feierlich gehen alle Pforten auf. Ein Licht, heller als ein Blitz, schießt heraus, eine unsichtbare zentrifugale Kraft bringt dich aus dem Gleichgewicht, wirbelt dich herum und schüttelt dich durcheinander. Auf einmal wirst du dir bewußt, daß du nicht mehr in der Welt stehst, die sich durch Raum und Zeit bewegt, sondern dahinter: dort, wo sich Raum und Zeit miteinander verbinden. Deine Seele schwebt inmitten des funkelnden Strahls der Seraphinen, und du siehst die himmlischen Heerscharen vor dem Thron des Höchsten knien und das Geheimnis des Lebens anbeten. Und auf dem Thron tanzt die tausendköpfige Schlange die erste

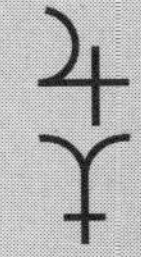

und letzte aller Wahrheiten und verkündet: *Gott ist Nichts, und darum gibt es auch keine Vereinigung mit Gott, denn es gibt überhaupt nichts außer Gott: Erscheinung und Leerheit sind wie Dampf und Wasser, Auge und Sehen wie Wolken und Meer. Mensch, der du an der Schwelle stehst, erkenne dies: Du bist in allem, und alles ist in dir!*

Kehren wir die ganze Fragestellung um: Wenn alles Gott ist, dann wäre ohne Gott nichts. Also mußt du dich darauf verlassen können, daß diese Energie ewig ist, und das wiederum nennt sich Gottvertrauen. Denn wenn es sie nicht mehr gäbe, würde alles in sich zusammenfallen. Und weil gerade das nicht sein darf, lieferst du dich diesem Gottvertrauen aus: Nicht um der Wahrheit ins Auge zu schauen, sondern um die Winzigkeit deines persönlichen Anteils am göttlichen Schöpfungsplan um eben dieses Gottvertrauen zu erweitern!

Wenn es Jupiter nicht gelingt, diese schwindelerregenden Erkenntnisse zu transformieren und in die Begrifflichkeit zu integrieren, so daß sie vom Bewußtsein verarbeitet werden können, dann kommt es zur "geistigen Zirrhose". Dann geht dir jeder Lebenssinn verloren, und du möchtest wieder ins Ewige zurück. Du möchtest aus der Gebundenheit in Zeit und Raum entfliehen und dich wieder "atomatisieren". Es handelt sich hier aber nicht um eine Form innerer Leere, die nach Erfüllung strebt, sondern eher um eine geistige Völle, die sich überdrüssig geworden ist und die sich nach dem Ende sehnt. Du willst aus den Mustern heraustreten, weil sie dir zu eng und schal geworden sind. Dies entspricht dem inneren Wunsch nach psychischer Verwandlung, der erst im Tod Erfüllung findet und erinnert ein wenig an Schopenhauers *Verneinung des Willens zum Leben.*

Sinn/Ziel

Auf einer anderen Ebene kann man diesen Aspekt aber auch als den Abschluß einer Entwicklung betrachten, die bei der Annahme der Herausforderung durch den Drachen begann (Mars/Neptun). So wie erst unter Mars/Pluto die endgültige Überwindung des Mutterbildes realisiert wurde, so kann erst unter Jupiter/Pluto das Vaterbild angenommen werden, mit dem man unter Jupiter/Neptun erstmals konfrontiert wurde. Ging es dort noch um den Streit der Söhne mit den Vätern um den Besitz der Mutter, so geht es hier um den Streit der Väter um die Identifikation mit Gott.

Die Söhne sind zwar Väter geworden, aber sie sind immer noch Söhne, weil sie ihr inneres Vaterbild noch nicht gefunden haben und es nach außen projizieren auf Gott. Hier findet sich die Summe menschlicher Erkenntnis, die am Ende ihrer Weisheit angelangt ist und die sich jetzt ihr Vatersein erzwingen will durch Vernichtung, die sich mit Gott verschmelzen will im Tod.

Karmisch-seelische Struktur

Die kollektive Struktur

Jupiter/Pluto bedeutet in seiner höchsten Ausdrucksform einen tiefen und unerschütterlichen Glauben an die Schöpfung und an die Folgerichtigkeit ihrer Auswirkungen. So wie jeder von uns nur das sein kann, was er ist, so können wir in allem, was wir tun, auch immer nur uns selbst erfahren. Die Möglichkeit zur geistigen Hinterfragung und individuellen Selbstinfragestellung, wie sie durch diesen Aspekt angezeigt wird, verleiht dem Betreffenden die Fähigkeit, einen tiefen und unerschütterlichen Glauben an die Weisheit und den Sinn des Lebens zu entwickeln, der ihn mit dem Höchsten in Verbindung bringt.

Eine Verbindung zwischen Jupiter und Pluto zeigt die Möglichkeit an, die eigenen Handlungen immer wieder in Frage zu stellen und durch diese beständige Hinterfragung seine Psyche zu erkennen und mit höheren Bewußtseinsebenen in Berührung zu bringen. Dabei besitzen unter diesem Stern Geborene ein gutes Gespür für alles Verborgene, für die Strukturen, die unter dem Sichtbaren verborgen sind. Gleichzeitig entwickeln sie eine so starke psychische Kraft, daß sie ihre tiefengründigen Erfahrungen in die Realität übertragen können und diesem konkreten Rahmen inhaltlich auch Ausdruck zu verleihen vermögen. Damit neigen sie allerdings auch dazu, ihr eigener Maßstab zu werden und anderen ihre weltanschaulichen Erkenntnisse aufzudrängen.

Wir erkennen also in dem, was wir für die Welt halten, nicht die Welt, sondern nur unsere eigene Wahrnehmung, die sich als unsere Welt darstellt. Gleichzeitig ist unsere eigene Wahrnehmung, die sich als Welt darstellt, die Welt selbst, weil sie der Schöpfer aller Dinge ist, die wir jetzt wahrnehmen, und außerhalb unserer Wahrnehmung die Dinge aufhören, das zu sein, was sie für uns sind. Die ganze Welt ist das Produkt unserer Wahrnehmung, und wir sind der Empfänger. Damit nehmen wir unsere eigene Wahrnehmung wahr, indem wir sie als "Welt" erkennen.

Somit wird jede Gottessuche überflüssig, weil wir Gott als unbestimmte Sehnsucht in uns selbst erfahren, die wir seit Urzeiten in uns tragen. Solange wir das aber nicht erkennen, können wir Gott als hübsches Bild in unseren Glauben übertragen. Erst wenn wir uns der Wahrheit stellen, können wir das Gottesbild als jene Denkvorstellung erfahren, die unsere Wahrnehmung aus dem Nichts nach unserem Ebenbild "wahrnimmt".

Das persönliche Karma

Hervorstechend unter dieser Konstellation ist dein früh auftretendes inneres Empfinden, eine besondere Persönlichkeit zu sein und in einer Selbstbezogenheit zu schwingen, die der kindlichen Umgebung ungeheuer ist. Das setzt sich darin fort, daß du später den Menschen das beibringen möchtest, was man als die Beschreibung eigener Bilder formulieren könnte.

Symbolisch ließe sich unter diesem Gestirn ein uralter hoher Würdenträger vorstellen, der sich in der Vereinigung mit Gott oder der kosmischen Urkraft wähnte und die Gläubigen zur kosmischen Vereinigung aufrief. Der sein Ego in das Bild eines Gottes verlegte und glaubte, Gott durch die Befolgung (eigener) Gebote selber repräsentieren zu können.

Wenn es dir durch widrige Umstände im Leben aber nicht möglich ist, dich im eigenen Glanz zu sonnen, dann wirst du deinen Frust, dich in der Erlöserrolle nicht darstellen zu können, auf die Umwelt übertragen, indem du alles in Frage stellst und kritisierst. Es mag aber auch vorkommen, daß du diese Abwehrhaltung zum Ziel erhebst und dadurch den Bock zum Gärtner erklärst bzw. den Teufel mit dem Beelzebub austreibst!

Der Wendepunkt steht erst ins Haus, wenn alle Widerstände beseitigt und aus dem Weg geräumt sind und das Ich auf seinem "Königspfad des Wissens" aus dem Dickicht der Niederungen Sichtkontakt zur Gipfelwand bekommt, um zu den letzten Dingen und bis zur Spitze vorzudringen.

Denn erst wenn du keine äußeren Widerstände mehr vorfindest, kannst du dich auf dich selbst besinnen, und erst wenn du dich auf dich selbst zurückgeworfen siehst, wirst du erstaunt feststellen, daß dir niemand gefolgt ist. Dann wirst du merken, daß dir nur die eigenen Bilder auf deinen einsamen Höhenflügen gefolgt sind, wenn du ganz allein vor dem "Altar des Höchsten" stehst. Dann erkennst du deine Hoffnungen und Wünsche, die vielleicht die karmischen Überreste deiner Maya-, Tolteken- oder Inka-Zeit ausweisen, die im Hier und Jetzt aber keine konkreten Verwirklichungsmöglichkeiten erkennen lassen. Es sei denn die Möglichkeit von Ebenen außerhalb von Raum und Zeit.

Mythologischer Hintergrund

Zeit und Ewigkeit

Plötzlich ging die Türe auf. Eine Lichtgestalt trat auf mich zu. Sterne breiteten sich aus im Zimmer. Ich fragte sie: "Wer bist du?"

Eine Stimme sprach: "Wer ist hier 'du'? Du bist aus dir herausgegangen, weil du dich selber nicht in dir gefunden hast... – ich aber bin in dich hereingekommen, weil ich mich draußen nicht erkannt habe!"

Ich schrie: "Und wie bist du hereingekommen?"

"Ich bin durch dich hindurchgekommen!"

"Was heißt das: 'Ich bin durch dich hindurchgekommen?'"

"Das heißt: daß ich durch die Tür gekommen bin!"

"Wenn du aber durch die Tür gekommen bist: Wie kannst du dann durch mich selber kommen?"

"Indem du die Türe selber bist!"

"Dann zeig mir diese Tür...!" – schrie ich empört. Mich nervte seine kalte Art.

"Die Frage aller Fragen gilt der Tür", hörte ich ganz leise sagen, und jemand blickte mich mit sanften Augen an, "die sich dem Blick entzieht, weil dieser Blick sie selber ist. Doch wer die Antwort selber wäre, könnte auch die Frage nicht erkennen, wie man sein eignes Auge ja ohne Spiegel auch nicht sieht. Erst wenn sich deines hier in meinem findet, lernst du erkennend deinen Doppelblick zu trennen, wo Gott aus Menschen durch die Türe findet, durch die der Mensch in Gott einkehrt: Ich bin das Auge... – doch der Blick bist du!"

Akron, "Die Fünfte Wand"

Fazit

Unter dieser Konstellation richten wir uns nicht mehr nach äußeren Dingen, sondern nach unserer inneren Autorität. Erkenntnis wird als geistige Individualität empfunden; man strebt nach einem autonomen Denken, das sich selber Gesetz ist. Es ist der Ruf Jupiters, aufzubrechen und alle mensch-

lichen Räume zu entdecken, denn diese Reise ist gleichzeitig der Weg, sich lebendig zu fühlen und das Leben in Übereinstimmung mit dem Ewigen zu bringen.

Wir beschäftigen uns daher mit dem Erkennen von Zusammenhängen und Gesetzmäßigkeiten, also mit dem, was die Esoterik *die Erkenntnis der großen Weltgesetze* nennt. Um diese Erfahrungen aber in unsere Realität zu übertragen, müssen wir die inneren Ahnungen, die sich dem unmittelbaren Erfahren durch die Sinne entziehen, in verständliche Bilder übertragen, ohne zu vergessen, daß die Bilder, mit denen wir zu tun haben, nur die persönliche Übertragung überpersönlicher Wahrheiten sind.

Es ist also durchaus legitim, die unvorstellbare Wahrheit in Bilder zu fassen, solange wir uns bewußt sind, daß wir nie mehr als das Bild erfahren, das den faßbaren Teil dieser Wahrheit ausmacht. Damit können wir auch gleich erkennen, daß wir Menschen es kaum jemals mit Wahrheit, sondern immer nur mit dem faßbaren Teil der Wahrheit zu tun haben, der sich in der Symbolik unserer Bilder ausdrückt. Man könnte diese Konstellation als kennzeichnend für das menschliche Bestreben bezeichnen, Bilder zu schaffen und sie als Symbol des Ewigen zu betrachten.

Psychosomatische Entsprechungen

Ausdehnung, Sehnsucht, Heimweh nach Gott ("geistige Zirrhose")

So wie Jupiter das Wirken des Ewigen zu einem persönlichen Erleben gestaltet, so können wir in einem übertragenen Sinne sagen, daß die jupiterhafte Leber (die Leber wird in der Astrologie seit altersher Jupiter zugeordnet) die plutonischen Grundbausteine (Aminosäuren) dem Körper nach dem jeweils artspezifischen Muster zur Verfügung stellt. Damit haben wir in der Jupiter/Pluto-Verbindung die Brücke, die das Tier- und Pflanzenreich mit dem Menschsein verknüpft und in einem symbolischen Sinn sogar ins Anorganische hineinreicht. Wenn du bedenkst, daß auch die Aminosäuren noch weiter zerlegt werden können und Pluto in der letzten Verdichtung (Pluto/Neptun) die atomare Urschwingung symbolisiert, dann kannst du in der Verbindung mit dem neptunverwandten Jupiter erkennen, in welche bewußtseinsmäßigen Urtiefen dieser Aspekt eindringt. (Hier nähern wir uns den Abgründen der Vorstellung, weil diese Konstellation durch Zeit und Ewigkeit hindurch in alle Strukturen hineinreicht, die sich aus den Urbausteinen des Ewigen je zu Leben manifestierten.)

Man muß sich zuerst einmal bewußt vorstellen, daß alle Atome, die die Grundlagen unseres Lebens bilden, seit Anbeginn vorhanden sind und vor uns schon Mitbestandteil von Myriaden anderer Schöpfungsformen waren. Dann erst kann man erfassen, wie alle materiellen Erscheinungen nur die Verdichtung von Schwingungen in Raum und Zeit sind. Denn seit Anbeginn fußen alle Manifestationen der Schöpfung auf den immer gleichen Grundbausteinen, weil sich seit dem Urknall kaum neue Atome entwickelt haben. Die Evolution des Lebens ist also eine ewige Verdichtung immer gleicher Schöpfungsgrundlagen, die sich in immer komplizierteren (feinmaschigeren) Vernetzungen arrangiert. Jedes ist in jedem und alles ist in allem: Das ist die schwindelerregende Erkenntnis, die unter Jupiter/Pluto zu gewinnen ist. Aber ebenso wie die Leber aufbauend wirkt, muß sie auch begrenzen können, was in ihrer Entgiftungsfunktion zum Ausdruck kommt. Sie muß gut unterscheiden können, was für den Körper verträglich ist und was nicht, denn die Evolution kennt nur ein Ziel: Sie will ewig weiterwachsen! Zielloses Wachstum aber führt zur Inflation und diese wiederum zur Depression, und was beim Körper (Leberhypertrophie) und in der Wirtschaft (Umweltbedrohung) gang und gäbe ist, findet seine Parallele in der "geistigen Zirrhose".

Symptom-Katalog

Psychisch
- Rückbeziehung auf Gott, Sehnsucht nach den Vätern (Vaterkomplex)
- Auflösung der Grenzen zum Unbewußten
- Auflösungserscheinungen, Lebensverneinung, Melancholie

Physisch
- Gewebs- und Organregeneration, Bluttransfusion
- Fibrom, Lipom, Adenom, Myom
- und andere (Haut-)Wucherungen, die nicht entarten

Verwandte Jupiter-Symptome
- mit Saturn: Leberzirrhose
- mit Uranus: Sinnlosigkeit
- mit Neptun: Sinnsuche

Homöopathische Mittel

Pflanzen

Helonias bolata (Einkornwurzel)
- schwerste Melancholie, Lebensunlust (Folgen von Erschöpfung, Überarbeitung, Überreizung): D12

Lilium tigrinum (Tigerlilie)
- Auflösung der Grenzen zum Unbewußten (Visionen, Halluzinationen, Alpe und Nachtmahre): D200
- tiefe geistige Niedergeschlagenheit: D20

Paris quadrifolia (Einbeere)
- Rückbeziehung auf Gott, Sehnsucht nach den Vätern (Vaterkomplex): D200
- Gefühl der Dehnung im Kopf (Kopfsymptome): D6

Thuja occidentalis (Lebensbaum)
- "geistige Zirrhose": Auflösungserscheinungen, Lebensverneinung, Melancholie (Einschließung in die innere Welt): D200
- Größenwahn (übersteigerte Bedeutung, illusionäre Ziele, unkontrolliertes Kräftepotential): D30
- Hautwucherungen, Tumore, Warzen und Zysten: D6

Erlösungsformen

Transzendenzsuche (keine Diesseitsflucht):
- Zen-Philosophie (Finden des Suchens + Suchen des Findens = Überwinden der Polarität)
- rituelle Magie (schöpferische Konzentration)
- Sexualmystik (Eindringen in Gott)

Spirituelle Öffnungen

Ritual
Opferung zu Ehren der Götter, Aufgehen im Kosmos (Abenddämmerung), Verschmelzung mit der Vorstellung vom Weiterleben nach dem Tod
Farbe
von Schwarz über Rot ins Licht aufsteigend (aus der Finsternis der Tiefe ins Strahlenweiß der höchsten Liebe)
Duft
Anis, Weihrauch, Kajeput (Silberbaumöl)
Edelstein
Karfunkel (roter Turmalin)
Krafttier
Phönix
Symbol
der tanzende Shiva (bewirkt Weltuntergang)
Mythos
Weltesche Yggdrasil, Midgardschlange, Götterverfinsterung (Menschheitsdämmerung)
Archetyp
Sonnenpriester, Weiser, Philosoph
Gottheit
Gottvater, Tetragrammaton, JHWH und alle Hauptgötter der verschiedenen Kulturen (Quétzalcoatl, altmexikanischer Hauptgott und Priesterkönig der Tolteken)
Kraftort
Gottesnähe (Bauwerke in großer Höhe: Zen-Klöster im Himalaya)
Kultstätte
Ruinen der Inkastadt Macchu Picchu in 3000 Metern Höhe
Sabbat
letzter Tag des Jahres; letzter Erdentag
Musik
"Dies irae" (Requiem) von Hector Berlioz; "Götterdämmerung" von Richard Wagner
Malerei
"Das jüngste Gericht" von Michelangelo
Schrift
Nibelungenlied (die Heldenlieder der Edda); "Also sprach Zarathustra" von Friedrich Nietzsche

SATURN/URANUS

100% Konjunktion; Quadrat; Opposition; Spiegelpunkt
85% Anderthalbquadrat; Quincunx
75% Halbquadrat
60% Trigon; Saturn in Haus 11; Uranus in Haus 10
50% Sextil; MC in Wassermann
40% Halbsextil; Saturn in Wassermann; Hausspitze 11 in Steinbock
25% Uranus in Steinbock; Herrscher von Haus 11 in Haus 10; Herrscher von Haus 10 in Haus 11

♄ ♅

Thema	Aufhebung der Werte, Zerstörung der Form
Ziel	Erneuerung (Umgestaltung von Zeit und Raum)
Sinn	Freisetzung, Neugeburt *(Seht, ich mache alles neu* – Johannes-Offenbarung)
Licht	Selbstüberwindung (Aufbrechen von Verkrustungen und karmische Erkenntnisse, die zu neuen Werten führen können)
Schatten	Angst vor Veränderung und deshalb oft blinde Zerstörung
Leitbild	Hexenverlies, Folterkammer oder vom Blitz getroffenes Gemäuer

Und der siebte Engel goß seine Schale über die Luft. Da kam eine laute Stimme aus dem Tempel, die vom Thron her rief: Es ist geschehn. Und es folgten Blitze, Stimmen und Donner; es entstand ein gewaltiges Erdbeben, wie noch keines gewesen war, seitdem es Menschen auf der Erde gibt. Die große Stadt brach in drei Teile auseinander, und die Städte der Völker stürzten ein. Gott hatte sich an Babylon erinnert und reichte ihr den Becher mit dem Wein seines rächenden Zorns.

Apokalypse des Johannes 16,17-19

Grundlage

Geistige Prägung

Könnte man sich in dir nicht eine Hexe zur Zeit der Hexenverfolgung vorstellen, die auf dem Scheiterhaufen verbrannt worden ist, oder einen Inquisitor, der seine Anlage kompensierte, indem er einen Teil (Saturn) ans Gesetz band und den anderen dadurch befriedigte, indem er Hexen (die außerhalb der Norm Stehenden) stellvertretend für seinen unterdrückten Uranus in den Prüfstand hob und nach Gesetz und Recht verbrannte?

Beim saturnalen Peiniger machte sich seine unterdrückte Uranus-Anlage frei, indem sie sich in den Frauen spiegelte, die ihm dadurch verdächtig und bedrohlich erschienen, damit er gleichzeitig seinen Saturn loswerden konnte und auf dem Scheiterhaufen sozusagen die Spannung seiner eigenen Konstellation verbrannte.

Damit bestrafte sich der Strafende, indem er sich für die Bestrafung in den Frauen bestrafte. Da das Ganze aber in der Projektion stattfand, könnte man jetzt zynisch sagen, daß er die Frauen nur deshalb verbrannte, um sein eigenes Trauma annehmen zu können. Da sich ihm zur Bestrafung aber nur anbietet, was dieses Erleiden in sich trägt, könnte man als Advocatus Diaboli jetzt boshaft fragen, *ob solche Ungeheuerlichkeiten nicht die sinnspendenden Erfüllungen der verdrängten Instinkte innerhalb unserer Gesellschaft sind?*

Kindheit

Um die saturnale Komponente in deiner Psyche leben zu können, setztest du dich schon als Kind dem Widerstand deiner Umwelt mittels einer strategischen Verstrickung aus, wobei du von ihr in deinem Ausbrechen gehindert werden wolltest, damit du dich aus dieser Behinderung wiederum befreien konntest. Dieser Drang, dich immer befreien zu müssen, setzt nämlich ebenfalls einen Zwang voraus, den Zwang nämlich, ständig gehindert zu werden, denn was bliebe dir sonst übrig, woraus du dich befreien könntest? Das Mißgeschick aber, in der Sprengung steckenzubleiben, ist gerade unter anderem ein Symptom unter dieser Konstellation.

Frau

Oft bricht die Schlange in dir durch, dem dämonischen Reiz des Weiblichen huldigend, alles in den eigenen Gefühlswahn einzubinden, was den giftigen Dampf der Hölle atmet. Macht ist deine wahre Droge, das letzte Abenteuer deiner dunklen

Welt; charmant und freundlich kannst du dich nur geben, wenn dir jemand eine maliziöse Abwechslung verspricht. Weil du aber verdrängst, daß das Bedrohlich-Männliche das Gegenstück zu deiner eigenen, verdrängten und gefährlichen Weiblichkeit darstellt und deine Opferrolle nur der List unbewußter Verdrängungsmechanismen entspringt, um das Bedrohliche in der Maske des Rächers zerstören zu können, willst du dich nicht öffnen, sondern suchst statt dessen deinen Peiniger, um durch Rache das innere Gleichgewicht wieder zu erlangen. In deiner eigenen Geschlechtlichkeit entsprichst du nicht der Frau, die ihre Lust loswerden will, sondern einzig und allein dem Opfer, das seinen Täter sucht, um die gemeinsamen unbewußten Bilder zu verbinden und in einem Akt der Gnade durch Austeilen der Strafe Harmonie zu geben und zu finden. Du suchst sozusagen die Berührung des Mannes, der dich einmal vor langer Zeit verbrannte, um deine Rache loszuwerden. Das führt zur Billigung der Rolle, die Schuld des Täters anzunehmen und die (symbolische) Kastrierung durchzuführen. Gleichzeitig wirst du ihn aber nach der erfolgten Opferung den Göttern überlassen, eingedenk der inneren Vorausahnung, daß die Schuld nur einem unbewußten Bild in seiner Psyche entspricht, um seine schuldbewußte Vorstellung bei dir jetzt abzubüßen.

Mann

Versuche zu ergründen, ob du von Stellvertretern der Mutter in Gestalt von Monstern oder Ungeheuern bedroht, verschlungen oder kastriert wurdest, nachdem du die Mutter getötet, vergewaltigt oder auf andere Weise gegen sie rebelliert hattest, denn hier wird die kinderfressende Medea aus den tiefsten Schichten deiner männlichen Seele geweckt und in die Außenwelt getragen. Deshalb löst dieses Gestirn bei dir auch jene geilen Horrorbilder aus, von der Mutter entweder lustvoll verschlungen oder zumindest in irgendeiner Form zur Verantwortung gezogen zu werden. Als Heranwachsender suchst du dann aus der Norm zu springen, weil du dich mit deiner Männlichkeit nicht im normalen Sinn identifizieren kannst. Du kannst deine Männlichkeit nicht annehmen, weil du sie gleichzeitig aufheben möchtest, und das führt zwangsläufig dazu, daß du nach einer Komplizin Ausschau hältst, die dir hilft, deine verdrängte Schuld jetzt loszuwerden, damit sie sich nicht verdeckt entlädt. Du suchst auf der symbolischen Ebene die Berührung der Hexe, die du einmal vergewaltigt hast, denn unbewußt bist du immer noch in deine innere, dunkle Weiblichkeit verstrickt, die du nach außen projizierst. Du suchst die dunkle Frau in deiner Psyche, vor der du dich schuldig fühlst. Da du aber ahnst, daß du sie mit deiner Männlichkeit nie wirst überwinden können, bittest du sie instinktiv, wenigstens dein Opfer anzunehmen, indem du dich selbst zur Kastration anbietest auf dem Altar der Wiedergutmachung.

Sinn/Ziel

Der Sinn dieser Inszenierung liegt aber nicht nur in der Aufarbeitung von Strafe und Sühne, sondern auch in der Überwindung der seelischen Blockaden, durch die du an alten Bedrohungen emotional festhältst. Erst nach der Auflösung verinnerlichter Bedrohungs- und Zerstörungsmuster bist du für neue Schwingungen und eine neue geistige Führung bereit.

Karmisch-seelische Struktur

Die kollektive Struktur

Saturn und Uranus sind wie die Zeiger auf der Schicksalsuhr, die mit ihrem Vorrücken auf dem Zifferblatt neue Lebensabschnitte ankünden. Dann drängen die unbewußten Kräfte nach Veränderung der Dinge, weil die Seele im Innersten spürt, daß der bisherige Rahmen für die Sinnfindung und Lebenserfüllung viel zu eng geworden ist.

Ausgangspunkt könnte die feindliche Kluft der beiden Elternteile gewesen sein, die sich auf das Kind übertragen hat. Das Kind stellt die Summe dieser Feindschaft dar und versucht nun, diesen Zustand durch einen Überbau an Harmonie zu kompensieren. Dadurch entsteht ein Bild zum Guten, eine Verhaltensrichtung, in allem das Bejahende zu erkennen. Damit wird nun versucht, seiner eigenen Disharmonie zu entkommen. Denn gerade diese unlösbare Spannung zu vereinen ist das hohe Ziel, das zu den Gipfeln der Erkenntnis führt. Das heißt, daß man den Kampfplatz seines Bewußtseinsfeldes zu einer Dimension ausweiten muß, wo die sich bekämpfenden Gegensätzlichkeiten nicht nur beide Platz finden, sondern auch die Erkenntnis, daß beide zwar verschiedene Perspektiven eines menschlichen Standpunktes verkörpern, die aber Bestandteil einer gleichen göttlichen Summe sind.

Aber bis diese beiden auseinanderliegenden Pole zur Übereinstimmung gebracht werden können, kommt es zur langsamen Anstauung der saturnischen Kräfte bis zu dem Punkt, wo die Seele erstarrt und nur noch durch den uranischen Blitz wieder lebendig gemacht werden kann, der die unsichtbaren Mauern zerbricht: der Blitz, dessen explosive Tendenz sich im Alltag des Betreffenden ins Schicksalhafte ausweitet, sein altes Weltbild zerstört und Raum schafft für eine neue Inszenierung (so wie es im Tarot der Turm so trefflich symbolisiert).

Das persönliche Karma

Schon der kindliche Drang, seiner Spontaneität freien Lauf zu lassen und das Bestehende über den Haufen zu werfen, ist nur schwer mit der Welt der Erwachsenen in Übereinstimmung zu bringen, sich an der Realität zu orientieren und an dem, was für die Bewältigung des Alltags einen Vorteil erbringt. Es entspricht dies dem ewigen Kampf zwischen dem "Hüter der Schwelle", Saturn, die Grenze zu bewachen, und dem "Hinterfrager dieser Werte", Uranus, die Grenzen zu sprengen.

Dadurch entsteht in dir ein ständiges Hin- und Hergerissenwerden zwischen den Polen der Kristallisierung und der Aufhebung. Die uranischen Kräfte weiten sich plötzlich zu Autoritätskonflikten aus (wie sie in der Auseinandersetzung mit den Eltern erstmals erlebt wurden), die im Verlauf des Lebens immer wieder in die Realität einbrechen können.

Dabei willst du dich vor den uranischen Visionen, die dir die gesellschaftlichen Werte erschüttern und dir die Relativität aller Dinge vor Augen führen, dadurch schützen, indem du dich mit den Konventionen der Gesellschaft identifizierst und sie verteidigst. Dadurch bist du in der Lage, nach außen ein normales Leben zu führen, hast allerdings deine verdrängte Uranus-Anlage als unbewußtes Schicksal gegen dich. Diese kann sich als ein von außen einbrechender Schicksalsschlag manifestieren, der die verdrängte uranische Komponente wieder ans Tageslicht befördert und dich, wenn auch bisweilen auf unangenehme Weise, ins Gleichgewicht zurückkatapultiert.

Oder du versuchst, dich mit der uranischen Seite zu verbinden und dir die Sprengung der Normen ins Pflichtenheft zu schreiben. Dann rennst du verzweifelt gegen alles an, was auch nur entfernt an Tradition erinnert, um die saturnische Beschränkung der Kindheit loszuwerden.

Doch manchmal kannst du auch erleben, wie die befreiten Kräfte überschießen und der Mensch gar nicht merkt, wie dieser scheinbar überwundene Saturn sich gerade in seinen eigenen Taten spiegelt: Aus der Situation, den freien Fluß der Gefühle zu verhindern und nur Menschen zu akzeptieren, die sich in die Strukturen der Gesellschaft binden, hast du dich nur scheinbar in die entgegengesetzte Position gerettet. Denn dann kettest du dich nicht mehr ans Gesetz, sondern meinst ständig, deine Unabhängigkeit beweisen zu müssen.

Eine Besserung läßt sich nur erreichen, wenn du dir bewußt bist, daß es keine Lösung gibt außer der teilweisen Infragestellung und sachten Aufarbeitung deines eigenen Abwehrmechanismus. Dieser verkörpert den Dämon, der so sehr Teil deiner eigenen Natur geworden ist, daß du ihn gar nicht mehr sehen kannst. Sagst du ihm aber unbewußt den Kampf an, so verteidigt er sich dadurch, daß er dich ins andere Extrem zwingt.

Mythologischer Hintergrund

Skylla und Charybdis

Charybdis war ein riesiger, gefährlicher Meeresstrudel, der zusammen mit der Skylla die Meerenge von Messina versperrte und für alle durchfahrenden Seeleute zu einer fürchterlichen Gefahr wurde. Als vielköpfige, hundeähnliche Untiere lauerten sie vorbeifahrenden Schiffen auf und verschlangen erbarmungslos die Seeleute. Sehr bekannt sind sie durch den Sagenkreis um Odysseus geworden, der ebenfalls einige seiner Gefolgsleute bei der Vorüberfahrt verlor. Nicht zuletzt deswegen sind sie zu sprichwörtlichen Begriffen für eine Situation geworden, in der man dem einen Übel nur entrinnen kann, wenn man sich dem anderen gefährlich nähert.

Im Leben symbolisiert eine Verbindung von Saturn und Uranus den inneren Kampf zwischen dem rückblickenden Ordnen und Strukturieren der Traditionen und dem Bedürfnis, das Traditionelle gleichzeitig und ohne jede Einschränkung über den Haufen zu werfen. Psychologisch entspricht dies dem Wunsch, die Enge zwischen den beiden Ungeheuern Skylla und Charybdis ohne Schaden zu passieren, wovon "Skylla" den Wunsch nach Tradition und "Charybdis" den Wunsch nach neuen Werten verkörpert. Die Meeresenge aber sind wir selber, und um so mehr wir uns dem einen Pol nähern, um so deutlicher treten die Unterschiede zum anderen hervor. Denn der Wunsch, sich von den Bildern des Gegenständlichen zu befreien und der Welt ihren Lauf zu lassen, ist nicht leicht mit dem Bedürfnis zu verbinden, sich an die Bilder zu klammern und sich mit ihrer Sichtbarkeit zu identifizieren.

Der größte Feind auf dem Weg nach Hause ist man demnach selber. Die Suche nach der Wahrheit wird durch den Wunsch des Findens dieser Wahrheit verhindert. Man will nicht Wahrheit, sondern nur seine eigene Vorstellung von Wahrheit finden. Wir bemächtigen uns daher unserer eigenen Bilder und glauben dadurch, die Wahrheit zu erfahren.

Das aber ist gerade die Falle von Saturn/Uranus. Die Ich-Findung (Saturn), die sich selber sucht, blockiert gerade die Erkenntnis ihrer eigenen Relativität (Uranus), die man ebenfalls im Innern spürt, deren Erkennen aber die Selbstfindung wiederum ausschließt. Man kann das Ewige nicht ungestraft zum Diener seiner Bilder machen, weil sich das Ewige über persönliche Ziele und Gründe erhebt. Über die Objektivierung seines Ich wäre es sehr schwer, an das verdrängte Subjektive wieder heranzukommen. Damit käme es zur Entfremdung gegenüber der Umwelt wie auch zu einer Isolation gegenüber sich selber. Die Verdrängung des eigenen Subjektiven führt mithin zu einem Punkt, wo sich das Verdrängte verdeckt entlädt. Die losgelassene Emotionalität wird dann zum unberechenbaren Faktor, sie mutiert aus der Form und wird zu einem Risiko im Leben.

Fazit

In Uranus begegnen wir einer geistig-spirituellen Kraft, die sich im Gegensatz zu den persönlichen Planeten von Saturn nicht mehr begrenzen läßt, sondern die im Gegenteil die Zwänge Saturns sprengt, so daß dieser alle Hände voll zu tun hat, um das Echo des Unfaßbaren wenigstens in seinen Bruchstücken zu spiegeln.

In der uranischen Komponente ist nämlich nur der Widerspruch noch widersprüchlich, weil außerhalb des saturnischen Rahmens keine Polaritäten mehr möglich sind. Die uranische Energie baut damit nicht die unterschiedlichen Teile zu einem logischen Ganzen zusammen, wie die saturnische Kraft dies tut, sondern sie erfaßt das Ganze intuitiv in seiner relativen Raum-Zeitlosigkeit genauso wie in jedem einzelnen Detail. Umgekehrt ist es aber gerade die erkannte Relativität allen Seins, aus der sich der saturnische Geist erhebt, weil das Ewige zwar immer gegenwärtig, doch außerhalb der Schwingung unserer Frequenz ist.

Somit ist Uranus in einem höheren Sinne zwar der Schöpfer einer viel größer dimensionierten Raum/Zeit-Wahrnehmung, nur können wir für unseren persönlichen Gebrauch davon nur das entnehmen, was die Saturn-Komponente durch ihren irdischen Filter hindurchläßt: unsere menschliche Vorstellung von Wahrheit nämlich. Denn wir dürfen von der uranischen Unendlichkeit nur das erwarten, was durch die saturnischen Schleusen unseres persönlichen Bewußtseins fließt. Ohne eine gut funktionierende Osmose lieferten wir uns sonst der Vorstellung unserer eigenen Bilder aus. In ihren optimalen Verwirklichungsmöglichkeiten verbinden diese beiden Prinzipien aber Sein und Nichtsein zu einem Ganzen, das in paradoxer Übereinstimmung sowohl unseren Ausschnitt an menschlichem Erkennen beherbergt wie auch die jenseits von Zeit wirkende Ewigkeit.

Psychosomatische Entsprechungen

Unfall, Erschütterung, Schock und Gewalt

Sind Uranus und Saturn angesprochen, das Ungelebte in die Realität zu heben, dann wirst du durch Uranus aufgefordert, den alten Saturn-Rahmen neu zu überdenken. Du mußt also wie auf einem Drahtseil ohne Netz nur im gelassenen Vertrauen auf deine seelischen Kräfte den archetypischen Mächten begegnen. Bist du dazu nicht in der Lage, weil du dich gedanklich über den Alltag nicht hinausbewegst, dann wirst du dieser Erfahrung sozusagen ausgeliefert, indem du sie als Zusammenbruch der alten Werte exemplarisch vorgeführt erhältst. So kannst du über Verlust und Schmerz in Bereiche vordringen, in denen es gilt, für neues Material den Platz zu räumen, den du aus Angst vor neuen Perspektiven mit altem Gerümpel bislang verstellt hieltst. Wenn die Schicksalszeiger der Planeten die verdrängten Kräfte in den Alltag hochheben, werden diese Kräfte in die sichtbare Welt des Alltags übertragen. Diese unbewußten Regulative binden dich dann selbst gegen deinen Willen an Begegnungen und Ereignisse, die dieses innere Scheitern in sichtbarem Schicksal aufzeigen: Verlust und Unfall, Krankheit oder Tod. Wenn du dir aber gleichzeitig vor Augen hältst, daß dir in der Außenwelt nur das begegnen kann, was du als Anlage in dir trägst, dann wird dir hier bewußt, daß Unfälle ebenso wie Krankheiten auf dem Gralspfad deiner unbewußten Absicht liegen, dir das Ungelebte und Verdrängte über die äußeren Einwirkungen zur eigenen Vollständigkeit wieder zurückzuspiegeln.

Symptom-Katalog

Psychisch

- Hyperästhesie aller Sinne, Reflex-Spasmen, epileptische Zustände
- Spannungskrämpfe, unkontrollierte Entladungen (Überreaktionen, motorische Störungen, Zwangsvorstellungen)
- gesteigerte Erregbarkeit (mit gleichzeitig unterdrückter Libido)

Physisch

- neuralgische und neuritische Symptome (Konflikt zwischen Individualität und Tradition)
- spastische Beschwerden (Überreizung, Hysterie)
- Allergien, Ekzeme, physische Blockaden (das Begrenzende wird aufgehoben, die neue Freiheit wird begrenzt)

Homöopathische Mittel

Metall

Thallium
- gereizte Spannungszustände, Blockaden (abwechselnd mit Hyperaktivität): D20
- neuralgische Symptome (spastische, blitzartig einschießende Schmerzen): D12

Pigment

Indigo (Farbstoff)
- übertriebenes Beschäftigungsverlangen, hysterische Anfälle (Reflex-Spasmen) sowie epileptische Zustände mit starker Depression (Unfähigkeit, eindringende Reize zu verarbeiten): D12-D30
- als Beruhigungsmittel: D6

Pflanzen

Baptisia (Wilder Indigo)
- "Jeckyll and Hyde" bzw. schizoide Einbildung (wähnt sich als fremder Teil von sich selbst): D200
- Delirium, Fieberwahn, Melancholie mit Stupor (manisch-depressive Schübe): D30
- Spannungskrämpfe, unkontrollierte Entladungen (Überreaktionen, motorische Störungen, Zwangsvorstellungen): D6-D20

Ignatia (Ignatiusbohne)
- Hyperästhesie aller Sinne, klonische Spasmen, gesteigerte Erregung bei unterdrückter Libido: D30
- spastische Beschwerden bei Überreizung, Blockaden, Hysterie, Krampf: D12
- Gemütsverstimmung bzw. Stimmungswechsel (himmelhoch-jauchzend/zu-Tode-betrübt): D6

Erlösungsformen

Maßnahmen zur Desensibilisierung (Abbau der inneren Ängste durch bewußte Übertreibung: Wespenstich gegen Wespenstichallergie oder Schlammbad gegen Sauberkeitsmanie):
- Feuerlaufen (Auflösung seelischer Blockaden durch brutale Überpeitschung innerer Angstdispositionen)
- Auspeitschen (Ausgeliefertsein und Berührungskontakt als Mittel gegen Abwehrmechanismen und Körperblockaden)
- Fesselspiele beim Liebesakt (Lust durch Auslieferung und Schmerz: Orgasmus findet nicht trotz, sondern gerade wegen der Einengung statt!)
- Unterwerfungsrituale (offensives Einbeziehen der Bedrohung: gegen Unfallneigung sowie Hang zur Selbstzerfleischung)

Spirituelle Öffnungen

Ritual
Hexentanz (Tanz ums Feuer)
Farbe
brennendes Magnesium
Duft
Kampfer; der pestilenzialische Gestank von Pech und Schwefel
Edelstein
Feueropal
Krafttier
feuerspeiender Drache
Symbol
Bocksfuß; umgekehrter Drudenfuß
Mythos
Hexenverbrennung; der Turm zu Babel
Archetyp
Rebell, Oppositioneller
Gottheit
Mephisto und seine Heerscharen von Dämonen
Kraftort
Scheiterhaufen ("Feuerlaufen")
Kultstätte
das Ruinenfeld von Babylon
Sabbat
Winteraustreibung (Verbrennung der Strohpuppe auf einem riesigen Scheiterhaufen)
Musik
"Symphonie fantastique" von Hector Berlioz
Malerei
"Der Garten der Lüste" von Hieronymus Bosch
Schrift
"Hexenhammer" (das 1487 veröffentlichte Kompendium des Hexenglaubens);
"Das sechste und siebente Buch Moses"

SATURN/NEPTUN

100% Konjunktion; Quadrat; Opposition; Spiegelpunkt
85% Anderthalbquadrat; Quincunx
75% Halbquadrat; Saturn in Haus 12
60% Trigon; Neptun in Haus 10
50% Sextil; MC in Fische
40% Halbsextil; Saturn in Fische; Hausspitze 12 in Steinbock
25% Neptun in Steinbock; Herrscher von Haus 10 in Haus 12; Herrscher von Haus 12 in Haus 10

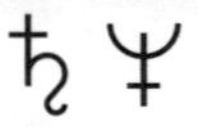

Thema	Askese und Sucht (Realitätsangst, Flucht)
Ziel	Auflösung gesellschaftlicher Strukturen bei gleichzeitigem Festhalten an alten Bindungsmustern
Sinn	Leid und Verzicht oder das Eintauchen in einen höheren Lebenssinn (Erleuchtung, Heimkehr, Transzendenz)
Licht	Opferbereitschaft, Selbstbeschränkung, Stabilisierung des Unbewußten
Schatten	das Erstarren im Grenzenlosen (Ernüchterung, Verhärtung, Ängste und Phobien)
Leitbild	Passionsgeschichte (Christuskreuz)

Ich liebe den Bösen, der weiß, daß er böse ist, mehr als den Gerechten, der weiß, daß er gerecht ist. Von den Bösen aber gar, die sich für gerecht halten, ist das Wort gesagt: "Noch an der Schwelle der Unterwelt kehren sie nicht um." Denn sie wähnen, man führe sie zur Hölle, damit sie die Seelen aus ihr erlösen.

Erzählungen der Chassidim

GRUNDLAGE

Geistige Prägung

In früheren Inkarnationen könnte sich hier ein Priester versteckt haben, ein Würdenträger oder sonst ein Stellvertreter Gottes, ein Repräsentant christlicher Gesetze, der eine Brücke zwischen Gott und den Menschen spannte. Deshalb magst du aus vergangenen Erfahrungen gewohnt sein, in nichthandelndem Selbstmitleid zu verharren, doch mit dieser Handlungsweise schaffst du dir in diesem Leben nur Verdruß. Auch die innere Gewißheit, Teil einer höheren Ordnung zu sein, entbindet dich nicht der Verantwortung, die Dinge zu sehen und beim Namen zu nennen, um nicht im Treibsand deiner inneren Visionen zu verenden. Du hast in vergangenen Leben verpaßt, die Realität zu bestimmen und mußt nun lernen, daß es in deiner Entwicklung erst weitergeht, wenn du die Realität zuerst integrierst, bevor du sie ignorieren kannst.

Kindheit

Als Kind könntest du diesen Aspekt so erlitten haben, daß du in ein familiäres Umfeld hineingeboren wurdest, das aus gesellschaftlicher Sicht im Auflösen begriffen war. Vielleicht war der Vater Alkoholiker oder entfiel aus anderen Gründen. Oder die Mutter nahm Medikamente oder war sonst des Lebens überdrüssig. Auf jeden Fall entzog sich dir jeglicher Rahmen, an dem du dich hättest festhalten können – mit der Folge, daß du deine Realität am Bild deiner Eltern nicht entwickeln konntest und dafür umgekehrt die Welt nach deinen Träumen formtest.

Frau/Mann

Im Alltag wird sich Neptun dann als Bruchstelle der gesellschaftlichen Ordnung auswirken, was dich mit den unbewußten Kräften in deiner Psyche konfrontiert. Langen Perioden der Abstinenz folgen plötzlich eruptive Schübe, um das Bewußtsein aus den Angeln zu heben und die Anpassung an die gesellschaftlichen Bedingungen aufzulösen. Dies kann sich durch plötzlich ausbrechende irrationale Ängste oder Sehnsüchte vollziehen. Oder eine Krankheit könnte zum Mittel werden, der Sehnsucht Neptuns zu erliegen und den Problemen im Alltag ebenfalls zu entfliehen. Es kann aber auch vorkommen, daß du die Symptome projizierst und nur Menschen anziehst, die diese Auflösungstendenzen selber in sich tragen. Dann kannst du dein eigenes Karma stellvertretend durch den anderen ausleben, wobei du ihn an deiner Stelle in die Schicksalsschale setzt, um ihn mit deinem eigenen Schatten aufzuwiegen.

Sinn/Ziel

Neptun steht im Ruf, einen unheilvollen Einfluß auszuüben, weil er eine überpersönliche Kraft verkörpert, die die Seelen zu den versunkenen Brunnenstuben hinabzieht. Saturn ist umgekehrt in der Lage, die Welt des Sichtbaren zu strukturieren und damit unseren Sinnesorganen zu erschließen. Geraten nun diese beiden aneinander, so wird das Sehnsuchts- und Auflösungsprinzip Neptuns mit dem Abwehrmechanismus Saturns konfrontiert, was zu einem gewaltigen Hin- und Hergerissensein der Seele zwischen Suchtgelüsten und Askese führt.

Der Zusammenprall der von Saturn strukturierten Personalität mit den kollektiven Kräften des Unbewußten ist recht heftig. Die von Saturn symbolisierten Abgrenzungen versuchen nämlich sofort, die Auflösungstendenzen Neptuns auszumessen und als "erkanntes Ewiges" in die bewußte Personalität zu integrieren. Dabei will Saturn seine eigene Begrenzung gar nicht aufheben, sondern den erkannten Wert des Ewigen im Gegenteil zum Bestandteil seiner Weltvorstellung machen. Damit aber müßte er erkennen, daß sein eigener Wunsch nach Wahrheit gerade an dem Aste sägt, auf dem er sitzt, weil gerade die vergessene Wahrheit, das verlorene Paradies, die Voraussetzung zu seinem Wunsch nach Wissen darstellt. Denn gerade die Erkenntnis, das Unterscheiden zwischen Gut und Böse, hat ihn ums Paradies gebracht!

Ist nun aber eine Seele reif geworden, diesen gordischen Knoten zu lösen, dann ist Saturn aufgefordert, durch den Wunsch nach rücksichtsloser Selbsterkenntnis gleichzeitig die Barrieren seiner eigenen Abgrenzung niederzureißen, weil nur durch den Abbau der Abgrenzungen die nicht beantwortbare Frage nach dem letzten Sinn als das gefunden werden kann, was sie ist: nämlich genau die Abgrenzung, die Barriere selber, die die bereits begangene Sünde verschweigt und die Vertreibung aus dem Paradies voraussetzt und jetzt unschuldig die Schultern zuckt und kindlich naiv die Frage stellt: *Wo ist der Sinn?*

Die Antwort auf diese letzte Frage aber wäre der Saturn/Neptun-Widerspruch in seiner höchsten Konsequenz: *Der Sinn ist gerade, die Voraussetzung zu dieser Frage zu erkennen, den Unsinn in dieser Vorstellung nach Sinn, denn in der Frage nach dem Sinn ist der wahre Sinn schon wieder verlorengegangen, weil du dich mit dieser Frage außerhalb stellst und dich nicht in dich selbst miteinbeziehst. Die Frage nach dem Sinn ist das Ablenkungsmanöver des materiellen Denkens, das die Vertreibung aus seiner inneren Mitte nicht nur akzeptiert, sondern mit der Schaltung solcher Polaritäten gerade erst voraussetzt.*

Karmisch-seelische Struktur

Die kollektive Struktur

Wenn wir uns Uranus schon als den Schöpfer einer viel größer dimensionierten Raum/Zeit-Wahrnehmung vorstellen müssen, als wir sie durch den Filter unserer Sinne bewußt erfahren können, dann läßt sich die durch Neptun verkörperte Energie nur noch als eine im Unfaßbaren pulsierende Schöpferkraft symbolisieren. Da unsere Lebensströme aber alle aus der unfaßbaren Leere fließen, steht Neptun umgekehrt auch für das innere Bedürfnis der Psyche, ihre persönlichen Gefühle mit den kosmischen Gefühlen des Ganzen zu verschmelzen: eine Annäherung und Wiedervereinigung mit der Mutterquelle anzustreben.

Weil Saturn andererseits die Tat symbolisiert, durch die Schleier von Intuitionen hindurch eine konkrete, strukturierte und abgeschlossene Personalität zu kristallisieren, steht er ganz natürlich in völligem Widerstreit zu Neptun, dem es kein größeres Vergnügen bereitet, als alle Begrenzungen hinwegzuschwemmen und den Ich-Kern aufzulösen. Neptun wirkt durch die Gefühle, und zwar durch die unpersönlichen, kollektiven, was einer vergessenen Sehnsucht entspricht, die ursprüngliche Verbundenheit mit dem Kosmos wieder zu erreichen.

An die Transzendenz sich wieder anzunabeln ist das Credo dieser Gabe. Preis und Opfer die Ekstase, in der der Mensch für die Preisgabe seiner persönlichen Gefühle jenes unpersönliche Gefühl einer inneren Übereinstimmung mit dem Ganzen bekommt. Eine Übereinstimmung mit dem Leben, was gleichzeitig die persönliche Aufgabe des eigenen Ich bedeutet. Das Individuum versinkt in seinem eigenen Bodenlosen und bietet sich als Gabe auf dem Altar des Ewigen unter Opferung der individuellen Persönlichkeitsstruktur an.

Doch diese Flucht hat ihren Preis. Man wandelt durch Räume wie im Traum. Der verdrängte Alltag muß nun in eine Vorstellung gepreßt werden. Das kann zum Realitätsverlust führen, oder, wenn die Realität noch immer durch den Wahn hindurchschimmert, zur Betäubung durch Exzeß. Das Empfinden will die sich auflösenden Reste seines

Egos retten, um die Hilflosigkeit gegenüber den Kräften seines eigenen Wirkens zu verdrängen und über das versunkene Atlantis ins Mysterium zu gelangen. Es wünscht, in den Bildern das Leben zu finden.

Losgelöst aus der Abhängigkeit gefühlsmäßiger Dualität ist die Seele gezwungen, ohne Bezug zu menschlichem Empfinden die emotionelle Leere in sich zu erfahren, aus deren Tiefen die vergessene Wirklichkeit hochsteigt, aber auch die Aufgabe, das Sehnen nach Transzendenz und körperlicher Erlösung in den Alltag zu übertragen. Dieses Ziel nach Vollkommenheit und der Einswerdung mit dem Ewigen zu erreichen, hieße alle Gegensätze zu vereinen. Denn hinter den Polaritäten leuchtet der Gral, und wenn man die subjektiven Zwangsvorstellungen seiner eigenen Selbstdarstellung erst in das Erfassen aller Sinne hinter den Dingen verwandelt hat, in eine Liebe zu allem Sein, dann steigt der Weg in lichte Höhen an, und die Dämmerung der Seele verwandelt sich in Morgenröte.

Das persönliche Karma

Die persönlichen Ursachen der durch diese Konstellation heraufbeschworenen Symptome lassen sich durch eine innere Vorstellung von Schuld erklären, in diese Welt geboren zu sein. Mochte dies in der Voraussetzung wurzeln, in deinem Durchsetzungsanspruch gehemmt oder im Eigenwert gekränkt worden zu sein, oder hattest du von deiner inneren Veranlagung her einfach nicht die Kraft, dich im Menschsein wohlzufühlen, Tatsache ist, daß du dich in das Reich der Träume flüchtest und nicht bereit bist, dich in deiner weltlichen Existenz zu akzeptieren.

Daraus erklärt sich auch dein Verhalten, dem Leben aus dem Weg zu gehen und deine eigene Realität zu leben. Dem saturnischen Bestreben, auf dem schwimmenden Boden neptunischer Imaginationen eine konkrete Wirklichkeit zu errichten, ist kaum Erfolg beschieden, da Neptun sich allem Sichtbaren entzieht aus Angst, sich schuldig zu bekennen, sobald er Eigenart verkörpert oder konkrete Stellungnahme bezieht. Für die Verweigerung der saturnalen Wirklichkeit mußt du allerdings einen hohen Preis bezahlen. Die Realität wird in die Reiche Neptuns abgeschoben und damit entfernt. Was übrigbleibt, sind die inneren Träume, welche du versuchst, über die Realität wieder zurückzubekommen, was natürlich Illusion und Täuschung ist.

Da deine inneren Träume im Kleid der Realität für dich die Realität sind, nützen dir auch die Kompensationsversuche nichts, deine Realität zu verwirklichen, Leistung zu erbringen und dich in der Welt durchzusetzen, weil du damit nur deine Irrationalität zur Wirklichkeit erklärst und deinen eigenen Phantastereien im Kleid der Wirklichkeit hinterherhinkst. Dies kann in der Folge zu gefährlichen Übergriffen führen, wenn du deine neptunischen Einsichten zu Heilsbotschaften erklärst.

Die Diskrepanz zwischen Saturn und Neptun wirkt sich sehr hintergründig und versteckt in deinem Leben aus, weil deine Perspektive die Krise verdeckt und ihr im sichtbaren Leben keinen Platz einräumt. Die Psyche sträubt sich gegen das Erwachen, aber auch in den Träumen tauchen Schuldgefühle auf (weil die verdrängte Realität durchschimmert). Damit bist du zwischen Stuhl und Bank gefallen: Hier kannst du nicht erwachen, weil du die Orientierung in der Welt verloren hast, drüben aber kannst du auch nicht schlafen, weil dir das saturnische Gewissen keine Ruhe läßt.

Um dich aus dieser Misere wieder erlösen zu können, genügt es nicht, die Situation rational zu erfassen, weil sich das Problem gerade in der Ratio versteckt. Im Denken findet sich nur das Denken, das Problem aber zeigt sich darin, daß es dein Denkbild so sehr verändert hat, daß du durch dein Denken in deinem Verhalten nur immer mehr bestärkt wirst und entgegengesetzte Meinungen im Ungehörten verhallen. Die Frage *Wer bin ich, abgesehen von dem, der ich zu sein glaube?* ist der Zielpunkt unter Saturn/Neptun – eine Frage allerdings, die erst unter Zuziehung der Pluto-Komponente beantwortet werden kann (Saturn/Pluto).

Diese unbeantwortete Frage macht diesen Aspekt auch zu einem erfolgreichen Blockierer jeder schlauen Therapie. Die Illusion einer Heilung scheint noch am leichtesten erreichbar, wenn der Therapeut seine Therapie zur Heilsbotschaft erklärt und sie dem gehemmten Patienten schnell aufoktroyiert, bevor dessen selbstquälerische Relativierungszwänge ausbrechen.

Wahre Heilung scheint hingegen nur über die Erfahrung aus den eigenen Leiden möglich, wenn du durch die langjährigen Einwirkungen deiner kraftraubenden Disharmonien endlich müde geworden bist, die eigenen Symptome zu verteidigen und eine Perspektive zuläßt, die dich vollständig einbezieht und zugleich auch in Frage stellt.

Mythologischer Hintergrund

Die Auferweckung des Menschen

In Wahrheit unsterblich ist nur der erwachte Mensch; Sonnen und Götter vergehen – er allein bleibt und kann alles vollbringen, was er will. Über ihm ist kein Gott. Nicht umsonst heißt unser Weg: ein heidnischer Weg. Was der Fromme für Gott hält, ist nur ein Zustand, den er erreichen könnte, wenn er fähig wäre, an sich selbst zu glauben – so aber zieht er sich in unheilbarer Blindheit eine Schranke, die er nicht zu überspringen wagt – er schafft sich ein Bild, um es anzubeten, anstatt sich darein zu verwandeln. Willst du beten, so bete zu deinem unsichtbaren Selbst; es ist der einzige Gott, der Gebete erhört: die anderen Götter reichen dir Steine statt Brot. Unglücklich die, die zu einem Götzen beten und ihr Flehen wird erhört: sie verlieren dadurch ihr Selbst, da sie nie wieder zu glauben vermögen, daß nur sie selber es waren, die sich erhört haben. Wenn dein unsichtbares Selbst als Wesenheit in dir erscheint, so kannst du es daran erkennen, daß es einen Schatten wirft: Ich wußte auch nicht früher, wer ich bin, bis ich meinen eignen Körper als Schatten sah. Eine Zeit, in der die Menschheit leuchtende Schatten werfen wird und nicht mehr schwarze Schandflecken auf die Erde wie bisher, will dämmern, und neue Sterne ziehen herauf. Trag du auch dazu bei, daß Licht wird!

Gustav Meyrink, "Das Grüne Gesicht"

Fazit

Saturn und Neptun zeigen die Tendenz, sich mit letzten Fragen zu beschäftigen, denn Neptun läßt das Interesse für das Ewige aufscheinen, während sich Saturn als Gefäß zur Aufnahme und Abgrenzung dieses Ewigen anbietet. Künstler können sich unter diesem Aspekt als die Empfänger einer gottähnlichen Kraft erfahren, die wahrscheinlich nichts anderes als die Umsetzung einer hohen inneren Inspiration darstellt. Je empfänglicher das Naturell des Geborenen für die höheren Schwingungen ist, desto mehr kann er in die tiefen Schichten dieses Aspektes eintauchen und sich den Weisheiten der Mütter in den Brunnenstuben des Unbewußten hingeben. Damit öffnen sich ihm neue Ausblicke: Er kann seinen Blick in die kosmischen Weiten des Ewigen eintauchen und sich trotzdem seines Ausgangspunktes im Weltlichen bewußt sein.

Doch in der Welt des materiellen Alltags vermag Saturn die neptunische Komponente nur sehr schwer zu integrieren, und so reiht er sie meistens als ein Bild des noch anzustrebenden oder schon selbsterfahrenen Ewigen in das Inventar seiner Weltvorstellungen ein. Da die innere, eigene Welt nun also im Nicht-Realen wuchert, schafft er ihr ein geeignetes Gefühlsreservat. Es ist dies das Träumen im Entschweben, um sich der Wahrheit zu versichern. Man entzieht seine Seele den Straßen des Lebens, um allein und einsam in lichten Höhen ohne Anpassungszwänge die eigene Ewigkeit zu fühlen und ruft sich zum Erlöser aus.

Psychosomatische Entsprechungen

Verdrängungspsychosen, Selbstzerstörungsmuster (Bettnässen, Süchte, Organzersetzungen)

Warst du als Kind ein Bettnässer? Mußtest du nachts deine Blase "loslassen" (Neptun), um den tagsüber durch den Leistungsstreß in der Schule angestauten Druck (Saturn) wieder loszuwerden, und zwar als Gegengewicht zu deiner täglichen Verkrampfung? Oder flüchtetest du später von der genitalen in die orale Phase, um die Routine des Alltags wenigstens für eine kurze Spanne zu vergessen und den angestauten Streß "hinunterzuspülen"? Wenn ja, dann brauchst du dir keine Sorgen zu machen – dann lebst du die Täuschungs- und Verschleierungssymptomatik dieser Konstellation nur sehr offen aus! –, denn der Kontakt der saturnischen Realität mit der Wunschwelt Neptuns ist recht deftig. Nimmt die materielle Verhaftung überhand, dann schleicht sich Neptun als Täuscher oder Säufer ein (oder du wirst traumsicher kompensierend die schwache Stelle beim anderen aufspüren). Dominieren aber die neptunischen Gewässer, entzieht sich die Seele dem täglichen Leben, um ihre spirituelle Erfüllung in geistiger Abgehobenheit zu fühlen. Das kann zu messianischen Visionen führen oder zur Flucht durch Drogen oder Alkohol.

Diese Flucht aus dem Leben kann aber auch eine Flucht vor den ungelebten Inhalten der eigenen Verdrängungen bedeuten, was sich oft in Verdrängungspsychosen niederschlägt. Hierzu ein Beispiel: *Bei einer jungen Frau wurde eine bösartige Gebärmuttergeschwulst gefunden, welche man aber durch Entfernung unter Kontrolle brachte. Bei der Aufarbeitung der Kindheit durch eine parallel angesetzte Psychoanalyse kam zum Vorschein, daß sie als Kind vom Vater sexuell mißbraucht wurde und dieses Erlebnis verdrängt hatte. Dessen Auswirkung auf die Psyche wurde von Neptun verschleiert, der Ekel wurde gedämpft und dem Vergessen anheimgegeben. Doch durch die Schließung einer Ehe wurden die verdrängten Ekelgefühle wieder reaktiviert, und weil sich die Frau gegen den Geschlechtsverkehr nicht wehren, die schrecklichen Erlebnisse aber auch nicht ungeschehen machten konnte, griff ihr Körper zur äußersten Waffe, um diesen Akt (selbst um den Preis der Selbstzerstörung) zu verhindern.*

Symptom-Katalog

Psychisch

- Täuschung, Betrug, irrationale Ängste (Verdrängungspsychosen bzw. Disposition zu Verfolgungswahn)
- Trauer, Hoffnungslosigkeit, Erschöpfung (septische Zustände mit großer Schwäche)
- Disposition zu Melancholie und Weltflucht, Alkohol und Drogensucht (depressive Überempfindlichkeit)

Physisch

- Lähmungen, Erschlaffungen, psychosomatische Symptome: Rheuma, Wucherungen, Hautprobleme (Sexualkontaktabwehr)
- Ablagerung von Giften, Auflösung von Strukturen: Organfäule, Organzersetzung, Knochenentkalkung (Recklinghausensche Erkrankung)
- Insuffizienz der Entgiftungsorgane
- muskuläre Erschlaffung

Homöopathische Mittel

Metall

Alumina (Aluminium)
- stärkt die Neptun-Komponente gegen alle geistigen, seelischen und körperlichen Saturn-Verpanzerungen mit Verzögerung aller Funktionen:
  a) chronische Leiden (D12-D30)
  b) zittrige Schwäche (D6)
  c) ausgetrocknete Schleimhäute (D4)
  d) verkrampfte Realitätsvorstellungen (D30)
  e) apokalyptische Wahnzustände (D200)

Säure

Acidum muriaticum (Salzsäure)
- Organfäule, Organzersetzung, septischer Zustand mit starker Erschöpfung: D30
- verschlepptes Fieber, verschleppte Infektion, lähmende Schwäche bei Krämpfen und Zuckungen: D20
- muskuläre Erschlaffung: D6

Nosode

Syphilinum (Syphilis-Virus)
- psychosomatische Symptome (Rheuma, Wucherungen, Lähmungserscheinungen)
- chronischer Alkoholismus
- Täuschung, Betrug, irrationale Ängste (Trauer, Hoffnungslosigkeit, Erschöpfung): alle D200

Pflanzen

Cicuta virosa (Wasserschierling)
Vergiftung bzw. Ablagerung von Giften:
- Verwirrung, Benommenheit, epileptische Anfälle (Drogen, Alkohol): D12-D30
- Insuffizienz der Entgiftungsorgane: D4-D8

Mandragorae radice (Alraunewurzel)
- nervöser Reizzustand mit depressiver Überempfindlichkeit: D12
- Wechsel zwischen hysterischer Aktivität und dumpfer Entschlußunfähigkeit: D20
- Disposition zu Melancholie und Weltflucht, Alkohol- und Drogensucht: D200

Erlösungsformen

Als Therapie sind alle Maßnahmen zu begrüßen, die den Geist (zur Erlösung seiner meist verdrängten Neptun-Komponente) erweitern und in ein größeres Bewußtseinsumfeld stellen, ihm aber gleichzeitig den saturnischen Blickwinkel belassen, um die erweiterte Perspektive mit den Werkzeugen seiner Sinne erfassen und ausmessen zu können:
- Askese, Fasten (die Reinigung des inneren Tempels führt zur geistigen Klarheit)
- Gebet, Meditation (sich im Fließen verlieren: *Ich bin in allem, alles ist in mir!)*

Spirituelle Öffnungen

Ritual
Fasten, Gebet
Farbe
Violett
Duft
echter Wermut (Artemisia absinthium)
Edelstein
Amethyst
Krafttier
Koralle
Symbol
Dornenkrone
Mythos
Kreuzigung
Archetyp
Mystiker, Märtyrer
Gottheit
Christus
Kraftort
Ashram, Kloster
Kultstätte
Ölberg; Athos, heiliger Berg
Sabbat
Karfreitag
Musik
Gregorianische Chöre; Madrigale von Gesualdo; Amen aus dem "Messias" von Händel
Malerei
"Christus am Kreuz" von El Greco; oder die atmosphärische Andacht auf Arnold Böcklins "Toteninsel"
Schrift
die Schriften Meister Eckeharts

SATURN/PLUTO

100% Konjunktion; Quadrat; Opposition; Spiegelpunkt
85% Anderthalbquadrat; Quincunx
75% Halbquadrat; Saturn in Haus 8
60% Trigon; Pluto in Haus 10
50% Sextil; MC in Skorpion
40% Halbsextil; Saturn in Skorpion; Hausspitze 8 in Steinbock
25% Herrscher von Haus 8 in Haus 10; Herrscher von Haus 10 in Haus 8

♄ ♇

Thema	Stirb und Werde, Werde und Vergeh
Ziel	Wechsel, Umwandlung, Veränderung (Überwindung alter Muster)
Sinn	das vollständige Loslassen (Transformation)
Licht	Erneuerung, Entsagung, Erkenntnis seines wahren Selbst
Schatten	Strenge, Verkrustung, Hartherzigkeit (Gewalttätigkeit, Verbitterung, Sadismus)
Leitbild	Tod bzw. der Phönix aus der Asche

Es wird die Zeit kommen, wo wir alle sterben müssen,
denn der Tod ist das, was am Ende jeden Weges erreicht ist.
Der Tod ist nicht alles, aber ohne den Tod ist alles nichts,
denn der Tod ist nicht das Ende, sondern die Grundlage des Lebens,
und nichts, was wir im Leben empfinden können,
kommt der Lust am Untergang gleich.
Die tausendarmige Göttin

Grundlage

Geistige Prägung

Im Zwielicht dieser dunklen Sterne mag sich in dir ein Alchemist oder eine Zauberfrau verbergen, die aus der Hölle kommen und die Elixiere des Teufels in die Welt mitbringen. Du solltest versuchen, dein Leben in den Tiegel einzugeben, der deine düstere Seele auf dem Feuer in die göttliche Glut einschmilzt. Daß dies nicht ohne Schmerzen wird geschehen können, wird jeder bestätigen, der den Prozeß der alchemistischen Verwandlung kennt. Alle besessenen und schwarzmagischen Emanationen müssen sterben, ehe du wie Phönix aus der Asche neu geboren werden kannst.

Kindheit

Unter diesem Gestirn fehlt dir jeglicher Bezug zur Kindheit, weil die Überwindung des Fleisches, die Wiedergeburt des Geistes, die diese Konstellation regiert, die spontane Entwicklung der kindlichen Gefühlswelt gar nicht zuläßt. Der Geist mag ewig sein und sich immer neue Formen schaffen, und eine erlöste Form ist unwiderruflich dahin. Was vollbracht ist, ist dahin, und Spontaneität und kindliche Gefühle gedeihen nicht unter Saturn/Pluto.

Wenn sich unter Saturn/Neptun die ängstliche Frage stellt: *Wer bin ich?,* dann findet sich unter Saturn/Pluto die donnernde Antwort: *Der, der ich bin!*

Frau/Mann

In dem, der ich bin steigt die Flamme aus dem Stahlbad alchemistischer Transformation empor, welche alle Schlacken des Bewußtseins verbrennt. Das entspricht dem Durchbrechen des ersten Sonnenstrahles nach der langen Finsternis der Nacht und symbolisiert den freien Fluß der Seele, die in der Vorstellung gefangen war. In diesem Lebenszyklus hast du dich mit dem Archetypus von Tod und Wiedergeburt auseinanderzusetzen. Du mußt lernen, dich mit deiner saturnischen Form zu identifizieren und diese gleichzeitig zu vernichten, um in der Asche den Geist deiner Freiheit wiederzufinden, denn Saturn/Pluto ist gleichsam der Flaschenhals, durch den sich die Schuld, die sich während der bisherigen seelischen Entwicklung angesammelt hat, gewaltsam in dein Leben ergießt. Vor jeder Erfahrung lauert der Tod, der notwendig wird, um aus der Hülle herauszuwachsen, die du für dein Schicksal gehalten hast. Erst dann kannst du eine neue Mitte finden, die weit entfernt von dem liegt, was du innerhalb deines alten Rahmens für möglich hieltst. Denn in der Asche sind alle Fixierungen und Bindungen, die dich an diese Welt jetzt zwingen, überwunden, wie sie im befreiten Geist, der aus der Asche steigt, nur noch als Idee des menschlichen Verhaltens eingelagert sind.

In deiner Sehnsucht nach Umwandlung hattest du weder Verständnis für deine noch für die Werte anderer. Dein vergangenes Karma, in dem du ohne Rücksicht auf die Umwelt deinen persönlichen Zielen nachgingst, kann sich in diesem Leben auf einer höheren Stufe wiederfinden, wenn du ohne Rücksicht auf deine eigenen Motive der inneren Stimme nachspürst, die dich zu jenem Umwandlungsplatz der Psyche führt, wo du durch völlige Zerstörung erlöst und umgewandelt wirst. Mythologisch wird dieser innerpsychische Vorgang durch das Bild der sich häutenden Schlange oder den Phönix aus der Asche ausgedrückt. Jesus sprach: *Ich bin die Auferstehung und das Leben. Wer an mich glaubt, wird leben, auch wenn er stirbt, und jeder, der lebt und an mich glaubt, wird auf ewig nicht sterben.* (Johannes 11,25)

Wenn sich dem Saturnier unter Neptun das *Ewige im Göttlichen* anbietet, dann lernt er unter Pluto das *Göttliche in sich selbst* erkennen, und das erschließt sich ihm über den alchemistischen Prozeß der Umwandlung durch Zerstörung.

Sinn/Ziel

Saturn/Pluto kündet vom Zusammenbruch des alten Weltbildes auf dem Weg zur inneren Erkenntnis bzw. vom Scheitern als notwendigen Voraussetzung, um zu einer umfassenderen Wahrheit zu gelangen. Wenn diese Konstellation in deinem Leben "greift" (ausgelöst wird), dann bist du eingeladen, deinen Lebensweg neu zu überdenken, denn das von Pluto verkörperte Prinzip ist eine Reihe von immerwährenden Änderungen, deren Wechsel das einzige Beständige ist. Zeit und Leben stehen so zueinander, daß sich die Zeit an den Stationen deiner lebendig gewordenen Vorstellungen vorbeibewegt, wobei die inneren Bilder oder der Kern deiner Erinnerungen von ihr unangetastet bleiben. Bist du dazu nicht in der Lage, weil du dich nicht reflektierend über den Alltag hinausbegeben kannst, dann wirst du über die Erfahrung von Verlust und Schmerz dazu gebracht werden, dir neue Perspektiven zu erarbeiten und zu neuen Ufern aufzubrechen. Dies ist das Positive, Lebensbejahende an einer solchen Erfahrung: Sie schafft die Voraussetzungen für ein lebendigeres Leben. *Nichts ist so schöpferisch wie der Tod* – denn er ist die Voraussetzung zum Leben!

Hintergrund

Saturn/Pluto verkörpert die Katastrophe, die die natürliche Ordnung wiederherstellt. Obwohl dies aus übergeordneter Perspektive nicht nur folgerichtig, sondern auch buchstäblich lebensnotwendig ist, wird es von dir – auch dies scheint unausweichlich – nicht so empfunden. Ein solches Ereignis kann deine Psyche regelrecht zum Einsturz bringen, wenn es keine andere Möglichkeit mehr gibt, um die starre, lebensfeindliche Haltung des Ich aufzubrechen. Dann kannst du nur noch versuchen, dich mit deinem Schicksal abzufinden, um in der Vernichtung den Geist deiner Freiheit wiederzufinden. Denn unter diesem Gestirn greifst du nicht irgendeine Dimension des Lebens auf, sondern faßt sozusagen mitten ins Schöpfungsloch hinein, denn die Berührung mit dem Kern führt immer zur Begegnung mit der Frage nach dem letzten Sinn: *Der Tod symbolisiert den Lebenskreislauf, wo das Ende bereits im Anfang jedes Werdens keimt, denn der Tod ist die Innenwelt der Außenwelt der Innenwelt, die innen beabsichtigt, was außen erscheint, und die außen zerstört, was innen schon keimt. Er hebt die Seele gebieterisch über sich selbst hinaus, indem er sie gleichzeitig auf sich selbst zurückschmettert.* Somit kannst du das Prinzip dieses Gestirns als tiefste und letzte Wahrheit verstehen, als den Urgrund und den Sinn allen Wesens und Seins.

Karmisch-seelische Struktur

Die kollektive Struktur

Saturn und Pluto symbolisieren zwei verschiedene Dimensionen einer gleichen psychischen Entwicklung. Früher wurde Saturn als der personifizierte Tod oder wenigstens Erfüller unseres Schicksals beschrieben. Erst heute, wo sich der Tod langsam als Etappe in der Erfüllung eines ewigen Kreislaufes herausschält, sind wir bereit, ihn als einen Teil vom Ganzen in den gesamten Zyklus zu integrieren (Pluto) und Saturn als den weisen, alten Mann zu rehabilitieren, der dem Brennpunkt unserer bewußten Erfahrungen entspricht.

Pluto symbolisiert den inneren Schöpfungsplan, der im Menschen angelegt ist, sein inneres Wachstum, das durch die Anlagen in die Umwelt übertragen und realisiert wird, ungeachtet der Widerstände, die sich von außen entgegenstellen, weil diese Widerstände ein Teil des inneren Schöpfungsplans sind. Pluto symbolisiert also die Freiheit des Auges zum Sehen, und das bedeutet nur insofern Zwang, als das Bewußtsein um die Zusammenhänge nicht weiß. Vom Standpunkt des Unbewußten aus sind Freiheit und Zwang gewissermaßen identisch. Der Unterschied ist nur die Vorstellungsperspektive, von der aus man diesen Unterschied beurteilt.

Saturn hingegen ist der Rahmen, in welchem sich die Ewigkeit ausdrückt. Da aber ein Bild nur jenen Teil an Ewigkeit vermitteln kann, der zwischen dem Rahmen Platz hat, erfassen wir im Leben nur jenen Teil an Ewigkeit, der sich in der Faßbarkeit von uns selber befindet. Alles, was wir an Wahrheit je erkennen, ist immer nur die ins Erkennen emporgehobene Selbstbetrachtung: Die Welt durch den Bilderrahmen von uns selbst!

Auf den Alltag übertragen, bedeuten diese inneren Erfahrungen, daß der betreffende Mensch genötigt ist, auch entgegen seiner subjektiven Triebe der tiefen Wahrheit zu begegnen und den Drachen seiner instinktiven Kräfte zu besiegen. Saturn steht für die Begierde des Kontrollierens und Pluto für die Leidenschaft des Verschlingens. Darum nützt es mir auch nichts, den Drachen nur zu kontrollieren, wenn dieser mich im Gegenteil verschlingt und damit integriert – zum Drachen selber werden läßt, welcher die Besessenheit durch die eigenen Begierden symbolisiert und auf die Umwelt projiziert.

Um diese Bedrohung von außen zu verhindern, muß ich den Drachen in mir selbst besiegen: meine zerstörerischen Anlagen von Unbeherrschtheit und Gewalt. Diese archaische und ungezügelte Kraft in meinem Inneren muß sterben, und zwar als erste in einer Reihe von Toden, die mit der Freiheit enden, daß man durch niemand und nichts mehr beherrscht werden kann, wenn man sich aus der unbewußten Angst seiner inneren Vorstellung befreit hat. Dieses Ziel des inneren Sterbens ist dann erreicht, wenn das Ego völlig nackt dasteht, ohne Abgrenzung durch die Kleider der Vorstellung vom "allumfassenden Sein".

Der Orgasmus, der diesen Zustand anschaulich bebildert, ist vom Ego aus betrachtet wie ein kleiner Tod, weil das Ich von seiner Kontrollinstanz getrennt dem Strömen dieser Kräfte hilflos ausgeliefert ist. Jetzt wird uns das Paradoxon klar, daß der Mensch sein inneres Wirken erst dort finden kann, wo er den Kommentar seiner äußeren Vorstellungen aufgegeben hat. Denn dann erscheint er nicht mehr als ein in seinen Bildern eingegrenztes Wesen, sondern er erhebt sich wie Phönix aus der Asche bar seiner täglichen Sehnsüchte, Hoffnungen und Schmerzen.

Das persönliche Karma

Unter dieser Konstellation wirst du schon feindlich in die Welt geboren und dem inneren Leitbild unterstellt, dich allem Gedeihenden und Wachsenden zu widersetzen. Du trägst die Merkmale eines Herrschers aus der Dunkelheit in dir, der bestrebt ist, sich an einer Welt des Unterganges zu ergötzen. Auf diesem Weg stellst du dich den Mächtigen (Erzieher, Lehrer) schon in der Kindheit in den Weg, deren subjektive Hymnen positiver Werte du niemals akzeptieren kannst, auch wenn du ihnen unterliegst.

Das wirkt sich später aus, indem du den totalen Sieg um alles in der Welt erringen mußt, um vor dir selber zu bestehen. Trotzdem dürfte es nicht leicht sein, weil du nur die größten Hindernisse auf dem Umweg zu dir selber akzeptierst – die höchsten Hürden, die die Möglichkeit des Scheiterns in sich tragen, weil du in der Psyche unbewußt zu straucheln suchst.

Es ist aber nicht ganz richtig, wie in vielen Büchern geschrieben steht, daß du die Selbstzerstörung suchst. Das Risiko der Vernichtung ist vielmehr der Anreiz, ein Hindernis überhaupt annehmen zu können. Denn unter Saturn/Pluto mußt du dem Tod ins Auge schauen können, weil der Tod die einzige Instanz ist, vor der du dich im Grunde deines Herzens fürchtest und die du respektierst.

Darum wirst du alle deine Gegner auf das Schlachtfeld zwingen, um dir die Siege zu erringen, die für dich das Salz des Lebens sind. Die destruktive Seite der Gefühle verlangt nach Macht, die durch den Sieg über andere errungen wird. Gleichzeitig bringt dies den erbitterten Widerstand der Umwelt: ein schreckliches Manöver, das deine eigene Besessenheit auf die Alltagsbühne zwingt.

Erst die Krise macht diesem Abnützungskampf ein Ende, wenn du – als Ergebnis der eigenen Projektionen – an der Übermacht der anderen zerbrichst. Die Krise ist der wahre Hauptdarsteller dieser Konstellation, welche auf totales Scheitern ausgerichtet ist, da sich nur im absoluten Mißlingen der Samen findet, aus dem die Einsicht wächst, das persönliche Ego zurückzunehmen und sich in der Heiterkeit des Geschehenlassens neu zu finden.

Denn erst die Seele, die durch den Tod in ihrem Innersten gelernt hat, loszulassen und den Dingen ihren Lauf zu lassen, zeigt die Bereitschaft, dem Ruf Saturn/Plutos nachzukommen und der unbesiegbaren Stimme zu folgen, die in äußerste Grenzbereiche führt, wo Einsicht ins Räderwerk des Schicksals genommen und jedes Geschehen im Leben als folgerichtig angenommen werden kann.

Mythologischer Hintergrund

Der Phönix aus der Asche

Der Phönix ist ein Symbol für das persönliche Tun, das sich selbsterneuernd zerstört, wenn seine Zeit abgelaufen ist, und läßt eine zwanghafte Hartnäckigkeit erkennen, gegen alle Mauern anzurennen und sich den Schädel einzuschlagen, denn das Augenmerk des Menschen unter dem Einfluß dieser Konstellation richtet sich auf die Ausweglosigkeit der eigenen Existenz: Das Fehlerhafte, leblos Gewordene soll mit Gewalt verändert werden. Es ist das überkommene Weltbild, das zunichte gemacht werden wird, wenn die innere Schicksalsuhr die Stunde der Abrechnung mit der Vergangenheit anzeigt. So wie sich das Saatkorn durch seine eigene Kraft zerstört, um im Schößling aufzugehen, so wird auch die menschliche Willkür zerstört, wenn der geistige Wachstumszyklus in Erscheinung tritt und das altgediente Weltbild zerbricht. Erst dann kann die Seele aus den Trümmern ihres Kerkers entrinnen und wie ein Phönix in die Sonne fliegen.

Fazit

Zerstörung bedeutet immer einen Wendepunkt. Sie ist ein sicheres Zeichen dafür, daß man ans Ende des bisher beschrittenen Weges gelangt ist. Ohne Zerstörung würden die fälligen Umwälzungen, das Eröffnen erweiterter Lebenschancen und die solchen kreativen Veränderungen notwendigerweise vorangehenden Entkrampfungen gar nicht möglich sein. Es ist der Mensch selbst, der in sich selbst die Saat der Zerstörung ausbringt! Wollten wir die Zerstörung vermeiden, müßten wir ständig und freiwillig unseren Horizont erweitern, doch dazu sind wir nicht in der Lage. Also wird unser Leben immer unter dem Schatten der Verbindung von Saturn und Pluto stehen, die somit nichts anderes sind als die Schattenseite unseres eigenen Tuns und Lassens, denn alle negativen Schilderungen der zerstörerischen Aspekte der aufbauenden Lebenskräfte spiegeln uns nur unsere Angst vor unseren eigenen inneren Dämonen wider. Dieses Gestirn ist wie ein Spiegel, in dem wir unser Unbewußtes erkennen können, für das wir sonst blind sind. Wir müssen begreifen lernen, daß diese Konstellation nicht "böse" oder "negativ" ist, sondern einfach die notwendige Gegenkraft zu unserem eigenen, sonst krebsartig wuchernden Wachstum bildet.

Psychosomatische Entsprechungen

Lebensangst, Tod oder die Angst vor dem Ende des Lebens

Ist es nicht so, daß eine ängstliche und verkrampfte Einstellung zum Tod gerade dem Archetypus von Saturn und Pluto entspricht, weil Pluto die Umwälzung einerseits verkörpert, Saturn diese Veränderung aber nicht zulassen will? Wurde der Sensenmann im Mittelalter nicht gerade darum mit Saturn identifiziert, weil es hier nicht um den Tod, sondern um unsere Vorstellung des Todes, die mit Schmerz und Loslassen verbunden ist, ging? Saturn als Sensenmann ist sozusagen das Resultat der Vorstellung unserer Angst vor dem Tod, und das ist das Gegenteil von Tod, weil die Angst mir ihren Symbolen nicht den Tod, sondern das “Ende des Lebens” bebildert, denn Saturn/Pluto symbolisiert die Angst des Individuums vor dem Ende, und dieses Ende betrifft ja nicht den Tod, sondern das Leben! Dieses bewußte Verdrängen der natürlichen Zusammenhänge verhindert einen gelassenen Umgang mit dem Tod, mit jeglicher Umwandlung oder Transformation. Selbst die Philosophie der Wiedergeburt ist eine Flucht vor der Auseinandersetzung mit dem Tod: Erlösung, die man so lange nicht erreichen kann, wie man den Tod als Zielpunkt jeder Handlung nicht erkennt. Doch um deinen inneren Frieden zu finden, mußt du unter diesem Gestirn die Angst vor dem Tod völlig überwinden, die Angst vor der Unerbittlichkeit der Wahrheit, *daß alles sein Ende haben muß, weil es sonst keinen Anfang hätte!*

Symptom-Katalog

Psychisch

Blockierte Transformationsprozesse:
- Fixierungen, Platzangst, Agoraphobie
- Verhärtungen in der Psyche (Hartherzigkeit)
- Zwangsverhalten: Wahrheit um jeden Preis!
- Besessenheit, Selbstzerstörung, Einwirkung von Gewalt (permanente Depressiv-Suggestion)
- Schreck, Entsetzen und Todesangst (Anfälligkeit für streßerregende Sinnes- und Gefühlsreize)

Physisch

Sklerotische Zustände:
- Arthrosen, Sklerosen, Knochenkaries
- Durchblutungsstörungen, Muskelverkrampfungen
- chronische rheumatische Prozesse, Sehstörungen, skrofulöse Diathese
- Spasmen der willkürlichen und unwillkürlichen Muskulatur
- Aufblähungen von Magen und Gedärmen
- Spermatorrhö

Homöopathische Mittel

Metall

Plumbum metallicum (Blei)
Das klassische Mittel für sklerotische Zustände:
- Arthrosen, Sklerosen, Knochenerkrankungen
- Durchblutungsstörungen, Muskelverkrampfungen
- blockierte Transformationsprozesse (Fixierungen, Platzangst, Agoraphobie): alle D12

Organische Verbindung

Petroleum (Steinöl)
- Schreck, Entsetzen und Todesangst (Anfälligkeit für streßerregende Sinnes- und Gefühlsreize: bei seelischer Überreizung Wahrnehmungszerfall): D30-D60
- depressive Verstimmung (nach emotionalen Reibereien), Niedergeschlagenheit: D12-D20
- chronische rheumatische Prozesse, Sehstörungen, skrofulöse Diathese: D8-D12

Pflanzen

Asa foetida (Teufelsdreck)
- blockierte Transformationsprozesse: Gas- und Kotbauch (kombiniert mit Durchfall oder Aufstoßen der Speisen), Aufblähung von Magen und Gedärmen
- spastische Enge (Spasmophilie), Entzündungen und Eiterungen (Knochenkaries): D4 (physische Beschwerden) bis D12 (seelische Verhärtungen)

Secale cornutum (Mutterkornpilz)
- eruptive Entladungen unbewußter Ängste (Krämpfe, Verspannungen, motorische Ataxie)
- Spasmen der willkürlichen und unwillkürlichen Muskulatur: alle D12

Ustilago maydis (Maisbeulenbrand)
- große Niedergeschlagenheit (bei gleichzeitiger Erregbarkeit)
- zwanghafte Selbstzerstörungslust, starker Tötungsimpuls (permanente Depressiv-Suggestion)
- Spermatorrhö (Schwäche der Genitalorgane: erotomanisches Vorstellungserleben bei starkem Masturbationsverlangen): alle D8-D12

Erlösungsformen

- Reiz- und Schmerztherapie (Schröpfen, Baunscheidtieren gegen Verhärtungen, Verspannungen, rheumatische Schmerzen)
- Massage (weniger eingreifende Reizmethode zur Linderung von Muskel- und Rückenschmerzen)
- Reinkarnationsanalyse
- Klistiere (Loslassen!)
- Eigenurin-Therapie

Spirituelle Öffnungen

Ritual
Geister- und Totenbeschwörung
Farbe
Schwarz
Duft
Oreganoöl
Edelstein
Onyx; schwarzer Opal
Krafttier
Geier, Schakal, Wurm, Totenuhr
Symbol
Sense, Stundenglas, Hexenkessel, Galgenbaum
Mythos
die vier apokalyptischen Reiter: Pest, Krieg, Hunger und Tod
Archetyp
Spiritist, Schamane
Gottheit
Gevatter Tod
Kraftort
Ruinen, alter Judenfriedhof
Kultstätte
Hiroshima (Friedenspark mit Zenotaph und Memorial Hall)
Sabbat
Halloween
Musik
"Das Buch mit sieben Siegeln" von Franz Schmidt (Johannes-Offenbarung)
Malerei
"Die Pest" von Arnold Böcklin;
"Floß der Medusa" von Théodore Géricault
Literatur
"Die Elixiere des Teufels" von E. T. A. Hoffmann

URANUS/NEPTUN

100%	Konjunktion; Sextil; Quadrat; Trigon; Spiegelpunkt
85%	Uranus in Haus 12; Neptun in Haus 11
75%	Halbsextil; Halbquadrat; Anderthalbquadrat; Quincunx
60%	Hausspitze 11 in Fische; Hausspitze 12 in Wassermann
50%	Herrscher von Haus 11 in Haus 12; Herrscher von Haus 12 in Haus 11
40%	Herrscher von Haus 11 in Fische; Herrscher von Haus 12 in Wassermann

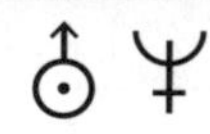

Thema	Einkehr in Gott (Eingebung, Versenkung, kosmische Vision)
Ziel	Flucht in die Freiheit
Sinn	Untergang, Karmabewältigung und Auferweckung (Wunsch nach Befreiung von altem Karma)
Licht	Lösung von Verdrängungen und Greifen nach dem Unfaßbaren
Schatten	Auflösung des Egos, Ich-Zersetzung (irreale Ideale, göttlicher Wahn)
Leitbild	Seraphim und Cherubim; der Thronsaal Gottes

Ich glaube,
daß wenn der Tod unsere Augen schließt,
wir in einem Lichte stehn,
von welchem unser Sonnenlicht nur der Schatten ist.
Arthur Schopenhauer

GRUNDLAGE

Geistige Prägung

Diese Disposition zeigt in die Richtung, das Leben gar nicht leben zu wollen, sondern bloß seine höhere Vorstellung davon – dieser aber betont nachzueifern, um die Wirklichkeit in den eigenen Illusionen unschädlich zu machen. Deshalb läßt sich hinter dieser Verbindung ein religiöser Mystiker vergangener Tage erahnen, der schon glaubte, sich mit Gott vereint zu haben. Nun ist er eingeladen, die Wahrheit auf Erden durch den Schleier Neptuns so lange zu suchen, bis er erkannt hat, daß sein "Emporgehobensein in Gott" nur seine eigene Selbstgefälligkeit in selbstbetrügerischer Weise spiegelte.

Frau/Mann

Zu den Mysterien der überpersönlichen Aspekte gehören auch Begegnungen mit Göttern und Dämonen. Wenn diese unter Uranus/Pluto mehr zu höllischen Schockerlebnissen hinzielen, bei denen man zerstückelt, verstümmelt oder sonstwie aufgefressen wird, dann führen sie unter Uranus/Neptun in die Bezirke der Seele, wo Spiritualität und kosmisches Bewußtsein betont hervorgehoben werden will. Unter dem himmlischeren Einfluß dieses Gestirns wirst du nämlich empfinden, daß es nicht der eigene, sondern der kosmische Wille ist, der dich durchfließt, denn du wirst über das unendliche Meer neptunischer Imaginationen getragen und kannst darin deine Träume erkennen, die du als Zukunftsvisionen erfährst. Zeiten der Inspiration, in denen du spürst, daß die subtileren, nichtstofflichen Aspekte des Seins viel wichtiger sind als die weltlichen, stofforientierten Dinge, steht die Erfahrung gegenüber, daß es sich bei den kosmischen und universellen Ebenen vielfach um Wunschvorstellungen handelt, die das Bestreben wiedergeben, die eigenen Träume in den Mittelpunkt zu heben, um die ungeliebte Realität darin auflösen zu können. Sie erzeugen eine Wirklichkeit, die aus dem Chaos des Ur-Schöpferischen entspringt und in der du dich entweder finden oder verlieren kannst. Finden kann sich der, der sich verlieren kann, um sich zu relativieren, und verlieren wird sich der, der an seinem Ego festhält.

Karmisch-seelische Struktur

Die kollektive Struktur

Schon bei Uranus haben sich Zeit und Raum durch grenzüberschreitende Einfälle oder Ereignisse stark erweitert und unser Vertrauen in die Realität stark relativiert. Mit Neptun tritt jetzt aber zu diesem bereits zwischen die Polaritäten geratenen Bewußtsein noch die Auflösung des persönlichen Egos hinzu, was Visionen anzeigt, die über das Materielle hinausgehen und in den Tiefen des Unbewußten eine Wirklichkeit anstreben, die nur schwer ins Leben zu integrieren ist.

Beiden Planeten gemeinsam ist die Umwandlung der Werte und das Unbewußt-Unberechenbare ihrer Wirkungsweise. Die Plötzlichkeit, mit der sie bisweilen in das Schicksal übertragen werden, ist allerdings erschreckend und kann den Menschen, dem solches widerfährt, lähmen, weil er auf die Ereignisse, die über ihn hereinbrechen, gar nicht vorbereitet ist. Geschehnisse uranisch-neptunischen Zuschnitts sind den Betroffenen meist Wochen nach der Auslösung noch nicht ganz klar, weil das Bewußtsein so heftig aus seiner Vorstellungswelt gerissen wurde, daß es zur Integration der neuen Vorstellungsinhalte oft Monate oder sogar Jahre braucht.

Uranus/Neptun ist der Schöpfer einer Wirklichkeit, die aus dem Unbewußten kommt und die Strukturen des Bewußtseins aufbricht und ins Unendliche erweitert. Das ergibt einerseits die Möglichkeit, unbewußt Motive, die aus dem ungelebten Leben resultieren, in das Bewußtsein zu übertragen. Eine neue Dimension kann die Zielsetzungen umfluten, wenn die bewußte Personalität gegenüber dem Unvorstellbaren geöffnet wird.

Andererseits kann dies aber auch zu großer Angst vor dem eigenen Erkennen führen, vor dem Loslassen der Bilder, die unsere Welt darstellen. Denn irgendwie wird man sich durch die Lösung von gewohnten Bildern der Verdrängungsmechanismen bewußt, mit denen man die aufsteigenden Bedürfnisse nach Erkenntnis schon oft in die Tiefen des Unbewußten zurückgestoßen hat.

Mit der Lösung aus den Bildern einer begrenzten Perspektive ist gleichzeitig die Zeit gekommen, in der man sich seiner schlummernden Kräfte wieder erinnert. Man riskiert den Blick ins Unbewußte, bis durch Erkennen der Zusammenhänge des Verdrängten die Blockierung überwunden wird und die schlafenden Kräfte hinter der Verdrängung in den Alltag einströmen können. Das entspricht der bewußtseinsmäßigen Erlösung durch Loslassen und Auflösung!

Das persönliche Karma

Psychologisch könnte man den Inhalt dieser Konstellation in jenem Bereich deiner Seele finden, wo du den Geburtsschock noch nicht verkraftet hast, deine eigenständige, abgenabelte Existenz nicht zur Kenntnis nehmen willst und statt dessen die Voraussetzungen deiner körperlichen Existenz in den Sphären halbbewußter, somnambuler Traumvorstellungen aufzulösen suchst.

Dadurch erklärt sich dein Verhalten, die eigenen Sinne zu betäuben, um die Wirklichkeit nicht wahrzunehmen und in jene Bezirke zu verweisen, wo das Wahrgenommene mit dem Wahrzunehmenden nicht in Übereinstimmung gebracht werden muß. Das entspricht dem innersten Bestreben, die eigene Individualität gar nicht zur Kenntnis zu nehmen, um dem Gefühl des Eingebundenseins im Kosmischen nicht verlustig zu gehen.

Unter diesem Zeichen neigst du zu einem Verhalten, dich von den unterschwelligen Sehnsüchten in deiner Psyche überschwemmen zu lassen und dich vermeintlich supraphysischen Kräften hinzugeben, die aus höheren Dimensionen strömen. In Wirklichkeit verhilfst du damit deinen eigenen Vorstellungen im Kleid göttlicher Vorsehung zu einer unbewußten Macht in deinem Leben, die für deine Realität gefährlich werden kann. Gleichzeitig wähnst du dich im Glauben, daß dein mit Uranus/Neptun in Bezug stehender Teil auf irgendeine Weise höher oder spiritueller ist als der Rest. Diese Vorstellung ist der geschickte Schachzug deiner Psyche, um die als unwichtig empfundene Realität von deiner inneren Wirklichkeit abzuspalten. Hierbei wirst du aber mit Erschrecken feststellen, daß du ganz einfach Angst vor dem Leben hast.

Damit wäre der Ausgangspunkt gefunden, die kosmischen Flügel ohne persönliche Verdrängung zur Entfaltung zu bringen und der innersten Bedeutung allen Wesens zu begegnen – ein Ziel, das nicht nur weitestgehendes Erkennen in sich birgt (Uranus), sondern auch tiefliegenstes Empfinden und erlösende Liebe (Neptun).

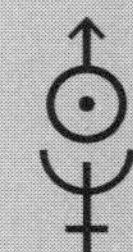

Mythologischer Hintergrund

Der Traum des Ewigen (Das Raum/Zeit-Kontinuum)

Uranus/Neptun umschreibt die in Begriffen gefaßte Vorstellung von der höchsten, im Verborgenen wirkenden Schöpfungsenergie, die Schwingung des Geistes, der aus der Leere schöpfend und ins Nichts ausfließend den Traum des Ewigen erschafft. Es ist der Gedanke Gottes, der dem Nichts entspringt, in das er auch wieder zurückkehren muß, und aus diesem Grunde gibt es keinen Anfang und kein Ende. Jeder Vorgang verändert alle anderen Vorgänge, deshalb fließen in die Erlebnisse, die wir zu irgendeinem Zeitpunkt an irgendeinem Ort haben, immer auch die Energien aller anderen Ereignisse mit ein. Umgekehrt hat auch jede unserer Erfahrungen Wirkungen auf die Vergangenheit und Zukunft aller anderen Ereignisse, die sich in Zeit und Raum manifestieren: gerade so, wie ein ins Wasser geworfener Stein Wellen verursacht, die sich in alle Richtungen und tatsächlich über alle Wasser des Planeten bewegen. Energetisch relevant sind beide Pole: die *Vergangenheit der zukünftigen Absicht des Werfenden* ebenso wie die *Zukunft der Wellen, die der Stein auslöst.* Alle Formen von Entwicklung existieren gleichzeitig, getrennt nur durch das Raum/Zeit-Verständnis unseres Bewußtseins, denn Uranus/Neptun repräsentiert das Ende, das seine Erfahrungen aus der Zukunft in die Vergangenheit einprägt.

Fazit

Wir spiegeln uns in allem, und alles spiegelt sich in uns: Glaube und Bilder erschaffen jenen Teil der Wirklichkeit, den wir als unsere Realität erleben, gestalten astrale Energien zu sichtbaren Formen, die wir als gegenständlich empfinden und formen schließlich uns, die wir die Welt formen, damit die Welt, in der wir leben, immer genau unserer Wirklichkeit entspricht. Uranus und Neptun schaffen ein Gefühl, eine Sensibilisierung für die Netzwerke des großen All-Bewußtseins, und sie statten uns mit der Gewißheit aus, intuitiv und fehlerfrei mit dieser feingesponnenen Organisation, in der selbst das Chaos Funktion und Bedeutung hat, umzugehen. Sie inspirieren uns dazu, sowohl auf archaische wie auch auf futuristische Rezepte zurückzugreifen, um uns in die universalen Netzwerke einzuklinken. Ob aber mit Hilfe schamanistischer Rituale die Erde geheilt oder mit kybernetischen und quantenphysikalischen Modellen Einblick in das große Ganze gewonnen werden soll – immer ist es die Rück-Orientierung an das Infantile und Unerfüllbare, die durch diese Konstellation zum Ausdruck gebracht wird.

Psychosomatische Entsprechungen

Geistige Verwirrung, schizothyme Symptome (innere Erkenntnis neben tiefer Depression)

Wenn du aber weißt, daß sich im Himmlischen nur das Menschliche verbirgt, und wenn du die Gestirne dabei als die Werkzeuge siehst, um deiner Kreativität Ausdruck zu verleihen, sozusagen als einen Spiegel dessen, was du aus der unbewußten Ebene in die bewußte überträgst, dann kann dir Uranus/Neptun ein guter Freund dabei werden, die Göttlichkeit genauer zu betrachten. Zwar bist du anfänglich oft geneigt, deine Aufmerksamkeit dem Materiellen zu entziehen und sie in das Geistige einfließen zu lassen, ohne zu bedenken, daß das Materielle und das Spirituelle nur verschiedene Aspekte der gleichen Schöpfungsmasse sind. Dann strebst du nach Überwindung all dessen, was normale Menschen motiviert und erwartest dafür spirituelle Erfüllung. Da es aber nicht in der Natur dieses Aspektes liegen kann, dich über irreale Ideale zu erlösen, kann diese Konstellation ebenso zu geistiger Verwirrung führen. Dann nämlich, wenn du nicht die innere Beweglichkeit mitbringst, dein Leben als eine individuelle Antwort auf die Frage nach dem Sinn der Schöpfung zu betrachten. Und deine Antwort in der Art und Weise, wie du mit diesen Fragen umgehst.

Symptom-Katalog

Psychisch
- Apathie, psychogene Amnesie, geistige Verworrenheit (Trägheit, Interesselosigkeit, Bewußtseinstrübung)
- Sinnestäuschungen, einschleichende Ängste, schizoide Symptome (Phobien als einschleichende Form von Delirium)

Physisch
- Einwirkungen auf das Nervensystem: Koordinationsstörungen, Nervenschwäche, Verlust der Reflexe
- Konvulsionen, Delirien (bei intermittierenden Fiebern)
- Spinalgie, Rückenmarksprobleme, Lähmungserscheinungen (Rhythmuslähmungen)

Homöopathische Mittel

Alkaloid

Morphinum (Opiumalkaloid)
- schizoide Symptome, depressives Delirium, Hyperästhesie: D200
- Bewußtseinstrübungen, Wahnideen: D30

Pflanzen

Conium maculatum (Schierling)
- versponnene Abneigung gegen die Umwelt (Trägheit, Interesselosigkeit, Gedächtnisschwäche): D30
- Senilität, Verwirrung, Nervenschwäche (unterdrückter Geschlechtstrieb, Hysterie, Hypochondrie): D12-D20
- körperliche und geistige Erschöpfung, Schwindel, Koordinationsstörungen, Unvermögen von geistiger Anstrengung: D6-D12

Eupatorium aromaticum
(Weiße Schlangenwurzel)
- nervöse Ruhelosigkeit, Kopfschmerzen, übertriebene Wachheit (geistige Überfülle bei gleichzeitigen Ermüdungserscheinungen): D4-D6
- geschärfte, jedoch bedrohliche Wahrnehmungszustände (Krisen, Hoffnungslosigkeit, Bewußtseinsverschiebungen): D8

Oxytropis campestris (Gemeiner Spitzkiel)
- Einwirkungen auf das Nervensystem: Koordinationsstörungen, Schwäche, Verlust der Reflexe: D30
- Abneigung gegen Aktivität (will allein sein): D20
- Spinalgie: D6

Sabadilla officinalis (Läusesamen)
- Schreckhaftigkeit, Senilität, vermindertes Denkvermögen: D12
- Konvulsionen, Delirien (bei intermittierenden Fiebern): D12-D20
- Sinnestäuschungen, einschleichende Ängste, Isolationsverlangen; bei hysteroiden Psychopathien generell D20

Tier

Crotalus horridus (Klapperschlange)
- schizoid (Wahnideen als schleichende Form von Delirium): D200
- Apathie, psychogene Amnesie (Erinnerungslücken): D30
- Melancholie mit Ängstlichkeit (Aufschrecken im Schlaf): D20
- Nervosität mit Zittern und Schwäche: D6-D12

Erlösungsformen

Vergeistigung (Liebe ohne Berührung):
- Auramassage und magnetische Heilung (Aura-Fotografie)
- Irisdiagnostik, Bach-Blüten, Kinesiologie
- Handauflegen, Geistheilen, Meditation, Gebet

Spirituelle Öffnungen

Ritual
geistige Versenkung
Farbe
alle Regenbogenfarben
Duft
Orchidee
Edelstein
Alexandrit
Krafttier
Taube
Symbol
Regenbogen
Mythos
Und es ward... Licht! (Genesis)
Archetyp
Illuminat, Illusionist
Gottheit
Heiliger Geist
Kraftort
am Ende des Regenbogens
Kultstätte
"Templo de la Sagrada Familia" in Barcelona
Sabbat
Pfingsten
Musik
"Parsifal-Ouvertüre" von Richard Wagner
Malerei
Lichtverteilungen (Gelbverschwebungen) von Vermeer van Delft ("Milchmädchen");
Licht- und Wassertransparenzen von William Turner ("Norham castle" bei Sonnenaufgang)
Schrift
"Hyperion" von Friedrich Hölderlin

URANUS/PLUTO

100% Konjunktion; Quadrat; Spiegelpunkt
85% Uranus in Haus 8; Pluto in Haus 11
75% Halbsextil; Halbquadrat; Sextil
60% Uranus in Skorpion; Hausspitze 8 in Wassermann; Hausspitze 11 in Skorpion
50% Herrscher von Haus 8 in Haus 11; Herrscher von Haus 11 in Haus 8
40% Herrscher von Haus 8 in Wassermann; Herrscher von Haus 11 in Skorpion

♅ ♇

Thema	Ego-Transformation durch Bindungsrituale, schwarze Magie, ritualisierte Sexualität und kollektive Hysterie
Ziel	die Begegnung mit dem Schatten
Sinn	Metamorphose
Licht	Auseinandersetzung mit den Schattenbereichen des eigenen Selbst (Luzifer als Lichtbringer)
Schatten	Identifikation mit dem Teufel (der Teufel ist genauso wie Gott eine aus der eigenen Tiefe evozierte Kraft)
Leitbild	Hölle (das Licht der Dunkelheit)

Wem der Teufel nicht mit Gewalt den Hals in den Rücken dreht, der wird auf seinem unaufhaltsamen Weg ins Land der Schatten niemals den Aufgang des Lichtes erblicken. Wer aufwärts klimmen will, muß abwärts steigen, dann erst kann das Untere zum Obern werden.
Gustav Meyrinck

Grundlage

Geistige Prägung

Da Uranus neben der Hervorhebung der eigenen Freiheit und der Herausstreichung der persönlichen Unabhängigkeit auch die Aufhebung der Realität anzeigt, verkörpert er im Verbund mit Pluto ein eigenes Inventar von Bildern, das sich so der Welt verkündet: *Das einzig Beständige ist gerade das ewig Unbeständige. Nichts bleibt bestehen – aber das bleibt beständig!*

Uranus ist das Regulativ des Unbewußten, das aufhebt und herausführt aus den Polaritäten, wenn diese für das Individuum nicht mehr lebbar sind. Es ist dies der logisch nicht mehr nachvollziehbare Versuch, eine Entfernung von seiner eigenen Subjektivität zu erreichen, ohne zu bemerken, daß gerade das wieder zum Bild der eigenen Subjektivität wird: nämlich zum Bild, über das Subjektive hinauszugelangen. Es ist dies der unbeschreibliche Versuch, sich selber außerhalb von sich selber zu begegnen!

Geburt

Die Hornstöße dieser höllischen Verpflichtung klingen schon während des Geburtsakts an, denn die darin inkarnierte Botschaft signalisiert Abwehrbereitschaft gegenüber einer feindlichen Welt, was oft eine lebensbedrohliche Situation impliziert (Erstickungsgefahr). Sei es, daß du dich schon im Mutterbauch ausgestoßen fühltest, auf jeden Fall reagiertest du mit einer trotzigen Gebärde, dich nämlich jenem Leben gar nicht erst auszuliefern, dessen unbewußte Signale, unerwünscht zu sein, du bereits während der Schwangerschaft empfingst. Später möchtest du die Menschen zwingen, dir die vorenthaltene Anerkennung, die nie erlebte Geborgenheit zurückzugeben, was zu rohen Übergriffen führen kann, aus Angst vor der Angst im eigenen Empfinden.

Frau

Diese Angst tritt stets hervor, wenn du dich an Gefühle bindest. Da du diese Angst auf die Dauer nicht aushältst, verzichtest du lieber auf persönliche Gefühle, als daß du dich der emotionalen Spontaneität des Lebens öffnest. So wird der Verzicht auf das lebendige Leben zur Voraussetzung überhaupt, leben zu können, und dir wird plötzlich bewußt, wie die Realität aus den eigenen Bildern entwichen ist, daß diese nur noch leere Hüllen sind, geboren aus dem Mitleid der Götter, den Ursprüngen deines inneren Verhaltens nicht ins Auge schauen zu müssen, um dem Schrecken der Wahrheit über deine eigenen Beweggründe zu entgehen. Deine dämonische Weiblichkeit zielt darauf, die Natur zu überlisten und dich der eigenen Mutterschaft zu widersetzen, um damit

Widerstand zu provozieren. Als Frau unter diesem Einfluß siehst du alle Gesetze und moralischen Einwände als Zeichen, die urschöpferischen Triebe des Weibes einzuengen und das Ausleben (auch) der dunkleren Instinkte zu hintertreiben. Dem setzt du deine aufpeitschenden Exzesse gegenüber, indem du dich in Hexenzirkeln oder magischen Vereinigungen organisierst, dich mit Hexensalben einreibst und damit symbolisch zu den Müttern in die Brunnenstuben steigst.

Mann

Als Mann fühlst du dich von deinem eigenen Aggressionspotential bedroht. Du wirst von den finstersten Alpmahren und Nachtgespenstern umzüngelt, denn um die Rückführung zu deinem inneren Frieden wieder zu erreichen, mußt du erst durch die Hölle. Die innere Angst, die eine immer wiederkehrende Paraphrase des Geburtstraumas darstellt, verwandelt deine lüsterne Triebenergie in die würgende Mutter, den Schatten deines weiblichen Selbst, die von einer Menge nackter Männer angebetet wird. Indem du deinen eigenen Untergang herbeisehnst, buhlst du nach der Hexe, damit sie dir deine inneren Höllenbilder zurückbringe. Dann öffnest du dich zur Vereinigung mit Gott, in der du auch Satan anrufst und Tote beschwörst, weil du auf die Verkörperung von Tod und Teufel keinesfalls verzichten willst, durch welche sich die Lebenskraft nach deiner Meinung inkarniert. Du suchst den Engel oder die Hohepriesterin, die ihren göttlichen Zorn durch ihre Peitsche verteilt, wenn du dich selbst als hilfloses Opfer auf dem Altar der Gewalt ankettest.

Somit gehst du buchstäblich die Straße ins Nichts, den Weg zur Hölle; aber dies ist der einzige Pfad, den du mit deinen Augen erkennen kannst. Selbst wenn du spürst, daß dich dein Wahnsinn in den Abgrund führt, wäre es für dich noch schwierig, deine inneren Gedankenbilder anzuhalten, deine Bestrafungsmuster zu erkennen und deine Selbstzerstörungsmechanismen zu unterbinden. Erst im Feuer deiner absoluten Krise, nach vielen Reinigungsprozessen, kannst du die Erfahrung machen, daß du alle deine Vorstellungsinhalte leicht zurücklassen und den Weg zu dir selber zurückfinden kannst, wenn du nur das eine beherzigst: alle Brücken hinter dir abbrennen und auf keinen Fall zurückschauen!

Karmisch-seelische Struktur

Die kollektive Struktur

Menschen mit einer starken Uranus/Pluto-Betonung im Horoskop träumen von einer idealen Welt und kämpfen für sie, ohne zu bemerken, daß das Ideale nur das Produkt ihrer eigenen Vorstellung ist. Wenn sich ihre Träume aber nicht erfüllen, würden sie eher die ganze Welt zerstören, als zu akzeptieren, daß ihre Wünsche nicht erfüllbar sind. Sie sind zu sehr in die Lösungen ihrer inneren Spannungen eingebunden, um Anregungen von außen aufzunehmen. Die Realität formen sie nach ihrem eigenen Bilde und bestimmen so, was gut und richtig ist. In ihrer subjektiven Schöpferrolle stellen sie alles in Frage und nähren so den Keimungsprozeß des Irrationalen im Rationalen, des Geistigen im Zeitlich-Räumlichen, der Vorstellungsüberwindung im Vorstellbaren.

So richten sie ihr Leben nach den Bildern ein, die sie sich von der Wirklichkeit machen. Sterben gewissermaßen in die Bilder hinein, um sie im Ich (wieder-)gebären zu können. Gleichzeitig sind sie darauf angewiesen, daß die Bilder, denen sie ihre persönlichen Empfindungen geopfert haben, wenigstens absolut und sicher sind, damit sie als Gegenleistung für die verlorene Subjektivität wenigstens Klarsicht und Objektivität gewinnen. Das entspricht der Vergewaltigung der Empfindung durch die Strukturen der eigenen Prägemuster.

Das persönliche Karma

Schon als Kind fühltest du dich nicht angenommen, weil du dich zu Recht als Zankapfel zwischen deinen Eltern sahst. Du spürtest den Haß der Mutter gegen den Vater, ein Kind haben zu müssen. Und da du die psychische Belastung deiner Mutter nicht sehen konntest, ein Kind nur gegen den eigenen Willen gebären zu können, ist diese Konstellation für die meisten Menschen nur sehr schwer erträglich. Dabei hat sich die Mutter, um überhaupt ein Kind bekommen zu können, mit der Männlichkeit des Vaters gegen die eigene Weiblichkeit verbündet, um das Kind gegen die eigenen Gefühle zu erzwingen, welches sie durch Schwangerschaftsgeschiebe und -gestose aber gleichzeitig gefährdet, weil ihre unbewußte Weiblichkeit zwischen Nähren und Verschlingen hin- und herspringt.

Die verdrängte Bedrängnis, die seit Urzeiten in deiner Seele gärt, auch wenn sie scheinbar in Vergessenheit geriet, löst sich immer dann in deiner

Psyche aus, wenn du in eine enge, gebärmutterähnliche Lage gerätst (Konfliktsituation). Immer dann, wenn du durch Gedankenverknüpfungen die "Gebärmutter" assoziierst, in der du beinahe erstickt wärest, steigt Angst in deinem Inneren auf, der du nur dadurch entgehst, daß du die Voraussetzungen dazu in dir selber erkennst oder aber, was viel häufiger ist, sie in den äußeren Umständen bekämpfst. Und damit zwar etwas wegschiebst, aber nicht löst.

Als Frau kannst du dich beispielsweise weigern, deine Weiblichkeit zu zeigen und viel lieber ohne Berührung leben, als dich dem Manne hinzugeben. Oder du magst dich als Mann dem Weibe verweigern, indem du in die Kinderrolle schlüpfst (in der du dich ihr entziehen kannst, ohne dich allzusehr zu gefährden), oder dich, damit du nicht kastriert wirst, für schwul, impotent oder transsexuell erklärst. Wenn du als Mann aus diesem Verhalten aber herausgewachsen bist und dir das Weibliche unterwirfst, das dich so lange demütigte, kannst du natürlich nicht wissen, daß du mit der Vergewaltigung der (äußeren) Frau doch das ureigenste Weibliche in dir vergewaltigst, was dir jede Selbstfindung verwehrt. Als Frau läßt du das Weibliche ebenfalls nicht zu, nur projizierst du es auf den Mann und bestrafst dich stellvertretend in ihm, falls er dir psychisch unterliegt. Du kämpfst zwar wie ein Mann, hoffst insgeheim aber doch, von einem Stärkeren überwunden zu werden, um dein verdrängtes Weibliches dadurch wieder zurücknehmen zu müssen. Wirst du nicht überwunden, dann wirst du den Mann zum Weibe machen. Wirst du aber überwunden und in die Weiblichkeit gezwungen, z.B. indem du schwanger wirst, dann wirst du deine Frucht ablehnen, um aus der Perspektive deines "inneres" Mannes über dich selber triumphieren zu können. Denn nur ein unerwünschtes Kind gibt dir überhaupt die Motivation, Mutter zu werden. Nur eine erzwungene Schwangerschaft läßt die Möglichkeit zu, die unerwünschte Weiblichkeit durch die Brille deiner Konfliktsituation wenigstens als Strafe annehmen zu können.

Da dir am anderen Geschlecht nur das mißfallen kann, was dich in dir selber stört, heißt die simple Lösung: Erkenne dich... in deinem anderen Geschlecht! Denn wenn du erst einmal erkennst, daß dir nichts von außerhalb entgegenkommen kann, was nicht schon in dir selber liegt, kannst du erfahren, welchem Ziel die Auseinandersetzung mit dem anderen Geschlecht dient – nämlich der Vervollständigung deiner eigenen Persönlichkeit!

Mythologischer Hintergrund

Die Vertreibung aus dem Paradies

Symbolisch gesehen entspricht dieser Aspekt dem Schöpfungsvorgang, als Gott von Adam eine Rippe nahm, um Eva damit zu erschaffen. Somit ist Adam gewissermaßen unvollständig aus sich selbst geworden, weil ein Teil von ihm in die Welt gesetzt (im Weibe wirksam) wurde, welchen er sich bis ans Ende aller Tage wieder zurückerobern muß.

In diesem Beispiel liegt gewissermaßen die Vertreibung aus dem Paradies verborgen. Die Ganzheit wurde geteilt in die Anlagen, die innerhalb von einem selber und diejenigen, die außerhalb von einem liegen. Damit wurde als das Ziel gestellt, die auseinanderliegenden Kräfte wieder zu vereinen.

Diese Rippe, die außerhalb von uns ist, entspricht der Urschuld. Sie ist aber gleichzeitig auch die Gnade Gottes, die uns geschenkt wurde, als wir das Paradies verlassen und in die Dualität hinabsteigen mußten, um sie wiederzufinden und dadurch vollständig zu werden.

Fazit

Es ist ein Ding der Unmöglichkeit, die größten Gegensätze innerhalb der astrologischen Palette zu vereinbaren, handelt es sich bei Uranus/Pluto doch um das Symbol der Feindschaft zwischen Himmel und Hölle, der Urfehde zwischen Schlange und Gott. Denn die Schlange ist der Gott, dem die Menschen in jeder Vorstellung zu dienen haben, denn die Schlange ist die Struktur im menschlichen Bewußtsein, die den Menschen mit jedem Gedanken näher an sich bindet – weil es nichts mehr gibt, was außerhalb der Schlange liegt. Das ist das Geheimnis der Vertreibung aus dem Paradies.

Wir Menschen haben den Apfel des Wissens vom Baum der Erkenntnis gegessen, weil wir über den unbewußten Paradieszustand hinauswachsen wollten. Damit haben wir den Schatten Gottes, das Ego, in das Paradies hineingeboren. Das Ego ist die Schlange, die uns vom Lebensbaum entgegenzüngelte, und sie personifiziert die menschliche Hybris: *die Absicht, wie Gott werden zu wollen.* Wir Menschen wollten die Identifikation mit Gott, also erschufen wir uns ein Bild von ihm und nahmen es in Besitz, indem wir uns selbst damit identifizierten. So erlangten wir mit Hilfe unserer Vorstellung Macht über Gott oder Macht über das Bild unserer Vorstellung, die wir Gott nannten – die aber im Grunde das "Bild der Schlange" war. Dieser erkannte Teil eines Ganzen hat sich durch die

Einverleibung (Apfel) nun sofort erkannt als der, der er ist: nämlich ein herausgerissener, bewußtgewordener Teil aus einem unbewußten, in sich ruhenden Ewigen. Gleichzeitig wurde mit diesem Erkennen aber auch die Angst heraufbeschworen, weil das Bewußtgewordene durch das Bewußtwerden ja die Verantwortung für seine Freiheit selber übernehmen mußte. Eine Freiheit, die ja erst durch das Erkennen möglich wurde und die das Paradies verdrängen und die Vertreibung daraus an den Anfang seiner eigenen Weltanschauung stellen mußte. Das ist die Schlange, die sich in den eigenen Schwanz beißt, indem sie Eva verführte. Damit ist der Kreis geschlossen.

Psychosomatische Entsprechungen

Gestörtes Sexualverlangen (Bedrohungsängste, Dauererregungszustände, irreale Sexvorstellungen)

Symbol für das Männliche ist die Macht. Als Mann mußt du das Männliche übertreiben, um deine Angst vor dem Weiblichen zu verbergen, das Weib ablehnen, weil du dich durch das Weibliche gefährdet siehst, dir die Urmütter unterwerfen, um dir das Recht auf Liebe zu erzwingen, ja selbst das Weibliche bedrängen, um von der Bedrohung abzulenken, weil sich dir das Weibliche unter diesem Zeichen als verschlingende Dämonin darstellt. Hinter dieser übertriebenen Gebärde steht die Angst vor der Tatsache, überwunden zu werden und damit in die Kindrolle zurückzufallen, wo du, weil du keine Liebe empfingst, der Demütigung hinterherranntest, um wenigstens Gefühle zu erhalten. Da die Disposition unter diesem Zeichen immer die Urfehde zwischen Gott und der Schlange anzeigt (dargestellt in Mann und Frau), haben wir uns hier das totale Chaos vorzustellen, in dem sich die Exponenten buchstäblich zerfleischen.

Als Frau stellt sich dir das Problem so dar, dich aus der Ablehnung gegen die Mutter mit der eigenen Rolle nicht identifizieren zu können, also das eigene Frausein nur über das "subjektive Erleiden am Weiblichen" zu erleben, indem du dich mit einem Partner in der Außenwelt gegen die eigene Weiblichkeit verbündest. Da du dein eigenes Frausein also nur über den Umweg der Niederlage durch einen dich überwindenden Sieger annehmen kannst, den du gleichzeitig bekämpfst, bleibt dir zur Erfüllung deiner inneren Sehnsüchte oft nur die Wunscherfüllung in der eigenen Phantasie (Onanie), wo du statt des dunklen anderen bloß die eigene Vorstellung zur Tür hereinzulassen brauchst.

Symptom-Katalog

Psychisch

- Bedrohungsängste, zerebrale Erregungszustände (Hypererregung mit Spasmen und Konvulsionen: atropinähnliche Wirkung auf Zentralnervensystem und Gehirn)
- Irresein, Bewußtseinsspaltungen und (daraus abgeleitet) Transformation: tiefgreifende Veränderungen in der (kollektiven) Psyche
- abnormes Sexualverlangen, Nymphomanie, obszöne Manie (überreizte Phantasie, erotische Wahnvorstellungen, Dauererregungszustände)

Physisch

- Einschnürung, Atemnot, tonische und klonische Krampferscheinungen (Schilddrüsenüberfunktion, Überfunktion der Hypophyse)
- gesteigerte Muskelspannung (motorische Unruhe, hysterische Verspannung)

Homöopathische Mittel

Alkaloid

Strychninum nitricum (Strychninnitrat)
- Bedrohungsängste, Dauererregungszustände, spastische Krampferscheinungen, gesteigerte Muskelspannung (Chorea, Hysterie)
- bei allen hypotonen Symptomen: generell D4

Pflanzen

Agaricus muscarius (Fliegenpilz)
- zerebrale Erregungszustände (atropinähnliche Wirkung auf Zentralnervensystem und Gehirn)
- Schilddrüsenüberfunktion
- sexuelle Schwäche bei starker Erregung (Orgasmussucht, großes Masturbationsverlangen)
- heftige Anfälle von aggressiver Aktivität (abwechselnd mit Zuständen äußerster Gleichgültigkeit)
- Rauschzustände und geistige Verwirrung: alle D6-D12

Hyoscyamus niger (Bilsenkraut)
- Hypererregung mit Delirien und Halluzinationen (Spasmen, Konvulsionen): D30
- abnormes Sexualverlangen, Nymphomanie, obszöne Manie (überreizte Phantasie, erotische Wahnvorstellungen): D20
- motorische Unruhe, hysterische Krämpfe, Verspannung, Gereiztheit: D12

Tier

Latrodectus mactans (Schwarze Witwe)
- Einschnürung, Atemnot, tonische und klonische Krampferscheinungen: D8
- Irresein, Wahnvorstellungen (Todesangst): D12

Erlösungsformen

- Atavismus (Eindringen in die urrudimentären Existenzformen, die noch immer in der DNS genetisch präsent sind)
- Geisterbeschwörung (Begegnung mit den abgespaltenen Schattenanteilen des willkürlichen Ich)
- Peyotl, Meskalin (unter der kundigen Führung eines Brujos oder Curanderos Reisen in die unbekannten Tiefen des inneren Selbst)

Spirituelle Öffnungen

Ritual
schwarze Messe

Farbe
Giftgrün, Anthrazit

Duft
Yage (Ayahuasca, Caapipflanze)

Edelstein
schwarzer Nephrit, Malachit

Krafttier
Schlange

Symbol
Totenkopf

Mythos
Sodom und Gomorrha

Archetyp
Magier

Gottheit
Satanas (Antichrist)

Kraftort
Atomkraftwerk (im Inneren der Anlage vor dem Atomreaktor)

Kultstätte
Konzentrationslager in Auschwitz (Gedenkstätte)

Sabbat
Samhain

Musik
"Tuba mirum" (Requiem) von Hector Berlioz

Malerei
"Guernica" von Pablo Picasso

Schrift
"Die Apokalypse des Johannes"

NEPTUN/PLUTO

100% Sextil (< 0,5°)
85% Neptun in Haus 8; Pluto in Haus 12
75% Halbsextil; Halbquadrat; Sextil (< 1°)
60% Hausspitze 8 in Fische; Hausspitze 12 in Skorpion
50% Neptun in Skorpion; Herrscher von Haus 8 in Haus 12; Herrscher von Haus 12 in Haus 8
40% Herrscher von Haus 8 in Fische; Herrscher von Haus 12 in Skorpion

♆ ♇

Thema	Samadhi (Wahrheit, Erleuchtung, Vollkommenheit)
Ziel	Ur-Licht, Bewußtheit oder das wiedergefundene Paradies
Sinn	Schöpfungssinn (Abschluß des Zyklus einer karmischen Erfahrung)
Licht	Medialität, Inspiration, Ganzheit, Vollendung
Schatten	Phantastereien, Schimären, Verdrängungszwänge; Märtyrer- und Heilandwahn
Leitbild	Uroboros, die sich in den Schwanz beißende Schlange als Symbol der ewigen Erneuerung

Wer sich immer nach mir sehnt, soll aufbrechen, um mich zu suchen;
er wird mich finden und mir in die Augen blicken –
dort wird er keinen anderen entdecken
als sich selbst!
Das Rauschen im Kosmos

GRUNDLAGE

Geistige Prägung

Am Ende aller Wege trifft man wieder auf die Wurzeln der Anfänge, weil man jetzt erkennt, daß man schon immer war, was man ist, und immer sein wird, was man je werden kann, weil man beständig nach den Zielen strebt, die schon von allem Anfang im Willen selbst lagen. Man zerstört, um zu leben, und zerstört die Zerstörung, um zu sehen. Weil man nie in den eigenen Spiegel schaut, kann man den eigenen Dämon immer nur über die Auswirkungen der eigenen Handlungen erfahren. Dort blickt einem der doppelgesichtige Januskopf entgegen, der auf der einen Seite vernichtet, was er auf der anderen erschafft, der hinduistische Shiva, der durch seinen Tanz den Weltuntergang bewirkt, zugleich aber auch Gott der Zeugungskraft ist. So endet dieser Zyklus dort, wo er begonnen hat, denn jetzt kann man im Untergang auch das ungeborene Potential des Anfangs (Urknall) erspüren, welches immer wieder zur Geburt eines neuen Endes führt.

Frau/Mann

Dahinter verbirgt sich die allerhöchste, aber nutzloseste Wahrheit: daß du nicht bist, was du zu sein scheinst – nämlich Gottes Ebenbild, das sich zur Herrschaft über die Natur aufschwingt und die Welträtsel löst –, sondern schlicht und einfach nur ein Teil des Ganzen. Ein Teil allerdings, der sich durch die Zerstörung der Natur in seiner eigenen Existenz selbst gefährdet und sich mit jedem Schritt auf dem Weg des Fortschritts zu mehr Wissen ein Stück weiter von der Lösung des Welträtsels entfernt. Alle in Harmonie gebrachten Gegensätze sowie die Transzendenz der schöpferischen Lust, die unaufhörliche Erschaffung unaufhörlich wechselnder Formen, der Wille zur Sehnsucht oder die Sehnsucht nach Gott ist nur der Phönix als Wegweiser "zum Ort der Zeit", den du besteigen kannst, um mit ihm davonzufliegen: in die holographischen Projektionen als Symbole für die Veränderung der Materie durch Zeit. Was du Gott nennst, ist dein eigenes, selbst geschaffenes Ebenbild, und was du als Ewigkeit bezeichnest, ist der von dir selbst entworfene Schöpfungssinn. Sehnsucht ist deine eigene Form von Sehnen und Suchen, eine endlose, sich wiederholende Geste, die blind den Strömungen ihrer unbewußten Prägung folgt.

Sinn/Ziel

Deshalb sind die Ziele, die wir morgen erreichen, nur die Auswirkungen der Schritte, die wir schon gestern eingeschlagen haben und die deshalb, wenn auch noch unsichtbar, so doch schon jetzt vorhanden sind. Das ist für unser Bewußtsein natürlich nur sehr schwer vorstellbar, weil es zu stark auf die persönliche Perspektive fixiert ist, um die kollektiven Veränderungen, die der Gesamtheit unserer kleinen, persönlichen und unmerkbaren Veränderungen entsprechen, wahrzunehmen. Man könnte dies auch so erklären, daß diese allmählichen, kleinen Veränderungen im persönlichen Bestreben sich gesamthaft zu den epochemachenden Umstrukturierungen in der Welt auswachsen, die sich uns aber erst aus der Vogelperspektive (im kulturpsychologischen Blick über die Jahrzehnte und Jahrhunderte hinweg) bewußt machen.

Mit dieser auch durch die moderne Wissenschaft unterstützten Weltauffassung nähern wir uns Platos altem Weltbild wieder, der die Welt, so wie sie sich unseren Sinnen anbietet, lediglich als das *Spiegelbild einer unsichtbaren, transzendentalen Ebene archetypischer Muster* ansah. Wenn es uns aber gelingt, aus diesen Polaritäten herauszuspringen, dann haben wir die verlorene "Rippe" (Uranus/Pluto) wiedergefunden, die uns unvollständig werden ließ (vgl. Seite 405, "Die Vertreibung aus dem Paradies"). Aber nicht, indem wir sie unseren Kindern stehlen (Pluto/Mond, Seite 257), sondern indem wir sie bei uns selber finden. Dann haben wir die Rippe wieder, die uns aus dem Leib gerissen wurde, und kehren heim ins Paradies.

Karmisch-seelische Struktur

Die kollektive Struktur

Zu einer Zeit, die wir als anfangslosen Anfang symbolisieren wollen, als das Universum noch nicht in Erscheinung getreten war, müssen wir uns Gut und Böse, Kraft und Widerstand in einer vollständigen Harmonie vorstellen. Damit gab es weder Polaritäten noch Bewegung, sondern nur eine totale Übereinstimmung von allem mit jedem.

Durch die Schöpfung wurden diese sich ergänzenden Pole aber auseinandergerissen und stehen sich seither als Yin und Yang, Gott und Luzifer gegenüber, die sich gerade wegen ihrer Gegensätzlichkeit anziehen und zueinander die Spannungsfelder aufbauen, die die Möglichkeit in sich tragen, diese Gegensätze zu vereinen und die Spannung auszugleichen.

Wir Menschen sind sozusagen in die Welt gesetzt, um zu lernen, mit dieser Spannung umzugehen. Außerhalb dieser Spannung ist unser Menschsein gar nicht denkbar, weil sie gerade das verkörpert, was unser Menschsein ausmacht. Wenn wir jetzt voraussetzen, daß alles, was wir in der Welt gestalten, zuerst als Spannung in uns selber ruht, ergibt sich im Wunsch nach Weltgestaltung gleichzeitig der Wunsch nach Selbsterlösung. Wir müssen unser Verhalten hinterfragen, wenn wir uns selbst erlösen wollen, und damit unser Menschsein in Frage stellen, weil das Ende der Spannung mit dem Ende des Menschseins zusammenfällt.

Wenn wir erst einmal erkennen, daß alles, was wir in der Welt gestalten, zuerst als Spannung in uns selber ist, und alles, was als Spannung in uns selber ist, das Spiegelbild transzendenter, archetypischer Muster, dann können wir auch erkennen, daß es genauso unser Scheitern wie unser Gelingen ist, alles zu zerstören. Denn jeder Neuanfang setzt folgerichtig Zerstörung voraus, jedes Scheitern Gelingen. Und jede Geburt den Tod.

Das persönliche Karma

Der gegenwärtige Zeitgeist läßt dich die Wirkungen im Raum bewußt erfahren, da du an die Grenzen deines Wachstums stößt. Daß die kollektive Psyche bisweilen ihre Rockschöße hebt, damit wir neue Erkenntnisse in unser Leben einfließen lassen, ist nicht neu. Neu ist aber, daß wir gleichzeitig mit den neuen Erfahrungen die Relativität dieser Erfahrungen schon mitgeliefert bekommen, die Einsicht nämlich, daß hinter jedem Horizont ein neuer Tag beginnt. Anders ausgedrückt, daß die Erkenntnisse von heute nicht nur relativ, sondern immer auch die Fehler von morgen sein werden, die wir aber erst mit den Erkenntnissen von morgen als die Fehler von gestern erkennen.

Du bist deshalb aufgerufen, mit aller Macht deine Vollständigkeit zu leben und nicht nur das Licht, sondern auch deinen Schatten anzunehmen. Erst wenn du dort angelangt bist, wo der Unterschied von Gut und Böse zusammenfällt, kannst du deine Masken vom Gesicht nehmen und das Rollenspiel beenden, das du auf der Grundlage der Identifizierung mit den gesellschaftlichen Vorbildern spielst. Du solltest versuchen, in einer Zeit, in der wir mit unseren eigenen Früchten konfrontiert werden, die uns, wenn nicht zerstören, so doch an den Rand der Vernichtung führen können, keinen Sünden-

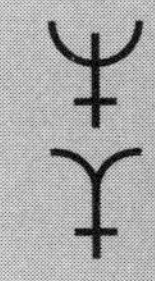

bock mehr zu postulieren, der uns den Schatten abnimmt. Wir müssen die kollektive Schuld bewußt annehmen, um sie überhaupt loswerden zu können und um den kollektiven Wahnwitz zu erahnen, den wir selbst inszeniert haben!

Die Welt ist das, was wir sind! Sie ist die exakte Verkörperung dessen, was wir hervorgebracht haben, und gerade darum müssen wir sie lieben. Du mußt lernen, deine Welt zu lieben, gerade weil sie eine Wüste ist, denn nur dann, wenn du die Wüste als die Auswirkung deines eigenen Tuns akzeptierst, kannst du auch Liebe als die Auswirkung deines eigenen Tuns annehmen, ohne sie allzusehr zu strapazieren. Diese Liebe zu leben ist jedoch auch nur ein unzureichender Versuch, das Unfaßbare für dich einzunehmen und mit der Vorstellung von Ewigkeit in Übereinstimmung zu bringen, weil du dich, ohne mit den Göttern zu schwingen, schutzlos fühlst. Du wirst noch viele Widerstände und Wachstumsanreize zu überwinden haben, bis du für den inneren Sinn dieses Aspekts ganz reif geworden bist. Denn was für Neptun Ausdruck höchster Lebensfreude ist, ist für Pluto nur ein neuer Versuch, sich am Ego festzuklammern, das sich hinter der Metapher von Liebe versteckt.

Mythologischer Hintergrund

Alpha und Omega (Der Anfang ist das Ende)

Das Ende des einen ist immer der Anfang des anderen. Daran erkennen wir, daß sich die Ursachen der Vergangenheit in ihren gegenwärtigen und zukünftigen Wirkungen widerspiegeln. In ihren karmischen Ausschwingungen trägt die Vergangenheit die Muster einer werdenden Zukunft schon in sich. Im philosophischen Sinne können wir in dem Anfang, der sein Ende keimhaft in sich trägt, das Wirken des Gleichgewichtsprinzips in allen Wegen der Natur erkennen: *Das Ende verkörpert sowohl das Nichts an der Schwelle zum Werden wie auch die grenzenlose Leere des Alls, die am Ende jeder Entwicklung das Sein wieder in sich aufnimmt.* Es ist ein Bote reiner, ungefilterter Wahrheit aus dem Zwischenreich zwischen Tod und Geburt und stellt die schöpferische Potenz des in sich selbst ruhenden absoluten Nichts dar. So befindet sich der Mensch fortwährend zwischen einem "Ende als Anfang" und einem "Anfang als Ende". Wenn er zurückblickt, kann er erkennen, daß durch jedes Ende ein alter Anfang hindurchreicht und sich spiralförmig auf ein neues Ende hin fortbewegt: Wir begegnen hier dem sich spiralförmig auf ein neues Ende hin bewegenden alten Anfang, einer neuen Seite im Buche des Lebens, deren Inhalt aber immer noch die Vision des Vergangenen transportiert.

Fazit

Man muß sich der ungeheuren Tragweite dieses Aspektes überhaupt erst einmal bewußt werden! In dieser kosmischen Berührung wird die Spannung der gesamten Schöpfung spürbar, welche uns gleichzeitig zur Erlösung wie zur Weitergabe unseres Unerlösten zwingt. Die Spannung unserer eigenen Unerlöstheit ist es, die uns zwingt, uns mit jemandem zu paaren, um für einen kurzen Augenblick Befreiung und Erlösung zu erfahren. Man könnte vermuten, daß es die Erinnerung an jenen ausgeglichenen, paradiesischen Urzustand ist, den wir durch die körperlich-geschlechtliche Vereinigung nachzuahmen versuchen, was aber nicht gelingt, weil die körperliche Verbindung immer wieder auseinanderbricht und immer wieder neue Generationen in diese unerlöste Spannung zwingt.

Wer aber könnte uns aus dem Kreislauf von Geburt und Tod erlösen, wenn nicht wir selber? Die einzige Macht, die unsere Triebe erlösen könnte, sind die Triebe selber! So ist Sexualität, durch die wir gezeugt werden, einerseits der Weg, um selber zu zeugen, andererseits aber auch der Weg, um den Mechanismus zu erkennen, über die Lösung unserer sexuellen Spannung die Spannung der Schöpfung zu artikulieren und damit die Welt zu bewegen. Denn jedes Wesen trägt als ein Teil vom Ganzen die Erinnerung an dieses Ganze unbewußt in sich und versucht nun wieder, mit dem Ganzen zu verschmelzen. Das bezeichnen wir als Gottessehnsucht. Der ewige Schöpfungsplan aber, der die Abläufe in der Natur steuert und für die Vergeistigung der Materie ebenso wie für die Erhaltung der Art und die Weitergabe des Lebens die Verantwortung trägt, verbindet diesen geistigen und materiellen Drang nach Einswerdung in der Sexualität. Die Sexualität steht also gleichzeitig für den geistigen (Neptun) wie fleischlichen (Pluto) Drang nach Einheit.

Das Ende des Endes

Damit sind wir am Ende unseres Weges angelangt. Hier begegnen wir wieder dem Ende, das doch nur am Anfang eines neuen Endes steht. Da das Ende den Anfang gebären und der Anfang die Voraussetzungen für das Ende bereitstellen muß, ist das Ende das Ziel, das schon im Anfang als geistige Anlage vorhanden war. Denn das Ende steht nicht für ein festes Ziel, auf das sich der Geist hinbewegt. Vielmehr erschafft sich der Mensch einen geistigen Raum durch bestimmte Assoziationsfelder, innerhalb derer sein Bewußtsein kreist oder vielmehr hin- und herrast. Er versucht, auf intuitive und mystische Weise verstehend in den Kosmos – und letztlich in sich selbst – einzudringen. So handelt dieses Gestirn eigentlich von der Sehnsucht des Menschen nach einem Einblick in sein eigenes Wesen, einem Einblick, der vom rational-logischen Gesichtspunkt aus als unmöglich erscheinen muß, da er den Blick auf das Geheimnis des eigenen Anfangs freigibt! Da der Mensch diese seine größte Sehnsucht aber nicht stillen kann, befindet er sich an einem existenziellen Abgrund. Nur die Überschreitung der ihm von der menschlichen Natur gesetzten Grenzen, das Eintauchen in die abgründige Tiefe der mystischen Versenkung kann ihm enthüllen, "was die Welt im Innersten zusammenhält". Erst, wenn er diese Schwelle passiert, kann er sich auf den Flügeln seines Karmas in die Höhe schwingen und sich dort wiederfinden, wo er erkennt.

Damit ist der Punkt gekommen, an dem alle Straßen enden. Denn erst, wer erkennt, daß Sehen und Auge dasselbe sind, kann der Sonne ins Antlitz sehen, ohne daß sein Auge verbrennt. Dann erst kann man sagen: Ich habe mich gefunden, weil ich mich nicht gesucht habe. Denn so lange man etwas sucht, hat die Straße kein Ende, weil Suchen und Finden nicht dasselbe sind. Im Suchen findet sich nur das Suchen, wie im Denken das Denken, und erst wenn man das Suchen als das Finden erkennt, das sich allein aus dem Suchen findet, ist die Suche zu Ende und das Ego befreit: in der Auflösung von Anfang und Ende! (Uroboros, die sich in den Schwanz beißende Schlange)

Psychosomatische Entsprechungen

Eigenblindheit (Sinnsuche, Gurusuche, Verstrickung in den Polaritäten)

Es liegt in der Natur unseres menschlichen Egos, daß es sich zu wichtig nimmt, als sich einfach mit der gelassenen Übereinstimmung im Strom des Lebens zufriedengeben zu können. Also faßt es seine Interessen in Vorstellungen zusammen, mit denen es sich identifiziert, damit es alle Belange verteidigen kann, die diese Vorstellung betreffen. Da diese Vorstellungsbilder dadurch zur ideellen Weltanschauung werden, die darüber bestimmt, welche Ziele verbindlich sind und welche nicht, sehen wir hier, wie sich das Ego in seine eigenen Vorstellungen hinüberstiehlt bzw. wie jede Weltanschauung immer zu einem Teil des persönlichen Egos wird. Das ist der Virus dieser Krankheit: Weil das Ego glaubt, erkannt zu haben, liefert es sich seinem Erkennen aus. Anders herum betrachtet tarnt es seine Blindheit hinter der "Vorstellung von Sehen", um so von seiner Blindheit abzulenken, denn was es sieht, ist die Vorstellung eines Blinden, der nicht sehen kann, daß er nichts sieht, wie es im "Höhlengleichnis" von Plato so anschaulich umschrieben ist (vgl. Seite 173).

In dieser Angst, loslassen zu müssen, spiegelt sich auf der mentalen Ebene die Angst vor dem Verlust unserer Polarität. Denn die Vorstellung ist unser einziger Schutz. Wenn wir sie zerbrechen, sind wir schutzlos, wehrlos, den Feinden ausgeliefert, weil wir dann auf uns selbst zurückgeworfen sind. Gerade deshalb mußt du sie zerstören, weil dich die Absicherung durch die Vorstellung von dir selber entfremdet hat. Denn solange du das Gefängnis in deinem Kopf trägst, wirst du keine Freiheit haben, denn die Freiheit, die du dir durch deine Bilder zu erhalten versuchst, stellt in Wahrheit das umgekehrte Prinzip dar, dich in deinen eigenen Ängsten gefangenzusetzen. Das entspricht dem unbewußten Verhalten, sich durch Probleme gerade noch weiter in dem zu verstricken, was gerade zu den Problemen führt! Du mußt nicht die Freiheit verteidigen, sondern die innere Vorstellung loslassen, die dir die Freiheit verwehrt.

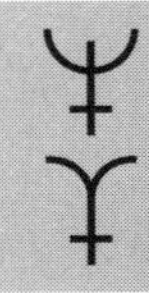

Symptom-Katalog

Psychisch

Verfeinerte, melancholische Krankheitsbilder:
- Illusionen, (Selbst-)Täuschungen, Realitätsvernebelungen, Wahrnehmungs-Leere, Überdruß, materielle Erschöpfung, Eigenblindheit
- Ansteckungsängste, (Selbst-)Quälerei, eigenartige Gemütszustände
- generell: "Übersinnliches" (Esoterikerkrankheit)

Physisch

Diese Konstellation hat nur wenig Verbindung zu körperlichen Symptomen:
- physische Schwäche
- aufsteigende Kälte
- lähmungsartige Erscheinungen

Homöopathische Mittel

Pflanzen

Colchicum autumnale (Herbstzeitlose)
- Realitätsvernebelung, psychische Schwäche (Erschöpfung, Verzweiflung, Überdruß): D6-D12

Cyclamen europaeum (Alpenveilchen)
- Melancholie (Verdrossenheit, Mattheit, depressive Vergiftung): D8

Tier

Heloderma horridum (Krustennechse)
- spirituelle Unerlöstheit (Ewigkeitssehnsucht bei gleichzeitiger Todesangst): D200
- unbeabsichtigte Wahrnehmungs-Leere, handlungsauflösende Benommenheit: D30
- lähmungsartige Erscheinungen (mit Eiseskälte): D12-D20

Erlösungsformen

- Nicht-Tun (Nicht-Tun ist eine alte überlieferte Technik der Yaqui-Schamanen und führt im Gegensatz zum üblichen "Nichts tun" zur Durchbrechung der Wahrnehmungsbarriere, weil die Aufmerksamkeit von den äußeren Sinneseindrücken abgezogen und auf die Wirklichkeit selber gerichtet wird)

Spirituelle Öffnungen

Ritual
Nicht-Tun
Farbe
Lichtspektrum
Duft
Äther
Edelstein
Elektron
Krafttier
Uroboros, die sich in den Schwanz beißende Schlange
Symbol
Kreis (Atomkern)
Mythos
Klotho, Lachesis und Atropos, die Schicksalsgöttinnen (spinnen den Lebensfaden)
Archetyp
Mensch (das kollektive Unbewußte)
Gottheit
der kollektive Geist des Menschen
Kraftort
In mir!
Kultstätte
morphogenetische Felder (Berührungen mit der Kollektivpsyche)
Sabbat
Jom Kippur (Versöhnungstag)
Musik
"Hallelujah", "Kol nidre" (der Wind in den Baumkronen; das Rauschen im Weltall)
Malerei
Licht (Spektralfarben)
Schrift
Kosmologie, neue Physik

Die Auslösungen

Die Transite und Progressionen

Die Bewegungen der Gestirne

*Ein jegliches hat seine Zeit, und alles
Lebendige unter dem Himmel hat seine Stunde.*
Salomon

Stellen wir uns die Gestirne als eine Tür zum Unbekannten vor: Die Planeten stellen einen eigenen Kosmos, ein verkleinertes Muster aller Abläufe in der Welt dar und liefern uns die Vorlage zu einer Realität, die wir dann aus unserer persönlichen Sichtweise heraus interpretieren. Damit wird klar, daß die Astrologie nicht das Gesetz von Ursache und Wirkung in Frage stellt. Im Gegenteil: Sie fügt lediglich eine weitere Sichtweise innerhalb dieses Gesetzes hinzu. Wenn wir uns mit den Gestirnen auseinandersetzen, schaffen wir uns eine Spiegelung unseres kleinen Anteils an der Gesamtsituation. Wir gehen dabei davon aus, daß auch der sogenannte Zufall im Grunde determiniert ist, nämlich durch das Kraftfeld der Gestirne. Dadurch wird das Ewige durch die Raster unserer momentanen Vorstellung vorhersehbar. Und diese in den Alltag eingebundene Ewigkeit vermittelt immer eine Spur von Sehnsucht – von Gottessehnsucht. Astrologen versuchen in den Bewegungen der Gestirne gewisse Formen und Strukturen zu finden, um über die Inhalte des Alltäglichen hinaus den Geist des Ewigen zu erkennen, weil sie instinktiv erahnen, daß ihre Sehnsüchte nur die Schatten jenes Geistes sind, welcher jenseits des Erfaßbaren thront.

Mit anderen Worten: Jeder Mensch löst durch seine unbewußten Prägungen sein Schicksal aus, das er aber von seiner inneren Prägung abtrennt und als äußeres Ereignis wahrnimmt, damit er nicht erkennen muß, daß sein menschliches Bestreben nicht darauf zielt, die Welt kennenzulernen, sondern sich selbst nur immer mehr in seinen inneren Schicksalsmustern zu bestätigen. So durchlebt jedes Wesen die ihm eigene Lebensqualität, die es über seine unbewußten inneren Absichten realisiert und Schicksal nennt. Deshalb ist das Wissen um die Gestirnsstände oft sehr nützlich, um periodische Lebenskrisen zu verstehen und ihnen besser begegnen zu können. Denn wer die innere Absicht seiner karmischen Muster kennt, kann sich im Rahmen seiner vorgegebenen Schicksalsprägungen besser verwirklichen.

Transite

Die astrologische Schicksalsdeutung bedient sich einer Reihe von Methoden, deren anschaulichste und gleichzeitig wichtigste die Transite sind. Jeder Läufer kann sowohl seinen eigenen Platz und dessen Aspekte als auch die Plätze und Aspektierungen der übrigen Planeten im Radix transitieren. Sind dabei die Transite der schnellaufenden Gestirne wie Sonne, Mond, Merkur, Venus und Mars nur von kurzer, kaum spürbarer Alltagswirkung, so bilden die langsamlaufenden großen Planeten wie Saturn, Uranus, Neptun und Pluto gleichermaßen den Schicksalshintergrund, vor dem wir schreiten, denn sie zeigen unsere karmische, in den Hintergrund des Alltags eingewobene persönliche Struktur, die die Fäden unseres Handelns zu einem Schicksalsteppich verknüpft, auf dem wir uns gleichzeitig bewegen.

Um uns den Auswirkungen der unendlich vielfältig in sich vernetzten Horoskopeinflüsse bewußt zu werden, müssen wir wissen, daß die Bewegungen der Gestirne mit dem komplizierten Räderwerk einer Uhr vergleichbar sind. Niemals sollte ein einzelner Transit für sich gedeutet werden, denn hier sind die Planeten nicht nur der Kitt, der das Schicksal zusammenhält, sondern durch die sich wiederholenden, sich überlagernden und sich gegenseitig durchdringenden Wirkungen wird der Plot des Schicksals überhaupt erst gebildet. Die Bewegungen sind der Nukleus, aus dem sich alle Vernetzungen und Verschränkungen der Planeten im Radixhoroskop in Raum und Zeit entfalten. In deren steter Wandlung und Umbildung entsteht das persönliche Schicksalsgewebe, das die unterbewußten Zusammenhänge als Quelle jeden Schicksals erst recht deutlich werden läßt.

Progressionen

Grundsätzlich bezeichnen die Transite die sichtbaren Auslösungen im Leben, die noch der Grundlagen bedürfen, genauso wie das Wirksamwerden eines Grippe-Erregers der Voraussetzung eines geschwächten Immunsystems bedarf. Die labile Immunität wird durch die Sekundärprogressionen angezeigt, denn diese repräsentieren die Entwicklungstendenzen im menschlichen Leben. Sie schaffen gewissermaßen die Voraussetzungen zu den Bedingungen, unter denen Transite Veränderungen überhaupt auslösen können.

Ein Beispiel: Zeigt die Jahresprogression eine Konjunktion zwischen Sonne und Venus an (Sonne läuft über Venus), so wird der Horoskopeigner während dieser Periode mit den Angelegenheiten konfrontiert, die durch seine Venus dirigiert werden: Ästhetisierung des eigenen Egos, Kultivierung der äußeren Umgangsformen, schöpferische Entfaltung der inneren Hingabe, Eigenliebe, Selbstüberschätzung oder sexuelle Selbstpräsentation. Wenn nun aber die Radix-Venus zusätzlich ein Quadrat des transitierenden Pluto empfängt, dann steigert sich die sexuelle Energie während dieser Zeit ins Unermeßliche und überschlägt sich in emotionellen Übergriffen, seelischer Einschnürung, übersteigerter Drüsentätigkeit, krankhafter Eifersucht oder Hysterie.

Direktionen und Transite gehören deshalb zusammen, und zwar derart, daß die schnellaufenden Gestirne Sonne bis Mars die (progressive) Grundlage bilden, die von den langsamlaufenden Planeten Jupiter bis Pluto die notwendige (transitäre) Auslösung empfangen, damit sich das Schicksal vollziehen kann.

Qualität und Orbis

Dabei darf der Orbis höchstens 1° betragen, bei schwachen Aspekten (Halbsextil, Halbquadrat, Anderthalbquadrat, Quincunx) sogar nur 30'. Die Verbindungen durch die laufenden Gestirne sind bei Sextil und Trigon harmonisch zu interpretieren (+), oder dynamisch bei Halbquadrat, Quadrat, Anderthalbquadrat, Quincunx und Opposition (–). Das Halbsextil gilt mehrheitlich als gut (obwohl die Differenz von 30° ein etwas beziehungsloses Nebeneinanderstehen anzeigt), und bei der Konjunktion kommt es auf die Beziehung der verbundenen Gestirne an. Überhaupt – und das ist das Wichtigste – kommt es immer auf die Qualität der betroffenen Planeten-Konfiguration (Radix-Stellung) an. Liegt zwischen den sich berührenden Planeten oder Achsen im Geburtsradix keine Verbindung vor, dann wird auch die Auslösung nicht von überschäumendem Ausdruck sein. Ist aber eine Radixbindung vorgegeben, dann wird diese gewissermaßen aus der Latenz gehoben und aktualisiert.

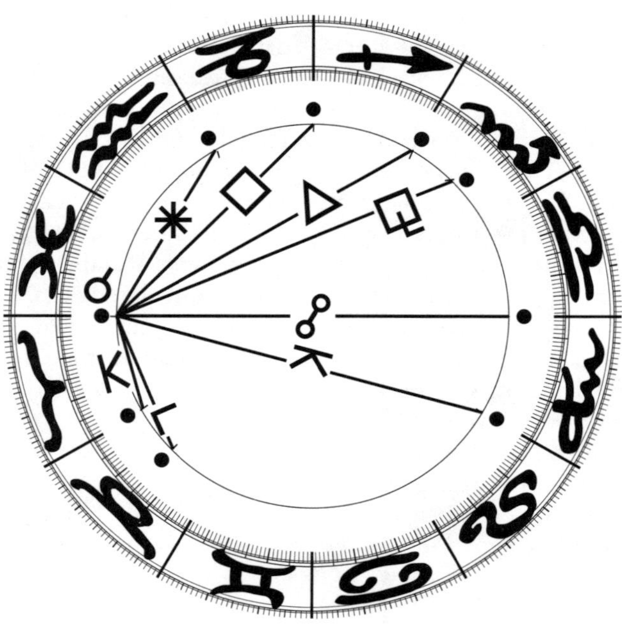

Die Tagestransite

Die Bewegungen der schnellaufenden Gestirne

Die Tages- und Wochentransite geben dir einen Überblick über die Themen, mit denen du im Verlaufe eines Tages bzw. einer Woche in Berührung kommst. Um zu vermeiden, daß du im astrologischen Eifer die Deutungen zum Abglanz der höchsten Wahrheit erhebst, aber auch um die nichtssagende Aufzählung bloßer Eigenschaften nicht weiter fortzusetzen, wie sie im Zusammenhang mit den schnellaufenden Gestirnen gerne publiziert werden (eine treffende Aussage läßt sich aus diesen kurzfristigen Aspekten ohne Berücksichtigung anderer Prognosetechniken sowieso kaum herausfiltern), wurden die Deutungen in einem Stil verfaßt, der die astrologischen Inhalte nicht nur "tierisch" ernst, sondern oft auch augenzwinkernd und ironisch umschreibt. Du brauchst sie also nicht allzu wörtlich zu nehmen, aber du kannst ruhig in ihren inneren Klang hineinhorchen, also in das, was sich an Substanz hinter diesen bewußten Überzeichnungen verbirgt. Die Tagesbewegungen sind alles andere als ein Instrument, das dir das definitive Schicksal enthüllt (dafür sind die Jahrestransite und Progressionen zuständig). Sie können dir aber als Spiegel dienen, der dir im Licht deiner Selbstbetrachtung zeigt, welche inneren Bilder bisweilen in deinem Kopf ablaufen, wenn du die äußeren Ereignisse verarbeitest. Nimm sie einfach als Anregung, um deiner Intuition eine Grundlage zu bieten, wenn sie bisweilen dem einen oder anderen schnell vorüberziehenden Aspekt hinterherspüren möchte, der in den Abläufen des Tages normalerweise unterzugehen pflegt.

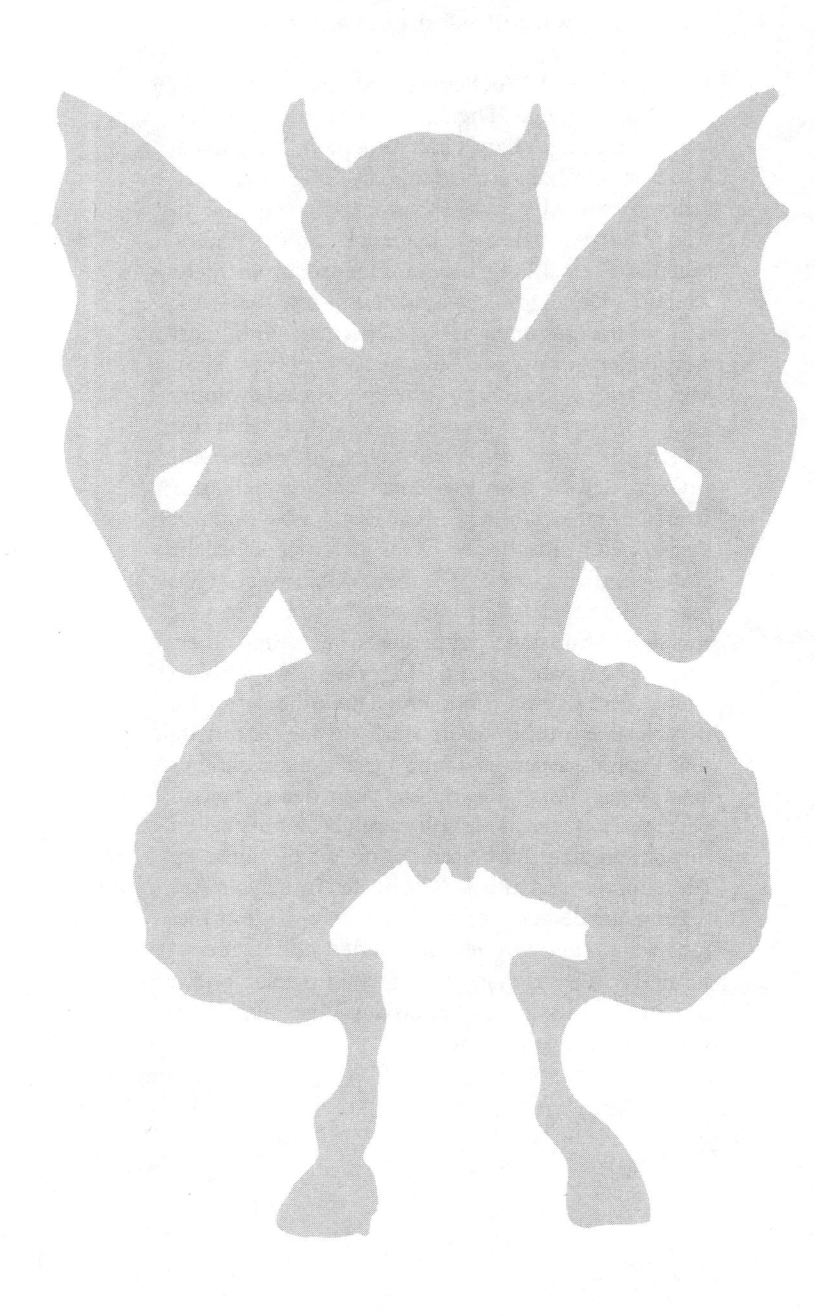

SONNE

Bitte nicht teuflisch ernst nehmen! vgl. Seite 417

Die schnellen Transite der laufenden Sonne sind, wenn auch nicht gänzlich unwichtig, so ohne Durchdringung komplexer Verbindungen natürlich alles andere als krachende Schicksalseinschläge. Sie zeigen alles ein bißchen verzerrt wie unter einem Vergrößerungsglas, so daß sich die Eigenschaften des berührten Gestirns oft etwas überdreht auswirken. Wichtiger ist der Jahreszyklus der Sonne. Die Stimmung um den Geburtstag (die Konjunktion Sonne/Sonne ist hier eindeutig negativ) ist meistens etwas überreizt und depressiv. Das überliefert uns auch der alte heidnische Brauch, die geschwächte Seele durch ein Geburtstagsgeschenk mit dem Leben zu versöhnen und für ein weiteres Erdenjahr zu stärken. Steht die Sonne genau in Opposition, dann fällt man kurzfristig in ein Loch, und jedes Vierteljahr, wenn die Sonne im Quadrat zur Geburtssonne steht, erfährt man ein leichtes Tief.

☉ SONNE/SONNE ☉

☌ △ ⚹ — Konjunktion, Trigon, Sextil

Das kraftvolle, lebensbejahende, alles erhellende Prinzip, das Vitalität und lebendige Frische gebiert, ist heute dein ganz persönlicher Ratgeber. Insofern bist du auf dem besten Weg, die Herzen deiner Umwelt zu gewinnen, denn es ist deine individuelle Power, die zählt, nur sie kann die Leute antörnen: Optimismus, Freude, selbstbewußtes Auftreten und positive Ausstrahlung pflastern deinen Pfad.

□ ☍ — Quadrat, Opposition

Selbst magst du dich vielleicht für den brennenden Dornbusch halten (Übermut, Verblendung, Eigenliebe), in Wahrheit bist du die Geißel Gottes: die irdische Manifestation von Selbstgefälligkeit, Persönlichkeitskult und Größenwahn. Dadurch hast du Probleme mit anderen. Dieser Transit ist ungünstig für wichtige Entscheidungen.

☉ SONNE/MOND ☽

△ ⚹ — Trigon, Sextil

Sind hier nicht Leidenschaft und Liebe angesprochen, Lebensfreude, sexuelle Ausstrahlungskraft und Harmonie? Vielleicht sogar ein extravertiertes Tête-à-tête? Du läßt deinen romantischen Neigungen freien Lauf und findest nichts dabei, immer wieder klopfenden Herzens das ewig gleiche "Boy-meets-Girl"-Spielchen zu zelebrieren.

☌ □ ☍ — Konjunktion, Quadrat, Opposition

Heute zielst du ganz nah an den Menschen vorbei, und damit hältst du sie (und auch dich) hinter einer freundlichen Maske auf Distanz. Dahinter verbirgt sich die Angst vor deinen eigenen Gefühlen, vor emotionaler Nähe, die du hinter einem zielgerichteten Verhalten versteckst. Hier sind alle deine seelischen Verletzungen zu einer einzigen großen Wunde vereint: der Konfrontation mit dir selbst!

☉ SONNE/MERKUR ☿

☌ △ ⚹ — Konjunktion, Trigon, Sextil

Ein gutes Datum für Kommunikation, Gedankenaustausch und kluge Worte, doch auch für intellektuelle Verzettelung und nörgelnde Klugscheißerei. Von akribischem Detailwahn beseelt, fällt es dir nicht leicht, alte Strukturen zu überwinden, denn dies ist definitiv nicht der Tag für moderate Designerträume oder kreative Zukunftspläne. Heute möchtest du lieber die Börse studieren und dir überlegen, wie du dein Geld besser anlegen kannst.

□ ☍ Quadrat, Opposition

Es sind kleine, zweidimensionale Vorstellungen, die reflektieren, was dich zermürbt, wenn du an einem trüben Spätnachmittag im Waschsalon oder über deinen Büchern sitzt und über den Sinn deiner Existenz nachdenkst (Mißstimmung durch chaotisch-subjektives Denken und seelische Verhärtung durch intellektuelle Grübelei). Die tiefere Dimension dieses Tags zu bezweifeln ist aber ebenso sinnlos, wie zu glauben, daß der Mensch die Sinnlosigkeit durch Nachdenken zu überwinden wisse.

☉ SONNE/VENUS ♀

☌ △ ✱ Konjunktion, Trigon, Sextil

Es ist das Mysterium der Liebe, das dich hier berührt, das Erlebnis der Gnade, Sehnsucht nach Vereinigung und Zuneigung, Verschmelzung und Empfänglichkeit. Es erregt dich, wenn knisternde Funken deine Haut elektrisieren und dir die Amoretten mit ihren Liebespfeilen das Blut zur Wallung bringen, denn jetzt spürst du die Hingabe, die das Geheimnis des Lebens berührt. In deinem Fall nicht ohne Geschmack und mit viel Sinn für Kultur.

□ ☍ Quadrat, Opposition

Heute bräuchtest du viel Sex. Doch weil du glaubst, klüger als dein Geschlechtsteil zu sein, tust du's nicht und quasselst statt dessen über Liebe und Schmerz. Hör auf, denn hinter deinem Gefasel von Gefühl und Herz klafft ein Abgrund deprimierender Leere auf: Geh lieber früh ins Bett!

☉ SONNE/MARS ♂

☌ △ ✱ Konjunktion, Trigon, Sextil

Manchmal setzt du dich nackt auf dein Motorrad, schiebst dir eine Kassette von "Steppenwolf" rein und rauschst über den Highway. Du fühlst dich unheimlich frei, wenn der Fahrtwind über deine Haut streichelt – und wenn die anderen dich anglotzen: "Born to be free!" Die persönliche Freiheit wird an den Möglichkeiten der Realität gemessen bzw. an dem Quentchen, das heute ein bißchen über die Möglichkeiten der Realität hinausreicht: Ein guter Aspekt für mutige Taten!

□ ☍ Quadrat, Opposition

Oft Unbesonnenheit und aggressives Handeln, ungebremste Energie statt kanalisierter Kraft: Brüll, zisch, blök, kläff! Doch hier helfen keine Gewaltvideos, hier hilft nur der entspannende Fick. Merke dir: Die Erotisierung, die sich nicht entlädt wie ein angestochener Luftballon, verlängert den Zustand der Erregung.

☉ SONNE/JUPITER ♃

☌ △ ✱ Konjunktion, Trigon, Sextil

Heute ist ein glücklicher Tag für dich; wo immer du mit einem Anliegen auftrittst, kannst du mit Entgegenkommen und Wohlwollen rechnen. Auch materielle Erfolge schließen sich an. Die Vögel singen, die Sonne lacht, Mädchen backen Kuchen, Mütter freuen sich, und die Blumen blühen: eine Bilderbuchidylle.

□ ☍ Quadrat, Opposition

Schöner besser, teurer – Luxus und Verschwendung sind hier gefragt, Streben nach Gold und Drang nach Macht. Du mußt die Dinge bis zum Äußersten treiben, bis zu jenem Punkt, an dem sie sich ins Gegenteil verkehren und in sich zusammenstürzen. Denn aufgrund deines bombastischen Outputs bewegst du dich immer an der Grenze zur Trivialität und des schlechten Geschmacks: Du erkennst Schranken nur, wenn du sie überschreitest! Erst die maßlose Übertreibung der Unglaubwürdigkeit ermöglicht dir Glaubwürdigkeit.

Bitte nicht teuflisch ernst nehmen! vgl. Seite 417

⊙ Sonne/Saturn ♄

☌ ✶ △ Konjunktion, Trigon, Sextil

Weil du heute partout nicht davon abzubringen bist, dich für den Umstand zu geißeln, daß dir die Welt keinerlei Perspektiven bietet, rettest du wenigstens einige Ingredienzien des Leidens, die in der hedonistischen Dekade beinahe untergegangen sind: Frustration, Ausdauer, Bekennermut und großes Widerstandsvermögen.

□ ☍ Quadrat, Opposition

Der Tag ist unerträglich. Du bist erschöpft und müde und neigst zur Schwarzmalerei: Pessimismus, Depressionen und Selbstmitleid. Dabei kapselst du dich ab und hockst in deiner Kammer wie die bettlägerigen Alten und verbringst den ganzen Tag mit Fernsehen oder Telefonieren. Laß gut sein; heute hat es wirklich für dich keinen Sinn.

⊙

⊙ Sonne/Uranus ♅

☌ △ ✶ Konjunktion, Trigon, Sextil

Zur Stunde fühlst du dich so gut in Form, daß du nicht einmal davor zurückschrecken würdest, Albert Einstein das Wassermann-Zeitalter anhand der erigierten Nippel von Marilyn Monroe zu erklären. Du suchst nach dem festen archimedischen Punkt, von dem aus du die Welt aus den Angeln heben kannst. Du hast nur zwei Alternativen: dich totlachen oder aufhängen!

□ ☍ Quadrat, Opposition

Heute gibt es kein Tempolimit. Zwanzig Einfälle am Stück, dazwischen Geistesblitze en masse, doch der Inhalt deiner Ideenkiste kommt in den Köpfen der Menschen nicht an. Deswegen läßt du dich aber weder beirren noch von den Umständen vereinnahmen: Wie besessen rast du durch deine außer Rand und Band geratenen Vorstellungen. Alles wird besser, nichts wird gut!

⊙ Sonne/Neptun ♆

△ ✶ Trigon, Sextil

Ellenbogentechnik ist jetzt einfach nicht dein Ding. Schau nicht länger mit neidischen Blicken auf den Nachwuchsrambo neben dir, denn deine Intuition und psychische Sensibilität ist heute ganz besonders ausgeprägt. Ein Tag der Empfänglichkeit, Kreativität und Harmonie und der damit verbundenen tiefen inneren Zufriedenheit.

☌ □ ☍ Konjunktion, Quadrat, Opposition

Heute solltest du keine Entscheidungen treffen, denn die äußeren Umstände sind unklar und verwirrend. Du bist erschöpft und benommen und fragst dich, was wohl der Delphin in der Tiefsee jetzt träumt. Dieser Tag ist von trügerischen Zielen durchdrungen und von falschen Versprechungen und Hoffnungen infiziert, die niemals Realität werden können, sind es doch alles nur geborgte Phantasien und Träume, die dich vom Wesentlichen immer wieder ablenken wollen.

⊙ Sonne/Pluto ♇

☌ △ ✶ Konjunktion, Trigon, Sextil

Genial, mit welchem Elan du deine Probleme angehst, mit welcher Überzeugung du den Augiasstall ausmistest und dabei deine Instinktnatur profilierst. Power-Typen wie du gehören heute in die erste Reihe: Wenn du ins Horn stößt, hört man den Wasserbüffel rülpsen!

□ ☍ Quadrat, Opposition

Es muß heute verdammt heiß in der Hölle zugehen, da sie dich an die Oberfläche gelassen haben!

⊙ Sonne/Aszendent AC

☌ △ ✱

Konjunktion, Trigon, Sextil

Menschen wie du und ich schaffen es spielend, sich immer wieder in den Vordergrund zu drängen. Was liegt also näher, als sich selbst im Mittelpunkt zu präsentieren: "Ich bin echt" heißt deine Devise – nicht schlecht!

□ ☍

Quadrat, Opposition

Hier spiegelt sich nicht nur deine Orientierungslosigkeit im persönlichen Bereich (Unbehagen, Frust und Überdruß), sondern auch dein unreflektierter Seelenmist: "Leckt mich alle am A...!" Keine Simultation im Zeitalter der Simultation, sondern ein ehrlicher Tag im Jahr der Lügen.

⊙ Sonne/Medium Coeli MC

☌ △ ✱

Konjunktion, Trigon, Sextil

Was für die anderen zum Hürdenlauf wird, läßt deine persönlichen Kräfte nur stärker anschwellen und steigert deine berufliche Aktivität. Heute ziehst du Lob und Anerkennung förmlich an: Kompliment – dein Stil gefällt!

□ ☍

Quadrat, Opposition

Ein Tag der Verhinderung auf dem ewigen Trott durch die hirnlosen Mechanismen, die sich Alltag nennen. Aber Vorsicht: Heute werden keine selbstlosen Töne ins dunkle Nichts gesäuselt, sondern ichbetonte Kraftmeiereien aus der Frustration des Egos in eine bessere Zukunft gebrüllt!

Bitte nicht teuflisch ernst nehmen!
vgl. Seite 417

☿

MERKUR

Merkur läuft ebenfalls viel zu schnell, um tiefgreifende Veränderungen auszulösen, außer in Zeiten der Rückläufigkeit, wenn er die kommunikativen Verbindungen unterbricht. Wenn Merkur rückläufig ist, wird jede Übereinstimmung vernebelt und jeder Vermittlungsversuch blockiert, Pläne werden zerschlagen, Vorhaben gehen schief, Abmachungen werden gebrochen oder Briefe kommen nicht an. Ist man sich der Umstände bewußt, kann man gewisse Tätigkeiten verschieben oder, wenn man auf die Organisation keinen Einfluß hat, sich unklaren Absprachen entziehen.

☿ MERKUR/SONNE ☉

☌ △ ✳ — Konjunktion, Trigon, Sextil

Der Informationsaustausch ist heute prächtig: Du weckst Interesse und erfüllst die Erwartungen deiner Zuhörerschaft. Auch verfügst du über ein gutes Gespür bei allen Geschäften. Dein Ich rast zwischen Intuition und Kontrolle. Genieß den einzigen Tag, an dem du ohne Peinlichkeit von dir selber reden kannst.

□ ☍ — Quadrat, Opposition

Die Realität ist knochentrocken, zerhackte Sprachbombardements platzen in die vollkommen ausgefüllte Leere und die Langeweile hat selbst die Melancholie besiegt. Orientierungslosigkeit verhindert jede Perspektive, Lügen aus Nervosität und Zerstreutheit stellen sich ein: Es ist nicht leicht, heute mit deinem Kopf allein zu sein!

☿ MERKUR/MOND ☽

△ ✳ — Trigon, Sextil

Es ist zwar nicht gerade ein Faustschlag in den Unterleib einer prüden Gesellschaft und auch kein Protest gegen Doppelmoral und Verklemmtheit, aber wenigstens sprichst du heute aus, was du für wichtig hältst: Jede Banalität und jede Weisheit, an die du glaubst. Nicht provozierte Spontaneität, aber wenigstens filtrierter Ausdruck aus der Hitze und den Gefühlsaufwallungen des Jetzt.

☌ □ ☍ — Konjunktion, Quadrat, Opposition

Deine Herz-Schmerz-Koalition hofiert heute den streitbaren Ton und das führt zu einem gnadenlosen Sirenengesang gegen intellektuelles Spießertum. Dabei hängst du sehnsüchtig am Tropf deiner (Hochgeschwindigkeits-)Phantasien und jagst die replizierenden Wortkaskaden unerbittlich durch die Steilwände deiner Gehirnwindungen. Emotional sperrst du dich gegen alle verstandesmäßigen Übergriffe: Ein hirnloses Wort am Tresen ist dir heute näher als ein Foucault-Zitat!

☿ MERKUR/MERKUR ☿

☌ △ ✳ — Konjunktion, Trigon, Sextil

Deine Ideenkiste kommt heute ungeheuer an. Um dir einen Platz unter den Finanzhaien und Busineß-Cracks zu sichern, rauschst du mit deinen Vorschlägen so schnell durch die Chefetagen wie die Zahlen durch den Computer. Ab in die Startlöcher!

□ ☍ — Quadrat, Opposition

Es gibt Tage, an denen dein Verstand grausam überfordert ist und sich hoffnungslos verstrickt. Dagegen hilft die "Keep cool"-Methode: Keine Geschäfte, Hände weg von Verträgen, alle Entscheidungen vertagen! Diese Übung sorgt für kühle Gefühle und hilft auch gegen Verspannungen und Kopfschmerzen.

☿ MERKUR/VENUS ♀

☌ △ ✱

Konjunktion, Trigon, Sextil

Einfühlungsvermögen, gepaart mit Esprit und Intelligenz – dich umschwirren die Triebe in einem Kaleidoskop von Begegnungen, kein Wunder, daß dir das andere Geschlecht zu Füßen liegt. Doch zelebrier das Bild der Liebe nicht wie das Gebet einer Jungfrau: Tue's!

□ ☍

Quadrat, Opposition

Die Geometrie der Gefühle: pures Art déco. Jeder Schnörkel ein Stoßseufzer, jedes Ornament gestylte Leidenschaft, und selbst der stinkenste Furz gebiert zum Kunstwerk. Die ideale Kombination, wenn du deine Wohnung neu einrichten willst!

☿ MERKUR/MARS ♂

☌ △ ✱

Konjunktion, Trigon, Sextil

Also Jungs, entweder ihr kauft 'nen starken CD-Sound fürs Auto, oder ich geh' zu Fuß ins Kloster! (Werbeslogan)

□ ☍

Quadrat, Opposition

Zuerst war der Mensch, dann der Krieg und zuletzt der Verstand. Daß diese zynische Behauptung stimmt, erlebst du nicht nur heute. Aber heute ganz bestimmt!

☿ MERKUR/JUPITER ♃

☌ △ ✱

Konjunktion, Trigon, Sextil

Es war schon immer etwas spannender, Lifestyle zu zeigen statt stillos zu leben. Nichts für Konformisten oder Mitläufer. Nur in limitierter Auflage.

□ ☍

Quadrat, Opposition

In deinem Hirn herrscht heute eine chaotische Fülle an Bildern und Vorstellungen. Das Modell der Aufklärung wankt, der historische Hintergrund reduziert sich auf die Ebene eines Videoclips und Einsteins Relativitätstheorie wird zum (schlechten) Gimmick. Du strebst nach mehr: Gralssuche und Rückkehr in den Tempel voll göttlicher Harmonie.

☿ MERKUR/SATURN ♄

△ ✱

Trigon, Sextil

Meist bist du bemüht, hinter dem Alltag die Wahrheit zu finden und hinter den einfachen Geschichten die Kompliziertheit des Lebens, kurz: Fortschritt durch tiefschürfende Einsichten zu gewinnen oder wenigstens kontrollierte Depressionen als bodenständige Therapie gegen zukünftige Weltuntergänge.

☌ □ ☍

Konjunktion, Quadrat, Opposition

Heute ist kein Tag des Lachens und der harmonischen Entspannung, heute erlebst du die geistige Verkrampfung und die damit verbundene Ästhetik des Widerstands. Egal, was du tust, es wird meist schlimm; daraus aber die nötigen Schlüsse zu ziehen, darin liegt heute dein Gewinn!

Bitte nicht teuflisch ernst nehmen!
vgl. Seite 417

☿ MERKUR/URANUS ♅

☌ △ ✶

Konjunktion, Trigon, Sextil

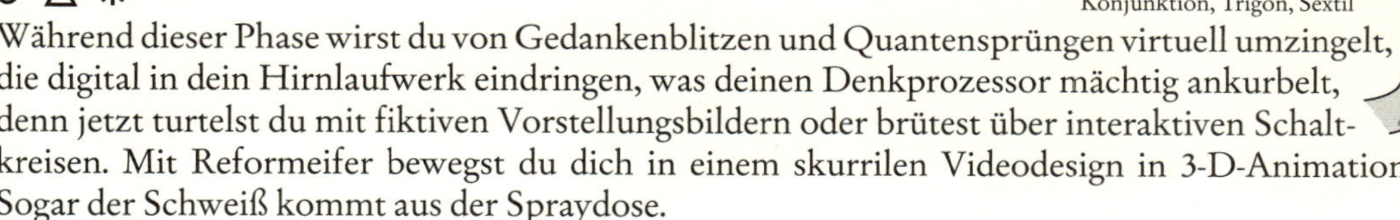

Während dieser Phase wirst du von Gedankenblitzen und Quantensprüngen virtuell umzingelt, die digital in dein Hirnlaufwerk eindringen, was deinen Denkprozessor mächtig ankurbelt, denn jetzt turtelst du mit fiktiven Vorstellungsbildern oder brütest über interaktiven Schaltkreisen. Mit Reformeifer bewegst du dich in einem skurrilen Videodesign in 3-D-Animation. Sogar der Schweiß kommt aus der Spraydose.

□ ☍

Quadrat, Opposition

Das Foucaultsche Pendel schlägt heftig aus und zertrümmert die Zementblöcke im Gehirn. Folge: Bedeutsame Erkenntnisse, sinnvolle Botschaften und kommunikative Informationen versinken im digitalen Feuerwerk deiner geistigen Zersplitterungen und lineares Denken zerstäubt in den Schaltkreisen überhitzter Gehirnspeicherplätze. Ein ironisches Verwirrspiel an einem Tag voller Kurzschlüsse.

☿ MERKUR/NEPTUN ♆

△ ✶

Trigon, Sextil

Die Wirklichkeit und die Imagination im Wettlauf wie Hase und Igel, wie die Realität und die Vorstellung, die sie jagt. Wer wird Sieger? Natürlich du!

☌ □ ☍

Konjunktion, Quadrat, Opposition

Dein schwacher Realitätssinn entpuppt sich heute als Handicap. Spätestens wenn du die Eleusinischen Mysterien absolviert und den Encounter-Härtetest für Nachtwandler bestanden hast und immer noch zwei Kinokarten zuviel oder einen weißen Walfisch im Bett hast, sollte dir ein Licht aufgehen!

☿ MERKUR/PLUTO ♇

△ ✶

Trigon, Sextil

Du sagst, was du denkst, auch wenn es dem Rest der Welt nicht gefällt. Dabei strahlst du Verborgenes, ja Geheimnisvolles aus und weißt deine Stärken einzusetzen. Wer das intellektuelle Vorspiel durchhält (Suggestivmacht, Wortkraft, Dominanz), wird beim Bettgeflüster nicht enttäuscht. Ein Versprechen für die nächste Sonnenfinsternis!

☌ □ ☍

Konjunktion, Quadrat, Opposition

Ein Tag, dessen Elektroenzephalogramm eine dynamische Synthese aus Überforderung und Überschätzung der eigenen Kräfte darstellt und wo du statt zu verhandeln oft Gewalt ausübst. Es ist der hilflose Versuch, mit Hilfe drohender Gebärden die Pforten deiner inneren Machtansprüche weiter kennenzulernen.

☿ MERKUR/ASZENDENT (AC)

☌ △ ✶

Konjunktion, Trigon, Sextil

Heute bist du gerissen hintergründig, halsbrecherisch ironisch und nur selten peinlich – Gratulation!

□ ☍

Quadrat, Opposition

Deine diplomatische Ader scheint heute wenig ausgeprägt; ganz im Gegensatz zu deiner Anziehungskraft, die du auf jedes Fettnäpfchen ausübst. Nimm dich beim Reden vor deiner Zahnspange in acht!

☿ Merkur/Medium Coeli Ⓜ︎Ⓒ︎

☌ △ ⚹ — Konjunktion, Trigon, Sextil

Alles ist veräußerlichter Affekt, eine schillernde Seifenblase, die du analysierend aufbrichst, anstatt sie zart und leicht in den Zenit aufsteigen zu lassen. Das entspricht der intellektuellen Kür für einen Bildungshunger, der die alten Ziele (Anpassung, Übersicht und wissenschaftliche Methodik) mit neuen Inhalten austanzt: Animation, Innovation, Visualisierung.

□ ☍ — Quadrat, Opposition

Wohl verstehst du es grandios, alle intellektuellen Register zu ziehen – bloß an der falschen Drehorgel. Damit verfließen deine großen Dialoge zu leeren Quinten, die sich in den Vexierspiegeln bürgerlicher Normen geschwätzig enthüllen. Ein Tag voller Mißverständnisse, Irrtümer und Lügen!

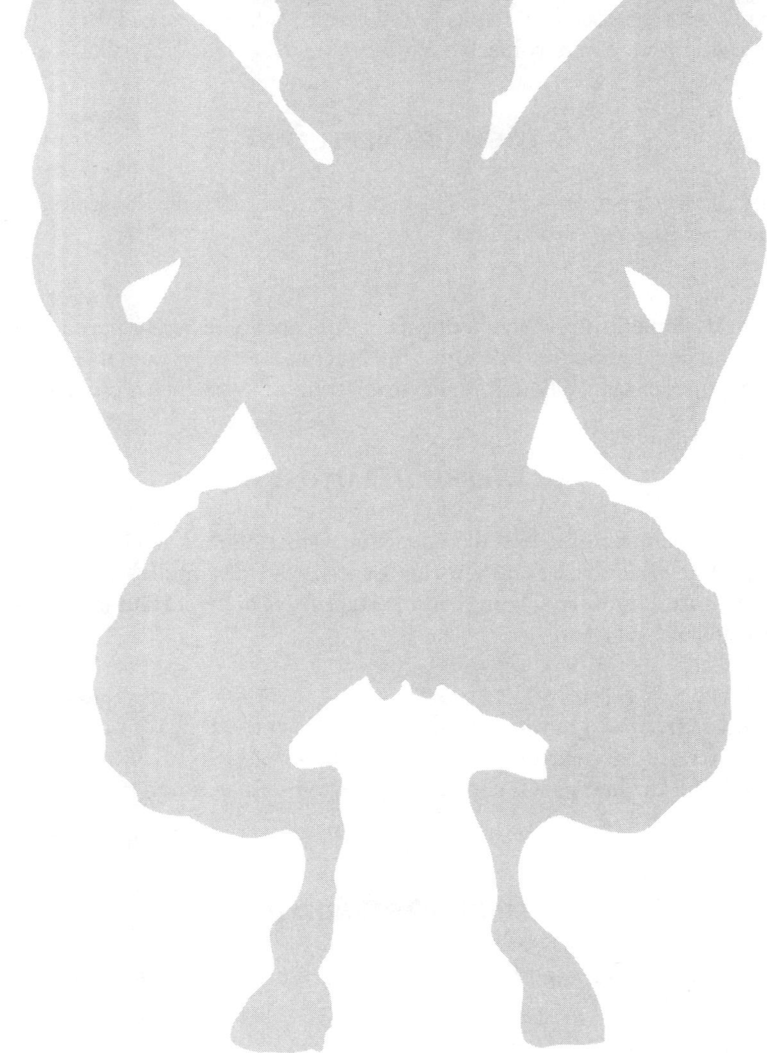

VENUS

Bitte nicht teuflisch ernst nehmen!
vgl. Seite 417

Venus zieht, ähnlich wie Merkur, rasch vorüber und schenkt uns eine Zeit sympathischer Ansprechbarkeit, überpräsenter Harmonie oder zwingt uns in die Keller milder Depressionen aus Gründen äußerer Kränkungen und Gefühlsverletzungen. Längerfristig macht sie wenig Kummer, außer wenn sie im Falle der Rückläufigkeit einen anderen Planeten negativ berührt. Aber auch dann wird ihr Einfluß nicht erdrückend sein.

♀ VENUS/SONNE ☉

☌ △ ✱ Konjunktion, Trigon, Sextil

Voller verheißungsvoller Erwartungen stürzt du dich in heiße Abenteuer. Dabei übernimmst du gern die Führung: Verführen, um verführt zu werden, das ist dein Credo. Genieß es, denn dieser Tag verspricht einen extraordinären Trip ins Reich der prickelnden Phantasie.

□ ☍ Quadrat, Opposition

Du bist sehr gläubig, was die süßen Sünden der Lust angeht, denn aus dem erotisierenden Verlangen verspielter Launen besitzt du heute die Fähigkeit, dich vom schwelenden Flämmchen ansatzlos zum brodelnden Vulkan aufzuplustern, dessen Lava seiner Umgebung jedesmal eiskalt den Rücken runterläuft.

♀

♀ VENUS/MOND ☽

☌ △ ✱ Konjunktion, Trigon, Sextil

Wie die Vielschichtigkeit der Träume stehen alle unerklärbaren Dinge aus dem Seelischen heute im Mittelpunkt. Und das nicht nur spirituell und entrückt wie eine göttliche Durchsage in den Kanälen ungreifbarer Mysterien, sondern auch tiefschürfend und ehrlich wie ein blinder Maulwurf, der unter der Oberfläche wühlt und wuselt. Nur wer sich mit Lust seiner eigenen Sehnsucht ergibt, findet hindurch!

□ ☍ Quadrat, Opposition

Heute möchtest du deiner Erotik ein imaginäres Opferfest bereiten, denn die Schlachtfeste deiner Phantasien sind bei dir um vieles blutrünstiger als die Erotik selbst. Von roten Lichtflecken übersät – die Lizenz zum Erröten im Gesicht – bringst du die Objekte deiner Lust träumend zu Tode.

♀ VENUS/MERKUR ☿

☌ △ ✱ Konjunktion, Trigon, Sextil

Ein Tag für Lehrer, die schon immer wissen wollten, was Petting ist.

□ ☍ Quadrat, Opposition

Gefühle sind für dich heute so staubtrocken wie Langenscheidts Taschenlexikon und damit auch garantiert frei von all jenen schmutzigen Vokabeln, die du wirklich übersetzen möchtest!

♀ VENUS/VENUS ♀

☌ △ ✱ Konjunktion, Trigon, Sextil

Jetzt willst du hemmungslos genießen, denn Aphrodite hat dir den Kopf verdreht, und wenn du loslegst, dann gleich tüchtig, denn Amors Pfeil hat auch dein Herz getroffen. Komm in das Lustschloß der Liebe; deine Antennen sind auf erotische Signale eingestellt!

□ ☍ Quadrat, Opposition

Deine Träume sind so groß wie deine erotischen Spannungen und sexuellen Frustrationen. Trotzdem hältst du an der Balance zwischen Wunschwelt und Alltag mit der tödlichen Sicherheit eines Schlafwandlers fest.

♀ Venus/Mars ♂

△ ✱ Trigon, Sextil

Vielleicht möchtest du dich gern der Lust ausliefern, für ein paar Stunden alle Hemmungen und prüden Zwänge ablegen, Hingabebereitschaft signalisieren, Unterwerfungslust provozieren, emotionelle Gefährlichkeit demonstrieren, deine inneren Verspannungen lösen, aus dem Schatten deiner Verklemmungen heraustreten und dein heißkaltes Verlangen leben. Dann ist's dein Tag!

☌ □ ☍ Konjunktion, Quadrat, Opposition

Heute läuten vermehrt die Alarmglocken, denn dein Triebinstinkt wird angefacht und deine emotionale Natur zum Kochen gebracht. Die Sturm- und Drang-Zeit feiert fröhlich Urstände, denn was du deiner Sinnlichkeit und Leidenschaft jetzt abverlangst, kann ganz schön an die Fettpölsterchen gehen. Aus einer scheuen Schmusekatze oder einem nervösen Kater verwandelst du dich in ein gieriges Raubtier. Achte auf deine Energiereserven!

♀ Venus/Jupiter ♃

☌ △ ✱ Konjunktion, Trigon, Sextil

Im Augenblick bist du der klassische Überflieger und kannst aus jedem Hühnerfurz (kosmische Vibe-Philosophie, Acid-Renaissance, Vollmond-Antrophologie, Tarot-Mythologie, Ibiza-Syndrom) einen beliebigen Retortenmix zusammenstellen. Sehr erfolgreiche Tagesqualität!

□ ☍ Quadrat, Opposition

Ja, du hast heute einen Hang zum Monumentalen und scheinst dich ständig selber übertreffen zu wollen. Deshalb eckst du mit deiner permanenten "We-shall-overcome"-Attitüde auch überall an, denn du reflektierst nicht mehr die Gegenwart, sondern verstrickst dich in deinen eigenen Wiederholungen. Doch große Kunst entsteht aus den Gefühlsaufwallungen des Jetzt. Kreativität muß spontan sein.

♀ Venus/Saturn ♄

△ ✱ Trigon, Sextil

Jetzt machst du dich auf, um hinter deinen maroden Träumen der Ausgrenzung und Entsagung eine bessere Zukunft zu finden, und siehe, im finsteren Pfuhl der Enttäuschung geht eine wärmende Sonne auf. Sie leuchtet dir zu gedämpfter Heiterkeit und realistischerer Einsicht in Gefühlsdingen.

☌ □ ☍ Konjunktion, Quadrat, Opposition

Statt Liebe und Wärme werden dir heute nur Gefühlskälte oder Sarkasmus entgegengebracht, denn Saturn ist der Vampir, der der Venus die Zeichen der Freude und des Eros ausbrennt, um seinen unerlösten Schatten daran zu nähren. Das einzige, was dagegen hilft, ist Selbstaufgabe, denn eine "aufgegebene" Depression hört sehr bald auf zu existieren.

♀ Venus/Uranus ♅

△ ✱ Trigon, Sextil

Heute bist du in der Liebe nicht zu bremsen, denn du wühlst dich durch alles Exzentrische mit ausgesprochen erotischem Vergnügen hindurch und treibst es gern an ungewöhnlichen Orten: im Fahrstuhl oder mitten auf dem Rummelplatz. Das Risiko der Entdeckung schreckt dich nicht ab; es fördert die Erregung und verschafft dir einen zusätzlichen Reiz: Sex bis zum Umfallen!

☌ □ ☍ Konjunktion, Quadrat, Opposition

Dein Verhalten ist meist anhand des hysterischen Symptomkatalogs zu beschreiben, denn deine Empfindungen und Gefühle erscheinen verstiegen, affektiv und nervlich überreizt. Spontanes, überdrehtes Verhalten ist die Regel, denn in deinen exzentrischen Übersteigerungen feierst du die Rückkehr der sinnlichen Frauen oder der ungezogenen, unflätigen und bösen Buben, die dich regelmäßig an den Rand des Wahnsinns treiben. Das Dionysische und das Hysterische verbinden sich heute prächtig und das oft total unterhalb der Gürtellinie.

Bitte nicht teuflisch ernst nehmen!

vgl. Seite 417

♀ Venus/Neptun ♆

☌ △ ✱ Konjunktion, Trigon, Sextil

Spürst du die verlockende Leere oder dieses göttliche Nichts, das plötzlich wie ein Schiff am Horizont erscheint, das vor dir aufleuchtet, und in das du nur noch einzusteigen brauchst, um vor dir selber davonzufahren, in eine Dimension, in der das Licht triumphiert? Wenn du einsteigst, kannst du vielleicht deiner inneren Sehnsucht begegnen und erfahren, wie das Göttliche in den höchsten Höhen liebt und lebt. Paß auf – denn heute fühlst du dich in eine schwimmende Lichtflüssigkeit getaucht!

□ ☍ Quadrat, Opposition

Mit traumwandlerischer Sicherheit bewegst du dich an den tanzenden Irrlichtern der Unklarheit vorbei. Wenn du sie an ihrem inneren Anspruch mißt, auch in die verwickeltsten Ebenen deiner Gefühle hineinzuleuchten (Lügen, Täuschungen und Intrigen), in deren tiefere Schichten du nicht einzudringen wagst, mußt du ihre zuckenden Schatten in Kauf nehmen. Diese werden vom Lichtstrahl jäh aus dem Dunkel befördert, setzen ihre Ladung absurder Emotionen frei und versinken wieder im Dunkel. Wach auf!

♀ Venus/Pluto ♇

△ ✱ Trigon, Sextil

Ein Tag, an dem du zwar stöhnend an den Fesseln deiner Wollust zerrst, ohne ihr letztlich aber wirklich entkommen zu wollen, denn heute scheint die Sünde willkommen und die Erlösung keiner Anstrengung wert. Verschlingend, lüstern, faszinierend: Ein Panoptikum der Dämonie deiner triebhaften Begierde!

☌ □ ☍ Konjunktion, Quadrat, Opposition

Wenn sich jemand zwischen deine Schenkel verirrt, gibst du ihn nicht so schnell wieder frei, denn heute scheinst du nicht nur von einer sehr starken erotischen Vorstellung durchströmt, sondern auch von einer infernalen triebhaften Ekstase besessen: von der Schönheit des Schmerzes, den du im Taumel bacchantischer Fügungen zelebrierst. Nur ein Ausdruck der Gier deines räudigen Herzens?

♀ Venus/Aszendent Ⓐ

☌ △ ✱ Konjunktion, Trigon, Sextil

Ein vergnügliches Plädoyer für mehr Sinnlichkeit, gewidmet allen aphrodisierten Seelen, die Lust genießen und die sich nach einer Form sexueller Verrenkungen sehnen, wo sich das Knistern der Erotik noch einfangen läßt.

□ ☍ Quadrat, Opposition

Hör endlich mit deiner narzißtischen Selbstbewunderung auf und setze deine Trümpfe lieber auf ein gemeinsames Souper, bei dem der Nachtisch durch einen Hauch von Erotik zu einem deiner Eitelkeit schmeichelnden Erlebnis wird.

♀ VENUS/MEDIUM COELI MC

☌ △ ✱ Konjunktion, Trigon, Sextil

Liebe ist angesagt, universaler Sex ohne Ende für Friede und Toleranz. Harmonie und die Ideologie einer befreienden Party als knallbunter Lutschbonbon in einem Kaleidoskop von Begegnungen. Nicht schlapp-machen: Vitamine bringen dich auf Trab!

□ ☍ Quadrat, Opposition

Nie wurde ein Tag konsequenter verpennt, denn heute hast du den größten gemeinsamen Nenner der ästhetisierenden Langeweile entdeckt: Das neurotische Spiel mit den Gefühlen der anderen.

MARS

Bitte nicht teuflisch ernst nehmen! vgl. Seite 417

Mars repräsentiert das dynamische Prinzip im Radix und spiegelt unser Energiepotential wider. Seine Stellung im Horoskop zeigt an, wie stark unsere Libido ist und wie man mit dieser Lebenskraft umgehen kann. Deshalb zeigt der transitierende Mars die aggressive Absicht, wie man seine Handlungsenergie in der Welt "ausrichtet" und wie man seine instinktiven Bedürfnisse an die Bedürfnisse der Welt anpaßt.

♂ Mars/Sonne ☉

☌ △ ✱ Konjunktion, Trigon, Sextil

Knallhart, schnell und aggressiv: Dieser Transit ist für dich wie ein erstklassiger Boxkampf. Alternativer Klugschiß und das ganze Karitas-Gesäusel für eine bessere Umwelt kotzt dich an. Dein Mut zur wilden Entschlossenheit ist so groß wie dein Wille zu einem starken Ego. Soziale Gedanken und vernetzte Zusammenhänge interessieren dich nicht. Hauptsache, die Post geht ab, und es sieht nicht nach pseudospießigem Ideenwirrwarr aus. Denn was hast du außer deiner Postpubertät schon zu verlieren?

□ ☍ Quadrat, Opposition

Diese Konstellation als Ausdruck von Streit und Gewalttätigkeit bringt deine innere Wut, Aggression und Unmittelbarkeit mit dem Stechuhr-Alltags-Charme eines Hochofenschweißers auf die Straße zurück. Mit Sirenen und Preßlufthämmern gegen den Rest der Welt!

♂ Mars/Mond ☽

△ ✱ Trigon, Sextil

Jetzt räumst du mit den ästhetischen Schönfärbereien und ideologischen Verbrämungen auf, denn du bist nicht mehr naiv und schläfrig genug, um dein Leben in den somnambulen Leerläufen irrationaler Sehnsüchte zu verpennen. Die Zukunft beginnt (immer) an der nächsten Autobahneinfahrt.

☌ □ ☍ Konjunktion, Quadrat, Opposition

Du bist gelangweilt und auf der Suche nach dem richtigen Kick, dabei müßtest du nur dein Hinterteil bewegen. Zwar übermannen dich ab und zu unkontrollierte Ausbrüche von Reizbarkeit und Lust, doch bei jedem Versuch, Veränderungen herbeizuführen, überkommt dich schon bald wieder eine tröstliche Lähmung, und das Strohfeuer erlischt. So bleibt alles in schönster Schwebe.

♂ Mars/Merkur ☿

☌ △ ✱ Konjunktion, Trigon, Sextil

Du verstehst es perfekt, zwischen schriller Schlagfertigkeit und fröhlichem Sarkasmus locker hin- und herzupendeln und aus der Verbindung zwischen archaischer Dämonenbeschwörung und grölender Selbstverarschung den definitiven Großstadtmythos zu kreieren: Kloakenröhren als Seelenlabyrinth!

□ ☍ Quadrat, Opposition

Schlagfertig wie eine Maschinengewehrsalve. Gemein wie Giftgas. Jeder Witz hat einen Widerhaken, jeder Gag die Durchschlagskraft einer Walfischharpune: "Live fast, die young, but travel first class!" Zum Kotzen – und gerade deshalb so notwendig.

♂ Mars/Venus ♀

△ ✳ Trigon, Sextil

Du hast die Gesetze der Leidenschaft erkannt. Dein Liebestrieb ist der sinnlichste, deine Haut die empfindlichste und dein Ehrgeiz der härteste. Jetzt willst du den tiefsten Punkt erforschen – den Südpol. Den Pinguinen zuschauen. Vögeln, ganz wunderbar.

☌ □ ☍ Konjunktion, Quadrat, Opposition

Deine Sinnennatur ist lebensgefährlich ehrlich: extreme Spannung, Mangel an Takt und Rücksichtnahme, emotionale Überhitzung mit schneller Erkaltung. Für eine erfüllte Liebesnacht sind das schlechte Karten: Selbst wenn du liebst, sagst du die Wahrheit!

♂ Mars/Mars ♂

☌ △ ✳ Konjunktion, Trigon, Sextil

Leben, Sterben, Lieben ohne Ende – ein glückseliges Zerrbild kindlicher Anarchie. Roh und direkt wie ein Schlag ins Gesicht. Damit zeigst du allen verquasten Typen, was eine ehrliche Harke ist!

□ ☍ Quadrat, Opposition

Mit Pauken und erigierten Phallen gegen soziale Unterdrückung und die Übermacht der Moralisten, wo das Lügen und Betrügen zum zeitgeistigen Realhorror wird. Hier entblößt du die Abgründe deiner Wut als Antwort auf die Brutalität und Rücksichtslosigkeit der anderen. Nie werden Schwäche und Energiemangel besser auf den Punkt gebracht!

♂ Mars/Jupiter ♃

☌ △ ✳ Konjunktion, Trigon, Sextil

Hier erweist du dich als geschickter Stratege beim monströsen Versuch, alles unter einen Hut zu bringen. Falls du in einem Chefsessel sitzt, ist es jetzt Zeit, die richtigen Weichen zu stellen: Du mußt die Metapher des äußeren Wachstums durch die Metapher des inneren Gründelns ersetzen! Denn in den tiefsten Tiefen deiner Seele hat Dagobert Duck einen goldenen Taler aus Angst vor dem Zugriff durch das Finanzamt versteckt.

□ ☍ Quadrat, Opposition

Manchmal stehst du da wie einer, der nicht durchhält und nur zuschaut, wie sich seine Ansprüche immer mehr aufblähen, bis sie am Ende ihrer Träume und an der Unerreichbarkeit ihrer eigenen Gesichter wie Seifenblasen zerplatzen. Bombastischer Firlefanz für Flohmarkt-Nostalgiker!

♂ Mars/Saturn ♄

△ ✳ Trigon, Sextil

Ein Zwischenhoch auf dem langen Weg durch eine Serie von Ernüchterungen. Selbst die Überlebensstrategie ist problematisch, denn wer unsere "Working-Class-Hero-Tristesse" kennt, versteht jeden, der sich in dieser Zeit vollknallt. Begünstigt sind Konzentration auf das Wesentliche und Ausrichtung nach den Gegebenheiten der Welt. Ein Plädoyer auf die Kunst der menschlichen Fähigkeit zur Rationalisierung des eigenen Tuns.

☌ □ ☍ Konjunktion, Quadrat, Opposition

Eine Zeit wie ein verknotetes Schiffsseil, in der du dein Dasein als Isolationshaft empfindest. Dick, zäh, unschön. Hier ist Paranoia keine Krankheit mehr, sondern ein vorübergehender Normalzustand.

Bitte nicht teuflisch ernst nehmen!
vgl. Seite 417

♂ Mars/Uranus ♅

△ ✱

Trigon, Sextil

Außergewöhnliche Energie, plötzlicher Freiheits- und Unabhängigkeitsdrang. Dein höheres Selbst schickt sein Dies irae durch die virtual Reality seines Simulations-Computers und bringt damit deine Lust am Untergang im Bit-Zeitalter auf den Punkt: "O Superman, o Supergirl, wie schön ist doch dein Stammhirn..."

☌ □ ☍

Konjunktion, Quadrat, Opposition

Hier werden schrille, mit der nervösen Unruhe eines gestreßten Zeitgeists gesampelte Katastrophensituationen als apokalyptische Sensationen gegen die Banalität eines verödeten Alltags in den Raum geschleudert. Als Untergang lanciert und zum Hyperact einer futuristischen Hardcore-Anarchie gesteigert ist das erregender als ein echter Sputnik in einer psychiatrischen Klinik auf dem Mars.

♂ Mars/Neptun ♆

△ ✱

Trigon, Sextil

Durch Tanzen und Trommeln versetzt du dich in eine rituelle Trance, in der du deinen inneren Buhlteufel ficken kannst. Dabei ziehst du ihm den schmerzenden Stachel aus dem Fleisch der Lust und bindest ihm ein rosa Schleifchen um.

☌ □ ☍

Konjunktion, Quadrat, Opposition

Wenn schon nicht gebetet, gesungen oder um Buße gefleht werden kann, dann wenigstens getanzt, gekifft und gehurt. Der Alltag als Kulisse für abgefahrene Happenings: Mega-Party, Nonstop-Dauerflug, außerirdische Umlaufbahn. Exzentrischstes Credo: Too drunk to fuck!

♂ Mars/Pluto ♇

☌ △ ✱

Konjunktion, Trigon, Sextil

Mit dem Temperament eines Kampfstiers und dem Charme einer Tellermine machst du jeden platt, der nicht deine Meinung teilt. Imponierender noch als Bud Spencer mähst du alles nieder, was sich dir in den Weg stellt. Dein Motto: Jeder Schlag, der dich nicht umhaut, macht dich noch blöder!

□ ☍

Quadrat, Opposition

Du sitzt auf dem Klo, summst das Lied vom Tod und hast Sehnsucht nach einem richtigen Fight, wo du die Felle deiner Kriegstrommel tüchtig rührst bzw. deine Bauchmuskeln überstrapazierst, bis du die zuckenden Gedärme so richtig spürst, diese geheimnisvolle, ziehende Lust am Schmerz. Dabei exportierst du nur deinen eignen Scheiß, den du auf eine lange Reise schickst. In einem sprudelnden Wasserstrahl in die dunklen Katakomben hinunter.

♂ Mars/Aszendent (AC)

☌ △ ✱

Konjunktion, Trigon, Sextil

Muskeln, Schweiß und Sex bis zur Erschöpfung: Eine Leidenschaft, die dich antörnt, als sei sie vom Himmel direkt auf deine Matratze gefallen. Zart, kräftig und unverschämt.

□ ☍

Quadrat, Opposition

Deine Libido ist so kraftlos wie dein Wille, und statt sündiger Erregung durchlebst du die Schuldgefühle einer implodierenden Absicht, die eine magische Anziehung auf jede Ohrfeige ausübt.

♂ Mars/Medium Coeli (MC)

☌ △ ✱ Konjunktion, Trigon, Sextil

Dein Wille zum Erfolg zerfetzt alle Störfelder mit der grimmigen Wollust eines Henkers und erfüllt dir alle heißen Träume, mit denen du niemals gerechnet hast.

□ ☍ Quadrat, Opposition

Der martialischste Wille, die größte Klappe, das grimmigste Knurren vor dem entscheidenden Biß: Doch wenn das Ganze nicht zu den genitalen Eskapaden eines peinlichen Cunnilingus verkommen soll, mußt du schon behutsamer disponieren!

Die Jahrestransite

Die Bewegungen der langsamlaufenden Gestirne

Die Gestirnsrhythmen sind der Schlüssel zu den archetypischen Urprinzipien, die die kosmischen Gesetze beleuchten, und die Jahrestransite sind die bevorzugten Prognosemethoden, da sie sich direkt aus den Verhältnissen am Himmel herleiten. Ihr göttlicher Anspruch, die Schleier der Zukunft ein bißchen zu lüften, ist deshalb völlig legitim, denn der Rhythmus der sich ewig verändernden Gestirne ist eines jener Ur-Modelle, in denen sich das Ewige in greifbaren Formen widerspiegelt. Die Auseinandersetzung mit den Gestirnseinflüssen ist ein durchaus probates Mittel, um deine innere Bedeutung zu finden und deiner materiellen Form einen Sinn zu geben, denn jede Zeitqualität stellt einen unwiderruflichen Ausschnitt innerhalb deines persönlichen Schicksalsbogens dar. Diese stellen einen eigenen Kosmos, ein verkleinertes Muster aller Abläufe in der Welt dar und liefern dir die Vorlage zu einer Realität, die du dann aus deiner persönlichen Sichtweise heraus interpretierst. Es ist eine von vielen Möglichkeiten, deinen inneren Strömen nachzuspüren, um sie als Urquell allen Handelns zu erkennen, als Pläne sozusagen, deren Verwirklichung dann das ist, was wir die erlebte Wirklichkeit nennen.

♃

JUPITER

Jupiter ist der Planet der Schöpferkraft und verkörpert das innere Höhenfeuer, das sich aus sich selber zeugt: der Flammenausbruch, dessen Kraft der Sonne gleicht, die Geburt der Dinge aus dem unveränderlichen, vollkommenen, göttlichen Einen oder die Essenz des Feuers in ihrem unergründlichen Ursprung. Zwar können seine überschäumenden Flammen auch die eigene Form zum Bersten bringen, doch wirken sie sich nicht so sehr zerstörerisch aus. Jupiters Aufforderung, die Seele für spirituelles oder materielles Wachstum zu öffnen, ist nur selten mit großem Leid verbunden.

♃ JUPITER/SONNE ☉

Die Erneuerung der Lebenskräfte

☌ △ ✱ ⊻ ⦶ Konjunktion, Trigon, Sextil, Halbsextil, Spiegelpunkt

Die jupiterhafte Energie verströmt Harmonie und ein die Gegensätze verbindendes Empfinden; ihr innerer Ausdruck wird durchströmt von einer tiefen Liebe für die Welt. Vor diesem Hintergrund verheißen dir die Schicksalsnornen Glück und Wohlstand, denn sie befruchten die Materie und illustrieren die zyklische Erneuerung der Lebenskräfte, die Kraft des Wachstums oder Werdens, die innerhalb der materiellen Sphäre zum Ausdruck kommt. Wenn du mit deinen inneren Zielen in Übereinstimmung bist, brauchst du nichts zu tun, sondern das Tun verwirklicht sich in deinem Handeln. Alles, was deiner Selbstverwirklichung entgegensteht, verschwindet unter einem Schleier, Grenzen und Umrisse verwischen sich. Dann spürst du die Ewigkeit. Erfülle in Ruhe deine Aufgaben, denn du weißt: Alles wird gelingen!

Die Auserwählten

□ ☍ ⊼ ⚼ ∟ Quadrat, Opposition, Quincunx, Anderthalbquadrat, Halbquadrat

Oft verlierst du den Boden unter den Füßen, denn du neigst zu Selbstüberschätzung und falschem Stolz, weil du Wissen und Erkenntnis nur in den intuitiven Inspirationen spiritueller Auserwählter siehst, zu denen du dich selber zählst. Dieser Transit kann aber auch eine Situation anzeigen, in der du durch eine überraschende Wendung im Alltag oder durch eine entscheidende Begegnung unerwartet zu Einsichten kommst, die dir vor Augen führen, welche Fähigkeiten in dir stecken und welche Möglichkeiten des Wachstums und der Entfaltung darin liegen. Das kann ebenso bedeuten, daß du einen entscheidenden Bewußtseinswandel erlebst, denn wenn es dir gelingt, zu einer gelassenen Haltung und einem tieferen Verständnis deines Lebens zu gelangen, wirst du merken, daß dein Glück in dir selbst liegt und nicht vom Erreichen übertriebener Ziele abhängt.

♃ JUPITER/MOND ☽

Das Gefühl der Einheit

☌ △ ✱ ⊻ ⦶ Konjunktion, Trigon, Sextil, Halbsextil, Spiegelpunkt

Die Auslösung steht für das ahnende Verstehen kosmischer Zusammenhänge und für das Vertrauen in die Gesetze des Absoluten, also für das seelische Verstehen, die innere Einsicht und das damit verbundene Vertrauen in die Gesetzmäßigkeiten der Schöpfung. Sie zeigt an, daß du Dinge planst, die weit in die Zukunft reichen und in deren positiven Verlauf du berechtigte Hoffnungen setzen darfst. Dabei bist du dir häufig in diesem Frühstadium der weittragenden Wirkung deines Handelns noch gar nicht bewußt. Erst der Rückblick macht dir klar, welche entscheidenden Weichen in den Zeiten gestellt wurden, die durch die Verbindung von Jupiter zu Mond gekennzeichnet sind. Dabei geht es um tiefe Einsichten in größere Zusammenhänge, durch die du über die Enge deines unmittelbaren Gesichtskreises hinauswachsen kannst. Es ist, als nähmst du eine Vogelperspektive ein, von der aus sich hochgetürmte Hindernisse überschauen lassen und die dir weite Ausblicke auf eine erfreuliche Zukunft eröffnet.

Die Suche nach dem Weihnachtsmann

□ ☍ ⚻ ⚼ ∟

Sei auf der Hut, um dich nicht in deiner inneren Infantilität zu verstricken, da viele Ziele, die du während dieser Zeit anstrebst, häufig nur die Wiederbelebung ungestillter Sehnsüchte sind, die du aus der Dämmerung in die Gegenwart hinüberretten willst. Diesmal ist es nicht mehr die Mutterschlange, der vertraute Zug zurück in die verantwortungslose Wonne, die hier auftaucht, sondern der alte Weihnachtsmann, die unbewußte Vorstellung von der Rückkehr in die Arme des Vaters. Es ist die egoistische, ichbezogene Hoffnung nach dem "höheren Willen", der dir alle Wünsche erfüllt. Denn je höher hinauf du gelangst, desto näher wähnst du dich der Majestät Gottes. Bisweilen bist du sogar versucht, ihr deinen Arm um die Schultern zu legen, um deine Pläne zu erzwingen.

♃ JUPITER/MERKUR ☿

Der Blick fürs Ganze

☌ △ ⚹ ⚺ ⏀ Konjunktion, Trigon, Sextil, Halbsextil, Spiegelpunkt

Diese Periode zeigt, daß du geschickt, flexibel und taktisch klug deine Aufgaben löst. Sie entspringt dem Drang nach Freiheit, der allem Denkerischen innewohnt: der Sehnsucht nach Befreiung und dem Drang nach Einsicht in die Abläufe der Natur, denn sie umschreibt das Wirken des Verstandes in einer in höchstem Maße erhellenden, klärenden und befreienden Art. Deshalb ist es jetzt Zeit, in dir die ambivalente Gabe der Verstandeskraft zu nutzen und zu entfalten. Dies bringt ebenfalls das Prinzip der höheren Vernunft mit auf den Plan, die hier als erkennende Kraft zu Klarheit, Eindeutigkeit und Entschiedenheit führt. Es kann darum gehen, mit aller gebotenen Schärfe ein Problem zu durchdringen, zu analysieren und kompromißlose Konsequenzen zu ziehen, ohne dabei den Blick für das Ganze zu verlieren. Das kann viel Erfolg bedeuten in einer Phase, wo der große, schöpferische Wurf nur darauf wartet, realisiert zu werden.

Der Winkeladvokat

□ ☍ ⚻ ⚼ ∟ Quadrat, Opposition, Quincunx, Anderthalbquadrat, Halbquadrat

Selbstgefällige Arroganz prägt hier dein Verhalten; Aufgeblasenheit und Phrasendrescherei zeichnen dich aus. Große Gebärden gesellen sich dazu und eine Neigung zu übertriebenen Erwartungen. Innerhalb von Widersprüchen fühlst du dich wohl, denn in dieser Zeit entwickelst du große analytische Fähigkeiten, mit deren Hilfe du deine Züge planst. Dieses Gestirn kann aber auch eine Warnung vor Selbstüberschätzung sein, denn Schlitzohrigkeit und skrupellose Gerissenheit führen zu herzlosen Schachzügen und allen üblen Auswirkungen der Tyrannei des Verstandes. Als geschickter Stratege kennst du Listen für alle Gelegenheiten. Stets bringst du die anderen in Verlegenheit, und befreist sie dann mit listigem Rat. Manchmal machst du dich aber auch selber zum Lügner oder wenigstens zum Heuchler, wenn du deine eigenen Winkelzüge auf die anderen abschiebst, denn du stehst auf dem Schatten der Dummen, und deine Raffinesse ist immer an die Naivität der anderen gebunden.

♃ JUPITER/VENUS ♀

Die pralle Lebenslust

☌ △ ⚹ ⚺ ⏀ Konjunktion, Trigon, Sextil, Halbsextil, Spiegelpunkt

Jupiter und Venus schenken dir eine Zeit der Lebenslust, ein Streben nach Genuß, denn hier besitzt du jene Kraft, die sich nicht nur nach dümpelnder Erfüllung sehnt, sondern nach echter Leidenschaft, reiner Sinnlichkeit und viel Gefühl. Das zeigt, daß du dich voller Energie und mit wahrer Leidenschaft auf deine Aufgaben stürzt. Es zeigt aber auch den Mut und den Schöpferwillen, wenn dich deine Kräfte durchdringen und es nichts mehr unter der Sonne gibt, was du dir nicht triumphierend erringen kannst. Nach geschlagener Schlacht ziehst du dich in den liebkosenden Gleichklang ewiger Liebesgesänge zurück, wo es dir ein großes Anliegen ist, in den Strömen der Libido zu schwimmen, weil diese Art der Selbstverwirklichung auch einem tiefen sexuellen Bedürfnis entspringt, dich in der Umarmung der Liebesgöttin verwirklichen zu können.

Der brodelnde Überfluß

□ ☍ ⚻ ⚼ ∟ Quadrat, Opposition, Quincunx, Anderthalbquadrat, Halbquadrat

Bei dir steht Leidenschaft ganz hoch im Kurs. Deshalb ergreifst du ohne Umschweife jede sich bietende Gelegenheit, das innere Feuer zu entfachen, denn jetzt erwacht in dir die kraftvolle, strahlende und alles erhitzende Energie, die deine Begierden in den Flammen der Wollust zum Kochen bringt. Es ist eine Zeit, in der es gilt, das eigene Wesen zu entfalten und nicht länger die wabbeligen Rollen auszufüllen, die du als Zugeständnis an die Gesellschaft spielst. Das kann einen enormen Zuwachs an Selbstbewußtsein und Selbstsicherheit bedeuten und zu einem völlig neuen Lebensgefühl führen. Doch manchmal treiben dich die Exzesse auch über die Grenzen des gesunden Wachstums hinaus.

♃ JUPITER/MARS ♂

Der kreative Ausbruch

☌ △ ⚹ ⚺ ⏀ Konjunktion, Trigon, Sextil, Halbsextil, Spiegelpunkt

Deine innere Unrast entspringt einem schöpferischen Drang, den Rahmen zu sprengen, der für den erwachten Feuergeist viel zu eng geworden ist. Deshalb ist diese Zeit häufig Hinweis auf ein großes Thema, das die Chance höchster Triebbefriedigung beinhaltet. Noch sind die Pläne nicht ganz ausformuliert und die Möglichkeiten nur zum Teil erkannt. Trotzdem ist dieser Transit Hinweis auf gute Gelegenheiten, die weiterhelfen und wichtige Gipfelbesteigungen ermöglichen, die Mut und Risikofreude verlangen.

Das innere Raubtier

□ ☍ ⚻ ⚼ ∟ Quadrat, Opposition, Quincunx, Anderthalbquadrat, Halbquadrat

Wer auf die Urkraft meditiert – “Schlag etwas kaputt oder gönn dir einen Streit!” –, wird erkennen, daß sich das “Raubtier” im unteren Bauchraum zentriert. Dabei bist du weniger vom Bedürfnis erfüllt, Macht zu erringen, sondern du läßt dich vielmehr von deinem Triebinstinkt leiten, der dir sagt, daß du nur im Sieg über die anderen ganz du selbst bleiben kannst. So öffnest du dich weit gegenüber den Reaktionen der Umwelt – aber nur, um die inneren Instinkte zu wecken und das Gespür für den richtigen Zeitpunkt zu bekommen, in dem du dich am besten durchsetzen kannst.

♃ JUPITER/JUPITER ♃

Der schöpferische Wille

☌ △ ⚹ ⚺ ⏀ Konjunktion, Trigon, Sextil, Halbsextil, Spiegelpunkt

Du verwirklichst das Ausschöpfen deines individuellen Potentials aus dem Bauch heraus und kannst dich hundertprozentig auf deine Intuition verlassen. Sie ist die spirituelle Helle, die dich durchdringt und auf deren Schwingen du dich bis zu Gott hinauftragen lassen kannst, denn sie ist auch ein Symbol des göttlichen Lichts und das letzte Ziel deiner Reise zu dir selbst. Auch wenn sich in deinem Wesen bisweilen Merkmale von Selbstüberschätzung zeigen, so bist du doch immer zu einem Streben nach besseren Lösungen bereit. Solange deine Motive und Handlungen sich im Einklang mit der kosmischen Ordnung befinden, sind alle Ziele recht. Habe Vertrauen und handle in Übereinstimmung mit deinem schöpferischen Willen!

Der Geist der Übertreibung

□ ☍ ⚻ ⚼ ∟ Quadrat, Opposition, Quincunx, Anderthalbquadrat, Halbquadrat

Das Bestreben, die Dinge in einem größeren Zusammenhang zu sehen, veranlaßt dich, immer wieder durch neue Eingänge in dich selbst zu gehen, um durch die Schleier der äußeren Welt hindurch den Weg zu deinem wahren Wesenskern zu finden. Doch lauert auf deinem Weg auch so manche Falle, die alles andere als das Verlangen nach himmlischer Harmonie ist, sondern hinter der sich die Angst vor der Wahrheit versteckt: die Angst, in die Leere zurückzufallen, die dich einen Schimmer des schleiernden Nichts erahnen läßt, das hinter den Nebeln aller Glaubenswahrheiten liegt. Es ist die züngelnde Angst, im Treibsand deiner inneren Fülle zu ersticken, die dich einem arroganten Verhalten in die Arme treibt, denn aus einer gewaltigen Überschätzung deiner eigenen Bedeutung erleidet dein Geist während dieser Periode

♃

ständig Ausfälle, was zu einer Art Ego-Inflation und zu einer damit verbundenen Ego-Dominanz führt. Um diese übertriebene Haltung zu mildern, beweist du in jeder Situation deine außerordentliche Fähigkeit, die Wirklichkeit immer so zu betrachten, wie sie deinen eigenen Vorstellungen und Zielrichtungen entspricht.

♃ JUPITER/SATURN ♄

Der stetige Wandel

☌ △ ⚹ ⚺ ⦶ Konjunktion, Trigon, Sextil, Halbsextil, Spiegelpunkt

Es ist nicht immer leicht, den Sinn im Leben zu begreifen, wenn der strenge Saturn Jupiters Höhenflüge bremst oder gar auf den Boden der Tatsachen zurückschmettert, denn hier ist ein tiefes Vertrauen in den rhythmischen Wechsel von Anziehung und Ausdehnung notwendig. Auf der materiellen Ebene hat dieser Aspekt mit der Zeit und dem Wandel durch Zeit zu tun; somit sind nicht nur Ende und Anfang, sondern auch nachhaltiges Wachstum und bleibende Werte angesprochen. Trotzdem ist es nötig, jeden Schritt zu überwachen, wenn man sich einen realistischen Zugang zu den gesellschaftlichen Ebenen erarbeiten will. In der Tiefen-Sphäre hat Jupiter/Saturn aber auch mit der Öffnung der Innenwelt zu tun, denn so wie das äußere Ich sich in der materiellen Welt zurechtfinden muß, so organisiert das innere Selbst die seelischen Voraussetzungen, durch die sich das Schicksal dann vollziehen kann. Das betont die Bedeutung der transzendenten Dimension, die die Verbindung mit dem höheren Selbst ermöglicht.

Die Reibung

□ ☍ ⚻ ⚼ ∟ Quadrat, Opposition, Quincunx, Anderthalbquadrat, Halbquadrat

Zwischen den beiden Polen Ausdehnung (Jupiter) und Kristallisierung (Saturn) fühlst du dich immer ein bißchen aufgerieben. Dabei trägst du jenen Teil, den du nicht verwirklichst, als feindliches Bild in dir. Lebst du Jupiter, dann opferst du in Saturn die kritische Analyse und die reale Einschätzung zur Erreichung deiner Ziele, lebst du aber Saturn, dann tauschst du dir für die Erreichung deiner äußeren Ziele das Gefühl einer inneren Sinnlosigkeit ein. Sobald du das erkennst, brauchst du dich nicht mehr ausschließlich mit deinem bewußten Ich zu identifizieren, denn jetzt wirst du dir sehr deutlich bewußt, daß das innere Selbst mehr ist. Dann gilt dein Augenmerk nicht mehr den einzelnen Teilen eines Ganzen, sondern der Vermittlung zwischen ihnen, damit die Kooperation untereinander reibungslos funktioniert. Damit hat dieser Aspekt auch eine sinnvolle Bedeutung: Er zeigt den entscheidenden Schritt zur Selbstwerdung, den fortwährenden Prozeß alchemistischer Wandlung, die aus dem Niederen das Höhere entstehen läßt.

♃ JUPITER/URANUS ♅

Der geistige Vormarsch

☌ △ ⚹ ⚺ ⦶ Konjunktion, Trigon, Sextil, Halbsextil, Spiegelpunkt

Deine Heimat ist das schnelle Erkennen, das blitzschnelle Erfassen von Zusammenhängen. Innerhalb von Widersprüchen fühlst du dich wohl, weil jegliche Realität für dich sowieso immer nur das Resultat geistiger Vorstellung ist und niemand besser als du weiß, daß die Widersprüche in unseren Köpfen gerade der Treibstoff für unsere Entwicklung sind. Bei alledem bist du ein Schürfer der Weisheit, der den göttlichen Geist erkundet, der hinter allen Dingen steckt. Deine Ambivalenz liegt in einer gewissen Distanz zu den Gefühlen, was dich in den Augen deiner Umwelt fälschlicherweise oft berechnend und kalt erscheinen läßt, was aber gar nicht stimmt. Wenn dieses Gestirn in deinem Leben aufdämmert, ist es Zeit, die alten Weltbilder über den Haufen zu schmeißen und in dir die ambivalente Gabe der Geisteskraft zu schärfen und zu neuen Erkenntnissen hinter den Vorhängen überlieferter Einsichten vorzudringen.

Der Durchbruch ins Unbekannte

□ ☍ ⚻ ⚼ ∟ Quadrat, Opposition, Quincunx, Anderthalbquadrat, Halbquadrat

Die "negative" Verbindung entspricht der kosmischen Sichtweise, wonach alles Sichtbare nur Gleichnisse sind, flüchtige Formen, die vom Individuum, dessen Haltungen und Assoziationen sich laufend verändern, ständig neu erschaffen werden. Deshalb steht sie für revolutionäre Einblicke und die Gabe, aus spontanen Einfällen heraus Neuland zu gewinnen, und zeigt, daß du zu jenen Dimensionen der Freiheit vorzupreschen beabsichtigst, wo Selbsterkenntnisse in Zuständen innerer Wahrnehmung zu neuen Erfahrungen des Bewußtseins führen können, die normalerweise nicht zugänglich sind. Im Umgang mit anderen drückt dieser Aspekt aber auch flammenden Protest, überhitzte Originalität und geistreichen Widerstand aus, doch wirst du ihn nur dann als unangenehm empfinden, wenn du den Drang nach neuen Perspektiven unterdrückst. Wenn du deiner Freiheit aber freien Lauf läßt, muß das Schicksal nicht zum Vollstrecker werden, um über die uranische Komponente all das zu zerstören, was du vordem für deine Wirklichkeit hieltst, sondern sie kann dich auf den Wogen der Erkenntnis zu neuen Ufern hintragen.

♃ JUPITER/NEPTUN ♆

Die spirituelle Hingabe

☌ △ ⚹ ⚺ ⦶ Konjunktion, Trigon, Sextil, Halbsextil, Spiegelpunkt

Die elysische Harmonie repräsentiert eine Periode des Willens, deinen Gefühlen und deinen medialen Fähigkeiten mehr Raum zu geben, indem du den Schwingungen, die du empfängst, Gestalt verleihst. Dies entspricht auch einer Zeit der Suche nach transzendenter Erfahrung, Erlösung und mystischer Einswerdung mit dem Urgrund, dem Numinosen oder wie immer die Sprache das Unbenennbare zu umschreiben versucht. Das zeigt das Gewahrwerden und die Verfeinerung deiner medialen Veranlagung und die intensive Auseinandersetzung mit spirituellen Sphären, was sich in Form von Musik, Dichtung oder anderen Künsten und nicht zuletzt in der Heilkunst ausdrücken kann. Diese sphärische Energie will dich aber auch davor warnen, nicht aufgrund von Mitleid, Hilfsbereitschaft oder Fürsorglichkeit vor dem Hintergrund von Selbstaufopferung und Selbsterlösung zum Spielball von Verführbarkeit, Falschheit oder Haltlosigkeit zu werden und dich in den Abgrund dieser Sümpfe hinunterziehen zu lassen.

Die überhöhten Ideale

□ ☍ ⚻ ⚼ ∟ Quadrat, Opposition, Quincunx, Anderthalbquadrat, Halbquadrat

Diese Periode ist ein innerer Hinweis dafür, daß du dir die Bilderwelt deiner Seele vermehrt erschließt, indem du dich deinen Träumen widmest oder deinen Seelenkräften verstärkt zum Ausdruck verhilfst. Du versuchst öfters, deine unstillbaren gefühlsmäßigen Ansprüche in deinen Alltag einzubringen, indem du dich über Schranken hinwegsetzt und vernebelte Ideen und Wünsche in dein Tun einfließen läßt. Die Gefahr liegt in den überhöhten Idealen: Du willst die "Unio Mystica" erahnen, die geheimnisvolle Vereinigung der Seele mit Gott, denn diese Konstellation zeigt eine spirituelle Ausrichtung an, die schnell auch zum Negativen werden kann, wenn du geistig zu sehr abhebst und eine Überhöhung leben möchtest, die es in der Realität nicht gibt (eine Welt, deren Idealismus an der Realität zerschellt). Das kann mitunter zu schweren Enttäuschungen führen, besonders, wenn du dich in deiner Abgehobenheit von anderen abgelehnt und unverstanden fühlst.

♃ JUPITER/PLUTO ♇

Die göttliche Kraft

☌ △ ⚹ ⚺ ⦶ Konjunktion, Trigon, Sextil, Halbsextil, Spiegelpunkt

Diesem gewaltigen Urstrom der Kraft kommt die Aufgabe zu, den inneren Schöpfergeist aus dir hervorzumahlen und in die Welt zu streuen. Denn die jupiterhafte-plutonische Umwälzungsenergie ist ein Symbol jener Urkraft, die – stets auf ihre Unabhängigkeit bedacht – zu neuen Ufern eilt, um alte Grenzen zu überwinden und sich neue Möglichkeiten zu erschließen. Im alltäglichen Umgang mit der Gesellschaft bedeutet sie für dich selbstbewußtes, überzeugendes und bestimmtes Auftreten. Sie steht für eine Zeit, in der es darum geht, dich an neue Vorhaben zu wagen, aber auch deinen Führungsstil zu überprüfen, die eigene Motivation zu steigern und damit eine ansteckende, mitreißende Wirkung auf andere zu haben. Diese Konstellation bedeutet Disziplin, Beharrlichkeit, Entschlossenheit und den Willen, Verantwortung zu übernehmen. Sie kann aber auch auf deren Übertreibungen in Form von Herrschsucht und eiserner Machtentfaltung hindeuten und alles wieder zerstören. Denn erst im spirituellen Erleben verbindet sich das "Ich will" mit der schöpferischen Einsicht "Ich werde gewollt". Es geht nicht nur darum,

Idealvorstellungen und persönlichen Willen zum Ausdruck zu bringen, sondern auch der eigenen Nichtigkeit zu begegnen. Dadurch kommt man dem Zustand ganzheitlicher Persönlichkeit näher und bleibt keine bloße Ansammlung bruchstückhafter Bestandteile.

Der innere Machtanspruch

□ ☍ ⚻ ⚼ ∟ Quadrat, Opposition, Quincunx, Anderthalbquadrat, Halbquadrat

Dieser Aspekt steht für das innere Bild oberster Autorität und erscheint dir als Archetyp des guten oder bösen Vaters. In dieser Eigenschaft ruft er in dir die Assoziationen wach, die dich in irgendeiner Weise mit deinem eigenen inneren Vaterbild verbinden. Hast du dich mit deinem inneren Vater schon arrangiert, dann erlebst du eine Zeit, in der du tatkräftig in der Welt handelst und für gerechtes Wachstum sorgst. Ist dir die Versöhnung mit deinem inneren Vaterbild aber noch nicht gelungen, neigst du zu Tyrannei und Despotismus, und du solltest dich fragen, wo deine Machtsucht oder das Vermeiden von Macht deiner eigenen Entwicklung im Wege steht. In deinem Bestreben, die Grenzen nach außen zu festigen, ist es dir meistens nicht bewußt, daß die wirklichen Angriffe von innen kommen. Es sind deine inneren Machtansprüche, die es dir unmöglich machen, dich wirklich zu empfinden, weil sich deine Identität nur aus deiner persönlichen Vorstellung von Größe nährt. Du strebst nach Weltherrschaft und möchtest die alten Götter beerben.

♃ JUPITER/ASZENDENT AC

Die Horizonterweiterung

☌ △ ⚹ ⚺ ⦶ Konjunktion, Trigon, Sextil, Halbsextil, Spiegelpunkt

Sicher: All deine Gedanken kreisen um das egozentrische Ich-Empfinden, doch indem alle Vorgänge mit sich selbst verwoben sind und jeder Vorgang einen anderen auslöst, erschaffen die Wirkungen all dieser Vorgänge innerhalb deiner Handlungen erst die Voraussetzungen deiner halsbrecherischen Identität. Es sind die kribbelnden Anfänge lockender Abenteuer, die sich zu herrlichen Erlebnissen auf allen Ebenen entwickeln können, denn während dieser Phase befindest du dich im Einklang mit dir selbst. Das Jupiter-Ich, das an der Oberfläche erscheint, strebt stets nach dem Höchsten und nach dem Besten und strahlt einen natürlichen Optimismus aus. Dein Spiel heißt Schatzsuche und Abenteuer und ist ein echtes Konditionstraining für deine Begeisterungsfähigkeit: Es verschafft dir die Antriebskraft der inneren Vitalität, die sich sowohl ihrer Einmaligkeit als auch der Tatsache bewußt ist, daß sie ein Teil des großen Ganzen ist, und der es immer um die Erweiterung der Horizonte geht.

Die aufgeblasene Selbstsucht

□ ☍ ⚻ ⚼ ∟ Quadrat, Opposition, Quincunx, Anderthalbquadrat, Halbquadrat

Während dieser Phase geht es häufig darum, innere Widersprüche zu überwinden. Meist blähst du dich zu einer Gestalt auf, die ein wenig zu schwungvoll ist, als daß man sie ganz ohne Mißbehagen betrachten könnte. Vielleicht hängt dieser Moment der Unerträglichkeit damit zusammen, daß du die Bedeutung der Furcht verdrängst. Dein bewußtes Ich neigt manchmal dazu, etwas mit Gewalt durchzusetzen, wo nur die langsamen Prozesse des Wachstums und der Überzeugung wirklich etwas erreichen können. Damit verbindet sich eine Warnung vor Selbstüberschätzung und Rücksichtslosigkeit, sowie eine stete Aufforderung, bei allen Aktivitäten und Neuanfängen zu prüfen, inwieweit die dort geltenden Gesetze im Einklang mit deinen inneren Absichten sind, und wieweit Selbstherrlichkeit und Größenwahn letztlich auch das Scheitern an Hindernissen bewirken könnten?

♃ JUPITER/MEDIUM COELI Ⓜ

Der äußere Glanz

☌ △ ✱ ⊻ ⦶ Konjunktion, Trigon, Sextil, Halbsextil, Spiegelpunkt

Hier wirst du vom schöpferischen Willen umstrahlt, alles unter deinem Einfluß sofort in den Mittelpunkt zu stellen, und da dich im Bannbereich der Spitze die Flammen des Erfolgs von innen her erfüllen, symbolisiert diese Konstellation Lebendigkeit, Lebensbejahung, Vitalität, Großzügigkeit, Selbstvertrauen, kurz: das große Glück. Du möchtest dich im Ruhm des höchsten Glanzes sonnen, denn während dieser Phase des Vertrauens und des Wohlwollens lebst du in der Gewißheit, daß du deine äußeren Ziele genau kontrollieren kannst. Damit repräsentiert diese Verbindung die aktiven, in klarer Bewußtheit angestrebten Lebensziele, denn in der Mittagsspitze als Inbegriff der Tageshelle erscheint das Licht des Geistes, der sich auf das alles durchleuchtende Prinzip des Bewußtseins stürzt und dir hilft, alle deine Ziele zu erfüllen.

Die ungebremste Machtentfaltung

□ ☍ ⊼ ⚼ ∟ Quadrat, Opposition, Quincunx, Anderthalbquadrat, Halbquadrat

Vom Trieb durchströmt, alles aus dem Weg zu räumen, was dir keinen Platzgewinn verschafft, ist dieser Aspekt oft der Protagonist des Ego, das seine Bedürfnisse mit unwiderstehlicher Kraft durchsetzt. Er ist ein Symbol für ungehemmte Machtentfaltung und verkörpert das Herrschertum in Reinkultur. Das kann eine Blockade durch übertriebenes Streben nach Macht anzeigen und dadurch verdeutlichen, daß Großzügigkeit oft der bessere Weg ist, wenn es darum geht, durch eine versöhnende Geste starre Fronten zu überwinden und einen Schlußstrich unter alte Streitereien und Meinungsverschiedenheiten zu ziehen. Andererseits steht diese Kombination auch für selbstbewußtes Auftreten und für die Kraft, andere zu motivieren und deren Vertrauen zu gewinnen. Meditiere über Macht und über die Kraft, sie anzunehmen!

♄

SATURN

Saturn ist der Planet der Verhärtung und bringt den Stoff zur größten Verdichtung. Das bedeutet immer eine Phase ernsthafter Reifung, denn Saturn klopft das Karma weich, indem er den Menschen auf seine nackte Individualität zurückwirft, denn er "bearbeitet" die schicksalhaften Punkte während langer Zeit, indem er immer wieder rückläufig wird und die verbundenen Probleme schmerzvoll berührt. Er ist der Archetypus des unerbittlichen Prüfers, der eine direkte Linie von der Vergangenheit durch die Gegenwart zur Zukunft zieht, und wenn er sich endlich weiterbewegt, hinterläßt er (wenn alles gut gegangen ist) ein großes Wachstum an Reife. Denn das Ego wird solange mit den Auswirkungen seiner Negativ-Entwicklung konfrontiert, bis es sich selbst aufgibt, seine Lage akzeptiert und in der konsequenten Verhinderung seiner Ziele auch die Zuwachsraten seiner inneren Bewußtwerdung erkennt.

♄ SATURN/SONNE ☉

Die Maske der Anpassung

△ ⚹ ⚺ Trigon, Sextil, Halbsextil

Diese Konstellation unterstützt in dir das Bestreben, deine Individualität hinter einer gesellschaftlichen Maske zu verbergen. Diese Maske bestimmt letztlich deine Identität, weil du dich nicht traust, deine eigenen Ziele aus dir heraus zu leben, sondern sie hinter den Leistungszielen gesellschaftlicher Werte verbirgst. Du strebst ein untadeliges, keimfreies Verhalten an, das nicht unbedingt deiner Individualität entspricht, das dir aber den Respekt und die Anerkennung deiner Umwelt einbringt und dich vor der Auseinandersetzung mit deiner eigenen Subjektivität jetzt schützt. Insoweit diese Maske mit deiner inneren Person übereinstimmt, macht sie dir auch keine Schwierigkeiten; insoweit sie aber eine unbewußte Fälschung oder Abweichung darstellt, bezahlst du für ihre Hilfe nicht nur mit der Angst, sie verlieren zu können, sondern auch mit den Gewissensbissen, sie akzeptieren zu müssen. Denn die Verlockung ist groß, Bedeutung auf Kosten persönlicher Gefühle zu erreichen, indem du an deinen eigenen Bedürfnissen vorbeilebst und ein Opfer der Machtzwänge deiner inneren Leitbilder wirst.

Die Angst vor dem Leben

☌ □ ☍ ⚻ ⚼ ∟ ⦶ Konjunktion, Quadrat, Opposition, Quincunx, Anderthalbquadrat, Halbquadrat, Spiegelpunkt

Da die Sonne ja das eigentliche Symbol für die Persönlichkeit darstellt, zeigt sich im beklemmenden Saturn-Transit generell die Tendenz, die Leistungen zu betonen und alle persönlichen Empfindungen abzuwürgen, aus Angst vor den Gefühlen und natürlich auch vor dem Leben selbst. Du bist nicht mehr im mindesten dazu imstande, dich hinter deinem abgründigen Empfinden zu spüren. Und was noch schlimmer ist: Du selbst kannst nicht mehr erkennen, was hinter deinem eigenen Fühlen liegt. In einer solchen Situation bist du deiner inneren Machtstruktur schutzlos ausgeliefert. Anstatt jedoch dem verletzlichen Ich (Sonne) Schutz zu verleihen, schützt sie den mächtigen Widersacher (Saturn) und läßt deinem Ich nur sehr wenig Platz, obgleich du dir einbildest, ganz über dich selber verfügen zu können. Doch das ist ein Trugschluß. In der Umgebung, wo du Macht ausübst, erwartest du von den anderen, daß sie sich deinen Verdrängungsmechanismen unterwerfen und keine persönlichen Gefühle zeigen, die dich bedrohen, weil du dich selbst nicht akzeptieren kannst. Es ist jetzt an der Zeit, dein Ich an die reiferen Erfordernisse des Selbst anzupassen, und deshalb ziehst du dich besser aus dem Alltag zurück, um dir über die Zusammenhänge des Lebens und die Relativität alles Seienden klar zu werden.

♄ SATURN/MOND ☽

Die innere Mauer

△ ⚹ ⚺ Trigon, Sextil, Halbsextil

In dieser Zeit wirst du erfahren, wie schwer es ist, die eigenen Gefühle zu leben, wenn es der bösen Umwelt nicht gefällt. Du durchlebst Frustration im Kleide von Isolation, weil du die Abgeschnittenheit von deinen Wurzeln spürst. Kränkungen verstärken diese Gefühle. Deine Seele versteckt sich hinter einer immer dickeren Mauer, um sich vor Angriffen zu schützen, weil sie nicht gelernt hat, ja zu sagen: ja zu sich selber und zu ihren Schmerzen. Es wäre also klug, dir hier die Frage zu stellen, was sich gewinnen ließe, solltest du die Voraussetzungen zur Blockierung deiner Gefühle jetzt erkennen? Denn wie immer, wenn Saturn angesprochen ist, findet sich die Lösung meistens dort, wo du bereit bist, dich in der Leere selbst zu erkennen und das Defizit aus eigenen Kräften auszugleichen, dort wo du durch die Abgeschnittenheit vom Leben dazu angespornt wirst, die verlorenen Gefühle zu erfragen und durch dein eigenes Erkennen wieder zu ersetzen. Die fehlenden Werte also auszugleichen, statt noch länger auf die Akzeptanz deiner Gefühle in der Welt zu hoffen und den nicht erkannten Teil der eignen Psyche in die Welt zu projizieren und ihn dort gegen dich zu leben.

Der Ablösungsprozeß

☌ □ ☍ ⚻ ⚼ ∟ ⦶ Konjunktion, Quadrat, Opposition, Quincunx, Anderthalbquadrat, Halbquadrat, Spiegelpunkt

Hier macht sich der Saturn-Transit in deinem Gemütsleben bemerkbar in Form einer lähmenden Passivität, die alle Lebensbereiche umfaßt und sich als erdrückende Sinnlosigkeit um die Frage nach dem Sinn des Lebens dreht. Meist sind damit starke Gemütsschwankungen verbunden, und oft fühlst du dich von deiner inneren Leere "verschluckt", wenn du dich in deiner eigenen Angst einsperrst, um nötige Ablösungsprozesse zu verhindern. Dann können schwere Depressionen auftreten und Auswirkungen wie Ernüchterung, innere Entfremdung und die Reduktion der psychischen Abwehrkräfte zum Vorschein kommen. Sorge, Unruhe und Beklemmung sind dabei noch die freundlicheren Aspekte dieser Berührung, die eine völlige Umgestaltung der inneren Gefühlswerte verlangen. Sind die Symptome aber bereits Teil eines Heilungsprozesses, dann solltest du nicht die Symptome für dein Leid verantwortlich machen, sondern dir das innere Problem, das die Symptome beschreiben, bewußtmachen, und deine Entwicklung daran messen, in welchem Maße die Schwierigkeiten nachlassen. Die Lösung kann nur heißen: Annahme der Angst!

♄ SATURN/MERKUR ☿

Die zementierte Perspektive

△ ✱ ⚺ Trigon, Sextil, Halbsextil

Versuche dir bewußt zu werden, daß du mit deiner analytischen Intellektualität dein eigenes Lebensgefühl verengst und dir den Zugang zum Lebenssinn versperrst, und versuche die Bilder, die du kreierst, besser in den Dienst deiner Wünsche zu stellen, auch wenn du oft nicht glaubst, daß deine Lebensqualität das unmittelbare Ergebnis deiner eigenen inneren Erwartung ist, die du nach außen projizierst und die sich dann in deiner Umgebung niederschlägt. Versuche in den Bereich vorzustoßen, in dem du dich mit dem fehlenden Vertrauen in das eigene Denken auseinandersetzen kannst. Saturn gibt dir zwar einen inhaltlich beschränkten Rahmen vor, nicht ohne dir aber gleichzeitig die Möglichkeit einzuräumen, diesen beengenden Käfig in den Mittelpunkt zu bringen und ihn unter Beihilfe deiner inneren Einsichten zu sprengen.

Das betonierte Weltbild

☌ □ ☍ ⚻ ⚼ ∟ ⦶ Konjunktion, Quadrat, Opposition, Quincunx, Anderthalbquadrat, Halbquadrat, Spiegelpunkt

Du klebst übertrieben am Wissen, denn Merkur, das Symbol für die schnelle, leichte und bewegliche Energieform der Gedanken, wird unter dem Zugriff Saturns zur Verdichtung gezwungen. Deshalb suchst du dir eine Umgebung aus, die dir hilft, deine eigene Spontaneität zu unterdrücken, weil du dich unbewußt nach einem strengen Rahmen sehnst, dessen Überwindung dich aber gleichzeitig wieder anspornt! Damit bist du deinem eigenen Bestreben ausgeliefert, alles, was du in der Welt vorfindest, zu strukturieren, um es inhaltlich in den Griff zu kriegen, und es bleibt dir nur die Freiheit, diesen Mangel an persönlicher Stärke durch eine Sucht nach Wissen zu übertünchen und dieses Wissen oder dich selber als Verkünder dieses Wissens darzustellen – als Ersatz für fehlende Inhalte!

♄ SATURN/VENUS ♀

Das gefrorene Herz

△ ✱ ⊻ Trigon, Sextil, Halbsextil

Nur selten zeigt eine Verbindung von Saturn zu Venus eine harmonische Wirkung. Dafür müßte Saturn im Radix schon optimal mit der Venus verbunden sein, um transitierend eine positive Vertiefung der Gefühle zu bewirken. Was sich hier zeigt, ist das Streben nach Sicherheit in den Gefühlen, die es gar nicht gibt. Wenigstens ist es dir in dieser Zeit erlaubt, die eigene Verantwortung zu mögen, die du dir selbst aufgebürdet hast. Meistens schwimmen in diesem Fahrwasser Hemmungen, Ängste und ein Mangel an Gelöstheit in seelischen Verbindungen zu geliebten Menschen mit. Da die engeren Beziehungen unter diesem Stern auch gern das Signum von Zweckbindungen unter wirtschaftlichen Aspekten tragen, gibt sich die Liebe oft auch zukunftsängstlich, sorgenvoll und materiell. Alles, was Liebe, Geborgenheit und Wärme betrifft, wird tiefgekühlt und eingefroren. Die Konstellation zeigt sich selbst in harmonischen Verbindungen von einer spröden und abweisenden Seite, in disharmonischen erstarrt sie aber zu einem klirrenden Panzer, der die Seele von ihren eigenen Gefühlen trennt und sie das Manko mit materiellen Werten kompensieren läßt, die sie immer mehr ihren inneren Werten entfremden.

Die emotionale Entsagung

☌ □ ☍ ⊼ ⚼ ∟ ⦶ Konjunktion, Quadrat, Opposition, Quincunx, Anderthalbquadrat, Halbquadrat, Spiegelpunkt

Lehne dich nicht gegen das Schicksal auf, auch wenn sich alle deine Gefühle zu einem Selbstverhinderungs-Mechanismus ausschwingen, allem, was Spaß macht, zu entsagen. Wut und Enttäuschung sickern nach innen, das Leben aber will hinaus. Wenn du es nicht integrierst, lieferst du dich den Lebensverhinderungs-Dämonen aus. Allmählich versumpfst du im Morast deiner inneren Unfähigkeit, die Notwendigkeit der Lebensenergie zu akzeptieren. Auf der karmischen Ebene gibt es nichts, was für deine Entwicklung notwendiger und lebendiger als Saturn ist, denn er ist der Vater der Erkenntnis, und nur der Saturn, der von dir gefürchtet und verdrängt wird, hindert dich am Leben, wenigstens solange, bis du ihn verstehst. Also verdrängst du entweder deine Gefühle, oder du suchst dir Beziehungen zu besonders schwierigen Menschen, weil ihre Schwierigkeit für dich gerade der Gradmesser ist, deine Aufopferung zu demonstrieren.

♄ SATURN/MARS ♂

Die Aggressionsblockade

△ ✱ ⊻ Trigon, Sextil, Halbsextil

Dieser Aspekt will nicht nur als ein Zeichen dafür gewertet werden, daß du in einer Sackgasse festsitzt, solange du dich nicht für eine neue Sicht der Dinge bemühst, sondern dieser Aspekt will dir auch klarmachen, daß du dich jetzt dazu entschließen kannst, die verhinderte Aggression nicht gegen dich selbst zu leben. Es geht hier um das behutsame Abtasten des innerpsychischen Spannungsfeldes zwischen Aggression und Blockade, indem du dich beiden Energien respektvoll annäherst und dann ganz vorsichtig nicht nur die innere Aggression losläßt, sondern auch das Gewicht von der Hemmung nimmst, damit die Psyche weder blockiert noch überdreht. Bis sich in dieser Phase aber eine sinnvolle Ausrichtung deiner Triebenergien anbietet, kann die Verhinderung vorübergehend auch eine Notlösung zum Zweck darstellen, die Persönlichkeit intakt zu halten, bis eine konstruktive Lösung gefunden worden ist.

Die Überpeitschung der Verhinderung

☌ □ ☍ ⊼ ⚼ ∟ ⦶ Konjunktion, Quadrat, Opposition, Quincunx, Anderthalbquadrat, Halbquadrat, Spiegelpunkt

Wenn wir Mars mit den Aggressionen gleichsetzen und Saturn mit dem Prinzip Aggressionen zu verhindern, sehen wir, wie die Seele im Feuer ihrer unentschiedenen Energien während dieser Phase von den ambivalenten Trieben geradezu vermahlen wird. Durch die Hitze wird die Aggressivität, sich gegen die eigene Angst behaupten zu müssen, noch mehr entfacht, und ohne die Akzeptanz selbst schmerzvollster Reize könnte sich die Struktur deiner Persönlichkeit kaum mehr ausbalancieren. In der verspannten Blockade, alles übertrumpfen zu müssen, was die Seele berührt, inszeniert sich deine eigene Vernichtung. Wenn du aber lernst, in dich zu gehen und durch die Apokalypsen deiner äußeren Bedingtheiten die Schwierigkeiten als Teil deines inneren Weges anzunehmen – die Probleme sozusagen für sich selber stehen läßt –, lösen sich die Katastrophen oft wie von selber.

♄ Saturn/Jupiter ♃

Die innere Führung

☌ △ ✳ ⚺ ⦶ Konjunktion, Trigon, Sextil, Halbsextil, Spiegelpunkt

Diese Konstellation beinhaltet mehrere Themenkreise. Sie steht für die klare, objektive Erkenntnis, für das bewußt, entschieden getroffene Urteil, für Unbestechlichkeit, Ausgewogenheit und Fairneß und zeigt, daß du zu deinem Recht kommst. Auf einer höheren Ebene gilt es aber auch, dich einen Moment von der äußeren Handlung abzuwenden und dir über deine inneren Motive klar zu werden. Solange du glaubst, daß du abhängig bist von äußeren Dingen, und nicht siehst, daß es deine eigene Sichtweise ist, die durch die Dinge hindurchschimmert und durch die hindurch du die Materie betrachtest, die sich ändert je nach Standpunkt, von dem du sie betrachtest, solange kannst du keine Verantwortung für dein Schicksal übernehmen und auch kein Verständnis für das, was sich als karmischer Ausgleich hinter dem ewig Strömenden verbirgt, aufbringen. Dann ist jede Wertung von deiner persönlichen Erfahrung abhängig, so daß du im Erfassen einer Sache nie die Sache selbst, sondern nur immer deine Subjektivität begreifst. Wenn du hingegen bereit bist, alle Wertungen gleichermaßen zuzulassen, deine eigenen und jene, die du nicht gern hörst, dann erst bist du in der Lage, eine Sache aus sich selbst heraus zu erfahren.

Die äußeren Versäumnisse

□ ☍ ⚻ ⚼ ∟ Quadrat, Opposition, Quincunx, Anderthalbquadrat, Halbquadrat

Die dynamische Verbindung steht für erhebliche Verzögerungen, wenn nicht gar für die Verhinderung deiner Vorhaben. Projekte geraten ins Stocken, positive Wünsche werden nicht ausgesprochen, wichtige Planungen können nicht verwirklicht werden, die Suche nach einem neuen Tätigkeitsbereich erweist sich als vergeblich. Oft können aber auch liebgewordene Haltungen geopfert werden, um Raum zu schaffen für die Entwicklung neuer Potentiale. Ganz allgemein solltest du jede sich bietende Gelegenheit zur Errichtung neuer Ziele und Befreiung von alten Hindernissen wahrnehmen. In jedem Fall verlangt diese Zeit eine neue Sicht der Dinge, die manchmal durch zähe Geduldsproben erzwungen wird. Erst nach und nach stellen sich Erkenntnisse ein, die dir bewußtmachen, was du bislang versäumt hast. Sie enthüllen sich dir, wenn du deine Aufmerksamkeit in die Tiefe richtest.

♄ Saturn/Saturn ♄

Die Konfrontation mit dem Schatten

☌ △ ✳ ⚺ ⦶ Konjunktion, Trigon, Sextil, Halbsextil, Spiegelpunkt

Während dieser Zeit ist deine Seele besonders ansprechbar für die verschlüsselten Chiffren des kollektiven Unbewußten. Mit anderen Worten: Hier geht es um die Konfrontation mit deinem eigenen Schatten, dem Verdrängten, mit dem, was du an dir selbst nicht wahrnehmen kannst. Und da du das, was du an dir nicht wahrhaben willst, unter harmonischen Aspekten auf andere überträgst, entspricht der laufende Saturn in deinem Horoskop bildlich gesprochen jenem Boten, der dir jetzt Nachricht vom vergessenen Bruder im Kerker bringt (Radix-Saturn). Da du diesen Bruder im Kerker aber verdrängst, weil du sonst erkennen müßtest, daß der Absender dieser Botschaft letztlich du selber bist, projizierst du deinen Frust jetzt auf den Überbringer. Aus diesem Grund fühlst du dich von Saturn oft bedroht, insofern du nicht die Einsicht besitzt, daß er eine gefühlvolle Korrektur deiner Fehlhandlung bewirkt und durch sein Walten das Manko deiner Schicksalsblindheit wieder ausgleicht.

Der Sinn des Scheiterns

□ ☍ ⚻ ⚼ ∟ Quadrat, Opposition, Quincunx, Anderthalbquadrat, Halbquadrat

Jetzt bist du in einer ausweglosen Lage am Ende eines Kampfes, der für dich verloren ist, weil du dich nicht mehr wehren kannst. Nicht einmal die Einsicht in deine unsägliche Situation ist dir gewiß. Doch sie brächte dich wieder zu dir selbst zurück, weil es nichts mehr gibt, das du erreichen mußt oder dessen du dich zu erwehren brauchst. Du bist jetzt in der verzweifelt-glücklichen Lage, alles zulassen zu dürfen, weil die Katastrophe, die man um jeden Preis verhindern will, um der Wahrheit willen gefordert ist, damit du unter der Flut unpersönlicher Vorstellungen deine persönliche Schwäche wieder zulassen kannst. Nimm diese Zeit als Spiegel, in dem du den Auswirkungen deiner Taten begegnen darfst, für die du in dir selbst blind bist! Oder sieh sie als notwendigen Umweg an, um dich mit den unerlösten, tiefsten Dimensionen deiner selbst wieder zu versöhnen. Dein Ego wird solange mit den Auswirkungen deiner eigenen, undurchschauten Entwicklung konfrontiert werden, bis es sich selbst aufgibt, seine Lage akzeptiert und damit auch im Scheitern die Kreativität des Lebensplanes erkennt. Dann entdeckt es in sich selbst die schöpferische Möglichkeit des Leidens, oder es identifiziert sich durch Hingabe an seine Aufgabe mit seinem Höheren Selbst und dem schöpferischen Geist des Kosmos.

♄ SATURN/URANUS ♅

Die Erlösungschance

△ ✱ ⚺

Trigon, Sextil, Halbsextil

Der laufende Saturn steht für Stabilität, Sicherheit, Kompetenz und Struktur und zeigt die Bemühungen nach Kontrolle der Schicksalsnatur, was der Hingabe an die unberechenbaren Abläufe des Lebens natürlich in allen Belangen entgegensteht. Wenn er einen harmonischen Winkel zu Uranus bildet, möchtest du dich vor den uranischen Visionen, welche die gesellschaftlichen Werte erschüttern, dadurch schützen, indem du dich mit den Konventionen der Gesellschaft identifizierst und sie verteidigst. Deshalb erlebst du diese Gestirnsverbindung oft auch als eine Zeit der Wende, die sich vordergründig darin ankündigt, daß du in der Klemme steckst. Bei gründlicherer Betrachtung jedoch liegen in der äußeren Unbeweglichkeit dieser Erstarrung sowohl Notwendigkeit wie Gelegenheit, durch tiefgründiges Erfassen zu einem erweiterten Weltbild zu gelangen, denn sie steht für alle kleinen und großen Krisen, zu denen dich das Leben drängt. Sie zeigt auch, daß du dich in deiner eigenen Sicht der Dinge gefangen hast. Aber außer einer immer steriler werdenden Situation zwingt dich nichts zur Einsicht, und niemand garantiert, daß sie tatsächlich erfolgt. Somit hast du hier die Wahl zu lernen, umzudenken, umzukehren und einen neuen Weg zu beschreiten oder einfach weiterzumachen, ohne daß sich etwas verändern wird (zumindest nicht bis zum nächsten Uranus-Transit).

Der Zusammenbruch

☌ □ ☍ ⚻ ⚼ ∟ ⦶

Konjunktion, Quadrat, Opposition, Quincunx, Anderthalbquadrat, Halbquadrat, Spiegelpunkt

Unbewußte Kräfte nach Umbruch und Befreiung stürzen hier ins Leben, das Schicksal peitscht immer wieder neue Veränderungen aus dir hervor, weil die Seele spürt, daß der alte Rahmen für die neuen Ziele viel zu eng geworden ist. Solche schmerzhaften Korrekturen sind nicht immer angenehm, aber immer wieder notwendig, um das Lebensschiffchen auf dem richtigen Kurs zu halten: Umwälzungen, die bisherige Selbstverständlichkeiten und zementierte Vorstellungen ins Wanken bringen. Dabei kann es sich um seelische Ausbrüche handeln, die sich schon länger ankündigten, aber immer wieder unterdrückt wurden, oder um geistige Umbrüche, wenn man sich in Angelegenheiten verfahren oder in Situationen verstrickt hat, aus denen es keinen Ausweg gibt. Was immer du dabei auch verlieren magst: Diese Zusammenbrüche befreien dich zugleich aus einer Situation, die verkrustet und häufig unerträglich geworden ist. Sobald du dich aus den Trümmern befreit hast und spätestens, wenn der Staub sich gesetzt hat, spürst du mit erleichtertem Aufatmen, daß du einem, wenn auch vertrauten, Gefängnis entkommen bist.

♄ SATURN/NEPTUN ♆

Der Einbruch des Göttlichen

△ ✱ ⚺

Trigon, Sextil, Halbsextil

Unter diesem Einfluß zeigt sich die vermehrte Tendenz, dich mit letzten Fragen zu beschäftigen, denn Neptun läßt das Interesse für das Ewige aufscheinen, während Saturn das Gefäß zur Aufnahme und Begrenzung dieses Ewigen darstellt. Oftmals ist dein Zuwachs an Wahrnehmung so gigantisch, daß die Interpretationsmöglichkeiten deiner Verstandeskräfte überreizt werden und somit irreale Gefühle grenzenloser Realitäten in dein Hirn eindringen, die du nicht beurteilen kannst, weil du nicht weißt, was dich befähigt, sie wahrzunehmen. Du empfindest sie allerdings als sehr real, denn diese Phase bedeutet, daß dein Schicksal unter dem Einfluß des Verfließens eine Metamorphose durchmacht. Du spürst, daß es eine lebendige Verbindung gibt zwischen dem Ich, das erlebt, und einer Quelle sensorischer Empfindung, die sich irgendwo außerhalb von dir befindet. Je empfänglicher deine Seele für die höheren Schwingungen ist, desto mehr kannst du dich in den Verstrickungen dieses Aspektes verfangen und dich bisweilen sogar als Mittelpunkt einer göttlichen Kraft erahnen, die dich an ihrer Stelle auf den Thron des Höchsten hebt und dich mit ihrem eigenen Schatten aufwiegt. Sei immer auf der Hut!

Das Labyrinth der Schatten

☌ □ ☍ ⚻ ⚼ ∟ ⦶ Konjunktion, Quadrat, Opposition, Quincunx, Anderthalbquadrat, Halbquadrat, Spiegelpunkt

Diese Konstellation führt dich in die unendlichen Tiefen deiner Innenwelt und damit in die höllischen Untergründe der Seele. Sie gewährt dir einen Blick hinter den Spiegel, ins Reich des Unbewußten, wo dir deine Sehnsüchte und Abgründe entgegenblicken, denn Neptun heftet sich an die inneren Gefühle deiner Träume und projiziert sie wie Bilder in die Realität deiner Sehnsüchte, die für dich zur Wirklichkeit werden können. Er steht im Ruf, die Psyche zu verderben, weil er eine verführerische Kraft verkörpert, welche die Seele in den Abgrund zieht. Saturn umgekehrt ist der Führer, um das Labyrinth der Schatten zu erkunden, die Struktur der Projektionen zu erklären und sie deinen Sinnen zugänglich zu machen. Geraten nun diese beiden aneinander, so geraten Neptuns verwirrende Spiritualität und Saturns kontrollierender Abwehrmechanismus miteinander in den Clinch, was zu gewaltigen Blockaden in deiner Psyche führt. Dieser inneren Verkrampfung folgt oft die erlösende Befreiung mittels Drogen oder Alkohol, oder eine Krankheit kann zum Mittel werden, der Sehnsucht Neptuns zu erliegen und den Problemen im Alltag ebenfalls zu entfliehen. Täuschungen, Lügen und Betrügereien sind zu befürchten, Unordnung an der Tagesordnung, Verwirrung und Irrationalität im Spiel. Spirituell warnt dich diese Konstellation vor faulen Sümpfen, die im Inneren wie im Äußeren liegen können. Entweder arbeitest du am bereits Verdorbenen, oder aber deine innere Einstellung zu deinem Tun ist verdorben. Du machst aber auch Bekanntschaft mit deiner Intuition, die dich besser leiten kann als der Verstand, wenn du dich ihr nicht verschließt.

♄ SATURN/PLUTO ♇

Die Fähigkeit zur Katharsis

☌ △ ⚹ ⚺ ⦶ Konjunktion,Trigon, Sextil, Halbsexti, Spiegelpunktl

Leben heißt, ständig Abschied zu nehmen, weil jeder Anfang eines Weges gleichzeitig das Ende eines anderen ist. Auf der tiefsten Ebene mag dir klar werden, daß es in Wirklichkeit nichts gibt, was verloren gehen könnte, und darum auch nichts, woran du dich klammern müßtest oder könntest. Es gilt immer wieder, sich zu verabschieden: von der Jugend, von einem geliebten Menschen oder von einer schönen Zeit. Die Erfahrung muß nicht notwendigerweise schmerzhaft sein. Mit den Augen der Schöpfung gesehen ist das Ende ein Symbol für die Fähigkeit zum Loslassen, damit sich das Alte in Humus umsetzen und zu Neuem werden kann. Wenn du dich aber gegen das Ende oder die Veränderung wehrst, verdrängst du die Zeichen des Wandels und der Zeit. Dann brechen alte Verkrustungen auf und wälzen sich aus ihren versunkenen Grabkammern in die Tageshelle deines Erinnerungsvermögens, und trotz des inneren Wissens, die Dämonen der Abgründe schlafen zu lassen, wenn sie deine Seele nicht verschlingen sollen, versinkst du in den Tiefen deines inneren Unvermögens, die Unvermeidlichkeit eines Abschlusses akzeptieren zu können.

Der schmerzhafte Untergang

□ ☍ ⚻ ⚼ ∟ Quadrat, Opposition, Quincunx, Anderthalbquadrat, Halbquadrat

Lehne dich nicht gegen dein Verhängnis auf, wenn du am Ende eines Entwicklungsprozesses angekommen bist und deine alten Bilder zerstören mußt. Denn wenn du dich gegen den Untergang wehrst, mißachtest du die Notwendigkeit der Veränderung. Vor jeder neuen Erfahrung lauert der Tod, der notwendig wird, um aus den alten Rollen herauszuwachsen. Deshalb werden alte Muster durch neue ersetzt, Entwicklungsphasen gehen zu Ende, Projekte, Geschäfte und Hoffnungen scheitern. Aber – und das ist das Entscheidende – wenn du akzeptierst, was der Tod dir abverlangt, wenn du begreifst, daß nur die Liebe zur Veränderung und zur ewigen Erneuerung dir die Chance einbringt, von den materiellen Zielen nicht mehr beherrscht zu werden, kannst du wie Phönix aus der Asche auferstehen und dich befreien. Dies ist die letzte Bastion des Bewußtseins, die dir Halt vermittelt, denn von dem Augenblick an, wo du deine alten Muster durchbrochen hast, gewinnt dein Schicksal eine andere Bedeutung. Was du also tun mußt, ist die alte Identität verschwinden zu lassen und trotzdem irgendwie dich selbst zu bleiben.

♄ Saturn/Aszendent Ⓐ

Die Selbstbeherrschung

☌ △ ✱ ⚺ ⦶ Konjunktion, Trigon, Sextil, Halbsextil, Spiegelpunkt

Hier bist du deinem eigenen Bestreben ausgeliefert, alles, was du außen vorfindest, zu strukturieren und in den Griff zu kriegen. Du versuchst die Schwäche deines Gefühlslebens durch ein lückenloses Weltbild zu kompensieren, damit du deine Emotionen durch dieses hindurchfiltern und damit für dein eigenes, unmittelbares Erkennen entschärfen kannst. Um dieser selbstauferlegten Rolle gerecht zu werden, hältst du dich emotional bedeckt. Alles, was mit Liebe, Zuneigung oder spontaner Freude zu tun hat, überdeckst du deshalb mit hehren Vorstellungen von Verantwortung, Pflichtbewußtsein oder Wohlverhalten. Sicher kannst du Lebenserfüllung in den gesellschaftlich vorgegebenen Mustern des Verhaltens und Erlebens suchen und finden – aber frage dich doch auch, warum du dich nicht einfach so hingeben kannst?

Das verhinderte Selbst

□ ☍ ⚻ ⚼ ∠ Quadrat, Opposition, Quincunx, Anderthalbquadrat, Halbquadrat

Versuche dir jetzt darüber klarzuwerden, was sich hinter dem beschränkenden Einfluß von Saturn verbirgt? Ist es die Angst vor dir selbst, vor der unergründlichen Natur und damit die Angst vor dem Leben, dessen Sinn und Ziele nicht zu kontrollieren sind? Oder ist es die Angst vor den anderen, vor der Umwelt, die dich zwingt, das Leben mit Leistungsnormen und gesellschaftlichen Wertvorstellungen zu strukturieren, weil du glaubst, ohne stützende Ordnung deine Identität zu verlieren? Eine ängstliche und enge Moral erstickt jegliche Spontaneität und sieht in der Macht der Gefühle nicht nur die Kontrolle untergraben, sondern durch sie grundsätzlich Recht und Ordnung bedroht. Mit einem Wort: Dieser Aspekt entspricht der bösen alten Frau als Symbol des Über-Ich mit seinen hartnäckigen Schuldgefühlen, seiner alle lustvollen Empfindungen verätzenden Moral und seinem unerbittlichen Widerstand gegen Freiheit, Wandel und Veränderung.

♄ Saturn/Medium Coeli Ⓜ

Der Hagestolz

☌ △ ✱ ⚺ ⦶ Konjunktion, Trigon, Sextil, Halbsextil, Spiegelpunkt

Zwar sind die Zeiten vorbei, wo es aufgeschlossenen Menschen angeblich Verpflichtung sein mußte, die Gefühle dem Kahlschlag durch einen unerbittlich lustfeindlichen Zeitgeist zu opfern und statt dessen einsam im Tannenwald zu meditieren. Doch trotz großer Erfolge und äußerer Anerkennung fühlst du dich innerlich allein. Einerseits scheust du jedes gefühlsmäßige Engagement, und andererseits erschrickst du beim Gedanken, dich nicht preisgeben zu können. Du öffnest dich als Mensch den anderen erst nach langem Zaudern, und auch dabei stehen nicht die persönlichen Bedürfnisse, sondern die gesellschaftlichen Ziele im Vordergrund. Erst wenn du deine eigenen Projektionen von ihnen zurückgenommen hast, kannst du sie so sehen, wie sie wirklich sind. Dann erkennst du, wie auch du in deinem eigenen Fühlen auf die Umwelt angewiesen bist, weil dir erst die Reaktion der anderen zu einer persönlichen Wahrnehmung verhilft, wer du jetzt wirklich bist!

Die Bekämpfung des Bösen

□ ☍ ⚻ ⚼ ∠ Quadrat, Opposition, Quincunx, Anderthalbquadrat, Halbquadrat

Warum versuchst du nicht endlich zu ergründen, warum du nicht den Mut hast, dich deiner Umwelt zu öffnen, und warum du immer versuchst, deine Gefühle zu verdrängen, aus Angst, daß sie sich unkontrolliert in dein Leben ergießen könnten? Versuche dein Karma zu ergründen, warum du deine Gefühle vor der Umwelt verschließt, und lasse die Maske der Gerechtigkeit los, damit sich dein Gewissen nicht gegen dich richtet. Denn manchmal verwandelt sich das verhinderte Selbst unter dem Deckmantel der Gesellschaft in eine hinterlistige und teuflische Maske, die alles "Böse" in der Umwelt schon im Ansatz bekämpft. Doch ist der dunkelste Schatten immer noch besser als der sich hinter der Maske der Gesellschaft langsam hervorwälzende Selbstvernichtungswille, dessen Credo lautet: *Weil ich keinen ertrage, der so ist, wie ich bin, bekämpfe ich wenigstens die, die so sind, wie ich nicht sein darf!*

URANUS

Uranus haßt Struktur und Norm, denn die kontinuierliche Entwicklung ist ihm zuwider; er springt aus der Form, denn er liebt das Sprunghafte und Unberechenbare. Er ist auch ein Symbol für Freiheit, denn er verkörpert die stufenweise Befreiung, auch wenn die Loslösung aus den Erwartungen der Welt in einem erstmaligen Überdrehen besteht, indem die äußeren Zwänge absichtlich hochpeitscht werden, um sie dann mit viel Brimborium zerstören zu können. Die uranischen Energien sind dazu da, eingefahrene Muster, die sich tief in der Seele eingefressen haben, aufzubrechen, denn sie sind der Blitz aus heiterem Himmel, der die natürliche Entwicklung stört, der die Veränderung einleitet und generell das Alte zugunsten des Neuen stürzt. Der aber plötzliches und unverhofftes Glück genauso wie unvermutet über den Menschen hereinbrechendes Unglück bedeuten kann.

⛢ Uranus/Sonne ☉

Der launische Drang

☌ △ ⚹ ⚺ ⦶ — Konjunktion, Trigon, Sextil, Halbsextil, Spiegelpunkt

Im Einflußbereich des laufenden Gestirns bist du der extrovertierte Feuergeist, der die anderen aus ihrem Halbschlaf reißt. Selten ruhst du dich auf deinen Taten aus, denn du handelst um den Handelns willen, ohne damit konkrete Ziele zu verbinden. Im Handeln an sich siehst du deine Aufgabe, nicht im Erreichen irgendwelcher Ziele. Du wirst von einer schöpferischen Kraft umzingelt, die ohne Rücksicht auf Verluste neue Wege zu künftigen Entwicklungsmöglichkeiten geht. Vom Zwang zur Tat getrieben, siehst du in jeder Tat ein Mittel zum Zweck, deine aggressive Dynamik in aktives Handeln umzuwandeln. Jetzt ist die Zeit, etwas Neues anzufangen, denn das Feuer des Wollens gibt dir die nötige Kraft. Ziehe deinen schöpferischen Willen ins Nabelzentrum, und meditiere über die Einheit des Seins im Rhythmus von Geburt, Tod und Wiedergeburt. Indem sich dein persönlicher Wille mit den ewigen Zyklen verbindet, werden sich all deine Wünsche erfüllen. Jetzt kann auch Unmögliches gelingen!

Der sprunghafte Trieb

□ ☍ ⚻ ⚼ ∟ — Quadrat, Opposition, Quincunx, Anderthalbquadrat, Halbquadrat

Während dieser Phase fühlst du dich dauernd unter Druck gesetzt. Unterschwellige Vernichtungsängste bestimmen dein Gefühlsleben, wachsen sich zum unbewußten Verlangen aus, aus deiner eigenen Form herauszubrechen und dabei die Hülle zu sprengen. Doch die Kernfrage ist die: Ist der Wille zur Veränderung wirklich ein freier Wille oder nur ein blockierter Wille zur Macht, das Überlaufventil eines übersteigerten Ego, das sich in den vernebelten Gebilden des Ausbruchs Luft verschafft, weil es sich innerhalb der Anforderungen seiner Umwelt nicht behaupten kann? Zwar fühlst du dich in der Lage, alles in Frage zu stellen und ohne Rücksicht auf Verluste zu neuen Ufern aufzubrechen. Doch sei auf der Hut! Uranus Aspekt Sonne kann bei starker Aspektierung im Radix Schnittpunkte markieren, deren Auslösungen wie ein Blitz aus heiterem Himmel einschlagen. Wenn es dir nicht gelingt, diese Kräfte kreativ zu nutzen, kann das, was du für deine Welt hältst, wie ein Kartenhaus zusammenstürzen.

⛢ Uranus/Mond ☽

Die unberechenbaren Flammen der Seele

△ ⚹ ⚺ — Trigon, Sextil, Halbsextil

Unter diesem Einfluß erlebst du eine Zeit voller Unbekümmertheit, Ungebundenheit und Freude am Sex (Tantra), denn es sind die unberechenbaren, unkontrollierten, introvertierten Flammen des Feuers oder die innere Glut der Gefühle, die ebenso unbekümmert wie bodenlos und unergründlich sind. Es sind die Sendboten der mondhaften Lust, die aus der Verspieltheit erotischer Anziehung handeln, ohne bindende Absicht, immer nur solange die züngelnde Flamme der Leidenschaft anhält. Die unmittelbare Erkenntnis, daß die Liebe die Verbindung zum Göttlichen ist und die Sexualität Ausdruck des Schöpferwillens in dir, läßt dich in einen Zustand der Entrückung geraten, der alle Schranken deiner Vorstellung sprengt. Im Feuer der Erleuchtung, wenn sich die Seele selbst verliert, erfährst du dich als eins mit der einen und einzigen Urkraft.

Der seelische Umbruch

☌ □ ☍ ⚻ ⚼ ∟ ⦶ Konjunktion, Quadrat, Opposition, Quincunx, Anderthalbquadrat, Halbquadrat, Spiegelpunkt

Dein Seelenleben fließt plötzlich nicht mehr ruhig daher, sondern zeigt sich äußerst unbeständig, wenn die züngelnde Flamme der Leidenschaft plötzlich zu flackern beginnt und zwischen Aufglühen und Erlöschen hin- und herpendelt. Es ist die erste Regung eines inneren Bestrebens, neue Ideen in die Welt zu tragen und damit etwas zu bewegen. Deshalb steht dieses Gestirn auch für die kreative Kraft eines noch unsichtbaren Wechsels, bevor sich dieser zur konkreten Absicht verdichtet hat. Hier sind die unstabilen, unbeherrschten, introvertierten Feuerflammen angesprochen, die innere Glut der Triebe, die aus einem oft zwanghaften Freiheitsstreben alle inneren Wünsche und emotionalen Bedürfnisse niederbrennen und verwüsten. Das bedeutet eine schöpferische Periode des Umbruchs, des ungestümen Neubeginns, ein unbekümmertes Vorwärtsstreben, das Züge von Veränderung in sich birgt, denn alle Berührungen mit Uranus symbolisieren eine Zeit der Umgestaltung und der Kälte.

⛢ Uranus/Merkur ☿

Die Relativität des Denkens

☌ △ ✱ ⚺ ⦶ Konjunktion, Trigon, Sextil, Halbsextil, Spiegelpunkt

Dieses Gestirn versinnbildlicht eine hohe geistige Räumlichkeit durch spontane Bewußtseinssprünge und den damit verbundenen Versuch, auf intuitiv denkerische Weise gewissermaßen in die eigenen Muster einzudringen. Das bedeutet, daß du einen neuen Erfahrungsbereich betrittst und dich für eine Veränderung öffnest, die dich ins Unbekannte führt. Die damit verbundenen Lebensumstände können destruktiv oder kreativ sein oder beides zusammen. Diese Zeitqualität weist immer auf erfrischende Erfahrungen hin, die zwar chaotische Züge tragen können, aber keine wirkliche Gefahr bedeuten, selbst wenn du dich in den Widersprüchen deines dualistischen Weltbilds verstrickst. Der merkurische Verstand, gewöhnt, alles zu verdrängen, was er verstandesmäßig nicht durchdringt, wird hier durch Uranus eingeladen, die Relativität der menschlichen Sinne zu hinterfragen, denn Uranus Aspekt Merkur verkörpert die Ausweitung der Einsichten über den Bereich des durch Fakten gesicherten Wissens hinaus. Du erschaffst dir kraft deines Geistes Realitäten, und weil gleichzeitig auch die Energieströme der Realitäten deine Geisteskräfte steuern, kannst du die Verflechtung jedes Gedankens im Netzwerk des Großen Geistes erahnen. Alles steht in Wechselbeziehung zueinander, die Realitäten sind ineinander verflochten und in diesem Sinne verkörpern auch deine Wunschbilder und Träume eine eigene Realität, alltäglich aus dem großen Fond des Schöpfergeistes inszeniert. Damit kannst du dein Haupt während dieser Phase einen Augenblick lang über die Beschränkung verstandesmäßiger Dualitäten hinausheben und die Frage nach allem Anfang dort ansiedeln, wo alle Unterschiede zusammenfallen.

Der Sprung aus der Norm

□ ☍ ⚻ ⚼ ∟ Quadrat, Opposition, Quincunx, Anderthalbquadrat, Halbquadrat

Da Uranus für alles steht, was exzentrisch ist und aus dem Rahmen fällt, kannst du dir leicht ausrechnen, wie revolutionär sich seine Einflüsse auf das persönliche Denken (Merkur) auswirken. Dabei wird der Drang nach Freiheit und Veränderung über die von der Umwelt gebotenen Weltbilder gehoben, weil deine unbeständige, sprunghafte Geistestätigkeit stets den normalen Austausch bürgerlicher Vorstellungen unterbricht. Dein Realitätsdefizit gipfelt in der Krise, daß dich dein Verstand mit seinen Blitzen von Einsichten derart betört, daß du vergißt, deinem intellektuellen Onanieren ein Ende zu setzen und lieber die Verbindung zur ganzen Umwelt verlierst, als daß du dein exzentrisches Denken disziplinierst. Psychologisch repräsentiert diese Zeit den inneren Impuls, in das Unbekannte aufzubrechen, und damit bedeutet diese Konstellation, daß du einen neuen Erfahrungsbereich betrittst und dich für eine Veränderung öffnest, die dich ins Unbekannte führt. Die tiefere Bedeutung liegt hier in der Einsicht, daß die gängigen Vorstellungen von Sicherheit und Erfolg nur irreführende Versprechungen für dich sind, deren Erfüllung und Zufriedenheit dich im Innersten erschauern lassen.

♅ Uranus/Venus ♀

Das Feuerwerk der Liebe

△ ✱ ⚺ Trigon, Sextil, Halbsextil

Deine emotionale Entwicklung ähnelt der Nervosität einer Fieberkurve, denn in dieser Zeit wirst du mit deiner unbefangenen, ungezähmten Sinnlichkeit konfrontiert, jener Kraft, die von der Wechselspannung zwischen sexueller Lust, unterwerfender Kraft und aufreizender Hingabe an die geile Sinnlichkeit lebt. Deine Libido ist im Moment sehr stark, und erst, wenn du den Schweiß des Sexualpartners mit deiner Haut einatmest und seine Hingabe mit deiner Seele trinkst, kannst du alles um dich herum vergessen und wirst du zur alles verbrennenden und verzehrenden göttlichen Fackel, denn die uranische Venus ist die Priesterin des Feuers, die auf dem goldenen Altar die Libido schürt und mit ihrem Flammenstab die Liebesenergien ihrer Geschöpfe immer wieder kochen und aufbrodeln läßt!

Die Besessenheit der Anziehung

☌ □ ☍ ⚻ ⚼ ∟ ⏀ Konjunktion, Quadrat, Opposition, Quincunx, Anderthalbquadrat, Halbquadrat, Spiegelpunkt

Du evozierst die schnelle Gefühlsentzündung, die wie eine Stichflamme emporfaucht und das Objekt deiner Begierde in Glut einhüllt, wenigstens so lange, bis eine neue Liebe zündet, worauf du die alte schnellstens abstößt. Es ist dieses irisierende Spiel mit den Flammen, das dich über die konventionellen Schranken hinauswachsen läßt, das im Charakter gefühlsschwacher Menschen oft eine Sucht nach Ausschweifung entfacht. Diese Zeit symbolisiert den emotionalen Virus der Leidenschaft, denn allein das Leiden ist imstande, die Besessenheit der Anziehung zu offenbaren, die sich als Liebe tarnt. Psychologisch verkörpert dies das sexuelle Lustprinzip: den spontanen, kindlichen Impuls, den instinkthaften Trieben nachzugeben, ohne dich um deren Einbindung in die Gefühle zu kümmern.

♅ Uranus/Mars ♂

Der Aufbruch des Helden

△ ✱ ⚺ Trigon, Sextil, Halbsextil

Ausgeprägte Eigenschaften in dieser Zeit sind deine liebreizende Naivität, gepaart mit dem Durchsetzungswillen einer durchtriebenen und ausgekochten Ich-Struktur, dein blindes Vertrauen in die Legitimität der eigenen Ziele, schließlich das unschuldige Staunen über die Auswirkungen deiner aggressiven Handlungsweise und dein stets ungebrochener, für Abenteuer leicht entflammbarer Heldenmut. Du weißt, was du willst, und das läßt dich alle Ziele erreichen. Diese starke innere Absicht bringt großen Erfolg mit sich, weil du agierst, statt nur zu reagieren, und nicht einfach von einer Erfahrung in die andere stolperst. Es ist eine Zeit, in der du aus Neugierde oder aus klarem Willen heraus in unbekannte Gebiete vordringst und dir so Neuland zu eigen machst. Je nach der Zielrichtung dieser Energie kannst du damit wirtschaftlich erfolgreich sein, Beförderungen erlangen oder berufliche Projekte zu einem erfolgreichen Abschluß bringen. Wirksames Handeln bedeutet, die innere Kraft durch äußeren Willen in Bereiche zu bringen, wo sie sich gewinnbringend entfalten kann.

Der stürzende Ikarus

☌ □ ☍ ⚻ ⚼ ∟ ⏀ Konjunktion, Quadrat, Opposition, Quincunx, Anderthalbquadrat, Halbquadrat, Spiegelpunkt

Diese Gestirnsverbindung bedeutet für dich eine Zeit, in der du himmelwärts nach Idealen strebst oder fundamentale Überzeugungen herausbildest und vertrittst, ohne daß dir viel an ihrer objektiven Rechtfertigung liegt oder du nachhaltig und ernsthaft nach den Möglichkeiten der Verwirklichung fragst. Die Ungeduld, die sich in deiner Seele ausdrückt, heißt: Du willst alles, und zwar sofort. Wenn dies nicht gelingt oder du dies nicht bekommst, reagierst du aufbrausend, zornig und aggressiv. Wie immer, wenn Uranus auf einen martialischen Funken trifft, regredieren die angestauten Kräfte zu ganzen Kaskaden unterdrückter Konflikte. Du läßt dich auf den Wogen deiner heldischen Verdrängungen in die höchsten Wipfel katapultieren, wo du aus der Vogelperspektive deine überschäumenden Unternehmungen in der Gegenwart allerdings vergeblich suchst, weil es sich bei deinen Absichten meistens um kurzfristige Strohfeuer oder um indiskutable "Schnellschüsse" ohne Realitätswert handelt.

♅ URANUS/JUPITER ♃

Das Feuer der Freiheit

☌ △ ⚹ ⚺ ⦶ Konjunktion, Trigon, Sextil, Halbsextil, Spiegelpunkt

Alle Widerstände, Konflikte und Herausforderungen der Vergangenheit sind überwunden und haben neue Möglichkeiten initiiert, denn dieser Einfluß schenkt dir Einsichten vom besten, was das polarisierende Denken überhaupt empfangen und verarbeiten kann. Durch dieses Gestirn fühlst du dich so stark und im Innersten gesichert, daß du dich selbst vernichten und aus dir selbst heraus auch wieder aufbauen kannst. Da Jupiter schon alle Ansichten erweitert, die Uranus wiederum ausdehnt, führt das zu spontanen (wenn auch manchmal exzentrischen) Einsichten und einem tiefräumigen Weitblick, der dich für neue Ziele motiviert. Auch im Bereich der Liebe verbindet sich das Schöpfertum des Uranus mit dem milden Licht des Jupiters und stellt damit eine beglückende, intensiv-glühende Erfahrung in Aussicht. Diese Kombination ist ein Sinnbild für die Flammen der Leidenschaft, die züngelnd ein Objekt ihrer Sehnsucht einhüllen und auf einen Höhepunkt zusteuern, der sich zu einer prächtigen Flammenglut entwickeln kann. Sie kann aber auch Vorbote von Lösungen sein, mit denen sich alte Konflikte und starre Fronten überwinden lassen.

Die Alchemie des Geistes

□ ☍ ⚻ ⚼ ∟ Quadrat, Opposition, Quincunx, Anderthalbquadrat, Halbquadrat

Auf der mentalen Ebene zeigt dieses Gestirn, daß Ideen und Geistesblitze deine bisherigen Denkgewohnheiten sprengen und du damit zu Lösungen gelangst, die möglicherweise schon immer greifbar nahelagen, von dir aber nicht als zusammengehörig erkannt werden konnten. Gerade die Einsicht, daß sich in den Bildern und Denkvorstellungen deines Geistes immer nur das erkennt, was du vorher an Erkanntem in die Denkmuster eingegeben hast, gibt dir die Kraft, die eigenen Widersprüche zu akzeptieren. Denn selbst wenn du deren Auflösung nicht erzielen kannst, spürst du jetzt doch, daß all diese Widersprüche zu dir gehören. Der buddhistische Wanderer würde diese Ebene als die "offene Leere des Nichtwissens" bezeichnen, welche die intuitive Vision gebiert, solange du dem Versuch widerstehst, Gewißheit hervorzubringen, wo doch keine Gewißheit sein kann. Damit steht dieses Gestirn nicht nur für Zeiten, die du nutzen solltest, um die Enge fixer Vorstellungen zu überwinden und zu neuen geistigen Horizonten zu gelangen, sondern es bringt dich auch der Wahrheit näher, daß alles, was dir in der Außenwelt begegnet, ein getreues Abbild deiner inneren Erwartungen ist. Denn du bist nicht der Willkür deiner Umwelt ausgesetzt, sondern nur der Begrenzung, die du dir selber setzt: Das ist die wahre Alchemie des Geistes!

♅ URANUS/SATURN ♄

Die Rinderställe des Augias, die von Herkules an einem Tag ausgemistet wurden

△ ⚹ ⚺ Trigon, Sextil, Halbsextil

Jetzt zeigt es sich, daß der Bereich vermeintlicher Sicherheit, in den du dich eingemauert hast, plötzlich ins Wanken gerät. Das Gemäuer, das deine alten und überholten Wertvorstellungen repräsentiert, schwankt und mit ihm dein Weltbild, das dir zu klein und eng geworden ist. Was dir früher einmal in einem wohltuenden Maße Sicherheit und Geborgenheit vermittelte, ist mittlerweise nur noch ein abbruchreifes Bollwerk, das dir den Schritt zu einer neuen Weltsicht verwehrt. Durch die Brille des vernunftmäßigen Denkens werden diese plötzlichen Veränderungen häufig als Katastrophen erlebt. Du aber kannst jetzt verstehen, daß dies der Preis für die menschliche Unfähigkeit ist, loszulassen und das Bestehende aufzugeben. Wenn du darauf vertraust, daß das, was mit dem höheren Willen in Übereinstimmung ist, nicht zerstört werden kann, dann kannst du im Zusammenbruch der Dinge auch den Durchbruch zu dir selbst erkennen und dich neuen Lebensformen öffnen. So kannst du über Verlust und Schmerz Platz für Neues schaffen in Bereichen, die du bislang aus Angst mit altem Gerümpel verstellt hieltst.

"Der Untergang des Hauses Usher"

☌ □ ☍ ⚻ ⚼ ∟ ⦶ Konjunktion, Quadrat, Opposition, Quincunx, Anderthalbquadrat, Halbquadrat, Spiegelpunkt

Alles Fehlerhafte und leblos Gewordene möchte jetzt verändert werden, denn diese Konstellation kündet vom Zusammenbruch des alten Weltbildes auf dem Weg zur inneren Erkenntnis als einer notwendigen Voraussetzung, um zu einer umfassenderen Wahrheit zu gelangen. Es ist das überkommene Weltbild, das zunichte gemacht werden will, denn in dir läßt sich eine zwanghafte Hartnäckigkeit erkennen, gegen alle Mauern anzurennen, denn das Augenmerk richtet sich auf die Befreiung aus der Ausweglosigkeit der eigenen Existenz. Wenn Uranus Saturn überläuft oder Spannungswinkel zu ihm bildet, versuchst du wie besessen, den alten Rahmen zu sprengen. Dabei rennst du verzweifelt gegen alles an, was auch nur entfernt an Struktur und Ordnung erinnert, und kettest dich an den gegenteiligen Zwang, deine Unabhängigkeit ständig beweisen zu müssen. Du versuchst vergeblich, einen Ausweg aus deinem Dilemma zu finden, denn du bist in den Sog deiner Seele geraten, die zusammenbricht. Erschrocken stehst du vor dem Chaos und bist dir dabei deiner Lage bewußt, auch wenn du nicht weißt, was dich am Ende erwartet. Doch so wie das Saatkorn seine eigene Hülle zerstört, um im Schößling aufzugehen, so wird auch die menschliche Willkür zerstört, wenn der geistige Wachstumszyklus in Erscheinung tritt und das altgediente Weltbild zerbricht. Erst dann kannst du aus den Trümmern deines Kerkers entrinnen und wie ein Phönix in die Sonne fliegen, denn jetzt weißt du: Es ist Licht!

⛢ URANUS/URANUS ⛢

Die Auferstehung des Geistes

☌ △ ✱ ⚺ ⦶ Konjunktion, Trigon, Sextil, Halbsextil, Spiegelpunkt

Hier zeigt sich das ergreifende Erlebnis der Auferstehung und der Befreiung dessen, was zuvor verschüttet oder gefangen war, und richtet deinen Blick auf eine neue Entwicklung und einen neuen Lebensabschnitt. Damit verkörpert diese Konstellation den Ausbruch aus festgefahrenen Situationen und erstarrten Strukturen und zeigt den Durchbruch zu einer neuen, freieren Lebensform, die auf den Trümmern der alten Kultur entstehen kann und zu einer neuen Erfahrung führen wird. Es ist das Licht der Wahrheit, das wie ein Blitz vom Himmel fällt und deinen gefangenen Geist aus den Vorstellungsfesseln der Alltagswelt befreit und zu neuen Erkenntnissen führt. Damit erweitert sich die uranische Erfahrung, alle Formen als eigene Vorstellung zu erkennen, um die gegenteilige Einsicht, nämlich die eigene Vorstellung gleichzeitig auch als Reflektierung der universalen Energiemuster zu betrachten, und das unendliche Mysterium mutiert in deinem Hirn zur vierdimensionalen Landkarte, wo selbst der Imperfekt der zukunftsmäßigen Entwicklung (also das, was wir heute noch gar nicht wissen können) schon in deine Vorstellung mit einbezogen scheint.

Der erlösende Zerstörer

□ ☍ ⚻ ⚼ ∟ Quadrat, Opposition, Quincunx, Anderthalbquadrat, Halbquadrat

Auf der Ebene deiner persönlichen Entwicklung stehen dramatische Veränderungen bevor: Umwälzungen, die bisherige Selbstverständlichkeiten und zementierte Vorstellungen ins Wanken bringen, sei es durch eine plötzliche Kündigung, durch den Zusammenbruch eines Unternehmens oder durch das desillusionierende Scheitern fester Erwartungen. Dabei kann es sich um seelische Ausbrüche handeln, die sich schon länger ankündigten, aber immer wieder unterdrückt wurden. Somit avanciert Uranus zum großen Erlöser von Fesseln der Materie, denn was immer du auch in der Berührung mit ihm verlieren magst, immer befreit er dich zugleich aus einer Situation, die verkrustet und häufig unerträglich geworden ist. Er symbolisiert aber auch jenes gefährliche und durchschneidende Erkennen, losgelöst von jedem menschlichen Gefühl, das jegliches Maß verlieren kann. Dann wird aus dem Wunsch, dich selber außerhalb der Gesetze neu zu entdecken, der persönliche Größenwahn, dich mit diesem erkannten Größeren zu identifizieren und dich als erleuchtet zu erleben. Auf dieser Ebene symbolisiert Uranus dein schwarzes inneres Gespenst, das du nicht gern bei dir selbst erkennst, denn er ist auch der Spiegel, in dem dir das Tiefgründige begegnet und worin dir das Ungeheuer entgegenblickt, mit dem du dich nicht identifizierst. Nur Menschen, die ihrem eigenen Schatten schon begegnet sind, lehnen die Nähe des Teufels nicht ab, denn er versinnbildlicht ein Stück unbequemer Instinktnatur, die in der Tiefe der menschlichen Seele verwurzelt ist.

⛢ Uranus/Neptun ♆
Die andere Wirklichkeit

△ ✱ ⊻ Trigon, Sextil, Halbsextil

Du bist kurz vor dem Ziel deiner Träume, beinahe am Ende einer Entwicklungsstufe angelangt und wirst auf eine neue Umlaufbahn geschleudert – in eine neue Warteschleife vor der Erlösung. Du wirst in das Auge Gottes mit seinen Millionen Perspektiven der Selbstwahrnehmung katapultiert, denn Uranus Aspekt Neptun zeigt in die Richtung, das dümpelnde Leben gar nicht leben zu wollen, sondern bloß seine "höhere" Vorstellung davon. Das heißt auch, spirituelle Erfahrungen in psychische Energie einzubinden und mittels elektromagnetischer Ladungen als Heilkraft oder Liebe wiederum in die Umwelt abzustrahlen. Zeiten der Inspiration, in denen du spürst, daß die subtileren, nichtstofflichen Aspekte des Seins viel wichtiger sind als die weltlichen, stofforientierten Dinge, steht oft aber – um auch die andere Seite zu nennen – das Streben gegenüber, die eigenen Träume in den Mittelpunkt zu heben, um die ungeliebte Realität darin auflösen zu können. Hier kannst du beide zu einer höheren Einsicht verbinden!

Die elysische Regression

☌ □ ☍ ⚻ ⚼ ∟ ⏀ Konjunktion, Quadrat, Opposition, Quincunx, Anderthalbquadrat, Halbquadrat, Spiegelpunkt

Während dieser Zeit neigst du zu einem Verhalten, die eigenen Sinne zu betäuben und dich von den unterschwelligen Sehnsüchten in deiner Psyche fortschwemmen zu lassen, ins höchste "Alles-was-ist", das sich in dir als Teil seiner selbst wohl bewußt sein mag, wie die Überlieferung sagt, in dessen Elysium du aber wonnetrunken versinkst, wenn du dich nicht auf deine Hinterbeine stellst und diesen gefährlichen Gott persönlich beim Namen nennst. Das entspricht deinem innersten Bestreben, deine eigene Individualität gar nicht zur Kenntnis zu nehmen, um dem Gefühl des Eingebundenseins im Kosmischen nicht verlustig zu gehen. In Wirklichkeit verhilfst du damit deinen eigenen Vorstellungen im Kleid göttlicher Vorsehung zu einer unbewußten Macht in deinem Leben, die für deine Realität gefährlich werden kann, denn Uranus Aspekt Neptun beschreibt nicht nur den Irrweg, außen zu finden, was man innen sucht, sondern auch das außen Gefundene als Bildvorstellung zu verinnerlichen, damit man innen weiß, was man außen sucht. Dieses Gestirn beschreibt den in seinen eigenen Sehnsüchten verstrickten Mystiker, der nach Lichtwesen sucht, aber nicht einmal seinen eigenen Schatten findet, genauso wie das Medium, das seine Gottessehnsucht in seinen "gechannelten" Botschaften lebt.

⛢ Uranus/Pluto ♇
Die Metamorphose

△ ✱ ⊻ Trigon, Sextil, Halbsextil

Uranus und Pluto stehen für Metamorphose und Neubeginn, drückt sich in ihrem Wandel doch das erbarmungslose Ende mit aus, die Kraft ewiger Modulation, Symbol erschütternden Umbruchs oder die schöpferischen Wehen der Wiedergeburt. Beide leuchten am Horizont als Finger Gottes auf, auf dich gerichtet, und plötzlich hörst du eine Stimme, die dich auffordert, weiterzugehen und über die materielle Form hinauszuwachsen, denn diese diene dir lediglich als eine Station auf deiner weiten Reise ins Unbekannte. Damit wird dir schlagartig klar: Erst wenn du gelernt hast, deine Ziele loszulassen und den Dingen ihren Lauf zu lassen, kannst du dem inneren Ruf Gehör schenken und deiner inneren Stimme folgen, die dich in die äußersten Grenzbereiche führt, wo du Einsicht ins Räderwerk des Schicksals nehmen und jedes Geschehen im Leben als folgerichtige Konsequenz deiner eigenen Taten erkennen kannst.

Die Apokalypse

☌ □ ☍ ⚻ ⚼ ∟ ⏀ Konjunktion, Quadrat, Opposition, Quincunx, Anderthalbquadrat, Halbquadrat, Spiegelpunkt

In deiner Sehnsucht nach Bestrafung wirfst du die brennende Fackel der Vergeltung in die aufgehäuften Scheite deiner Schuld, die sich rasch entzünden. Darin erkennst du dein tiefes Verlangen, durch die Flammen hindurch zu einem neuen Anfang auf der anderen Seite des Feuerschlundes zu gelangen, denn du befindest dich in der erdrückenden Höllenschlucht in einer Phase, in der sich deine Seele in Selbstzweifeln zermartert, in der sie auf ihr vollständiges Scheitern ausgerichtet ist. Doch in dieser fürchterlichen Depression wächst die Einsicht, die es dir ermöglicht, Bilanz zu ziehen und Rechenschaft abzulegen über das, was du getan hast und was nicht. Du kannst dich jetzt für deine Fehler verantworten, weil ein Lebensabschnitt zu Ende geht, denn hier manifestiert sich der göttliche Wille, den du für deine persönlichen Ziele so lange vor den eigenen Karren spannen konntest, bis er dich mit der Gewalt seiner urwüchsigen, unüberwindlichen Kraft überrollte.

⛢ Uranus/Aszendent (AC)

Die Herausrufung der Kraft

☌ △ ⚹ ⚺ ⦶ — Konjunktion, Trigon, Sextil, Halbsextil, Spiegelpunkt

Dieser Aspekt verweist auf eine Phase starker Faszination und hoher Anziehungskraft. Dabei ist es nicht das krampfhafte Wollen, das zum Ziel führt, sondern der gelassene, fast selbstverständliche Glaube an die eigene Kraft und Fähigkeit, wie sie nur der harmonische Gleichklang zwischen bewußtem und unbewußtem Willen hervorbringen kann. Vor diesem Hintergrund entsteht eine enorme Suggestivkraft; du akzeptierst dich, so wie du bist. Und wie Gott frei darin ist, die Welt nach seinem Bild zu erschaffen, so bist auch du wenigstens frei darin, die Welt im Spiegel deines Willens und deiner Vorstellung zu sehen. Wenn du anerkennst, daß jede Wirklichkeit nur eine Prägung deiner eigenen Vorstellung ist, dann erst kannst du am großen Lebensspiel mitspielen, das wir uns selbst erdacht haben: Liebe den Spiegel und reibe dich an ihm, bis deine Energie explodiert, das Spiegelbild zerschellt und sich der göttliche Schöpfungsstrom in der Welt manifestiert!

Tue, was du willst – aber tue's!

□ ☍ ⚻ ⚼ ∟ — Quadrat, Opposition, Quincunx, Anderthalbquadrat, Halbquadrat

Befreie dich aus den Fesseln deines bisherigen Lebensplans, verabschiede dich von den Gaukelbildern deiner bisherigen Selbst- und Welterfahrung! Brich auf in Erfahrungsbezirke des Geistes, wo alle Gegensätze aufgehoben sind und du alle verstreuten Teile deiner selbst zum Mosaik deiner wahren Natur zusammensetzen kannst, und werde dir darüber klar, daß du nie außerhalb der Wahrheit bist, wo immer du bist! Denn nicht das Unfaßbare ist das Irreale, sondern deine Weltvorstellung, die dich begrenzt. Deshalb ist es Uranus auch egal, ob du für die Heilsarmee singst oder gegen die Gesellschaft protestierst, ob du unter der Brücke pennst oder dir deine Zigarre im Nachtclub mit einem Tausendmarkschein in Brand steckst, Hauptsache ist, du weißt, was du tust! Denn was immer du auch tust, es ist ohnedies immer beides: richtig und falsch. Sei bereit, die Konsequenzen deines Handelns zu tragen!

⛢ Uranus/Medium Coeli (MC)

Die Veränderung der Dinge

☌ △ ⚹ ⚺ ⦶ — Konjunktion, Trigon, Sextil, Halbsextil, Spiegelpunkt

Aus dem Wunsch, dich selbst außerhalb der Gesetze neu zu entdecken, wird der persönliche Größenwahn, dich mit dem erahnten überpersönlichen Allumfassenden zu identifizieren. Der Wahnsinn des Geistes, der in sich die brachialen Kräfte der Urschöpfung spürt, ist der Traum von absoluter Herrschaft, das Streben nach Macht. In ihm drückt sich der absolute Wille zur Gestaltung und Veränderung der Dinge aus, denn jetzt erreichst du alles, was du willst, weil du deine Energien auf einen Brennpunkt auszurichten weißt. Deshalb spielt es im Prinzip keine Rolle, ob du dich um deinen persönlichen Umsatz kümmerst oder für Minderheiten und gegen soziale Ungleichheiten kämpfst, wichtig ist, du hast ein Ziel vor Augen. Wie sagte doch Stargast Uranus, der freundliche Schöpfergott, vom Moderator der Tao-Show um ein 10-Sekunden-Statement zur Lage des Planeten gebeten: *Einfach toll, was Menschen so machen, was ihnen immer wieder einfällt. Immer richtig – ganz egal, was sie tun, solange sie nur immer wieder alles kaputtmachen!* Auf jeden Fall führt er dich zu einer Erweiterung deines Bewußtseins und zu einer Intensivierung deines Lebensgefühls.

Der Querulant

□ ☍ ⚻ ⚼ ∠ Quadrat, Opposition, Quincunx, Anderthalbquadrat, Halbquadrat

Unter diesem Stern wirst du von deinem bewaffneten Widerstandsgeist umlagert, der den Kontakt mit seiner eigenen Seele verloren hat. Sobald Uranus deine Himmelsmitte bedrängt, fühlst du dich vom inneren Aggressionspotential bedroht. Die allgegenwärtige Angst, dieser unterschwelligen Kraft nicht gewachsen zu sein, hemmt deine triebhaften Gefühle und verursacht seelische Blockaden. Aggressive Gehemmtheit verwandelt deine Triebenergie in selbstzerstörerische Energie. Die Notwendigkeit, alte Lebensstrukturen zu eliminieren, um über die Beschränkungen hinauszuwachsen, und der Drang, Tabus zu durchbrechen und alle Widerstände in Grund und Boden zu stampfen, um deine Unabhängigkeit immer und überall zu beweisen, kann deinen inneren Aggressions-Sprengsatz aktivieren. Die durch dieses Gestirn repräsentierten Gefühle führen dich in Versuchung, mit der einen Hand zu bekämpfen, was du mit der anderen anziehst: das (auf die Umwelt projizierte) Böse!

NEPTUN

Neptun repräsentiert die unergründliche Tiefe der Seele und als Herr der Auflösung ist es sein Ziel, die gefestigte Ordnung durch irrationale Manöver aufzuweichen und die Menschen mit der Tatsache zu konfrontieren, daß die Welt mit ihren Vorstellungen nur deshalb übereinstimmt, weil sie bemüht sind, sie sich so vorzustellen, wie sie gelernt haben, sie wahrzunehmen. Seine Berührungen sind gewissermaßen inspirierend als auch irreführend, denn hinter seiner Fähigkeit, Wunder und Illusionen zu erwirken, die Polaritäten aufzulösen und das materielle Denken ad absurdum zu führen, steht auch das hellsichtige Verlangen, die Seelen durch die vordergründige Materie zum transzendenteren Hintergrund zu bringen, um die Urbaumeister der Materie, die menschlichen Sehnsüchte, in den tieferen Schichten des Unterbewußten zu entdecken. Man könnte meinen, die neptunischen Visionen sind der ätherische Schleier der Seelenbilder, die Schutzhüllen der Zwischenwelt, die die noch formlosen Ideen schützend ummanteln, bis sie sich als Baupläne in der materiellen Welt verdichten können. Hinter seinem Wirken drängt sich auch die alte Frage in den Raum: Worauf kommt es im Leben an? Und insbesondere: Wer sind wir, und zwar außerhalb der kontrollierten Maske, mit der wir uns der Umwelt zeigen?

♆ NEPTUN/SONNE ☉

Das verwunschene Licht

△ ✱ ⚺ — Trigon, Sextil, Halbsextil

Es ist der Traum von einem Unterwasserfeuer, der dich hier anzieht, denn während dieser Phase segelst du in einem Meer aus inneren Bildern und Empfindungen, die der Grenzüberschreitung und Selbstauflösung huldigen. Auf der symbolischen Ebene entspricht das dem Bild einer Kerze, die unheimlich in den unergründlichen Tiefen des Meeres leuchtet und durch ihr Licht die unerlösten Seelen anzieht. Um dieses Licht versuchst du einen spinnwebfeinen Schleier zu spannen, in dem alle Grobheiten des materiellen Imperativs hängenbleiben und nur der Geist der höheren Sphären transparent genug ist, die Maschen des Netzes zu durchdringen. So handelt diese Zeit eigentlich von der Sehnsucht deiner Seele nach ihrem inneren Licht, einem Einblick, der vom rational-logischen Gesichtspunkt aus als unmöglich erscheinen muß. In dieser Paradoxie liegt ein typisches Beispiel der Versöhnung der Gegensätze vor, womit aber nicht gemeint ist, daß die ungelebte Seite eines Konflikts im Unbewußten versenkt, sondern die irrationale Sehnsucht in der Tiefe erlöst und die Fiktion wieder mit der Realität verbunden wird: im Streben nach Mystik, Okkultismus und spiritueller Erfahrung.

Die geistige Aufweichung

☌ □ ☍ ⚻ ⚼ ∟ ⦶ — Konjunktion, Quadrat, Opposition, Quincunx, Anderthalbquadrat, Halbquadrat, Spiegelpunkt

Während dieser Phase bist du ständig damit beschäftigt, deinen Geist magisch zu ergründen, denn dein starkes Phantasie- und Traumleben deutet auf unerschöpfliches Wunschdenken hin. Es ist anscheinend möglich, daß das eindrucksvolle, doch letzten Endes unwesentliche Wirken deiner Wünsche mit den trügerischen Möglichkeiten unbewußter Phantasievorstellungen zusammenhängt. Weil du mit der angeblichen Überwindung des Ego gleichzeitig jede weltliche Ausrichtung ablehnst, bist du nicht nur für dich, sondern auch für deine Umgebung sehr überzeugend. Alle materiellen Projekte werden aufgeweicht und alle emotionalen Verbindungen schleichend aufgelöst. Du entziehst dich den Niederungen des irdischen Daseins, um aus der seelischen Versenkung die Lichthöhen anzupeilen. Womöglich versteckst du die ungeliebte Realität hinter Mantras oder Pillen, denn nur im Unerreichbaren wünschst du das Leben zu finden. Für dich zählen weder berufliches noch emotionales Gelingen, für dich zählt nur die Reise ins Licht. Diese wiederum kann aber oft auch eine vorübergehende Notlösung zum Zweck darstellen, deine innere Leere auszufüllen, bis du ein realeres Ziel vor Augen hast.

♆ NEPTUN/MOND ☽

Die versunkenen Sterne

☌ △ ✱ ⊻ ⦶ Konjunktion, Trigon, Sextil, Halbsextil, Spiegelpunkt

Diese Konstellation ist wie ein letzter Blick auf den nächtlichen Himmel, bevor du einschläfst, ein Traum, der von Wärme, himmlischer Musik, Schwerelosigkeit und strahlendem Licht begleitet ist, oder ein Weg durch einen dunklen Tunnel, an dessen Ende ein gleißendes Licht den Weg in eine andere Welt weist. In einem solchen Moment vermagst du im schemenhaften Glanz deiner Bilder die Gefühle zu erahnen, die sich aus deiner Seele in den Äther emporschwingen, um sie dort oben als Engelsflammen zu empfangen, als himmlische Heerscharen, von der eigenen Sehnsucht ausgesandt, denn Neptun repräsentiert in seiner harmonischen Verschmelzung mit Mond ein unbeschreibliches Gefühl von innerer Wärme, nämlich das innere Bild der Seele, die in den Gewässern des Unbewußten träumt. Damit steht diese Gestirnsverbindung für Phasen romantischer Träume, grenzenloser Sehnsucht und tiefer Gefühle und verkörpert die Ausweitung des seelischen Empfindens, die neue Perspektiven in den Alltag einbringt. Im persönlichen Umfeld kann das bedeuten, daß du neue Impulse bekommst, die dir in deiner Situation weiterhelfen. Dabei kann es sich auch um einen weisen Rat oder um eine mediale Botschaft handeln.

Das himmlische Gift

□ ☍ ⚻ ⚼ ∟ Quadrat, Opposition, Quincunx, Anderthalbquadrat, Halbquadrat

Über dir ist kein Gott. Was du zum Himmel hinaufsendest, sind deine eigenen Sehnsüchte, und was du dort oben für das Elysium hältst, ist ein Gefühlszustand, der für deine emotionalen Bedürfnisse viel zu abgehoben ist, als daß du von ihm das seelische Glück für einen Preis erwarten könntest, der sich in deinem Leben als positiv herausstellen dürfte. Denn hinter deinem Wunsch nach Übereinstimmung mit dem Kosmos verbirgt sich nichts anderes als das ständige Manöver, Gefühlen auszuweichen und alles Persönliche aufzulösen, also das infantile Sehnen, von den Engeln auf einen Weg geführt zu werden, der direkt ins Paradies hineinführt. Deshalb kann diese Zeit oft auf negative Art das ausdrücken, was man mit Weltflucht, Spinnerei und Selbstbetrug umschreiben mag, andererseits sind selbst diese negativen Auswirkungen ein Anzeichen dafür, daß du beginnst, auf deine inneren Empfindungen zu hören, auch wenn du sie oft noch falsch interpretierst.

♆ NEPTUN/MERKUR ☿

Die erahnende Seele

△ ✱ ⊻ Trigon, Sextil, Halbsextil

Hier stehst du am Beginn, am Nichts: dein gesamtes Selbst wird von kosmischen Erfahrungen durchdrungen, dafür ist die rationelle Basis der Materie mit ihren funktionalen Handlungsabläufen weggespült. Diese Phase repräsentiert eine Zeit, in der dein Geist sich aufschwingt, um die Gefühle der Tiefe mit den Höhen der Erkenntnis zu verbinden, denn hier geht es darum, deine fließenden Energien zu erkennen und durch Worte und Gefühle zum Ausdruck zu bringen. Dein bewußtes Erleben ist von Träumen und Traumwelten infiziert, denn die Bindung an das Unfaßbare dominiert. Du folgst der Sehnsucht deiner Seele, die das Unfaßbare als Ausgangspunkt und zugleich als Zielrichtung auf eine höhere Bewußtseinsebene trägt. Dabei entspricht deine Unbeschwertheit dem Vertrauen der kindlichen Seele, die sich noch in den Sphären des Kosmos wähnt. Auf der unbewußten Ebene verkörpert dieses Gestirn das Staunen, mit dem nach Platon alle Erkenntnis beginnt.

Die Ummantelung der Leere

☌ □ ☍ ⚻ ⚼ ∟ ⦶ Konjunktion, Quadrat, Opposition, Quincunx, Anderthalbquadrat, Halbquadrat, Spiegelpunkt

Du bist jetzt nüchtern genug, dir auch das Formlose anzusehen, die Ur-Energien, nach deren magnetischen Ausrichtungen sich überhaupt erst das gestaltet, was du in der Welt als Form erkennst. Dies kann zu einer Annäherung an jenen Brennpunkt führen, wo die Fiktionen okkult-mythischer Phantasmagorien mit wissenschaftlichen Modellen oder rationalen Bildvorstellungen zusammenfallen. Denn: Keiner sieht die Welt so, wie der andere sie sieht, jede Sichtweise ist immer das Erscheinungsbild des Individuums selbst. Alle religiösen und magischen Rituale sind als die der Ratio entgegengesetzten Bemühungen zu verstehen, zurück zum Geist als Ganzem zu gelangen. Wir projizieren alle inneren

Erfahrungen auf alles, was sich draußen bewegt, und reagieren dann auf unsere inneren Bilder, statt auf das äußere Geschehen. Und plötzlich fällt es dir wie Schuppen von den Augen: Es ist immer die eigene Perspektive, die der Mensch zur Realität erklärt. Er nennt sie Welt. Du erkennst?

♆ NEPTUN/VENUS ♀

Der Gnadenkelch

☌ △ ✶ ⚺ ⦶

Konjunktion, Trigon, Sextil, Halbsextil, Spiegelpunkt

In dieser Zeit wird es dir vortrefflich gelingen, die Auswirkungen dieser Verbindung schöpferisch zu verarbeiten und als Phasen in das Leben einzubringen, in denen du deinen unbewußten Sehnsüchten kreativ begegnen kannst, denn hier umzingeln dich das Streben nach Vereinigung mit dem Kosmos, die Erschließung der inneren Welten, das furchtlose Eintauchen in die Urgründe der Seele, die geheimnisvolle Tiefe und die beflügelnde Sehnsucht deiner Gefühls- und Traumwelt. Neptun Aspekt Venus steht für Feingefühl, Einfühlungsvermögen, Medialität und Bereitschaft zur überpersönlichen Hingabe, ist Ausdruck helfender, heilender Kräfte wie auch der inneren Schau und zeigt, daß du dich den Bildern des Unbewußten öffnen kannst. Dies kann Quelle steter Inspiration sein, aber auch Hinweis dafür, dich in unerfüllbaren Wunschbildern zu verlieren, denn im Fluidum dieses Gestirns fühlst du dich stark zu allem Mystischen hingezogen und spürst eine nahezu unstillbare Sehnsucht nach Verschmelzung und Einswerden mit der Schöpfung.

Die Gefangenen der Sehnsucht

□ ☍ ⚻ ⚼ ∟

Quadrat, Opposition, Quincunx, Anderthalbquadrat, Halbquadrat

Die Gefahr, die diese Konstellation für deine Psyche darstellt, besteht darin, daß sie dich gefangennimmt. Sie hält dich an der Wurzel deiner unbewußten Begierde fest, denn unter Neptun Aspekt Venus wird dein inneres Verlangen angesprochen, das durch gefährlich bezaubernde Sehnsüchte personifiziert wird, die dich dazu bringen, daß du dich nach ihnen sehnst. Da das unbewußte Sehnen, zur Brust oder sogar in den Schoß zurückzukehren, im Mittelpunkt dieser Verbindung steht, ist es nicht falsch, in manchen Fällen auch von einem unbewußten Inzest-Verlangen zu sprechen. Es ist also nicht ratsam, während dieser Phase in die ozeanischen Gewässer deines infantilen Sehnens einzutauchen und nach Perlen zu fischen, weil Neptuns Drang nach absoluter Freiheit sich mit Venus Hang zur Passivität bis zur Aufgabe des persönlichen Willens auswachsen kann und dich in die Tiefe deiner versunkenen Sehnsüchte zieht, ohne dich so schnell wieder an die Oberfläche zurückzulassen. Das führt im Leben zu schweren Verwirrungen, weil Neptun die sinnliche Venus auf die Unendlichkeit der inneren Welt abstimmt, was im Alltag zu überzogenen Erwartungshaltungen, irrealen Liebesverstrickungen, pseudospirituellen Egospielereien und ich-zersetzenden Neurosen führt.

♆ NEPTUN/MARS ♂

Das libidinöse Opfer

△ ✶ ⚺

Trigon, Sextil, Halbsextil

Während dieser Phase reagierst du in deinem Gefühlsleben sehr sensibel, denn spirituell gesehen befindest du dich auf der Schwelle: Noch bist du von den sexuellen Lockrufen der Sirenen besessen, die für die unerlösten Sehnsüchte stehen und dich wieder zu den Urquellen hinunterziehen wollen, gleichzeitig bist du aber schon auf dem Weg zum Großen Geist, denn der "höhere Wille" zieht dich aus den Wassern des Unbewußten zu den Visionen des himmlischen Erkennens hinauf. Das entspricht der Überwindung der eigensinnigen Autorität des Ich und der Bereitschaft, dich von einer höheren Kraft führen zu lassen. Vielleicht hast du dich aber auch an deine innere Schwäche gewöhnt, aus der heraus du dich selbst bedauerst, ohne zu merken, daß sich in dieser Haltung ja gerade dein innerer Wille erfüllt: keine Kriege zu führen, keine Kreaturen zu töten und dich nicht um jeden Preis durchzusetzen, eben kein brutaler Held, keine aggressive Amazone zu sein. Nun kannst du dir die Strafe verdienen – aber nicht, indem du die Aggressionen unterdrückst und damit für ihr sicheres Eintreffen sorgst, sondern indem du dich öffnest und die Aggressionen "losläßt"!

Die innere Fäule

☌ □ ☍ ⚻ ⚼ ∟ ⦶ Konjunktion, Quadrat, Opposition, Quincunx, Anderthalbquadrat, Halbquadrat, Spiegelpunkt

Mars' unverblümte Absicht, seine Ziele rasch und ohne Umweg anzusteuern, wird durch Neptuns Träume völlig irritiert. Mars wird in Neptuns Spiegelmeeren seiner direkten Männlichkeit beraubt und völlig eingeweicht, denn diese Konstellation repräsentiert die vollständige Zerstäubung deiner Aggressionen und die innere Auflösung deiner libidinösen Instinktnatur. Doch seine Reaktion bleibt nicht aus: Im Zustand der Auflösung reagiert Mars mit aggressiver innerer Zersetzung, was auf der psychosomatischen Ebene zu Infektionen führen kann, wenn du dich von den Aggressionsblockaden nicht rechtzeitig befreist. Neptuns dämpfende Einwirkung auf dein Aggressions-Potential (Mars) möchte dich aber nicht nur irritieren, sondern auch einladen, deine aggressiven Ziele loszulassen und dich dem freien Spiel der Wellen hinzugeben, die dich zu neuen Ufern tragen können. Deine durch die inneren Versagensängste potenzierte Aggressions- und Willenslähmung wirkt sich nämlich so aus, daß es dir nie gelingt, dich auf konkrete Bilder einzustimmen und materielle Ziele zu erreichen. Das führt dazu, allen persönlichen Entscheidungen auszuweichen. Das kann bis zu Reaktionen führen, die Realität nicht nur passiv zu erleben, sondern die Hemmung auszuleben und allen Verantwortungen zu entschweben.

♆ Neptun/Jupiter ♃

Die Emanationen des Geistes

☌ △ ✱ ⚺ ⦶ Konjunktion, Trigon, Sextil, Halbsextil, Spiegelpunkt

Hohe Ideale und mystische Erfahrungen drücken eine Zeit größter Zufriedenheit aus, in der es dir manchmal so erscheint, als würde Fortuna jeden Tag ein neues Füllhorn über dich ausgießen. In Überfluß und Fülle erlebst du, wie sich über dich eine Woge warmer Gefühle ergießt, die dich sinnlich und geistig zutiefst befriedigt, denn energetisch erlebst du das Ideal der Selbstlosigkeit, das innere Bekenntnis zur Liebe und die höchste Ausdrucksform eines tiefen und unerschütterlichen Friedens mit dir selbst. Das Fluidum dieser Sphäre durchdringt dein Herz mit plötzlichem Sehnen und schmilzt das Harte in dir durch wehmütiges Begehren, und die Emanationen des Geistes erscheinen dir süßer als jede Realität, wobei auch der gefährliche Glimmer sirenenhafter Verführungskünste durchschimmert. Hier zeigt sich ein transzendentes Erahnen jenes Empfindens, das sich nur im Mitschwingen des sphärischen Atems in Gott verwirklichen kann, denn hier findet sich jenseits aller Vorstellung auch der Geist, der dieses Leben erfüllt.

Die ziellosen Wege

□ ☍ ⚻ ⚼ ∟ Quadrat, Opposition, Quincunx, Anderthalbquadrat, Halbquadrat

Wenn wir manchmal glauben, alle Kraft zu verlieren, mag das bedeuten, daß alle Zuversicht und Energie, das heißt alle Libido, die wir auf ein festes Ziel ausrichten, durch eine äußere Einwirkung oder einen inneren Umstand plötzlich versiegt. Unter diesem Gestirn geht es aber nicht um das persönliche Versagen, sondern um die allgemeine Ziellosigkeit, denn Neptun Aspekt Jupiter verkörpert nicht die sinnvolle Suche, sondern die Suche nach dem Unerreichbaren, die Suche nach dem Gral. Nur der Weise, der den langen Wegen bewußt gefolgt ist, kann ermessen, daß es kein Ziel gibt, zu dem sie hinführen. Daher der Rat: Entdecke neue Welten, einen neuen Kosmos, reise in die Zeit, laß dich in einen anderen Bewußtseinszustand fallen, träume oder meditiere, laß aber deine Verbitterung, deine schmerzliche Not und deine depressive Sehnsucht los, denn: *Das einzige, was du nicht findest, ist das, was du suchst!*

♆ Neptun/Saturn ♄

Die ein bißchen mehr oder weniger wirkliche Wirklichkeit

△ ✱ ⚺ Trigon, Sextil, Halbsextil

Hier wirst du zum erleuchteten Buddha, der sich nicht nur – sich selbst erkennend – selbst im So-Sein sieht, sondern der sich über die mehrfachen Brechungen der Realität im Spiegel seines Bewußtseins der Relativität seiner selbst und der Relativität allen Bewußtseins bewußt wird, denn dieses Gestirn ist ein Wegweiser auf dem Pfad der Erleuchtung, der nicht nur auf die neptunischen Gewässer des Unergründlichen zeigt, sondern gleichzeitig über sich selbst hinaus auch auf die saturnischen Urbilder weist, die über die Träume in das Bewußtsein fließen. All dein äußeres Streben dient im Prinzip nur dem Versuch, das Innere zu erhellen und es in seinen sphinxhaften Verschleierungen den Vorstellungsinhalten des analysierenden Erkennens einzuverleiben, was sich nicht zuletzt in einem großen Angebot von Wegen zum Verständnis innerseelischer Prozesse niederschlägt. Du umschreibst mit einer unbeschreiblich spirituellen Gebärde "Alles-was-ist", jene Totalität des konzentrierten So-Seins im Hier und Jetzt, von der die begriffliche Welt nur ein Teil und jede Suche nach sich selbst wiederum ein noch kleinerer Ausschnitt ist.

Das dunkle Unergründliche

☌ □ ☍ ⚻ ⚼ ∟ ⦶ Konjunktion, Quadrat, Opposition, Quincunx, Anderthalbquadrat, Halbquadrat, Spiegelpunkt

Jetzt erlebst du eine Phase, in der du mit deinen dunklen Seiten in Berührung kommst. Das sind Erfahrungen, in denen du dir deiner Unfreiheit und Abhängigkeit bewußt wirst. Die Angst vor dem Bösen ist die Angst vor dir selbst, und in dieser Angst, die du vor dir selbst verbirgst, verfängst du dich in deinen eigenen psychischen Abgründen, im Fäulnisgeruch deiner eigenen Seele. Eine echte Versöhnung mit deinen abgespaltenen Persönlichkeitsanteilen ist letzten Endes die einzige Möglichkeit, um mit dem Bösen fertig zu werden, denn das Dunkle ist ein Teil deiner selbst, das neben einigen deiner schlimmsten Eigenschaften auch einige deiner besten enthält. Vielleicht liegt dein Fehler darin, daß du zuviel darüber nachdenkst, warum das Leben so ist, wie es ist. Indessen ist dein Suchen die Spiegelung und das Korrektiv deiner verwirrenden Spiritualität. Herzliches Miteinander ist die Voraussetzung für den strahlenden Weg ins Licht, nicht stolzes Sich-Absondern, bei dem du in Gefühlen und Gedanken um dich selbst kreist und über das Unvermögen deines eigenen Erkennens reflektierst. Das schafft neue Unsicherheit, aus der sich wiederum die Depressionen speisen.

♆ NEPTUN/URANUS ♅

Das zerstäubend Numinose

△ ✱ ⚺ Trigon, Sextil, Halbsextil

Diese Konstellation, in deren Inhalt sich das Licht in ständig neuen Selbstbespiegelungen bricht, zerstäubt die Strukturen des Lebens und verwandelt den pulsierenden Strom sich verändernder Bilder in ein inbrünstiges Sehnen nach Verschmelzung. In der harmonischen Berührung dieses Gestirns teilt sich Gott der Seele mit: ist doch Uranus die Himmelstreppe, die in das Allerheiligste führt, der Spiralnebel, aus dessen Entwindungen sich die neptunischen Visionen schälen, das Gesicht deiner Mutter oder die Schwelle, auf der deine Seele wie ein Fötus wartet, bis sie für den Himmel reif geworden ist. So wird es dir möglich sein, klar zu erkennen, warum die tiefen Brunnenstuben der Urmütter deinem Bewußtsein so vage und verschwommen erscheinen. Denn wäre die Wirklichkeit tatsächlich zu fassen, dann wäre sie keine Wirklichkeit. Wie sagte schon Lao Tse im "Tao-Te-King": *Könnten wir weisen den Weg, es wäre kein ewiger Weg. Könnten wir nennen den Namen, es wäre kein ewiger Name. Was ohne Namen ist, ist Anfang von Himmel und Erde; was Namen hat, ist die Mutter der zehntausend Wesen. Wahrlich: Wer ewig ohne Begehren, wird das Geheimste schaun, wer ewig hat Begehren, erblickt nur seinen Saum.*

Der zersplitterte Kosmos

□ ☍ ⚻ ⚼ ∟ ⦶ Quadrat, Opposition, Quincunx, Anderthalbquadrat, Halbquadrat, Spiegelpunkt

Erkenne, daß all deine Wünsche und Sorgen nur die Reflexionen des "Göttlichen Einen" sind, das sich in Milliarden Menschenseelen zersplittert, nicht, um dich als Individuum klein zu machen, sondern um das "Spiel mit sich selbst" zu spielen. Nichts hat Bedeutung außerhalb deiner selbst – gleichzeitig halten diese Grenzen aber das zusammen, was du selbst für das Universum hältst! Diesen Zugang zum Ganzen oder zu dem Teil des kosmischen Bewußtseins, dessen Funke du in dir selbst spürst, möchtest du erreichen, und das tust du, indem du deinen Schatten von der Wirklichkeit abspaltest und (vermeintlich) zerstörst, damit du deine Angst überwinden, die kosmischen Flügel zur Entfaltung bringen und der innersten Bedeutung allen Wesens begegnen kannst, was Schopenhauer "Erlösung" und Jung "Transformation" nannte. Auch wenn dies meistens scheitert, weil der göttliche Teil, der sich in dir als Teil seiner selbst bewußt ist, ja nicht das kosmische Bewußtsein sein kann: Heute befreit es dich von der plumpen Begrifflichkeit der Dinge, und was morgen ist, wen mag das jetzt schon kümmern?

♆ NEPTUN/NEPTUN ♆

Die Pforten der Wahrnehmung

△ ✱ ⊻ ⦶ Trigon, Sextil, Halbsextil, Spiegelpunkt

Während dieser Zeit wirst du von einem starken mystischen Sog umhüllt, weil deine neptunische Energie aus den sexuellen Chakras in die spirituellen Zentren steigt und dein ganzes Bewußtseinsfeld durchglüht. Stimmen der Geister steigen aus den unergründlichen Tiefen deiner Seele in die höheren Bewußtseinssphären, um dir die Botschaft zu übermitteln, wie du die Pforten der Wahrnehmung öffnen und dahinter deine wahren Ziele erkennen kannst. Dein Credo lautet: Alles ist überall! Denn: "Alles-was-ist" ist die materielle Verkörperung deiner inneren Bildvorstellung, die sich aus der Leere heraus über die Feinstoffebenen bis hin in die Materie verdichtet hat und dir in ihrer Zementierung als Wirklichkeit erscheint, deren Grundlage wiederum der aktive Eros ist oder der libidinöse Gott, aus dessen orgiastischer Entladung sich jeder Bewußtseinsfunke zeugt. Nicht zuletzt auch der, der sich hier sinnigerweise Gedanken über den Sinn des Lebens macht: *Was du suchst, ist das, was sucht!* Merke: "Über Gott, den du jetzt suchst, brauchst du nicht länger nachzudenken, weil du, statt ihn zu finden, nur dein inneres Finden suchst, das sich im äußeren Suchen findet".

Das mediale Spaltungsirresein

□ ⊼ ⚼ ∟ Quadrat, Quincunx, Anderthalbquadrat, Halbquadrat

Neptun besitzt die Intention, durch alle Sehnsüchte und Wünsche hindurchzuscheinen und deren Form anzunehmen, wobei die jeweilige Qualität deiner Wünsche darüber entscheidet, ob du dich aus den Niederungen deiner Wünsche befreist oder dich in ihnen verstrickst. Die Gefahr besteht darin, daß du deine Sehnsüchte vom eigenen Selbst separierst und dadurch eine Art Schizophrenie entwickelst, falls du dich mit deinen Vorstellungen so stark identifizierst, daß du Illusion mit Wirklichkeit verwechselst. Denn der himmlische Pfad zum Throne Gottes ist nur ein religiöser Gedanke, eine Schimäre wie ein Ufo, in das du einsteigen kannst, um vor dir selbst davonzufliegen. Was du Gott nennst, ist dein eigenes, selbst geschaffenes Ebenbild, und was du als Himmel bezeichnest, ist der von dir selbst entworfene Lebenssinn. Sehnsucht ist deine eigene Form von Suche, eine endlose, sich wiederholende Geste, die blind den Strömungen ihrer unbewußten Prägung folgt. Hast du das erkannt, leuchten im Universum alle Narren auf, Buddha zerbricht und jedes Atom begreift: *Gott ist Licht, doch sein Name ist Mensch!*

♆ NEPTUN/PLUTO ♇

Das Ineinanderfließen von Himmel und Hölle

△ ✱ ⊻ Trigon, Sextil, Halbsextil

Hinter dieser kosmischen Schwelle – Neptun und Pluto sind die letzten Wächter an der Schwelle zum Ewigen – verbirgt sich die höchste, aber nutzloseste Wahrheit, daß wir nicht sind, was wir zu sein scheinen – nämlich Gottes Ebenbild, das sich zur Herrschaft über die Natur aufschwingt und die Welträtsel löst –, sondern schlicht und einfach nur ein Teil des Ganzen. Ein Teil allerdings, der sich durch die Zerstörung der Natur in seiner eigenen Existenz selbst gefährdet und sich mit jedem Schritt auf dem Weg des Fortschritts zu mehr Wissen ein Stück weiter von der Lösung der Welträtsel entfernt. Denn erst die Vereinigung von Himmel und Hölle, also die Überwindung des Schattens, erzeugt den erlösten Menschen. Dieses Gestirn verkörpert die alchemistische Verschmelzung mit deiner Seele, denn Pluto ist ein weiteres Symbol für den Schoß, der zum Abstieg in den Tod als Weg zur Wiedergeburt einlädt, und Neptun das Wasser der Taufe, das die Schlacken von dir spült, und zusammen sind sie der ewig fließende alchemistische Brunnen, der dich ins Licht der Sonne spült, sobald der spirituelle Akt der Vereinigung der Gegensätze vollzogen ist. Erst wenn du diese Wahrheit akzeptierst, kannst du dich auf den Flügeln deines Karmas in die Höhe schwingen und dich dort wiederfinden, wo du erkennst.

Der doppelgesichtige Januskopf

□ ☍ ⚻ ⚼ ∟ ⦶ Quadrat, Opposition, Quincunx, Anderthalbquadrat, Halbquadrat, Spiegelpunkt

Neptun und Pluto sind wie eine heilige Hochzeit der Gestirne, wo sich Gott und Teufel miteinander verbinden (hier erleben wir Gott in der Rolle des Animus, der den Teufel in der Gestalt der Anima anstrebt), aber nicht so, daß sich Gott mit dem Teufel verbindet, sondern daß er ihn als ein Wesen sieht, das in höherem Maße von seinem bewußten Ich verschieden und auf einer anderen Ebene doch wieder mit ihm identisch ist. Dies ist nicht die ursprüngliche Einheit der unbewußten Natur, sondern die differenzierte Einheit, zu der die beiden Hälften, die zuerst getrennt wurden, nach langer und schwieriger Suche nach der jeweils anderen Hälfte in der menschlichen Psyche gelangen. Nicht der Friede, sondern die Erkenntnis um die Voraussetzung der Kriege ist das Ziel: der doppelgesichtige Januskopf, der auf der einen Seite vernichtet, was er auf der anderen erstrebt, der hinduistische Shiva, der durch seinen Tanz den Weltuntergang bewirkt, gleichzeitig aber auch Gott der Zeugungskraft ist. So endet alles dort, wo es begonnen hat, und du kannst in jedem Untergang das ungeborene Potential des Urknalls erahnen, der zur fortwährenden Geburt eines immer wieder neuen Zyklus führt.

♆ Neptun/Aszendent (AC)

Der Chor der Engel

☌ △ ⚹ ⚺ ⦶ Konjunktion, Trigon, Sextil, Halbsextil, Spiegelpunkt

Indem du dich aus deinen Verstrickungen in den Niederungen des Alltags befreist und dich von allem Groben und Äußerlichen abwendest, gelingt es dir, die innere Stimme des Empfindens wieder zum Klingen zu bringen. Dein Empfinden kann den Sinn des Lebens nur dort finden, wo du bist, aber dein Verstand kann dich dort nicht sehen, wo der Sinn ist (denn dann wärest du ja erlöst!). Ergo findest du dich in dir selbst, indem du den Sinn aus dir entfernst und den Sinn im eigenen Bild von dir, also im Bild des makellosen Menschen (Jesu), im Bild des makellosen Geistes (Gott), im Bild der makellosen Seele (Mutter Erde) oder im Bild der makellosen Reinigung und Gotteskindschaft (Taufe) suchst. Statt sich in unrealisierbare Wünsche und überschäumende Gefühle hineinzusteigern oder ängstliche Weltflucht zu betreiben, ist diese Gestirnsverbindung Ausdruck für den echten Mystiker, der sein tiefstes Sehnen auf ein höheres Ziel ausrichtet und um seine Erlösung ringt. Energetisch steht sie für die Zyklen des Lebens, die Veränderungen der Welt, die so zeitlos sind wie alles in den Tiefen des Unbewußten. Es sind die Wasser des Lebens, die, vom Wechsel der Gezeiten durchdrungen, die ihnen innewohnenden Kräfte freigeben.

Das falsche Selbstbild

□ ☍ ⚻ ⚼ ∟ Quadrat, Opposition, Quincunx, Anderthalbquadrat, Halbquadrat

Sei dir bewußt, daß das, was dich unentwegt nach jener heiligen Form von Liebe suchen läßt, nicht Opfergabe, sondern nur die Abwehr der Gefühle, die Distanzierung von den Instinkten ist. Indem du sie verdrängst und deine Welt illusionierst, glaubst du dich deinen inneren Sehnsüchten hingeben zu können, ohne selbst durch die Höhen und Tiefen des Lebens zu gehen. Aus Unvermögen, vor lauter spiritueller Ekstase den Überblick zu behalten, stellst du dich in deinem (gefälschten) Selbstbild als spiritueller Mensch zur Schau, oder du wirfst dich ausgerechnet deiner eigenen Regression in die Arme, indem du dich etwa zum ergebenen Diener eines zweifelhaften Gurus, zum Sklaven eines willensstarken Partners oder gar zum Erleuchteten erklärst. Hierin erkennen wir einen Akt des verzweifelten Ringens zwischen der (verdrängten) Verhaftung an der Materie und den Extremen der Rückbindungswünsche an Gott.

♆ NEPTUN/MEDIUM COELI (MC)

Das Abendmahl

☌ △ ⚹ ⚺ ⦶ Konjunktion, Trigon, Sextil, Halbsextil, Spiegelpunkt

Energetisch stellt diese Verbindung das "Mysterium der Gnade" dar, das Sakrament der Kommunion, das Abendmahl, ebenso wie das Erleuchten des Grals. Doch aufgepaßt: Ohne Einbeziehung der Erleuchtung, über die hier nicht gesprochen werden kann, ist es die Natur des Erkennens, die Art der Erkenntnisverarbeitung selbst, die eine vollständige Erkenntnis des Erkannten ausschließt, solange die Welt nur als Bild der eigenen Vorstellung erfahren wird. Sind es doch immer nur die Bilder dieses Erkenntnisvorganges, die sich uns einprägen, transzendierende Einströmungen in die höchste Spiritualität, Verschmelzungen mit dem Göttlichen, Ausformungen heiligster Energie, nie letzte Wirklichkeit, aber immer gleichermaßen höchste Schein-Realität, ohne Anfang und Ende – nur immerwährendes Wähnen. Trotzdem bedeutet diese Konstellation, daß du dich in einer Phase befindest, wo du in die Tiefen der Seele vordringen und dort Gnade, Glaube, Wandlung, Erleuchtung und Vollendung finden kannst, die Vorbild sind für die alltäglicheren Formen der Liebe: Nächstenliebe, Selbstliebe und Liebe zu Gott. Darüber hinaus zeigt dieses Gestirn die vielleicht einmalige Chance, den Bereich des Lebensnotwendigen mit der Erfahrung tiefster Erfüllung in harmonischem Einklang zu verbinden und so den Weg zu deiner wahren Berufung einzuschlagen.

Die verschleierte Weltflucht

□ ☍ ⚻ ⚼ ∟ Quadrat, Opposition, Quincunx, Anderthalbquadrat, Halbquadrat

Unter dem Einfluß dieses Gestirns strebst du nicht nach klaren Zielen, sondern nach einem Mythos, der in seinen metaphorischen, symbolischen und allegorischen Ummantelungen ebenso unerschöpflich wie unverständlich ist. Das Schürfen nach dem Höchsten führt tief in den Sumpf von Trugbildern hinein und das vehemente Bemühen um Schimären endet stets im Selbstmitleid der Verzweiflung, ist die bewußtseinserweiternde Erleuchtung oft nicht mehr als eine ängstliche, lebensverneinende Weltflucht und die sogenannte Suche nach transzendenter Erfahrung nur ein wirklichkeitsfeindliches Ausweichen in eine trügerische Scheinwelt. Erfaßt man die Erleuchtung abstrakt, repräsentiert sie das zeit-transzendierende Verbindungsstück zwischen den Welten, um den Anschluß an die spirituelle Göttlichkeit wieder herzustellen, untersucht man sie aber konkret, dann stellt sie sich als die lüsterne Wonne unstillbarer Sehnsucht heraus, die nichts enthält, auch wenn alles Göttliche aus ihr hervorgegangen scheint. Im gesellschaftlichen Umgang verkörpert sie eine Warnung vor trügerischen Hoffnungen und falschen Versprechungen, denn sie führt dir vor Augen, daß du Luftschlösser baust, Illusionen nachläufst und in eine gefährliche Phase schwärmerischer Täuschung und unkritischer Verführbarkeit gerätst, wenn du nicht beginnst, die Dinge zu sehen, wie sie sind. Diese Verbindung ist Ausdruck von Scheingeschäften, trügerischen Zielen und in manchen Fällen eine Warnung vor unsauberen Machenschaften und unlauterem Verhalten und steht für leidenschaftliche Verstrickungen, deren Lösung ein schmerzvoller, ernüchternder Prozeß sein wird.

PLUTO

Pluto ist der Herr der Finsternis, der in der Schwärze lauert, und sein Reich umfaßt das dunkle Unbekannte der Schattenwelt. Er zwingt uns zum Loslassen, wenn unsere Zeit gekommen ist, denn er steht für die Transformation schlechthin und ist damit ein Symbol für den im Unbewußten keimenden, aber gern verdrängten Entwicklungsschritt. Er steht für die geistige Entwicklung, denn es sind die archaisch-unbewußten Triebkräfte, die uns Menschen zur Auseinandersetzung mit uns selbst drängen und uns, sofern wir unserem Schatten standhalten, damit zur seelischen Entwicklung zwingen. Pluto steht generell für die Abkehr von der Vernunft, denn in allen Kulturen wird er als eine bestimmte Eigenschaft gefürchtet, die mit dem Trieb verbunden ist und – wenn sie unkontrolliert durchbricht – rücksichtslos zerstört. Weil die plutonische Energie dadurch eine Gefahr für die Strukturen menschlicher Rationalität darstellt, wird sie meist dämonisiert und in die Schächte des Unbewußten abgedrängt, obwohl sie sich in jeder Handlung manifestiert. Deshalb sind die Katastrophen durch Pluto schon vorprogrammiert, denn: Der Mensch ist keineswegs nur das vernunftbegabte Wesen, für das er sich hält, das seine inneren Antriebe kontrolliert und nach Belieben dirigiert. Die Natur der Instinkte ist doch ganz im Gegenteil das absolute Nein zur Vernunft als letzter und totaler Widerstand gegen die Verlogenheit seiner sozialen Struktur, die aber wiederum die Grundlage seiner eigenen Entwicklung ist, die nicht zuletzt gerade deshalb entstanden ist, weil er sie bekämpft. Das entspricht dem Zynismus der Verlorenheit, in deren Unerfülltheit sich das menschliche Streben krönt. Andererseits käme im Licht dieser Einsicht die Energie zum Stillstand, welche die Welt bewegt.

♇ PLUTO/SONNE ☉

Der Tanz ums goldene Kalb

☌ △ ✳ ⚺ ⦶ Konjunktion, Trigon, Sextil, Halbsextil, Spiegelpunkt

Unter der gewaltigen Krafteinwirkung dieser kosmischen Verbindung zeichnest du dich durch ein starkes Bedürfnis nach Macht aus. Doch besteht hier weniger die Gefahr, dich von der Realität zu entfernen und in überhöhter Selbstbezogenheit vor der Welt "Gottvater Sonne" zu spielen, denn das Bedürfnis nach Größe und Freiheit wächst nicht in dem Maße, wie Minderwertigkeitsgefühle und persönliche Schwäche kompensiert werden müssen. Auch geht es hier nicht um das Bekämpfen oder Unterdrücken dieser inneren Kräfte, sondern um deren Akzeptanz. Damit ist das Eingeständnis gemeint, daß die dominierenden Machttriebe in dir selber liegen, und es nicht das Ziel sein kann, sie hinter einer blassen Tugend zu verbergen, sondern ihnen vielmehr offen zu begegnen. Auf diese Weise stehen dir nicht nur diese Urkräfte zur Verfügung, sondern auch alle Kraftreserven, die du bislang verbraucht hast, um diese Instinkte zu unterdrücken. Für dich ist dieses alles überstrahlende, goldglänzende Gestirn ein Symbol der universalen Lebenskraft, wo du dich voller Energie und mit wahrer Leidenschaft deinen inneren Vorstellungen widmest. Es zeigt den Mut und die Unternehmungslust, die du aufbringen kannst, wenn du freudig spürst, wie dich die Schöpferkräfte durchdringen, und damit verbinden sich hier Energie und Leidenschaft zu einer Phase außerordentlicher Schaffenskraft, in der du dich voller Stärke und Lebensfreude für deinen Willen einsetzt und wie weiland Rumpelstilzchen ums Feuer deiner Ziele tanzt.

Das Pharao-Syndrom

□ ☍ ⚻ ⚼ ∟ Quadrat, Opposition, Quincunx, Anderthalbquadrat, Halbquadrat

Für dich ist die Sonne identisch mit der Herrschaft der Sonnenkönige oder der Macht rücksichtsloser Selbstverwirklichung. Dem Schatten der Sonne, wo die Hexen und Zauberer in der Dämmerung ihre verderblichen Kräuter sammeln, stellst du den Großinquisitor entgegen. Du willst die Kröte verbrennen, die all jene vergiftet, die schwach genug sind, sie zu fürchten, anstatt daß du dein wahres Problem anschaust. Deine größte Gefahr ist die, daß du als höchstes Vorbild und Verhaltensmodell ein Bild von Intoleranz und Gnadenlosigkeit propagierst, das nur schwer zu rechtfertigen ist. Um dich aus diesen Verstrickungen zu lösen, müßtest du lernen, deine überzogenen Ansprüche loszulassen und dich nicht mit der Unerbittlichkeit der Götter zu identifizieren, damit das Menschliche unter deiner Maske nicht

erstickt und zu einer Art von Menschenfeindlichkeit pervertiert. Denn würdest du danach streben, dich selbst zu vervollkommnen, statt die ganze Welt zu retten, und selbst innerlich frei zu werden, statt die ganze Menschheit zu befreien, wieviel hättest du getan zur Rettung der Menschen, wieviel hättest du wirklich getan zur Befreiung deiner Nächsten?

♇ PLUTO/MOND ☽

Der Vulkan der Lust

△ ✱ ⚺ Trigon, Sextil, Halbsextil

Wirf die brennende Fackel deiner Lust in die lodernde Glut der Hölle, denn du bist dein eigener Opfergott, der sich und seine Liebe läutern muß. Es ist, als ob du durch das Feuer hindurchgehen mußt, um zu zeigen, wie die verbrauchte Gestalt der Liebe in ihr ursprüngliches Element des Unbewußten zurückkehrt, aus dem sie neu hervorgehen kann wie Phönix aus der Asche. Bis aber die vergilbten Hüllen der sinnentleerten Emotionen von der Seele genommen sind, geht sie durchs Feuer. Dabei zelebriert deine innere Priesterin die Flammen der Liebe auf dem Altar der Loslösung, denn du wirst die Liebe, an der du hängst, gerade dann verlieren, wenn du dich am heftigsten an sie klammerst. Auf der bewußten Ebene birgt diese Zeit deshalb eine große Chance zum Erkennen, einschließlich aller damit verbundenen Gefahren, denn sie lädt dich ein, die Unergründlichkeit deiner inneren Räume auszuloten. Die alten karmischen Verhaltensmuster, die tief in den Schächten des Unbewußten überwintert haben, können plötzlich wieder erwachen und in dein Bewußtsein eindringen, so daß du deinen alten Erinnerungen in neuen Maskierungen wieder begegnen kannst. Denn du ahnst: Erst wenn du die Traumata deiner Seele, die in den Polaritäten von Gut und Böse schmachten, überwunden hast, also auch das teuflisch Böse außerhalb von dir als einen Teil von dir selbst erkennst, der wieder zu dir zurückgefunden hat, dann erst kannst du dich als der erleben, der du bist, und den Selbsterkenntnisakt vollbringen, die Gegensätze in dir wieder zu versöhnen und damit vollständig zu werden.

Die Konfrontation mit der weiblichen Instinktnatur

☌ □ ☍ ⚻ ⚼ ∟ ⌽ Konjunktion, Quadrat, Opposition, Quincunx, Anderthalbquadrat, Halbquadrat, Spiegelpunkt

Die plutonische Mondin ist die menschliche Kröte, geschwellt von innerem Groll, die immer zur Stelle ist, wenn es gilt, all jene zu beherrschen, die schwach genug sind, sie zu fürchten. Hier befindest du dich im Reich der verschlingenden Mutter, die von ihren Besitzzwängen völlig beherrscht wird und deren Schatten Hysterie und Wahnsinn sind. Sie ist die Schlange, die Adam verführte, die alten Werte zerstörte und den fruchtbaren Aspekt des Weiblichen (Eva) wieder mit der orgiastischen Lust (Lilith) verband, die beide aus Gott-Teufel hervorgegangen und innig mit deiner menschlichen Natur verwachsen sind. Sie gewährt dir einen Blick hinter den Spiegel, ins Reich des Unbewußten, wo dir deine Sehnsüchte und Abgründe entgegenblicken, denn Pluto Aspekt Mond symbolisiert das Unergründliche in dir, das Unentdeckte, die verdrängten Teile deines Selbst, die du ins Exil der finstersten seelischen Abgründe verwiesen glaubtest, die jedoch nichtsdestoweniger in den Negativprojektionen deines verdrängenden Verstandes ihren Aufenthaltsort gefunden haben und dich nicht nur in den Alpträumen, sondern genauso in den aktuellen Horrorinszenarien deiner bewußten Tagesbilder bedrohen. Du wehrst dich gegen den Ablauf der Natur, weil du die Objekte deiner Begierden nicht loslassen kannst, und machst deiner Umwelt das Leben zur Hölle, bis sie sich gegen dich auflehnt. Nur wenn du alle Kontrollbedürfnisse und Übergriffe zurückläßt, kannst du Raum und Zeit überspringen und das Wunder in dir selbst vollbringen, die Gegensätze in dir zwischen Hingabe und Unterwerfung selber zu verbinden.

♇ PLUTO/MERKUR ☿
Das Uhrwerk des Schicksals

△ ✱ ⚺ Trigon, Sextil, Halbsextil

Diese Gestirnsverbindung symbolisiert das Räderwerk des Kosmos, in dem sich die vorüberziehenden Bilder des Seins in die ewigen Muster des Werdens einbinden, und sie wird wichtig in Lebensphasen, in denen du über deine eigenen Absichten und Taten hinauswachsen mußt und kannst: zum einen, weil es dir gelingt, eine Sache gleichzeitig von außen und von innen her zu betrachten, und zum anderen, weil du erkennst, daß du gleichzeitig Antreiber und Getriebener deiner eigenen Handlungen bist. In den Verstandessphären steht sie für die Kraft der klaren Erkenntnis, mit der du dir deiner Gebundenheit und deiner Abhängigkeiten bewußt werden kannst, um dich daraus lösen und befreien zu können. Es wird dir nach und nach gelingen, mit der reinen Erkenntniskraft Annäherungen an den ungreifbaren Gefühlsbereich zu finden, wo sich Fühlen und Denken nicht mehr gegenseitig ausschließen oder behindern. So kann diese Phase einen wichtigen Prozeß des Erwachens und der Selbsterkenntnis anzeigen. Erkenntnis – und damit innere Erfüllung – ist nur da zu finden, wo du dich selbst miteinbeziehst, das heißt dort, wo du das Erkennen des Erkennens als die Gesetzmäßigkeit deines eigenen Erkennens erkennst. Damit gelingt es dir, dich an die Erscheinungen hinter den Dingen heranzutasten.

Die Einsicht in die Notwendigkeit der Veränderung

☌ □ ☍ ⚻ ⚼ ∟ ⏀ Konjunktion, Quadrat, Opposition, Quincunx, Anderthalbquadrat, Halbquadrat, Spiegelpunkt

Diese Zeit steht für Veränderungen im Leben, weil deine Sichtweise einer Anpassung an ein neues, vollkommeneres Teilhaftig-Werden am Ganzen bedarf. Das bisher nur Gedachte muß nun beseelt werden. Es ist notwendig, die Lippenbekenntnisse mit Inhalt zu füllen, das heißt, vom Denken zum Erkennen zu gelangen, denn energetisch illustriert dieser Transit die klassischen Abwehrmechanismen wie Verdrängung, Projektion, Aggression oder Regression. Nur Erkenntnis und Verständnis können den Teufelskreis von Versagenserlebnissen, Lebensängsten und inneren Aggressionen durchbrechen, sonst wirst du von deinen inneren Gespenstern gequält, die eine Personifizierung eines drohenden Verderbens sind, das allerdings nicht unbedingt als konkretes Ereignis eintreten muß, sondern sich auch in Befürchtungen, Schuldgefühlen und Ohnmachtserlebnissen ausdrücken kann. Der Weg dahin führt durch den Schmerz direkt in das Zentrum der Angst. Gelingt dieser Durchbruch nicht, so scheiterst du immer wieder an denselben Erfahrungen, bis du an den Wirkungen der zugrundeliegenden Ursachen die Veränderungen erkennst oder bis du wenigstens erfährst, daß du dir die Ursachen der Auswirkungen schicksalhafter Gegebenheiten selbst zuzuschreiben hast. Sobald du aber die äußeren Erscheinungsbilder zu relativieren beginnst, indem du dich für die inneren Gesetzmäßigkeiten öffnest, veränderst du die Welt, und die Welt verändert dich. Die Einsicht in die Notwendigkeit der Abläufe von Werden und Vergehen und das Erkennen deiner Aufgabe in diesem ewigen Prozeß ist die Essenz dieser Phase.

♇ PLUTO/VENUS ♀
Das sexuelle Manna

△ ✱ ⚺ Trigon, Sextil, Halbsextil

Der Schlüssel zum Verständnis dieser Leidenschaft ist eine schier unersättliche Gier nach emotionellem Manna. In dieser Zeit mußt du das Gleichgewicht finden, dich dem Strom der Gefühle hinzugeben, ohne dich an Triebzwänge zu verlieren. Du kannst lernen, die animalische Leidenschaft als Bestandteil deiner allumfassenden Liebe zu betrachten, welche nirgends anfängt und nirgends aufhört. Während dieser Phase kommt vor allem der Leidenschaftsaspekt zum Ausdruck. Dieser zeigt emotionale Berührungen, die von großer Lebendigkeit, von heißem Temperament und manches Mal auch von dramatischen Auftritten gekennzeichnet sind, denn im Bereich der Gefühle steht er für eine große Liebe, die dich zutiefst berührt und durchströmt. Er kann aber auch auf eine neue Verbindung hinweisen oder bedeuten, daß dein großes Glück in der bestehenden Partnerschaft zu finden ist. Es kann aber auch bedeuten, daß du nun deine inneren Bilder auf einen Traummann oder eine Traumfrau überträgst und damit zwar Glück und Vollständigkeit erfährst, aber nur so lange, bis die Kraft der Projektion nachläßt. In ihren niedrigen Schwingungen kannst du Pluto und Venus als sexuelle Kraft wahrnehmen, die weder zu beherrschen noch zu lenken ist.

Der orgiastische Hexensabbat

☌ □ ☍ ⚻ ⚼ ∟ ⦶ Konjunktion, Quadrat, Opposition, Quincunx, Anderthalbquadrat, Halbquadrat, Spiegelpunkt

Die von Pluto erweckte Venus ist ein Ursymbol der wilden Hexe, die auf dem Phallus des Teufels zum Gipfel der Lust oder auf dem Besen sexueller Instinkte zum Basischakra der Urmütter reitet, denn Pluto Aspekt Venus plädiert für jenes zügellose weibliche Feuer, wo sich die Fleischeslust nicht zurückhalten darf, wenn die Seele Tabus brechen will. Als Frau forderst du jeden Mann bis zur Erschöpfung heraus, und weil es dich noch mehr anstachelt, spielst du die Gleichgültige, wenn es zur Sache geht. Denn es erregt dich um so mehr, wenn es bei ihm zu inneren Stauungen kommt, die zur explosionsartigen Entladung drängen! Als Mann brauchst du für die Integrierung deines gegengeschlechtlichen Teils einen Spiegel, in dem du deiner Weiblichkeit begegnen kannst. Von heftiger Unruhe getrieben und von einem ständigen Erlebnisdurst geplagt, hegst und pflegst du das in dir pulsierende Bild deiner Begierde, weil du durch deine innere Sehnsucht die Liebe und ihre tiefere Bedeutung bis zur Selbstauflösung erfahren darfst. Denn dein wirkliches Ziel, den verlorenen Teil deiner selbst wiederzufinden, kannst du nicht erreichen, solange du diesen dir fehlenden Teil nur durch die Bindung an einen dich äußerlich vervollständigenden Partner zu ersetzen suchst.

♇ Pluto/Mars ♂

Die heroische Triebnatur

☌ △ ✶ ⚺ ⦶ Konjunktion, Trigon, Sextil, Halbsextil, Spiegelpunkt

Pluto Aspekt Mars beschreibt eine Phase, in der dir das Wollen wichtiger als das Handeln ist: Der Mut zur Tat! Im Ausdruck deines Willens siehst du deine Aufgabe, nicht in der Objektivität der Ziele, weshalb du auch dem olympischen Gedanken huldigst, wonach es alle Konkurrenten zu überflügeln gilt. Du möchtest ein ganzes Universum schaffen, ein ganz neues Weltbild aufbauen, etwas für die ganze Menschheit tun. Weil du nicht ahnst, daß du dich selbst ändern mußt, wenn du deine Umgebung verändern willst, hängst du an heroischen Vorstellungen, die dich zwingen, über deine eigene Form hinauszuwachsen, denn dieses Gestirn symbolisiert auch die spontane Energie des Feuers oder den unbändigen ziellosen Feuergeist. Hier verbindet sich der Tanz der Flammen mit dem Zwang nach Selbstdurchsetzung: Du siehst nur dich und wer du bist!

Der transformierende Tod

□ ☍ ⚻ ⚼ ∟ Quadrat, Opposition, Quincunx, Anderthalbquadrat, Halbquadrat

Dieser Aspekt bündelt die Energie, denn er steht für eine Zeit der vielen kleinen Tode, die dich immer wieder zwingen, Abschied zu nehmen und Vertrautes hinter dir zurückzulassen. Leider versucht deine Vernunft oft, sich an eine Art Gleichgewicht zu klammern, während dich die instinktiven Antriebskräfte (Pluto/Mars) zu Veränderungen drängen, deren Folgen natürlich Ungleichgewicht und Störung sind. Glücklicherweise ist die Zerschlagung der Harmonie wiederum eine Voraussetzung für Kreativität, weil diese ja gerade durch die Auseinandersetzung mit den sich widerstrebenden Kräften entsteht. Pluto selbst steht für energetische Prozesse wie Transformation, Wandlung oder Zerstörung, und zwar radikal, gewaltsam und krisenhaft. Jetzt mußt du kämpfen, auch um Liebe und Anerkennung, es ist wie eine Quelle, aus der du jede Menge herausschöpfen mußt: Erkenne das Ziel! Schlag zu! Vernichte das Problem! Denn jede überwundene Krise und jedes erkannte Problem mündet in einen Zustand der Ausweitung und Befreiung, wobei du deine engen, aggressiven Emotionen durch immer komplexere Vorstellungsbilder ersetzen kannst. Aber Vorsicht: Vernichte nicht den Vernichter!

♇ PLUTO/JUPITER ♃
Das Höhere Selbst

☌ △ ⚹ ⚺ ⦶ Konjunktion, Trigon, Sextil, Halbsextil, Spiegelpunkt

Wenn Jupiter in erster Linie den menschlichen Vatergott darstellt, dann ist Pluto die ewige Quelle, aus der die Wandlung allen Wesens strömt (damit ist alles, was unser Leben sinnvoll macht, in diesem Gottesbegriff eingeschlossen). Harmonisch vereint kündigt dieser Verband eine schöpferische Phase an, in der Vertrauen und Zuneigung als noble Tugend für dein persönliches Verhalten sichtbar werden. Es ist eine Zeit, in der du den tiefen Sinn der geistigen Entwicklung erfährst und dabei erkennen kannst, daß sie eine Kraft ist, die dich über dich selbst hinaus zur göttlichen Erfahrung führen kann. Schon C. G. Jung wußte, daß der Mensch keine sinnlose Existenz ertragen kann. Darum identifizierst du dich auch gern mit Aufgaben, die mit Bewußtseinserweiterung und Selbstfindung zu tun haben. Dabei führen die überhöhten Ziele oft zu einem übertriebenen Bestreben, durch liebevolles Verzeihen und ritterliche Güte mehr Verantwortung übernehmen zu wollen, als du letztlich tragen kannst. Trotzdem: Im persönlichen Umfeld zeigt diese Konstellation, daß du dich mit Sinnfragen auseinandersetzt, die weit über die beruflichen Alltagsthemen von Erfolg, Verdienst und Anerkennung hinausgehen. Es geht um das Suchen und Finden des Höheren Selbst als höchste Instanz, mit der in Harmonie und Einklang zu leben du als letztes Ziel anstrebst.

Das Sakrileg

□ ☍ ⚻ ⚼ ∟ Quadrat, Opposition, Quincunx, Anderthalbquadrat, Halbquadrat

Liefere dich nicht nur dem Streben nach Gewinn, Reichtum und Sicherheit aus, sondern laß dich von der Stimme deiner Intuition führen und von deiner tiefen Sehnsucht nach Liebe und Harmonie. Suche die Verbindung mit der Urkraft, der Schöpferenergie, indem du mit ihren Geschöpfen geistig und seelisch noch inniger kommunizierst, denn auf der spirituellen Ebene entspricht dieses Gestirn deinem seelischen Empfinden, das in den äußeren Schätzen die innere Schöpfernatur erkennt. Erst, wenn du spürst, daß du Teil des unendlichen, vollkommenen Geistes bist und daß alles, was geschaffen wurde, in Vollkommenheit und ohne dein Zutun existiert, hast du dich zugunsten der inneren Fülle aus den Zwängen der Machtverherrlichung und des Machtmißbrauchs befreit. Dann ist die Verwirklichung großer Pläne möglich, denn diese Zeit bedeutet in ihrer jupiterhaften Ausdrucksform einen tiefen Glauben an die Schöpfung und ein unerschütterliches Vertrauen in die Richtigkeit ihrer Umwandlungen.

♇ PLUTO/SATURN ♄
Die sich häutende Schlange

☌ △ ⚹ ⚺ ⦶ Konjunktion, Trigon, Sextil, Halbsextil, Spiegelpunkt

Die harmonische Veränderung sagt: *Das Ende erkennt sich da, wo es sich im Anfang verliert.* Natürlich tut es dies ohnehin. Aber das genau ist das Ko'an, an dem jedes Ego zerschellt, solange es im Ende nicht das göttliche Ziel jeder Handlung erkennt. So wie die höchste Form der Gesundheit die Überwindung von Krankheit ist, so ist für dich die höchste Form des Lebens das Akzeptieren des Todes. Damit befindest du dich in Harmonie mit der ewigen, schöpferischen Lebenskraft. Zwar werden alte Muster durch neue ersetzt und Neuerungen angestrebt, feste Strukturen verabschiedet, die zu tiefgreifenden Änderungen führen können, Entwicklungsphasen gehen zu Ende, Projekte, Geschäfte und Hoffnungen sterben. Aber – und das ist das Entscheidende – du nimmst, was jeder Anfang dir schenkt, und du erkennst, was das Ende dir abverlangt, weil du weißt, daß die beständige Veränderung das einzig Beständige ist. Symbolisch entspricht das der sich häutenden Schlange oder der Morgendämmerung nach der tiefen Finsternis der Nacht.

Das Schicksal als Chance

□ ☍ ⚻ ⚼ ∟ Quadrat, Opposition, Quincunx, Anderthalbquadrat, Halbquadrat

Diese Zeit bedeutet in aller Regel das Ende deiner bisherigen Tätigkeit. Sie fordert dich auf, von deiner Position Abschied zu nehmen und dich für neue Aufgaben freizumachen. Projekte, Geschäfte und Hoffnungen sterben, und es liegt an der Bereitschaft deines Geistes, den Sinn der Wandlungen zu begreifen und den Tod als Platzbereiter für das Neue anzunehmen. Vielleicht läßt sich aber auch erahnen, daß diese Zeit mit einer möglicherweise unbewußten Katharsis verbunden ist, denn letztlich ist die Aufarbeitung und Klärung auch ein Verbündeter des allwissenden Unbewußten, das die Fehler korrigieren will, die du im Festhalten ungeeigneter Situationen, durch die Unfähigkeit, loszulassen und das Bestehende aufzugeben, begangen hast. Die ihres Amtes waltende Kontrolle erkennt oft nicht, daß sie im Bestreben, Chaos zu verhindern, oft die Voraussetzungen für weiteres Chaos schafft. Indem sie gegen dieses neue Chaos wiederum mit allen Mitteln vorgeht, bekämpft sie die Früchte ihres eigenen Wirkens. Erst wenn du damit leben kannst, daß sich hinter jeder Ordnung immer auch der vor sich selber verborgene Teufel versteckt, ist das Problem gelöst. Nur ein hochentwickelter Geist ist in der Lage, das Positive dieser Krise zu würdigen, weil nur er erkennen kann, daß Wille und Weg nun eins geworden sind. Was wir Freiheit des Geistes nennen, ist nicht nur der Zwang zu unserem eigenen Wachstum, sondern auch die Freiheit zur Zerstörung falschen Wachstums. Denn vor jedem Schritt ins Neue lauert die Vernichtung des Alten, die notwendig wird, um aus der Hülle herauszuwachsen, die du für dein Universum gehalten hast. Erst dann kannst du eine neue Perspektive finden, die weit entfernt von dem liegt, was du innerhalb deines alten Rahmens für möglich hieltst.

♇ PLUTO/URANUS ♅

Die Flamme der Erkenntnis

△ ✱ ⚺ Trigon, Sextil, Halbsextil

Dieser Aspekt verkörpert wie kein anderer das Thema der Umkehr und Einsicht, denn sein Geschenk an dich ist die geistige Umwandlung, wenn du dich zu sehr festgeklammert hast oder aus falschem Sicherheitsstreben an etwas festhältst, das dadurch letztlich nur noch ein Gefängnis ist. Damit sind aber gleichzeitig auch die Erfahrungen verbunden, in denen du dir deiner Unfreiheit und Abhängigkeit bewußt werden kannst, denn diese Phase zeigt die Chance, umzulernen und in deinem Schatten die Summe der ungelebten Möglichkeiten zu erkennen, deine Fehler, deine Schuld und alle Finsternis in dir. Abstieg ist aber nicht nur eine emotionale Krise, die man vollständig durchleben muß, sondern kann sich – mit bewußtem Erkennen versüßt – auch zur bewußtseinserweiternden inneren Stärke auflösen. Wenn du erst einmal gelernt hast, daß Veränderungen nicht nur Freude, sondern auch Leid, nicht nur Aufstieg, sondern auch Niedergang bedeuten, wirst du für die Unerbittlichkeit dieses Gestirns dankbar sein, nimmt es dir doch manche Entscheidung ab, die du sonst schwerlich treffen würdest, obwohl sie notwendig ist. Indem du aber die Verantwortung für dein Schicksal übernimmst, konfrontierst du dich schrittweise mit den von dir selbst geschaffenen Wirkungen und siehst schließlich auch, was die wahren inneren Beweggründe deines Handelns sind. Daher ist das Thema dieser Phase die Erneuerung, Vergangenheitsbewältigung und Erweckung des Bewußtseins, wobei es anzufügen gilt, daß das Schicksal in jedem Augenblick eine universale Antwort auf jede deiner individuellen Handlungen bereit hält.

Der Schatten des unerkannten Selbst

☌ □ ☍ ⚻ ⚼ ∟ ⏀ Konjunktion, Quadrat, Opposition, Quincunx, Anderthalbquadrat, Halbquadrat, Spiegelpunkt

Diese Phase deutet darauf hin, daß du auf Betreiben deines Schattens gerade damit beschäftigt bist, dich in ein Unglück zu stürzen, denn Pluto Aspekt Uranus deutet auf jähe, zum Teil erschütternde Erkenntnisse hin, die bisherige, festgefügte Vorstellungen, Überzeugungen, vielleicht sogar dein ganzes Weltbild ins Wanken bringen oder umwerfen können. Die gewaltige Umschichtung aller Normen und Werte, die du in dieser Zeit erlebst, fördert die Tendenz, gewachsene Gefühle zu zerstören und dadurch neues Wachstum zu erzwingen. Indem du gegen deinen Ist-Zustand rebellierst und (unbewußt) deine eigene Veränderung herbeisehnst, ersuchst du das erlösende Böse, dir deine unbewußten Botschaften aus den unergründlichen Seelenschächten auf der Bewußtseinsebene zu installieren. Du suchst den Hexer, den Sukkubus oder die Königin der Nacht, kurz: den dunklen Schatten deines unerkannten Selbst, dem du deine Seele anträgst, damit er dir zu einem Schock verhelfe, dessen heilsamer Wert dir weiterhelfen könnte. Da diese Konstellation neben Vernichtung auch Befreiung und Erkenntnis anzeigt, verkörpert sie nicht nur das menschliche, in seine selbstsüchtigen Ziele wie in einen Kokon versponnene Ego, sondern auch den mephistophelischen, sich selbst in Frage stellenden und dadurch alles erkennenden Geist, denn der sich selbst erkennende Schatten ist gleichzeitig auch das mit sich selbst ringende Licht! So ist es unausbleiblich, daß jede tiefgreifende Veränderung deiner Sichtweise mit einer tiefgreifenden seelischen Erschütterung verbunden ist.

♇ PLUTO/NEPTUN ♆

Die kollektive Sinnfindung

☌ □ ✱ ∟ ⊻ ◍ Konjunktion, Quadrat, Sextil, Halbquadrat, Halbsextil, Spiegelpunkt

Hier bist du aufgerufen, mit aller Macht deine Vollständigkeit zu leben und nicht nur das Licht, sondern auch deinen Schatten anzunehmen. Denn Frieden kann nur als abstraktes, nie zu erreichendes Ziel verstanden werden, weil ohne Krieg die Welt zum Stillstand käme. Pluto Aspekt Neptun läßt dich die Auswirkungen deiner Taten bewußt hinterfragen, da du am Ende deiner kosmischen Sinnsuche angekommen bist. Nur bewußtes "Nicht-Tun" führt über die innere Schwelle zur Durchbrechung der Wahrnehmungsbarriere, weil du damit das Gedanken-Kino, mit dem du die Bilder am Laufen hältst, einstellst und somit die Aufmerksamkeit von den äußeren Sinneseindrücken abziehst, um sie auf die Wirklichkeit hinter den Bildern richten zu können. Damit bist du dir deiner individuellen Ausrichtung als auch der Tatsache bewußt, daß du ein Teil des Ganzen bist. Vielleicht ist es dir dann nicht mehr möglich, dich ausschließlich mit dem bewußten Ich zu identifizieren, weil dir klar geworden ist, daß das innere Selbst mehr ist. Hast du dies erkannt, dann vermagst du dieses Wissen auch in den Bereich deines Ichbewußtseins einfließen zu lassen, denn auf einmal stellst du fest, daß diese spirituelle Erfahrung auch zu einer erstaunlichen Erweiterung deines Ego führt. Fazit: Erkenne dein inneres Selbst und werde dir darüber klar, daß du nie außerhalb der Wahrheit bist, wo immer du dich aufhältst!

♇ PLUTO/PLUTO ♇

Das Ende des Endes

△ ✱ ⊻ ◍ Trigon, Sextil, Halbsextil, Spiegelpunkt

Um die innere Ruhe zu erfahren, solltest du die Angst jetzt überwinden, die Furcht vor der Unerbittlichkeit der Wahrheit, daß alles sein Ende haben muß, weil es sonst keinen Anfang hätte. Denn erst im befreiten Geist, der aus der Asche aufsteigt, wird die Trennung zwischen Leben und Tod überwunden. Wir können auch sagen: *Das Leben erkennt sich selbst, indem es sich im Tod verwirklicht.* Pluto in Harmonie zu Pluto ist der Heiler, der dich aus deinen Verstrickungen befreit. Häufig wird er als Bedrohung empfunden, da er dich meistens gegen deinen Willen heilt, denn er ist wie ein Spiegel, in dem du dein Unbewußtes erkennen kannst, für das du sonst blind bist. Er erscheint als Vernichter, der alles zerschlägt, aber er ist auch der Befreier des Geistes, weil er deine Blockierungen zerschlägt. Dies ist das Positive, Lebensbejahende an einer solchen Erfahrung: Sie schafft die Voraussetzungen für ein lebendigeres Leben.

Der Anfang des Endes

□ ⚼ ∟ Quadrat, Anderthalbquadrat, Halbquadrat

Das von Pluto verkörperte Prinzip ist das des immerwährenden Wandels als einzig Beständigem im naturgegebenen Rhythmus von Werden und Vergehen. Denn zum Impuls, neues Leben entstehen zu lassen, gehört auch die Notwendigkeit, alte Lebensstrukturen aufzugeben, damit neue entstehen können. Diese Konstellation bildet gewissermaßen die Unterseite der Ereignisse, die unsichtbare und trotzdem durch ständige Wandlung in Raum und Zeit einbrechende Kraft, die wir als physische Veränderung wahrnehmen, denn sie symbolisiert den Lebenskreislauf, wo das Ende schon wieder im Anfang keimt: wo die alte, überholte Form der Humus ist, in dem die neue Saat gedeiht. Mitunter sind auch karmische Verbindungen angesprochen, uralte Verstrickungen, die sich darin äußern, daß man immer wieder in alte Verhaltensmuster zurückfällt, denn Pluto ist der Wegweiser auf dem Schicksalspfad, der anzeigt,

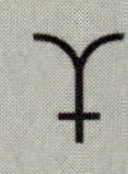

daß ein beschrittener Weg, etwas, das bisher vielleicht richtig war, sich als untauglich erweisen wird. Er lädt dich zu einer tiefgreifenden Veränderung deiner Sichtweisen ein und lehrt dich, die Materie zu vernichten, dich mit dem Vernichteten zu vereinen und dich in dieser Vereinigung selbst zu vernichten! Somit kannst du sein Prinzip als tiefste und letzte Wahrheit verstehen, als den Urgrund und den Sinn allen Werdens und Seins.

♇ PLUTO/ASZENDENT (AC)

Der Herr der Unterwelt

☌ △ ⚹ ⚺ ⦶ Konjunktion, Trigon, Sextil, Halbsextil, Spiegelpunkt

Man kann nicht sagen, daß du unter diesem Aspekt nicht mit dem Höllischen in dir in Berührung kommst, doch unter der harmonischen Verbindung scheinst du so gut mit deiner Unterwelt umgehen zu können, daß du ihr zumindest unbewußt aus dem Wege gehst. Während dieser Phase lagerst du den dunklen Aspekt aus dir aus, und zwar so, daß du anderen dabei hilfst, sich in ihren eigenen Abgründen zu erkennen, und dich selbst dabei an der List und Schläue erfreust, wie du ihnen Licht ins Dunkle bringst. Hier wirst du von deinem mächtigen Selbst umstrahlt, denn während dieser Phase verwirklichst du dich selbst auf eine kompromißlose Weise, wo deine kindlich-unschuldige Freude am eigenen Strahlen sich schnell auch zur Sucht nach Bewunderung des eigenen Glanzes verwandeln kann. Umgekehrt kann dich dieses Manöver natürlich auch nicht weiterbringen, nicht nur, weil da ja noch ein schwarzes Loch vorhanden ist – Arroganz, Hochmut und Überheblichkeit –, sondern auch, weil Pluto Aspekt Aszendent immer auch einen Akt der Transformation auslöst, und zwar in der persönlichen Art und Weise, wie du mit deiner Umwelt umspringst. Dein Ich, das sich plutonisch in den Mittelpunkt stellt ("Ich bin!"), realisiert nicht, daß es immer noch von Trieben und Wünschen, Minderwertigkeitskomplexen und ungelösten Autoritätskonflikten bestimmt wird, und deine Machtansprüche machen es dir schwer, dich wirklich zu empfinden, weil du dir deine Identität aus dem ererbten Vorrat kollektiver Gottvorstellung borgst (hier knüpfen sich die ersten Verbindungen mit dem großen Mythos des Erlösergottes, der geopfert werden muß, um wiedergeboren werden zu können). Deshalb stehst du unter dieser Konstellation mit zwanghafter Faszination und zugleich großer Angst vor dem Verlust deiner eigenen Identität – angesichts des Problems, daß du deine Individualität selbst opfern mußt, um die Natur deines ganzen Selbst zu erlangen. Trotzdem führt dieser Weg zum Ziel: Dieses Uneine in dir zwingt dich, zu agieren, und durch deine Taten löst sich das Uneine und gelangt ins Eine. Es ist also der Segen des Fluchs, der dich hier erlöst, weil er dich zwingt, das Geheimnis der Seelenganzheit in deinem Ich zu offenbaren: ein klassischer Fall spiritueller Opferung.

Die Götterdämmerung

□ ☍ ⚻ ⚼ ∟ Quadrat, Opposition, Quincunx, Anderthalbquadrat, Halbquadrat

Hier wird dir oft schmerzlich bewußt, wieviel Unerlöstes deine Seele noch in sich birgt, denn aus dem Wunsch, dich selbst außerhalb der Gesetze neu zu entdecken, wird meist nur der persönliche Größenwahn, dich mit dem erahnten Überpersönlichen und Allumfassenden zu identifizieren und dich als gottähnlich zu erleben. Du wirst vom Traum von göttlicher Macht besessen, der Macht über den Willen der anderen, denn diese Verbindung zeigt die vehemente Wiederauslösung des kindlichen Dranges an, das ganze Universum beherrschen zu wollen. Da du deine eigene Mitte in Gott nicht erkennst, meinst du, Gott umgekehrt als Mittelpunkt in dir selbst zu erfahren. Deshalb identifizierst du dich mit dem Unerkannten, das du allerdings zu erkennen glaubst, oder mit dem Dunklen selbst. Damit machst du das Göttliche zum Teil deines persönlichen Willens und gebärdest dich selbst als Schöpfer, der die Umwelt nach seiner eigenen Vorstellung kreiert und in seine persönlichen Ziele einbindet. Weil du dich weigerst, durch die Wirklichkeit zu gehen, läßt du die Energien wie Planeten um deine inneren Bilder kreisen, um die Wirklichkeit darin zu zerstören und die Bruchstücke nach deinen eigenen Einbildungen formen zu können. Dahinter versteckt sich auch der überhebliche Geist des Menschlichen, der sich anmaßt, an Gottes Plänen etwas verbessern zu können, doch dabei kommt nur Perverses und Krankhaftes heraus. Um dich aus diesen karmischen Verstrickungen zu befreien, solltest du lernen, deine überzogenen Ansprüche loszulassen und dich nicht mit der Unerbittlichkeit der Götter zu identifizieren, damit das Menschliche unter deinem Willen nicht erstickt und zur Götterdämmerung mutiert.

♇ Pluto/Medium Coeli MC

Das Heben des Schatzes

☌ △ ✱ ⚺ ⦶ Konjunktion, Trigon, Sextil, Halbsextil, Spiegelpunkt

Dieser Aspekt zeigt einen verborgenen Schatz, der durch die plutonische Nachtmeerfahrt in dein Bewußtsein gehoben werden kann, das Licht der Mittagsspitze, denn hier ist das Medium Coeli als Symbol der Himmelsmitte mit dem Pluto-Prinzip von Tod und Wiedergeburt verbunden. Das entspricht einer Phase, in der du zu dir selber findest, weil du jetzt den individuellen Wert entdeckst, der seit jeher in dir steckt: nämlich dein ureigenster Wertmaßstab. Damit gewinnt dein Leben Bedeutung aus sich selbst heraus. In dieser Phase orientierst du dich nicht mehr nur an äußeren Dingen, sondern auch an deiner inneren Autorität. Erkenntnis wird als geistige Individualität empfunden; du strebst nach einem autonomen Gipfel, der sich selber Gesetz ist. Es ist der Ruf der Seele, aufzubrechen und alle menschlichen Räume zu entdecken, denn diese Reise ist gleichzeitig der Weg, dich lebendig zu fühlen und das Leben in Übereinstimmung mit deinen inneren Zielen zu bringen. Es ist anzunehmen, daß wir es hier mit dem großen Schicksalsbogen des menschlichen Entwicklungsweges zu tun haben, durch den wir uns vom kollektiven Unbewußten der Mutter Natur (Pluto) entfernen und ein zunehmendes Bewußtsein der eigenen Individualität (MC) anstreben, und diese Zeit ein erfolgreiches Zwischenhoch anzeigt, denn durch diesen Aspekt wird auf einen Höhepunkt in deiner persönlichen Entwicklung hingewiesen, der sich im öffentlichen Leben meist in Ansehen und gesellschaftlicher Akzeptanz niederschlägt. Damit stehst du hier auf der Schwelle zwischen Anfang und Ende, am Ziel deiner Wünsche, wo der Abgrund der Äonen aufbricht und dich einen Schimmer der schwindelerregenden Ursprünge erahnen läßt.

Das Schlangennest

□ ☍ ⚻ ⚼ ∟ Quadrat, Opposition, Quincunx, Anderthalbquadrat, Halbquadrat

Es scheint dir hier erlaubt, das Finstere in dir mit einem großen Gebäude (Turm) zu überbauen, in dem du dich vor deinen inneren Abgründen sicher fühlen und andere dafür büßen lassen kannst, daß dir der Zugang zu deinem eigenen Inneren an einer entscheidenden Stelle verschlossen bleibt. In himmlischen Höhen kannst du "Gott-Teufel" als einen Gipfelpunkt deines Strebens erleben, der wie in einem gläsernen Turm hoch über den Wolken im Licht der Erkenntnis als höchste Selbst- und Welterfahrung aufstrahlt. Dort oben herrscht nicht das Dämmerlicht des Alltagsbewußtseins, und dieses Erkennen ist auch nicht an die gewöhnliche Wahrheit, sondern an dein höheres Ich gebunden. Auf der materiellen Ebene aber ist Pluto der ungeliebte Spiegel deiner selbst: Er zieht dir die schönen Bilder von der Seele und zeigt dir die Schlangennester in den Tiefen deiner eigenen Instinktnatur. Erst der Zusammensturz des Turmes kann dich von den Masken befreien und dich zusammen mit der Erkenntnis dem Göttlichen näherbringen. Solange du aber entschlossen bist, das Leiden zu vermeiden, was voraussetzt, dich dem Schicksal zu verweigern und den Zusammenbruch der morschen Situation zu vermeiden, schiebst du das Verhängnis auf die lange Bank.

Die Progressionen

Die fiktiven Bewegungen der dirigierten Gestirne

Sekundärdirektionen oder Progressionen stellen – wie auch die Sonnenbogendirektionen[1] – keine wirklichen Bewegungsabläufe an der Himmelskugel dar, sondern haben nur symbolische Qualität (Hesekiel im Alten Testament: *Ich will dir die Jahre zur Anzahl der Tage machen).* Es gibt zahlreiche Methoden, um durch Progressionen Entwicklungen im Leben eines Menschen zu entdecken. Die häufigste ist die Methode "Ein Tag für ein Jahr". Jeder Tag nach der Geburt entspricht einem Jahr nach der Geburt[2] und dementsprechend bekommen die Aspekte der schnellaufenden Gestirne (Sonne bis Mars) sowie der progressiven Achsen (Himmelsmitte und Aszendent) eine starke Dominanz. Sie zeigen die Grundtendenzen an, die zusammen mit den Transitbewegungen der Langsamläufer Lern- und Entwicklungsaufgaben umschreiben. Um das Wesen der Progressionen zu erfassen, mußt du verstehen, daß sie dir im Gegensatz zu den transitären Gestirnen kein äußeres Abbild des Lebens vermitteln. Das bedeutet, sie sagen weniger etwas zu äußeren Ereignissen aus als dazu, wer du bist und warum geschieht, was geschehen muß. Sie sagen dir nicht, was du tun kannst, sondern sie ermöglichen es dir, die Dinge in einem umfassenderen Sinn und in größeren Zusammenhängen zu sehen. Die Beschäftigung mit den Sekundärprogressionen verschafft dir also die Möglichkeit, die Welt im Spiegel deiner inneren Erwartungen zu betrachten und sie dabei als ein getreues Abbild deiner Ideen und deiner Überzeugungen zu erkennen, die deine inneren Ziele umhüllen.

[1] Der Unterschied zwischen Progression und Sonnenbogendirektion liegt darin, daß bei der letzteren, wie der Name schon sagt, nicht die individuelle Bewegung der Planeten, sondern nur die Bewegung der Sonne berücksichtigt wird. Die Planeten werden also alle nach der Sonnenbewegung vorgeschoben oder, wie es der Astrologe formuliert, nach dem Sonnenbogen dirigiert. Im Gegensatz zu den Sekundärdirektionen bekommen die progressiven Langsamläufer Saturn bis Pluto dadurch ein viel größeres Gewicht.

[2] Die Positionen der Planeten am Tag nach der Geburt beziehen sich demnach auf das erste Lebensjahr, die des zehnten Tages nach der Geburt auf das zehnte Lebensjahr.

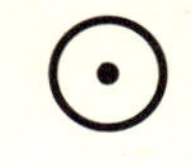

SONNE

Die progressive Sonne ist das befruchtende Symbol der Lebenskraft. Sie ist der Mittelpunkt, das Schöpfungszentrum, dessen Strahlen alles durchdringen und auf deren Schwingen der Mensch zu sich selber findet, denn es ist sein eigener Wille, der ihn trägt und durch die Hindernisse des Karmas führt, wenn ihm die Schicksalsstunde schlägt. Positiv kann sie sich durch einen gestärkten Lebensgeist und ein gesteigertes Unternehmungsverlangen bemerkbar machen, denn sie ist ein Repräsentant für wohltuende Wärme, gegenseitiges Vertrauen und für die Aussicht, das kreative Schöpfertum in die Welt zu bringen. Negativ kann sie einen Mangel an innerer Sicherheit anzeigen, die Störung des seelischen Gleichgewichts, und damit zur Grundlage einer unsicheren Entwicklung werden.

☉ SONNE/SONNE ☉

Die Übereinstimmung mit sich selbst

⚹ ⚺ ⦶

Sextil, Halbsextil, Spiegelpunkt

Die harmonische Berührung der progressiven Sonne zu ihrem eigenen Geburtsplatz bedeutet, daß du Einblick in die natürlichen Abläufe des Lebens und deiner persönlichen Entwicklung erfährst. Das bedeutet, daß du Einsicht in die natürlichen Wachstumsprozesse gewinnst, die im Zusammenwirken der Schöpfung liegen. (Meist erfährt man um das 30. und um das 60. Lebensjahr Perioden der tiefen Übereinstimmung und des inneren Einverständnisses mit sich selbst.) Dies ist auch gleichbedeutend mit einer Zeit, in der ein harmonisches Ineinandergreifen aller deiner inneren Persönlichkeitsanteile dafür Sorge trägt, daß eine glückliche und harmonische Periode vor dir liegt, die die Lösungen alter Probleme und günstige Gelegenheiten für Neuanfänge mit sich bringt, und wo du tiefe Freude und innere Genugtuung erfährst.

Der innere Widerspruch

□ ∟

Quadrat, Halbquadrat

Unter dem negativen Einfluß der dirigierten Sonne stehst du vor der inneren Erkenntnis, daß es im Leben Perioden gibt, wo selbst dein Bestes nicht gut genug zu sein scheint. Das Halbquadrat kündigt oft Auseinandersetzungen mit Gegenkräften an, die nicht immer einfach zu parieren sind. Außerdem kann es sich in der Zeit des Klimakteriums bzw. der Midlife-crisis sehr belastend auswirken, denn du wirst von schweren Sorgen bedrückt, die scheinbar von außen kommen, ohne daß du dein seelisches Problem dahinter siehst. In solchen Zeiten ist es notwendig, Abstand zu gewinnen, um diese Verstrickungen zu erkennen und sie in positiver Weise lösen zu lernen, statt sie in äußeren Spiegelbildern überwinden zu wollen.

☉ SONNE/MOND ☽

Die volkstümliche Seele

☌ ⦶ △ ⚹ ⚺

Konjunktion/Spiegelpunkt (beim Mann), Trigon, Sextil, Halbsextil

Dies ist ein Aspekt, der deine volkstümliche Seite verstärkt. Du kannst dich jetzt allgemein großer Popularität und Sympathie erfreuen, denn dein soziales Empfinden wird durch die Sonne besonders herausgestellt (beachte die entsprechende Haus-Stellung deines Mondes!). Dabei gelingt es dir, alle Vorteile deiner Gefühlswelt in die Waagschale zu werfen. Dies rührt daher, weil die Sonne in harmonischer Berührung zu deinem Mond dir nun ausgiebig von jener seelischen Fülle schenkt, deren Warmherzigkeit auch andere berührt. Während dieser Zeit darfst du daher mit inneren Glücksgefühlen rechnen. Und alles, was nur mit echter Güte und wirklicher Toleranz zu erreichen ist, wird jetzt begünstigt und steht auf der Tagesordnung. Beruflich kannst du dich bei Untergebenen und Vorgesetzten einer Beliebtheit erfreuen, die ein Spiegel ihrer eigenen wohlwollenden Haltung ist. Ecken und Kanten gehst du aus dem Weg. Du wendest dich lieber jenen Geschäften und Obliegenheiten zu, die mit Wohlwollen und mit Offenheit zu lösen sind. Wenn du ein großzügiges Unternehmen geplant hast, so ist jetzt der Zeitpunkt gekommen, die Sache durchzuziehen. Was die Gefahren dieses Aspektes betrifft, mußt du dich einzig vor Nachteilen hüten, die durch deine eigene Verschwendung zustande kommen.

Die seelische Unzufriedenheit

☌ ⦶ □ ☍ ⚻ ⚼ ∟ Konjunktion/Spiegelpunkt (bei der Frau), Quadrat, Opposition, Quincunx, Anderthalbquadrat, Halbquadrat

In dieser Zeit wirst du mit inneren Widerständen konfrontiert, denn der intuitive Wille (Sonne) und die Gefühlswelt (Mond) passen nicht zusammen. Manche Position steht auf der Kippe und muß oftmals aufgegeben werden. In beruflicher Hinsicht bedeutet diese Auslösung Angst und Unsicherheit am Arbeitsplatz, tiefsitzende Ängste, zu versagen, keine Anstellung zu bekommen oder nicht den passenden Beruf zu finden. Im Bereich deiner Beziehungen siehst du dich in Rangeleien und Widersprüche mit dem Partner verstrickt, die viel Anstrengung erfordern, um die entgegengesetzten Impulse unter einen Hut zu bringen. Es geht darum, gegensätzliche Strömungen und Standpunkte auszufechten, um so zu einer neuen Haltung oder Vorgehensweise zu kommen. Ein auffallender Lebenshunger überfällt dich während dieser Monate, verbunden mit dem inneren Gefühl, im Leben einiges verpaßt zu haben. Doch wäre es unklug, jetzt Entscheidungen zu treffen oder dich zu gefühlsmässigen Entschlüssen hinreißen zu lassen.

☉ Sonne/Merkur ☿

Die geistige Cleverneß

☌ △ ⚹ ⚺ ⦶ Konjunktion, Trigon, Sextil, Halbsextil, Spiegelpunkt

Diese Gestirnsverbindung führt zu einer umfassenden und ganzheitlichen Denkweise, wodurch auch vermeintlich unvereinbare Gegensätze miteinander versöhnt werden können. Daher ist sie ein Erfolgsaspekt auf der denkerischen Ebene, so daß auch schwierigste Aufgaben zufriedenstellend gelöst werden können. In dieser Zeit gelingt es dir leicht, dein praktisches Denken mit deinen geistigen Zielen in harmonische Übereinstimmung zu bringen, denn du kannst die Dinge global sehen, ohne daß dir Details verlorengehen. Das heißt, daß du Wege finden wirst, Logik und höheres mentales Streben glücklich miteinander zu verbinden. Wissen und gedankenschnelles Reagieren kannst du zu einer beeindruckenden Synthese vereinen, was auch bedeutet, daß du Anerkennung ernten und vorteilhafte Abschlüsse zustande bringen kannst. Verschiebe daher deine Entscheidungen nicht mehr unnötig, sondern versuche möglichst, allen wichtigen Entschlüssen jetzt Gültigkeit zu verleihen.

Das mentale Störfeuer

□ ☍ ⚻ ⚼ ∟ Quadrat, Opposition, Quincunx, Anderthalbquadrat, Halbquadrat

Oft zeigt es sich, daß dir Knüppel zwischen die Beine geworfen werden und erfolgversprechende Ziele auf das Abstellgleis geraten. Nicht selten findest du dich plötzlich in Situationen wieder, wo sich deine Umwelt berufen fühlt, dir in deine persönlichen Entscheidungen hineinzureden. In deiner geistigen Entwicklung erlebst du eine Periode, in der du dich immer wieder von einem Vorhaben oder einem wichtigen Erkenntnisschritt ablenken läßt. Dadurch bleibt manche Einsicht vorübergehend stecken. Es kann aber auch bedeuten, daß du jemanden versuchst auszutricksen, weil du dich fortgesetzter Kritik ausgesetzt siehst. Das führt auf der materiellen Ebene zu Fehlurteilen, weil die Umwelt ja immer zum Sündenbock der eigenen intellektuellen Feigheit wird. Mißverständnisse, Lügen und Irrtümer sind an der Tagesordnung, Zukunftspläne zerschlagen sich, Kontaktbemühungen scheitern, denn du kannst das Störungsfeld nicht loslassen, weil es ein Teil deiner eigenen Ich-Betrachtung ist. In diesem Fall liegt deine Aufgabe darin, deinen Willen und deine Überzeugung an diesem Störfeuer zu schärfen.

☉ Sonne/Venus ♀

Die harmonische Entfaltung

☌ △ ⚹ ⚺ ⦶ Konjunktion, Trigon, Sextil, Halbsextil, Spiegelpunkt

Diese Verbindung steht für das Erleben tiefer Zufriedenheit, denn sie spricht von Erfüllung, Freude und Befriedigung. Damit ist zweifellos auch der sinnliche Genuß gemeint, wichtiger ist aber die mit der inneren Mitte verbundene Erfahrung, zu den tiefen Gefühlen von wahrer innerer Freude zu kommen. Sonne Aspekt Venus zeugt von der Absicht, Widersprüchliches im Herzen auszugleichen, und der Ausgleich ist hier das Wissen, daß alles irgendwo im Leben seinen tiefen Sinn besitzt. Der Glaube an die innere Ordnung schürt somit dein seelisches Empfinden, dich mit der Umwelt harmonisch zu verbinden, was sich bei dir in Toleranz und Güte niederschlägt. Beruflich kann dieses Gestirn mit Schenken und Geschenken in Verbindung gebracht werden. Als Harmonie-Aspekt kann diese Konstellation aber auch anzeigen, daß ein wichtiges Ziel erreicht worden ist. Ein geläutertes Bewußtsein kann dich in die Lage versetzen, deine inneren Ideale mit der äußeren Realität unter einen Hut zu bringen und jenen alchemistischen Seelenzustand zu finden, der den Wunsch nach innerer Entfaltung unterstützt. Dies entspricht der Wahl, die sich der Liebe nicht verschließt und auch der Körperlichkeit gut zuspricht, was wiederum Kraft und Sinnlichkeit ausdrückt. Auf diese Weise bringt dir dieser Einfluß eine der schönsten Perioden überhaupt, denn er deutet auf das Optimum dessen, was du an innerem Seelenfrieden erreichen kannst!

Die stilisierte Leere

□ ☍ ⚻ ⚼ ⚺ Quadrat, Opposition, Quincunx, Anderthalbquadrat, Halbsextil

Dein inneres Bedürfnis, über das Normale hinauswachsen zu müssen, kann unter diesem Gestirn nur schwer befriedigt werden, denn dein Harmonieverlangen kann weder materiell noch spirituell gestillt werden. Im Bestreben, die innere Leere zu verdecken, hüllst du dich in Harmonie, was der verdrängten Wirklichkeit entspricht oder der Zementierung stilisierter Seifenblasen. Du liebst das Heitere und Unbeschwerte und versuchst, durch sexuelle Freuden dem Schönen in der Umwelt beizukommen. Umgekehrt liegt in dieser emotionalen Leere auch die Freiheit, durch eine gewisse kindliche Spontaneität sogar noch die zu betören, die du schon belogen und betrogen hast. Weil die Sexualität aber selten frei von Wunschvorstellungen und Sehnsüchten ist, mutiert der Austausch körperlicher Gefühle zu lustdurchtränkten Bildern, denen du im Leben hinterherrennst. Statt deinen eigenen Solarplexus zu stärken, klammerst du dich an Werte, die du auf andere projizierst. So bist du von deinen inneren Bildern abhängig, die du nicht steuern, sondern nur über die Außenwelt erleiden kannst.

☉ SONNE/MARS ♂

Die Tapferkeit

☌ △ ⚹ ⚺ ⦶ Konjunktion, Trigon, Sextil, Halbsextil, Spiegelpunkt

Dies ist der wohl beste Aspekt überhaupt, um zu handeln, eine Aufbruchskonstellation, unter der du deine spontanen Projekte in die Tat umsetzen kannst. Jetzt lassen sich alle Probleme erfolgreich lösen, deine Unternehmungen gewinnen an Durchschlagskraft, denn innerhalb der aktiven Dimensionen deines Feuergeistes bist du unbesiegbar, da du neben dem spontanen Vorwärtsdrängen auch die Vision verkörperst, für die sich jedes Kämpfen lohnt. Zwischen dem inneren Wollen und den Kräften des Schicksals entwickelt sich eine große Harmonie, durch die sich viele Türen öffnen, die bisher für dich verschlossen waren. Das Selbstvertrauen wächst und alle Hürden werden restlos überwunden. Auf jeden Fall kannst du in dieser Zeit die Früchte deines Wirkens und deiner Arbeit ernten. Und was du neu beginnst, steht unter einem guten Stern und verheißt erfolgreiches künftiges Gelingen.

Der Streit

□ ☍ ⚻ ⚼ ∟ Quadrat, Opposition, Quincunx, Anderthalbquadrat, Halbquadrat

Dieses Gestirn entspricht der revolutionären Erneuerung und der Zerschlagung des sich im Gleichgewicht befindenden stabilisierten Systems. Du spürst die aggressive Energie des Feuers, die nach außen drängt, und welche die ruhige Vollkommenheit zerstört, und siehst dich oft in Rangeleien und Widersprüche mit der Umwelt verstrickt, die viel Anstrengung erfordern, um die entgegengesetzten Impulse unter einen Hut zu bringen. Die Reibungswärme, die dabei entsteht, kann sich aber auch explosiv entladen, denn oft wirken sich die Verletzungen des täglichen Überlebenskampfes anreizend auf deinen Energiehaushalt aus. Die Gestirnsauslösung steigert deine Vitalität, läßt die Bremsen wie von selbst wegfallen und führt zu einem Verhalten, wo du den "inneren" Helden oft übertrieben nach außen darstellst! Aus deinem Inneren strömt eine Fülle von Energie, die sich aus Schwierigkeiten nährt, an Hindernissen wächst und sich durch Überwindung großer Widerstände stählt.

☉ SONNE/JUPITER ♃

Das Selbstvertrauen

☌ △ ✱ ⊻ ⏀ Konjunktion, Trigon, Sextil, Halbsextil, Spiegelpunkt

Da die Sonne den Drang Jupiters widerspiegelt, sich in seiner Schöpferkraft zu verwirklichen, möchtest du alle imaginären Inhalte zur Entfaltung bringen. Du entzündest alle Lichter, um auch den letzten Schatten zu vertreiben, denn in der Sonne als Inbegriff der Tageshelle erscheint der Geist des Feuers, der dein Bewußtsein durchdringt. Es ist deine innerste Absicht, die göttliche Botschaft in deiner Umwelt zu entfachen und auf den Wogen deiner eigenen Begeisterung zu schwimmen, denn unter diesem Gestirn erlebst du eine Zeit von großem Selbstbewußtsein und ideellem Streben. Du bist beseelt, über die enge Welt hinauszuwachsen und deine Visionen zu verwirklichen, denn du wirst von den Flammen des Mutes und der kreativen Unternehmungslust umzingelt, die dich zu großen Zielen drängen. Solange deine Motive und Handlungen sich im Einklang mit der kosmischen Ordnung befinden, sind dir alle Ziele recht. Habe Vertrauen und handle in Übereinstimmung mit deinem schöpferischen Willen!

Der Größenwahn

□ ☍ ⊼ ⚼ ∟ Quadrat, Opposition, Quincunx, Anderthalbquadrat, Halbquadrat

Energetisch weist dieses Gestirn auf Wichtigtuerei und bis zur Unerträglichkeit reichende Selbstgefälligkeit hin. Das geistige Höhenfeuer ist zwar nicht erloschen, aber doch wieder auf die Erde zurückgefallen und auf dem Boden der Materie gelandet. Da der Durchsetzungstrieb des Feuers aber damit nicht verschwunden ist, sondern unter dem Diktat der überspannten Energie nur umgedreht wird, verheddern sich die überhöhten Ziele in den Niederungen deines Willens, weil das Ego statt nach überpersönlichen Werten viel lieber nach seiner eigenen Göttlichkeit strebt. Deshalb besteht die Gefahr, von der Realität getrennt zu werden, denn das Bedürfnis nach Größe und Freiheit wächst kompensativ mit dem eigenen Unvermögen, Größe zu erreichen. Dies wiederum ist die Chance, deinen aufgeblasenen Idealen ins Auge zu blicken und sie als das zu erkennen, was sie sind: irreale Manifeste als Gegengewicht zum inneren Bestreben, nur überhöhte Ziele angehen zu wollen!

☉ SONNE/SATURN ♄

Der stabile Aufbau

△ ✱ ⊻ Trigon, Sextil, Halbsextil

Während dieser Phase ist nicht etwa Erfolglosigkeit das Thema, sondern im Gegenteil, die wirklich bodenständigen Erfolge beginnen sich jetzt erst abzuzeichnen, wenn sich die sichtbaren Resultate auch noch etwas verzögern. Diese Verzögerung überbrückst du am besten, indem du die vergangenen Fehler korrigierst und die daraus gewonnene Erfahrung in die Praxis einfließen läßt. Alles, was du jetzt angehst, muß einen stabilen Hintergrund haben. Spekulationen oder risikoreiche Unternehmungen kommen daher nicht in Frage. Dafür verfügst du über die Bereitschaft, deine Ziele langsam und geduldig aufzubauen, denn dein Beharrungsvermögen ist jetzt äußerst groß. Die Arbeit, die du leistest, wird gut ausfallen, denn du kannst dich jetzt dem Detail genauso widmen wie dem Ganzen, weil du jetzt den richtigen Blick für die Teile wie für die Gesamtheit einer Sache hast. Unter diesem Aspekt hängt der Erfolg davon ab, wie geschickt du den vorhandenen Rahmen auszunutzen verstehst. Es ist daher wichtig, jetzt an alles zu denken, so daß du die Vorteile und Nachteile deiner weiteren Schritte genau abwägen kannst.

Die Zeit der Einschränkung

☌ □ ☍ ⊼ ⚼ ∟ ⏀ Konjunktion, Quadrat, Opposition, Quincunx, Anderthalbquadrat, Halbquadrat, Spiegelpunkt

Jetzt werden vermehrt Ereignisse auftreten, die dich auf Bereiche hinweisen, wo du noch Nachholarbeit zu leisten hast. Du solltest diese Beschränkungen akzeptieren und nicht versuchen, die Sache umzubiegen oder mit einem Ausbruchsversuch zu reagieren, weil dies sonst sehr viel Unruhe in dein Leben bringen könnte. Wenn du jetzt aber einige bisherige Versäumnisse nachholen und zukünftige Projekte mit einem klaren Kopf angehen kannst, dann kannst du während dieser Zeit sehr viel erreichen. Du mußt die notwendige Geduld aufbringen, damit die Dinge um dich herum zuerst einmal in sich selber reifen können. Erst durch deine Ausdauer kommst du dann zum angestrebten Erfolg, denn diese Periode bringt dir nicht die Ernte der Saat, sondern vielmehr die Einsicht im Leben, daß sich deine materiellen Bestrebungen in einer wichtigen Phase der Stabilisierung befinden. Deine eigentlichen Zielsetzungen werden sich in ihren Umrissen bald schon sehr viel deutlicher zu erkennen geben: Du mußt einfach Geduld haben und abwarten können!

☉ SONNE/URANUS ⛢

Die Lust am Widerstand

△ ✱ ⚺ Trigon, Sextil, Halbsextil

Unter diesem Einfluß wirst du von glücklichen Erkenntnissen förmlich überschwemmt. Auch über einen Mangel an Ideen brauchst du dich nicht zu beklagen, denn deine Originalität und dein Erfindungsgeist könnten jetzt sogar Formen annehmen, die dazu führen, daß du dein ganzes Weltbild sprengst und deinen bisherigen Lebensstil reformierst und neu ausrichtest. Dazu wärest du auch durchaus in der Lage, denn Veränderung steht nun groß geschrieben. Es kann aber auch sein, daß dich unstillbares Fernweh überfällt. Denn Sonne Aspekt Uranus wird deinen inneren Freiheitsdrang und auch deine Sehnsucht nach der Weite sehr intensivieren. Unter ihrer Macht kannst du deine inneren Spannungen aber auf eine sehr positive Weise lösen, weil du dich plötzlich in der Lage siehst, alle deine inneren Regungen äußerst sinnvoll zu gestalten. Du solltest einzig darauf achten, daß du die konservativen Kräfte in deiner Umgebung nicht durch Taktlosigkeit verletzt. Versuche im Gegenteil, sie jetzt von deinen Neuerungen und Quantensprüngen dadurch zu überzeugen, daß du ihnen neue und originelle Wege aufzeigst.

Die soziale Verweigerung

☌ □ ☍ ⚻ ⚼ ∟ ⦶ Konjunktion, Quadrat, Opposition, Quincunx, Anderthalbquadrat, Halbquadrat, Spiegelpunkt

Hier befindest du dich in einer Lern- und Lebensphase, in der du die besten Gelegenheiten verpaßt und oft in weltanschauliche Konflikte gerätst, denn mit deiner revolutionären Einstellung verfällst du leicht in Widerspruch zu bestehenden Doktrinen. Denn für dich ist die Lust am Widerspruch zu groß, als daß du ohne gesellschaftliche Verweigerung zur letzten Erfüllung kommen kannst. Die ganze Umgebung wird zur Beengung: Du siehst dich durch ihre Forderungen ständig unter Leistungsdruck gestellt. Deine innere Unruhe reagiert aber unverhältnismäßig auf jeden Einfluß: Es kommt zum ständigen Ausbruch aus den von der Gesellschaft angebotenen Verwirklichungsmöglichkeiten. Damit sind Lebensphasen angezeigt, die von großer Aufregung im Leben zeugen. Dort, wo du dich in Abhängigkeiten befindest oder in schier unlösbar erscheinenden Verstrickungen, mag der Trennschnitt des erkennenden Verstandes ja noch segensreich sein. Wo aber die Beweggründe zum Muster eines paranoiden Verhaltens werden, ständig vor sich selber davonzulaufen, haben wir das Syndrom vorliegen, ständig über die eigene Hülle hinauszuwachsen und einen Blick in den Himmel tun zu wollen, von dem man annimmt, daß er jenseits der eigenen Probleme liegt.

☉ SONNE/NEPTUN ♆

Das mediale Einfühlungsvermögen

☌ △ ✱ ⚺ ⦶ Konjunktion, Trigon, Sextil, Halbsextil, Spiegelpunkt

Seelisch kannst du dich jetzt geschickt und mit großem Einfühlungsvermögen fast allen anfallenden Problemen widmen. Du bist jetzt nicht nur verständnisvoll und geneigt, sondern du verstehst nun wirklich, worum es geht. Nutze diese Möglichkeit, um hinter die Argumentationsweisen anderer zu schauen und dadurch dein eigenes Erfahrungspotential aufzustocken! Denn die Erkenntnisse, die du jetzt machst, werden bald von einiger Bedeutung für dich sein. Doch gehe mit Maß an deine Unternehmungen heran und versuche vor allem nicht, zu übertreiben. Dann kannst du dich unter dieser Konstellation erfolgreich auf die Zukunft einstellen. Das bedeutet, daß du jetzt über ein besonders gutes Gespür in Bezug auf alle künftigen Entwicklungen verfügst. Nutze deine Chance, denn diese Zeit steht für dein ahnendes Verstehen kosmischer Zusammenhänge und für das Vertrauen in die Gesetze des Absoluten. Sonne Aspekt Neptun ist nicht nur das Gestirn der Hoffnung, des unbewußten Lebenswillens und des Einblicks in die höheren Zusammenhänge; es steht auch für das unbewußte Sehnen, sich dem Strömen fließender Wonne und dem plötzlich über dich einbrechenden Segen der Göttin Fortuna hinzugeben.

Die schwärmerische Täuschung

□ ☍ ⚻ ⚼ ∟ Quadrat, Opposition, Quincunx, Anderthalbquadrat, Halbquadrat

Während dieser Zeit schwebst du in der Gefahr, Traum und Wirklichkeit so miteinander zu verweben, daß sich deine nebulöse Welterfahrung schließlich für dich zur scheinbaren Wirklichkeit emporschwingt und das bewußte Ich im Morast des Unbewußten ertrinkt. Denn dieses Gestirn symbolisiert den kindlichen Urgrund der Seele oder die Sehnsucht nach dem Numinosen. Während dieser Monate und Tage sind Spekulationen großgeschrieben. Dabei wäre allerdings immer auch einige Vorsicht angebracht. Denn nur, wenn du deine Grenzen kennst und dich mit der jetzt vorhandenen Weitsicht auf künftige Entwicklungen einstellst, kann sich eine solche Investition auch wirklich lohnen. Denn im beruflichen Umfeld führt dir dieser Einfluß vor Augen, daß du in eine gefährliche Phase schwärmerischer Täuschung gerätst, wenn du nicht beginnst, die Dinge zu sehen wie sie sind, deine Erwartungen herabzuschrauben und auf das Machbare zu beschränken. Hinter dem Drang, dich im Göttlichen zu verlieren, wirkt nämlich auch der innere Zwang, dich jeder materiellen Wirklichkeit zu entziehen. Du strebst nach kosmischen Höhen, erarbeitest dir zumindest eine bildliche Vorstellung davon, verlierst dich jedoch in deiner Sehnsucht, die fade Realität in schönen Bildern zu verbrämen.

☉ Sonne/Pluto ♇

Die persönliche Macht

☌ △ ⚹ ⚺ ⦶ Konjunktion, Trigon, Sextil, Halbsextil, Spiegelpunkt

Dieser Aspekt zeigt einen Höhepunkt in deiner persönlichen Entwicklung an, denn die Themen sind Herrschertum und persönliche Machtentfaltung. Es ist zu erwarten, daß du jetzt mit aller dir zur Verfügung stehenden Energie dein Ziel anpeilst. Daher ist es notwendig, daß du zuerst ganz genau absteckst, was deine wirklichen Anliegen sind, denn unter diesem Gestirn hast du die Möglichkeit, großartige Dinge auf die Beine zu stellen, aber es besteht auch die Gefahr, daß du neben deinen eigenen Zielen alles andere abwürgst. Denn der Drang, dich aus dir heraus neu zu bilden und dich über Skrupellosigkeit und Machtansprüche gegen andere zu finden, ist sehr ausgeprägt. Dagegen fällt es dir sehr leicht, dich mit philosophischen oder metaphysischen Fragen zu beschäftigen und diese weiter zu vermitteln, denn Sonne Aspekt Pluto steht auch für soziale Regeneration und Wiedergeburt. Doch in allen Bereichen ist es notwendig, dir immer zuerst die Frage zu stellen, aus welcher Motivation heraus du eine Veränderung anstrebst! Denn erst, wenn du dir selbst dazu eine Antwort geben kannst, steht deinem Handeln nichts mehr im Wege. Unter diesem Gestirn gibt es kaum ein Ziel, das nicht erreicht werden kann, wenn es einer inneren Überprüfung standhält.

Die überdrehte Selbstdarstellung

□ ☍ ⚻ ⚼ ∟ Quadrat, Opposition, Quincunx, Anderthalbquadrat, Halbquadrat

Hier steckst du in einer Lebensphase, in der du dich mit dem Erkennen von kosmischen Zusammenhängen und Gesetzmäßigkeiten beschäftigst (Vollständigkeit, Karma, Höheres Selbst), weil du dich mit Gewalt transformieren möchtest. Die Verlockung ist groß, Bedeutung zu demonstrieren, indem du dein schwaches Ego deinen inneren Machtbildern opferst und dadurch ein Hierophant oder eine Hohepriesterin höchster göttlicher Machtziele wirst, wirkt doch dahinter ein seelischer Zwangsmechanismus, den du im Wahn des Erkennens der Wahrheit vor dir selbst versteckst: In kurzer Zeit möchtest du alle Blockaden beseitigen, alle alten Muster auflösen, alle überholten Bindungen hinter dir lassen, Kontakt mit dem Schatten herstellen, dein volles Potential realisieren, den göttlichen Plan erkennen und deine eigene Bestimmung finden. Doch trotz alledem bleibt dir meist verborgen, daß sich in diesem Akt weder Bewußtseinserfahrung noch Gotteserkenntnis, sondern nur die das Ego aufblähenden Auswirkungen einer grandiosen Selbstdarstellung realisieren.

☉ Sonne/Aszendent (AC)

Der erste Schritt

☌ △ ✱ ⚺ ⦶ Konjunktion, Trigon, Sextil, Halbsextil, Spiegelpunkt

Dieser Übergang symbolisiert eine neue Entwicklung, denn er dient als Katalysator zur Entfaltung eines noch schlummernden zukünftigen Potentials. Darin drückt sich der absolute Wille zur Gestaltung und Veränderung der Dinge aus, denn jetzt unternimmst du den ersten, wichtigen Schritt oder erlebst den entscheidenden Durchbruch. Dies bedeutet Aktivität, Selbstverwirklichung, das Streben nach Macht und zeigt außerordentliche Lebenskraft. Es zeigt auch, daß du die Initiative ergreifst, dich deiner Einflußkraft bewußt bedienst und diese zielgerichtet einsetzt. Vor diesem Hintergrund entsteht eine enorme Ausstrahlungskraft; du kannst dich akzeptieren, so wie du bist, und dadurch ziehst du das Vertrauen deiner Umwelt auf dich.

Die öffentliche Herausforderung

□ ☍ ⚻ ⚼ ∠ Quadrat, Opposition, Quincunx, Anderthalbquadrat, Halbquadrat

Deine schöpferische Aggression entspricht nicht den gegebenen Erfordernissen, deine inneren Bedürfnisse mit den Anforderungen der Umwelt in Übereinstimmung zu bringen, sondern sie schießt in der Unverhältnismäßigkeit ihres Einsatzes weit über das Ziel hinaus. Deshalb ist es auch folgerichtig, wenn du dich gegenüber strukturierten und geregelten Formen des Lebens meist in Opposition begibst. Aus diesem Grund wird dir oft Triebhaftigkeit und kindliche Aggression vorgeworfen. Auf der Schattenseite liegt hier nämlich das unbedarfte Bemühen, durch die Macht des Willens unbewußte Situationen zu provozieren, deren Absicht darin gipfelt, deine naiv-narzißtischen Bedürfnisse zu evozieren.

☉ Sonne/Medium Coeli (MC)

Der gesellschaftliche Aufstieg

☌ △ ✱ ⚺ ⦶ Konjunktion, Trigon, Sextil, Halbsextil, Spiegelpunkt

Energetisch entspricht diese Zeit der Bildung einer atmosphärischen Harmonie zwischen Seele und Geist, denn die Sonne bringt durch ihre optimistische Lebenseinstellung Licht ins Herzzentrum, und durch das Streben nach gesellschaftlicher Fülle Freude und Überfluß. Dies steht für Wachstumsphasen, in denen manche deiner Wünsche in Erfüllung gehen. Du verfügst über das innere Gespür, über alle Verschiedenheiten hinaus Brücken zu bauen und das gemeinsam Verbindliche herauszustreichen. Dadurch fällt es dir leicht, gesellschaftlich zu glänzen und in der Außenwelt die gebührende Beachtung zu finden.

Das offene Versäumnis

□ ☍ ⚻ ⚼ ∠ Quadrat, Opposition, Quincunx, Anderthalbquadrat, Halbquadrat

Jetzt bist du in die Falle getappt, in die Sackgasse geraten, denn hier gilt es, dich mit Fragen der Vergänglichkeit und des Umbruchs des gesellschaftlichen Lebens zu befassen. Die Notwendigkeit ungeliebter Antworten zu erkennen, ist die Aufgabe, die sich hinter dieser Konstellation verbirgt, und nicht das materielle Streben nach Erfolg. In dieser Zeit geht es darum, den Sinn der Vergänglichkeit zu erkennen, die allen Dingen innewohnt, denn allein dadurch, daß ein auflösendes, destruktives Prinzip das Erreichte zerstörend überwindet, kann eine Neu- und Weiterentwicklung stattfinden, die zu höherem Wachstum führt.

MOND

Im Mond werden die Geheimnisse seelischer Innenräume angesprochen, denn die lunaren Kräfte haben das Innere als Zielrichtung und lösen die Tiefenbilder der Seele aus. Durch die rasche Bewegung verschiebt sich die Wahrnehmungsschwelle je nach Qualität der Aspekte, denn die progressiven Verbindungen drücken die Beziehung der Realität zur inneren Gefühlswelt aus. Dadurch fühlt man sich mit den unbewußten Tiefen verbunden, denn der Mond ist in erster Linie Repräsentant aller Gefühlsbezogenheiten. In dieser Eigenschaft ist er für Bereiche wie intuitive Erkenntnis und gemüthafte Vorsehung (Empfängnis, Verschmelzung und kontemplative Versenkung) genauso zuständig wie für das getäuschte Seelische und das hysterisch Triebhafte (Manie, Selbsttäuschung und Flucht in die Phantasie).

☽ MOND/SONNE ☉

Die seelische Harmonie

☌ ⦶ △ ✱ ⊻ Konjunktion/Spiegelpunkt (bei der Frau), Trigon, Sextil, Halbsextil

Die Positionen von Mond und Sonne verkörpern je nach Qualität der Beziehung das innere Verhältnis zwischen bewußten Lebenswünschen (Sonne) und instinktgebundener Gefühlsnatur (Mond). Die Sonne in einem bestimmten Zeichen verbindet die durch diesen Tierkreis symbolisierten Zielrichtungen mit den durch die Zeichenstellung verkörperten Triebbedürfnissen des Mondes. Eine harmonische Verbindung zwischen diesen beiden unterstützt die Abstimmung zwischen Gefühl und Wille: die Tiefenverbindung zwischen Seele und Geist. Ängste, Blockaden und emotioneller Leidensdruck werden aus den Tiefen des Unbewußten ins Licht der Sonne übertragen und von der geballten Kraft des Willens dort verbrannt. Damit erlebst du hier eine Phase des äußersten Wohlbefindens, denn die Chance, die sich hier bietet, reicht vom Gefühl spontaner Freude bis hin zu dem tiefsten Glück reifer Liebe und einer vertrauensvollen Gewißheit der Geborgenheit und des Aufgehobenseins im anderen.

☽

Das psychisch Verschleiernde

☌ ⦶ □ ☍ ⚻ ⚼ ∠ Konjunktion/Spiegelpunkt (beim Mann), Quadrat, Opposition, Quincunx, Anderthalbquadrat, Halbquadrat

Der die dunklen Tiefen seelischer Dimensionen symbolisierende Mond, der das lebensspendende, aber auch dämonisch verschleiernde Urseiend-Weibliche versinnbildlicht, wird durch die strahlende, das Ego in den Mittelpunkt bringende Sonne ganz schön desavouiert. Die ich-zentrierte Sonne, der es vor allem darauf ankommt, ihre Bedürfnisse zu erfüllen und ihre Eigenschaften darzustellen, harmoniert mit dem die inneren Gefühle und archetypischen Urbilder zelebrierenden Mond nicht so gut. Da die Sonne nach Differenzierung strebt und den Drang des Menschen widerspiegelt, sich in seinem schöpferischen So-Sein zu verwirklichen, befindet sie sich hier in einem Widerspruch mit dem Mond, der die Identität der Umwelt reflektiert und in seine Weltanschauung einzugliedern sucht. Die Sonne entsagt jeder persönlichen Verschmelzung, um die eigene Unabhängigkeit zu gewährleisten; der Mond hingegen verzichtet auf jegliche Eigenständigkeit, um sich mit dem Kosmos zu verbinden und in die Erfahrungen der Schöpfung einzutauchen, ohne persönliche Identität oder Willensbereitschaft zu zeigen. Da der Anstoß, der von den tiefen Instinkten herrührt, die ichhaften Sonnenkräfte zu gefühlsmäßigen Überreakionen verführt, ist es unklug, in dieser Zeit Entscheidungen zu treffen, die sich an den inneren Gefühlen und Leidenschaften entzünden.

☽ MOND/MOND ☽

Die seelische Berührung mit sich selbst

☌ △ ✱ ⊻ ⦶ Konjunktion, Trigon, Sextil, Halbsextil, Spiegelpunkt

Diese Zeit bedeutet in deinem Leben eine Phase, wo du dich in einer stillen, abwartenden Phase befindest, in der du nach innen lauschst, um Klarheit über deine weiteren beruflichen Wünsche und Pläne zu erhalten, denn im Wirkungsbereich deiner seelischen Kräfte, die durch diese Konstellation (der Mond in harmonischer Berührung mit sich selber) versinnbildlicht werden, liegt ein eminentes Streben nach

Verschmelzung mit dem Göttlichen. Das deutet auf eine Zeit des inneren Findens hin und steht für tiefe Gefühle und Erfahrungen. Das kann aber auch ein Hinweis dafür sein, daß du dich auf dem Weg der Ganzwerdung deiner dunklen Seite näherst oder einem dunklen Hinweis aus den Tiefen des Unbewußten folgst. Denn der Mond symbolisiert die aus den Tiefen der Gefühle heraufleuchtende Fruchtbarkeit, die nicht nur alle Antworten auf die Rätsel des Lebens, sondern genauso auch ein an regressiven Mustern orientiertes, sehnsuchtsvoll-romantisches Streben zum Ungeborenen darstellt. So verbinden sich Realität und Wahn im Mondscheingewässer zur Vorstellung, an einem kosmischen Geschehen teilzuhaben, das als göttlich erscheint. Oft ist es aber nur der Stoff, aus dem die eigenen Sehnsüchte gemacht sind.

Der Rückzug in die Embryonalität

□ ☍ ⚻ ⚼ ∟ Quadrat, Opposition, Quincunx, Anderthalbquadrat, Halbquadrat

Der Mond symbolisiert das unerschöpfliche Kraftpotential der Psyche, das die inneren Urbilder und Archetypen zur Verfügung stellt, aus denen du deine Sehnsucht schöpfst. In deinem Verlangen nach Verschmelzung kannst du dich während dieser Phase so sehr in deinen inneren Wunschbildern verlieren, daß du am Schluß nur noch als Teil deiner eigenen Wahnvorstellung existierst. In dieser Sehnsucht verbrennen alle Grenzen, und Realität und Träume verschmelzen zu jener unbewußten Absicht, loszulassen und mit der (Gebär-)Mutter wieder eins zu werden. Er ist aber auch der Archetyp der inneren Sehnsucht nach den göttlichen Wassern des Lebens, die den Schöpfungsquellen des Ewigweiblichen entspringen. Diese Sehnsucht, die aus deinem unbewußten Verlangen herrührt, mit dem Embryonalen zu verschmelzen, wird im Einflußbereich dieser Konstellation genährt.

☽ MOND/MERKUR ☿

Der phantasievolle Verstand

☌ △ ✶ ⚺ ⌽ Konjunktion, Trigon, Sextil, Halbsextil, Spiegelpunkt

Unter dieser Gestirnsverbindung kannst du sehr viel Gefühl in dein Erleben investieren. Das macht dich zu einem äußerst aufmerksamen Zuhörer, denn du bist sehr einfühlsam und kannst mit anderen mitempfinden und dabei gleichzeitig auch deine eigenen Gefühle eindrucksvoll zum Ausdruck bringen. Reine Sachprobleme sind weniger deine Stärke, weil dein inneres Erleben sich mit thematischen, sachbezogenen Darstellungen nicht zufrieden geben kann. Phantasievolle Erzählungen oder spukhafte Gespenstergeschichten eignen sich viel besser, um die Inhalte deines Empfindens in den emotionellen Brennpunkt zu bringen. Hier verbinden sich die unbewußten Sehnsüchte mit dem bewußten Streben der Seele, und deshalb fliessen in allen Bildern der Vorstellung die Ströme deines inneren Gefühlsreichtums.

Die geistige Orientierungslosigkeit

□ ☍ ⚻ ⚼ ∟ Quadrat, Opposition, Quincunx, Anderthalbquadrat, Halbquadrat

Diese Konstellation führt dir vor Augen, daß dein Wunsch nach stabilen Gefühlen und kontrollierter Sicherheit dich dazu verleitet, emotionelle Vorstellungsbilder anstelle intensiver Gefühle zu leben. Die Neigung deines Verstandes, die Welt der Gefühle zu kontrollieren, wird hier nämlich wiederum vernebelt, und das zielt an den wirklichen Gefühlen vorbei und trifft das (verkopfte) Bild übertriebener Gefühlsvorstellung. Deshalb solltest du emotionelle Zielsetzungen während dieser Zeit vermeiden und dich dafür lieber für die Gefühle deiner Umwelt interessieren, weil andere Menschen oft das Bedürfnis haben, mit dir über ihre Vorstellungen zu reden. In solchen Situationen kannst du ihnen aufmerksam zuhören und auf ihre Inhalte eingehen, denn jetzt befindest du dich in der guten Lage, die Inhalte der anderen reflektieren zu können, womit du im Gesprächsverlauf gleichzeitig auch die Bilder deiner eigenen Gefühlswelt zum Ausdruck bringen kannst.

☽ Mond/Venus ♀

Der Lockruf der Lust

☌ △ ✱ ⊻ ⦶ Konjunktion, Trigon, Sextil, Halbsextil, Spiegelpunkt

Mond und Venus symbolisieren die Lockrufe der Lust, die nicht nur für Liebe und inneren Frieden, sondern auch für die unerlösten Sehnsüchte in deiner Seele stehen, und die dich wieder mit deinen eigenen Urquellen verbinden. Es ist die Sehnsucht nach der Tiefe, die dich durchströmt, die Verschmelzung mit den inneren Wurzeln und die Suche nach der inneren Wahrheit, denn die Jagd nach äußeren Werten füllt dich nicht mehr länger aus. Gerade jetzt kannst du erfahren, daß du mit dem, was du bekommst, niemals glücklich sein wirst. Wenn du aber erkennst, daß deine tiefe Sehnsucht sich im Materiellen nicht erfüllen kann, eröffnet sich dir die Einsicht, daß gerade in dieser Sehnsucht die Kraft liegen kann, die dich über dich selbst hinaus zur tiefsten inneren Erfüllung führt.

Die Ersatzbefriedigung

□ ☍ ⊼ ⚼ ∟ Quadrat, Opposition, Quincunx, Anderthalbquadrat, Halbquadrat

Hier meldet sich dein Zärtlichkeitsverlangen verstärkt, denn unter dem Einfluß von Mond Aspekt Venus ziehst du Verbindungen an wie Motten das Licht. Andererseits verkörpert aber dieser Aspekt nicht nur Beziehungsthemen oder die Verschönerung der Dinge, sondern er steht auch für die vielen Verdrängungen in den Sümpfen des Unbewußten, die du bisweilen in deinen Träumen durchquerst. Denn auf dem Weg zur allumfassenden Liebe begegnest du oft den perversen Trieben hinter den Masken schnöder Ersatzbefriedigungen. So kann das innere Gefühl bedrohender Befremdung aufkommen, wenn du dich plötzlich konkret in innere Abgründe verstrickst, weil du nicht gewillt bist, den Gefühlen Glauben zu schenken, die den Deckmantel des Alltags zerreißen könnten.

☽ Mond/Mars ♂

Die flammende Gebärde

△ ✱ ⊻ Trigon, Sextil, Halbsextil

Unter dieser Konstellation bist du offen, begeisterungsfähig und emotional stark ansprechbar. Dein Mut ist groß, und in gewisser Hinsicht erinnerst du an den Grimmschen Knaben, der die Bedeutung der Furcht noch nicht kennt ("Von einem, der auszog, das Fürchten zu lernen"). Du fühlst dich sexuell stimuliert und findest Mittel und Wege, um emotionell aus dir "herauszukommen" und das zu verwirklichen, was du tun mußt, um mit deiner ungehobelten Instinktnatur in eine kreative Konfrontation zu treten. Denn du suchst nicht nur das, was dich aggressiv unterwirft, sondern hältst genauso nach dem Ausschau, was sich dir devot anschmiegt. (Überhaupt erinnert Mond Aspekt Mars an ein Kind, das sich durch sein Spiel auf Dinge vorbereitet, die ihm das Leben später im Ernst abverlangt.) Da dich alle seelischen Prozesse physisch und psychisch aktivieren, finden in einer Zeit harmonischer Mond/Mars-Auslösungen alle inneren Empfindungen ihren glücklichen Abschluß.

Die unterdrückte Aggression

☌ □ ☍ ⊼ ⚼ ∟ ⦶ Konjunktion, Quadrat, Opposition, Quincunx, Anderthalbquadrat, Halbquadrat, Spiegelpunkt

Du leidest nicht aus Lust am Leiden, sondern brauchst Leiden als notwendige Erfahrung, um an seiner Überwindung zu wachsen, denn dieses Gestirn, das oft verdrängte innere Aggressivität zum Ausdruck bringt, ist der Schlüssel, um deinem Schicksal zu begegnen. Es repräsentiert den Zusammenbruch alter Sichtweisen auf dem Weg zur inneren Erkenntnis, um zu einer größeren Wahrheit zu gelangen. Eine bildliche Variante dieser Energie ist oft die innere Empfindung, von einem gräßlichen Ungeheuer symbolisch verschlungen zu werden, denn dahinter versteckt sich das entgegensteuernde Verhalten des Geistes, die unbewußten aggressiven Tendenzen ins Innere der Psyche abzuleiten. Die Beschäftigung mit dem inneren Dämonen ist damit zum Ventil für unterdrückte Aggressionen geworden, und ihm zu unterliegen verspricht gleichzeitig (befreienden) Lustgewinn.

☽ MOND/JUPITER ♃

Die befruchtende Fülle

☌ △ ✱ ⚺ ⏀ Konjunktion, Trigon, Sextil, Halbsextil, Spiegelpunkt

Während dieser Phase hast du große Pläne und wendest dich mit viel Auftrieb deiner Umwelt zu, denn dieses Gestirn repräsentiert den Willen, dich im materiellen Sinn zu behaupten, ohne aber dein existentielles Sinnfindungsbedürfnis der bloßen Materie opfern zu wollen. Mond Aspekt Jupiter symbolisiert (über das egoistische Ich hinaus) die Potenz deines in den Gewässern des kollektiven Unbewußten aufleuchtenden Selbst. Deshalb bedeutet dieser Aspekt für dich eine befruchtende Zeit, wo du ansprechbar und aufgeschlossen bist, größere Aufgaben zu übernehmen, um diese mit Kraft und Zuversicht zu bewältigen, und zeigt ebenso deine innere Bereitschaft, zu reifen und dich zu entfalten, bis du den äußeren Anforderungen seelisch gewachsen bist.

Das süße Nichtstun

□ ☍ ⚻ ⚼ ∟ Quadrat, Opposition, Quincunx, Anderthalbquadrat, Halbquadrat

Die dynamische Verbindung führt zu einer grenzenlosen Phantasie, die in allen Bereichen ihren Niederschlag findet. Damit stehen romantische Zeiten bevor, in denen du in warmen Gefühlen baden kannst, denn energetisch zeigt sich hier das unbewußte Sehnen bzw. das infantile Streben nach dem Eintauchen in die eigenen Tiefensümpfe. Das kann auf der spirituellen Ebene bedeuten, daß du zu tiefen, dich selbst überwältigenden Erfahrungen nur gelangst, wenn du deine innere Unvollständigkeit selber ausfüllst. In emotionellen Dingen bist du sprunghaft, selbstsüchtig und hoffst auf den "höheren Willen", um dir deine egoistischen, ichbezogenen Wünsche zu erfüllen. Das äußere Schicksal wird nur unter der Bedingung der eigenen Wunscherfüllung akzeptiert: Du bejahst in ihm all das, was es dir an eigenen Wünschen erfüllt! Doch die Botschaft heißt: "Du kannst nicht alles haben." Um das zu bekommen, nach dem du dich sehnst, mußt du etwas anderes loslassen können.

☽ MOND/SATURN ♄

Die innere Versenkung

△ ✱ ⚺ Trigon, Sextil, Halbsextil

Unter diesem Gestirn erlangst du die Einsicht, daß du dich von der Welt zurückziehen und deine Lage neu überdenken mußt. Es ist an der Zeit, das Ich reifen zu lassen und an die Erfordernisse des Selbst anzupassen. Du ziehst dich jetzt aus dem Getriebe des Alltags zurück, um Klarheit über die inneren Gesetze des Lebens und die Abhängigkeit der Materie vom Geist zu gewinnen. Eine zunehmende Unabhängigkeit gegenüber weltlicher Autorität befähigt dich, deine eigene Vergänglichkeit zu akzeptieren. Denn hier begegnet dir der von einem Streben nach besseren Lösungen beseelte Über-Vater (Saturn). Als wertende, kontrollierende Instanz verlangt er meistens Verzichte auf Gefühle und verhindert die triebhafte Instinktnatur. In unbewältigten Konfliktsituationen kann dies zu Verdrängungen der für das Über-Ich unannehmbaren Wünsche oder Affekte führen. In anderen führt dich die Akzeptanz deiner eigenen Vergänglichkeit zurück zu deiner innersten Wesensnatur.

Die traurige Verstimmung

☌ □ ☍ ⚻ ⚼ ∟ ⏀ Konjunktion, Quadrat, Opposition, Quincunx, Anderthalbquadrat, Halbquadrat, Spiegelpunkt

Die Krise ist der wahre Hauptdarsteller dieser depressiven Phase, wo nicht das kleinste Zeichen darauf hindeutet, daß irgendwann ein neuer Tag beginnt. Das zeigt, daß du dich in deinem eigenen Kerker befindest, der im Inneren wie im Äußeren liegen kann, und aus dem dir nur Entsagung, Verzicht und Schicksalsergebenheit heraushelfen können. Auf der archetypischen Ebene ist Saturn der große Unbekannte, dem du willenlos ausgeliefert bist, denn er verkörpert den dunklen Urgrund, der alle Gefühle durch Strukturierung zerstört. Da der Mond gerade Gemüt und Gefühle symbolisiert, zeigt sich jede Saturnberührung als endothymer Grund in deiner Seele. Sorgen, Unruhe und Beklemmung sind dabei noch die freundlicheren Aspekte dieser Verbindung, welche eine völlige Umgestaltung deiner inneren Gefühlswerte verlangt. Erst aus dem Mißlingen kann die Einsicht erwachsen, das persönliche Ego zurückzunehmen und sich in der Heiterkeit des "Geschehenlassen-Könnens" neu zu finden. Das Stichwort wäre: Loslassen der Angst!

☽ MOND/URANUS ♅

Die emotionale Unabhängigkeit

△ ✱ ⊻ Trigon, Sextil, Halbsextil

Der Ruf der Instinkte erreicht dich hier nicht in verräterischer Verbindung mit deinen negativen Tendenzen, sondern in uneingeschränkter und unschuldiger Unterstützung deiner wirklichen Sinnlichkeit. Das entspricht der glühenden Seite der Seele, die das "Feuer der Schlange" (Tantra) aufsteigen läßt, denn die lockende, in Versuch führende Libido, die sich am Geilen und Verführerischen nicht weniger freut als am Häßlichen und Unfruchtbaren, repräsentiert das Entdecken der Ekstase in jeder Erscheinung und die Erfüllung jedes nur denkbaren Verlangens nach Liebe. Du suchst den gesellschaftlichen Kontakt, der dir ein anregendes Lebensgefühl vermittelt. Dabei strebst du nicht so sehr nach ewiger Liebe, sondern nach impulsiver Leidenschaft, durch die du dein aktives Gefühlsleben loswerden kannst.

Die Bindungsunfähigkeit

☌ □ ☍ ⊼ ⚼ ∟ ⦶ Konjunktion, Quadrat, Opposition, Quincunx, Anderthalbquadrat, Halbquadrat, Spiegelpunkt

Unter diesem Stigma bist du ständig auf der Hut vor der schrecklichen Gefahr, die von deiner Mutterimago ausgeht. Deshalb ziehst du es vor, dich aus dem Staub zu machen, bevor die Gefühle dich einfangen, und verhinderst dadurch emotionales Erleben. Dabei kann es zu einem seelischen Zusammenbruch kommen, weil dich die Erregungszustände der Psyche überfordern. Innere Unruhe kann zur Ursache von hysterischen Ausbrüchen werden, wenn du dich bedrängt, eingeengt oder seelisch bedroht fühlst, ohne dich aus der Umklammerung befreien zu können. In der emotionalen Klarheit herrscht eine Leere, in die hineinzusehen dich schwindeln läßt und durch die alle Gefühle erstarrt ins Bodenlose sacken, weil die Akzeptanz der Angst und die Aufarbeitung der inneren Kälte einer völligen Neuorientierung an anderen Sichtweisen bedarf.

☽ MOND/NEPTUN ♆

Die Sublimation

☌ △ ✱ ⊻ ⦶ Konjunktion, Trigon, Sextil, Halbsextil, Spiegelpunkt

Diese Gestirnsverbindung mit dem direkten Draht zu Gott, die auf allen spirituellen Kanälen sendet, entwickelt ihr geistiges Potential aus dem Fundus der Liebe, der (Gott sei Dank!) so hoch über den Menschen thront, daß ihm keine Gefahr droht, jemals Realität zu werden. Diese Sehnsucht ist eng mit der Libido verknüpft, denn das spirituelle Engagement ist eine Sublimierung des Mutter-Eros. Das Bedürfnis nach religiöser oder mystischer Erfahrung erwächst aus dem Streben nach dem Mutterbauch, nach der Rückkehr ins verlorene Paradies oder nach dem Eingebettetsein in einen göttlichen Rahmen. Deshalb prädestiniert dich diese Zeit für die Möglichkeit, selbst zu einem kosmischen Sender oder Empfänger zu werden. Dazu gehören drei Dinge. Erstens: Meditiere, um dich wieder mit deinem tiefsten, in seiner Weisheit unergründlichen Wissen zu verbinden; aber kommentiere nicht, was zart aus den Quellen des Empfindens aufsteigt. Zweitens: Schreibe deine Träume auf, und versuche, dich ihrer inneren Sinnbilder zu erinnern. Drittens: Aktiviere die Botschaften, die älter und weiser als deine anerzogenen Gefühlsmuster sind, denn im Traum und im schimmernden Licht ekstasetrunkener Vollmondnächte erlangt die Seele ihre Offenbarungen, und ihre schlummernden Kräfte erwachen.

Die vorzeitige Erleuchtung

□ ☍ ⊼ ⚼ ∟ Quadrat, Opposition, Quincunx, Anderthalbquadrat, Halbquadrat

Unter dem Einfluß dieses Gestirns kannst du dir der Erkenntnis inne werden, daß deine Stärke nicht sosehr in einem quälenden Verkehr mit der Außenwelt liegt, sondern in einer Auseinandersetzung mit der inneren Welt. Die eingefleischten Mechanismen versagen, die tief verwurzelten Prägungen sind nutzlos; das Ich ist hilflos und will sich aufgeben. Damit entsteht das Bild einer Seele, die in den fäkalen Gewässern des Embryonalen blind dahintreibt, denn es ist das von deiner eigenen Vorstellung inszenierte Schauspiel, in dem du dich bewegst. Und da die Welt, in der du lebst, exakt dem Spiegelbild deiner Vorstellung entspricht, kannst du frei werden, indem du dein Gebundensein an die Phantasie deiner inneren Bilder freudig akzeptierst. Sonst kommt es aus Unvermögen, vor lauter spiritueller Ekstase den Überblick zu behalten, zu einem rauschhaften, aber letztlich unbefriedigenden Ereignis, der "vorzeitigen Erleuchtung".

Einerseits werden die betreffenden Bewußtseinsinhalte vom Ich als innere, “göttliche” Erfahrung bewertet, andererseits werden sie auch nach außen verlegt und als “Zeichen des Himmels” gedeutet, denn vom Schicksal untergetaucht und davongespült zu werden, ist immer ein Sinnbild der Wiedergeburt.

☽ MOND/PLUTO ♇

Die Seelentiefe

△ ✱ ⊻ Trigon, Sextil, Halbsextil

Hier entdeckst du die Hexenkraft der Erde und holst dir deine Sinnlichkeit zurück, denn diese Verbindung symbolisiert Zeugungskraft oder Lebensenergie, die der Großen Muttergöttin entströmt. Folgerichtig wird dieses Gestirn durch die Kraft der Liebe bestimmt, die du dir selbst zu geben vermagst. Denn für dich sind die instinktiven Lustgefühle der Inbegriff tiefster innerer Verbundenheit mit dem Leben. Es ist dir ein Anliegen, dich in verschlingendem Gleichklang mit dem Ganzen zu spüren. Nicht nur deshalb, weil für dich tiefe Gefühle Nahrung und Glück in einem sind, sondern weil diese Art der Selbstverwirklichung auch deinem tiefsten seelischen Bedürfnis entspringt, dich von der Umarmung mit dem Kosmos becircen zu lassen. In gewisser Nähe zur Urmutter, die der geheimnisvolle Schatten der Zauberin aus der Tiefe ist, steht diese Kombination aber auch für die dunkle Faszination der Seele, denn du verschlingst rücksichtslos, was sich dir nicht hingibt. Unter der Maske tiefer Gefühle verbirgt sich eine starke Leidenschaft, die ihre Umwelt nicht nur beherrschen will, sondern dafür auch noch Dankbarkeit erzwingt. Doch weil es dir in dieser Zeit gelingt, deine ganze Umgebung gefühlsmäßig an dich zu binden, kannst du die bewußte Verantwortung dafür übernehmen, wen du dir zu willen machst.

Der Seelenabgrund

☌ □ ☍ ⊼ ⚼ ∟ ⦶ Konjunktion, Quadrat, Opposition, Quincunx, Anderthalbquadrat, Halbquadrat, Spiegelpunkt

Während dieser Umschlingung wird die kinderfressende Medea aus den tiefsten Schichten der menschlichen Seele nach außen projiziert, denn Mond Aspekt Pluto ist das Urbild der archaischen Mutter Erde und löst die Horrorbilder aus, von der Mutter entweder lustvoll verschlungen oder in irgendeiner anderer Form zur Verantwortung gezogen zu werden. Während der Mond die lebendige, nährende Seite der Muttergöttin, ihre natürliche Weisheit und ungebrochene, lebensspendende Lust ausdrückt, fördert Pluto die Tendenz, gewachsene Gefühle zu zerstören und dadurch neues Wachstum zu erzwingen. Deshalb begegnest du während dieser Periode dem sich spiralförmig auf ein neues Ende hin bewegenden alten Anfang, einer neuen Seite im Buch des Lebens, deren Inhalt aber immer noch die Vision des Vergangenen transportiert. Je stärker du im Alten befangen bist, desto schmerzhafter muß die von Pluto dirigierte Umwandlung sein, die unter dieser Verbindung versinnbildlicht wird. Es kann dazu kommen, daß du die Wandlung gar nicht oder nur unvollkommen vollziehst. In diesem Fall – wenn die überkommenen Gefühlsmuster noch nicht gelöscht sind – wirken sich die trümmerhaften Überreste des Alten auf das Neue aus, das in dir entstehen will, und hemmt sein Gedeihen. Dann wird das Magnetfeld deines Bewußtseins nur solche Erfahrungen anziehen, die das Scheitern schon in sich tragen – zumindest so lange, wie du die alten Muster im Feuer neuer Erfahrungen noch nicht restlos verbrannt hast.

☽ MOND/ASZENDENT (AC)

Die Öffnung des Herzens

☌ △ ✱ ⊻ ⦶ Konjunktion, Trigon, Sextil, Halbsextil, Spiegelpunkt

Dies ist ein sehr wohltuender planetarer Einfluß auf deinen Aszendenten, der dir die Gefühle deiner Mitmenschen nur so zufliegen läßt. Denn der Mond trinkt sein Licht aus dem unerschöpflichen Born des Unbewußten, das deinen Träumen, bevor sie sich zu erlebbarer Wirklichkeit gestalten, die inneren Urbilder und Archetypen zur Verfügung stellt. In deinem inneren Erleben zeigen diese Träume, daß du zutiefst berührt wirst, dich in Dankbarkeit und Freude dem Leben in seiner ganzen Fülle zu öffnen und dabei vielleicht die Erfahrung sublimer Glückseligkeit und wahrer Erfüllung zu machen. Wesentliches, das erreicht werden will, ist in Sichtweite; deine Pläne verlaufen günstig, und über deinem Wesen waltet die lächelnde Fortuna, die ihr Glück in diesen Zeiten voller Großzügigkeit gewährt.

Die launische Unentschlossenheit

□ ☍ ⚻ ⚼ ∟ Quadrat, Opposition, Quincunx, Anderthalbquadrat, Halbquadrat

Im schiefen Licht deines Aszendenten bewirkt der Mond ein Streben nach Auflösung der Ich-Identität. Er beeinflußt die "gespiegelte Erscheinungsform der Welt", denn jenseits der strukturellen Polaritäten versinnbildlicht er die wolkigen Gebilde, aus denen sich deine Träume nähren und die sich zu gefühlsmäßigen Welt- und Wertvorstellungen auflösen. Deshalb warnt er dich vor der Verführbarkeit durch Illusionen und Schimären, denn die mystische Vision, die dieses Gestirn hervorbringt, geht mit einem fatalen Realitätsverlust einher, hinter dem sich eine bedenkliche Lähmung deiner Gefühle verbirgt. Die Angst vor dem Leben verdrängst du dadurch, indem du andere in die Katakomben deiner Sehnsüchte einbindest. Gleichzeitig fürchtest du dich vor nichts so sehr wie vor der gefühlsmäßigen Hingabe an einen anderen Menschen, weil du dadurch die Kontrolle verlieren könntest.

☽ Mond/Medium Coeli Ⓜ

Die innere Berufung

☌ △ ⚹ ⚺ ⦶ Konjunktion, Trigon, Sextil, Halbsextil, Spiegelpunkt

Der Mond will die Gegensätze zwischen innen und außen (MC) nicht aufheben, sondern er möchte sie aneinander angleichen und sich mit ihnen verschmelzen. Er kann eine Verbindung mit dem Außen aber nur insoweit herstellen, als er eine Verbindung mit dem Innen schon hat, denn er kann die Außenwelt nur so empfinden, wie er sich selbst wahrnimmt. Im harmonischen Brennpunkt dieser Wirkungskräfte verfügst du über eine geistige Beweglichkeit, die es dir erlaubt, dich auch mit den äußeren Dingen des Lebens gefühlsmäßig auseinanderzusetzen. Es wird dir nach und nach gelingen, strukturiert in den ungreifbaren Gefühlsbereich einzudringen, wo sich Leistung und Gefühle nicht mehr so stark gegenseitig behindern, denn du hast die Möglichkeit, seelische Tiefen zu ergründen und sie in symbolische Bilder zu hüllen, die über begriffliche Erklärungen hinausreichen. Manchmal entstehen in deinem Kopf aber auch verträumte und romantische Ziele, die phantastische Träume und Luftschlösser illuminieren.

Die seelische Verhärtung

□ ☍ ⚻ ⚼ ∟ Quadrat, Opposition, Quincunx, Anderthalbquadrat, Halbquadrat

Hier erfährst du, wie schwer es ist, eigene Gefühle zu entwickeln, wenn man diese in die Anforderungen seiner Umwelt einzupassen hat. Die Neigung der (gesellschaftlichen) Vernunft, kontrollierend in die Welt der Gefühle einzugreifen, mag zwar in manchen Fällen berechtigt sein, in der Regel aber zeigen die versikkernden Emotionen eine Zeit der Verhärtung der inneren Gefühlswelt an. Diese Konstellation möchte dir klarmachen, daß dort, wo du deine Gefühlsnatur durch öffentliche Meinungen zu ersetzen suchst, die sprudelnden Wasser deiner inneren Freude zum Stillstand kommen. Doch kann es dir in der Abwendung von den gesellschaftlichen Einbindungen auch gelingen, die innere Stimme des Empfindens wieder zum Klingen zu bringen. Indem du dich von den Bedingungen lossagst, die dir deine Umwelt diktiert, und dich statt dessen deinen inneren Werten zuwendest, wird der Mond deine Gefühle wieder ins sichtbare Licht der Sonne bringen.

MERKUR

Merkur ist der Vermittler intellektueller Einsichten und Rösselsprünge und kann somit im Vorfeld wichtiger Besprechungen und Entscheidungen herangezogen werden. Je nach Art seiner Radix-Verbindungen beschreiben und rekonstruieren die progressiven Verschiebungen Zusammenhänge, verbinden Widersprüche und gleichen Gegensätze mit den glättenden Argumenten differenzierter Ansichten aus. Damit sind sie hervorragend geeignet, das vermittelnde und übertragende kommunikative Urprinzip zum Fließen zu bringen. Sie drücken die Anpassung an die verschiedenen Strömungen und Anforderungen im Leben aus, insbesondere in welchem Umfang der Mensch geeignet ist, neue Sichtweisen zu übernehmen und zu verarbeiten. Schließlich ist Merkur der Stratege und der "Dompteur" der grauen Gehirnzellen, weshalb berufliche Entwicklungen und Umstellungen oft mit seinen progressiven Bewegungen zusammenfallen.

☿ MERKUR/SONNE ☉

Das Licht der Klarheit

☌ △ ✱ ⚺ ⦶ — Konjunktion, Trigon, Sextil, Halbsextil, Spiegelpunkt

Dieses Gestirn entspricht der Verstandesenergie, die hier als erkennende Kraft zu Klarheit, Eindeutigkeit und Entschiedenheit führt. Dadurch kannst du auch zu einem besseren Einvernehmen mit deiner Umwelt kommen. Oder du benutzt die Wechselbeziehung zu anderen Menschen dazu, die allgemeine Lage zu erörtern und notwendige Kurskorrekturen einzuschlagen. Nützlich ist diese Konstellation auch für jede Art von Weiterbildung, weil du jetzt danach strebst, deine Kenntnisse zu erweitern. Im inneren Erleben zeigt diese Phase, daß du die wohltuende Kraft des Verstandes erfährst, die darin liegt, in den Kern der Dinge einzudringen und Klärungen und Lösungen herbeizuführen, die wohlbemessen und ausgewogen sind, und so zur friedlichen Beilegung strittiger Fragen und zur Harmonisierung nach Phasen der Zersplitterung führen können.

Das ruhelose Denken

□ ☍ ⚻ ⚼ ∟ — Quadrat, Opposition, Quincunx, Anderthalbquadrat, Halbquadrat

Hier erlebst du eine Periode der Ruhelosigkeit, Streitlust, Verhärtung, kurz: des ruhelosen und subjektiven Denkens, aus deren Konfliktsituation heraus sich aber oft auch ein neuer, kreativer Standpunkt entwickeln kann. Deshalb ist es in dieser Phase für dich notwendig, daß du klare Vorstellungen mitbringst, wo immer du etwas erreichen willst. Es ist daher wichtig, daß du in Sachfragen nicht zu viele persönliche Emotionen einbringst! Trenne die Sache oder das, was du vertrittst von dem, wie du persönlich darüber denkst, es könnte sonst zu Unklarheiten oder Verwechslungen kommen. Und versuche trotz deiner gesteigerten geistigen Aktivität deine Ideen nicht nur oberflächlich, sondern auch in ihrer tieferen Bedeutung zu vermitteln, denn energetisch charakterisiert dieses Gestirn das Denken, das die Welt polarisiert, um sie zu begreifen. Insgesamt begünstigt diese Zeit all das, was sich mit geistiger Beweglichkeit und Kommunikation assoziiert, dich also durch Reden und Zuhören weiterbringt.

☿

☿ MERKUR/MOND ☽

Die erfühlte Erkenntnis

☌ ⦶ △ ✱ ⚺ — Konjunktion/Spiegelpunkt (Mond in Wasser), Trigon, Sextil, Halbsextil

Merkur Aspekt Mond entspricht dem Bemühen, Probleme zu lösen und zu Erkenntnissen zu gelangen, ohne sich in der Fülle zu verzetteln. Dabei gelingt es deinem Einfallsreichtum, auch tiefliegenden Problemen zu begegnen, etwa wenn ein visionäres Bild vor deinem inneren Auge plötzlich Gestalt annimmt oder wenn sich aus den numinosen Schleiern der Seele plötzlich so etwas wie eine Perspektive herauskristallisiert. Das symbolisiert das Aufbrechen innerer Gesichter und das Hervorkeimen einer spirituellen Erkenntnis, in den scheinbaren Zufälligkeiten vergangener Ereignisse den inneren Zusammenhang zu ermitteln. Hier findet sich zwar nicht unbedingt die Wahrheit, aber es ist zumindest der Versuch, die innere Entwicklung in einem äußeren Rahmen festzuhalten, der den "Denkschubladen" einverleibt erscheint.

Der schmerzhafte Gedanke

☌ ⦶ □ ☍ ⚻ ⚼ ∟ Konjunktion/Spiegelpunkt (Mond in Feuer/Erde/Luft), Quadrat, Opposition, Quincunx, Anderthalbquadrat, Halbquadrat

Im schicksalsmäßigen Erleben zeigt dieses Gestirn, daß du dich in einem desillusionierenden Entwicklungsprozeß schmerzhafter Erkenntnis befindest und dich von bislang vertrauten Sichtweisen oder Gewohnheiten lösen mußt. Oft nisten sich hartnäckige Fehlerquellen bei dir ein, deren Ursache einerseits in der Fehleinschätzung der Gefühle, andererseits in einer Vernebelung der Ratio liegt. Während dieser Phase vermag dein Intellekt die Gefühle oft nicht in den Griff zu kriegen, wodurch sich irrationale Handlungen in den Alltag einzuschleichen beginnen. Deshalb warnt dich diese Verbindung vor einem Mißbrauch des Verstandes, der mit Gewalt in die Gefühle eindringen will, um sich die Vernunft denkerisch zu erzwingen, und doch meist nur Ernüchterung und Enttäuschung daraus zieht. Die Erkenntnis zeigt, daß nur unverdrängter Kummer am Ende seine eigene Heilung mit sich bringt.

☿ MERKUR/MERKUR ☿

Die zielgerichtete Verstandesenergie

☌ △ ⚹ ⚺ ⦶ Konjunktion, Trigon, Sextil, Halbsextil, Spiegelpunkt

Im denkerischen Ansatz zeigt dieses Gestirn eine Phase der Leichtigkeit, in der du dich für neue Lösungen begeisterst und dich neuen Perspektiven öffnest, denn im Innersten weißt du ganz genau, was du willst. Vielseitig beschreibst und rekonstruierst du kausal-logische Zusammenhänge, verbindest Widersprüche und gleichst die Gegensätze in den Meinungen der Umwelt mit den doppelzüngigen Wortspaltereien mehrschichtiger Sichtweisen aus. Per Gedankenblitz holst du dir auch entfernteste Informationen ins Gedächtnis zurück und dringst in immer tiefere Informationsebenen ein. Damit befindest du dich unwiderruflich auf jener Entdeckungsreise, auf der du die Welt als das Bild in einem Spiegel, den Spiegel aber als das Symbol des kreativen Willens erkennst: "Ich bin entweder Teil der Lösung oder Teil des Problems!"

Der Springinsfeld

□ ☍ ⚻ ⚼ ∟ Quadrat, Opposition, Quincunx, Anderthalbquadrat, Halbquadrat

Diese Verbindung verkörpert mehr die unreife Form des Denkens, den neunmalklugen Besserwisser, der sprunghafte Veränderungen durchlebt und auf seiner Suche nach Erkenntnissen und Lösungen zu Voreiligkeit, Kurzsichtigkeit und Destruktivität neigt und das Überwinden von Hindernissen durch das Durchschneiden von Fesseln anstrebt. Es ist meist eine unreife Form des Erfindergeistes, dessen sprudelnde Ideen und Gedanken sich zwar allesamt sehr interessant anhören, aber in aller Regel nicht zu verwirklichen sind. Oft bist du unfähig, deine Gedanken zu disziplinieren, denn es ist die ungeordnete Kraft des Denkprinzips, das dich ständig zwischen den Zielen hin- und herschleudert, ohne daß du zu einem klaren Standpunkt kommst. So springst du von einer Sache zur anderen und weißt nicht, was du einen Augenblick vorher noch wolltest. Das zeigt, daß deine Pläne und Konzepte oft nur Schall und Rauch sind und daß du gut beraten bist, sie kritisch zu überprüfen und auf realisierbare Maße zurechtzustutzen.

☿ MERKUR/VENUS ♀

Das diplomatische Gespür

☌ △ ⚹ ⚺ ⦶ Konjunktion, Trigon, Sextil, Halbsextil, Spiegelpunkt

Diese Konstellation schenkt dir die Gabe, von der Umwelt leicht verstanden zu werden, denn Merkur und Venus verleihen dir im Umgang mit der Gesellschaft soviel Geschick und diplomatisches Gespür, daß du das Kunststück fertigbringst, dich gerade dadurch durchzusetzen, indem du von dir selbst ablenkst und andere in den Mittelpunkt stellst. Dieses Ablenken von sich selber ist überhaupt der innere Beweggrund zur Auseinandersetzung mit Kultur. Denn wo können wir uns so richtig mit unseren Gefühlen auseinandersetzen, ohne sie als unsere eigenen erkennen zu müssen? In der Kunst der anderen!

Die raffinierte Selbstverstrickung

□ ☍ ⚻ ⚼ ∟ Quadrat, Opposition, Quincunx, Anderthalbquadrat, Halbquadrat

Während dieser Zeit suchst du deine unterdrückten Spannungen in der Auseinandersetzung mit deinen Mitmenschen loszuwerden, wobei du aber insgeheim auf die schicksalhafte Einsicht hoffst, durch die

Objektivität der anderen Klarheit in deine eigenen Verstrickungen zu bringen. Es ist dies der legitime Versuch, die Umwelt als "Projektionsfläche" für die eigenen verdeckten Ängste zu benutzen, ohne sich die eigene Problematik aber einzugestehen. Das entspricht dem Spiegel raffiniertester Selbstverstrickung: Das Problem, das du vor dir selbst versteckt, überzeugt dich erst in der Reflexion der Projektion, das heißt im Bild der anderen, von sich selbst!

☿ MERKUR/MARS ♂

Das intellektuelle Schnellfeuer

☌ △ ⚹ ⚺ ⦶ Konjunktion, Trigon, Sextil, Halbsextil, Spiegelpunkt

In Situationen, in denen schnelle Entscheidungen verlangt werden, fühlst du dich wohl, denn du kannst deine Kräfte jetzt gut auf das augenblickliche Handeln ausrichten, das auf unmittelbare Erfolgserlebnisse zielt. Da diesem Aspekt die philosophische Vernetzung fehlt, wird es für dich nicht schwer sein, auch Risikobereitschaft zu zeigen, weil für denkerisches Hinterfragen die energetische und nervliche Voraussetzung fehlt. Ein ständiges Umschichten zementierter Standpunkte zeichnet dich aus, um in jeder Phase die besten Argumente zu finden, um die fluktuierenden Zielausrichtungen im akquirierten Gedankeneintopf "am Köcheln zu halten".

Die lose Zunge

□ ☍ ⚻ ⚼ ∟ Quadrat, Opposition, Quincunx, Anderthalbquadrat, Halbquadrat

Im Alltag zeigt dieses Gestirn, daß du Opfer von Verleumdungen oder Intrigen wirst und wo du gut beraten bist, dich "warm anzuziehen", denn es gilt, durch ein Tal reizbarer Provokation zu gehen, in dem dir ablehnende Winde entgegenblasen. Dies mag Angst vor Versagen ausdrücken, Prüfungsangst oder Angst vor öffentlichen Auftritten, kann aber auch bedeuten, daß du mit deinem losen Mundwerk andere provozierst. Es geht jetzt darum, die Durchsetzungkräfte an die Bedingungen der Umwelt anzupassen, ohne sie weder zu unterdrücken noch sie zu verhindern. Thematisch geht es also auch darum, die widerstreitenden animalischen Triebe in die gesellschaftlichen Modelle zu integrieren, um sich im Leben behaupten zu können, ohne die Umwelt zu brüskieren.

☿ MERKUR/JUPITER ♃

Der Impuls des Wissens

☌ △ ⚹ ⚺ ⦶ Konjunktion, Trigon, Sextil, Halbsextil, Spiegelpunkt

Hier richtest du dich nicht mehr nach äußeren Dingen, sondern an deinem inneren Empfinden aus. Du strebst nach einem inneren Erkennen, das sich selbst höchstes Gesetz ist, und hörst den Ruf der Seele, aufzubrechen und alle Räume der Erkenntnis zu entdecken, die es gibt. Dann begibst du dich auf den Weg, dich lebendig zu fühlen und das Denken in Übereinstimmung mit dem Ewigen zu bringen. Neue Einsichten helfen dir, alte Widersprüche zu überwinden und führen oft zu unkonventionellen Lösungen von bislang scheinbar unlösbaren Problemen. Sie können aber auch für die Klärung strittiger und widersprüchlicher Positionen stehen, denn im alltäglichen Erleben dominiert die Vermittlungs- und Kommunikationsfähigkeit und der damit verbundene Abbau von Konfliktsituationen.

Der hohle Phrasendrescher

□ ☍ ⚻ ⚼ ∟ Quadrat, Opposition, Quincunx, Anderthalbquadrat, Halbquadrat

Übersteigerter Optimismus prägt dein Verhalten; eitles Denken und große Gesten zeichnen dich aus. Selbstüberschätzung gesellt sich dazu und eine Neigung zu maßlosen Erwartungen. Um diesem Anspruch zu genügen, benötigst du einen weitumfassenden, diplomatischen Charakter, der dich nicht nur in den Verstrickungen Sinn finden, sondern ebenso auch über die Enge des triebhaften Seins hinauswachsen läßt. Ohne daß du den Mechanismus dieses psychischen Vorgangs erkennst, projizierst du deine eigenen Schwächen sonst immer nur auf andere. Schlimmer noch: Jedem, dessen Probleme du errätst, empfiehlst du, er solle sie nicht auf andere übertragen! So kannst du der Wahrheit über dich selbst zwar entrinnen, aber nur um den Preis, daß du dich an andere Menschen bindest, die dir widerspiegeln, was du bei dir selbst versteckst. Denn es sind immer nur deine eigenen verdrängten Inhalte, die du bei anderen entdeckst!

☿ MERKUR/SATURN ♄

Die strukturelle Ordnung

△ ✱ ⊻ Trigon, Sextil, Halbsextil

Während dieser Phase bringst du deinen Willen zum Ausdruck, Ordnung zu schaffen und für Gerechtigkeit zu sorgen. Das ist sicher nicht nur falsch, allerdings wäre es absurd, aus dem Walten strukturierender Ordnung einen alleinigen Anspruch auf den Besitz der Wahrheit (Klarheit) abzuleiten. Denn wirkliches Erkennen setzt auch das spirituelle Empfinden voraus, daß sich Chaos und Ordnung, Zerstörung und Aufbau, schöpferische Intelligenz und emotionale Motivation nicht widersprechen, sondern wechselseitig bedingen. Hier kannst du Einblick in die natürlichen Wachstumsprozesse gewinnen, die im Zusammenwirken ursprünglicher Gegensätze liegen. Deshalb steht diese Gestirnsverbindung auch für die schöpferischen Kräfte, dank derer es dir gelingt, aus der Fülle der Möglichkeiten in jedem Augenblick diejenige auszuwählen, die sich gerade jetzt am besten verwirklichen läßt. Das bedeutet geschickte Strategien, bei denen du mit ausgeprägtem Feinsinn für das Notwendige neue Schritte unternimmst, die zu erfolgreichen Entwicklungen führen.

Die mentale Blockade

☌ □ ☍ ⚻ ⚼ ∟ ⦶ Konjunktion, Quadrat, Opposition, Quincunx, Anderthalbquadrat, Halbquadrat, Spiegelpunkt

Das Symbol für die schnelle und bewegliche Energieform der Gedanken, Merkur, wird durch die Begegnung mit Saturn gezwungen, seine ungeliebten Schattenseiten wahrzunehmen, in denen er den Auswirkungen seiner eigenen Leichtigkeit mitsamt ihren Versäumnissen begegnet. Das kann zu Hemmungen und Blockaden im Kommunikationsbereich führen, denn diese Konstellation repräsentiert die in der Form verankerte materielle Energie. Somit steht sie für eine Zeit der Fixierung, der Stabilität und zeigt weniger den Aufbruch zu neuen Ufern, sondern mehr eine Phase der Konsolidierung an, in der Erreichtes verteidigt und abgesichert werden kann. Bei aller inneren Hingabe kommst du selten über ein Weltbild im Schrebergartenformat hinaus, da du verzweifelt um die Aufrechterhaltung deiner äußeren Kontrolle ringst, denn diese Phase verweist oft auch auf den inneren Zwang, die Umwelt durch vermeintlich wahre Einsichten dirigieren und in die eigene (unerkannte) Subjektivität einpferchen zu wollen.

☿ MERKUR/URANUS ♅

Der geistige Durchblick

☌ △ ✱ ⊻ ⦶ Konjunktion, Trigon, Sextil, Halbsextil, Spiegelpunkt

Unter dieser Verbindung gelingt es dir, selbst eine schwierige Lage sofort richtig zu erfassen, so daß du genügend Spielraum hinzugewinnst, um deiner großen Handlungsbereitschaft freien Lauf zu lassen. Auch über einen Mangel an Weitblick oder notwendigen glücklichen Einfällen brauchst du dich nicht zu beklagen. Unter diesem Einfluß kannst du zu plötzlichen Erkenntnissen kommen, die weitreichende Neuerungen zur Folge haben, denn dieses Gestirn ist das Symbol eines neuen Lebensabschnittes, der aus den tiefen Nebeln des Unbewußten allmählich in den Bereich der zu verwirklichenden Absicht steigt.

Der verdrehte Standpunkt

□ ☍ ⚻ ⚼ ∟ Quadrat, Opposition, Quincunx, Anderthalbquadrat, Halbquadrat

Hier kann es sich sowohl um plötzliche Ereignisse als auch um unerwartete Vorfälle handeln, denn es ist die göttliche Offenbarung, die wie ein Blitz einschlägt, etwa bei Buddhas oder Mohammeds Erleuchtung, bei Paulus' Bekehrung durch die Christusvision oder bei der Ausgießung des Heiligen Geistes zu Pfingsten. Deshalb nimmst du in dieser Phase gern verwegene rationale Standpunkte ein, denn die Verbindung zeigt oft auch an, daß du die Merkur-Thematik, nämlich Denken und Erkennen, auf originelle Weise auf die Spitze treibst. Die uranische Veranlagung, die Werte auf den Kopf zu stellen, zwingt dich bisweilen zu einem Verhalten, dich in Pose zu werfen und solch "ver-rückte" Sichtweisen anzunehmen, die weniger die Absicht verraten, hinter die Kulissen schauen zu wollen, als vielmehr das Bedürfnis, aufzufallen. Doch damit bist du in der Sackgasse: Denn indem du dich für die Schwingungen deines ganz persönlichen Empfindens unempfindlich machst, verdrängst du die emotionale Wirklichkeit!

☿ Merkur/Neptun ♆

Das geistige Auge

△ ✱ ⊻

Trigon, Sextil, Halbsextil

Während dieser Zeit verfügst du über einen sehr starken inneren Spürsinn, so daß du die Inhalte verschiedenster Ebenen miteinander verbinden kannst. Denn es ist alles fein vernetzt im (merkurischen) Bewußtseins-Computer, in dem selbst das Chaos Funktion und Bedeutung hat. Du spiegelst dich in allem, und alles spiegelt sich in dir: Glaube und Bilder erschaffen jenen Teil der Wirklichkeit, den du als deine Realität erlebst, damit die Welt, in der du lebst, immer genau deiner Vorstellung entspricht. Merkur Aspekt Neptun inspiriert dich dazu, sowohl auf archaische als auch auf futuristische Rezepte zurückzugreifen, um dich in die universalen Netzwerke einzuklinken, denn deine gesteigerte Vorstellungskraft fördert eine Vielfalt von Ideen und Möglichkeiten zutage, auf die du sonst lange warten müßtest. Nur wenn du dich jetzt in finanzielle Spekulationen einbinden möchtest, solltest du diese Möglichkeit besser nochmals überschlafen.

Die Suche nach der Sehnsucht am Ende der Zeit

☌ □ ☍ ⚻ ⚼ ∟ ⦶

Konjunktion, Quadrat, Opposition, Quincunx, Anderthalbquadrat, Halbquadrat, Spiegelpunkt

Diese Gestirnsphase suggeriert dir eine Zeit, in der du die illuminären Sehnsüchte in der Tiefe deines Unbewußten berührst. Deshalb führt dir diese Konstellation die Gefahren vor Augen, die in einer leichtfertigen oder falsch verstandenen Auseinandersetzung mit den Kräften des Unbewußten lauern. Sie warnt dich vor trügerischen Hoffnungen und falschen Versprechungen, denn Vorstellung und Phantasie passen oft nicht mit materiellen Zielsetzungen zusammen. Es ist eine Schwäche aus Mangel an Realitätssinn, die eine auflösende, von innen nach außen fließende Täuschung bewirkt. Unter diesem Aspekt ist es daher sehr wichtig, im Umgang mit materiellen Dingen auf dem Boden der Tatsachen zu bleiben. Denn alle Inhalte einer Merkur/Neptun-Verbindung sind von sehr feinstofflicher Natur, so daß es leicht zu Unklarheiten und Irritationen kommen kann (z.B. wenn du deinen Standpunkt nicht klar und deutlich formulierst!). Auf der anderen Seite steht diese Konstellation für die Hingabe an den Augenblick (spiritueller Bereich) und die Einsicht in die Vollkommenheit des Kosmos. Sie beschreibt eine Vision der unbeschreiblichen Kraft, in der du dich selbst als Teil eines Größeren erkennst, und dieses Größere ist der Impuls des Lebens selbst.

☿ Merkur/Pluto ♇

Das Gesetz der Erkenntnis

△ ✱ ⊻

Trigon, Sextil, Halbsextil

Hier wirst du von der Fähigkeit umzingelt, eine Sache gleichzeitig von außen und von innen zu betrachten, denn das Motto dieses Aspektes heißt: "Vom Denken zum Erkennen". Daher bist du zu tiefschürfenden Gedanken fähig, denn du erkennst nicht aus Lust an der Erkenntnis, sondern die Erkenntnis ist die einzige Erfahrung, um die Bedingungen und die Grundlagen deiner Selbsttäuschungen kennenzulernen und damit die Voraussetzung zu deren Beseitigung. Der Wunsch nach Wissen ist der Wunsch nach Erlösung, der Wunsch nach Befreiung von sich selbst. Die inneren Ängste sind dazu da, in eine sichtbare Form gegossen zu werden, und das kannst du nur dadurch, indem du sie auslebst. Das Ausleben bedingt das Scheitern, und das Scheitern ist die Form, die eigenen Gespenster zu erkennen. Sich im Scheitern zu erkennen, ist Erkenntnis, und diese ist gleichzeitig das Ziel, das allein im Scheitern liegt. Damit lernst du deine Welt als ein Wechselspiel von Bildern und Ideen zu verstehen, die durch den Zeitgeist für eine Weile meinungsbildend werden können, und vermagst dein Auge dabei auf die Gesetzmäßigkeiten zu richten, die für diese Maskeraden und Verhaltensweisen verantwortlich sind.

Die Zwangsvorstellung

☌ □ ☍ ⚻ ⚼ ∟ ◎ Konjunktion, Quadrat, Opposition, Quincunx, Anderthalbquadrat, Halbquadrat, Spiegelpunkt

Erschreckend an deinem Verhalten ist eine starke Tendenz zu gewalttätig-dogmatischen Mitteln, die jegliche Spontaneität aussperren und deinem Leben über die Folgerichtigkeit deiner Ziele hinaus keinen Sinn zu geben vermögen, denn hier erlebst du eine Zeit, in der du deine rationalen und methodischen Fähigkeiten entwickeln und deine persönlichen Ambitionen verwirklichen kannst. Auf der Ebene der inneren Erfahrung geht es jetzt darum, den Sinn der Vergänglichkeit, die allen Dingen innewohnt, zu erahnen und gleichzeitig zu erkennen, daß nur ein ausgewogenes Verhältnis zwischen der Verschiedenheit der Empfindungen weiterführt. Du mußt deine inneren Muster in Frage stellen, wenn du die äußere Welt verstehen willst, und nicht in deinen eigenen Fixierungen steckenbleiben, aus der dir deine eigenen Fallstricke und Gefahren entgegenschimmern, damit du in deinem äußeren Erleben nicht immer nur deine inneren Ängste inszenierst. Je göttlicher du zu sein glaubst, wenn du dich deiner seelischen Veranlagung entziehst, desto götzenhafter wird die Maske, die du der Außenwelt präsentierst. Sie entspricht dem kontrollierenden und dominierenden Aspekt dieses Gestirns, das dir die Gewalttätigkeit des Denkens vor Augen führt, dieses Ego der inneren Vorstellung, deren verborgenen Sinn du hier ergründen kannst.

☿ MERKUR/ASZENDENT (AC)

Die Regulierung der Dinge

☌ △ ⚹ ⚺ ◎ Konjunktion, Trigon, Sextil, Halbsextil, Spiegelpunkt

Diese Verbindung repräsentiert geistige Aktivität, Erkenntnis, Klarheit, geistige Veränderung, kurz: die Fähigkeit des Geistes, Ideen und Überzeugungen zu formen und gut ausdrücken zu können. Damit verkörpert sie auch das Kausalitätsprinzip des Denkens, das die gesamte Gesetzmäßigkeit des kausalmechanistischen Weltbildes enthält. Sie symbolisiert den Geist, der durch die Muster des Denkens zur ewigen Wahrheit vorstoßen will. Dies zeigt wiederum ein Ich, das mehr ist, als du bist, und trotzdem nichts ist, was außerhalb von dir ist. Es zeigt das kreative Erkennen oder das denkerische Bewußtsein, das sich in sich selbst als Teil seiner selbst bewußt ist und deshalb auf sich selber zeigt. Du kümmerst dich um alle deine persönlichen Interessen und läßt deinen Verstand die Dinge regulieren, was dem Umstand entspricht, deine Ziele überzeugend formulieren zu können.

Die Verlusttendenz

□ ☍ ⚻ ⚼ ∟ Quadrat, Opposition, Quincunx, Anderthalbquadrat, Halbquadrat

Weil du leider nicht erkennst, daß die wirklichen Hindernisse von innen kommen und die äußeren Umstände nur Auslöser dafür sind, riegelst du dich ab und igelst dich ein, um einen Rückschlag zu verhindern. Du erahnst alles, was die Menschheit dir antun könnte, weil du intuitiv spürst, was dein eigenes Unbegriffenes gegen dich im Schilde führt. Damit kompensieren deine Projektionen deine Verdrängungsabsichten unter Zuhilfenahme äußerer Umstände, denn auf dieser Stufe kann dir am anderen nur das mißfallen, was dich an dir jetzt selber quält. Wenn du andererseits erkennst, daß dir nichts von außerhalb entgegentreten kann, was nicht schon in dir selbst liegt, dann kannst du endlich erfahren, daß jede Begegnung einem einzigen Ziel nur dient: der Konfrontation deiner unerlösten Bilder mit sich selber!

☿ Merkur/Medium Coeli Ⓜ

Die Geschäftsorganisation

☌ △ ✱ ⚺ ⦶ Konjunktion, Trigon, Sextil, Halbsextil, Spiegelpunkt

Diese Konstellation symbolisiert die reine, umfassende Klarheit der Gedanken, das geistige Erkennen oder das Licht der reinen Intelligenz, durch das sich das menschliche Denken über sich selbst erhebt und sich damit gleichermaßen innerhalb und außerhalb seiner eigenen Denkmuster erfährt. Das zeigt, daß du eine hohe Lernbereitschaft besitzt, mit wachem Verstand alles um dich herum wahrnimmst, klug und geschickt reagierst und dich in kommunikativer Hinsicht freimütig, klar und wendig ausdrückst. Bildlich gesprochen überdeckst du alte Vorstellungsmuster mit neuen, besseren Varianten, denn das, was von außen an dich herantritt, entspricht immer genau dem, was du von innen her anstrebst. So kommt es, daß Verdrängtes sichtbar wird, weil es plötzlich in den dreidimensionalen Fokus des Bewußtseins gehoben wird. Erst im Brennpunkt materieller Abläufe kannst du die Hintergründe solcher Vorgänge mit deiner bloßen Verstandeskraft erkennen.

Das Krisenmanagement

□ ☍ ⚻ ⚼ ∟ Quadrat, Opposition, Quincunx, Anderthalbquadrat, Halbquadrat

Zur Zeit befindest du dich in einem Zustand der Selbstbesinnung, in dem du dir darüber Klarheit verschaffst, was du wirklich erreichen willst und was nicht. Das kann zu einer völligen Umwertung aller bisherigen Vorstellungen von äußerem Glanz und Anerkennung führen, denn auf der gesellschaftlichen Ebene entspricht das einer Zeit, in der dich die äußeren Umstände quälen, wo du mutlos und negativ eingestellt oder gekränkt und verletzt bist und überhaupt schmerzvolle Erfahrungen machen mußt. Hier geht es um Wissen, Reife, Selbstfindung und innere Einkehr, wo erst Desillusionierung und Selbstdisziplin zu einem klaren Urteilsvermögen führen, weil viele der Ideen und Pläne, die du dir vorgenommen hast, nicht halten, was sie versprechen, da sie realitätsfremd und übertrieben sind. Doch damit sind sie auch ein Zeichen für jenen inneren Prozeß, der im wichtigsten Moment des Scheiterns einsetzt: eine Rückschau, in der Pleite die Ursachen zu erkennen und damit die Auswirkungen der eigenen Taten als Teil jenes intelligenten Musters zu begreifen, das sich in den Absichten des Handelns ausdrückt. Hier handelt es sich um einen Prozeß der Reife, das eigene Tun zu hinterschauen, um die verfehlten Ziele in einen Zusammenhang mit den inneren Absichten zu bringen. Denn in den erkannten Fehlern liegt Erkenntnis und darin Lebensweisheit oder Wissen.

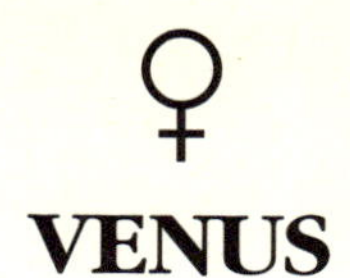

VENUS

Venus wird als das höchste Ideal weiblicher Schönheit gepriesen, denn als Liebesgöttin symbolisiert sie die irdische, sinnliche Liebe genauso wie die himmlische und idealisierende. Auf der positiven Ebene liebt sie die Anmut der Natur und die Ausgewogenheit menschlicher Kultur, sie fördert die Liebe und vereint alle Wesen in sexueller Harmonie. Doch ihre völlige Abhängigkeit von Harmonie und Kultur symbolisiert auf der dunkleren Ebene auch das Unvermögen, Harmonie und Kultur als Synonyme für das Ewig-Göttliche jetzt loslassen zu können, und wir erkennen hinter ihrem harmonischen Sehnen das besessene Streben nach Harmonie, um von der Hölle ihrer inneren Unerfülltheit jetzt abzulenken. Denn als Tochter der Unterwelt tut sie sich mit der gesellschaftlich-harmonischen Einbindung schwer, weil sie sich allzusehr zur Präsentation anbietet und ihr Streben nach emotionaler Dominanz oft dämonisch verschlingend oder peinlich übertrieben in den Mittelpunkt stellt.

♀ VENUS/SONNE ☉

Der züngelnde Eros

☌ △ ⚹ ⚺ ⦶ — Konjunktion, Trigon, Sextil, Halbsextil, Spiegelpunkt

Venus Aspekt Sonne symbolisiert Erlösung durch Liebe, und wenn wir das nüchtern hinterfragen, erkennen wir hinter dieser wunderbaren Metapher nichts anderes als die Sehnsucht nach körperlicher Liebe. Das entspricht dem Verhalten, sich entweder der Liebesgöttin in die Arme zu werfen, die der vereinnahmenden inneren Weiblichkeit entspricht, oder diese Lüsternheit selbst zu inszenieren, was nur innerhalb pointierter Überspitzungen möglich ist. Weil diese (sexuelle) Kompensation aber kaum ohne Besitzdenken und frei von Zwängen ist, mußt du dich vorsehen, daß der Austausch körperlicher Berührungen nicht bloß zu lustdurchtränkten Wunschvorstellungen mutiert, indem du lediglich deine Wünsche projizierst und die Projektionen dann als (Alp-)Träume zurückerhältst, denen du in der Folge dann hinterherrennen mußt.

Die Gefallsucht

□ ☍ ⚻ ⚼ ∟ — Quadrat, Opposition, Quincunx, Anderthalbquadrat, Halbquadrat

Venus und Sonne verkörpern zwar die Flammen der Anziehung zwischen Mann und Frau, doch zeigt sich auch die verschlingende Hingabe, die das verlorene Paradies durch Liebe wieder zu erreichen sucht: die Schwelle zu den tieferen Bezirken der Seele, hinter der die Begegnung mit der dunkleren Instinktnatur erfolgt oder die auf laszive Sinnenbetörung und Triebbefriedigung ausgerichtete Sehnsucht eines ganzheitlichen orgiastischen Erlebens. Es ist also nicht der süße Honigmond eines seligen Erlebens, dem du hier begegnest, denn in der bacchantischen Gestalt der Liebe drückt sich Energie, Leidenschaft und sexuelle Ekstase genauso wie Aggression, Depression und Sucht aus innerer Unerfülltheit aus.

♀

♀ VENUS/MOND ☽

Die Liebessehnsucht

☌ △ ⚹ ⚺ ⦶ — Konjunktion, Trigon, Sextil, Halbsextil, Spiegelpunkt

Das milde, von innen heraus leuchtende Licht ist ein Symbol der Lebenskraft, denn es charakterisiert die spirituelle Versenkung, deren Strahlen tief von innen kommen und auf deren Schwingungen du dich ins Leben hinauftragen lassen kannst. Während die Seele auf den Wellen tanzt, meldet sich dein Zärtlichkeitsverlangen verstärkt, du ziehst Geselligkeit und heitere Themen an und ein warmer Regen umspielt deine Psyche. Auch harmonische Verknüpfungen sind angesagt, denn Venus Aspekt Mond stellt nicht nur das Symbol einer gefühlsmäßigen Verschmelzung mit der Umwelt dar, sondern steht auch für die Geheimnisse des Unbewußten, die du in deinen Träumen erahnst. Hier kannst du deinen inneren Idealen begegnen, die großzügig verzeihend und nachsichtig sind: Nur hier kannst du deinem inneren Empfinden begegnen, das dich immer wieder liebevoll daran erinnert, daß du ein unergründliches Wesen bist – unzulänglich und dennoch vollkommen!

Der Liebeskummer

□ ☍ ⚻ ⚼ ∟ Quadrat, Opposition, Quincunx, Anderthalbquadrat, Halbquadrat

Während dieser Periode erschließt sich dir jener Bereich, in dem du dich nicht mehr als vernünftiges, zielorientiertes Wesen, sondern als instinktgebundene Wunschnatur begreifst. Es ist der "Urbronnen der Mütter", in den schon Faust hinabgestiegen ist, um den Monstern zu begegnen, die in den uterinen Höhlen und tiefen Wassertümpeln auf ihre Opfer lauern und sie einsaugen. Schwierigkeiten in Ehe und Beziehung, Konflikt zwischen Gemüt und Eros sind die Regel, denn Kummer und Unerfülltheit stellt sich überall da ein, wo Liebe und Hingabe normalerweise die höchste Befriedigung finden: in der seelischen Nähe. Es ist, als ob du untergetaucht wärest in den Ozeanen des Unbewußten, und das entspricht auf der symbolischen Ebene dem Fötus im Mutterschoß. (Bei Goethe ist Fausts Reise "hinab zu den Müttern" die gefährlichste von allen, doch er kommt zurück und sein inneres Verhältnis zu seiner Weiblichkeit hat sich gewandelt, denn er hat sich mit seiner Anima neu arrangiert.)

♀ VENUS/MERKUR ☿

Die Problemlösungen

☌ △ ✱ ⚺ ⦶ Konjunktion, Trigon, Sextil, Halbsextil, Spiegelpunkt

Jetzt kannst du aufhören, die Welt zu verändern, denn wenn du aufhörst, die Antwort auf die Frage nach dem Sinn des Lebens nur mehr in der Außenwelt zu suchen, dann kannst du das Gesuchte in dir selber finden und erleben, wie die Welt ganz und gar in dir enthalten ist! Neue Erkenntnisse werden dir helfen, alte Widersprüche zu überwinden, und führen oft zu überraschenden Perspektiven von bislang scheinbar unlösbaren Problemen.

Die erheuchelten Ziele

□ ☍ ⚻ ⚼ ∟ Quadrat, Opposition, Quincunx, Anderthalbquadrat, Halbquadrat

Hinter der dynamischen Konstellation versteckt sich der Konflikt, dich mit deiner eigenen Subjektivität gar nicht auseinandersetzen zu wollen, sondern dir das Leben in den "Bildern" zu erschließen, an die du dich in der Außenwelt anpaßt. Je mehr du dich nämlich an die äußere Wirklichkeit anzupassen versuchst, desto mehr wird dein Leben in den Wirkungsbereich der beiseite geschobenen inneren Wirklichkeit gezogen. Du kannst ihr nicht entfliehen, da sie unweigerlich die Inhalte dessen mitbestimmt, was du äußerlich anziehst. Ist doch diese Auslösung auch eine Umschreibung dafür, bislang ungelebte Seiten zu aktivieren und bewußt Gegensätze ins Spiel zu bringen, um das innere Spektrum um eine neue Seite zu erweitern.

♀ VENUS/VENUS ♀

Die Inbrunst der Hingabe

☌ △ ✱ ⚺ ⦶ Konjunktion, Trigon, Sextil, Halbsextil, Spiegelpunkt

Hier kommt vor allem der Leidenschaftsaspekt zum Ausdruck, denn unter diesem Gestirn bist du zur großen Liebe bereit (die Venus-Berührung symbolisiert die Reise zum Herzen und zeigt, daß du dich mit Gedanken der Empfänglichkeit, Zuneigung und Harmonie befaßt). Es ist die Sehnsucht nach Vereinigung, die dich erfüllt, die flammende Hingabe, die das Geheimnis des Lebens berührt oder das Fließen der Gefühle, das der Quelle allen Lebens entströmt und sich nach Einswerden mit dem anderen sehnt. Dabei beschreibt diese Zeit weit mehr als nur erotische Erfüllung: Sie steht für die Begegnung mit dem Urweiblichen. Damit ist die kollektive Bedeutung jener sexuellen Kraft angesprochen, die durch das Weibliche hindurchleuchtet und alles Männliche anzieht, damit die Libido nie versiegt, in deren Strömen sich die Schöpfungsidee manifestiert. Das Leben macht Spaß, und auf der emotionalen Ebene bedeutet diese Phase, daß in einer flammenden Begegnung der Weg zu deiner inneren Erfüllung liegt.

Die leichtsinnige Begierde

□ ☍ ⚻ ⚼ ∟ Quadrat, Opposition, Quincunx, Anderthalbquadrat, Halbquadrat

Hinter dieser Konstellation verbirgt sich oft die Unfähigkeit zur Liebe und die Abwehr tieferer Gefühle. Die Venus-Qualität entspricht dabei dem urinstinktiv-weiblichen Verlangen nach dem Spiel von Zu- und Abneigung, nach dem Reiz von Ablehnung und Gewährung. Das läßt auf eine Zeit schließen, dich entweder der Göttin in die Arme zu werfen, die der irrationalen inneren Weiblichkeit entspricht (beim Mann), oder diese Irrationalität selber zu verkörpern, was nur innerhalb pointierter Überspitzungen möglich ist (bei der Frau). Hier klingt der Venus-Schatten an, nämlich das Geliebte zu einem Besitz der eigenen Vorstellung zu machen, denn was du liebst, möchtest du besitzen, was du aber besitzen kannst, verliert an Intensität. Was sich halten läßt, wird schal und nur, was sich nicht halten läßt, ist es wert, überhaupt besessen zu werden. Erst dann setzt du deine Verführungskünste ein, um es zu einem Objekt deiner eigenen Begierde zu machen.

♀ VENUS/MARS ♂

Die Leidenschaft der Triebe

△ ✶ ⚺ Trigon, Sextil, Halbsextil

Die offene, spontane Art unter dieser Gestirnsverbindung, die Gunst der Liebesgöttin zu gewinnen, signalisiert eine Zeit triebhafter Hingabe, jedoch ohne Gewalt, weil weder Unterdrückung noch Selbstunterwerfung dazu Voraussetzung sind, sie will einfach aus dem Augenblick spontaner Lust heraus gelebt und empfunden werden. Das macht deutlich, daß es nicht dein Ziel sein kann, die innere Instinktnatur zu verdrängen, sondern ihr vielmehr offen zu begegnen, um sie durch liebevolle Annahme allmählich zu verstehen und zu integrieren. Deine Libido ist im Moment sehr stark, und erst, wenn du die Hingabe deines Partners mit der Seele trinkst, findest du die Lust, die nicht nur durch den Körper geht, sondern die auch das Herz miteinbezieht. Hier geht es um die Sexualität als Ausdruck der Freude, wenn Sexualität und Gefühl miteinander verbunden sind. Venus Aspekt Mars steht für Lust, Leidenschaft und Lebensfreude und ist damit wesentlicher Bestandteil echter Vitalität.

Der unbeherrschte Sexus

☌ □ ☍ ⚻ ⚼ ∟ ⏀ Konjunktion, Quadrat, Opposition, Quincunx, Anderthalbquadrat, Halbquadrat, Spiegelpunkt

Hier wird der Geist von Dionysos beschworen, der in den prallen Abgründen lüsterner Ausschweifung leibliche Befriedigung sucht, und auch das sinnliche Potential, das sich zur kosmischen Erfahrung, zur allumfassenden Liebe oder zu einer orgiastischen Supernova hochstilisiert. Denn Venus Aspekt Mars bedeutet sexuelles Streben, und dieses Streben strahlt einen stark magnetisierten Eros aus, der entpolarisiert werden möchte. Die Gleichzeitigkeit von Triebhaftigkeit und Erotik, Hingabe und Aggressivität führt dabei zu allerlei Problemen. Du strebst einen Zustand des Verliebtseins an, da deine innere Spannung nur dann anhält, wenn sie im Eroberungsstadium verharrt. Das muß zu inneren Verkrampfungen führen, weil du die angestauten Kräfte nicht loswerden kannst, und auch zu möglichen Machtkonflikten, weil sich die Unfähigkeit zu echter Begegnung hinter einem aggressiven Partnerwunsch versteckt. So läßt du jeden Takt im Umgang mit dem anderen Geschlecht vermissen und zwingst dein Triebleben den äußeren Personen auf. Die aktiven, zur Entwicklung drängenden Aggressionskräfte können sich nicht entladen, was oft auch zu Perversionen (Sucht nach Liebe, Lust nach Schmerz) führen kann. All das entspricht einer Kultur, die das zum Ausdruck bringt, was Menschen schon immer ausgezeichnet hat: nämlich die Fähigkeit, aufeinander nicht eingehen zu können. Allerdings darfst du dir den "Abstieg nach innen" auch nicht als reines Kinderspiel vorstellen. Tiefen-Sex ist wie eine aus ihrem Korsett befreite, fleischfressende Pflanze, die sich zwar jedem öffnet, der ihr Nahrung bietet, die aber auch jeden verschlingt, der sich zu tief in sie hineinbeugt.

♀ VENUS/JUPITER ♃

Das unerschöpfliche Füllhorn

☌ △ ✱ ⊻ ◐ Konjunktion, Trigon, Sextil, Halbsextil, Spiegelpunkt

Diese herrliche Energie repräsentiert die optimale Harmonie zwischen Himmel und Erde, Adam und Eva, Seele und Leib. Es ist das Licht des inneren Wachstums, das im Osten, in der Morgenröte des Selbst-Erwachens kraftvoll emporsteigt, und wir wollen es das Gestirn der Gnade nennen, das lodernde Feuer, die Flamme der Lust, die in deiner Seele ekstatisch entbrennt (wenn auch nur in der Ausrichtung nach etwas Höherem). Dein Glaube an die innere Ordnung und das Vertrauen in deine eigene Kraft sind erotisch und schüren das seelische Empfinden, dich mit den Göttern harmonisch zu verbinden, was sich in Glück und Fülle niederschlägt. Das zeigen angenehme Wachstumsphasen, wo alle deine Wünsche in Erfüllung gehen und wo sich – nicht zuletzt – auch dein feuriger Liebeshunger stillt!

Der überhöhte Anspruch

□ ☍ ⊼ ⚼ ∟ Quadrat, Opposition, Quincunx, Anderthalbquadrat, Halbquadrat

Nicht selten bleibst du in einer Art melancholischer Zügellosigkeit hängen, statt etwas für dein wirkliches inneres Wachstum zu tun. Deine einzige Verantwortung liegt darin, so scheint es, dir treu zu bleiben. Was das Ganze letztlich davor bewahrt, zum rührseligen Spektakel mit moralischer Scheinheiligkeit zu verkommen, ist dein grenzenloser Anspruch, die Umwelt im Sinne deines Selbstbildes so zu manipulieren, daß das Angenehme dir zufließt und das Unangenehme von dir fernbleibt. Das wiederum hat zur Folge, daß du dich immer tiefer in deine falsche Wahrnehmung verstrickst. Melancholie liegt dabei wie ein schwerer Schleier über deinem Lieben und Leiden, denn der krampfhafte Zug, etwas Großes und Herausragendes darzustellen, führt oft auch zur physischen Gewichtszunahme.

☿ VENUS/SATURN ♄

Die kompensierte Verhinderung

△ ✱ ⊻ Trigon, Sextil, Halbsextil

Denke nach, warum du dich in deinen vorgefertigten Meinungen immer bestätigen mußt. Was versteckt sich hinter der Maske der "klugen Seele", die – anstatt ihre eigenen Ziele zu leben – andere Menschen immer wieder zu belehren versucht? Vielleicht, weil es dir unter dieser Konstellation kaum gelingt, deine Gefühle zu zeigen, weil dein Abwehrmechanismus, das innere Mißtrauen, immer auch mitangesprochen wird? So bist du gleichsam auf der Hut, wenn du die Gefühle der anderen spürst, umgekehrt ziehst du aber gerade solche Begegnungen an, die dir deine gefühlsmäßige Ablehnung reflektieren. Im Zeitalter des Wassermanns ist Moral aber keine Frage der Anpassung an äußere Gesetze; vielmehr geht es darum, daß du zu dir selbst findest! Diese Gestirnsverbindung lädt dich ein, dich deiner inneren Verhinderungen bewußt zu werden und Schritt für Schritt vor dir selbst die Maske abzulegen.

Die unterdrückten Gefühle

☌ □ ☍ ⊼ ⚼ ∟ ◐ Konjunktion, Quadrat, Opposition, Quincunx, Anderthalbquadrat, Halbquadrat, Spiegelpunkt

Versuche herauszufinden, welcher innere Dämon dich zwingt, im emotionalen Bereich immer draußen vor der Tür zu bleiben? Was dich unter diesem Gestirn daran hindert, deine Gefühle auszuleben, wer dich bestraft, falls du es nicht selbst tust, und was dich dazu zwingt, dein sexuelles Empfinden nur über Schuld und Strafe zu empfinden? Ist es wirklich deine höhere Eingebung, die dich leitet, oder ist es einfach eine frühe Prägung, die dich am Leben hindert und die du nicht loslassen kannst? In der jetzigen Phase kann sich das bemerkbar machen, weil du auf der einen Seite die Gefühle unterdrückst und auf der anderen den Schatten selbst, also die Unterdrückung der Gefühle in den Stand der Gefühle hebst, was dann perverse Assoziationen wie "Liebe als Pflicht" oder "Treue zur Strafe" aufwirft. Als Mann wirst du eine Unempfindlichkeit gegenüber Emotionen und eine bis zur Gefühlskälte reichende Sachlichkeit vorzeigen, um von deinem inneren Dilemma abzulenken. Als Frau kompensierst du diese innere Schwäche mit einer Tüchtigkeit auf Gebieten, wo du deine Verführbarkeit nicht ins Licht stellen mußt.

♀ VENUS/URANUS ♅

Die Strohfeuerbeziehung

△ ✱ ⊻

Trigon, Sextil, Halbsextil

Aus inneren Launen kannst du Beziehungen ganz unvermutet eingehen und dabei fühlst du dich von eigenwilligen und verrückten Menschen angezogen, denn hinter Venus Aspekt Uranus verbirgt sich die Tendenz, sich gar nicht lieben zu lassen und das Bedürfnis nach menschlichen Beziehungen auf unkonventionelle Abenteuer zu verteilen (erst Abweichungen vom sexuellen Normalkurs schüren dein emotionales Feuer!). Die transformative Bedeutung dieser Gestirnsverbindung kann somit dahingehend beschrieben werden, daß sie dich empfänglich macht, deinen Gesichtskreis zu erweitern und zu unverbindlichen Beziehungsmustern vorzudringen. Allerdings werden alle Erfahrungen von einer gewissen inneren Gefühlskrise begleitet, die jegliche Abwesenheit von Rührseligkeit oder Gefühlsseligkeit beinhaltet. Dein Streben ist lediglich der Einsicht unterworfen, daß es töricht wäre, etwas festzuhalten, zu binden oder gefühlsmäßig zu verankern.

Die Psychospiele

☌ □ ☍ ⚻ ⚼ ∟ ⦶

Konjunktion, Quadrat, Opposition, Quincunx, Anderthalbquadrat, Halbquadrat, Spiegelpunkt

Während dieser Periode scheinen deine Gefühle sehr ambivalent; wo immer du auftauchst, sorgst du für Unruhe, denn du stocherst in den Emotionen der anderen herum und provozierst leidenschaftliche Verstrickungen, ohne dich aber gefühlsmäßig einzubringen. In der alltäglichen Beziehungsrealität bedeutet dies nichts anderes, als daß du den anderen nur dazu benutzt, um deine eigene innere Leere mit einer intensiven Empfindung zu füllen, denn was du im Grunde erfahren willst, ist die Erfüllung deiner Sehnsucht nach dir selbst. Du liebst dich selbst, indem du das Bild des anderen in dir selbst goutierst: beispielsweise ihre aufregende Figur oder seine männliche Stimme. Dieses Bild scheint dir all das zurückzugeben, was du bei dir selbst vermißt, damit du in dir diese Empfindung von Vollständigkeit erfahren kannst, zu der du allein nicht fähig bist. Und das alles, ohne daß du dich selber zu öffnen brauchst!

♀ VENUS/NEPTUN ♆

Das Gebet der Jungfrau

☌ △ ✱ ⊻ ⦶

Konjunktion, Trigon, Sextil, Halbsextil, Spiegelpunkt

Wieder einmal begegnest du der Wahrheit der Vergänglichkeit all der traumhaften Erscheinungsbilder, doch jetzt gehen deine Wünsche und Bestrebungen nicht an der Wirklichkeit vorbei, sondern sind in Einklang mit ihr. Die Liebe stilisiert sich zum Gebet: Du spürst die Zuwendung, wenn du über Gott und die Welt und die Unwirklichkeit deiner Gefühle und die Unfaßbarkeit der Wirklichkeit nachdenkst und dir deine gefühlte Welt wie ein Echo, wie ein Traum oder ein Licht am Himmel erscheint. Alles dehnt und weitet sich aus und du spürst in dir jene göttliche Liebe aufsteigen, die nicht mehr vom triebgesteuerten Menschen kommt, sondern die aus den Strahlenquellen jenes göttlichen Lichtes strömt, dessen innerstes Erfahren mit dem Ewigen schon tief verbunden ist. Jetzt fühlst du dich licht und frei.

♀

Das Versinken im Seelenschlamm

□ ☍ ⚻ ⚼ ∟

Quadrat, Opposition, Quincunx, Anderthalbquadrat, Halbquadrat

Diese Verbindung stellt das Versinken im Schlamm trügerischer Hoffnung dar, denn sie entspricht dem unstillbaren, grenzenlosen Wahn, der sich bis zur völligen Aufweichung des Ego auswachsen kann. Das bedeutet eine Zeit großer geistiger Verwirrung, weil Neptun die venusische Hingabe auf die Unendlichkeit abstimmt, was sich in trügerischen, irreführenden Wunschbildern und Liebesräuschen ausdrückt und nicht selten zu schweren Neurosen führen kann. Ist es das Unvermögen, dich selber zu empfinden, das dich zwingt, mit den Gefühlen der anderen zu spielen, oder ist es der innere Venusdämon, diese abgründige Schlange, die die Seelen in die Tiefe lockt, nur um sie dort unten allein zu lassen? Jede Sehnsucht, die zum Rückfall in kindliche Vorstellungen einlädt, entspricht den vergifteten Wassern, die alles verschlingen, was nicht wirklich geerdet ist!

☿ VENUS/PLUTO ♇
Die Liebesmagie

△ ✱ ⊻ Trigon, Sextil, Halbsextil

Venus Aspekt Pluto steht für die Zähmung der animalischen Instinkte und die Stärke, die dir in deinem Innersten erwächst, wenn du diese Energien beherrschst. Der Schlüssel zum Verständnis ist die Absicht, bis an die Schwelle vorzustoßen und die Grenze zu erkennen, die die lasterhaften Zwänge höllischer Begierden von den erotischen Bedürfnissen sexueller Leidenschaften trennt. Damit ist nicht zuletzt auch das Eingeständnis gemeint, daß die "teuflischen Triebe" in dir selber liegen, und dieses Gestirn macht deutlich, daß es nicht das Ziel sein kann, deine Instinktnatur zu verdrängen, sondern ihr offen zu begegnen. Deshalb ist es jetzt dein oberstes Gebot, die als niedere Instinkte gebrandmarkten Kräfte so zu integrieren, daß sich erotische Triebkraft und animalische Übergriffe nicht bekämpfen, sondern sich zu einer leidenschaftlichen und starken Lebenskraft verbünden.

Die Hölle der Gier

☌ □ ☍ ⊼ ⚼ ∟ ⏀ Konjunktion, Quadrat, Opposition, Quincunx, Anderthalbquadrat, Halbquadrat, Spiegelpunkt

Ist es die Angst vor Hingabe, die dich jetzt hindert, wirklich zu lieben? Oder ist es die Auseinandersetzung mit dem Schatten, der dich magisch anzieht *(der Schatten der Kraft ist die Lust auf den Krieg!)*? Mit ihm kannst du dich in alle Variationen der Lust vertiefen und in die Hölle deiner brodelnden Gefühle eintauchen, denn Venus Aspekt Pluto verkörpert das Verhalten, Sexualität als Unterwerfung zu betrachten, um vom anderen Besitz zu nehmen. Wer dir Wollust schenkt, dem willst du gehorchen: Wer dir aber gehorcht, den willst du ruinieren! Dieses Gestirn unterstützt deine sado-masochistischen Neigungen, die mit der Hingabe an ein "Objekt" kokettieren, das sie in Wirklichkeit beherrschen und damit auch nicht Hingabe signalisieren, sondern Unterwerfung an ihre unerlösten und raubtierhaften inneren Triebe.

☿ VENUS/ASZENDENT (AC)
Die positive Wunscherfüllung

☌ △ ✱ ⊻ ⏀ Konjunktion, Trigon, Sextil, Halbsextil, Spiegelpunkt

Dieser Aspekt offenbart dir die Welt im Spiegel deiner inneren Erwartungen in der Ausrichtung auf Liebe und Harmonie und macht dir aber auch die Maske bewußt, die du trägst, wenn du mit deinen unerfüllten Hoffnungen und Ängsten in Konfrontation gerätst. Die Frage ist nicht, was du in der gegenwärtigen Situation verändern kannst, sondern was der Sinn deines Handelns ist bzw. das Ziel deiner Entwicklung. Diese Konstellation verbindet charmantes Auftreten mit geselligen Umfangsformen und kann damit zur inneren Voraussetzung für eine neue Beziehung werden und damit auch zum Erfüller heimlicher Herzenswünsche. Diese Zeit ist gleichermaßen das Ziel der Entwicklung und der Samen, aus dem eine neue Zielsetzung geboren werden kann.

Das affektive Störfeld

□ ☍ ⊼ ⚼ ∟ Quadrat, Opposition, Quincunx, Anderthalbquadrat, Halbquadrat

Vom inneren Streben nach kompletter Unabhängigkeit entfacht, drückt sich in deinem Verhalten ein emotionales Störfeld aus, weshalb auch jede Einpassung in soziale oder gesellschaftliche Bedingungen dir Probleme und große Schwierigkeiten verursacht. Doch die Tatsache, daß du dich in dieser Phase erschreckend genau selbst wahrzunehmen vermagst, zeigt auch eine verstärkte Wahrnehmungsfähigkeit, eine Potenzierung an Gefühlen und Einsichten, die unter dem Mantel von Vernunft und Angepaßtheit normalerweise ihr verborgenes Unwesen treiben.

☿ VENUS/MEDIUM COELI Ⓜ

Die soziale Anerkennung

☌ △ ✱ ⊻ ⏀ Konjunktion, Trigon, Sextil, Halbsextil, Spiegelpunkt

Sobald du dir über deine Aufgabenstellungen und Ziele Klarheit verschafft hast und zu einem Urteil über deine weiteren Absichten gelangt bist, kannst du einen angemessenen Ausgleich zwischen Tun und Lassen finden und dich dorthin begeben, wo du die Früchte deines Schaffens ernten kannst. Ob dies den gesellschaftlichen Durchbruch bedeutet oder ob du berufliche Anerkennung erlangst, weiß niemand; doch beinhaltet diese Konstellation wenigstens die Möglichkeit, jetzt einzubringen, was du an harmonischem Gelingen in den vergangenen Jahren ausgestreut hast.

Die Probleme mit der Umwelt

□ ☍ ⊼ ⚼ ∟ Quadrat, Opposition, Quincunx, Anderthalbquadrat, Halbquadrat

Hier muß Erfolg, Anerkennung oder Bedeutung nicht unbedingt ausgesperrt bleiben, doch kann dieser Aspekt die Gefühle von Unerfülltheit anzeigen, besonders, wenn du dich, statt dich um die eigenen Probleme zu kümmern, um die Schwierigkeiten der anderen bemühst. Eine überspannte Vorstellung dient dir dabei zur eigenen Rechtfertigung vor dir selbst, ohne daß du deine inneren Wege wirklich verstehst. Vielleicht solltest du noch einmal prüfen, ob deine Ziele und Vorgehensweisen mit deinen innersten Absichten wirklich im Einklang sind?

MARS

Mars charakterisiert sich durch das Erstürmen seiner Ziele mittels der Tollkühnheit einer blinden und unkontrollierten Vorwärtsbewegung. Von seinen inneren Instinkten getrieben, stürzt er sich ziellos ins Getümmel. Deshalb liebt er jegliche Form von Aufruhr, Sturm und Drang, denn als Symbol der heldischen Durchsetzung freut er sich am Gemetzel und Geschrei der Schlacht, auch wenn seine Batterien meistens leer sind, bevor er die krönenden Gipfelhöhen erreicht. Harmonische Mars-Progressionen symbolisieren den Aufbruch des Sonnenhelden oder die sich fauchend entzündende Flamme als Sinnbild des triumphierenden Willens, negative hingegen den Absturz, das Scheitern an Hindernissen, denn sie verkörpern den aktiven Animus und oft auch Rebellion gegen patriarchale Gewalt.

♂ Mars/Sonne ☉

Der fröhliche Tatendrang

☌ △ ✱ ⊻ ⦶

Konjunktion, Trigon, Sextil, Halbsextil, Spiegelpunkt

Ob du dich für deinen begeisterungsfähigen Tatendrang entscheidest oder für die pulsierende Energie deines sprudelnden Willens, eins wirst du immer und überall erfahren: Unter diesem Einfluß kennt dein Unternehmungsgeist keine Grenzen. Und dank der Kunst, deine Impulsivität in die Mechanismen des gewöhnlichen Alltags einzubinden, bleibst du offen für die Sonnenstunden des Lebens. Während dieser Zeit bist du nicht nur deines fröhlichen Tatendrangs wegen, sondern auch deiner echten Freude und deines lebhaften Temperaments sehr reizend, denn du rennst zwar gern gegen Widerstände an (und sei es nur um der Aufregung willen), aber da sich hinter deiner Neigung, dich in den Mittelpunkt zu stellen, keine böse Absicht, sondern nur eine kindlich-naive Zurschaustellung deiner Durchsetzungsnatur ausdrückt, kann dies deine Anziehungskraft kaum mindern.

Der schäumende Übermut

□ ☍ ⚻ ⚼ ∟

Quadrat, Opposition, Quincunx, Anderthalbquadrat, Halbquadrat

Unter diesem Gestirn wirst du von den Flammen neuer Zielsetzungen umzüngelt und dein entzündetes Herz wird sich wahrscheinlich nach höheren Gipfelzielen sehnen. Gleichzeitig wirst du aber auch von inneren Spannungsblitzen durchglüht und von Energien durchströmt, die sich aus Schwierigkeiten und Widerständen nähren, so daß du erst an den äußeren Hindernissen wachsen mußt, bevor deine Pläne und Unternehmungen nach Überwindung dieser Hindernisse ihre Krönung finden.

♂ Mars/Mond ☽

Der spontane Gefühlsimpuls

△ ✱ ⊻

Trigon, Sextil, Halbsextil

Dieser Aspekt läßt auf ein lebhaftes und spontanes, wenn auch noch wenig differenziertes seelisches Empfinden schließen. Man kann nicht sagen, daß du nicht im Einklang mit deinen inneren Gefühlen handelst, denn du verfügst über eine gewisse Wärme und strahlst eine immense Herzlichkeit aus, aber in einem archetypischen Sinn entspricht dein Gefühlsleben dem naiven Rollenspiel der spontanen Kindfrau oder des heldischen Jünglings, die jene Liebe und Hingabe, die sie seelisch weder empfinden noch schenken können, übertrieben nach außen hin darstellen. Da dein Gefühl – in unbewußter Nähe zur frühkindlichen Sexualität – keineswegs frei von autoerotischen Bestrebungen ist, spielst du gern die gefangene Prinzessin, die sich von einem Königssohn befreien läßt. Oder du kehrst den mutterbetörenden Jüngling hervor, der die Beschützerinstinkte in reiferen Damen weckt und auf die Mühlen seiner erotischen Wünsche lenkt.

♂

Der (steckengebliebene) Affekt

☌ □ ☍ ⚻ ⚼ ∟ ⦶ Konjunktion, Quadrat, Opposition, Quincunx, Anderthalbquadrat, Halbquadrat, Spiegelpunkt

Hier werden die Gefühle verdrängt und durch ein aggressives Verhalten verdeckt, und das dadurch entstehende Gefühl innerer Unbefriedigtheit wiederum hinter einem noch aggressiveren Gebaren versteckt, was sich im Drang nach körperlicher Aktivität ausdrückt. Oder du bist in dieser Phase überempfindlich und ausgesprochen schnell verletzt, weil du die Aggressionen, die du nicht ausleben kannst, von außen aufnimmst und nach innen überträgst (Magengeschwür!). Manchmal versuchst du deine aggressive Gehemmtheit auch zu überwinden, indem du deinen Partner zu aggressiven Handlungen gegen deine Person anhältst, wodurch du unbewußt das stellvertretende Erleiden deiner eigenen Aggressionen ersehnst. Unter dem Vorwand, wenigstens zu erfahren, was du nicht willst, machst du dich zum Opfer, das seine eigenen Aggressionen ablehnt, und deshalb setzt du dich von Zeit zu Zeit äußeren Gefahren aus, um deine inneren Konflikte zu spüren und stellvertretend in den Taten anderer zu bewältigen.

♂ MARS/MERKUR ☿

Die Schlagfertigkeit

☌ △ ⚹ ⚺ ⦶ Konjunktion, Trigon, Sextil, Halbsextil, Spiegelpunkt

Dieses Gestirn führt dir die in deinen Absichten und Taten verborgene Struktur vor Augen, die gleichermaßen Ursache und Wirkung ist. Deshalb steht diese Zeit auch wie keine andere sonst für Aktivität, Mut und den starken Willen, die widersprüchlichen Gedanken, Überzeugungen und Gefühle im eigenen Inneren zu meistern. Denn das aus allen Handlungsfäden sich unablässig knüpfende Schicksalsmuster (Merkur) ist die Grundlage, auf der sich das Ganze bewegt (Mars), und dadurch verändert sich das kosmische Ganze laufend durch die Initiative seiner Teile. Es ist dein Tun, dein persönliches Ziel, das den Weg bereitet, und das Vehikel, mit dem du es erreichst, ist die Schlagfertigkeit deines persönlichen Willens. Und was ist das Ziel? Nichts anderes als der Weg selbst!

Die zersplitterten Argumente

□ ☍ ⚻ ⚼ ∟ Quadrat, Opposition, Quincunx, Anderthalbquadrat, Halbquadrat

Unter diesem Einfluß bist du kein mutiger Krieger, keine überzeugende Kämpferin, sondern nur ein Gladiator der Worte, der seine Begründungen in der Arena der Argumente loswerden will. Gereiztes, destruktives Denken verbindet sich oft mit einem lauten Mundwerk, weil du von den eigenen Gefühlen abgeschnitten bist und in einer isolierten Denkwelt dahinvegetierst. Du geisterst durch die Glaszellen deiner Vorstellung, weil du alles wahrnimmst, was um dich herum geschieht, ohne dich aber selbst zu spüren. Vielleicht solltest du zuerst alle Gedanken überwinden, mit denen du an alten Bedrohungen emotional festhältst.

♂ MARS/VENUS ♀

Die archaische Geschlechtsnatur

△ ⚹ ⚺ Trigon, Sextil, Halbsextil

Während dieses Überganges konstelliert sich eine Zeit, in der du ganz aus der urwüchsig-archaischen, wild und unverfeinert ans Tageslicht drängenden Triebenergie heraus agierst. Du ziehst deine Aktionen ohne Netz und doppelten Boden durch, und du wünschst dir dabei auch einen schwindelfreien Partner (oder Partnerin), denn deine aufgepeitschten Lustgefühle verlangen nach entsprechendem Widerhall. Als Mann willst du deine Männlichkeit beweisen, denn du reihst dich in die Zunft der "heldischen Potenzler" ein, auf einer Stufe mit Don Juan und Casanova. Als Frau ergreifst du sexuell die Initiative, um dein inneres Bedürfnis nach Aktion außen zu manifestieren. Die Fieberkurve der Emotionen geht in deiner Gegenwart steil nach oben, und weil du in dieser Phase nur den Lustknecht akzeptierst, der deine unausgesprochenen Wünsche erfüllt, ist dein Favorit auch nicht der Kavalier alter Schule, der dir alle Wünsche von den Augen abliest, sondern der männliche Lover, der dir deinen körperlichen Hunger stillt.

Die dunkle Seite des Sex

☌ □ ☍ ⚻ ⚼ ∟ ⌽ Konjunktion, Quadrat, Opposition, Quincunx, Anderthalbquadrat, Halbquadrat, Spiegelpunkt

Unter dem aggressiven Einfluß durch das Marsgestirn wird die freundliche Liebesdienerin (Venus) zum abgründigen Racheengel, denn diese Verbindung löst oft schmerzvolle innere Prozesse aus. Hier zeigt sich der innere (karmische) Seelenanteil der peinvoll vergewaltigten Frau, die unbewußt ihren Peiniger sucht, um durch die Rache am Täter das innere Gleichgewicht zu erlangen, oder der sich opfernde Mann, der sich mit seiner eigenen Weiblichkeit überworfen hat und deshalb seine Männlichkeit nicht ausleben kann, weil er sie aus der Sicht des Weiblichen ablehnt. Als Mann suchst du (symbolisch) die Verwundung durch die Hexe, die dich schon einmal überwunden hat, denn unbewußt bist du immer noch in deine innere, dunkle Weiblichkeit verstrickt, die du nach außen projizierst. Gleichzeitig aber ahnst du, daß du das Weibliche in dir mit deiner äußerlich zur Schau getragenen Männlichkeit nie überwinden kannst. Also bittest du unbewußt deine Anima, wenigstens dein Opfer anzunehmen, indem du dich selbst auf dem Altar der Schuldgefühle zum Koitus anbietest.

♂ Mars/Mars ♂

Das männliche Instinktverlangen

☌ △ ✱ ⚺ ⌽ Konjunktion, Trigon, Sextil, Halbsextil, Spiegelpunkt

Vom Wunsch nach Selbstdurchsetzung beseelt, bist du bestrebt, alle Störfelder zu beseitigen, die dein Handeln beeinträchtigen. Ohne daß du dir dessen bewußt bist, versetzt du den karmischen Kreislauf von Ursache und Wirkung in noch schnellere Bewegung. Aufgrund deines flammenden Ego entzündest du ein Feuerwerk von Handlungen, denn Mars versinnbildlicht die rücksichtslose, treibende Kraft, die alles in der Außenwelt zu manifestieren sucht, was sie an heroischer Willenskraft durchglüht. Dabei möchtest du dich im Innersten deiner Seele doch eigentlich über diesen universellen Mechanismus des menschlichen Daseins erheben. Ja, man kann es auch so sehen, daß du während dieser Zeit die karmische Aufgabe hast, voranzutreiben, was dich gleichzeitig zu hemmen versucht, damit sich das Schicksal sowohl im Scheitern wie auch im Erreichen deiner ersehnten Ziele erfüllen kann – so oder so!

Die überbordende Triebenergie

□ ☍ ⚻ ⚼ ∟ Quadrat, Opposition, Quincunx, Anderthalbquadrat, Halbquadrat

Oft wirst du an der Entäußerung deiner Aggression gehindert. Dies führt zu unterdrückter Wut und großem Zorn. Andererseits ist es aber gerade die Behinderung deiner Entfaltungsmöglichkeiten, welche die Aggressivität in dir anpeitscht, mit anderen Worten: dich deinen Willen auf Biegen und Brechen durchzusetzen ansporntt. Deshalb sehnst du dich nach dem äußeren Reiz, der dich antreibt, deinen motorischen Apparat in Bewegung zu setzen und ein konkretes Ziel anzusteuern – ganz egal, ob es Aufbau oder Zerstörung bedeutet. Diese Konstellation mag deshalb auch eine Warnung sein: Der Weg zur Ichfindung setzt eine große Selbsterkenntnis voraus, denn Selbstherrlichkeit und Selbstüberschätzung führen letztlich nur das Scheitern an unüberwindlichen Hindernissen herbei. Denn wenn du dich gegen äußere Widersacher nicht durchzusetzen vermagst, wendest du dich gegen dich selbst und zerschlägst deinen eigenen Rahmen.

♂ Mars/Jupiter ♃

Die vitale Lebens- und Durchsetzungskraft

☌ △ ✱ ⚺ ⌽ Konjunktion, Trigon, Sextil, Halbsextil, Spiegelpunkt

Die Stürme deiner überschäumenden Durchsetzungskraft wirken sich während dieser Phase sehr förderlich auf deinen Energiehaushalt aus. Das Selbstvertrauen wächst von Tag zu Tag und alle Hürden werden restlos überwunden. Marsauslösungen steigern deine Vitalität, lassen die Blockaden wie von selbst wegfallen; die Konstellation zeigt aber auch, daß eine gewisse Herausforderung notwendig ist, damit ein neuer Aufschwung einsetzen kann, der dich weit über den alten Reifegrad hinauswachsen läßt. Dein Optimismus drückt sich in herrlichen Lichtvisionen aus, Dunkles wird erhellt und der Teufel durch "positive Gedanken" verjagt: Die innere Absicht versetzt Berge und jetzt gelingt dir alles, weil du weißt, daß du es kannst! Da alle seelischen Prozesse, wenn sie harmonisch ablaufen, körperlich und geistig aktivieren, finden während dieser glücklichen Phase alle inneren Bestrebungen ihren krönenden Ausdruck!

Der überhöhte Führungsanspruch

□ ☍ ⚻ ⚼ ∟ Quadrat, Opposition, Quincunx, Anderthalbquadrat, Halbquadrat

Das Ringen um Erfolg und Macht bedingt eine Phase größter Überforderung durch allzu hochgesteckte Ziele. Du klammerst dich an abgehobene Ideale und machst aus deinen überhöhten Ansprüchen letztlich eine erstrebenswerte Absicht. Deshalb besteht die akute Gefahr, dich von der Realität zu entfernen, denn das Bedürfnis nach Größe und Freiheit wächst in dem Maße, wie du deine Minderwertigkeitskomplexe nicht zu kompensieren vermagst. Du mutest dir mehr zu, als dir guttut, und wirst zu einem Opfer deines inneren Zwanges, dem du auf die Dauer aber nur schwerlich gewachsen bist. Im Kompensieren der verdrängten Suche, die sich die "Eroberung des Thrones" (die Besteigung des Gipfels) zum Inhalt macht, versuchst du dieses Defizit durch Führungs- und Schöpferansprüche zu korrigieren. In überhöhter Selbstbezogenheit spielst du vor der Welt den Helden, den du zu einem Inventarstück deiner inneren Bildwelt gemacht hast.

♂ Mars/Saturn ♄

Der fokussierte Wille

△ ✱ ⚺ Trigon, Sextil, Halbsextil

Jetzt bist du in der Lage, ruhig zu bleiben und mit äußerster Willenskraft und Konzentration deine Ziele zu verfolgen. Sogar äußerer Widerstand kann bei dir zur Voraussetzung für Leistung werden, denn Mars und Saturn schaukeln sich gegenseitig hoch. Vielleicht kann die kristallisierende Komponente deinen marsischen Teil zur konzentrischen Einsicht führen, daß das eigentliche Kampffeld nicht das Anrennen gegen äußere Widerstände ist, sondern das Erreichen einer inneren Stärke, um die Dinge ganz bewußt geschehen lassen zu können?

Die verklemmte Aggression

☌ □ ☍ ⚻ ⚼ ∟ ⦶ Konjunktion, Quadrat, Opposition, Quincunx, Anderthalbquadrat, Halbquadrat, Spiegelpunkt

Auf einen Schlag handelt dieses Gestirn einen ganzen Katalog von Themen ab, um auch nicht den geringsten Zweifel an der Verworrenheit dieser Periode aufkommen zu lassen: Aggression und Blockade bilden das epochale Motiv dieser Phase. Ihr Hang zur aggressiven Selbstverstümmelung kann dich in abgründige Tiefen treiben, denn es herrscht eine solche Inbrunst der Verzweiflung, daß dich die Lust am Untergang zur immerwährenden Auferstehung des entzündeten Fleisches zwingt. Es ist die schmerzhafte Schwäre der festgeklemmten Verzahnung, in der es um die Suche nach Wahrheit geht, deren Unerbittlichste lautet: *Staub zu Staub!* Doch da diese innere Botschaft nicht ins Herz eindringt, sondern meist im Kopf steckenbleibt, liegst du hier unlösbar mit dir selbst im Clinch, weil sich die marsische Durchsetzung und die saturnale Blockade oft bis zur Zerstäubung aneinander aufreiben.

♂ Mars/Uranus ⛢

Der explosive Durchbruch

△ ✱ ⚺ Trigon, Sextil, Halbsextil

Mars Aspekt Uranus verkörpert den plötzlichen, überraschenden Energie- und Aggressionsausbruch, die blitzartige Entladung von Energie, die ein Vakuum schafft, das neue Energie ansaugt, denn unter dieser Gestirnsverbindung findet sich der Wille zur Überwindung erstarrter Strukturen und die Absicht, das Leben durch Niederreißen innerer und äußerer Mauern wieder zum Fließen zu bringen. Das entspricht deiner inneren Kraft, die sich selbst erneuert, wenn sich ihre vitale Kreativität an den Widerständen des Alltags abgeschliffen hat, und bedeutet oft eine Art von aufgerissener Verzweiflung, auch von Glück, eine Form der Befreiung, die sich nicht scheut, dich an die Schmerzgrenze heranzuführen, denn: *Das Gewitter mit Donner und Blitz überwindet die störende Spannung in der Natur.* (I Ging)

Der plötzliche Schiffbruch

☌ □ ☍ ⚻ ⚼ ∟ ⦶ Konjunktion, Quadrat, Opposition, Quincunx, Anderthalbquadrat, Halbquadrat, Spiegelpunkt

Wenn der Blitz der Erleuchtung in der Hand der Götter in dein Leben eindringt, werden die Auswirkungen deiner Taten im täglichen Leben sichtbar. Mars kann die Sprengkraft von Uranus auslösen, wenn er dessen elektrisches Stromfeld berührt, und alle deine Grundlagen in die Luft jagen, was dich in apokalyptische Abgründe führt. Doch eine Hoffnung bleibt: Du kannst dich unter dem Eindruck der angestauten Schicksalsmächte, die jetzt auf dich niederprasseln, von deinen übersteigerten Zielen, die Welt mit der Wucht deiner kompensierenden Versagensangst aus "den Angeln zu heben", verabschieden und dich für die innere Stimme deiner Intuition sensibilisieren, die dir den Weg zu einer höheren Entwicklungsstufe, aus der Zerstörung in die Erlösung weist, zum Ziel, unabhängig von allen konventionellen Normen und bürgerlichen Einschränkungen deinen ungestümen, potenzierten und kreativen Geist zu entwickeln.

♂ Mars/Neptun ♆

Die Vergeistigung der Libido

△ ✱ ⚺ Trigon, Sextil, Halbsextil

Mars Aspekt Neptun verkörpert eine Aufrichtigkeit des Geistes, die es erlaubt, sich auszuliefern, ohne dabei servil zu sein. Auf der Ebene des Bewußtseins entspricht das einem Zustand, der die Gegenwart des Nichts in göttlichen Schauern erleben will und gleichzeitig die Sehnsucht nach der Verschmelzung mit der Ewigkeit anstrebt, denn die schöpferische Potenz des absoluten Nichts stellt die völlige Vergeistigung sexueller Energien dar. Deshalb zeigt diese Verbindung in ihrem positiven Ausdruck an, daß du deine inneren Ängste nicht mehr durch die anderen auslebst, sondern daß du ihnen bewußt entgegentrittst und sie dadurch zurücknimmst, indem du sie als das erkennst, was sie sind: deine eigenen Schwächen!

Die physische Schwäche

☌ □ ☍ ⚻ ⚼ ∟ ⦶ Konjunktion, Quadrat, Opposition, Quincunx, Anderthalbquadrat, Halbquadrat, Spiegelpunkt

Unter diesem Gestirn findest du jetzt Lust am Untergang, denn die Realität ist erdrückend eng und mit scharfen Zacken gespickt. Als Symbol der Unterwerfung trägst du (anstelle der Nabelschnur) jetzt ein Nietenband um den Hals, zum Zeichen, daß du die Gefühle der Hilflosigkeit und Schwäche jetzt annehmen kannst. Denn diese Phase fordert zur inneren Hingabe auf, da die Zeit gekommen ist, die Aggressionen der Vergangenheit hinwegzuschwemmen und den Ich-Kern aufzulösen. Mit der Aufweichung des Ich verlierst du alle schützenden materiellen Hüllen: Du versinkst im bodenlosen Raum des Selbst und läßt dein Ego als Opfergabe auf dem Altar des Ewigen zurück.

♂ Mars/Pluto ♇

Die ekstatische Kraft

☌ △ ✱ ⚺ ⦶ Konjunktion, Trigon, Sextil, Halbsextil, Spiegelpunkt

Hier durchströmt dich das ekstatische Gefühl von Freiheit, von Lebensfreude, von einem Durchbruch nach allen Seiten, denn Pluto bringt laufend die alten Strukturen zum Vorschein, die du (Mars) nur noch durchstoßen mußt, um in neue Lebensbereiche vorzudringen. Es ist wie eine gigantische Entladung, eine erotische Kompensierung von Gier, von Brünstigkeit, in die du dich hineinfallen lassen kannst, denn unter diesem Gestirn magst du auch das Licht des Schattens der Zerstörung erkennen, nämlich die Einsicht, daß der Mensch in allen seinen Taten immer nur die Grenzen seiner Handlungsmöglichkeiten sucht. In einer solchen Phase findet sich die Summe menschlicher Erkenntnis, die am Ende ihrer Weisheit angelangt ist und die sich jetzt erkennen will, in jener Liebe, die sich im Tod mit der Triebnatur versöhnt – wahrscheinlich die ekstatischste Form von Lebensfreude.

□ ☍ ⚻ ⚼ ∟

Die sadistische Macht

Quadrat, Opposition, Quincunx, Anderthalbquadrat, Halbquadrat

Immer, wenn Pluto von Mars aktiviert wird, kann der zwanghafte Wunsch entstehen, dich gegen alles aufzulehnen, was sich bewegt, weil du jetzt in allem den (angestauten) Schatten siehst, den du bei dir selbst nicht wahrhaben willst. Die Energien dieser beiden Pole können sich gegenseitig hochpeitschen und dich in einen übersteigerten Akt von Befreiung hineinreißen, um dich auf einer Woge von Aggression durch deine Bedrohungen hindurchzustoßen und damit von deinen inneren Wahnbildern zu befreien. Dann überkommt dich das (kurzfristige) Gefühl, gelöst zu sein, denn du fühlst nicht nur das Gefühl von Leere, sondern auch die Spur von Befriedigung, von Glück. Doch nur, wer dem "Teufel" schon begegnet ist, fühlt sich in der Aura dieser Strahlung geborgen. Denn sie verkörpert ein Stück der unbequemen Wahrheit, die in der Tiefe der finstersten Instinktnatur verwurzelt ist.

♂ Mars/Aszendent (AC)

Die Selbstverwirklichung

☌ △ ✱ ⚺ ⏀

Konjunktion, Trigon, Sextil, Halbsextil, Spiegelpunkt

Unter dieser Konstellation macht es dir irrsinnig viel Spaß, Menschen und Situationen kennenzulernen, einfach ein bißchen von der Welt zu sehen. Es ist dein Wunsch, vorzupreschen, Eindrücke zu sammeln und deine Absichten klar und unmißverständlich zum Ausdruck zu bringen. Dies deutet auf eine Phase optimaler Ausgewogenheit zwischen egoistischen Bedürfnissen und objektiven Erkenntnissen hin. Die Zeit ist günstig, Ideen und Überzeugungen zu formulieren, alte Unklarheiten zu überwinden und durch einen Ausgleich zwischen Ich und Du ein größeres Gesichtsfeld zu gewinnen.

Die Provokation

□ ☍ ⚻ ⚼ ∟

Quadrat, Opposition, Quincunx, Anderthalbquadrat, Halbquadrat

Du weigerst dich, nur Statist zu sein, in irgendeiner Parkettreihe zuzuschauen, was passiert, dich nicht einmischen zu können. Deshalb projizierst du deine Vorstellungen auf alles, was dir von außen entgegentritt und reagierst dann auf die Vorstellung anstatt auf das Geschehen. Das bedeutet meist Streit, weil du nicht erkennst, daß du die Welt nur durch die Bilder erfährst, die du dir selbst geschaffen hast. Du bist nicht in der Lage, zu erkennen, daß du dich in den nervösen Mittelpunkt deiner eigenen Aggressionen gesetzt hast, die dir zwar die ganze Welt an deinen äußeren Fenstern vorbeitreiben, wobei du dich aber nur immer um dich selber drehst!

♂ Mars/Medium Coeli MC

Der Wille zum Sieg

☌ △ ⚹ ⚺ ⦶ Konjunktion, Trigon, Sextil, Halbsextil, Spiegelpunkt

Vielleicht erlebst du jetzt die Krönung einer mit Fleiß und Mühe aufgebauten Angelegenheit, da sich nun das Kreuz aus Arbeit und Leiden (MC) harmonisch mit dem Eifer und der Leidenschaft des Feuers (Mars) vereint, denn diese Verbindung repräsentiert den Beginn eines neuen Projekts, das nun – vielleicht nach Zeiten langer Vorbereitung – in die Welt gesetzt werden kann. Deshalb ist es vielleicht notwendig, daß du dich auf deine innere Stärke besinnst, damit du gelassen auf die äußeren Veränderungen reagierst, denn der harmonische Aspekt zeigt doch an, daß in der spontan sich entzündenden und sich entladenden Gewalt ein durchaus segensreicher Aspekt liegen kann, wenn du deine Libido, diese marsischen Flammensäulen, nicht an den alltäglichen Dingen aufreibst.

Die herausfordernde (Über-)Reaktion

□ ☍ ⚻ ⚼ ∟ Quadrat, Opposition, Quincunx, Anderthalbquadrat, Halbquadrat

Im Geist dieses Gestirns fühlst du dich sehr stark herausgefordert, denn um deine angestauten Aggressionen loszuwerden, bist du viel schneller als sonst bereit, dich mit jedem auf eine handgreifliche Auseinandersetzung einzulassen. Meistens zeichnest du dich durch schnelles Reagieren, oftmals aber auch durch Überreaktionen aus, die dann zu immer weiteren Aggressionen führen, wenn du ihren energetisierenden Rückkoppelungen nicht ausweichen kannst. Denn es sind nicht einfach die gesellschaftlichen Strukturen, an denen dein aggressiv-dynamisches Verhalten zerschellt, sondern es sind auch die Kanten und Ecken deiner inneren Dämonen, an denen dein Ego wie eine Seifenblase zerplatzt.

ASZENDENT

Der Aszendent (AC) ist das Sinnbild der sich selbst in den Mittelpunkt stellenden "Person": die Personifizierung dessen, was als inneres Potential ins äußere Bild drängt. (Die Person ist die individuelle Selbstausrichtung des Menschen, in deren Präsentation er gern wahrgenommen werden möchte.) Damit ist er gewissermaßen der Bote dessen, was wir die langsam aufkeimende und stetig wachsende Bewußtwerdung nennen können, denn er verkörpert die Art und Weise, wie der Mensch versucht, sich innerhalb seiner Umwelt zur Geltung zu bringen und persönlichen Einfluß zu gewinnen. Der Aszendent stellt klar, daß die Schicksalsuhr tickt, und seine progressive Bewegung zeigt die Auswirkungen, die durch das Selbstbild ausgelöst werden, das der Betreffende imaginiert.

Ⓐ Aszendent/Sonne ☉

Der feurige Wille

☌ △ ✱ ⚺ ⦶ Konjunktion, Trigon, Sextil, Halbsextil, Spiegelpunkt

Du kannst dich leicht mit deiner Umwelt arrangieren, und weil du intuitiv spürst, wie die anderen fühlen, bewahrst du im Umgang mit anderen Menschen das Gefühl der Übereinstimmung mit dir selbst. So erkennst du dich als mikrokosmischen Abdruck eines makrokosmischen Schöpferwillens. Obwohl dein vertrautes Ich nur ein undenkbar kleiner Ausschnitt dieses universellen Willens ist, kannst du dich gleichzeitig außerhalb und innerhalb von dir selbst, in der Rolle veritabler Demiurgen lustvoll deiner göttlichen Kreativität hingeben, denn Lebenslust und Vitalität sichern dir einen Logenplatz im Leben. Du klammerst dich nicht an abgehobene Ideale, sondern verwirklichst deine Ziele, indem du Umwelt und Ego zu ganzheitlicher Selbsterfahrung vereinst.

Die Instabilität des Ego

□ ☍ ⚻ ⚼ ∟ Quadrat, Opposition, Quincunx, Anderthalbquadrat, Halbquadrat

Leider repräsentiert die Sonne nicht nur deine aktiven, in klarer Bewußtheit angestrebten Lebensziele. Ebenso symbolisiert sie die Instabilität deiner Wünsche, denn in disharmonischer Berührung verschlingt sie, was sie erzeugt, und läßt durch deinen Geist hindurchscheinen, was aus den Tiefen deiner menschlichen Natur ans Tageslicht drängt: die sengende Macht des patriarchalischen Feuers, das alles, was es berührt, im Namen der Entwicklung mit unglaublicher tyrannischer Arroganz zerstört. Aus dem dunklen Schoß der Nacht erstrahlt die Sonne in der glänzenden Erscheinung des Werdens. Überspitzt ausgedrückt ist diese Konstellation das Symbol des sich vergeblich suchenden Menschen.

Ⓐ Aszendent/Mond ☽

Die gefühlsmäßige Beeindruckbarkeit

☌ △ ✱ ⚺ ⦶ Konjunktion, Trigon, Sextil, Halbsextil, Spiegelpunkt

Du segelst in einem Meer aus inneren Empfindungen, die der Grenzüberschreitung und Selbstauflösung huldigen, und die Welt zeigt sich dir durch die Gefühle der Wünsche, wo Realität und Wahn miteinander verwoben sind. Dein Ego benutzt den Mond gleichsam als Seelenspiegel, um seine Gefühle besser zu verstehen. Und die Gefühle fühlen sich bemüßigt, darauf einzugehen, da sie aber durch ihre innere Natur gleichzeitig das Ego korrumpieren, findest du im psychischen Magnetfeld dieser Konstellation den vielsagenden Widerspruch, daß eine Lebensperspektive um so schärfere Konturen gewinnt, je tiefer sie in die Unterwelt eindringt. Es ist der Gang durchs Wasser, der deine Seele dazu befähigt, das Spektrum ihrer Wahrnehmung zu erweitern, so daß du nicht nur die äußeren Erscheinungen, sondern auch die inneren Gefühle der Dinge zu erkennen vermagst. Hier entlarvt sich die Stabilität der Welt als eine Illusion, hervorgegangen aus dir selbst. Doch durch das Erkennen deiner inneren Welt werden die seelischen Kräfte gestärkt, um jene Dimensionen zu erreichen, aus deren Universalität eine gefühlsvollere Wirklichkeit sich selbst zeugt.

Die seelische Verwundbarkeit

□ ☍ ⚻ ⚼ ∟ Quadrat, Opposition, Quincunx, Anderthalbquadrat, Halbquadrat

Diese Gestirnsphase zeigt, daß du mit Gefühlsverletzungen und Verlassenheitsängsten zu kämpfen hast, denn es ist die Formlosigkeit oder die unergründliche Wassertiefe, durch die das Sein in das Nicht-Sein zurückkehrt. Es ist kein dreidimensionales Gebilde, durchschaubar bis in die Haarspitzen der Mikrostrukturen, das sich hier erschließt, sondern es ist die Trunkenheit der Gefühle, die sich dir öffnet, und zwar in all ihren Paradoxien, Dichotomien und Antinomien. Sie führt dich in die unendlichen Tiefen der Innenwelt und gewährt dir einen Blick hinter den Spiegel des Bewußtseins, in dem du deine inneren Ängste den Sicherheitsbedürfnissen deiner äußeren Welt angepaßt hast, ins Reich des Unbewußten, wo dir deine Sehnsüchte und Abgründe entgegenblicken, denn diese Konstellation symbolisiert auch die Träume deines Selbst, die du ins Exil der nächtlichen seelischen Korridore verwiesen glaubtest, die aber in den Gefühlseinbrüchen deines Tagesbewußtseins fröhlich Auferstehung feiern.

AC ASZENDENT/MERKUR ☿

Die allumfassende Erkenntnis

☌ △ ⚹ ⚺ ⦶ Konjunktion, Trigon, Sextil, Halbsextil, Spiegelpunkt

Aktivität, Scharfsinn, Klugheit und Erkenntnisdrang zeichnen dich hier aus, denn jede schöpferische Idee, jeder Geistesblitz ist eine miniaturisierte Wiederholung des "Urknalls", mit dem die Existenz unseres Universums begann. Doch hinter jeder Antwort steckt nichts anderes als die universelle Relevanz der immer gleichen Frage: *Wo ist der Sinn?* Unter diesem Gestirn aber kannst du Frage und Antwort miteinander in Einklang bringen ("Was du suchst, ist das, was sucht!"), denn wenn du spürst, daß du den Sinn überall entdecken kannst, wo er nicht ist, nur da nicht, wo er ist, nämlich in der Antwort: *Der Sinn des Sinnes ist der Sinn!,* mußt du die Wahrheit nicht mehr dort suchen, wo sie nicht ist, sondern da, wo sie ist: "Kannst du akzeptieren, daß es keine absolute Wahrheit gibt?" – Damit hast du dich im Spiegel deines eigenen Erkennens erkannt!

Die geistige Verworrenheit

□ ☍ ⚻ ⚼ ∟ Quadrat, Opposition, Quincunx, Anderthalbquadrat, Halbquadrat

Dein Denken täuscht, denn indem du der Welt in der Maske überlegenen Wissens begegnest, bringst du dich um jede echte Menschlichkeit. Wirklichkeit und Einbildung verfließen ineinander, und das Vertrauen in die Realität wird zunehmend gestört. Eine überspannte Dogmatik dient dir zur eigenen Rechtfertigung vor dir selbst, denn auf der Verstandesebene verkörpert der Aszendent das Kausalitätsprinzip des Denkens, das die gesamte Gesetzmäßigkeit des kausal-mechanistischen Weltbildes enthält. Das unfaßbare kosmische Bewußtsein wird in einem aggressiven Brennpunkt fokussiert. Das bedeutet oft einen zugespitzten Konflikt, Auseinandersetzungen, Niedertracht, eine aggressive Phase oder unerklärliche Dinge, die der Verstand nicht zu entziffern vermag und die direkt an deine Urängste rühren: die Furcht vor Verworrenheit und geistigen Intrigen.

AC ASZENDENT/VENUS ♀

Die sinnliche Ausstrahlung

☌ △ ⚹ ⚺ ⦶ Konjunktion, Trigon, Sextil, Halbsextil, Spiegelpunkt

Im Schleier der Nacht vermeinst du einen Blick von ihr zu erhaschen, und einen Wimpernschlag später spürst du fließende Sehnsucht: Venus – ein unbestimmtes Verlangen, das nur in ganz bestimmten Momenten erwacht. In Überfluß und Fülle kannst du erleben, wie sich eine Welle warmer Gefühle über dich ergießt, denn dieses Gestirn zeigt eine Phase emotionaler Stärke und starker suggestiver Ausstrahlungskraft und charakterisiert die alles verbindende Liebe: Gefühlsreichtum, Optimismus und Herzenswärme, Suche nach Erfüllung im anderen und seelisches und körperliches Liebesglück.

Die schrille Versuchung

□ ☍ ⚻ ⚼ ∟ Quadrat, Opposition, Quincunx, Anderthalbquadrat, Halbquadrat

Statt dein geschwächtes Selbstwertgefühl durch wahre Liebe zu stärken, damit die Abhängigkeit von deiner sexuellen Wunschwelt abnimmt, suchst du dir die Phantasiewelt deiner Vorstellungen auf der Traumebene zu erschließen, denn es ist Zorro, der Supermann, den du ersehnst, oder Messalina, die pure Versuchung, nach der du dich verzehrst. Die negative Verbindung erweckt das lustfördernde Prinzip in dir, jede menschliche Begegnung durch Übertreibung zu verhindern, denn hier scheinst du gefangen in einem aussichtslosen Spiel von Begierde, Leidenschaft und Wollust.

Ⓐ ASZENDENT/MARS ♂

Die geschickte Offensive

☌ △ ⚹ ⚺ ⦶ Konjunktion, Trigon, Sextil, Halbsextil, Spiegelpunkt

Diese Konstellation bedeutet für dich Antrieb, Impuls und Energie, Aktivität, Willensstärke und Lebenskraft, denn damit kannst du alle Hürden meistern und höchst wirksam den Ablauf von Ereignissen beeinflussen. Durch die Kraft des Mars füllst du das Vakuum des Ego mit Sinn, Energie und Leben auf, denn es hat für dich jetzt etwas ungeheuer Erotisches, an die Grenzen der Belastbarkeit zu gelangen. Diese Energie ist ein Sinnbild der zeugenden Kraft und verkörpert den ausbrechenden Keim als Symbol des Uranfangs, der Geburt und der Dualität. Spirituell gesagt: "Ich bin" ist hier keine Floskel, sondern der Ausdruck einer sich selbst zentrierenden, universalen Gesetzmäßigkeit des Werdens.

Das "Ich-will-alles-und-zwar-sofort"-Verhalten

□ ☍ ⚻ ⚼ ∟ Quadrat, Opposition, Quincunx, Anderthalbquadrat, Halbquadrat

Es ist der Wille der Tat, der sich hier als Antrieb hinter deinem Wollen offenbart, und das wiederum entspricht dem flammenden Hervorzüngeln eines imaginären Feuers, das die einengenden Grenzen überwindet, kurz: der Freude an der Überwindung selber! Jetzt willst du alles, und zwar sofort, und wenn dir dies nicht gelingt, reagierst du aufbrausend, zornig und aggressiv. Emotionell verkörpert sich hier das Lustprinzip oder das innere Kind, das rasch nach neuem Spielzeug greift, um es im Handumdrehen wieder in die Ecke zu werfen. Du bist zwar stets zu neuen Kontakten bereit, aber sehr wankelmütig in den Gefühlen und ohne tiefere seelische Bindung zur Außenwelt.

Ⓐ ASZENDENT/JUPITER ♃

Das persönliche Glück

☌ △ ⚹ ⚺ ⦶ Konjunktion, Trigon, Sextil, Halbsextil, Spiegelpunkt

In deiner persönlichen Entwicklung signalisiert dieses Gestirn, daß du den Durchbruch wagen oder den entscheidenden Schritt zur Ganzheit jetzt ins Auge fassen kannst: zur kosmischen Vereinigung, Selbstwerdung und Vollendung. Das beinhaltet Großzügigkeit, Würde, Autorität und Vertrauen und bedeutet im Leben eine Periode des Glücks, in der du offen und voller Lebendigkeit das Fluidum deines Blühens genießen kannst. Das bewirkt aber auch das Erreichen eines Zieles oder zumindest die Gewißheit, daß neu in Angriff genommene Projekte zu einem guten Ende führen.

Der majestätische Hochmut

□ ☍ ⚻ ⚼ ∟ Quadrat, Opposition, Quincunx, Anderthalbquadrat, Halbquadrat

Unter dieser Verbindung siehst du dich in Rangeleien und Widersprüche mit der Umwelt verstrickt, die viel Anstrengung erfordern. Die Reibungswärme, die dabei entsteht, kann sich explosiv entladen oder dich mit der Herausforderung noch enger zusammenschmieden, denn entwicklungspsychologisch steht diese Phase für Streß und Überforderung durch überhöhte Ziele. Der Wille, der dich leitet, die Welt nach deinen inneren Wünschen und Vorstellungen zu gestalten, bringt dich wieder mit deinem schlummernden (noch nicht überwundenen) Vaterbild in Berührung, das als Sinnfindungs-Krücke aus deinem Unterbewußtsein hochsteigt und dich gleichzeitig einlädt, deine großen Ziele durch ein "großzügiges" Herrscherverhalten zu kompensieren. Das entspricht dem "idealistischen" Egoisten, der in allem nur sich selbst wahrnimmt.

Ⓐ ASZENDENT/SATURN ♄

Die konzentrierte Selbstbehauptung

☌ △ ✱ ⊻ ⦶ Konjunktion, Trigon, Sextil, Halbsextil, Spiegelpunkt

Zur Zeit ist nicht von schwärmerischen Visionen, mystischen Illusionen oder verführerischen Schimären die Rede, sondern von Ordnung, Anstand und gutem Geschmack. In deiner spröden Ernsthaftigkeit, dich von den angenehmen Selbsttäuschungen zu verabschieden, von den betörenden Illusionen der Gefühle, und dich statt dessen der verstandesmäßigen Verarbeitung der Realität und der kristallisierenden Vertiefung der Wirklichkeit hinzugeben, mutest du oft wie eine bizarre Karikatur des göttlichen Jahwe an: Ein leichenbittermieniger Griesgram, der strukturelles Wachstum, geistige Differenzierung und Strategien zur Bewältigung des Alltags ausheckt, oder eine strenge Erzieherin, die anstelle gelebter Lebendigkeit immer häufiger Sicherheit vorspiegelnde Verhaltensweisen in den Vordergrund schiebt und auf der Suche nach kosmischer Beheimatung lebendige Gefühle in starre, leblose karmische Gemütsfriedhöfe verwandelt. Denn jetzt ist Verantwortung und Selbstbestimmung angesagt.

Der äußere Stillstand

□ ☍ ⚻ ⚼ ∟ Quadrat, Opposition, Quincunx, Anderthalbquadrat, Halbquadrat

Diese Phase bedeutet eine Zeit der Erlahmung aller Lebenskräfte. Die Entwicklung hat ihren tiefsten Stand erreicht. Es ist der einsame Weg der Selbsterkenntnis, der Rückzug von der äußeren Welt. Hier bist du von der Außenwelt abgekapselt, in die innere Emigration gezwungen und völlig auf dich allein gestellt, denn du hast dich in den Panzer deiner subjektiven Befürchtungen selbst eingeschlossen. Die Situation ist schmerzvoll, und obgleich letztlich eine Wiederbelebung damit verbunden ist, mußt du erst einmal durch diesen Zustand hindurch. Doch damit ist auch eine unmerkliche Bewegung des Schicksalsrades in eine neue Richtung verbunden: auf das Kommende hin, wobei sich schlummernde Möglichkeiten zu künftigen Ereignissen verdichten. Denn umgekehrt läßt sich auch sagen, daß die Zeit davor mit einem möglicherweise fatalen Weg verbunden war und die Blockade nur eine unheilvolle Entwicklung unterbrochen hat.

Ⓐ ASZENDENT/URANUS ♅

Die spontane Unbekümmertheit

☌ △ ✱ ⊻ ⦶ Konjunktion, Trigon, Sextil, Halbsextil, Spiegelpunkt

Die Verbindung zeigt, daß du einen neuen Lebensbereich staunend und ohne feste Erwartungen betrittst. Es ist der Aufbruch ins Leben, die Suche nach Veränderung, die dich führt: Experimentierfreude, Neugier und zügellose Offenheit. Es ist nicht nur das Freiheitsgefühl, das dich dabei befällt, sondern auch das unbestimmte Ziehen in deinem Solarplexus, denn du liebst jedes unkonventionelle Abenteuer in ausgeflippter Spielart. Die Qualität dieser Phase zeigt sich im spontanen Fließen der Gefühle und in einer frechen Unbekümmertheit, was nicht nur die Räume deines inneren Erlebens erweitert, sondern auch eine Zeit voller Überraschung mit sich bringt. Zwar kann sie auch hier für Verantwortungslosigkeit und eine zur Unzuverlässigkeit tendierenden Unbekümmertheit stehen; in aller Regel aber zeigt sie eine belebende Auftriebsphase innerhalb dessen, was zu einer positiven Auflösung von Strukturen und Zwängen führt.

Der Seitensprung

□ ☍ ⚻ ⚼ ∟ Quadrat, Opposition, Quincunx, Anderthalbquadrat, Halbquadrat

Hier bricht der "schrille Vogel" in dir durch, der schräge Feger, quer und laut, der plötzlich alles über den Haufen wirft und sich anschickt, ins Unbekannte aufzubrechen. Damit folgst du der Sehnsucht deiner Seele, die das Unfaßbare aus sich "herauswirft" und mutig einen Schritt in eine neue Richtung tut. Meist hast du dich in eine Sackgasse verrannt und magst nun erkennen, daß du ohne Einfallsreichtum nicht mehr weiterkommst, denn in dieser Phase benötigst du eine Ladung Dynamit, um die verhärteten Strukturen wegzusprengen. Doch in diesem Verhalten liegt auch Gewinn, denn das, was verändert und zerstört werden will, sind erlernte Verhaltensmuster, falsche Wertvorstellungen und allgemeine Weltbilder. Diese Strukturen müssen zerworfen und so lange aufgerieben werden, bis du umdenkst und die fruchtbaren Wasser aus der Tiefe in eine neue Weltsicht, eine neue Umgebung oder ein anderes Betätigungsfeld einfließen läßt.

Ⓐ ASZENDENT/NEPTUN ♆

Die visionären Träume

☌ △ ✱ ⊻ ⦶ Konjunktion, Trigon, Sextil, Halbsextil, Spiegelpunkt

Unter diesem Einfluß erlebst du eine Zeit der inneren Harmonie, denn dieses Gestirn schafft den natürlichen Einklang mit der kosmischen Energie für alle auf spirituellen Wegen sich erkennenden Seelen. Es ist das Gefühl der Hingabe an den Augenblick, das in dir entspringt, der Annäherung an die Quellen des Unbewußten, das dein Herz umfaßt, der Entgrenzung zwischen Traum und Wirklichkeit, das dich umzingelt, oder der Einstrahlung ewiger Wahrheiten in die erkennende Seele, das in dir entbrennt. Doch vergiß nicht: Es sind auch deine Wunschträume, diese herrlich schimmernden Schmetterlinge, die du nie greifen kannst, denn in ihnen begegnest du der Sehnsucht deiner Träume nach sich selbst. Das zeigt neue, sehnsüchtige Perspektiven an, kosmische Ausrichtungen, die visionär in die Zukunft strahlen und in deren positive Erfüllung du berechtigte Hoffnungen setzen darfst. Allerdings sei hier auch die Warnung vermerkt, daß du dich genauso oft in infantile Trugbilder verstrickst, da viele Ziele nur die Wiederbelebung ungestillter Sehnsüchte sind.

Die irrlichternden Trugwahrnehmungen

□ ☍ ⊼ ⚼ ∟ Quadrat, Opposition, Quincunx, Anderthalbquadrat, Halbquadrat

Sind es die diffusen Schleier der Versponnenheit, die hier deinen Alltag einnebeln, das unfaßbare Unfaßbare, das dich irritiert? Oder sind es die Träume des Verdrängens, die dich quälen, wenn du in der Schwerelosigkeit der Meerestiefe dem Paarungsverhalten der Delphine und Wasserschlangen zusiehst? Es ist der Tango der Liebe und der Begierde nach den göttlichen Wassern des Lebens, die der Schöpfungsquelle des Ewigweiblichen entspringen, dieser ewig unvollendeten Sinfonie des Werdens, deren Geist ins Leben fließt und sich doch dem menschlichen Ergründen entzieht. Wie ein Trugbild ziehst du dich in die liebende Umarmung des Begehrens zurück, schwerelos dahintreibend auf den Wellen der Lust, denn diese Verbindung steht für trügerische, verführerische Gefühle, Lust, Sucht und üble Verstrickungen, deren Loslösung ein langwieriger und ernüchternder Prozeß werden könnte. Daneben ist sie Ausdruck von falschen Versprechungen und oft eine Warnung vor betrügerischen Geschäften.

Ⓐ ASZENDENT/PLUTO ♇

Die suggestiven Seelenkräfte

☌ △ ✱ ⊻ ⦶ Konjunktion, Trigon, Sextil, Halbsextil, Spiegelpunkt

Unter diesem Aspekt bist du ein Wanderer in den Grenzbereichen menschlicher Erfahrungswelten. Dein mystisches Naturell eröffnet dir die direkte Verbindung mit der Unterwelt. Hier begegnest du deinen unbewußten, tief in dir selbst lauernden Ängsten, den primitiven Bewußtseinsformen aus den Anfängen der menschlichen Evolution, denen wir – auch wenn sie meistens schlummern – nicht entgehen können, weil wir genetisch in sie eingebunden sind. Trotzdem bist du hier alles andere als ein Zyniker oder Nihilist, der kein Empfinden mehr für die Harmonie, Schönheit und Vollkommenheit der Schöpfung hat. Ganz im Gegenteil erweist du dich vielmehr als ein moderner Aufklärer, der für die Dunkelheit einsteht und statt dessen seinen Finger auf die wunden Stellen der verdrängenden Gesellschaft legt. Dem Aberglauben, es könne jemals Licht ohne Schatten geben, kannst du dich während dieser Gestirnsphase erfolgreich entgegenstellen, denn deine Meinung überzeugt: *Indem wir die Finsternis verdrängen, zerstören wir in Wirklichkeit das Licht!*

Das Panoptikum von Eros und Thanatos

□ ☍ ⊼ ⚼ ∟ Quadrat, Opposition, Quincunx, Anderthalbquadrat, Halbquadrat

In den Urgründen der Seele steht diese Verbindung für eine Zeit tiefster Einsicht in die ewigen Zyklen von Werden und Vergehen. Sie zeigt den Beginn des Neuen, das sein Ende jedoch bereits in sich trägt, weil sich im Untergrund schon die Kraft des Zukünftigen regt. Du fühlst einen unwiderstehlichen Schöpferimpuls in dir, der dich aus den alltäglichen Empfindungsmustern herauskatapultiert, doch irgendwie bist du auch in der Faszination deiner von dir selbst evozierten Dämonen gefangen, die angesichts des alltäglichen Grauens Ängste enthüllen, die gleichermaßen alttestamentarisch als auch sehr gegenwärtig sind. Es sind die Kinder der Sünde, der paradiesischen Urschuld, die immer wieder neue Namen tragen:

Hexerei, Okkultismus oder hochtechnisierte Zerstörungskomplexe (die den Weltfrieden sichern!) als Zeichen der in den finsteren Bereichen der Seele gefangenen Lebensenergie. Diese eruptiven Visionen verschachteln, verdichten und überlagern sich bisweilen zu einer göttlichen Apokalypse, zu einem bizarren Panoptikum von Eros und Thanatos, denn es sind immer noch die Söhne und Töchter der Schlange, von Gott verstoßen und in die Finsternis verbannt! Mag sein, daß diese Visionen der Lohn deiner direkten Verbindung mit dem Unbewußten sind; vielleicht sind sie aber auch der Preis, weil es dir zur Zeit nicht möglich ist, dich mit der öffentlich sanktionierten Konstruktion der Wirklichkeit in einem faulen Kompromiß zu arrangieren?

AC ASZENDENT/ASZENDENT AC

Die persönliche Identität

✱ ⊻ — Sextil, Halbsextil

In deinem Leben symbolisiert diese Phase das aus seiner inneren Mitte heraus handelnde Ich, das sich in seinen eigenen Handlungen wahrnimmt und konstituiert. Es ist das Bewußtsein des eigenen Selbst und damit der Ausdruck, mit dem das Subjekt sich als solches bezeichnet und erkennt, nämlich die bewußte Identität, die du zur Zeit ausfüllst. Du brauchst diesen Einfluß aber nicht zu überschätzen, denn seine Wirkung ist verschwindend gering. Das Einzige, was man sicher weiß, ist daß er die Bedeutung deines Radix-Aszendenten in einem positiven Sinne unterstreicht.

Die Herausforderung des Ich

□ ∟ — Quadrat, Halbquadrat

Unter einem negativen Aspekt zeigt sich der Schatten deines Ich, der dich erschreckt, weil er der unakzeptierte Teil deiner selbst ist. Er zeigt die Herausforderung durch die Begegnung mit der Welt: also durch das, was dir von außen als Umwelt entgegentritt. Für die persönliche Entwicklung mag diese Konstellation oft hinderlich erscheinen, denn besonders die harten Verbindungen, die dein Radix-Aszendent mit anderen Planeten eingeht, werden hier aus der Latenz gerissen, aus ihrem Schlaf geweckt: Hier ist der Aszendent der Spiegel, in dem dir die vertraute Person entgegenblickt, in der du dich jetzt selbst erkennst!

AC ASZENDENT/MEDIUM COELI MC

Die gesellschaftliche Identität

△ — Trigon

Diese Zeit repräsentiert das Bewußtsein des eigenen Selbst. Sie ist Ausdruck, mit dem sich das Subjekt als solches bezeichnet und erkennt: also deine gesellschaftliche Identität, die du momentan anstrebst. Die Verbindung symbolisiert auch das Über-Ich im Sinne Freuds, also jene dem Ich übergeordnete Steuerinstanz, die die Gebote der Gesellschaft als gütig und verbindlich übernimmt, denn während dieser Periode werden deine intimen persönlichen Ziele oft gekrönt, d.h. durch gesellschaftliche Akzeptanz legitimiert.

Die berufliche Überforderung

⊼ ⧠ — Quincunx, Anderthalbquadrat

Unter dem Einfluß dieser Verbindung durchströmt dich ein krampfhaftes Streben nach Macht, das dich zwingt, über die Ziele der anderen hinauszuwachsen, und gleichzeitig fühlst du einen inneren Widerstand, der dich lähmt, diese äußeren Ziele auch zu empfinden. Weil du also dermaßen gezwungen bist, Ziele anzusteuern, die du gleichzeitig zu verhindern suchst, darfst du dich nicht wundern, wenn dich dieser Weg in eine Sackgasse führt. Doch hintergründig besehen ist dieser Weg nicht nur falsch, denn er nennt sich auch "Der Pfad des kontrollierten Mißlingens" und führt – die Chinesen wenigstens behaupten das – oft in Situationen des "absichtslosen Gelingens".

Medium Coeli

Der Medium Coeli (MC) ist der höchste Punkt im Horoskop und steht für die Mittagsspitze, welche die öffentlichen Ziele fördert und damit die Kontakte mit der Gesellschaft steuert. Damit zeigt er die allgemeine Leistungsfähigkeit an und auch, wie sich die persönliche Energie zum Nutzen der Öffentlichkeit einbringen kann. Als kollektives Bewußtsein repräsentiert er den in die Umwelt eingebundenen Ausschnitt unserer Persönlichkeitsstruktur, also soziale Ordnung und wirtschaftliche Kultur. Gleichzeitig zeigt seine progressive Bewegung an, ob wir in unserer persönlichen Entwicklung mit dem kollektiven Strom in Übereinstimmung sind oder nicht.

(MC) Medium Coeli/Sonne ☉

Die gesellschaftliche Anerkennung

☌ △ ✱ ⊻ ◐ Konjunktion, Trigon, Sextil, Halbsextil, Spiegelpunkt

Immer ist die Sonne Ausdruck von erfreulichen Erfahrungen, herrlichen Aussichten und großer Lebendigkeit, weshalb diese Zeit auch den Aufstieg ins Licht (Gipfelaufstieg) beschreibt, was auf der materiellen Ebene die Erfüllung deiner inneren Wünsche anzeigt. Das verheißt gute Chancen für zukunftsreiche Neubeginne oder Karrieren, weil dir jetzt alles gelingt, was du in die Hände nimmst. Da dich im Bannkreis der Sonne Fortuna von außen mannigfaltig umschwärmt, bist du für viele naturgemäß der Zielpunkt von Neid, was dich aber nicht anzufechten braucht, sind es doch die aktiven, in klarer Bewußtheit angestrebten Lebensziele, die dich zu einem völlig neuen Lebensgefühl führen, wo du alte Verhaltensmuster und Grenzen überwinden und dich zu einer großmütigen, versöhnenden Geste durchringen kannst.

Der Autoritätskonflikt

□ ☍ ⚻ ⚼ ∟ Quadrat, Opposition, Quincunx, Anderthalbquadrat, Halbquadrat

Unter diesem Einfluß solltest du genügend Einsicht entwickeln, um dich nicht in Streitereien zu verwickeln, denn jeder Aufstieg scheitert an Hindernissen, die zu überwinden du kaum je in der Lage bist. Oft realisiert dein Ich nicht, daß es immer noch von den Minderwertigkeitskomplexen ungelöster Autoritätskonflikte abhängig ist. Deshalb zeichnen dich oft Übermut, Verblendung und Eigenliebe aus, denn du wiegst dich im Irrglauben, deine Ziele zu kontrollieren, weil dir die Verplanung der materiellen Realität dies suggeriert. So entsteht ein geschlossener Kreislauf der Verdrängung, der sich in seinem eigenen Ungleichgewicht gleichsam ausbalanciert und – etwas spitz formuliert – durchaus überlebensfähig ist, solange du sein ausgewogenes Ungleichgewicht nicht durch deinen großen Ehrgeiz störst und wirklich äußeren Erfolg anstrebst!

(MC) Medium Coeli/Mond ☽

Die gute Tat

☌ △ ✱ ⊻ ◐ Konjunktion, Trigon, Sextil, Halbsextil, Spiegelpunkt

In Überfluß und Fülle kannst du hier erleben, wie sich über deine Verbindungen und Pläne eine Woge warmer Gefühle ergießt, denn in dieser Phase wird die maximale Ausformung der in der Kraft der Gefühle ruhenden materiellen Möglichkeiten erreicht. Wenn du nachts aus deinen Träumen erwachst, so kannst du ihre Welle in verschiedenen Umrissen erkennen: in zartesten Formen auf dein Satinlaken hingehaucht, oder an der Zimmerdecke kräuselnd, ungreifbar verführerisch, nie ganz sich selbst, aber voller Sehnsüchte – der verfließende Mond, über den sich die Himmelsmitte senkt. Beide stehen für Zeiten freudigen Gelingens und das Erleben tiefster Zufriedenheit. Sie zeigen neue, weitreichende Perspektiven in geschäftlichen Dingen, das richtige Gefühl für notwendige Aktionen und soziale Pläne mit Herz.

Der schillernde Wahn

□ ☍ ⚻ ⚼ ∟ Quadrat, Opposition, Quincunx, Anderthalbquadrat, Halbquadrat

Diese Verbindung erzeugt jenes schmachtende Gefühl nach dem Schillernden, Unerforschlichen, Unergründlichen, das deine inneren Vorstellungen wie Seifenblasen aufbläht und in die Sphären der Phantasie davonfliegen läßt, damit du weiter träumen kannst und dich mit dem bleiernen Alltag nicht auseinanderzusetzen brauchst. Ein Gefühl, das dein Bewußtsein glauben macht, daß es in der Realität existiert, das aber nur die unbewußte Sehnsucht und die schillernden Träume in deinem Hirn reflektiert. Alle erstrebenswerten Ziele sind nur die Trugbilder deiner Seele, weil alles, was du willst, nur die Materialisation dessen ist, was du wähnst.

MC MEDIUM COELI/MERKUR ☿

Das Verhandlungsgeschick

☌ △ ⚹ ⚺ ⦶ Konjunktion, Trigon, Sextil, Halbsextil, Spiegelpunkt

Hier ist es weniger stürmische Begeisterung für eine Sache, die dich vorwärts treibt, als nüchternes Kalkül, jede Situation zu analysieren, denn im beruflichen Erleben zeigt diese Phase, daß du die wohltuende Kraft des Verstandes erfährst, die darin liegt, klare und eindeutige Perspektiven zu schaffen, aus denen sich neue Bereiche entwickeln lassen. Wenn du ein gewisses Maß an rationalisierten Überlegungen und knallharten Strategien moralisch akzeptieren kannst, dann schenkt dir dieser Aspekt Mut, Cleverneß und geistreiche Schläue sowie Überlegenheit durch schnelle Reaktionen und effektvoll inszenierte Überraschungsmomente.

Der Selbstbetrug

□ ☍ ⚻ ⚼ ∟ Quadrat, Opposition, Quincunx, Anderthalbquadrat, Halbquadrat

Meist zeigt es sich, daß du bestimmte Erkenntnisse nicht wahrhaben willst und dich vor Auseinandersetzungen scheust. In einer solchen Situation versuchst du möglicherweise, jemanden auszutricksen; meistens ist es aber die Unaufrichtigkeit gegenüber dir selbst, die tiefe Einsichten verhindert oder sich zur krassen Lebenslüge ausformt. Die fragwürdigen Künste der Heuchelei, Verschlagenheit und Gerissenheit sind dabei tonangebend oder andersherum formuliert: Diese Periode zeigt den dosierten und diplomatischen Einsatz von Schläue, Gerissenheit und Mogeleien, die dir zum Erreichen bestimmter Ziele bisweilen notwendig erscheinen. Oft läufst du aber auch Gefahr, selbst betrogen zu werden.

MC MEDIUM COELI/VENUS ♀

Der Heiratsaspekt

☌ △ ⚹ ⚺ ⦶ Konjunktion, Trigon, Sextil, Halbsextil, Spiegelpunkt

Energetisch zeigt sich hier die orale Phase der Liebe und ihre erste Auslösung in der Pubertät, die brennenden Flammen der Leidenschaft und die Wasser der Sehnsucht als Symbol der Vereinigung des männlichen Geistes mit der weiblichen Seele. Wie die Frau, die den Samen des Mannes empfängt, fließt die Idee jetzt in die Form, die ihr Gestalt verleiht. Das bedeutet, daß zwischen inneren Wünschen und äußerem Erleben eine harmonische Übereinstimmung entsteht. Neue Kontakte entwickeln sich leicht, und aus diesen Verbindungen erwachsen dir oft neue Bereiche von großer persönlicher Bedeutung. Es ist der Archetyp der Liebe, der hier grüßen läßt, denn er verschiebt den Schwerpunkt deiner Ziele in die Bauch-Region, die instinktive Mitte, denn die Verbindung steht für Perioden der Verliebtheit, des Flirts, oft aber auch für einen neuen Menschen, der plötzlich auf der Bühne deines Lebens erscheint.

Der Beziehungskonflikt

□ ☍ ⚻ ⚼ ∟ Quadrat, Opposition, Quincunx, Anderthalbquadrat, Halbquadrat

Auf der Suche nach einem Bild allumfassender Liebe begegnest du hier den vielgestaltigen Urbildern im Reich der Triebe, die sich nur zu oft hinter schönen Masken verbergen. Dahinter brechen alte Wunden auf, die oft bis in die Kindheit zurückreichen, und alte Leidensmuster werden wach, die du längst überwunden glaubtest, denn diese Verbindung steht für Ernüchterung, Veränderung, Enttäuschung und Liebesschmerz. Ohne daß du erkennst, was in dir selbst unerlöst ist, bist du zu keiner wirklichen Beziehung fähig, weil du den anderen niemals getrennt von deinen eigenen Bildern und Vorstellungen wirklich sehen und erleben kannst. Daher präsentiert diese Konstellation weniger den anderen, den du zu erobern hoffst, als vielmehr den verlorenen Teil in dir selbst, den du im anderen wieder zurückzuholen versuchst, und dem du solange hinterherrennen mußt, bis du erkennst, daß du es selbst bist, der dich sucht!

Ⓜ Medium Coeli/Mars ♂

Die hitzige Zielstrebigkeit

☌ △ ✱ ⚺ ⦶

Konjunktion, Trigon, Sextil, Halbsextil, Spiegelpunkt

Es mangelt dir nicht an enthusiastischen Idealen und hochfliegenden Plänen, sondern an der Konstanz und Verfestigung deines Willens, denn deine Stärke ist es, Dinge in Schwung zu bringen, sie in Bewegung zu halten, vermagst du weniger. Dabei bist du cool und zu körperlichen Powerspielen bereit, ohne jedoch tiefere Gefühle zu investieren. Oft mutest du dir mehr zu, als du wirklich bewältigen kannst und wirst letztlich zu einem Opfer deiner hitzigen Zielstrebigkeit, die dich sinnlos im Kreis herumjagt. Auch kann man nicht sagen, daß du einfach versagst, aber wenn du irgendwo nicht mehr weiterkommst, ziehst du dein Interesse schnell wieder ab und richtest deine Aufmerksamkeit auf andere Dinge. Deshalb merkst du es auch nicht, wenn die Objekte wechseln, solange dir nur subjektiv das Ziel des Handelns als solches erhalten bleibt.

Die Faust der Gewalt

□ ☍ ⚻ ⚼ ∟

Quadrat, Opposition, Quincunx, Anderthalbquadrat, Halbquadrat

Um deine aufgestauten Aggressionen loszuwerden, hast du überhaupt keine Skrupel, mit anderen Menschen Streit anzufangen. Gefühlsmäßiges Vertrauen wird dadurch unmöglich gemacht, und an die Stelle der Kommunikation tritt meist die Faust, deren Grundlage die Angst ist, die zum Motor der instinktiven Verteidigungs- und Triebreaktionen wird. Das kündigt oft heftige Auseinandersetzungen mit der Umwelt an, denn du huldigst der Gewalt, und das bedeutet Streitlust, Ungeduld und wenig Ausdauer. Wirst du angegriffen, dann zeichnest du dich durch Überreaktionen aus, die dann zu weiteren Aggressionen der anderen führen. Nur eine kluge Strategie bietet hier eine Chance zum Sieg!

Ⓜ Medium Coeli/Jupiter ♃

Die Gipfelspitze

☌ △ ✱ ⚺ ⦶

Konjunktion, Trigon, Sextil, Halbsextil, Spiegelpunkt

Alle Widerstände und Konflikte sind hier erfolgreich überwunden und haben neue Möglichkeiten eröffnet und alte Positionen erheblich verbessert. Im Bereich gesellschaftlicher Ziele verbindet sich die Spitze des Zenits mit dem milden Licht des Jupiters zu einer leuchtenden Sonne. Man könnte auch behaupten, daß diese Verbindung dich einlädt, die Sehnsucht nach dem Gipfel zum Himmel hinaufzusenden, denn dein Herz ist erfüllt von einem Gefühl innerer Stärke, die dir auf allen Ebenen zu Großzügigkeit, Optimismus, Würde und Autorität verhilft. In einem solchen Moment vermagst du im sternenhaften Glanz der Schöpfung tatsächlich Cherubim und Seraphim zu erkennen. Das entspricht dem Ur-Licht, dem kosmischen Geist oder dem Rauschen im Kosmos: *Du bist in allem, und alles ist in dir!*

Das überhöhte Ziel

□ ☍ ⚻ ⚼ ∟

Quadrat, Opposition, Quincunx, Anderthalbquadrat, Halbquadrat

Diese Verbindung konstelliert deinen inneren Wächter, der den Übergang von der schwärmerischen Übertreibung zur spirituellen Introvertiertheit kontrolliert, denn diese Phase verweist auf übertriebenes Streben nach Macht und auf den inneren Zwang, den Gipfel durch tiefe Einsicht und wahre Erkenntnis zu erreichen. Denn hier befindest du dich in der ständigen Gefahr, in der Meditation über die Nichtigkeit des eigenen Ich das Ich auf raffinierte Art und Weise zu kultivieren. Denn indem du dieses Ich ablehnst, wertest du dieses Ich zwangsläufig auf. Und indem du das "böse" Ich in den Mittelpunkt seines Daseins rückst, lenkst du dich davon ab, daß dein Ich dich ständig zwingt, dich mit dir selber zu beschäftigen. Dies ist die Geschichte vom Leuchtturmwärter, der mitten im Licht große Schatten wirft!

MC MEDIUM COELI/SATURN ♄

Das zähe Durchstehvermögen

☌ △ ⚹ ⚺ ⦶ Konjunktion, Trigon, Sextil, Halbsextil, Spiegelpunkt

Bevor du nach dem Gipfel faustischer Erkenntnis strebst und den Sinn der Schöpfung in den Werten der Gesellschaft zu erkennen trachtest, solltest du zuvor deiner eigenen Angst begegnen, die alles erdrückt, und die gezwungenermaßen nicht nur Stabilität, Sicherheit, Ordnung und Macht verkörpert, sondern die auch Zweifel, Verbohrtheit und Stagnation mit sich führt. Da du während dieser Phase über den geistigen Tiefblick verfügst, bis zu den Quellen der Erkenntnis vorzudringen, kannst du dir auch Zugang zu höheren Bewußtseinsebenen erzwingen, denn dieser Aspekt vertritt ebenfalls das zähe Ringen um jene Perspektive von Wahrheit, die alte Lebensformen mit Macht transzendiert.

Die soziale Erstarrung

□ ☍ ⚻ ⚼ ∟ Quadrat, Opposition, Quincunx, Anderthalbquadrat, Halbquadrat

Während dieser Phase mußt du mit großen Versagungen rechnen, mit Widerständen im beruflichen Bereich sowie Hemmungen und Hindernissen, deine Ziele zu verwirklichen. Oft erkennst du nicht, daß du im Bestreben, Ziele zu erreichen, stets die Gerechtigkeit für dich in Anspruch nimmst und dabei im Bemühen, Unrecht zu verhindern, selber Unrecht und die Voraussetzungen für weiteres Unrecht in die Welt setzt. Psychologisch hängt das mit der tieferliegenden Absicht zusammen, dich mit dem Charisma der Objektivität zu umkränzen, indem du die Subjektivität der anderen ausgrenzt. Anstatt also dem unerreichbaren Ziel objektiver Urteilsfähigkeit nachzueifern, solltest du lieber deinen eigenen, von Subjektivität und Irrtümern gezeichneten Bereich besser kennenlernen und dort jenen Anspruch ausüben, den du von anderen verlangst.

MC MEDIUM COELI/URANUS ♅

Die spontane Umwandlung

☌ △ ⚹ ⚺ ⦶ Konjunktion, Trigon, Sextil, Halbsextil, Spiegelpunkt

Die Verbindung lädt dich zu einer tiefgreifenden Veränderung deiner Sichtweise ein und ermahnt dich, dein beschränktes Bild von der Welt zu erweitern und zu vervollständigen, denn sie ist ein sicherer Hinweis dafür, daß ein Projekt, etwas, das bisher richtig und notwendig war, sich in absehbarer Zukunft als unbrauchbar erweisen wird. In deinem Leben bedeutet dies eine sehr wichtige Zeit, drücken sich doch hier die schöpferischen Wehen neuer Zielsetzungen aus. Im gedanklichen Bereich wird die Änderung der Sichtweise (Sprengung des Weltbilds) angesprochen, die die Initialzündung für den Prozeß einer neuen Bewußtwerdung liefert. Es sind die Flammen der Zukunft, in denen du engagiert (oder enerviert) der neuen Zukunft harrst, die das Feuer der Verwandlung bringen mag.

Die kathartische Entladung

□ ☍ ⚻ ⚼ ∟ Quadrat, Opposition, Quincunx, Anderthalbquadrat, Halbquadrat

Diese Bewegung in der Seele ist ein sicheres Zeichen dafür, daß du am Ende deines alten Weges angelangt bist, denn ohne Ende könnte die anstehende Umwälzung und die einer solchen kreativen Veränderung notwendigerweise vorangehende Katharsis gar nicht stattfinden. Wohl oder übel mußt du über die Erfahrung von Verlust und Schmerz dazu gebracht werden, dir neue Perspektiven zu erarbeiten, denn dieser Aspekt ist so etwas wie ein "Knick im Schlauch", bei dessen Entspannung sich der ganze Seelenschutt mit einem gewaltigen Schlag in dein Leben katapultiert. Hier kumuliert die gesammelte negative karmische Energie und entlädt sich in einem alles umwälzenden Ereignis.

◎ Medium Coeli/Neptun ♆

Die höhere Führung

☌ △ ⚹ ⚺ ⦶

Konjunktion, Trigon, Sextil, Halbsextil, Spiegelpunkt

Auf der neptunischen Ebene ist es der kosmische Schleier, der dich ummantelt, das göttliche Elysium, das dich durchglüht, denn es ist dein innerer Schutzengel, der aus dem seelischen Hintergrund heraus deine Pläne, Absichten und Ziele bestimmt und dich letztlich zur Lösung von Gebundenheit ins Paradies zurückführt. Aus psychologischer Sicht verkörpert dieser Aspekt das erwachende Bewußtsein und die selbstregulierende Kraft des schöpferischen Selbst, die es dir erlaubt, in einem gesellschaftlichen Umfeld sozial zu handeln und die schöpferischen Wehen ewiger Verwandlung sozial zu verarbeiten.

Die Zielverwirrung

□ ☍ ⚻ ⚼ ∟

Quadrat, Opposition, Quincunx, Anderthalbquadrat, Halbquadrat

Der krampfhafte Zug, das Normale aufzulösen und im Göttlichen zu versenken, sorgt im Alltag für Fehlinvestitionen, Leichtsinn, Spekulationen und übertriebene Hoffnungen, denn im Charisma dieses vernebelnden Gestirns schwebst du in der holden Gefahr, Traum und Wirklichkeit so miteinander zu verbinden, daß sich dein illuminierender Wahn zur scheinbaren Wirklichkeit emporschwingt und das bewußte Ich auf den Flügeln der Träume im Morast deiner Einbildungen lustvoll ertrinkt. Doch die Gärten der Hesperiden und die Insel der Seligen verkörpern nur abgehobene Ideale von Frieden und Harmonie, die nicht nur keine Antworten auf die Fragen des Lebens geben, sondern ganz im Gegenteil nur verwirrende, an regressiven Mustern orientierte, sehnsuchtsvoll-lockende Abgründe sind: Eine Rückbindung an das ungeformte Uranfängliche in den Tiefenschichten der Seele, wo deine embryonalen Erinnerungen aufbewahrt werden.

◎ Medium Coeli/Pluto ♇

Die Lockungen der Macht

☌ △ ⚹ ⚺ ⦶

Konjunktion, Trigon, Sextil, Halbsextil, Spiegelpunkt

Diese Konstellation taucht gern im Zusammenhang mit Neuerungen, Veränderungen und Umwälzungen auf oder im Abbau veralteter und überholter Situationen, denn in jeder Handlung drückt sich das erbarmungslose Ende mit aus oder die Kraft ewiger Modulation, die, von Pluto regiert, den erschütternden Umbruch und die Wehen des immerwährenden Vergehens darstellt. Während dieser Phase liegt der Schwerpunkt in der eigenen Ausübung von Macht, denn dieses Gestirn katapultiert dich in soziale Höhen hinauf, die du vorher nicht für möglich hieltst. Sei aber auf der Hut, daß du nicht den Lockungen des Goldes erliegst oder dich dem Kitzel der Macht hingibst, denn mit dem (inneren) Teufel Geschäfte zu machen ist nirgends so gefährlich wie im Umfeld dieser mächtigen Seelenenergie.

Die Willkürherrschaft

□ ☍ ⚻ ⚼ ∟

Quadrat, Opposition, Quincunx, Anderthalbquadrat, Halbquadrat

Das Gestirn läßt dich, nahe am Abgrund, mit deinen dunklen Seiten in Berührung kommen, das sind Erfahrungen, in denen du dir deiner Unfreiheit und Abhängigkeit bewußt werden kannst. Manchmal sind Machtgelüste und Übergriffe angesprochen, die in ihrer kristallenen Schwärze schon wieder faszinierend erscheinen, meistens aber sind es fixe Ideen, denen du zwanghaft nachjagst, oder Ohnmachtserfahrungen (Furcht vor dem Bösen), wenn du in den Spiegel deiner eigenen Seele schaust. Als Vision jenes ultimativen Tribunals, vor das die Seele dereinst gestellt werden wird, läßt diese Verbindung keine Höllenvision aus, denn sie beschreibt alle unglücklichen Auswüchse von schicksalhaften Verstrickungen, die immer in den Dunstkreis des Dunklen münden, denn die wahre Hölle ist in dir selbst, in jenem verschwiegenen seelischen Bezirk, in dem du dich deiner starken Trieb- und Suggestivkraft hingibst und dich auch deiner Machtgier nicht entziehen kannst.

Ⓜ MEDIUM COELI/ASZENDENT Ⓐ

Die Selbstentfaltung

✱ ⊻ Sextil, Halbsextil

Die Verbindung symbolisiert eine neue Entwicklung und den Beginn eines neuen Zyklus, denn sie dient als Katalysator zur Entfaltung eines noch schlummernden Potentials. Deshalb ist sie auch ein guter Hintergrundaspekt, um dich erfolgreich in Szene zu setzen und deine persönlichen Wünsche und Vorstellungen zu realisieren, denn während dieser Zeit besitzt du alles, was die Voraussetzungen zum Erreichen großer Ziele sind: Du bist begeisterungsfähig, kurzentschlossen, draufgängerisch und leidenschaftlich. Nur muß die Verwirklichung deiner Vorstellungen rasch erfolgen, sonst flaut die Begeisterung schnell wieder ab.

Die gesellschaftliche Verhinderung

∟ Halbquadrat

Vielleicht war deine jüngste Vergangenheit davon bestimmt, ohne Rücksicht auf deine Umwelt gehandelt zu haben, denn hier liegt ein Mißverhältnis zwischen persönlichen und kollektiven Ansprüchen vor. Auf der gesellschaftlichen Ebene ist deshalb mit Verhinderungen und Fehlschlägen zu rechnen und optimistisches Hoffen fehl am Platz. Aus gewohnten Handlungsabläufen herausgerissen befindest du dich in einem beziehungslosen Schwebezustand, einem luftleeren Raum, wo du aus der Entwicklung der Ereignisse ausgeschlossen bist. Jetzt ist nüchternes und wirklichkeitsnahes Handeln angesagt, Weisheit und Einsicht in die größeren Zusammenhänge sowie das rechte Maß, und das verbunden mit der Bereitschaft, auch schmerzhafte Konsequenzen ziehen zu können.

Ⓜ MEDIUM COELI/MEDIUM COELI Ⓐ

Das Verwirklichen der Ziele

✱ ⊻ Sextil, Halbsextil

Nun kann sich vollenden, was in dir als Ende und neuer Anfang verwirklicht werden will, denn hier geht es um die Verwirklichung deiner Ziele, also um das, wozu du dich berufen fühlst. Diese Phase zeigt, daß du Initiative ergreifst und deine Einflußkraft bewußt einsetzt. Je nach Ausrichtung dieser Energie kannst du künstlerische Erfolge erringen oder geschäftliche Projekte zu einem erfolgreichen Abschluß bringen. Es sind plötzliche Chancen und Einfälle, die dein Wollen und Handeln bestimmen, denn die Verbindung faßt in ihrem Brennpunkt deine gesellschaftlichen Ziele zusammen und ist gleichermaßen das Ziel der Entwicklung und der Samen, aus dem eine neue Zielsetzung geboren werden kann.

Das Scheitern der Pläne

∟ Halbquadrat

Sichere Positionen geraten plötzlich ins Wanken, Risiken erweisen sich als problematisch, Hindernisse stehen überall im Weg, denn hier befindest du dich in der deprimierenden Situation einer Periode, in der dein gesellschaftliches Streben sich in Selbstzweifeln erschöpft. Andererseits sind Krisen und Umbruch die einzige Chance, die dir helfen können, die Genese deiner eigenen Fehler kennenzulernen und damit die Voraussetzungen zu deren Beseitigung. Durch sie erkennst du jene Bedingungen, Umstände und inneren Tendenzen, die das Scheitern für dich vielleicht erst "sinnvoll" machen. Wie lange das anhält und was es dir bringt, ist schwierig zu sagen. Sicher ist nur: Diese Zeit ist ungeeignet für größere Vorhaben, für den Versuch, etwas Neues anzufangen, die Stellung zu wechseln oder bessere Konditionen zu erlangen.

Anhang

Danksagung

Mein erster Dank
gilt all jenen, ohne die dieses Buch nicht entstanden wäre:

Thomas Kniffler (Verlagschef) und Hajo Banzhaf (Herausgeber) für die objektive Unterstützung meiner Perspektiven und Absichten;

Hajo insbesonders für Freundschaft und einen kompletten Einführungskurs in das Verbraucherverhalten und die Regeln des Buchmarktes während all der Jahre;

Gerhard Riemann für das "Öffnen der Pforte" in den astrologischen Autorenhimmel (anfangs 1987), die mir der "Hüter der Schwelle" in seiner unergründlichen Weisheit so lange verschlossen hielt.

Mein persönlicher Dank
gilt all denen, die meine Arbeit unterstützten und ohne die dieses Buch ein anderes Gesicht hätte:

An erster Stelle Gianin Rageth für die grafische Gestaltung der Druckvorlagen und die Bearbeitung der Bilder *(Danke, lieber Gianin, für die starke Kongruenz mit meinem inneren Perfektionsteufel, der uns zu immer neuen Tüfteleien verführte, und für die einfühlsame Umsetzung meiner bildhaften Visionen. Gerne werde ich mich an die langen Winternächte in deinem Atelier in den Appenzeller Voralpen erinnern, wo wir an Überschriften und Einrückungen feilten, während draußen das Schneegestöber ums Haus fegte);*

Armando Bertozzi von ASTROLOGIE HEUTE für die langjährige Freundschaft *(aus der Position deines "inneren Sohnes" solltest du den "besiegten Vater" jetzt langsam loslassen können)* und für die technische Bearbeitung der astrologischen Symboldateien;

Marcel Egli für das Coverfoto, das, ursprünglich als Neujahrskarte für Klienten und Geschäftsfreunde gedacht (1989/90), hier seine innere Bestimmung findet;

Norbert Muspach für die exklusiven Computergrafiken auf den Seiten 18, 34, 50, 62, 74, 86, 100, 114, 126, 138, 219, 255, 271, 289, 312, 317, 327, 332, 338, 343, 349, 354, 365, 370, 380, 386, 392, 403 und 542;

U.S. Games Systems, Stamford, für das Copyright verschiedener Karten aus dem "Hermetic Tarot" von Godfrey Dowson (Abbildungen auf den Seiten 165, 171, 176, 180, 185, 190, 196, 202, 207, 212, 225, 232, 238, 244, 250, 260, 265, 278, 283, 294, 299, 306, 322, 360, 375, 398 und 408);

JGH Hoppmann für die Codierung der Texte und Tim Reeves für die Sichtung und Überprüfung der Codes; Tommy Meier für die Umformatierung von DOS auf MAC; Urs Nef für die typographische Unterstützung; Petra und Josef Neumayer für den Astro-Dienst; Barbara Riedmann für die Schaltung der Werbung; Kristin Bamberg für die akribische Fehlersuche und die Anregung zu einem erklärenden Vorwort; Erika Rageth für die überschäumende Gastfreundschaft und ihre wohltuende Fähigkeit, stets eine heitere Atmosphäre einzubringen; Chris Schmid von der Buchhandlung "Rösslitor" in St.Gallen für die tollen Vernissagen in all den Jahren *(und den verlorenen Tag während eines LSD-Trips anfangs der 70er: Hat ihn dir der Rauschengel wieder zurückgebracht?);* Rita Zeller für die unterstützenden Botengänge; meinen Althexen Erika und Ursula für ihre Sticheleien und Kampfansagen und natürlich auch für die Liebe und Treue, die sie mir in all den Jahren entgegenbrachten; und all jenen, deren Namen ich im Augenblick dieser Niederschrift vergessen habe (sorry!).

Mein magischer Dank

gilt allen Dämonen und Hexen (speziell der Oberhexe Lucia-Lilith unseres Nachtmeer-Stoßtrupps "Hagazussa" und der jenseitigen Hohepriesterin Azaqued, die sich durch die Seherin Achoya mitteilt), die durch mein Leben tanzten und mir die Grundlagen und Voraussetzungen lieferten, weiter an meinem Spiegel zu polieren, um Unerkanntes aus der Psyche in der Welt zu reflektieren, und für die ich oft Begleiter und Spürhund sein durfte (insbesondere für die BesitzerInnen von Skorpion- und Acht-Haus-Monden), um mitzuhelfen, alle verlorenen "Personen" im Unbewußten aufzufinden und wieder zurück ins Tageslicht zu bringen. Hol uns eines Tages alle der Teufel!

Mein geistiger Dank

gilt allen Schöpfern kollektiver Werte, deren Inhalte persönliche Bilder in mir auslösten und deren Credo in der einen oder anderen verwandelten Form erkannt oder unerkannt in diesem Buch wieder auftauchen:

Plato *(427-347 v. Chr.)*	für die Annäherung an das ewige Sein;
Aristoteles *(384-322 v. Chr.)*	für das Unterfangen, dieses Ewige wie einen Kürbis auseinanderzudividieren und damit unserem Verständnis zugänglich zu machen;
Meister Eckehart *(1260-1328)*	für seine unsterblichen philosophischen Gedanken *(Das Auge, in dem ich Gott schaue, ist dasselbe Auge, in dem mich Gott schaut!);*
Dante Alighieri *(1265-1321)*	für den Epos der Erlösung, die Schilderung einer visionären Wanderung durch die drei Reiche des Jenseits: Inferno, Purgatorio und Paradiso;
J. W. Goethe *(1749-1832)*	für den "Faust";
G. W. F. Hegel *(1770-1831)*	für die philosophische Herauskristallisierung des *Advocati diaboli:* des Geistes nämlich, der sich seiner Freiheit bewußt wird und gerade im Spiegel seines Erkennens (oder der List der Vernunft) der Schöpfung dient;
Richard Wagner *(1813-1883)*	für seinen "Fliegenden Holländer" mit dem erstmaligen Auftauchen des mythisch-romantischen Erlösungsmotivs, um das sein gesamtes Schaffen kreist (auch Sekundär-Literatur über den Wagner-Mythos wie Robert Doningtons "Der Ring des Nibelungen und seine Symbole", Stuttgart 1976, Reclam, hat mich stark inspiriert);
Sigmund Freud *(1856-1939)*	für die analytische Methode, unbewußte Krankheitsursachen ans Licht zu bringen (und für den Ödipus!);
C. G. Jung *(1875-1961)*	für die Archetypen als Modell des "kollektiven Unbewußten";
Aleister Crowley *(1875-1947)*	für seine magischen Rituale und für die leibhaftige Präsentation des kollektiven Schattens;
Aldous Huxley *(1894-1963)*	für das tiefe Eindringen in die menschliche Psyche ("Pforten der Wahrnehmung") und die visionäre Erfüllung seiner raffinierten Schreckensbilder ("Schöne neue Welt");
William S. Burroughs *(1914)*	für die radikale Verdichtung von Worten zur Projektionswand seelischer Vorgänge und Traumata *(Erst die Verzerrung zeigt die wahre Wirklichkeit);*
Wolfgang Döbereiner *(1928)*	für seine "homöopathischen Bilder" und die genial-eigensinnigen astrologischen Schlußfolgerungen;
Robert M. Pirsig *(1928)*	für den Buchknüller "Zen und die Kunst ein Motorad zu warten" *(das Suchen im Überwinden führt zum Finden im Suchen);*
Jane Roberts *(1929-1984)*	für ihre "geistige Persönlichkeit", die sich Seth nennt, und deren verschlüsselte Botschaften aus dem Unergründlichen mich in einem "homöopathischen" Sinne immer auch ein bißchen an Emanuel Swedenborg (1688-1772) erinnern;

Carlos Castaneda *(?)*	für seine magischen Reisen auf dem Yaqui-Weg des Wissens, dessen Mentor, Don Juan, in seinen Lehren Weisheiten aus dem kollektiven Erfahrungsschatz der Menschheit ("Akasha-Chronik") aufgreift;
H.R. Giger *(1940)*	für die Fähigkeit, kollektive Ängste zu gigantischen Schreckenstürmen aufeinanderzuschichten;
Hans Hinrich Taeger *(1944)*	für die Annäherung psychologischer Astrologie an das Weltbild des tibetischen Buddhismus *(Erinnerst du dich noch unserer Reise nach Indemini, das "Dorf am Ende der Welt", anno 1974?);*
Peter Orban *(1944)*	für die "inneren Personare" als Fenster der Seele (und für "Pluto", eine geniale Abhandlung über den Dämon im Inneren der eigenen Seele);
Thorwald Dethlefsen *(1946)*	für das "senkrechte Denken", das den Gesetzen der Analogie folgend nichtkausale Zusammenhänge aufgreift und sich an Jungs Synchronizität anlehnt;
Liz Greene *(1947)*	für C. G. Jungs endgültige Zementierung im Saatgut der Astrologie (oder umgekehrt);
Hajo Banzhaf *(1949)*	für die strukturelle Klarheit seiner Schlüsselworte *(zu welcher Tür?);*
Urs Tremp *(1952)*	für seine unstillbare Sehnsucht nach Liebe ("Tantalos"), die bei ihm unbewußt gar keine Erfüllung finden, sondern nur Nährboden sein will, auf dem sich der Leidensakt vollziehen kann *(hier enthüllt sich die Liebe als Akt des Fressens und Gefressenwerdens: Sie wird zum Vampir, der dem Infizierten die Fruchtbarkeit ausbrennt und ihm die Wunde des Gedächtnisses immer wieder von neuem zufügt, um seinen unerlösten Schatten daran zu nähren).*

Mein letzter Blick

aber fällt auf das Pergament an der Wand, das ich beim Umbau meines alten Hexenschlößchens in einem Zwischenboden fand:

Nicht der Mensch ist es
Der sich veranlaßt sieht aus freien Stücken
Die Summe seiner Worte zu addieren

Sondern die Zeiger der Planeten
Auf dem Zifferblatt des Sternbildkreises sind's
Welche die Worte schüren

Bis sie sich im Menschen erheben
Und durch die Formen seines Denkens
Heim nach der Quelle seiner Sehnsucht streben.

Dazu fällt mir Rainer Maria Rilkes schillerndes, unergründliches Poem wieder ein, das seinen Grabstein ziert:

Rose, oh reiner Widerspruch, Lust,
Niemandes Schlaf zu sein unter soviel Lidern.

1995, 21. März
Frühlings-Equinox

Korrigierter Anhang zur 2. Auflage:

St. Gallen, am Ruhberg — 1995, 6. August — C.F. Frey
50. Jahrestag Hiroshima!

Literatur

Akron	*Wessen Augen sind die Sterne?*	Frankfurt/M. 1973 (Black Spring)
Akron	*Jenseits der Schwelle*	München 1988 (Hugendubel)
Akron	*Im Licht der Sonne*	München 1990 (Hugendubel)
Akron/Banzhaf	*Der Crowley-Tarot*	München 1991 (Hugendubel)
Akron/H.R.Giger	*Baphomet*	Neuhausen/Rhf. 1992 (Urania)
Arroyo Stephen	*Astrologie, Karma und Transformation*	München 1980 (Hugendubel)
Arroyo Stephen	*Astrologie, Psychologie und die vier Elemente*	München 1982 (Hugendubel)
Baltin Max-M.	*Astrosomatik*	Hamburg 1987 (Papyrus)
Banzhaf Hajo	*Das Tarot-Handbuch*	München 1986 (Hugendubel)
Banzhaf Hajo	*Das Arbeitsbuch zum Tarot*	München 1988 (Diederichs)
Banzhaf/Haebler	*Schlüsselworte zur Astrologie*	München 1994 (Hugendubel)
Boerike William	*Homöopathische Mittel und ihre Wirkungen*	Leer 1972 (Verlag Grundlagen und Praxis)
Dethlefsen/Dahlke	*Krankheit als Weg*	München 1983 (Bertelsmann)
Döbereiner Wolfgang	*Astrologisch-homöopathische Erfahrungsbilder, Bd. 1*	München 1972 (Selbstverlag)
Ebertin Reinhold	*Kombination der Gestirnseinflüsse*	Freiburg i.Br. 1979 (Ebertin)
Greene Liz	*Kosmos und Seele*	Frankfurt/M. 1978 (Krüger)
Greene Liz	*Saturn*	München 1981 (Hugendubel)
Klein/Dahlke	*Das senkrechte Weltbild*	München 1986 (Hugendubel)
Meyer Hermann	*Astrologie und Psychologie*	München 1981 (Hugendubel)
Prónay Alexander von	*Astrologische Direktionen*	Bietigheim 1983 (Rohm)
Ripota Peter	*Astromedizin*	München 1986 (Mosaik)
Roscher Michael	*Der Mond*	München 1986 (Hugendubel)
Roscher Michael	*Venus und Mars*	München 1988 (Knaur)
Taeger Hans Hinrich	*Astroenergetik*	Hamburg 1983 (Papyrus)
Taeger Hans Hinrich	*Astro-Trips*	Happingen 1986 (Werkstatt-Edition)
Weiss Jean Claude	*Horoskopanalyse, Bd. 1 und 2*	Zürich 1984 (Edition Astrodata)

Als letzte Quelle möchte ich den menschlichen Schöpfergeist nennen, der mir keine andere Chance läßt, als die Welt durch meine persönliche Perspektive gewissermaßen in seinem (kollektiven) Sinne wahrzunehmen. Auch wenn ich denke, etwas erdacht zu haben, sind es nur meine inneren Empfindungen, die mich zwingen, die Welt so zu sehen, wie die Ausrichtungsmuster, die Welt wahrzunehmen, in meinem genetischen Code angelegt sind. In diesem Sinne sind alle Quellen nur immer die Quellen der Quellen von Quellen der Quellen bis hin zum schöpferischen Demiurgen: dem Urknall. Damit kann ich mich der Wahrheit nähern: Es gibt nichts Neues unter der Sonne. Oder, wie der Advocatus diaboli sich listig ausdrücken würde: *Im Denken erkennt sich immer nur das Denken selber!*

Das Weltbild

Die Archetypen im Spiegel fundamentaler Entwicklungs-Meditation.

6 MC mit ausführlichem Begleitbuch

Ein Standardwerk für die meditative Praxis, das die Textreihen Akrons zu Sonne, Mond, Merkur, Venus, Mars, Jupiter, Saturn, Neptun, Uranus und Pluto als verbalen Einstieg mit musikalischer Begleitung präsentiert.

Zehn musikalisch untermalte Essays über die inneren Archetypen und ihre Beziehungen zu den kosmischen Kräften der zehn Planeten.

Zehn musikalische Klangreisen, die die heilende und harmonisierende Kraft kosmischer Sphärenharmonie zur Meditation nutzen.

Der Crowley-Tarot

Ein umfassendes Deutungsbuch zu den Crowley-Tarotkarten
– verständlich für den Laien, inspirierend für den Kenner.

220 S. mit zahlr. s/w-Abb., Festeinband

Es bietet:
- Eine grundlegende Einführung in den Umgang mit dem Crowley-Tarot.
- Einen Schlüssel zu den Bildsymbolen der abgebildeten Crowley-Karten.
- Die praxisnahe Deutungshilfe für jede Karte, bezogen auf die Fragenebenen: Beruf, Beziehung, Bewußtsein.

Ein Wegweiser zu geeigneten und erprobten Legemethoden für eine umfassende Kartenbefragung.

AKRON Computer-Text-Programm

Dieses Handbuch ist auch als Computer-Programm für deinen PC erhältlich. Es läuft mit einem astrologischen Rechenprogramm, **das die Gestirnspositionen jedes Horoskops direkt mit den entsprechenden Buchtexten verbindet.**

Dieses Programm ist für dich…

✓ wenn dir das **Ausrechnen** von Progressionen oder Sonnenbögen oder das **Nachschlagen** der Texte zu **mühsam** ist.

✓ wenn du dein **Selbststudium** anhand der ausgedruckten Analysen von Freunden und Verwandten **vertiefen** möchtest.

✓ wenn du möchtest, daß dir der Computer im Handumdrehen eine **Tabelle der Karma-Koeffizienten** als anschauliche Balkengrafik bereitstellt, oder **Monats- oder Jahresephemeriden** für beliebige Horoskope und Zeitpunkte anzeigt.

✓ wenn du als **astrologisch arbeitende Naturärztin** oder **homöopathisch orientierter Heilpraktiker** die astromedizinischen Vorschläge des Programms für deine Praxis nutzen möchtest.

✓ wenn du bestimmte **Perspektiven vertiefen oder ausschließen** möchtest – du kannst dir zum Beispiel per Knopfdruck bei allen Auslösungen nur die Verbindungen anzeigen lassen, die in einer ähnlichen Konfiguration schon im Geburtshoroskop vorhanden sind (und die dadurch viel tiefer ins Leben eindringen).
Das hilft auch bei der Aufstellung einer Gegengleichung zur schulmedizinischen Diagnose und zeigt die Knackpunkte eines Horoskopeigners auf.

✓ wenn du die **Ausdrucke gewerblich anbieten** möchtest.

Für dein Selbststudium und die kostenlose Weitergabe von Ausdrucken im Freundeskreis und als Beigabe zu Beratungen gibt es die günstige "Privat-Version" des Textprogramms. Wenn du die Ausdrucke zum Verkauf anbieten möchtest, gibt es auch hier das Richtige: Die "Professional-Version" – mit uneingeschränkter Vertriebslizenz.

Interessiert? Dann melde dich bei:

KAMA - SOFT GbR
Akron Computer-Text-Programm
Reismühler Weg 1
D-82131 Gauting

Tel. +49 - 89 - 850 89 11
Fax +49 - 89 - 850 86 99

Akron, Schattenarbeiter und Magier-Philosoph aus der Schweiz,
befaßt sich mit Techniken wie Tiefen-Astrologie, spiritueller Magie oder
der Kunst, Fragen zu stellen, ohne dualisierende Antworten zu erzwingen.
Essayist, Kolumnist, Sachbuchautor und Schriftsteller (Schlüsselwerk: "Baphomet",
Tarot der Unterwelt). Im engen Kreis pflegt er Kurse für seelische Nachtmeerfahrten.
Bewußtseins-Entwicklung
Beratungen · Kurse
Hexenworkshops
Tarot
Astrologie
Magie
AKRON
Ruhberg 20 · CH-9000 St.Gallen

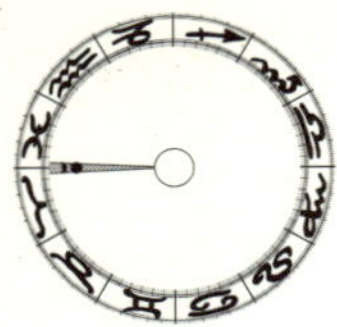

☌ = **Konjunktion = 0° (Wirkungsbereich 7-9°)**
Die Konjunktion bringt die stärkste Verdichtung zweier Kräfte zum Vorschein. Je nach der Natur der Planeten kann es sich bei der Aspektierung um das harmonische Verschmelzen zweier energetischer Stromkreise handeln, die dich beständig mit Energie aufladen. Es kann aber auch sein, daß sich die Planeten aufgrund ihrer Natur nicht sehr gewogen sind und du deshalb das Stigma eines unbearbeiteten inneren Zwiespalts als Spannungs- und Konfliktsituation in dir trägst.

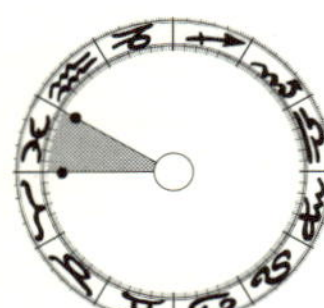

⊻ = **Halbsextil = 30° (Wirkungsbereich 1°)**
Hier geht es um das Erkennen und Einbinden der Verschiedenheit der Dinge. Das Halbsextil ist ein harmonischer Aspekt, doch durch das gespannte Gefälle zwischen einer fließenden Harmonie und einer züngelnden Differenzierungsfähigkeit birgt es eine gewisse nervöse innere Spannung in sich.

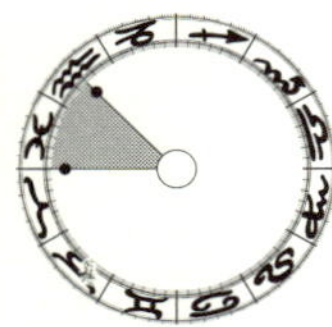

∟ = **Halbquadrat = 45° (Wirkungsbereich 1-2°)**
Das Halbquadrat wirkt als aufgerissener Spalt im Gefüge, denn es steht für die Materialisationen deiner negativen und aggressiven Gefühle, als Manifest deiner destruktiven Energien. In der Gestirnskombination, die dieser Aspekt beschreibt, kannst du die Ebene erkennen, auf der du deine destruktiven Energien bekämpfst.

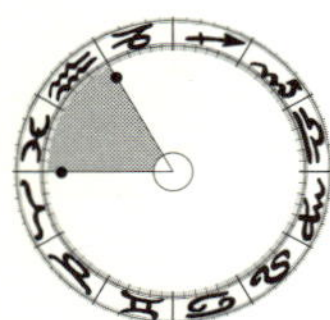

✳ = **Sextil = 60° (Wirkungsbereich 3-5°)**
Der wunderbaren Spontaneität dieses Aspekts wohnt eine Disziplin inne und eine Freude jenseits von allem, was wir wissen. Gefühle fliegen durch dich hindurch, und nur wenn du versuchst, sie zu blockieren, werden sie gefährlich. Das Sextil schubst dich sanft an, damit du nicht stehenbleibst. Jedes äußere Tun geschieht ganz mühelos. Das Sextil bedeutet also, zu tun, was zu tun ist, und dies auch zu wollen!

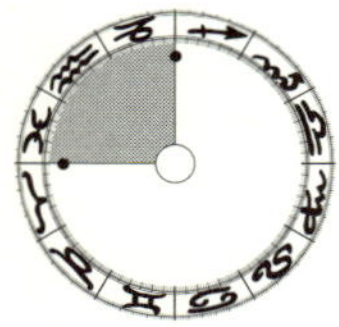

□ = **Quadrat = 90° (Wirkungsbereich 5-8°)**
Das Quadrat ist die schwierigste von allen Hürden und damit der höchste Befreiungsaspekt (wenn du die Hürde meisterst). Das Erkennen der Wahrheit über sich selbst besteht im wesentlichen darin, daß man entdecken muß, was man unbewußt von sich selbst hält. Niemand denkt von sich, daß er ein Verhinderer, Versager oder Zerstörer ist, und doch kann genau dies das Bild deines eigenen Unbewußten sein, gegen das du beständig ankämpfst. Weil dies alles passiert, ohne daß du dein mißratenes Selbstbild erkennst, ist es sehr schwierig und fast unmöglich, das Dilemma der Vergeblichkeit zu überwinden und zu entdecken, daß die Lösung nicht einfach darin besteht, die Hindernisse zu überwinden und alle Widerstände zu bekämpfen, sondern im innersten Willen, dich für absolute Bewußtheit und Freiheit über alle äußeren Ziele hinweg zu entscheiden!